AF546546

Philippe Fontaine, Burghard Vogel

# Adobe After Effects

Das umfassende Handbuch

# Liebe Leserin, lieber Leser,

egal, ob Sie eine Trickfilmanimation erstellen wollen oder eine aufwendige Post Production à la Hollywood planen: Mit After Effects ist praktisch alles möglich. Mit dieser Vielseitigkeit geht jedoch auch eine enorme Komplexität einher – unzählige Funktionen und Werkzeuge wollen beherrscht werden.

Damit der kreative Einsatz der Software gelingt, muss also das nötige Fachwissen her. Daher freue ich mich ganz besonders, Ihnen die 9. Auflage unseres Standardwerks zu After Effects präsentieren zu können. Es zeigt Ihnen, wie aus Ihrer Projektidee durch die gezielte Arbeit mit Keyframes, den Einsatz von Effekten und ausgeklügelte Techniken wie Maskierungen und Motion-Tracking ein fulminanter Film entsteht. Dabei werden natürlich nicht bloß lose Theorieblöcke aneinandergereiht: Philippe Fontaine und Burghard Vogel erklären Ihnen alle Funktionen im Zusammenhang, und in den zahlreichen Praxisworkshops können Sie das Gelernte direkt anwenden. Das benötigte Footage und weitere Materialien finden Sie im Downloadbereich des Buchs unter *www.rheinwerk-verlag.de/5699*.

Wenn Sie sich bereits mit After Effects auskennen, nutzen Sie das Buch am besten als Nachschlagewerk: Über den Index haben Sie einen schnellen Zugriff auf alle beschriebenen Funktionen.

Nun bleibt mir noch, Ihnen viel Spaß bei der Arbeit mit After Effects und diesem Buch zu wünschen! Sollten Sie Hinweise, Anregungen, Kritik oder Lob haben, freue ich mich über Ihre E-Mail.

**Ihre Ruth Lahres**
Lektorat Rheinwerk Design

ruth.lahres@rheinwerk-verlag.de
www.rheinwerk-verlag.de

Rheinwerk Verlag • Rheinwerkallee 4 • 53227 Bonn

# Auf einen Blick

Wir hoffen, dass Sie Freude an diesem Buch haben und sich Ihre Erwartungen erfüllen. Ihre Anregungen und Kommentare sind uns jederzeit willkommen. Bitte bewerten Sie doch das Buch auf unserer Website unter **www.rheinwerk-verlag.de/feedback**.

An diesem Buch haben viele mitgewirkt, insbesondere:

**Lektorat** Ruth Lahres
**Korrektorat** Petra Bromand, Düsseldorf
**Herstellung** Denis Schaal
**Typografie und Layout** Vera Brauner
**Einbandgestaltung** Mai Loan Nguyen
**Satz** Markus Miller, München
**Druck und Bindung** mediaprint solutions, Paderborn

Dieses Buch wurde gesetzt aus der Syntax Next (9,25 pt/13 pt) in Adobe InDesign.

Gedruckt wurde dieses Buch mit mineralölfreien Farben auf matt gestrichenem, PEFC®-zertifiziertem Bilderdruckpapier (115 g/m²).

Hergestellt in Deutschland.



Bibliografische Information der Deutschen Nationalbibliothek:
Die Deutsche Nationalbibliothek verzeichnet diese Publikation in der Deutschen Nationalbibliografie; detaillierte bibliografische Daten sind im Internet über *http://dnb.dnb.de* abrufbar.

**ISBN 978-3-8362-9499-7**

9. aktualisierte und überarbeitete Auflage 2023


Informationen zu unserem Verlag und Kontaktmöglichkeiten finden Sie auf unserer Verlagswebsite **www.rheinwerk-verlag.de**. Dort können Sie sich auch umfassend über unser aktuelles Programm informieren und unsere Bücher und E-Books bestellen.

# Inhalt

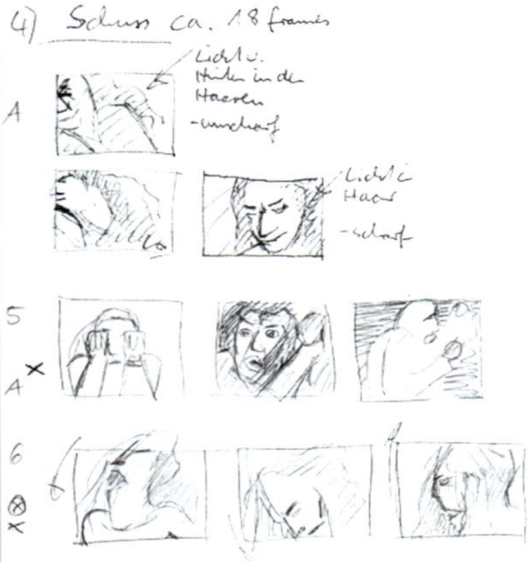

## 2 Tour durch das Programm



## TEIL II Vom Rohmaterial bis zur Ausgabe

## 3 Rohdaten importieren und verwalten

# 4 Komposition und Zeitleiste

## 5 Ebenen organisieren und bearbeiten

## 6 Vorschau

## 7 Keyframe-Grundlagen

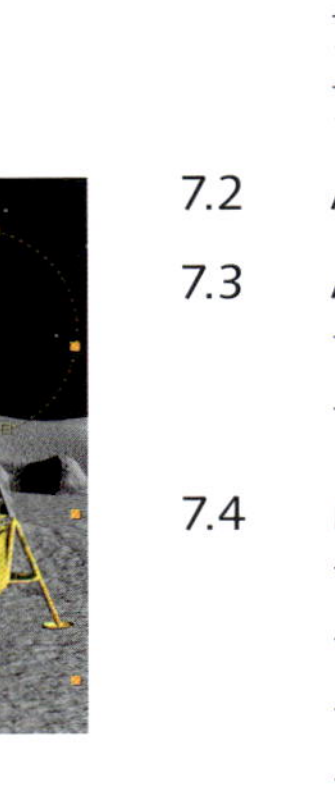



## 8 Keyframe-Interpolation

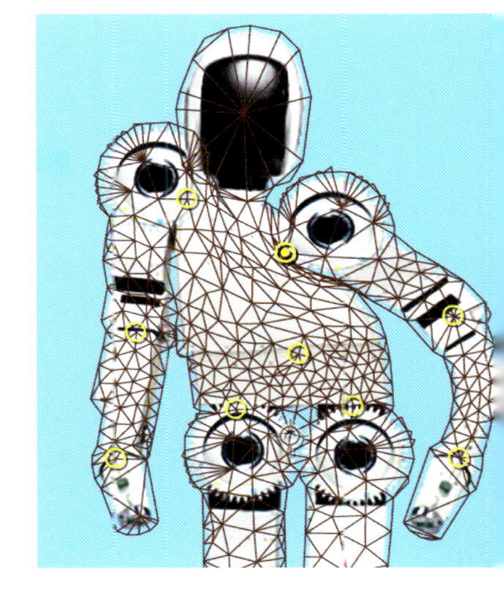

## 9 Texte erstellen und animieren



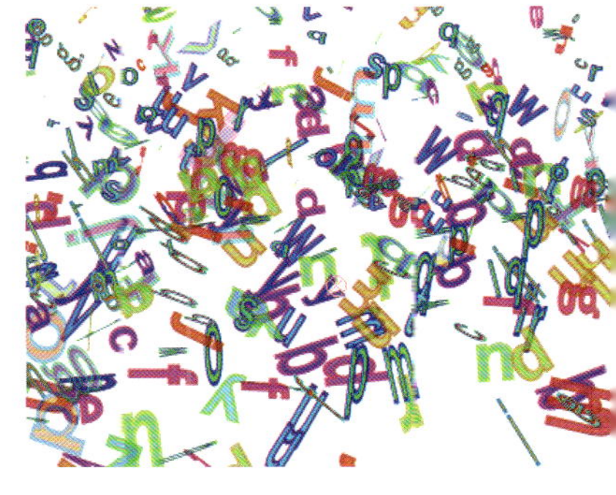

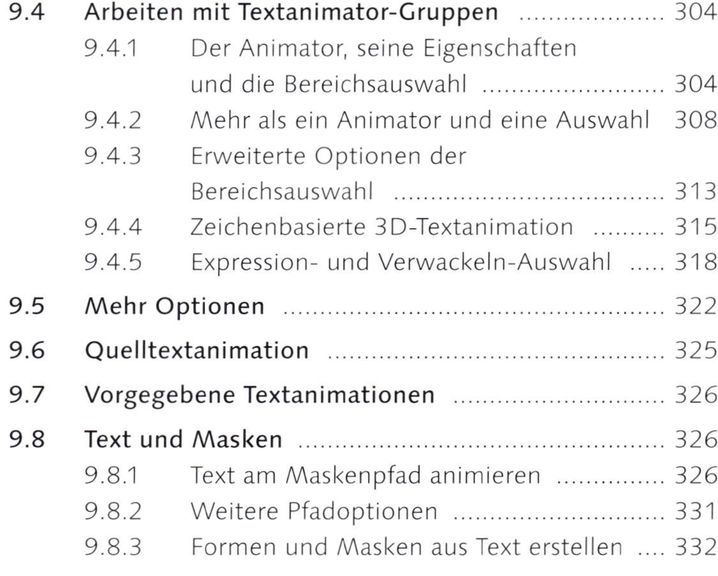

## 10 Rendern und Ausgabe

## TEIL III Masken, Effekte und Korrekturen

## 11 Masken, Matten und Alphakanäle

## 12 Effekte

## 13 Farbkorrektur



## 14 Malen und Retuschieren

## TEIL IV Fortgeschrittene Funktionen

### 15 Motion-Tracking

## 16 3D in After Effects

## 17 Expressions

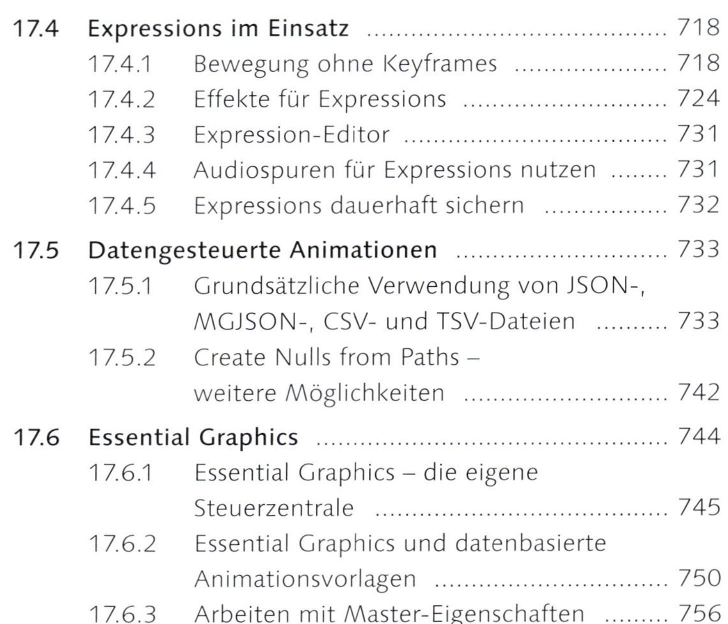



## TEIL V After Effects im Workflow

## 18 Workflow mit Photoshop und Illustrator

## 19 Video-Workflow

## 20 Integration mit 3D-Applikationen

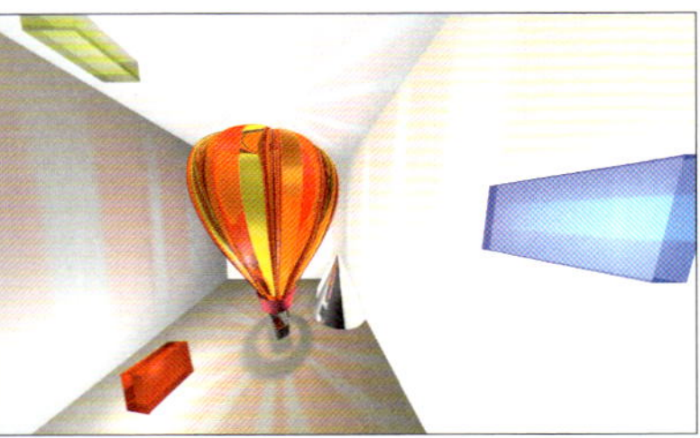

# Workshops



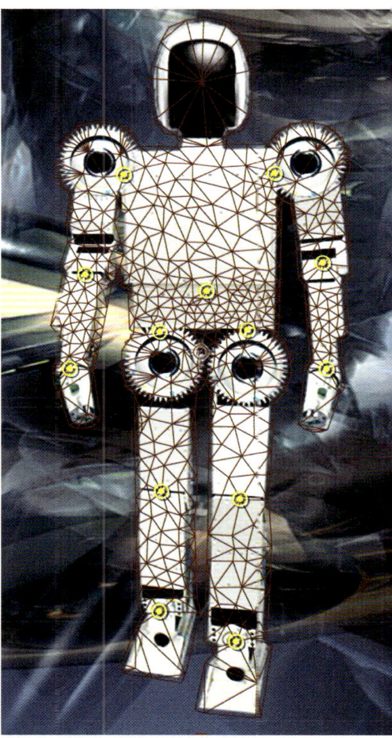

## Masken, Matten und Alphakanäle



## Effekte



## Farbkorrektur

## Malen und Retuschieren



## Motion-Tracking



## 3D in After Effects

## Expressions



## Workflow mit Photoshop und Illustrator

## Video-Workflow



## Integration mit 3D-Applikationen

# Vorwort

Dieses Buch habe ich für all diejenigen geschrieben, die so viel wie möglich über After Effects und seine Möglichkeiten wissen wollen. Das Gewicht von vielen Seiten und langjähriger Erfahrung mit After Effects liegt nun in Ihren Händen. Sie müssen nur noch alles lesen, am besten von der ersten bis zur letzten Seite. Vielleicht mögen Sie es aber nicht, unendlich dicke Computerbücher jeden Abend mit ins Bett zu nehmen, um bei Ihrer ohnehin schon arg knappen Freizeit überhaupt durch den Schmöker zu kommen. In diesem Fall bietet es sich an, das Buch am Arbeitsplatz bereitzuhalten und die relevanten Teile passend zu Ihrem Arbeitskontext nachzuschlagen. Sie glauben es bei den vielen Seiten vielleicht nicht, aber ich habe versucht, mich kurzzufassen.

Ich fühle mich auch ganz unschuldig, dass die Seitenzahl so angewachsen ist. Eigentlich ist das engagierte After-Effects-Team daran schuld. Die haben dem Programm nämlich in den vielen Jahren seiner Entwicklung ständig neue Funktionen hinzugefügt und es zu einer Art Werkzeug für alle Lebenslagen gemacht.

In den über 60 Workshops, die ich für Sie geschrieben habe, kommen Sie den unterschiedlichen Programmfunktionen Schritt für Schritt näher. Die übrigen Texte sind nicht dazu gedacht, Sie zu quälen, auch wenn sich hier und da dornige und sperrige Konzepte von After Effects in den Weg zum Verständnis stellen wollen. Diesen Weg durch die Widrigkeiten habe ich für Sie zu ebnen versucht, indem ich schwierige Begriffe und Hintergründe erläutert und mit Beispielen veranschaulicht habe, und zwar von den Grundlagen der Animation bis zu den fortgeschrittenen Themen wie Farbkorrektur, Motion-Tracking, 3D und Expressions.

Das war manchmal wie im Märchen von Dornröschen, aber es hat nicht hundert Jahre gedauert. Im Märchen schaffte der Prinz es allein, durch die Dornen zu kommen; eigentlich auch nur, weil er zufällig nach hundert Jahren vorbeikam. Aber als Leser wollen Sie sicher nicht so lange warten, um an die für Sie wichtigen Informationen zu gelangen.

**Unterschiede unter Mac und Windows**

After Effects ist sowohl für die Mac- als auch für die Windows-Plattform erhältlich. Das Programm läuft auf beiden Systemen gleich, auch die Programmfenster sehen identisch aus. Daher habe ich im Buch auf die Abbildung der Mac-Programmoberfläche verzichtet.

Außer bei einigen Tastaturübersichten sind die Mac-Tastaturkürzel in diesem Buch unerwähnt geblieben, da ich davon ausgehe, dass eine Übertragung kein Problem darstellt, und ich die Beschreibung der Tastenkürzel nicht unnötig verkomplizieren möchte. Unterschiede gibt es eigentlich nur an zwei Stellen: Statt `Strg` drücken Sie am Mac `cmd`. Außerdem müssen Sie bei einer Ein-Tasten-Maus beim Klicken zusätzlich `ctrl` gedrückt halten, um Kontextmenüs aufzurufen.

**Beispielmaterial**

Das Beispielmaterial zum Buch finden Sie auf der Verlagswebsite unter *www.rheinwerk-verlag.de/5699*. Gehen Sie zum Kasten Materialien und halten Sie Ihr Buchexemplar bereit, um die Sicherheitsabfrage zu beantworten. Im Anschluss können Sie die Dateien herunterladen.

Als Gestalter sind Sie sicher mit viel Spaß, Enthusiasmus und einem guten Stück Idealismus am Werk, wenn Sie Ihr gesammeltes Wissen und Ihre gestalterische Intuition fokussieren und so ein völlig neues, originäres Produkt im Brennofen Ihrer Kreativität schaffen. Da Sie den Brennvorgang so sicher kaum reproduzieren können – deswegen sind Sie in der Kreativbranche und nicht Beamter –, beginnen Sie oft einen neuen Brennprozess für ein neues Produkt. Sie können diesen Vorgang also nicht so leicht, beliebig oft und überall reproduzieren wie die berühmte Cola-Sorte. Verlieren Sie daher nicht den Wert Ihrer kreativen Leistung aus den Augen, wenn Sie diese verkaufen. So helfen Sie damit sich und der gesamten Branche, denn Enthusiasmus und Idealismus sind allein genommen keine guten Ernährer. – Ich hoffe, dass dieses Buch ihrem kreativen Brennofen an vielen Stellen hilft, kontinuierlich am Laufen zu bleiben, Sie sich mit weniger Fehlermeldungen herumplagen und nicht wie der Prinz hundert Jahre warten müssen.

In den vielen Monaten, die nötig sind, so einen Wälzer zu schreiben, kommt es vor, dass die Erfüllung mancher designästhetischer Ansprüche an das Beispielmaterial auf der Strecke bleibt. Dies wurmt mich als Autor ebenso, aber das Buch läge noch längst nicht in Ihren Händen, wäre überall der letzte Schliff getan. Daher bitte ich um Nachsicht, wo dies weniger gut gelang. – Es bleibt im Fluss.

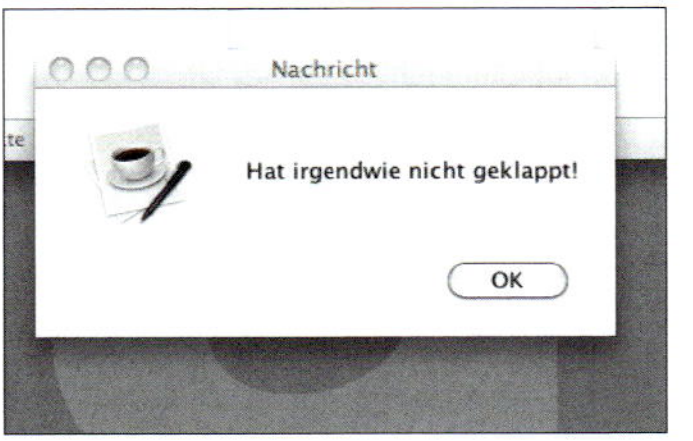


▲ **Abbildung 1**
Meine Lieblingsfehlermeldung zum Warten auf den Computer. – Das hatte ich mir auch irgendwie gedacht.

## Dank

Ganz konkret möchte ich mich an erster Stelle bei Ruth Lahres für die Anregung bedanken, dieses Buch zu schreiben. Außerdem für die Überstunden, die ihr durch meine viele Schreiberei entstanden sind, und für die Freude, die mir die Zusammenarbeit bereitet hat.

Außer Frau Lahres musste schon Robert Seidel (*www.2minds.de*) das ganze Buch durchlesen und hat mit vielen kompetenten Anregungen sehr freundlich geholfen. Danke, Robert! Ganz herzlich danken möchte ich Burghard Vogel, der das Buch für die 9. Auflage umfassend durchgesehen und aktualisiert hat. Und endlich geht ein ganz besonderer Dank an meine beiden Lehrer Patrick Zinke und Harald Donner, von denen ich After Effects einst lernte.

**Philippe Fontaine**
In Liebe für meine Eltern Dirk und Griseldis,
für Katrin und meinen Sohn

# TEIL I
# Grundlagen

# Kapitel 1

# Begriffe und Standards

*In diesem Kapitel erfahren Sie Grundlegendes zur Animation, zu Frames und Keyframes, zu Vollbild und Halbbild, zu Fernseh- und Videonormen und einigem mehr. Einige Begriffe und Standards, die ich im Folgenden beschreiben werde, begegnen Ihnen nicht nur in After Effects, sondern auch in anderen Applikationen zur Videobearbeitung. Es lohnt sich also, vor der eigentlichen Arbeit mit dem Programm ein paar Minuten auf die folgenden Themen zu verwenden.*

## 1.1 Was ist Animation?

Hätten Sie diese Frage vor dreißig Jahren gestellt, hätte die Antwort sicher immer gelautet: Animation hat etwas mit Trickfilm zu tun. Und falsch ist die Antwort ja auch heute noch nicht. Aus dem Fernsehen und Kino sind Animationen nicht mehr wegzudenken; mit der klassischen Trickfilmanimation haben sie aber meistens nicht viel zu tun, jedenfalls was den Arbeitsablauf betrifft. Man kann die Art der Animation in zwei Kategorien einteilen: die traditionelle Einzelbildanimation und die modernere Keyframe-Animation.

### 1.1.1 Einzelbildanimation

Zusammenfassend gesagt, setzt sich eine Animation aus schnell nacheinander gezeigten Einzelbildern zusammen, wobei jedes Bild eine leichte Veränderung gegenüber dem vorigen Bild enthält.

Es gibt verschiedene Möglichkeiten, wie die einzelnen Bilder erstellt werden. Für den Trickfilm wurde jeder Bewegungsschritt beispielsweise einzeln auf sogenannten **Cels** (Kurzname für Celluloid) gezeichnet. Es handelt sich dabei um transparente Folien, die es ermöglichen, einen unbewegten Hintergrund durch mehrere Folien mit unterschiedlichen Bewegungsschritten zu überlagern. Erst durch das schnelle Abspielen der einzelnen Bilder nacheinander entsteht der Eindruck einer Bewegung.

**Zum Nachlesen**
Animationen aus einzeln erstellten Bildern können Sie in After Effects leicht herstellen, was in Kapitel 3, »Rohdaten importieren und verwalten«, zur Sprache kommt.

Einzelbildsequenzen kommen in After Effects häufig sowohl beim Import als auch beim Export zum Einsatz – sei es, um Animationen in höchster Qualität aus anderen Applikationen zur Weiterverarbeitung in After Effects zu übernehmen oder um Daten aus After Effects zur Weiterverwendung zu nutzen, beispielsweise für den Transfer auf Filmmaterial.

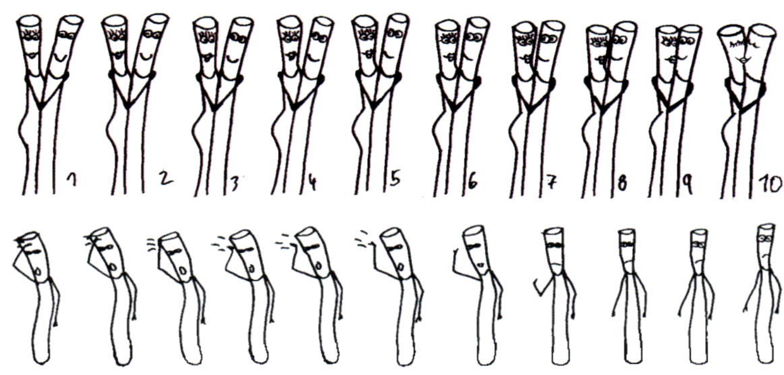


**Abbildung 1.1** ▸
Die Bilder einer Einzelbildanimation erwecken den Eindruck einer Bewegung, wenn sie schnell nacheinander abgespielt werden.

**Abbildung 1.2** ▸
Für einen Trickfilm wird jedes Bild einzeln gezeichnet.

### 1.1.2 Keyframe-Animation

Der große Vorteil der computergestützten Animation liegt in der Automatisierung vieler Animationsprozesse. Veränderungen einer Form in die andere, Positionsveränderungen, Drehungen und dergleichen werden automatisch berechnet. In After Effects können Sie beinahe jede Eigenschaft eines Bildes, Videos oder einer Tondatei über die Zeit verändern, also animieren. Was Sie dazu benötigen, sind die sogenannten **Keyframes**.

**Abbildung 1.3** ▸
In After Effects können Sie beinahe jede Eigenschaft animieren.

▲ **Abbildung 1.4**
Der animierte Effekt Einfärben

## Frames und Keyframes

In After Effects setzen sich Animationen aus einzelnen Bildern zusammen: den Frames. Jeder Frame enthält dabei wieder eine kleine Veränderung gegenüber dem vorigen und dem folgenden Bild. Alle Bilder zusammen abgespielt ergeben die Animation, die Bewegung.

Es ist aber nicht nötig, jedes einzelne Bild selbst zu »zeichnen«. Es werden nur ein Anfangs- und ein Endbild der Animation und die **Interpolationsart** für die fehlenden Zwischenbilder definiert. In mindestens zwei Schlüsselbildern, den Keyframes, werden die Ausgangssituation und die Veränderung »gespeichert«. Mehr ist für eine Animation grundsätzlich nicht nötig. Den Rest erledigt After Effects für Sie.

▼ **Abbildung 1.5**
Mindestens zwei Keyframes sind für eine Animation nötig. Das Berechnen der Zwischenwerte für die einzelnen veränderten Bilder nennt man Interpolation.

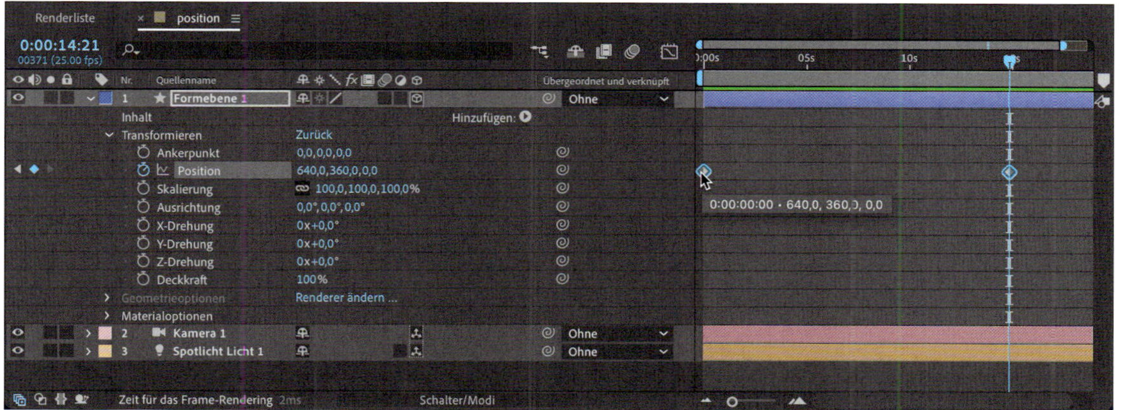


## Framerate

Wie schon erwähnt wurde, entsteht der Eindruck von bewegten Bildern durch ein schnelles Abspielen der Bilder nacheinander. Bei einem Kinofilm sind dies immer volle Bilder. Damit unser Auge die einzelnen Bilder nicht mehr als solche erkennt, müssen sie in einer bestimmten Geschwindigkeit abgespielt werden. Diese Geschwindigkeit nennt man **Abspielgeschwindigkeit** oder auch Framerate. Die Maßeinheit für die Framerate ist fps (Frames per Second) oder bps (Bilder pro Sekunde).

Damit unser Auge die einzelnen Bilder als Bewegungsablauf und einigermaßen flüssig wahrnimmt, müssen mindestens 16 Bilder pro Sekunde angezeigt werden. Für einen Kinofilm werden 24 Bilder pro Sekunde projiziert, beim früheren Fernsehstandard PAL waren

**[Interpolation]**
Interpolation ist das Berechnen von Zwischenwerten aus vorhandenen Werten. Dies können beispielsweise Farb- und andere Bildinformationen sein. Durch die Interpolation kann die fehlende (Bild-)Information errechnet werden. Dabei kann die Interpolationsart z. B. zwischen »Linear« und »Bézier« gewechselt werden, was jeweils eine andere Berechnung der Zwischenwerte zur Folge hat. Das Ergebnis ist in Werte- oder Geschwindigkeitskurven darstellbar.

es 25 Halbbilder und bei NTSC 29,97. Seit April 2012 wird in Europa meist mit 50 Vollbildern pro Sekunde gesendet.

Wenn Sie After Effects verwenden, können Sie mit verschiedenen Frameraten innerhalb eines Projekts arbeiten, das heißt, Sie können Rohmaterial mit unterschiedlichen Frameraten importieren und Kompositionen mit verschiedenen Frameraten anlegen und ausgeben.

## 1.2 Auflösung

Ein Bild wird in einzelne Punkte aufgelöst, um es zu drucken oder am Computer sichtbar zu machen. Die Qualität eines Bildes hängt von der Dichte der dargestellten Bildpunkte auf einer bestimmten Fläche ab. Je mehr Punkte pro Zoll vorhanden sind, desto feiner ist die Auflösung. Die Maßeinheit hierfür ist dpi (Dots per Inch).

In der analogen Fernseh- und Videotechnik wurde ein Bild nicht in Punkte zerlegt, sondern in Zeilen. Die Auflösung eines analogen Videobildes hing somit von der Anzahl der Zeilen ab, aus denen sich ein Video- oder Fernsehbild zusammensetzte. Für die Darstellung eines analogen Video- oder Fernsehbildes am Computermonitor muss die zeilenweise Auflösung in Pixel umgerechnet werden.

Für die Auflösung in der Video- und Fernsehtechnik haben sich einige Standards durchgesetzt, wie ich gleich eingehend zeigen werde.

**Helligkeit der Benutzeroberfläche anpassen**

In After Effects passen Sie die Helligkeit der Programmoberfläche folgendermaßen Ihren Bedürfnissen an: Regulieren Sie unter BEARBEITEN • VOREINSTELLUNGEN • ERSCHEINUNGSBILD die Helligkeit der Benutzeroberfläche per Schieberegler. Wenn Sie die Helligkeit an einem Mac ändern wollen, finden Sie die nötigen Regler nicht unter BEARBEITEN wie am PC, sondern unter dem Menüeintrag AFTER EFFECTS. Sie folgen also diesem Pfad: AFTER EFFECTS • VOREINSTELLUNGEN • ERSCHEINUNGSBILD. Falls Sie zu einem späteren Zeitpunkt wieder zu der Originalfärbung zurückkehren wollen, ist dies mit einem einfachen Klick auf STANDARD erledigt.

### 1.2.1 Vollbild oder Halbbild

In der Videotechnik werden Ihnen immer wieder die Begriffe Vollbild und Halbbild begegnen. Professionelle Kameras ermöglichen die Aufzeichnung sowohl in Voll- als auch in Halbbildern.

#### Zeilensprungverfahren und Bildwechselfrequenz

Im analogen Fernseher wurden die empfangenen Bilder nicht etwa wie bei einem Diavortrag hintereinander auf den Bildschirm projiziert, sondern jedes Bild wurde im sogenannten **Zeilensprungverfahren** in zwei Halbbilder geteilt. Der Elektronenstrahl »zeichnete« dabei zuerst die Zeilen eines Halbbildes mit gerader Nummerierung auf den Bildschirm und anschließend die Zeilen eines Halbbildes mit ungerader Nummerierung. Dies geschah mit einer bestimmten Frequenz, der **Bildwechselfrequenz**, die dafür sorgte, dass der Wechsel der Bilder vom trägen menschlichen Auge nicht wahrgenommen wurde. So erschienen die beiden nacheinander gezeigten Halbbilder wie ein volles Bild. Außerdem leuchtete die Beschichtung auf dem Bildschirm noch eine Weile nach, nachdem der Elektronenstrahl sie dazu angeregt hatte.

Die Splittung der einzelnen Bilder sorgte wie die Bildwechselfrequenz für ein »flüssigeres« Sehen. Sollten pro Sekunde beispielsweise 25 volle Bilder dargestellt werden, entstanden durch das Splitting 50 halbe Bilder pro Sekunde.

▲ **Abbildung 1.6**
Beim Zeilensprungverfahren wird ein volles Bild in zwei Halbbilder geteilt, die auch oberes …

▲ **Abbildung 1.7**
… und unteres Halbbild genannt werden.

Um dem besonders bei schnell bewegten Aufnahmen wie in Sportsendungen wahrnehmbaren Flimmern entgegenzuwirken, wurden und werden Geräte mit höheren Bildwechselfrequenzen entwickelt. Diese Geräte arbeiten mit 100 Hertz, 200 Hertz und mehr. Diese Frequenzen werden in den entsprechend ausgestatteten Geräten selbst erzeugt.

Das heißt, die Fernsehbilder kommen mit einer Sendefrequenz von 50 Hz im Fernsehgerät an, wo sie zwischengespeichert werden und ein Chip weitere Zwischenbilder berechnet, bis dann eine Wiedergabe auf dem Gerät mit einer Frequenz von 100 Hz bzw. 200 Hz und mehr erfolgt.

### Interlaced

Bei der Beschäftigung mit Videodaten wird Ihnen der Begriff **interlaced** immer wieder begegnen. Er bezeichnet die Aufteilung eines Vollbildes in die beiden Halbbilder. Die Halbbilder werden **oberes Halbbild** (oder »Upper Field«, »Field 1« oder »Odd Field«) und **unteres Halbbild** (»Lower Field«, »Field 2« oder »Even Field«) genannt.

In After Effects können Sie verschiedene Videodateiformate verarbeiten und Ihre fertige Animation für die Ausgabe auf Video in Halbbildern ausgeben. Wenn Sie eine Animation für den Computer produzieren, müssen Sie sich bei der Ausgabe um die Halbbilder keine Gedanken machen und geben die Animation in vollen Bildern aus. Der Computermonitor, aber auch Plasmageräte und Beamer stellen jedes Bild zeilenweise von oben nach unten in einem einzigen Durchgang dar (**Progressive Scan**). Halbbilder sind in diesen Fällen unerwünscht, da sie Artefakte verursachen. Ebenso verhält es sich mit heutigen LCD-Fernsehern.

▲ **Abbildung 1.8**
Zwei halbe, in Zeilen aufgelöste Bilder ergeben dieses Vollbild.

▲ **Abbildung 1.9**
Beim Progressive Scan wird das Bild in einem Durchgang zeilenweise aufgebaut. Halbbilder entstehen dabei nicht.

#### HDTV und Zeilensprungverfahren

Auch in Zeiten von HDTV wird das Zeilensprungverfahren noch angewendet. Dieses hatte einerseits damit zu tun, dass für ältere Empfangsgeräte eine Kompatibilität erreicht werden musste. Andererseits wird Videomaterial in Zeilen aufgezeichnet, um eine höhere Qualität der Bilddaten bei vertretbaren Datenmengen zu erreichen. Eine solche Aufzeichnung erfolgt in 1.080i (das »i« steht für »interlaced«, also in Halbbildern).

### 1.2.2 Bildformat

Das Bildformat mit einem Verhältnis von Breite zu Höhe von 4:3 fand schon zu Beginn der Filmgeschichte im Stummfilm Verwendung. Es wird auch als **Normalformat** oder als 1:1,33-Format bezeichnet. Zum Standard wurde das Format von der Academy of Motion Picture Arts and Sciences erklärt, weshalb es auch den Namen **Academy Ratio** trägt. Es entwickelte sich in den fünfziger Jahren zu einem weitverbreiteten Format, da auch das Fernsehbild nach diesem Standard definiert wurde.

Heute nutzen wir zumeist Breitwandformate mit einem Verhältnis von Breite zu Höhe von 16:9. Das 16:9-Format heißt auch **Widescreen** und wird bei HDTV verwendet.

Das Frame- oder Bildseitenverhältnis steht für die Breite und Höhe des gesamten Bildes. Neben den Bildformaten bzw. Frameseitenverhältnissen spielt das Pixel-Seitenverhältnis eine wichtige Rolle. Dazu erfahren Sie mehr in Abschnitt 3.7.2, »Pixel Aspect Ratio (PAR)«.

◂ **Abbildung 1.10**
Das 16:9-Format (Widescreen) entspricht den menschlichen Sehgewohnheiten am besten.

### 1.2.3 8 Bit, 16 Bit und 32 Bit

In After Effects können Sie die **Projektfarbtiefe** mit 8, 16 oder 32 Bit wählen.

Wenn Sie mit einer höheren Farbtiefe als 8 Bit arbeiten, können mehr Farben pro Pixel dargestellt werden, wodurch die Bildqualität höher ist. Mit einer höheren Farbtiefe erreichen Sie feinere Details, Glanzlichter und Verläufe. Für Effektbearbeitungen, Farbkorrektur und das Keying ist eine höher gewählte Farbtiefe allemal ratsam.

Während eine Farbtiefe von 8 Bit allgemein noch recht verbreitet ist, ist eine höhere Farbtiefe im professionellen Bereich schon lange gang und gäbe. Bereits in After Effects 7 kam die Unterstützung der 32-Bit-Farbtiefe hinzu. Sie können also Dateien in Photoshop und in 3D-Software in 32 Bit erstellen und in After Effects verwenden. Allerdings sollten Sie nicht per se damit arbeiten, um nicht die Performance unnütz auszubremsen, sondern nur, wenn es für Ihr Projekt tatsächlich sinnvoll ist, das heißt, wenn Verläufe oder 3D-Kompositionen mit Beleuchtung ansonsten Artefakte aufweisen. Effekte wie TONWERTKORREKTUR, LEUCHTEN, FRAKTALES RAUSCHEN, ZEICHENTRICK und sehr viele mehr sind bereits in der 32-Bit-Farbwelt einsetzbar. Sie erkennen das in der Palette EFFEKTE UND VORGABEN an einer kleinen »32« vor dem jeweiligen Effekt.

**[Farbtiefe]**
Die Farben eines Pixels werden in After Effects durch je einen Farbkanal für Rot, Blau und Grün dargestellt. Je höher der pro Kanal zur Verfügung stehende Bit-Wert ist, desto mehr Farbabstufungen sind pro Kanal darstellbar.

Die Farbtiefe bezeichnet also die Anzahl der Bits pro Kanal (bpc).

Sie bestimmen die Projektfarbtiefe über Datei • Projekteinstellungen • Farbe bei Bittiefe.

### 1.2.4 Pixel-Seitenverhältnis

**Eine Zeile mehr**

In der analogen Fernsehtechnik wurden für die PAL-Fernsehnorm 575 Bildzeilen für das aus zwei Halbbildern bestehende Fernsehbild festgelegt. Für die digitale Welt wurden die 575 Zeilen jedoch in 576 Pixel für die Bildhöhe bei digitalem PAL übersetzt. Der Grund: die bessere Berechnung bei der Interpretation analoger Halbbilder, wenn sie in digitale Pixel übersetzt werden. Aus 575 Zeilen hätten sich 287,5 Pixel für ein Halbbild ergeben. Bei 576 Bildpunkten erhalten wir die gerade Zahl von 288 Pixeln.

In der Videobearbeitung am Computer taucht häufig der Begriff **Pixel Aspect Ratio** (PAR) oder **Pixel-Seitenverhältnis** auf. Man unterscheidet quadratische Pixel mit einem gleichen Seitenverhältnis (1:1) und rechteckige Pixel mit einem unterschiedlichen Pixel-Seitenverhältnis (z. B. 1:1,09). Dieser Umstand führt oft zur Verwirrung. Er resultierte aus der Umwandlung von Videodaten von der analogen in die digitale Welt und umgekehrt. Der aktuelle praktische Zweck ist aber auch, die Datenmenge von Videos zu verringern, indem weniger Pixel für die Darstellung der Bildbreite verwendet werden.

#### PAL digital

Der digitale PAL-Standard wurde vom CCIR (Comité Consultatif International des Radiocommunications, heute ITU) im Protokoll ITU-R BT.601 festgelegt. Das Bildseitenverhältnis wurde für digitales PAL mit 4:3 festgeschrieben. Bei 576 Pixeln Höhe ergibt sich also eine Breite von 768 Pixeln. Um eine Annäherung an den digitalen NTSC-Standard zu erreichen, der mit 640 × 480 quadratischen Pixeln festgelegt ist, wurde das PAL-Format auf eine Größe von 720 × 576 rechteckigen Pixeln geschrumpft. Und da haben wir das Problem.

**Zum Nachlesen**

Wenn Sie wissen wollen, wie Sie der Problematik Pixel-Seitenverhältnis in After Effects begegnen, lesen Sie weiter in Abschnitt 3.7.2, »Pixel Aspect Ratio (PAR)«.

Damit bei der früheren analogen Übertragung die PAL-Fernsehnorm mit einer Breite von 768 Pixeln auch mit den 720 Pixeln erreicht wurde, mussten die 720 Pixel etwas breiter sein. Die Pixel konnten nicht quadratisch, sondern mussten rechteckig sein. So beträgt das Seitenverhältnis bei PAL etwa 1:1,067. Daraus ergibt sich, dass ein altes DV-PAL-Video am Computermonitor schmaler aussieht als im Original, denn der Computermonitor stellt wiederum nur quadratische Pixel dar.

Das gleiche Problem ergibt sich bei modernerem HDV-Material mit einem Pixel-Seitenverhältnis von 1,33. Andersherum können Grafiken, die im Computer erstellt wurden, im Fernseher breiter dargestellt werden, wenn die Grafik nicht entsprechend vorbereitet wurde.

## 1.3 Fernsehnormen

Zur Übertragung von Bild- und Tonsignalen vom Ausstrahlungsort zum Empfänger wurden verschiedene Standards entwickelt. Beim früheren Schwarzweißfernsehen wurden nur die Helligkeitswerte übertragen, erst später kamen die Farbinformationen hinzu. Die

Normen unterscheiden sich unter anderem durch die unterschiedliche Anzahl der Zeilen und durch die verschiedene Bildwechselfrequenz. Für die Übertragung der Farbinformation setzten sich NTSC, PAL und SECAM als analoge Übertragungsstandards durch. In jüngerer Zeit wurde die analoge Übertragung durch digitale Systeme ersetzt. Als digitale Standards sind DVB-T, DVB-IPI, DVB-S, DVB-S2, DVB-C, SBTVD-T und DVB-T2, ATSC, ISDB-T und DTMB verbreitet.

### 1.3.1 NTSC

1940 wurde das National Television System Committee (NTSC) in den USA gegründet, um den über eine einheitliche Fernsehnorm entbrannten Konflikt einiger Firmen zu lösen. 1941 folgte die Einführung des NTSC-Systems in Schwarzweiß und 1953 in Farbe.

Bei der Einführung in Schwarzweiß wurde die Bildwechselfrequenz an das Wechselstromnetz der USA angepasst und lief mit 60 Hz. Es wurden 30 volle Bilder bzw. 60 Halbbilder pro Sekunde übertragen, was für eine flimmerfreie Darstellung der Bilder ausreichte. Die Auflösung wurde auf 525 Zeilen pro Bild festgelegt. Davon werden 480 Zeilen für die Bildinformation benutzt, der Rest für andere Informationen wie Untertitel.

Die Einführung des Farbfernsehens baute auf der Schwarzweißtechnologie auf. Die Bildwechselfrequenz wurde dabei auf 29,97 Vollbilder pro Sekunde festgelegt. Ein großer Nachteil des NTSC-Systems bestand in der Anfälligkeit des Bildsignals bei der Übertragung über Funk und Kabel, was zu erheblichen Farbtonveränderungen führen konnte und dem System den witzigen Beinamen *Never The Same Color* einbrachte.

Verwendung fand das NTSC-System in Nord-, Mittel- und Südamerika sowie in Ostasien.

**[Hertz]**
Wie viele Bilder pro Sekunde auf einem Fernseher angezeigt werden, hängt von der Bildwiederholfrequenz ab. Die Einheit für die Frequenz ist Hertz (Hz). Hertz (Hz) bezeichnet damit die physikalische Einheit für Schwingungen pro Sekunde (Frequenz). 1 Kilohertz (kHz) = 1.000 Hz.

**CCIR**

Das europäische Pendant zum NTSC (National Television System Committee) ist das CCIR (Comité Consultatif International des Radiocommunications). Inzwischen hat das CCIR den Namen gewechselt: Es heißt ITU-R (Radiocommunication Bureau) und ist Teilorganisation der ITU (International Telecommunications Union).

Das CCIR legte den Standard für ein Schwarzweißformat mit einer Auflösung von 625 Zeilen pro Bild und einer Bildwechselfrequenz von 25 Vollbildern bzw. 50 Halbbildern pro Sekunde fest. PAL und SECAM basieren größtenteils auf diesem Standard und bilden eine Farbspezifikation.

### 1.3.2 PAL

Die PAL-Spezifikation (Phase Alternating Line) basiert auf der NTSC-Technologie und wurde von der Firma Telefunken in Deutschland entwickelt. Beim PAL-System traten die störenden Farbschwankungen des NTSC-Systems nicht mehr auf.

Der Standard, der das PAL- und das NTSC-System definiert, wurde 1998 von der ITU unter dem Titel ITU-R BT.470-6 publiziert. Die ITU geht auf den 1865 gegründeten Internationalen Telegraphenverein zurück und ist heute Teilorganisation der UNO.

Die Bildwechselfrequenz wurde bei PAL auf 50 Hz, passend zur europäischen Netzfrequenz, festgelegt. Es wurden 25 Vollbilder, also 50 Halbbilder pro Sekunde, übertragen. Allgemein nutzte das

PAL-System ein Videoformat mit 625 Zeilen pro Bild. Davon wurden 575 Zeilen für die Bildinformation und die übrigen für andere Informationen wie Videotext benutzt.

Verbreitet war PAL in Deutschland und weiten Teilen Europas, in einigen afrikanischen und asiatischen Ländern und in Australien.

### 1.3.3 SECAM

**PAL, SECAM und NTSC digital**
Die Standards PAL, SECAM und NTSC existieren nicht nur im analogen, sondern auch im digitalen Bereich. Allerdings gibt es dabei einige Unterschiede zu den analogen Normen. Die Bildauflösung wird zwar noch von der Auflösung in Zeilen hergeleitet, die Maßeinheit ist aber Pixel. So hat ein digitales PAL-Format eine Auflösung von 720 × 576 rechteckigen Pixeln. Ein digitales NTSC-Format hat eine Auflösung von 720 × 480 Pixeln.
Im Gegensatz zu den analogen Standards sind DVDs mit digitalem PAL und digitalem NTSC nicht mit verschiedenen Farbsystemen codiert, sondern mit YUV 4:2:0, einer Kompressionsform beim Farbsampling.

Das SECAM-System (Séquentiel Couleur avec Mémoire) wurde in Frankreich aus politischen Gründen entwickelt, um die einheimischen Gerätehersteller vor Importen ausländischer Geräte zu schützen. In Frankreich wurde die Anzahl der Zeilen pro Bild auf 819 erhöht. In den früheren Ostblockstaaten, in denen das SECAM-System ebenfalls aus politisch motivierten Gründen eingeführt wurde, hielt man sich an die Norm der CCIR mit 625 Zeilen pro Bild. Das SECAM-System arbeitet wie das PAL-System mit 50 Hz und überträgt 25 Vollbilder bzw. 50 Halbbilder. Nachteil des SECAM-Systems ist die Störanfälligkeit des Signals, die zu Farbrauschen führen kann.

SECAM wurde in vielen Ländern Osteuropas und in Frankreich verwendet.

### 1.3.4 Digitalfernsehen

Wie bei den analogen Fernsehnormen gibt es auch bei den digitalen Fernsehnormen keinen weltweit einheitlichen Standard. Die existierenden terrestrischen, also erdgebundenen Systeme sind DVB-T (vorwiegend in Europa, Afrika, Australien und Asien), ATSC (Nordamerika und Südkorea), ISDB-T (Südamerika und Japan) und DTMB (China).

#### DVB

DVB (Digital Video Broadcasting) ist ein von der Europäischen Rundfunkunion (EBU) realisierter Übertragungsstandard für digitale Bild- und Tondaten. Die standardisierten DVB-Formate sind in LDTV, SDTV und HDTV eingeteilt. Für die Übertragungswege existieren Unterarten wie DVB-T (Digital Video Broadcasting – Terrestrial), was für das erdgebundene digitale Antennenfernsehen steht. Die Satellitenübertragung erfolgt mit DVB-S bzw. DVB-S2, über Kabel mit DVB-C und für Mobilgeräte via DVB-H. Vor der Übertragung werden die Daten komprimiert (derzeit mit MPEG-2 und MPEG-4). Zum Empfang muss das Endgerät über einen Receiver verfügen, der die Daten vor der Wiedergabe decodiert. Die analoge Satellitenübertragung wurde im April 2012 europaweit abgeschaltet und durch DVB-Programme ersetzt. Die meisten internationalen

Fernsehanstalten senden im Format 1080i50, nur wenige nutzen noch den von der EBU empfohlenen Standard 720p/50. In Pixeln entspricht 720p/50 einer Auflösung von 1.280 × 720 Bildpunkten, also dem Format 16:9, und einer Bildfrequenz von 50 Vollbildern pro Sekunde gegenüber den 1.920 × 1.080 Bildpunkten von 1080i.

Die Auflösung der neuen Formate ist gegenüber dem veralteten PAL-Format stetig angestiegen und erreicht nun die native HD-Auflösung von 1.920 × 1.080 Pixeln. Dafür musste die gesamte Produktionskette der Sendeanstalten von der Aufnahme über die Post-Production bis hin zur Sendetechnik vollständig auf HD umgestellt werden. Aber wenn es sich um älteres Filmmaterial handelt, hilft auch die schönste Produktionskette nichts, da schließlich z. B. »Im Stahlnetz des Dr. Mabuse« 1961 noch nicht in HD aufgenommen wurde.

**Schwankende Bildqualität**

Trotz des Vorteils der verlustfreien Übertragung von Bild und Ton in binärer Form sind Qualitätseinbußen durch die vor dem Senden stattfindende Kompression des Bildmaterials, abhängig vom Ausgangsmaterial, möglich. So wird bei Aufnahmen, die nicht in 720p oder 1.080p vorliegen, sondern z. B. in 1.080i, die Auflösung reduziert und möglicherweise mangelhaft in Vollbilder umgewandelt. Außerdem ist auch die digitale Übertragung nicht vor Signalstörungen gefeit: Das Bild kann einfrieren und Blockartefakte aufweisen oder ganz verschwinden.

### ATSC

ATSC steht für das amerikanische Advanced Television Systems Committee, das wie die EBU Standards für digitales Fernsehen festlegt. Derzeit gibt es Standards für SDTV und HDTV. ATSC-Standards werden vor allem in Nordamerika für die digitale Fernsehübertragung verwendet. Wie bei DVB gibt es auch hier Unterarten für die verschiedenen Übertragungswege via Kabel, terrestrisch und für mobile Geräte.

### ISDB

ISDB steht für Integrated Services Digital Broadcasting, also die Übertragung digitaler Bild- und Tondaten. Das System wurde für Japan von der ARIB (Association of Radio Industries and Businesses) standardisiert und umfasst SDTV- und HDTV-Formate. Terrestrisch wird mit ISDB-T übertragen.

### DTMB

DTMB steht für Digital Terrestrial Multimedia Broadcast und ist der TV-Standard für terrestrischen und mobilen Empfang in China.

## 1.4 HDTV

HDTV (High Definition Television), das hochauflösende Fernsehen, bildet eine dem digitalen Zeitalter gerechte Weiterentwicklung des Fernsehens. HDTV steht als Sammelbegriff für mehrere Fernsehformate und arbeitet gegenüber den SDTV-Formaten der alten analogen Fernsehnormen PAL, SECAM und NTSC mit einer weit höheren Bildauflösung.

**LDTV, SDTV, HDTV, UHDTV**

Fernsehformate werden in LDTV (Low Definition Television), SDTV (Standard Definition Television), HDTV (High Definition Television) und UHDTV (Ultra High Definition Television) eingeteilt. Bis zu einer Zeilenzahl von 288 spricht man von LDTV, bis 576 Zeilen von SDTV, ab 720 Zeilen von HDTV und ab 2.160 Zeilen von UHDTV.

Bei der progressiven Wiedergabe (nur Vollbilder) wird eine Bildauflösung von 1.280 × 720 Pixeln verwendet. Die Bezeichnung dafür lautet **720p**. Für die Interlaced-Wiedergabe (in Halbbildern) mit der Bezeichnung **1.080i** wird eine Bildauflösung von 1.920 × 1.080 Pixeln verwendet.

Die Bildwechselfrequenz kann bei HDTV 25 oder 50 volle Bilder pro Sekunde bzw. 50 Halbbilder pro Sekunde (EBU-System) und 24, 30 oder 60 volle Bilder pro Sekunde bzw. 60 Halbbilder pro Sekunde (FCC/ATSC-System) betragen.

Während in Europa die Einführung des HDTV langsamer in Gang gekommen ist, wird in den USA bereits seit der Jahrtausendwende in HDTV gesendet. In Japan wurden schon Mitte der neunziger Jahre Programme in HDTV übertragen.

After Effects ist schon seit Langem auf die HDTV-Auflösungen vorbereitet und bietet Einstellungen sowohl für 1.280 × 720 Pixel als auch für 1.920 × 1.080 Pixel.

**HDTV-fähige Geräte**

In Europa werden HDTV-fähige Geräte (also Monitore, Fernseher und Displays) mit dem Gütesiegel »HD ready« versehen.

▲ **Abbildung 1.11**
Geräte mit dem Gütesiegel »HD ready« sind HDTV-fähig.

Für die Vergabe des »HD ready«-Siegels müssen die Geräte eine minimale native Auflösung von 720 Bildschirmzeilen, das 16:9-Seitenverhältnis und die Formate 720p (1.280 × 720 bei 50/60 progressiv) und 1.080i (1.920 × 1.080 bei 50/60 interlaced) unterstützen. Mit dem HDTV-Symbol werden HDTV-fähige Receiver und Empfangsgeräte gekennzeichnet.

▲ **Abbildung 1.12**
HDTV-fähige Receiver und Empfangsgeräte werden mit dem HDTV-Symbol gekennzeichnet.

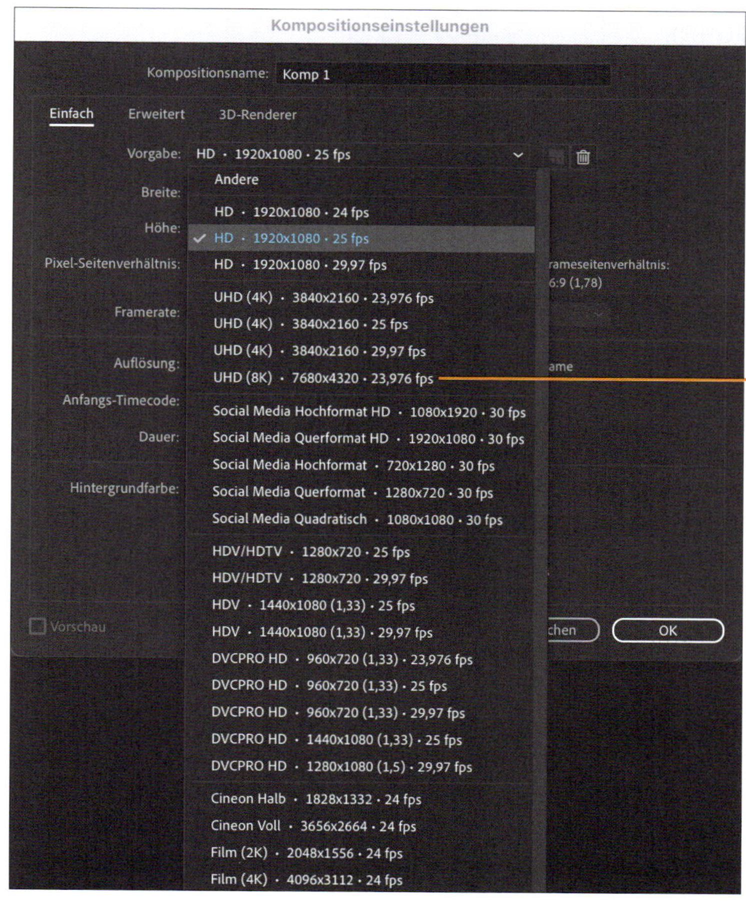


**Abbildung 1.13** ▶
After Effects bietet Einstellungen für die HDV-, HDTV- und UHD-Produktion als voreingestellte Formate an.

### 1.4.1 4:3- und 16:9-Format

Das allgemein gebräuchliche 4:3-Format mit einem Bildseitenverhältnis von 1,33:1 findet bei HDTV keine Anwendung mehr, obwohl es auf den Wiedergabegeräten ausgestrahlt werden kann. Stattdessen arbeitet HDTV mit einem 16:9-Format mit einem Bildseitenverhältnis von 1,78:1 und quadratischen Pixeln. Das auch unter dem Namen Widescreen bekannte Format ergibt einen breitwandigen Kinoeindruck und entspricht den menschlichen Sehgewohnheiten besser als das 4:3-Format.

## 1.5 Ultra HDTV

Der Ultra-HDTV-Standard (Ultra High Definition Television, UHDTV) umfasst zwei Formate, einmal die Größe mit 3.840 × 2.160 Pixeln (oft fälschlich als »4K« bezeichnet) und die Größe mit 7.680 × 4.320 Pixeln (auch mit »8K« bezeichnet oder passender mit Full Ultra HD, FUHD).

Im Vergleich zum HDTV-Standard ist das FUHD-Format viermal so breit und hoch und weist somit die 16-fache Auflösung von HDTV auf. Die Bildwechselfrequenz liegt bei 60 Vollbildern pro Sekunde, die Farbtiefe pro Kanal bei 10 Bit. Hinzu kommt eine deutlich höhere Soundqualität bei den 24 Audiokanälen, die mit 24 Lautsprechern nutzbar sind.

Nicht zu verwechseln ist Ultra HDTV (UHDTV) mit Ultra Definition Television (UDTV), das nur ein Zwischenformat auf dem Weg zu Ultra HDTV darstellt. Beim Kauf eines Fernsehers, der mit Schildchen wie »4K« oder »UHD« beklebt ist, drehen Sie mit an der »unendlichen« Wachstumsspirale, denn der Grund für einen solchen Kauf läge nicht im Nutzen für Sie, sondern darin, dass Wachstum ohne Wegwerfen keinen Bestand hat – Sie können den Elektronikschrottplatz also getrost noch einige Jahre meiden, da inzwischen mal gerade natives HD ständig in die Haushalte gesendet wird, von UHD ist da noch wenig zu sehen! Wenn Sie sich trotzdem für unaufhaltsames Wachstum entscheiden, dann nutzt Ihnen ein 4K-Fernseher vor allem für Ihre eigenen, mit der neugekauften 4K-Kamera aufgenommenen Filme oder zum Anschauen einiger in 4K gedrehter Filme bei manchen Streamingdiensten. Wie Sie in Abbildung 1.13 erkennen können ❶, hätte After Effects zur Not auch 8K im Angebot. Kompositionen in 8K zu bauen, ist aber selbst für schnelle Rechner nicht trivial, und ich empfehle Ihnen daher, dies nur dann zu tun, wenn Sie oder Ihr Auftraggeber das Format am Ende tatsächlich auch abspielen können.

**VHS und S-VHS**

VHS (Video Home System) wurde von der Firma JVC entwickelt und ist ein analoges Aufnahme- und Wiedergabesystem. Die Daten werden bei VHS auf einem Magnetband gespeichert.

S-VHS (Super Video Home System) ist eine Weiterentwicklung von VHS und damit abwärtskompatibel. S-VHS erlaubt die Aufzeichnung einer gegenüber VHS beinahe verdoppelten Auflösung. Die bessere Bildqualität gegenüber VHS resultiert außerdem aus der Trennung der Farb- und der Helligkeitsinformation bei der Aufzeichnung, einem schnelleren Bandtransport und einer höheren Bandqualität.

## 1.6 Aufzeichnungsformate

Für die Aufzeichnung von Bilddaten ist in der Vergangenheit eine ganze Reihe an Aufzeichnungsverfahren entstanden. Ein einheitlicher Standard hat sich dabei leider nicht durchgesetzt. Ältere Aufzeichnungsverfahren waren beispielsweise VHS und S-VHS. Etwas neueren Datums ist die DV-Technologie, die sowohl im Consumer- als auch im Profibereich eingesetzt wird.

Später dienten verschiedene Disks als Datenträger: DVD, HD-DVD, Blu-ray-Discs. Den vorläufigen Endpunkt dieser Entwicklung bildet das Schreiben auf Memory Cards oder Flash-Speicher wie beispielsweise Solid-State-Disks (SSDs). Was uns leider seit den frühen Tagen der DV-Ära erhalten geblieben ist, sind die verschiedensten Dateiformate mit ganz unterschiedlichen Kompressionsalgorithmen, wobei es jedoch schon immer zu den Stärken von After Effects zählte, mit den allermeisten dieser Formate souverän zurechtzukommen.

### 1.6.1 DV

DV ist ein Sammelbegriff, der sowohl für eine speziell bei dieser Aufzeichnung verwendete Komprimierung der Videodaten als auch für eine bestimmte Bandart zur Aufzeichnung der Videodaten in DV-Kameras verwendet wird.

Zunächst wurde das DV-Aufzeichnungsverfahren von Sony 1997 für den Consumerbereich eingeführt. Bald kamen DVCAM von Sony und DVCPRO von Panasonic als Weiterentwicklung für den Profibereich hinzu. Das Revolutionäre an der Technologie von Sony ist, dass Bilddaten nicht analog, sondern digital aufgezeichnet werden. Das heißt, die in der Kamera ankommenden analogen Bildsignale werden vor der Speicherung in digitale Signale umgewandelt und erst dann auf ein Magnetband aufgezeichnet.

Während bei der analogen Aufzeichnungsvariante Bildverluste bei Bandfehlern nicht wiederherstellbar waren, können diese bei DV durch Korrekturmechanismen vermieden werden. Auch bei der Übertragung der Videodaten ergeben sich Vorteile durch die vorherige Digitalisierung, da keine sogenannten Generationenverluste mehr entstehen.

Die Qualität der DV-Aufnahmen im Consumerbereich wird durch mehrere Komprimierungsvorgänge der Bilddaten **vor** der Aufzeichnung geschmälert, obwohl immer noch eine sehr hohe Qualität erreicht wird. Vor der Speicherung durchlaufen die ankommenden Bilddaten eine kleine Fabrik, bei der sie mehrfach komprimiert werden, bis eine kontinuierliche Datenrate von 25 Mbit/s erreicht wird.

Diese Komprimierung wird als **DV25** bezeichnet. Die CCD-Wandler der Kamera liefern dabei ein RGB-Signal. Die Abtastung des Signals erfolgt mit 4:2:0-Farbsampling, wobei die RGB-Daten in den YUV-Farbraum übertragen werden.

Die Daten können digital über die FireWire-Schnittstelle (auch als IEEE 1394 und i.LINK bekannt) übertragen und auf der Festplatte gespeichert werden. DV-Camcorder im Consumerbereich verwenden zur Speicherung auf Band MiniDV-Kassetten.

**[Datenrate]**
Die Datenrate bezeichnet die Menge der innerhalb einer bestimmten Zeit übertragenen Daten. Mit der Datenrate wird auch die Geschwindigkeit beschrieben, mit der Daten von Speichermedien gelesen werden.

### 1.6.2 DVCAM und DVCPRO

DVCAM ist die professionelle Variante des DV-Formats und ist mit DV kompatibel. DVCAM-Geräte sind in der Lage, DV-Aufnahmen abzuspielen und umgekehrt. Die Bandgeschwindigkeit ist gegenüber DV erhöht, wodurch weniger Daten auf einem Band gespeichert werden und dieses dadurch weniger störanfällig wird. Ein weiterer Vorteil gegenüber DV besteht darin, dass Signale mit einer um die Hälfte verbreiterten Spur auf das Band geschrieben werden. Das Resultat ist eine bessere Resistenz gegen Störungen wie z. B. Staub, Spurabweichungen oder mechanische Einwirkungen wie Rütteln. Außerdem sind Audio und Video starr verkoppelt, was bei DV leider nicht der Fall ist. Zusätzlich ist eine Audioaufzeichnung mit vier Tonspuren möglich. Die Komprimierung erfolgt wie bei DV.

Das Format DVCPRO basiert ebenfalls auf dem DV-Format. Auch hier wurde die Bandgeschwindigkeit erhöht. Für PAL wird mit einer Komprimierung der Farbinformation von 4:1:1 gearbeitet. Das weiterentwickelte Format DVCPRO50 arbeitet mit einer höheren Datenrate von 50 Mbit/s und einem Farbsampling von 4:2:2.

**D1, D5**

D1 ist ein Videokassetten- und Videorekorderformat, das die Videonorm CCIR-601 bzw. ITU-R 601 verwendet. Die Pixel sind in dieser Norm nicht rechteckig und werden bei der Darstellung auf dem Computermonitor leicht verzerrt. Bei D1 und dem neueren D5-Standard werden die Videodaten, der Videonorm entsprechend, mit einer Auflösung von 4:2:2 und unkomprimiert gespeichert. Aufgrund der hohen Qualität der nach dieser Norm gespeicherten Videodaten werden D1 und D5 zur Archivierung sowie als Mastertapes in der Musikindustrie und in der Werbung verwendet und eignen sich für hochwertige Postproduktion.

Das D1-Format bildet die Basis für die digitalen Bandformate und die digitale Signalverarbeitung von Video-Informationen.

### 1.6.3 DVCPROHD

Wie DVCAM und DVCPRO wurde auch DVCPROHD von Panasonic aus dem DV-Format entwickelt. DVCPROHD arbeitet mit 4:2:2-Farbsampling und einer Datenrate von 100 Mbps. Die Komprimierung der Bilddaten erfolgt intra-frame wie bei den anderen DV-Formaten. Die Bandgeschwindigkeit ist im Vergleich zu DVCPRO viermal so hoch, sodass sich die Laufzeit der Kassette verringert. Allerdings kann auch auf P2-Karten bandlos aufgezeichnet werden, und die Speicherkapazität dieser Karten nimmt weiterhin zu.

### 1.6.4 HDV

HDV (High Definition Video) wurde entwickelt, um hochauflösendes Video auf den im Consumerbereich eingesetzten MiniDV-Kassetten aufzuzeichnen. Dabei wird eine **MPEG-2-Komprimierung** verwendet. Bei dieser Kompression werden mehrere aufeinanderfolgende Bilder zu Bildblöcken (GOP- bzw. IBP-Struktur) zusammengefasst. Ein framegenauer Schnitt von solchem MPEG-2-Long-GOP-Material ist problemlos möglich, und das mit allen aktuellen Schnittsystemen. Die Auflösung ist gegenüber HDTV geringer und beträgt 1.440 × 1.080 Pixel, wenn mit bester Qualität aufgezeichnet wird. Die Aufzeichnung ist in dieser Auflösung bei älteren HDV-Camcordern nur im Interlaced-Modus, also in Halbbildern, möglich. Mittlerweile bieten Sony und Canon HDV-Camcorder an, die auch im 1.080-Format eine progressive Aufzeichnung mit 24, 25 oder 30p erlauben.

Bei der Framerate kann zwischen 60 und 50 Halbbildern pro Sekunde gewählt werden. Bei der Aufzeichnung mit 1.280 × 720 Pixeln ist sogar auch bei älteren Camcordern eine Aufzeichnung im Vollbildmodus möglich, also progressiv mit den Frameraten 60, 50, 30 und 25 pro Sekunde. After Effects ist sogar bereits seit der Version 7 durch entsprechende Kompositionsvorgaben dafür gerüstet.

**Betacam**
Das Betacam-Format von Sony wurde seit seiner Entwicklung 1982 hauptsächlich im professionellen Bereich in Fernsehanstalten eingesetzt. Aus dem ursprünglichen Aufzeichnungsformat sind die Formate Betacam SP, Digital Betacam, Betacam SX, Betacam IMX und das HDCAM-Format hervorgegangen.

### 1.6.5 HDCAM und HDCAM SR

Das HDCAM-Format wird im Profibereich eingesetzt, vor allem in der HDTV-Produktion und für Kinofilme. HDCAM wurde 1997 von Sony entwickelt und 2003 durch HDCAM SR ergänzt.

HDCAM arbeitet mit einem digitalen Pre-Filter, weswegen aus den 1.920 × 1.080 (16:9-Bildformat) in 4:2:2 nur noch 1.440 × 1.080 in 3:1:1 aufgezeichnet werden. Eine hohe Detailtreue, ein hoher Kontrastumfang und eine hohe Schärfe sind hierbei gewährleistet. Nur HDCAM SR kann die volle HD-Auflösung (oder auch 1.920 × 1.080) in 10 Bit mit 4:2:2 bzw. 4:4:4 und wahlweise mit einer Datenrate von 440 bzw. 880 Mbit/s aufzeichnen. Die Framerate von HDCAM-Camcordern kann man umschalten: zwischen 24 Frames und den für die Broadcast-Produktion üblichen Frameraten.

**SxS Pro Express Cards**
SxS Pro Express Cards wurden speziell für den neuesten XD-CAM EX-Camcorder entworfen. Diese kompakten Flash-Speicherkarten bieten nahezu unverzögerte Lese- und Schreibleistungen mit einer Übertragungsrate von bis zu 800 Mbit/s.

### 1.6.6 XDCAM SD, XDCAM HD und XDCAM EX

XDCAM wurde 2003 von Sony eingeführt. Die Aufzeichnung erfolgt nicht mehr auf Band, sondern auf Professional Disc mit Speichergrößen von 23,3 und 50 GB. XDCAM (SD) arbeitet mit 8 Bit und einer Datenrate von 25 Megabit pro Sekunde. Es kann zwischen dem IMX-Codec (MPEG-2, 4:2:2, I-Frame Only) und DV-Codec (DV, 4:2:0, egal ob PAL oder NTSC) umgeschaltet werden. Das aufgezeichnete Bildformat beträgt, wie für SD-Produktionen üblich, bei NTSC 720 × 480 Pixel und bei PAL 720 × 576 Pixel.

Auf XDCAM HD kann man HD (MPEG-2 Long GOP, 8 Bit, 4:2:0) oder DV (4:2:0) mit Datenraten von 18, 25 und 35 Megabit pro Sekunde aufzeichnen. Die Aufzeichnung erfolgt in dem für HD-Produktionen üblichen Bildformat von 1.440 × 1.080. Das Format XDCAM HD 422 (seit 2008) bietet die Aufzeichnung von voller HD-Auflösung mit 1.920 × 1.080 oder 1.280 × 720 in 4:2:2-Abtastung mit 50 Mbit/s (MPEG-2 Long GOP) und bis zu acht Audiospuren. Aber es kann auch in die Codecs von XDCAM HD und XDCAM (auch IMX und DV) umgeschaltet werden.

XDCAM EX zeichnet auf SxS Pro Express Cards auf. Die Aufzeichnung erfolgt mit 35 Mbit/s in 1.920 × 1.080 bzw. 1.280 × 720 oder mit 25 Mbit/s in 1.440 × 1.080. Das Farbsampling ist jeweils 4:2:0. Audiodaten werden unkomprimiert und in Stereo aufgezeichnet.

**Sony Deutschland**

Weitere Informationen zu allen Produkten finden Sie unter *www.sony.de*.

### 1.6.7 AVCHD

Das AVCHD-Format wurde im Mai 2006 gemeinsam von den beiden Entwicklerfirmen Panasonic und Sony als bandloses High-Definition-Aufnahmeformat vorgestellt. Die Aufzeichnung erfolgt je nach Camcorder auf Festplatten, DVDs, SD-Karten oder Memory-Sticks.

Seit 2008 ist die Aufzeichnung von 1.080i, 1.080p und 720p möglich (mit Panasonic AG-HMC150). Sie erfolgt mit MPEG-4-AVC/H.264-Kompression für die Videodaten und mit Dolby AC-3 für die Audiodaten. Unkomprimierte Audiodaten in Form von Linear PCM Audio sind für den Consumerbereich nicht vorgesehen.

2009 brachte Panasonic AVCHD Lite auf den Markt. Geräte, die dieses Format verwenden, können maximal in 720p aufzeichnen. Die AVCHD-Aufnahmen werden direkt über USB oder über Kartenlesegeräte in den Computer eingespeist.

**AVC-Intra**

AVC-Intra (Advanced Video Codec – Intra-Frame Only) ist ein HD-fähiger Intra-Frame-Videocodec, der von Panasonic entwickelt wurde. Intra-Frame-Codierung wird im Gegensatz zur Inter-Frame-Codierung unabhängig von den umgebenden Bildern durchgeführt. AVC-Intra ist kompatibel mit dem Standard MPEG-4/Part 10 (H.264/AVC). Aufzeichnungen sind mit Datenraten von 50 Mbit/s bis zu 440 Mbit/s abhängig von der verwendeten Auflösung möglich. Im Vergleich zur Aufzeichnung mit DVCPROHD soll AVC-Intra bei halber Videodatenrate die gleiche Bildqualität erreichen. Als Aufzeichnungsmedium werden Panasonic P2-Speicherkarten verwendet.

### 1.6.8 Panasonic P2

Das Panasonic P2-Format ist ein Speicherformat für digitales Video, das 2004 von Panasonic eingeführt wurde. Genau genommen ist die P2-Karte ein Festspeichermedium in den Abmessungen einer PCMCIA-Karte. Sie kann auch in einem PCMCIA-Slot eines PCs verwendet werden. Video- und Audiodaten werden bei einer P2-Speicherkarte auf Flash-Memory aufgezeichnet. Die digitalen Video- und Audiodaten der Kamera werden im codec-unabhängigen Format MXF (**M**edia E**x**change **F**ormat) auf die P2-Karte aufgenommen. Vom P2-Format spricht man, wenn Bild und Ton eines Clips in Panasonic-Op-Atom-MXF-Dateien enthalten sind und sich in einer spezifischen Dateistruktur befinden. Die P2-Karte unterstützt bandlose Aufzeichnungsformate wie DVCPRO, DVCPRO 50, DVCPRO

HD und die Codec-Familie AVC-Ultra, zu der auch AVC-Intra 200 und AVC-Intra 444 gehören. Letzterer kann Bilder bis 4K mit einer Farbtiefe bis 12 Bit encodieren.

**XAVC**

XAVC ist ein Codec, der 2012 von Sony eingeführt wurde und für verschiedene Auflösungen in Sony-Kameras verwendet wird. So sind mit dem Codec HD-Größen sowie 2K und 4K mit Farbtiefen von 8, 10 und 12 Bit komprimierbar. Je nach Auflösung werden Datenraten von 200 bis 600 Mbit/s verwendet.

### 1.6.9 DPX

Das DPX-Dateiformat (Digital Picture Exchange) war ursprünglich vom Cineon-Format (».cin«) des Filmscanners Kodak Cineon »FIDO« abgeleitet. Verwendet wird es in einer digitalen Zwischenstufe (Digital Intermediate) der Postproduktion, bei der analoges Filmmaterial gescannt und digital umgewandelt wird, und zur Effektbearbeitung. Digitales Kameramaterial wird direkt genutzt. Das umgewandelte Material wird digital nachbearbeitet (Schnitt, Farbkorrektur etc.). Da das Format einen sehr großen Kontrastumfang pro Farbkanal unterstützt (10 Bit unkomprimiert), ist es das allgemein verbreitete, gebräuchliche Dateiformat in der Spielfilmproduktion.

### 1.6.10 REDCODE

Das Raw-Format REDCODE (».r3d«) wird in allen RED-Kameras verwendet. Redcode Raw ist ein Codec, der es erlaubt, Raw-Daten des Kamerasensors mit Auflösungen bis zu 7.680 × 4.320 (8K) so zu komprimieren, dass diese Datenmengen fortlaufend gespeichert werden können. Der Codec erlaubt Aufzeichnungen in variablen Datenraten. Der Codec ähnelt dem JPEG-2000-Codec. Die Farbtiefe beträgt 12 Bit.

**ARRIRAW**

Das ARRIRAW-Format ist ein Rohdatenformat, das in den für die Kinoproduktion genutzten Arri-Kameras D21 und Alexa verwendet wird. Die Aufzeichnung ist bei der Alexa XT direkt in der Kamera auf XR Capture Drives möglich, die die SSD-Technologie nutzen. Somit sind Datenraten bis 850 MBit/s möglich. Die Farbtiefe der Aufzeichnung liegt bei 12 Bit.

### 1.6.11 Handyfilm

Hochaufgelöstes Videomaterial aufzunehmen, ist inzwischen mit jedem modernen Smartphone möglich. Und so wie beispielsweise der Regisseur Steven Soderbergh das Smartphone für Kinofilme verwendet, nutzen auch immer öfter professionelle Anwender das Handy zur Videoaufnahme. Aufgezeichnet wird meist im Format H.264 oder H.265, bei beiden handelt es sich um Weiterentwicklungen des bewährten MPEG-Videokompressors. Beide Formate erstellen Videos in beeindruckender Bildqualität bei erstaunlich kleinen Dateigrößen, und H.265 schafft dies sogar in 8K-Auflösung.

# Kapitel 2

# Tour durch das Programm

*In diesem Kapitel erhalten Sie einen Überblick über die Arbeitsoberfläche von After Effects und den Umgang mit Projekten. Ich erläutere die wichtigsten Fenster und Paletten von After Effects, und Sie führen Ihr erstes komplettes Projekt durch!*

## 2.1 Die Benutzeroberfläche im Überblick

Die wichtigsten Fenster von After Effects sind das Projektfenster, das Kompositionsfenster und die Zeitleiste. Daneben begegnen Ihnen das Effektfenster sowie das Footage-Fenster und das Ebenenfenster.

### 2.1.1 Hauptfenster

Schauen wir uns zunächst die Fenster an, die Sie in wirklich jedem Projekt auf der Oberfläche angezeigt bekommen.

**Projektfenster**

Im Projektfenster ❷ (siehe Abbildung 2.1) verwalten Sie Ihre importierten Rohmaterialdateien, die **Footage** genannt werden. Sie finden neben jeder importierten Datei eine Reihe an Informationen, die Ihnen etwas über den Typ der Datei, ihre Dauer und ihren Pfad auf der Festplatte verraten. Außerdem können Sie Dateien in Ordnern ablegen und im Suchfeld nach Dateinamen suchen.

**Kompositionsfenster**

Das Kompositionsfenster ❹ legt die Ausgabegröße Ihres Films fest. Das Layout Ihrer Dateien gestalten Sie im Kompositionsfenster ähnlich wie in Grafikprogrammen. Bild- und Videodaten ordnen Sie da-

**Mehrere Kompositionen**

Sie haben die Möglichkeit, mehrere Kompositionen mit unterschiedlichen Einstellungen anzulegen und diese ineinander zu verschachteln. Mehrere Kompositionen ermöglichen Ihnen zum einen Übersichtlichkeit und zum anderen manche Effekte, die in einer einzigen Komposition nicht möglich sind.

rin räumlich an. Räumliche Eigenschaften wie Skalierung, Drehung oder Position Ihres Rohmaterials legen Sie in der Komposition fest.

▲ **Abbildung 2.1**
Die drei Hauptfenster von After Effects sind das Projektfenster, das Kompositionsfenster und die Zeitleiste. Die Abbildung zeigt eine für viele Arbeiten optimale Einrichtung der Bedienoberfläche.

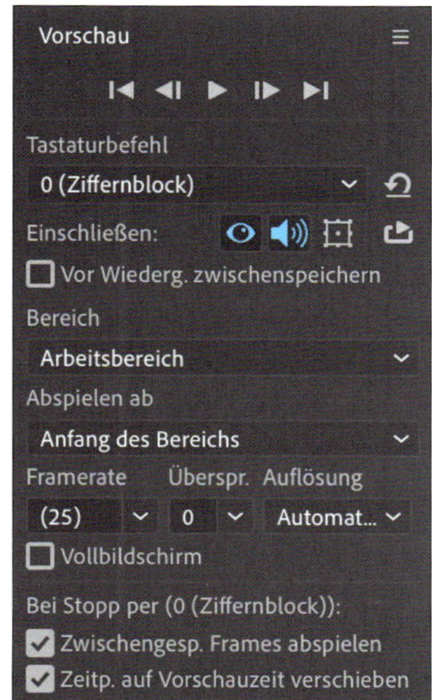


▲ **Abbildung 2.2**
Die Vorschau-Palette enthält die Abspielsteuerung für Kompositionen und Vorschauoptionen.

## Zeitleiste

In erster Linie dient die Zeitleiste ❺ dazu, festzulegen, zu welchem Zeitpunkt welches Material im Kompositionsfenster zu sehen ist. Auch den Beginn und das Ende der Animation einer Eigenschaft stellen Sie in der Zeitleiste ein. Mehrere Rohmaterialdateien werden in der Zeitleiste übereinander angeordnet, wobei die jeweils oberste die unteren verdeckt. So können mehrere zeitliche Veränderungen nebeneinander stattfinden. In der Zeitleiste wird jede Rohmaterialdatei **Ebene** genannt, egal, um welchen Dateityp es sich dabei handelt. Jede Ebene besitzt mehrere animierbare Eigenschaften.

## Vorschau und Werkzeugpalette

Neben den Fenstern haben Sie von Anfang an mit der Vorschau-Palette ❸ zu tun, die Sie über Fenster • Vorschau öffnen. Auch die Werkzeugpalette ❶, die Sie gegebenenfalls über Fenster • Werkzeuge anzeigen, wird Sie nie verlassen.

▲ **Abbildung 2.3**
Die Werkzeugpalette hält unter anderem Werkzeuge zur Bearbeitung von Masken, Text und zum Malen in Ebenen bereit.

### 2.1.2 Wichtige Fenster

Weitere wichtige Fenster, die Sie öffnen und auf die Oberfläche bringen können, sind die folgenden:

**Footage-Fenster**
Im Footage-Fenster (Abbildung 2.4) begutachten Sie eine importierte Datei in ihrem Originalzustand. Audio- und Videodateien werden ebenfalls abgespielt. Sie zeigen das Footage-Fenster über einen Doppelklick auf die importierte Datei im Projektfenster an. Daraufhin öffnet sich für Standbilder und für Video- und Audiodateien das Footage-Fenster, das wie eine Karteikarte neben dem Kompositionsfenster angeordnet wird. Sie können die Dateien abspielen, indem Sie die Leertaste im Ziffernblock drücken.

**Ebenenfenster**
Das Ebenenfenster bietet die Möglichkeit, eine Ebene getrennt von anderen Ebenen der Komposition zu betrachten. Sie öffnen es über einen Doppelklick auf die markierte Ebene in der Zeitleiste oder über das Menü EBENE • EBENE ÖFFNEN. Auch das Ebenenfenster wird wie eine Karteikarte neben dem Kompositionsfenster eingeblendet.

Essentiell wird das Ebenenfenster bei Verwendung der Malwerkzeuge, die sich nicht im Kompositionsfenster anwenden lassen, und beim Motion-Tracking. Masken können schon seit Längerem auch im Kompositionsfenster erzeugt werden, aber auch dabei ist die Bearbeitung im Ebenenfenster manchmal einfacher.

▲ **Abbildung 2.4**
Im Footage-Fenster werden die unbearbeiteten Dateien angezeigt.

▲ **Abbildung 2.5**
Das Ebenenfenster unterscheidet sich kaum vom Kompositionsfenster. Manche Bearbeitungen sind im Ebenenfenster jedoch einfacher.

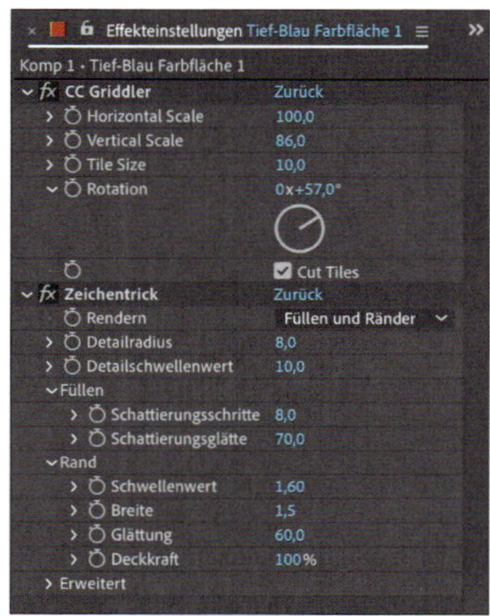


▲ **Abbildung 2.6**
Im Effektfenster werden ein oder mehrere Effekte verwaltet und eingestellt.

### Effektfenster

Im Effektfenster verwalten Sie einen oder mehrere Effekte und können selbst vorgenommene Einstellungen als Vorlagen speichern. Der erfahrene Anwender kann Animationen von Effekteinstellungen oft schneller im Effektfenster als in der Zeitleiste vornehmen. Sie öffnen das Fenster, indem Sie die Ebene, die einen Effekt enthält, in der Zeitleiste markieren und dann EFFEKTE • EFFEKTEINSTELLUNGEN ÖFFNEN wählen oder F3 drücken, oder Sie klicken einfach auf den Namen des Effekts in der Zeitleiste.

### Viewer

Zur besseren Übersicht Ihres Materials, der Kompositionen, Ebenen und Effekte werden in After Effects Elemente der gleichen Art, z. B. Footage (importiertes Material), nicht in etlichen neuen Registerkarten angezeigt, sondern innerhalb einer einzigen Registerkarte.

In der Praxis sieht das so aus: Sie doppelklicken nacheinander mehrere Footage-Elemente im Projektfenster an, um sie im Footage-Fenster zu öffnen. Wie in Abbildung 2.7 ersichtlich, wählen Sie die jeweiligen Elemente anschließend über das Popup-Menü per Klick auf den Namen neben FOOTAGE aus. Oben links an der Registerkarte finden Sie ein kleines Schloss. Wenn Sie es anklicken, wird es geschlossen bzw. geöffnet. Ist es geschlossen und öffnen Sie ein weiteres Footage-Element, so wird dieses in einer neuen Registerkarte angezeigt. Ebenso verhält es sich bei Kompositionen, Ebenen und Effekten mit ihrem jeweiligen Fenster (Kompositions-, Ebenen-, Effektfenster), die Sie separat öffnen können.

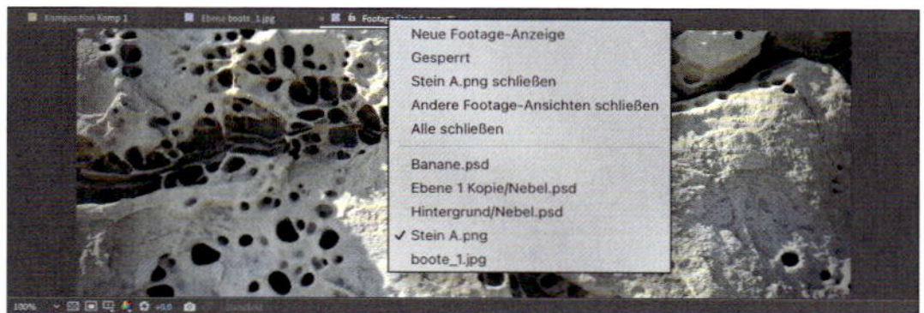


▲ **Abbildung 2.7**
Im Footage-Fenster werden nur die geöffneten Footage-Elemente im Popup-Menü angezeigt.

▲ **Abbildung 2.8**
Ebenso im Kompositionsfenster: Nur Kompositionsnamen werden angezeigt.

## 2.1.3 Weitere Fenster

Ein paar weitere interessante Fenster, auf die ich später in diesem Buch noch intensiv eingehen werde, seien vorab kurz vorgestellt.

### Effekte-Palette

Die Effekte-Palette, die Sie über FENSTER • EFFEKTE UND VORGABEN öffnen, ermöglicht Ihnen einen schnellen Zugriff auf alle installierten Effekte, und zwar sowohl auf die von Adobe mitgelieferten als auch auf nachinstallierte Drittanbieter-Plug-ins. Auch Animationsvorgaben werden hier gelistet. Das Suchfeld ermöglicht ein schnelles Auffinden bekannter Effektenamen. Im Palettenmenü, das Sie in jeder Palette über die Schaltfläche oben rechts öffnen, können Sie die Einträge NUR 32-BIT-FÄHIGE EFFEKTE ANZEIGEN und NUR GPU-FÄHIGE EFFEKTE ANZEIGEN wählen.

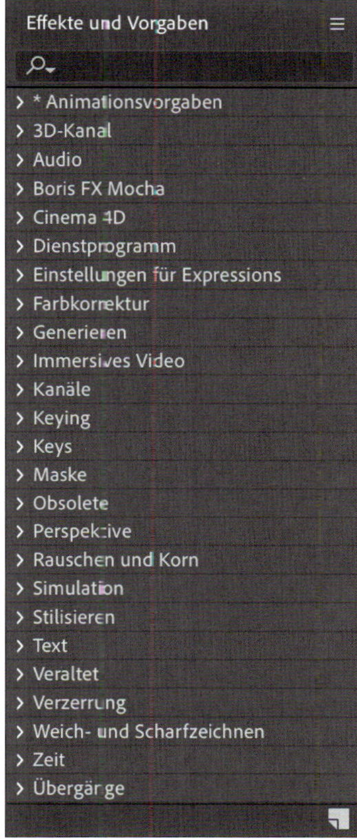


▲ **Abbildung 2.9**
Die Effekte-Palette nutzen Sie, um Effekte und Animationsvorgaben schnell aufzufinden.

### Zeichen-Palette

Die Zeichen-Palette, die Sie über FENSTER • ZEICHEN öffnen, enthält umfangreiche Editiermöglichkeiten für Text. Problemlos lassen sich Textgröße, Zeilen- oder Zeichenabstände, Textfarbe, die Kontur, die Schriftart und vieles mehr ändern.

### Tracker-Palette

Die Tracker-Palette, die Sie über FENSTER • TRACKER öffnen, ermöglicht es, ausgewählte Punkte in Filmmaterial zu tracken, also zu verfolgen. Außerdem lassen sich Objekte verfolgen, die Sie mit Masken umrandet haben. Das Ergebnis lässt sich beispielsweise auf importiertes Material anwenden und macht es möglich, ein Objekt nachträglich in gefilmtes Material einzubauen. Andere Möglichkeiten bestehen darin, Effekte einzubauen oder verwackelte Kameraaufnahmen zu stabilisieren.

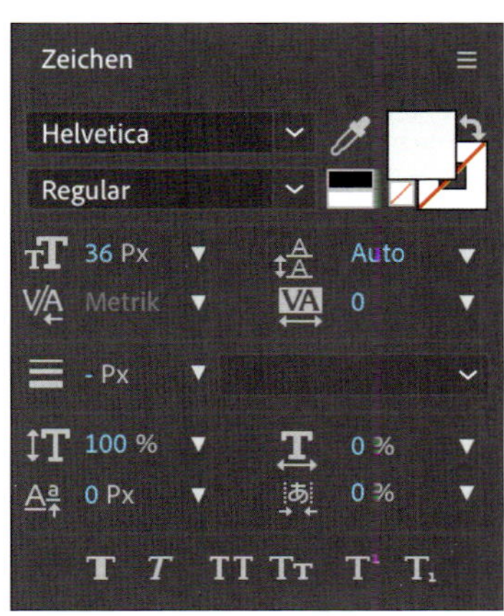


▲ **Abbildung 2.10**
Umfangreiche Editiermöglichkeiten für Text bietet die Zeichen-Palette.

▲ **Abbildung 2.11**
Mit der Tracker-Palette verfolgen Sie Trackpunkte und stabilisieren verwackelte Kameraaufnahmen.

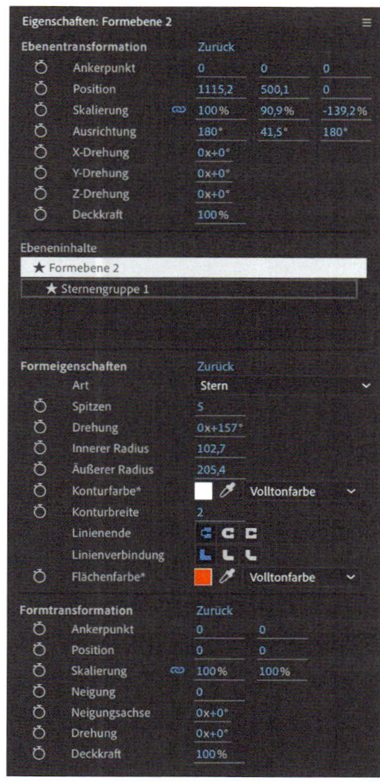


**▲ Abbildung 2.12**
Die Eigenschaften-Palette hält wichtige Ebenen-Parameter zur schnellen Bearbeitung und Animation bereit.

### Eigenschaften-Palette

Über Fenster • Eigenschaften öffnen Sie die Eigenschaften-Palette. Mit der Eigenschaften-Palette haben Sie schnellen Zugriff auf wichtige Ebenen- und Animationseigenschaften ohne langwieriges Suchen in anderen Programmfenstern. Als echter Timesaver erweist sich diese Bearbeitungsoption bei den Inhalten von Formebenen, den sogenannten Shapes, deren Eigenschaften bei der bisherigen Bearbeitung erst mit vielen Mausklicks in der Timeline zu erreichen waren.

## 2.2 Die Arbeitsoberfläche anpassen

Sie können alle Fenster und Paletten an einen anderen Ort verschieben und neu andocken und so an Ihre Arbeitsbedürfnisse anpassen. In der Voreinstellung existieren keine überlappenden Fenster – die Fenster und Paletten werden dynamisch an Veränderungen angepasst. Insbesondere bei der Arbeit mit mehreren Monitoren ist das Loslösen aus dem Fensterverbund hilfreich.

### 2.2.1 Fenster und Paletten verschieben und an- und abdocken

Um ein Fenster oder eine Palette an einen anderen Ort, z. B. in den Bereich einer anderen Palette, zu verschieben, klicken Sie auf den Reiter des entsprechenden Fensters und ziehen das Element auf die neue Position. Es wird dann in das Zielfenster eingefügt.

Jedes Fenster und jede Palette enthält ein kleines Menü für weitere Fensteroptionen, die selbsterklärend sind. Es verbirgt sich unter der kleinen Schaltfläche 1 rechts neben jedem Reiter eines Fensters.

Alle Fenster können Sie an ihren Rändern auf eine andere Größe ziehen und so das Erscheinungsbild dynamisch anpassen.

**Gestapelte Bedienfeldgruppe**

Sie können mehrere Paletten übereinandergestapelt anzeigen lassen, so wie es im Standard-Arbeitsbereich bereits für die Paletten auf der rechten Seite der Fall ist. Dazu wählen Sie im Kontextmenü einer Palette 1 den Eintrag Einstellungen für Bedienfeldgruppe • Gestapelte Bedienfeldgruppe.

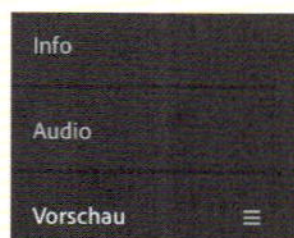


**▲ Abbildung 2.13**
Bedienfelder können Sie übereinanderstapeln wie hier.

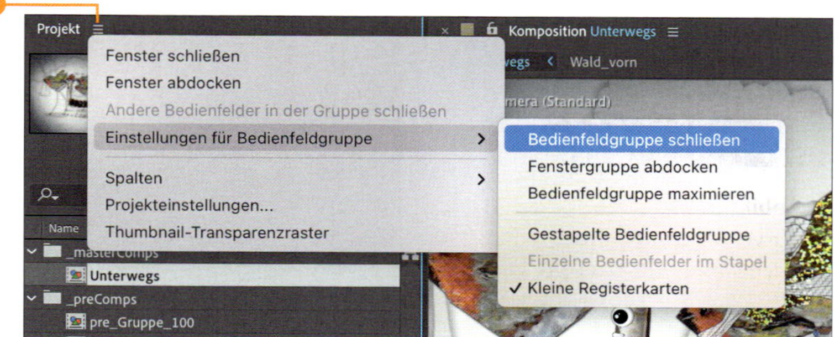


**▲ Abbildung 2.14**
Jedes Fenster besitzt ein Einblendmenü mit weiteren Optionen, z. B. zum Abdocken des Fensters.

Wählen Sie beispielsweise den Eintrag FENSTER ABDOCKEN, um ein Fenster aus dem Gesamtverbund zu lösen. Solche abgedockten Fenster werden zuoberst dargestellt. Wollen Sie eigene Änderungen an bereits vordefinierten Arbeitsbereichen speichern, wählen Sie FENSTER • ARBEITSBEREICH • ÄNDERUNGEN AN DIESEM ARBEITSBEREICH SPEICHERN. Wollen Sie zu den Standardeinstellungen zurückkehren, wählen Sie dort STANDARD AUF GESPEICHERTES LAYOUT ZURÜCKSETZEN. Sie finden dort auch weitere vordefinierte Arbeitsbereiche für spezifische Arbeiten wie ANIMATION, ESSENTIAL-GRAPHICS, FARBE, MALEN, EFFEKTE oder MOTION-TRACKING.

### 2.2.2 Eigene Arbeitsbereiche anlegen

Wenn Sie sich für eine bestimmte Verteilung der Fenster entschieden haben, die nicht als Voreinstellung existiert, können Sie Ihren individuellen Arbeitsbereich sichern, indem Sie FENSTER • ARBEITSBEREICH • ALS NEUEN ARBEITSBEREICH SPEICHERN wählen. Nachdem Sie einen Namen vergeben haben, können Sie diesen Arbeitsbereich in der Menüleiste über die Schaltfläche 2 abrufen.

Ebenfalls dort wählen Sie den Eintrag ARBEITSBEREICHE BEARBEITEN, um den Arbeitsbereich im darauffolgenden Dialog zu löschen oder die Anzeigereihenfolge zu ändern. Ziehen Sie einen Eintrag in der Liste ganz nach oben, so wird dieser Arbeitsbereich in der Menüleiste ganz links dargestellt 3. Die Menüleiste bietet so einen Ein-Klick-Schnellzugriff auf mehrere Arbeitsbereiche.

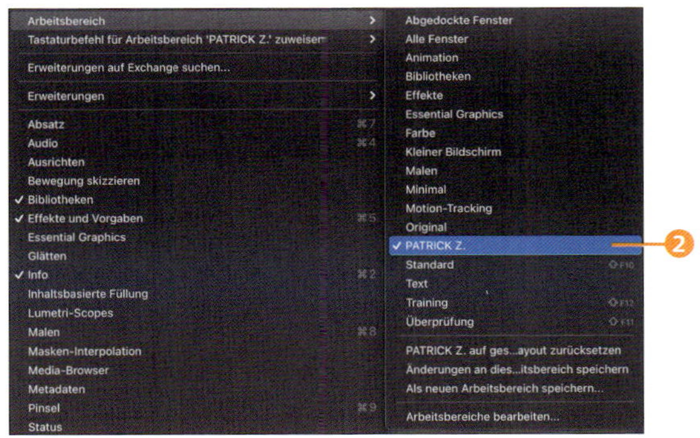


▲ **Abbildung 2.15**
Jeder voreingestellte oder selbsterstellte Arbeitsbereich ist im Menü abrufbar.

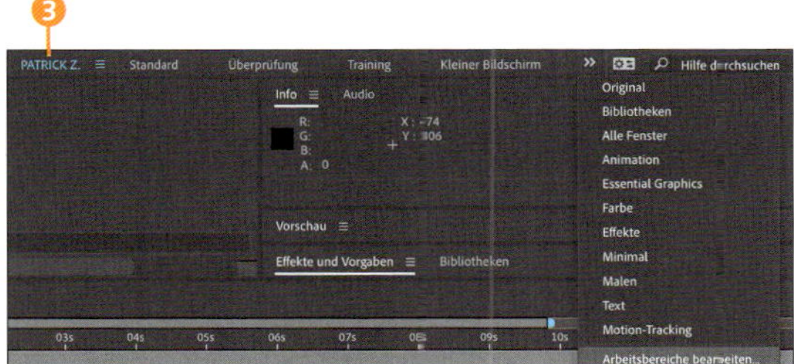


▲ **Abbildung 2.16**
Alle Arbeitsbereiche können Sie über eine kleine Schaltfläche verwalten und anschließend bearbeiten.

### 2.2.3 Mehrere Kompositionsansichten

In After Effects haben Sie die Möglichkeit, mit mehr als einer Kompositionsansicht zu arbeiten. Im Kompositionsfenster wählen Sie im

Einblendmenü ①, ob eine, zwei oder vier Ansichten der Komposition angezeigt werden. Mehrere Ansichten sind besonders beim 3D-Compositing in After Effects hilfreich. Neben den erwähnten Ansichten für die Arbeit mit 3D-Material können Sie auch weitere Kompositionsanzeigen erstellen, indem Sie mit der rechten Maustaste in den grauen Bereich im Kompositionsfenster klicken und dann NEU • ANZEIGE wählen. Lesen Sie dazu auch den Abschnitt 6.6.1, »Anzeigeeinstellungen für die Vorschau«.

Fürs Erste wird es Ihnen aber reichen, mit einer Kompositionsansicht zu arbeiten. Sie müssen also erst einmal nichts ändern.

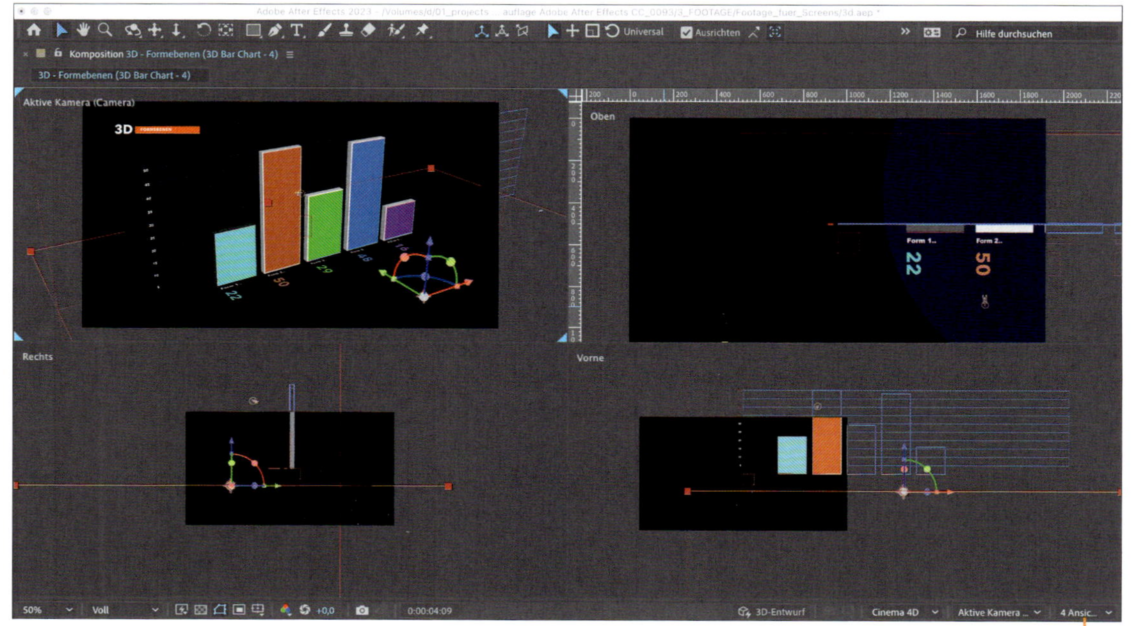


▲ **Abbildung 2.17**
Ein Arbeitsbereich mit vier Kompositionsansichten erleichtert die Arbeit beim 3D-Compositing in After Effects.

## 2.2.4 Erscheinungsbild

Erscheint Ihnen die Farbe der Benutzeroberfläche zu dunkel oder zu hell, können Sie die Farben aller Fenster, Paletten und Dialogfelder insgesamt abdunkeln bzw. aufhellen. Wählen Sie beim Mac AFTER EFFECTS • EINSTELLUNGEN • ERSCHEINUNGSBILD, unter Windows BEARBEITEN • VOREINSTELLUNGEN • ERSCHEINUNGSBILD. Per Klick auf die Schaltfläche STANDARD kehren Sie zum Ausgangszustand zurück.

## 2.3 Schnelles Arbeiten mit eigenen Tastaturbefehlen

Tastaturbefehle können Sie über den visuellen Editor einsehen und modifizieren. Hierzu wählen Sie BEARBEITEN • TASTATURBEFEHLE.

### 2.3.1 Überblick

Zunächst sehen Sie die Gesamtbelegung der Tastatur:

- Lila steht für globale Tastaturbelegungen, die anwendungsweit gelten, und für die Werkzeugleiste.
- Grün steht für Tastaturbelegungen in Bedienfeldern wie dem Kompositions- oder Ebenenfenster.
- Grau zeigt Tasten, denen kein Befehl zugeordnet wurde. Allerdings sind nahezu keine grauen Tasten vorhanden, alles scheint bereits zugeordnet zu sein. Wenn Sie aber auf der visuellen Tastatur die Tasten `Alt`, `⇧` und `Strg` oder Kombinationen davon betätigen, gibt es doch noch recht viele graue, also freie Tasten.

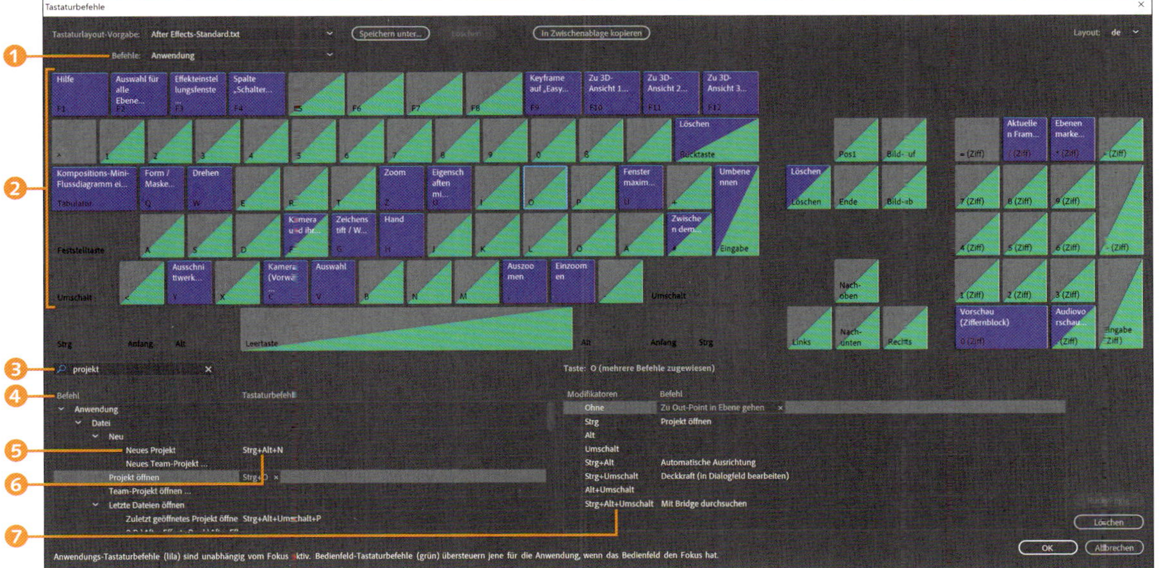


▲ **Abbildung 2.18**
Das visuelle Tastaturlayout verwenden Sie als Überblick über Tastaturbefehle und um diese zu modifizieren.

#### Tastaturbelegung nach Fenstern

Einen etwas spezifischeren Überblick über die Tastaturbelegungen erhalten Sie, wenn Sie unter BEFEHLE ❶ beispielsweise den Eintrag SCHNITTFENSTER wählen. Danach werden nur noch die Tastaturbelegungen angezeigt, die dieses Fenster betreffen. Aber was soll das überhaupt sein, das Schnittfenster? Es bezeichnet hier die Zeitleiste und wurde mit diesem Titel aus Premiere übernommen, wo solch ein visueller Tastatureditor schon länger existiert.

**Längere Beschreibung**
Halten Sie die Maustaste länger über einer der visuellen Tasten, erscheint eine Einblendung mit näheren Informationen. Steht anfangs »Anwendung«, handelt es sich um global für die gesamte Applikation gültige Tastenbelegungen, ansonsten sind sie spezifisch für einzelne Fenster.

### Belegung einzelner Tasten

Um die einer einzelnen Taste bereits zugewiesenen Befehle anzuzeigen, klicken Sie sie im visuellen Keyboard direkt an ❷. Für diese Taste, z. B. Taste »O«, werden nun im Bereich MODIFIKATOREN ❼ alle zugeordneten Befehle angezeigt. Dazu gehören auch die Befehle, die aus einer Kombination oder Modifikation mit »O« gebildet wurden, wie [Strg]+[O], also »Projekt öffnen«.

### Befehle suchen

Im Bereich BEFEHL ❹ können Sie durch sämtliche verfügbaren Befehle scrollen. Sie sind nach globalen Befehlen (insgesamt für die gesamte Anwendung) und nach Befehlen nur für die Bedienfelder sortiert. Ist Ihnen das zu umständlich, geben Sie den Befehl einfach ins Suchfeld ❸ ein. Sie erhalten die Funktion ❺ und daneben den dazugehörigen Befehl ❻ angezeigt.

## 2.3.2 Tastaturbefehle ändern

Im Fenster TASTATURBEFEHLE sollten Sie, bevor Sie etwas ändern, eine neue Vorgaben-Datei speichern. Klicken Sie dazu auf SPEICHERN UNTER, und geben Sie einen Namen ein. Anschließend wird auch die Schaltfläche LÖSCHEN aktiv. Sie wissen wozu.

**Nicht zuweisbar**
Den folgenden Tasten können Sie keine neuen Tastaturbefehle zuweisen:
A; AA; E; EE; F; FF; L; LL; M; MM; P; PP; R; RR; S; SS; D; TT; U; UU

### Einen Tastaturbefehl löschen

Sie möchten z. B. den Befehl PROJEKT ÖFFNEN auf eine andere Tastenbelegung ändern. Dazu suchen Sie den Befehl via Suchfeld oder klicken auf die passende Taste, falls Sie diese kennen, also das »O«. Sobald Sie jetzt auf den Eintrag PROJEKT ÖFFNEN ❶ oder den dazugehörigen Tastenbefehl klicken, erscheint ein Eingabefeld mit einem Kreuz ❷. Klicken Sie dort, ist der Befehl sofort verschwunden. Dafür wird die Schaltfläche RÜCKGÄNGIG dann ganz rechts aktiv.

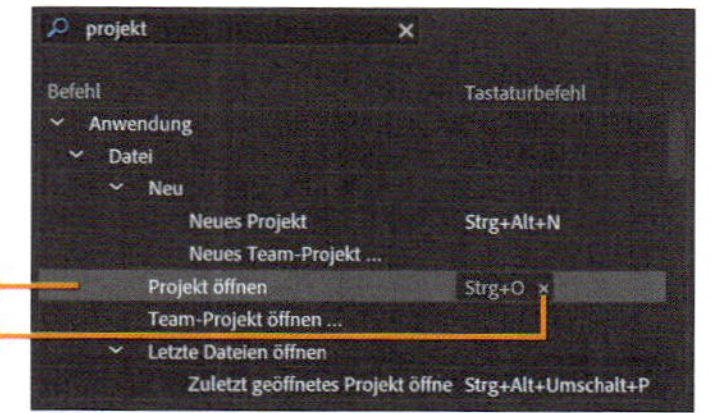


▲ **Abbildung 2.19**
Einen vorhandenen Tastaturbefehl löschen Sie per Klick aufs kleine Kreuz ❽.

### Einen Tastaturbefehl hinzufügen

Um einen neuen Tastaturbefehl für z. B. PROJEKT ÖFFNEN festzulegen, markieren Sie den Befehl in der Suchliste und klicken dann rechts daneben in der Spalte TASTATURBEFEHL auf das Eingabefeld ❸. Dieses wird dadurch aktiviert und farbig umrandet. Jetzt können Sie Ihren eigenen Befehl über die Computertastatur eingeben, z. B. [⇧]+[Ö]. Dann betätigen Sie noch die Schaltfläche OK, und schon ist der Befehl verwendbar und direkt im Projekt unter DATEI • PROJEKT ÖFFNEN sichtbar.

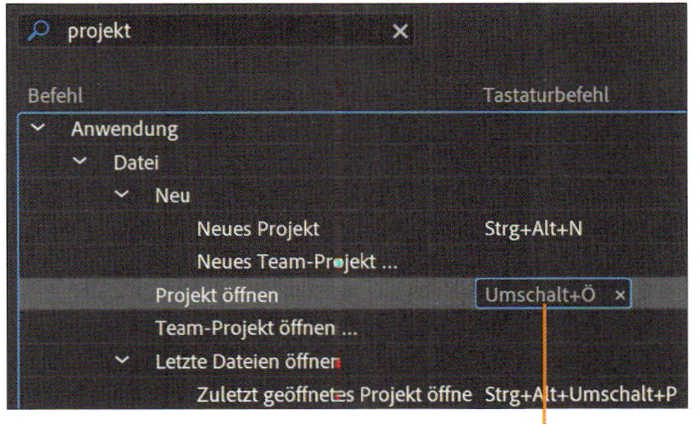


▲ **Abbildung 2.20**
Einen neuen Tastaturbefehl geben Sie bei aktivem Eingabefeld über die Computertastatur ein.

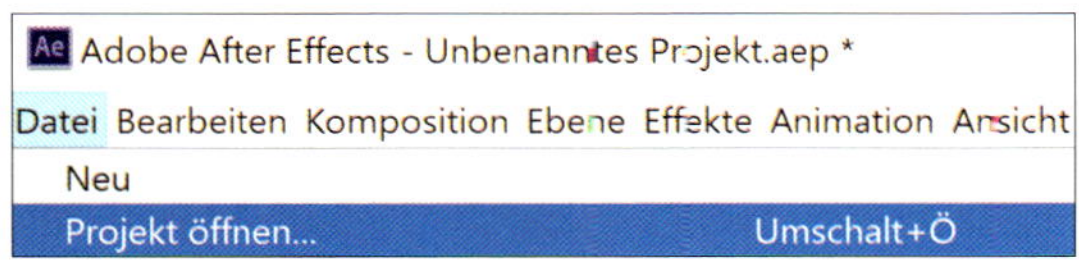


▲ **Abbildung 2.21**
Très bien! Der neue Tastaturbefehl erscheint in der After-Effects-Oberfläche.

**Warnung**
Wenn Sie einen Tastaturbefehl zuordnen, der aber bereits vergeben ist, gibt After Effects einen Warnhinweis aus. Sie können auf OK klicken; dann wird der Tastaturbefehl seiner bisherigen Zugehörigkeit entzogen und ihrer gewünschten Funktion zugeteilt. Alternativ klicken Sie auf RÜCKGÄNGIG.

▼ **Abbildung 2.22**
Haben Sie einen bereits vergebenen Tastaturbefehl gewählt, erscheint diese Warnung.

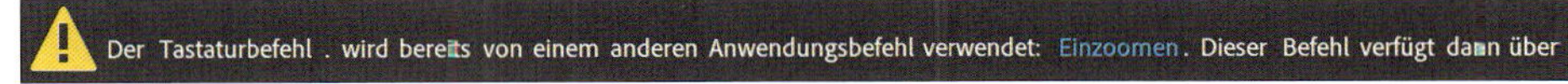


## 2.4 Projektplanung und -organisation

Die Planung eines Films, auch wenn er kurz ist, beginnt weit vor der Bearbeitung der Rohmaterialien und dem Import in After Effects.

### 2.4.1 Idee

Bevor Sie anfangen, Sounds und Videos aufzunehmen oder Grafiken zu zeichnen, sollte Ihnen klar sein, welche Idee Sie ausdrücken wollen und welche Aussage Ihr Film enthalten soll. Sie können später anhand Ihrer vorherigen Festlegungen testen, ob Ihre Aussage auch beim Publikum ankommt oder ob Sie andere Ausdrucksmittel benötigen. Sie können sich mühen wie Sisyphos, ständig neues Material aufnehmen, bereits bearbeitetes Material verwerfen … Bei guter Planung können Sie Ihre Nerven schonen, Zeit sparen und es vermeiden, im schlimmsten Fall den ganzen Film zu opfern.

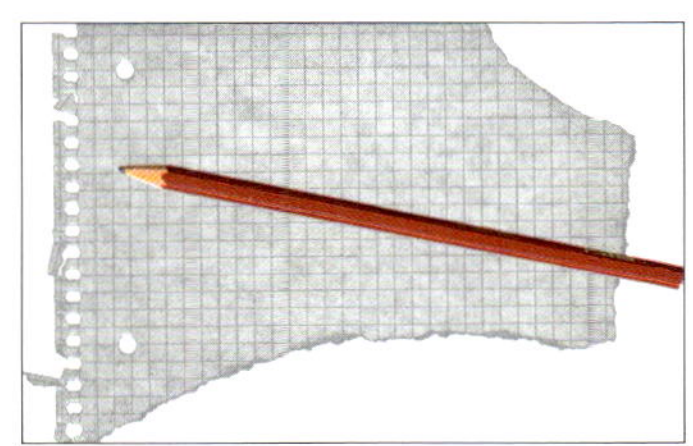

▲ **Abbildung 2.23**
Manchmal reicht schon ein kleiner Zettel für den Beginn.

## 2.4.2 Storyboard

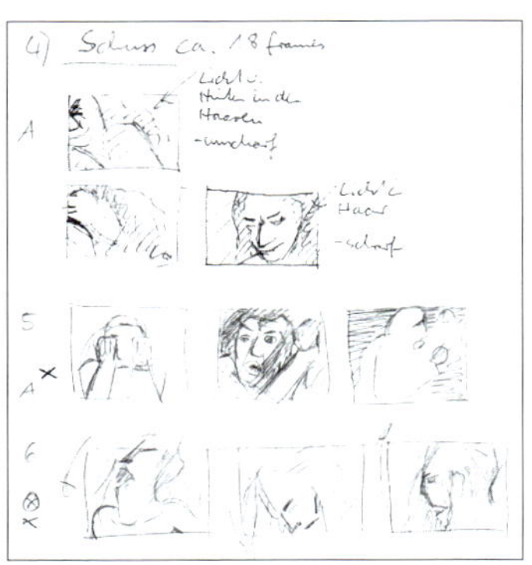

▲ **Abbildung 2.24**
Skizzen oder ein Storyboard sind grundlegend für eine gute Planung wichtiger Schlüsselszenen oder von Animationen und Effekten.

Der beste Weg, Fehler und Lücken im Konzept zu entdecken oder einer »so« nicht gemeinten Aussage auf die Spur zu kommen, ist, die Idee und alle zugehörigen Gedanken zu fixieren. Formulieren Sie Ihre Idee und die gewünschte Aussage. Legen Sie Mittel fest, wie die Aussage erreicht werden soll. Die von Ihnen verwendeten Mittel machen Ihre Kunst aus. Vielleicht arbeiten Sie nur mit gescannten Zeichnungen, vielleicht zeichnen Sie lieber vektororientiert in After Effects (ja, das geht!) oder einem Bildbearbeitungsprogramm. Vielleicht besteht Ihr Film aber auch ausschließlich aus Videomaterial, das Sie in After Effects verändern. In welche Farbigkeit oder Stimmung möchten Sie Ihren Film tauchen? Welche Effekte sollen verwendet werden, und was wollen Sie mit den Effekten erreichen? Welche Schriften sind passend? Und vergessen Sie auch den Sound nicht – die Stummfilmzeiten sind vorbei.

Haben Sie ein entsprechendes Exposé für Ihren Film formuliert, folgen Überlegungen zum zeitlichen Ablauf Ihres Films. Und da Sie mit einem visuellen Medium arbeiten, ist es sehr vorteilhaft, die Schlüsselszenen Ihres Films im Zeitverlauf darzustellen. Die einzelnen Szenen mitsamt den geplanten Effekten zeichnen Sie dazu in einem Storyboard. Ein Storyboard kann sehr detailliert ausgeführt sein und ähnelt bisweilen einem Comic. Es genügt aber auch ein Scribble, eine kleine Freihandskizze. Sie müssen nicht zeichnen können wie Henri de Toulouse-Lautrec, um eine Idee zu Papier zu bringen.

**On the fly**
Bevor das Compositing beginnt, ist also eine Menge an vorbereitenden Schritten nötig. Allerdings können Sie natürlich auch während der Arbeit am Projekt neues Rohmaterial erstellen oder in der Originalanwendung korrigieren.

## 2.4.3 Vorbereiten von Rohmaterial

Bevor Sie Rohmaterial (**Footage**) in After Effects importieren, ist es günstig, die Rohmaterialien weitgehend vorbereitet zu haben. Wichtig ist dabei, auf eine möglichst optimale Qualität Ihrer Standbild-, 3D-, Video- und Audiodaten zu achten. Die Vorbereitung beginnt also bei der Aufnahme eines Fotos oder Videos bzw. bei der Audioaufnahme.

**Beispielmaterial verwenden**
Sie sollten nun aber keine Angst haben, mit After Effects nichts anfangen zu können, weil Sie nicht die ganze Palette der Programme beherrschen. Es ist mit After Effects immer eine Menge möglich. Und für die Arbeit mit diesem Buch liegen alle in den Workshops verwendeten Rohmaterialien bereits in den Beispielmaterialien für Sie bereit. Gehen Sie dafür bitte auf die Website zum Buch: *www.rheinwerk-verlag.de/5699*

### Standbilddateien

Fotos, 2D- und 3D-Grafiken werden nicht in After Effects vorbereitet. Das bedeutet für Sie, dass Sie zunächst einzelne Bilder in pixelorientierten Anwendungen wie **Photoshop** oder vektororientierten Programmen wie **Illustrator** bearbeiten müssen, da After Effects nicht den gleichen Umfang und Komfort für die Bildbearbeitung bietet.

▲ **Abbildung 2.25**
Bildbearbeitungen wie diese Auswahl sollten Sie in entsprechenden Bildbearbeitungsprogrammen und nicht in After Effects durchführen.

▲ **Abbildung 2.26**
Zur Vorbereitung von Grafiken eignen sich Programme wie Adobe Illustrator.

### Video- und Audiomaterial

Besonders für die Verwendung von Videomaterial ist vorausschauendes Denken vorteilhaft. Das fängt bereits bei der Aufnahme des Materials an. In jeder Minute Material steckt am Ende eine lange Nachbearbeitung – sowohl beim Schnitt als auch beim Compositing. Es geht dabei nicht darum, so wenig wie möglich aufzunehmen, sondern um eine gute Vorplanung. Nach der Aufnahme schneiden Sie Ihr Videomaterial in einem entsprechenden Programm wie **Premiere Pro**, danach erfolgt der Import in After Effects.

Ähnlich verhält es sich mit Audiomaterial. Auch hier gilt es, eine Aufnahme in möglichst hoher Qualität vorbereitet zu haben und sie in einem Soundprogramm wie **Adobe Audition** zu bearbeiten und zu schneiden, bevor Sie die Sounddatei in After Effects importieren. Dies gilt natürlich nicht für die komplette Nachvertonung eines Films. In diesem Fall würden Sie den fertigen Film oder einen Dummy davon zur Vertonung in ein Soundprogramm laden.

### 3D-Material

After Effects bietet viele Möglichkeiten zur Verarbeitung von 3D-Material und zum Erstellen einfacher 3D-Elemente. Ein wirkliches 3D mit aufwendigem Modelling ist jedoch nicht die Sache von After Effects. Sie sind auch hier auf andere Applikationen angewiesen. After Effects bietet dafür eine unterschiedlich gute Integration mit 3D-Programmen, die es ermöglicht, viele 3D-Daten in After Effects zu übernehmen.

Ganz besonders hervorzuheben ist dabei die Zusammenarbeit zwischen **Cinema 4D** und After Effects. Außerdem wird ja auch eine Lite-Version von Cinema 4D mitgeliefert. In Kapitel 20, »Integration mit 3D-Applikationen«, zeige ich Möglichkeiten der Datenübernahme aus 3D-Applikationen, insbesondere mit Cinema 4D, auf. Außerdem können Sie viele Aufgaben über Plug-ins wie **3D-Flag** der Firma Zaxwerks erledigen, das »echtes« 3D in After Effects ermöglicht, sowie über **PlaneSpace** von Red Giant Software (früher **3D Assistants** von Digital Anarchy), mit dem Sie 3D-Ebenen zu Objekten wie Würfeln, Zylindern etc. formen.

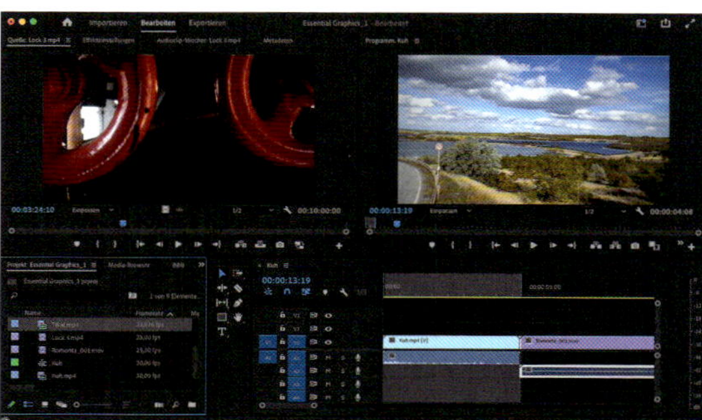

▲ **Abbildung 2.27**
Filmmaterial schneiden Sie vor dem Import in After Effects in einem Editing-Programm wie Premiere Pro.

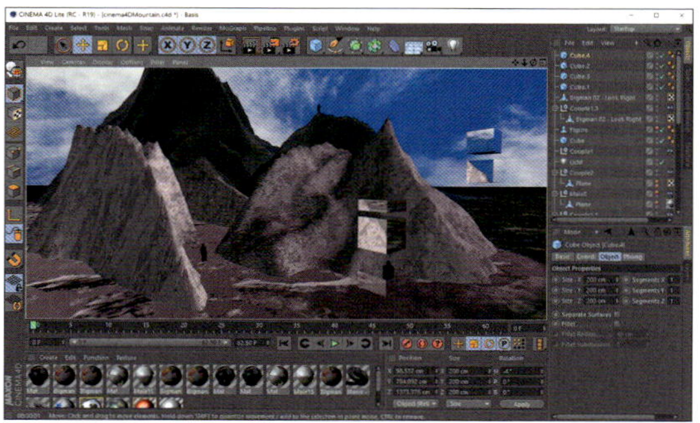

▲ **Abbildung 2.28**
After Effects bietet eine gute Integration mit 3D-Applikationen. Für das 3D-Modelling sollten Sie diese Applikationen, hier am Beispiel von Cinema 4D, einsetzen.

## 2.4.4 Ausgabemedium und Kompositionseinstellungen

Sobald das Storyboard konzipiert ist und bevor Sie ein Projekt in After Effects anlegen, sollten Sie das Verteilermedium klären, d.h. die Frage, für welches Medium produziert wird. Überlegen Sie also immer: Wie wird der Film am Ende ausgegeben? Für die Ausgabe eines Kinofilms sind z. B. andere Einstellungen nötig als für eine Ausgabe, die nur auf dem Computer läuft.

Sie nehmen diese Einstellungen gleich am Anfang beim Anlegen einer Komposition vor.

Um eine Komposition anzulegen, wählen Sie Komposition • Neue Komposition. Es öffnet sich das Fenster Kompositionseinstellungen. Dort wählen Sie unter Vorgabe ❶ eines der gebräuchlichen Formate. Hier legen Sie z. B. auch die Framerate ❸ und gegebenenfalls unter Breite und Höhe ❷ die Framegröße fest.

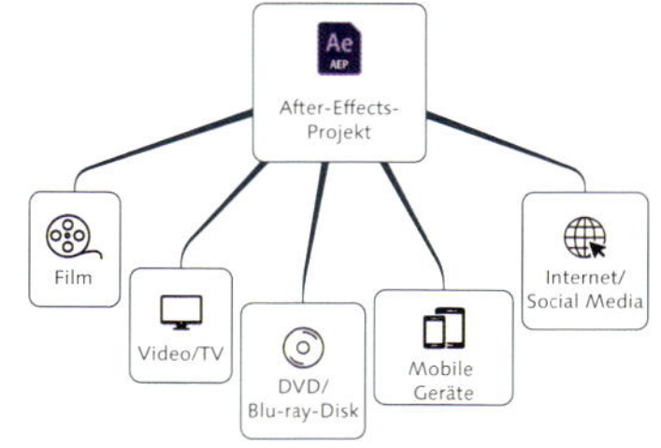


▲ **Abbildung 2.29**
Mit After Effects können Sie Filme für die verschiedensten Medien produzieren. Vor der Arbeit mit After Effects sollten Sie sich auf eines davon festlegen.

Es ist günstig, das Format nicht zu wechseln. Wenn Sie das Ausgabeformat im Nachhinein vergrößern, müssen Sie mit Qualitätseinbußen rechnen. Eine Ausgabe in ein kleineres Format bereitet in dieser Hinsicht nicht so große Probleme. Das Verteilerformat ist auch für die Rohmaterialien entscheidend, die Sie im Projekt verwenden wollen. Eine Grafik für die Ausgabe auf Video muss beispielsweise anders erstellt werden als für die Ausgabe auf ein Filmformat. Sie sollten sich also auf jeden Fall mit den Spezifikationen Ihres Verteilermediums vertraut machen, bevor Sie mit der Arbeit beginnen.

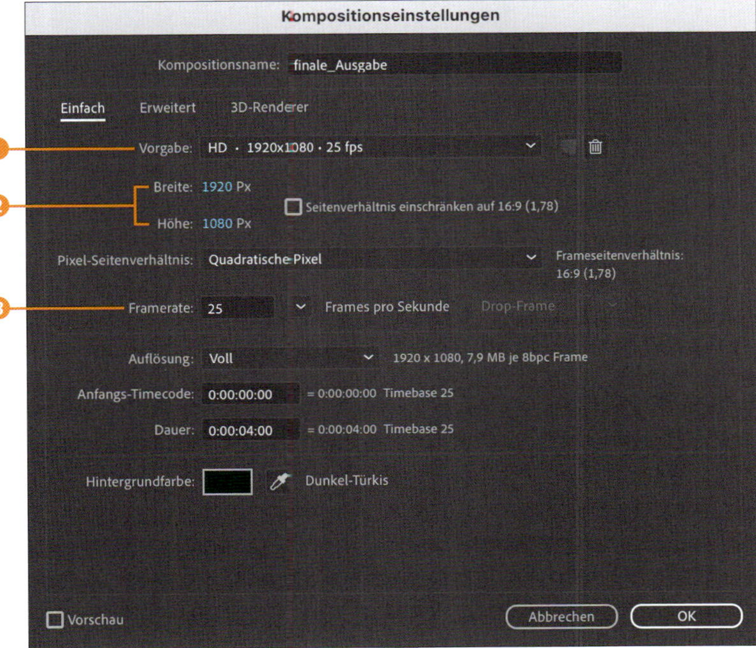


▲ **Abbildung 2.30**
Bevor Sie mit der Animation beginnen, muss klar sein, mit welcher Kompositionsgröße und welcher Framerate Sie arbeiten. Das hängt vom Ausgabemedium ab.

**Drop-Frame- und Non-Drop-Frame-Timecode**

Drop-Frame- und Non-Drop-Frame-Timecode sind Zählmethoden für Frames von Videomaterial. Relevant sind sie nur für die Arbeit mit NTSC-Material.

Da NTSC-Material mit 29,97 Frames aufgenommen wird, der After-Effects-Timecode jedoch 30 fps anzeigt, werden bei Drop Frame jede Minute zwei Timecode-Framenummern entfernt (nicht etwa Frames des Videos!). Die Diskreparz zwischen den Zählwerten wird ersichtlich, wenn Sie 29,97 × 60 = 1.798,2 (für eine Minute) rechnen versus 30 × 60 = 1.800. Der Timecode ist bei 30 fps zwei Frames pro Minute voraus.

Seit After Effects CS6 wird die Zeitanzeige für die Arbeit mit NTSC-Material nur noch für jede Komposition einzeln eingerichtet statt wie früher für das gesamte Projekt.

Mehr Informationen dazu finden Sie in Abschnitt 4.1.2, »Kompositionseinstellungen«.

## 2.5 Projekte anlegen, speichern und öffnen

Wie Sie in After Effects ein neues Projekt anlegen, speichern und öffnen, erfahren Sie im folgenden Abschnitt.

### 2.5.1 Projekt anlegen

Ein neues Projekt legen Sie einfach über den Startbildschirm per Klick auf die Schaltfläche Neues Projekt oder, falls Sie den Startbildschirm nicht verwenden, über Datei • Neu • Neues Projekt oder Strg + Alt + N an. After Effects speichert in Ihrer **Projektdatei** mit der Dateiendung ».aep« die Verknüpfungen zu Rohmaterialdateien, Projekteinstellungen, Ihre Kompositionen, Animationen, Effekteinstellungen und den Inhalt der Renderliste. Die kleine Projektdatei enthält also alles, was Sie zur Weiterarbeit an laufenden Projekten benötigen.

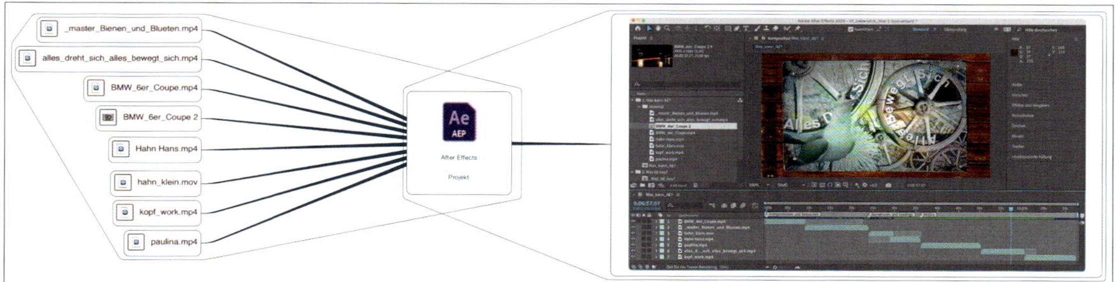


▲ **Abbildung 2.31**
In der Projektdatei (».aep«) werden Verknüpfungen zu den importierten Rohmaterialien, Kompositionen, Animationen etc. gespeichert.

Seit der Programmversion 2022 können Sie Projekte auch kollaborativ bearbeiten. Klicken Sie dafür auf dem Startbildschirm auf Neues Team-Projekt. After Effects speichert die Projektdaten dann so in der Adobe Cloud, dass Sie und Ihr Team darauf zugreifen können. Die Rohmaterialien liegen dabei ebenfalls auf einem freigegebenen Netzwerkspeicher, etwa auf einer schnellen Platte in Ihrem Netzwerk oder auch in der Cloud. Wichtig ist nur, dass alle Mitglieder des Teams die Daten lesen und schreiben können.

### Startbildschirm

Über den Startbildschirm können Sie auch einige Tutorials zu After Effects abrufen, die den Einstieg erleichtern können. Per Klick auf das Lupensymbol erhalten Sie eine Eingabezeile und suchen anschließend direkt auf den Adobe-Webseiten. Über die Schaltfläche rechts oben 1 gelangen Sie in Ihren Adobe-Account.

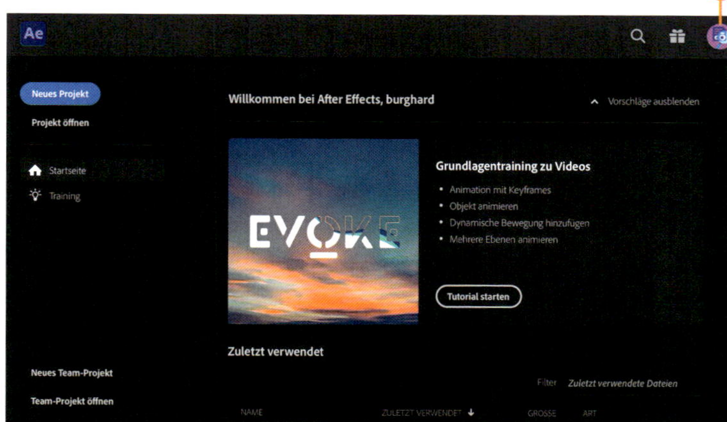


**Abbildung 2.32** ▶
Über den Startbildschirm können Sie Projekte erstellen und Ihren Adobe-Account besuchen.

Wenn Sie ein paar Projekte erstellt haben, werden diese im Startbildschirm aufgelistet, und Sie haben dort einen schnellen Zugriff.

Übrigens: In der Menüleiste der Bedienoberfläche gelangen Sie per Klick auf das Haussymbol oben links immer wieder zum Startbildschirm.

**Voreinstellungsdatei**
Eine in den Anwendungsordnern von After Effects versteckte Datei regelt derweil die Erscheinung aller Ihrer Projekte auf dem Bildschirm: die Voreinstellungsdatei. After Effects startet mit Standardeinstellungen, die in dieser Voreinstellungsdatei gespeichert sind. In dieser Voreinstellungsdatei werden Einstellungen gespeichert, die Sie während der Arbeit mit After Effects geändert haben. Dazu zählen z. B. Positionen von Fenstern und Paletten sowie Arbeitsbereiche, die Sie selbst definiert haben. Wie das geht, lesen Sie in Abschnitt 2.2, »Die Arbeitsoberfläche anpassen«, nach.

Manchmal ist es nötig, die Voreinstellungsdatei auf die Standardeinstellungen zurückzusetzen, zum Beispiel, wenn After Effects einmal gar nicht mehr »will«. Beenden Sie dazu After Effects, und halten Sie beim Neustart des Programms, kurz nachdem Sie auf das Start-Icon geklickt haben, die Tasten [Strg]+[Alt]+[⇧] gedrückt, bis After Effects fragt, ob die Voreinstellungsdatei tatsächlich gelöscht werden soll. Bestätigen Sie mit OK. Danach hat After Effects alle veränderten Einstellungen vergessen, als wäre es gerade erst installiert worden.

**Startbildschirm nicht anzeigen**
Über Bearbeiten • Voreinstellungen • Allgemein entfernen Sie das Häkchen bei Startbildschirm aktivieren. Nach einem Neustart beginnen Sie ohne den Startbildschirm, und auch der Home-Button in der Werkzeugleiste wurde entfernt.

### 2.5.2 Projekte öffnen und schließen

Bereits angelegte Projekte öffnen Sie über Datei • Projekt öffnen. Unter Datei • Letzte Dateien öffnen lassen Sie sich eine Auswahlliste zum schnellen Auffinden Ihrer früheren Projekte anzeigen. Oder Sie verwenden den Startbildschirm und erhalten dort eine Auflistung der zuletzt verwendeten Projekte. Haben Sie die Voreinstellungsdatei zuvor gelöscht, ist damit allerdings auch die Auswahlliste verschwunden. Natürlich wird sie aber nach und nach neu angelegt.

Zum Schließen von Projekten wählen Sie natürlich Datei • Projekt schliessen.

**Ältere Projekte in Version 2023**
Projekte, die in Versionen älter als After Effects CS3 erstellt wurden, können Sie in After Effects 2023 nicht öffnen.

### 2.5.3 Projekte speichern

Anhand des Startbildschirms entscheiden Sie nach dem Programmstart, ob Sie ein vorhandenes Projekt oder ein neues Projekt und damit ein Projekt ohne Titel öffnen. Projekte sollten Sie gleich zu Beginn speichern und einen passenden Titel eintragen. Wählen Sie dazu Datei • Speichern unter.

**Speichern in Vorgängerversion**
Um ein Projekt in einer der Vorgängerversionen zu speichern, wählen Sie Datei • Speichern unter • Kopie im 22.x-Format bzw. 18.x-Format speichern.

**Sicher ist sicher**
Obwohl After Effects wie andere Programme Ihr Projekt automatisch in bestimmten Zeitintervallen speichern kann, sollten Sie sich angewöhnen, nach wichtigen Schritten [Strg]+[S] zu betätigen. Änderungen in einem bereits angelegten Projekt werden dann unter dem gleichen Namen gesichert.

Unter Bearbeiten • Voreinstellungen • Auto-Speichern legen Sie das Speicherintervall fest, und unter Maximale Projektversionen bestimmen Sie, nach dem wievielten Speichervorgang die älteste Projektversion überschrieben wird. Unter Verzeichnis für automatisches Speichern geben Sie den Speicherort der Projektversionen an.

Sie können Kopien Ihres Projekts komfortabel mit einer fortlaufenden Nummerierung speichern. Die entsprechende Option findet sich unter Datei • Inkrementieren und speichern. Dem Projektnamen wird bei jedem Aufrufen dieses Befehls eine neue Nummer hinzugefügt.

### 2.5.4 Automatisierte Projektbearbeitung

Arbeitsprozesse lassen sich vereinfachen, indem Sie wiederkehrende Schritte automatisieren. Dazu bietet After Effects die Erstellung von Projektvorlagen und textbasierte XML-Projektdateien.

#### Eigene Vorlagenprojekte

Sie können jegliche Ihrer Projekte nutzen, um eigene Vorlagenprojekte zu schaffen. Der Vorteil daran ist, dass Vorlagenprojekte unbenannte neue Projekte generieren, die bereits bevorzugte Projekteinstellungen, Kompositionen und Ordnerstrukturen sowie alle importierten Materialien und die Animationen der Vorlage enthalten, während die Vorlagenprojekte unangetastet bleiben. Dies macht sich bei wiederholenden Arbeitsabläufen sehr bezahlt, in denen nur einige Inhalte ausgetauscht werden sollen, ohne dass die Animationen neu erstellt werden müssen.

**Immer Vorlage laden**
Sie können ein bestimmtes Projekt als Vorlage festlegen, sodass jedes Mal, wenn Sie Datei • Neu • Neues Projekt aufrufen, ein auf dieser Vorlage basierendes Projekt erstellt wird. Dazu wählen Sie Bearbeiten • Voreinstellungen • Neues Projekt und setzen ein Häkchen bei Neues Projekt lädt Vorlage. Danach können Sie dann eine ».aep«-, eine ».aet«- oder eine ».aepx«-Datei als Vorlage wählen.

Zur Umwandlung eines Projekts in eine Vorlage ändern Sie einfach die Dateiendung von ».aep« in ».aet«. Ebenso können Sie aus einem Projekt heraus eine Vorlage speichern. Wählen Sie dazu Datei • Speichern unter • Kopie speichern unter, und wählen Sie danach unter Dateityp die Dateiendung .aet. Die ».aet«-Datei öffnen Sie wie jedes andere Projekt auch.

#### XML-Projekte

Mit XML-Projekten automatisieren Sie Änderungen in einer After-Effects-Datei, ohne dazu das After-Effects-Projekt öffnen zu müssen. XML-Projekte öffnen Sie dazu in einem Texteditor und verändern dort die angezeigte Textinformation mit den Editor-Tools.

**Namen ändern**
Damit in After Effects verwendete Materialien in der XML-Datei auffindbar sind, sollten Sie nicht die automatisch beim Import vergebenen Namen verwenden, sondern die Dateinamen und automatisch vergebenen Ebenennamen ändern.

Ein After-Effects-Projekt speichern Sie als XML via Datei • Speichern unter • Kopie als XML speichern. Die entstehende Datei hat die Endung ».aepx«. Diese Datei öffnen Sie in einem Texteditor und tauschen dort beispielsweise mit der Funktion Suchen und

Ersetzen Namen von Rohmaterialien aus. Wenn Sie danach die ».aepx«-Datei in After Effects öffnen, sind die entsprechenden Rohmaterialien, wenn Sie diese im Quellordner auch unter dem neuen Namen angelegt haben, durch neue Materialien ersetzt worden.

Außer den Namen für Rohmaterialien, Kompositionen, Ebenen und Ordner können Sie im Texteditor Attribute von Marken wie Kommentare ändern. Dateipfade von Rohmaterialien inklusive eventuell verwendeter Stellvertreter lassen sich ebenfalls ändern.

**Primäres Dateiformat**

Das primäre Dateiformat von After Effects ist ».aep«. Verwenden Sie dieses Format weiterhin als das Arbeitsformat und die XML-Datei nur für Kopien und automatisierte Bearbeitungen.

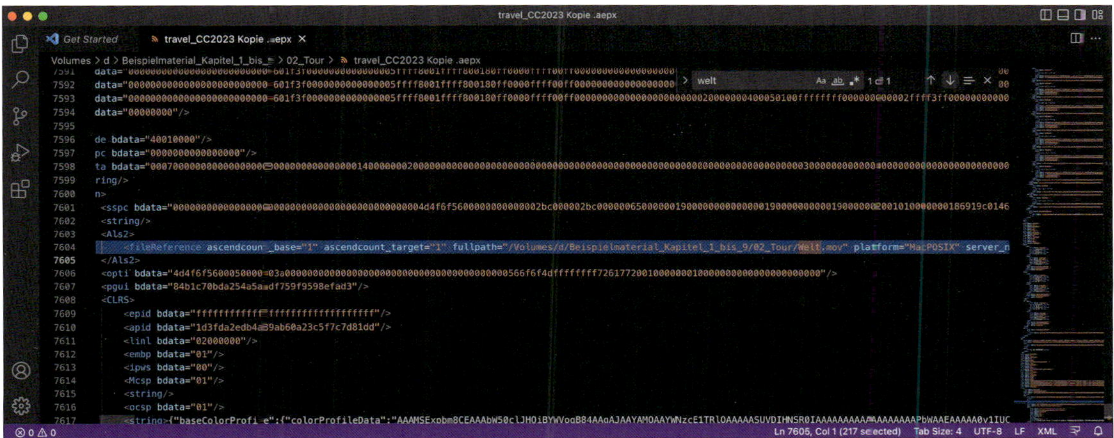

▲ **Abbildung 2.33**
Eine aus After Effects generierte XML-Datei können Sie wie hier in einem Texteditor öffnen und bearbeiten.

## 2.6 Projekteinstellungen

In After Effects können Sie in den Projekteinstellungen die Timecode-Anzeige und die Farbeinstellungen für Ihr Projekt ändern. Sie finden die Einstellungen unter Datei • Projekteinstellungen und über die Raketen-Schaltfläche im Projektfenster ❷ (Abbildung 2.36).

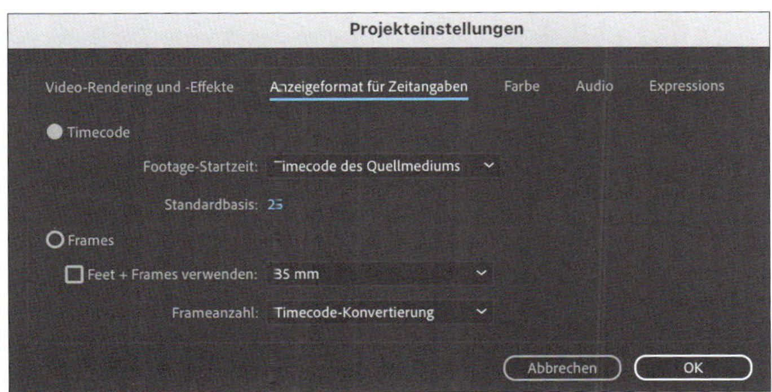


◄ **Abbildung 2.34**
Der Dialog Projekteinstellungen

### 2.6.1 Projekt-Zeitanzeige festlegen

**[Timecode]**
Mit dem Timecode wird eine Einheit zur Zeitmessung angegeben. Auf Videobändern wird der Timecode mitgespeichert und dient so als Referenz für die spätere Schnittbearbeitung. Ein bild- bzw. framegenaues Schneiden ist somit möglich.

In After Effects wird standardmäßig mit dem **SMPTE-Timecode** der Society of Motion Picture and Television Engineers gearbeitet. Der SMPTE-Timecode gibt die Zeit in Stunden, Minuten, Sekunden und Frames im Format 00:00:00:00 an. Dabei werden die einzelnen Zeiteinheiten durch einen Doppelpunkt voneinander getrennt. Bei einem PAL-Projekt ergeben 25 Frames eine Sekunde Animation, da der PAL-Standard mit 25 fps (Frames per Second) definiert ist.

**Timecode-Anzeige wechseln**
Die Timecode-Anzeige wechseln Sie in der Zeitleiste und im Kompositionsfenster schnell zwischen Timecode-Anzeige und Frames, indem Sie bei gedrückter [Strg]-Taste auf die Zeitanzeige ① klicken.

#### Timecode

Unter Datei • Projekteinstellungen passen Sie die Zeitanzeige aller im Projekt enthaltenen Kompositionen global an Ihre Arbeitsaufgabe an.

Unter Timecode bei Footage-Startzeit wählen Sie den Eintrag Timecode des Quellmediums, um die Zeiteinstellungen des importierten Rohmaterials bzw. einer Komposition zu verwenden. Per 00:00:00:00 beginnt das Footage immer bei 0.

Bei Standardbasis wählen Sie für die Framerate wie bei PAL-Videos den Wert 25.

**Feet-Einheit**
Die Feet-Einheit bzw. der Filmfuß ist eine Maßeinheit zur Angabe der Länge von Rohfilmmaterial. Bei 16-mm-Film enthält ein Fuß 40 ganze Einzelbilder, bei 35-mm-Film sind es 16 Bilder. Daher ergeben sich glücklicherweise nur bei Filmmaterial »Fußbruchteile«, um Frames, die außerhalb der ganzzahligen Fußangabe liegen, zu kennzeichnen.

#### Frames

Aktivieren Sie den Eintrag Frames, um anstelle der abgelaufenen Zeit die aktuelle Framenummer anzuzeigen. Diese Anzeige verwenden Sie für framegenaues Arbeiten. Die Option Feet + Frames verwenden muss dazu deaktiviert sein.

Unter Frameanzahl legen Sie die Anfangszahl bei dem Anzeigeformat Frames fest. Wählen Sie Bei 0 beginnen, wird ab 0 gezählt, andernfalls ab 1. Mit Timecode-Konvertierung verwenden Sie den Timecode des importierten Materials als Anfangszahl, wenn es einen Timecode besitzt. Ansonsten zählt After Effects ab 0. Feet + Frames verwenden wählen Sie, wenn Sie mit 16-mm- oder 35-mm-Filmmaterial arbeiten. Die Zeit wird dann als ganze Feet-Einheiten und Feet-Bruchteile werden als Frames dargestellt.

**Voreinstellungen für die Arbeit mit dem Buch**
Für die Projekte in diesem Buch verwenden Sie die Timecode-Anzeige mit der Footage-Startzeit 00:00:00:00 und der Standardbasis 25.

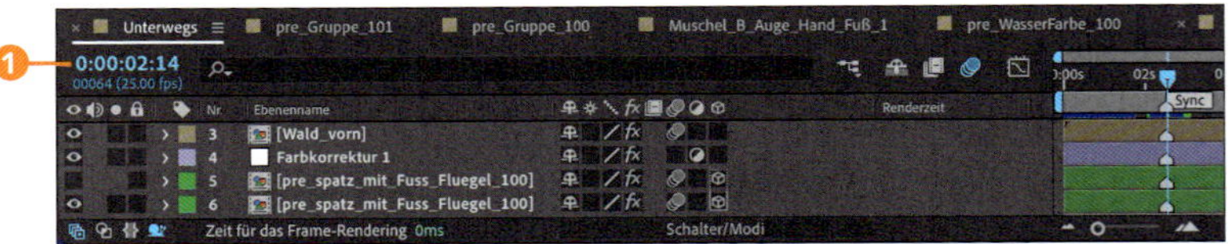


▲ **Abbildung 2.35**
Die Zeitanzeige können Sie zwischen dem SMPTE-Format und Frames bzw. Feet + Frames hin- und herschalten.

## 2.6.2 Projektfarbtiefe wählen

In After Effects sind Projektfarbtiefen von 8, 16 und 32 Bit (Float) pro Kanal möglich, die Sie in den oben genannten Projekteinstellungen im Reiter FARBE wählen. Bei der Arbeit in einer höheren Farbtiefe erzielen Sie brillantere Ergebnisse vor allem bei der Bearbeitung von Effekten, beim Keying, beim Motion-Tracking, bei der Farbkorrektur und bei der Verwendung von HDR-Bildmaterial.

Bei gedrückter `Alt`-Taste wechseln Sie die Farbtiefe schnell, indem Sie auf die Anzeige der Farbtiefe im Projektfenster ❸ klicken. Es ergibt keinen Sinn, grundsätzlich mit einer höheren Farbtiefe zu arbeiten, da mit steigender Genauigkeit auch die Rechenzeit und der Speicherbedarf steigen. Zudem unterstützen nicht alle Plug-ins eine hohe Farbtiefe. Stellen Sie also nur die für Ihr Projekt nötige Farbtiefe ein.

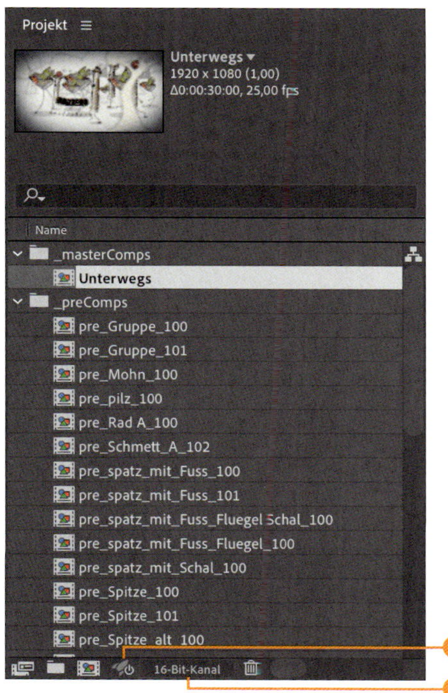


◀ **Abbildung 2.36**
Die Projektfarbtiefe können Sie auch im Projektfenster direkt ändern.

## 2.6.3 Arbeitsfarbraum wählen

Um beste Ergebnisse bei der Farbübereinstimmung Ihrer Animationen am Monitor mit dem Ausgabemedium zu erzielen, ist es ratsam, einen zum Ausgabemedium passenden Arbeitsfarbraum zu wählen. Im Dialog PROJEKTEINSTELLUNGEN im Reiter FARBE unter ARBEITSFARBRAUM haben Sie die Wahl zwischen verschiedenen Farbprofilen.

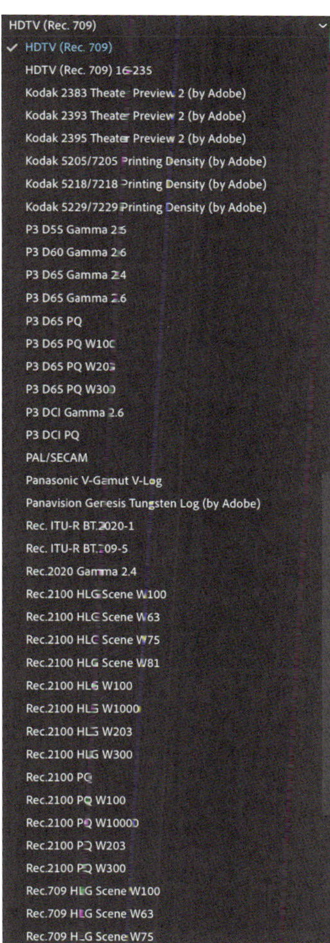


▲ **Abbildung 2.37**
In After Effects können Sie passend zum Ausgabemedium zwischen verschiedenen Arbeitsfarbräumen wählen.

Bei der Einstellung OHNE verwendet After Effects den Farbraum des Monitors. Wenn Sie eine Ausgabe für **Standard Definition Television**, also für herkömmliche Fernsehübertragung, planen, wählen Sie SDTV PAL 16-235 oder SDTV NTSC 16-235 (AMERIKA), für eine Ausgabe für **High Definition Television** oder einen Kinofilm wählen Sie HDTV (REC. 709) und bei einer Ausgabe im Web sRGB IEC61966-2.1. Voraussetzung ist ein kalibrierter Monitor, anderenfalls wäre die Farbdarstellung durch diesen verfälscht! Beim Kauf eines LCD- oder Plasmageräts sollten Sie auf die Kalibrierbarkeit und die farbgenaue Darstellung des Monitors achten. Der Nachteil bei der Arbeit mit einem Arbeitsfarbraum ist, dass sich die Vorschau Ihrer Animationen möglicherweise verlangsamt. Mehr Informationen dazu finden Sie in Kapitel 13, »Farbkorrektur«.

## 2.7 Ein erstes Projekt

Schritt für Schritt werden Sie nun ein Projekt vom Import bis hin zur fertigen Ausgabe selbst gestalten und sich so einen schnellen Einblick in die Arbeitsweise mit After Effects verschaffen. Der Umgang mit den Grundfunktionen wird Ihnen schon bald leichtfallen.

### Schritt für Schritt
### Ihr erstes Projekt

Die benötigten Dateien für diesen Workshop finden Sie unter BEISPIELMATERIAL/02_TOUR.

Bevor Sie beginnen, schauen Sie sich erst einmal Ihr Ziel an: den fertigen Film »Travel«. Starten Sie dazu den QuickTime Player, und gehen Sie dann unter DATEI auf FILM ÖFFNEN. Der Film befindet sich wie die Projektdatei »travel.aep« im Ordner 02_TOUR zum Buch.

**Projektorganisation**
Oft ist es günstig, die für die Projekte in den verschiedenen Workshops benötigten Dateien auf die Festplatte zu kopieren. Legen Sie sich dafür am besten bei der zukünftigen Arbeit für jeden Workshop jeweils entsprechende Ordner an.

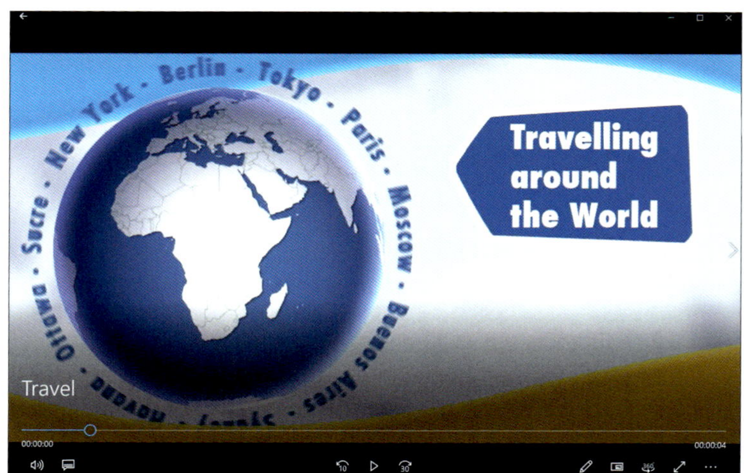


**Abbildung 2.38 ▸**
Unser Projekt: ein Werbeclip

## 1 Projekt anlegen

Starten Sie After Effects per Doppelklick auf das After-Effects-Icon. Im Startbildschirm klicken Sie auf die Schaltfläche NEUES PROJEKT, oder Sie wählen DATEI • NEU • NEUES PROJEKT. Als Erstes erscheint das noch leere Projektfenster ①.

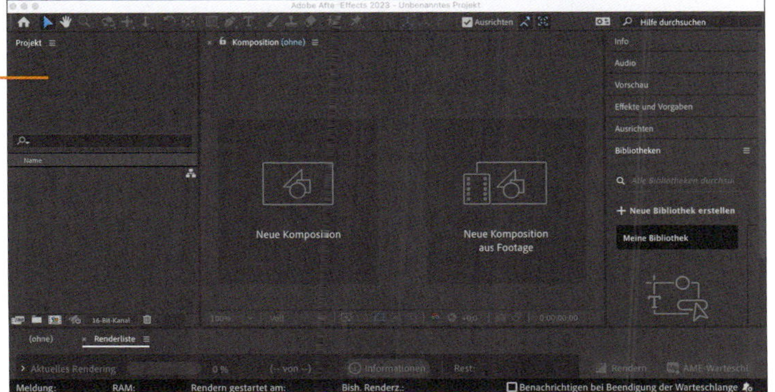


◀ **Abbildung 2.39**
Nach dem Start von After Effects finden Sie zunächst ein leeres, unbenanntes Projekt vor.

Geben Sie dem Projekt unter DATEI • SPEICHERN UNTER gleich einen Namen. Wählen Sie einen Verzeichnispfad, den Sie nachher leicht wiederfinden. Speichern Sie das Projekt günstigenfalls in dem Ordner, der auch die im Projekt verwendeten Dateien enthält.

## 2 Import der Rohmaterialien

Importieren Sie nun über DATEI • IMPORTIEREN • DATEI sämtliche Dateien aus dem Ordner 02_TOUR außer die Projektdateien »travel.aep« und das fertige Movie »Travel.m4v«. Sollte beim Import für die Datei »Welt« ein Dialogfenster erscheinen, über das der in der Datei angelegte Alphakanal abgefragt wird, klicken Sie dort auf den Button ERMITTELN und dann auf OK. Die Dateien befinden sich nun im Projektfenster, wo Sie sie verwalten (ordnen, löschen etc.).

Das können Sie gleich ausprobieren, indem Sie die Datei »Welt« mit der Dateiendung ».avi« wieder löschen. Sie ist nur als Alternative zur ».mov«-Datei vorhanden. Markieren Sie also die ».avi«-Datei, und drücken Sie die Taste `Entf`.

## 3 Komposition anlegen

Markieren Sie die Datei »BGoben.psd« ②, und ziehen Sie sie auf das Symbol NEUE KOMPOSITION ③ im Projektfenster.

Es wird automatisch eine Komposition in der Größe der Datei »BGoben.psd« angelegt. Außerdem wird die zur Komposition gehörende Zeitleiste ⑦ angezeigt, die schon die Datei »BGoben.psd« ⑥ enthält. Im Projektfenster ist ein Kompositionssymbol ④ für die neu erstellte Komposition hinzugekommen.

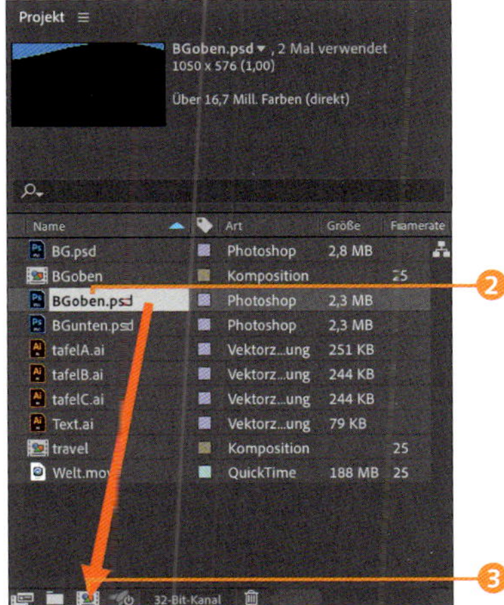


▲ **Abbildung 2.40**
Die Datei »BGoben.psd« ziehen Sie auf das Kompositionssymbol im Projektfenster.

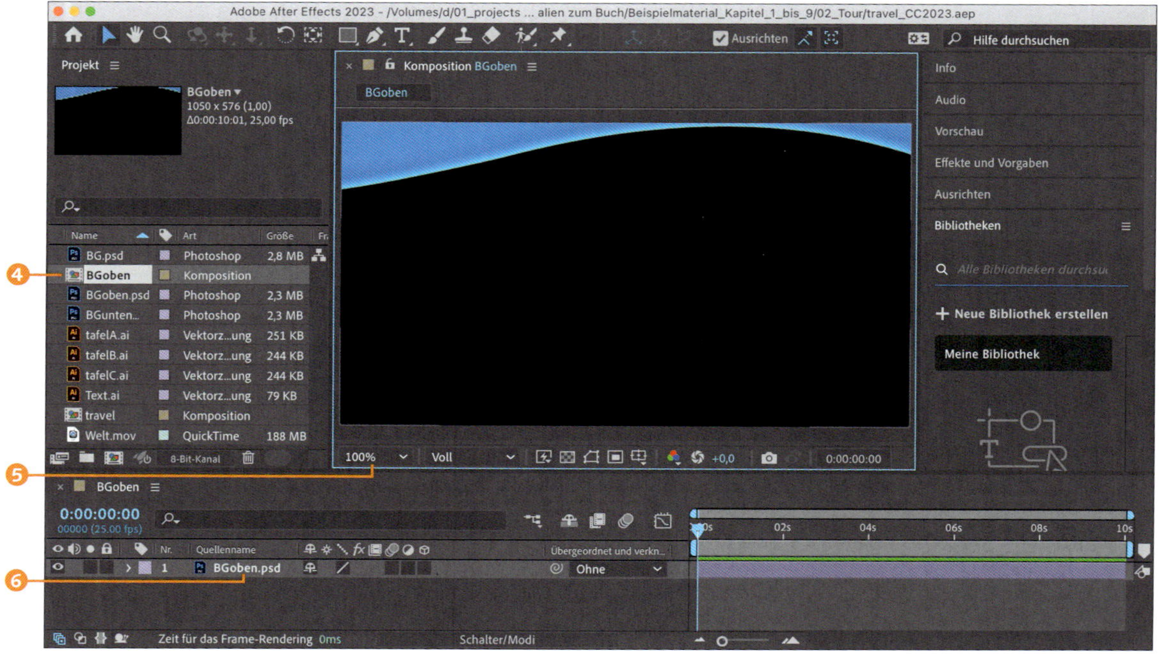


**▲ Abbildung 2.41**
So sieht Ihre Oberfläche jetzt aus.

Öffnen Sie über KOMPOSITION • KOMPOSITIONSEINSTELLUNGEN den Einstellungsdialog, und markieren Sie unter DAUER den eingetragenen Wert. Tragen Sie dort den Wert »400«, der für die gewünschte Dauer von 4:00 Sekunden steht, in das Feld ein, ändern Sie den Kompositionsnamen in »travel«, und bestätigen Sie dann mit OK. Sie können die Ansichtsgröße der Komposition verändern. Wählen Sie dazu aus dem Popup-Menü **5** des Kompositionsfensters einen neuen Prozentwert.

**Ankerpunkt**

Wenn Sie eine Ebene in der Zeitleiste markieren, sehen Sie im Kompositionsfenster ein kleines Kreuz. Das ist der Ankerpunkt. Der Ankerpunkt ist ein Bezugspunkt der Ebene, der standardmäßig immer in der Mitte der Ebene liegt. In Kapitel 7, »Keyframe-Grundlagen«, komme ich darauf noch näher zu sprechen.

## 4 Weiteres Rohmaterial hinzufügen

Ziehen Sie alle anderen Dateien aus dem Projektfenster in den linken Bereich der Zeitleiste, und lassen Sie dort die Maustaste los. Das Kompositionssymbol dürfen Sie dabei nicht auswählen. In der Zeitleiste schichten Sie die Dateien wie Papierbögen übereinander. Dazu klicken Sie jede einzelne Ebene im linken Bereich der Zeitleiste an und ziehen sie nach oben oder unten. Bei der Reihenfolge orientieren Sie sich am besten an Abbildung 2.42.

**Abbildung 2.42 ▼**
In der Zeitleiste werden die Rohmaterialdateien in Ebenen übereinandergeschichtet.

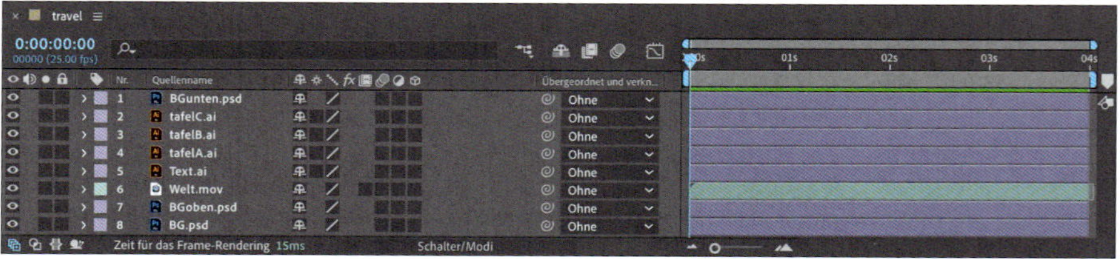

### 5 Ebenen positionieren

Verkleinern Sie zuerst das Kompositionsfenster über das Popup-Menü am unteren linken Rand auf 50 % ❷. Die Ebene »BG.psd« ist größer als die Komposition und wird daher mit einem Rahmen ❶ angezeigt. Sie können auch an den Rändern des Kompositionsfensters ziehen, um dessen Größe zu ändern und so Ebenenränder, die außerhalb der Ausgabegröße liegen, zu sehen. Mit gedrückter Leertaste klicken und ziehen Sie den Fensterinhalt an eine neue Stelle.

Sie können nun die Ebene direkt im Kompositionsfenster anklicken und darin verschieben. Sicherer ist aber, sie in der Zeitleiste auszuwählen. Ziehen Sie die Ebene wie in Abbildung 2.43, bis der rechte Rand der Ebene mit der Komposition abschließt.

**▼ Abbildung 2.43**
Wenn nötig, verkleinern Sie die Ansicht oder erweitern Sie das Kompositionsfenster, dann werden die hier orange gefärbten Umrisse der Hintergrundebene (BG) sichtbar. Zur Animation schieben Sie zuerst die Hintergrundebene in Ausgangsposition.

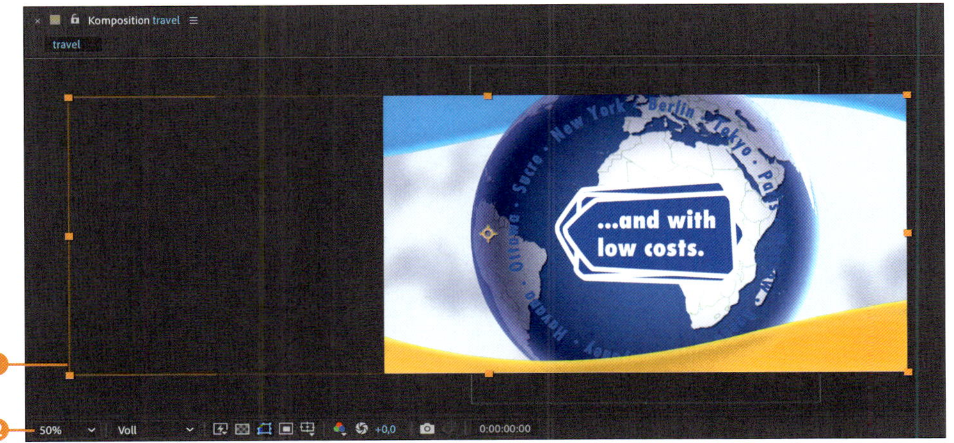


### 6 Animation des Hintergrunds

Für die Animation halten Sie die Ebenenposition in einem ersten Keyframe fest. Dazu öffnen Sie die Transformieren-Eigenschaften über das kleine Dreieck ❸ (Abbildung 2.45) und das danach erscheinende Dreieck ❹. Setzen Sie einen ersten Keyframe bei der Eigenschaft Position, und klicken Sie dazu auf das Stoppuhrsymbol ❺.

**Vorsicht!** Ein zweiter Klick auf die Stoppuhr löscht alle Ihre Keyframes, die Sie bei dieser Eigenschaft gesetzt haben! Im Moment ist das noch kein Problem für Sie – Sie haben ja erst einen Keyframe ❻. Um einen zweiten Keyframe zu setzen, den Sie mindestens noch benötigen, damit sich etwas bewegt, klicken Sie **nicht** auf die Stoppuhr! Ziehen Sie stattdessen die Zeitmarke ❼ auf das Ende der Zeitleiste. Wenn Sie jetzt im Kompositionsfenster die Ebene »BG.psd« verschieben, wird automatisch ein zweiter Keyframe ❽ genau an der Position der Zeitmarke gesetzt. Richten Sie die Ebene »BG.psd« am linken Rand der Komposition aus (siehe Abbildung 2.44). Die Linie, die am Ankerpunkt ansetzt, wird **Bewegungspfad** genannt.

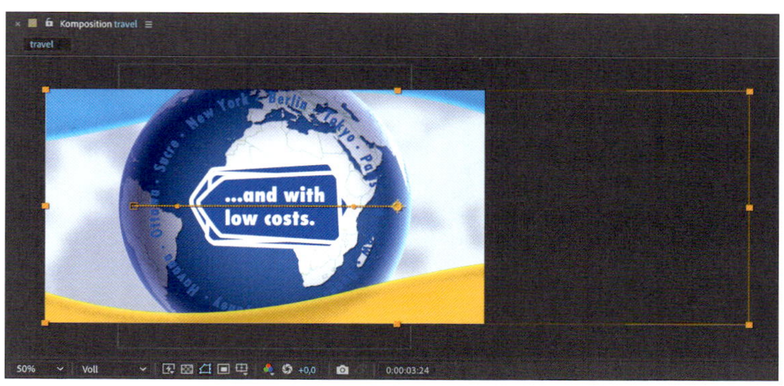


**Abbildung 2.44 ▸**
Anschließend definieren Sie die Endposition der Hintergrundebene.

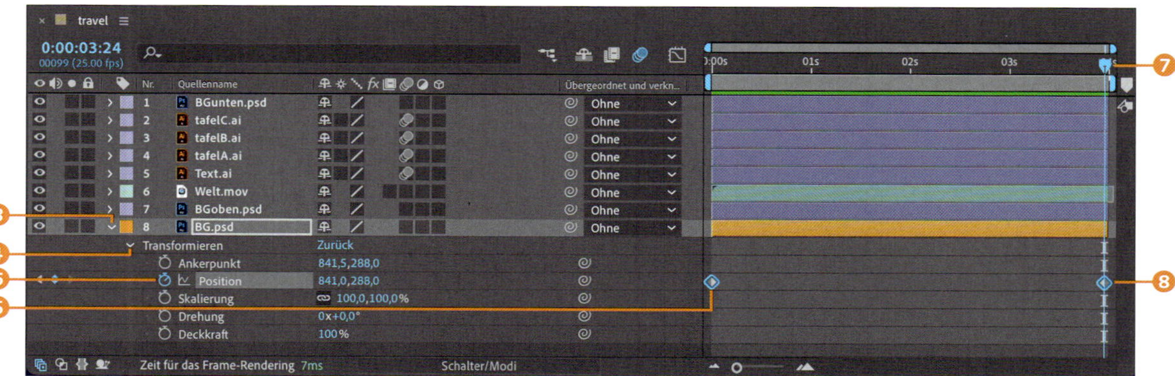


**▲ Abbildung 2.45**
In der Zeitleiste sind für die zwei Hintergrundpositionen zwei Keyframes entstanden.

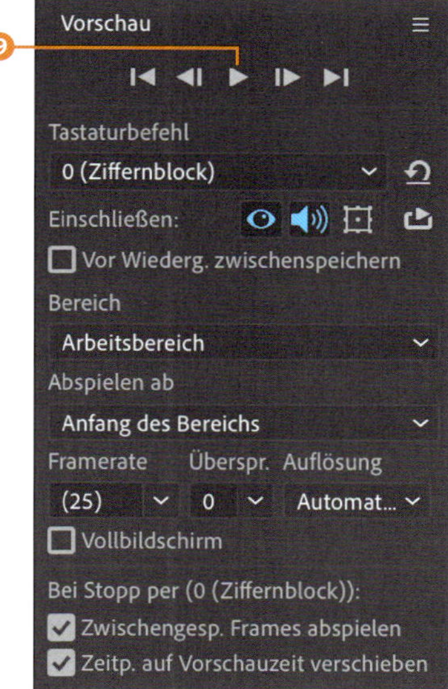


**▲ Abbildung 2.46**
Die Palette Vorschau bietet verschiedene Abspieloptionen zur Vorschau der Animation.

Nun ist Ihre erste Animation fertig. After Effects rechnet sämtliche Einzelbilder der Animation zwischen den beiden Keyframes aus. Sie haben lediglich das Anfangs- und das Endbild festgelegt.

## 7 Abspielen

Ihre Animationen können Sie als Vorschau anzeigen lassen und im Kompositionsfenster abspielen. Im Menü Fenster • Vorschau finden Sie die Abspielsteuerung. Diese sollte allerdings bereits sichtbar sein. Betätigen Sie Play 9, um Ihre Animation abzuspielen, oder betätigen Sie die Leertaste. After Effects spielt die Animation sofort ab. Bei rechenintensiven Kompositionen geschieht dies allerdings nicht sofort in Echtzeit. Die bereits berechneten Bilder werden in der Zeitleiste mit einer grünen Linie dargestellt.

## 8 Weltkugel animieren

Für die Ebene »Welt.mov« verändern Sie zunächst die Skalierungswerte. Klicken Sie auf die Zeitanzeige 10, und tippen Sie dann »110« in das Feld. Mit ↵ springt die Zeitmarke nun auf den Zeitpunkt

01:10. Klicken Sie auf das Wertefeld der SKALIERUNG 12, und tippen Sie den Wert »68« ein. Vergessen Sie nicht, auf die Stoppuhr zu klicken! Tragen Sie auf die gleiche Weise an folgenden Zeitpunkten folgende Werte ein: 01:13 = 100; 02:00 = 100; 02:02 = 68.

Jetzt bewegen wir die Welt noch von links nach rechts. Die Eigenschaft POSITION 11 besitzt zwei Wertefelder für die Achsen X und Y. Tragen Sie folgende Werte ein, indem Sie jeweils direkt auf den Wert klicken und mit ↵ bestätigen: bei 01:13 = 304 und 289 (Klick auf Stoppuhr); bei 02:02 = 775 und 289.

▲ **Abbildung 2.47**
Die Weltkugel animieren wir per Positions- und Skalierungs-Keyframes.

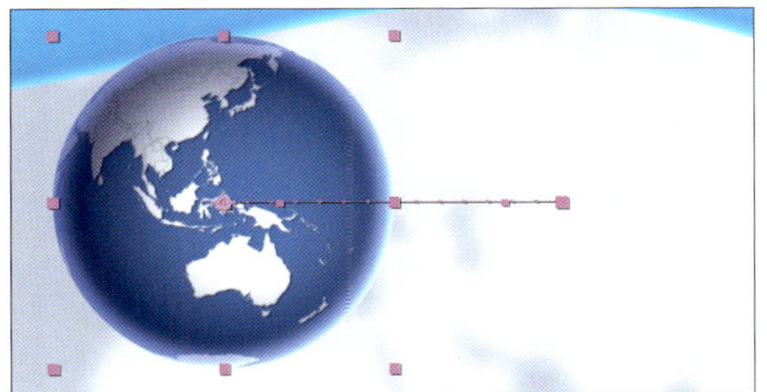

▲ **Abbildung 2.48**
Die Welt wird von links …

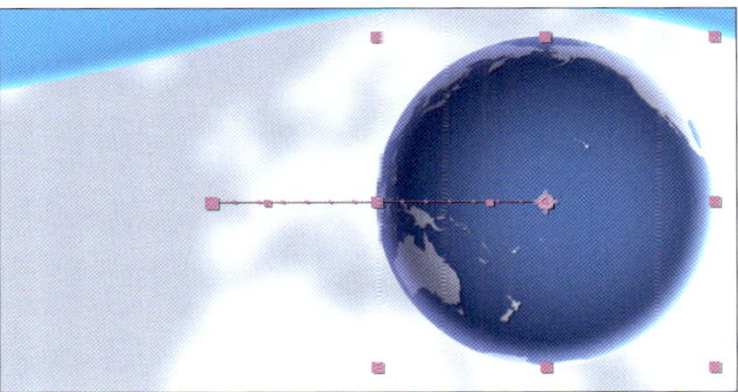

▲ **Abbildung 2.49**
… nach rechts bewegt.

## 9 Text animieren

Der Text soll die Weltkugel wie einen Ring umgeben, dann mit der Welt skalieren und anschließend ausgeblendet werden. Tragen Sie dazu die folgenden Werte in die Eigenschaft der Ebene »Text.ai« bei POSITION ein: »304« und »289«. Klicken Sie nicht auf die Stoppuhr, da wir hier keine Keys brauchen. Setzen Sie für folgende Eigenschaften die folgenden Keys:

- SKALIERUNG: bei 01:10 = 100 (Stoppuhr); bei 01:13 = 150
- DREHUNG: bei 00:00 = 0x +0,0 (Stoppuhr); bei 01:13 = 0x –110
- DECKKRAFT: bei 01:10 = 100 (Stoppuhr); bei 01:13 = 0

▲ **Abbildung 2.50**
Die Städtenamen umgeben die Welt.

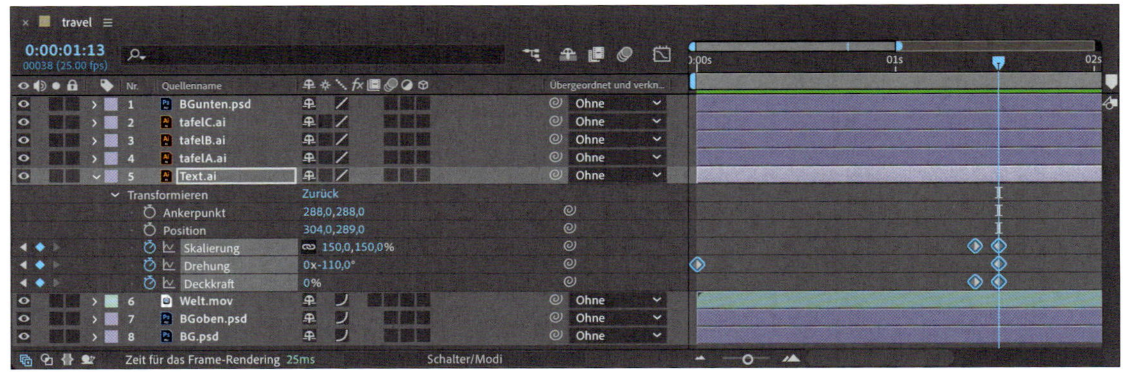

▲ **Abbildung 2.51**
Keyframes für den Textring

**Ankerpunkt**
Ihre Animationen beziehen sich bei den Eigenschaften POSITION, SKALIERUNG und DREHUNG immer auf den Ankerpunkt. Ist der Ankerpunkt nicht mehr in der Ebenenmitte und animieren Sie die Drehung, bewegt sich die Ebene auf einer Kreisbahn.

### 10 Tafeln animieren

Wenden wir uns nun den drei Texttafeln zu. Das Besondere daran ist, dass Sie zunächst den Ankerpunkt der jeweiligen Tafel selbst positionieren müssen. Blenden Sie zuerst die beiden Ebenen »tafelB.ai« und »tafelC.ai« aus, indem Sie auf das Augensymbol der jeweiligen Ebene klicken.

Positionieren Sie dann per Auswahl-Werkzeug [V] die Ebene »tafelA.ai« rechts im Bild wie in Abbildung 2.52. Nun zum Ankerpunkt der Ebene »tafelA.ai«: Wählen Sie das Ausschnitt- bzw. Ankerpunkt-Werkzeug [Y], klicken Sie damit den Ankerpunkt an, und ziehen Sie ihn in etwa auf Europa ❶. Alternativ tippen Sie in der Zeitleiste in die Wertefelder bei ANKERPUNKT »–205« und »88« ein.

Für die Animation setzen Sie in folgenden Eigenschaften folgende Keys:

- *Skalierung*: bei 00:00 = 0 (Stoppuhr); bei 00:05 = 125; bei 00:06 = 100; bei 01:08 = 110; bei 01:10 = 100; bei 01:21 = 0
- *Position*: bei 00:06 = 345 und 102 (Stoppuhr); bei 01:08 = 260 und 102

**Abbildung 2.52** ▶
Der Ankerpunkt der Ebene »tafelA.ai« liegt auf Europa.

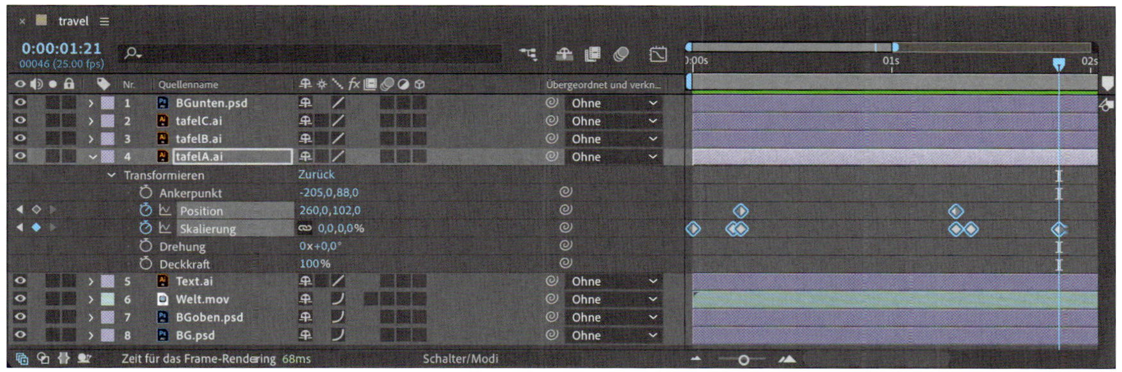


▲ **Abbildung 2.53**
Die Keys für die Ebene »tafelA.ai«

Fast geschafft! Die zwei anderen Tafeln gestalten sich ähnlich. Blenden Sie die Ebene »tafelB.ai« wieder ein. Bewegen Sie die Zeitmarke auf 02:02, und lassen Sie die Ebene dort beginnen. Dazu klicken Sie die Ebene an und ziehen sie bei gedrückter [⇧]-Taste zur Zeitmarke, wo sie magnetisch einrastet.

Positionieren Sie die Tafel im linken Teil des Bildes wie in Abbildung 2.54, und verschieben Sie den Ankerpunkt wieder auf die Weltkugel ❷. Für die Animation setzen Sie folgende Keys in der Eigenschaft SKALIERUNG: bei 02:02 = 0; bei 02:07 = 130; bei 02:08 = 100.

◄ **Abbildung 2.54**
Die Position und Ankerpunkte der Tafeln B und C

Jetzt zur letzten Tafel: Positionieren Sie die Ebene »tafelC.ai« im Kompositionsfenster unter Tafel B, und lassen Sie die Ebene in der Zeitleiste bei 02:16 beginnen. Den Ankerpunkt verschieben Sie an diese Stelle ❸. Setzen Sie folgende Keys für die Skalierung: bei 02:16 = 0; bei 02:21 = 130; bei 02:22 = 100.

Zu guter Letzt verändern Sie die DECKKRAFT für jede der Tafeln noch auf 85 %, ohne dafür einen Key zu setzen, also ohne die Stoppuhr zu betätigen. Um die bewegten Objekte dynamischer wirken zu lassen, aktivieren Sie noch für die Tafeln und den Textring die Bewegungsunschärfe per Klick auf die Schaltflächen ❹. Die Schaltfläche ❺ wird dabei automatisch mitaktiviert. Mit ihr können Sie die Bewegungsunschärfe global für die gesamte Komposition ein- bzw. ausschalten. Schnell bewegte Ebenen werden nun leicht verwischt dargestellt.

Herzlichen Glückwunsch! Sie haben es geschafft! – Nun zum Epilog jeder Animation: der Ausgabe.

**Abbildung 2.55 ▼**
Die Keys für die Ebenen »tafelB.ai« und »tafelC.ai«

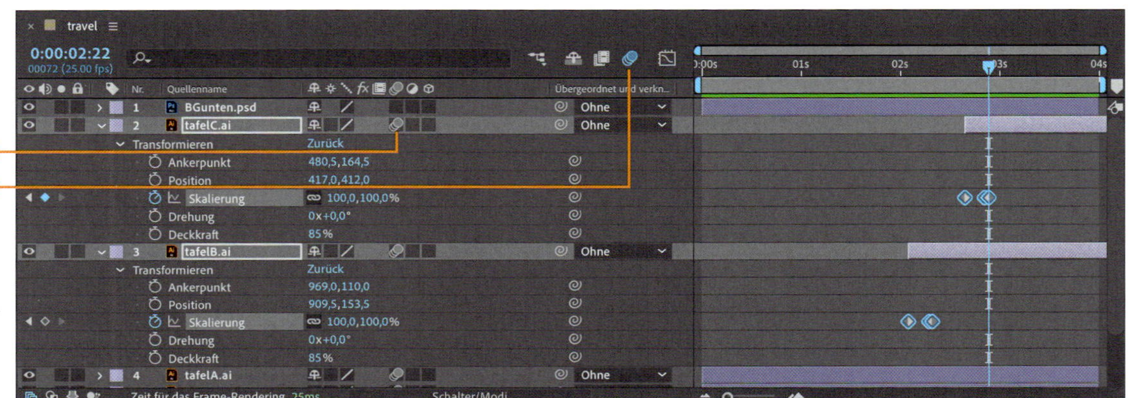


## 11 Ausgabeeinstellungen

Um Ihren eigenen Film jetzt in einem Player wie dem VLC Media Player anzeigen zu können, müssen Sie ihn noch rendern. Ihre Projektdatei bleibt dabei für spätere Änderungen erhalten. Der gerenderte Film ist eine Extradatei neben Ihren verwendeten Rohmaterialien. Zum Rendern einer Komposition markieren Sie sie im Projektfenster. Wählen Sie dann im Menü KOMPOSITION • ZUR ADOBE MEDIA ENCODER-WARTESCHLANGE HINZUFÜGEN. Nun wird die externe Applikation ADOBE MEDIA ENCODER gestartet, über die Sie Kompositionen in alle gängigen Formate ausgeben können. Vorteilhaft ist auch, dass der Encoder extern Ihre Kompositionen berechnet, während Sie in After Effects weiterarbeiten können.

Im Media Encoder liegt nun bereits Ihre Komposition in der sogenannten Warteschlange. Sie können hier beliebig viele Kompositionen hinzufügen und mit verschiedenen Einstellungen als Filme ausgeben. Im Encoder klicken Sie nun in der Spalte FORMAT auf das Häkchen ❻ und wählen dann aus der Liste den Eintrag H.264.

Sie können Ihren Film natürlich auch in andere Formate ausgeben (z. B. QUICKTIME). Beim Rendern eines Films wird ein Codec

**VLC Player Download**

Den kostenlosen VLC Media Player erhalten Sie über *www.videolan.org*. Mit diesem Player können Sie alle Formate auf Mac und Windows abspielen, bis auf ein paar nicht unterstützte Codecs.

verwendet. Dieser sorgt für eine bestimmte Kompression der Bilddaten. Ein Media-Player muss alle gängigen Codecs beherrschen, um den Film später abspielen zu können.

Per Klick auf den Ausgabepfad 8 können Sie den Speicherort neu bestimmen, indem Sie im darauffolgenden Dialog Ihren gewünschten Ordner wählen. Per Klick auf den Text »H.264« 7 gelangen Sie in den Dialog EXPORTEINSTELLUNGEN. Hier können Sie das Häkchen bei AUDIO EXPORTIEREN 10 entfernen und eines bei MAXIMALE RENDER-QUALITÄT VERWENDEN 11 setzen. Das reicht für unseren ersten Film schon aus. Verlassen Sie den Dialog mit OK.

Um den Rendervorgang zu starten, klicken Sie auf das grüne Dreieck im Media Encoder 9.

**Weitere Ausgabemöglichkeiten**

Um mehr über die Ausgabemöglichkeiten aus After Effects und den Media Encoder zu erfahren, lesen Sie Kapitel 10, »Rendern und Ausgabe«.

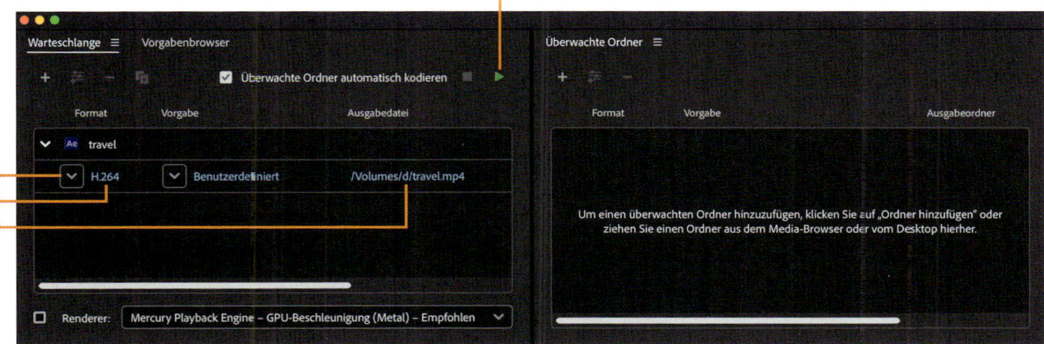


▼ **Abbildung 2.56**
Über den Media Encoder können Sie Kompositionen in alle gängigen Formate ausgeben.

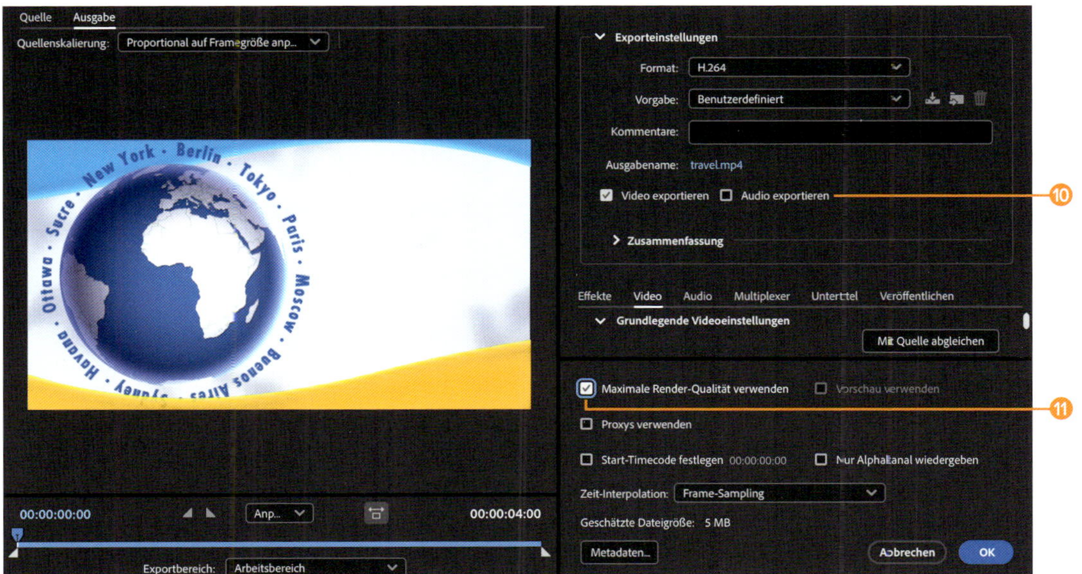


▲ **Abbildung 2.57**
Im Fenster EXPORTEINSTELLUNGEN spezifizieren Sie gegebenenfalls die Ausgabeeinstellungen.

### 12 Das Ergebnis

Starten Sie den gerenderten Film im VLC Media Player. Sollte dieser nicht auf Ihrem Rechner vorhanden sein, laden Sie ihn sich über *www.videolan.org* herunter. Wenn Sie Fehler bemerken oder nicht zufrieden sind, korrigieren Sie die Animation in Ihrer Projektdatei (».aep«) und rendern die Komposition anschließend noch einmal.

# TEIL II
# Vom Rohmaterial bis zur Ausgabe

# Kapitel 3

# Rohdaten importieren und verwalten

*After Effects kann mit einer großen Menge an Rohmaterialien aus verschiedensten Anwendungen umgehen. Wie Sie Optionen für das jeweilige Rohmaterial festlegen, mit Illustrator-, Photoshop- und Videodateien arbeiten, ist hier das Thema. Außerdem erfahren Sie, wie Sie einmal importiertes Rohmaterial im Projektfenster organisieren, fehlende Dateien ersetzen und ein Projekt auch dann beginnen können, wenn noch Dateien fehlen.*

## 3.1 Der Importdialog

Über den Importdialog wählen Sie die Art des Imports und das entsprechende Material. After Effects bietet Ihnen folgende Möglichkeiten an, Dateien zu importieren:

- Wählen Sie im Menü Datei/Ablage • Importieren • Datei... oder Mehrere Dateien.
- Klicken Sie mit der rechten Maustaste bzw. [ctrl] + Mausklick (Mac) ins Projektfenster.
- Drücken Sie das Tastaturkürzel [Strg]+[I].
- Klicken Sie doppelt ins Projektfenster.
- Ziehen Sie die Dateien per Drag & Drop ins Projektfenster. Sie können sowohl einzelne Dateien als auch ganze Ordner ins Projektfenster ziehen.

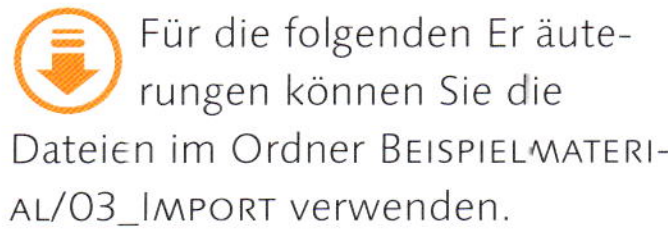

Für die folgenden Erläuterungen können Sie die Dateien im Ordner Beispielmaterial/03_Import verwenden.

Im Dropdown-Menü ❶ neben Aktivieren grenzen Sie die für den Import anzuzeigenden Formate ein. Wählen Sie Alle zulässigen Formate, um die von After Effects nativ unterstützten Formate anzuzeigen. In Containerformaten wie MOV, AVI, FLV, MXF können Daten in einer Art komprimiert sein, die After Effects erst nach Installation passender Codecs richtig interpretiert. Der Auswahlpunkt Alle Footagedateien schließt diese Dateien ein, allerdings werden die Dateien ohne passenden Codec zwar importiert, aber die Inhalte nicht angezeigt. Über Alle Dateien blenden Sie nicht unter-

**Mehrere Dateien importieren**
Sie können im Importdialogfenster mehrere Dateien auswählen, indem Sie mit gedrückter Maustaste einen Rahmen über die zu importierenden Dateien ziehen oder diese per [Strg]-Taste einzeln auswählen.

stützte Formate mit ein. Wenn Sie ein ganz bestimmtes Format auswählen, werden nur die Dateien dieses Formats angezeigt, andere Dateien werden ausgeblendet.

Mit dem Import wird in After Effects eine Verlinkung zu dem Material angelegt, das heißt, das Material wird nicht an sich ins Projekt kopiert. Die Projektdatei ist daher nur wenige Kilobyte groß und muss für externe Bearbeitungen immer gemeinsam mit dem Rohmaterial migriert werden.

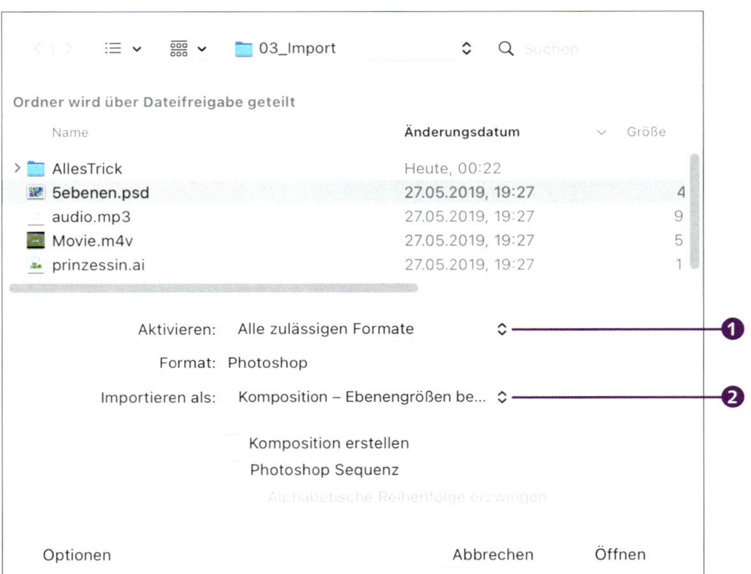


**Abbildung 3.1 ▸**
Im Importdialogfenster können Sie zwischen verschiedenen Importmethoden wählen.

**Alle unterstützten Importformate**
Eine sehr gute Übersicht über alle in After Effects importierbaren Formate finden Sie unter *https://helpx.adobe.com/de/after-effects/kb/supported-file-formats.html*.

Auf die Importieren als-Einstellungen ❷ komme ich auf den nächsten Seiten zu sprechen.

## 3.2 Import von Photoshop- und Illustrator-Dateien

Was wäre unsere heutige Medienwelt ohne Photoshop? Und natürlich können Sie in After Effects Photoshop-Dateien importieren. Ebenso komfortabel arbeiten Sie in After Effects mit Zeichnungen aus Illustrator. Damit sind wir bei den zwei verschiedenen Systemen der Bilddarstellung: Pixel und Vektoren.

Der Unterschied besteht vor allem in der Auflösung bei der Skalierung. Während eine pixelorientierte Datei bei einer Skalierung über ihre Originalabmessungen hinaus verschwommen wirkt, behält die Vektorgrafik ihre scharfen Kanten auch bei hohen Skalierungswerten bei.

▲ **Abbildung 3.2**
Ein Vektorbild ohne Skalierung und …

▲ **Abbildung 3.3**
… das gleiche Bild skaliert. Die Konturen bleiben scharf.

▲ **Abbildung 3.4**
Eine pixelorientierte Datei ohne Vergrößerung …

▲ **Abbildung 3.5**
… und eine skalierte Version derselben Datei. Zur Verdeutlichung habe ich hier den Qualitätsmodus ENTWURF eingestellt.

Bei der Dateigröße findet sich der nächste Unterschied: Vektorgrafiken sind recht klein, Pixelbilder größer. Die Vorteile bei der Skalierung büßt die Vektorgrafik bei der Farbvielfalt und der Darstellung von Texturen ein.

Die unterschiedliche Dateigröße von Vektorgrafiken und Pixelbildern erklärt sich aus der unterschiedlichen Berechnung der Bilddaten. Pixelbilder setzen sich aus einer genau definierten Anzahl einzelner Bildpunkte, den **Pixeln**, zusammen, die in einem Raster angeordnet werden. Jedes einzelne Pixel wird mit Farb- und Helligkeitsinformationen gespeichert. Bei einer größeren Bilddatei werden entsprechend mehr Pixel zur Darstellung benötigt, was den Speicherbedarf der Datei anwachsen lässt. Beim Skalieren werden die Pixel proportional vergrößert. Die Struktur des Rasters, auf dem die Pixel angeordnet sind, wird dabei sichtbar.

Vektorgrafiken hingegen bestehen aus einfachen grafischen Elementen wie Linie, Kurve, Kreis und Rechteck, die mathematisch beschrieben werden können. So wird eine Linie durch ihren Anfangs- und Endpunkt definiert, ein Kreis durch Kreismittelpunkt und -durchmesser. Bei jeder Skalierung wird die Vektorgrafik neu berechnet, und es sind keine Pixelstrukturen erkennbar.

### 3.2.1 Ein komplettes Layout importieren

Bei der Vorbereitung Ihrer Bilddaten ist es häufig günstig, ein komplettes Layout in Photoshop oder in Illustrator anzulegen und After Effects »nur« noch zur Animation zu verwenden.

Die in Photoshop oder Illustrator vorbereiteten, aus mehreren Ebenen bestehenden Dateien können Sie komplett als eine Komposition importieren. Dabei übernimmt After Effects die genaue Positionierung der einzelnen Ebenen. Auch Ebenennamen, Hilfslinien, Ebenenmasken und Ebenenstile werden übernommen. Vertiefende Informationen finden Sie in Teil V, »After Effects im Workflow«. Aus einer Datei mit mehreren Ebenen können Sie einzelne Ebenen beim Import auswählen. Es ist daher sehr wichtig, die Ebenen in Photoshop oder Illustrator eindeutig zu benennen, sonst kommen Sie durcheinander.

Für die nächsten Erläuterungen können Sie die Datei »5ebenen.psd« und die Datei »prinzessin.ai« aus dem Ordner 03_IMPORT zum Ausprobieren verwenden.

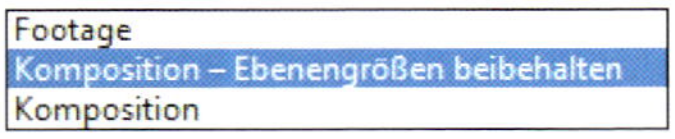

Footage
Komposition – Ebenengrößen beibehalten
Komposition

▲ **Abbildung 3.6**
Einige Dateien, die aus mehreren Ebenen bestehen, können als Komposition importiert werden. Ein komplettes Layout lässt sich so übernehmen.

#### Import als Komposition

Für den Import als Komposition selektieren Sie die Datei, die mehrere Ebenen enthält, und wählen dann unter IMPORTIEREN ALS die Bezeichnung KOMPOSITION bzw. KOMPOSITION – EBENENGRÖSSEN BEIBEHALTEN. Wenn Sie KOMPOSITION wählen, werden Ihre Ebenen auf die Größe Ihres Layouts beschnitten, das heißt, überstehende Ebenen werden abgeschnitten. Bei der anderen Option, KOMPOSITION – EBENENGRÖSSEN BEIBEHALTEN, bleiben die Ebenen in ihrer Ursprungsgröße erhalten.

Zunächst erscheint bei Photoshop-Dateien ein weiterer Dialog. Unter EBENENOPTIONEN legen Sie dort bei Bedarf fest, wie in Photoshop hinzugefügte Ebenenstile in After Effects verwendet werden. Im Projektfenster von After Effects wird dann ohne Ihr Zutun eine Komposition angelegt. Die Framegröße der Komposition entspricht den Abmessungen der Datei in Photoshop bzw. Illustrator. Zusätzlich befindet sich im Projektfenster ein Ordner, der sämtliche Ebenen der Datei im Einzelnen enthält. Doppelklicken Sie auf das

**Photoshop-Ebenenstile**

Photoshop-Ebenenstile werden absolut korrekt nach After Effects übernommen. Außerdem können Sie innerhalb von After Effects Ebenenstile festlegen und diese animieren. Wählen Sie dazu EBENE • EBENENSTILE. Weitere Informationen finden Sie in Kapitel 18, »Workshop mit Photoshop und Illustrator«.

Kompositionssymbol, um die Komposition und die dazugehörige Zeitleiste zu öffnen. Sie können nun sämtliche Ebenen einzeln animieren.

**Import von Audiodaten**
Audiodaten importieren Sie genauso in After-Effects-Projekte wie anderes Footage auch.

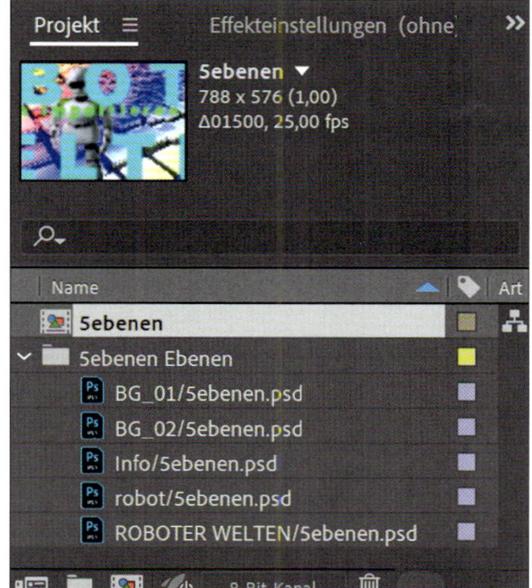


◂ **Abbildung 3.7**
Im Projektfenster werden automatisch eine Komposition und ein Ordner mit allen einzelnen Ebenen der importierten Datei angelegt.

### Einzelne Ebenen importieren

Zum Import einzelner Ebenen wählen Sie unter IMPORTIEREN ALS ❶ die Bezeichnung FOOTAGE. Enthält die Datei mehrere Ebenen, bietet After Effects Ihnen daraufhin Ebenenoptionen an. Wählen Sie AUF EINE EBENE REDUZIERT, um alle Ebenen zusammenzurechnen. Markieren Sie EBENE AUSWÄHLEN, um eine bestimmte Ebene aus der Datei zu importieren. Unter FOOTAGE-MASSE wählen Sie DOKUMENTGRÖSSE, um die Ebene in der Größe des Photoshop-Dokuments zu importieren, und EBENENGRÖSSE, um die Ebene unbeschnitten zu importieren. Bei dieser Importvariante entsteht die Komposition nicht automatisch.

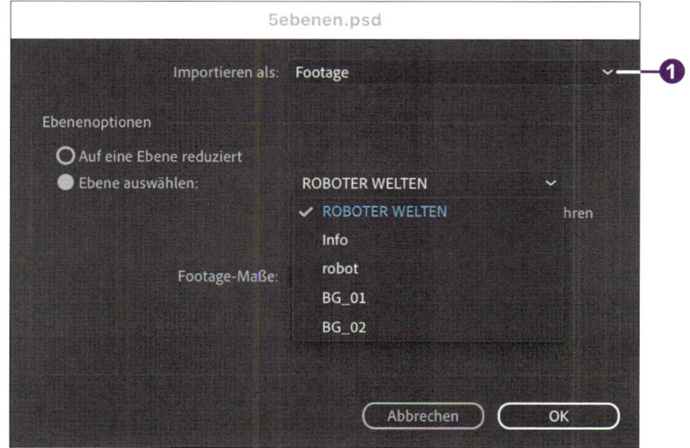


◂ **Abbildung 3.8**
Beim Footage-Import einer Datei, die mehrere Ebenen enthält, können Sie einzelne Ebenen aus dieser Datei importieren.

## Schritt für Schritt
## Die Bilder lernen laufen – Trickfilm

In dem folgenden kleinen Workshop lernen Sie, aus einer Reihe von einzelnen Bildern einen Film zu machen und zu definieren, wie After Effects mit Dateien nach dem Import umgeht. Sie verwenden diese Technik, um selbstgezeichnete Einzelbilder zu animieren oder Sequenzen aus anderen Anwendungen in After Effects weiterzuverarbeiten.

### 1 Komposition anlegen

Schauen Sie sich zuerst das Movie »allesTrick.mp4 « aus dem Ordner 03_IMPORT/ALLESTRICK an. Starten Sie After Effects, und speichern Sie zuerst das noch leere Projekt über DATEI • SPEICHERN UNTER. Legen Sie eine Komposition über KOMPOSITION • NEUE KOMPOSITION oder Strg + N an.

Die benötigten Dateien für diesen Workshop finden Sie unter BEISPIELMATERIAL/03_IMPORT/ALLESTRICK.

Im Dialog KOMPOSITIONSEINSTELLUNGEN tragen Sie immer zuerst einen Namen für die Komposition ein, da es später sehr viele Kompositionen in einem Projekt geben kann.

Tragen Sie bei BREITE den Wert »1050« und für die HÖHE »576« ein ❶, die FRAMERATE setzen Sie auf 25 Bilder bzw. FRAMES PRO SEKUNDE ❷. Bis zur Programmversion 2022 entsprachen diese Werte der Vorgabe PAL D1/DV 16:9, Quad. Pixel.

Bei der DAUER ändern Sie den voreingestellten Wert in 8 Sekunden. Es genügt, wenn Sie dazu den voreingestellten Wert markieren und »800« ins Feld ❸ tippen. After Effects trägt selbstständig die Doppelpunkte nach (0:00:08:00) und erkennt, dass es sich um eine Dauer von 8 Sekunden handelt.

**Eigene Kompositonsvorlagen**
Wenn Sie häufig mit DV-Formaten umgehen, lohnt es sich für Sie vielleicht, eine entsprechende Vorlage zu erstellen. Geben Sie hierfür zuerst die entsprechenden Werte ein, also BREITE, HÖHE und PIXEL-SEITENVERHÄLTNIS. Ein Klick auf das Papiersymbol rechts des Feldes VORGABE lässt Sie einen Namen vergeben und mit dem OKAY-Button speichern Sie Ihre neue Kompositionsvorlage ab.

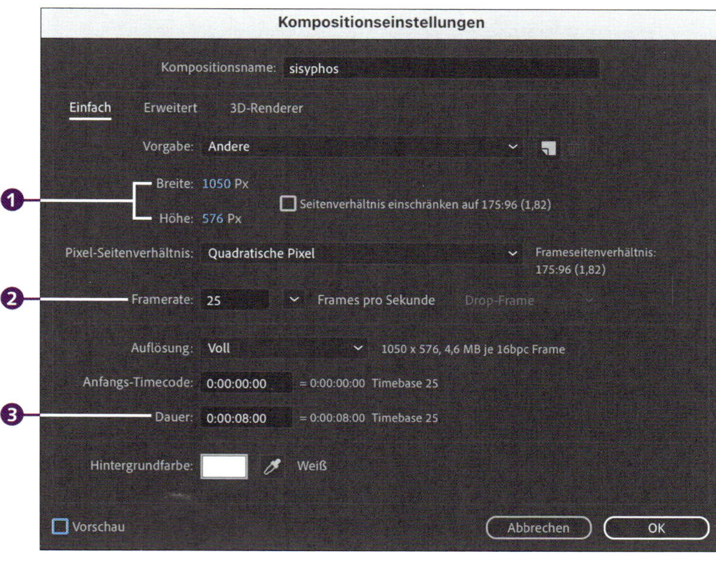


**Abbildung 3.9 ▸**
Nehmen Sie diese Einstellungen vor.

Wählen Sie noch die Farbe Weiß im Farbwähler bei dem Eintrag HINTERGRUNDFARBE aus. Die anderen Einstellungen ignorieren Sie vorerst. Bestätigen Sie mit OK.

### 2 Import einer Bildsequenz

Für das Projekt habe ich in Photoshop eine Sequenz aus einzelnen Bildern vorbereitet, die als Trickfilm abgespielt werden sollen. Jede Datei enthält gegenüber der vorhergehenden einen kleinen Bewegungsschritt. Schnell nacheinander abgespielt, ergeben die Dateien einen kleinen Film. Wählen Sie im Importdialog den Ordner 03_IMPORT/ALLESTRICK/SEQUENZ1, und markieren Sie die erste Datei in der Liste ❹. Achten Sie darauf, dass ein Häkchen bei PHOTOSHOP-SEQUENZ ❻ gesetzt ist, und wählen Sie immer IMPORTIEREN ALS • FOOTAGE ❺. Klicken Sie dann auf ÖFFNEN bzw. IMPORTIEREN ❽. Der Eintrag ALPHABETISCHE REIHENFOLGE ERZWINGEN ❼ dient übrigens dazu, Dateien in alphabetischer Reihenfolge zu ordnen.

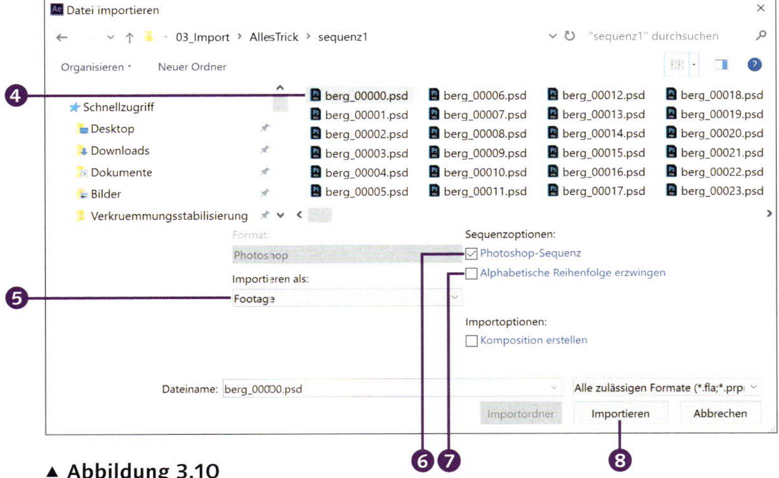


▲ **Abbildung 3.10**
In After Effects lassen sich verschiedenste Dateiformate als Bildsequenzen importieren.

Die Einzelbilder werden nun im Projektfenster als eine einzige Datei, als Bildsequenz, angezeigt. Sie haben auch die Möglichkeit, Targa-, JPG-, TIFF-Sequenzen und viele mehr zu importieren. Importieren Sie nun noch die Bilder aus den Ordnern SEQUENZ2 und SEQUENZ3 in gleicher Weise und anschließend die Datei »sisyphos.ai«. Wählen Sie beim Import der Illustrator-Datei gegebenenfalls AUF EINE EBENE REDUZIERT (Abbildung 3.11), um die Ebenen zusammenzufassen.

**Kompositionseinstellungen überprüfen**

Falls Sie die Einstellungen ansehen oder verändern möchten, können Sie dies über KOMPOSITION • KOMPOSITIONSEINSTELLUNGEN oder Strg+K tun.

**Eigene Sequenzen erstellen**

Damit After Effects eine Bildsequenz als solche erkennen kann, ist eine fortlaufende Nummerierung der Einzelbilder erforderlich. Wichtig bei der Benennung der Dateien ist, jeder Bildnummer mehrere Nullen voranzustellen (z. B. »0001_Sequenz.tga«), sonst geht es schief. Außerdem müssen die Einzelbilder sämtlich die gleichen Bildabmessungen aufweisen, da sonst eventuell der Bildausschnitt falsch interpretiert wird. Ausschlaggebend für alle nachfolgenden Bilder ist das erste Bild der Sequenz. Wenn Sie diese Prämissen beachten, wird Ihnen das Erstellen kurzer Sequenzen bald Spaß machen. Noch etwas: 16 Bilder pro Sekunde benötigen Sie mindestens für einen einigermaßen flüssigen Bewegungsablauf.

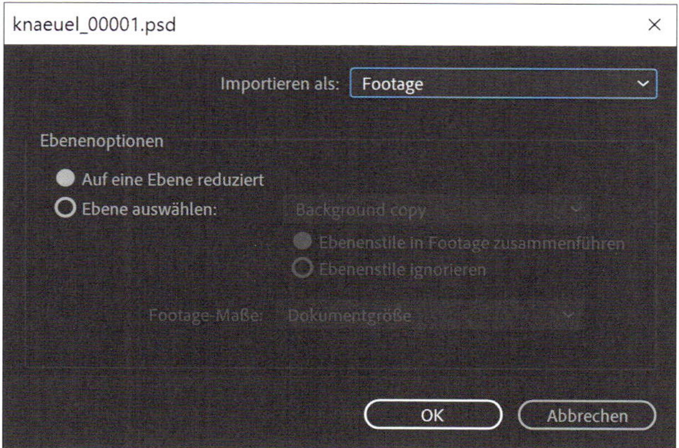

▲ **Abbildung 3.11**
Beim Import müssen Dateien oft auf eine Ebene reduziert werden.

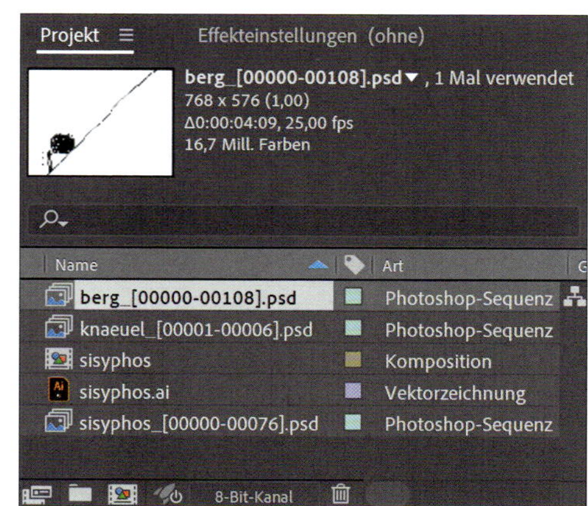

▲ **Abbildung 3.12**
Im Projektfenster wird jede Bildsequenz mit einem Symbol für eine Reihe von Bildern angezeigt.

**In-Point und Out-Point**
Der In-Point markiert den Beginn einer Ebene, also den Zeitpunkt, an dem das Material sichtbar wird. Der Out-Point markiert dementsprechend das Ende einer Ebene.

### 3 Los geht's mit der Animation

Ziehen Sie zuerst Ihre Zeitmarke auf den Zeitpunkt 00:00. Sie können auch die Taste Pos1 verwenden, um die Zeitmarke an den Anfang der Komposition springen zu lassen. Ziehen Sie die Datei »sisyphos.ai« in den linken, dunkelgrauen Bereich der Zeitleiste. Der In-Point der Ebene wird genau am Zeitpunkt 00:00 ausgerichtet, so dass die Ebene ab diesem Zeitpunkt sichtbar ist.

Öffnen Sie die Transformationseigenschaften der Ebene »sisyphos.ai«. Ziehen Sie die Zeitmarke auf 00:14, und setzen Sie per Klick auf das Stoppuhr-Symbol ❶ bei Deckkraft einen ersten Keyframe. Damit eine Animation zustande kommt, setzen Sie einen zweiten Keyframe. Positionieren Sie die Zeitmarke bei 02:00, klicken Sie in den Wert bei Deckkraft (100%), und tragen Sie »0« ❷ ein. Der Keyframe entsteht automatisch, sobald Sie neben das Wertefeld klicken. Der Text blendet sich nun allmählich aus.

**Abbildung 3.13** ▼
Für das Ausblenden des Textes werden zwei Keyframes bei der Deckkraft gesetzt.

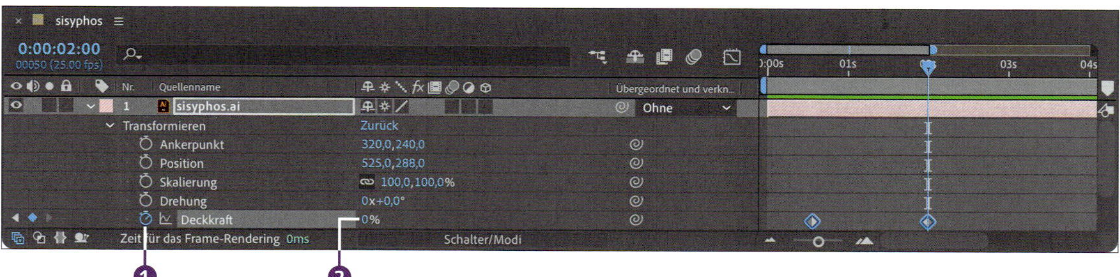

Übrigens müssen Sie keine Fremdapplikationen zum Erstellen von Text verwenden. Wir machen das nur für den Import und weil Sie Kapitel 9, »Texte erstellen und animieren«, noch nicht kennen.

### 4 Ebenen positionieren

Ziehen Sie die Sequenz »sisyphos« unter den Text in die Zeitleiste. Klicken Sie die Ebene einmal in der Mitte an, und halten Sie, um sie zu verschieben, die Maustaste gedrückt. Wenn Sie nun noch die Taste ⇧ hinzunehmen, richtet sich der In-Point wie magnetisch an Keyframes oder der Zeitleiste aus.

▼ **Abbildung 3.14**
Mit der Taste ⇧ springen Ebenen, die Sie verschieben, automatisch auf In-Points, Keyframes oder die Zeitmarke.

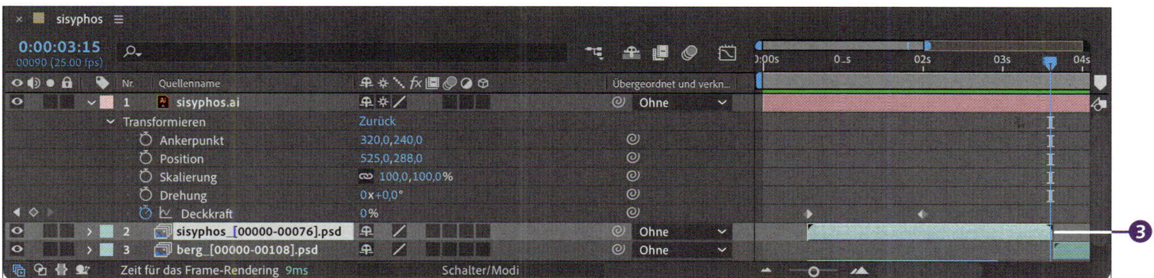


Beim Verschieben von Keyframes funktioniert das genauso. Lassen Sie die Ebene dort beginnen, wo Sie den ersten Keyframe für den Text gesetzt haben. Ebenso richten Sie die Sequenz »berg« am Out-Point ❸, also dem Ende der Sequenz »sisyphos«, aus.

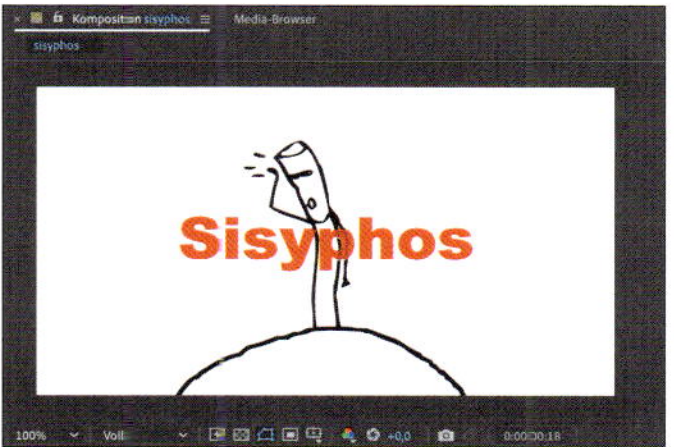


▲ **Abbildung 3.15**
Der Text wird über der Tricksequenz positioniert.

### 5 Footage interpretieren und loopen

Nach dem Import von Dateien ins Projektfenster müssen Sie nicht selten den Umgang von After Effects mit diesen Dateien neu definieren. So können Sie beispielsweise in einer Datei die Optionen für die Interpretation des Alphakanals im Nachhinein ändern. Auch die Framerate einer Datei, die Halbbildreihenfolge und das Pixel-Seitenverhältnis sind nach dem Import noch änderbar. Der Weg zur Dialogbox, um das Footage im Nachhinein zu interpretieren, ist bei allen Dateien gleich.

Um unser importiertes Footage zu interpretieren, markieren Sie die Sequenz »knaeuel« im Projektfenster und klicken sie mit der rechten Maustaste an, oder gehen Sie über das Menü Datei • Footage interpretieren • Footage einstellen. Im erscheinenden Dialogfeld finden Sie unter Andere Optionen ganz unten den Eintrag Schleife ❹. Tragen Sie hier den Wert »10« ein. Die Bildsequenz wird nun beim Abspielen zehnmal wiederholt. Sie können auch Filme oder Sounddateien auf diese Weise loopen lassen.

**Vorschauoption**

Im Dialogfeld Footage interpretieren befindet sich eine Option Vorschau. Sie können durch Setzen oder Entfernen des Häkchens das Resultat Ihrer Änderungen ein- bzw. ausblenden.

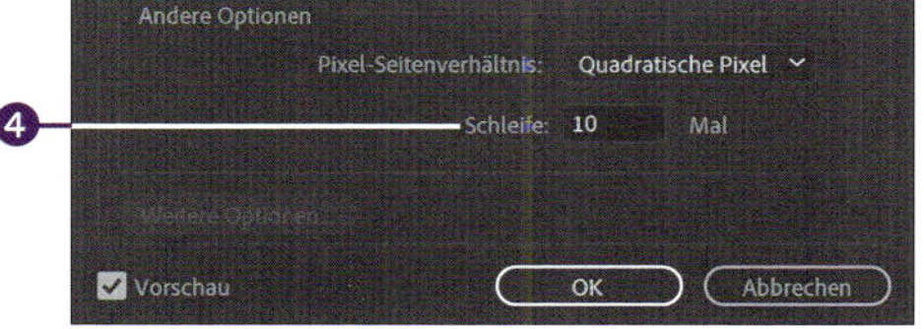


◀ **Abbildung 3.16**
Im Dialog Footage interpretieren wählen Sie unter Schleife ❹, wie oft das Material hintereinander abgespielt wird.

### 6 Abschluss der Animation

Ziehen Sie die loopende Sequenz »knaeuel« in die Zeitleiste über die Sequenz »sisyphos«, und richten Sie den In-Point der Knäuel-Sequenz am In-Point der Sequenz »sisyphos« aus. Positionieren Sie das Knäuel im Kompositionsfenster wie in Abbildung 3.17. Dazu müssen Sie nur auf das Knäuel klicken und es verschieben.

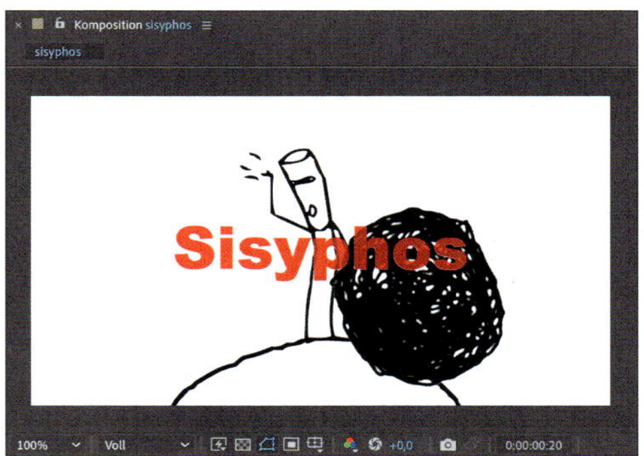


**Abbildung 3.17 ▸**
Sisyphos' Knäuel sollte etwa hier positioniert werden.

Öffnen Sie die Transformationseigenschaften der Sequenz »knaeuel«, und wählen Sie die Eigenschaft Position, oder markieren Sie die Ebene, und drücken Sie die Taste [P]. Setzen Sie einen ersten Keyframe für die Position bei 01:09. Erstellen Sie den zweiten Keyframe automatisch, indem Sie die Zeitmarke auf den Out-Point, also das Ende der Ebene »knaeuel«, ziehen und die Ebene wie in Abbildung 3.18 aus der Komposition herausziehen.

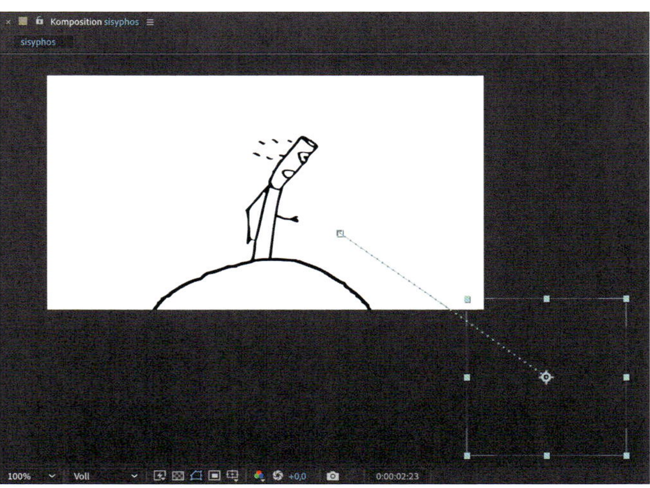


**Abbildung 3.18 ▸**
Der zweite Positions-Keyframe entsteht automatisch, wenn Sie das Knäuel aus dem Bild ziehen.

Tja, das Knäuel ist nun den Berg hinabgerollt, und Sisyphos muss von vorn anfangen. Wenn Sie die Sequenz »berg« richtig angeordnet haben, tut er dies auch. Das fertige Projekt rendern Sie am besten noch auf dem gleichen Wege, wie ich es in Abschnitt 2.7, »Ein erstes Projekt«, beschrieben habe.

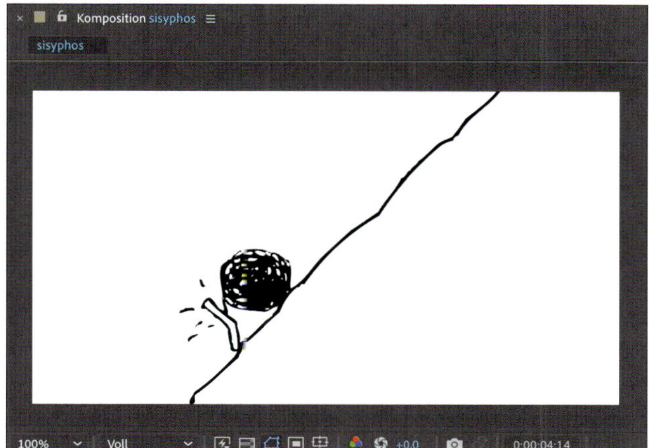


◂ **Abbildung 3.19**
Sisyphos muss sich hier mühen, das Knäuel erneut den Berg hinaufzurollen.

### 3.2.2 Transparentes Material importieren

Wie schon erwähnt, sollte die Bildbearbeitung vor dem Import möglichst abgeschlossen sein. Dazu gehört auch das Festlegen transparenter Bildbereiche. Da Transparenzen in verschiedenen Programmen erstellt werden können, ist es nicht verwunderlich, dass verschiedene Möglichkeiten existieren, Transparenzen zu definieren.

Beim Import von Dateien, die Transparenzen enthalten, erscheint der Dialog Footage interpretieren. After Effects »fragt« Sie, wie es die Transparenzinformation in der Datei interpretieren soll.

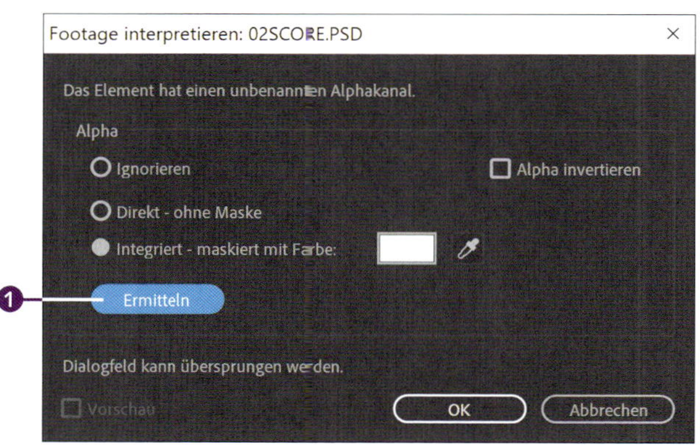


◂ **Abbildung 3.20**
Beim Import von Dateien, die Transparenzen enthalten, »fragt« After Effects, wie diese interpretiert werden sollen.

Wenn Sie sich unsicher sind, wählen Sie hier einfach Ermitteln ❶. After Effects findet dann selbst heraus, wie die Transparenzinformation in der Datei gespeichert wurde. Dieses Verhalten können

Sie auch in den Voreinstellungen festlegen. Weitere Informationen zu transparentem Bildmaterial erhalten Sie in Kapitel 11, »Masken, Matten und Alphakanäle«.

## 3.3 Importvoreinstellungen

Unter BEARBEITEN • VOREINSTELLUNGEN • IMPORTIEREN legen Sie fest, wie After Effects beim Import mit Dateien verfahren soll.

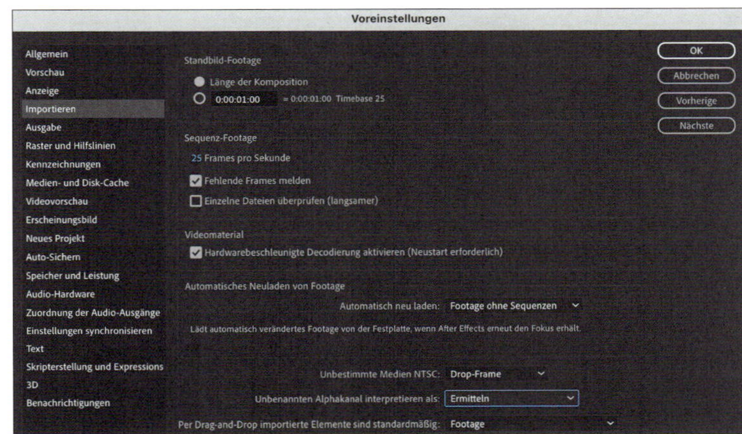


▲ **Abbildung 3.21**
VOREINSTELLUNGEN • IMPORTIEREN

Unter STANDBILD-FOOTAGE wählen Sie anstelle von LÄNGE DER KOMPOSITION einen eigenen Wert, z. B. 02:00. Ihr Footage wird dann immer in der Länge von 2 Sekunden in die Komposition eingesetzt. Unter SEQUENZ-FOOTAGE legen Sie die Framerate Ihrer importierten Sequenzen fest. Damit lassen sich Sequenzen an die Framerate Ihrer Komposition anpassen.

Unter AUTOMATISCHES NEULADEN VON FOOTAGE wählen Sie aus, ob ALLE FOOTAGE-TYPEN oder nur FOOTAGE OHNE SEQUENZEN neu geladen werden. After Effects lädt Footage, das sich auf der Festplatte geändert hat, somit automatisch neu nach.

Wie die Alphainformation einer Datei beim Import behandelt wird, bestimmen Sie mit den Optionen bei UNBENANNTEN ALPHAKANAL INTERPRETIEREN ALS.

Ist ANWENDER FRAGEN gewählt (Standard), öffnet sich bei jeder Datei mit Alphainformationen ein Dialog. Wenn Sie hier ERMITTELN einstellen, interpretiert After Effects die Alphainformation automatisch. Legen Sie unter PER DRAG-AND-DROP IMPORTIERTE ELEMENTE SIND STANDARDMÄSSIG fest, ob Sie Dateien beim Import

**Import per Drag & Drop**
Sie können sowohl einzelne Dateien als auch ganze Ordner per Drag & Drop ins Projektfenster ziehen. Bei einzelnen Dateien erhalten Sie die Möglichkeit, die Datei als Komposition oder als Footage zu importieren. Bei Dateien mit mehreren Ebenen können Sie einzelne Ebenen der Datei auswählen oder sämtliche Ebenen auf eine Ebene reduzieren und zusammenrechnen.

Wenn Sie einen Ordner ins Projektfenster ziehen, der mehrere Bilder enthält, nimmt After Effects an, dass es sich um eine Sequenz handelt, und legt die Dateien als Bildsequenz im Projektfenster ab. Benötigen Sie unterschiedliche Dateien genau so, wie sie in einem Ordner angelegt sind, ziehen Sie den Ordner bei gedrückter Alt-Taste ins Projektfenster. Es wird dann ein entsprechender Ordner im Projektfenster angelegt, der alle Dateien enthält.

per Drag & Drop als Bildsequenz (FOOTAGE) oder als Komposition (KOMPOSITION oder KOMPOSITION – EBENENGRÖSSEN BEIBEHALTEN) importieren wollen.

## 3.4 Import von After-Effects-Projekten

Sollten Sie an größeren Projekten arbeiten, ist es oft nötig, mit mehreren Projektdateien zu arbeiten. Möglicherweise arbeiten auch mehrere Personen an einem Projekt und speichern ihre Arbeit in verschiedene Projektdateien. Um diese am Ende wieder zusammenzubringen, ist es möglich, komplette After-Effects-Projekte in ein finales Projekt zu importieren.

Der Import erfolgt dabei wie bei jedem anderen Rohmaterial. Das importierte Projekt erhält einen eigenen Ordner, der wiederum sämtliche Kompositionen und Verknüpfungen zu Rohmaterialdateien des Ursprungsprojekts enthält. Sämtliche im importierten Projekt vorhandenen Kompositionen, Animationen oder sonstigen Einstellungen bleiben hundertprozentig erhalten. Sie sollten aber nicht vergessen, die Rohmaterialdateien des importierten Projekts auch auf Ihrer Festplatte zur Verfügung zu stellen, ansonsten zeigt After Effects Ihnen nur Platzhalter an.

Beim Rendern von Containerformaten wie QuickTime-(MOV-) und Video-für-Windows-(AVI-) können Sie auch eine Verknüpfung zum Projekt einbetten (die Option ist bei der Ausgabe standardmäßig aktiviert). Wollen Sie dieses Projekt wieder in After Effects importieren, so wählen Sie die gerenderte Datei aus und aktivieren beim Import unter IMPORTIEREN ALS die Option PROJEKT. Allerdings müssen Sie dabei darauf achten, dass Sie den exportierten Film nicht irgendwo auf der Festplatte oder auf einem anderen Speichermedium ablegen. Das eingebettete Projekt enthält nur Verknüpfungen zu den Rohmaterialdateien und kann daher nicht importiert werden, wenn der Film nicht zuvor in denselben Ordner wie die Rohmaterialien gerendert wurde.

**Import älterer Projekte**
Beachten Sie, dass After Effects in der Version 2023 keine älteren Projekte als aus Version CS3 importieren kann.

**RGB- und CMYK-Dateien**
After Effects arbeitet im RGB-Farbraum. Das heißt, Dateien mit den Kanälen Rot, Grün, Blau und Alpha können importiert werden. CMYK-Dateien können ebenfalls importiert werden. CMYK-Dateien werden für eine Ausgabe auf Papier verwendet. Dabei steht CMYK für die Druckfarben Cyan, Magenta, Yellow und Key (Schwarz).

## 3.5 Import von Premiere-Pro-Projekten

Sehr komfortabel ist die Zusammenarbeit von After Effects mit dem Schnittprogramm Premiere Pro. Premiere-Pro-Projekte müssen nicht gerendert werden, um sie in After Effects weiterzubearbeiten. Sichern Sie einfach ganz normal die Projektdatei.

Um Premiere-Pro-Projekte zu importieren, wählen Sie DATEI • IMPORTIEREN • ADOBE PREMIERE PRO-PROJEKT. Wählen Sie eine Pre-

**Unterstützte Premiere-Versionen**
After Effects kann Premiere-Projekte der Versionen 1.0, 1.5, 2.0, CS3, CS4, CS5, CS6 (PRPROJ; 1.0, 1.5 und 2.0 nur Windows) und natürlich CC-Projekte importieren.

miere-Pro-Datei aus. Im Dialog Premiere Pro Importer importieren Sie unter Sequenz auswählen einzelne Sequenzen des Projekts und deaktivieren bei Bedarf Audio importieren. Im Projektfenster erscheint nach dem Import ein Ordner, der sämtliche Clips aus dem Premiere-Pro-Projekt enthält. Sequenzen werden in dem Ordner als Kompositionen angelegt, verschachtelte Sequenzen werden zu verschachtelten Kompositionen.

Um sich eine in Premiere Pro geschnittene Sequenz in After Effects anzeigen zu lassen, klicken Sie die Sequenz, die in After Effects eine Komposition geworden ist, doppelt an. Daraufhin öffnen sich das Kompositionsfenster und die Zeitleiste.

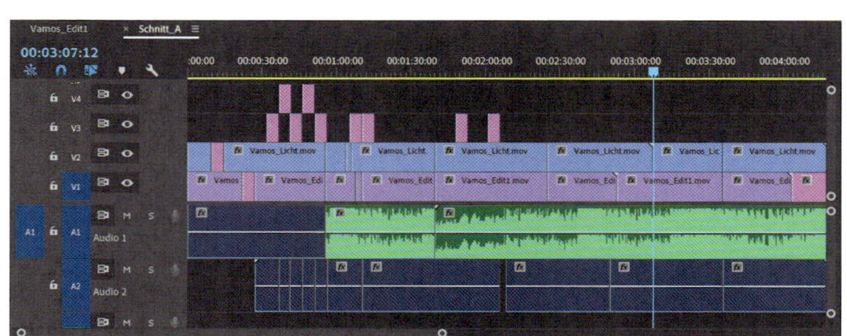

**Abbildung 3.22** ▶
Die Zeitleiste eines Schnittprojekts in Premiere Pro …

In der Zeitleiste von After Effects erscheinen in Premiere Pro gesetzte Marker als Kompositionsmarken. Die geschnittenen Clips behalten ihre In- und Out-Points bei. Allerdings sind sie nicht mehr in einer oder mehreren Spuren angeordnet, sondern, wie bei After Effects üblich, als Ebenen untereinander. Dabei werden die Reihenfolge der Clips und das ursprünglich vorhandene Material der Clips beibehalten. Außerdem werden einige Effekte und ihre Keyframes sowie Überblendungen übernommen.

Wollen Sie den Import der Premiere-Pro-Projektdatei sofort wieder rückgängig machen, hilft Ihnen ein einfaches Strg+Z. Mehr zum Thema erfahren Sie in Abschnitt 19.1, »Zusammenarbeit mit Adobe Premiere Pro«.

**Abbildung 3.23** ▼
… und in After Effects. Übernommen werden die Reihenfolge der Clips, die Schnitteinstellungen, einige Effekte, Keyframes und mehr.

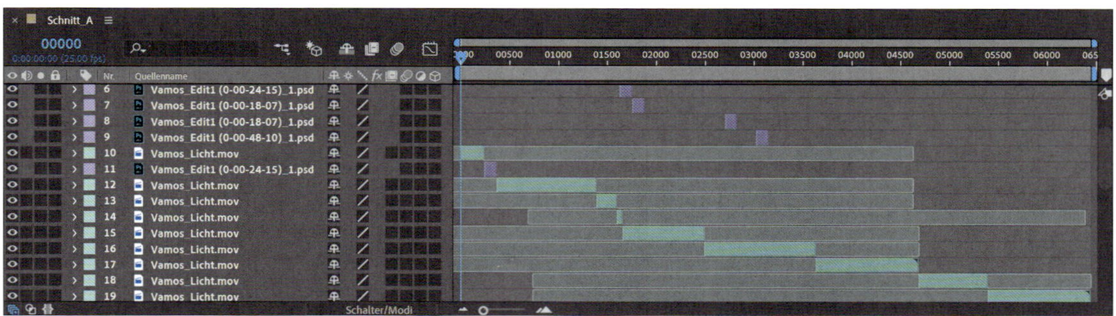

## 3.6 Weitere Importmöglichkeiten

After Effects bietet eine Reihe weiterer Importmöglichkeiten an, die ich im folgenden Abschnitt näher vorstellen werde.

**Keine Unterstützung für QuickTime 7**
Die Unterstützung für ältere Formate und Codecs der QuickTime 7-Ära ist seit der After Effects-Version 15.1 nicht mehr verfügbar. Somit sind Videos dieser älteren Formate und Codecs (Cinepak, Graphics und Sorenson) nur importierbar, wenn Sie diese zuvor in moderne Codecs konvertieren. Dies geht beispielsweise mit der Freeware Handbrake von iSkysoft.

### 3.6.1 Import von HDR-Bildern

After Effects unterstützt Dateien und Projekte mit einem hohen dynamischen Bereich. Mit dem dynamischen Bereich ist der Helligkeitsumfang zwischen größtem und kleinstem Helligkeitswert eines digitalen Bildes gemeint. In der sichtbaren Welt existiert ein weit größerer Helligkeitsumfang als derjenige, der am Computermonitor, auf Filmmaterial oder auf Papier darstellbar ist. Es wird also immer nur in einem begrenzten Dynamikbereich gearbeitet.

- Als **Low Dynamic Range Image** bezeichnet man Dateien, die mit einer Farbtiefe von 8 Bit oder weniger erstellt wurden.
- Ein **Medium Dynamic Range Image** weist eine Farbtiefe von 16 Bit auf.
- Ein **High Dynamic Range Image** wurde mit einer Farbtiefe von 32 Bit erstellt.

Bei HDR-Bildern sind durch die Verwendung von Gleitkommazahlen weit mehr Werte beschreibbar als bei der Verwendung von Festkommazahlen. Bilder in dieser Farbtiefe können mehr Details in dunklen Bildbereichen und realistische Lichteffekte darstellen. Um die Projektfarbtiefe zu ändern, wählen Sie Datei • Projekteinstellungen oder klicken auf das Raketen-Symbol am unteren Rand des Projektfensters. Unter Farbe • Tiefe wählen Sie zwischen 8, 16 und 32 Bit pro Kanal.

After Effects kann Dateiformate wie OpenEXR, TIFF, PSD und Radiance (HDR, RGEE, XYZE) mit einer Farbtiefe von 32 Bit als Standbilder oder Standbildsequenzen importieren. Eine Ausgabe als OpenEXR-, TIFF- PSD- oder Radiance-Sequenz ist ebenfalls möglich.

Seit After Effects CS4 werden die von der Firma fnord herausgegebenen Plugins des Pakets ProEXR unterstützt. Diese ermöglichen den vollen Zugriff auf sämtliche Informationen, die in einer OpenEXR-Datei gespeichert werden können. Das erweitert die Arbeit mit 3D-Applikationen, für die das Format immer mehr zum Standard avanciert. Weitere Informationen dazu erhalten Sie im Abschnitt 20.3.4., »OpenEXR und ProEXR«.

### 3.6.2 Import von Camera-Raw-Dateien

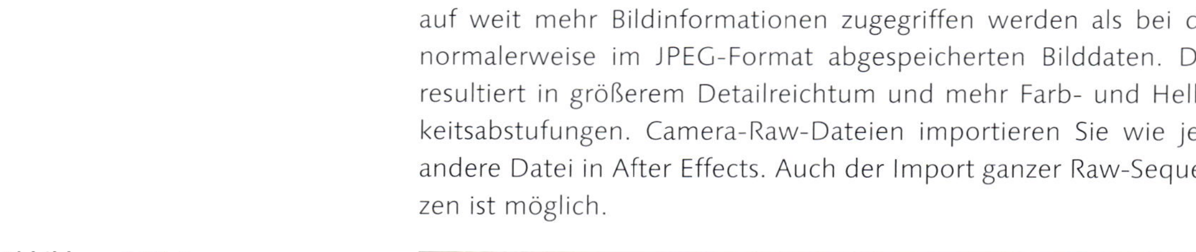

Camera-Raw-Dateien sind Bildsensor-Rohdaten einer Digitalkamera. Die Rohdaten liegen in einer Farbtiefe von 10, 12 oder 14 Bit pro Pixel und mehr vor. Dadurch kann bei der Arbeit mit Raw-Dateien auf weit mehr Bildinformationen zugegriffen werden als bei den normalerweise im JPEG-Format abgespeicherten Bilddaten. Dies resultiert in größerem Detailreichtum und mehr Farb- und Helligkeitsabstufungen. Camera-Raw-Dateien importieren Sie wie jede andere Datei in After Effects. Auch der Import ganzer Raw-Sequenzen ist möglich.

**Abbildung 3.24 ▸**
Beim Import einer Camera-Raw-Datei öffnet sich der Dialog Camera Raw. Hier können Sie verschiedenste Bildanpassungen vornehmen.

**Camera Raw**
Raw-Dateien sind Bildsensor-Rohdaten. Normalerweise werden diese vor der Speicherung vom Bildprozessor einer Digitalkamera in ein JPEG-Format umgewandelt. Die Daten werden dabei recht klein gehalten, was auf Kosten der eigentlich von den CCD-Sensoren gelieferten Bildinformation geht. Camera-Raw-Dateien werden mit einer Farbtiefe von 10, 12 oder 14 Bit pro Pixel und mehr gegenüber 8 Bit bei der JPEG-Komprimierung gespeichert. In der Nachbearbeitung der Rohdatenbilder ergeben sich so ein größerer Spielraum bei Helligkeits- und Farbabstufungen und ein größerer Detailreichtum. Vor der Bearbeitung wirken die Raw-Dateien allerdings weniger brillant, da kein Bildprozessor zur Optimierung zwischengeschaltet wurde.

Beim Import werden die Camera-Raw-Dateien je nach der im Projekt gewählten Farbtiefe in 8 oder 16 Bit umgewandelt. Beim Import in After Effects lassen sich Weißbalance, Tonwertbereich, Kontrast, Farbsättigung, Scharfzeichnung etc. im Dialogfeld Camera Raw einstellen. Außerdem können Sie Störungen im Bildmaterial wie Helligkeits- und Farbrauschen und Farbränder an Konturen korrigieren.

Wenn Sie eine Camera-Raw-Bildsequenz laden, werden die Einstellungen, die Sie für das erste Bild der Sequenz verwendet haben, auf alle weiteren Bilder der Sequenz angewendet, wenn Sie für diese keine eigenen Einstellungen definiert haben.

Um Camera-Raw-Bilddaten nach dem Import anzupassen, wählen Sie die Raw-Datei im Projektfenster aus und rufen dann Datei • Footage interpretieren • Footage einstellen auf. Im sich öffnenden Dialogfeld Footage interpretieren klicken Sie auf die Schaltfläche Weitere Optionen und ändern dann die Einstellungen wieder im Dialog Camera Raw.

### 3.6.3 Import mit Automatic Duck Pro Import AE

Das Plugin Automatic Duck Pro Import AE musste früher nachinstalliert werden. Seit CS6 ist es standardmäßig in After Effects integriert. Sie können damit AAF- und OMF-Dateien von Avid, XML-Dateien von Final Cut Pro und Projektdateien von Motion importieren. Wählen Sie Datei • Importieren • Pro Import After Effects. Mehr zum Thema erfahren Sie in Abschnitt 19.3, »Automatic Duck für Apple Final Cut Pro, Apple Motion und Avid«.

### 3.6.4 Import von Flash- bzw. Animate-Dateien

Sie können SWF-Dateien in After Effects importieren. Dabei bleiben Transparenzeinstellungen (der Alphakanal) in SWF-Dateien vollständig erhalten. Wie bei Illustrator-Grafiken können Sie die SWF-Dateien außerdem verlustfrei in jede Größe skalieren. Ebenso ist die Verwendung von FLV- und F4V-Dateien in After Effects möglich. Der Import von Animate-Projekten ist ebenfalls möglich. Lesen Sie mehr dazu im Abschnitt 19.4, »Zusammenarbeit mit Adobe Animate«

### 3.6.5 Import von XMP-Metadaten

XMP-Metadaten, also Informationen wie Datum, Autor und Kameratyp, können in verschiedenen Dateiformaten innerhalb einer Datei mitgespeichert werden. After Effects kann diese Daten in den meisten Formaten importieren und im Fenster Metadaten anzeigen. Weitere Informationen finden Sie in Abschnitt 5.6, »XMP-Metadaten«.

### 3.6.6 Import von 3D-Modellen

Die neueste Importfunktion bietet Ihnen die Möglichkeit, echte 3D-Objekte direkt zu importieren. Zwar befindet sich dieses Feature noch in der Entwicklungsphase, ist aber in der aktuellen Betaversion des Programmes bereits verfügbar und funktioniert dort schon zuverlässig. After Effects setzt hier auf das in der 3D-Welt bestens etablierte obj-Format. Nachdem Sie ein solches Modell in Ihr Projekt importiert haben, können Sie es in Ihren Kompositionen als 3D-Ebene verwenden, wobei sich Kamera- und Lichteigenschaften genau wie bei den »klassischen« 3D-Ebenen verhalten. Weitere Informationen finden Sie im Kapitel 16, »3D in After Effects«.

# 3.7 Videodaten in After Effects

Der Import und Umgang mit Videodaten in After Effects unterscheidet sich etwas von dem Umgang mit den Importformaten, die Sie bisher kennengelernt haben. Bei der Arbeit mit Videodateien begegnen Ihnen des Öfteren die Begriffe **Pixel-Seitenverhältnis** bzw. **Pixel Aspect Ratio** (PAR) und **Halbbildreihenfolge** bzw. **Interlaced-Footage**.

Jeder Frame eines Videos kann, wie Sie bereits wissen, aus zwei Halbbildern bestehen, die kurz nacheinander angezeigt werden. Solches Video-Footage wird daher auch als **Interlaced-Material** bezeichnet. After Effects muss die Halbbilder des Videos trennen und daraus Vollbilder erzeugen. Erst dann werden Effekte und Transformationen des Interlaced-Materials in hoher Qualität berechnet. Bei der Ausgabe des Films kann After Effects bei Bedarf die Vollbilder wieder in Halbbilder umrechnen.

**Halbbildreihenfolge des Originals testen**

Falls Sie unsicher sind, ob Sie die Halbbildreihenfolge Ihres importierten Videomaterials richtig interpretiert haben, machen Sie folgenden kleinen Test: Markieren Sie die Videodatei im Projektfenster. Im Dialog Footage interpretieren wählen Sie Oberes Halbbild zuerst. Bestätigen Sie mit OK. Doppelklicken Sie dann auf Ihr Footage im Projektfenster. Es öffnet sich das Footage-Fenster. Wählen Sie einen Bereich im Video, der eine kontinuierliche Bewegung enthält. Kontrollieren Sie, ob die Halbbildreihenfolge richtig interpretiert ist, indem Sie das Video frameweise abspielen. Dazu klicken Sie in der Palette Vorschau auf die Schaltfläche Nächster Frame ❶. Springt die Bewegung in jedem zweiten Frame zurück, müssen Sie die andere Option für die Halbbildtrennung wählen.

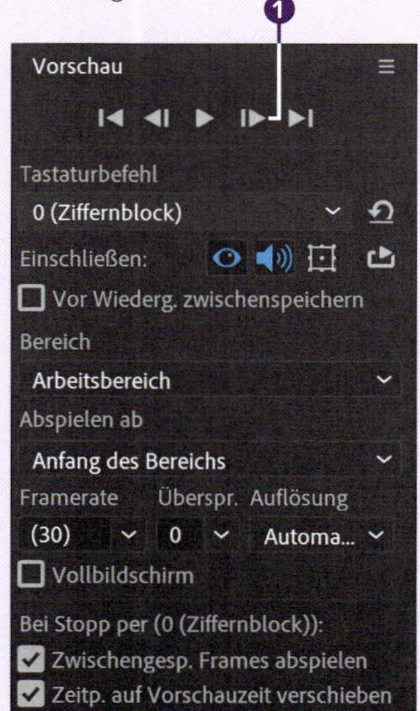


▲ **Abbildung 3.25**
Mit der Vorschau-Palette werden Animationen abgespielt.

## 3.7.1 Separate Halbbilder festlegen

Abhängig vom Aufnahmeverfahren kann Video-Footage in Vollbildern oder Halbbildern vorliegen, wobei je nach Material entweder das obere oder das untere Halbbild zuerst angezeigt wird.

### Automatische Interpretation

Beim Import von Interlaced-Videomaterial erkennt After Effects in den meisten Fällen die Halbbildreihenfolge automatisch. Es entstehen keine Probleme. Dies ist z. B. bei D1-, DV- und HDV-Footage der Fall.

### Manuelle Interpretation

Interpretiert After Effects die Halbbildreihenfolge beim Import nicht richtig, müssen Sie das Video-Footage manuell interpretieren.

Markieren Sie dazu die entsprechende Videodatei im Projektfenster. Wählen Sie Datei • Footage interpretieren • Footage einstellen. Im Abschnitt Halbbilder und Pulldown (siehe Abbildung 3.26) können Sie unter Separate Halbbilder wählen, wie in Halbbilder getrennt wird. Ausschlaggebend dafür, ob Sie Oberes oder Unteres Halbbild zuerst wählen ❷, ist die Halbbildreihenfolge des Originals. Wählen Sie Aus für Video-Footage, das keine Halbbilder enthält.

Wenn Sie Video-Footage verwenden, das im DV-Format vorliegt, oder Video-Footage über eine Firewire-Schnittstelle (IEEE 1394 oder i.Link) aufgenommen haben, wählen Sie immer Unteres Halbbild zuerst. Grundsätzlich zeigen Standard-Definition-(SD-)

Formate zumeist das untere Halbbild zuerst an, während High-Definition-(HD-)Formate (z. B. 1080i DVCPRO HD) meist das obere Halbbild zuerst anzeigen.

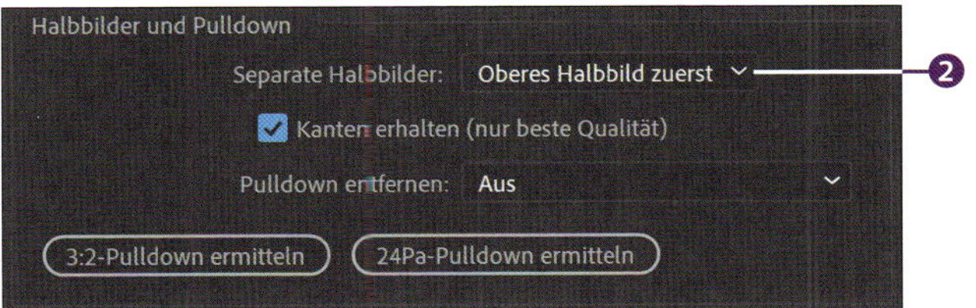


▲ **Abbildung 3.26**
Separieren der Halbbilder von importiertem Videomaterial im Dialog FOOTAGE INTERPRETIEREN

**Zum Nachlesen**
Lesen Sie vertiefend auch den Abschnitt 1.2.1, »Vollbild oder Halbbild«.

**Analoge Videobearbeitung**
Sollten Sie noch analoge Karten zum Aufnehmen von Video verwenden, ist eine manuelle Interpretation der Halbbildreihenfolge anzuraten.

Die Option KANTEN ERHALTEN (NUR BESTE QUALITÄT) aktivieren Sie, um die Qualität in nicht bewegten Bereichen zu erhöhen.

### 3.7.2 Pixel Aspect Ratio (PAR)

Wenn Ihnen die Bezeichnung Pixel Aspect Ratio (PAR) begegnet, ist damit das Pixel-Seitenverhältnis gemeint. Das Pixel-Seitenverhältnis steht für die Breite und Höhe eines Pixels in einem Bild. Es gibt quadratische Pixel im Verhältnis 1:1 und rechteckige Pixel in verschiedenen Seitenverhältnissen, abhängig vom verwendeten Material.

Bilder im PAL-Format entsprechen einer Anzeige von 788 × 576 quadratischen Bildpunkten. Das entspricht in etwa einem Frameseitenverhältnis von 4:3.

Der alte Standard D1/DV PAL ist jedoch auf eine Auflösung von 720 × 576 Pixeln festgelegt. Um dennoch auf ein Maß von 788 Pixeln für die Breite und somit auf das für D1/DV PAL ebenfalls standardisierte 4:3-Format zu kommen, sind die D1/DV-PAL-Pixel nicht quadratisch (**square**), sondern rechteckig (**non-square**). Das Pixel-Seitenverhältnis beträgt 1,094. Jedes Pixel ist also etwas breiter als hoch. Rechnen wir 720 × 1,094, erhalten wir in etwa 788.

Obwohl einige Formate das gleiche Frame- bzw. Bildseitenverhältnis haben, unterscheidet sich ihr Pixel-Seitenverhältnis. So sind D1/DV-PAL-Pixel horizontal ausgerichtet und D1/DV-NTSC-Pixel vertikal.

Auch bei manchen HDV-Formaten liegen rechteckige Pixel vor. Das ist bei einer Aufzeichnung in der Größe 1.440 × 1.080 der Fall. Nach der Entzerrung auf das Bildseitenverhältnis 16:9 beträgt die Größe 1.920 × 1.080. Das Pixel-Seitenverhältnis entspricht bei diesen rechteckigen Pixeln 1,33. Rechteckige Pixel finden sich außerdem bei den DVCPRO-HD-Formaten.

**Exakte Berechnung**
Seit der Version CS4 von After Effects arbeitet Adobe mit exakteren Berechnungen der rechteckigen Pixel-Seitenverhältnisse für alle Standardformate, also PAL und NTSC. Die Bildbreite wurde daher früher für PAL mit 768 anstelle der heute gültigen 788 Pixel berechnet und das Pixel-Seitenverhältnis mit dem inkorrekten Wert 1,0666. Im Falle von PAL ergab das ein leicht breiteres Bild bei der Endausgabe auf einem Monitor gegenüber der Darstellung in After Effects. Diese inkorrekte Berechnung stellte nur dann ein Problem dar, wenn Material definitiv unverzerrt ausgegeben werden musste, wie es beispielsweise bei einem Kreis der Fall wäre.

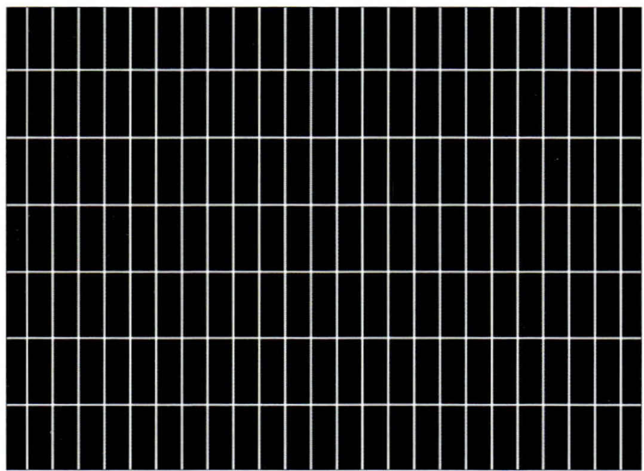

▲ **Abbildung 3.27**
Pixel in einem alten D1/DV-NTSC-Video werden vertikal ausgerichtet, um die Höhe zu kompensieren.

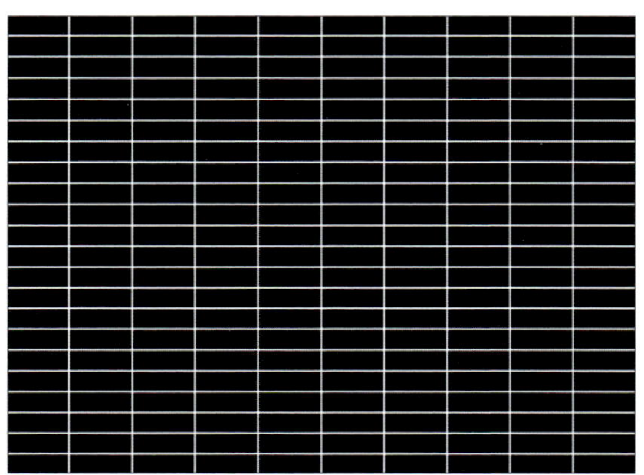

▲ **Abbildung 3.28**
In einem alten D1/DV-PAL-Video werden Pixel horizontal ausgerichtet, um die Breite zu kompensieren.

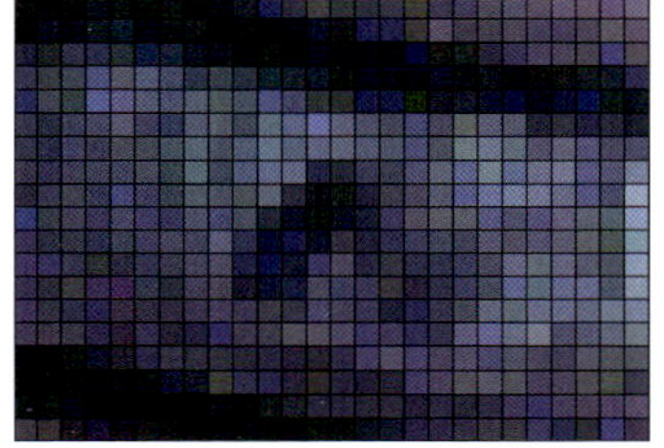

▲ **Abbildung 3.29**
Dateien mit quadratischen Pixeln, wie hier in der Vergrößerung zu sehen, werden am Computermonitor unverzerrt wiedergegeben.

### HDV (1.440 × 1.080) und DVCPRO HD am Computermonitor

Computermonitore arbeiten mit quadratischen Pixeln, nutzen also ein Pixel-Seitenverhältnis von 1:1, während Video oft mit unterschiedlichen Pixel-Seitenverhältnissen, also rechteckigen Pixeln, arbeitet. Wird nun ein Videobild mit rechteckigen Pixeln am Computermonitor dargestellt, erscheint es in der Breite gestaucht. Unverzerrt werden hingegen Dateien mit quadratischen Pixeln wiedergegeben.

Schmaler als das Original erscheinen die horizontal ausgerichteten Pixel von HDV- und DVCPRO-HD-Videos am Monitor, da sie an die Breite der quadratischen Monitorpixel angepasst werden. HDV- und DVCPRO-HD-Footage, das zum Beispiel mit einer Framegröße von 1.440 × 1.080 und rechteckigen Pixeln aufgezeichnet wurde, wirkt am Computermonitor deutlich schmaler.

▲ **Abbildung 3.30**
DVCPRO-HD-Material wird am Computermonitor deutlich schmaler dargestellt.

▲ **Abbildung 3.31**
Das gleiche DVCPRO-HD-Material unverzerrt

### 3.7.3 Pixel-Seitenverhältnis interpretieren

After Effects interpretiert HDV- und DVCPRO-HD-Footage oder D1/DV-NTSC- und D1/DV-PAL-Footage beim Import automatisch mit dem richtigen Pixel-Seitenverhältnis. Die in der gespeicherten Datei enthaltene Information erkennt After Effects beim Import, so dass es dabei immer die richtige Interpretation für das Pixel-Seitenverhältnis wählt.

Es schadet aber nicht, wenn Sie die Interpretation kontrollieren und wissen, wie Sie das Pixel-Seitenverhältnis für andere Standards einstellen.

Wenn Sie Material nach dem Import in After Effects selbst interpretieren wollen, wählen Sie DATEI • FOOTAGE INTERPRETIEREN • FOOTAGE EINSTELLEN. Unter ANDERE OPTIONEN stellen Sie das PIXEL-SEITENVERHÄLTNIS auf QUADRATISCHE PIXEL oder auf den Standard, der Ihrem importierten Material entspricht.

Die goldene Regel ist, importiertes Footage so zu interpretieren, wie es erstellt wurde, und **nicht** so, wie es ausgegeben werden soll. In Tabelle 3.1 finden Sie eine Übersicht über einige wichtige Formate und das dazugehörige Pixel-Seitenverhältnis. In den Zeilen mit fett gesetzten Zahlen unterscheiden sich neue und alte PAR.

**Saubere Blende**
Bis zur Version CS3 verwendete After Effects ungenaue Pixel-Seitenverhältnisse. SD-Videomaterial weist am Rande Artefakte und Verzerrungen auf, die mit der sogenannten **sauberen Blende** beschnitten werden. Das gesamte Bild wird als **Produktionsblende** bezeichnet. Seit der Version CS4 wird für die Interpretation des Pixel-Seitenverhältnisses in SD-Material die Produktionsblende zugrunde gelegt, was zu größeren Abmessungen in der Breite führt. Bei HD-Material treten am Rande keine Artefakte auf, daher gibt es da auch keine Veränderung. Wie schön!

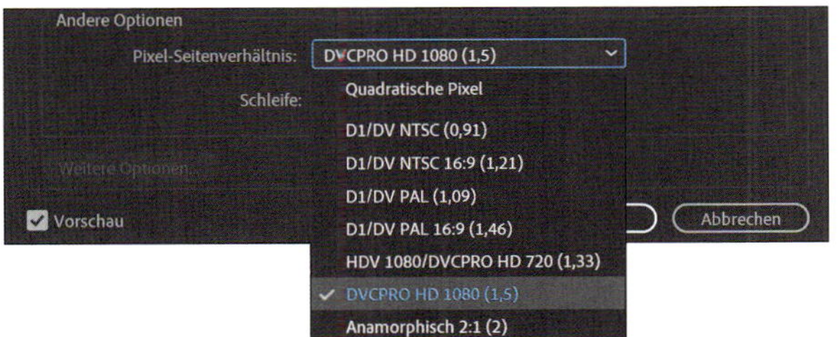


◂ **Abbildung 3.32**
Einstellen des Pixel-Seitenverhältnisses für importiertes Material im Dialog FOOTAGE INTERPRETIEREN

▾ **Tabelle 3.1**
Framegröße und Pixel-Seitenverhältnis (PAR) gängiger Formate

| Format | Framegröße in Pixeln | PAR neu | PAR alt |
|---|---|---|---|
| quadratisch | | 1,0 | 1,0 |
| D1/DV PAL | 720 × 576 | **1,094** | 1,07 |
| D1/DV PAL 16:9 | 720 × 576 | **1,46** | 1,42 |
| D1 NTSC | 720 × 480 | **0,91** | 0,9 |
| D1 NTSC 16:9 | 720 × 486 | **1,21** | 1,2 |
| DV NTSC | 720 × 480 | **0,91** | 0,9 |
| DV NTSC 16:9 | 720 × 480 | **1,21** | 1,2 |
| HDV 720 | 1.280 × 720 | 1,0 | 1,0 |
| HDV 1080 | 1.440 × 1.080 | 1,33 | 1,33 |
| DVCPRO HD 720p | 960 × 720 | 1,33 | 1,33 |

| Format | Framegröße in Pixeln | PAR neu | PAR alt |
|---|---|---|---|
| DVCPRO HD 1080p30 | 1.280 × 1.080 | 1,5 | 1,5 |
| DVCPRO HD 1080p25 | 1.440 × 1.080 | 1,33 | 1,33 |
| HDTV | 1.920 × 1.080 | 1,0 | 1,0 |
| UHD (4K) | 3.840 × 2.160 | 1,0 | 1,0 |
| UHD (8K) | 7,680 × 4,320 | 1,0 | 1,0 |

▲ **Tabelle 3.1**
Framegröße und Pixel-Seitenverhältnis (PAR) gängiger Formate

### 3.7.4 HDV und DVCPRO HD oder D1/DV PAL, D1/DV NTSC bearbeiten und ausgeben

Im Folgenden lernen Sie zwei Wege kennen, wie Sie Ihr Material in der richtigen Weise zu einem Film ausgeben.

#### Quellmaterial gleich Ausgabe

Ist das Format Ihres Quellmaterials, z. B. HDV- (1.440 × 1.080) oder DVCPRO-HD-Video, identisch mit dem Ausgabeformat, entstehen keine Probleme. Das Video wird am Monitor gegebenenfalls etwas schmaler dargestellt, nach der Ausgabe erscheint es aber unverzerrt auf dem Fernsehbildschirm. Wählen Sie in dem Fall die Kompositionseinstellung passend zu Ihrem Quellmaterial, nehmen Sie alle Bearbeitungsschritte darin vor, und verwenden Sie diese Komposition bei der Endausgabe.

#### Standbilder in Photoshop vorbereiten

In Photoshop können Sie passend zum in After Effects geplanten Ausgabeformat vordefinierte Standbilder erzeugen. Gehen Sie dazu diesen Weg: Datei • Neu.

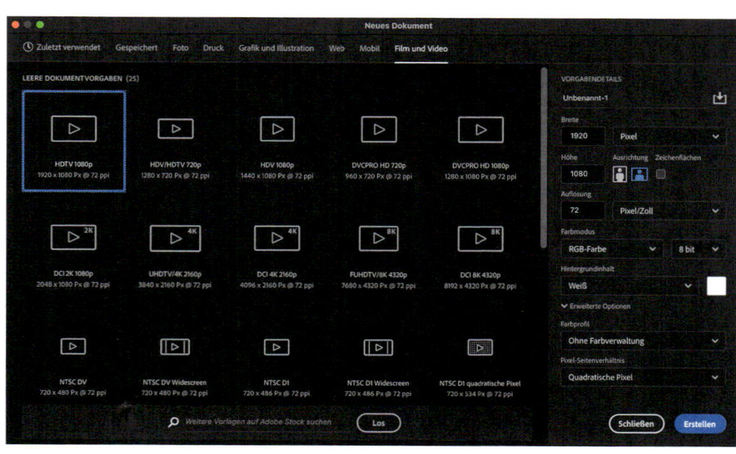


**Abbildung 3.33** ►
Photoshop hilft bei der Erstellung von Dateien für die Ausgabe in UHDTV, HDTV, DVCPRO HD, HDV und D1/DV PAL/NTSC etc.

Wählen Sie unter DOKUMENTTYP • FILM & VIDEO und dann bei GRÖSSE das Standardformat Ihrer geplanten Produktion, z. B. HDTV 1080p/29,97, und erstellen Sie darin Ihre Inhalte.

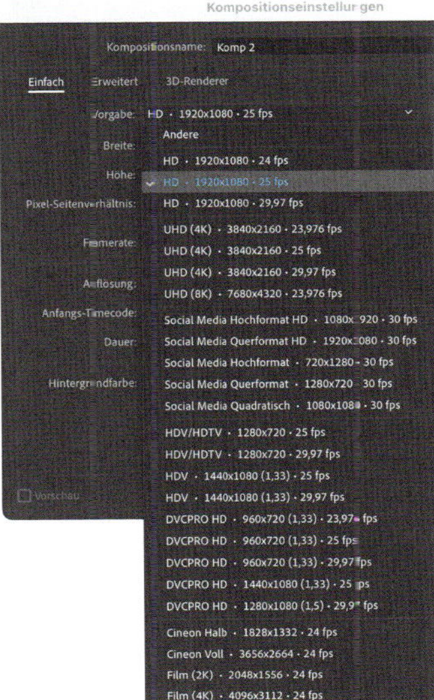


▲ **Abbildung 3.34**
Kompositionsvorgaben für die Arbeit mit HDV und DVCPRO-HD-Material etc.

### Kompositionsvorgaben

After Effects hält Vorgaben für alle wichtigen Spezifikationen wie HDV, DVCPRO HD, HDTV und UHD bereit. Wählen Sie dazu KOMPOSITION • NEUE KOMPOSITION und dann im Fenster KOMPOSITIONSEINSTELLUNGEN unter VORGABE einen passenden Eintrag.

### Ausgabe

Bei der Ausgabe ist es wichtig, dass Sie auch die Halbbildreihenfolge dem Ausgabeformat entsprechend einstellen. Bei der Ausgabe einer Komposition können Sie in den Rendereinstellungen unter HALBBILDER RENDERN zwischen AUS, OBERES oder UNTERES HALBBILD ZUERST wählen. Bei den meisten DV-Geräten wird die Einstellung UNTERES HALBBILD ZUERST verwendet.

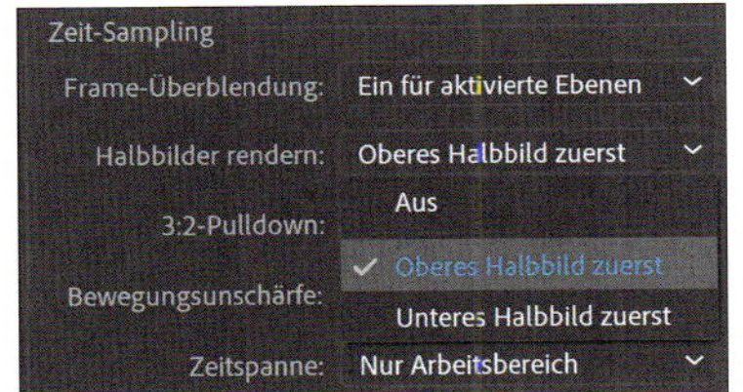


◀ **Abbildung 3.35**
Bei der Ausgabe einer Komposition können Sie unter HALBBILDER RENDERN zwischen AUS, OBERES oder UNTERES HALBBILD ZUERST wählen.

### Pixel-Seitenverhältnis-Korrektur

Mit der Pixel-Seitenverhältnis-Korrektur im Kompositionsfenster lassen sich Videos mit rechteckigen Pixeln übrigens auch auf dem Computermonitor korrekt darstellen. Diese Korrektur hat allerdings keine Auswirkung auf die letztendliche Ausgabe und dient nur zur Vorschau! Außerdem geht die Korrektur ein wenig zu Ungunsten der Rechenleistung, die Platzierung von Ebenen kann etwas unpräzise ausfallen und Effekte werden eventuell unpräzise berechnet. Konnte man die Pixel-Seitenverhältnis-Korrektur früher per Button einstellen, so hat Adobe mit der Version 2023 die Einstellung geändert. Den Button gibt es nicht mehr, stattdessen gehen Sie nun ins Kontextmenü des Kompositionsfensters, dort finden Sie ganz unten den entsprechenden Eintrag.

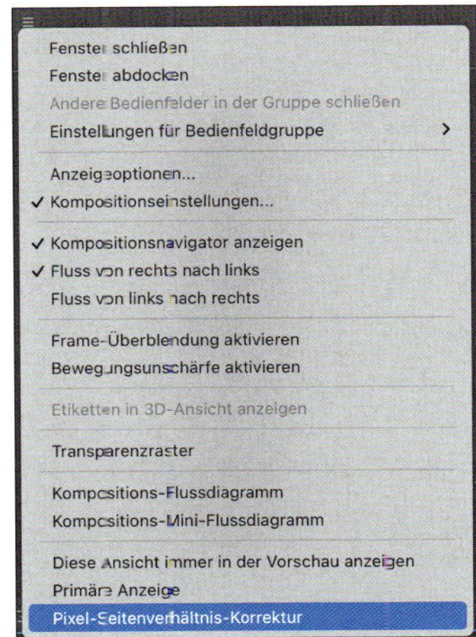


▲ **Abbildung 3.36**
Vielleicht wird es in Zukunft ja einfacher und Adobe möchte mit der weniger prominenten Anordnung auf eine schwindende Bedeutung dieser Funktion verweisen?

### Quadratisches Rohmaterial für DVCPRO HD, HDV und D1/DV

Etwas mehr Vorbereitung ist bei Projekten nötig, in denen Sie Videomaterial mit rechteckigen Pixeln und Grafikmaterial mit quadratischen Pixeln mischen. In Photoshop können Sie Standbilder zwar mit rechteckigen Pixeln anlegen, um später ein Video mit rechteckigen Pixeln daraus zu erstellen, aber nicht alle Grafikapplikationen bieten diese Möglichkeit.

Bereiten Sie das Material ausschließlich in quadratischen Pixeln vor, dann können Sie es später immer noch mit rechteckigen Pixeln ausgeben. Der Vorteil: Sie brauchen während der Arbeit keinen Gedanken an rechteckige Pixel zu verschwenden, nutzen Material mit mehr Bildpunkten, haben immer eine unverzerrte Darstellung am Monitor und können genauer arbeiten. Dazu müssen Sie sich jedoch an die passenden Größeneinstellungen halten.

Wie Sie Ihr Material ausschließlich mit quadratischen Pixeln erstellen und Ihre Komposition passend zur jeweiligen Ausgabe vorbereiten, dazu gibt Ihnen Tabelle 3.2 einen Überblick. Sie können sie auf zwei Arten nutzen:

- **Weg 1:** Verwenden Sie die Footage-Größen in der zweiten Spalte und die jeweils darunter angegebene Vorgabe für die Bearbeitungskomposition. Nach Fertigstellung Ihrer Arbeit rendern Sie die Bearbeitungskomposition. Hierbei müssen Sie allerdings darauf achten, die Größe beim Rendern an das rechteckige Pixelseitenverhältnis anzupassen. Dazu wählen Sie in der Renderliste im Fenster EINSTELLUNGEN FÜR AUSGABEMODULE unter GRÖSSE ÄNDERN einen Eintrag, der Ihrem Ausgabeziel entspricht, also z. B. HDV 1080 25.
- **Weg 2:** Verwenden Sie auch hier wieder die Footage-Größen in der zweiten Spalte und die jeweils angegebene Vorgabe für die Bearbeitungskomposition. Vor dem Rendern erstellen Sie eine neue Komposition in der Größe der jeweiligen Ausgabekomposition (dritte Spalte). Anschließend ziehen Sie die Bearbeitungskomposition in die Ausgabekomposition. Dann rendern Sie die Ausgabekomposition. Die Größe müssen Sie beim Rendern nicht mehr anpassen. Obwohl sich die Framegrößen der Bearbeitungs- und der Ausgabekomposition unterscheiden, erhalten Sie das richtige Ergebnis.

Fällt Ihnen auf, dass beispielsweise das HDV-Format mit einer Framegröße von 1.440 × 1.080 Pixeln standardisiert ist? Und nun sollen Sie das Footage in einer Größe von 1.920 × 1.080 mit quadratischen Pixeln erstellen ... Da stimmt doch etwas nicht!

Doch. After Effects passt das quadratische Footage automatisch an die Komposition mit rechteckigen Pixeln an! Das funktioniert auch umgekehrt. – Sie können Ihr Video, das Sie mit rechteckigen Pixeln erstellt haben (dritte Spalte), in der entsprechenden Komposition mit quadratischen Pixeln verwenden, und After Effects passt es an. Am besten, Sie probieren es anhand des folgenden Abschnitts selbst einmal.

**Quadratisch versus rechteckig**

Für die folgenden Formate können Sie sowohl Ihr rechteckig erstelltes Rohmaterial in der Quadratpixel-Komposition verwenden als auch umgekehrt. After Effects passt das Rohmaterial jeweils automatisch der Komposition an, so dass es den Frame genau ausfüllt: D1/DV PAL, D1/DV PAL 16:9, D1 NTSC 16:9, DV NTSC 16:9, HDV 720, HDV 1080, DVCPRO HD 720p, DVCPRO HD 1080p 30, DVCPRO HD 1080p 25.

Ausnahme: D1 NTSC und DV NTSC. – Arbeiten Sie hier in einer Komposition mit quadratischen Pixeln, wird Ihr rechteckig erstelltes Video unverzerrt dargestellt, muss aber auf 110 % skaliert werden, um den Frame auszufüllen. Verwenden Sie quadratisch erstelltes Material in einer D1-Komposition mit rechteckigen Pixeln, muss es auf 91 % herunterskaliert werden, um den Frame auszufüllen.

| Ausgabe | Footage-Größe und Bearbeitung in quadratischen Pixeln | Ausgabekomposition in rechteckigen Pixeln |
|---|---|---|
| D1/DV PAL | 788 × 576, PAL D1/DV Quad. Pixel | 720 × 576, PAL D1/DV |
| D1/DV PAL 16:9 | 1.050 × 576, PAL D1/DV 16:9, Quad. Pixel | 720 × 576 PAL D1/DV 16:9 |
| D1 NTSC | 720 × 534, NTSC D1, Quad. Pixel | 720 × 486 NTSC D1 |
| D1 NTSC 16:9 | 872 × 486, NTSC D1 16:9, Quad. Pixel | 720 × 486, NTSC D1 16:9 |
| DV NTSC | 720 × 528, manuelle Einstellung, quadratische Pixel | 720 × 480, NTSC-Dv |
| DV NTSC 16:9 | 872 × 480, manuelle Einstellung, quadratische Pixel | 720 × 480 NTSC-Dv 16:9 |
| HDV 720 | 1.280 × 720, HDV/HDTV720 25 | 1.280 × 720, HDV/HDTV720 25 |
| HDV 1080 | 1.920 × 1.080, HDTV 1080 25 | 1.440 × 1.080, HDV 1080 25 |
| DVCPRO HD VCPRO HD 720p | 1.280 × 720, HDV/HDTV720 25 | 960 × 720 DVCPRO HD 720 25 |
| DVCPRO HD 1080p30 | 1.920 × 1.080, HDTV1080 25 | 1.280 × 1.080, DVCPRO HD 1080 29,97 |
| DVCPRO HD 1080p25 | 1.920 × 1.080, HDTV1080 25 | 1.440 × 1.080, DVCPRO HD 1080 25 |
| HDTV | 1.920 × 1.080, HDTV1080 25 | 1.920 × 1.080, HDTV 1080 25 |

▲ **Tabelle 3.2**
In der zweiten Spalte sehen Sie Footage- und Kompositionsgrößen für die Bearbeitung mit quadratischen Pixeln, in der dritten Spalte Kompositionseinstellungen für die Ausgabe mit rechteckigen Pixeln (Ausnahmen: HDV-720- und HDTV-Ausgabe sind immer quadratisch).

**Quadratpixel-Footage in Komposition mit rechteckigen Pixeln**
Erstellen Sie eine Photoshop-Datei in der Größe 1.920 × 1.080 mit quadratischen Pixeln. Wählen Sie unter Datei • Neu in Photoshop ab der Version CS bei Pixel-Seitenverhältnis den Eintrag Quadratische Pixel. Legen Sie einen perfekten Kreis an, den Sie mit einer Farbe füllen, und importieren Sie die Datei nach dem Speichern in After Effects.

Erstellen Sie eine Komposition über Komposition • Neue Komposition oder [Strg]+[N]. Wählen Sie unter Vorgabe: HDV 1080 25. Die Kompositionsgröße wird mit 1.440 × 1.080 angezeigt. Bestätigen Sie den Dialog mit OK. Ziehen Sie die Photoshop-Datei in die Zeitleiste. Siehe da – die Datei passt, obwohl ihre Framegröße 1.920 × 1.080 beträgt.

Nun rufen Sie unter KOMPOSITION • KOMPOSITIONSEINSTELLUNGEN das Fenster erneut auf und ändern die VORGABE in HDTV 1080 24. Die Kompositionsgröße wird mit 1.920 × 1.080 angezeigt. Bestätigen Sie den Dialog mit OK. Die Photoshop-Datei passt immer noch genau ins Format. Oder?

So können Sie sicher sein, dass Sie sowohl bei einer HDV- als auch bei einer HDTV-Ausgabe mit Footage in der Größe 1.920 × 1.080 und quadratischen Pixeln immer auf der sicheren Seite sind.

### Zusammenfassung: Bearbeitung quadratisch, Ausgabe rechteckig

Sie haben gelernt: After Effects passt automatisch die Framegröße von Videos mit **rechteckigen** Pixeln (z. B. 1.440 × 1.080, 960 × 720 oder 720 × 576) an entsprechende Kompositionsgrößen (1.920 × 1.080, 1.280 × 720 oder 788 × 576) mit **quadratischen** Pixeln an.

Wenn Sie beispielsweise in einer HDTV-Komposition in der Größe 1.920 × 1.080 (bzw. 1.280 × 720) oder in einer D1/DV-PAL-Komposition in der Größe 788 × 576 mit **quadratischen** Pixeln arbeiten, werden nun Ihr verwendetes rechteckiges Videomaterial und Ihr quadratisches Grafikmaterial so angezeigt wie bei der Endausgabe. Sie können Ihre quadratisch erstellten Grafiken präzise positionieren, und Effekte werden genau berechnet. Eine Pixel-Seitenkorrektur erübrigt sich (der kleine Button im Kompositionsfenster). Daher verringert sich bei dieser Methode die Rechenleistung nicht. Nach der Bearbeitung können Sie die Komposition in verschiedenste Ausgabeformate rendern.

### Ausgabe

Für die Ausgabe in ein Format mit rechteckigen Pixeln gehen Sie wie folgt vor:

1. Legen Sie eine neue Ausgabekomposition in der Größe und mit dem Pixel-Seitenverhältnis an, das Ihrem Ausgabeformat aus der dritten Spalte von Tabelle 3.2 entspricht.
2. Ziehen Sie anschließend die Bearbeitungskomposition (z. B. 1.920 × 1.080 quadratisch, 1.280 × 720 quadratisch oder 788 × 576 quadratisch), die Ihre Animationen enthält, in die Ausgabekomposition (z. B. 1.440 × 1.080 rechteckig, 960 × 720 rechteckig oder 720 × 576 rechteckig). Man nennt diesen Vorgang **Verschachteln von Kompositionen**.
3. Wählen Sie TRANSFORMATIONEN FALTEN ❶, um eine hohe Bildqualität zu gewährleisten.
4. Abschließend rendern Sie Ihre Ausgabekomposition.

**Zum Weiterlesen**

Alles Wichtige rund um die Ausgabe finden Sie in Kapitel 10, »Rendern und Ausgabe«. Zum Verschachteln von Kompositionen lesen Sie mehr in Abschnitt 4.4, »Verschachtelte Kompositionen (Nesting)«.

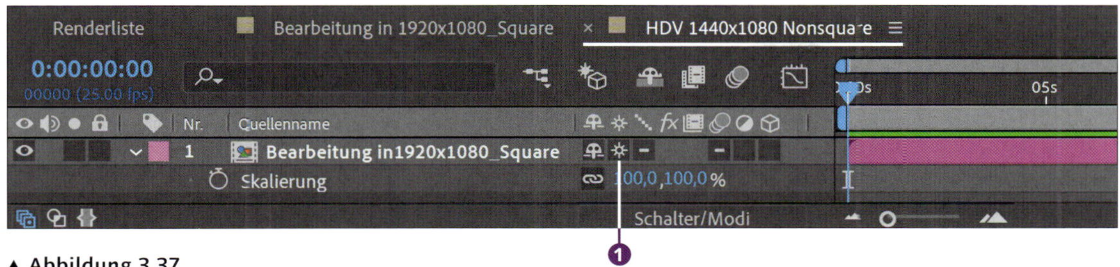


▲ **Abbildung 3.37**
Die 1.920 × 1.080 quadratische Pixel große Komposition zur Bearbeitung wird in die Ausgabekomposition mit 1.440 × 1.080 rechteckigen Pixeln gezogen und dann gerendert.

## 3.8 Importieren von Mediendaten bandloser Formate

Ähnlich wie Dateien auf jeder Computerfestplatte sind die Dateien auf bandlosen Camcordern verschiedener Hersteller organisiert. Audio- und Videodaten werden bei bandlosen Camcordern als digitale Daten in Verzeichnisbäumen auf dem Speichermedium (z. B. Festplatte, Flash-Speicher) des Camcorders abgespeichert. Der Vorteil der dateibasierten Camcorder liegt darin, dass die aufgenommenen Daten direkt in Programmen wie Adobe Premiere Pro und After Effects verwendet werden können. Eine Aufnahme oder Digitalisierung der Daten, die bei der Bandaufzeichnung nötig ist, entfällt. Zu den bandlosen Formaten bzw. Aufzeichnungssystemen zählen Panasonic P2, Sony XDCAM-HD und XDCAM-EX sowie CF-basierte Sony-HDV-Camcorder, AVCHD-Camcorder und Sony F5, F55 sowie F65-Camcorder. Für den Import von Daten der bandlosen Kameras verwenden Sie den After-Effects-internen Media-Browser. Sie können im Media-Browser komfortabel das Rohmaterial sichten und sicherstellen, dass Aufnahmen, die oft in mehrere Clips aufgeteilt vorliegen, als ganzer Film importiert werden. Den Media-Browser finden Sie über Fenster • Media-Browser.

**Zum Nachlesen**
Vertiefende Informationen zu bandlosen Formaten finden Sie in Abschnitt 1.6, »Aufzeichnungsformate«.

**RAW Viewer**
Sony bietet auf seiner Website den Raw Viewer zum Download an, mit dem Sie nicht nur Raw-Dateien anschauen, sondern auch andere Audio- und Videoformate erstellen können und vieles mehr: *http://www.sonycreativesoftware.com/de/rawviewer*.

**CineAlta-Kameras**
After Effects unterstützt und importiert die RAW-Formate der Kameras F5, F55 und F65 von Sony. CineAlta bezeichnet eine Gruppe von digitalen 4K-Super-35-mm-Filmkamerasystemen.

### 3.8.1 XDCAM- und AVCHD-Formate importieren

Um Dateien von Camcordern, die mit den XDCAM- und AVCHD-Formaten arbeiten, zu importieren, schließen Sie die Kamera bzw. die Medien an Ihren Rechner an und importieren das Material via Fenster • Media-Browser direkt bzw. als Kopie von Ihrer Festplatte. Von der Festplatte lesend, arbeitet Ihr System effizienter.

Bei XDCAM-HD- und XDCAM-EX-Camcordern finden Sie die Dateien im MXF-Format im Ordner Clip. Bei diesen Camcordern werden MP4-Dateien in einem Ordner namens BPAV abgelegt, den Sie komplett auf Ihre Festplatte übertragen müssen. Allein die MP4-Dateien zu kopieren, reicht nicht aus. AVCHD-Videodateien kopieren Sie aus dem Ordner STREAM.

Manche Sony-XDCAM-Formate, z. B. ».IMX«-Dateien, werden von After Effects nicht nativ unterstützt und müssen mit einem Converter (beispielsweise von der Firma Brorsoft, *www.brorsoft.com*) umgewandelt werden.

**Hinweis**
After Effects kann Sony-XDCAM-HD-Objekte importieren, als wären diese in MXF-Dateien aufgenommen worden. After Effects kann keine XDCAM-HD-Objekte im IMX-Format importieren. After Effects kann Sony XDCAM-EX-Objekte importieren, die als Essenzdateien mit der Dateinamenerweiterung ».mp4« in einem BPAV gespeichert sind.

### 3.8.2 Panasonic-P2-Formate importieren

Wie bei den anderen bandlosen Formaten liegen auch die Daten einer P2-Karte (Speichermedium des Camcorders) in digitaler Form vor. Verbinden Sie für den Import die Kamera mit Ihrem Computer, und importieren Sie dann die Daten via Fenster • Media-Browser direkt in After Effects (bzw. Premiere Pro), wie jedes andere Rohmaterial auch. Noch günstiger ist die vorherige Übertragung der Bild- und Tondaten auf Ihre Festplatte, um ein stabiles und schnelles Arbeiten zu gewährleisten.

**ARRIRAW-Dateien**
After Effects unterstützt den Import von ARRIRAW-Dateien von ARRI-ALEXA- und ARRIFLEX-D-21-Kameras. Wählen Sie für Ihr Projekt vor dem Import die Farbtiefe 32-Bit-Kanal.

Die Video- und Audiodaten liegen auf der Karte im MXF-Format (Media Exchange Format) vor. Das MXF-Format ist ein Containerformat, das heißt, es kann Audio- und Videodaten mit unterschiedlichen Codecs enthalten. Zum P2-Format werden die Daten schließlich, wenn Audio und Video in Panasonic-Op-Atom-MXF-Dateien enthalten sind und sich außerdem in einer bestimmten Ordnerstruktur befinden. Videodaten aus solchen MXF-Dateien mit den Codecs AVC-Intra 50, AVC-Intra 100, DV, DVCPRO, DVCPRO 50 und DVCPRO HD werden von After Effects unterstützt. XD-CAM-HD-Dateien im MXF-Format lassen sich ebenfalls importieren. Eine Ausgabe in das MXF-Format ist über den Media Encoder möglich.

**Treiber installieren**
Sie können nur dann von einer P2-Karte importieren, wenn die dazu passenden Treiber installiert wurden. Diese finden Sie auf der Panasonic-Website.

**Treiber installieren**
Sie können nur dann von einer P2-Karte importieren, wenn die dazu passenden Treiber installiert wurden. Diese finden Sie auf der Panasonic-Website.

Bei P2-Formaten finden Sie die Video- und Audiodateien im Ordner Contents und dort jeweils in den Ordnern Audio und Video. Im Unterordner Clip liegen zugehörige XML-Dateien, die die Beziehung zwischen Metadaten und den Audio- und Videodaten beschreiben.

Da P2-Karten mit dem Dateisystem FAT32 arbeiten, sind die Dateigrößen auf 4 GB begrenzt. Sind die Clips größer, teilt der Camcorder sie in 4-GB-Stücke. After Effects kann solche Teilstücke beim Import nur dann zu einem Clip verbinden, wenn alle Teilstücke auf einer einzigen P2-Karte gespeichert sind. Außerdem darf kein Teilclip fehlen, und die zugehörigen XML-Metadaten müssen vorhanden sein. Beim Import solcher Teilclips müssen Sie lediglich einen der Clips auswählen. After Effects fügt die Teile dann wie von Geisterhand zu einem einzigen Clip zusammen.

### 3.8.3 Cineon und DPX

Bei Kinoproduktionen wird Filmmaterial häufig gescannt und in Cineon- oder DPX-Dateien (Digital Picture Exchange) codiert. Beide Formate ähneln einander sehr und können in After Effects als Standbildsequenz importiert werden. Die Ausgabe in die beiden Formate beherrscht After Effects ebenfalls. Da Cineon und DPX-Dateien mit einer logarithmischen Farbtiefe von 10 Bit gespeichert werden, müssen Sie in After Effects, um die Farbqualität zu erhalten, mit einer Projektfarbtiefe von 32 Bit arbeiten.

### 3.8.4 Media-Browser für den RED-Import

After Effects und Premiere Pro können seit der Version CS4 Daten im REDCODE-Format in voller Qualität verarbeiten.

After Effects interpretiert R3D-Dateien als Dateien mit 32-Bit-Farben in einem nicht linearen HDTV-(Rec. 709-)Farbraum. Daher sollten Sie in einem After-Effects-Projekt mit 32-Bit-Farben arbeiten. Seit der Version CS5 enthält After Effects Werkzeuge und Einstellungen, um REDCODE-Dateien beim Import zu justieren (z. B. Histogramm und Kurven für Helligkeit und R, G, B), wenn Sie eine Red-Rocket-Karte verwenden. Alle RED-Kameras zeichnen im R3D-Format auf. Damit die Dateien problemlos unter Mac und Windows verwendet werden können, wird nach den Einschränkungen des FAT32-Dateisystems aufgezeichnet, das maximal 4 GB große Dateien erlaubt. Daher werden aufgenommene Clips in etliche 4-GB-Schnipsel aufgeteilt. Diese werden pro Take in einem .RDC-Ordner abgelegt. Importieren Sie daher R3D-Dateien via Media-Browser, damit After Effects die Schnipsel zu einem Ganzen zusammenfügt. Sie finden den Browser unter FENSTER • MEDIA-BROWSER. Außerdem werden RMD-Dateien unterstützt, die die Metadaten der R3D-Dateien enthalten.

**RED One**

Die RED One ist eine 2007 herausgebrachte digitale 35-mm-Kinokamera, die eine hohe Akzeptanz in der Filmindustrie fand.

Die Kamera arbeitet mit einer Auflösung von 4,5K (maximal 4.096 × 2.304 Pixel). Die Aufzeichnung erfolgt auf einer internen Festplatte oder auf Compact Flash. Das Aufzeichnungsformat ist das Raw-Format REDCODE, das dem Format JPEG 2000 ähnelt. Weiterentwicklungen führten zu Kameras wie Epic Dragon und Weapon Dragon mit 6K-Auflösung (6.144 × 3.160 Pixel) sowie Kameras mit 8K-CMOS Sensor (8.192 × 3456 Pixel).

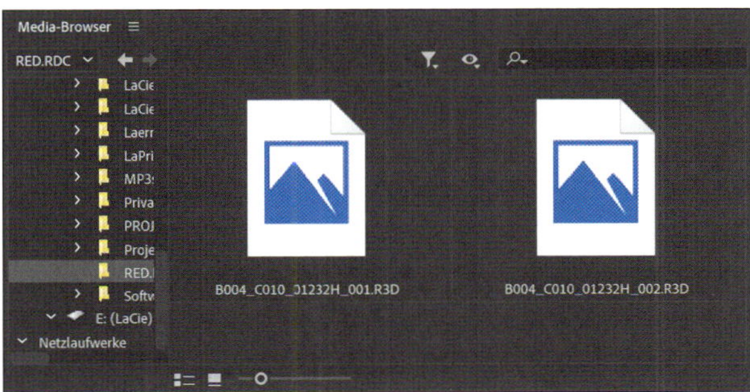


▲ **Abbildung 3.38**
Via Media-Browser importieren Sie in After Effects Kameradateien wie R3D-Daten.

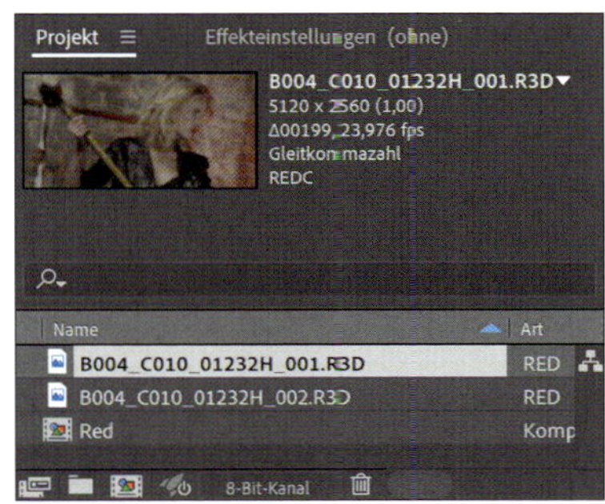


▲ **Abbildung 3.39**
Importierte R3D-Dateien im Projektfenster

## 3.9 Rohdaten verwalten: Das Projektfenster

Sie verwalten importiertes Rohmaterial und die von Ihnen angelegten Kompositionen im Projektfenster von After Effects. Dieses öffnet sich automatisch beim Start des Programms. Das Projektfenster enthält die Verknüpfungen zu Ihren Rohmaterialien auf der Festplatte. Außerdem bietet es Ihnen einige wichtige Funktionen und Informationen.

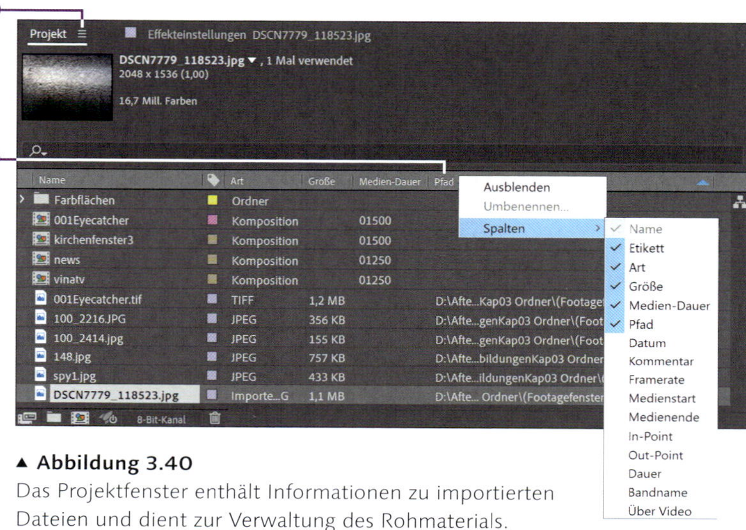


▲ **Abbildung 3.40**
Das Projektfenster enthält Informationen zu importierten Dateien und dient zur Verwaltung des Rohmaterials.

In Abbildung 3.40 sehen Sie das Projektfenster, nachdem es erweitert wurde. Ziehen Sie an der rechten Seite des Projektfensters, um zusätzliche Informationen zu der Datei unter Art, Grösse, Medien-Dauer und Pfad anzuzeigen. Der Pfad ❷ bildet einen Verweis auf das Rohmaterial auf der Festplatte. Zum Sortieren Ihrer Dateien im Projektfenster klicken Sie auf einen Listeneintrag, beispielsweise auf den Eintrag Art. Ihre Dateien werden dann nach dem Erstellungstyp neu geordnet.

Durch einen Klick auf das Projektmenü ❶ fügen Sie weitere Spalten wie Datum, Kommentar und Bandname, In-Point, Out-Point und Über Video hinzu oder blenden sie ein und aus. Das gleiche Popup finden Sie per Klick mit der rechten Maustaste auf einen Spaltennamen und dann unter Spalten. Um die Reihenfolge der Spalten neu zu ordnen, klicken Sie die Spalte an und ziehen sie an eine andere Stelle im Projektfenster.

Sobald Sie eine der Dateien markieren, werden im Projektfenster neben einer Thumbnail-Darstellung des Rohmaterials Informationen zur Framegröße, zur Dauer des Materials, zur Framerate, zur

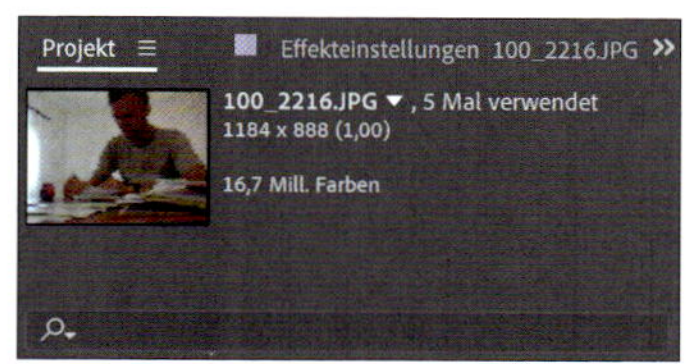


▲ **Abbildung 3.41**
Neben der Miniaturdarstellung der Komposition finden Sie weitere Informationen.

Farbtiefe, zum Alphakanal und zum verwendeten Kompressor angezeigt. Für jeden Dateityp erscheinen die Informationen, die ihm entsprechen.

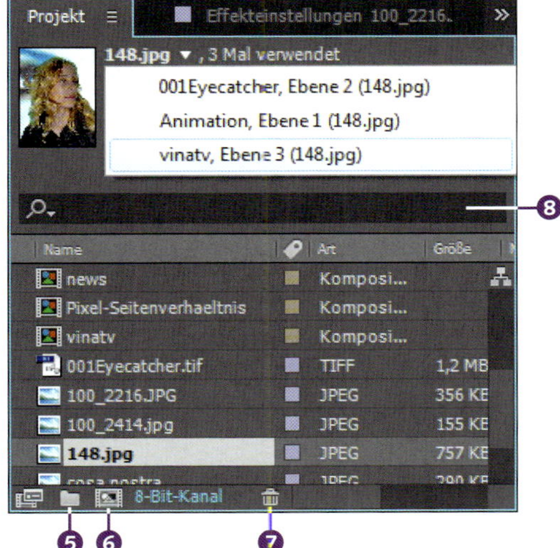


◂ **Abbildung 3.42**
Im Popup unter dem Dateinamen befinden sich Informationen, wo die betreffende Datei verwendet wird.

Sehr praktisch ist die Zusammenfassung der **Dateiinformationen**: Rechts neben der Thumbnail-Darstellung des Materials sehen Sie fett geschrieben den Dateinamen. Gleich dahinter steht eine Angabe, wie oft die Datei im Projekt verwendet wurde. Bei einem Klick auf den Dateinamen ❸ öffnet sich ein kleines Popup mit Informationen darüber, in welcher Komposition und welcher Ebene Ihr Material eingesetzt wurde. Darüber hinaus können Sie das Material in Ihren Kompositionen schnell auffinden, indem Sie auf einen Eintrag in der Liste klicken. Die entsprechende Komposition wird geöffnet und das Material markiert.

Zum Ordnen verschiedener Rohmaterialien können Sie die automatisch beim Import zugewiesene **Etikettenfarbe** ändern. Dazu klicken Sie einfach auf ein Etikett ❹ und wählen aus dem Menü in Abbildung 3.43 eine neue Farbe.

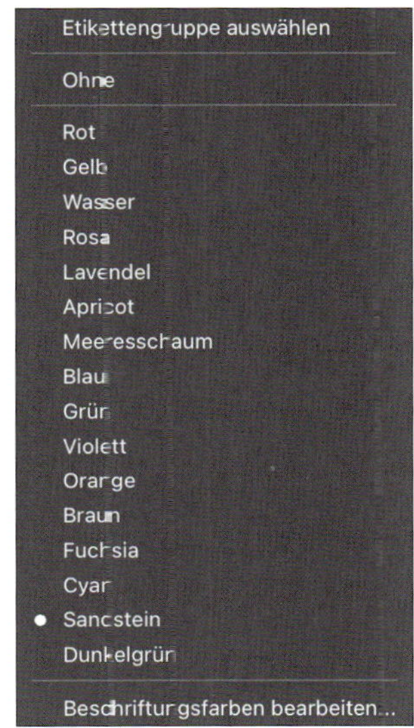


▴ **Abbildung 3.43**
Importiertes Rohmaterial lässt sich leicht über Etikettenfarben zuordnen. Das Rohmaterial können Sie nach Etikettengruppen auswählen.

In das **Suchfeld** des Projektfensters geben Sie einfach den Namen des gesuchten Elements ein. Schon bei den ersten Buchstaben blendet After Effects nur die passenden Elemente ein. Tragen Sie in das Suchfeld ❽ den Befehl »Fehlende Effekte« ein, werden nur die Elemente angezeigt, bei denen bestimmte Effekte nicht verfügbar sind. Ebenso geht es mit den Befehlen »Fehlendes Footage« und »Fehlende Schriftarten«. Alternativ wählen Sie die Befehle via Datei • Abhängigkeiten aus.

Durch einen Klick auf das **Ordner-Symbol** ❺ erhalten Sie einen leeren, unbenannten Ordner, dem Sie gleich einen Namen geben sollten. Günstig ist es, für unterschiedliche Dateitypen oder the-

▴ **Abbildung 3.44**
Projektelemente finden Sie leicht über die Suchfunktion im Projektfenster, wenn Sie Teile des Namens eingeben.

**Weitere Funktionen**
Über das Kompositionssymbol ❻ (siehe Abbildung 3.42) erstellen Sie eine neue Komposition. Zu den Kompositionseinstellungen komme ich im nächsten Kapitel. Um ein Element oder mehrere aus dem Projektfenster zu löschen, markieren Sie die gewünschten Objekte und klicken das Papierkorb-Symbol ❼ an oder ziehen die Dateien auf den Papierkorb. Sie können zum Löschen von Elementen auch die [Entf]-Taste betätigen.

matisch verschiedenes Rohmaterial eigene Ordner einzurichten. Versehen Sie die Ordner beispielsweise mit sinnfälligen Namen wie »Sound«, »Bild«, »Video« oder »Titel«, »Logo«, »Abspann«.

Dateien markieren Sie im Projektfenster entweder einzeln mit der [Strg]-Taste, oder Sie ziehen bei gedrückter Maustaste einen Rahmen über den Dateien auf. Anschließend ziehen Sie das markierte Rohmaterial auf den Ordner Ihrer Wahl. Wenn Sie beim Ziehen kurz über einem Ordner innehalten, öffnet sich dieser automatisch.

Zum **Umbenennen** markieren Sie den entsprechenden Ordner, drücken [↵] im Haupttastaturfeld, geben einen neuen Namen ein und drücken erneut [↵]. Auch Kompositionen benennen Sie auf diese Weise leicht im Projektfenster um.

Der Ordner, der von After Effects standardmäßig für Farbflächen, Nullobjekte und Einstellungsebenen angelegt wird, heißt immer »**Farbflächen**«. Wenn Sie den Ordner umbenennen, erscheint ein Warnhinweis und Sie können wählen, ob neue Farbflächen im umbenannten oder weiterhin in einem als »Farbflächen« benannten Ordner abgelegt werden.

Außerdem können Sie über BEARBEITEN • VOREINSTELLUNGEN • NEUES PROJEKT dort den Standardnamen des Farbflächenordners wechseln, z. B. in »Haralds Einstellebenen«. Übrigens lassen sich Farbflächenordner auch in andere vorhandene Ordner verschachteln. Ziehen Sie Ihren Farbflächenordner einfach in einen anderen Ordner, und schon werden die Farbflächen dort gesammelt.

**Sternchen**
Neben dem Namen Ihres Projekts findet sich ab und an ein Sternchen. Es erscheint, sobald Sie nach dem Speichern eine Veränderung vornehmen, und zeigt, dass diese Veränderung noch nicht gespeichert wurde.

Auch schön: Klicken Sie einen anderen als den Farbflächenordner per rechter Maustaste an und wählen dann im Kontextmenü den Eintrag FARBFLÄCHEN-ORDNER. Nun wird dort jede neue Farbfläche hineingelegt.

## 3.10 Rohmaterial ersetzen

Wie schon erwähnt, ist das importierte Rohmaterial nur mit dem Material auf der Festplatte verknüpft. Angezeigt wird es im Projekt nur dann, wenn die Projektdatei das Footage unter dem gespeicherten Pfad findet.

Was tun Sie aber, wenn jemand die Rohmaterialien gestohlen, auf der Festplatte verschoben oder umbenannt hat? Bei Projekten, an denen mehrere Personen arbeiten, kommt das durchaus vor. Nun denken Sie vielleicht, Ihr Projekt ist verloren. Ganz so schlimm ist es nicht. After Effects hilft Ihnen zwar nicht, das verlorene Material neu zu beschaffen, aber es zeigt an, wo das Material zuletzt gespeichert war und wie es hieß. Bereits beim Start Ihres Projekts meldet sich After Effects mit der Angabe, dass Dateien fehlen.

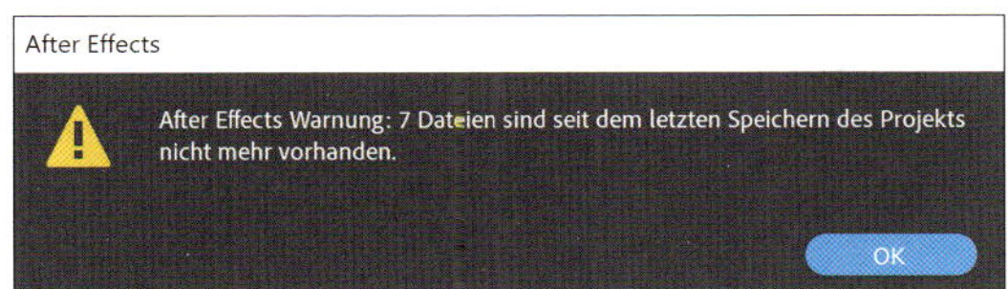


◀ **Abbildung 3.45**
Auf fehlende Dateien im Projekt weist After Effects bereits beim Öffnen hin.

Im Projektfenster wird das fehlende Rohmaterial kursiv dargestellt und erhält das Dateisymbol eines Platzhalters ❶. Unter der Spalte PFAD sehen Sie, wo die Datei sich zuvor befand.

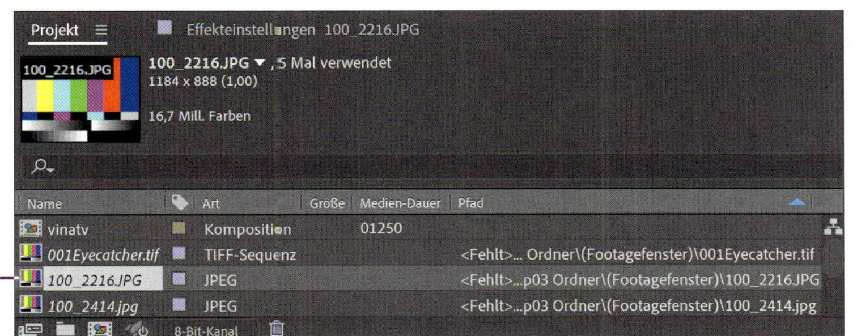


◀ **Abbildung 3.46**
Fehlende Dateien werden mit einem Platzhaltersymbol und in kursiver Schrift dargestellt.

Und Ihre Animationen? Keine Angst! Die sind alle noch erhalten, und zwar mitsamt den Keyframes und Effekten. In der Komposition werden die fehlenden Dateien als Testbild angezeigt.

◀ **Abbildung 3.47**
Im Kompositionsfenster erscheinen fehlende Dateien als Testbild. Bereits erstellte Animationen werden beibehalten.

Nun geht die Suche los: Ist die Datei vielleicht noch am Platz und hat nur einen neuen Namen erhalten, ist sie gelöscht und vielleicht noch wiederherstellbar, oder hat ein Kollege sie auf seinem USB-Stick am Schlüsselbund?

Wie auch immer – sollten Sie Ersatz für Ihre Dateien gefunden haben, müssen Sie sie nur unter dem gleichen Namen in dem Ordner abspeichern, in dem die fehlenden Dateien zuvor abgelegt waren. Beim Neustart des Projekts werden dann die neuen Dateien mit dem Projekt verknüpft.

### 3.10.1 Footage ersetzen

Eine weitere Möglichkeit bietet der Befehl FOOTAGE ERSETZEN. Markieren Sie das kursiv dargestellte fehlende Rohmaterial im Projektfenster, und wählen Sie DATEI • FOOTAGE ERSETZEN • DATEI, oder nutzen Sie das Kontextmenü mit Klick auf die Datei per rechter Maustaste. Mit [Strg]+[H] finden Sie das darauf folgende Dialogfenster noch schneller.

Sie können nun auch anders benanntes oder neues Footage aus einem neuen Ordner auswählen. Betätigen Sie den Button IMPORTIEREN, um das Footage zu ersetzen. Anschließend wird das ersetzte Footage in allen Kompositionen, in denen das vormalige Footage verwendet wurde, wieder angezeigt. Sollten weitere Dateien fehlen, diese aber im zugewiesenen Verzeichnis zu finden sein, erkennt und ersetzt After Effects sie automatisch. Seien Sie vorsichtig mit Dateien, die nicht der Framegröße Ihrer vorher genutzten Dateien entsprechen oder die eine andere Zeitdauer und ähnliche Veränderungen aufweisen. Möglicherweise erhalten Sie dann unerwünschte Ergebnisse in Ihren Kompositionen.

Wenn Sie, sagen wir, drei Rohmaterialdateien in je zwei verschiedenen Kompositionen verwendet haben und nun diese drei Materialien zu einer Komposition zusammenfassen wollen, verwenden Sie den Befehl DURCH VORKOMPOSITION ERSETZEN. Sie erhalten eine neue Komposition, die das Material enthält, und in den zwei Ausgangskompositionen werden jeweils die drei Dateien durch die neue Komposition ersetzt. Dazu wählen Sie die drei Dateien im Projektfenster aus und klicken dann den Befehl an.

### 3.10.2 Footage in der Originalanwendung bearbeiten

Nicht selten müssen Sie bereits importiertes Footage noch einmal verändern, auch wenn Sie schon Animationen damit erstellt haben. After Effects erleichtert Ihnen – wie die anderen Adobe-Applikationen auch – den Workflow mit anderen Programmen. Zur externen Bearbeitung wird das jeweilige Programm gestartet, wofür es auf Ihrem System installiert sein muss.

Um die Originalanwendung von After Effects aus zu starten, markieren Sie die entsprechende Datei im Projektfenster und wählen BEARBEITEN • DATEI EXTERN BEARBEITEN oder [Strg]+[E].

Nachdem Sie Ihre Änderungen vorgenommen und die Datei gespeichert haben, fahren Sie in After Effects einfach mit Ihrer Arbeit fort, denn dort sollten die Änderungen ohne weiteres übernommen worden sein. Schauen Sie in Ihre Kompositionen, und Sie sehen, dass auch dort die Änderungen wirksam geworden sind. Sollten sich doch einmal Probleme bei der Aktualisierung der Dateien ergeben, wählen Sie DATEI • FOOTAGE NEU LADEN. After Effects findet auf diese Weise auch automatisch Footage von Datenträgern, die Sie erst nach dem Start von After Effects anschließen.

### 3.10.3 Platzhalter und Stellvertreter

So mancher Projektteilnehmer musste wieder die Heimreise antreten, da er nur mit der wenige Kilobyte großen Projektdatei zur Arbeit anreiste. Anstelle der daheim lagernden, eigentlich mit dem Projekt verknüpften Videos und Bilder bewegten sich daher nur Platzhalter durchs Bild. Aber auch bei Auftragsarbeiten kommt es vor, dass Dateien, mit denen Sie arbeiten müssen, noch nicht geliefert wurden. Sie können trotzdem schon mit Ihrer Arbeit beginnen. After Effects bietet Ihnen dafür die Platzhalter als selbstgenerierte Dateien an.

#### Platzhalter

Einen Platzhalter erstellen Sie, indem Sie mit der rechten Maustaste in das Projektfenster klicken. Wählen Sie dann IMPORTIEREN • PLATZHALTER. In der Dialogbox legen Sie die Framegröße, die Framerate und die Zeitdauer fest, die das benötigte Footage aufweisen soll (Abbildung 3.48). Der Platzhalter wird im Projektfenster und in den Kompositionen als wunderschönes Testbild angezeigt (Abbildung 3.49). Soll der Platzhalter nach Eintreffen des richtigen Materials ausgetauscht werden, klicken Sie ihn doppelt im Projektfenster an. Sie erhalten dann die Dialogbox FOOTAGE ERSETZEN. Wählen Sie die gewünschte Datei aus, und klicken Sie danach IMPORTIEREN.

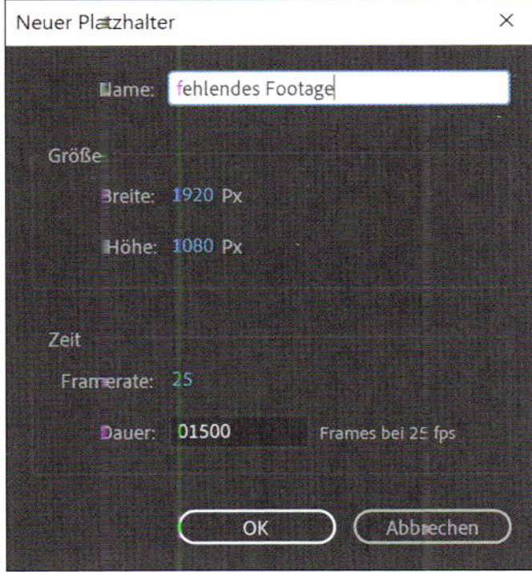


▲ **Abbildung 3.48**
Legen Sie für noch fehlendes Material einen Platzhalter an, und tauschen Sie ihn später gegen das gewünschte Material aus.

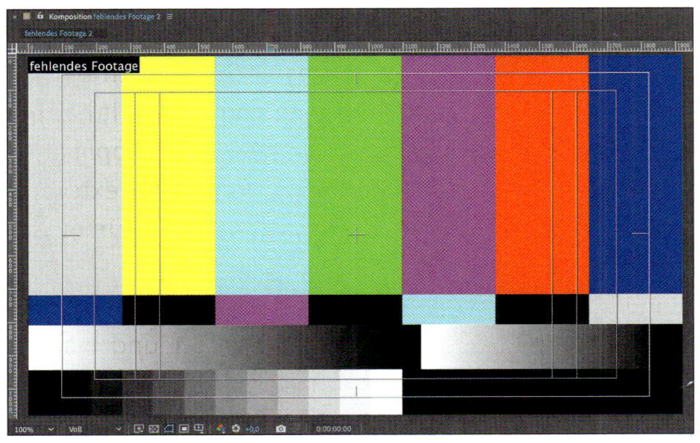


◄ **Abbildung 3.49**
Ein Platzhalter wird als Testbild angezeigt. Animationen und Effekte werden vor dem Eintreffen des gewünschten Materials auf den Platzhalter angewendet.

### Stellvertreter

Stellvertreter erleichtern Ihnen Ihre Arbeit, da sie den Arbeitsprozess beschleunigen. Sie bestehen aus einer niedrig aufgelösten Version Ihres Footage und werden eingesetzt, um den Rechenaufwand während der Arbeit zu verringern. Die Geschwindigkeit Ihrer Vorschau wird damit erhöht. Wenn Ihre Animationen fertig sind, tauschen Sie den Stellvertreter gegen hoch aufgelöstes Material aus.

Einen Stellvertreter wählen Sie per Klick mit der rechten Maustaste auf eine die Performance bremsende Datei im Projektfenster. Rufen Sie STELLVERTRETER • DATEI auf. In der erscheinenden Dialogbox suchen Sie die Stellvertreterdatei aus und klicken dann auf IMPORTIEREN. Dateien, denen ein Stellvertreter zugewiesen wurde, werden im Projektfenster mit einem Quadrat gekennzeichnet ❶. Ein Film, dem Sie eine Photoshop-Datei zugewiesen haben, erscheint dann, solange der Stellvertreter aktiviert ist, als PSD im Projektfenster.

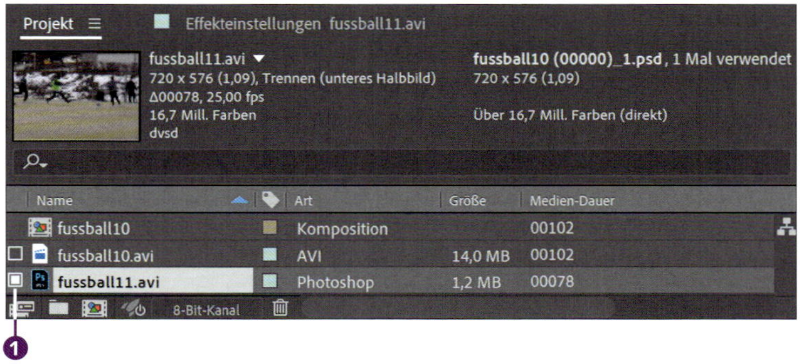

**Abbildung 3.50** ▸
Für beide Fussball-Dateien ist ein Stellvertreter gewählt. Für »Fussball11« ist der Stellvertreter aktiv. Da hier eine PSD-Datei den Stellvertreter bildet, wird der Stellvertreter auch als PSD angezeigt. Für »Fussball10.avi« ist der Stellvertreter deaktiviert.

Klicken Sie im Wechsel auf das Quadrat: Es ist entweder ausgefüllt oder leer. Sie wechseln damit zwischen dem Original-Footage und dem Stellvertreter. In den Kompositionen, die den Stellvertreter enthalten, werden abwechselnd der Stellvertreter oder das Original-Footage angezeigt. Dadurch haben Sie im laufenden Projekt immer die Kontrolle, wie sich die am Stellvertreter vollzogenen Animationen und Veränderungen auf das Original-Footage auswirken.

Sie können Stellvertreter auch direkt aus dem Projekt heraus erstellen: Klicken Sie mit der rechten Maustaste auf eine Datei im Projektfenster, und wählen Sie STELLVERTRETER ERSTELLEN • STANDBILD oder FILM. Die Renderliste wird aktiviert und enthält die entsprechenden Einstellungen zur Erstellung eines Standbilds bzw. eines Films in Entwurfsgröße.

Als Vorgriff auf Abschnitt 10.4 lernen Sie hier schon einmal die Renderliste kennen. Verändern Sie in der Renderliste an dieser Stelle noch gar nichts, und geben Sie nur bei SICHERN UNTER ❷ einen Pfad und einen Namen für den zu erstellenden Stellvertreter an. Klicken Sie anschließend auf den Button RENDERN.

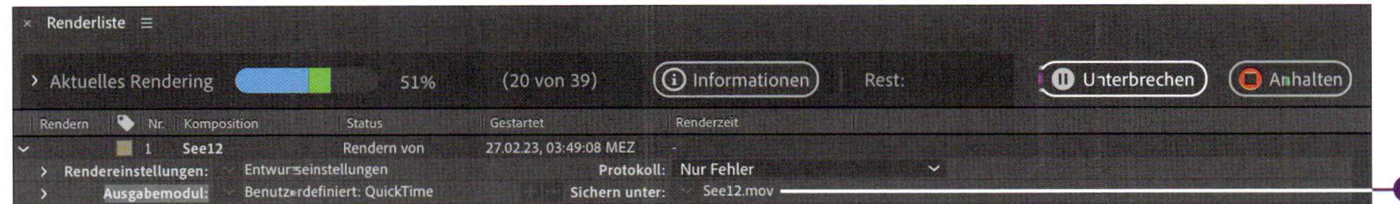


▲ **Abbildung 3.51**
Stellvertreter können Sie aus dem After-Effects-Projekt heraus erstellen.

Haben Sie zuvor STANDBILD gewählt, erstellt Ihnen After Effects einen solchen Stellvertreter und verknüpft ihn mit der zuvor im Projektfenster gewählten Datei. Für Kompositionen ist es sinnvoll, STELLVERTRETER ERSTELLEN • FILM zu wählen. Daraufhin erscheint wieder die Renderliste. Dort klicken Sie auf den Text bei SPEICHERN UNTER und geben einen Speicherort für den Stellvertreterfilm an. Danach starten Sie den Rendervorgang über die Schaltfläche RENDERN. Der entstandene und mit der Komposition verknüpfte Stellvertreterfilm enthält alle Animationen und Änderungen, die Sie zuvor in der Komposition vorgenommen haben, verbraucht aber je nach Auflösung weniger Rechenkapazität und spart Zeit. Aktuelle Änderungen am Original-Footage werden allerdings nicht in den Stellvertreter übernommen.

Sollten Sie Ihre Stellvertreter einmal satthaben, wählen Sie die Dateien im Projektfenster mit der rechten Maustaste aus und rufen dann STELLVERTRETER • OHNE auf.

## 3.11 Dateien sammeln und Dateien »zerstreuen«

Bei längerer Arbeit an einem Projekt fallen eine Menge Dateien an. Einige Dateien liegen zerstreut auf der Festplatte und sollen gesammelt werden, andere Dateien finden vielleicht gar keine Verwendung mehr und können entfernt werden.

### 3.11.1 Dateien entfernen

Wenn Sie eine Datei verdächtigen, überflüssig zu sein, müssen Sie nicht langwierig Ihre Ordner durchwühlen und prüfen, ob diese Datei in den Kompositionen noch verwendet wird oder nicht. Sie haben drei Möglichkeiten:

- Entfernen Sie sämtliche Dateien, die in keiner Ihrer Kompositionen mehr auftauchen, mit DATEI • ABHÄNGIGKEITEN • UNGENUTZTES FOOTAGE ENTFERNEN.
- Löschen Sie Dateien, die doppelt in Ihrem Projekt vorhanden sind, mit DATEI • ABHÄNGIGKEITEN • KOMPLETTES FOOTAGE KONSOLIDIEREN.

- Entfernen Sie ungenutztes Footage aus ausgewählten Kompositionen, und löschen Sie Kompositionen, die Sie nicht zuvor im Projektfenster ausgewählt haben, mit DATEI • ABHÄNGIGKEITEN • PROJEKT REDUZIEREN.

### 3.11.2 Dateien sammeln

Dateien, die zerstreut auf der Festplatte liegen und die Sie in Ihrem Projekt verwenden, können Sie an einem Ort sammeln. After Effects legt Ihnen einen neuen Ordner an, in den beim Sammeln sämtliche im Projekt verwendeten Footage-Elemente und die Projektdatei selbst hineinkopiert werden. Zusätzlich wird ein Bericht generiert, der Angaben zu den verwendeten Effekten, Schriften, den Quelldateien und mehr enthält.

Es ist günstig, zunächst überflüssige Dateien wie oben erläutert zu entfernen, bevor Sie Dateien sammeln. Über die Option DATEI • ABHÄNGIGKEITEN • DATEIEN SAMMELN erreichen Sie eine Dialogbox.

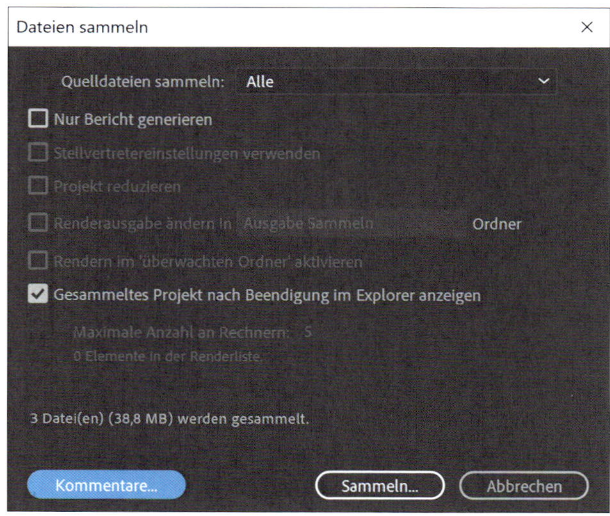


**Abbildung 3.52** ▸
Der Dialog DATEIEN SAMMELN ermöglicht es, sämtliche im Projekt verwendeten Dateien, die Projektdatei und einen Bericht an einem Ort zu sammeln.

Wenn Sie in der Box nichts ändern, werden standardmäßig alle Dateien Ihres Projekts in einem Ordner gesammelt, der den Namen Ihres Projekts trägt. Betätigen Sie dafür den Button SAMMELN. Legen Sie anschließend einen Ort zum Speichern Ihrer Daten fest.

Haben Sie die Option GESAMMELTES PROJEKT NACH BEENDIGUNG IM EXPLORER ANZEIGEN gewählt, wird der Ordner anschließend im Explorer bzw. Finder angezeigt.

Da die Dateien bei diesem Vorgang kopiert und ein zweites Mal auf der Festplatte abgelegt werden, sollten Sie genügend Speicherplatz bereitstellen. Auch die Projektdatei existiert dann ein zweites

Mal. Änderungen wirken sich also nur in der Projektdatei aus, in der sie vorgenommen werden. Sehr hilfreich ist die Option DATEIEN SAMMELN beim Austausch der Daten mit anderen Projektpartnern oder wenn Sie ein Backup der Daten machen wollen.

Die Dialogbox DATEIEN SAMMELN enthält weitere Optionen, die erst aktiviert sind, wenn Sie im Popup unter QUELLDATEIEN SAMMELN eine andere Option als ALLE gewählt haben. Sobald sich ein Element in der Renderliste befindet, sind Optionen verfügbar, die beim Netzwerkrendern eingesetzt werden. In diesem Falle wird eine Komposition mit mehreren über ein Netzwerk verbundenen Rechnern in Einzelbildsequenzen gerendert. Weitere Informationen hierzu finden Sie in Kapitel 10, »Rendern und Ausgabe«.

# Kapitel 4
# Komposition und Zeitleiste

*»Es ist klar, dass jeder tatsächlich vorhandene Körper sich in vier Dimensionen ausdehnen muss: in Länge, Breite, Höhe – und in Dauer. (...) Der einzige Unterschied zwischen der Zeit und irgendeiner Dimension des Raumes besteht darin, dass unser Bewusstsein sich in ihr bewegt.« H. G. Wells – Die Zeitmaschine*

Kompositionen sind essentiell für Ihre Arbeit, es geht Ihnen ja um mehr als um die reine Verwaltung der Rohmaterialien im Projektfenster. Apropos: Genau dort, im Projektfenster, finden Sie jede von Ihnen kreierte Komposition wieder. After Effects behandelt Ihre Kompositionen gewissermaßen auch als Rohmaterial.

Sie können einer Komposition Bilder, Sound oder Video hinzufügen und das Material anschließend räumlich (im Kompositionsfenster) und zeitlich (in der Zeitleiste) anordnen.

## 4.1 Kompositionen: Layout in Raum und Zeit

Importiertes Rohmaterial, das Sie in After Effects einer Komposition hinzufügen, wird **Ebene** genannt. Ein Layout in After Effects bedeutet nicht eine rein räumliche Anordnung von Grafiken und Video, es geht vielmehr um ein Layout in Raum und Zeit. Sie finden daher auch Kompositionen nie ohne eine dazugehörige Zeitleiste, die sich der zeitlichen Dimension Ihres Rohmaterials widmet.

In After Effects ist es zudem möglich, mehrere Kompositionen anzulegen, um Projekte besser zu organisieren. Zu jeder Komposition gehört eine eigene, von den anderen Kompositionen unabhängige Zeitleiste. Nicht vergessen: Mit den Kompositionseinstellungen legen Sie zumeist bereits Ihr Ausgabeformat fest.

### 4.1.1 Eine Komposition anlegen

Ihnen stehen sechs Wege offen, eine Komposition anzulegen:

- Wählen Sie im Projekt KOMPOSITION • NEUE KOMPOSITION.
- Klicken Sie im Projektfenster auf den Kompositionsbutton .
- Wählen Sie Strg+N.
- Klicken Sie dort, wo sich sonst das Kompositionsfenster befindet, auf die riesige Schaltfläche NEUE KOMPOSITION.
- Ziehen Sie importiertes Rohmaterial direkt auf den Kompositionsbutton im Projektfenster. Die Komposition weist dann die gleichen Abmessungen und Eigenschaften (z. B. Dauer und Framerate) wie das Rohmaterial auf.
- Bei neu erstellten Projekten können Sie auch dort, wo sich sonst das Kompositionsfenster befindet, auf die riesige Schaltfläche NEUE KOMPOSITION AUS FOOTAGE klicken. Danach importieren Sie Ihr Material und After Effects legt die Komposition passend zur Größe und Dauer des Materials an.

Haben Sie eine der oben beschriebenen Optionen gewählt, öffnet sich das Fenster KOMPOSITIONSEINSTELLUNGEN.

### 4.1.2 Kompositionseinstellungen

**Frei wählbare Formate**
Natürlich können Sie auch frei wählbare Formate bearbeiten; eine spätere Umwandlung in ein anderes Format ist jedoch problematisch, wenn Sie in ein größeres Format ausgeben wollen, da Sie hier mit Qualitätseinbußen rechnen müssen. Außerdem ist auf das Bildseitenverhältnis zu achten.

Im Fenster KOMPOSITIONSEINSTELLUNGEN treffen Sie Festlegungen für die spätere Ausgabe Ihres Films. Bevor Sie eine Komposition anlegen, sollten Sie also wissen, für welches Verteilermedium Sie produzieren. After Effects hält die wichtigsten Formate für Sie als Vorgaben bereit.

Zunächst ist es jedoch wichtig, die jeweilige Komposition eindeutig zu benennen ❶, da in einem Projekt viele Kompositionen verwendet werden können.

Die Einstellungen für BREITE und HÖHE ❷ sowie für das PIXEL-SEITENVERHÄLTNIS ❸ wählen Sie immer in Bezug auf die Spezifikation Ihres Verteilermediums wie z. B. DVD, Tablet, Web, TV oder Kino. Für eine Ausgabe, die nur auf Computermonitoren präsentiert wird, wählen Sie immer QUADRATISCHE PIXEL.

**Kompositionseinstellungen ändern**
Die Einstellungen für Ihre Kompositionen können Sie jederzeit ändern. Wählen Sie dazu KOMPOSITION • KOMPOSITIONSEINSTELLUNGEN oder Strg+K.

Die FRAMERATE ❹ richtet sich ebenfalls nach der Spezifikation Ihres Verteilermediums. Gängige Frameraten finden Sie im Menü neben dem Eintrag FRAMERATE. Nach der in Europa üblichen PAL-Spezifikation verwenden Sie immer 25 Frames pro Sekunde (fps). Bei einer Ausgabe in der NTSC-Spezifikation sind es 29,97 fps. Für eine Ausgabe im Filmformat geben Sie 24 fps an. Möglich sind auch freie Frameraten bis 999 Frames pro Sekunde.

**[Framerate]**
Die Framerate gibt die Vollbilder an, die pro Sekunde angezeigt werden.

Das Popup für DROP-FRAME ❿ benötigen Sie nur bei importiertem NTSC-Material, da es mit nicht-ganzzahligen Frameraten von

29,97 und 59,94 arbeitet. Ist eine andere FRAMERATE gewählt, ist daher der Button inaktiv. Wählen Sie hier DROP-FRAME, werden für die korrekte Zeitanzeige pro Minute zwei Frames des Timecodes gedroppt, also ausgelassen, da die Zeitanzeige anstelle der 29,97 fps des Films nur ganze Zahlen mit 30 fps zugrunde legen kann. Die entfernten Timecode-Werte sind bei einer genauen Bearbeitung allerdings problematisch. Daher verwenden Sie in dem Fall besser NON-DROP-FRAME. Hier werden keine Frames aus der Zeitanzeige entfernt. Der Timecode erhöht sich fortlaufend um je einen Frame. Bei DROP-FRAME wird die Zeitanzeige mit Semikolon (0;00;00;00) statt in dem sonst üblichen Format (0:00:00:00) angezeigt.

**[Timecode]**

Der Timecode stellt eine fortlaufende Nummerierung von Vollbildern dar, die meist im Format H:MM SS:FF (Stunden, Minuten, Sekunden, Frames) angegeben wird.

**Zum Nachlesen**

Vertiefende Informationen zum Pixel-Seitenverhältnis und zur Vorbereitung von Rohmaterial für die Ausgabe in HD, UHD, HDV oder DVCPRO HD erhalten Sie in Abschnitt 3.7, »Videodaten in After Effects«.

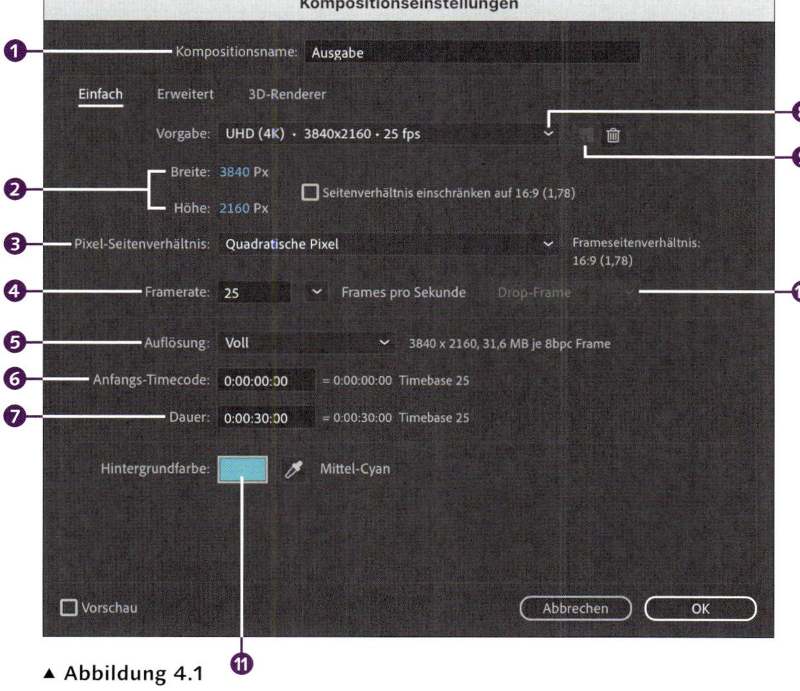


▲ **Abbildung 4.1**
Die KOMPOSITIONSEINSTELLUNGEN sollten Sie gewissenhaft festlegen, da sie entscheidend für die spätere Ausgabe des Films sind.

Die AUFLÖSUNG ❺ und den ANFANGS-TIMECODE ❻ werden Sie meist nicht ändern, die DAUER ❼ allerdings häufiger. Sie können die Zahlen im Feld für DAUER markieren und beispielsweise für eine Dauer von 10 Sekunden »1000« in das Feld tippen. After Effects erkennt das Format automatisch richtig als 0:00:10:00. Die Angaben zwischen den Doppelpunkten stehen für Stunden, Minuten, Sekunden und Frames. Sie werden sich schnell daran gewöhnen, dass eine Sekunde nach PAL-Spezifikation aus 25 Frames besteht.

### Negative Zeiten

Wenn Sie dem Anfangs-Timecode ein Minus ⓬ voranstellen, können Sie negative Zeiten eingeben. Die Zeitanzeige in der Zeitleiste beginnt dann entsprechend nicht bei Null, sondern schon vorher.

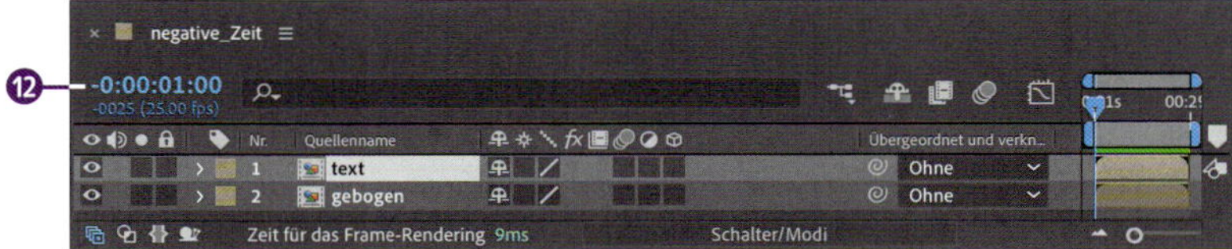


▲ **Abbildung 4.2**
Der negative Anfangs-Timecode wird in der Zeitleiste mit einem Minus vor der Zeitanzeige dargestellt.

## 4.1.3 Kompositionsvorgaben

Sie müssen nicht alle Kompositionseinstellungen selbst eingeben. Unter dem Eintrag Vorgabe ❽ (siehe Abbildung 4.1) finden Sie die gängigen Ausgabeformate. Sie können hier zwischen verschiedenen HD-Spezifikationen wählen. Auch die Einstellungen für die Ausgabe in andere Formate wie DVCPRO HD, HDV, HDTV und UHD oder Film sind bereits in die Vorgaben integriert. In neuen Programmversionen finden Sie auch Einstellungen für Social-Media-Kompositionen im Hoch- oder Querformat.

Selbstdefinierte Formate und Einstellungen können Sie über das Blatt-Symbol ❾ mit eigenem Namen speichern. In der Vorgabenliste ist das selbstdefinierte Format dann jederzeit wählbar. Löschen können Sie Vorgaben per Klick auf das Papierkorb-Symbol. Die Werkseinstellungen stellen Sie durch Drücken der `Alt`-Taste und Klick auf den Papierkorb wieder her.

Die Hintergrundfarbe Ihrer Komposition wählen Sie über das Farbfeld bei dem Eintrag Hintergrundfarbe ⓫.

▲ **Abbildung 4.3**
Vor dem Ändern der Kompositionsgröße

## 4.1.4 Erweiterte Kompositionseinstellungen

Fortgeschrittene Nutzer finden in der Karte Erweitert im Dialog Kompositionseinstellungen wichtige Optionen.

### Anker

Die Option Anker ist nicht zu verwechseln mit dem Ankerpunkt von Ebenen. Sie nutzen die Option zur entsprechenden Positionierung Ihrer Animationen, wenn Sie die Kompositionsgröße nachträglich ändern. Legen Sie dazu in der Karte Einfach eine neue Framegröße fest. Wechseln Sie dann auf Erweitert. Klicken Sie auf eine der neun Ankerpositionen. Verlassen Sie den Dialog mit OK.

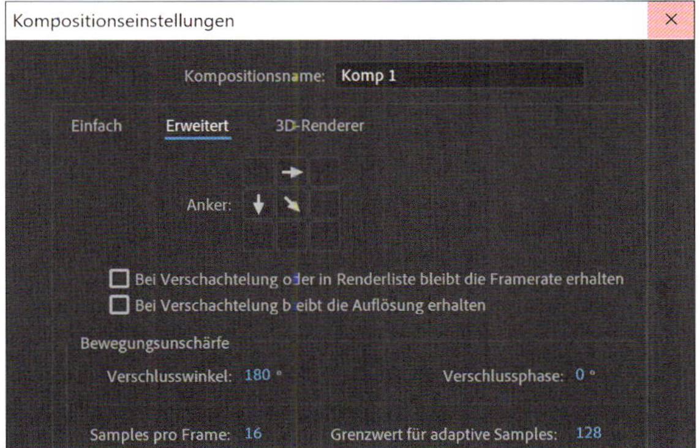


◂ **Abbildung 4.4**
Anklicken einer der neun Ankerpositionen

▴ **Abbildung 4.5**
Die Animationen befinden sich links oben, wie durch die Ankeroption festgelegt.

### Renderer

Über den Eintrag Renderer in der Karte 3D-Renderer legen Sie die Berechnungsart für Ihre jeweilige Komposition für die jeweilige Aufgabe fest. Der Renderer Klassisch 3D eignet sich für die meisten Ihrer Kompositionen. Sie können überschneidende 3D-Ebenen erstellen, Lichter und Kameras definieren und diese interagieren lassen.

Haben Sie Klassisch 3D gewählt, stellen Sie unter Optionen bei Schattenmatrixauflösung die Qualität, mit der Schatten und Lichtprojektionen berechnet werden, ein. Dauert die Schattenberechnung zu lange, wählen Sie geringere Werte. Sind Schattenkanten zu unscharf oder Berechnungen ungenau, erhöhen Sie den Wert.

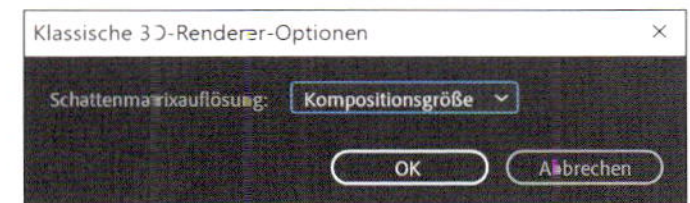


▴ **Abbildung 4.6**
Die Qualität von Schatten bzw. Lichtprojektionen stellen Sie in den Render-Optionen ein.

### Renderer Cinema 4D

Den Cinema 4D-Renderer verwenden Sie, wenn Sie zusätzlich zu den Funktionen des Renderers Klassisch 3D Text- oder Formebenen extrudieren wollen oder Ebenen im 3D-Raum biegen. Mit Cinema 4D werden zudem weitere Materialeigenschaften verfügbar wie Spiegelglanzlicht, Reflexionsintensität und Reflexionsausstrahlung. Auch Interaktionen mit Umgebungsmaps werden möglich. Die Berechnung von Lichtern und Transparenzen ist genauer. Unter Optionen stellen Sie die Qualität ❶ (Abbildung 4.7) zwischen Entwurf, Typisch und Extrem ein. Höhere Werte können die Rechenzeit stark erhöhen. Beim geringsten Qualitätswert entfällt das Weichzeichnen an Objektkanten, und die Berechnung von Reflexionen und Schatten ist entsprechend vermindert. Dafür geht die Berechnung schneller.

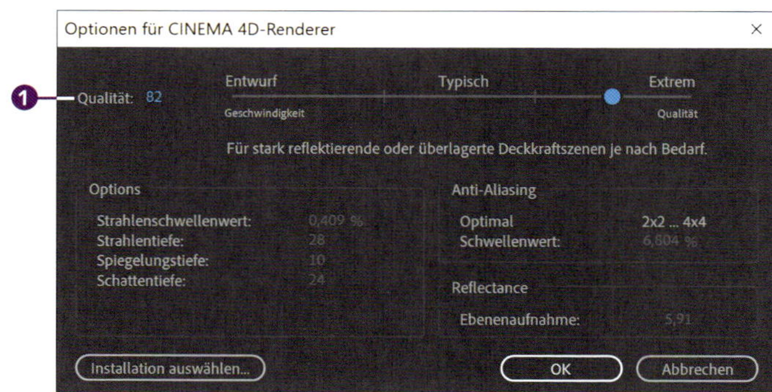


**Abbildung 4.7** ▸
Die Werte bei QUALITÄT sind wesentlich zur Berechnung von Lichtern, Schatten und Reflexionen.

**Verschachtelungen**
Wählen Sie die Option BEI VERSCHACHTELUNG ODER IN DER RENDERLISTE BLEIBT DIE FRAMERATE ERHALTEN, können Sie stroboskopartige Effekte wie beim Effekt ZEITLICH ABSTUFEN erzielen. Dazu verringern Sie die Framerate in einer Komposition mit Videomaterial z. B. auf 1 fps und aktivieren darin die genannte Option. Anschließend ziehen Sie diese Komposition in eine zweite mit 25 fps. Aktivieren Sie BEI VERSCHACHTELUNG BLEIBT DIE AUFLÖSUNG ERHALTEN, wird die gewählte Auflösung der Quellkomposition (z. B. VIERTEL) beim Verschachteln in die Zielkomposition (AUFLÖSUNG VOLL) so beibehalten.

**Zum Nachlesen**
Informationen zu Bewegungsunschärfe und Samples pro Frame finden Sie in Abschnitt 4.6.9, »Ebenenschalter« unter »Bewegungsunschärfe«.

## 4.2 Footage einer Komposition hinzufügen

In den vorangegangenen Workshops haben Sie ja bereits verschiedentlich Rohmaterial einer Komposition hinzugefügt, nun folgt hier noch einmal eine systematische Darstellung. Ist Rohmaterial importiert und eine Komposition angelegt, bieten sich drei Möglichkeiten, der Komposition Footage (d. h. Rohmaterial) hinzuzufügen.

Markieren Sie zunächst ein oder mehrere Rohmaterialelemente im Projektfenster oder auch einen ganzen Ordner.

- Ziehen Sie das Rohmaterial direkt in die Zeitleiste (das Rohmaterial wird im Kompositionsfenster zentriert).
- Ziehen Sie das Rohmaterial auf das Icon Ihrer selbsterstellten Komposition im Projektfenster (das Rohmaterial wird im Kompositionsfenster zentriert).
- Ziehen Sie das Rohmaterial direkt in das Kompositionsfenster (das Rohmaterial wird nicht zentriert, sondern an der Stelle abgelegt, an der Sie die Maustaste loslassen).

Ob das Rohmaterial an der Position der Zeitmarke oder am Beginn der Komposition eingefügt wird, entscheidet grundsätzlich eine

**Szenenbearbeitungs-Erkennung**
Eine Funktionalität, die Sie vielleicht schon in Premiere schätzen gelernt haben, gibt es jetzt auch in After Effects. Die Szenenbearbeitungs-Erkennung erstellt nachträglich aus einem längeren Clip einzelne Subclips, die Sie dann zu neuen Sequenzen arrangieren können. Das Programm untersucht hierfür das Material nach Szenenwechseln oder auch nach Unterschieden im Timecode. Die gefundenen Abschnitte werden im nächsten Schritt als Ebenenmarker oder wirkliche Schnitte in der Timeline dargestellt.

Aktiviert wird die Funktion nach dem Einfügen des Rohmaterials in die Timeline via EBENE • SZENENBEARBEITUNGS-ERKENNUNG.

After-Effects-Voreinstellung. Wählen Sie Voreinstellungen • Allgemein, und entfernen Sie das Häkchen bei Ebenen zu Beginn der Komposition erstellen, um Ebenen grundsätzlich an der Position der Zeitmarke einzusetzen.

Außerdem wird, wenn Sie das Material in den Bereich des Zeitlineals rechts in der Zeitleiste ziehen, temporär eine zweite Zeitmarke angezeigt. An der Stelle, an der sie sich befindet, wird Ihr Material eingefügt. Sie können das Material aber auch an der Position der (»Haupt-«)Zeitmarke in der Zeitleiste einsetzen, wenn Sie es direkt darauf ziehen. In diesem Falle wird der In-Point ❸ der Ebene genau an der Position der Zeitmarke ❷ ausgerichtet.

▼ **Abbildung 4.8**
Ebenen, die in die Zeitleiste gezogen werden, landen mit ihrem In-Point je nach Voreinstellung am Beginn der Komposition oder an der Position der Zeitmarke.

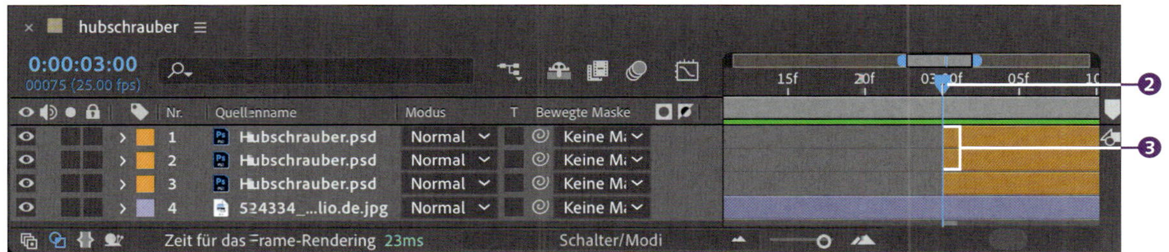


## 4.3 Das Kompositionsfenster

Das Kompositionsfenster dient der Vorschau Ihrer Animationen und zur räumlichen Anordnung von Ebenen. Sie können dabei Ebenen frei im Kompositionsfenster positionieren oder sie an einem Raster und an Hilfslinien ausrichten. Die graue Fläche, von der Ihre Komposition umgeben ist, ist der **Arbeitsbereich** und dient zur Positionierung von Ebenen, die von außen ins Bild kommen sollen.



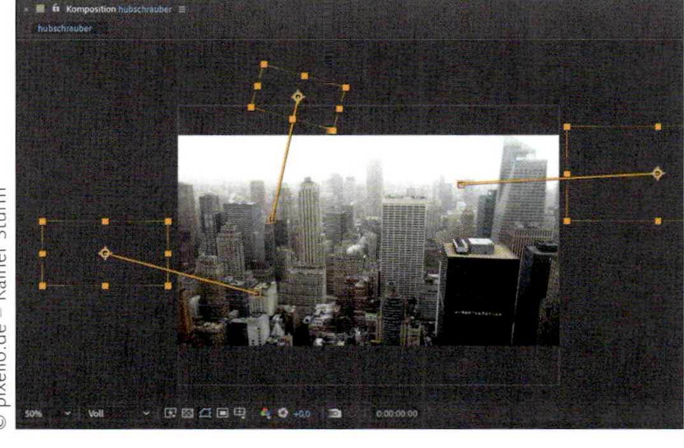

▲ **Abbildung 4.9**
Rings um den sichtbaren Bereich der Komposition können Sie Ebenen positionieren ...

▲ **Abbildung 4.10**
... die von außen ins Bild kommen.

© pixelio.de – N. Frank (Hubschrauber)

**Abbildung 4.11 ▸**
Fertig!

Das kleine Projekt finden Sie unter BEISPIELMATERIAL/04_EBENENLAYOUT/HUBSCHRAUBER/HUBSCHRAUBER.AEP.

In Abbildung 4.9 bis Abbildung 4.11 sehen Sie eine Animation, in der Ebenen von außen in das Bild wandern. In Abbildung 4.9 sind die Ebenen nur als Umrisslinien erkennbar; ihr Inhalt wird erst sichtbar, wenn sie in den Vorschaubereich der Komposition gelangen.

## 4.3.1 Positionierung von Ebenen

Die aus vielen anderen Programmen bekannten Hilfsmittel zur Positionierung von Ebenen sind auch in After Effects verfügbar.

#### Lineale

Im Kompositionsfenster erhalten Sie Lineale über den Menüpunkt ANSICHT • LINEALE EINBLENDEN oder [Strg]+[R]. Schnellen Zugriff, auch auf Hilfslinien und Raster, erhalten Sie über eine kleine Schaltfläche am unteren Rand des Kompositionsfensters ❷. Sie können die Lineale im Kompositions-, Ebenen- und Footagefenster einblenden und dort jeweils Hilfslinien erstellen.

#### Nullpunkt

Der Nullpunkt der Lineale liegt in der linken oberen Ecke der Komposition. Um ihn zu verschieben, klicken Sie in das kleine Kästchen links oben ❶ und ziehen ihn bei gedrückter Maustaste an eine neue Stelle. Per Doppelklick in das gleiche Kästchen setzen Sie den Nullpunkt wieder zurück.

#### Hilfslinien

Hilfslinien ziehen Sie einfach aus den Linealen heraus. Während Sie an einer Hilfslinie ziehen, verrät Ihnen übrigens das Infofenster die

Hilfslinienposition. Hilfslinien richten sich beim Ziehen an ganzen Pixeln aus, eine genaue Position können Sie festlegen, indem Sie die Linie mit der rechten Maustaste anklicken und dann auf POSITION BEARBEITEN klicken. Im Kontextmenü geben Sie den Positionswert in Pixeln an. Gemessen wird von der linken, oberen Ecke der Komposition.

**▼ Abbildung 4.12**
Lineale und Hilfslinien nutzen Sie zur genauen Positionierung von Ebenen im Kompositionsfenster. Sie können den Nullpunkt der Lineale verschieben.

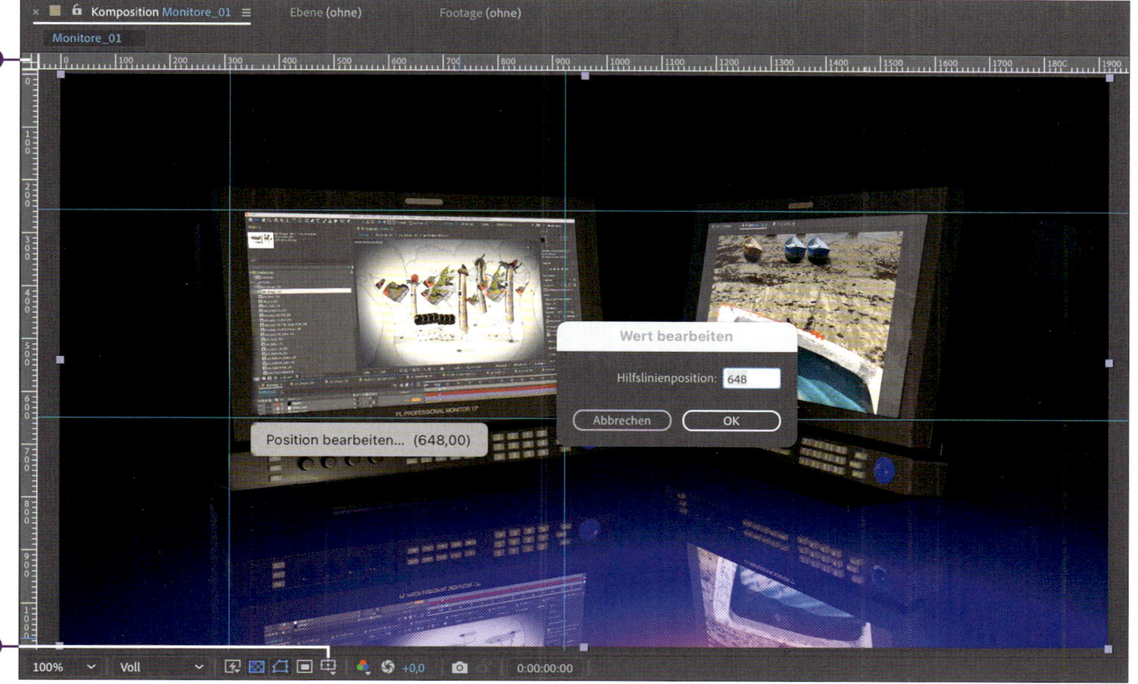


Unter ANSICHT finden Sie einige Optionen für Ihre Hilfslinien. Dort können Sie diese löschen, ausblenden oder schützen, wenn sie nicht mehr verändert werden sollen. Über die Option AN HILFSLINIEN AUSRICHTEN springen Ebenen magnetisch an die Hilfslinie heran, wenn sie in deren Nähe kommen.

Sie können Hilfslinien, die Sie im Footage-, Kompositions- oder Ebenenfenster erstellt haben, exportieren und importieren. Dazu aktivieren Sie das jeweilige Fenster und wählen ANSICHT • HILFSLINIEN EXPORTIEREN. Es wird eine Datei mit der Endung .guides erstellt, welche JSON-Daten enthält, mittels derer die Hilfslinienattribute aufgezeichnet werden. Diese Datei können Sie in andere Projekte oder in Kompositionen sowie Footage- und Ebenenfenster importieren. Dies geschieht über ANSICHT • HILFSLINIEN IMPORTIEREN. Der Import in Premiere Pro ab der Version 13.1 ist ebenso möglich. Auch der Verwendung solcher Dateien aus Premiere Pro in After Effects steht nichts im Wege.

### Infofenster

Das Infofenster ist eine mächtige Informationszentrale, da sie kontextabhängige Informationen wie Farb-, Positions- oder Drehungswerte anzeigt. Sie sehen darin Werte für die X- und Y-Position des Mauszeigers oder von Ebenen, die Sie markieren oder verschieben. Falls die Palette gerade nicht offen ist, finden Sie sie über FENSTER • INFO oder [Strg]+[2]. Beobachten Sie das Fensterchen ruhig einmal, während Sie Änderungen vornehmen oder den Mauszeiger über das Kompositionsfenster gleiten lassen.

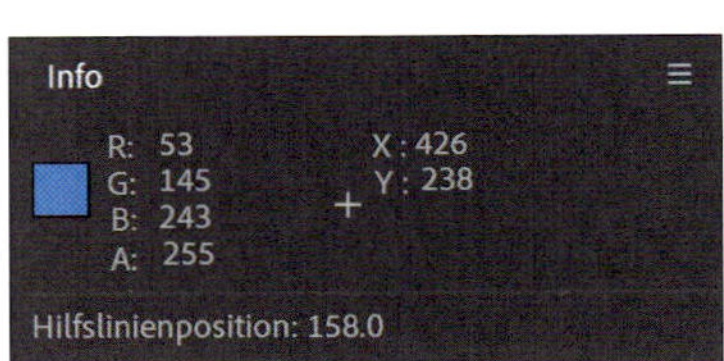


**Abbildung 4.13 ►**
Im Infofenster werden kontextabhängige Informationen wie z. B. zu Ebenen, Keyframes und zur Vorschauanzeige eingeblendet.

Die X-Koordinate stellt die horizontale Achse dar und die Y-Koordinate die vertikale Achse. Auch in der Zeitleiste finden Sie eine Entsprechung für die Positionskoordinaten. Die zwei Werte hinter der Positionseigenschaft stehen für die X-Koordinate ❶ und die Y-Koordinate ❷.

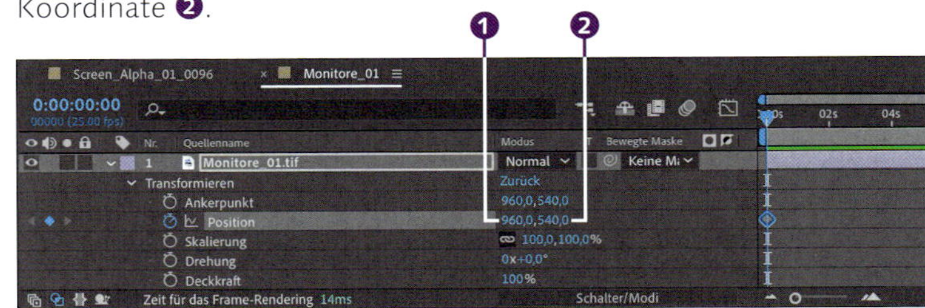


**Abbildung 4.14 ►**
Hinter jeder animierbaren Eigenschaft in der Zeitleiste stehen numerische Werte.

Hinter jeder animierbaren Eigenschaft finden Sie numerische Werte, mit denen Sie genaue Einstellungen für Ihre Animationen vornehmen können. Lassen Sie sich von den vielen Zahlen nicht abschrecken: Sehr oft kommen die Werte ganz automatisch bei Ihrer intuitiven Arbeit zustande.

**Voreinstellungen**
In dem Dialog VOREINSTELLUNGEN können Sie für die Darstellung von Raster und Hilfslinien eigene Festlegungen treffen. Der Dialog befindet sich unter VOREINSTELLUNGEN • RASTER UND HILFSLINIEN und ist selbsterklärend.

### Raster

Zur Ausrichtung der Ebenen im Kompositionsfenster seien außerdem das Standardraster und das proportionale Raster erwähnt. Sie finden das Standardraster unter ANSICHT • RASTER EINBLENDEN. Mit AM RASTER AUSRICHTEN wird es magnetisch und sehr anziehend für Ihre Ebenen. Schnellzugriff auf die Raster haben Sie über die Schaltfläche ❸ im Kompositionsfenster, wo Sie zusätzlich die Option PROPORTIONALES RASTER wählen können.

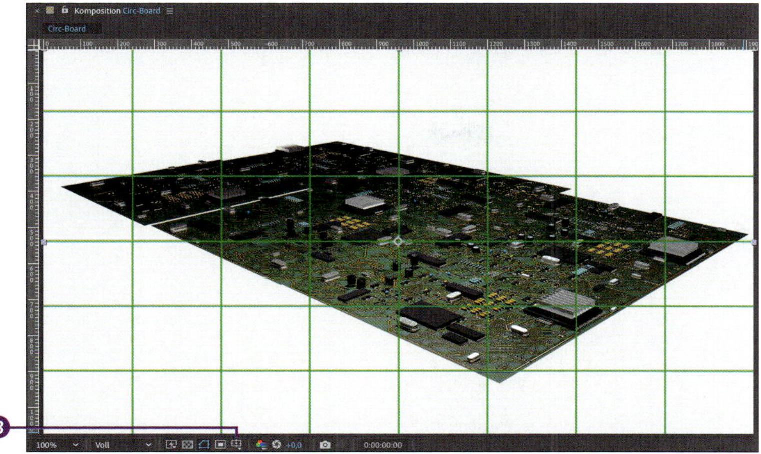

◂ **Abbildung 4.15**
Ein proportionales Raster hilft Ihnen bei der Positionierung von Ebenen.

### 4.3.2 Die Schaltflächen des Kompositionsfensters

Im Folgenden gehe ich die wichtigsten Schalter des Kompositionsfensters einmal durch. Einige Schaltflächen des Kompositionsfensters erläutere ich an dieser Stelle nicht. Dies werde ich aber an besser passender Stelle nachholen. Einige der Schalter werden erst bei bestimmten Arbeitsschritten sichtbar, beispielsweise sind die 3D-Funktionen erst aktiv, wenn Sie auch wirklich mit 3D-Ebenen arbeiten.

▴ **Abbildung 4.16**
Diese Optionen finden sich im Kompositionsfenster.

▴ **Abbildung 4.17**
Schaltflächen des Kompositionsfensters bei aktiven 3D-Ebenen.

#### Zoomstufen anpassen

Um Bereiche außerhalb des Vorschaubereichs der Komposition anzuzeigen, verkleinern Sie die Kompositionsansicht. Klicken Sie dazu auf den Button ZOOMSTUFEN ❶ (Abbildung 4.19), und wählen Sie eine festgelegte, prozentuale Darstellung. Oder nehmen Sie die Lupe aus der Werkzeugleiste ❹ zum Ein- und Auszoomen in festen Stufen. Die Werkzeugleiste verbirgt sich hinter dem Tastenkürzel [Strg]+[1]. Trägt die Lupe ein Pluszeichen in der Mitte, wird vergrößert. Zum Verkleinern drücken Sie [Alt] und klicken gleichzeitig mit der Lupe.

▴ **Abbildung 4.18**
In der Werkzeugleiste befindet sich die Lupe zum Ein- und Auszoomen von Kompositionen

Mit der Einstellung FENSTERGRÖSSE passt sich die Darstellung automatisch der jeweiligen Fenstergröße in freien Zoomstufen an.

**Zoomen mit Tastenkürzel**

Noch schneller sind Sie, wenn Sie sich gleich die Tastenkürzel [.] (Punkt) zum Vergrößern und [,] (Komma) zum Verkleinern angewöhnen oder die Zoomstufen mit dem Scrollrad der Maus einstellen, während der Cursor über dem Bild verweilt.

**Abbildung 4.19 ▸**
Zoomen Sie die Ansicht der Komposition, um Details oder Bereiche außerhalb des Vorschaubereichs der Komposition zu bearbeiten.

### Sicherer Titelbereich

Sollten Sie planen, Ihre Animation einer Fernsehanstalt zur Ausstrahlung zu schicken, könnten Sie eine böse Überraschung erleben: Titel sind möglicherweise zu nah am Rand platziert und werden schlimmstenfalls vom Senderlogo oder von einer Bauchbinde, in der Informationen eingeblendet werden, überdeckt. Bei älteren Fernsehgeräten wurden die Ränder sogar beschnitten. Man nennt dies **Overscan**. Über den Button ❷ gelangen Sie an die Option Sicherer Titelbereich. Es wird ein Rahmen eingeblendet, der bei der Ausgabe nicht mehr sichtbar ist. Außerhalb des sichtbaren Bereichs können sogar die Bildinhalte beschnitten sein.

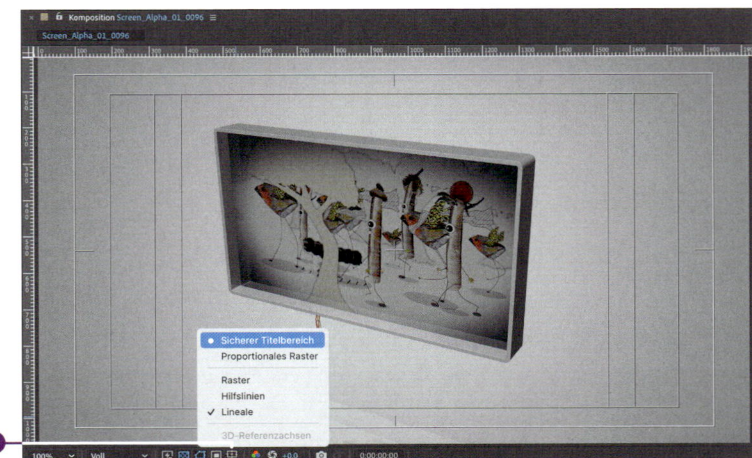


**Abbildung 4.20 ▸**
Mit dem sicheren Titelbereich vermeiden Sie abgeschnittene Einblendungen.

Sie sollten also darauf achten, wichtige Grafikelemente innerhalb des sichtbaren Bereichs und Titel innerhalb des sicheren Titelbereichs zu positionieren. Sobald Sie ein 16:9-Kompositionsformat wählen, werden nicht nur die aktions- und titelsicheren Ränder eingeblendet, sondern auch ein sogenannter Mittelausschnitt. Dieser stellt einen 4:3-Bildausschnitt und dessen aktions- und titelsichere Ränder dar. Somit können Sie aus einem 16:9-Format heraus eine 4:3-Ausgabe ohne beschnittene Titel erzeugen.

In den Voreinstellungen lassen sich unter RASTER UND HILFSLINIEN andere prozentuale Werte für den sichtbaren Bereich und den sicheren Titelbereich (inklusive derjenigen für den Mittelausschnitt) einstellen.

**Abkaschen**

Auch für eine Ausgabe im Kinoformat ist die Einstellung des sicheren Bereichs wichtig, da auch hier Bereiche am Rand durch das Abkaschen (= Beschneiden) bei der Projektion wegfallen. Dies hat den Grund, dass bei der Projektion des Films im Kino ein Projektionscache eingelegt wird. Das Projektionscache ist im Prinzip eine Metallplatte mit einem Loch im Seitenverhältnis des zu projizierenden Films.

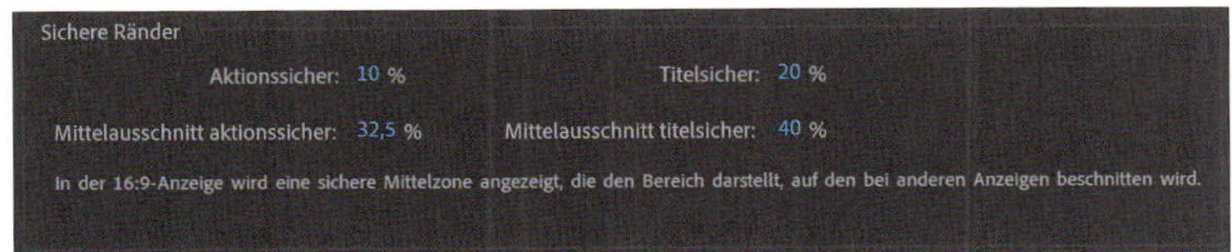


▲ **Abbildung 4.21**
In den Voreinstellungen lassen sich prozentuale Werte für titelsichere und aktionssichere Bereiche festlegen.

### Zeitanzeige

In der Zeitleiste jeder Komposition finden Sie eine Zeitanzeige ❸ vor, an der Sie ablesen, an welchem Zeitpunkt sich Ihre Zeitmarke gerade befindet. Zum Ändern des aktuellen Zeitpunkts klicken Sie direkt auf die Zeitanzeige, die dann editierbar wird. Tippen Sie beispielsweise »1000« in das Feld, um die Zeitmarke zur Sekunde 10 springen zu lassen. Das Timecode-Format 0:00:10:00 wird automatisch erkannt.

Oder Sie verwenden die Zeitanzeige des Kompositionsfensters ❻. Klicken Sie darauf, erscheint das Dialogfeld GEHE ZU ZEITPUNKT, wo Sie ebenfalls eine neue Zeit eingeben können, damit Ihre Zeitmarke dorthin springt.

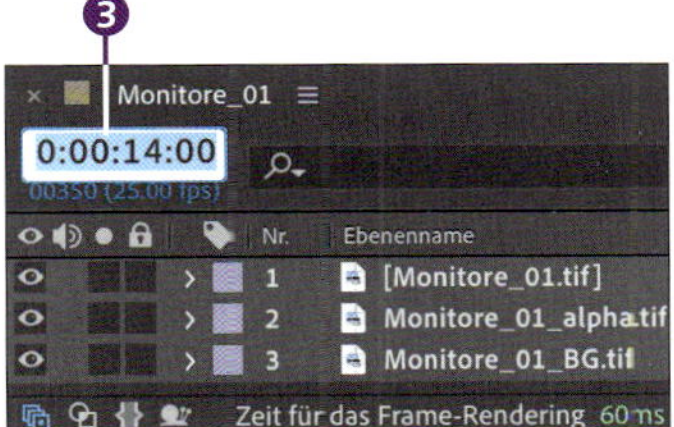


▲ **Abbildung 4.22**
Über das Feld GEHE ZU ZEITPUNKT wird die Zeitmarke genau positioniert.

◄ **Abbildung 4.23**
Schaltflächen im Kompositionsfenster

### Schnappschuss

Mit dem Button SCHNAPPSCHUSS ❹ fotografieren Sie das aktuell angezeigte Bild und blenden es mit dem Button SCHNAPPSCHUSS ANZEIGEN ❺ zu einem anderen Zeitpunkt wieder ein. Die Funktion dient dazu, zwei Bilder an verschiedenen Zeitpunkten zu vergleichen. Sie können so beispielsweise zwei Logos aneinander ausrichten, die an verschiedenen Zeitpunkten auftauchen, sich optisch aber an der gleichen Stelle befinden sollen. Fotografieren Sie dazu das erste Logo, und blenden Sie es dann zum Zeitpunkt des zweiten Logos ein. Mit folgenden Tastenkombinationen nehmen Sie mehr als einen Schnappschuss auf: ⇧+F5, ⇧+F6, ⇧+F7 oder ⇧+F8. Um den jeweiligen Schnappschuss anzuzeigen, drücken Sie F5, F6, F7 oder F8.

### Kanäle

Mit der Schaltfläche KANAL- UND FARBMANAGEMENT-EINSTELLUNGEN ANZEIGEN ❶ blenden Sie ein Menü ein, in dem Sie wählen, ob After Effects die RGB-Kanäle einer Komposition gemeinsam oder jeden Kanal einzeln anzeigt. Die Komposition erhält einen der Kanalfarbe entsprechenden Rahmen. Die Option EINFÄRBEN aus dem genannten Menü verwenden Sie, um Bildteile einzufärben, die der gewählten Kanalfarbe entsprechen.

Mit der Option ALPHA können Sie auch den Alphakanal separat anzeigen lassen, was bei der Arbeit mit transparentem Material vorteilhaft ist und auch beim Keying eingesetzt wird.

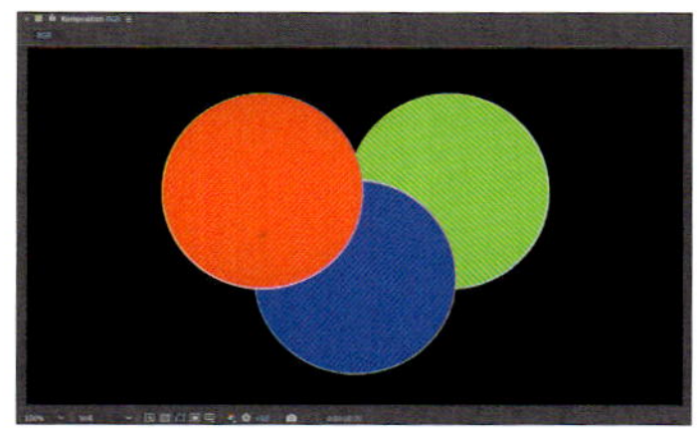

▲ **Abbildung 4.24**
Die Option RGB zeigt alle RGB-Anteile des Materials an.

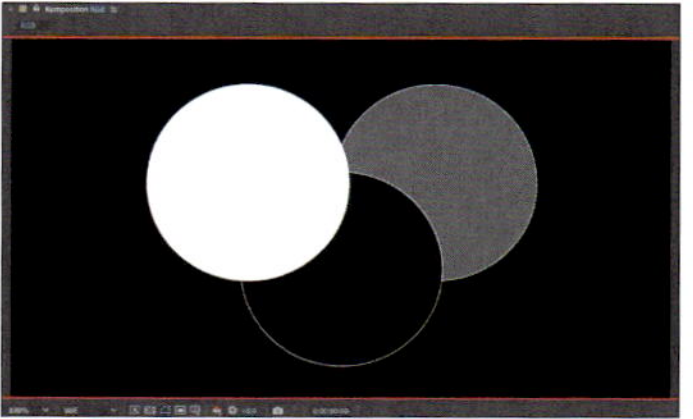

▲ **Abbildung 4.25**
Der rote Kanal zeigt einen roten Rahmen. Nur die Rotanteile des Materials sind sichtbar.

▲ **Abbildung 4.26**
Mit dem Button für den Alphakanal wird nur die Transparenzinformation angezeigt.

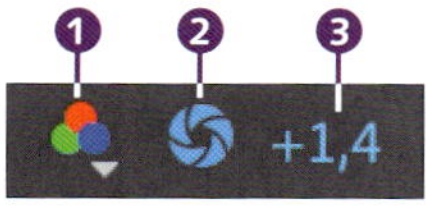

▲ **Abbildung 4.27**
Mit dem Regler BELICHTUNG ANPASSEN ❸ ändern Sie die Belichtung der Komposition für Vorschauzwecke.

### Belichtung anpassen

Für Vorschauzwecke können Sie die Belichtung Ihrer Komposition für jede Kompositionsansicht extra anpassen. Sie finden den Schalter BELICHTUNG ANPASSEN ❸ rechts unten im Kompositionsfenster. Ziehen Sie den angegebenen Wert nach links oder rechts, um die Belichtung zu verändern. Mit dem BLENDEN-Button links daneben ❷, der durch die Werteänderung blau gefärbt wird, setzen Sie die Einstellung wieder zurück. Wenn Sie die Belichtung nicht nur für Vorschauzwecke ändern möchten, verwenden Sie den Effekt BELICHTUNG.

### Schwarz- und Weißwert bestimmen

Sie können mit BELICHTUNG ANPASSEN sowohl den Schwarz- als auch den Weißwert eines Bildes bestimmen. Dazu ziehen Sie bei gedrückter Maustaste auf dem Wert so lange nach rechts oder links, bis beinahe der gesamte Bildbereich weiß bzw. schwarz dargestellt wird. Bildteile, die bis zum Schluss sichtbar bleiben, sind am dunkelsten (Regler nach rechts) bzw. am hellsten (Regler nach links).

## 4.4 Verschachtelte Kompositionen (Nesting)

Innerhalb einer Komposition wird das jeweils hinzugefügte Rohmaterial zu einer Ebene. Das Gleiche gilt aber auch für eine Komposition, die einer anderen Komposition hinzugefügt wird. Man nennt diesen Vorgang **Verschachtelung** und spricht von **verschachtelten Kompositionen**. Der Sinn des Verschachtelns ist recht vielfältig: Zum einen lassen sich größere Projekte übersichtlicher gestalten, zum anderen sind verschachtelte Kompositionen manchmal nötig, um bestimmte Animationen oder Effekte zu bewerkstelligen.

In dem folgenden kleinen Workshop werden Sie erfahren, wie Sie zwei Kompositionen anlegen, die mindestens nötig sind, um eine verschachtelte Komposition einzurichten. Im Laufe des Buches werden Sie die sinnvolle oder notwendige Anwendung des Verschachtelns noch genauer kennenlernen.

### Schritt für Schritt
### Verschachtelte Kompositionen

In diesem Workshop geht es um die Handhabung von Ebenen im Kompositionsfenster und um das Prinzip der verschachtelten Kompositionen. Dazu werden Sie ein Auto animieren, das mitten in der Fahrt auseinanderbricht.

Die benötigten Dateien für diesen Workshop finden Sie unter BEISPIELMATERIAL/04_EBENENLAYOUT/VERSCHACHTELUNG

#### 1 Import

Speichern Sie zuerst über DATEI • SPEICHERN UNTER das noch leere Projekt unter dem Namen »verschachteln«. Importieren Sie über DATEI • IMPORTIEREN • DATEI oder Strg+I aus dem Ordner 04_EBENENLAYOUT/VERSCHACHTELUNG die Dateien »Hintergrund.psd« und »rauch.psd«. Bei letzterer Datei erscheint der Dialog FOOTAGE INTERPRETIEREN. Klicken Sie dort auf den Button ERMITTELN und OK.

#### 2 Erste Komposition anlegen

Legen Sie eine Komposition über KOMPOSITION • NEUE KOMPOSITION oder Strg+N an. Tragen Sie im Dialogfenster KOMPOSITIONSEINSTELLUNGEN den Namen »final« ein ❶ (Abbildung 4.28). Gerade wenn Sie mit verschachtelten Kompositionen arbeiten, ist die Benennung wichtig, damit kein Durcheinander entsteht. Wählen Sie unter VORGABE ❷ PAL D1/DV 16:9 QUAD. PIXEL. Markieren Sie den voreingestellten Wert bei DAUER ❸, und tippen Sie »600« in das Feld ein. After Effects übernimmt selbständig die Umwandlung in das Timecode-Format (0:00:06:00). Bestätigen Sie mit OK.

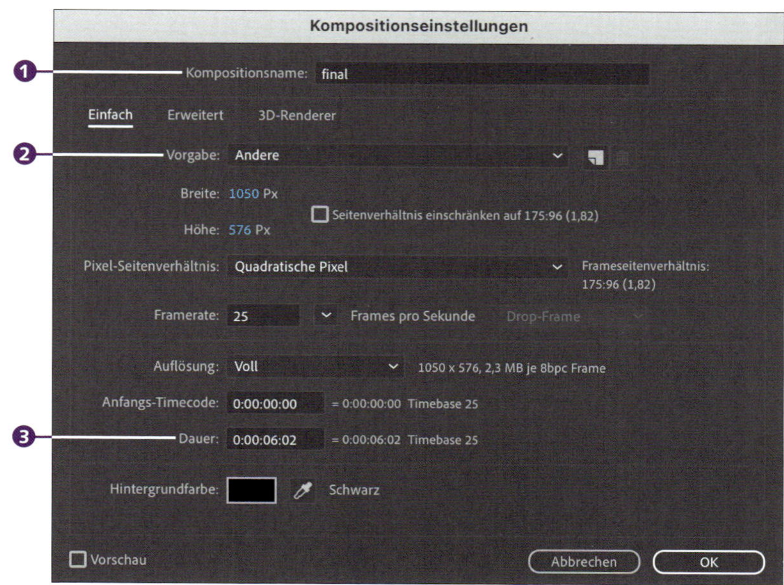


**Abbildung 4.28 ▸**
Bei der Verwendung mehrerer Kompositionen ist die eindeutige Benennung wichtig.

**Ebenen an der Zeitmarke einfügen**

Ebenen, die Sie der Zeitleiste hinzufügen, werden grundsätzlich am Beginn der Komposition oder an der Zeitmarkenposition eingesetzt. Dies regeln Sie über BEARBEITEN • VOREINSTELLUNGEN • ALLGEMEIN mit der Option EBENEN ZU BEGINN DER KOMPOSITION ERSTELLEN. Entfernen Sie dort das Häkchen, wird jede Ebene mit dem In-Point an der Zeitmarkenposition statt am Beginn der Komposition eingesetzt.

**Ebenen ins Kompositionsfenster ziehen**

Wenn Sie Dateien aus dem Projektfenster direkt in die Zeitleiste ziehen, werden sie im Kompositionsfenster zentriert. Ziehen Sie sie direkt in das Kompositionsfenster, werden die Ebenen nicht zentriert, sondern an der Stelle fallen gelassen, an der Sie die Maustaste loslassen.

### 3 Datei in die Zeitleiste ziehen

Ihre Komposition ist nun mit dem Namen »final« im Projektfenster zu sehen. Auch auf den Registerkarten des Kompositionsfensters und der zugehörigen Zeitleiste sehen Sie den Namen »final«.

Markieren Sie die Datei »Hintergrund.psd« im Projektfenster, und ziehen Sie sie in den linken Bereich der Zeitleiste. Der In-Point der Ebenen wird am Zeitpunkt 00:00 der Komposition positioniert, wenn Sie Dateien in den linken Bereich des Zeitleistenfensters ziehen. Die Datei wird nun in der Zeitleiste als Ebene dargestellt.

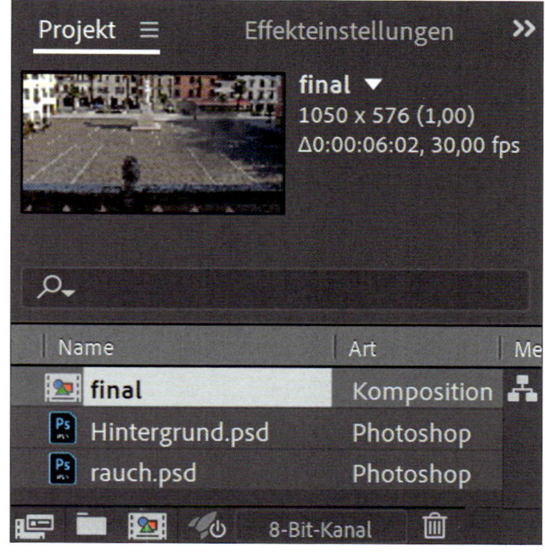


**◂ Abbildung 4.29**
Kompositionen werden wie Rohmaterial im Projektfenster angezeigt.

Wollen Sie im Projektfenster mehrere einzelne Dateien auswählen, können Sie diese mit gedrückter Strg-Taste auswählen oder mit der Maus einen Rahmen über die Dateien ziehen.

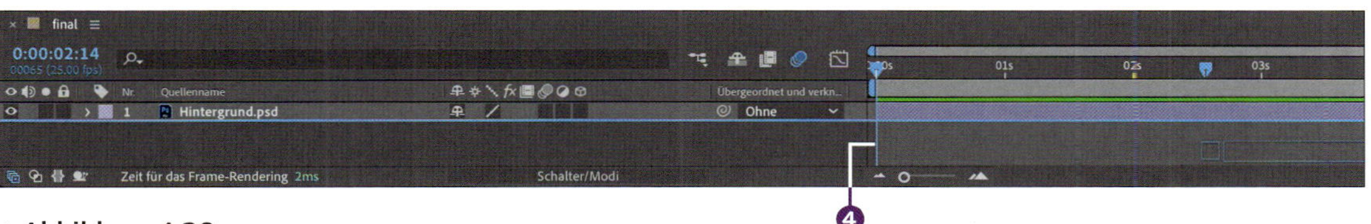


▲ **Abbildung 4.30**
Beim Hinzufügen von Ebenen in den Bereich der Zeitmarke erscheint eine zweite Marke als Positionierhilfe.

### 4 Komposition aus Photoshop-Datei erzeugen

Für das spätere Auseinanderbrechen des Autos habe ich das Auto in Photoshop bereits in die Teile »front«, »haube« und »heck« zerlegt und jedes Teil auf eine separate Ebene gelegt, um sie in After Effects einzeln animieren zu können.

Importieren Sie nun die Datei »auto.psd« so, dass die Ebenen einzeln anwählbar sind und in einer eigenen, automatisch erzeugten Komposition liegen. Wählen Sie dazu im Importdialog DATEI IMPORTIEREN unter IMPORTIEREN ALS den Eintrag KOMPOSITION – EBENENGRÖSSEN BEIBEHALTEN, und wählen Sie dann ÖFFNEN. Den darauffolgenden Dialog bestätigen Sie mit OK. After Effects hat nun eine Komposition namens »auto« und einen dazugehörigen Ordner angelegt. Der Ordner enthält die drei Autoteile.

Klicken Sie doppelt auf die neue Komposition. Darin befinden sich die drei Autoteile, wie sie in Photoshop erstellt wurden. Wozu benötigen wir diese zweite Komposition? Nun: Das Auto soll zunächst unversehrt durchs Bild fahren und dann auseinanderbrechen. Da es umständlich und oft unmöglich ist, mehrere einzelne Ebenen genau gleich zu animieren, werden wir die Ebenen zusammenfassen und nur noch eine Ebene animieren. Hätten wir hundert solcher Ebenen, machte sich diese Technik erst recht bezahlt: das Verschachteln.

**Ebenen am aktuellen Zeitpunkt einfügen**
Ziehen Sie Dateien vom Projektfenster in den rechten Bereich der Zeitleiste nahe der Zeitmarke ❹, erscheint eine zweite Markierung als Positionierhilfe, um Dateien an der Zeitmarke oder an einem bestimmten anderen Zeitpunkt beginnen zu lassen. Sobald diese Markierung deckungsgleich mit der aktuellen Zeitmarke ist, wird der In-Point einer Ebene genau an der Zeitmarke ausgerichtet.

**Kompositionen per Doppelklick öffnen**
Scheint eine Komposition mitsamt Zeitleiste einmal abhandengekommen zu sein, obwohl sie im Projektfenster noch sichtbar ist, klicken Sie sie dort einfach doppelt an. Das Kompositionsfenster und die dazugehörende Zeitleiste öffnen sich dann.

### 5 Nesting: Auto verschachteln

Es klingt kompliziert, ist aber ganz einfach: Sie haben in Ihrem Projektfenster zwei Kompositionen. Eine heißt »final« und enthält nur eine Hintergrundebene. Die andere heißt »auto« und enthält mehrere im Moment noch nicht animierte Ebenen.

Öffnen Sie die Komposition »final« per Klick auf die Registerkarte oder per Doppelklick auf das Kompositionssymbol im Projektfenster. Ziehen Sie, wie bei jedem anderen Rohmaterial auch, die Komposition »auto« in die Zeitleiste der Komposition »final«.

Stellen Sie sicher, dass die verschachtelte Komposition sich über der Hintergrundebene befindet.

**Keine angeschnittenen Objekte**

Wollen Sie eine Komposition verschachteln, sollten Sie darauf achten, dass die animierten Objekte nicht außerhalb des Kompositionsfensters erscheinen, also angeschnitten werden.

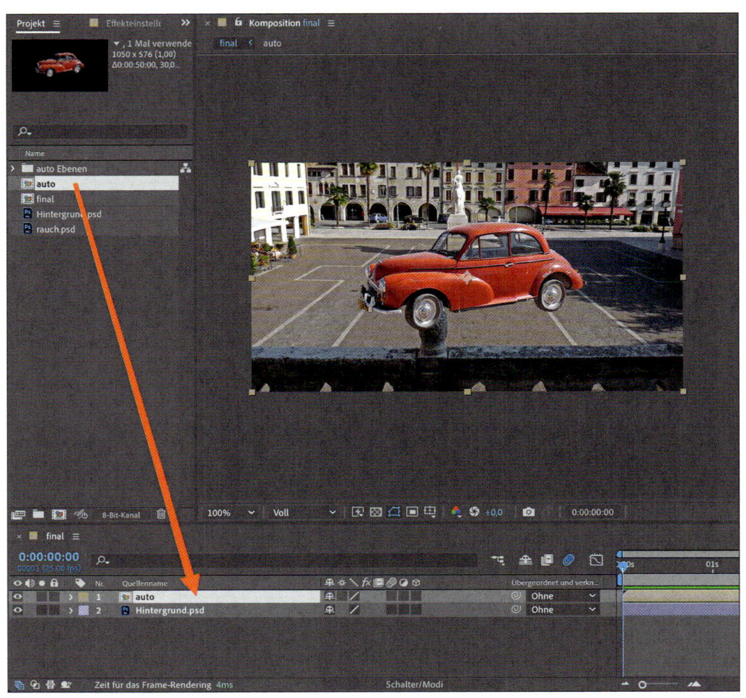


**Abbildung 4.31** ▸
Verschachteln Sie die Komposition »auto«, indem Sie sie in die Zeitleiste der Komposition »final« ziehen.

Das war's. Schon sind unsere drei Ebenen zu einer einzigen geworden, und wir können sie gemeinsam skalieren und animieren. Tragen Sie dazu bei der Skalierung den Wert »50 %« ein, und setzen Sie Keys bei POSITION, indem Sie folgende Werte per Klick auf die Positionswerte eintragen: Bei 00:00 = »1230« und »330« (Stoppuhr anklicken); bei 01:20 = »745« und »350«. An dieser Stelle soll das Auto auseinanderbrechen.

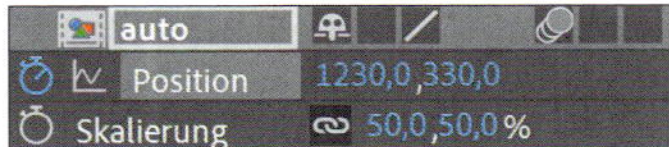


▴ **Abbildung 4.32**
Die Positionswerte am Zeitpunkt 00:00

## 6 Ankerpunkt, Ebenengriffe und Animation

Öffnen Sie wieder die Quellkomposition »auto«. Zunächst verschieben Sie die Ankerpunkte der drei Ebenen, damit sich die folgende Animation auf je einen neuen Punkt bezieht. Sobald Sie eine Ebene mit dem Auswahl-Werkzeug [V] in der Zeitleiste markieren, wird der Ankerpunkt als kleines Kreuz in der Ebenenmitte dargestellt. Zum Verschieben wählen Sie das Ankerpunkt-Werkzeug [Y], klicken den jeweiligen Ankerpunkt an und verschieben ihn für Heck und Front auf die jeweilige Radachse und für die Haube wie in der Abbildung. Falls es Sie stört, dass After Effects den Ankerpunkt an allen möglichen Ecken und Kanten ausrichten will, entfernen Sie das Häkchen bei AUSRICHTEN ❸.

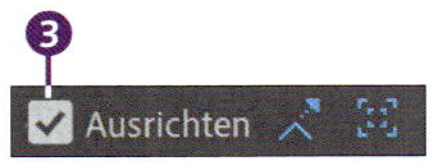


▴ **Abbildung 4.33**
Mit dem Häkchen bei AUSRICHTEN in der Menüleiste sucht und findet After Effects überall Bezugspunkte für Ebenen und andere Elemente.

◀ **Abbildung 4.34**
Die Ankerpunkte positionieren wir neu.

Übrigens: Die Punkte, die immer dann erscheinen, wenn eine Ebene ausgewählt ist, sind die Ebenengriffe. Durch Ziehen an den Griffen können Sie eine Ebene skalieren. Per Taste ⇧ skalieren Sie die Ebene proportional. Aber das benötigen wir jetzt nicht. Wir kommen zur Animation. Setzen Sie folgende Keys:

- Ebene »heck«
  - Eigenschaft Drehung: bei 01:14 = 0x +0,0 und bei 01:18 = 0x –23,0
- Ebene »front«
  - Eigenschaft Position: bei 01:14 = Klick auf Stoppuhr, um den Wert am aktuellen Zeitpunkt zu übernehmen; bei 01:19 = 200 und 385
  - Eigenschaft Drehung: bei 01:16 = 0x +0,0 und bei 01:19 = 0x +17,0
- Ebene »haube«
  - Eigenschaft Drehung: bei 01:14 = 0x +0,0 und bei 01:18 = 0x +44,0 und bei 01:19 = 0x +34,0
  - Eigenschaft Position: bei 01:14 = Klick auf Stoppuhr; bei 01:19 = 287 und 270

**Keyframe setzen**
Zum Erzeugen eines ersten Keyframes klicken Sie auf das Stoppuhr-Symbol vor der zu animierenden Eigenschaft. Danach klicken Sie die Stoppuhr nicht mehr an, es sei denn, Sie wollen die Keys wieder löschen.

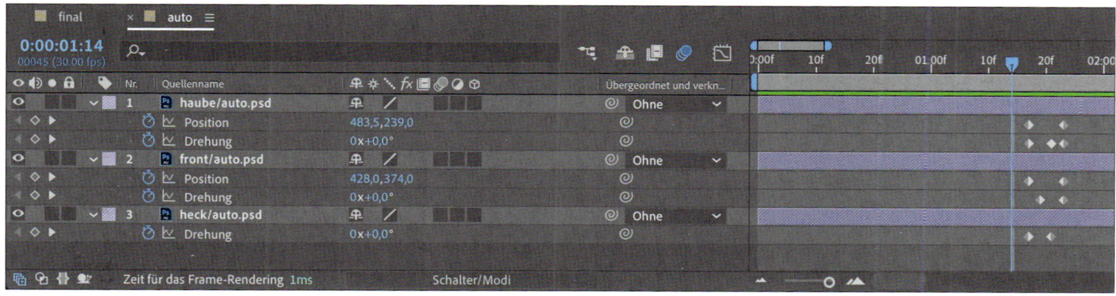


▲ **Abbildung 4.35**
In der Komposition »auto« setzen Sie Keys.

### 7 Kompositionshintergrundfarbe

Ändern Sie die Hintergrundfarbe Ihrer Komposition »auto«, indem Sie folgenden Weg wählen: Komposition • Kompositionseinstellungen. Klicken Sie in das kleine Farbfeld ❶ unten im Dialog, und wählen Sie eine Farbe aus dem Farbwähler. Dank der Vorschau-Option ❷ sehen Sie bereits das Ergebnis. Sie können Farben auch numerisch festlegen. Bestätigen Sie mit OK. Es ist unwichtig, welche Farbe Sie wählen. Ich möchte Ihnen hier nur zeigen, dass diese Hintergrundfarbe verschwindet, also transparent wird, wenn Sie die Komposition verschachteln, wie Sie es bereits getan haben.

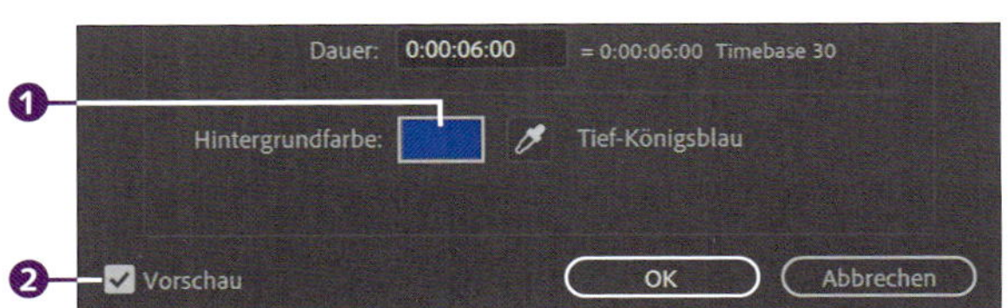


▲ **Abbildung 4.36**
Die Hintergrundfarbe stellen Sie im Dialog Kompositionseinstellungen ein.

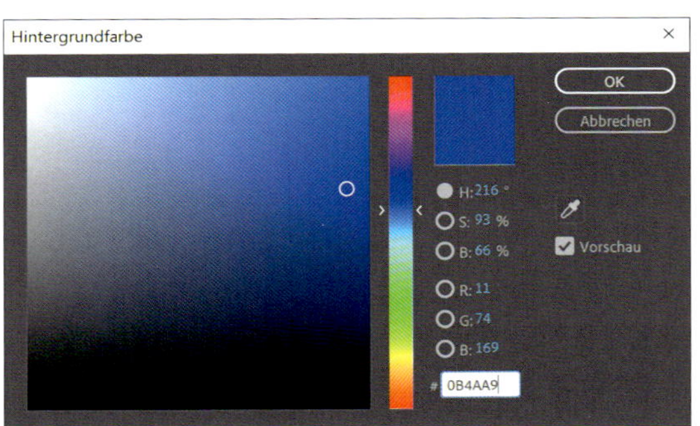


▲ **Abbildung 4.37**
Im Farbwähler ist auch die numerische Eingabe zur Festlegung von Farben möglich.

Wechseln Sie jetzt wieder zur Komposition »final«, und betätigen Sie die Leertaste, um eine Vorschau abzuspielen. Wie Sie sehen, wird die zuvor erstellte Animation auch in der Komposition »final« angezeigt. Jede Änderung in der Quellkomposition wird also übernommen, außer die gewählte Hintergrundfarbe hinter dem Auto – diese ist verschwunden; die Farbe ist transparent geworden.

**Abbildung 4.38** ►
Die Animation aus der Quellkomposition »auto« wird vollständig in der Komposition »final« angezeigt.

### 8 Rauch hinzufügen

Im letzten Schritt fügen wir noch Rauch hinzu. Dazu ziehen Sie die Datei »rauch.psd« in die Zeitleiste der Komposition »final« an die oberste Stelle. Navigieren Sie anschließend zum Zeitpunkt 01:14, und ziehen Sie die Ebene bei gedrückter [⇧]-Taste zur Zeitmarke, bis der In-Point dort einrastet. Platzieren Sie dann den Ankerpunkt, und ziehen Sie ihn nach unten, dort wo die Rauchschwaden beginnen. Setzen Sie folgende Keys:

- Position: bei 01:14 = 830 und 370; bei 01:20 = 760 und 370
- Skalierung: bei 01:14 = 0; bei 01:17 = 115; bei 05:24 = 170
- Deckkraft: bei 02:00 = 100; bei 05:24 = 0

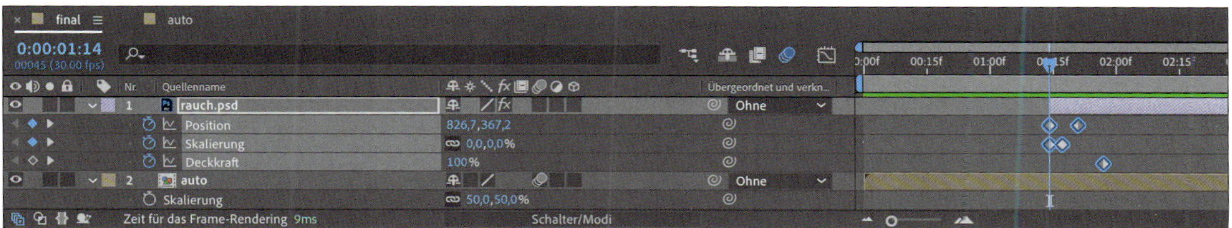


▲ **Abbildung 4.39**
Mit dem Setzen der Keyframes für den Rauch ist die Animation fertig.

## 4.4.1 Vorteile von verschachtelten Kompositionen

Zusammengefasst haben verschachtelte Kompositionen folgende Vorteile:

- Änderungen, die Sie in der Quellkomposition vornehmen (im Workshop die Komposition »auto«), werden in die Zielkomposition übernommen (im Workshop »final«). Animationen in der Komposition »auto« wurden anschließend auch in der Komposition »final« sichtbar.
- Egal, wie viele Ebenen die Quellkomposition enthält, nach dem Verschachteln in die Zielkomposition haben alle Ebenen nur noch einen gemeinsamen Ankerpunkt. Die Ebenen wurden sozusagen zu einer Ebene zusammengefasst. So können Sie etliche Ebenen mit einem Mal skalieren, die Position ändern, Effekte darauf anwenden usw.
- Eine verschachtelte Quellkomposition ist nur eine **Instanz**. Sie können sie also, sooft Sie wollen, in der Zielkomposition auftauchen lassen. Ziehen Sie die Workshop-Komposition »auto« ruhig noch ein paarmal in die Komposition »final«. Das Ergebnis könnte dann ähnlich aussehen wie in Abbildung 4.41.
- Die Hintergrundfarbe der Quellkomposition wird in der Zielkomposition immer transparent, um andere Hintergründe verwenden zu können.

Jetzt können Sie auch testen, was geschieht, wenn Sie die Ebenen in der Workshop-Komposition »auto« über den Kompositionsrand hinaus verschieben. In diesem Falle werden nämlich die Ebenen in allen Instanzen in der Zielkomposition beschnitten bzw. gar nicht angezeigt.

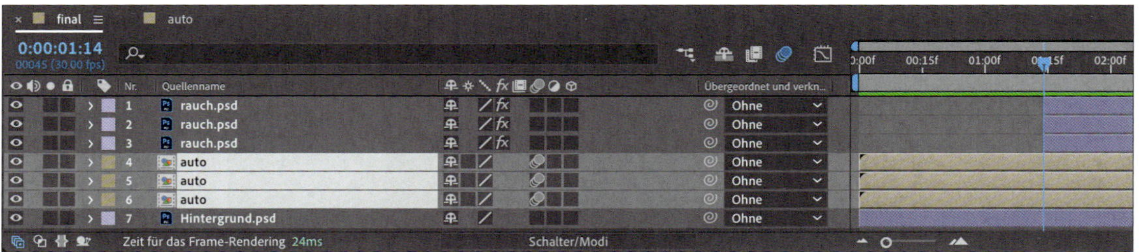


▲ **Abbildung 4.40**
Hier sehen Sie mehrere Instanzen der Komposition »auto« in der Zeitleiste.

**Abbildung 4.41** ▶
Kompositionen können Sie als Instanzen in anderen Kompositionen verwenden.

### 4.4.2 Anmerkungen zum Verschachteln

Es ist möglich und üblich, noch weit mehr als nur eine Komposition wie in unserem kleinen Workshop zu verschachteln. Allerdings sollten Sie Kompositionen nicht wild ineinander verschachteln, da dies die Vorschau bremst und die Renderzeit Ihrer Animationen verlängert.

- **Komplexe Projekte:** Sinnvoll ist es, eine »Final«-Komposition einzurichten, die die Ausgabeeinstellungen enthält, und dort andere Kompositionen hineinzuziehen, die Animationen enthalten. Auf diese Weise lassen sich komplexe Projekte recht übersichtlich gestalten.
- **Rendern statt verschachteln:** Haben Sie eine Animation bereits vollständig fertig in einer Komposition animiert, kann es günstig sein, diese unkomprimiert zu rendern und dann den gerenderten

Film in der »Final«-Komposition zu verwenden. Das beschleunigt die Vorschau erheblich. Dazu erfahren Sie mehr in Abschnitt 10.4.4, »Ausgabeketten erstellen«, und Abschnitt 10.6.2, »Überblick der Ausgabemöglichkeiten«.

- **Responsive Design – Zeit:** Sie können Zeitbereiche von verschachtelten Kompositionen schützen. Diese geschützten Bereiche behalten ihre Zeitdauer auch dann, wenn die verschachtelte Komposition zeitlich gestaucht oder gedehnt wird. Lesen Sie dazu den Abschnitt 5.5.1, »Kompositionsmarken und Responsive Design – Zeit«.
- **Master-Eigenschaften:** Eigenschaften wie POSITION und SKALIERUNG können Sie dem Bedienfeld ESSENTIAL GRAPHICS hinzufügen. Wird die Komposition, aus der die Eigenschaften stammen, verschachtelt, so enthält die verschachtelte Komposition anschließend Master-Eigenschaften. Diese Mastereigenschaften dienen dann der übergeordneten Steuerung. Lesen Sie dazu den Abschnitt 17.6, »Essential Graphics« sowie den Abschnitt 17.6.3, »Arbeiten mit Master-Eigenschaften«.

## 4.5 Flussdiagramm

Das Projekt, das Sie im Workshop »Verschachtelte Kompositionen« angelegt haben, eignet sich gut, um das Flussdiagramm zu erläutern. Das Flussdiagramm dient zur Darstellung des strukturellen Aufbaus eines Projekts oder einer Komposition und gibt einen Überblick, welche Rohmaterialien wo und wie verwendet wurden.

Öffnen Sie, falls Sie es bereits geschlossen haben, am besten nochmals Ihr Projekt aus dem vorangegangenen Abschnitt, oder nutzen Sie das Projekt unter BEISPIELMATERIAL/04_EBENENLAYOUT/VERSCHACHTELUNG/VERSCHACHTELN.AEP.

Öffnen Sie das Projekt »Verschachteln.aep« und dann die Komposition »final« per Doppelklick im Projektfenster. Sollte das Projektfenster nicht sichtbar sein, blenden Sie es mit der Tastenkombination `Strg`+`0` ein. Den Flussdiagramm-Button im Kompositionsfenster hat Adobe 2022 leider abgeschafft. Zum Öffnen einer Flussdiagrammansicht gehen Sie nun in der Menüleiste auf KOMPOSITION • KOMPOSITIONS-FLUSSDIAGRAMM.

Im Flussdiagramm sind die Komposition »final« (siehe Abbildung 4.42) und darüber ein Pluszeichen zu sehen. Bei einem Klick auf das Pluszeichen werden das Rohmaterial, in der Komposition enthaltene Ebenen und verschachtelte Kompositionen angezeigt. Rohmaterialien erhalten vor ihrem Namen andere Symbole als Ebenen oder Kompositionen.

Am unteren Rand des Diagramms finden Sie sechs Schaltflächen zur Änderung der Ansicht:

1. **Footage:** Blenden Sie Rohmaterial und Ebenen ein und aus, indem Sie den Footage-Button betätigen.

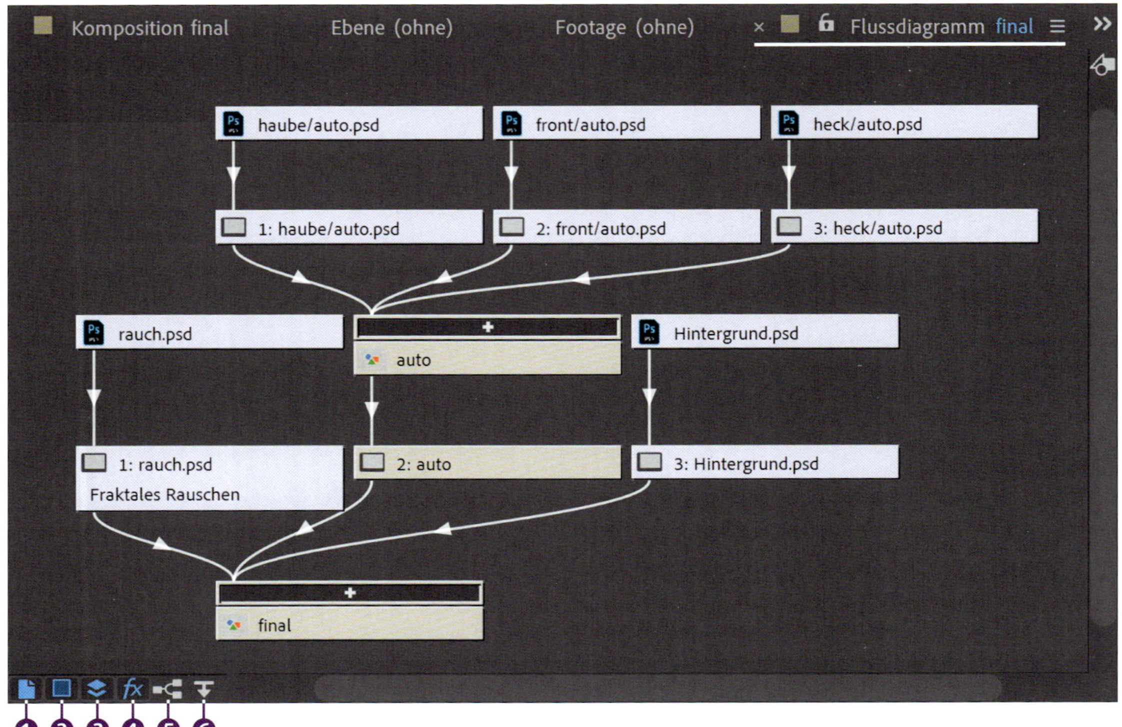


▲ **Abbildung 4.42**
In der Flussdiagrammansicht gewinnen Sie einen Überblick über den Aufbau Ihres Projekts.

- ❷ **Farbflächen:** Wenn Ihre Komposition Farbflächen enthält, blenden Sie diese über den zweiten Button in der Reihe ein und aus.
- ❸ **Ebenen:** Mit dem dritten Button zeigen Sie die Ebenen an oder blenden sie aus.
- ❹ **Effekte:** Effekte blenden Sie mit dem vierten Button ein und aus.
- ❺ **Umschalten:** Mit dem Button ändern Sie die Darstellung zwischen geraden und schrägen Linien.
- ❻ **Richtung:** Schließlich lässt sich noch die Richtung des Flussdiagramms im Popup ändern.

Ihr eigenes Ordnungsprinzip richten Sie ein, indem Sie jedes Element markieren und an eine andere Stelle ziehen. Das Markieren hat aber noch eine andere Funktion: Markierte Elemente werden auch im Projektfenster markiert. Mit `Entf` löschen Sie Elemente aus Ihrem Projekt. In der Praxis werden Sie eine solche Vorgehensweise allerdings kaum finden. Ganz hilfreich zum Verschieben des gesamten Diagramms ist es, gleichzeitig die Leertaste und die Maustaste zu verwenden.

Seit After Effects CS4 gibt es das **Mini-Flussdiagramm**, das Sie sowohl im Kompositionsfenster ❼ als auch in der Zeitleiste ❽ finden. Alternativ rufen Sie das Mini-Diagramm über die Taste ⇆ auf. Bei verschachtelten Kompositionen navigieren Sie über dieses Mini-Diagramm leichter und schneller zwischen den Kompositionen.

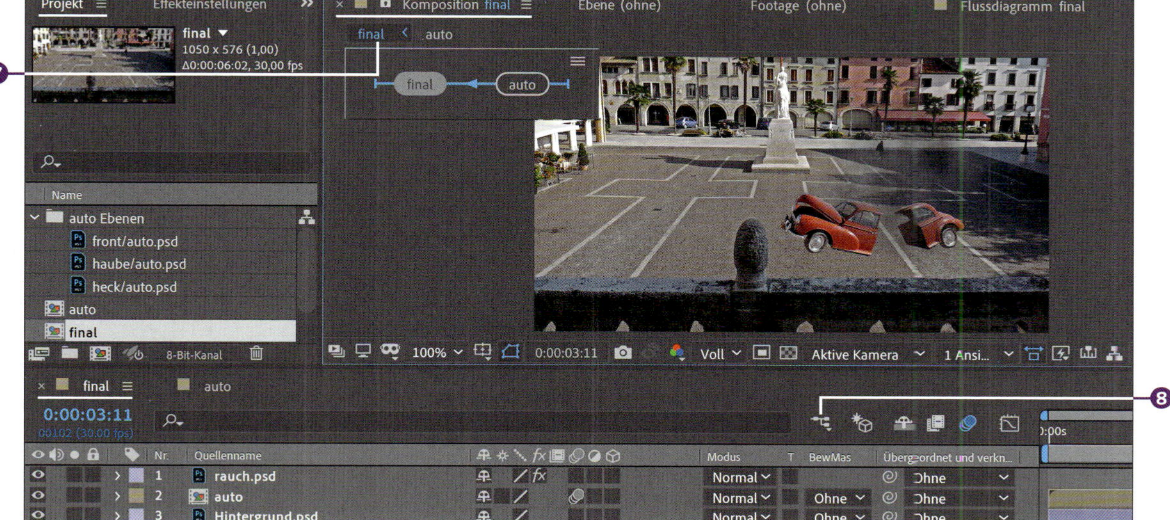


▲ **Abbildung 4.43**
Das Mini-Flussdiagramm hilft bei der Navigation in verschachtelten Kompositionen.

## 4.6 Die Zeitleiste

Die Zeitleiste dient dazu, das Erscheinen und Verschwinden von Ebenen an bestimmten Zeitpunkten zu definieren und Beginn und Ende einer Animation einzustellen. Am In-Point einer Ebene wird diese sichtbar und am Out-Point unsichtbar.

Ebenen werden in der Zeitleiste übereinandergestapelt. Eine Ebene, die sich in der Zeitleiste ganz oben befindet, verdeckt ganz oder teilweise Ebenen, die weiter darunter angeordnet sind. Eine Ausnahme dabei bilden dreidimensionale Ebenen, bei denen die Anordnung auf der Z-Achse entscheidend ist. Die Details dazu lesen Sie in Kapitel 16, »3D in After Effects«.

Visuelle Ebenen, ob Standbild oder Video, besitzen jeweils gleiche animierbare Eigenschaften. Transformationen und Animationen können Sie daher für jede Ebene einstellen. Spezielle Effekte, die Sie den Ebenen hinzufügen, erweitern den Animationsspielraum erheblich. Sämtliche an einer Ebene vorgenommenen Veränderungen sind nicht destruktiv, das heißt, dem auf der Festplatte gespeicherten Rohmaterial geschieht nichts.

In späteren Kapiteln werden Sie einige der zahlreichen Animationsmöglichkeiten von Ebenen studieren können. Die nächsten Seiten sind vorerst den vielen Funktionen der Zeitleiste gewidmet.

### 4.6.1 Zeitmarke

Das wichtigste Instrument der Zeitleiste ist zweifelsohne die Zeitmarke ❶. Mit der Zeitmarke steuern Sie bestimmte Zeitpunkte in der Komposition an. An der Zeitmarke richten Sie außerdem Ebenen aus, wie Sie bereits beim Hinzufügen von Rohmaterial zur Zeitleiste gesehen haben. Außerdem werden Keyframes an der Zeitmarkenposition gesetzt und können an ihr mit Hilfe der Taste ⇧ magnetisch ausgerichtet werden.

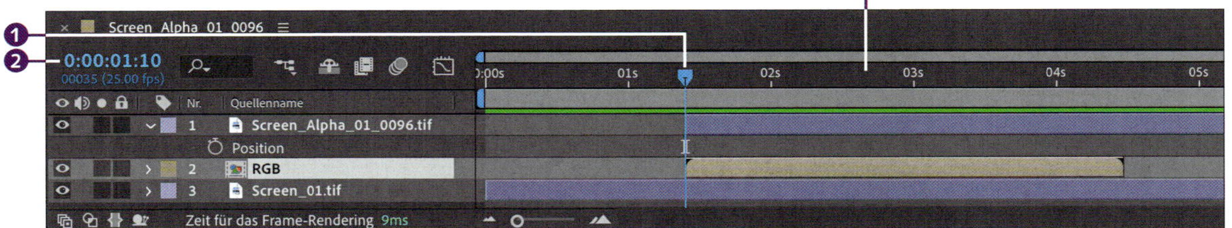


▲ **Abbildung 4.44**
Die Zeitmarke dient zum Navigieren in der Zeitleiste. Ebenen und Keyframes lassen sich an der Zeitmarke ausrichten.

| Funktion | Windows und Mac |
|---|---|
| An den Arbeitsbereichsanfang | ⇧+Pos1 |
| Zum Arbeitsbereichsende | ⇧+Ende |
| Zum Ebenen-In-Point | I |
| Zum Ebenen-Out-Point | O |

▲ **Tabelle 4.1**
Weitere Tastenkürzel zum Navigieren der Zeitmarke

- **Zeitmarke ziehen:** Vor dem Setzen eines Keyframes müssen Sie immer die Zeitmarke auf den entsprechenden Zeitpunkt setzen. Dazu klicken Sie die Zeitmarke an und ziehen sie manuell, oder Sie klicken einfach auf das Zeitlineal ❸. Die Zeitmarke springt dann auf diesen Zeitpunkt.
- **Zeitpunkt numerisch:** Für genauere Ansteuerungen geben Sie die gewünschten Zeitpunkte numerisch ein. Nach Klick auf die Zeitanzeige ❷ tippen Sie den gewünschten Zeitpunkt, beispielsweise »300«, ein. Das Timecode-Format 0:00:03:00 erkennt After Effects automatisch.
- **Bestimmte Zeitspanne:** Komfortabel ist es, in die Zeitanzeige zu klicken und dort anstelle der markierten Zeit einfach z. B. »**+**100« oder »**+–**100« einzutippen, damit die Zeitmarke eine Sekunde vor- bzw. zurückspringt. Auch im Frameformat geht das, also z. B. »**+**25« oder »**+–**25« für eine Sekunde – vorausgesetzt, die Framerate der Komposition ist mit 25 fps eingestellt.

### 4.6.2 Arbeitsbereich

Sehr wichtig ist der Arbeitsbereich ❺ im oberen Teil der Zeitleiste. Mit dem Arbeitsbereich legen Sie fest, welcher Teil Ihrer Komposition in der Vorschau angezeigt werden soll. Dies gilt zwar nicht für jede Art Vorschau, doch mehr dazu folgt in Kapitel 6, »Vorschau«. Spätestens bei größeren Projekten wird die Anpassung des Arbeitsbereichs auf eine bestimmte Zeitspanne notwendig.

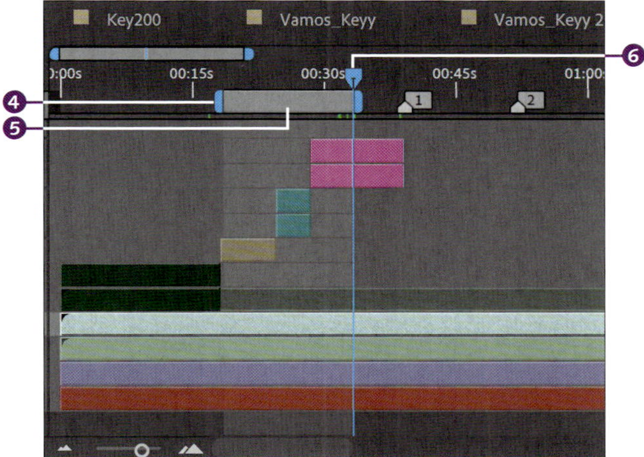


◀ **Abbildung 4.45**
Bei größeren Projekten ist es günstig, den Arbeitsbereich auf eine bestimmte Zeitspanne anzupassen.

Zum Anpassen des Arbeitsbereichs ziehen Sie seinen Beginn ❹ und sein Ende ❻ an die von Ihnen gewünschte Stelle. Alternativ positionieren Sie zuerst die Zeitmarke auf die gewünschte Stelle und drücken anschließend die Taste [B] für den Beginn oder die Taste [N] für das Ende. Beginn bzw. Ende des Arbeitsbereichs springen an die erwünschten Zeitpunkte.

Zum Verschieben des gewählten Arbeitsbereichs ziehen Sie die Arbeitsbereichsleiste seitwärts.

**Infofenster**
Beim Anklicken des Arbeitsbereichs zeigt Ihnen das Infofenster Anfang, Ende und Dauer des Bereichs an. Das Gleiche gilt für die Zeitansichtsklammern (der schmale Balken über der Zeitanzeige).

### 4.6.3 Zoomfunktion der Zeitleiste

Sie können das Zeitlineal der Zeitleiste zoomen. Normalerweise werden die Zeitwerte im Zeitlineal in Sekunden angezeigt (hinter jeder Zahl in der Zeitleiste steht ein kleines »s«). Sie können aber auch bis in die einzelnen Frames einzoomen, um beispielsweise Keyframes zeitlich sehr dicht zu setzen.

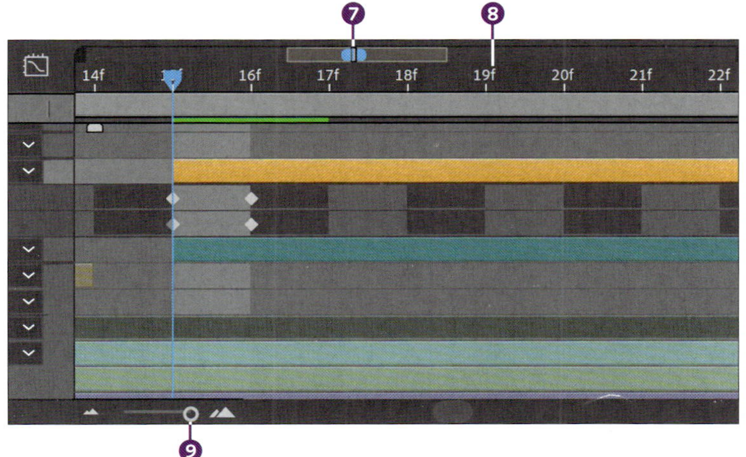


◀ **Abbildung 4.46**
Für genauere Arbeiten ist oft das Einzoomen bis hin zur Darstellung einzelner Frames notwendig.

- **Per Schieberegler:** Zum Einzoomen ziehen Sie den Schieberegler ❾ nach rechts, zum Auszoomen nach links. Haben Sie sehr weit eingezoomt, wird hinter den Zahlen im Zeitlineal ein kleines »f« ❽ dargestellt, das für »Frame« steht, also für das Einzelbild. Wundern Sie sich nicht, dass Ihre Zeitmarke beim Ziehen dann so komisch »hüpft« – sie springt ja nur von Frame zu Frame. Sie wissen schon: Viele einzelne Bilder ergeben einen Film.
- **Per Button:** Die Berge links und rechts vom Schieberegler dienen ebenfalls zum Ein- und Auszoomen – per Klick.
- **Per Klammern:** Eine weitere Möglichkeit für das Zoomen bieten die beiden Markierungen ❼, die Sie dazu nach links und nach rechts ziehen. Nutzen Sie ⇧+Doppelklick auf die Zeitbereichsleiste, um zwischen Ihrem aktuell gewählten Zoom und der gesamten Kompositionslänge zu wechseln.
- **Zoombereich verschieben:** Mit dem Hand-Werkzeug, das Sie mit der Taste H oder mit der Leertaste einblenden, klicken Sie in das Zeitfenster und verschieben dann den Ausschnitt.

### 4.6.4 Anzeigeoptionen in der Zeitleiste

In der Zeitleiste sind einige standardmäßig angezeigte Spalten zu sehen, einige Spalten sind aber auch verborgen. Durch einen Klick mit der rechten Maustaste auf einen Spaltennamen öffnet sich das Menü SPALTEN. Wollen Sie Spalten ein- oder ausblenden, setzen bzw. entfernen Sie das Häkchen per Klick auf den Eintrag.

**Abbildung 4.47 ▼**
Der Zeitleiste können Sie weitere Spalten hinzufügen.

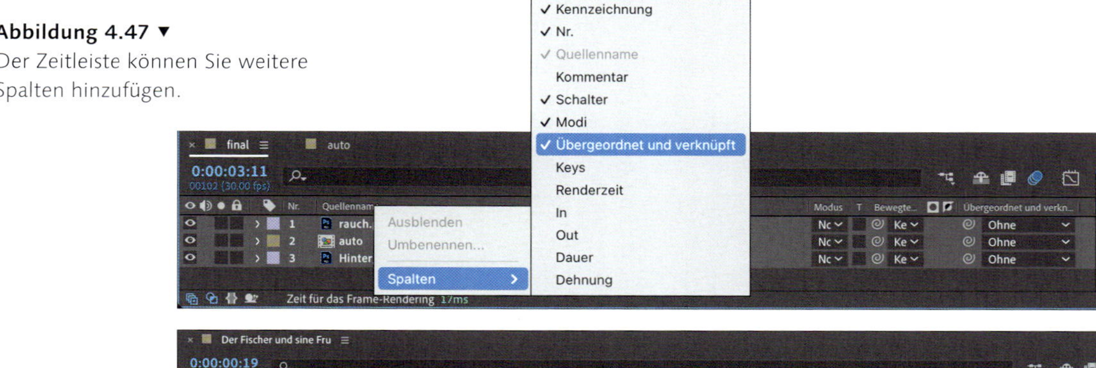

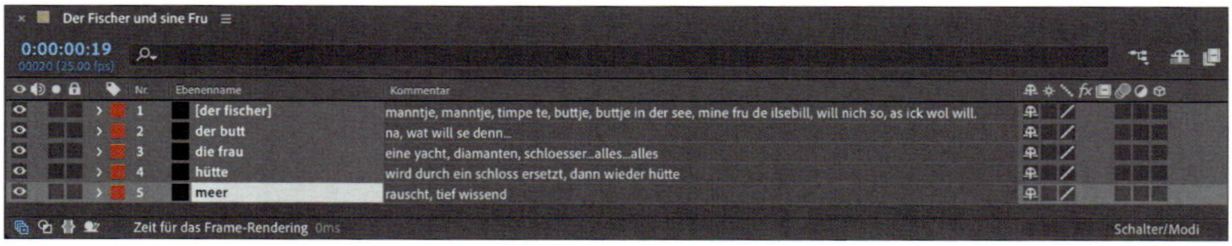

**▲ Abbildung 4.48**
In der Spalte KOMMENTAR lassen sich für jede Ebene Bemerkungen eintragen.

### 4.6.5 Audio-/Videofunktionen

Nun folgen die Audio- und Videofunktionen von After Effects.

**Augen-Symbol**
Zum Ausblenden von Videos oder Bildern können Sie ein Auge zudrücken, indem Sie auf das Augen-Symbol ❶ einer Ebene klicken. Für Sounddateien steht das Lautsprecher-Symbol ❹ zur Verfügung. Dateien, die Sie auf diese Weise ausblenden, sind auch bei der Ausgabe nicht sichtbar oder hörbar.

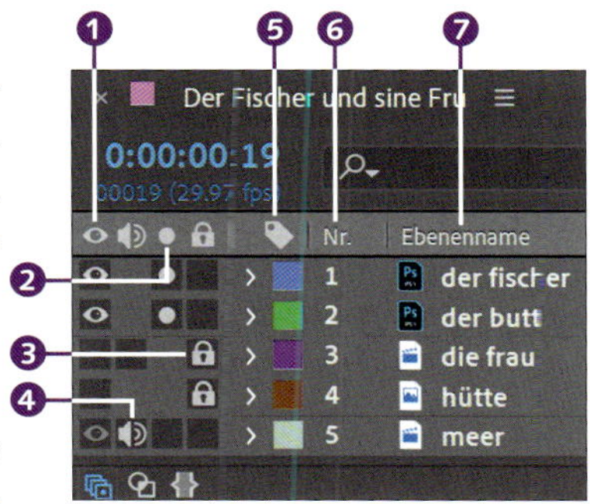


▲ **Abbildung 4.49**
Jede Ebene besitzt Schalter zum Schützen, Soloschalter und je nach Typ Audio- und Videoschalter.

**Solo**
Die Ebenenschalter unter der Spalte Solo ❷ verwenden Sie, um zeitweise nur die solo geschalteten Ebenen anzuzeigen oder anzuhören. Alle anderen Ebenen werden ausgeblendet. Ausgeblendete Ebenen werden nicht mitgerendert.

**Schützen**
Das Vorhängeschloss ❸ dient dem Schutz der jeweils gewählten Ebene. Eine geschützte Ebene kann nicht verändert werden und blinkt, wenn sie in der Zeitleiste angeklickt wird.

### 4.6.6 Etiketten

Sie können Ebenen mit verschiedenen Etikettenfarben ausstatten, um in Projekten mit sehr vielen Ebenen die Übersicht zu bewahren. Klicken Sie dazu in der Zeitleiste auf eines der Etiketten ❺. In dem sich öffnenden Menü können Sie eine neue Farbe festlegen.

Es wird nicht nur das Etikett neu eingefärbt, sondern auch die Ebene in der Zeitleiste sowie die Ebenengriffe und Bewegungspfade im Kompositionsfenster. Haben Sie mehrere Ebenen in der gleichen Farbe angelegt, hält das Einblendmenü noch die schöne Option für Sie bereit, eine ganze Etikettengruppe auszuwählen, also alle Ebenen mit dem gleichen Etikett. Und das ist kein Etikettenschwindel.

**Schalter für Schnelle**
Sämtliche Ebenenschalter können Sie für mehrere Ebenen aktivieren/deaktivieren, wenn Sie bei gedrückter Maustaste über ein Schalter-Symbol »ziehen«.

### 4.6.7 Ebenennummerierung

Die Nummerierung ❻ ist nicht fest mit einer Ebene verbunden. Ziehen Sie z. B. eine Ebene mit der Nummer 15 nach ganz oben, trägt sie anschließend die Nummer 1. Die Nummern kennzeichnen nur die Reihenfolge der Ebenen, wir müssen also keine besonders große Nummer daraus machen. Wenn Sie tastaturbegeistert sind, wird es Sie aber freuen, dass Sie die Ebenen über den Ziffernblock Ihrer Tastatur auswählen können. Tippen Sie dazu einfach die Nummer, und die Ebene wird markiert.

### 4.6.8 Ebenenname

Die Spalte Ebenenname ❼ (Abbildung 4.50) ist eine Schaltstelle zwischen dem von Ihnen festgelegten Ebenennamen und dem Namen des Rohmaterials. Sie schalten die Anzeige zwischen Ebenen- und Rohmaterialnamen um, indem Sie jeweils auf die Spalte Quellen- bzw. Ebenenname klicken.

Um eigene Ebenennamen zu vergeben, markieren Sie die Ebene und drücken ↵ im Haupttastaturfeld. Tippen Sie den gewünschten Namen, und betätigen Sie erneut ↵.

Eine Benennung der Ebenen ist wichtig, wenn Sie Rohmaterial mehrfach in einer Komposition verwenden, aber unterschiedliche Veränderungen damit planen. Die Änderung des Ebenennamens hat keine Auswirkungen auf Expressions. Mit Expressions erzeugen Sie Verlinkungen zwischen mehreren Eigenschaften einer oder mehrerer Ebenen. Mehr dazu lesen Sie in Kapitel 17, »Expressions«.

### 4.6.9 Ebenenschalter

Die Ebenenschalter ❾ können Sie optional aus- oder einblenden, und zwar über die kleine Schaltfläche ❽ am linken unteren Rand des Zeitleistenfensters. Nach dem Einblenden ist eine ganze Reihe weiterer Optionen verfügbar.

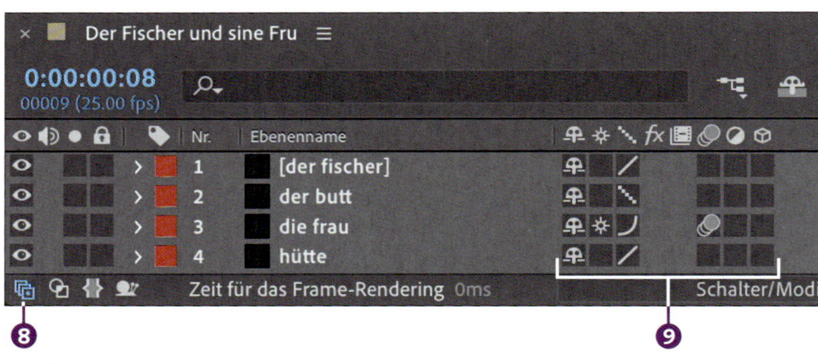


**Abbildung 4.50** ▸
Mit einer kleinen Schaltfläche blenden Sie die Ebenenschalter ein und aus.

#### Verbergen

In After Effects können Ebenen sogar Tarnkappen erhalten! Sie können die 235 Ebenen, an denen Sie gerade nicht arbeiten, aus der Zeitleiste ausblenden und sich ewiges Hin- und Herscrollen ersparen. Im Kompositionsfenster bleiben die Ebenen präsent.

Die Spalte Verbergen ❿ zeigt an, ob eine Ebene getarnt ist oder nicht. Ist eine Ebene verborgen, wird in der Zeitleiste anstelle dessen ein etwas dickerer Strich zwischen den sichtbaren Ebenen angezeigt. Um Ebenen in der Zeitleiste zu tarnen, klicken Sie auf das Männlein der jeweiligen Ebene. Die getarnten Ebenen verschwinden allerdings erst, wenn Sie noch das größere Männlein bzw. Fräulein ⓫ drücken. Und vergessen Sie nicht, das große Fräulein zum

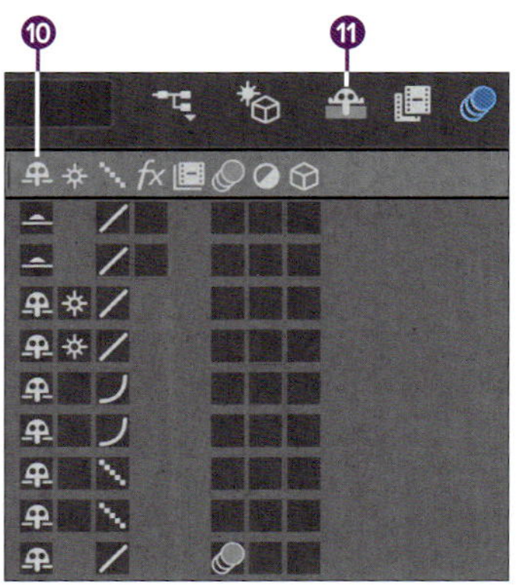


▴ **Abbildung 4.51**
Die eingeblendeten Ebenenschalter in der Zeitleiste

Einblenden erneut zu drücken – es hat schon so mancher verzweifelt seine vermissten Ebenen gesucht …

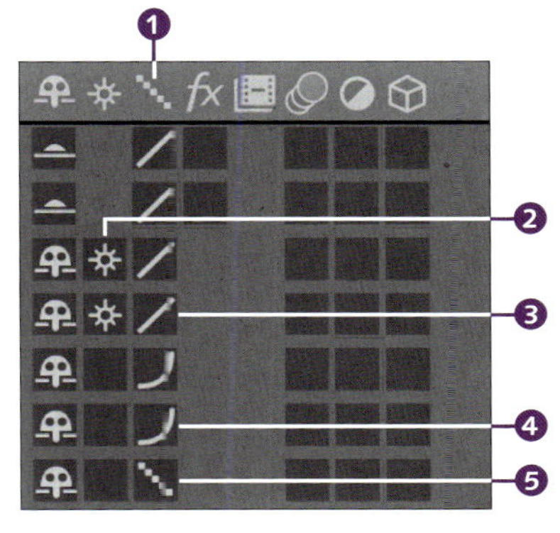

▲ **Abbildung 4.52**
Die Einstellungen unter QUALITÄT

### Qualität

In der Spalte QUALITÄT ❶ bestimmen Sie die Vorschauqualität der Ebenen. Bei bester Qualitätseinstellung mit bikubischem Sampling ❻, die Sie auch über EBENE • QUALITÄT • BIKUBISCH einstellen können, dauert die Berechnung länger. Ein schräger Balken ❺ kennzeichnet die nächste etwas geringere Qualitätsstufe mit bilinearem Sampling. Bei einigen auf die Ebene angewendeten Effekten oder großen Skalierungen kann es dann sinnvoll sein, per Klick in den Entwurfsmodus ❼ umzuschalten.

▲ **Abbildung 4.53**
Im Entwurfsmodus erscheinen Grafiken an den Kanten stufig.

▲ **Abbildung 4.54**
Bei bester Qualität sind die Kanten geglättet.

### Optimieren/Transformationen falten

Die Option OPTIMIEREN/TRANSFORMATIONEN FALTEN ❷ hat zweierlei Funktion: Zum einen dient sie dazu, Vektorgrafiken wie Adobe-Illustrator- und EPS-Dateien in bester Qualität in After Effects anzuzeigen. Zum anderen wird sie für 2D- und 3D-Kompositionen verwendet, die in eine andere Komposition verschachtelt werden.

▼ **Abbildung 4.55**
Eine Vektorgrafik ohne Vergrößerung (links) wird in gleicher Qualität dargestellt wie eine vergrößerte Vektorgrafik (rechts).

Mit der Option TRANSFORMATIONEN FALTEN werden Informationen mit in die andere Komposition übernommen und gewährleisten so eine korrekte Anzeige. Beim Import in After Effects werden vektorbasierte Dateien in pixelorientierte Dateien umgerechnet. Der Unterschied zu sonstigen pixelorientierten Dateien besteht darin, dass Illustrator- und EPS-Dateien bei aktiviertem Schalter in jedem Frame neu berechnet werden, so auch bei Skalierungen. Die Option TRANSFORMATIONEN FALTEN wird daher auch **kontinuierliches Rastern** genannt.

Schlicht gesagt können Sie Ihre Vektorgrafiken so groß skalieren, wie Sie wollen, wenn Sie den Schalter für die jeweilige Ebene aktivieren.

### Effektschalter

**Zum Nachlesen**

Näheres zu Effekten und ihrer Verwendung erfahren Sie in Kapitel 12.

Wenn auf einzelne Ebenen Effekte angewandt wurden, kennzeichnet After Effects die jeweilige Ebene mit einem FX ❺ (siehe Abbildung 4.56). Mit einem Klick darauf wird die Ebene ohne angewendete Effekte dargestellt und bei entsprechender Option auch ohne Effekte gerendert. Der Schalter ist oft nützlich, um die Wirkung eines Effekts zu beurteilen und die Vorschau bei deaktivierten Effekten zu beschleunigen.

### Frame-Überblendung

Bei Ebenen, die bewegtes Rohmaterial wie Video oder Bildsequenzen enthalten, können Sie die Frame-Überblendung aktivieren.

Die Option eignet sich für Bildsequenzen, die eine geringere Framerate aufweisen als die Komposition, in der sie verwendet werden. Wird eine Bildsequenz mit einer Framerate von 15 fps in einer Komposition mit einer Framerate von 25 fps verwendet, rechnet After Effects die fehlenden Bilder in der Sequenz hinzu, indem sie dupliziert werden. Die Bewegung kann dadurch beim Abspielen ruckelnd wirken.

Aktivieren Sie die Frame-Überblendung, werden aus je zwei aufeinanderfolgenden Originalbildern Zwischenbilder errechnet und mit den Originalbildern überblendet. Beim Abspielen wirkt die Bewegung flüssiger. Bei Filmmaterial ist die Frame-Überblendung nur sinnvoll, wenn Sie das Material zeitverzerren oder eine Zeitlupe darauf angewandt haben.

Für die Berechnung der Zwischenbilder bietet After Effects unter EBENE • FRAME-ÜBERBLENDUNG die Optionen FRAME-MIX und PIXEL-MOTION an. Für Dateien, die sehr stark verlangsamt wurden, bietet sich die zweite Option an. Es werden mit PIXEL-MOTION überhaupt bessere Ergebnisse erzielt, allerdings zu Lasten der Vorschau und des Renderprozesses. Wenn Sie eine Ebene im Qualitätsmodus ENTWURF bearbeiten, verwendet After Effects zur Vorschaubeschleunigung automatisch die Option FRAME-MIX.

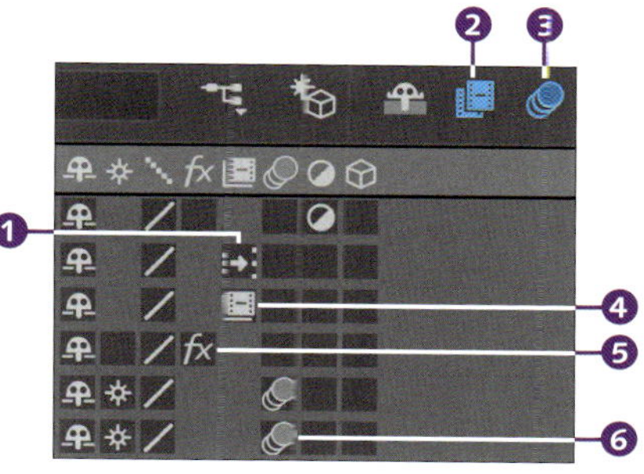

▲ **Abbildung 4.56**
Einige Ebenenschalter haben erst dann eine Wirkung, wenn weitere Schalter für die Komposition aktiviert sind.

### Frame-Überblendung aktivieren

Sie aktivieren die Option per Klick in das Kästchen ❶. Hierbei wird automatisch auch der Button ❷ aktiviert, über den Sie die Funktion global für die gesamte Komposition ein- bzw. ausschalten können. Um zwischen den Optionen AUS, FRAME-MIX und PIXEL-MOTION zu wechseln, klicken Sie wiederholt in das Kästchen. Ist das Kästchen leer, ist die Frame-Überblendung deaktiviert, was einer schnelleren Vorschau dient. FRAME-MIX ist eingestellt, wenn ein Filmstreifensymbol dargestellt wird ❹, PIXEL-MOTION ist gewählt, wenn Sie einen Rechtspfeil ❶ sehen.

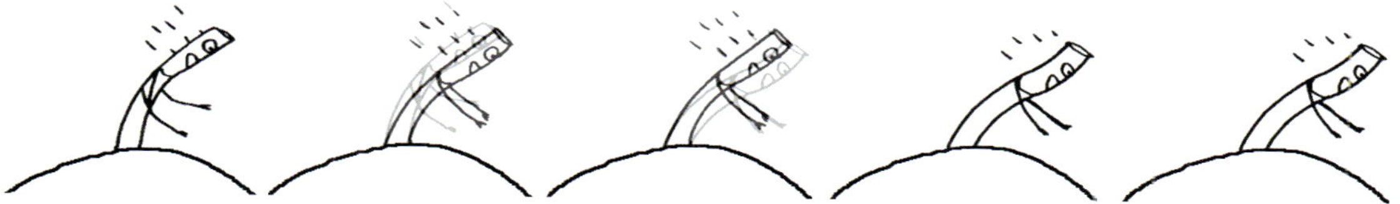

▲ **Abbildung 4.57**
Bei aktivierter Frame-Überblendung werden aus zwei aufeinanderfolgenden Originalbildern Zwischenbilder errechnet und eingeblendet.

### Bewegungsunschärfe

Schnell bewegte Objekte, die von einer Kamera aufgenommen werden, erscheinen verwischt, wenn Sie sie im Einzelframe betrachten. Die Bewegungsunschärfe simuliert diesen Effekt und lässt so Bewegungen realistischer erscheinen. Daher wirkt sich die Option nur auf sich bewegende Ebenen aus. Um eine Wirkung zu erzielen, müssen Keyframes, z. B. für die Positionseigenschaft, gesetzt worden sein. Schnell bewegte Pixel werden stärker verwischt als langsam bewegte.

▲ **Abbildung 4.58**
Bei aktivierter Bewegungsunschärfe werden schnell bewegte Pixel in Bewegungsrichtung verwischt.

▲ **Abbildung 4.59**
Die gleiche Komposition ohne aktivierte Bewegungsunschärfe

Die Bewegungsunschärfe aktivieren Sie per Klick in das Kästchen ❻. Hierbei wird automatisch auch der Button ❸ aktiviert, über den Sie die Funktion global für die gesamte Komposition ein- bzw. ausschalten können. Da die Bewegungsunschärfe rechenintensiv ist, empfiehlt es sich, bei weiterer Bearbeitung die Unschärfe zu deaktivieren.

### Stärke der Unschärfe ändern

Die Stärke der Bewegungsunschärfe ändern Sie über KOMPOSITION • KOMPOSITIONSEINSTELLUNGEN oder [Strg]+[K]. Klicken Sie im Dialog auf die Karte ERWEITERT.

Da die Bewegungsunschärfe den Verwischeffekt bei Kameras nachahmt, werden auch ähnliche Einstellmöglichkeiten wie bei Kameras verwendet. Unter VERSCHLUSSWINKEL geben Sie einen höheren Wert ein, um die Bewegungsunschärfe zu verstärken (maximal 720). Der Wert unter VERSCHLUSSPHASE (maximal 360) legt einen zeitlichen Abstand zum aktuellen Frame für die Bewegungsunschärfe fest. Zum Berechnen der Bewegungsunschärfe verwendet After Effects für sich schnell bewegende Ebenen eine andere Samplerate als für langsame Ebenen. Somit ist die Stärke der Bewegungsunschärfe je nach Geschwindigkeit unterschiedlich. Unter SAMPLES PRO FRAME legen Sie die Anzahl der Samples für die Berechnung von 3D-Ebenen, Formebenen und einigen Effekten fest. Unter GRENZWERT FÜR ADAPTIVE SAMPLES bestimmen Sie den Maximalwert der Samples für 2D-Ebenen. Für 2D-Ebenen werden die Samples bei Bedarf automatisch erhöht, bis der Grenzwert erreicht ist.

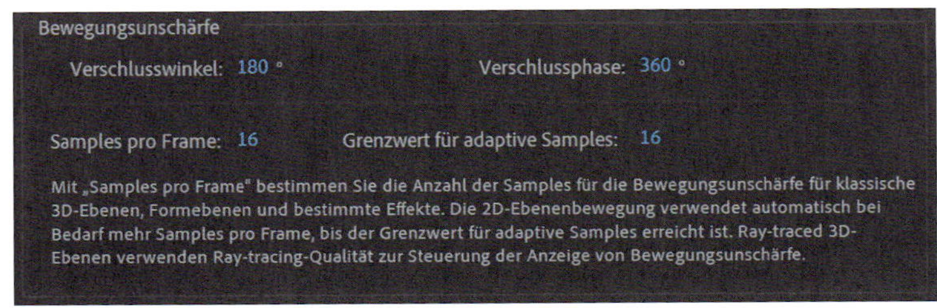


**Abbildung 4.60** ▸
Festlegungen für die Bewegungsunschärfe treffen Sie in den KOMPOSITIONSEINSTELLUNGEN.

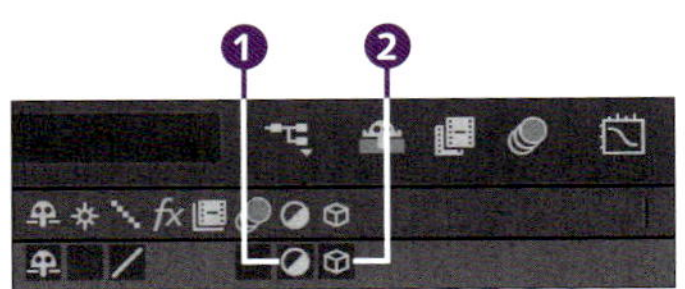


▴ **Abbildung 4.61**
In der Zeitleiste befindet sich noch der Schalter für den DIAGRAMMEDITOR.

### Einstellungsebenen

Mit dem Schalter ❶ oder über EBENE • NEU • EINSTELLUNGSEBENE machen Sie eine Ebene zu einer Einstellungsebene. Die Ebene wird dann ausgeblendet. Effekte, die auf die Einstellungsebene angewendet wurden, wirken sich auf alle darunter befindlichen Ebenen aus. Dies kann eine Menge Zeit sparen.

Wenn Sie eine Lichtebene zu einer Einstellungsebene erklären, wird deswegen das Licht nicht ausgeblendet, sondern die Lichtebene wirkt sich dann nur noch auf darunterliegende 3D-Ebenen aus.

### 3D-Ebenen

Über den Schalter 3D-Ebenen ❷ definieren Sie zweidimensionale Ebenen als dreidimensionale Ebenen und können sie im 3D-Raum animieren.

**Zum Nachlesen**

Weiterführend lesen Sie hierzu Kapitel 16, »3D in After Effects«.

## 4.6.10 Schalter/Modi

Unter den Ebenenschaltern befindet sich die Schaltfläche Schalter/Modi ❼, mit der Sie schnell zu den interessanten Funktionen Modus, Transparenz erhalten und Bewegte Maske ❹ wechseln können. Sollte die Schaltfläche nicht sichtbar sein, blenden Sie sie per Klick auf den Button Ebenenschalter ein-/ausblenden ❻ ein.

**Diagrammeditor**

Um mehr zum Diagrammeditor zu erfahren, schauen Sie bitte im Index nach, da dieser an besser passender Stelle erläutert wird.

**Zum Nachlesen**

Zum Modus lesen Sie mehr in Abschnitt 5.7, »Bitte mischen: Füllmethoden«. Der Schalter Transparenz erhalten und die Funktion Bewegte Maske beschreibe ich eingehend in Kapitel 11, »Masken, Matten und Alphakanäle«.

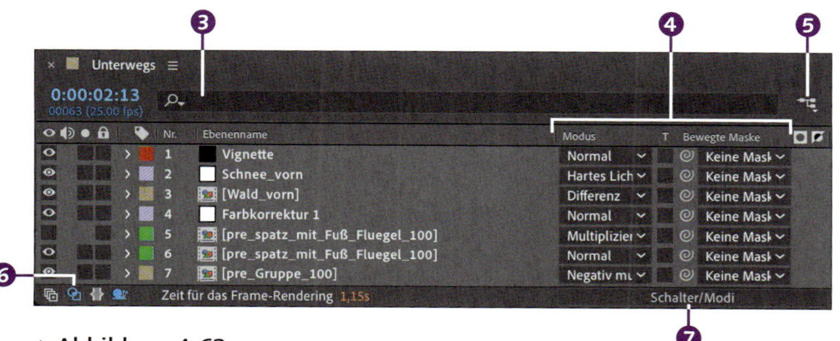


▲ **Abbildung 4.62**
Mit einem Klick auf die Schaltfläche ❼ wechselt die Anzeige, und es kommen weitere Optionen zum Vorschein.

Wie im Projektfenster gibt es in der Zeitleiste eine komfortable Suchfunktion ❸, mit der Sie Ebenen in der Zeitleiste sehr schnell auffinden. Beim Eintippen des jeweiligen Namens blendet After Effects bereits die gesuchten Ebenen ein und die nicht gesuchten aus.

Auch das Mini-Flussdiagramm ❺ (siehe Abschnitt 4.5) erleichtert die Arbeit und hilft beim Navigieren in verschachtelten Kompositionen.

# Kapitel 5

# Ebenen organisieren und bearbeiten

*Organisation ist das halbe Leben, und das gilt auch bei der Arbeit mit Ebenen. Wie Sie Ebenen organisieren, mit einfachen Schnittfunktion anpassen, zeitlich dehnen oder stauchen, mit anderen Ebenen visuell mischen und Markierungen an prägnanten Stellen setzen, zeige ich Ihnen in diesem Kapitel.*

## 5.1 Ebenen anordnen und ausrichten

Im folgenden Workshop erlernen Sie die zeitliche Anordnung und Ausrichtung von Ebenen und einiges mehr. Damit haben Sie die Grundlage für jedes Arbeiten in After Effects.

### Schritt für Schritt Ebenen anordnen – Geburtstag

Wie die zeitliche Anordnung und Ausrichtung von Ebenen in After Effects funktioniert, erfahren Sie in diesem Workshop.

**1 Vorbereitung**

Zunächst schauen Sie sich am besten den Film »geburtstag« aus dem Ordner 05_EBENENORGANISATION/POSITIONEN an.

Die benötigten Dateien für diesen Workshop finden Sie unter BEISPIELMATERIAL/05_EBENENORGANISATION/POSITIONEN.

**2 Import**

Importieren Sie über DATEI • IMPORTIEREN • DATEI oder [Strg]+[I] aus dem Ordner 05_EBENENORGANISATION/POSITIONEN/ROHMATERIAL die Dateien »birthday.eps«, »happy.eps«, »kraft.psd«, »liebe.psd«, »glueck.psd« und »hintergrund.jpg«. Wählen Sie gegebenenfalls AUF EINE EBENE REDUZIERT.

### 3 Komposition anlegen

Legen Sie eine Komposition über Komposition • Neue Komposition oder [Strg]+[N] an. Benennen Sie Ihre Komposition. Wählen Sie unter Vorgabe: PAL D1/DV. Bei Dauer wählen Sie 700 bzw. 0:00:07:00.

### 4 Rohmaterial zur Ebene

Positionieren Sie die Zeitmarke auf 00:00, oder drücken Sie [Pos1]. Ziehen Sie die Datei »happy.eps« in die Zeitleiste. Die Ebene wird im Kompositionsfenster zentriert.

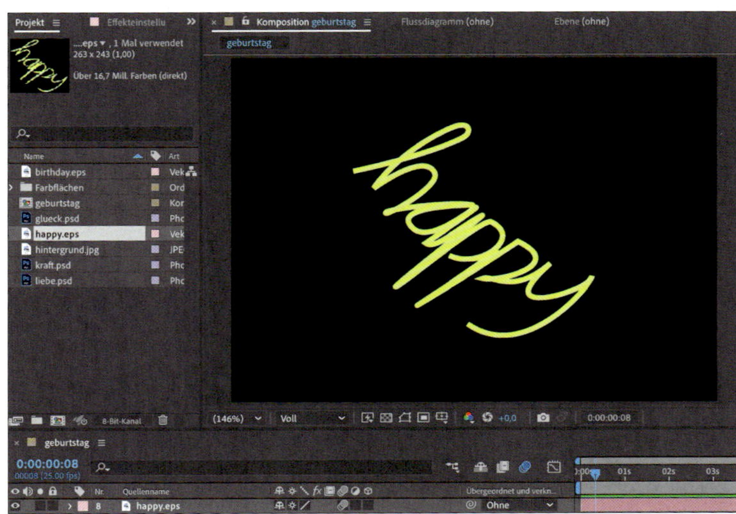

**Abbildung 5.1 ▸**
»happy« im Kompositionsfenster

Ziehen Sie nun die Zeitmarke auf 01:00, oder klicken Sie in die Zeitanzeige der Zeitleiste und tippen Sie »100« anstelle des markierten Werts ein. Ziehen Sie die Datei »birthday.eps« in die Zeitleiste. Um die Ebene an der Zeitmarke auszurichten, ziehen Sie sie in den Zeitmarkenbereich rechts. Sobald Sie die Ebene dort bewegen, erscheint eine Positioniermarke.

**Abbildung 5.2 ▾**
Den In-Point der »birthday«-Ebene richten Sie mit Hilfe der Positioniermarke genau deckungsgleich zur Zeitmarke aus.

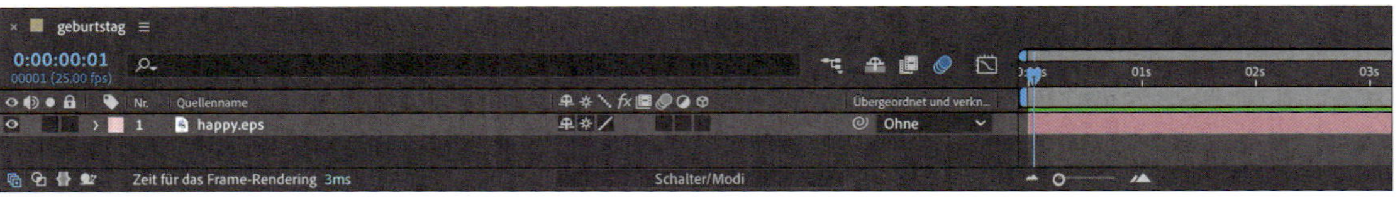

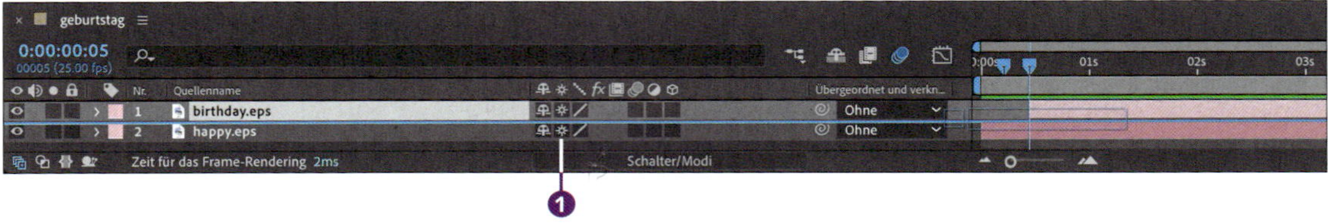

Achten Sie darauf, dass Sie die Positioniermarke auf die Zeitmarke verschieben, oder ziehen Sie die Ebene direkt auf die Zeitmarke. Der In-Point der »birthday«-Ebene sollte anschließend am Zeitpunkt 01:00 liegen. Ziehen Sie die »birthday«-Ebene über die Ebene »happy«.

Klicken Sie für beide Ebenen den Schalter OPTIMIEREN/TRANSFORMATIONEN FALTEN ❶ an.

### 5 Keyframes für Position

Öffnen Sie per Klick auf das kleine Dreieck ❷ die Transformieren-Eigenschaften der Ebene »happy.eps«. Setzen Sie einen ersten Keyframe bei der Eigenschaft POSITION bei 01:00 per Klick auf das Stoppuhr-Symbol ❸. Verschieben Sie die Zeitmarke auf 02:15, und tippen Sie nach einem Klick in das erste Wertefeld ❹ den Wert »–730« ein. Bestätigen Sie mit [↵] im Haupttastaturfeld, oder klicken Sie in einen leeren Bereich.

### 6 Keyframes für Skalierung

Ziehen Sie die Zeitmarke auf den ersten Keyframe für die Eigenschaft POSITION. Halten Sie die Taste [⇧] gedrückt, um die Zeitmarke magnetisch an den Key springen zu lassen. Alternativ navigieren Sie zum vorherigen Keyframe mit der Taste [J] und zum nachfolgenden Keyframe mit der Taste [K].

Setzen Sie bei 01:00 einen Key für die Eigenschaft SKALIERUNG, indem Sie auf das Stoppuhr-Symbol klicken und den Wert »150« eintippen. Drücken Sie die Taste [K], um zum nächsten Positions-Key zu springen. Tippen Sie in eines der Wertefelder für die Eigenschaft SKALIERUNG den Wert »1900«, und bestätigen Sie mit [↵] im Haupttastaturfeld. Spielen Sie die Animation ab, indem Sie die Leertaste drücken.

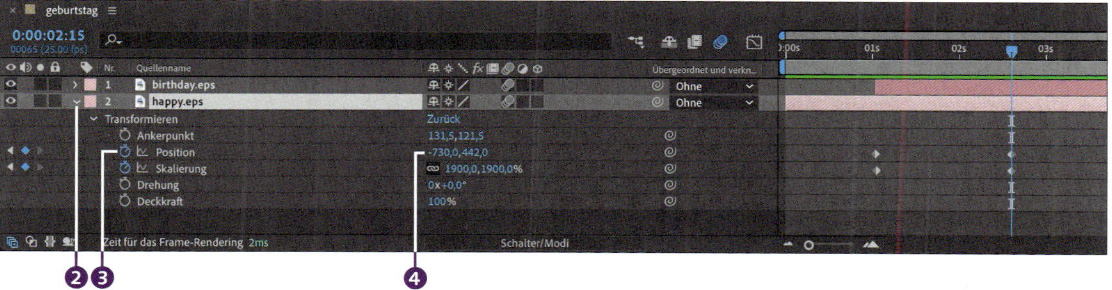


▼ **Abbildung 5.3**
Für die Eigenschaften POSITION und SKALIERUNG werden Keyframes gesetzt.

### 7 Keyframes für »birthday«

Markieren Sie die Ebene »birthday«, und drücken Sie die Taste [P], um die Eigenschaft POSITION einzublenden. Drücken Sie anschließend die Tasten [⇧]+[S], um zusätzlich die Eigenschaft SKALIERUNG anzuzeigen. Die Ebene »birthday« sollte bei 01:00 beginnen. Lassen Sie die Zeitmarke auf den In-Point der Ebene springen, indem Sie die Taste I drücken. Die Taste O ist übrigens für den Out-Point, das Ende der Ebene, zuständig.

Setzen Sie für die Eigenschaft Position einen Keyframe, und tragen Sie in das linke Wertefeld den Wert »–3000« ein. Setzen Sie einen weiteren ersten Key bei Skalierung, und tragen Sie den Wert »2000« in das Feld ein.

Setzen Sie die nächsten Keys bei 02:15 mit folgenden Werten: Position 360, 288 Skalierung 150, 150. Aktivieren Sie für die Ebenen »happy« und »birthday« den Schalter Bewegungsunschärfe ❸. Dadurch wird standardmäßig auch gleich automatisch der Schalter ❷ aktiviert, mit dem Sie die Bewegungsunschärfe global für die gesamte Komposition ein- und ausschalten können. Aktivieren Sie das Vorhängeschloss ❶, um die beiden Ebenen zu schützen. Spielen Sie die Animation mit der Leertaste ab. Ziehen Sie die Datei »hintergrund.psd« in die Zeitleiste unter die beiden vorhandenen Ebenen, und lassen Sie sie bei 00:00 beginnen.

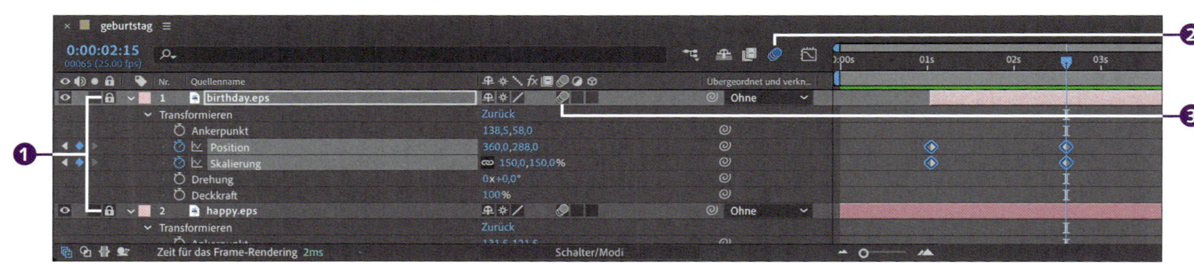


▲ **Abbildung 5.4**
Die Ebene »birthday« erhält ebenfalls Keyframes für Position und Skalierung.

▲ **Abbildung 5.5**
Durch Aktivieren des Schalters Bewegungsunschärfe werden schnelle Bewegungen weichgezeichnet.

▲ **Abbildung 5.6**
Das Wort »birthday« erscheint in der Animation für einen Moment lesbar.

### 8 Erstellen von Farbflächen

Sie können in After Effects Farbflächen generieren, die nicht importiert werden müssen. Behandelt werden Farbflächen wie jede andere Ebene auch. Wählen Sie EBENE • NEU • FARBFLÄCHE oder [Strg]+[Y]. Wenn Sie nicht die von After Effects generierten Namen wie »Mittel-Cyan Farbfläche 2« verwenden wollen, geben Sie einen sinnfälligen Namen ein ❹. Tragen Sie für BREITE und HÖHE »720« bzw. »576« ❺ ein, oder wählen Sie über den Button WIE KOMPOSITIONSGRÖSSE ❼ die Abmessungen der Komposition. Bei PIXEL-SEITENVERHÄLTNIS ❻ belassen Sie es beim Eintrag D1/DV PAL (1,09), was rechteckigen Pixeln entspricht.

**Neue Ebenen**
Jede neue Ebene wird – egal, ob es sich um eine Farbfläche, Text, Licht, Kamera etc. handelt – immer über der obersten ausgewählten Ebene erstellt. Ist keine Ebene ausgewählt, landet die neue Ebene ganz oben im Ebenenstapel.

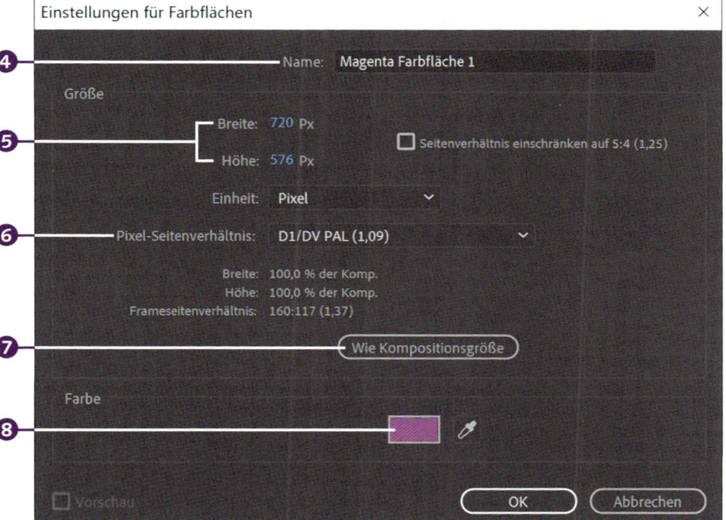


◂ **Abbildung 5.7**
Über den Dialog EINSTELLUNGEN FÜR FARBFLÄCHEN erstellen Sie in After Effects generiertes Rohmaterial.

Legen Sie eine Farbe (Magenta) über den Farbwähler ❽ oder mit der Pipette fest. Die von Ihnen kreierten Farbflächen legt After Effects automatisch in einem Ordner im Projektfenster ab. Erstellen Sie zwei weitere gleich große Farbflächen in den Farben Hellblau und Dunkelblau. Die Farbflächen werden je nach Voreinstellung automatisch an der Zeitposition 00:00 oder an der Zeitmarke in die Komposition eingefügt.

### 9 Farbflächen zeitlich anordnen

Setzen Sie die Zeitmarke auf 04:00. Klicken Sie die Magenta-Farbfläche im Zeitlineal mittig an, und verschieben Sie sie in die Nähe der Zeitmarke, bis der In-Point bei gedrückter [⇧]-Taste auf die Zeitmarke springt. Richten Sie die beiden anderen Farbflächen auf gleiche Weise magnetisch an der Zeitmarke aus, lassen Sie sie aber bei 05:00 (Hellblau) und bei 06:00 (Dunkelblau) beginnen.

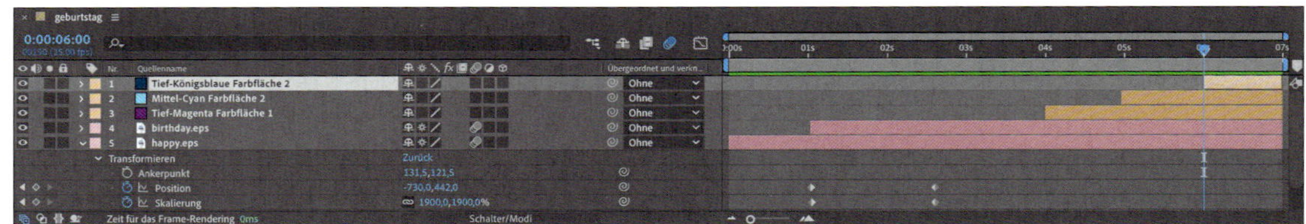


▲ **Abbildung 5.8**
Die Farbflächen werden zeitlich gestaffelt.

## 10 Positions-Keyframes setzen

Markieren Sie alle Farbflächen mit der [Strg]-Taste in der Zeitleiste, und drücken Sie die Taste [P]. Setzen Sie die Zeitmarke auf den In-Point der Magenta-Ebene bei 04:00. Verkleinern Sie Ihre Komposition auf 50 %. Markieren Sie die Magenta-Ebene im Kompositionsfenster, und ziehen Sie sie bei gedrückter [⇧]-Taste nach oben wie in Abbildung 5.9.

Setzen Sie einen Positions-Key bei 04:00. Setzen Sie einen zweiten Key bei 04:12, indem Sie die Magenta-Ebene wie in Abbildung 5.10 deckungsgleich zur Komposition ziehen. Zur haargenauen Positionierung vergrößern Sie die Komposition wieder auf 100 %.

**Abbildung 5.9** ▶
Die Magenta-Fläche wird zuerst nach oben verschoben.

**Abbildung 5.10** ▶▶
Am Zeitpunkt 04:12 wird die Magenta-Fläche wieder genau auf die Kompositionsfläche verschoben.

Mit den beiden anderen Farbflächen verfahren Sie ähnlich und lassen sie von rechts und von links ins Bild kommen. Sie können aber auch die folgenden Werte eintragen:

- hellblaue Farbfläche: bei 05:00 die Position 650, 288; bei 05:12 die Position 360, 288
- dunkelblaue Farbfläche: bei 06:00 die Position –360, 288; bei ca. 06:12 die Position 360, 288

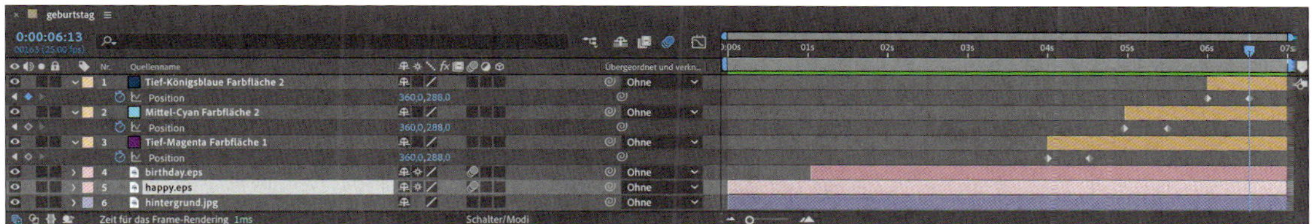

▲ **Abbildung 5.11**
Nach dem Setzen der Positions-Keyframes sollte es in der Zeitleiste ähnlich wie hier aussehen.

## 11 Texte anordnen

Im nächsten Schritt sollen die Dateien »liebe.psd«, »kraft.psd« und »glueck.psd« der Bewegung der Farbflächen angepasst werden.

Fügen Sie die Dateien der Zeitleiste hinzu. Positionieren Sie die Datei »liebe« in der Zeitleiste über die Magenta-Fläche, die Datei »kraft« über die hellblaue und die Datei »glueck« über die dunkelblaue Fläche. Klicken Sie dazu auf den Namen, und ziehen Sie die Dateien nach oben bzw. unten. Zoomen Sie etwas ins Zeitlineal ein. Ziehen Sie die Ebenen mit dem In-Point deckungsgleich zum In-Point der jeweiligen Farbfläche, indem Sie dabei die Taste [⇧] verwenden.

Sie können auch das Projekt »Geburtstag.aep« im Ordner 05_EBENENORGANISATION/POSITIONEN zum Vergleich öffnen.

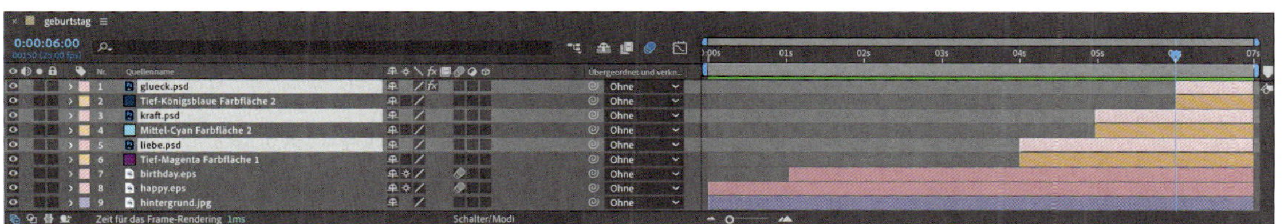

▲ **Abbildung 5.12**
Jede Textebene wird mit dem In-Point deckungsgleich zum In-Point der jeweiligen Farbfläche ausgerichtet.

## 12 Texte animieren

Nun machen wir es uns einfach: Wir kopieren einfach die Keys aus den Farbflächen in die Textebenen.

Markieren Sie die Magenta-Ebene, und drücken Sie die Taste [P]. Klicken Sie auf das Wort POSITION. Dadurch werden – ein kleiner Vorgriff – alle für diese Eigenschaft gesetzten Keys ausgewählt. Kopieren Sie die Keys mit [Strg]+[C].

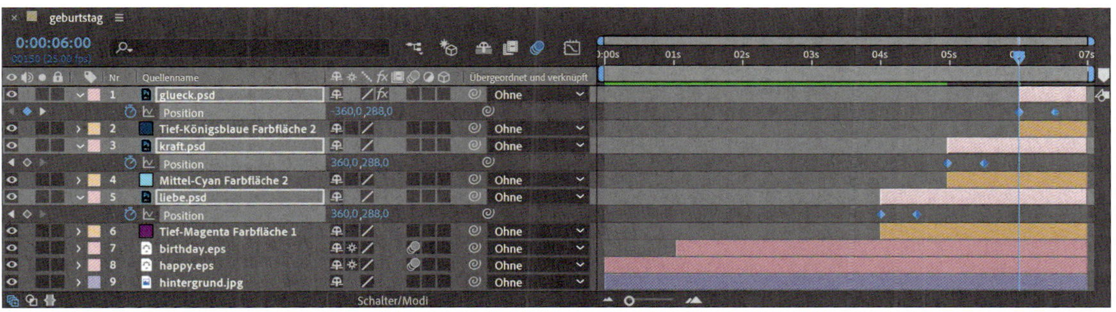

▲ **Abbildung 5.13**
Die Keyframes werden aus den Farbflächen in die Textebenen kopiert.

**Zum Nachlesen**

Lesen Sie jetzt am besten das Kapitel 10, »Rendern und Ausgabe«, und gönnen Sie Ihrem Projekt noch eine kleine Renderrunde.

Markieren Sie die Ebene »liebe«, und achten Sie darauf, dass die Zeitmarke auf den In-Point gesetzt ist. Fügen Sie die Keys mit `Strg`+`V` ein. Kopieren Sie aus den beiden anderen Farbflächen jeweils die Keys für die Dateien »kraft« und »glueck«, und setzen Sie sie analog zu Abbildung 5.13 ein. Zum Abschluss verschieben Sie die Dateien »liebe«, »kraft« und »glueck« in der Zeitleiste ganz nach oben (klicken Sie dazu auf den Ebenennamen). Geschafft!

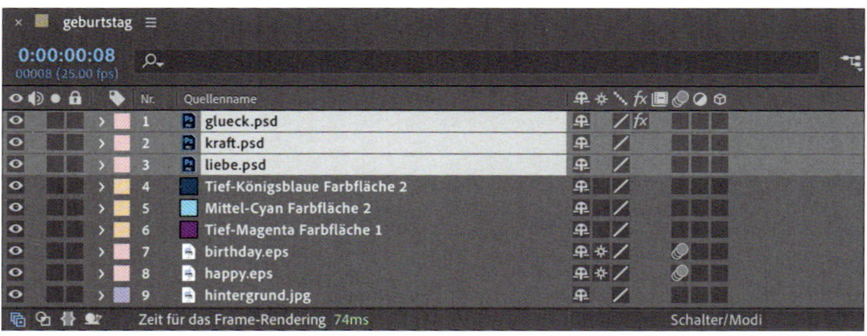


▲ **Abbildung 5.14**
Zum Abschluss verschieben Sie die Textebenen in der Zeitleiste ganz nach oben.

▲ **Abbildung 5.15**
Das Endbild der Animation ist dieses hier.

### 5.1.1 Ebenen ausrichten und verteilen

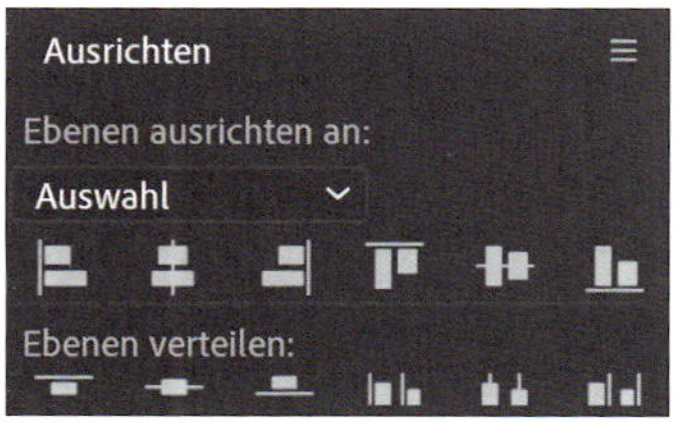

Ausrichten
Ebenen ausrichten an:
Auswahl
Ebenen verteilen:

▲ **Abbildung 5.16**
Mit der Palette Ausrichten ordnen Sie Ebenen innerhalb des Kompositionsfensters an.

Zum schnellen Anordnen von Ebenen innerhalb des Kompositionsfensters verwenden Sie die Palette Ausrichten, die Sie per Fenster • Ausrichten öffnen. Sobald Sie mindestens eine Ebene markieren, werden die Optionen in der Palette aktiv. Im Popup-Menü unter Ebenen ausrichten an entscheiden Sie, ob die Ebenen in Relation zur Komposition oder in Bezug auf andere Ebenen ausgerichtet werden.

**Abbildung 5.17** ▶
Mit der Palette Ausrichten angeordnete Ebenen

Zum Ausrichten verwenden Sie die Schaltflächen, um die Ebenen senkrecht und links, mittig oder rechts, waagerecht und oben, mittig oder unten auszurichten. Um Ebenen zu verteilen, benötigen Sie mindestens drei markierte Ebenen. Beim Verteilen nimmt After Effects die beiden äußeren Ebenen als Bezugspunkte, um die dritte Ebene dazwischen zu positionieren.

### 5.1.2 Ebenen automatisch ausrichten

After Effects bietet die Option Ausrichten in der Werkzeugleiste an, die dazu dient, Ebenen in Bezug auf Kanten anderer Ebenen, Maskenkanten und -punkte sowie Ankerpunkte etc. auszurichten. Haben Sie nur das Häkchen bei Ausrichten ❶ gesetzt, werden Ebenen nur magnetisch ausgerichtet, sobald sich eine Ebene direkt auf oder über einer anderen befindet. Ist auch An Kanten ausrichten ❷ aktiv, sucht After Effects im gesamten Kompositionsraum nach relevanten Kanten oder Punkten. Mit der Schaltfläche ❸ erreichen Sie, dass After Effects für Kompositionen, bei denen die Option Transformationen falten gewählt wurde, intern Drahtgitter aktiviert. Außerdem tut After Effects dies dann auch für Textebenen mit der Option Zeichenweise 3D, so dass Sie Ebenen an den einzelnen Zeichen ausrichten können.

▲ **Abbildung 5.18**
Die drei Optionen für das automatische Ausrichten

**Zum Weiterlesen**
Informationen zur Option Transformationen falten finden Sie in Abschnitt 4.6.9 und zur Option Zeichenweise 3D in Abschnitt 9.4.4.

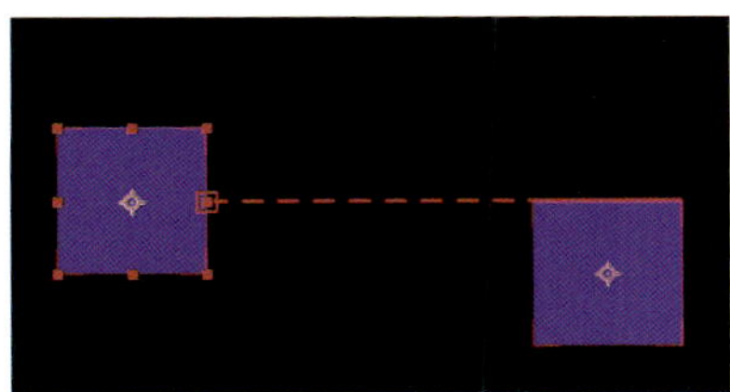

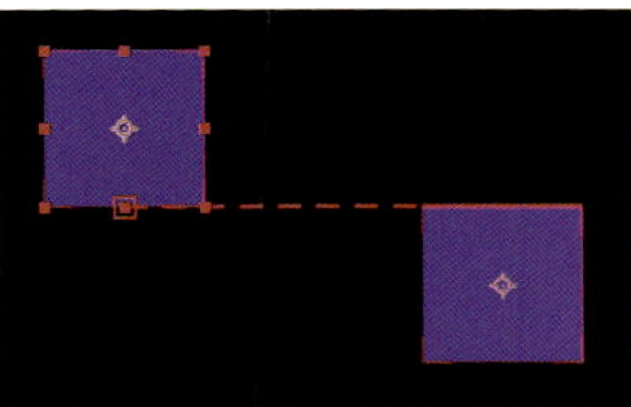

◀ **Abbildung 5.19**
Mit An Kanten ausrichten »sieht« After Effects überall passende Punkte und Kanten.

◀ **Abbildung 5.20**
Ist für Text Zeichenweise 3D aktiviert und für Ebenen die 3D-Option, erkennt After Effects auch hier Bezugslinien.

## 5.2 Ebenen bearbeiten

Im Workshop »Ebenen anordnen – Geburtstag« haben Sie Tuchfühlung mit der Arbeit mit Ebenen aufgenommen. Die nun folgenden Ausführungen dienen einer noch besseren Handhabung des Materials. Die Ebenen werden bei den folgenden Bearbeitungen verändert. Behalten Sie dabei im Hinterkopf, dass diese Änderungen das

Rohmaterial im Projektfenster unverändert lassen und dass auch auf der Festplatte kein Schaden am Rohmaterial angerichtet wird.

### 5.2.1 Das Ebenenfenster

Zu jeder Ebene lässt sich ein Ebenenfenster öffnen. Sie erhalten es über EBENE • EBENE ÖFFNEN oder durch Drücken der Taste [↵] im Ziffernblock, wenn die Ebene in der Zeitleiste markiert ist, oder per Doppelklick auf die Ebene. Es ist möglich, dass Sie keine grandiose Änderung bemerken, da das Ebenenfenster als Registerkarte im gleichen Rahmen geöffnet wird wie das Kompositionsfenster. Sie können die Ansicht über die Registerkarten ❶ umschalten.

Die Schalter im Ebenenfenster entsprechen in ihren Funktionen und ihrem Aussehen denen im Kompositionsfenster. Einen Unterschied bildet das Häkchen bei RENDERN ❻, das entfernt werden kann. Ist das Häkchen gesetzt, werden Änderungen der Ebene wie die Bearbeitung durch Masken und Effekte mitgerendert, also angezeigt. Weitere Unterschiede bilden das eigene Zeitlineal ❼ und die Zeitmarke ❷ sowie der In-Point der Ebene ❹ und der Out-Point ❺. Außerdem finden Sie die Schaltflächen ALPHA, ALPHARAND, ALPHAÜBERLAGERUNG, ein Farbfeld und ein Wertefeld ❸ für die unterschiedliche Anzeige von Transparenzen in entsprechendem Material.

**Abbildung 5.21 ▼**
Das Ebenenfenster unterscheidet sich kaum vom Kompositionsfenster. Auch die meisten Buttons sind gleich.

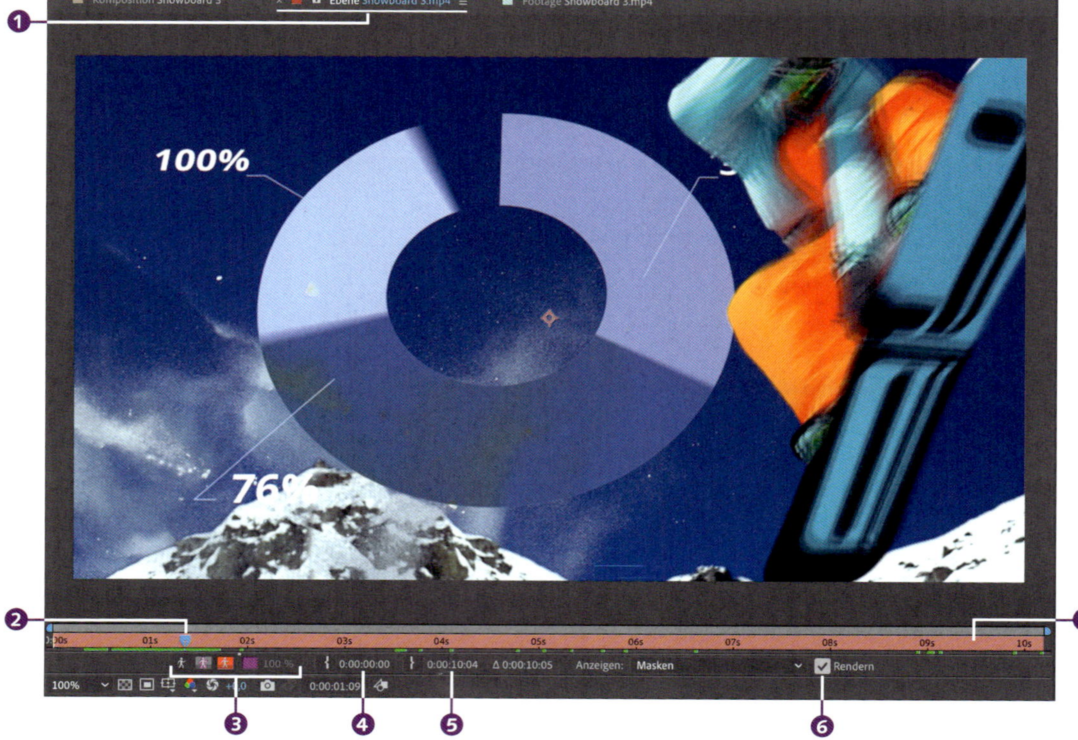

## 5.3 Trimmen von Ebenen

Eine Ebene besitzt in der Zeitleiste immer einen In-Point und einen Out-Point, also Anfang und Ende. Verschieben Sie den In- oder Out-Point einer Ebene, wird Material am Anfang oder am Ende ausgeblendet. Über diese Funktion können Sie einfache Schnittarbeiten in After Effects durchführen. Die auf diese Weise gekürzten (getrimmten) Ebenen haben keinen Einfluss auf Ihr Rohmaterial, das unbehelligt weiter Ihre Festplatte belegt. Sie haben vier Möglichkeiten, Ebenen zu trimmen:

- Ziehen/setzen Sie In- und Out-Point im Ebenenfenster.
- Ziehen/setzen Sie In- und Out-Point in der Zeitleiste.
- Ziehen/setzen Sie In- und Out-Point im Footage-Fenster.
- Setzen Sie den In-Point über die Tastatur mit `Alt`+`Ö` und den Out-Point mit `Alt`+`Ä`.

### 5.3.1 Trimmen im Ebenenfenster

Zum Trimmen der Ebenen im Ebenenfenster ziehen Sie den In- ❽ oder Out-Point ❾ der Ebene auf den gewünschten Zeitpunkt.

Als zweite Möglichkeit setzen Sie zuerst die Zeitmarke ⓫ auf den gewünschten Zeitpunkt und klicken anschließend entweder den In-Button ❿ oder den Out-Button ⓬. Der In- bzw. Out-Point springt sodann zur Position der Zeitmarke.

▼ **Abbildung 5.22**
Im Ebenenfenster lassen sich In- und Out-Point trimmen.

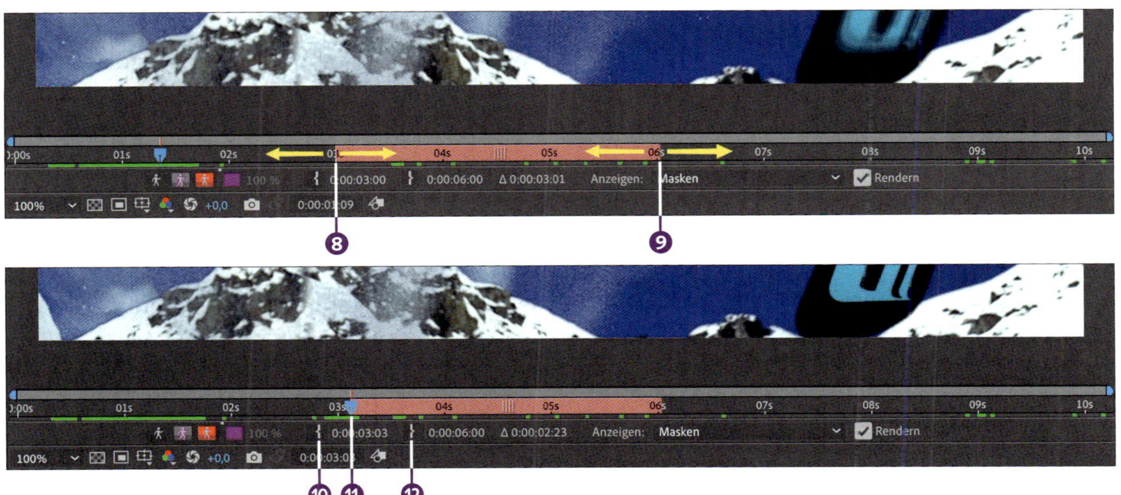


Das Ergebnis der Bearbeitung ist sofort in der Zeitleiste der Komposition sichtbar. In- und Out-Point sind verschoben. Das Material vor dem In-Point und nach dem Out-Point ist ausgeblendet. Allerdings wird immer noch die volle Länge der Ebene dargestellt.

▲ **Abbildung 5.23**
Getrimmte Filmebenen erscheinen in der Zeitleiste mit einem halb deckend dargestellten Rest, der auf das ausgeblendete Material hinweist.

Der halb deckend dargestellte Teil der geschnittenen Ebene weist darauf hin, dass das geschnittene Material noch vorhanden und wiederherstellbar ist. Ziehen Sie dazu erneut den In- bzw. Out-Point im Ebenenfenster nach links oder rechts auf einen neuen Zeitpunkt.

### 5.3.2 Trimmen in der Zeitleiste

**Trimmen mit der Umschalttaste**
Bei gedrückter [⇧]-Taste springt der In- oder Out-Point, wenn Sie ihn ziehen, magnetisch an die Zeitmarke, auf In-Points anderer Ebenen und auf Ebenenmarken.

Zum Trimmen von Ebenen in der Zeitleiste ziehen Sie einfach den In- oder Out-Point einer Ebene auf den gewünschten Zeitpunkt. Achten Sie auf das Infofenster; öffnen Sie es bei Bedarf mit [Strg]+[2]. Dort wird die genaue Zeitposition des In- und Out-Points angegeben. Achten Sie darauf, dass Sie den In- oder Out-Point einer Ebene genau treffen, um ihn zu verschieben. Wenn Sie innerhalb einer Ebene klicken und ziehen, wird diese insgesamt verschoben.

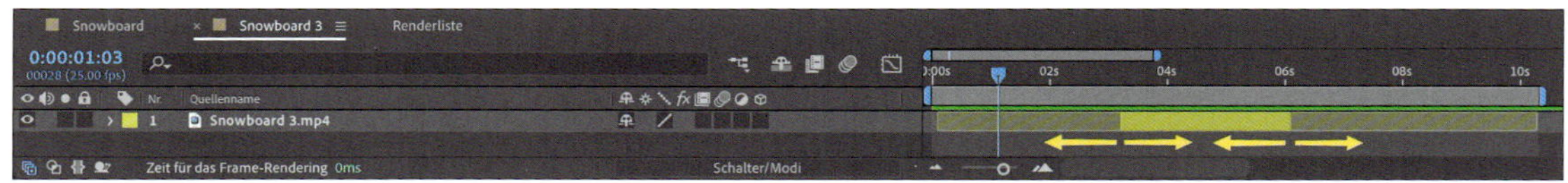

▲ **Abbildung 5.24**
Auch in der Zeitleiste lassen sich Ebenen trimmen, indem Sie den In- oder Out-Point verschieben.

### 5.3.3 Trimmen im Footage-Fenster

Bevor Sie einer Komposition Material hinzufügen, können Sie es im Footage-Fenster trimmen und den Rohschnitt dort kontrollieren. Sie öffnen das Footage-Fenster über einen Doppelklick auf das Rohmaterial im Projektfenster. Das Footage-Fenster wird als Registerkarte neben dem Kompositionsfenster angezeigt. Der Schnitt erfolgt analog zum Trimmen von Material im Ebenenfenster. Der einzige Unterschied besteht darin, dass Sie das Material ähnlich wie in Adobe Premiere Pro zur Zeitleiste hinzufügen können. Hierbei gibt es zwei Varianten: EINFÜGEN und ÜBERLAGERN.

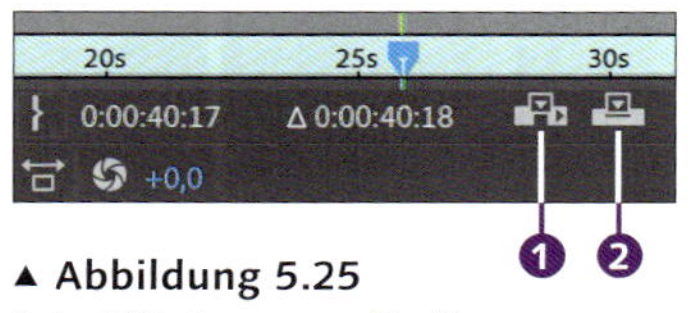


▲ **Abbildung 5.25**
Schaltflächen zum Einfügen neuen Materials

#### Einfügen

Beim Betätigen der Schaltfläche EINFÜGEN UND LÜCKE SCHLIESSEN ❶ wird das Material an der Position der Zeitmarke in die Zeitleiste eingesetzt. Wenn Sie die Schaltfläche weiter betätigen, wird das Material fortgesetzt eingefügt, und zwar so, dass die Ebenen auf Stoß angeordnet werden. Fügen Sie das neue Material zwischen bereits in der Zeitleiste vorhandenem Material ein, so wird das vorhandene

Material an der Position der Zeitmarke geteilt, was bei After Effects immer dazu führt, dass die geteilten Ebenen verdoppelt werden. Das neue Material wird eingefügt, und die Lücken werden geschlossen.

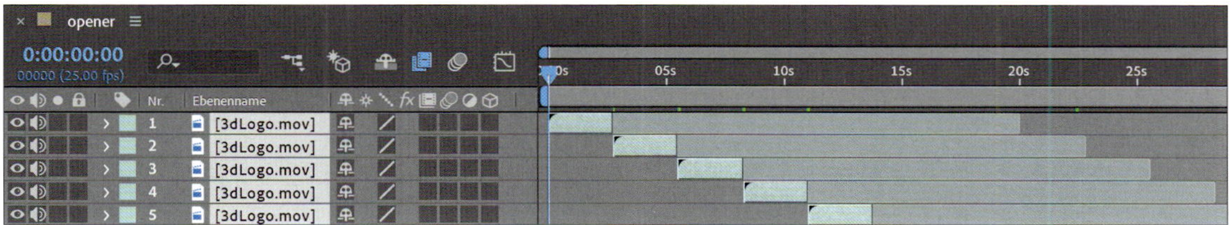

▲ **Abbildung 5.26**
Beim mehrfachen Einfügen desselben Materials wird dieses auf Stoß angeordnet.

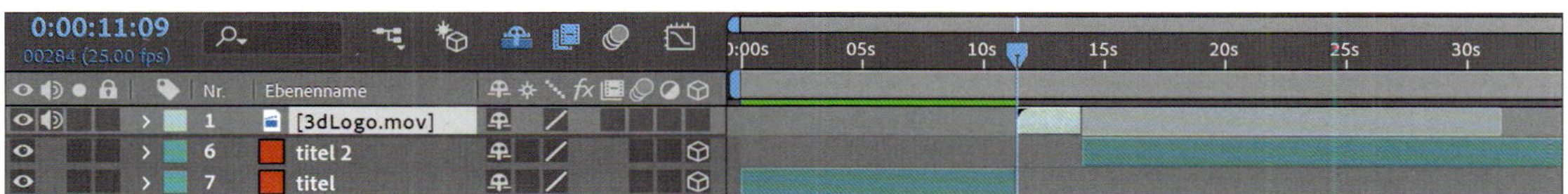

▲ **Abbildung 5.27**
Beim Einfügen zwischen vorhandenem Material wird dieses geteilt. Das neue Material wird dazwischen eingefügt, und die Lücken werden geschlossen.

### Überlagern

Wenn Sie die Schaltfläche ÜBERLAGERN ❷ betätigen, fügen Sie das Material an der Position der Zeitmarke in die Zeitleiste ein. Bereits vorhandenes Material wird überlagert. Beim weiteren Betätigen der Schaltfläche wird das Material weiterhin an der Zeitmarkenposition eingefügt und anderes Material überlagert.

▼ **Abbildung 5.28**
Mit der Option ÜBERLAGERN wird Rohmaterial an der Zeitmarkenposition der Zeitleiste hinzugefügt und überlagert bereits vorhandenes Material.

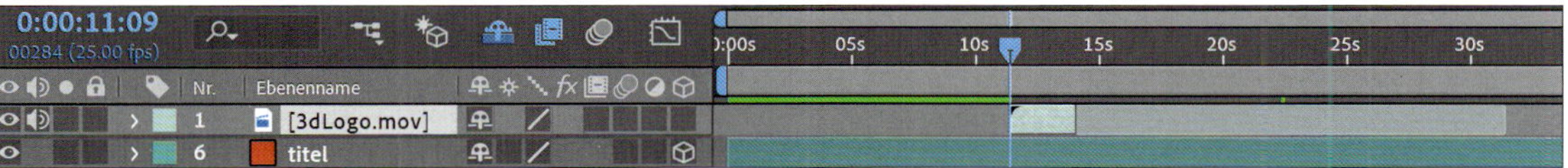

## 5.3.4 Trimmen per Tastatur

Zum schnellen Trimmen per Tastatur positionieren Sie zuerst die Zeitmarke für den In-Point, indem Sie in das Feld der Zeitanzeige in der Zeitleiste klicken und dort den Zeitpunkt eintragen.

Markieren Sie nun die zu trimmende Ebene, und drücken Sie [Alt]+[Ö] zum Setzen des In-Points. Der In-Point springt an die Position der Zeitmarke. Positionieren Sie dann die Zeitmarke erneut, und verwenden Sie [Alt]+[Ä] zum Setzen des Out-Points. Diese Möglichkeit steht Ihnen sowohl im Footage-Fenster und im Ebenenfenster als auch in der Zeitleiste zur Verfügung.

### 5.3.5 Material aus Ebenen entfernen und Ebenen teilen

**Zeitmarkenposition**
Die Zeitmarke lässt sich framegenau positionieren oder verschieben, indem Sie die Tasten [Bild ↑] und [Bild ↓] verwenden. Nehmen Sie die Taste [⇧] hinzu, um die Zeitmarke in 10-Frame-Schritten zu verschieben.

Mit den Funktionen EXTRAHIEREN und HERAUSNEHMEN entfernen Sie Material aus Ebenen. Bei diesen Funktionen legen Sie den zu extrahierenden oder herauszunehmenden Bereich über den Arbeitsbereich fest.

#### Arbeitsbereich herausnehmen

Positionieren Sie die Zeitmarke auf den Beginn des zu entfernenden Materials, und drücken Sie die Taste [B], um den Anfang des Arbeitsbereichs auf die Position der Zeitmarke zu setzen. Verschieben Sie die Zeitmarke auf das Ende des zu entfernenden Materials, und drücken Sie die Taste [N], um das Ende des Arbeitsbereichs zur Zeitmarkenposition springen zu lassen.

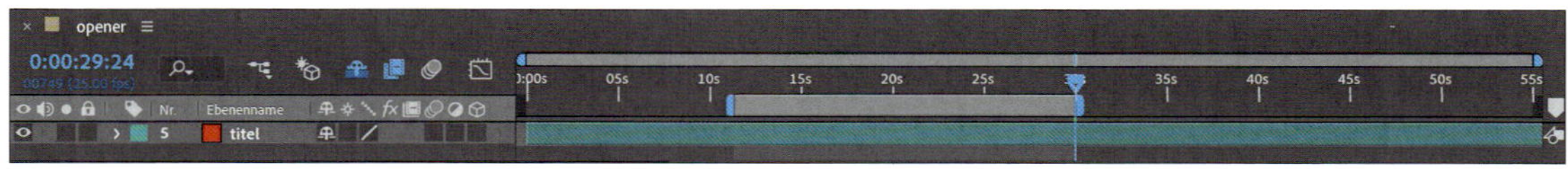


▲ **Abbildung 5.29**
Mit Zeitmarke und Tastatur legen Sie den Arbeitsbereich genau fest.

**Abbildung 5.30 ▼**
Mit dem Befehl ARBEITSBEREICH HERAUSNEHMEN schneiden Sie eine Lücke in markierte Ebenen.

Markieren Sie eine oder mehrere Ebenen in der Zeitleiste. Wählen Sie anschließend BEARBEITEN • ARBEITSBEREICH HERAUSNEHMEN, um Material aus den gewählten Ebenen zu entfernen.

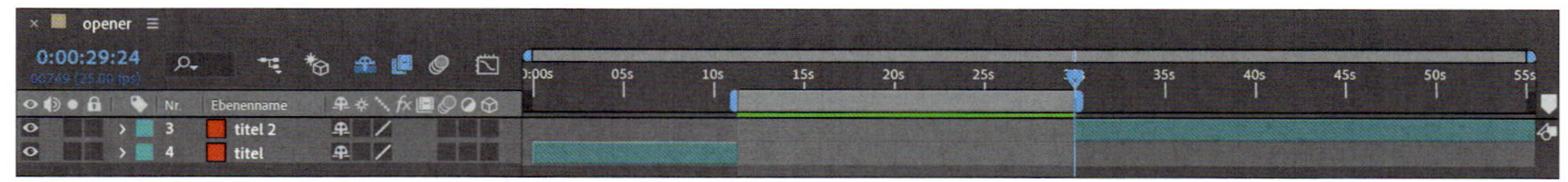


Das Material wird ausgeblendet, und es entsteht an seiner Stelle eine Lücke. Anders als Schnittprogramme dupliziert After Effects geschnittene Ebenen.

#### Arbeitsbereich extrahieren

**Abbildung 5.31 ▼**
Mit dem Befehl ARBEITSBEREICH EXTRAHIEREN wird Material extrahiert und die entstehende Lücke geschlossen.

Zum Extrahieren legen Sie den Arbeitsbereich analog zur obigen Beschreibung fest und wählen BEARBEITEN • ARBEITSBEREICH EXTRAHIEREN. Das Material wird ausgeblendet, und die entstehende Lücke wird geschlossen.

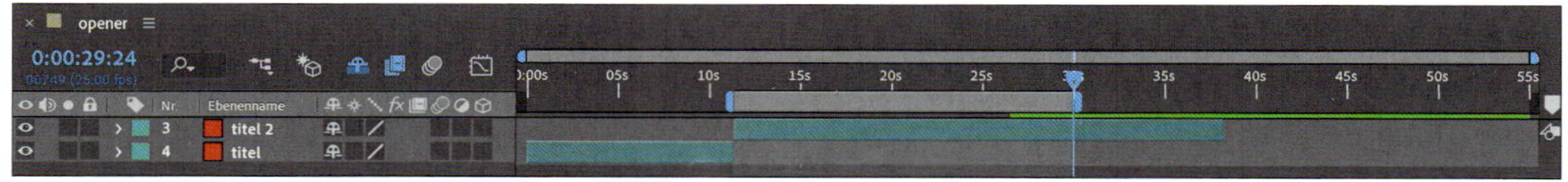

**Ebenen teilen**

Mit der Option EBENEN TEILEN »zerschneiden« Sie eine oder mehrere markierte Ebenen an der aktuellen Zeitmarkenposition. Wählen Sie dazu einen Frame mit der Zeitmarke aus, markieren Sie eine oder mehrere Ebenen, und gehen Sie im Menü über BEARBEITEN • EBENE TEILEN oder Strg+⇧+D. Jede Ebene wird in je ein geschnittenes Original und ein Duplikat geteilt, da After Effects geschnittene Ebenen nicht in einer einzigen Spur anzeigen kann, wie es in Schnittprogrammen üblich ist.

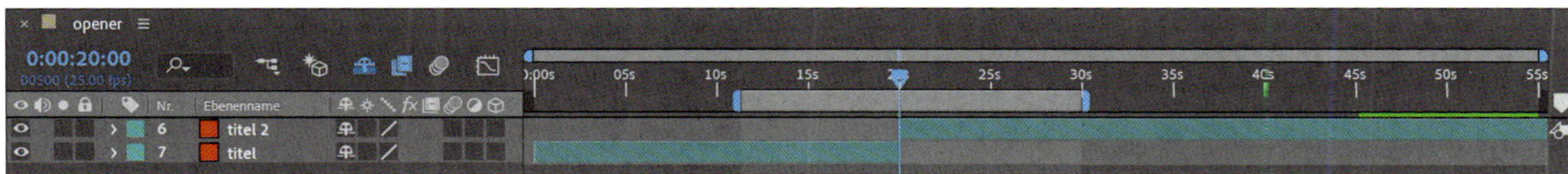

▲ **Abbildung 5.32**
Mit dem Befehl EBENEN TEILEN werden markierte Ebenen an der Zeitmarkenposition zerteilt.

## 5.3.6 Inhalt in einer Ebene verschieben

Sie können innerhalb eines fertigen Schnitts das Material verschieben, denn sämtliches Material einer geschnittenen Ebene wurde nicht entfernt, sondern nur ausgeblendet. Das heißt, die Positionen von In- und Out-Point bleiben erhalten, nur das dazwischen angezeigte Material ändert sich.

Mit dem Auswahl-Werkzeug klicken Sie in den halb deckenden Bereich links oder rechts der geschnittenen Ebene und ziehen den Cursor bei gedrückter Maustaste nach rechts bzw. links. Sie können das Material auch mit dem Ausschnitt-Werkzeug Y verschieben. Vorteilhaft ist, dass Sie damit auch mitten in die Ebene klicken können, ohne dabei die gesamte Ebene zu verschieben.

**Ebenen duplizieren**

Eine oder mehrere Ebenen lassen sich mitsamt allen eventuell enthaltenen Keyframes, Effekten und Veränderungen duplizieren. Wählen Sie BEARBEITEN • DUPLIZIEREN, oder drücken Sie Strg+D. Die duplizierte Ebene wird über der Originalebene in der Zeitleiste angelegt.

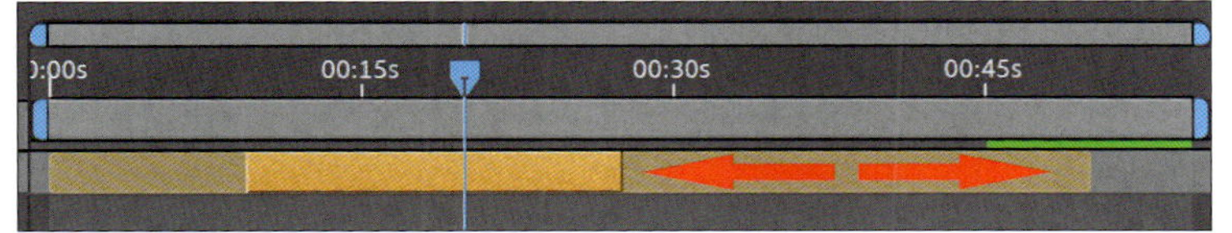

◀ **Abbildung 5.33**
Material in getrimmten Ebenen können Sie verschieben, ohne dass sich die Position von In- und Out-Point ändert.

# 5.4 Ebenen dehnen und stauchen

Für Geschwindigkeitsänderungen von Filmmaterial, Bildsequenzen, verschachtelten Kompositionen und Audio hält After Effects die Funktion DEHNUNG bereit. Sie erhalten darüber die Möglichkeit, Material schneller oder langsamer abspielen zu lassen als das Originalmaterial. Auch ein Rückwärtsabspielen ist möglich.

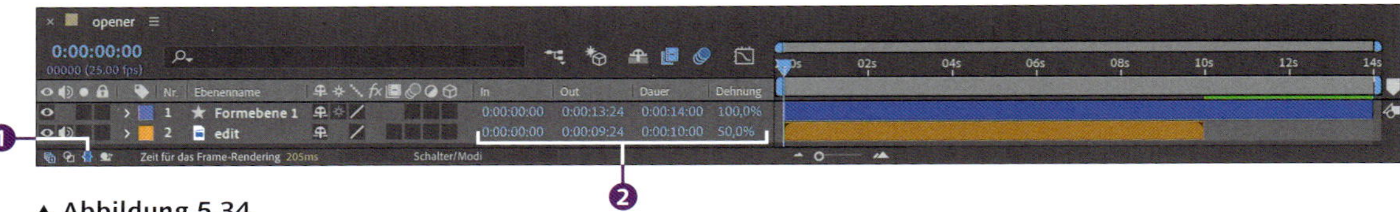


▲ **Abbildung 5.34**
Durch andere Werte in den Spalten DAUER und DEHNUNG wird eine Ebene zeitlich gestaucht oder gedehnt.

Betätigen Sie den Button ❶ in der Zeitleiste, um die Spalten IN, OUT, DAUER und DEHNUNG ❷ anzuzeigen.

Um die Zeitdauer und damit die Abspielgeschwindigkeit einer Ebene zu ändern, klicken Sie auf den Wert bei DAUER oder bei DEHNUNG. Es öffnet sich der Dialog ZEITDEHNUNG. Unter EBENE • ZEIT • ZEITDEHNUNG finden Sie ebenfalls diese Option.

## 5.4.1 Schnelleres und verlangsamtes Abspielen

**In- und Out-Point an Zeitmarke ausrichten**
Um den In-Point einer Ebene zur Zeitmarkenposition springen zu lassen und damit die gesamte Ebene zu verschieben, klicken Sie bei gedrückter [Alt]-Taste auf die IN-Spalte und für den Out-Point auf die OUT-Spalte. Alternativ drücken Sie die Taste [Ö] für den In-Point und die Taste [Ä] für den Out-Point.

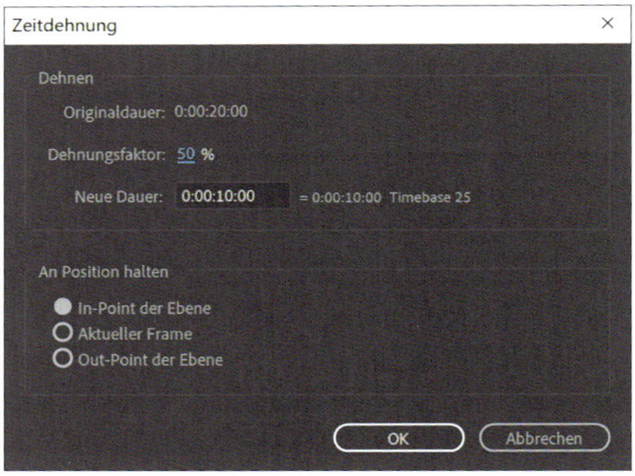

Geben Sie bei DEHNUNGSFAKTOR einen geringeren Wert als 100% ein, um ein schnelleres Abspielen des Materials zu erreichen. Ein geringerer Wert bei NEUE DAUER als der des Originalmaterials erzielt das gleiche Ergebnis.



**Abbildung 5.35** ►
Im Dialog ZEITDEHNUNG können Sie Werte für das zeitliche Dehnen und Stauchen festlegen.

Höhere Werte als 100% führen dementsprechend zu einer Verlangsamung beim Abspielen. Die Ebene erscheint nach Anwendung der neuen Werte in der Zeitleiste verkürzt oder verlängert. Dazu wird entweder der In- oder der Out-Point der Ebene verschoben. Legen Sie unter AN POSITION HALTEN fest, ob der In-Point oder der Out-Point an seiner zeitlichen Position gehalten werden soll. Mit AKTUELLER FRAME verschieben sich sowohl In- als auch Out-Point in Richtung der aktuellen Zeitmarkenposition.

### Dehnen und Stauchen per Tastatur

Die oben beschriebenen Funktionen zum Dehnen und Stauchen einer Ebene können Sie seit CC2019 auch per Tastatur anwenden.

Sie betätigen dazu die Taste [Alt] und ziehen dann am Ende einer Ebene den Out-Point nach rechts, um die Ebene zeitlich zu dehnen, bzw. nach links, um die Ebene zu stauchen/zu beschleunigen.

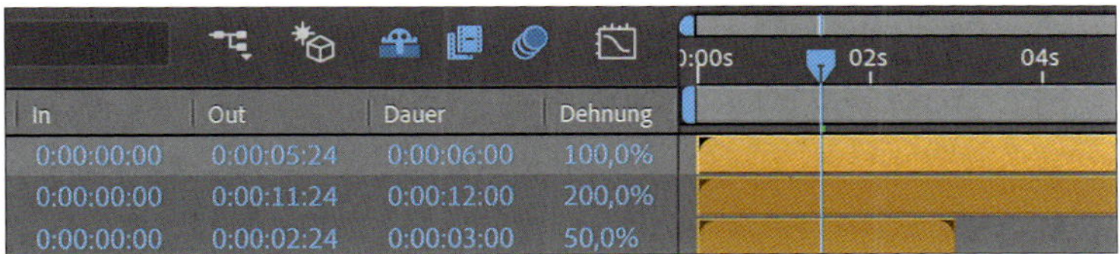


▲ **Abbildung 5.36**
Ebenen mit Zeitdehnung werden verkürzt oder verlängert dargestellt.

## 5.4.2 Abspielrichtung umkehren

Mit einem Dehnungsfaktor von –100 % kehren Sie Ebenen in ihrer Abspielrichtung um. Alternativ wählen Sie [Strg]+[Alt]+[R]. In der Zeitleiste erscheinen umgekehrte Ebenen mit einem Streifenmuster.

**Dehnen von Ebenen mit Keyframes**
Bei Ebenen, die Keyframes enthalten, werden die Abstände der Keyframes proportional zum Dehnungsfaktor mitgedehnt. Die Animation wird dadurch an die neue Geschwindigkeit angepasst.

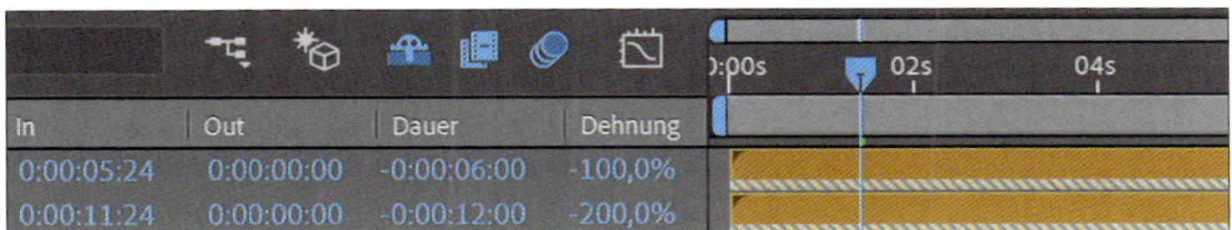


▲ **Abbildung 5.37**
Ebenen mit umgekehrter Abspielrichtung

## 5.4.3 Ebenen als Sequenz

Eine große Arbeitserleichterung bietet After Effects mit der Möglichkeit, mehrere einzelne Ebenen zeitlich aufeinanderfolgend als Sequenz in der Zeitleiste anzuordnen. Dabei stellen Sie Ebenen automatisiert auf eine bestimmte Dauer ein, automatisieren Überblendungen von einer in die andere Ebene oder richten Ebenen an ihren In- und Out-Points aus. Nicht zu verwechseln ist diese Option mit der bereits beschriebenen Möglichkeit, Bilder als Sequenz zu importieren. Vielmehr müssen die Bilder im Projektfenster als einzelne Dateien vorliegen. Sie haben zwei Möglichkeiten, Bilder als Sequenz anzulegen:

- Markieren Sie mehrere Bilder im Projektfenster, und ziehen Sie sie auf das Kompositionssymbol.
- Markieren Sie die Ebenen in der Zeitleiste, und wählen Sie die Option Sequenzebenen.

Um die nachfolgend beschriebenen Möglichkeiten selbst auszuprobieren, bietet es sich an, die Einzelbilder aus dem Ordner Beispielmaterial/05_Ebenenorganisation/Bilder zu verwenden. Markieren Sie beim Import alle Bilder mit [Strg]+[A].

Für die erste Möglichkeit markieren Sie die Bilder im Projektfenster in der Reihenfolge, in der sie später angeordnet werden sollen.

Ziehen Sie anschließend alle Bilder auf das Kompositionssymbol. Es öffnet sich, anders als sonst, das Fenster NEUE KOMPOSITION AUS AUSWAHL.

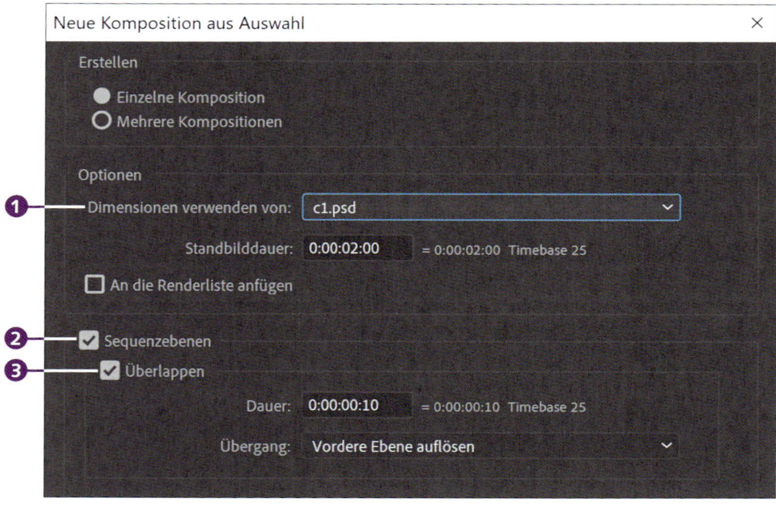


**Abbildung 5.38 ►**
Optionen für die Ebenensequenz

Unter OPTIONEN legen Sie bei DIMENSIONEN VERWENDEN VON fest, welche Größe die neue Komposition haben soll. Es wird die Framegröße des im Listenmenü ❶ gewählten Bildes verwendet. Ratsam ist es, bei verschieden großen Bildern das größte Bild der Sequenz zu verwenden, da einige Bilder ansonsten beschnitten werden können. Bei STANDBILDDAUER wählen Sie die spätere Anzeigedauer jedes einzelnen Bildes.

Ein Häkchen bei SEQUENZEBENEN ❷ ist entscheidend, um nachher auch die gewünschte Sequenz zu erhalten. Um die Ebenen nicht »auf Stoß« anzuordnen, setzen Sie ein Häkchen bei ÜBERLAPPEN ❸. Unter DAUER legen Sie fest, wie viele Frames die Überlappung betragen soll.

Wünschen Sie zusätzlich ein Überblenden der aufeinanderfolgenden Ebenen, wählen Sie bei ÜBERGANG die Option VORDERE EBENE AUFLÖSEN oder VORDERE UND HINTERE EBENE ÜBERKREUZT AUFLÖSEN. Damit werden automatisch Keyframes für die Eigenschaft DECKKRAFT gesetzt. Nach dem OK haben Sie nichts weiter zu tun, als das Ergebnis abzuspielen.

**Abbildung 5.39 ▼**
Auf Stoß als Sequenz angeordnete Ebenen

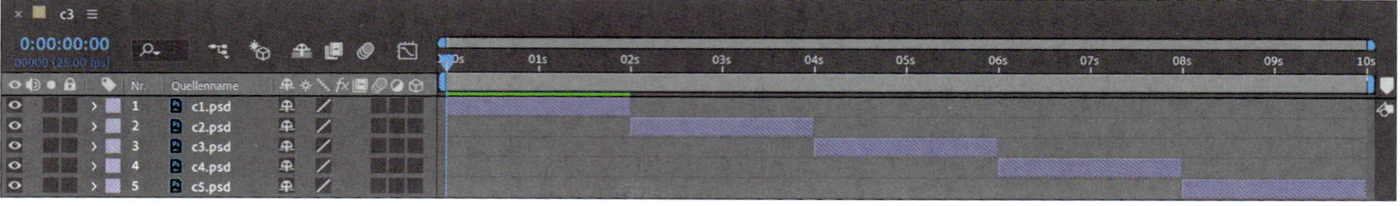

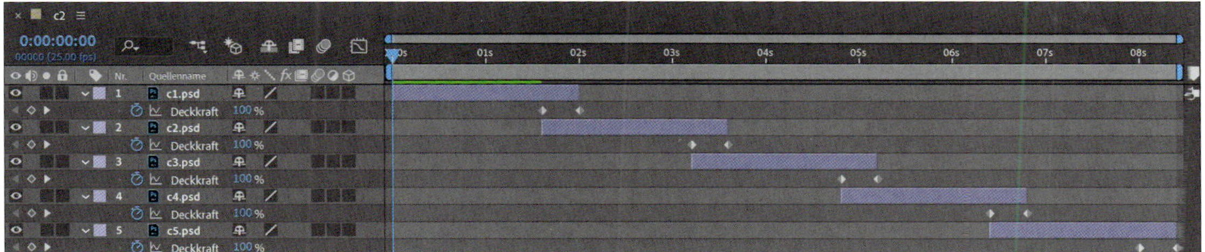

▲ **Abbildung 5.40**
Eine Ebenensequenz mit ineinander überblendeten Ebenen

Die zweite anfangs erwähnte Möglichkeit funktioniert ganz ähnlich: Wählen Sie dazu in der Zeitleiste die Ebenen in der Reihenfolge aus, in der sie später angeordnet werden sollen. Anschließend gehen Sie über das Menü Animation • Keyframe-Assistent • Sequenzebenen. Im Dialog Sequenzebenen treffen Sie Ihre Festlegungen analog zum Überlappen in der obigen Beschreibung.

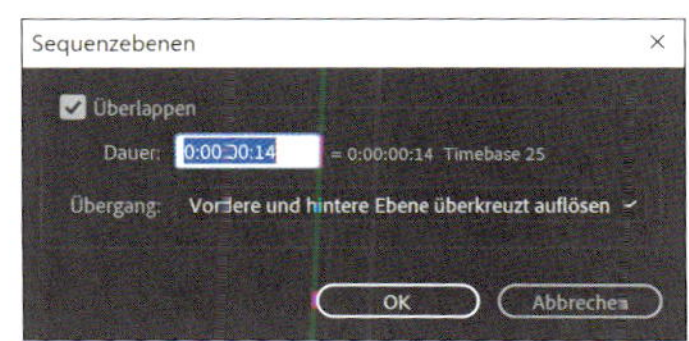

▲ **Abbildung 5.41**
Dialog für in der Zeitleiste befindliche Ebenen

## 5.5 Marken setzen und Responsive Design – Zeit

Bei größeren Projekten sind Markierungen im Projekt oft unverzichtbar, um die Übersicht zu bewahren. Für die Synchronisation der Animationen mit Sound sind sie ein Muss. Sie setzen Marken in der Zeitleiste (Kompositionsmarken) und auf Ebenen (Ebenenmarken). Die Kompositionsmarken entsprechen den Sequenzmarken, Ebenenmarken entsprechen den Clipmarken in Premiere Pro. Marken können eine magnetische Anziehungskraft ausüben. Sie richten daran die Zeitmarke, den Ebenen-In- und -Out-Point und Keyframes aus.

Eine wichtige Möglichkeit bei Ebenen- wie bei Kompositionsmarken besteht im Hinzufügen von Kommentaren, Weblinks oder Kapitelverknüpfungen. Über Weblinks lassen sich Webseiten im Browser öffnen. Kapitelverknüpfungen dienen dazu, zu anderen Kapiteln innerhalb bestimmter Filmformate zu gelangen. Mit Marken, für die Sie die Option Responsive Design – Zeit aktivieren, können Sie Bereiche in verschachtelten Kompositionen so schützen, dass sie beim Ändern der Gesamtlänge unverändert bleiben. Und dies bleibt auch beim Übertrag solcher Kompositionen nach Premiere Pro bestehen.

### 5.5.1 Kompositionsmarken und Responsive Design – Zeit

Kompositionsmarken setzen Sie, indem Sie die Zeitmarke auf einen gewünschten Zeitpunkt setzen und dann auf das kleine Marken-

Symbol ❷ in der Zeitleiste klicken oder von dort eine Marke auf einen gewünschten Zeitpunkt ziehen. Die Markierungen ❶ werden nummeriert, beginnend mit 1. Drücken Sie die Markennummer (0–9) auf Ihrer Tastatur, wird die Zeitmarke genau auf die entsprechende Marke gesetzt. Bei gedrückter [⇧]-Taste springen Keyframes, In- und Out-Points und die Zeitmarke magnetisch an die Markierungen. Zum Entfernen einer Markierung ziehen Sie sie auf das kleine Marken-Symbol zurück, oder klicken Sie die Marke mit der rechten Maustaste an, und wählen Sie DIESE MARKE LÖSCHEN. Unnummerierte Marken setzen Sie, wenn Sie keine Ebene der Komposition ausgewählt haben, mit der Taste [*].

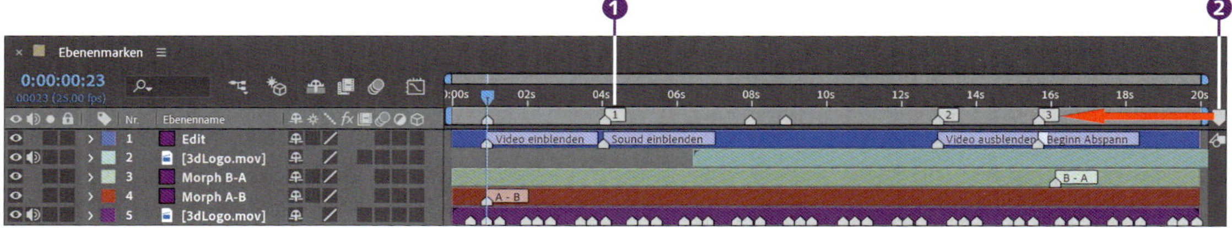


▲ **Abbildung 5.42**
Eine Komposition mit nummerierten und unnummerierten Kompositionsmarken

Innerhalb einer verschachtelten Komposition werden die Kompositionsmarken als Ebenenmarken angezeigt, wenn die Marken **vor** der Verschachtelung erstellt wurden.

Das ist eine sehr sinnvolle Erfindung, um entscheidende Stellen in einer Animation leicht wiederzufinden und andere Animationen daran auszurichten. Ebenenmarken handhaben Sie nicht viel anders als die Kompositionsmarken – sie können jedoch auf einzelnen Ebenen erstellt werden.

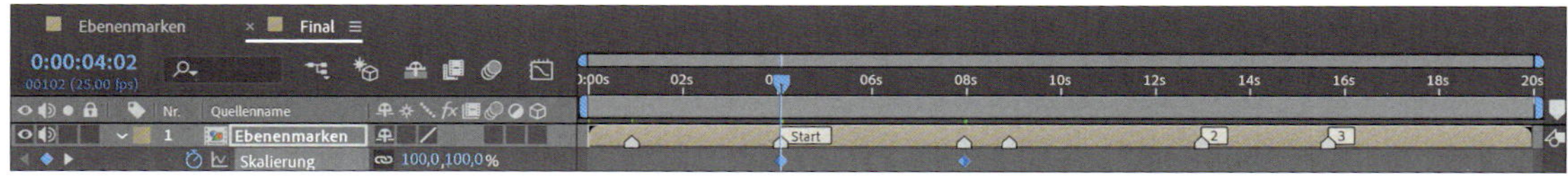


▲ **Abbildung 5.43**
In verschachtelten Kompositionen werden Kompositionsmarken als Ebenenmarken übernommen.

### Kommentare hinzufügen

Per Doppelklick auf eine Kompositionsmarke öffnet sich ein Dialogfenster, in dem Sie neben weiteren Funktionen die Kompositionsmarke benennen können. Geben Sie unter KOMMENTAR ❺ einen kurzen, aussagefähigen Kommentar ein.

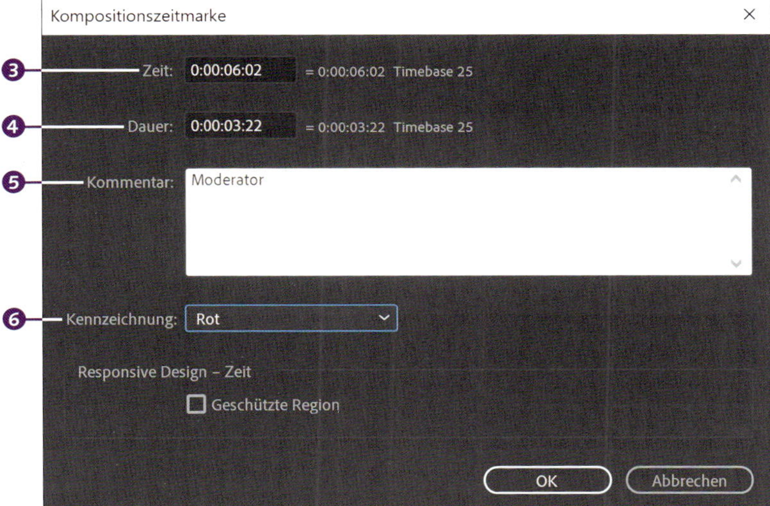


◀ **Abbildung 5.44**
Im Dialogfeld KOMPOSITIONSMARKE tragen Sie Kommentare ein und finden weitere Funktionen.

### Dauer einer Marke und Kennzeichnung

Um bestimmte Abschnitte in Kompositionen besser kennzeichnen zu können, lässt sich für jede Markierung eine Dauer festlegen und eine Farbe zuweisen. Sie könnten Ihre Komposition beispielsweise in die Abschnitte Vorspann und Abspann aufteilen und im Mittelteil den Abschnitt A und den Abschnitt B festlegen.

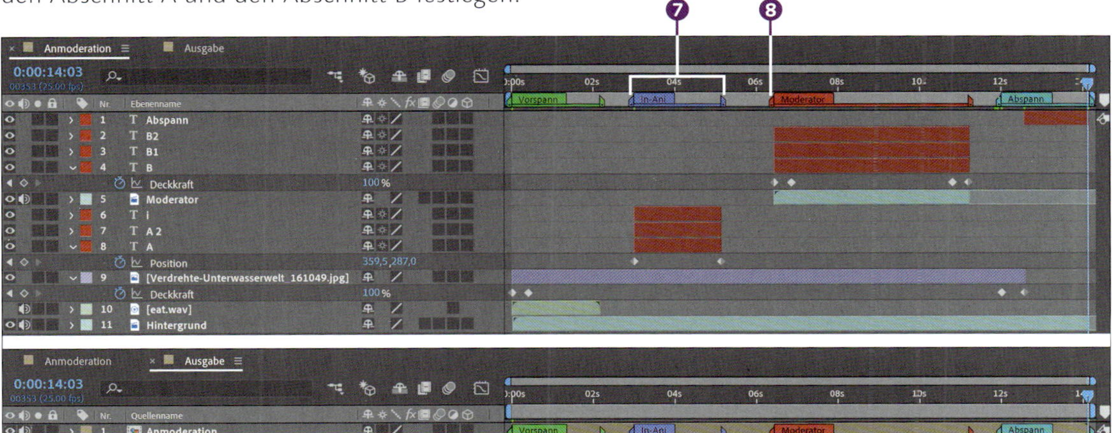


▲ **Abbildung 5.45**
In der oberen Abbildung bilden die Marken farbig gekennzeichnete Bereiche, die nach der Verschachtelung (siehe unten) gut sichtbar sind.

Einer Kompositionszeitmarke fügen Sie eine Dauer hinzu, indem Sie sie doppelt anklicken und im Dialog KOMPOSITIONSZEITMARKE bei DAUER ❹ einen Wert eintragen. Das Gleiche erreichen Sie, indem Sie die Taste `Alt` drücken und direkt an der Kompositionszeitmarke nach rechts ziehen. Die Marke wird anschließend als Klammer ❼ dargestellt. Im Dialog können Sie bei ZEIT ❸ festlegen, wo diese Klammer beginnt, oder Sie ziehen die Marke per Klick auf die erste der beiden Klammern ❽ direkt in der Zeitleiste. Eine farbige Hervorhebung legen Sie bei KENNZEICHNUNG ❼ (Abbildung 5.44) fest. Verschachteln Sie eine so gekennzeichnete Komposition, bleiben die markierten Bereiche erhalten.

**Bereits verschachtelt**
Die Option RESPONSIVE DESIGN – ZEIT wirkt sich nicht auf bereits verschachtelten Kompositionen aus. Sie müssen die Option **vor** dem Verschachteln in der Quellkomposition wählen.

### Responsive Design – Zeit

Zusätzlich zur oben beschriebenen Festlegung der Dauer einer Kompositionsmarke schützen Sie einen oder mehrere Zeitbereiche in einer Komposition mit der Option RESPONSIVE DESIGN – ZEIT. Dazu setzen sie im Dialog KOMPOSITIONSZEITMARKE unter RESPONSIVE DESIGN ein Häkchen bei GESCHÜTZTE REGION ❶.

Wird diese Komposition anschließend verschachtelt – und nur dann macht RESPONSIVE DESIGN – ZEIT Sinn – können Sie die Gesamtlänge dieser nun als Ebene dargestellten Komposition verändern, ohne dass dabei die geschützten Bereiche zeitlich gedehnt oder gestaucht werden. Das Stauchen und Dehnen geschieht stattdessen zwischen den geschützten Bereichen. Befinden sich dort Animationen, werden diese beschleunigt bzw. verlangsamt, was Sie beim Einsatz der Funktion in Ihrem Hinterkopf behalten sollten. Um die Ebenendauer einer verschachtelten Komposition zu ändern, die geschützte Bereiche enthält, ziehen Sie einfach am Ende der verschachtelten Ebene ❷.

**Arbeitsbereich für geschützte Bereiche nutzen**
Mit den Tasten [B] und [N] richten Sie in der Zeitleiste Anfang und Ende des Arbeitsbereichs auf eine bestimmte Zeitdauer ein. Klicken Sie danach per rechter Maustaste in den Bereich und wählen dann GESCHÜTZTE REGION AUS ARBEITSBEREICH ERSTELLEN.

Übrigens können Sie verschachtelte Kompositionen mitsamt den geschützten Bereichen über Animationsvorlagen, die Sie mit ESSENTIAL GRAPHICS erstellen, an Premiere Pro übergeben. Anschließend können Sie in Premiere Pro die Gesamtdauer der Komposition (dort Clip) ändern, aber die geschützten Bereiche bleiben auch dort unverändert. Ausführliche Informationen zu Essential Graphics und zu Animationsvorlagen finden Sie in Abschnitt 17.6, »Essential Graphics« und in den dazugehörenden Workshops.

**Vor- und Abspann hinzufügen**
Über KOMPOSITION • RESPONSIVE DESIGN – ZEIT • VORSPANN ERSTELLEN bzw. ABSPANN ERSTELLEN fügt After Effects am Anfang und Ende der Komposition geschützte Bereiche hinzu, deren Länge 15 % der Gesamtdauer der Komposition beträgt.

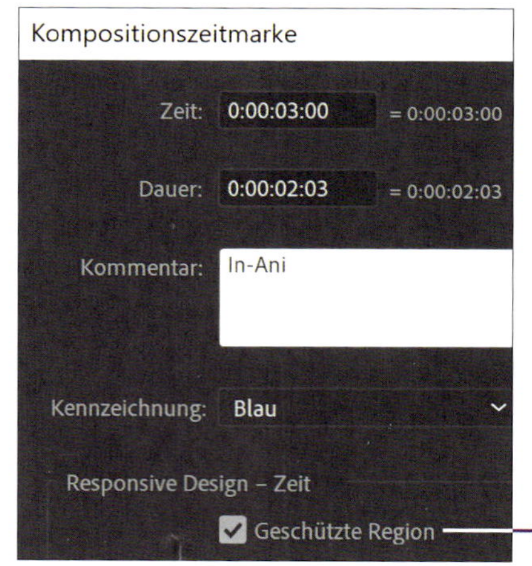


**Abbildung 5.46 ▸**
Einen Zeitbereich einer Komposition schützen Sie über ein Häkchen im Dialog KOMPOSITIONSZEITMARKE.

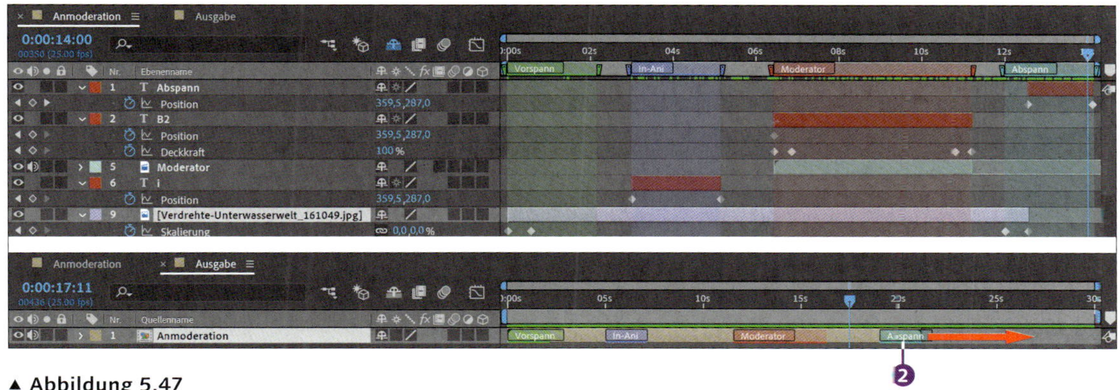


▲ **Abbildung 5.47**
In der oberen Abbildung sehen Sie die geschützten Zeitbereiche, die nach der Verschachtelung und Zeitdehnung der Ebene (untere Abbildung) ihre Dauer beibehalten.

## 5.5.2 Ebenenmarken

Sie können einer Ebene beliebig viele Ebenenmarken hinzufügen. In größeren Projekten wird oftmals eine Ebene angelegt, die ausschließlich zum Setzen von Ebenenmarken dient.

**Marken während der Audiovorschau setzen**
Drücken Sie die Taste [,] auf dem Ziffernblock der Tastatur, um eine Audiovorschau abzuspielen. Während der Vorschau setzen Sie im Rhythmus Marken mit der Taste [*] auf dem Ziffernblock. Vertiefende Informationen finden Sie in Abschnitt 6.4, »Audiovorschau und Audio synchronisieren«.

### Ebenenmarke und unnummerierte Kompositionsmarke setzen

Markieren Sie zum Setzen von Ebenenmarken die gewünschte Ebene in der Zeitleiste. Wählen Sie anschließend EBENE • MARKE HINZUFÜGEN. Noch schneller setzen Sie Ebenenmarken mit der Taste [*] auf dem Ziffernblock der Tastatur bzw. [cmd]+[8] beim Mac. Ist keine Ebene markiert, entstehen mit der Taste [*] auf dem Ziffernblock unnummerierte Kompositionsmarken, die nach dem Verschachteln als Ebenenmarken erscheinen.

### Ebenenmarke löschen

Bei einem Klick mit der rechten Maustaste auf eine Marke öffnet sich ein Kontextmenü. Wählen Sie dort DIESE MARKE LÖSCHEN oder ALLE MARKEN LÖSCHEN. Schützen Sie Marken mit MARKEN SCHÜTZEN. Bei einem Klick mit gedrückter [Strg]-Taste auf eine Marke lässt sich diese ebenfalls entfernen.

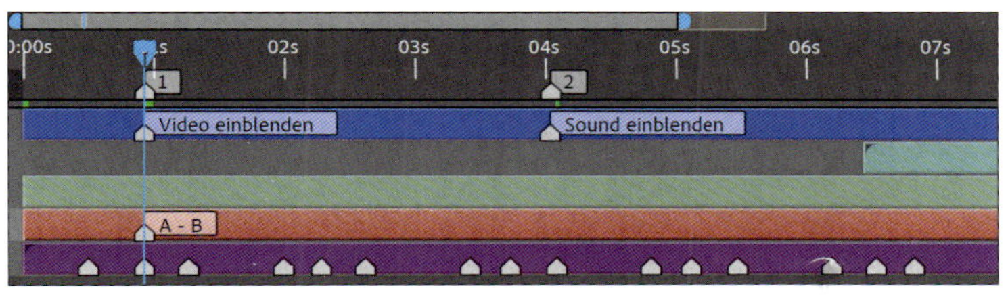


◀ **Abbildung 5.48**
Ebenenmarken werden auf Ebenen zur Ausrichtung anderer Ebenen, Keyframes etc. gesetzt.

| Funktion | Windows | Mac |
|---|---|---|
| Zur Ebenenmarke davor | J | J |
| Zur Ebenenmarke danach | K | K |
| Ebenenmarke entfernen | Strg + Klick auf die Marke | cmd + Klick auf die Marke |
| Zur Kompositionsmarke | 0 bis 9 auf der Haupttastatur | 0 bis 9 auf der Haupttastatur |

**Tabelle 5.1** ▸
Weitere Tastenkürzel zum Navigieren der Zeitmarke

## 5.6 XMP-Metadaten

Metadaten beschreiben Eigenschaften anderer Daten, enthalten aber nicht die eigentlichen Daten. Zum Beispiel sind die Daten zu Ihrem Aufenthaltsort über die Metadaten Ihrer elektronischen Geräte wie Smartphone, Tablet oder Desktop-Computer einsehbar, während diese Daten aber noch nicht Ihre Gespräche und privaten Dokumente beinhalten.

**Exif**
Exif (Exchangeable Image File Format) ist ein von modernen Digitalkameras verwendeter Standard für das Speichern von Metadaten, also Informationen zu den aufgenommenen Bildern wie Kameratyp oder Belichtung.

**IPTC (IIM)**
IPTC ist die Abkürzung für »International Press Telecommunications Council«. IPTC-Formate dienen ebenfalls der Speicherung von Textinformationen innerhalb von Bilddateien.

Adobe verwendet als Standardformat seiner Applikationen das Format XMP (Extensible Metadata Platform). Je nach Verwendungszweck werden andere Metadaten gespeichert. So sind das bei einer Videokamera z. B. Aufnahmeort und -zeitpunkt, Szene und Kameratyp. Metadaten dienen also der besseren Verwaltung großer Datenmengen, was in einer Gesellschaft, die sich von jedermann bedroht sieht, von enormer Bedeutung ist.

Seit den CS4-Versionen werden Metadaten von After Effects, Premiere Pro, Audition (ab CS5.5), Animate und Photoshop unterstützt. Informationen wie Datum, Copyright, Autor, Auflösung, Farbraum und Kameratyp werden innerhalb der jeweiligen Bild-, Video- oder Sounddatei mitgespeichert und sind so von jedem Programm der Adobe Creative Suite und Programmen vieler anderer Anbieter abrufbar.

Das XMP-Format basiert auf XML (Extensible Markup Language). Mit XMP werden Metadaten, die in anderen Formaten – wie Exif, IPTC (IIM), GPS oder TIFF – gespeichert sind, synchronisiert und so leichter angezeigt und verwaltet. Die gemeinsame Verwendung solcher Daten in verschiedenen Applikationen vereinfacht und beschleunigt den Arbeitsprozess. Die Applikationen seit der Creative Suite 4 von Adobe speichern solche Daten im Gegensatz zu älteren Applikationen immer mit, und diese Daten bleiben sowohl bei einer Formatumwandlung (z. B. PSD in JPG) als auch nach dem Platzieren in Projekten anderer Anwendungen erhalten.

### 5.6.1 Statische und temporale Metadaten

Metadaten können statisch (also dauerhaft) oder temporal (also zeitlich begrenzt) gültig sein. Copyright- und Urheberangaben sind beispielsweise statische und die weiter oben beschriebenen Ebenenmarken temporale Metadaten. Sie können zum Beispiel in Premiere Pro die Sprachsuche-Funktion anwenden, um gesprochenen Text aus Audio- oder Videodaten in Textmetadaten, also eine lesbare Textdatei, umzuwandeln. Mit dieser Suchfunktion kann dieser Text durchsucht und zur entsprechenden Textstelle in der Video- oder Sounddatei gesprungen werden.

Wird eine Datei mit solchen temporalen Textmetadaten in After Effects importiert, kann der gesprochene Text in den Ebenenmarken angezeigt werden, das heißt, jedes gesprochene Wort erscheint synchron zum angezeigten Clip in einer Ebenenmarke.

Dazu aktivieren Sie in den After-Effects-Voreinstellungen unter MEDIEN- UND DISK-CACHE die Option EBENENMARKEN AUS FOOTAGE-XMP-METADATEN ERSTELLEN ❷ (Abbildungen 5.50), falls nicht schon aktiv. Da in Ebenenmarken gespeicherte Daten für Expressions zugänglich sind, können Sie die Metadaten auch für die Arbeit mit Expressions und Skripten verwenden.

**Manuelle Konvertierung**
Temporale Metadaten können Sie auch manuell in Ebenenmarken konvertieren, falls die Option EBENENMARKEN AUS FOOTAGE-XMP-METADATEN ERSTELLEN nicht aktiviert war. Klicken Sie dazu in der Ebene mit der rechten Maustaste auf eine selbsterstellte Ebenenmarke, und wählen Sie MARKEN ÜBER QUELLE AKTUALISIEREN. Alle selbsterstellten Marken werden dann entfernt und die temporalen Metadaten in neuen Ebenenmarken hinzugefügt.

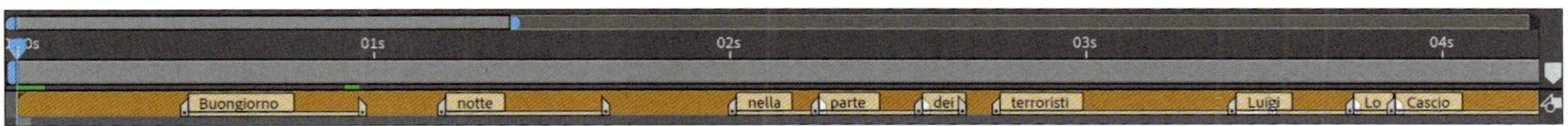


▲ **Abbildung 5.49**
Temporale Metadaten wie hier Textmetadaten werden in Ebenenmarken angezeigt.

### 5.6.2 Identifikationsnummer

In einem Wust an riesigen Datenmengen ist die eindeutige Identifizierbarkeit nur mit einer eindeutigen Nummer möglich. Daher wird jeder Datei beim Import in After Effects eine eindeutige ID-Nummer zugewiesen, es sei denn, die Datei weist schon eine solche Nummer auf. Bei neueren Adobe-Applikationen werden die IDs in den entsprechenden Programmen, z. B. Photoshop, erzeugt; After Effects behält in diesem Fall die ID bei.

Der Vorteil der eindeutigen IDs wird beim Workflow zwischen den verschiedenen Anwendungen deutlich: Hier greifen mehrere Programme anhand der ID auf einmal erstellte Vorschauen und angepasste Audiodateien zu, und ein nochmaliges Rendern einer Vorschau in einem anderen Programm entfällt.

Wichtig ist, dass After Effects diese IDs nur dann selbst generiert, wenn in den Voreinstellungen unter MEDIEN- UND DISK-CACHE die Option BEIM IMPORT XMP-IDS IN DATEIEN SCHREIBEN ❶ aktiviert

**Änderungen an Ebenenmarken**
Falls Sie Inhalte von Ebenenmarken ändern, werden diese Änderungen nicht in die Quelldatei übernommen. Die darin enthaltenen XMP-Metadaten bleiben unverändert.

**GUIDs**
GUIDs (Globally Unique Identifiers) sind zufällig generierte 16-Byte-Zahlen. Sie werden von XMP als ID-Werte für einzelne Dateien verwendet, um deren eindeutige Kennung zu gewährleisten.

ist. Die ID wird dann direkt in die Quelldatei geschrieben und ist danach für alle anderen Anwendungen verfügbar.

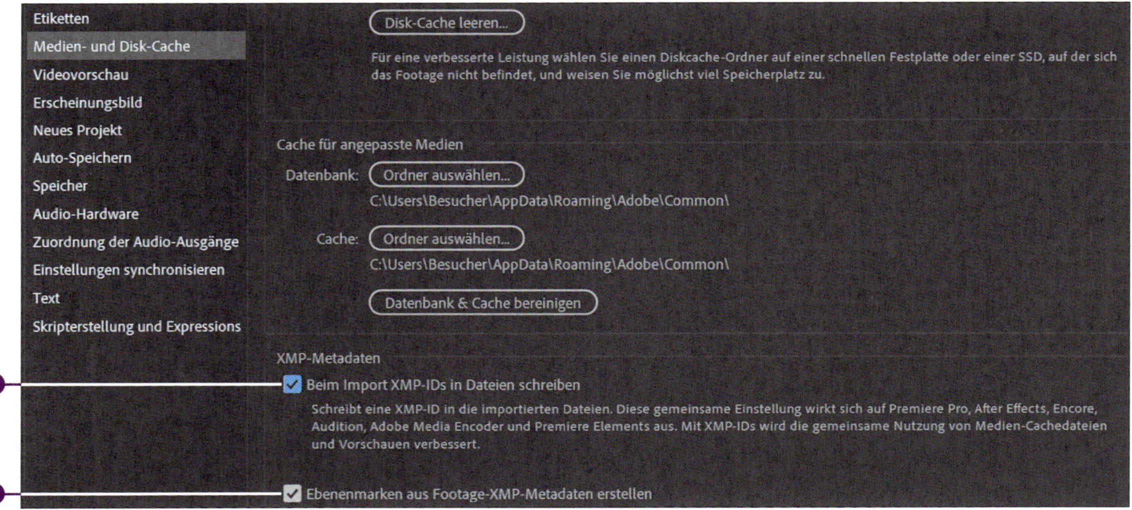


▲ **Abbildung 5.50**
In den Voreinstellungen regeln Sie den Umgang mit XMP-Metadaten

## 5.6.3 XMP-Metadaten in After Effects

Beim Import von Dateien, die Metadaten enthalten, zeigt After Effects gegebenenfalls die Meldung XMP-METADATEN WERDEN AUS FOOTAGE GELESEN an. Die in den Dateien enthaltenen Metadaten werden, wenn es sich um temporale Metadaten handelt, in der Zeitleiste als Ebenenmarken angezeigt.

Statische Metadaten können Sie im After-Effects-Metadatenfenster einsehen. Sie öffnen das Fenster über FENSTER • METADATEN. Die Daten werden nur angezeigt, wenn Sie eine Datei im Projektfenster ausgewählt haben. Metadaten aus Projektdateien sehen Sie dabei nach dem Öffnen des Projekts im oberen Teil unter PROJEKT, Daten aus anderen Dateien erscheinen im unteren Teil. In den vorhandenen Metadatenkategorien können Sie eigene Informationen einfügen und Angaben ändern. Haben Sie zuvor mehrere Dateien ausgewählt, werden die Angaben in diesen Dateien gleichzeitig geändert und in die Quelldateien geschrieben.

Über den Button ❺ wählen Sie PROJEKT-METADATEN-ANZEIGE bzw. DATEI-METADATEN-ANZEIGE. Im Dialog METADATENANZEIGE können Sie Kategorien über den Button NEUES SCHEMA ❹ hinzufügen und danach per EIGENSCHAFT HINZUFÜGEN ❸ eine passende Eigenschaftsliste erstellen. Wollen Sie ein individuelles Eigenschaftenset speichern, klicken Sie auf den Button EINSTELLUNGEN SPEICHERN und wählen einen aussagekräftigen Namen. Das Set ist dann im Popup-Menü über dem Button abrufbar.

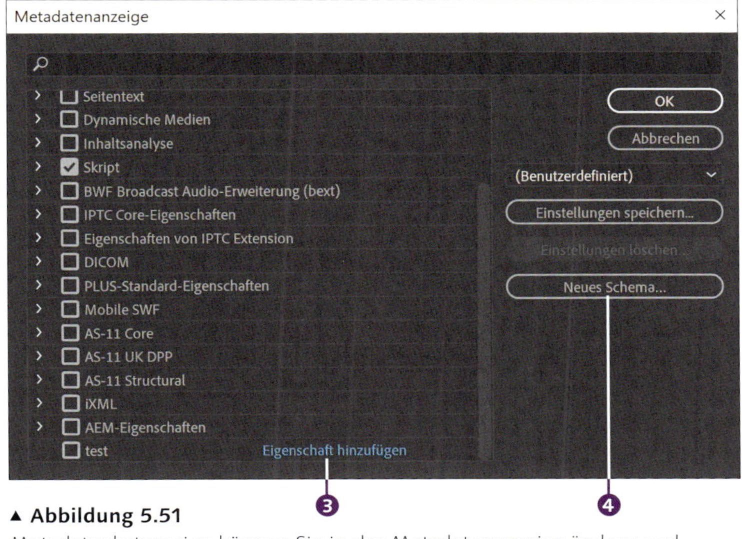


▲ **Abbildung 5.51**
Metadatenkategorien können Sie in der Metadatenanzeige ändern und hinzufügen.

▲ **Abbildung 5.52**
Im Fenster METADATEN werden statische Metadaten angezeigt und können darin geändert oder ergänzt werden.

### Exportieren von XMP-Metadaten aus After Effects

Beim Rendern und Exportieren einer Komposition können Sie sämtliche XMP-Metadaten aller in der Komposition enthaltenen Footage-Elemente in die Ausgabedatei schreiben. Hierbei werden nicht nur die Metadaten aus importierten Dateien übernommen, sondern auch sämtliche Informationen in Ebenen- und Kompositionsmarken und in den Kommentarspalten des Zeitleisten- und Projektfensters.

Wichtig ist hierbei, dass im Ausgabemodul der Renderliste die Option QUELL-XMP-METADATEN EINSCHLIESSEN 6 aktiviert ist, da ansonsten nur die IDs der Footage-Elemente eingeschlossen sind.

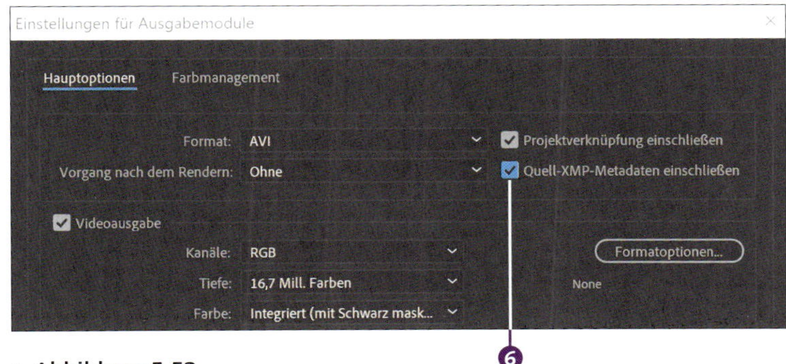


▲ **Abbildung 5.53**
Bei der Ausgabe können Sie sämtliche im Projekt enthaltenen XMP-Metadaten erfassen.

**Importierbare XMP-Metadaten-Formate**

Sie können XMP-Metadaten aus folgenden Formaten importieren:

- **Kameraformate:** AVCHD, HDV, P2, XDCAM, XDCAM EX
- **Bildformate:** GIF, JPEG, PNG, PostScript, TIFF
- **Containerformate:** FLV, F4V, QuickTime (MOV), Video für Windows (AVI), Windows Media (ASF, WAV)
- **Authoring-Formate:** InDesign-Dokumente, Photoshop-Dokumente (PSD), sonstige native Dokumentformate für Adobe-Anwendungen
- **MPEG-Formate:** MP3, MPEG-2, MPEG-4
- **SWF**

**Exportierbare XMP-Metadaten-Formate**
After Effects kann XMP-Metadaten außer in die eigenen Formate AEP und AEPX bei folgenden Formaten direkt in die Dateien schreiben. Dies geht für QuickTime (MOV) und Video für Windows (AVI). Über den Media Encoder ist der Metadatenexport auch für Windows Media (WMV), MPEG-Formate (MPG, M2V, MP4), wobei für einige MPEG-Formate nur Filialdateien (XMP) erzeugt werden und viele weitere Formate verfügbar.

**Re-importieren von XMP-Metadaten in After Effects**
Re-importieren Sie Dateien in After Effects, die Sie zuvor mit der Ausgabeoption QUELL-XMP-METADATEN EINSCHLIESSEN erstellt haben, sind sämtliche XMP-Metadaten als Ebenenmarken verfügbar. Dazu müssen Sie die importierte Datei zunächst in einer Komposition als Ebene verwenden. Im Metadatenfenster erscheinen diese Informationen allerdings nicht.

## 5.7 Bitte mischen: Füllmethoden

Grundsätzlich sind Ebenen immer opak, das heißt, weiter oben in der Zeitleiste befindliche Ebenen decken darunterliegende ab. Beeinflussen können Sie dies durch Deckkraftänderungen und durch die Füllmethoden (auch »Ebenenmodi«). Wenden Sie Füllmethoden auf eine Ebene an, werden die Pixel dieser Ebene mit den Pixeln der darunter befindlichen Ebenen gemischt. Weiter oben liegende Ebenen werden von der Füllmethode nicht beeinflusst.

Die Wirkung der Füllmethoden ist sehr unterschiedlich und hängt von den Farbwerten der Pixel der gemischten Ebenen ab. Wenige Füllmethoden nutzen den Alphakanalwert einer Ebene. Aus Photoshop sind Ihnen die Füllmethoden vielleicht ohnehin schon vertraut. Falls nicht, ist es das Beste, Sie probieren sie einmal praktisch aus. Aber versuchen Sie nicht vergeblich, einen Wechsel der Methode zu animieren. Das ist nicht möglich.

Sie finden die Füllmethoden versteckt hinter einer kleinen Schaltfläche in der Zeitleiste. Klicken Sie auf die Schaltfläche EBENENMODIFENSTER ❷, um zu den Füllmethoden zu gelangen. Unter dem Spalteneintrag MODUS erreichen Sie das Füllmethoden-Popup, indem Sie auf den Eintrag NORMAL ❸ klicken. Haben Sie eine Füllmethode aus der Liste gewählt, wird die Ebene mit einem dunklen Augen-Symbol ❶ gekennzeichnet.

**Abbildung 5.54 ▼**
Um die Füllmethoden anzuwenden, müssen Sie zuerst die Anzeige EBENENMODIFENSTER einblenden.

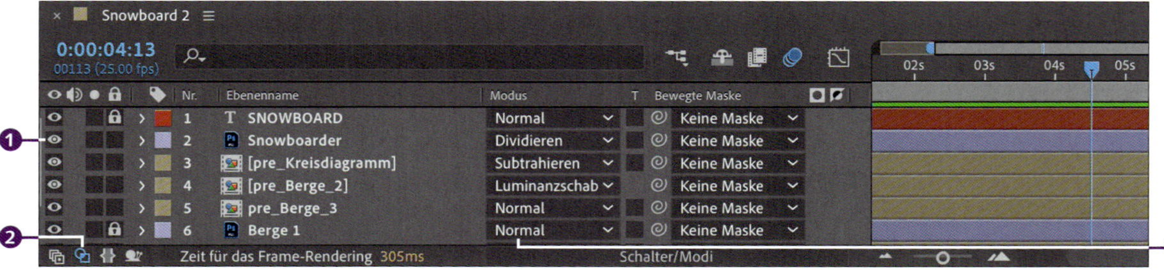


Sie finden die Füllmethoden bzw. Modi in verschiedene Gruppen unterteilt, von denen ich im Folgenden einige vorstellen werde.

### 5.7.1 Transparenzmodi

Die Transparenzmodi verwenden die Alphainformation einer Ebene, um diese mit den darunter befindlichen Ebenen zu kombinieren. Zu den Transparenzmodi zählen Normal, Streuen und Sprenkeln mit Rauschen. Alle Ebenen sind grundsätzlich auf den Modus Normal eingestellt. Die Ebenenpixel werden bei dieser Einstellung nicht gemischt.

Bei den Modi Streuen und Sprenkeln mit Rauschen werden einige Pixel einer Ebene per Zufallsverteilung komplett transparent und andere komplett deckend dargestellt. Um eine Wirkung zu erzielen, muss die Ebene eine geringere Deckkraft als 100 % aufweisen. Einen schönen Effekt erzielen Sie bei Sprenkeln mit Rauschen, da hier die Pixel über die Zeit verändert, sozusagen animiert werden.

Normal
Streuen
Sprenkeln mit Rauschen

Abdunkeln
Multiplizieren
Farbig nachbelichten
Farbig nachbelichten - klassisch
Linear nachbelichten
Dunklere Farbe

Addieren
Aufhellen
Negativ multiplizieren
Farbig abwedeln
Farbig abwedeln - klassisch
Linear abwedeln
Hellere Farbe

Überlagern
Weiches Licht
Hartes Licht
Lineares Licht
Strahlendes Licht
Punktuelles Licht
Harte Mischung

Differenz
Differenz - klassisch
Ausschluss
Subtrahieren
Dividieren

Farbton
Sättigung
Farbe
Luminanz

Alphaschablone
Luminanzschablone
Alphasilhouette
Luminanzsilhouette

Alpha addieren
Luminanz integrieren

▲ **Abbildung 5.55**
Unter dem Eintrag Modus befindet sich für jede Ebene ein Popup mit sämtlichen Füllmethoden

### 5.7.2 Abdunkeln-Modi

Die Abdunkeln-Modi dunkeln die Pixel einer Ebene insgesamt ab. Dazu gehören die Modi Abdunkeln, Multiplizieren, Linear nachbelichten und Farbig nachbelichten. Farbig nachbelichten – klassisch und Dunklere Farbe verwenden Sie, um die Kompatibilität mit älteren After-Effects-Projekten zu erhalten. Sie nutzen diese Modi, um Strukturen wie Rauch oder Störungen ins Material einzufügen.

Der Modus Abdunkeln vergleicht die Farbwerte eines Bildes mit denen der darunter befindlichen Bilder. Dunkle Farbwerte werden übernommen, weiße Pixel werden transparent. Im Modus Multiplizieren werden die Farbwerte der Pixel übereinanderliegender Bilder multipliziert und anschließend durch den maximalen Pixelwert dividiert. Linear nachbelichten verringert die Helligkeit eines Bildes, indem mit den Farbwerten darunter befindlicher Ebenen verglichen wird. Im Modus Farbig nachbelichten wird die Helligkeit eines Bildes durch Erhöhen des Kontrasts anhand der Farbinformation in den verglichenen Bildern verringert.

▲ **Abbildung 5.56**
Ein Bild ohne Füllmethoden

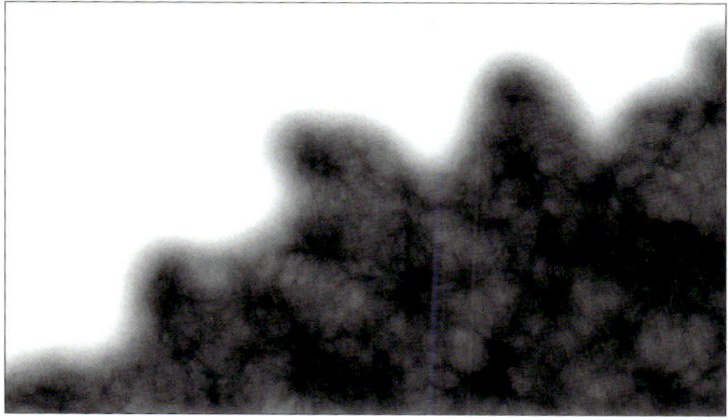

▲ **Abbildung 5.57**
Eine Ebene, die eine rauchartige Struktur enthält

**Abbildung 5.58** ▸
Der Rauch und das Kornfeld per Modus MULTIPLIZIEREN kombiniert. Fehlt nur noch das Feuer ...

### 5.7.3 Aufhellen-Modi

Die Aufhellen-Modi ähneln den Abdunkeln-Modi und werden daher hier nur kurz erwähnt. Aufhellen-Modi führen im Gegensatz zu den Abdunkeln-Modi, wie der Name schon sagt, zu einer Aufhellung des Bildes. Sie nutzen diese Modi, um Feuer und Explosionen mit anderem Material zu kombinieren. Schwarze Pixel werden vollkommen transparent.

▲ **Abbildung 5.59**
Feuer und Explosionen kombinieren Sie über die Aufhellen-Modi.

▲ **Abbildung 5.60**
Hier wurde das Feuer im Modus NEGATIV MULTIPLIZIEREN kombiniert.

### 5.7.4 Kombinieren-Modi

Die Kombinieren-Modi vergleichen, ob Bildpixel sich über oder unter einem bestimmten Grenzwert wie beispielsweise 50 % Grau befinden. Abhängig davon werden Pixel im Bild heller oder dunkler dargestellt. Den Namen WEICHES LICHT, HARTES LICHT, LINEARES LICHT, STRAHLENDES LICHT, PUNKTUELLES LICHT lässt sich leicht entnehmen, dass bei diesen Modi eine unterschiedliche Beleuchtung der Ebenen simuliert wird. Beim Modus ÜBERLAGERN werden die Ebenenfarben gemischt. Glanzlichter und Schatten bleiben dabei erhalten. Der Modus HARTE MISCHUNG führt zu einer extremen Verstärkung des Kontrasts des Bildes.

▲ **Abbildung 5.61**
Der Modus LINEARES LICHT simuliert die Beleuchtung der Ebene.

▲ **Abbildung 5.62**
Im Modus STRAHLENDES LICHT

### 5.7.5 Differenz- und Ausschlussmodi

Die Differenz- und Ausschlussmodi DIFFERENZ, DIFFERENZ – KLASSISCH, AUSSCHLUSS, SUBTRAHIEREN und DIVIDIEREN vergleichen die Farbwerte zweier Ebenen und subtrahieren die niedrigeren von den höheren Farbwerten. Mit diesen Modi können Sie psychedelische Effekte erzielen.

**Photoshop-Ebenenstile**
Sie können innerhalb von After Effects Ebenenstile festlegen und diese animieren. Wählen Sie dazu EBENE • EBENENSTILE. Ebenenstile können Sie jeder Ebene in After Effects hinzufügen. Außerdem werden Photoshop-Ebenenstile absolut korrekt nach After Effects übernommen. Weitere Informationen finden Sie in Kapitel 18, »Workflow mit Photoshop und Illustrator«.

### 5.7.6 Farbmodi

Die Farbmodi ersetzen bestimmte Farbwerte einer Ebene mit Werten einer darunter befindlichen Ebene. Mit den Modi FARBTON, SÄTTIGUNG, FARBE und LUMINANZ erreichen Sie oftmals unaufdringliche Farbveränderungen Ihres Materials und tauchen es in eine bestimmte Stimmung.

▲ **Abbildung 5.63**
Das Originalbild

▲ **Abbildung 5.64**
Die Farbmodi nutzen Sie zum Erzeugen einer bestimmten Stimmung wie hier eine blaue Farbfläche im Modus FARBE.

### 5.7.7 Schablonen und Silhouetten

Die Modi Alphaschablone, Luminanzschablone, Alphasilhouette und Luminanzsilhouette dienen dazu, eine beliebige Ebene als Maskierung für darunterliegende Ebenen zu verwenden. Der Modus Alphaschablone funktioniert folgendermaßen: Mehrere Ebenen werden gewissermaßen zu einer Ebene zusammengefasst und dann wie mit einer Schere ausgeschnitten. Dies erfolgt wie mit einer Schablone, die hier durch den Alphakanal definiert wird. Ist Alphasilhouette gewählt, wird das Ergebnis umgekehrt, also ein Loch in die Ebenen geschnitten.

Für die Luminanzoptionen gilt dies genauso, nur dass hier die Helligkeit entscheidet, was transparent und was deckend ist. Verwenden Sie also eine Ebene, die schwarze und weiße Flächen enthält, als Luminanzschablone, so führen die schwarzen Flächen in darunterliegenden Ebenen zu transparenten und die weißen Flächen zu deckenden Bereichen.

**Abbildung 5.65** ▸
Hier wurde über mehrere Ebenen ein Rechteck gelegt. Im Modus Alphaschablone maskiert es darunterliegende Ebenen. Deren Inhalt ist dadurch nur im Rechteck sichtbar.

**Abbildung 5.66** ▸
Hier dasselbe Rechteck im Modus Alphasilhouette. Nun ist die Wirkung genau umgekehrt.

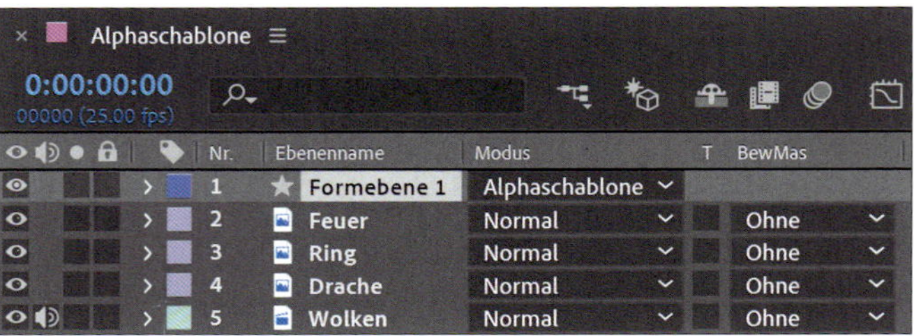


**Abbildung 5.67** ▸
In der Zeitleiste liegt die maskierende Ebene zuoberst. Alle darunterliegenden Ebenen werden maskiert.

Zum Abschluss dieses Kapitels habe ich Ihnen auf der nächsten Seite noch einmal die wichtigsten Tastenkürzel zum schnellen Arbeiten mit Ebenen für Sie zusammengefasst.

| Funktion | Windows | Mac |
| --- | --- | --- |
| Ebene, Komposition umbenennen | ← (Haupttastatur) | ↵ |
| Ebenen einzeln auswählen | Strg + Klick auf Ebene | cmd + Klick auf Ebene |
| Ebenen in Zeitleiste ausrichten | ⇧ + Ebene ziehen | ⇧ + Ebene ziehen |
| Abspielreihenfolge umkehren | Strg + Alt + R | cmd + alt + R |
| In-Point verschieben | Ö | Ö |
| Out-Point verschieben | Ä | Ä |
| In-Point einer Ebene trimmen | Alt + Ö | alt + Ö |
| Out-Point einer Ebene trimmen | Alt + Ä | alt + Ä |
| In-Point an den Anfang der Komposition setzen | Alt + Pos1 | alt + Pos1 |
| Out-Point an das Ende der Komposition setzen | Alt + Ende | alt + Ende |

◂ **Tabelle 5.2**
Tastenkürzel zum Arbeiten mit Ebenen

**Alpha addieren**

Bei zwei aufeinandertreffenden Alphakanalkanten kann es zu unerwünschten Transparenzen kommen. Um diese zu vermeiden, verwenden Sie ALPHA ADDIEREN.

Zeichnen Sie beispielsweise auf einer Bildebene eine Maske, und wählen Sie eine weiche Maskenkante. Duplizieren Sie diese Ebene, und schalten Sie im Duplikat die Maske auf UMGEKEHRT. Nun ergibt sich durch die weiche Kante beider Masken ein halbtransparenter Übergang. Diesen entfernen Sie, indem Sie die oberste Ebene im Modus ALPHA ADDIEREN verwenden.

# Kapitel 6

# Vorschau

*In der inzwischen mehr als 26-jährigen Geschichte von After Effects hat das After-Effects-Team ein ständig aktuelles Motto: »Performance, Performance, Performance«. Denn es gilt, mit immer neuen Videoformaten und rechenintensiven Funktionen Schritt zu halten und eine möglichst flüssige Bildwiedergabe zu erreichen.*

Schon im Release von 2015 wurde Wert auf eine flüssige Vorschauanzeige gelegt. After Effects konnte nun erstmals unterbrechungsfrei im Hintergrund eine aktuelle Vorschau berechnen.

Die Programmversion von 2021 markierte dann einen weiteren Meilenstein zur schnellen Bildwiedergabe. Erstmals kam ein Multiframe-Rendering zum Einsatz, das einfach gesagt sämtliche Ressourcen Ihres Rechners optimal ausnutzt. Ausschlaggebend für den Performancegewinn auf Ihrem System ist die Anzahl der CPU-Kerne und die Rechenleistung der Grafikkarte. Und für die mögliche Länge des Abspielbereichs ist natürlich die Größe des Arbeitsspeichers verantwortlich. Das Multiframe-Rendering ist standardmäßig in After Effects aktiviert, die zugehörigen Settings finden Sie unter BEARBEITEN • VOREINSTELLUNGEN • SPEICHER UND LEISTUNG. Weitere Optionen können Sie im Kompositionsfenster, in der Vorschau-Palette und in der Zeitleiste festlegen. Doch zunächst ein etwas tieferer Blick in die Speicherung und Vorschau von Animationen.

**Caches entleeren**
Um sämtliche in den RAM gespeicherte Frames zu löschen, wählen Sie BEARBEITEN • ENTLEEREN • GESAMTER SPEICHER. Wollen Sie nur die Rückgängig-Schritte entfernen, wählen Sie hier RÜCKGÄNGIG und für berechnete Frames BILD-CACHE-SPEICHER. Um zusätzlich auf der Festplatte gespeicherte Frames zu löschen, wählen Sie GESAMTER SPEICHER & DISK-CACHE.

## 6.1 Caching (globaler Performance Cache)

After Effects verwendet zwei Arten der Speicherung von Frames (Framecaching): die temporäre Speicherung im RAM und die mit der Version CS6 eingeführte dauerhafte Speicherung auf der Festplatte.

### 6.1.1 Temporäre Speicherung

Bei der temporären Speicherung (auch globaler RAM-Cache genannt) berechnet After Effects Frames, die von der Zeitmarke »berührt« wurden, automatisch und lädt sie in den RAM, woraufhin sie in Echtzeit wiedergegeben werden können. Solche Frames werden in der Zeitleiste mit einer grünen Linie markiert. Dies geschieht ganz nebenbei, während Sie arbeiten und die Zeitmarke bewegen.

Seit der Version CS6 behält After Effects sämtliche einmal berechneten Frames im RAM, auch wenn Sie Änderungen vornehmen. Das heißt, kehren Sie zu einem vorherigen Zustand der Animation zurück, wird diese nicht wie früher erneut berechnet, sondern steht in Echtzeit zur Verfügung. Dies gilt auch für Ebenen, die Sie ein- und ausblenden oder hin und her schieben, für Ebenen, die Sie duplizieren, für Keyframes, die Sie kopieren und anderswo einfügen, für Loops ... Sprich: für sämtliche Frames, die wiederverwendbar sind, egal, wo sie sich in der Zeitleiste befinden. Aktuelle Änderungen muss After Effects natürlich wie ehedem immer neu berechnen.

Durch die vielen gespeicherten Frames füllt sich zusehends der RAM; somit sind der Funktion natürliche Grenzen gesetzt, sobald der RAM voll ist. Beenden Sie After Effects, werden die Frames automatisch aus dem RAM entfernt.

**Disk-Cache-Voreinstellungen**
Via BEARBEITEN • VOREINSTELLUNGEN • MEDIEN- UND DISK-CACHE setzen Sie ein Häkchen bei DISK-CACHE AKTIVIEREN, um das Caching einzuschalten. Außerdem legen Sie hier die MAXIMALE DISK-CACHE-GRÖSSE fest und wählen einen Ordner für die Speicherung auf einem möglichst schnellen Laufwerk, z. B. einem SSD-Laufwerk. Dieses Laufwerk sollte ein anderes Laufwerk sein als jenes, das Ihre Rohmaterialien enthält. Zum Löschen des Disk-Cache, also aller dauerhaft gespeicherten Frames und Arbeitsbereiche, wählen Sie DISK-CACHE LEEREN.

### 6.1.2 Dauerhafte Speicherung

Die dauerhafte Speicherung (auch dauerhafter Disk-Cache genannt) betrifft die bereits aus früheren Versionen bekannte Möglichkeit, den Disk-Cache für die Speicherung von Frames hinzuzuziehen. After Effects berechnet renderintensive Frames, die automatisch erkannt werden, selbsttätig im Hintergrund und legt sie dauerhaft auf der Festplatte ab.

Früher wurde der Disk-Cache beim Beenden von After Effects gelöscht, seit CS6 bleiben die auf die Festplatte gerechneten Frames dauerhaft erhalten. Auf solche dauerhaft gespeicherten Frames können unterschiedliche Projekte zugreifen, da die Frames nicht projektspezifisch verwaltet werden. After Effects sucht beim Start automatisch auf der Festplatte nach zum Projekt passenden Frames.

Die dauerhafte Speicherung ist standardmäßig aktiviert ❶. Dafür reserviert After Effects 10 % der gesamten Festplattenkapazität bzw. maximal 500.000 GB. Der Performancevorteil: Starten Sie ein zuvor schon einmal geöffnetes Projekt neu, erkennt After Effects dies und zeigt die früher bereits berechneten Frames schneller an. Diese Frames werden mit einer blauen Linie dargestellt. Teils kann After Effects solche Frames so schnell in den RAM laden, dass Sie sofort eine Echtzeitvorschau abspielen können.

**Keine Echtzeitwiedergabe**
Wer sich eine Echtzeitwiedergabe durch die dauerhafte Speicherung der Frames auf der Festplatte erhofft, der wird leider enttäuscht. Die bereits auf der Festplatte vorhandenen Frames müssen vor der Wiedergabe in den RAM geladen werden, um sie in Echtzeit abzuspielen. Hilfreich ist aber hierbei eine möglichst schnelle Festplatte, damit die Daten schnell gelesen werden.

▲ **Abbildung 6.1**
Frames, die After Effects dauerhaft auf die Festplatte gerechnet hat, werden mit einer blauen Linie in der Zeitleiste dargestellt. In den RAM gerechnete Frames sind grün gekennzeichnet.

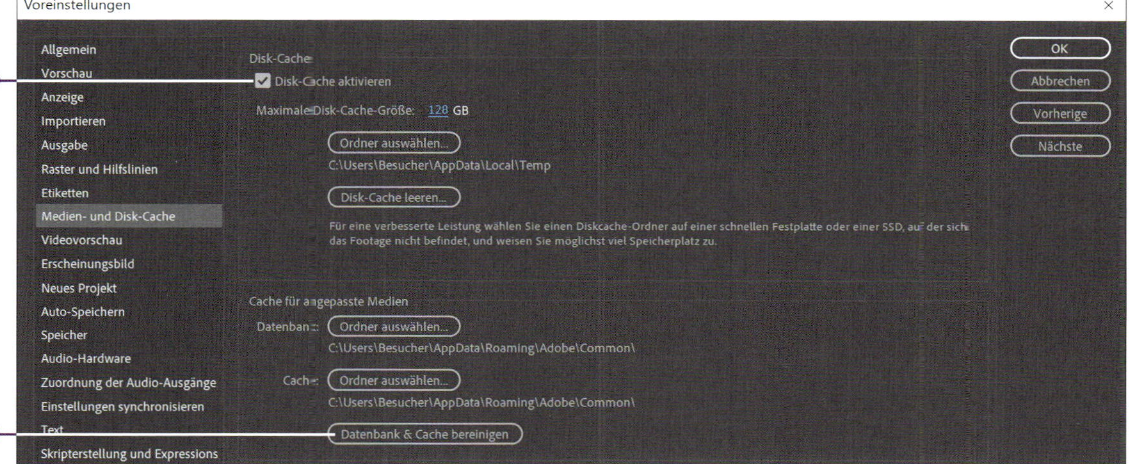


▲ **Abbildung 6.2**
In den Voreinstellungen aktivieren/deaktivieren Sie den dauerhaften Disk-Cache.

## 6.2 Medien-Cache

Für eine rasche Vorschau verarbeitet After Effects beim ersten Import einige Video- bzw. Audioformate und legt dafür auf der Festplatte neue Dateien in einem Medien-Cache-Ordner an, die durch eine Datenbank verwaltet werden, die ebenfalls auf der Festplatte gespeichert wird. Adobe Media Encoder, Premiere Pro, Encore, Audition und After Effects nutzen die Datenbank gemeinsam.

Wenn Sie die durch die Speicherung zusammengekommenen, oft großen Datenmengen löschen wollen, gibt es zwei Wege:

1. Über BEARBEITEN • VOREINSTELLUNGEN • MEDIEN- UND DISK-CACHE klicken Sie unter CACHE FÜR ANGEPASSTE MEDIEN auf den Button DATENBANK UND CACHE BEREINIGEN ❷. Daraufhin werden alle angepassten Vorschaudateien gelöscht, für die kein Original zu finden ist; alle anderen Dateien bleiben bestehen. Liegt das

Originalmaterial auf einer nicht verbundenen, externen Festplatte, werden die Vorschaudateien dafür gelöscht. Starten Sie dann Projekte mit wieder verbundener Festplatte, erzeugt After Effects die Vorschaudateien erneut.
2. Wollen Sie sämtliche Vorschaudateien löschen, geht es nur über den zweiten Weg: Sie suchen die Datenbank- und Cache-Ordner auf der Festplatte (in den Voreinstellungen können Sie den Pfad selbst einsehen und ändern) und löschen die darin enthaltenen ».pek«-, ».cfa«- und ».mpgindex«-Dateien etc. manuell. After Effects erzeugt dann für alle neu importierten oder neu gestarteten Projekte neue Vorschaudateien.

## 6.3 Vorschaukonfiguration

Damit die Einzelframes einer Animation dargestellt werden können, muss After Effects sie zuvor berechnen. Das Ergebnis dieser Berechnung wird im Arbeitsspeicher abgelegt. Daher sollten Sie Ihrem System ein paar nicht allzu kleine RAM-Bausteine gönnen.

### 6.3.1 Standardvorschau

**Stoppen der Vorschau**
Sie können drei verschiedene Vorschauverhalten definieren, die auf der Leertaste, der Taste [0] auf dem Ziffernblock und der Tastenkombination [⇧]+[0] (Ziffernblock) liegen können. Sie stoppen die Vorschau durch erneutes Drücken der passenden Tastenkombination.

Eine Standardvorschau erhalten Sie durch Drücken der Leertaste. Dabei wird eine bestimmte – von der Größe des Arbeitsspeichers abhängige – Menge an Bildern im RAM gespeichert und danach in Echtzeit zusammen mit dem Sound (sic!) abgespielt. Seit After Effects CC 2015 ist dies ein fortlaufender Prozess, das heißt, After Effects spielt schon berechnete Frames in Echtzeit ab, während es noch an anderen Frames arbeitet.

Jeder Frame, der von der Zeitmarke angesteuert wird, landet auf diese Weise im Arbeitsspeicher. Fertig berechnete und im RAM gespeicherte Frames werden mittels einer grünen Linie in der Zeitleiste dargestellt. Dies zeigt an, welcher Teil Ihrer Animation in Echtzeit abgespielt werden kann. Ist Ihr Arbeitsspeicher zu klein, wird nur ein Teil der Frames in der Vorschau angezeigt, und die grüne Linie endet dann abrupt in der Zeitleiste.

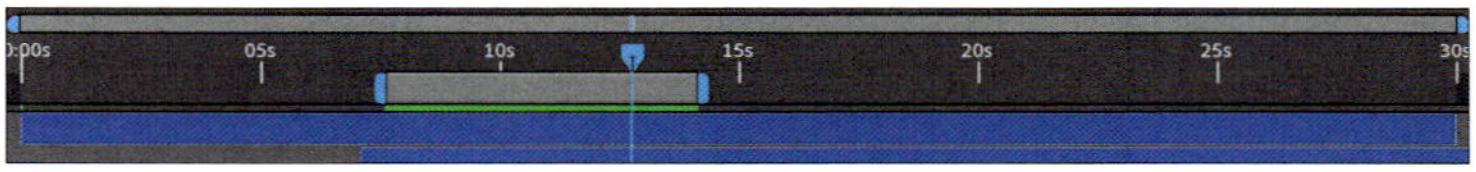

**Abbildung 6.3** ▸
Für eine Standardvorschau wurden hier die Frames innerhalb des Arbeitsbereichs berechnet und sind nun in Echtzeit abspielbar.

#### Unterbrechungsfreie Vorschau

Die Vorschau ist seit CC 2015 so gestaltet, dass sie ohne Unterbrechung abgespielt wird, auch wenn Sie in der aktiven Komposition währenddessen Änderungen vornehmen. Sie können also den vorhandenen Ebenen Effekte hinzufügen, Keyframes ändern, Ebenen zeitlich verschieben und vieles mehr, ohne dass die Vorschau stoppt. Jede Änderung wird sofort in den Berechnungsprozess einbezogen, was zu einer meist nur kleinen Verzögerung führt. Außerdem können Sie während der Vorschau andere Kompositionen und Ebenen modifizieren und neu anlegen. Dies geht auch bei verschachtelten Kompositionen. Sie können Rohmaterial importieren, die Interpretation des Rohmaterials ändern, die Projekteinstellungen ändern, die Zoomeinstellungen von Fenstern und Ansichtsoptionen etc.

Während einer Vorschau zeigt sich die Zeitmarkierung mit einer roten Vorschaulinie ❶ und einer blauen Linie ❷. Wenn Sie während der Vorschau die Keyframe-Werte ändern, so geschieht dies dort, wo sich die blaue Linie befindet. Sobald Sie diese blaue Linie mit der Zeitmarke bewegen, stoppt die Vorschau, außer Sie nehmen die Taste ⇧ hinzu!

▼ **Abbildung 6.4**
Eine rote Linie zeigt die Vorschauposition an, während Sie an der blauen Linie aktuelle Änderungen vornehmen.

## Automatische Vorschauberechnung

Eine Neuerung aus 2022 ist die Funktion Frames im Leerlauf zwischenspeichern. Adobe hat es dabei auf Ihre Kaffeepause abgesehen. Sobald das Programm keine Nutzereingabe während eines bestimmten Zeitraums feststellt, beginnt es mit der Berechnung der Frames am Abspielkopf. Sollten Sie gerade keine Pause einplanen, dann können Sie den Prozess natürlich auch händisch starten, und zwar über die Menüleiste unter Komposition • Vorschau • Frames im Leerlauf zwischenspeichern.

Den Zeitraum, den After Effects verstreichen lässt, bevor es mit dem Rechnen loslegt, können Sie in den Voreinstellungen festlegen, ebenso wie die Länge des Vorschaubereichs. Beides finden Sie unter Bearbeiten • Voreinstellungen • Vorschau • Frames im Leerlauf zwischenspeichern.

▲ **Abbildung 6.5**
Die Vorschau-Palette mit den Buttons für die Wiedergabe

## Vorschau-Palette

Sie rufen die Vorschau-Palette über Fenster • Vorschau oder Strg + 3 auf. Die in der Vorschau-Palette enthaltenen Abspielfunktionen kennen Sie von Ihren Wiedergabegeräten daheim. Drücken Sie die Abspieltaste ❸, wird die Vorschau passend zu den Einstellungen des gewählten Tastaturbefehls erzeugt.

**Vorschauoptionen**
Der Schalter ❹ wechselt auf Mausklick zwischen zwei Zuständen. Sie können die errechnete Vorschau anschließend per Leertaste in einer Schleife immer vorwärts abspielen lassen oder einmalig vorwärts. Mit VIDEO ❺ legen Sie fest, ob visuelle Daten in der Vorschau enthalten sein sollen oder nicht. Der Schalter AUDIO ❻ dient dem Ein- und Ausschalten der Audiowiedergabe. Betätigen Sie den Schalter EBENENEINSTELLUNGEN ❼, werden in der Vorschau auch Masken, Hilfslinien, sichere Ränder, Raster oder 3D-Achsen angezeigt.

## 6.3.2 Konfigurieren des Vorschauverhaltens

**Unterschied aufgehoben**
Achtung! – Der Unterschied zur früheren Vorschau mit der Leertaste und der Taste [0] im Ziffernblock wurde mit CC 2015 aufgehoben. Sie können nun das Vorschauverhalten für die Tasten selbst konfigurieren.

Sie haben verschiedene Möglichkeiten, das Vorschauverhalten Ihren Bedürfnissen anzupassen. Dazu können Sie für jeden Eintrag unter TASTATURBEFEHL den Befehlen Leertaste, [⇧]+Leertaste, [0] (Ziffernblock) und [⇧]+[0] (Ziffernblock) eigene Verhalten zuweisen.

Sie wählen dazu unter TASTATURBEFEHL ❶ den zu konfigurierenden Befehl aus und ändern dann in der Palette unter BEREICH und ABSPIELEN AB etc. die Einstellungen. Beim erneuten Abrufen der Tastenkombination erscheint dann die Vorschau gemäß Ihrer Konfiguration. Wenn Sie sämtliche Einstellungen auf Werksvorgaben zurücksetzen wollen, drücken Sie den Button ❷. Nehmen Sie dabei die Taste [Alt] hinzu, um klassische Einstellungen zu erhalten.

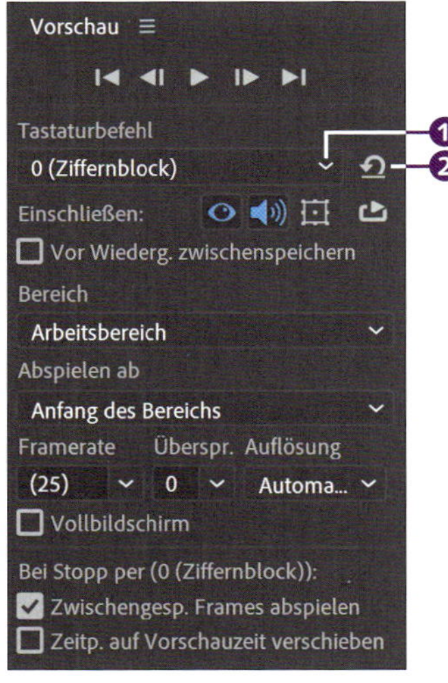


▲ **Abbildung 6.6**
Die Vorschau konfigurieren Sie in der Palette individuell.

- VOR WIEDERG. ZWISCHENSPEICHERN: Wenn Sie diese Option aktivieren, verhält sich die Vorschau ähnlich wie in älteren After-Effects-Versionen mit RAM-Vorschau, das heißt, Frames werden vor dem Start der Wiedergabe zwischengespeichert und während des Speicherns nicht angezeigt. Ohne aktivierte Option werden die Frames nur ganz kurz vor der Wiedergabe temporär in einem Bildschirmanzeige-Cache gesammelt.
- Unter BEREICH wählen Sie ARBEITSBEREICH, um nur Bilder innerhalb des Arbeitsbereichs in der Vorschau zu zeigen. AKT. ZEIT NICHT IN ARBEITSBEREICH bewirkt Folgendes: Befindet sich die Zeitmarke vor dem Arbeitsbereich, spielt die Vorschau von der Zeitmarke bis zum Ende des Arbeitsbereichs; liegt sie dahinter, spielt sie vom Anfang des Bereichs bis zur Zeitmarke; liegt sie genau im Arbeitsbereich, wird nur dieser abgespielt. Mit GESAMTE DAUER spielt die Vorschau (wenn möglich) alle Inhalte der gesamten Komposition ab. Und mit WIEDERGABE BEI AKTUELLEM ZEITPUNKT können Sie selbst festlegen, wie lange vor dem aktuellen Zeitpunkt das Abspielen starten soll.
- Unter ABSPIELEN AB legen Sie mit ANFANG DES BEREICHS fest, dass die Vorschau abspielt, wie es unter BEREICH eingestellt ist, oder mit AKTUELLE ZEIT grundsätzlich von der Position der Zeitmarke.

- Zwischengesp. Frames abspielen: Beenden Sie eine Vorschau, während sie noch zwischengespeichert wird, so werden bei aktiver Option bereits gespeicherte Frames abgespielt, ansonsten wird die Vorschau sofort beendet.
- Zeitp. auf Vorschauzeit verschieben: Ist die Option aktiv, springt die Zeitmarke nach Beenden der Vorschau dorthin, wo sich die Vorschauzeitmarke gerade befand, und bleibt ansonsten am aktuellen Zeitpunkt.

**Arbeitsbereich festlegen**

Empfehlenswert ist es, den Beginn des Arbeitsbereichs mit der Taste [B] und das Ende des Arbeitsbereichs mit der Taste [N] auf den Teil Ihrer Animation einzustellen, den Sie gerade beurteilen wollen. Für eine Vorschau des gesamten Films ist es besser, die Animation als eigenständigen Film zu rendern.

### Vorschaubeschleunigung

Wichtige Einstellungen zur beschleunigten Berechnung Ihrer Vorschau finden Sie im unteren Teil der Vorschau-Palette.

Unter Framerate verwenden Sie mit der Option Automatisch die Framerate der Komposition. Bei einer geringeren Framerate wird die Vorschau schneller berechnet, aber nicht mehr ganz flüssig abgespielt. Bei Überspr. legen Sie fest, wie viele Frames in der Vorschau übersprungen, also nicht angezeigt werden sollen. Werte zwischen 1 und 5 sind üblich und verfälschen die Vorschau nicht allzu sehr im Vergleich zu einem gerenderten Film.

Unter Auflösung verringern Sie mit Halb, Drittel und Viertel die wiedergegebene Auflösung, beschleunigen aber das Erstellen der Vorschau und entlasten den Arbeitsspeicher. Die Einstellung Automatisch verwendet die Auflösung der Komposition. Die Option Vollbildschirm zeigt nach der Berechnung die Vorschau im Vollbildmodus an. Diese können Sie mit einem Klick auf die Vorschauanzeige wieder verlassen.

**Audio und Video scrubben**

Halten Sie die [Strg]/[cmd]-Taste gedrückt und ziehen die Zeitmarke kontinuierlich vorwärts oder rückwärts, werden Video und Sound gescrubbt. Wenn Sie dann während des Scrubbens innehalten, wird ein kleiner Bereich in einer Schleife abgespielt.

| Funktion | Windows | Mac |
|---|---|---|
| Vorschau | Leertaste oder [0] (Ziffernblock) oder [⇧]+[0] (Ziffernblock) | Leertaste oder [cmd]+[0], (Haupttastatur) oder [⇧]+[0] (Ziffernblock) |
| Audiovorschau ab aktueller Zeit | [.] (Ziffernblock) | [cmd]+[.] (Haupttastatur) |
| Audiovorschau im Arbeitsbereich | [Alt]+[.] (Ziffernblock) | [ctrl]+[.] (Haupttastatur) |

◂ **Tabelle 6.1**
Tastenkürzel für die Vorschau

## 6.4 Audiovorschau und Audio synchronisieren

Wie Sie Sound steuern und damit arbeiten, erfahren Sie gleich zu Beginn, damit Sie keinen Stummfilm produzieren. Anschließend geht es um die Audiovoreinstellungen. Darüber zu reden ist Silber.

Um nur eine reine Audiovorschau zu hören, drücken Sie in der aktuellen Komposition die Taste [,] im Ziffernblock der Tastatur. Sie wird ab der Position der Zeitmarke abgespielt. Drücken Sie [Alt] und die Taste [,] auf dem Ziffernblock der Tastatur, um die Audiovorschau nur innerhalb des Arbeitsbereichs abzuspielen.

### 6.4.1 Synchronisation mit Sound

**Zum Weiterlesen**

Vertiefende Informationen zu Ebenenmarken finden Sie in Abschnitt 5.5.2, »Ebenenmarken«.

**Audio stumm?**

Wenn die Wiedergabe der Vorschau nicht in Echtzeit erfolgt und nicht fertig berechneter Sound so auch stumm bleibt, wählen Sie, um den Sound wenigstens stotternd abzuspielen, BEARBEITEN • VOREINSTELLUNGEN • VORSCHAU und entfernen den Haken bei AUDIO STUMM SCHALTEN, WENN VORSCHAU NICHT IN ECHTZEIT ERFOLGT. Die Audiosynchronisation via Markensetzen geht dann etwas besser.

Zum Synchronisieren von Sound und Animationen ist Ihr Taktgefühl die Grundvoraussetzung, denn Sie müssen dazu Marken im Takte der Musik oder wenigstens an entscheidenden Stellen der Sounddatei setzen. Zunächst wählen Sie eine Audioebene als Tanzpartnerin aus, auf der anschließend die Marken erscheinen. Drücken Sie dann die Taste [,] auf dem Ziffernblock Ihrer Tastatur, um eine Audiovorschau abzuspielen. Währenddessen setzen Sie mit der Taste [*] auf dem Ziffernblock Marken, wobei Sie schön im Rhythmus bleiben. Dazu drücken Sie die Taste im Takt. Wirklich – so geht das!

Hatten Sie einige Aussetzer und sind die Marken nicht taktgenau platziert, klicken Sie diese einfach an und verschieben sie. Dies geht noch besser, wenn Sie wie weiter unten beschrieben zusätzlich die Audio-Wellenform einblenden, in der Sie markante Stellen im Sound erkennen können, und zusätzlich das Sound-Scrubbing nutzen, um Marken genau zu positionieren. Wenn die Marken genau sitzen, können Sie Keyframes Ihrer Animationen oder Ebenen daran ausrichten und somit beispielsweise eine Bassdrum genau auf dem Takt skalieren.

#### Sound scrubben

Das Synchronisieren von Sound mit Ihren Animationen macht sich oft besser, wenn Sie den Sound scrubben. Dabei erhalten Sie analog zum Ziehen der Maus in der Zeitleiste eine Audiovorschau. Drücken Sie dazu die Tasten [Strg]/[cmd] und [Alt], und ziehen Sie die Zeitmarke vorwärts oder rückwärts in der Zeitleiste. Wenn Sie die beiden Tasten gedrückt halten und beim Ziehen der Zeitmarke innehalten, wird ein kurzer Teil des Sounds ab der Position der Zeitmarke in einer Schleife abgespielt. Auf diese Weise lokalisieren Sie schwierige Stellen im Sound besser.

**Korrigierte Audio-Wellenformen**

Für Audio-Wellenformen wird nur die obere Seite der Wellenform angezeigt, da dadurch die Lautstärke eines Tons besser erfassbar ist. Im Menü der Zeitleiste, das Sie über den Button ❹ erreichen, entfernen Sie das Häkchen bei KORRIGIERTE AUDIO-WELLENFORMEN, um die klassische Anzeige zu erhalten.

#### Audio-Wellenform

Die Audio-Wellenform nutzen Sie zur visuellen Kontrolle des Sounds. Um sie anzuzeigen, klicken Sie in einer Ebene, die Sound enthält, nacheinander auf die kleinen Dreiecke ❶, ❷ und ❸. Per Klick auf die Schaltflächen ❻ und ❼ zoomen Sie in die Wellenform ein bzw. aus.

Außerdem können Sie die Wellenform im DIAGRAMMEDITOR anzeigen lassen. Klicken Sie dazu auf den Button ❺, und wählen Sie über den Button DIAGRAMMTYP den Eintrag AUDIO-WELLENFORM ANZEIGEN. Die Ebenenmarken werden dabei allerdings nicht mit angezeigt.

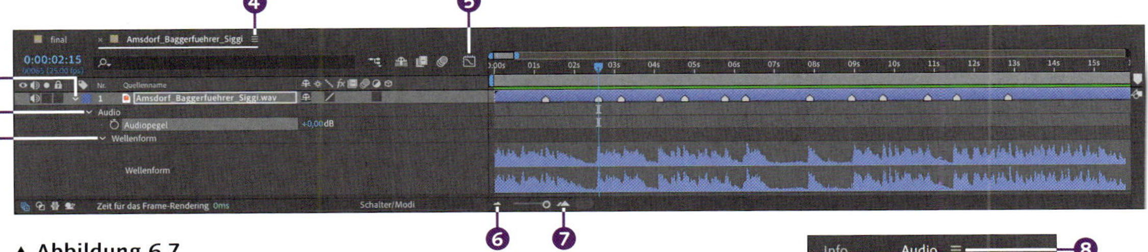


▲ **Abbildung 6.7**
Zur Erleichterung der Synchronisation von Sound und Animation setzen Sie Ebenenmarken und blenden die Audio-Wellenform ein.

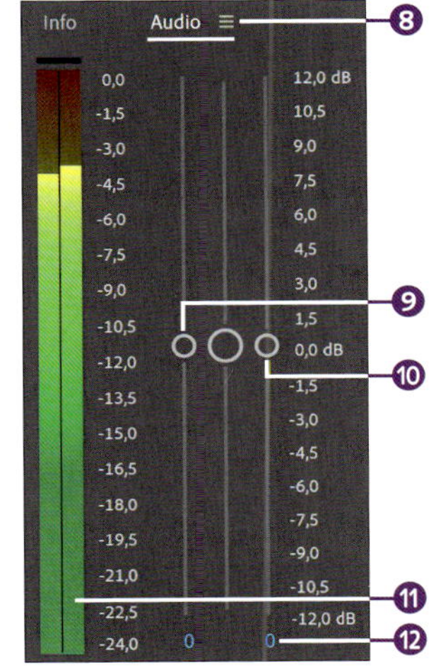


▲ **Abbildung 6.8**
Die Audio-Palette gibt Ihnen die Kontrolle über die Lautstärke von Audioinhalten.

**Audio-Palette**
Eine weitere Audiokontrolle bietet die Audio-Palette. Die Pegelanzeige ⓫ zeigt Ihnen die Lautstärke und übersteuerte Sounds an. Mit den Pegelsteuerungen ❾ und ❿ steuern Sie die Lautstärke für den linken und rechten Kanal separat bzw. gemeinsam. Die Dezibelwerte für eine importierte Datei werden im Feld für Pegelwerte ⓬ immer mit 0 angegeben. Dies ist unabhängig davon, ob Ihr Sound bereits übersteuert importiert wurde. Über den kleinen Button ❽ gelangen Sie via OPTIONEN in das Fenster AUDIOOPTIONEN. Hier können Sie die Anzeige unter EINHEIT auf PROZENT anstelle von DEZIBEL ändern. 100 % entspricht dabei 0 Dezibel. Den Reglerbereich passen Sie via REGLER-MINIMUM an.

## 6.4.2 Audiovoreinstellungen

Zur Arbeit mit Audiomaterial legen Sie über DATEI • PROJEKTEINSTELLUNGEN unter AUDIO die Samplerate für Ihr Projekt fest. Mit 44,100 kHz erreichen Sie CD-Qualität.

In den Voreinstellungen unter dem Punkt AUDIO-HARDWARE wählen Sie den in Ihrem System verfügbaren Audiotreiber bei GERÄTEKLASSE aus (für professionelle Bearbeitungen unter Windows sind ASIO-Soundkarten zu empfehlen). Ist keine Soundkarte installiert, findet After Effects automatisch die integrierten Treiber Ihres Systems, z. B. MME (Windows). Per Klick auf EINSTELLUNGEN öffnen Sie den Einstellungen-Dialog Ihrer installierten Audiohardware. Unter WARTEZEIT (hiermit ist die Latenz gemeint) geben Sie die Anzahl der Audio-Samples an, die bei der Aufnahme und Wiedergabe zwischengespeichert werden. Treten bei der Aufnahme oder der Wiedergabe knackende Geräusche oder Aussetzer auf, ist der Puffer falsch ge-

**Audio verzerrt**
Wenn Sie das Häkchen in den Voreinstellungen unter VORSCHAU bei AUDIO STUMM SCHALTEN, WENN VORSCHAU NICHT IN ECHTZEIT ERFOLGT nicht setzen, kann die Audiowiedergabe verzerrt klingen. After Effects versucht dann, den Sound möglichst synchron zum Video zu halten. Die Verzerrung erfolgt, wenn das Abspielen in Echtzeit nicht möglich ist. Ein langsameres Abspielen als in Echtzeit führt zur Herabsetzung der Tonhöhe.

**ASIO- und CoreAudio-Treiber**
Für die professionelle Soundbearbeitung verwenden Sie Soundkarten mit ASIO-Treibern (Windows) bzw. CoreAudio-Treibern (Mac). Für integrierte Soundkarten ohne ASIO-Treiber kann sich eine Nachinstallation lohnen. Dafür suchen Sie im Internet nach einem Download für den kostenlosen universellen ASIO-Treiber ASIO4ALL.

wählt. Es empfiehlt sich, verschiedene Wartezeiten zu testen. Richtwert ist: Kleine Latenz- bzw. Wartezeiten resultieren in höheren Anforderungen an die Computerleistung und ermöglichen dann aber eine der Echtzeitausgabe immer stärker angenäherte Soundausgabe.

Unter Bearbeiten • Voreinstellungen • Zuordnung der Audio-Ausgänge wählen Sie das Ausgabegerät für den linken bzw. rechten Kanal für die in After Effects mögliche Stereoausgabe.

## 6.5 Vorschau optimieren

After Effects bietet verschiedene Möglichkeiten, die Vorschaufunktion zu optimieren.

### 6.5.1 Ansichtsbereich Renderzeit

Um Ihr System bei der Berechnung einer Vorschau genauer unter die Lupe nehmen zu können, haben Sie in der Timeline die Möglichkeit, den Ansichtsbereich der Renderzeit ein- oder auszuschalten. Mit dieser Ansichtsoption können Sie sehr genau Ebenen finden, die den Rechenprozess verlangsamen. Sogar die entsprechenden Eigenschaften wie Masken oder Effekte werden hier dargestellt, sodass Sie eine fundierte Entscheidung darüber treffen können, was alles mitberechnet werden soll.

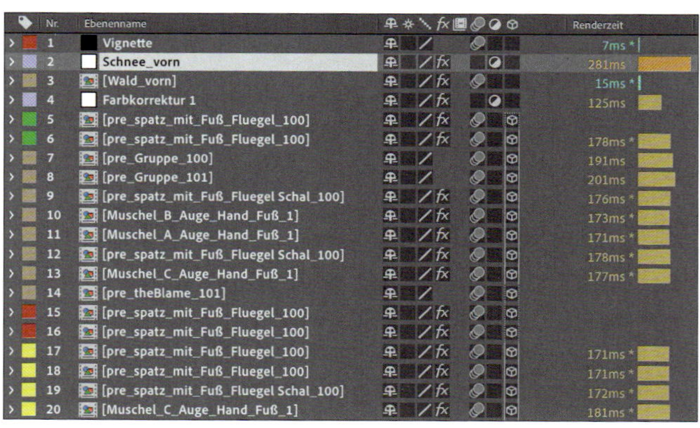


**Abbildung 6.9** ▸
Darstellung der Rechenzeiten einzelner Ebenen

### 6.5.2 Arbeitsspeicher entlasten

Der Vorteil, dass von der Vorschau bereits berechnete Frames nicht wiederholt berechnet werden müssen, ist manchmal ein Grund für verlangsamte Berechnungen. Es ist daher ratsam, den Arbeitsspeicher von Zeit zu Zeit wieder zu leeren, um Platz für neue Informationen zu schaffen.

Nutzen Sie dazu unter BEARBEITEN • ENTLEEREN eine der folgenden Optionen: Wählen Sie GESAMTER SPEICHER, um sämtliche von After Effects im Arbeitsspeicher gehaltenen Daten zu entleeren. Um zusätzlich auf der Festplatte gespeicherte Frames zu löschen, wählen Sie GESAMTER SPEICHER & DISK-CACHE.

Mit RÜCKGÄNGIG werden nur die gespeicherten, bereits vergangenen Schritte gelöscht. BILD-CACHE-SPEICHER entfernt gerenderte Frames aus dem Speicher. Die Option SCHNAPPSCHUSS löscht nur den letzten Schnappschuss.

### 6.5.3 Optionen in der Zeitleiste

Zur Beschleunigung der Vorschau bieten sich ein paar Funktionen in der Zeitleiste an.

- **Live-Update:** Klicken Sie auf den Kontextmenü-Button der Zeitleiste ❶, und deaktivieren Sie gegebenenfalls im Popup-Menü die Option LIVE-UPDATE. Bewegen Sie anschließend die Zeitmarke, wird die Kompositionsansicht nicht fortlaufend aktualisiert, und die Änderung ist erst nach Loslassen der Maustaste sichtbar. Bei umfangreichen Berechnungen, beispielsweise bei einigen Effektberechnungen, deaktivieren Sie die Option.
- **Ebenenqualität:** Klicken Sie auf den Qualitätsschalter einer Ebene ❷, oder ziehen Sie bei gedrückter Maustaste über die Schalter mehrerer Ebenen, um diese in verminderter Qualität anzuzeigen und die Berechnung von Animationen zu beschleunigen. Der Schalter hat drei Zustände: Zur Anzeigebeschleunigung nutzen Sie ENTWURFSQUALITÄT (es wird eine gepunktete, nach links geneigte Linie angezeigt). Manche Effekte werden bei verminderter Qualität allerdings nicht korrekt angezeigt, z. B. der Effekt STRAHL.
- **Bewegungsunschärfe:** Ebenen, für die Sie Bewegungsunschärfe aktiviert haben, werden deutlich langsamer berechnet. Schalten Sie daher die Unschärfeberechnung nur dann ein, wenn Sie sie tatsächlich brauchen. Der Schalter ❸ regelt das global für alle Ebenen der Komposition.

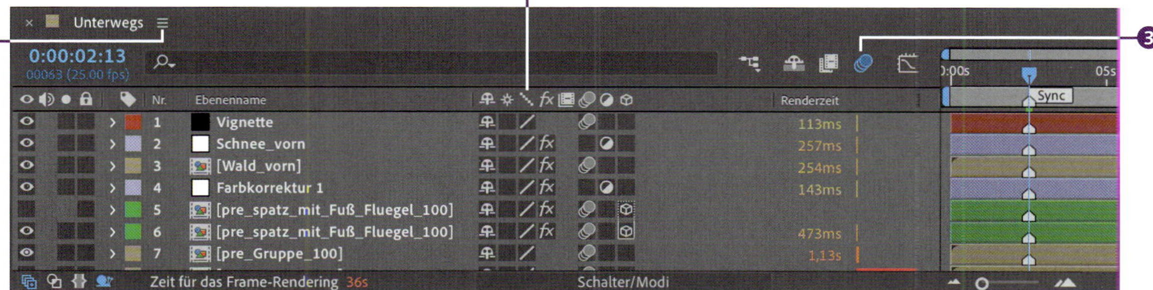


**▼ Abbildung 6.10**
Ein paar Funktionen im Zeitleistenfenster beeinflussen die Vorschau.

### 6.5.4 Kompositionsvorschau optimieren

Schauen wir uns hier die Optionen im Kompositionsfenster zur Beschleunigung der Vorschauberechnung an.

- **Auflösung:** Entscheidende Bedeutung für die Geschwindigkeit der Vorschauberechnung und die Menge der angezeigten Bilder hat die Auflösung der Kompositionsanzeige. Je geringer die Auflösung über die Schaltfläche ❶ eingestellt ist, desto mehr Bilder finden Platz im installierten Arbeitsspeicher. Für die endgültige Ausgabe hat die Auflösung im Kompositionsfenster keine Bedeutung.

**Abbildung 6.11** ▼
Im Kompositionsfenster dienen einige Schaltflächen dazu, die Vorschauberechnung zu beschleunigen.

**Komposition beschneiden**
Wenn Sie eine Komposition auf die Größe des relevanten Bereichs beschneiden wollen, wählen Sie KOMPOSITION • KOMPOSITION AUF RELEVANTEN BEREICH BESCHNEIDEN.

- **Relevanter Bereich:** Interessant ist in After Effects, was Sie gerade in Bearbeitung haben. Das kann auch nur ein Ausschnitt Ihrer Komposition sein. Den legen Sie mit der Schaltfläche ❸ fest, indem Sie einen Rahmen über dem relevanten Ausschnitt aufziehen. Dieser Spaß dient wieder der Vorschaubeschleunigung, spart Speicher und hat keinen Einfluss auf Ihre endgültige Ausgabe. Anschließend können Sie mit dem Schalter zwischen Vollanzeige und Interessenbereich wechseln. Im gerenderten Film erscheint die Vollanzeige Ihrer Animationen.

**Abbildung 6.12** ►
Mit dem relevanten Bereich umrahmen Sie den Teil im Kompositionsfenster, der für die jeweilige Bearbeitung relevant ist.

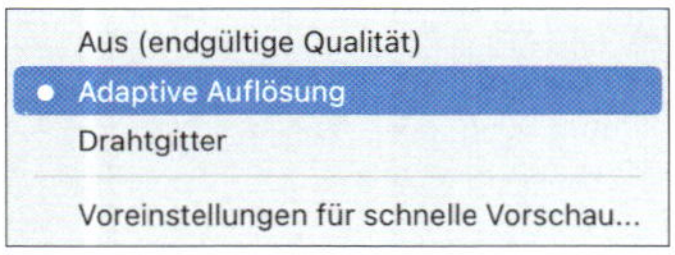

Aus (endgültige Qualität)
• Adaptive Auflösung
Drahtgitter
Voreinstellungen für schnelle Vorschau...

▲ **Abbildung 6.13**
In dem Popup SCHNELLE VORSCHAU können Sie zwischen verschiedenen Arten der Vorschauberechnung wählen.

### 6.5.5 Vorschauarten

Mit dem Button für SCHNELLE VORSCHAU ❷ (Abbildung 6.11) lassen sich weitere Optionen zur Vorschaubeschleunigung festlegen. Die drei in dem Popup-Menü wählbaren Vorschauarten sind von höchster zu niedrigster Qualität angeordnet:

- Wählen Sie Aus für eine Vorschau in endgültiger Ausgabequalität.
- Per ADAPTIVE AUFLÖSUNG wird die Auflösung in Klassisch 3D und Cinema 4D reduziert, während Sie Änderungen wie das Verschieben einer Ebene vornehmen. Nach jeder Änderung wird wieder die höchste im Kompositionsfenster gewählte Auflösung verwendet, beispielsweise VOLL ❶ (Abbildung 6.11). Den Wert für die interaktive Reduktion der Auflösung legen Sie unter BEARBEITEN • VOREINSTELLUNGEN • VORSCHAU • SCHNELLE VORSCHAU bei GRENZE FÜR ADAPTIVE AUFLÖSUNG fest. Die schlechteste Qualität, aber schnellste Anzeige erhalten Sie bei 1/16.
- Mit der Option DRAHTGITTER werden Ihre Ebenen nur als Rahmen dargestellt; die Inhalte werden nicht angezeigt, was die Vorschau beschleunigt. Mit dieser Option ist eine Beurteilung der Geschwindigkeit Ihrer Animation möglich.

**Mehrere Ansichten**
Arbeiten Sie beispielsweise bei der 3D-Bearbeitung mit mehreren Ansichten, wird nur das aktive Fenster aktualisiert, wenn Sie per [Strg]/[cmd]-Taste eine andere Vorschauart auswählen.

**Zum Nachlesen**
Weitere Informationen zu Raytraced-3D-Kompositionen finden Sie in Abschnitt 4.1.4, »Erweiterte Kompositionseinstellungen«.

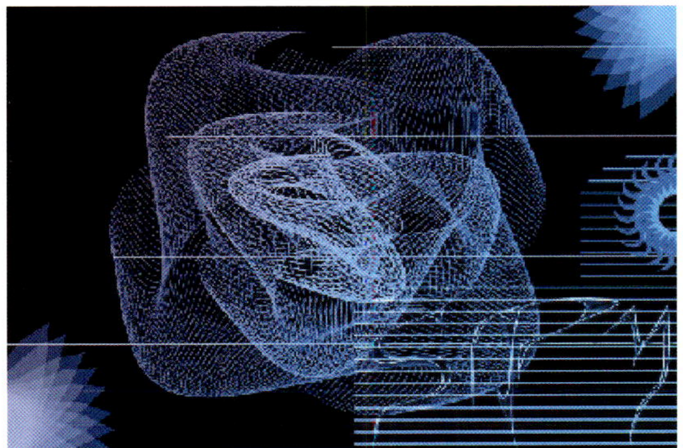

▲ **Abbildung 6.14**
Ist die ADAPTIVE AUFLÖSUNG als Vorschauoption gewählt, werden Ebenen während Interaktionen automatisch in schlechterer Qualität dargestellt, um die Vorschauberechnung zu beschleunigen.

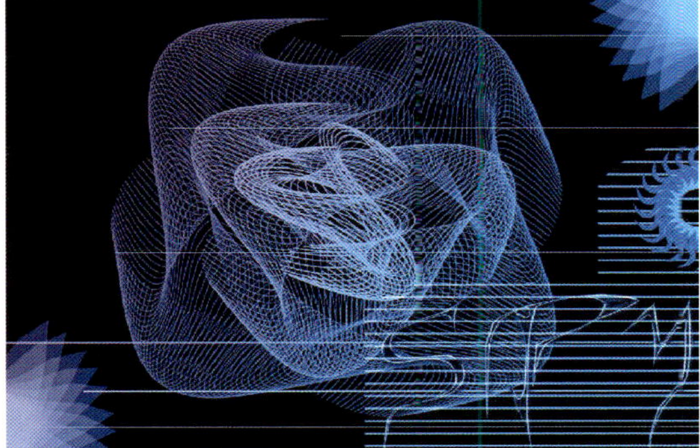

▲ **Abbildung 6.15**
Ist die Interaktion abgeschlossen, wird wieder die im Kompositionsfenster gewählte Qualität verwendet.

### 6.5.6 Vorschau-Voreinstellungen

Die Vorschau-Voreinstellungen öffnen Sie über BEARBEITEN • VOREINSTELLUNGEN • VORSCHAU.

- **Schnelle Vorschau:** Unter GRENZE FÜR ADAPTIVE AUFLÖSUNG legen Sie für die Vorschauart ADAPTIVE AUFLÖSUNG fest, ob Änderungen mit einem Sechzehntel, einem Achtel, einem Viertel oder der Hälfte der Qualität angezeigt werden.
- **GPU-Informationen:** Mit Klick auf den Schalter GPU-INFORMATIONEN gelangen Sie in den gleichnamigen Dialog. Hier finden Sie diagnostische Informationen zu Ihrer Grafikkarte. Unterstützt Ihre Grafikkarte die Vorschauart 3D-ENTWURF, steht dort VERFÜGBAR, und Sie können den Strukturspeicher (RAM-Speicher

auf der Grafikkarte = VRAM) anpassen. Empfohlen sind 80 % des installierten VRAM.

- **Qualität der Anzeige:** In den beiden Menüs bei ZOOMQUALITÄT und FARBMANAGEMENT-QUALITÄT legen Sie fest, ob die Berechnung der Anzeige in geringerer (SCHNELLER) oder höherer Qualität (GENAUER) erfolgt. Die ZOOMQUALITÄT beeinflusst die Anzeige bei der Pixel-Seitenverhältnis-Korrektur im Kompositionsfenster.
- **Kompositionsschalter:** Hier legen Sie fest, ob beim Einschalten einer der beiden Funktionen FRAMEÜBERBLENDUNG oder BEWEGUNGSUNSCHÄRFE gleichzeitig auch der für die gesamte Komposition geltende entsprechende Schalter aktiviert wird.
- **Audio:** Unter AUDIO können Sie ein Häkchen für AUDIO STUMM SCHALTEN, WENN VORSCHAU NICHT IN ECHTZEIT ERFOLGT setzen. Ist eine Echtzeitvorschau nicht möglich, wird somit die Audiospur ausgeschaltet. Setzen Sie das Häkchen nicht, spielt After Effects den Sound verlangsamt und verzerrt oder gar nicht ab.

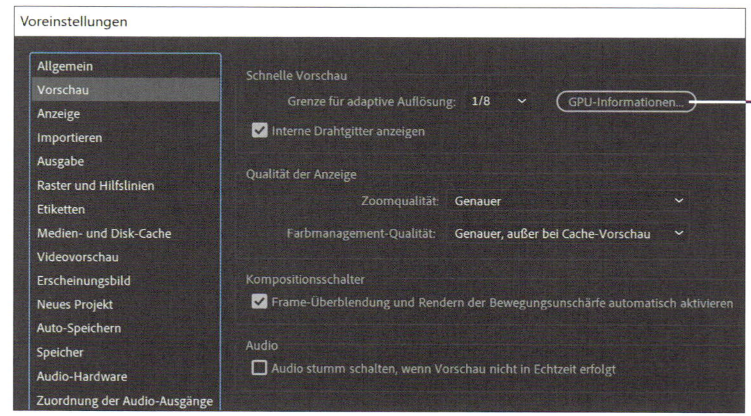


**Abbildung 6.16 ▸**
In den Voreinstellungen konfigurieren Sie die Qualität der Vorschau.

### 6.5.7 Grafikkarte und Vorschau

Die OpenGL-Fähigkeiten Ihrer Grafikkarte sind seit After Effects CS6 besonders wichtig, da viele Rechenprozesse inzwischen auf die Grafikkarte (GPU) verlagert werden.

Wissen Sie nicht, warum manche Funktionen deaktiviert sind, kontrollieren Sie die Informationen zu Ihrer Grafikkarte über BEARBEITEN • VOREINSTELLUNGEN • VORSCHAU unter SCHNELLE VORSCHAU per Klick auf GPU-INFORMATIONEN ❶. Von Ihrer Grafikkarte hängt es ab, ob in After Effects hardwareseitige Beschleunigungen möglich sind oder nicht. Um die beste Performance zu erhalten, müssen Sie eine von After Effects unterstützte Grafikkarte und aktuelle Treiber verwenden. Adobe testet laufend gängige Grafikkarten auf Kompatibilität und teilt die unterstützten Funktionen derzeit in drei Level auf:

**OpenGL**
OpenGL ist ein Standard, der dazu dient, eine qualitativ hochwertige Verarbeitung von 2D- und 3D-Grafiken auf der GPU zu gewährleisten.

**OpenCL**
OpenCL ist ein von Apple entwickelter offener Standard und dient wie OpenGL der hochwertigen Verarbeitung von 2D- und 3D-Grafiken.

- **Level 1:** Für die Basisfunktionen benötigen Sie eine Grafikkarte, die mindestens OpenGL 1.5 und das Schattierungsmodell 3.0 oder höher unterstützt. Dieses Level ermöglicht ein schnelleres Übertragen von Pixeln auf den Bildschirm, indem nicht mehr die Software diese Übertragung leistet, sondern die Hardware (GPU). Dieser Vorgang nennt sich auch OpenGL Swap Buffer.
- **Level 2:** Ab OpenGL 2.0 und dem Schattierungsmodell 4.0 oder höher erhalten Sie zusätzlich Unterstützung für folgende Funktionen: die Vorschauart SCHNELLER ENTWURF (siehe Abschnitt 6.5.5, »Vorschauarten«) und den Effekt ZEICHENTRICK (Option: WENN MÖGLICH OPENGL VERWENDEN). Außerdem können Sie dann unter BEARBEITEN • VOREINSTELLUNGEN • ANZEIGE die Option FENSTER FÜR KOMPOSITIONEN, EBENEN UND FOOTAGE MIT HARDWAREBESCHLEUNIGUNG wählen, was die Darstellung von Rastern, Hilfslinien, Linealen und Begrenzungsrahmen beschleunigt. Diese Funktion wird auch als Hardware BlitPipe bezeichnet.
- **Level 3 (Ray-traced 3D per GPU):** Noch besser sind Sie mit einer NVIDIA-Grafikkarte aufgestellt, die CUDA-fähig ist und über mindestens 1.024 MB Speicher verfügt. Dann nämlich kann After Effects die Grafikkarte zusätzlich zur CPU zur Berechnung von Cinema 4D und Ray-traced-3D-Kompositionen verwenden. Dazu wählen Sie unter BEARBEITEN • VOREINSTELLUNGEN • VORSCHAU die GPU im Dialog GPU-INFORMATIONEN bei RAY-TRACING aus. Haben Sie mehrere Grafikkarten installiert, müssen alle die gleichen Voraussetzungen erfüllen, um gemeinsam von After Effects genutzt zu werden. Ist die Grafikkarte nicht CUDA-geeignet, wird die CPU unter Nutzung aller Prozessorkerne für Ray-tracing eingesetzt. Dies ist dann im Vorschaumodus AUS (ENDGÜLTIGE QUALITÄT) langsamer.

Vergessen Sie nicht: Die neuesten Treiber für Ihre Grafikkarte sind eine wichtige Voraussetzung für ein reibungsloses Arbeiten. Unterstützt Ihre Grafikkarte nichts von alldem, nutzt After Effects für alle Berechnungen die CPU, was ja auch eine Menge wert ist, wenn die gewünschte Grafikkarte zu dick für den Geldbeutel ist.

**NVIDIA-Treiber**
Installieren Sie unter Windows die neuesten WHQL-zertifizierten Treiber für Ihre Grafikkarte und unter Mac den NVIDIA-CUDA-Treiber (v4.0.50 oder höher). Neueste NVIDIA-Treiber finden Sie unter *www.nvidia.de/Download/index.aspx?lang=de*.

### Mercury-GPU-Beschleunigung

Mithilfe der Mercury-GPU-Beschleunigung können Sie Effekte mittels GPU rendern, was die Renderzeit erheblich verkürzt. Voraussetzung dafür ist folgende Projekteinstellung: DATEI • PROJEKTEINSTELLUNGEN • VIDEO-RENDERING UND -EFFEKTE. Hier haben Sie je nach System und Grafikkarte die Wahl zwischen CUDA (nur Windows mit Nvidia-GPU), OPENCL (Mac und Windows), METAL (nur macOS 10.12 und höher) und SOFTWARE.

Nicht empfehlen kann man hier nur die Software-Einstellung, denn diese verlagert die Berechnungen von der GPU auf die CPU. Somit profitieren Sie nicht von der Beschleunigung der GPU. Für Nvidia-Karten verwenden Sie die CUDA-Einstellung, was nach mancher Nutzermeinung die Rechenzeit gegenüber OpenCL verringern soll. OpenCL ist aufgrund des offenen Standards für alle Systeme verfügbar. Wenn Sie nicht die Einstellung SOFTWARE verwenden, sollten Sie unter PROJEKTEINSTELLUNGEN • FARBE • TIEFE den Eintrag 16-BIT- bzw. 32-BIT PRO KANAL (FLOAT) wählen, da sonst die Ergebnisse ungenau ausfallen können.

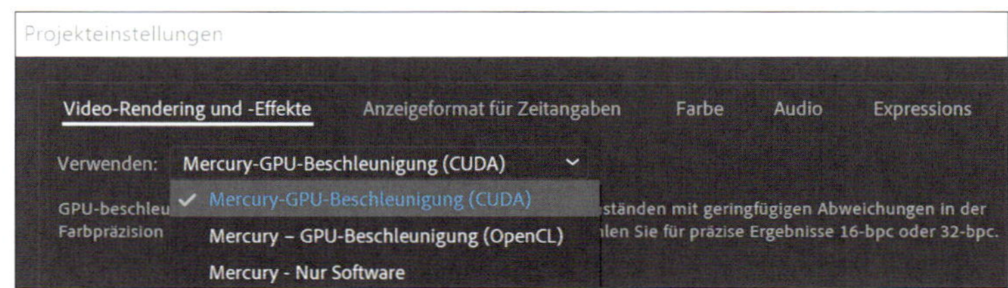


**Abbildung 6.17** ▸
In den Projekteinstellungen wählen Sie die Mercury-GPU-Beschleunigung.

## 6.6 Vorschau auf externen Geräten

In After Effects können Sie das Kompositions-, Ebenen- oder Footage-Fenster auf externen Geräten anzeigen lassen.

Hierzu benötigen Sie zusätzliche Hardware wie eine Videoaufzeichnungskarte oder einen FireWire-Anschluss. Über Schnittstellen wie DVI, DisplayPort oder HDMI können Sie einen zweiten Monitor an die Grafikkarte anschließen.

Adobe verwendet für die Übertragung von Videodaten an externe Geräte die Programmschnittstelle **Mercury Transmit**. Sie wird von Videogeräteherstellern wie AJA, Matrox, BlackMagic Design und Bluefish444 über Plug-ins, die die Videoframes an die Hardware weiterleiten, unterstützt. So können Sie Videomonitore, die an Videohardware von AJA etc. angeschlossen sind, DV-Geräte via FireWire und Computermonitore via VGA, DVI, HDMI, USB 3 oder DisplayPort verwenden.

Zur Übertragung Ihrer Vorschau ändern Sie die Voreinstellungen in After Effects wie folgt. Wählen Sie BEARBEITEN • VOREINSTELLUNGEN • VIDEOVORSCHAU. Setzen Sie ein Häkchen bei MERCURY TRANSMIT AKTIVIEREN. Wählen Sie zum Aktivieren der Videovorschau auf dem externen Gerät eine der folgenden Optionen:

- ADOBE DV: Setzen Sie hier ein Häkchen, um die FireWire-Schnittstelle zu aktivieren.
- ADOBE MONITOR: Setzen Sie hier das Häkchen, um die Vorschau an angeschlossene Computermonitore weiterzuleiten.

- Drittanbieter-Videohardware: Je nach Anbieter (z. B. AJA Kona 3G, Blackmagic Playback oder Matrox Player) setzen Sie hier ein Häkchen.

Ein Häkchen bei VIDEOAUSGABE BEI VERARBEITUNG IM HINTERGRUND DEAKTIVIEREN setzen Sie, damit Bilder, die After Effects im Hintergrund berechnet, nicht auf dem externen Gerät angezeigt werden.

Wenn Sie in After Effects rendern, wollen Sie vielleicht den Fortgang auf dem externen Gerät verfolgen. Dann setzen Sie ein Häkchen bei VIDEOVORSCHAU WÄHREND DER AUSGABE IN DIE RENDERLISTE.

Mit der im Kompositionsfenster gewählten Auflösung bestimmen Sie auch die Auflösung der Vorschau auf dem externen Gerät. Bilder, deren Pixelmaße nicht denen des Vorschaumonitors entsprechen, werden skaliert und müssen per Konfiguration des Geräts entzerrt werden.

Es kann zu Abspielverzögerungen kommen, wenn Mercury Transmit aktiviert ist. In diesem Fall empfiehlt sich eine Reduzierung der Framerate für die Vorschau in der Vorschau-Palette, die Reduzierung der Auflösung im Kompositionsfenster, die Reduzierung der Projektfarbtiefe oder die Deaktivierung des Farbmanagements (DATEI • PROJEKTEINSTELLUNGEN • FARBE • ARBEITSFARBRAUM • OHNE).

**Nichts zu sehen?**
Die im Kompositionsfenster wählbaren Vorschauarten DRAHTGITTER und SCHNELLER ENTWURF werden auf einem Videovorschaumonitor gar nicht angezeigt. Auch Hilfslinien und Markierungen wie 3D-Achsen werden nicht angezeigt.

### 6.6.1 Anzeigeeinstellungen für die Vorschau

Im Kontextmenü des Kompositionsfensters (siehe Abbildung 6.18) finden Sie zwei Einträge, die der Vorschauanzeige dienen. Die Option DIESE ANSICHT IMMER IN DER VORSCHAU ANZEIGEN dient, wie der Name schon sagt, dazu, diese Kompositionsanzeige in der Vorschau zu bevorzugen.

Der zweite Eintrag nennt sich PRIMÄRE ANZEIGE und dient dazu, die Kompositionsanzeige, für die der Schalter aktiviert ist, auf einem externen Monitor anzuzeigen. Auch die Audiodaten dieser Komposition werden dann bevorzugt verwendet.

Sinn macht das alles nur, wenn Sie zwei oder mehr Anzeigefenster für verschiedene Kompositionen nutzen.

Um eine weitere Kompositionsanzeige neben Ihrer üblichen Anzeige einzurichten, haben Sie zwei Möglichkeiten:

1. Sie klicken mit der rechten Maustaste ins Kompositionsfenster und wählen NEU • ANZEIGE. Dies können Sie so lange fortsetzen, bis Sie vor lauter neuen Fenstern schon nicht mehr wissen, wo Sie hinschauen sollen.
2. Bei verschachtelten Kompositionen klicken Sie auf das Schlosssymbol der übergeordneten Anzeige ❶ (Abbildung 6.18), im

Beispiel die »Bergwerk_Titel«, in der eine Komposition mit dem Text »BERGwerk« verschachtelt ist. Danach klicken Sie auf den Namen dieser verschachtelten Komposition, im Beispiel heißt sie »Typo_Animation« ❷. Daraufhin öffnet sich ein neues Anzeigefenster ❸.

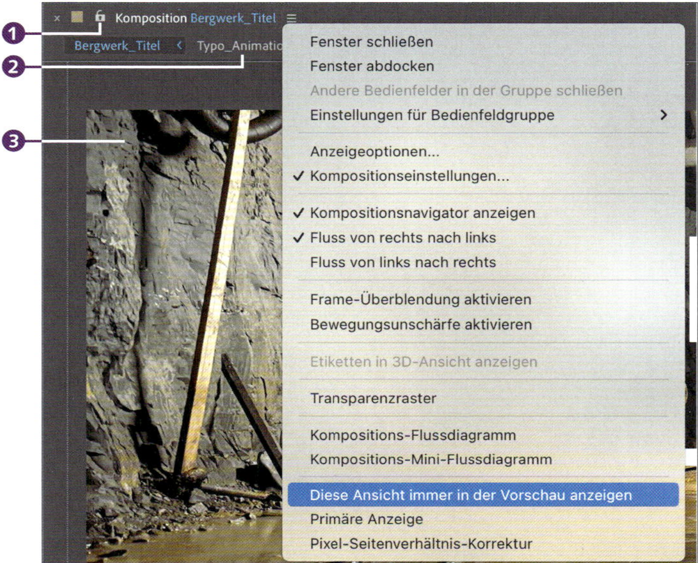


**Abbildung 6.18 ▸**
Im Kontextmenü der Kompositionsanzeige wählen Sie die Vorschauoptionen.

Um die finale Ausgabe nun dauerhaft in der Vorschau zu sehen, klicken Sie auf den Schalter DIESE ANSICHT IMMER IN DER VORSCHAU ANZEIGEN.

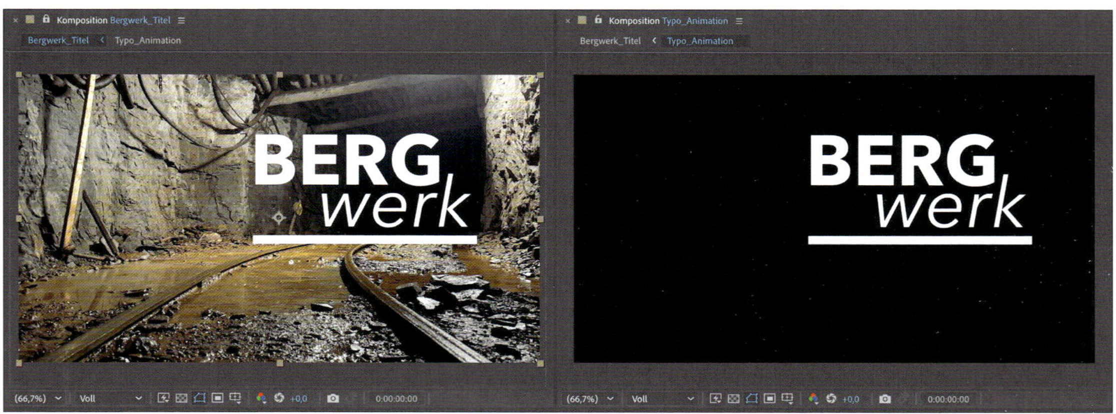


**▲ Abbildung 6.19**
Welches Fenster bei mehreren geöffneten Kompositionsfenstern in der Vorschau sichtbar wird, entscheiden Sie mithilfe der Vorschauoptionen.

# Kapitel 7
# Keyframe-Grundlagen

*Sehr beliebt beim ersten Kennenlernen von After Effects ist das exzessive und recht unkontrollierte Setzen einer Unzahl von Keyframes. Oftmals rufen die dadurch mehr zufällig entstandenen Animationen bereits einige Freude hervor, aber stellen Sie sich einmal vor, Ihr Zug würde ständig Zwischenstationen ansteuern oder unkontrolliert im Zickzack fahren.*

## 7.1 Setzen von Keyframes

Keyframes sind, wie Sie sehen werden, der Dreh- und Angelpunkt für die Animation sämtlicher animierbarer Eigenschaften und daher grundlegend für Ihre gesamte Arbeit mit After Effects. Es lohnt sich also, dieses Kapitel intensiv zu studieren. An verschiedenen Beispielen lernen Sie zunächst, Keyframes für die wichtigsten Eigenschaften zu setzen, und an späterer Stelle, Animationen durch Beschleunigung und Abbremsen zu dynamisieren.

**Was sind Keyframes?**
Keyframes sind Schlüsselbilder in Ihrer Animation, die ja aus einzelnen Bildern, den Frames, besteht. In den Schlüsselbildern werden die wichtigsten Eckpunkte Ihrer Animation fixiert, während After Effects die einzelnen Zwischenbilder errechnet.

Durch das Setzen von Keyframes legen Sie den Anfang und das Ende einer Animation fest. Sie erstellen eine Animation bereits mit nur zwei Keyframes. Allerdings setzt dies voraus, dass die Keyframes zwei unterschiedliche Eigenschaftswerte repräsentieren.

Nehmen wir beispielsweise an, Sie wollten die Skalierung einer Ebene verändern. Eine Animation erreichen Sie durch zwei verschiedene Skalierungswerte an unterschiedlichen Zeitpunkten: Zeitpunkt 1 = 0 %, Zeitpunkt 2 = 100 %. Fertig ist die Animation. In der Ebenenansicht der Zeitleiste werden diese beiden Werte, wie in Abbildung 7.1 zu sehen ist, durch zwei Keyframes für die Eigenschaft SKALIERUNG dargestellt.

Grundsätzlich werden Keyframes, wie schon erwähnt, an Schlüsselpositionen der Animation gesetzt, daher auch der Name **Schlüsselbild** (Keyframe).

**Abbildung 7.1 ▶**
Die Werte einer Eigenschaft werden durch Keyframes dargestellt. Mindestens zwei Keyframes mit verschiedenen Werten sind für eine Animation nötig.

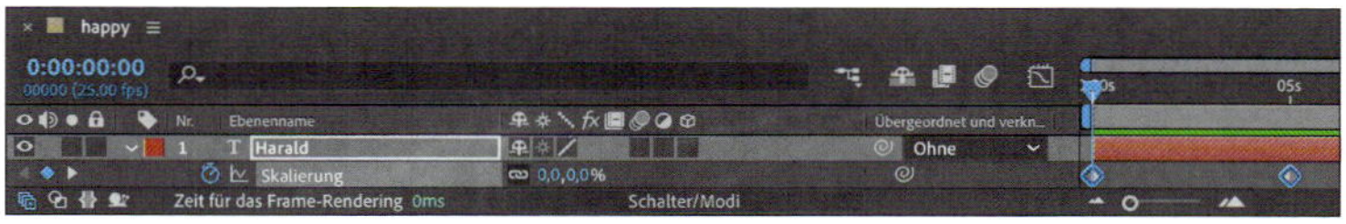

Alles, was zwischen den Keyframes geschieht, muss Sie nicht kümmern. Hier rechnet After Effects selbsttätig die Animation aus. Dieser Vorgang wird **Interpolation** genannt. Für unser Beispiel bedeutet das nichts weiter, als dass für jeden Frame, also jedes Einzelbild, eine andere Skalierungsstufe berechnet wird. Es gilt also, nur so viele Keyframes wie nötig zu setzen. Weniger ist hier mehr.

### 7.1.1 Eigenschaften

**Noch mehr Eigenschaften**
Im Laufe der Arbeit mit After Effects erscheinen zusätzliche Eigenschaften in der Zeitleiste, wenn Sie einer Ebene beispielsweise Effekte oder Masken hinzufügen. Dadurch kann die Menge der animierbaren Eigenschaften ungeheuer erweitert werden.

Parallel oder zeitlich versetzt zu der Eigenschaft SKALIERUNG können Sie natürlich für alle möglichen Eigenschaften Keyframes setzen, also Werte definieren.

Die für den Anfang wichtigsten Eigenschaften finden Sie beim Aufklappen einer Ebene in der Zeitleiste, indem Sie auf das kleine Dreieck ❶ klicken. Es handelt sich um die Eigenschaften unter dem Eintrag TRANSFORMIEREN: ANKERPUNKT, POSITION, SKALIERUNG, DREHUNG und DECKKRAFT.

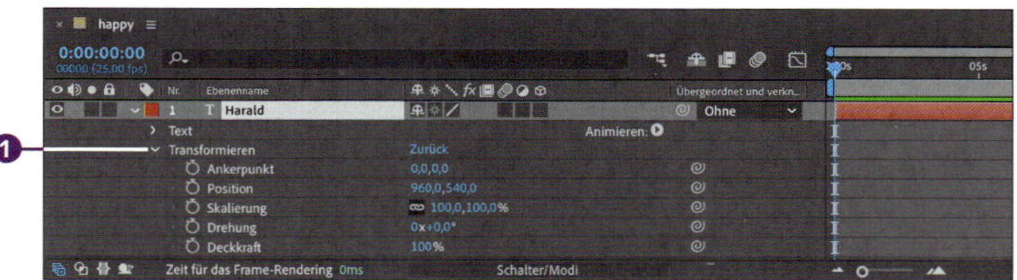


**Abbildung 7.2 ▶**
Für jede visuelle Ebene können Sie unter TRANSFORMIEREN Keyframes für Eigenschaften setzen.

Sie können jede Eigenschaft entweder in der **Ebenenansicht** anzeigen lassen und dort Keyframes setzen, oder Sie nutzen dazu den **Diagrammeditor** ❷. Ob Sie die Werte der Eigenschaften in der Ebenenansicht oder im Diagrammeditor ändern, bleibt dabei Ihnen überlassen.

**Eigenschaften mehrerer Ebenen einblenden**
Sie können die Eigenschaften mehrerer Ebenen gleichzeitig einsehen. Wählen Sie dazu mehrere Ebenen aus. Wenn Sie anschließend die Eigenschaften einer markierten Ebene einblenden, werden auch die Eigenschaften der anderen markierten Ebenen angezeigt.

Beim Animieren mehrerer Ebeneneigenschaften hat man es schnell mit einer Vielzahl von Keyframes zu tun. Damit Sie dabei nicht den Überblick verlieren, haben Sie seit einigen Programmversionen die Möglichkeit, eine Farbkennzeichnung für Keyframes zu verwenden. Ein Rechtsklick direkt auf einen Keyframe zeigt Ihnen im Kontextmenü die Eigenschaft KENNZEICHNUNG, dort werden Ihnen die verfügbaren Farben angezeigt. Wenn Sie vor dem Rechtsklick mehrere Keyframes ausgewählt hatten, wirkt sich die Farbgebung auf die gesamte Auswahl aus. Gerade in der Anfangsphase erhalten Sie so einen schnellen Überblick über wichtige Abschnitte Ihrer Animation. Diese »Farblabel« können Sie auch im Projektfenster für Ihre Materialien und ebenso in der Timeline für ganze Ebenen verwenden.

Das Setzen und Verändern von Keyframes lernt man am besten am praktischen Beispiel. In den nächsten Workshops geht es um die Eigenschaften unter TRANSFORMIEREN und um die Handhabung von Keyframes in der Ebenenansicht und im Diagrammeditor. Die Workshops bauen auf den Workshops der vorhergehenden Kapitel auf.

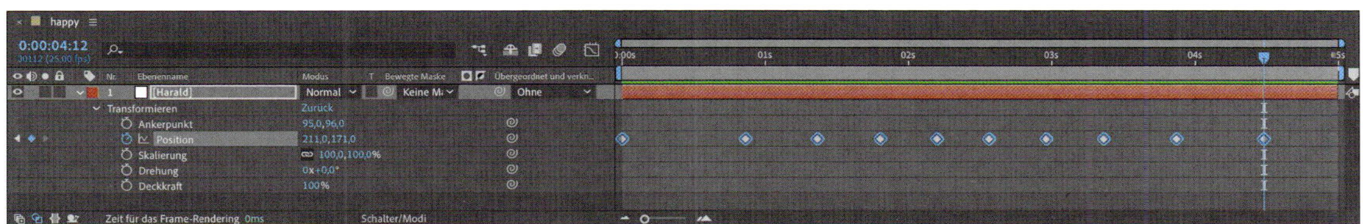


▲ **Abbildung 7.3**
Keyframes können Sie in der Ebenenansicht setzen und bearbeiten.

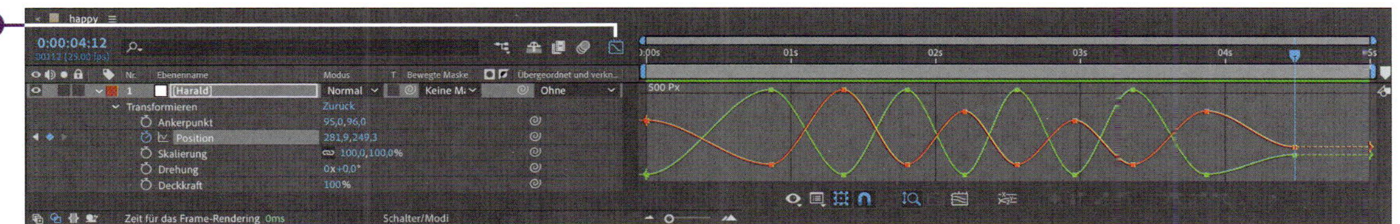


▲ **Abbildung 7.4**
Der Diagrammeditor ermöglicht eine visuelle Kontrolle über Werte von Eigenschaften und die Geschwindigkeit Ihrer Animationen. Auch hier können Sie Keyframes setzen und bearbeiten.

## Schritt für Schritt
## Eigenschaften und Eigenschaftswerte

Im folgenden Workshop werden wir uns mit dem Setzen, Kopieren und Verändern von Keyframes und Eigenschaftswerten in der Ebenenansicht der Zeitleiste befassen. Schauen Sie sich zuerst das Movie »orbiter.mp4« aus dem Ordner 07_KEYFRAME-GRUNDLAGEN/EIGENSCHAFTSWERTE an.

Die benötigten Dateien für dieser Workshop finden Sie unter BEISPIELMATERIAL/07_KEYFRAME-GRUNDLAGEN/EIGENSCHAFTSWERTE

### 1 Vorbereitung

Importieren Sie per Strg+I aus dem Ordner 07_KEYFRAME-GRUNDLAGEN/EIGENSCHAFTSWERTE die Dateien »orbiter.psd« und »moon.psd«. Wählen Sie gegebenenfalls AUF EINE EBENE REDUZIERT. Legen Sie mit Strg+N eine Komposition in den Abmessungen 720 × 576 (PAL D1/DV) und mit einer Dauer von 30 Sekunden (0:00:30:00) an.

### 2 Orbiter-Position animieren

Setzen Sie die Zeitmarke auf 00:00. Ziehen Sie alle importierten Dateien in die Zeitleiste. Die Datei »moon.psd« sollte sich als Hintergrund ganz unten befinden. Schützen Sie den Hintergrund mit dem Schloss-Symbol. Der Orbiter soll von links außen ins Bild kommen. Dazu positionieren Sie die Ebene zuerst wie in Abbildung 7.5 außerhalb der Kompositionsansicht.

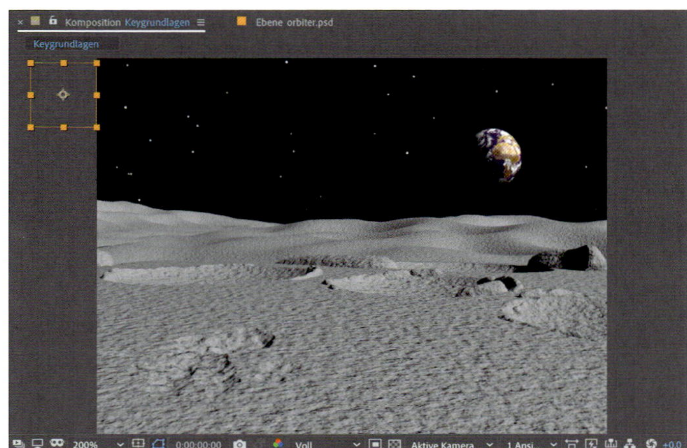


**Abbildung 7.5** ▶
Die Orbiter-Ebene positionieren Sie zu Beginn außerhalb der Kompositionsansicht.

**Keyframes löschen**
Um einzelne oder mehrere ausgewählte Keyframes zu löschen, drücken Sie die Taste [Entf]. Um alle Keyframes einer Eigenschaft zu löschen, klicken Sie (erneut) auf das Stoppuhr-Symbol.

Für die Datei »orbiter.psd« setzen Sie Positions- und Skalierungs-Keyframes. Markieren Sie dazu die Ebene, und drücken Sie die Taste [P] zum Einblenden der Positionseigenschaft. Drücken Sie anschließend die Tasten [⇧]+[S], um die Skalierungseigenschaft anzuzeigen. Verringern Sie den Wert für SKALIERUNG auf 21%, indem Sie in der Zeitleiste direkt auf den Wert bei SKALIERUNG klicken. Tragen Sie dann den neuen Wert ein, und bestätigen Sie mit einem Klick auf einen grauen Bereich in der Zeitleiste oder per [↵] im Ziffernblock. Sie haben den Wert gerade numerisch gesetzt, per Tastatureingabe. Bei der weiteren Animation verfahren wir etwas anders.

Setzen Sie einen ersten Keyframe für die Position bei 00:00, indem Sie auf das Stoppuhr-Symbol ❶ klicken. Vorsicht: Klicken Sie kein zweites Mal auf die Stoppuhr, da sonst alle Keyframes der Eigenschaft gelöscht werden.

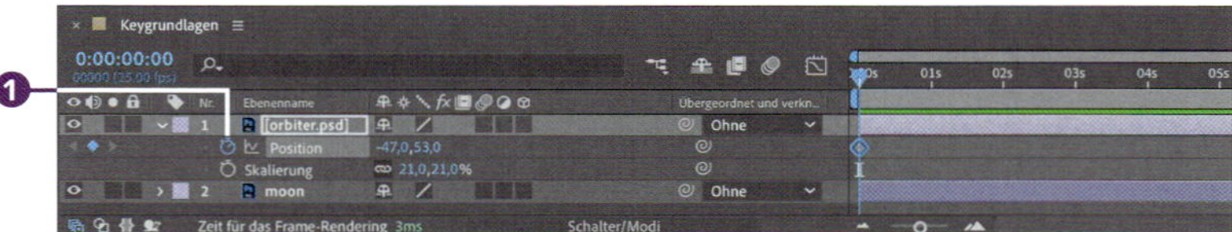


**Abbildung 7.6** ▶
Ein erster Keyframe wird für jede zu animierende Eigenschaft immer zuerst mit einem Klick auf das Stoppuhr-Symbol gesetzt.

Für einen zweiten Keyframe setzen Sie die Zeitmarke auf 03:10. Ziehen Sie anschließend die Ebene »orbiter« ins Bild. Gewöhnen

Sie sich dabei gleich an, die Ebenen in der Zeitleiste auszuwählen, um immer die richtige Ebene zu erwischen. Verwenden Sie beim Ziehen die ⇧-Taste, um die Bewegung der Ebene horizontal zu beschränken (erst ziehen, dann die Taste drücken).

**Keyframes auswählen**
Zum Auswählen einzelner Keyframes klicken Sie diese an. Zum Auswählen mehrerer Keyframes drücken Sie zusätzlich die Taste ⇧ oder ziehen bei gedrückter Maustaste einen Rahmen über die betreffenden Keyframes.

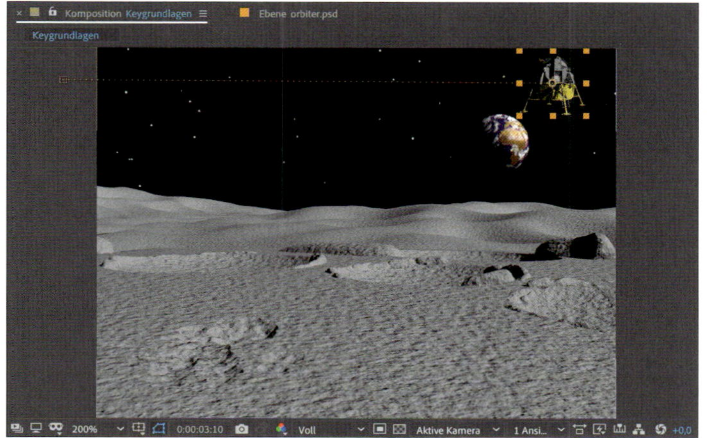


◂ **Abbildung 7.7**
Mit Hilfe der ⇧-Taste verschieben Sie die Ebene »orbiter« waagerecht.

Der Orbiter soll nun die Erde halb umrunden und dann zweimal an verschiedenen Stellen auf dem Mond landen. Setzen Sie den nächsten Keyframe auf die gleiche Weise bei 04:12, indem Sie die Ebene nach unten ziehen. Lassen Sie sich nicht davon verwirren, dass der Pfad sich nun krümmt wie ein Gartenschlauch. Wie Sie dies ändern, erfahren Sie in Kapitel 8, »Keyframe-Interpolation«.

Die nächsten Keys setzen Sie bei 05:12 durch Ziehen der Ebene nach links, bei 06:00 durch Ziehen nach unten, zur ersten Landung auf dem Mond. Hier setzen wir auch Skalierungs-Keys, und zwar den ersten Key per Klick auf die Stoppuhr bei 05:12. Bei 06:00 erhöhen Sie den Skalierungswert auf 46%. Position und Skalierung werden also gleichzeitig animiert.

**Keyframes abwählen**
Um einzelne Keyframes abzuwählen, klicken Sie mit der Maus bei gedrückter Taste ⇧ auf die markierten Keyframes. Um alle ausgewählten Keyframes abzuwählen, klicken Sie auf eine leere Stelle in der Zeitleiste.

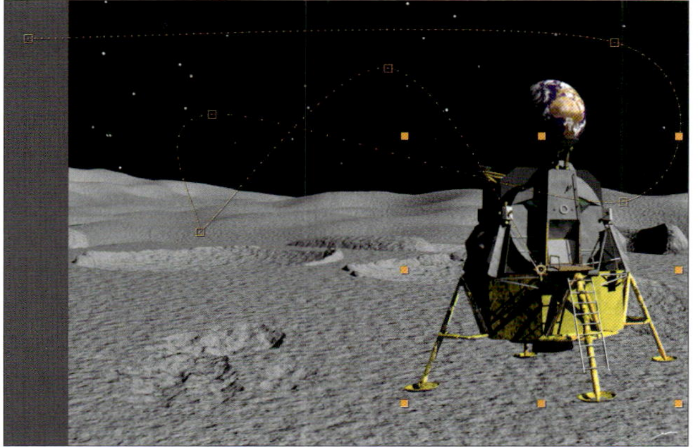

◂ **Abbildung 7.8**
Der Bewegungspfad der Ebene »orbiter«

### Keyframe-Werte ändern

Die Zeitmarke muss zum Ändern der Werte immer genau auf dem Keyframe positioniert sein, da sonst neue Keyframes gesetzt werden! Mit den Tasten [J] und [K] springen Sie genau zu einzelnen Keyframes. Den Wert ändern Sie in den Wertefeldern jeder Eigenschaft und bestätigen ihn mit [↵].

### Keyframes per Tastatur

Keyframes lassen sich auch per Tastatur an der Zeitmarkenposition setzen. Verwenden Sie dazu die Tasten [Alt]+[⇧]+[A] für den Ankerpunkt, [Alt]+[⇧]+[P] für die Position, [Alt]+[⇧]+[S] für die Skalierung, [Alt]+[⇧]+[R] für die Drehung und [Alt]+[⇧]+[T] für die Deckkraft.

## 3 Animation stoppen

Der Orbiter soll für einen Moment stillstehen. Dies erreichen Sie, indem Sie die letzten beiden Keyframes von Position und Skalierung noch einmal zu einem späteren Zeitpunkt einsetzen. Ziehen Sie dazu die Zeitmarke auf 07:00. Klicken Sie dann auf die kleinen Rauten-Symbole. Diese dienen dazu, den Wert der jeweiligen Eigenschaft an der Position der Zeitmarke auszulesen und ihn dort in einem Keyframe zu »speichern«. Da sich in unserem Falle die Werte an zwei aufeinanderfolgenden Zeitpunkten gleichen, gibt es dazwischen keine Animation, sondern Stillstand.

Manchmal ist es besser, eine Animation zu stoppen, indem Sie den vorherigen Keyframe kopieren und an späterer Stelle – ohne dass weitere Keys dazwischenliegen – wieder einsetzen. Dies ist besonders in bestehenden Animationen zu empfehlen. Verwenden Sie zum Kopieren [Strg]+[C] und danach [Strg]+[V]. Der kopierte Key wird dann an der Zeitmarkenposition eingesetzt.

Ziehen Sie die Zeitmarke auf 08:00 und die Ebene »orbiter« zum erneuten Start nach oben. Lassen Sie den Orbiter bei 09:00 etwas weiter rechts wieder landen, und erhöhen Sie dort den Wert für Skalierung auf 72%. Wieder soll der Orbiter einen Moment verharren, und zwar bis 10:00. Setzen Sie also die letzten beiden Keys für Skalierung und Position dort noch einmal ein.

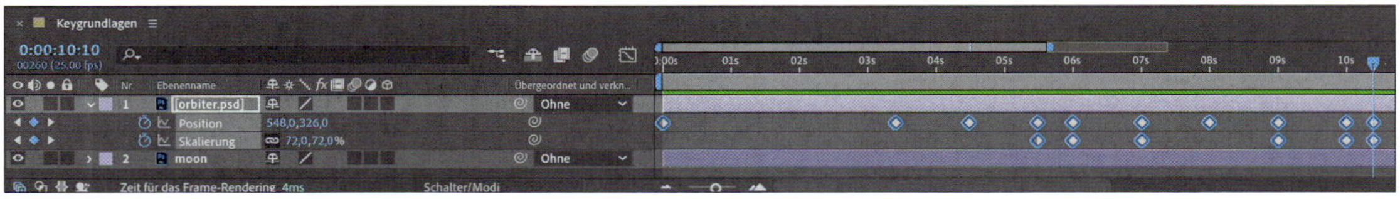


▲ **Abbildung 7.9**
Die Keyframes der fast fertigen Animation

### Keyframes in andere Ebenen kopieren

So wie Sie Keyframes innerhalb einer Ebene per [Strg]+[C] kopieren und mit [Strg]+[V] wieder einsetzen können, ist dies auch ebenenübergreifend möglich. Dazu wählen Sie die Ebene, in die Sie die Keys einsetzen wollen, einfach zuvor aus und fügen dann die Keys ein.

## 4 Keyframes kopieren

Wir wollen den Orbiter nun den gleichen Weg rückwärts fliegen lassen. Dazu verwenden wir die gleichen Keyframes noch einmal. Klicken Sie, um alle Keyframes der Eigenschaft Position auszuwählen, auf das Wort Position in der Zeitleiste. Wählen Sie [Strg]+[C] zum Kopieren der Keys. Setzen Sie die Zeitmarke auf 10:12, und wählen Sie dann [Strg]+[V], um die Keys an der Position der Zeitmarke einzusetzen. Verfahren Sie genauso mit den Keys für die Skalierung, und setzen Sie sie ebenfalls bei 10:12 wieder ein.

## 5 Keyframe-Reihenfolge umkehren

Damit der Orbiter tatsächlich rückwärts fliegt, müssen die zuletzt eingefügten Keys in ihrer Reihenfolge genau umgekehrt abgespielt werden. Markieren Sie dazu zuerst die zuvor eingefügten Keys von SKALIERUNG und POSITION, indem Sie mit der Maus einen kleinen Rahmen um die Keys ziehen.

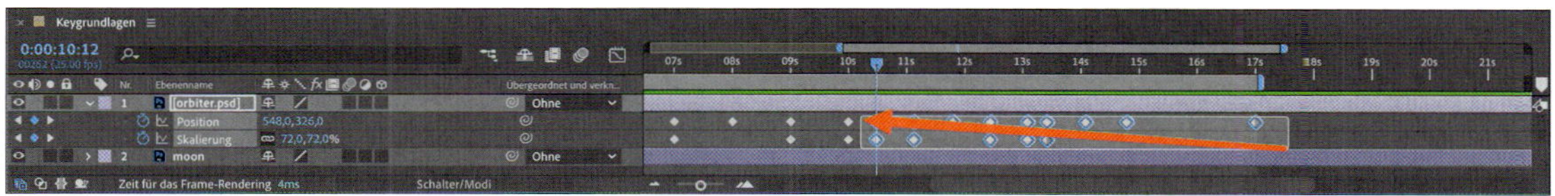

▲ **Abbildung 7.10**
Mit der Maustaste ziehen Sie einen Rahmen zum Markieren von Keyframes auf.

**Keyframes verschieben**
Sie können einzelne Keyframes oder mehrere markierte Keyframes mehrerer Eigenschaften zu einem anderen Zeitpunkt verschieben. Wählen Sie dazu die Keyframes aus, und ziehen Sie sie mit der Maus zu einem neuen Zeitpunkt.

Wählen Sie anschließend ANIMATION • KEYFRAME-ASSISTENT • KEYFRAMEREIHENFOLGE UMKEHREN, oder klicken Sie mit der rechten Maustaste auf die markierten Keys, und wählen Sie den Befehl im Kontextmenü.

### 6 Keyframes proportional stauchen und strecken

Sie können die gesetzten Keyframes einer Eigenschaft stauchen, um die Animation zu beschleunigen, oder strecken, um sie zu verlangsamen. Die Ebene wird dabei nicht verändert.

Markieren Sie erneut die zuletzt bearbeiteten Keys. Drücken Sie die Taste [Alt], und klicken Sie gleichzeitig den letzten Key in der Reihe an. Ziehen Sie dabei den letzten Key auf die Zeit 17:00. Die Abstände zwischen den Keys bleiben proportional erhalten. Spielen Sie die Animation in der RAM-Vorschau mit der Leertaste ab.

**Ebenen-Keyframes ein- und ausblenden**
Mit [U] blenden Sie sämtliche für eine Ebene gesetzten Keyframes ein oder aus. Die Ebene muss markiert sein. Sehr hilfreich ist diese Möglichkeit vor allem, wenn Sie Listen animierbarer Eigenschaften ausblenden wollen.

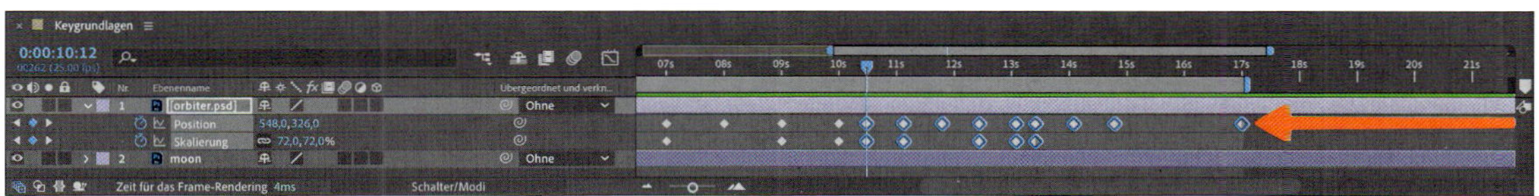

▲ **Abbildung 7.11**
Eine Reihe Keyframes können Sie mit der Taste [Alt] auf eine neue Zeitdauer dehnen.

**Abspielfunktion**
Spielen Sie Ihre Animationen zusammen mit Sound ab, indem Sie die Leertaste oder die Taste [0] im Ziffernblock drücken.

Bevor wir mit dem nächsten Workshop beginnen, folgen noch ein paar Ergänzungen zum Thema.

### Werte global setzen

Unerwähnt blieb bisher die Möglichkeit, Werte global zu setzen, also ohne Animation. Dazu müssen Sie nichts weiter tun, als den Wert einer Eigenschaft zu verändern, ohne jedoch Keyframes zu setzen. Die Drehung einer Ebene um 90° beispielsweise bleibt dann unverändert bestehen.

**Aktualisierung im Kompositionsfenster unterdrücken**

Halten Sie zusätzlich die Alt-Taste gedrückt, während Sie an den Werten ziehen, wird die Anzeige im Kompositionsfenster erst beim Loslassen der Maustaste aktualisiert. Sinnvoll ist das bei zu langen Vorschauberechnungen.

### Werte mit der Maus ändern

Wichtig ist die Möglichkeit, Werte durch Ziehen mit der Maus zu verändern. Blenden Sie dazu die entsprechende Eigenschaft in der Zeitleiste ein, und positionieren Sie den Mauszeiger genau über dem eingefärbten Eigenschaftswert. Der Mauszeiger ändert sich in ein Hand-Symbol. Um den Wert zu erhöhen, ziehen Sie den Mauszeiger nach rechts, und um ihn zu vermindern, bewegen Sie den Mauszeiger nach links.

▲ **Abbildung 7.12**
Eigenschaftswerte können Sie durch Ziehen mit der Maus ändern.

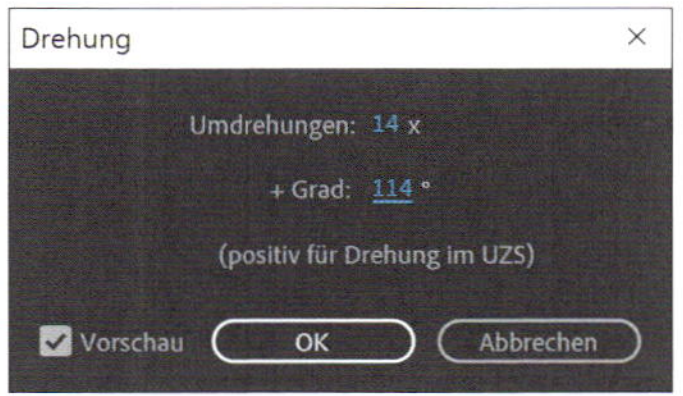


▲ **Abbildung 7.13**
In der Wertedialogbox ändern Sie schnell Werte von Keyframes.

### Keyframe-Dialogbox

Sie ändern Werte bereits gesetzter Keyframes, indem Sie den Keyframe einer Eigenschaft in der Zeitleiste mit der rechten Maustaste anklicken und WERT BEARBEITEN wählen – oder einfach auf den Keyframe doppelklicken. In der sich öffnenden Dialogbox tragen Sie die neuen Werte ein, die dann für diesen Keyframe übernommen werden. Sie ersparen sich damit ein mühseliges Positionieren der Zeitmarke.

▲ **Abbildung 7.14**
Mit dem Drehen-Werkzeug verändern Sie die Drehung einer Ebene direkt im Kompositionsfenster.

### Drehen-Werkzeug

Um eine Ebene freihändig zu drehen, verwenden Sie das Drehen-Werkzeug aus der Werkzeugpalette. Sie können damit Ebenen direkt im Kompositionsfenster drehen, indem Sie die Ebene anklicken und ziehen. Die Werteänderung wird in der Zeitleiste bei der DREHUNG angezeigt.

▲ **Abbildung 7.15**
Der Mauszeiger ändert sich ❶, wenn das Drehen-Werkzeug aktiv ist.

**Drehung zurücksetzen**

Ein Doppelklick auf das Drehen-Werkzeug setzt Drehungswerte auf 0° zurück.

### 7.1.2 Separate Positions-Keyframes

Die Positionseigenschaft einer 2D-Ebene verfügt über Werte für die X- und Y-Achse. Wurde für eine Ebene die 3D-Option aktiviert, teilt sich die Positionseigenschaft in drei Werte auf, jeweils für die x-, y- und z-Achse. Seit der Version After Effects CS4 können Sie selbst entscheiden, ob Sie für die einzelnen Achsen der Positionseigenschaft einen einzigen gemeinsamen Keyframe setzen oder separat für jede Achse.

Sinnvoll ist dies beispielsweise, um unterschiedliche Kräfte, die auf Ebenen wirken können, leichter zu simulieren. So kann die x-Achse kontinuierlich animiert werden, während die y-Achse gleichzeitig zufällig generierte Keyframes enthält oder über eine Expression animiert wird. Oder Sie legen für eine der Achsen mittels zeitlicher Interpolation und Geschwindigkeitskurven eine beschleunigte Bewegung fest.

Um die Option zu aktivieren, markieren Sie die Positionseigenschaft in der Zeitleiste, klicken mit der rechten Maustaste darauf und wählen im Einblendmenü Dimensionen trennen. Anschließend sind die Achsen getrennt animierbar. Umgekehrt nehmen Sie den gleichen Weg.

▲ **Abbildung 7.16**
Mit der rechten Maustaste und Dimensionen trennen separieren Sie die Achsen der Positionseigenschaft.

Seit der Programmversion 22 können Sie diese getrennten Positionseigenschaften auch als Standardverhalten in den Programmvoreinstellungen festlegen. Setzen Sie hierfür einen Haken unter Voreinstellungen • Allgemein • Positionseigenschaften standardmässig auf getrennte Dimensionen setzen.

Sie sollten die Option nicht ständig an- und ausschalten, da Sie ansonsten unkontrollierbare Ergebnisse erzielen. So werden Informationen aus beispielsweise drei separaten Bewegungspfaden für X, Y, Z zu einem einzigen Bewegungspfad reduziert, wenn Sie die Dimensionen wieder zusammenfügen. Ebenso ergeht es den Geschwindigkeitseinstellungen für die einzelnen Pfade.

Auch wenn Sie die Dimensionen trennen, werden Informationen zur Geschwindigkeit gelöscht, aber der Bewegungspfad bleibt

**Das Prinzip Drehung**
After Effects vergleicht immer jeweils die Werte zweier aufeinanderfolgender Keys. Für die Drehung bedeutet das ein bisschen Rechenarbeit, um die richtige Drehrichtung zu erhalten. Ein Beispiel: Wollten Sie eine Ebene erst dreimal nach rechts, dann noch fünfmal nach rechts und neunmal nach links drehen ergäben sich folgende Keyframe-Werte:

0x +0,0° / 3x +0,0° / 8x +0,0° / –1x +0,0° Üben Sie dies am besten einmal mit eigenen Werten.

**Werte in Schritten ändern**
Wenn Sie einen Wert durch Ziehen in der Zeitleiste ändern und zusätzlich die Taste [⇧] verwenden, werden die Werte in Zehnerschritten erhöht bzw. vermindert.

**Roving Keyframes**
Roving Keyframes sind zeitlich nicht fixierte Keyframes, die Sie einsetzen, um die zeitliche Abfolge der Keyframes gleichmäßiger zu gestalten und die Animation so flüssiger zu machen. Roving Keyframes sind nur anwendbar, wenn die Option Dimensionen trennen nicht gewählt wurde.

dabei gleich. Alle Informationen zur Geschwindigkeitsbearbeitung von Keyframes und zu sogenannten Roving Keyframes finden Sie im Verlauf dieses und des nächsten Kapitels. Näheres zur Animation von 3D-Ebenen lesen Sie in Kapitel 16, »3D in After Effects«.

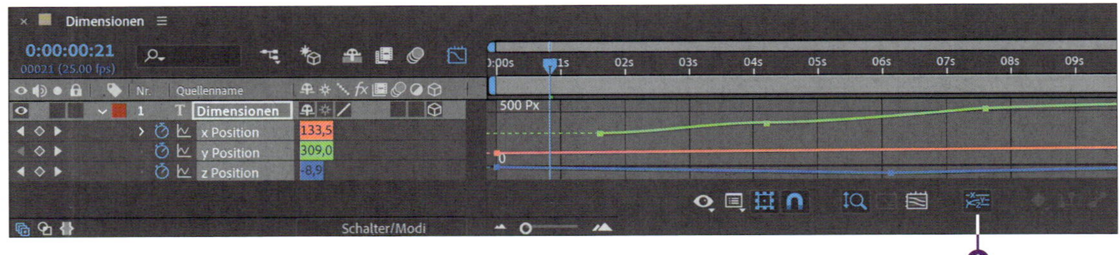


▲ **Abbildung 7.17**
Im Diagrammeditor, den Sie noch kennenlernen, trennen Sie Dimensionen mit der Schaltfläche für separate Achsen.

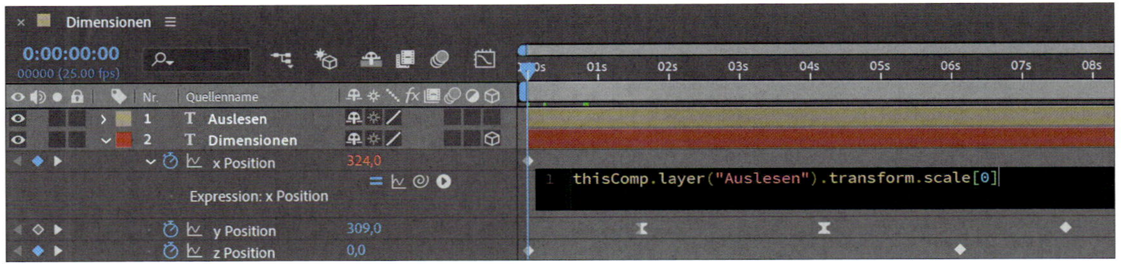


▲ **Abbildung 7.18**
Die getrennten Achsen können Sie separat mit Beschleunigungseinstellungen und/oder Expressions versehen.

**Diagrammeditor**
Im Diagrammeditor trennen Sie die Dimensionen per Klick auf die Schaltfläche ❶.

## 7.1.3 Kopieroptionen für Keyframes

Im Workshop »Eigenschaften und Eigenschaftswerte« in Abschnitt 7.1.1 haben Sie die grundlegenden Möglichkeiten zum Kopieren von Keyframes kennengelernt. Es gibt aber weitere:

### Keyframes einer Kategorie kopieren

Wenn Sie in der Zeitleiste auf den Namen einer Eigenschaft, z. B. Position, klicken, wählen Sie damit sämtliche in dieser Eigenschaft gesetzten Keyframes aus und können sie mit Strg+C und Strg+V kopieren und ebenen- bzw. kompositionsübergreifend einfügen.

Markieren Sie hingegen in der Zeitleiste eine ganze Kategorie wie Transformieren, Masken oder Effekte und drücken Strg+C, werden sämtliche Keyframes, Masken und Effekte in dieser Kategorie ausgewählt und mit Strg+V auf andere Ebenen übertragen.

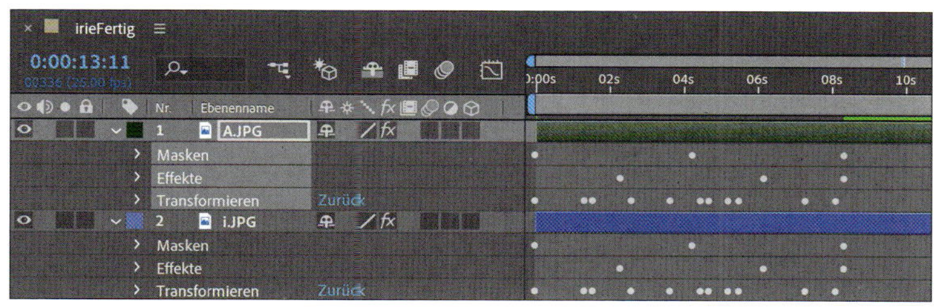


◂ **Abbildung 7.19**
Indem Sie die Eigenschaftskategorie markieren, können Sie Gruppen von Eigenschaften kopieren.

### Mit Eigenschaftsverknüpfungen kopieren

Mit dieser Option, die Sie unter BEARBEITEN • MIT EIGENSCHAFTSVERKNÜPFUNGEN KOPIEREN finden, erstellen Sie für einzelne Eigenschaften oder ganze Gruppen Abhängigkeiten zu ihrer jeweiligen Quelleigenschaft. Mit der Tastaturentsprechung [Strg]+[Alt]+[C] kopieren Sie beispielsweise die Keyframes der Eigenschaft POSITION aus der Ebene »Quelle« in die Ebene »Ziel«. Daraus resultiert, dass nun die Zielposition sämtliche Änderungen »mitmacht«, die Sie mit der Quellposition veranstalten. Hintergrund ist, dass die Kopieroption zu diesem Zweck eine Expression erzeugt hat. Weitere Informationen zu Expressions finden Sie in Kapitel 17, »Expressions«.

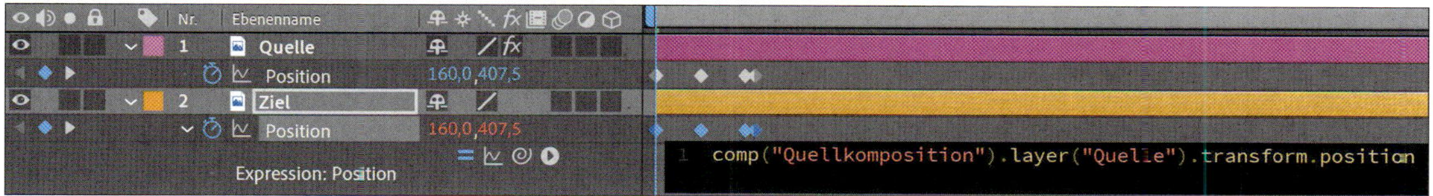


▴ **Abbildung 7.20**
Zum Verknüpfen der Eigenschaft aus der Quellebene zur Zielebene wird automatisch eine Expression erzeugt.

### Mit relativen Eigenschaftsverknüpfungen kopieren

Diesen Befehl finden Sie im Menü BEARBEITEN. Er dient zum Beispiel dazu, Ebenen mit Expressions in eine andere Komposition zu übertragen.

Der oben erläuterte Befehl MIT EIGENSCHAFTSVERKNÜPFUNGEN KOPIEREN erzeugt absolute Verknüpfungen zur Quellebene. Das bedeutet: Kopieren Sie unsere erwähnte Quellposition mit absoluter Verknüpfung in eine andere Komposition, werden Änderungen der Quellposition übergreifend in die andere Komposition übertragen. In der Expression steht daher der Name der Quellkomposition.

Haben Sie mit relativer Eigenschaftsverknüpfung in die andere Komposition kopiert, gibt es keine kompositionsübergreifende Abhängigkeit. Allerdings benötigt die so kopierte Eigenschaft eine Steuerungsebene mit dem gleichen Namen wie in der Quellkomposition gewählt. Die mit relativer Abhängigkeit kopierte Eigenschaft ist nur innerhalb einer einzigen Komposition abhängig.

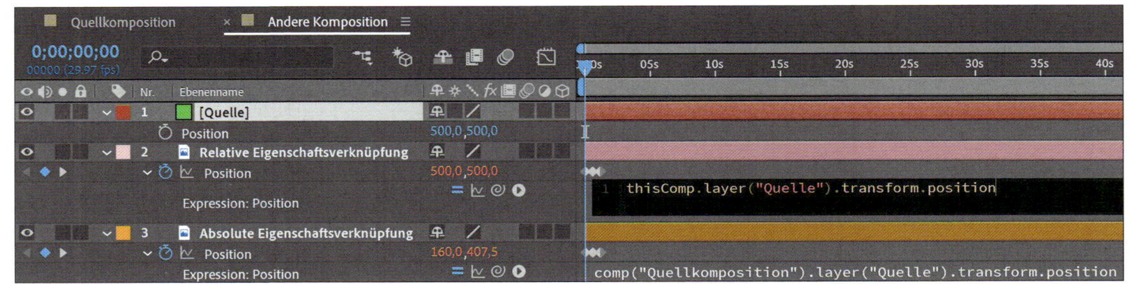


▲ **Abbildung 7.21**
Die Ebene mit relativer Verknüpfung benötigt die Ebene »Quelle« innerhalb derselben Komposition, von der sie gesteuert wird. Die Ebene mit absoluter Verknüpfung ist kompositionsübergreifend mit der Quell-Eigenschaft aus der Quellkomposition verbunden.

## 7.2 Ankerpunkte definieren

Im Workshop »Eigenschaften und Eigenschaftswerte« in Abschnitt 7.1.1 haben Sie die Positionseigenschaft einer Ebene animiert. Die Positionierung erfolgte dabei, wie Ihnen vielleicht aufgefallen ist, am Ebenenmittelpunkt, dem Ankerpunkt. Standardmäßig liegt der Ankerpunkt in der Mitte. Für einige Animationen muss der Ankerpunkt verschoben oder sogar animiert werden. In dem folgenden Workshop gehen wir das Ganze praktisch an.

### Schritt für Schritt
### Dreh- und Angelpunkt ist der Ankerpunkt

Die benötigten Dateien für diesen Workshop finden Sie unter Beispielmaterial/07_Keyframe-Grundlagen/Ankerpunkt

Bevor Sie mit diesem Workshop beginnen, schauen Sie sich das Movie »allestrick.mp4« aus dem Ordner 07_Keyframe-Grundlagen/Ankerpunkt an.

#### 1 Vorbereitung

Importieren Sie per Strg + I die Datei »allestrick.psd«. Legen Sie mit Strg + N eine Komposition in den Abmessungen 788 × 576 und mit einer Dauer von 9 Sekunden an. Wählen Sie unter Komposition • Hintergrundfarbe ein dunkles Grün.

#### 2 Farbfläche erstellen

Erstellen Sie eine Farbfläche über Ebene • Neu • Farbfläche oder mit Strg + Y. Klicken Sie auf die Schaltfläche Wie Kompositionsgrösse. Als Farbe wählen Sie Rot.

### 3 Ankerpunkt und Skalierung

Die Farbfläche erscheint genau zentriert in der Komposition. In der Mitte sehen Sie bei markierter Ebene den Ankerpunkt. Dieser soll jetzt verschoben werden. Aktivieren Sie dazu das Ausschnitt-Werkzeug.

Ziehen Sie den Ankerpunkt im Kompositionsfenster ganz genau auf den rechten Rand der Farbfläche (siehe Abbildung 7.23). Nutzen Sie eventuell die Vergrößerungsoption des Kompositionsfensters oder die Tasten [,] und [.] für eine genaue Positionierung. Wenn Sie über eine Maus mit Scrollrad verfügen, vergrößern und verkleinern Sie auch einfach per Rad. Um den Ausschnitt der vergrößerten Kompositionsansicht zu verschieben, nutzen Sie die Leertaste.

▲ **Abbildung 7.22**
Den Ankerpunkt einer Ebene können Sie mit dem Ausschnitt-Werkzeug verschieben.

**Ankerpunkt zurücksetzen**
Durch [Alt]+Doppelklick auf das Ausschnitt-Werkzeug setzen Sie einen verschobenen Ankerpunkt wieder zurück auf den Ebenenmittelpunkt. Mit einem einfachen Doppelklick »springt« die Ebene zum Ankerpunkt und wird dort zentriert.

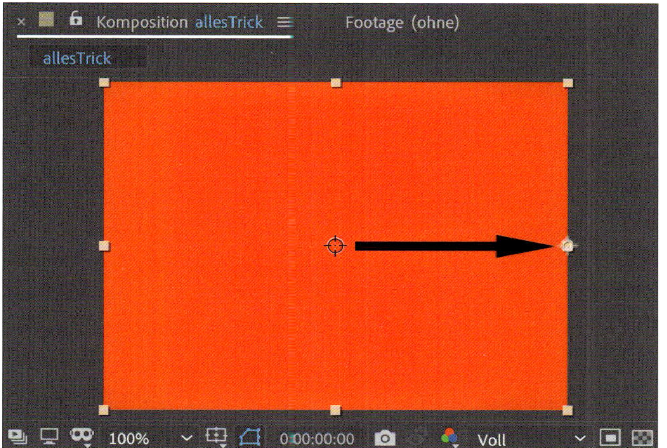


◂ **Abbildung 7.23**
Für die Farbfläche wird der Ankerpunkt an den rechten Rand der Ebene verschoben.

Als Nächstes verändern Sie die Skalierung. Wählen Sie wieder das Auswahl-Werkzeug [V]. Markieren Sie die Farbflächenebene, und blenden Sie die Eigenschaft SKALIERUNG mit der Taste [S] ein. Setzen Sie einen ersten Key per Klick auf das Stoppuhr-Symbol bei 00:12. Der zweite Key wird automatisch durch Verändern des Skalierungswerts entstehen.

Es soll nur die Breite skaliert werden. Entfernen Sie das Verketten-Symbol ❶, um die Skalierung für Breite und Höhe unabhängig voneinander zu ändern.

**Skalierung zurücksetzen**
Durch einen Doppelklick auf das Auswahl-Werkzeug setzen Sie die Skalierungswerte wieder auf 100 % zurück.

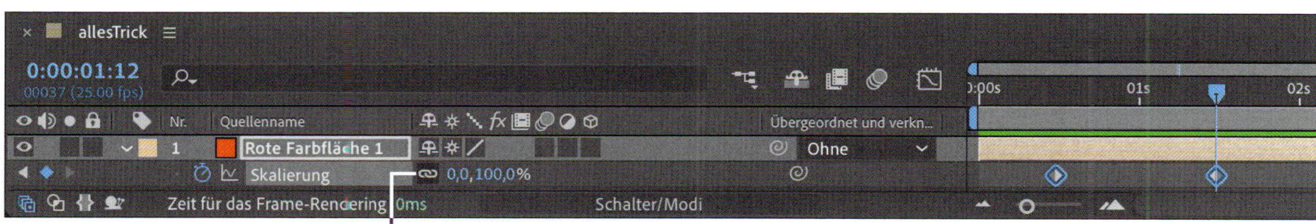


▲ **Abbildung 7.24**
Nur die Breite der Farbfläche wird skaliert.

**Ankerpunkte am Anfang setzen**
Es ist wichtig, den Ankerpunkt zu setzen, **bevor** Sie andere Keyframes definiert haben. Ein später verschobener Ankerpunkt kann zu erheblichen Veränderungen der Animation führen und Sie zur Verzweiflung treiben.

Klicken Sie in das Wertefeld für die Breite, und tragen Sie bei 01:12 den Wert »0« ein. Die Fläche wird in Richtung des Ankerpunkts – nach rechts – verkleinert und ist dann unsichtbar.

### 4 Ankerpunkt und Drehung

Als Nächstes werden wir die Datei »allestrick.psd« mit Hilfe des Ankerpunkts animieren. Positionieren Sie die Zeitmarke auf 02:00, und ziehen Sie die Datei »allestrick.psd« in den rechten Bereich der Zeitleiste. Wenn Sie die Ebene genau auf die Zeitmarke ziehen, wird der In-Point der Ebene exakt dort positioniert. Setzen Sie den Ankerpunkt in die linke untere Ecke. Erweitern Sie das Kompositionsfenster etwas, und positionieren Sie die Ebene jetzt außerhalb der Ansicht, genau am rechten Rand der Komposition, wie in Abbildung 7.26.

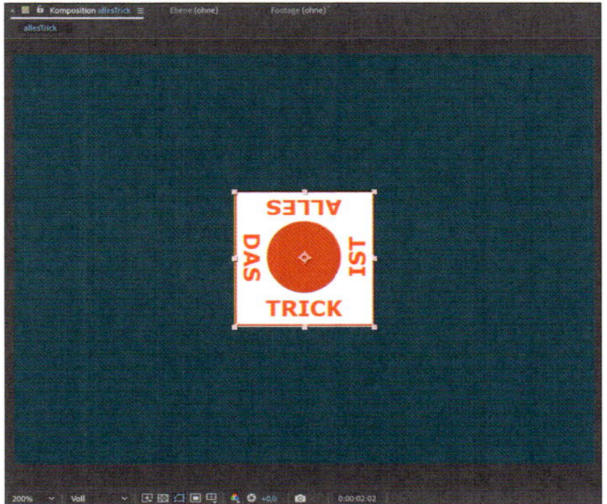


▲ **Abbildung 7.25**
Zuerst setzen Sie den Ankerpunkt für die Ebene »allestrick« auf die linke untere Ecke.

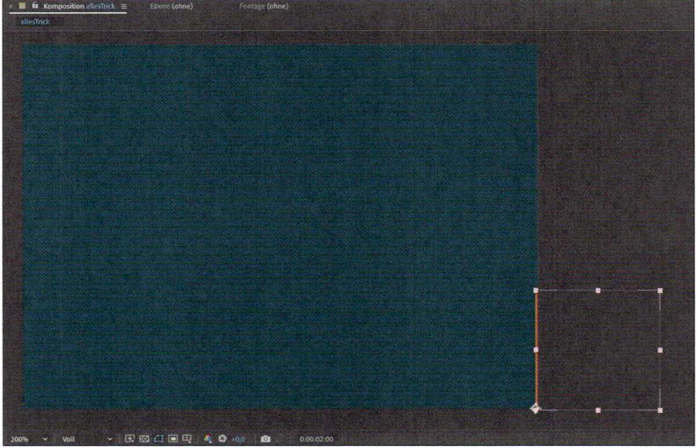

▲ **Abbildung 7.26**
Setzen Sie die Ebene »allestrick« zu Beginn an den rechten Kompositionsrand.

Öffnen Sie die Eigenschaft Drehung mit der Taste R. Setzen Sie den ersten Key genau am In-Point der Ebene bei 02:00. Setzen Sie den nächsten Key bei 02:12, indem Sie den Wert »–90« in das Wertefeld ❶ eintragen. Die Ebene kippt um den Ankerpunkt nach links.

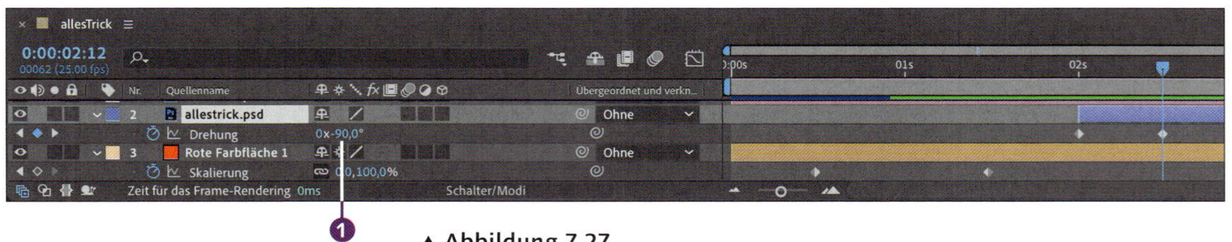


▲ **Abbildung 7.27**
Die Drehung der Ebene »allestrick« wird in 90-Grad-Schritten animiert.

◀ **Abbildung 7.28**
Die Ebene »allestrick« kommt von rechts ins Bild.

## 5 Ankerpunkt animieren

Blenden Sie zusätzlich zur Drehung die Eigenschaften Ankerpunkt und Position ein, und zwar bei markierter Ebene mit ⇧+A und ⇧+P Passen Sie jetzt gut auf! Setzen Sie jeweils für Ankerpunkt und Position einen ersten Key bei 02:11, also genau einen Frame vor dem Drehungs-Key. Vergleichen Sie das mit Abbildung 7.29.

**Ebenen per Tastatur verschieben**
Markierte Ebenen können Sie mit den Pfeiltasten nach rechts, links, oben und unten um je ein Pixel verschieben. Bei Zuhilfenahme von ⇧ wandern die Ebenen in 10-Pixel-Schritten.

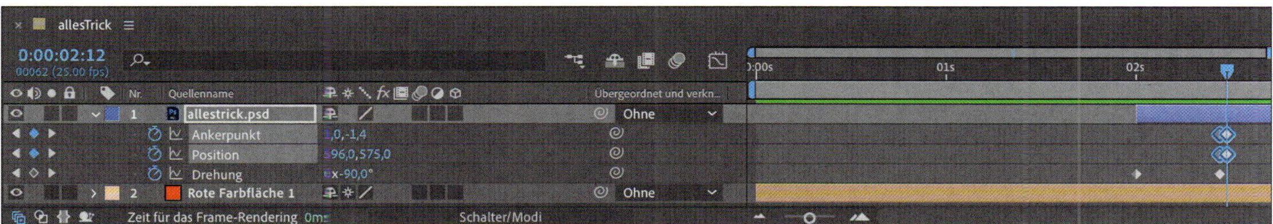


▲ **Abbildung 7.29**
Zur Animation des Ankerpunkts setzen Sie kurz nacheinander Keyframes für die Position und den Ankerpunkt.

Gehen Sie jetzt nur um ein Bild in der Zeitleiste weiter auf 02:12. Nutzen Sie dazu die Taste Bild↓. Die Zeitmarke springt einen Frame weiter. Verschieben Sie den Ankerpunkt von »allestrick« mit dem Ausschnitt-Werkzeug zur linken unteren Ecke. Achten Sie dabei auf Genauigkeit, und nutzen Sie die Vergrößerung. Es entstehen zwei neue Keyframes bei Ankerpunkt und Position. Der Ankerpunkt rutscht dabei innerhalb eines Frames auf seine neue Position.

## 6 Weitere Animation

Markieren Sie den Drehungs-Key bei 02:12. Kopieren Sie den Key mit Strg+C, und setzen Sie ihn bei 03:12 mit Strg+V ein. Durch den eingesetzten Key stoppt die Animation der Drehung für eine Sekunde. Ab jetzt wiederholt sich der Ablauf.

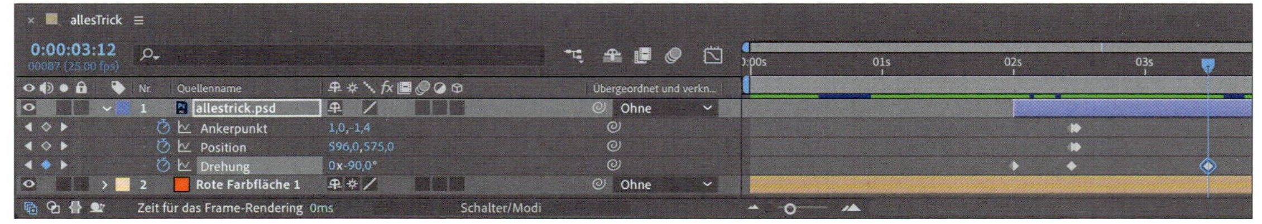

▲ **Abbildung 7.30**
Die Drehung stoppt für eine Sekunde. Dazu wird der letzte Keyframe kopiert und später eingefügt.

Für die Drehung setzen Sie bei 04:00 einen Key, indem Sie ins Wertefeld ❶ »–180« eintragen. Die Ebene kippt erneut nach links um den neu definierten Ankerpunkt.

**Abbildung 7.31 ▸**
Erneut kippt die Ebene, diesmal um eine andere Ecke.

Es folgt das erneute Verschieben des Ankerpunkts. Markieren Sie dazu zunächst nacheinander mit Hilfe der Taste ⇧ die beiden Keys für Ankerpunkt und Position bei 02:12. Kopieren Sie die Keys, und setzen Sie sie bei 03:24, einen Frame vor dem Drehungs-Key, ein. Verschieben Sie bei 04:00 wieder den Ankerpunkt. Da wir die Ebene bereits einmal gedreht haben, liegt der Ankerpunkt nun in der rechten unteren Ecke des Quadrats. Von dort ziehen Sie ihn auf die neue linke untere Ecke. Es entstehen wie vorher automatisch zwei neue Keys für Ankerpunkt und Position.

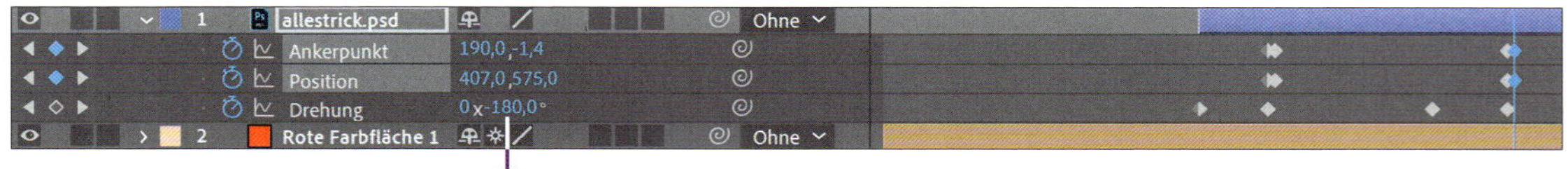

▲ **Abbildung 7.32**
Die letzten Keyframes für Drehung und Ankerpunkt werden kopiert und einen Frame vor dem Drehungs-Keyframe eingefügt. Ein Bild weiter wird der Ankerpunkt wieder verschoben.

Das Prinzip für die weitere Animation bleibt gleich. Daher beschreibe ich die nächsten Schritte nicht näher. Zum Vergleich schauen Sie eventuell in das Projekt »ankerpunkt.aep« in den Beispielmaterialen und orientieren sich an Abbildung 7.33.

▲ **Abbildung 7.33**
Die Position der Keyframes

| Funktion | Windows/ Mac |
|---|---|
| Ankerpunkt | A |
| Position | P |
| Skalierung | S |
| Deckkraft | T |
| Drehung | R |
| Alle animierten Eigenschaften | U |

▲ **Tabelle 7.1**
Tastenkürzel zum Einblenden von Ebeneneigenschaften

| Funktion | Windows/Mac OS |
|---|---|
| Ebene entlang der x-, y-Achse verschieben | ⇧ + Ebene ziehen |
| Proportionale Skalierung | ⇧ + Eckpunkt der Ebene ziehen |
| Drehung in 45-Grad-Schritten | ⇧ + mit Drehen-Werkzeug ziehen |
| Rotation auf 0° zurücksetzen | Doppelklick auf Drehen-Werkzeug |
| Skalierung auf 100 % zurücksetzen | Doppelklick auf Auswahl-Werkzeug |

▲ **Tabelle 7.2**
Tastenkürzel zum Arbeiten mit Ebeneneigenschaften

## 7.3 Animationsvorgaben

In der Palette Effekte und Vorgaben von After Effects finden Sie eine große Anzahl an vordefinierten Animationen, die Sie direkt auf Ihre Ebenen in der Zeitleiste anwenden können. Sie öffnen die Palette über Fenster • Effekte und Vorgaben oder mit Strg+5.

### 7.3.1 Mit Animationsvorgaben arbeiten

Sie erreichen die Animationsvorgaben über das Menü Animation • Vorgaben durchsuchen. Falls Adobe Bridge installiert ist, sind die Vorgaben dort aufgelistet, und Sie können sie bequem durchsuchen und in einer Vorschau ansehen. In der Palette Effekte und Vorgaben wird der Eintrag Animationsvorgaben zusätzlich zu den Effektkategorien eingeblendet, wenn Sie im Menü der Palette den Eintrag Animationsvorgaben anzeigen gewählt haben.

**Animationsvorlagen**
Neben den Animationsvorgaben können Sie in After Effects Animations**vorlagen** erstellen und diese dann über das Bedienfeld Essential Graphics für Premiere Pro exportieren. Hier ist es sogar möglich, Eigenschaften wie Textinhalte, Farben, Größen und vieles mehr so zu übergeben, dass diese Eigenschaften anschließend in Premiere Pro editierbar sind. Ausführliche Informationen zu Essential Graphics und zu Animationsvorlagen finden Sie in Abschnitt 17.6 »Essential Graphics« und in den dazugehörenden Workshops.

▲ **Abbildung 7.34**
Aus der Palette Effekte und Vorgaben heraus ziehen Sie die Animationsvorgabe auf eine markierte Ebene oder klicken sie doppelt an.

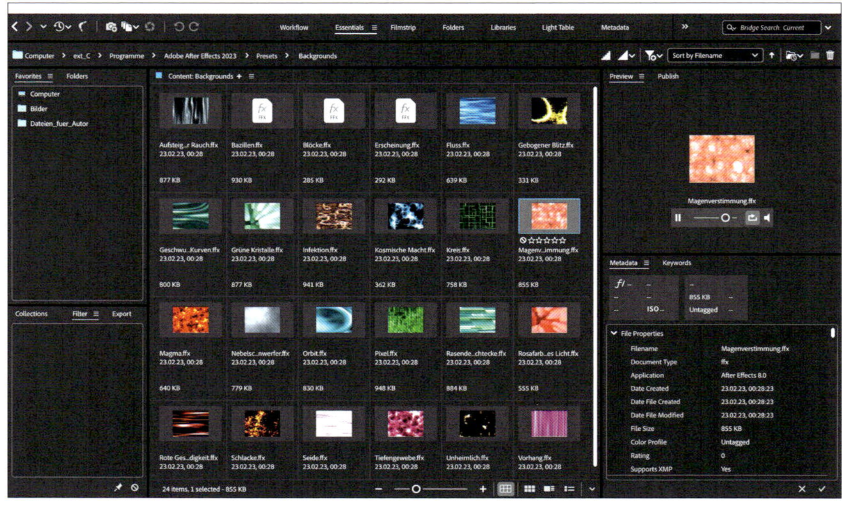


▲ **Abbildung 7.35**
In Adobe Bridge werden die Animationsvorgaben in einer Vorschau angezeigt und können schnell einer oder mehreren markierten Ebenen zugewiesen werden.

Um einer oder mehreren Ebenen eine Vorgabe zuzuweisen, markieren Sie die Ebenen zuerst in der Zeitleiste. Danach setzen Sie die Zeitmarke auf die Zeitposition, an der die Animation beginnen soll. In Adobe Bridge oder in der Palette Effekte und Vorgaben klicken Sie doppelt auf die gewünschte Vorgabe. Alternativ wählen Sie Animation • Animationsvorgabe anwenden. In der sich öffnenden Dialogbox wählen Sie eine vorgegebene oder Ihre selbsterstellte Animationsvorgabe aus. Animationsvorgaben werden standardmäßig im Installationsordner von After Effects im Ordner Presets gespeichert.

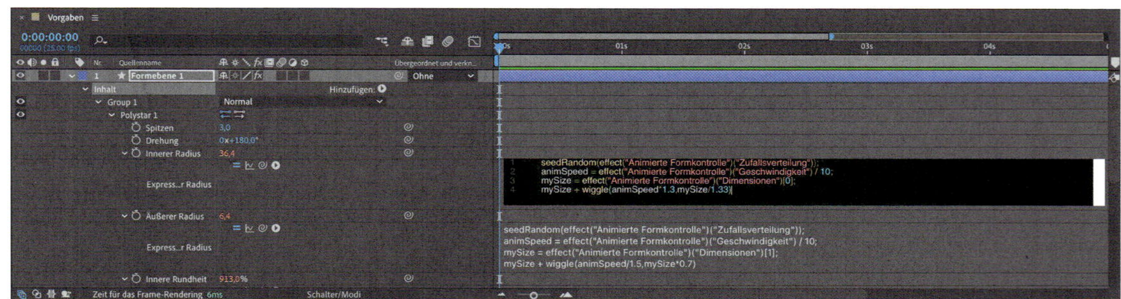


▲ **Abbildung 7.36**
Nach Anwendung einer Animationsvorgabe erscheinen Keyframes bzw. Expressions in allen zuvor markierten Ebenen.

### 7.3.2 Eigene Animationsvorgaben erstellen

Im Workshop »Eigenschaften und Eigenschaftswerte« in Abschnitt 7.1.1 haben Sie Keyframes aus mehreren Eigenschaften kopiert und in andere Ebenen eingesetzt. Sie haben also eine Animation aus einer Ebene in eine andere Ebene übertragen. Sehr komfortabel ist das auch mit eigenen Animationsvorgaben machbar.

After Effects bietet Ihnen mit eigenen Animationsvorgaben die Möglichkeit, Keyframes einer oder mehrerer Eigenschaften dauerhaft zu speichern. Die so gesicherten Animationen können aus animierten Effekten, Masken und Ebenentransformationen – sprich allen mit Keyframes animierbaren Eigenschaften – bestehen. Nach dem Speichern ist es ein Kinderspiel, die Animationen den Ebenen Ihrer Wahl hinzuzufügen.

### Animationsvorgabe anlegen

Bevor Sie eine Animationsvorgabe anlegen, markieren Sie die Keyframes einer Ebene, die Sie in einer anderen Ebene als Vorgabe verwenden wollen. Wählen Sie anschließend ANIMATION • ANIMATIONSVORGABE SPEICHERN. Es öffnet sich ein Dialog zum Speichern der Animationsvorgabe. Denselben Dialog erhalten Sie auch per Klick auf das kleine Symbol ❷ unten rechts in der Palette EFFEKTE UND VORGABEN.

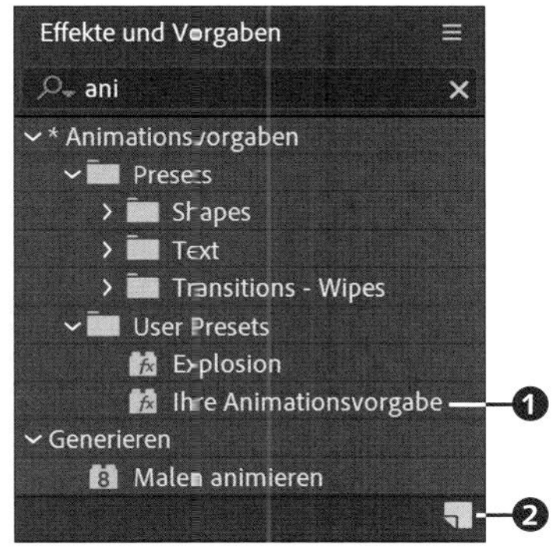


▲ **Abbildung 7.37**
In der Palette EFFEKTE UND VORGABEN werden selbstdefinierte Animationsvorgaben angezeigt.

Wenn Sie selbst keinen neuen Speicherpfad eingeben, wird die Animationsvorgabe als eigene Datei mit der Endung ».ffx« im Installationsordner AFTER EFFECTS/PRESETS unter dem von Ihnen gewählten Namen abgelegt.

Sollten Sie die Vorgabe an einem anderen Ort speichern, wird sie nur dann in der Vorgaben-Palette angezeigt, wenn der Ordner PRESETS eine Verknüpfung zu dem Ordner mit der Vorgabe enthält. Die neue Animationsvorgabe wird sowohl in Adobe Bridge als auch in der Palette EFFEKTE UND VORGABEN mit dem gewählten Namen angezeigt ❶.

Wenn Sie Ihre Animationsvorgabe anwenden möchten, gehen Sie so vor, wie ich es oben bereits beschrieben habe. Die zuvor als Vorgabe gespeicherten Keyframes Ihrer animierten Effekte und Transformationen werden jeweils in die markierten Ebenen eingesetzt.

### Animationsvorgabe löschen

Um eine Animationsvorgabe wieder zu entfernen, markieren Sie sie zuerst in der Palette EFFEKTE UND VORGABEN. Anschließend wählen Sie aus dem Menü der Palette den Eintrag IN EXPLORER ANZEIGEN bzw. IM FINDER ANZEIGEN (Mac). Daraufhin wird der Ordner PRESETS angezeigt; die gewählte Vorgabe ist dort markiert. Zum Löschen betätigen Sie die Taste `Entf`. Im Menü der Palette wählen Sie abschließend den Eintrag LISTE AKTUALISIEREN.

## 7.4 Der Diagrammeditor

Mit dem Diagrammeditor meistern Sie Ihre Animationen schneller, führen Änderungen an bereits gesetzten Keyframes durch oder definieren neue Keyframes. Außerdem behalten Sie die Kontrolle über die Geschwindigkeiten Ihrer Animationen.

In den vorangegangenen Workshops haben Sie Keyframes in der Ebenenansicht des Zeitleistenfensters definiert, um damit Animationen zu schaffen. Eine Alternative zu der bekannten Bearbeitung bietet der Diagrammeditor. Trotz seines vielleicht abschreckenden Namens lohnt es sehr, ihn zu studieren. Sie haben mehr Kontrolle über Ihre Keyframes und können im Editor – nach kurzer Eingewöhnungsphase – mindestens ebenso leicht Animationen erstellen wie in der Ebenenansicht. Auch Änderungen sind sehr schnell und intuitiv bewerkstelligt. Zu guter Letzt erhalten Sie die volle Kontrolle über die Geschwindigkeiten Ihrer Animationen und können im Editor dynamisch wirkende Bewegungen erzeugen.

### 7.4.1 Funktion des Diagrammeditors

▲ **Abbildung 7.38**
Zwischen Ebenenansicht und Diagrammeditor wechseln

Der Diagrammeditor dient zur visuellen Darstellung der Geschwindigkeits- und Werteänderungen aller Ihrer Animationen. Sie können jederzeit über den Button ❶ in der Zeitleiste zwischen Ebenenansicht und dem Diagrammeditor wechseln.

Der Diagrammeditor besteht aus einem zweidimensionalen Diagramm, das genau wie in der Ebenenansicht den zeitlichen Verlauf von Eigenschaftsänderungen wiedergibt. In diesem Diagramm können Sie für jede Eigenschaft eine **Geschwindigkeits-** und eine **Wertekurve** einblenden. Die Geschwindigkeitskurve stellt die Geschwindigkeit, mit der sich Eigenschaftswerte ändern, visuell dar. In der Wertekurve hingegen werden die Eigenschaftswerte visualisiert. Diese können einzeln oder auch gemeinsam angezeigt werden.

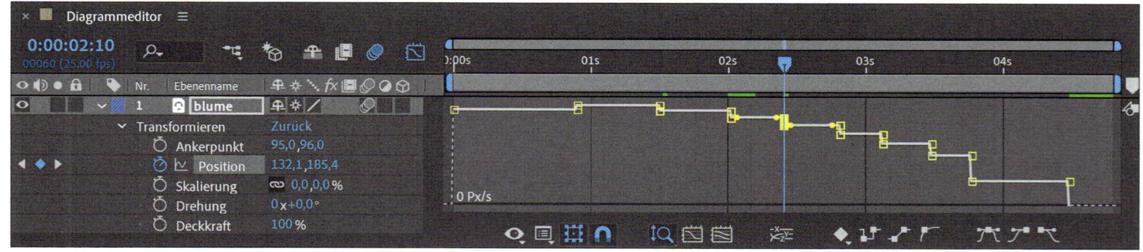


▲ **Abbildung 7.39**
Die Geschwindigkeitskurve stellt die Geschwindigkeit, mit der sich Eigenschaftswerte ändern, dar.

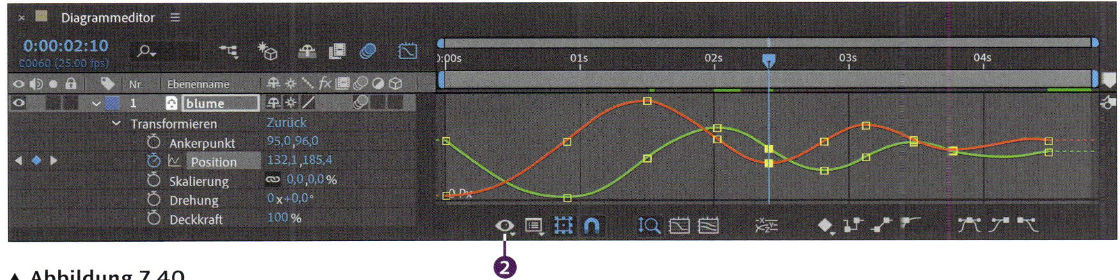


▲ **Abbildung 7.40**
In der Wertekurve werden Eigenschaftswerte visualisiert.

Außerdem ist es möglich, die Kurven für mehrere Eigenschaften gleichzeitig anzuzeigen. Dabei passt sich allerdings die Anzeige dem Minimal- und Maximalwert der Kurven an, so dass Kurven mit kleineren Wertebereichen kaum noch bearbeitbar sind. In diesem Fall passen Sie die Ansicht an oder wählen die entsprechenden Eigenschaften wieder einzeln aus.

## 7.4.2 Arbeit mit dem Diagrammeditor

Schauen wir uns als Nächstes den Diagrammeditor etwas näher an. Zum Testen setzen Sie zuvor ein paar Keyframes mit unterschiedlichen Werten in einer Eigenschaft, z. B. Position.

Um eine Eigenschaft im Diagrammeditor anzuzeigen, müssen Sie sie zuvor markieren. Der Editor blendet dann je nach Eigenschaftstyp automatisch entweder die Geschwindigkeits- oder die Wertekurve ein. Wenn Sie mehrere Eigenschaften markieren, werden die jeweiligen Kurven übereinander angezeigt. Jeder Eigenschaft bzw. Kurve sind dabei zur besseren Unterscheidung Farben zugeordnet, mit denen auch der Wert oder die Werte der Eigenschaft unterlegt sind. Verschiedene Eigenschaften und Werte lassen sich so besser auseinanderhalten, wenn ihnen nicht dieselbe Farbe zugeordnet wurde. Gleiche Eigenschaften erscheinen sogar grundsätzlich in den gleichen Farben.

#### Auswahl der angezeigten Eigenschaften

Über den Button ❷ gelangen Sie in ein kleines Menü. Die zwei wichtigsten Optionen sind Ausgewählte Eigenschaften anzeigen und Animationseigenschaften anzeigen. Mit der ersten Option werden nur die Werte der Eigenschaften als Kurven dargestellt, die Sie direkt markieren. Mit der zweiten Option benötigen Sie nur einen Klick auf die Ebene, um die Kurven sämtlicher animierter Eigenschaften gemeinsam einzublenden. Die Optionen sind auch gemeinsam wählbar.

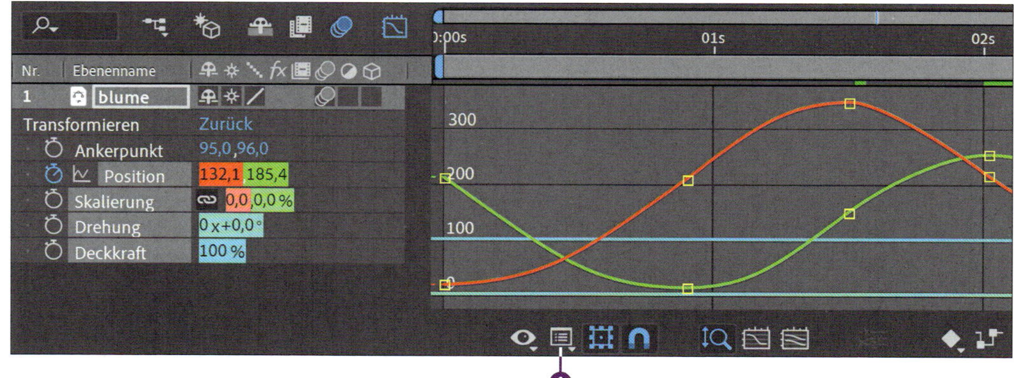


▲ **Abbildung 7.41**
Die Werte mehrerer ausgewählter Eigenschaften werden im Editor mit verschiedenen Farben dargestellt.

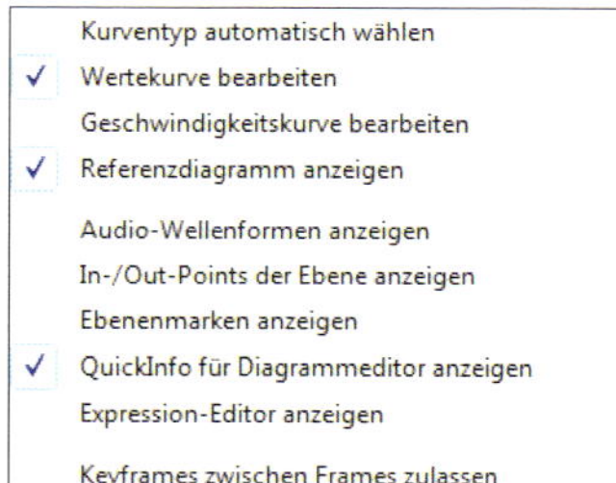


▲ **Abbildung 7.42**
Für das Diagramm sind viele Anzeigeoptionen wählbar.

### Diagrammtyp und Optionen

Im Einblendmenü des Buttons ❶ wählen Sie, welcher Kurventyp angezeigt werden soll. Wählen Sie entweder WERTEKURVE BEARBEITEN oder GESCHWINDIGKEITSKURVE BEARBEITEN, um die Kurve einzeln anzuzeigen. Mit einem Häkchen bei REFERENZDIAGRAMM ANZEIGEN blenden Sie die jeweils nicht gewählte Kurve als Referenz ein.

Mit der Option KURVENTYP AUTOMATISCH WÄHLEN entscheidet After Effects selbst, welche Kurve einer markierten Eigenschaft angezeigt wird. Bei einer räumlichen Eigenschaft wie der Position ist es die Geschwindigkeitskurve und sonst die Wertekurve.

Nützlich sind auch die folgenden Optionen: AUDIO-WELLENFORMEN ANZEIGEN wählen Sie, um Audiodateien besser mit Animationen zu synchronisieren, indem die Audioinformation visualisiert wird. Eine ähnliche Option ist auch in der Ebenenansicht verfügbar.

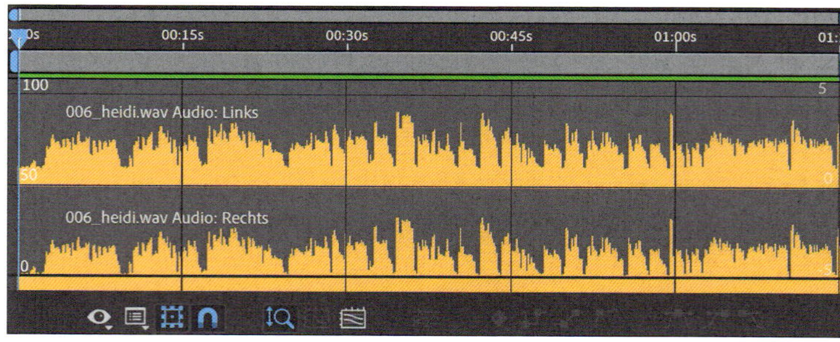


**Abbildung 7.43** ▶
Wählen Sie die Option REFERENZDIAGRAMM ANZEIGEN, werden Geschwindigkeits- und Wertekurve gemeinsam im Diagramm dargestellt.

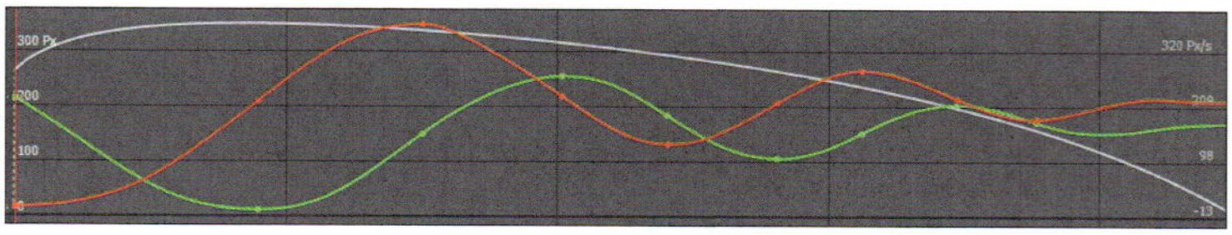

**Abbildung 7.44** ▶
Mit Hilfe der Audio-Wellenform lassen sich Animationen und Sound besser synchronisieren.

Die Option QUICKINFO FÜR DIAGRAMMEDITOR ANZEIGEN dient dazu, Informationen direkt dort anzuzeigen, wo sich der Mauszeiger gerade über einer der Kurven befindet. Die letzte Möglichkeit, KEYFRAMES ZWISCHEN FRAMES ZULASSEN, ermöglicht es Ihnen, Keyframes im Editor so zu verschieben, dass sie auch zwischen Frames liegen können, was ein sehr präzises Timing ermöglicht.

**Weitere Optionen**
Die Optionen IN-/OUT-POINTS DER EBENE ANZEIGEN, EBENENMARKEN ANZEIGEN und EXPRESSION-EDITOR ANZEIGEN sind selbsterklärend. Der Expression-Editor gleicht dem Expressions-Feld in der Ebenenansicht. In Kapitel 17, »Expressions«, erfahren Sie mehr zu Expressions.

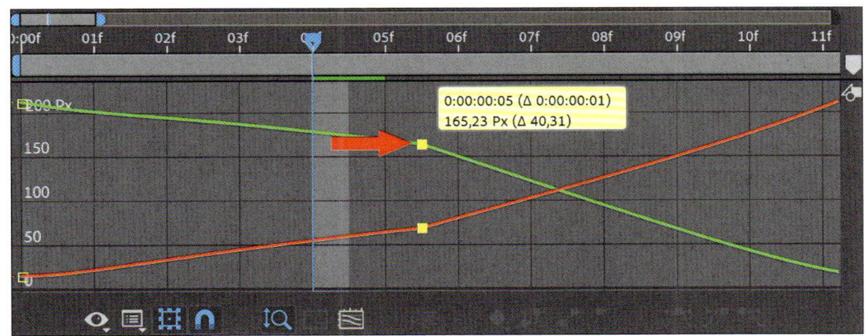


◄ **Abbildung 7.45**
Mit der Option KEYFRAMES ZWISCHEN FRAMES ZULASSEN können Sie Keyframes so verschieben, dass sie zwischen Frames platziert werden können.

### 7.4.3 Keyframe-Bearbeitung im Diagrammeditor

Die Keyframe-Bearbeitung im Diagrammeditor ähnelt derjenigen in der Ebenenansicht. Der Hauptunterschied besteht in den unterschiedlich dargestellten Keyframes und in der Möglichkeit, ein Transformationsfeld über diesen Keyframes aufzuziehen.

Im Unterschied zur Keyframe-Darstellung in der Ebenenansicht sind die Keyframes im Diagrammeditor im markierten Zustand als gelbe Punkte sichtbar, die durch eine Linie miteinander verbunden sind. In der Geschwindigkeitskurve gibt es für jeden Keyframe zusätzlich Anfasser, über die Sie die Kurve verändern können.

▼ **Abbildung 7.46**
Keyframes in der Ebenenansicht und ...

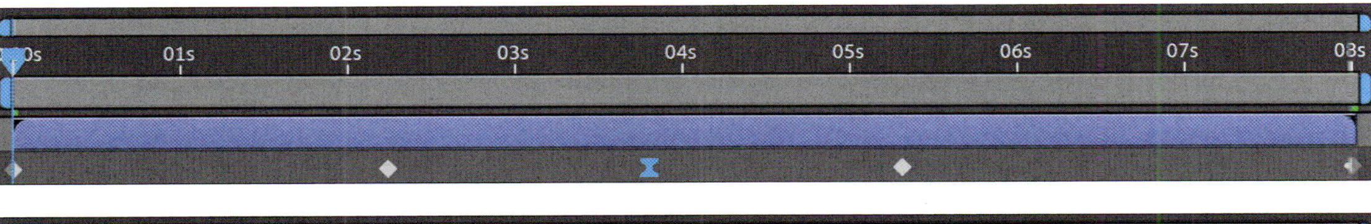

▲ **Abbildung 7.47**
... in der Wertekurve des Diagrammeditors ...

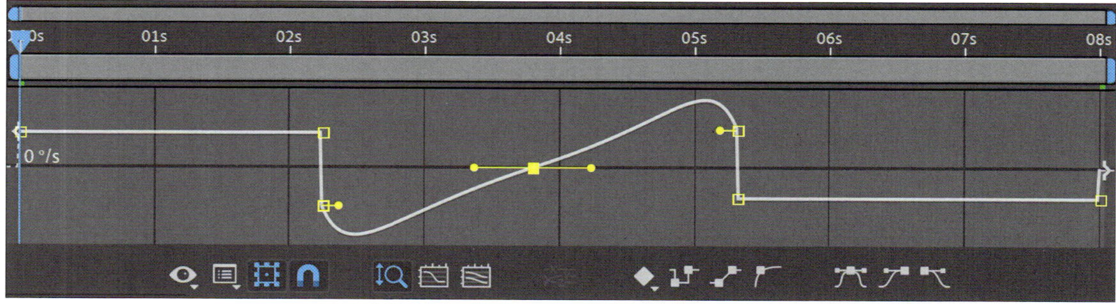


▲ **Abbildung 7.48**
… und noch einmal in der Geschwindigkeitskurve

Um alle Keyframes einer Eigenschaft im Diagrammeditor auszuwählen, klicken Sie bei gedrückter [Alt]-Taste auf ein Segment zwischen den Keyframes der Geschwindigkeits- oder der Wertekurve. Um mehrere Keyframes einzeln nacheinander auszuwählen, klicken Sie sie mit der [⇧]-Taste an.

### 7.4.4 Transformationsfeld

Sie können im Diagrammeditor – egal, ob Sie gerade in der Geschwindigkeits- oder in der Wertekurve arbeiten – ein Transformationsfeld aufziehen. Es dient dazu, Abstände zwischen mehreren Keyframes bequem zu verändern oder Keyframe-Gruppen zu verschieben.

#### Transformationsfeld aufziehen

Ziehen Sie bei gedrückter Maustaste ein Feld über den Keyframes auf, die Sie bearbeiten wollen. Mit dem Button ❶ blenden Sie das Transformationsfeld ein und aus. Wenn Sie in der Wertekurve Keyframes bearbeiten, wirkt sich die Änderung sowohl auf die Keyframe-Werte als auch auf die Geschwindigkeit aus. Bei einer Bearbeitung in der Geschwindigkeitskurve bleiben die Werte unverändert.

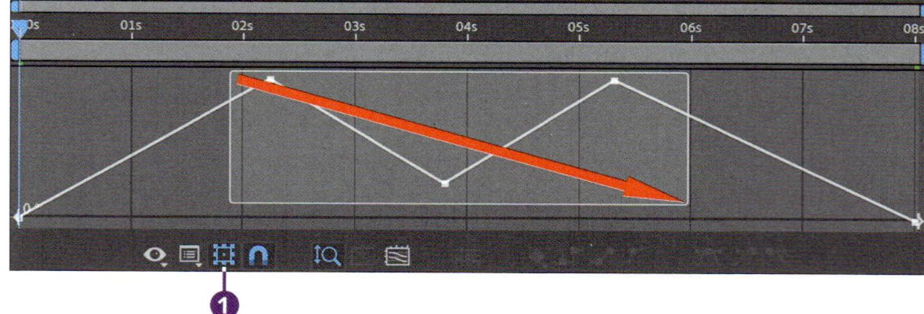


**Abbildung 7.49** ▶
Zum bequemen Verschieben von Keyframes oder zum Verändern der Abstände zwischen Keyframes können Sie das Transformationsfeld verwenden.

#### Transformationsfeld skalieren

Sie skalieren das Transformationsfeld, indem Sie auf einen der Punkte ❷ des Begrenzungsrahmens klicken und daran ziehen, sobald ein Doppelpfeil sichtbar wird. Zum proportionalen Skalieren halten Sie die Taste [⇧] gedrückt und ziehen den Rahmen an einem seiner Eckpunkte auf die neue Größe. Zum Skalieren um den Ankerpunkt des Rahmens ❸, den Sie auch anklicken und verschieben können, nehmen Sie die Taste [Strg] zu Hilfe. Um einen einzelnen Eckpunkt frei zu verschieben, klicken Sie ihn bei gedrückter [Alt]-Taste an und ziehen ihn an eine andere Stelle. Geschwindigkeitskurven und Keyframe-Abstände lassen sich nur im Zeitverlauf skalieren.

**▼ Abbildung 7.50**
Das Transformationsfeld können Sie skalieren und verschieben. Die ausgewählten Keyframes bewegen sich entsprechend, und die Kurve wird angepasst.

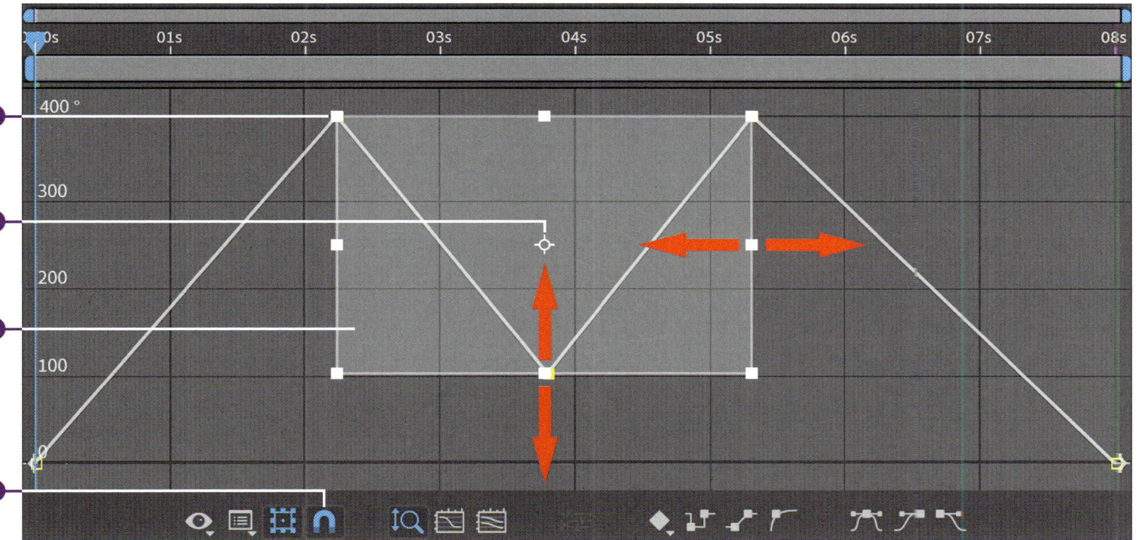


### Transformationsfeld verschieben

Zum Verschieben des Transformationsfelds klicken Sie in das Feld ❹ und ziehen es an eine neue Position. Mit der Taste [⇧] beschränken Sie die Bewegung des Felds auf die Horizontale und Vertikale. Geschwindigkeitskurven und Keyframe-Abstände lassen sich nur im Zeitverlauf verschieben.

### Ausrichten

Wenn Sie im Wertediagramm einzelne Keyframes verschieben, können Sie sie an der Zeitmarke, an Keyframes, Ebenen- und Kompositionsmarken, In- und Out-Points und am Anfang und Ende des Arbeitsbereichs ausrichten. Dazu wird eine orangefarbene Linie als Positionierhilfe eingeblendet. Sie aktivieren diese Funktion mit dem Button ❺.

**Zum Nachlesen**
Alle an dieser Stelle nicht erwähnten Buttons des Diagrammeditors dienen zur Bearbeitung der **Keyframe-Interpolation**. Mehr dazu erfahren Sie im nächsten Kapitel.

## 7.4.5 Ansicht im Diagrammeditor anpassen

Im Diagrammeditor gibt es drei Buttons, mit denen Sie die Ansicht des Diagramms schnell anpassen können.

**Abbildung 7.51** ▼
Sie können in eine Auswahl schnell einzoomen und …

Mit dem Button ❷ zoomen Sie eine mit dem Transformationsfeld getroffene Auswahl auf die Größe Ihres Zeitleistenfensters. Zum schnellen Auszoomen nutzen Sie den Button ❸.

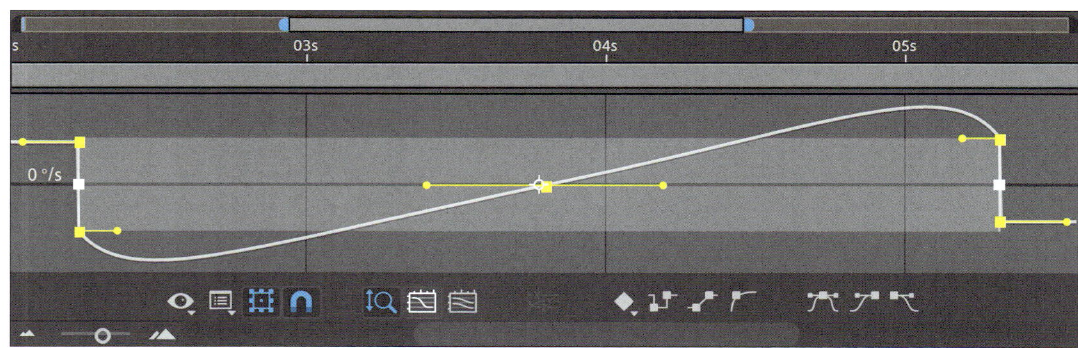


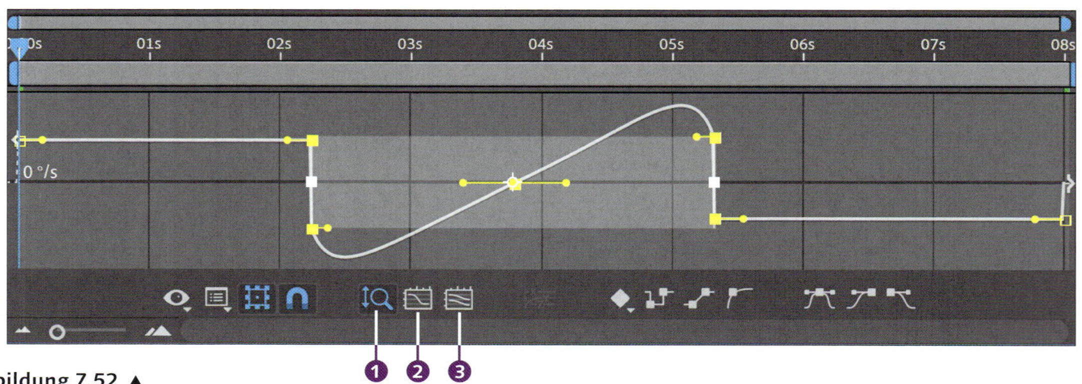


**Abbildung 7.52** ▲
… wieder auszoomen.

Um das Diagramm automatisch an Ihre Änderungen der Geschwindigkeits- und Wertekurven anpassen zu lassen, aktivieren Sie den Button ❶. Besonders deutlich wird diese Funktion, wenn Sie den Button zuerst deaktivieren, dann Keyframes sehr weit nach oben im Diagramm ziehen und anschließend den Button wieder aktiv schalten.

# Kapitel 8
# Keyframe-Interpolation

*Über vierzig Jahre lang beschäftigte sich Galileo Galilei mit dem Phänomen der gleichmäßig beschleunigten Bewegung. Um genaue Messungen dieser Beschleunigung durchzuführen, ließ er Kugeln eine schiefe Ebene hinabrollen, was letztlich in komplizierten Formeln zur Berechnung mündete.*

Pfade für Bewegungen, Kurven für die Zeit – in diesem Kapitel erlernen Sie das Justieren von Bewegungen und die Feinabstimmung der Geschwindigkeit von Animationen, also das Beschleunigen und Abbremsen von Bewegungen.

## 8.1 Zwei Arten der Interpolation

Zur Freude der Anwender bietet After Effects einiges, um Animationen realistischer und dynamischer wirken zu lassen, ohne dass Sie selbst mit Formeln hantieren müssen. Es hält verschiedene Interpolationsmethoden bereit, um die Berechnung von Bewegungen und zeitlichen Abläufen zu ändern. Man unterscheidet zwei Grundarten der Interpolation:

- die **räumliche Interpolation** (früher auch geometrische)
- die **zeitliche Interpolation** zur Veränderung von Geschwindigkeiten Ihrer Animationen

Bei der räumlichen Interpolation geht es darum, wie After Effects **Bewegungen** im Raum berechnet. Genauer gesagt berechnet After Effects die Zwischenbilder, also die Frames, zwischen den von Ihnen gesetzten Keyframes. Bei der räumlichen Interpolation bezieht sich diese Berechnung auf Veränderungen, die am **Bewegungspfad** einer Ebene, also räumlich, vorgenommen werden. Ein Pfad kann durch unterschiedliche Interpolationsmethoden gebogen oder eckig geformt sein.

Bei der zeitlichen Interpolation geht es darum, wie After Effects die **Geschwindigkeit** zwischen Keyframes berechnet. Die zeitliche Interpolation bezieht sich auf die Berechnung der Veränderung der Geschwindigkeit von animierten Eigenschaften. Auch hier gibt es unterschiedliche Interpolations- bzw. Berechnungsarten. Animationen, egal welche, werden mittels **Geschwindigkeitskurven** abgebremst oder beschleunigt.

## 8.2 Räumliche Interpolation und Bewegungspfade

In After Effects gibt es vier Arten von räumlichen Pfaden: den Bewegungspfad,den Maskenpfad, den Formpfad und Pfade des Effekts MALEN.

- **Bewegungspfade** entstehen durch Animation der Eigenschaften POSITION, ANKERPUNKT, EFFEKTANKERPUNKT und 3D-AUSRICHTUNG einer Ebene und werden im Kompositionsfenster angezeigt. Sie haben den Pfad gesehen, als Sie in verschiedenen Workshops die Position einer Ebene animiert haben.
- **Maskenpfade** können auf unterschiedlichen visuellen Ebenen erstellt werden und dienen vor allem dazu, Bereiche von Ebenen transparent zu setzen. Genaue Informationen dazu finden Sie in Kapitel 11, »Masken, Matten und Alphakanäle«.
- **Formpfade** werden innerhalb eigenständiger Ebenen mit den Maskenwerkzeugen erstellt, wenn keine andere Ebene in der Zeitleiste ausgewählt wird. Weitere Informationen dazu finden Sie in Abschnitt 11.5, »Formebenen«.
- **Pfade des Effekts Malen** erzeugen Sie mit den Werkzeugen PINSEL, KOPIERSTEMPEL und RADIERGUMMI. Sie eignen sich beispielsweise für Retuschearbeiten. Im Kapitel 14, »Malen und Retuschieren« finden Sie vertiefende Informationen.

### 8.2.1 Was ist ein Bewegungspfad?

Wenn Sie sich den Bewegungspfad in Abbildung 8.1 genau anschauen, stellen Sie fest, dass er aus vielen kleinen Punkten und einigen fett dargestellten Scheitelpunkten besteht.

Die in der Zeitleiste gesetzten Keyframes spiegeln sich im Kompositionsfenster als Scheitelpunkte wider. Das heißt, wenn Sie einen Keyframe in der Zeitleiste markieren, wird der Scheitelpunkt im Kompositionsfenster markiert und umgekehrt.

**Zum Nachlesen**

Wie Sie einen Bewegungspfad ganz praktisch selbst erstellen, erfahren Sie im folgenden Workshop »Dax-Index – Bewegungspfad bearbeiten und räumliche Interpolationsarten ändern«.

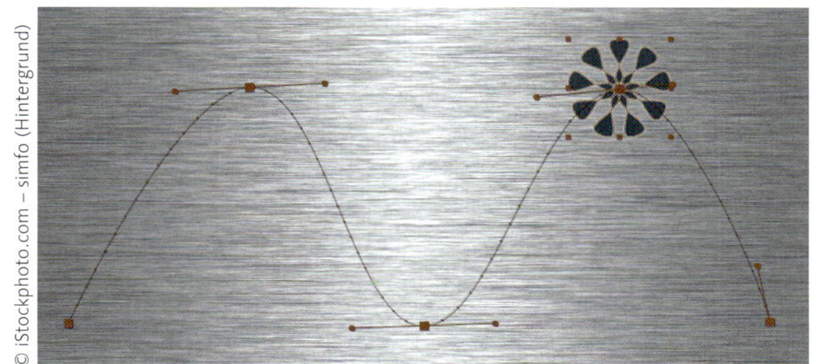

◀ **Abbildung 8.1**
Die Scheitelpunkte eines Bewegungspfads im Kompositionsfenster entsprechen den Keyframes in der Zeitleiste.

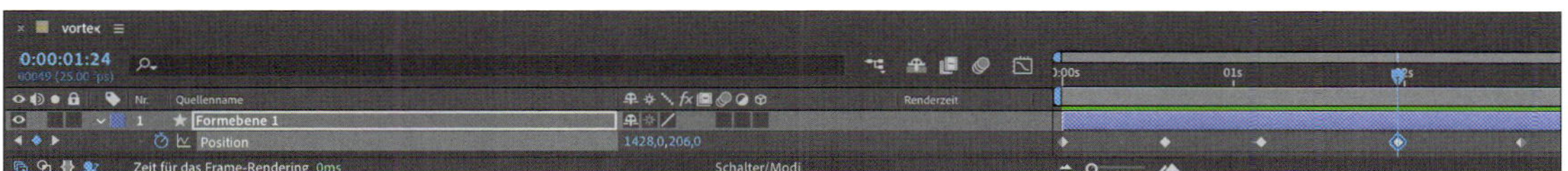


▲ **Abbildung 8.2**
Markieren Sie in der Zeitleiste einen Keyframe, wird auch im Kompositionsfenster der Scheitelpunkt aktiviert.

Die Punkte sind erst dann einzeln erkennbar, wenn Sie einen etwas größeren zeitlichen Abstand zwischen den Keyframes wählen. Sie werden im Kompositionsfenster zwischen den Scheitelpunkten dargestellt und bezeichnen die einzelnen Bewegungsschritte von Bild zu Bild. Sie können das selbst einmal testen, indem Sie die Tasten `Bild↑` und `Bild↓` verwenden, um frameweise durch die Zeitleiste zu navigieren. Der Ankerpunkt der Ebene liegt genau auf dem Pfad und springt dann von Pünktchen zu Pünktchen. Jeder Punkt stellt dabei einen Frame dar. Die Anzahl der Frames, die pro Sekunde dargestellt werden, hängt von der Framerate der Komposition ab. Das Aussehen des Pfads, ob mehr oder weniger gekrümmt, eckig oder gar ohne Interpolation, wird durch die Interpolationsmethoden bestimmt.

### 8.2.2 Methoden der räumlichen Interpolation

Grundsätzlich kann zwischen der linearen Interpolation und der Bézier-Interpolation unterschieden werden.

- Bei der **Bézier-Interpolation** ist der Bewegungspfad gekrümmt (siehe Abbildung 8.1).
- Bei der **linearen Interpolation** ist der Bewegungspfad gerade (Abbildung 8.3).

Die Bézier-Interpolation unterteilt sich in drei Methoden. Der Unterschied zwischen den Interpolationsmethoden besteht darin, wie mit **Tangenten** der Bewegungspfad beeinflusst wird:

- die reine Bézier-Interpolation
- die gleichmäßige Bézier-Interpolation
- die automatische Bézier-Interpolation

**Interpolationsmethoden räumlich und zeitlich**

Die Interpolationsmethoden bei der räumlichen und der zeitlichen Interpolation sind fast vollkommen gleich. Allerdings wirkt sich die räumliche Interpolation auf die Scheitelpunkte und den Bewegungspfad im Kompositionsfenster aus, während bei der zeitlichen Interpolation Keyframes in der Zeitleiste und die Geschwindigkeitskurve beeinflusst werden.

### Lineare Interpolation

Bei der linearen Interpolation werden keine Tangenten verwendet, und der Bewegungspfad verläuft vollkommen gerade. Ein Scheitelpunkt mit linearer Interpolation ist mit einem Eckpunkt aus anderen Anwendungen vergleichbar.

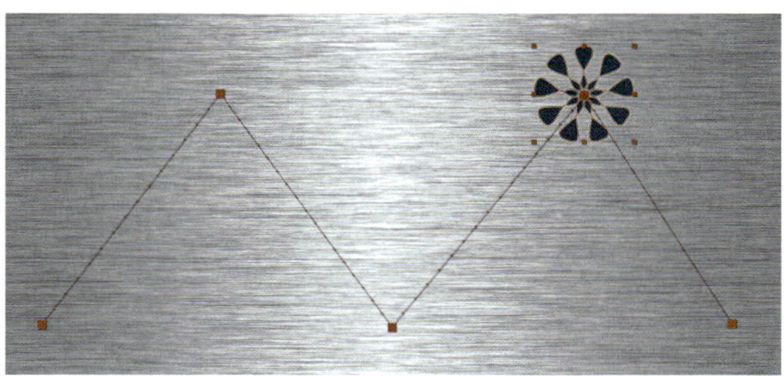

**Abbildung 8.3 ▸**
Bei linearer Interpolation erscheint der Bewegungspfad im Gegensatz zur Bézier-Interpolation gerade.

### Bézier-Interpolation

Die reine Bézier-Interpolation verwendet zwei voneinander unabhängige Tangenten ❶ und ❸, mit denen der Pfad links und rechts vom Scheitelpunkt ❷ unterschiedlich gekrümmt werden kann.

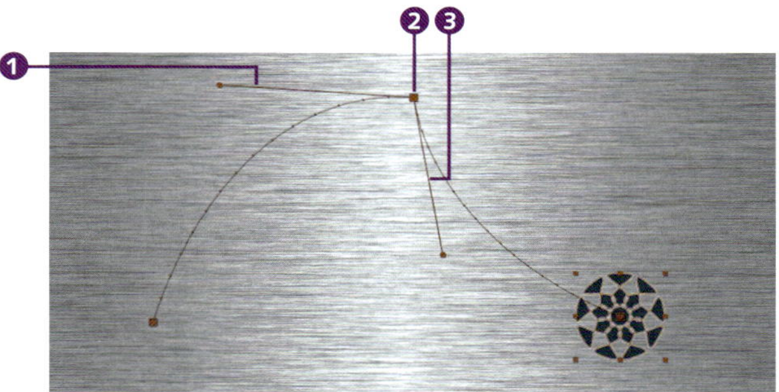


**Abbildung 8.4 ▸**
Bei der reinen Bézier-Interpolation sind die Tangenten zu beiden Seiten eines Scheitelpunkts unabhängig voneinander.

### Gleichmäßige Bézier-Interpolation

Die gleichmäßige Bézier-Interpolation verwendet miteinander verbundene Tangenten ❹. Ziehen Sie an einer Tangente, wird die andere davon ebenfalls beeinflusst.

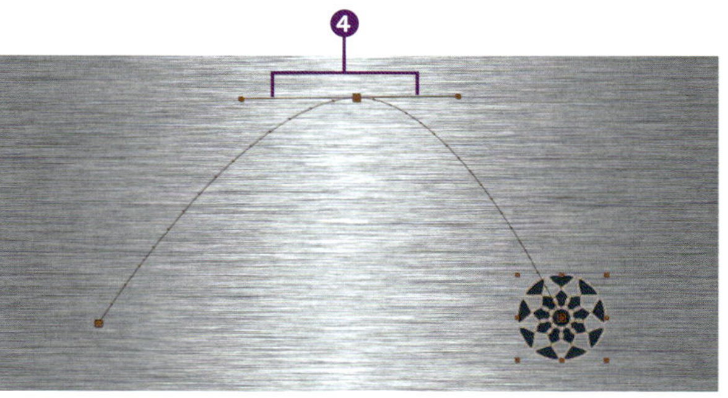


**Abbildung 8.5 ▸**
Bei der gleichmäßigen Bézier-Interpolation sind die Tangenten miteinander verbunden.

**Automatische Bézier-Interpolation**
Die automatische Bézier-Interpolation verwendet zwei gleich lange Tangenten auf beiden Seiten des Scheitelpunkts, die nicht durch eine Linie miteinander verbunden sind ❺. Nach der Anwendung wird die Kurve geglättet. Das Resultat ist ein weicher Übergang von der einen in die andere Kurve. Sobald Sie an einer der Tangenten ziehen, wird die gleichmäßige Bézier-Interpolation für diesen Scheitelpunkt eingestellt.

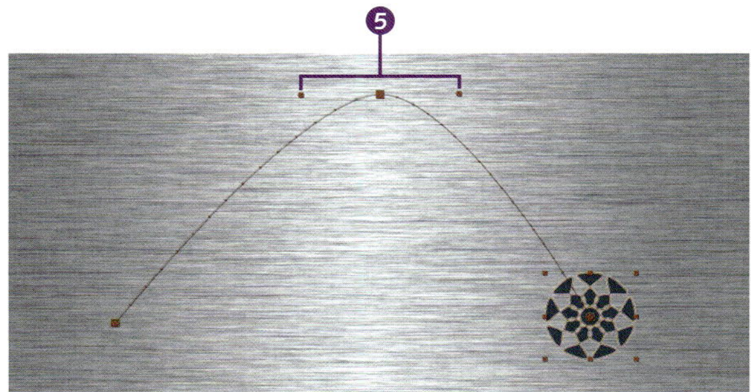

◂ **Abbildung 8.6**
Die Tangenten sind bei der automatischen Bézier-Interpolation gleich lang und werden nicht durch eine Linie miteinander verbunden.

Einige Möglichkeiten, wie Sie einen Bewegungspfad bearbeiten und die Interpolationsmethode für Scheitelpunkte ändern, erläutere ich im anschließenden Workshop.

## Schritt für Schritt Dax-Index – Bewegungspfad bearbeiten und räumliche Interpolationsmethoden ändern

In diesem Workshop geht es um die Bearbeitung eines Bewegungspfads, auch wenn das Thema von so verantwortungslosen Gesellen wie Madoff inspiriert ist.

In dem Movie »dax_index.mp4« im Ordner 08_Interpolation/Bewegungspfad in den Beispielmaterialien zum Buch zeichnet ein Pfeil die Auf-und-ab-Bewegung des Dax nach. Die zu importierenden Dateien »HG_dax.psd« und »pfeil.psd« befinden sich im selben Ordner. Wählen Sie beim Import gegebenenfalls Auf eine Ebene reduziert. Die Komposition wird auf die Größe 720 × 576 mit quadratischen Pixeln angelegt und ist 10 Sekunden lang.

Die benötigten Dateien für diesen Workshop finden Sie unter Beispielmaterial/08_Interpolation/Bewegungspfad

### 1 Bewegungspfad erstellen

Erstellen Sie einen Bewegungspfad für den Pfeil, indem Sie die Kurve des Dax in etwa nachbilden. Dabei geht es nicht darum, jede Änderung der Kurve nachzuvollziehen, sondern nur um den groben Verlauf.

Ziehen Sie die beiden Dateien zum Zeitpunkt 00:00 in die Zeitleiste, und achten Sie darauf, dass der Pfeil sich in der Zeitleiste ganz oben befindet.

Setzen Sie einen ersten Positions-Keyframe für den Pfeil bei 00:00, indem Sie auf die Stoppuhr klicken oder Alt+⇧+P drücken. Vergleichen Sie die Ausgangssituation mit den folgenden Abbildungen von Kompositionsfenster und Zeitleiste.

**Abbildung 8.7 ▸**
Das Ausgangsbild der Animation

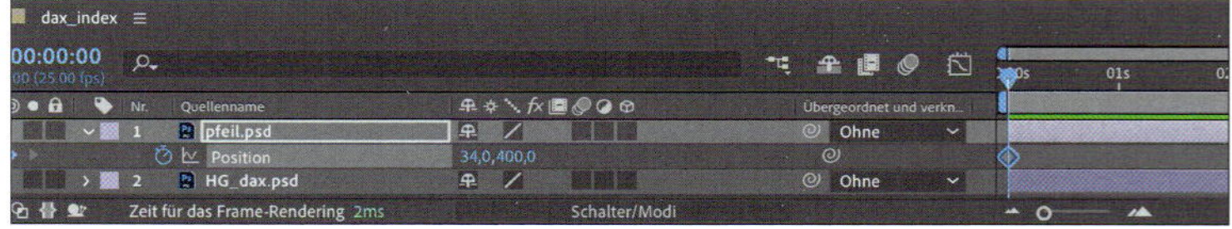


**Abbildung 8.8 ▸**
Die Zeitleiste zu Beginn

Ziehen Sie für kürzere Strecken die Zeitmarke immer etwa um eine halbe Sekunde und für längere Strecken um eine Sekunde nach rechts. Verschieben Sie die Ebene »pfeil« jeweils an eine neue Position. Die weiteren Positions-Keys entstehen automatisch. Die ersten Positions-Keys könnten dann wie in Abbildung 8.9 aussehen.

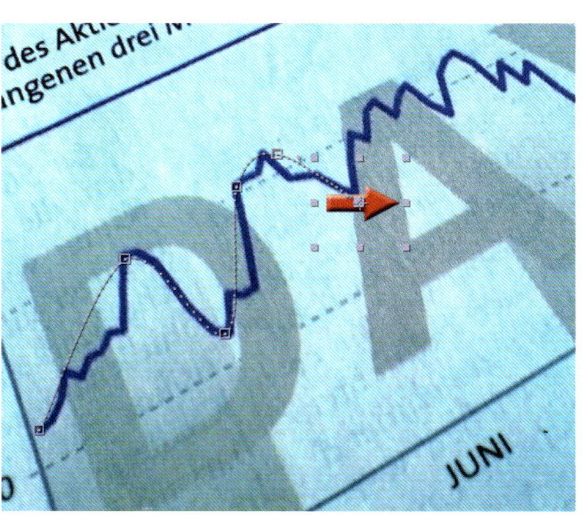


**Abbildung 8.9 ▸**
Am Anfang könnte der Bewegungspfad wie hier abgebildet aussehen.

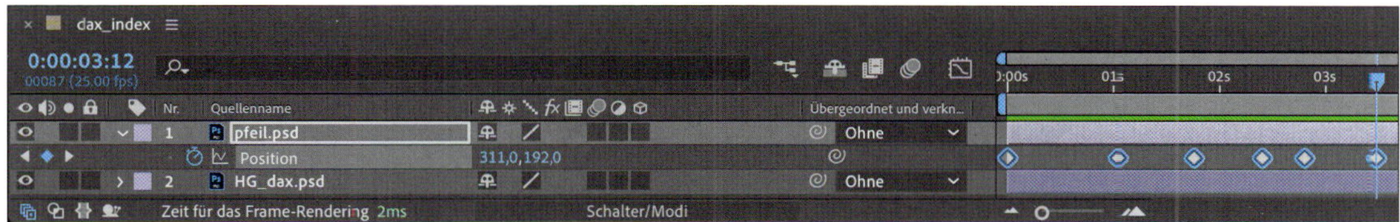


▲ **Abbildung 8.10**
Die Keyframes werden bei kürzeren Wegen im Abstand von ca. einer halben Sekunde und bei längeren Wegen im Abstand von einer Sekunde gesetzt.

Stören Sie sich nicht daran, dass sich der Pfeil nicht sehr angepasst an den Kurvenverlauf bewegt. Wir ändern das am Schluss. Sie können den Pfad im Nachhinein bearbeiten.

Für die nächsten Keys ziehen Sie die Ebene wie gehabt im Zeitverlauf immer ein Stück weiter. Schauen Sie sich zum Vergleich die Position der Scheitelpunkte in Abbildung 8.11 an. Der Bewegungspfad muss noch korrigiert werden.

**Scheitelpunkte im Bewegungspfad setzen**
Mit dem Zeichenstift-Werkzeug [G] lassen sich leicht zusätzliche Scheitelpunkte im Bewegungspfad setzen. Klicken Sie dazu mit dem Zeichenstift-Werkzeug einfach auf eine Stelle im Bewegungspfad. Die weitere Bearbeitung erfolgt dann mit dem Auswahl-Werkzeug [V].

Beim Setzen eines neuen Scheitelpunkts entsteht auch ein entsprechender Keyframe in der Zeitleiste.

◀ **Abbildung 8.11**
Vorerst sieht der Bewegungspfad noch etwas unansehnlich aus.

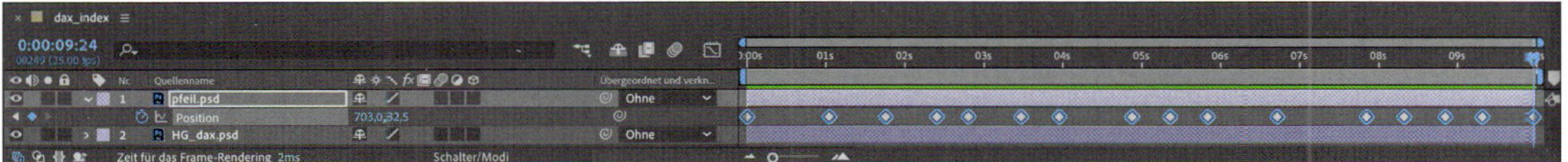

▲ **Abbildung 8.12**
Die fertig gesetzten Keyframes in der Ebenenansicht

## 2 Bearbeiten des Bewegungspfads

Zur Bearbeitung des Bewegungspfads vergrößern Sie Ihr Kompositionsfenster auf 200%. Sie können das Bild innerhalb des Fensters mit dem Hand-Werkzeug verschieben. Noch besser ist es, zwischen Auswahl-Werkzeug und Hand-Werkzeug zu wechseln. Wählen Sie zum Verschieben des Ausschnitts im Kompositionsfenster das Auswahl-Werkzeug, und drücken Sie zum Verschieben die Leertaste. Beim Loslassen wechselt das Werkzeug wieder.

Zur Bearbeitung markieren Sie einen Scheitelpunkt. Es werden zwei Tangenten ❶ und ❷ sichtbar (Abbildung 8.13). Ziehen Sie an einem der Anfasser ❸ und ❹, um die Rundung des Pfads zu ändern. Wie Sie die Tangenten unabhängig verändern, erfahren Sie im nächsten Schritt.

**Abbildung 8.13 ▸**
Mit den Tangenten ändern Sie den Bewegungspfad zu beiden Seiten eines Scheitelpunkts.

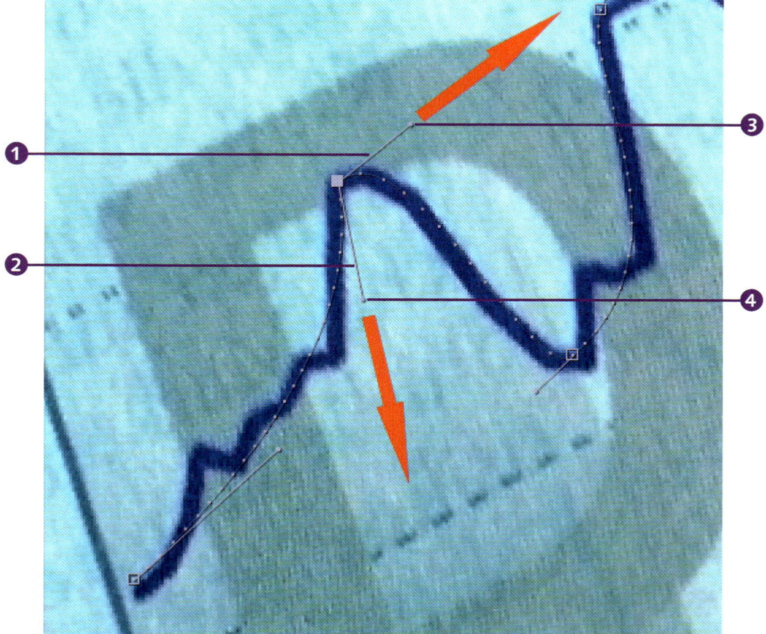


### 3 Interpolationsmethode ändern

Bei allen Keys ist von vornherein die gleichmäßige Bézier-Interpolation eingestellt. Wenn Sie die Tangenten unabhängig voneinander verändern wollen, wechseln Sie mit der Taste G zu den Pfad-Werkzeugen, die sonst der Maskenbearbeitung dienen. Sie können die Taste mehrfach drücken, um zwischen zwei Pfad-Werkzeugen zu wechseln. Wenn Sie auf diese Weise das Zeichenstift-Werkzeug auswählen, brauchen Sie es anschließend nur über einen der Anfasser zu halten. Das Werkzeug wechselt dann automatisch zum Scheitelpunkt-konvertieren-Werkzeug. Der Mauszeiger ändert sich zu einem umgedrehten V. Ziehen Sie damit an einem Anfasser. Dadurch wechseln Sie bei jeder Wiederholung zwischen miteinander verbundenen Tangenten und voneinander unabhängigen Tangenten bzw. zwischen gleichmäßiger und reiner Bézier-Interpolation. Haben Sie einmal gewechselt, bearbeiten Sie den Pfad weiter mit dem Auswahl-Werkzeug.

Um zwischen linearer Interpolation (Eckpunkt) und automatischer Bézier-Interpolation (Kurvenpunkt) umzuschalten, klicken Sie

**Größe der Anfasser einstellen**

Seit der Version CS5 gibt es die Möglichkeit, die Größe der Anfasser für Bewegungspfade, Maskenpfade und Formebenen einzustellen: Wählen Sie Bearbeiten • Voreinstellungen • Allgemein, und tragen Sie unter Wegpunkt- und Griffgröße einen passenden Wert ein. Übrigens müssen Sie den Punkt nun nicht mehr genau treffen, um ihn zu verschieben.

bei aktivem Zeichenstift-Werkzeug abwechselnd auf einen Scheitelpunkt des Bewegungspfads im Kompositionsfenster.

Für unsere Dax-Kurve benötigen Sie die gleichmäßige Interpolation (verbundene Tangenten) bei Rundungen und die reine Bézier-Interpolation (unabhängige Tangenten) an Kanten. Bearbeiten Sie den Pfad Punkt für Punkt, bis Sie ein ähnliches Ergebnis wie in Abbildung 8.16 erhalten.

**Scheitelpunkte verschieben**
Zum Verschieben von Scheitelpunkten im Bewegungspfad nutzen Sie am besten das Auswahl-Werkzeug [V].

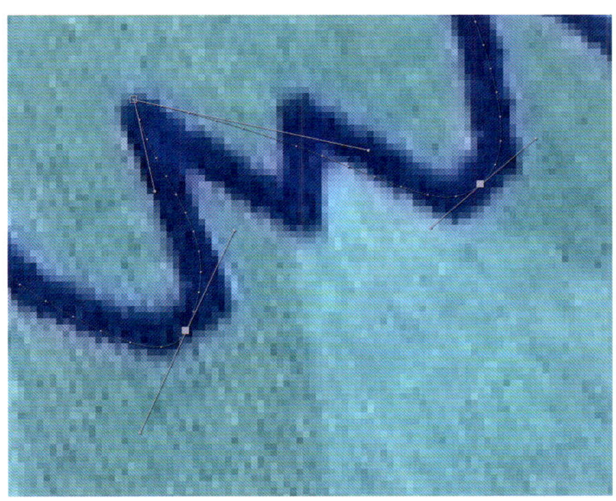

▲ **Abbildung 8.14**
Für Kurven wird die gleichmäßige Interpolation mit verbundenen Tangenten verwendet.

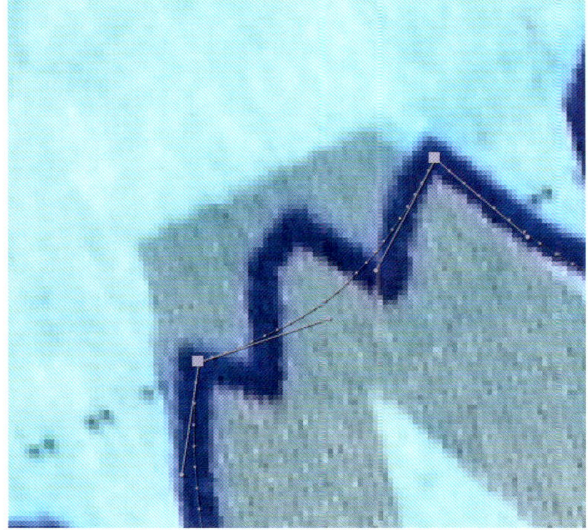

▲ **Abbildung 8.15**
Für Eckpunkte benötigen Sie die Bézier-Interpolation, also unabhängige Tangenten.

### 4 Ebene am Pfad ausrichten

Damit der Pfeil sich beim Auf und Ab an der Kurve orientiert, richten Sie ihn am Pfad aus. Markieren Sie dazu die Ebene »pfeil«, und rufen Sie dann EBENE • TRANSFORMIEREN • AUTOMATISCHE AUSRICHTUNG auf. Im Dialogfeld wählen Sie AUSRICHTUNG ENTLANG PFAD und bestätigen mit OK.

Schauen Sie sich die Animation an! Der Pfeil folgt der Kurve, und Sie sind mit dem Workshop fertig. Und all die Madoffs haben hoffentlich noch etwas von unserer bekannten Welt übrig gelassen.

▲ **Abbildung 8.16**
Der fertige Bewegungspfad

## 8.2.3 Der Dialog »Keyframe-Interpolation«: Räumliche Interpolationsmethoden einstellen

Die schnellen Möglichkeiten, die Interpolationsmethode zu wechseln, kennen Sie bereits aus dem vorangegangenen Workshop. Eine weitere Möglichkeit will ich Ihnen nicht vorenthalten.
Über den Dialog KEYFRAME-INTERPOLATION schalten Sie Scheitelpunkte im Bewegungspfad zwischen den verschiedenen Interpo-

lationsmethoden um. Wählen Sie dazu zuerst einen oder mehrere Scheitelpunkte bzw. Keyframes aus, und öffnen Sie dann über ANIMATION • KEYFRAME-INTERPOLATION den Dialog. Sie erhalten den Dialog schneller über das Kontextmenü oder mit Strg+Alt+K.

Zum Ändern der räumlichen Interpolation wählen Sie unter RÄUMLICHE INTERPOLATION einen der Einträge. Mit AKTUELLE EINSTELLUNGEN behalten Sie die eingestellte Interpolationsmethode bei.

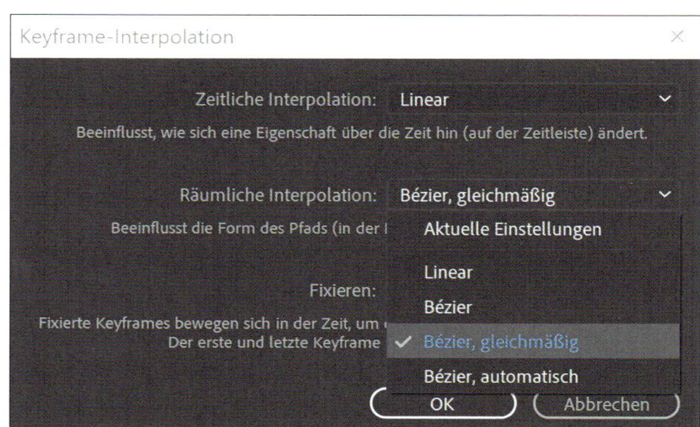


**Abbildung 8.17 ▸**
In der Dialogbox KEYFRAME-INTERPOLATION stellen Sie die Interpolationsmethode für Bewegungspfade (räumlich) und für den zeitlichen Verlauf ein.

## 8.2.4 Bewegungspfad mit Pfad-Werkzeugen bearbeiten

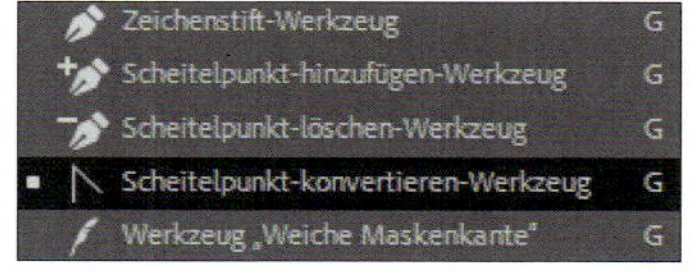


**▴ Abbildung 8.18**
Mit den Pfad-Werkzeugen fügen Sie Keyframes einem Bewegungspfad hinzu oder ändern die Interpolation der Keyframes.

Pfad-Werkzeuge verwenden Sie bei der Bearbeitung von Bewegungspfaden, bei Maskenpfaden (die Sie noch kennenlernen werden) und bei der Bearbeitung von Geschwindigkeitskurven. Sie finden die Pfad-Werkzeuge in der Werkzeugpalette.

Mit dem Zeichenstift-Werkzeug fügen Sie dem Bewegungspfad Punkte hinzu, indem Sie in den Pfad klicken. Das Zeichenstift-Werkzeug verwandelt sich dabei über dem Pfad in das Scheitelpunkt-hinzufügen-Werkzeug. Zum Entfernen von Punkten wählen Sie entweder das Scheitelpunkt-löschen-Werkzeug oder markieren einen Scheitelpunkt im Kompositionsfenster und drücken die Taste Entf. Das Scheitelpunkt-konvertieren-Werkzeug kennen Sie bereits aus dem Workshop. Sie wechseln damit bequem und schnell die Interpolationsmethode.

## 8.2.5 Voreinstellungen für Bewegungspfade

Standardmäßig sind Bewegungspfade bei der Erstellung auf die automatische Bézier-Interpolation eingestellt. Um die Voreinstellung in LINEAR als Standard zu ändern, setzen Sie unter BEARBEITEN • VOREINSTELLUNGEN • ALLGEMEIN ein Häkchen bei STANDARD FÜR GEOMETRISCHE INTERPOLATION IST LINEAR. Günstig ist diese Einstellung, wenn Sie hauptsächlich lineare Bewegungspfade verwenden wollen.

Unter BEARBEITEN • VOREINSTELLUNGEN • ANZEIGE finden Sie Optionen für die Darstellung des Bewegungspfads. Per Klick auf einen der Auswahlpunkte wählen Sie KEIN BEWEGUNGSPFAD, um den Pfad ganz auszublenden, ALLE KEYFRAMES, um den gesamten Pfad einzublenden, oder NICHT MEHR ALS, um eine Beschränkung auf eine bestimmte Anzahl Keyframes bzw. auf eine bestimmte Zeitspanne einzurichten, die im Pfad dargestellt werden soll. Dies verbessert, wenn Sie sehr viele Keyframes haben, ein klein wenig die Übersichtlichkeit und entlastet den Arbeitsspeicher.

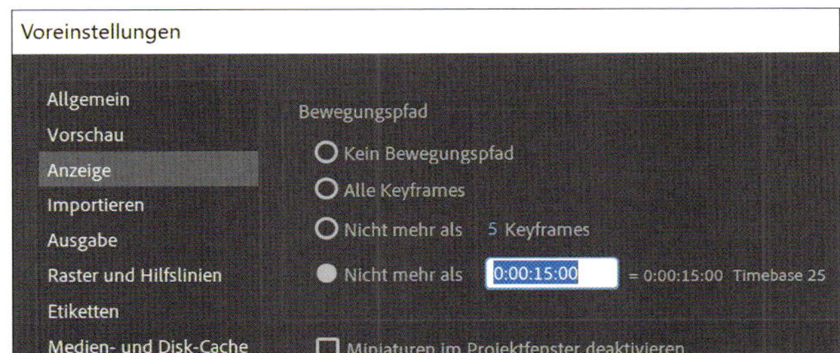


◄ **Abbildung 8.19**
Die Anzeige eines Bewegungspfads konfigurieren Sie in den Voreinstellungen.

## 8.3 Zeitliche Interpolation und Geschwindigkeitskurven

Der Begriff »zeitliche Interpolation« wirkt sicherlich etwas trocken. Doch jetzt kommen wir dazu, Galileo Galileis Experimente praktisch zu nutzen.

Wenn Sie die zeitlichen Interpolationsmethoden erst einmal verstanden haben, ergeben sich grundlegende und weitreichende Möglichkeiten für alle Ihre Animationen. Durch die zeitliche Interpolationsveränderung, also durch Veränderung der Geschwindigkeitskurven von animierten Eigenschaften, schaffen Sie sehr dynamisch wirkende Animationen. All dies ist mit dornigen Begriffen umwoben und erfordert etwas Geduld bei der Einübung. Versuchen wir also, das Dornröschen aus dem Schlaf zu holen.

### 8.3.1 Geschwindigkeit ist Weg durch Zeit

Sie kennen das ja noch aus der Schule: Legt ein Objekt einen gleich langen Weg in kürzerer Zeit zurück als ein anderes, hat es eine höhere Geschwindigkeit. So weit, so gut.

In After Effects wird die Geschwindigkeit grundsätzlich über den Abstand der Keyframes in der Zeitleiste geregelt. Ein kürzerer Ab-

**Geschwindigkeit 1**
Für die folgenden Erläuterungen empfehle ich Ihnen, die Projektdatei »geschwindigkeit.aep« aus dem Ordner 08_INTERPOLATION/ZEITKURVEN zu nutzen, in der ich die Position einer blauen Kugel animiert habe. Die ersten Erläuterungen werden anhand der Komposition »geschwindigkeit 1« nachvollziehbar.

**Beispiel**
In der Projektdatei »geschwindigkeit.aep« befindet sich die Komposition »spiralflug«. Hier habe ich die Geschwindigkeit der Bewegung allein durch den zeitlichen Abstand der Keyframes zueinander geregelt.

stand erhöht die Geschwindigkeit einer Animation, ein größerer Abstand verringert sie.

Sehr gut sichtbar ist dies am Beispiel der animierten Positionseigenschaft einer Ebene. Wie Sie schon wissen, repräsentieren die kleinen Punkte im Bewegungspfad die einzelnen (interpolierten) Frames zwischen den Keyframes. Gleichzeitig wird über den **Abstand der Pünktchen** die Geschwindigkeit der Ebene deutlich.

### Weg durch Zeit

In der Zeitleiste können Sie die Geschwindigkeit durch Verändern der Abstände zwischen den Keyframes erhöhen oder verringern. Dabei sollten Sie beachten, dass ein Keyframe meist nicht allein existiert: Eine Veränderung an einem Keyframe hat eine Auswirkung auf die Animation vor und nach dem Keyframe.

Verschieben Sie einen Keyframe in der Zeitleiste nach links, erhöhen Sie die Geschwindigkeit der Animation vor dem Keyframe und verringern sie gleichzeitig nach dem Keyframe.

Beobachten Sie beim Verändern der Geschwindigkeit in der Zeitleiste die Pünktchen im Bewegungspfad! Je größer der Abstand zwischen ihnen, desto höher die Geschwindigkeit, und je kleiner der Abstand, desto mehr Frames liegen zwischen zwei Keyframes, und die Geschwindigkeit ist geringer.

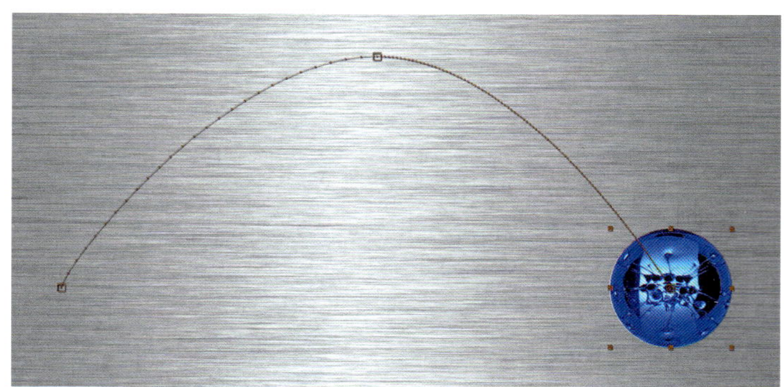

**Abbildung 8.20 ▸**
Die Geschwindigkeit einer Ebene erkennen Sie am Abstand der Pünktchen im Bewegungspfad. Ist die Geschwindigkeit höher, sind die Abstände größer. Die Keyframes in der Zeitleiste und im Bewegungspfad entsprechen einander.

### Geschwindigkeit überprüfen

Im Bewegungspfad lässt sich die Geschwindigkeit, mit der sich eine Ebene von einer Position zu einer anderen bewegt, sehr leicht visuell sichtbar machen. Bei anderen animierten Eigenschaften entsteht kein Bewegungspfad, und trotzdem können Sie auch hier die Geschwindigkeit sehr gut visuell oder anhand von Zahlenwerten überprüfen.

Dazu bietet After Effects den Diagrammeditor mit der Geschwindigkeits- und der Wertekurve an. Die Namen klingen vielleicht abschreckend. Aber keine Angst, der Diagrammeditor bietet mit der Geschwindigkeitskurve wunderbare Möglichkeiten für die Be-

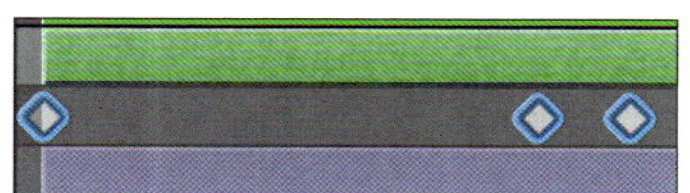

**▴ Abbildung 8.21**
Die Geschwindigkeit einer Animation regeln Sie durch die Abstände der Keyframes in der Zeitleiste.

schleunigung und das Abbremsen von Animationen, denen wir uns als Nächstes widmen.

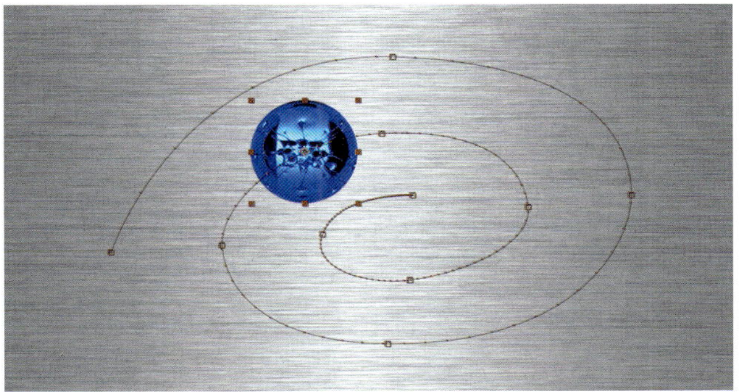

◂ **Abbildung 8.22**
Hier wurde die Geschwindigkeit allein durch den zeitlichen Abstand der Keyframes zueinander geregelt.

## 8.3.2 Die Geschwindigkeitskurve

Sobald Sie in irgendeiner Eigenschaft Keyframes gesetzt haben, können Sie die Geschwindigkeit der entstandenen Animation beschleunigen oder abbremsen.

Die Geschwindigkeitskurve gibt Ihnen eine visuelle und numerische Kontrolle über die Geschwindigkeitsänderungen Ihrer Animationen. In der Geschwindigkeitskurve wird die Geschwindigkeit in Einheiten pro Sekunde angegeben. Für die Skalierung wären das also Prozent pro Sekunde (%/s), für die Position Pixel pro Sekunde (Px/s) usw.

### Diagrammeditor

Bleiben wir ruhig noch bei der animierten Positionseigenschaft. Mit einem Klick auf den Button ❶ (Abbildung 8.23) öffnen Sie den Diagrammeditor. Ist die Geschwindigkeitskurve noch nicht sichtbar, markieren Sie die Eigenschaft, die Sie bearbeiten wollen. Eventuell müssen Sie noch im Einblendmenü, das Sie über den Button ❷ erreichen, den Eintrag Geschwindigkeitskurve bearbeiten wählen.

In dem Beispiel für die animierte Positionseigenschaft wird der aktuelle Geschwindigkeitswert über der Linie an der Mausposition eingeblendet. Die Kurve wird in einem Diagramm dargestellt, das die Geschwindigkeitswerte auf einer senkrechten Achse links und den zeitlichen Verlauf in Sekunden bzw. Frames auf der waagerechten Achse anzeigt.

Verschieben Sie einen Keyframe, ändern sich die Zahlenwerte und auch die Geschwindigkeitskurve. Die Geschwindigkeiten zwischen je zwei Keyframes werden in diesem Beispiel durch eine unterschiedliche Höhe der Geschwindigkeitskurven dargestellt. Die Kurven erscheinen als Linien. Das bedeutet, die Geschwindigkeit ist konstant, linear – es gibt keine Beschleunigung. Passiert die Zeitmarke einen Keyframe, ändert sich das Geschwindigkeitsniveau abrupt.

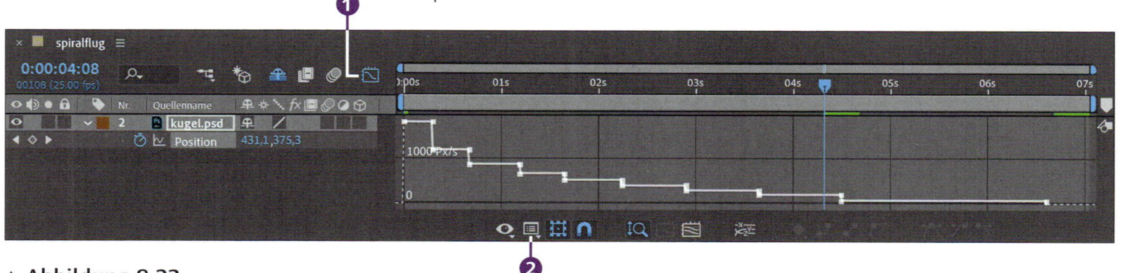


▲ **Abbildung 8.23**
Die Geschwindigkeitskurve zeigt Informationen zur Geschwindigkeit jeder ausgewählten Eigenschaft an. Verschiedene Geschwindigkeiten werden im Diagramm durch ein unterschiedlich hohes Geschwindigkeitsniveau dargestellt.

In der Praxis müssen Sie sich nicht allzu sehr den Kopf über die in der Geschwindigkeitskurve eingeblendeten Zahlenwerte zerbrechen. Man kann die Geschwindigkeiten meistens recht intuitiv einstellen. Merken sollten Sie sich allerdings, dass die grobe Regelung der Geschwindigkeit über den zeitlichen Abstand zwischen den Keyframes und über die Höhe der in den Keyframes gespeicherten Werte erfolgt.

### Negative Werte

Enthält Ihre Animation von einem zu einem anderen Keyframe negative Werte, beispielsweise eine Drehung von 0° auf –200°, ändert sich das dargestellte Geschwindigkeitsdiagramm in einen oberen Teil für positive Werte und einen unteren Teil für negative Werte. Der Nullpunkt der Geschwindigkeit wird durch eine dickere Linie 3 dargestellt. Sie können sich das Diagramm für negative Werte um diese Nulllinie gespiegelt vorstellen.

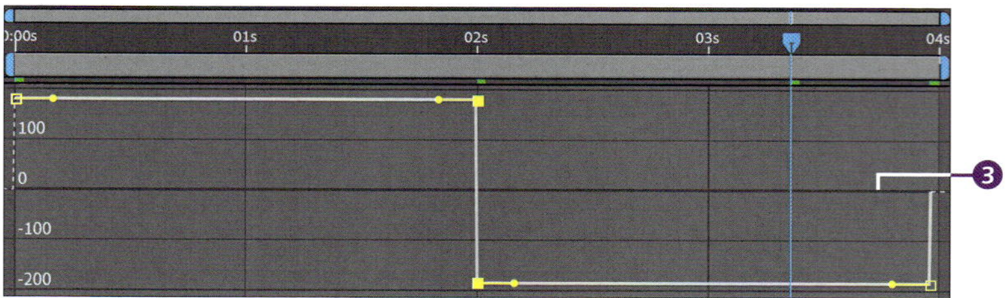


**Abbildung 8.24** ▶
Positive Werte werden im Geschwindigkeitsdiagramm oberhalb und negative Werte unterhalb der Nulllinie dargestellt.

## 8.3.3 Geschwindigkeitskurven bearbeiten

Geschwindigkeitskurven können bei jeder animierten Eigenschaft verändert werden. After Effects gibt Ihnen damit ein Instrument zum Beschleunigen oder Abbremsen von Animationen an die Hand. Die standardmäßig konstante Geschwindigkeit einer Animation wird im Geschwindigkeitsdiagramm durch eine gerade Linie repräsentiert. Die Interpolationsmethode ist dabei LINEAR.

### Griffe und Kurven

Jeder Keyframe erscheint in der Geschwindigkeitskurve als gelber Punkt. Klicken Sie einen solchen Keyframe an, wird links und rechts davon je eine Grifflinie sichtbar.

Wenn Sie an dem rechten Griff des Keyframes ❹ ziehen und ihn verlängern oder verkürzen, hat das eine Auswirkung auf die Kurve rechts vom Keyframe, was zu einer Beschleunigung oder zum Abbremsen der Animation führt. Dieselbe Kurve wird aber auch durch den gegenüberliegenden Griff beeinflusst. Daher ist es bei der Bearbeitung günstig, immer nur zwei aufeinanderfolgende Keyframes und deren gegenüberliegende Griffe zu betrachten. Sie bearbeiten die gesamte Geschwindigkeitskurve also nacheinander von Keyframe zu Keyframe.

Durch das vertikale Ziehen stellen Sie die gewünschte Geschwindigkeit beim Erreichen oder Verlassen eines Keyframes ein. Mit der horizontalen Verlängerung oder Verkürzung der Grifflinien legen Sie die Auswirkung dieser eingestellten Geschwindigkeit auf die Frames vor bzw. nach einem Keyframe fest.

**▼ Abbildung 8.25**
Zum Verändern der zeitlichen Interpolationsmethode, also zum Beschleunigen und Abbremsen von Animationen, passen Sie Zeitkurven über Griffe an.

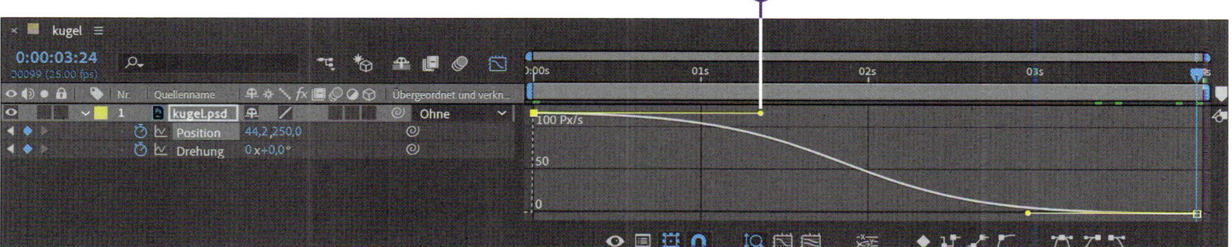


In Abbildung 8.26 und Abbildung 8.27 sehen Sie jeweils ein Beispiel für das Beschleunigen und für das Abbremsen einer Animation. Übrigens wird für die Positionseigenschaft die Beschleunigung oder das Abbremsen der Bewegung wieder pünktchenweise im Kompositionsfenster dargestellt. Auch hier gilt: Je dichter die Punkte, desto langsamer die Bewegung.

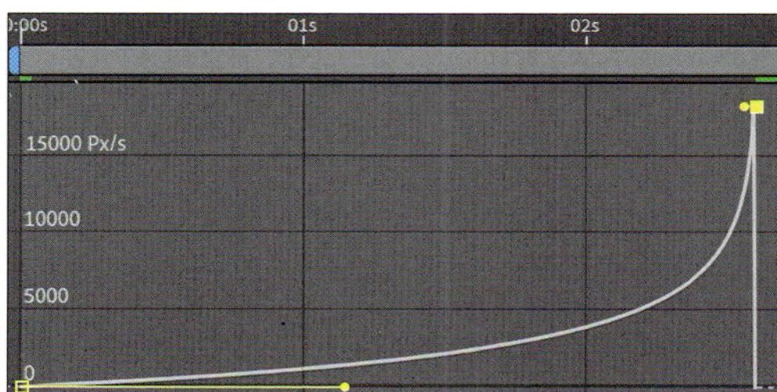


**▲ Abbildung 8.26**
Eine beschleunigte Animation wird in der Geschwindigkeitskurve ansteigend dargestellt.

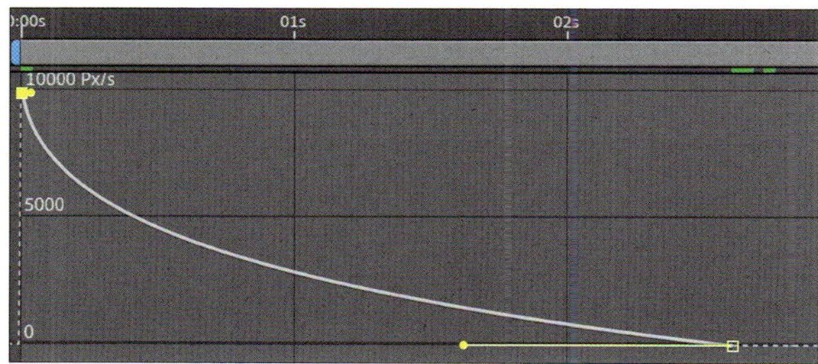


**▲ Abbildung 8.27**
Umgekehrt wird das Abbremsen als abfallende Kurve dargestellt.

**Abbildung 8.28** ▸
Im Bewegungspfad ist das Beschleunigen und Abbremsen einer Bewegung am Abstand der Pünktchen nachvollziehbar.

### Diagramm anpassen

Bei der Bearbeitung der Kurven sind Geduld und ein eher vorsichtiges Ziehen an den Kurven gefragt. Vermeiden Sie es vor allem, die Griffe unendlich weit nach oben zu ziehen – es werden dann sehr hohe Geschwindigkeiten eingestellt, die mit der aktuell vorhandenen Anzahl an Frames vielleicht gar nicht mehr dargestellt werden können. Da die Dimensionen des Diagramms automatisch angepasst werden, können die Kurven dann abgeflacht erscheinen und sind nur noch schwer zu bearbeiten.

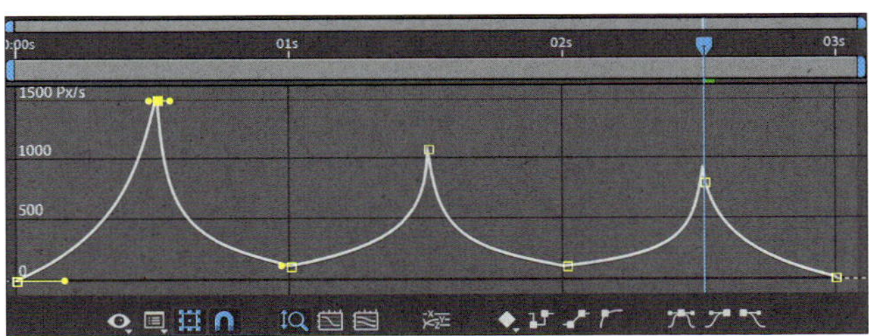


**Abbildung 8.29** ▸
Das Geschwindigkeitsdiagramm wird automatisch an die aktuelle Bearbeitung Ihrer Kurven angepasst.

**Geschwindigkeit 2**

Um sich einmal eine abgebremste und eine beschleunigte Bewegung anzusehen, öffnen Sie die Komposition »geschwindigkeit 2« aus der Datei »geschwindigkeit.aep« im Ordner 08_INTERPOLATION/ZEITKURVEN.

Im Geschwindigkeitsdiagramm wird die Kurve nicht angepasst, wenn Sie das Lupen-Symbol ❶ deaktivieren. Die Spitzen einer Geschwindigkeitskurve können danach abgeschnitten dargestellt werden. Dies ist besonders dann der Fall, wenn die Griffe weit nach oben gezogen wurden, wie es in Abbildung 8.29 dargestellt ist. Aktivieren Sie das Kästchen erneut – was zu empfehlen ist –, passt sich das Diagramm wieder automatisch an.

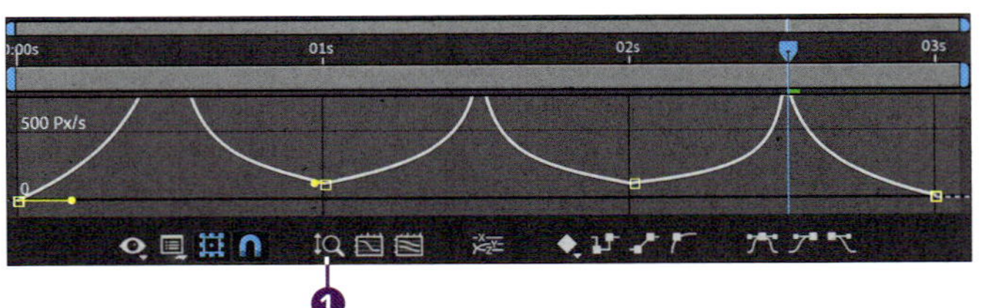


**Abbildung 8.30** ▸
Die Kurven können abgeschnitten werden, wenn Sie die Anpassung des Diagramms deaktiviert haben.

### Keyframe-Geschwindigkeit numerisch

Als Ergänzung sei noch bemerkt, dass Sie die Keyframe-Geschwindigkeit auch rein numerisch festlegen können, was manchmal hilfreich ist. Dazu markieren Sie einen Keyframe und wählen im Menü ANIMATION • KEYFRAME-GESCHWINDIGKEIT. Sie gelangen auch über das Kontextmenü (rechte Maustaste) und mit Strg+⇧+K dorthin.

In der sich öffnenden Dialogbox tragen Sie die ANKOMMENDE und die AUSGEHENDE GESCHWINDIGKEIT ein, also die Geschwindigkeit links vom Keyframe und rechts davon. Die GESCHWINDIGKEIT ❷ entspricht der vertikalen Position des Griffs in der Geschwindigkeitskurve. Der EINFLUSS ❸ entspricht der Länge des Griffs. Durch ein Häkchen in der Box DURCHGEHEND ❹ passen Sie die ankommende Geschwindigkeit an die ausgehende Geschwindigkeit an.

**Infofenster**

Im Infofenster werden die eingestellten Geschwindigkeitswerte zusätzlich zum Diagrammeditor angezeigt. Sie rufen das Infofenster mit Strg+2 auf.

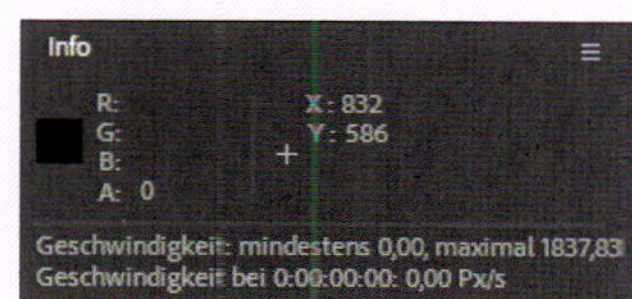


▲ **Abbildung 8.31**
Im Infofenster werden zusätzlich zum Diagrammeditor die eingestellten Geschwindigkeitswerte angezeigt.

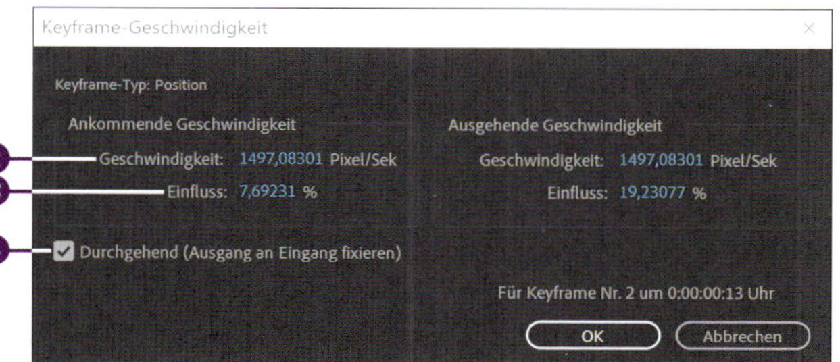


◂ **Abbildung 8.32**
Im Dialog KEYFRAME-GESCHWINDIGKEIT legen Sie die Geschwindigkeit an einem Keyframe und die Länge der Griffe (Einfluss) numerisch fest.

## Schritt für Schritt
## Mehr Dynamik – Geschwindigkeitskurven

Die Bearbeitung der Geschwindigkeits- und Wertekurven ist vor allem eine Übungssache. In diesem Workshop lernen Sie Schritt für Schritt eine Möglichkeit der Kurvenbearbeitung kennen.

In dem Movie »fallender_reifen.mp4« im Ordner 08_INTERPOLATION/DYNAMIK wird ein Reifen beim Fallen beschleunigt, während die Geschwindigkeit beim Flug nach oben abnimmt. Importieren Sie die Datei »ReifenKomposition.psd« aus demselben Ordner. Wählen Sie in dem beim Import erscheinenden Dialog unter IMPORTIEREN ALS den Eintrag KOMPOSITION - EBENENGRÖSSEN BEIBEHALTEN. Nach dem OK erscheint die Komposition namens »ReifenKomposition« im Projektfenster. Um sie zu öffnen, klicken Sie sie doppelt an. Ich habe die Datei mit allen Ebenen, die Sie benötigen, angelegt. Wie Sie Dateien selbst so vorbereiten, erfahren Sie in Abschnitt 3.2.1, »Ein komplettes Layout importieren«.

Die benötigten Dateien für den Workshop finden Sie unter BEISPIELMATERIAL/08_INTERPOLATION/DYNAMIK

Ändern Sie die Kompositionsdauer über KOMPOSITION • KOMPOSITIONSEINSTELLUNGEN bei DAUER auf 05:00 Sekunden.

## 1 Unterkomposition erstellen

Zunächst erstellen wir für den Reifen eine Unterkomposition. Dadurch können Sie den Reifen mit zwei verschiedenen Ankerpunkten versehen. Zum einen soll er sich um den Mittelpunkt drehen, zum anderen soll er, wenn er aufprallt, auf den Aufprallpunkt hin gestaucht werden. Markieren Sie die Reifen-Ebene, und wählen Sie EBENE • UNTERKOMPOSITION ERSTELLEN. Geben Sie im Dialog den Namen »Reifendrehung« ein. Bestätigen Sie dann mit OK. Klicken Sie doppelt auf das Kompositionssymbol »Reifendrehung« im Projektfenster. Setzen Sie in der darin enthaltenen Reifenebene folgende Keys für die Drehung: Bei 00:00 = 0x +0,0° und bei 05:00 = 6x +0,0°.

Wechseln Sie nun wieder zur Komposition »ReifenKomposition«. Die Drehung ist auch darin sichtbar.

**Abbildung 8.33 ▼**
In der Unterkomposition setzen Sie Keys für die Drehung.

## 2 Bewegungspfad erstellen

Schützen Sie die Ebenen »Auto« und »Hintergrund« mit dem Schloss-Symbol vor Veränderungen. Da der Reifen beim Auftreffen auf den Boden per Skalierung gestaucht werden soll, müssen Sie den Ankerpunkt ❶ wie in Abbildung 8.35 gleich zu Beginn nach unten verschieben. Klicken Sie den Ankerpunkt dazu mit dem Ausschnitt-Werkzeug an, und verschieben Sie ihn.

Blenden Sie die Positionseigenschaft der Ebene »Reifen« mit der Taste P ein, und setzen Sie bei 00:00 einen ersten Keyframe. Positionieren Sie die Reifenebene dazu außerhalb der Kompositionsansicht wie in Abbildung 8.36.

**▲ Abbildung 8.34**
Mit dem Ausschnitt-Werkzeug verschieben Sie den Ankerpunkt der Reifenebene.

**▲ Abbildung 8.35** ❶
Den Ankerpunkt des Reifens positionieren Sie gleich zu Beginn.

**Abbildung 8.36 ▶**
Der Reifen kommt von außen ins Bild.

Weitere Positions-Keys erstellen Sie durch Verändern der Position der Reifenebene im Kompositionsfenster bei folgenden Zeitpunkten: 00:18; 01:01; 01:09; 01:17; 02:00; 02:12. Der Bewegungspfad und die Positions-Keyframes sollten denen in den Abbildungen gleichen.

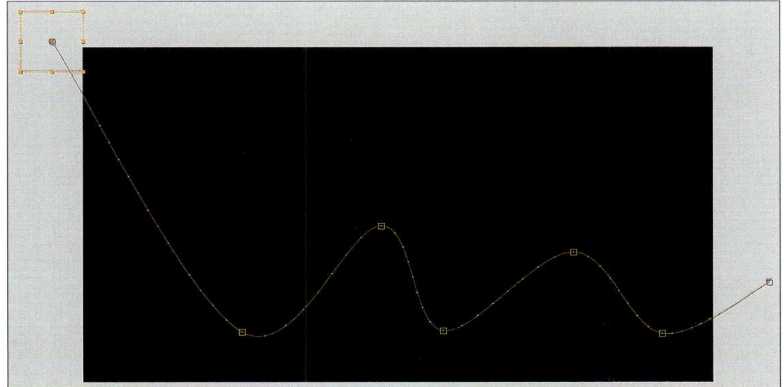

◂ **Abbildung 8.37**
Der Bewegungspfad des Reifens sollte dem hier abgebildeten ähneln.

▾ **Abbildung 8.38**
Die Positions-Keyframes setzen Sie möglichst wie hier.

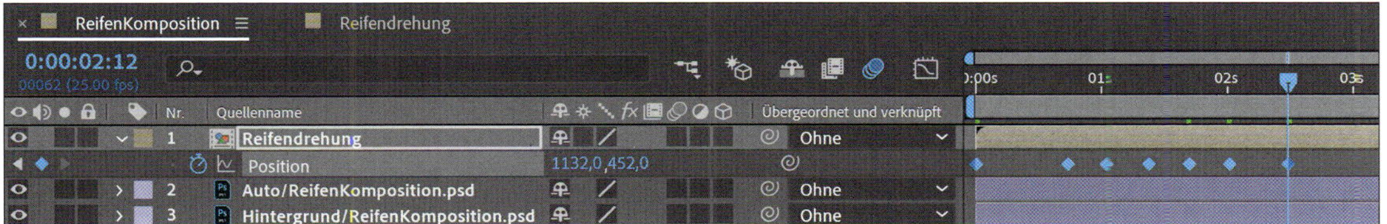


## 3 Bewegungspfad bearbeiten

Bevor wir die Geschwindigkeit für den Reifen verändern, widmen wir uns dem Bewegungspfad. Markieren Sie die Reifenebene, um den Bewegungspfad sichtbar zu machen. Passen Sie den Pfad so an, dass der Reifen in einer spitzen Kurve auftrifft und in hohem Bogen davonfliegt, wie Sie in Abbildung 8.39 sehen.

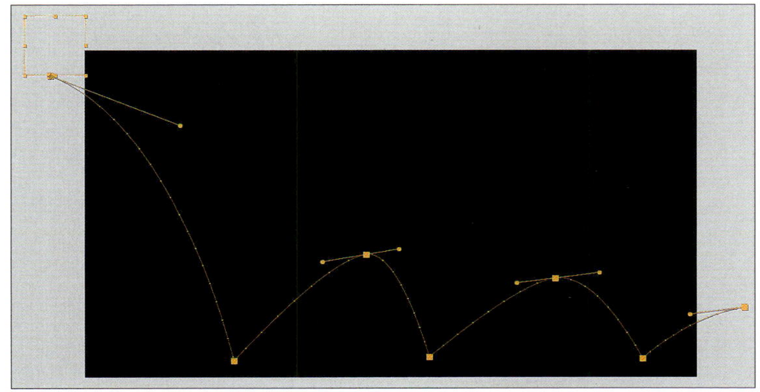

◂ **Abbildung 8.39**
Verändern Sie den Bewegungspfad mit räumlicher Interpolation annähernd wie hier.

Wählen Sie zuerst im Kompositionsfenster nacheinander bei gedrückter [⇧]-Taste den zweiten, vierten und sechsten Keyframe aus. Anschließend wählen Sie das Scheitelpunkt-konvertieren-Werkzeug. Sie finden es bei längerem Drücken auf das Zeichenstift-Werkzeug. Klicken Sie damit einmal auf einen der markierten Keys. Bei mehrmaligem Klicken wechseln Sie zwischen Eck- und Kurvenpunkt hin und her.

Bearbeiten Sie danach den Bewegungspfad für die restlichen Keyframes mit dem Auswahl-Werkzeug [V], indem Sie je einen Keyframe markieren und dann an den Griffen ziehen. Biegen Sie den Pfad damit, wobei Sie sich an Abbildung 8.39 orientieren.

Der Reifen bewegt sich noch ohne zeitliche Interpolationsveränderung durch das Bild. Das werden wir gründlich ändern.

### 4 Geschwindigkeitskurve bearbeiten

Öffnen Sie den Diagrammeditor per Klick auf das Symbol ❶. Wenn Sie die Positionseigenschaft der Reifenebene markieren, sollte die Geschwindigkeitskurve angezeigt werden. Falls nicht, wählen Sie über den Button ❷ den Eintrag GESCHWINDIGKEITSKURVE BEARBEITEN aus dem Einblendmenü.

**▲ Abbildung 8.40**
Das Geschwindigkeitsdiagramm zeigt für den Reifen noch lineare Geschwindigkeitsstufen an.

Bevor Sie etwas verändern, sollten Sie überlegen, was mit dem Reifen geschehen soll. Wie gesagt fand schon Galilei heraus, dass fallende Körper sich nicht mit konstanter Geschwindigkeit bewegen, sondern beschleunigt werden. So auch unser Reifen.

Für eine Beschleunigung der Bewegung vom ersten zum zweiten Keyframe müssen Sie die Geschwindigkeitskurve also ansteigend einstellen. Markieren Sie dazu den ersten Key, und ziehen Sie den Griff ❹ nach unten auf die Nulllinie. Anschließend verlängern Sie den Griff durch Ziehen nach rechts. Den gegenüberliegenden Griff am zweiten Key ❸ ziehen Sie bis zur Spitze der Kurve und verkürzen ihn etwas. Vergleichen Sie dies mit Abbildung 8.41.

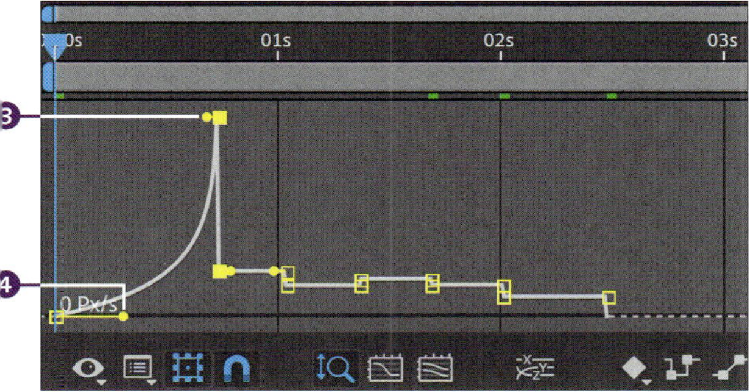


◂ **Abbildung 8.41**
Die zeitliche Interpolation verändern Sie durch Ziehen an den Griffen eines Keyframes.

Das Geschwindigkeitsdiagramm wird bei der Bearbeitung angepasst, und die Keyframes in der Ebenenansicht verändern ihre Form. Zwischen dem zweiten und dem dritten Key beginnt die Reifenbewegung bereits mit einer hohen Geschwindigkeit. Beim »Flug nach oben« wird die Bewegung etwas abgebremst. Ziehen Sie dazu den Griff rechts vom zweiten Key ❺ an die Spitze der Kurve, und verkürzen Sie ihn ein wenig. Den Griff ❻ links vom dritten Key ziehen Sie bis kurz oberhalb der Nulllinie und verlängern ihn etwas, bis die Kurve der Abbildung ähnelt. Falls der Griff immer auf die Nulllinie springt, verhindern Sie das, indem Sie das Magnet-Symbol ❼ deaktivieren.

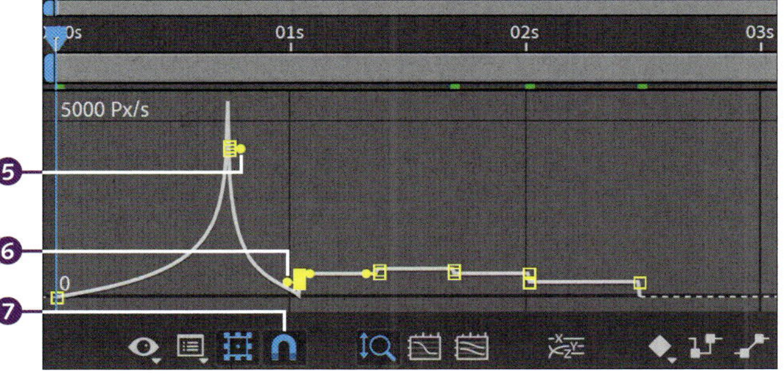


◂ **Abbildung 8.42**
Für die Bewegung nach oben wird die Geschwindigkeit abgebremst. Die Geschwindigkeitskurve ist abfallend.

Für die folgenden Keys wiederholt sich die Bearbeitung der Kurve. Beginnen Sie wieder wie beim ersten Key, und fahren Sie fort wie beim zweiten. Immer wenn der Reifen nach unten fällt, beschleunigen Sie die Bewegung, ansonsten bremsen Sie sie ab.

Empfehlen möchte ich noch Folgendes: **Verbinden** Sie die Griffe links und rechts von jedem Keyframe, indem Sie mit der `Alt`-Taste so oft auf einen Key klicken, bis die Griffe verbunden sind. Arbeiten Sie danach weiter mit dem Auswahl-Werkzeug. Sie können die Griffe nun gemeinsam nach oben oder unten ziehen. Passen Sie auf, dass Sie nicht den Keyframe selbst erwischen und verschieben, sondern nur seine Griffe, denn sonst verändern Sie sein zeitliches

**Griffe verbinden**
Sie können die Griffe außerdem verbinden, indem Sie die entsprechenden Keyframes markieren und im Dialog KEYFRAME-INTERPOLATION unter ZEITLICHE INTERPOLATION den Eintrag BÉZIER, GLEICHMÄSSIG wählen.

Erscheinen. Zur Bearbeitung der Kurven empfiehlt es sich, immer nur zwei gegenüberliegende Griffe vorsichtig zu verlängern oder zu verkürzen. Nach der Bearbeitung sollte Ihre Kurve derjenigen aus Abbildung 8.43 ähneln. Ist Ihnen die Bearbeitung nicht auf Anhieb gelungen, verzweifeln Sie nicht. Es geht vielen ähnlich. Dagegen hilft nur Üben. Und es lohnt sich!

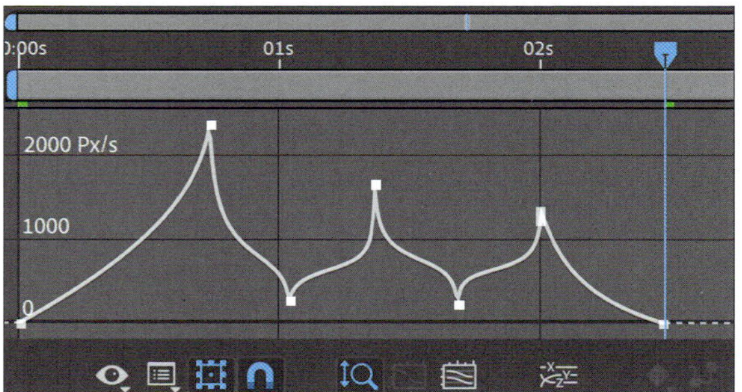


**Abbildung 8.43** ▸
Die fertig bearbeitete Geschwindigkeitskurve für den animierten Reifen

### 5 Skalierung bearbeiten

Zu guter Letzt wird der Reifen noch bei jeder Bodenberührung gestaucht. Dafür sind drei Keys nötig, die wir mehrfach einsetzen. Schließen Sie den Diagrammeditor, und wechseln Sie zur Ebenenansicht. Blenden Sie zusätzlich zur Positionseigenschaft die Skalierung mit [⇧]+[S] ein.

Ziehen Sie die Zeitmarke kurz vor den zweiten Positions-Key, also kurz bevor der Reifen auftrifft. Setzen Sie dort den ersten Key für die Skalierung. Ziehen Sie dann die Zeitmarke möglichst genau synchron auf den zweiten Positions-Key. Entfernen Sie per Klick das Verketten-Symbol ❶ bei der Eigenschaft SKALIERUNG, um unproportional zu skalieren.

**Abbildung 8.44** ▾
Für die Skalierung setzen Sie zuerst drei Keyframes.

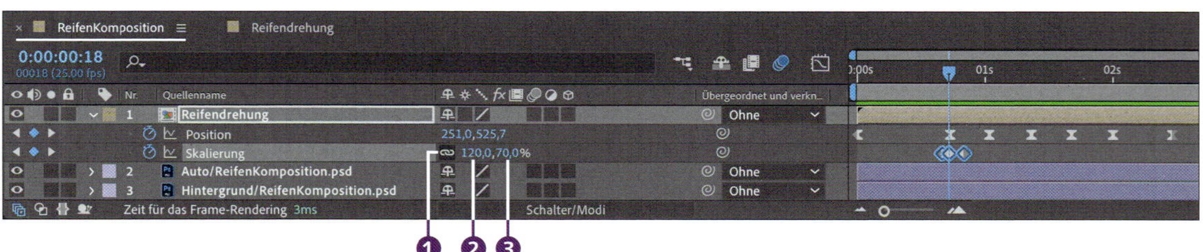


Tragen Sie in den Wertefeldern ❷ und ❸ die Werte »120« und »70« ein, damit der Reifen gestaucht erscheint. Gehen Sie mit der Taste [Bild ↓] drei Frames vorwärts, kopieren Sie den ersten Skalierungs-Key mit [Strg]+[C], und fügen Sie ihn mit [Strg]+[V] ein. Für die weiteren Skalierungs-Keys markieren Sie die drei bereits gesetzten Keys und fügen sie jeweils kurz vor dem vierten und sechsten Positions-Key ein.

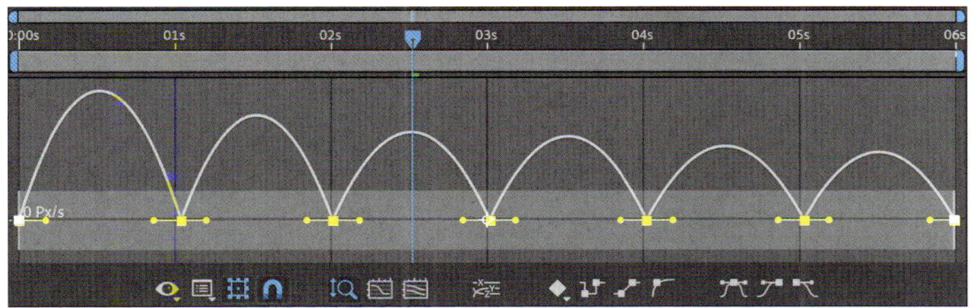

◄ **Abbildung 8.50**
Der Keyframe-Assistent Easy Ease sorgt für weiche Änderungen zwischen zwei Keyframes.

**Easy Ease In**
Der Assistent Easy Ease In verringert nur die Eingangsgeschwindigkeit an einem Keyframe auf null und bremst somit die Bewegung zum Keyframe hin ab.

**Easy Ease Out**
Der Assistent Easy Ease Out macht genau das Umgekehrte von Easy Ease In und beschleunigt die Bewegung nach dem Keyframe.

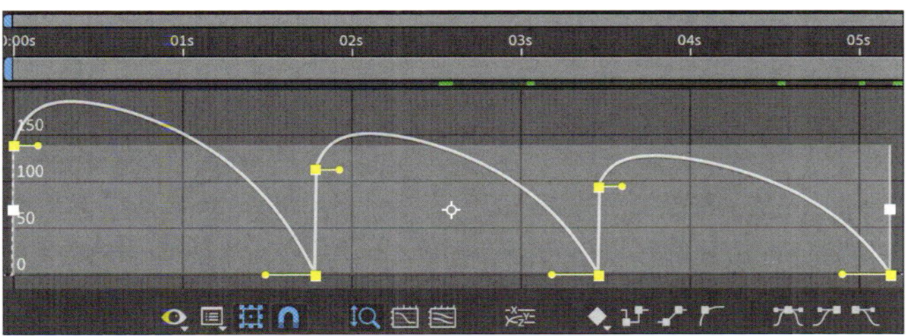

◄ **Abbildung 8.51**
Der Assistent Easy Ease In verringert die Eingangsgeschwindigkeit an einem Keyframe.

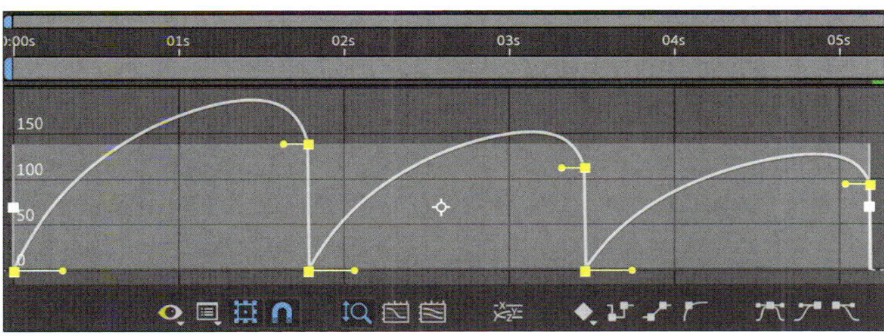

◄ **Abbildung 8.52**
Der Assistent Easy Ease Out beschleunigt die Bewegung nach einem Keyframe.

## 8.3.6 Methoden der zeitlichen Interpolation

Sobald eine zeitliche Interpolation auf einen Keyframe angewandt wurde, verändert dieser sein Aussehen in der Ebenenansicht. In Abbildung 8.53 sind Keyframes dargestellt, auf die verschiedene Interpolationsmethoden angewandt wurden.

**Lineare Interpolation**
Die lineare Interpolation wurde für den Keyframe ❶ beibehalten. Die Kurve ist als Linie dargestellt und symbolisiert den konstanten zeitlichen Verlauf der Animation.

**Weitere Beispiele**
In der Datei »FallenderReifen.aep« im Ordner 08_Interpolation/Dynamik befinden sich noch ein paar Kompositionen mit ganz einfachen weiteren Beispielen für zeitliche Interpolationen von animierten Eigenschaften. Probieren Sie am besten selbst einmal ähnliche Animationen aus.

### Bézier-Interpolation

Für den Keyframe ❷ ist die Kurve links vom Keyframe auf lineare Interpolation gestellt. Die Kurve rechts davon wurde durch Bézier-Interpolation verändert und ist als Beschleunigung (ansteigend) zu lesen. Die Griffe links und rechts vom Keyframe sind voneinander unabhängig, sowohl was die Geschwindigkeitseinstellung angeht als auch was die Länge der Griffe, also die eingestellte Auswirkung dieser Geschwindigkeit, betrifft (siehe Abbildung 8.55).

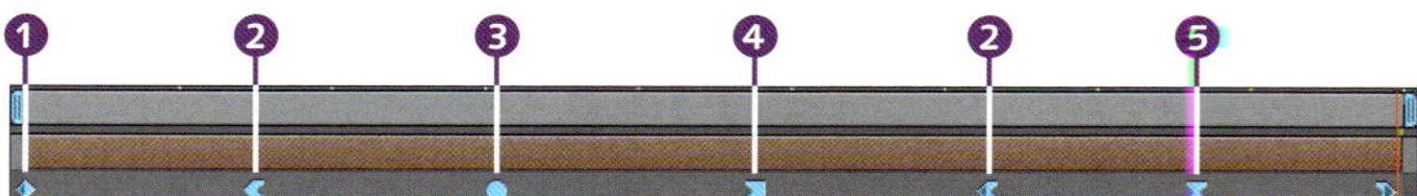

▲ **Abbildung 8.53**
Verschiedene zeitliche Interpolationsmethoden sind in der Ebenenansicht an der Form der Keyframes erkennbar: linear ❶, Bézier-Interpolation ❷, automatische Bézier-Interpolation ❸, Interpolationsunterdrückung ❹, gleichmäßige Bézier-Interpolation ❺.

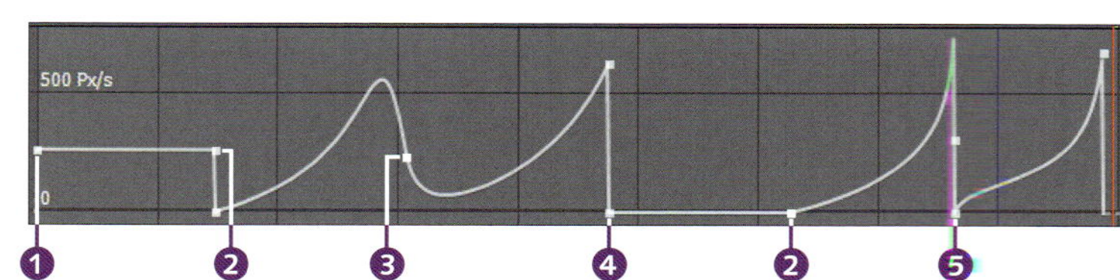


**Abbildung 8.54** ▶
So kann das Geschwindigkeitsdiagramm bei verschiedenen Interpolationsmethoden aussehen.

### Automatische Bézier-Interpolation

Die automatische Bézier-Interpolation wird mit einem kreisförmigen Keyframe ❸ symbolisiert. Die eingehende Kurve links und die ausgehende Kurve rechts vom Keyframe werden in einem weichen Übergang aneinander angeglichen. Die Griffe sind wie in Abbildung 8.56 auf beiden Seiten gleich lang und miteinander verbunden. Sobald Sie daran ziehen, wandelt sich die Interpolationsmethode in die gleichmäßige Bézier-Interpolation um.

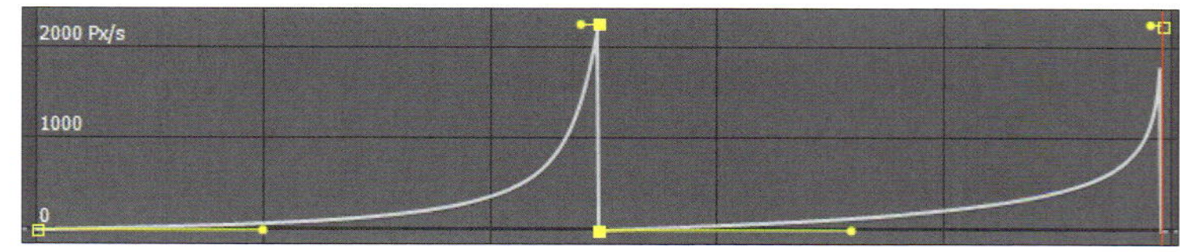


**Abbildung 8.55** ▶
Bei der reinen Bézier-Interpolation sind die Griffe voneinander unabhängig veränderbar.

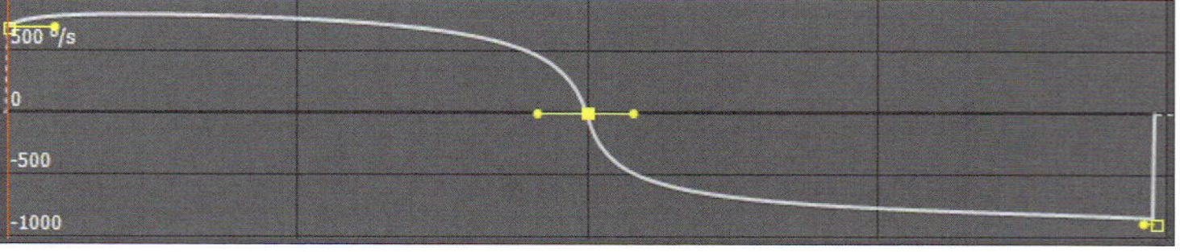


**Abbildung 8.56** ▶
Die automatische Bézier-Interpolation verwendet Griffe, die auf beiden Seiten gleich lang und miteinander verbunden sind. Die Auswirkung zu beiden Seiten ist gleich.

**Interpolationsunterdrückung**
Die Interpolationsunterdrückung ist beim nächsten Keyframe ❹ zu finden. Die Werte nach dem Keyframe werden nicht mehr interpoliert, bis die Zeitmarke auf einen neuen Keyframe trifft, sprich, es findet keine Animation statt. Veränderungen werden dann erst beim nächsten Keyframe schlagartig angezeigt.

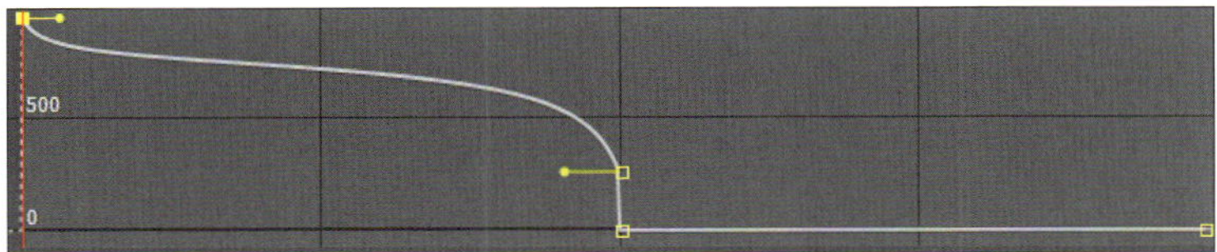


◂ **Abbildung 8.57**
Bei der Interpolationsunterdrückung wird die Kurve auf der Nulllinie dargestellt.

**Gleichmäßige Bézier-Interpolation**
Die gleichmäßige Bézier-Interpolation wurde für den Keyframe ❺ verwendet. Hier sind die beiden Griffe wie in Abbildung 8.58 miteinander verbunden, können aber unterschiedlich lang gezogen werden, um die Auswirkung der Geschwindigkeit zu beiden Seiten des Keyframes verschieden einzustellen.

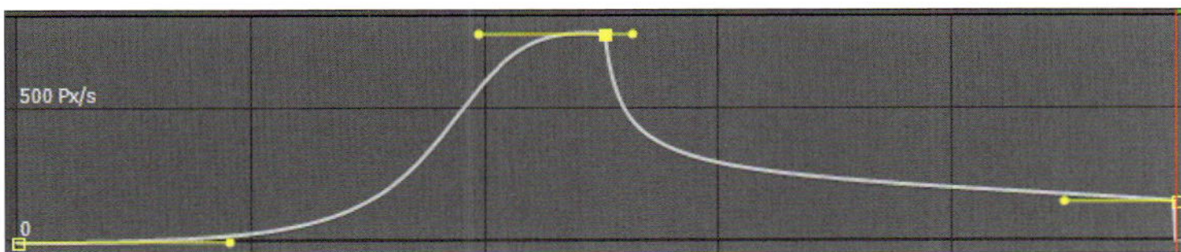


▴ **Abbildung 8.58**
Bei der gleichmäßigen Bézier-Interpolation sind die Griffe miteinander verbunden, die Auswirkung können Sie aber unterschiedlich einstellen.

## 8.3.7 Zeitliche Interpolationsmethoden einstellen

Wie bereits erwähnt, besteht die einfachste und schnellste Methode, eine konstante Bewegung in eine beschleunigte oder abgebremste zu ändern, darin, an den Griffen der Geschwindigkeitskurve einer animierten Eigenschaft zu ziehen. Nicht selten muss die Interpolationsmethode jedoch geändert werden. Sie haben dafür die vier folgenden Möglichkeiten. Für alle vier müssen Sie zuvor einen oder mehrere Keyframes markiert haben.

**Dialogbox Keyframe-Interpolation**
Zum Ändern der Interpolation rufen Sie im Menü ANIMATION • KEYFRAME-INTERPOLATION auf oder drücken Strg + Alt + K, wenn ein Key in der Ebenenansicht oder im Diagrammeditor markiert ist. In der sich öffnenden Dialogbox KEYFRAME-INTERPOLATION wählen Sie unter ZEITLICHE INTERPOLATION eine Interpolationsmethode und bestätigen Ihre Auswahl mit OK.

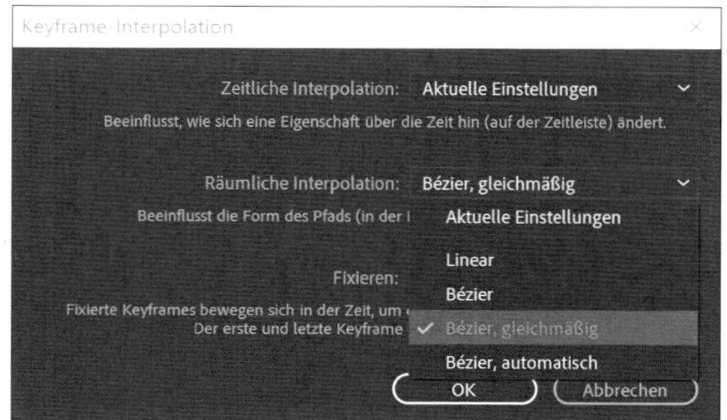


**Abbildung 8.59 ▸**
In der Dialogbox zur Keyframe-Interpolation ändern Sie die zeitliche Interpolationsmethode eines Keyframes.

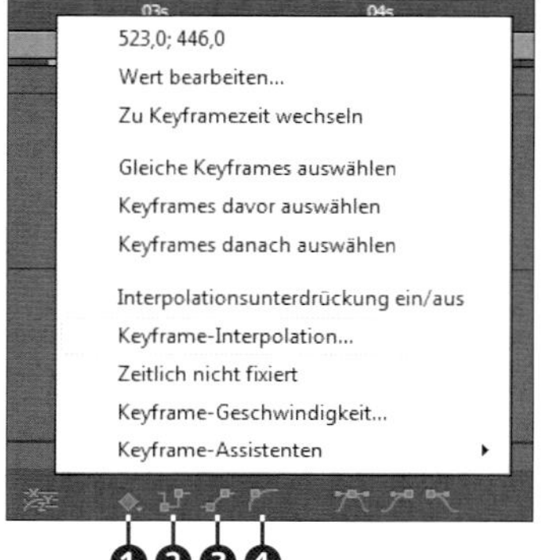


**▲ Abbildung 8.60**
Im Diagrammeditor können Sie die Interpolationsmethode schnell über ein paar Buttons wechseln.

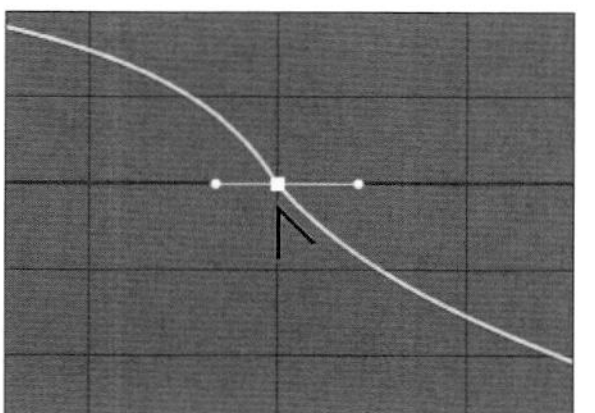

**▲ Abbildung 8.61**
Im Diagrammeditor wechseln Sie per Klick mit gedrückter Alt-Taste auf einen Keyframe schnell zwischen linearer und automatischer Interpolation.

Die Dialogbox erhalten Sie im Übrigen auch per Klick mit der rechten Maustaste auf einen markierten Keyframe oder über das Keyframe-Symbol ❶ im Diagrammeditor.

### Buttons im Diagrammeditor

Eine schnelle Änderungsmöglichkeit für die Interpolationsmethode bietet der Diagrammeditor mit den Buttons In Hold konvertieren ❷, In Linear konvertieren ❸ und in Auto-Bézier konvertieren ❹. Der erste Button dient dazu, die Interpolationsunterdrückung einzustellen. Sie können dazu aber auch einen oder mehrere Keyframes mit der rechten Maustaste anklicken und aus dem Kontextmenü den Eintrag Interpolationsunterdrückung ein/aus wählen.

### Tastatur im Diagrammeditor

Einen schnellen Wechsel der Interpolation erreichen Sie im Diagrammeditor, indem Sie bei gedrückter Alt-Taste und aktivem Auswahl-Werkzeug abwechselnd direkt einen Keyframe anklicken. Es wird zwischen linearer Interpolation und automatischer Bézier-Interpolation gewechselt. Sind mehrere Keyframes ausgewählt, ändert sich die Interpolation für alle diese Keyframes.

Wenn die lineare Interpolation gewählt ist, müssen Sie nur an einem der Griffe ziehen, und schon haben Sie eine reine Bézier-Interpolation.

### Tastatur in der Ebenenansicht

In der Ebenenansicht wechseln Sie sehr schnell zwischen linearer und automatischer Bézier-Interpolation, indem Sie bei gedrückter Strg-Taste auf einen oder mehrere Keyframes klicken.

## 8.3.8 Die Wertekurve

In der Wertekurve des Diagrammeditors werden die Werte der Eigenschaften grafisch dargestellt. Sie können damit arbeiten, um

Keyframes zu setzen, Werte zu ändern und präzise Animationen zu erstellen.

Um die Wertekurve für eine Eigenschaft anzuzeigen, blenden Sie zuerst den Diagrammeditor ein und markieren dann die entsprechende Eigenschaft. Gegebenenfalls müssen Sie noch über den Button ❺ den Eintrag WERTEKURVE BEARBEITEN aus dem Einblendmenü wählen.

In der Wertekurve werden x-Werte rot, y-Werte grün und z-Werte bei 3D-Ebenen blau dargestellt. Die Wertekurve gibt Ihnen so eine hervorragende visuelle Kontrolle über den Wert von Keyframes zu verschiedenen Zeitpunkten sowie die Möglichkeit, die Werte an Keyframes zu verändern.

Abbildung 8.62 zeigt die Wertekurven für die Eigenschaft DREHUNG und für die Eigenschaft SKALIERUNG. Während Sie bei der Drehung nur eine Kurve sehen, wird die Skalierung mit zwei Wertekurven dargestellt: eine für die Breite ❻ und eine für die Höhe ❼. Sichtbar ist das nur bei unterschiedlichen Skalierungswerten für Breite und Höhe. Für die Skalierung kann eine dritte Kurve hinzukommen, wenn die Ebene eine 3D-Ebene ist. Die Geschwindigkeitskurve wird für Breite und Höhe ebenfalls gedoppelt.

**Einfluss der Werte auf die Geschwindigkeit**

Ändern Sie die Werte an ihren Keyframes, beeinflussen Sie auch den Geschwindigkeitsverlauf ihrer Animationen. Dies hängt damit zusammen, dass ein kleiner Unterschied zwischen zwei Keyframe-Werten eine langsamere Animation bewirkt als bei sehr unterschiedlichen Werten.

Haben Sie beispielsweise für eine Ebene zehn Umdrehungen innerhalb von 10 Sekunden festgelegt und für eine zweite Ebene nur eine Umdrehung in 10 Sekunden, ergibt sich für die zweite Ebene eine geringere Drehgeschwindigkeit.

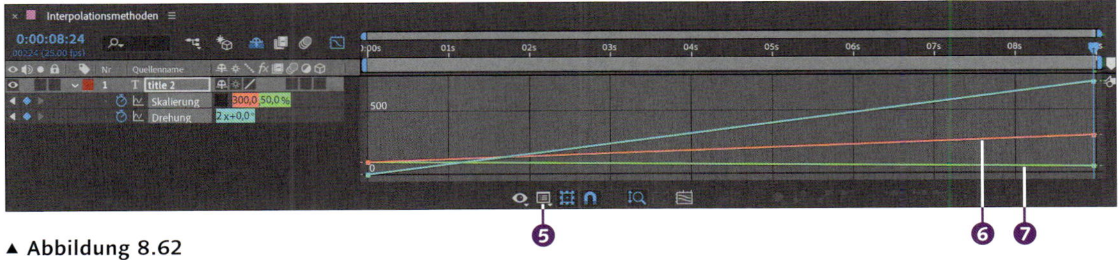


▲ **Abbildung 8.62**
Einige Eigenschaften haben eine Wertedimension von 2 oder 3. Die Skalierung hat hier die Dimension 2 – je ein Wert für Breite und Höhe.

### Werte in der Wertekurve ändern

Um Werte in der Wertekurve zu ändern, klicken Sie auf einen Keyframe ❾ und ziehen ihn nach oben (für höhere Werte) oder nach unten (für verringerte Werte). Im Diagrammeditor und im Infofenster, das Sie mit Strg+2 einblenden, werden die Werte dabei angezeigt.

▼ **Abbildung 8.63**
Die Wertedimension der Eigenschaft DREHUNG ist 1. Daher wird auch nur eine Kurve für diesen Wert dargestellt.

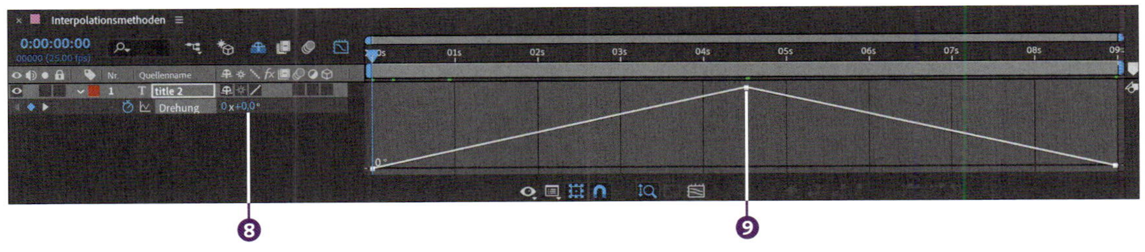

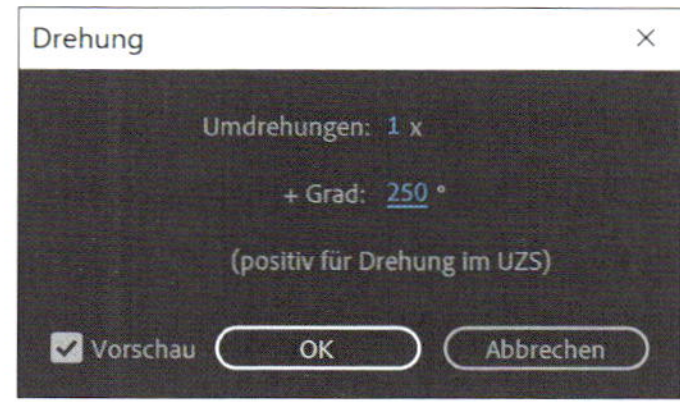


▲ **Abbildung 8.64**
Klicken Sie einen Keyframe doppelt an, erscheint das Werte-Dialogfeld. Dort können Sie neue Werte eintragen.

**Keyframes per Pfad-Werkzeug hinzufügen**
Der Wertekurve können Sie mit dem Pfad-Werkzeug Keyframes hinzufügen. Klicken Sie dazu mit dem Pfad-Werkzeug in die Wertekurve, um den dort angezeigten Wert in einem Keyframe zu »speichern«.

**Geschwindigkeit 3**
Zum Bearbeiten von Wertekurven können Sie die Dateien in der Komposition »geschwindigkeit 3« aus dem Projekt »geschwindigkeit.aep« im Ordner 8_INTERPOLATION/ZEITKURVEN verwenden.

Sie können Werte auch auf herkömmlichem Wege wie in der Ebenenansicht ändern. Dazu verändern Sie die Werte durch Ziehen im Wertefeld ❽ oder tippen dort den gewünschten Wert ein. Außerdem können Sie ebenso wie in der Ebenenansicht direkt auf einen Keyframe doppelklicken, um das Werte-Dialogfeld einzublenden. Dort tragen Sie neue Werte ein und bestätigen mit OK.

**Keyframes in der Wertekurve setzen**
Positionieren Sie die Zeitmarke neben einem oder zwischen zwei Keyframes und ändern Sie dann den Eigenschaftswert im Wertefeld oder im Kompositionsfenster (z. B. Ändern der Position), entsteht ein neuer Keyframe, ganz so wie in der Ebenenansicht. Auch beim Kopieren, Einfügen und Löschen von Keyframes gibt es keinen Unterschied.

## 8.4 Pfade als Key-Generator

In After Effects können Vektorpfade, die in anderen Programmen zum Zeichnen von Linien, Konturen und Formen dienen, als Bewegungspfade verwendet werden. Dazu fügen Sie einen Pfad, den Sie beispielsweise in Illustrator, Photoshop oder auch in After Effects erstellt haben, in Eigenschaften ein, die über Positionskoordinaten verfügen. Eigenschaften mit Positionskoordinaten sind beispielsweise POSITION und ANKERPUNKT, aber auch manche Eigenschaften von Effekten. Einige Effekte mit Positionskoordinaten werde ich noch in Teil IV, »Fortgeschrittene Funktionen«, besprechen. Ein eingefügter Pfad erscheint in der entsprechenden Eigenschaft als Reihe von Keyframes, wie Sie anschließend noch sehen werden.

Das Einfügen von Pfaden in After Effects ist besonders dann zu empfehlen, wenn Sie komplizierte Bewegungspfade erstellen wollen, die besser mit den Zeichenwerkzeugen von Illustrator zu kreieren sind.

Außerdem ist es möglich, einfache in After Effects erstellte Maskenpfade ebenso in Eigenschaften mit Positionskoordinaten einzufügen. Doch dies werde ich ausführlich in Abschnitt 11.4.2, »Maskenpfad versus Bewegungspfad«, erläutern.

### 8.4.1 Pfade aus Illustrator und Photoshop

Die benötigten Dateien für diesen Workshop finden Sie unter BEISPIELMATERIAL/08_INTERPOLATION/PFADE_KEYFRAMES.

Es ist nicht schwer, einen Pfad aus Illustrator oder Photoshop für After Effects zu verwenden. Der Weg ist bei beiden Anwendungen der gleiche.

## Schritt für Schritt
## Pfade erstellen und einfügen

Das Arbeiten mit Pfaden ist eine oftmals lohnende Angelegenheit. Die folgende Beschreibung zeigt, wie ein Illustrator-Pfad in After Effects eingesetzt werden kann.

### 1 Pfade erstellen in Illustrator/Photoshop

In Illustrator markieren Sie alle Punkte eines dort erstellten Pfads mit dem Auswahl-Werkzeug [V], in Photoshop wählen Sie das Pfad-Auswahl-Werkzeug [A], um alle Punkte eines Pfads zu markieren. Danach wählen Sie BEARBEITEN • KOPIEREN oder [Strg]+[C] und wechseln dann zu After Effects.

▲ **Abbildung 8.65**
Einen Pfad aus Adobe Illustrator können Sie kopieren und in After Effects verwenden.

### 2 Pfad einfügen

Zum Einfügen des Pfads in After Effects ist eines notwendig: Sie müssen die Eigenschaft, in die der Pfad eingefügt wird, markieren und nicht nur die Ebene. Markieren Sie nur die Ebene, erhalten Sie einen Maskenpfad. Das ist auch nützlich, aber erst in Kapitel 11, »Masken, Matten und Alphakanäle«, ein Thema.

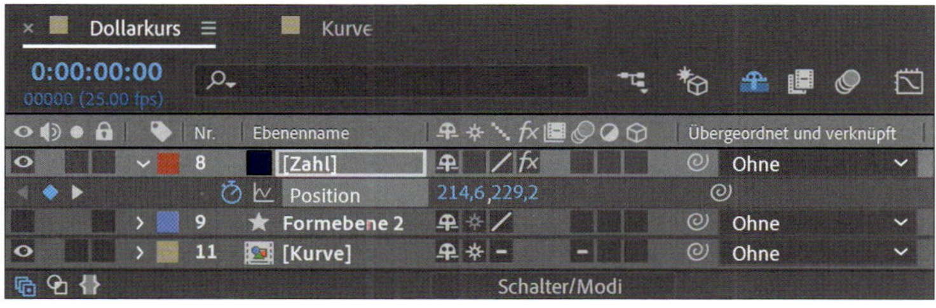


▲ **Abbildung 8.66**
Zum Einfügen eines Illustrator- oder Photoshop-Pfads in die Positionseigenschaft müssen Sie diese zuvor markieren.

**Illustrator-Voreinstellung**
Sollte das Kopieren und Einfügen von Pfaden aus Illustrator schiefgehen, treffen Sie in Illustrator folgende Voreinstellung: Unter BEARBEITEN • VOREINSTELLUNGEN wählen Sie bei DATEIEN VERARBEITEN UND ZWISCHENABLAGE die Optionen AICB und PFADE BEIBEHALTEN.

### 3 Bewegungspfad erzeugen

Um einen Bewegungspfad aus dem Illustrator- oder Photoshop-Pfad zu erzeugen, markieren Sie die Eigenschaft POSITION einer Ebene in der Zeitleiste und wählen dann BEARBEITEN • EINFÜGEN oder drücken [Strg]+[V]. Jedem Punkt aus dem Illustrator-Pfad ist ein Keyframe in der Zeitleiste bzw. ein Scheitelpunkt im Kompositionsfenster zugeordnet. Pfade können auch in andere Eigenschaften, die mit Positionswerten arbeiten, eingefügt werden, beispielsweise in einigen Effekteigenschaften wie beim Effekt BLENDENFLECKE. Wenn es nicht funktioniert hat, hilft es manchmal auch, den Pfad in Illustrator auszuwählen und zuerst OBJEKT • ZUSAMMENGESETZTER PFAD • ERSTELLEN zu wählen und dann zu kopieren.

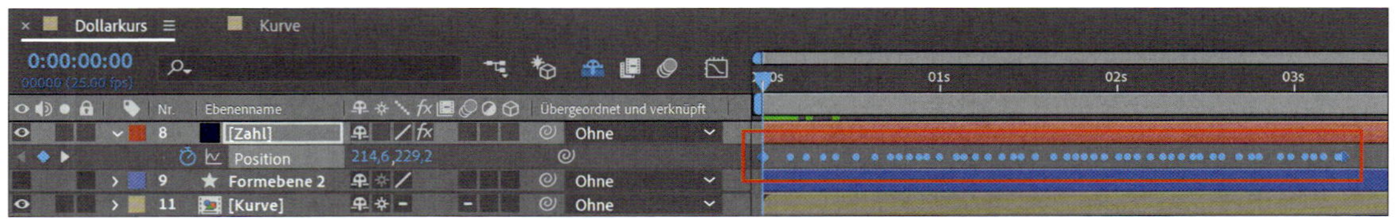

▲ **Abbildung 8.67**
Ein eingefügter Pfad wird in der Zeitleiste mit zeitlich nicht fixierten Keyframes (Roving Keyframes) dargestellt.

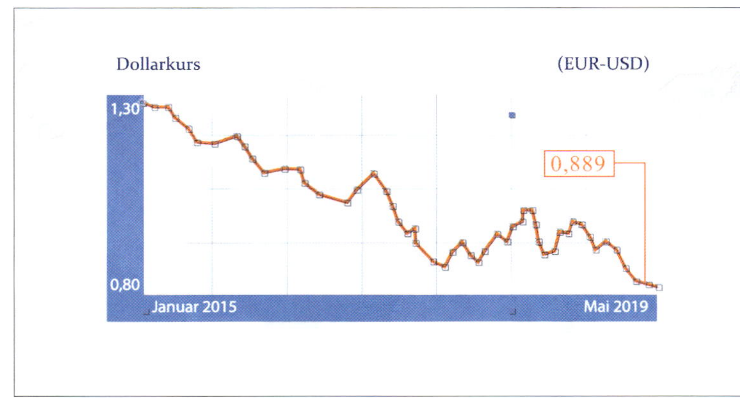


**Abbildung 8.68** ▶
Der eingefügte Pfad ist ein Bewegungspfad geworden.

## 8.4.2 Roving Keyframes

**Beispiel**
Zwei Beispiele für eingefügte Pfade finden Sie im Ordner 08_INTERPOLATION/PFADE_KEYFRAMES in der Projektdatei »illustratorpfad.aep«.

Roving Keyframes entstehen, wie im vorigen Abschnitt beschrieben, automatisch durch das Einfügen von Pfaden in Eigenschaften mit Positionskoordinaten. Die Reihe der eingefügten Keyframes ist danach standardmäßig auf zwei Sekunden Länge begrenzt. Anfang und Ende der Reihe werden mit zwei auf lineare Interpolation eingestellten Keyframes markiert. Die runden Punkte dazwischen sind sogenannte **Roving Keyframes**, d. h. zeitlich nicht fixierte Keyframes.

Ziehen Sie an einem der linearen äußeren Keyframes, um die Reihe zeitlich zu verlängern oder zu verkürzen und damit die Geschwindigkeit der Animation zu verlangsamen oder zu erhöhen. Die Roving Keyframes bewegen sich mit, und die zeitlichen Abstände zwischen diesen nicht fixierten Keyframes bleiben proportional erhalten.

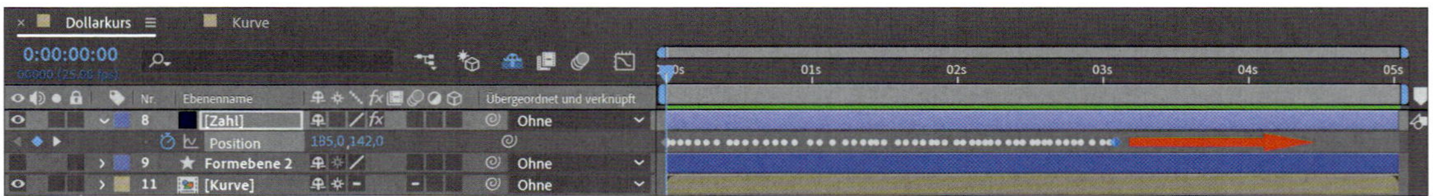

▲ **Abbildung 8.69**
Die Reihe der Roving Keyframes kann verlängert oder verkürzt werden. Die zeitlichen Werte zwischen den Keyframes bleiben dabei proportional erhalten.

Roving Keyframes können Sie auch sehr einfach erzeugen, um Bewegungsabläufe zu glätten. Diese besondere Art der Keyframes können Sie nur für Eigenschaften, die mit Positionswerten arbeiten, anlegen. Schauen wir uns dies anhand eines kleinen Workshops einmal genauer an.

**Verschobener Pfad**
Ist der aus Illustrator oder Photoshop eingefügte Pfad in After Effects etwas verschoben, hilft es, alle eingefügten Keyframes zu markieren und im Kompositionsfenster zu verschieben. Sie können dazu auch die Pfeiltasten verwenden.

## Schritt für Schritt
## Roving Keyframes – Geglättete Geschwindigkeit

In diesem Workshop geht es um zeitlich nicht fixierte Keyframes und die Bearbeitung von Animationen mit Hilfe von Keyframe-Assistenten. Schauen Sie sich bitte zuerst das Movie »bewegteblume.mp4« aus dem Ordner 08_INTERPOLATION/ROVING_KEYFRAMES an.

Öffnen Sie das für Sie schon vorbereitete Projekt »blume.aep« aus demselben Ordner. Sie finden dort eine Komposition vor, die eine per Position animierte Blume enthält. Der Bewegungspfad wurde in After Effects erstellt. Die Positions-Keyframes sind dafür im Abstand von etwa einer halben Sekunde gesetzt und auf lineare Interpolation gestellt. Gleichzeitig wird die Ebene von 0 % auf 100 % skaliert.

Die benötigten Dateien für den Workshop finden Sie unter BEISPIELMATERIAL/08_INTERPOLATION/ROVING_KEYFRAMES.

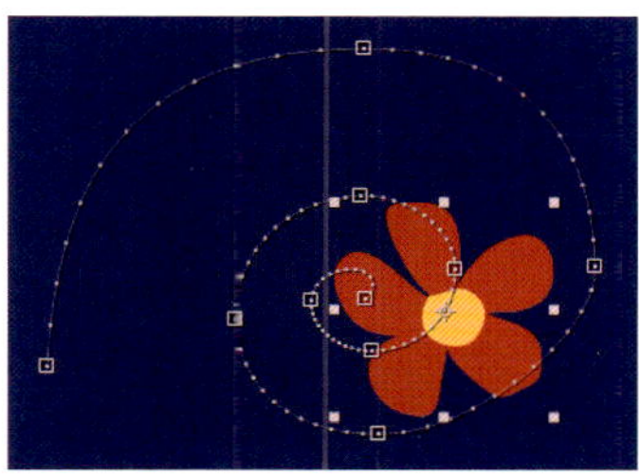

▲ **Abbildung 8.70**
Für diese Blume wurde ein spiralförmiger Bewegungspfad kreiert.

### 1 Roving Keyframes

Markieren Sie für die Blume-Ebene zunächst die Eigenschaft POSITION, und blenden Sie das Geschwindigkeitsdiagramm im Diagrammeditor ein. Beim Übergang vom einen zum anderen Keyframe ändert sich die Geschwindigkeit abrupt. Das Diagramm wirkt daher stufig.

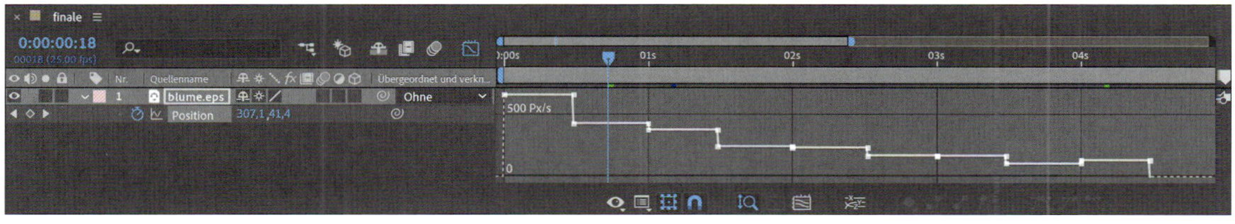


▲ **Abbildung 8.71**
Von einem zum anderen Keyframe ändert sich die Geschwindigkeit abrupt.

Die unterschiedlichen Geschwindigkeitsstufen lassen sich leicht angleichen, indem Sie die zeitliche Fixierung der Keys lösen. Ziehen Sie dazu mit der Maus einen Rahmen vom zweiten bis zum vorletzten Key auf. Der erste und der letzte Key dürfen nicht markiert sein, denn zwischen diesen beiden Keys soll die Geschwindigkeit gemittelt werden. Klicken Sie dann mit der rechten Maustaste auf einen der ausgewählten Keys, und wählen Sie im Einblendmenü ZEITLICH NICHT FIXIERT.

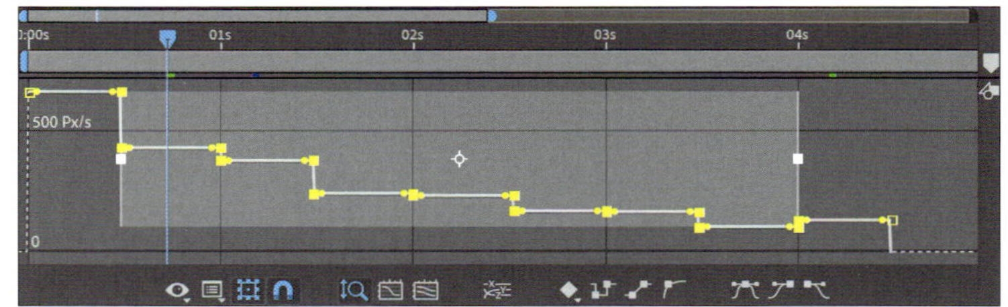


**Abbildung 8.72 ▸**
Im Diagrammeditor ziehen Sie über den Keyframes der Geschwindigkeitskurve das Transformationsfeld auf.

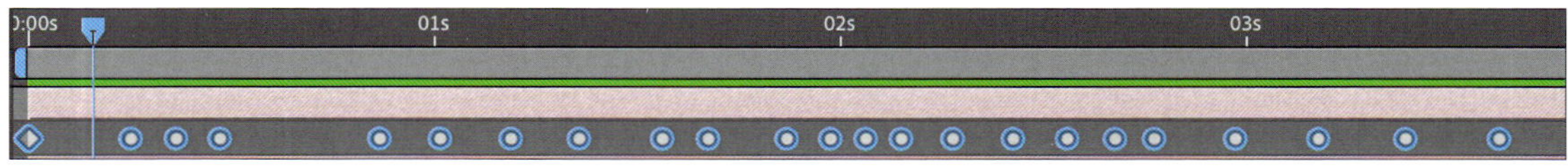


**▴ Abbildung 8.73**
In der Ebenenansicht sind die zeitlich nicht fixierten Keyframes sehr gut als Punkte erkennbar.

Die Keyframes werden zwischen dem ersten und letzten Key gemittelt und die Geschwindigkeiten aneinander angepasst. Die Keyframes im Bewegungspfad bleiben davon unbeeinflusst.

Übrigens lassen sich die Roving Keyframes wieder in zeitlich fixierte Keys **umwandeln**, wenn Sie einen der runden Punkte anklicken und verschieben oder wieder in das bereits genutzte Einblendmenü wechseln und dort das Häkchen bei Zeitlich nicht fixiert entfernen. Das ist außerdem auch in der Ebenenansicht möglich.

### 2 Keyframe-Assistent und Roving Keyframes

Nun lassen wir die Blume schnell hereinfliegen und nachher allmählich abbremsen. Markieren Sie dazu in der Ebenenansicht die Eigenschaft Position. Öffnen Sie dann das Kontextmenü eines Keyframes, rufen Sie den Keyframe-Assistenten auf, und wählen Sie dort Easy Ease In. Da Sie eine zeitliche Interpolationsmethode auf die beiden äußeren Keys anwenden, wird auch der Geschwindigkeitsverlauf für die dazwischen befindlichen Roving Keyframes gleichmäßig verändert.

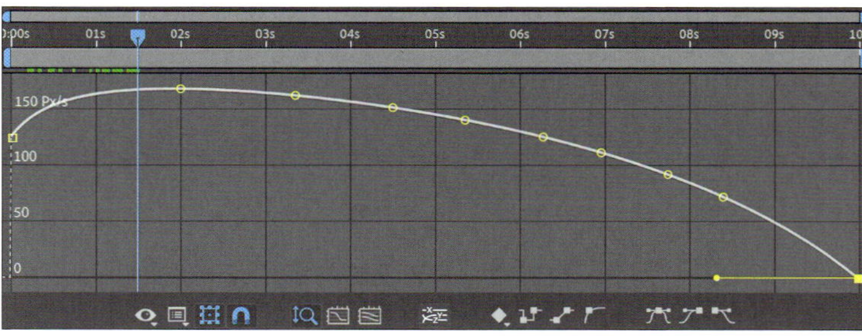


**Abbildung 8.74 ▸**
Mit dem Keyframe-Assistenten Easy Ease In gelingt ein sehr gleichmäßiger Geschwindigkeitsverlauf über alle Keyframes.

## 3 Easy Drehung

Blenden Sie die Eigenschaft DREHUNG bei ausgewählter Ebene mit der Taste R ein, und setzen Sie einen ersten Key bei 04:12, also am Ende der Positionsanimation, mit 0× +0,0°. Sie können dazu in der Ebenenansicht oder auch im Diagrammeditor arbeiten. Weitere Keys folgen bei 05:05 mit 0× –100,0°, bei 06:00 mit 0× +0,0°, bei 06:16 mit 0× –100,0° und am Ende der Komposition mit 4× +0,0°.

Markieren Sie anschließend alle Drehungs-Keys per Klick auf das Wort DREHUNG, und wählen Sie nach Klick mit der rechten Maustaste KEYFRAME-ASSISTENTEN und dort EASY EASE.

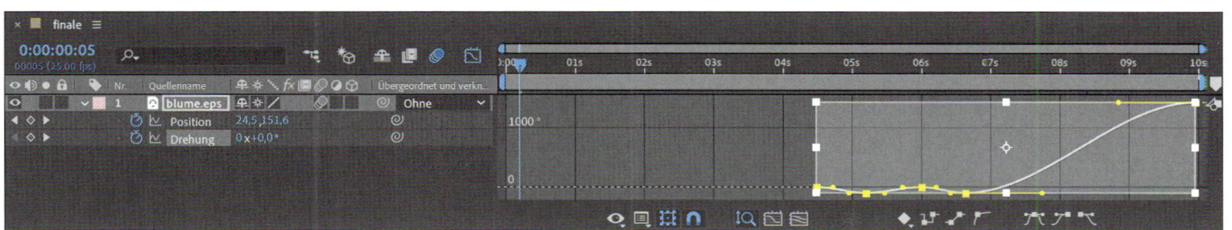


▲ **Abbildung 8.75**
Wählen Sie die Drehungs-Keyframes aus, und rufen Sie über das Kontextmenü oder die Buttons im Diagrammeditor den Keyframe-Assistenten EASY EASE auf.

## 4 Letzter Schritt

Zum Schluss lassen wir die Blume wieder verschwinden. Kopieren Sie dazu den Skalierungs-Key mit dem Skalierungswert 100% bei 04:12, und setzen Sie ihn bei 07:12 ein. Die Animation der Skalierung stoppt also für drei Sekunden. Setzen Sie die Zeitmarke mit der Taste Ende an das Ende der Komposition. Dort soll die Skalierung 0% betragen.

Anschließend markieren Sie die zwei eben gesetzten Keys und wählen den Keyframe-Assistenten EASY EASE OUT. Aktivieren Sie vielleicht noch ganz zum Schluss die Bewegungsunschärfe per Klick auf den Ebenenschalter ❶. Hierbei wird zusätzlich der Kompositionsschalter ❷ aktiviert, mit dem Sie die Bewegungsunschärfe für alle Ebenen der Komposition gleichzeitig ein- und ausschalten können. Lassen Sie eine Vorschau berechnen, indem Sie die Leertaste drücken. Herzlichen Glückwunsch! Sie haben es wieder einmal gemeistert!

**Beispiele**
Zwei einfache Beispiele für eingefügte Pfade finden Sie auch im Ordner 08_INTERPOLATION/PFADE_KEYFRAMES in der Projektdatei »illustratorpfad.aep«.

▼ **Abbildung 8.76**
Die fertige Animation in der Ebenenansicht

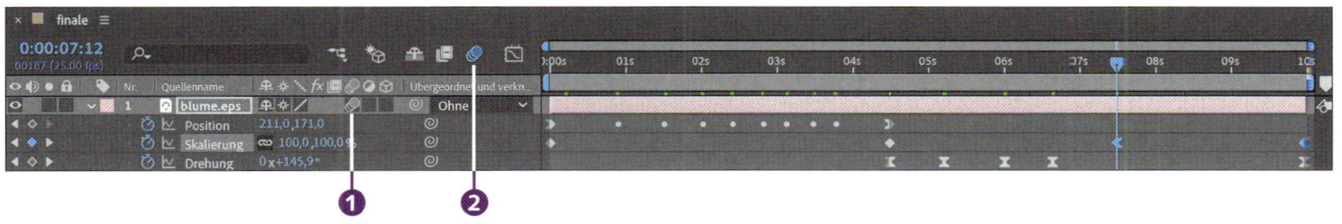

## 8.5 Keyframes für Schnelle

After Effects bietet mit drei kleinen versteckten Paletten Möglichkeiten zur schnellen Erstellung und Bearbeitung von Keyframes an. Es handelt sich um die Paletten BEWEGUNG SKIZZIEREN, GLÄTTEN und VERWACKELN.

### 8.5.1 Bewegung skizzieren

Mit der Palette BEWEGUNG SKIZZIEREN, die Sie über FENSTER • BEWEGUNG SKIZZIEREN erreichen, zeichnen Sie Bewegungspfade von Ebenen ohne vorheriges Definieren von Positions-Keyframes. Dazu wird Ihre Mausbewegung aufgezeichnet. Die Ebene folgt nachher nicht nur dem aufgezeichneten Pfad, sondern behält auch die Geschwindigkeit der Mausbewegung bei.

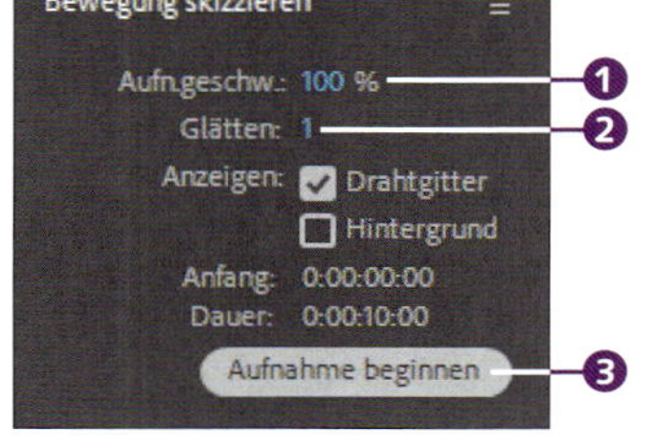


▲ **Abbildung 8.77**
Mit der Palette BEWEGUNG SKIZZIEREN werden Animationen von bewegten Ebenen kinderleicht.

Zur Aufzeichnung markieren Sie eine Ebene in der Zeitleiste und aktivieren die Schaltfläche AUFNAHME BEGINNEN ❸. Der Mauszeiger hat sich verändert. Sobald Sie irgendwo klicken, startet die Aufnahme und endet erst, wenn Sie absetzen. Dort, wo Sie zuerst im Kompositionsfenster klicken, entsteht der erste Positions-Keyframe. Zeichnen Sie, ohne abzusetzen, so lange, bis Sie mit dem Bewegungspfad zufrieden sind. Übrigens wird immer zwischen Anfang und Ende Ihres Arbeitsbereichs aufgezeichnet. Anschließend sind eine Menge Keyframes entstanden.

Beim Abspielen der Animation werden Sie feststellen, dass der Pfad und die Geschwindigkeit Ihren Mausbewegungen genau entsprechen. Gefällt Ihnen das Ergebnis nicht, löschen Sie die Positions-Keyframes durch Klick auf das Stoppuhr-Symbol.

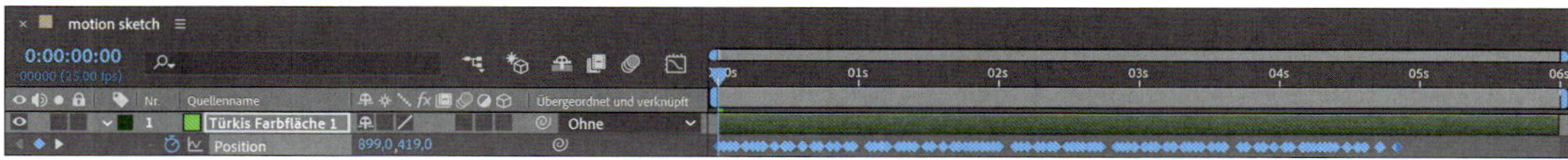


▲ **Abbildung 8.78**
Die Zeitleiste nach dem Skizzieren einer Bewegung. Für die wesentlichen Positionsänderungen wurden Keyframes erstellt.

Durch höhere Werte im Feld AUFNAHMEGESCHWINDIGKEIT ❶ wird die Aufnahme verlangsamt, Sie können dann also längere Zeit zeichnen (bei kleineren Werten natürlich umgekehrt). Der Wert 100 % entspricht immer einer Echtzeitaufnahme. Mit dem Feld GLÄTTEN ❷ wirken Sie bereits vor der Aufzeichnung einer zu großen Zahl an später entstehenden Keys entgegen. Je höher der Wert ist, desto weniger Keys entstehen in der Zeitleiste, und die Bewegung der Ebene wird glatter.

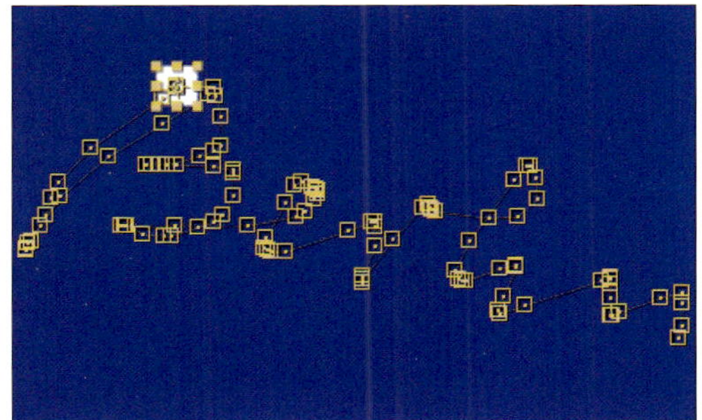

◂ **Abbildung 8.79**
Ein Bewegungspfad nach dem Aufzeichnen einer Mausbewegung

Bei aktiviertem Feld DRAHTGITTER wird die Ebene während der Aufzeichnung als Umrisslinie dargestellt. Sämtliche Bildinhalte werden ausgeblendet, und der Kompositionshintergrund ist schwarz. Setzen Sie ein Häkchen für HINTERGRUND, werden die Bildinhalte während der Aufzeichnung weiterhin angezeigt.

## 8.5.2 Glätten

Mit der Palette GLÄTTEN reduzieren Sie Keyframes in animierten Eigenschaften und glätten die Zeitkurve, um somit weiche Übergänge zu schaffen. Sie blenden die Palette über FENSTER • GLÄTTEN ein. Um die Palette einzusetzen, müssen mindestens drei Keyframes einer Eigenschaft ausgewählt sein. Gut sichtbar ist das Ergebnis, wenn Sie zuvor mit der Palette BEWEGUNG SKIZZIEREN Positions-Keyframes ohne Glättung, also mit einem Wert 0 für die Glättung, erstellen.

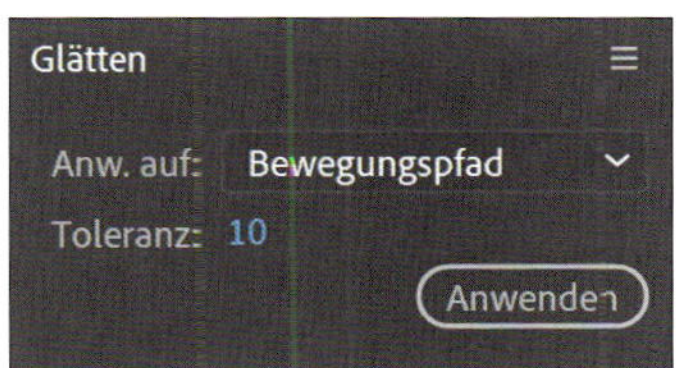


▴ **Abbildung 8.80**
Mit der Palette GLÄTTEN reduzieren Sie Keyframes. Bewegungspfade und Zeitkurven werden dadurch geglättet.

Um die Palette GLÄTTEN anzuwenden, markieren Sie die Positions-Keyframes. Automatisch wird unter ANWENDEN AUF das Wort BEWEGUNGSPFAD in der Palette eingeblendet. Bei anderen Eigenschaften erscheint dort ZEITLICHE KURVE. Unter TOLERANZ können Sie den eingetragenen Wert auf 10 erhöhen und das Glätten eventuell mehrmals anwenden, wenn das Ergebnis noch nicht ausreichend ist. Nach dem Anwenden sind die Keyframes weniger geworden; der Bewegungspfad ist geglättet und enthält dennoch die wesentliche Bewegung der Ebene.

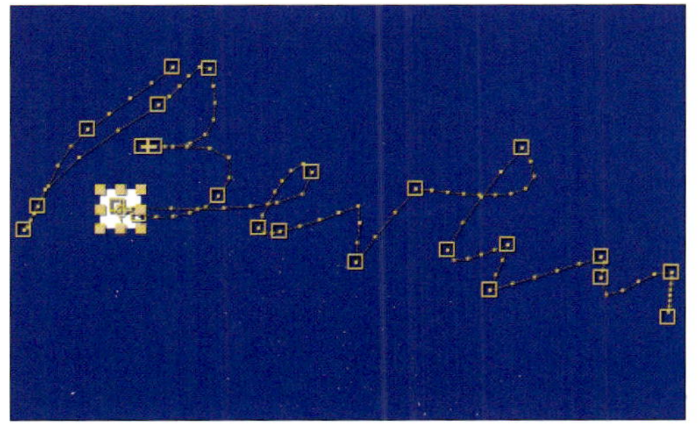

◂ **Abbildung 8.81**
Nachdem der Bewegungspfad geglättet wurde, ist die Animation im Wesentlichen erhalten geblieben.

Wenn Sie die Palette GLÄTTEN für Eigenschaften verwenden, die keine Positionswerte nutzen, wird unter ANWENDEN AUF automatisch der Eintrag ZEITLICHE KURVE angezeigt. Je höher der Glättungswert, desto geringer ist anschließend die Anzahl der verbliebenen Keyframes. Die Hauptbewegung bleibt aber erhalten, und Sie erreichen weichere Übergänge, indem After Effects die Zeitkurve ähnlich den Ease-Assistenten von linear in Bézier umwandelt.

### 8.5.3 Verwackeln

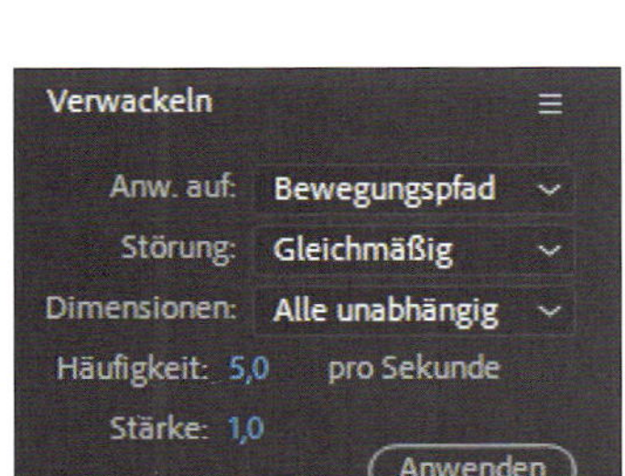


▲ **Abbildung 8.82**
Die Palette VERWACKELN dient dazu, bereits animierte Eigenschaften um einen bestimmten Betrag abzulenken, also zu verwackeln.

**Beispiele**
Im Ordner 08_INTERPOLATION/VERWACKELN finden Sie ein Projekt mit Beispielen für verwackelte Eigenschaften und daraus resultierende Animationen. Öffnen Sie zum Nachmachen die Projektdatei »verwackeln.aep«.

Über die Palette VERWACKELN, die Sie über FENSTER • VERWACKELN einblenden, generieren Sie zusätzliche Keyframes für bereits animierte Eigenschaften. Dabei werden die Werte der bereits vorhandenen Keyframes genutzt, um neue Keyframes mit abweichenden Werten zu schaffen. Außerdem wird die Interpolation von Keyframes durch Zufallswerte verändert.

Vor dem Verwenden der Palette VERWACKELN müssen mindestens zwei Keyframes vorhanden sein. Gut sichtbar ist die Wirkung der Palettenoptionen anhand einiger animierter Eigenschaften wie POSITION, SKALIERUNG, DREHUNG oder DECKKRAFT.

Es ist günstig, vor dem Anwenden der Funktion VERWACKELN eine Kopie der gesetzten Keyframes anzufertigen, da diese durch die Funktion mehr oder weniger stark verändert werden und von der Masse der erzeugten Keys nicht zu unterscheiden sind. Mit Strg+Z können Sie aber auch einige Schritte rückgängig machen.

Sie wenden die VERWACKELN-Optionen an, indem Sie einige Keyframes einer Eigenschaft, beispielsweise POSITION, auswählen. Mit ANWENDEN AUF wählen Sie für die Positionseigenschaft zwischen BEWEGUNGSPFAD und ZEITLICHE KURVE. Bei Eigenschaften ohne Positionskoordinaten ist nur ZEITLICHE KURVE eingeblendet. Unter STÖRUNG wählen Sie GLEICHMÄSSIG, um eine eher sanft wirkende Ablenkung von der bisherigen Animation zu erreichen, und ECKIG für abrupte Änderungen.

Unter DIMENSIONEN legen Sie fest, ob die Eigenschaft nur auf der x-Achse, der y-Achse, für beide gleich oder für beide unabhängig abgelenkt werden soll. Dies ist für Eigenschaften interessant, deren Wertedimension größer ist als 1. Die Eigenschaft POSITION kann beispielsweise nur über mindestens zwei Werte beschrieben werden, nämlich mit den Werten für die x- und die y-Achse. Zu solchen mehrdimensionalen Eigenschaften zählen auch die Skalierung und der Ankerpunkt.

Mit X oder Y legen Sie die Achse fest, um die die Ablenkung stattfinden soll. Mit ALLE UNABHÄNGIG erzeugen Sie eher unruhige Animationen, beispielsweise tanzende Zahlen oder Buchstaben. Mit HÄUFIGKEIT steuern Sie, wie viele Keyframes pro Sekunde nach der Anwendung in der Eigenschaft erscheinen sollen. Mit der STÄRKE bestimmen Sie, wie stark die jeweilige Eigenschaft verwackelt wird. Es wird dabei die Werteinheit der ausgewählten Eigenschaft zugrunde gelegt.

**▼ Abbildung 8.83**
Nach dem Verwackeln sind mehr Keyframes als zuvor vorhanden, in denen die »verwackelten« Werte enthalten sind.

## 8.6 Zeitverzerrung

In After Effects können Sie Ebenen, die keine Standbilder sind, zeitverzerren. Dazu gehören Video- und Audiomaterial ebenso wie verschachtelte Kompositionen, die Bewegung enthalten. Mit der Zeitverzerrungsfunktion erzeugen Sie Slow Motion und Zeitraffer oder Freeze und spielen das Material an beliebiger Stelle vorwärts oder rückwärts ab. Außerdem können Sie das Material mit den in diesem Kapitel erläuterten Geschwindigkeitskurven beschleunigen und abbremsen. Die Zeitverzerrung bietet weit mehr Kontrolle als die bereits erläuterten Möglichkeiten, Ebenen zu dehnen und zu stauchen.

Sie aktivieren die Zeitverzerrung, indem Sie eine Videoebene oder eine verschachtelte Komposition in der Zeitleiste markieren und EBENE • ZEIT • ZEITVERZERRUNG AKTIVIEREN oder `Strg`+`Alt`+`T` wählen. In der Ebenenansicht kommt der Eintrag ZEITVERZERRUNG ❶ hinzu. Die zu verzerrende Ebene sollten Sie auf die Länge der Komposition verlängern, wie Sie in Abbildung 8.84 an der unteren Ebene sehen. Verschieben Sie dazu den Out-Point der Ebene. Dabei wird die Ebene noch nicht zeitverzerrt. Die ursprüngliche Dauer der Ebene ist in einem Anfangs- und einem End-Keyframe gespeichert.

Es gibt zwei Möglichkeiten, die Zeitverzerrung zu bearbeiten: im Diagrammeditor und im Ebenenfenster. Egal, wo Sie arbeiten, die Keyframes werden immer auch in der Ebenenansicht angezeigt.

**▼ Abbildung 8.84**
In dieser Komposition wurde das Video »kaffeezeit« zweimal verwendet. Nur das untere Video ist mit der Funktion ZEITVERZERRUNG belegt.

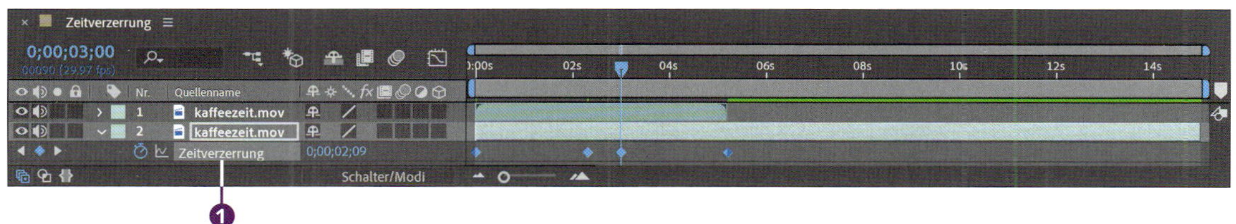

### 8.6.1 Zeitverzerrung im Diagrammeditor

**Probieren geht über Studieren**
Damit Sie hier keine Trockenübungen vollführen müssen, gibt es im Ordner 08_INTERPOLATION/ZEITVERZERRUNG ein kurzes Video namens »kaffeezeit«, das Sie am besten in ein Projekt importieren. Die hier beschriebenen Möglichkeiten können Sie daran am besten nachvollziehen. Außerdem befindet sich im selben Ordner die Projektdatei »zeitverzerrung.aep« mit Beispielen.

Im Diagrammeditor wird automatisch die Wertekurve zur Bearbeitung eingeblendet, wenn das Wort »Zeitverzerrung« markiert ist.

Sie sind schon an die horizontale Darstellung der Kompositionszeit in der Zeitleiste gewöhnt. Im Diagrammeditor wird die Gesamtzeit des Videos jedoch in der Vertikalen am linken Rand des Diagramms dargestellt. Das erste Bild des Videos liegt auf dem vertikalen Zeitstrahl, im Diagramm also ganz unten auf der Nulllinie, und das Endbild wird ganz oben dargestellt. Die Linie zwischen beiden Punkten stellt die Einzelbilder dar, die im Zeitverlauf bis zum Endbild angezeigt werden. Die Gesamtzeit des Videos können Sie in der Kompositionszeitleiste verschieben, verkürzen oder verlängern.

#### Standbild am Anfang und am Ende

Ist Ihre Kompositionszeit lang genug, also ein gutes Stück länger als das zu verzerrende Material, haben Sie Spielraum für ein Standbild vor und hinter dem Video. Dazu müssen Sie nur den Anfangs- und den End-Keyframe des Videos im Diagramm auswählen, was Sie mit der [Alt]-Taste und einem Klick auf die Wertekurve bewerkstelligen.

Wenn die Schaltfläche TRANSFORMATIONSFELD ANZEIGEN ❶ aktiv ist, wird ein Rahmen um die Keyframes gelegt. Diesen klicken Sie mittig an und verschieben ihn dann. Bei Zuhilfenahme der Taste [⇧] rastet das Feld auf der Nulllinie ein. In dem abgebildeten Beispiel wird für den Bereich vor der ansteigenden Linie das erste Bild und dahinter das letzte Bild des Videos als Standbild angezeigt.

**Abbildung 8.85 ▸** Das Wertediagramm stellt die Zeit des zu verzerrenden Materials bei aktiver Zeitverzerrung auf einer vertikalen Achse dar.

**Abbildung 8.86 ▸** Hier wurden der Anfangs- und End-Keyframe eines Videos in der Kompositionszeit nach hinten verschoben.

#### Freeze im Material einfügen

Etwas anspruchsvoller ist es, in laufendem Material einen Freeze, also ein Standbild, einzufügen. Zuerst wählen Sie das Standbild.

Dazu positionieren Sie die Zeitmarke auf den Frame, der fixiert werden soll. Mit der Schaltfläche ❸ setzen Sie einen Keyframe. Nach Klick auf die aktuelle Zeit ❷ geben Sie einen späteren Zeitpunkt ein. Anschließend kopieren Sie den neu gesetzten Keyframe und setzen ihn an der neuen Zeitposition ein. Den End-Keyframe sollten Sie allerdings um den Betrag in der Zeit verschieben, der der Länge des Standbildes entspricht, da das Material hinter dem Standbild sonst im Zeitraffer abläuft.

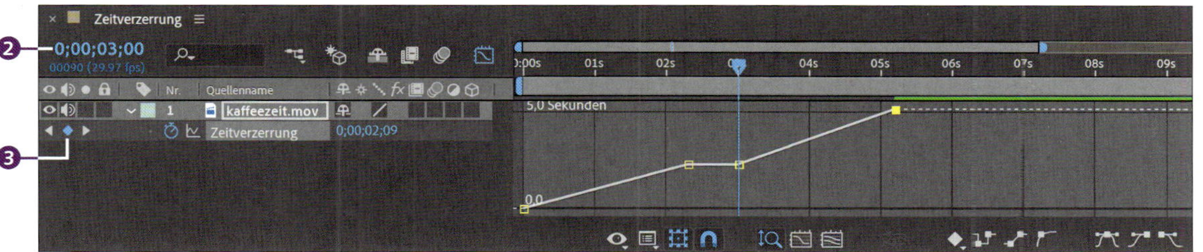


▼ **Abbildung 8.87**
Ein Standbild wird in der Wertekurve als gerade Linie dargestellt.

## Zeitraffer, Zeitlupe und rückwärts

Das Prinzip von Zeitraffer und Zeitlupe ist schnell erklärt: Angenommen, Ihr Video ist fünf Sekunden lang, dann werden dafür in der Wertekurve ein Anfangs-Keyframe bei 0 Sekunden und ein End-Keyframe bei 5 Sekunden angezeigt. Verschieben Sie den End-Keyframe in der Kompositionszeitleiste nach rechts auf einen späteren Zeitpunkt, haben Sie eine Zeitlupe; umgekehrt ist es ein Zeitraffer. Bei Audiomaterial kommt es zu einer Veränderung der Tonhöhe.

Sie können Material auch rückwärts abspielen. Dazu ziehen Sie den Keyframe unter den Wert des vorherigen Keyframes.

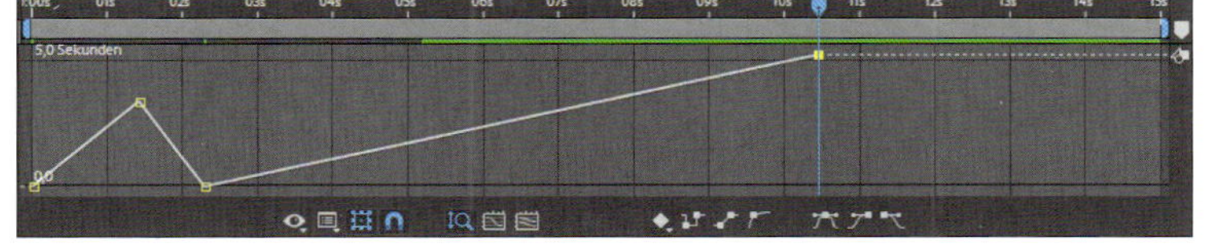


◀ **Abbildung 8.88**
Diese Kurve zeigt einen Zeitraffer vorwärts, einen Zeitraffer rückwärts und eine Zeitlupe.

## Bilder durch Ziehen festlegen

Ein Bild, das im Diagrammeditor auf einem bestimmten Keyframe angezeigt wird, ändern Sie schnell, indem Sie den Keyframe im Editor markieren und nach oben oder unten ziehen. Günstig ist es, dabei die Zeitmarke genau auf dem Keyframe zu positionieren und die Taste [⇧] zu verwenden. Der Keyframe bewegt sich dann nur vertikal entlang der Zeitmarkierung. Wenn Sie einen Keyframe bewegen, verändert sich die Geschwindigkeit vor und nach dem Keyframe, und Sie erhalten einen Zeitraffer bzw. eine Zeitlupe.

Eine zweite Möglichkeit, Bilder an einem Keyframe zu ändern, bietet das Wertefeld. Klicken und ziehen Sie dazu mit der Maustaste nach rechts oder links. Ein neuer Keyframe entsteht, wenn Sie die Zeitmarke zwischen zwei Keyframes setzen und dann wieder das Wertefeld nutzen, um ein Bild einzustellen.

**Geschwindigkeitskurve und Zeitverzerrung**

Diese Möglichkeit soll hier nicht fehlen. Wenn Sie die Geschwindigkeitskurven fleißig geübt haben (in Abschnitt 8.3.3, »Geschwindigkeitskurven bearbeiten«), können Sie Video- und Audiomaterial oder verschachtelte Kompositionen auch beschleunigt oder abgebremst abspielen. Nutzen Sie dazu einfach Ihr gesammeltes Wissen aus diesem Kapitel. Ein Beispiel finden Sie auch im Projekt »zeitverzerrung.aep« in der Komposition »Zeitverzerrt/Geschwindigkeitskurve«.

**Abbildung 8.89** ▼
Um ein anderes Bild am Keyframe einzustellen, verschieben Sie diesen nach oben oder unten oder verwenden das Wertefeld.

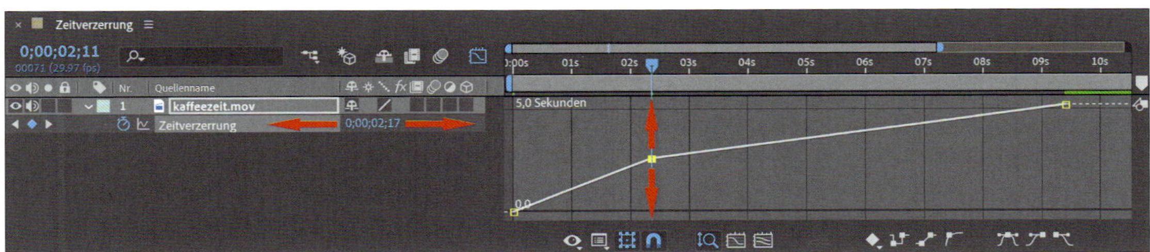


**Bei letztem Frame fixieren**

Für Videomaterial, das Sie einer Komposition hinzugefügt haben, können Sie das Material automatisch bis zum Kompositionsende hin verlängern lassen. After Effects fügt dem Video die Funktion ZEITVERZERRUNG hinzu und setzt zwei Keyframes – einen am ersten Frame des Materials und einen am letzten Frame. Dahinter wird die Videoebene bis Kompositionsende verlängert. Dazu markieren Sie das Video oder auch eine verschachtelte Komposition in der Zeitleiste und wählen EBENE • ZEIT • BEI LETZTEM FRAME FIXIEREN.

Schade dabei ist, dass die Ebene bei Änderung der Kompositionslänge nicht automatisch am Ende fixiert bleibt – es gibt eben immer noch etwas zu tun.

## 8.6.2 Zeitverzerrung im Ebenenfenster

Alternativ zur Bearbeitung der Zeitverzerrung im Diagrammeditor verwenden Sie das Ebenenfenster. Haben Sie die Zeitverzerrung über EBENE • ZEIT • ZEITVERZERRUNG AKTIVIEREN oder Strg + Alt + T eingestellt, klicken Sie doppelt auf die betreffende Ebene, um damit das Ebenenfenster zu öffnen. Sie sehen dort zwei Zeitleisten.

Die untere Zeitleiste entspricht der Kompositionszeitleiste, die Sie auch in der Ebenenansicht vorfinden. Sie wählen damit den Zeitpunkt aus, an dem eine Änderung stattfinden soll. Die obere Zeitleiste dient zur Darstellung der Quellzeit, daher ist diese Zeitleiste auch nicht länger als Ihr Material. Sie wählen damit das Bild in Ihrem Material aus, das am Zeitpunkt einer Änderung angezeigt werden soll.

Um im Ebenenfenster Standbilder festzulegen, wählen Sie das zu fixierende Bild mit der unteren, blauen Marke ❶ und klicken dann auf die Schaltfläche QUELLE ❸. Kopieren Sie sich diese Zeitangabe mit [Strg]+[C], und bestätigen Sie mit OK. Damit entsteht ein Keyframe an ebendiesem Zeitpunkt. Geben Sie dann über die Schaltfläche ❷ den Endzeitpunkt des Standbildes ein, oder ziehen Sie die untere Marke auf den Endzeitpunkt. Klicken Sie wieder auf QUELLE, fügen jetzt die kopierte Zeitangabe ein, und bestätigen Sie mit OK. Es entsteht ein zweiter Keyframe, und zwischen den beiden Keys erhalten Sie das Standbild.

Eventuell haben Sie bemerkt, dass die obere Zeitmarke ❹ dem Wert bei der Zeitangabe QUELLE entspricht. Sie können also auch diese Zeitmarke verwenden, anstatt die Zeitwerte per Tastatur bei QUELLE einzugeben.

Zeitverzerrungen, die Sie im Ebenenfenster erstellt haben, können Sie natürlich auch über die Werte- und die Geschwindigkeitskurve im Diagrammeditor ändern.

**Frame-Überblendung**
Bei zeitverzerrtem Material kann es sinnvoll sein, die Frame-Überblendung einzuschalten. Es werden dann weitere Frames zwischen die vorhandenen Bilder gerechnet. Dazu ist ein Klick auf den Ebenenschalter ❺ nötig. Dabei wird auch der dazugehörende Kompositionsschalter ❻ aktiviert, mit dem Sie die Frameüberblendung temporär für die gesamte Komposition ein- und ausschalten können. Der Ebenenschalter kann per Klick drei Zustände annehmen: AUS, FRAME-MIX und PIXEL-MOTION. Mit der ersten Option schalten Sie die Überblendung vorübergehend aus; das Kästchen bleibt dann leer. Bei FRAME-MIX zeigt ein Balken im Kästchen nach links; die Berechnung erfolgt in geringerer Qualität. Die höchste Qualität erreichen Sie mit PIXEL-MOTION, wenn der Balken nach rechts ansteigt.

**◄ Abbildung 8.90**
Im Ebenenfenster regeln Sie die Zeitverzerrung über zwei Zeitmarken.

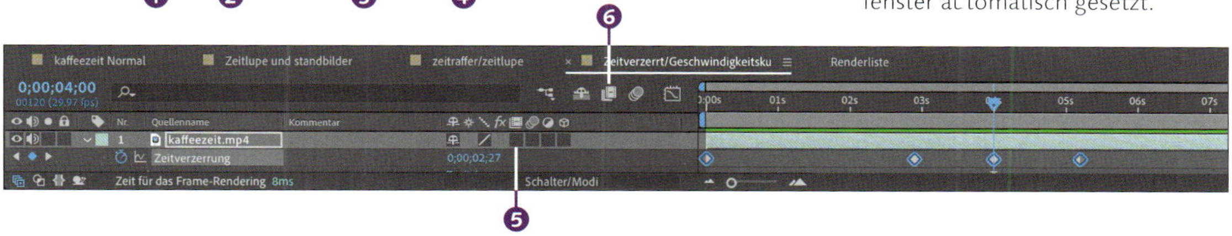

**▼ Abbildung 8.91**
Keyframes für die Zeitverzerrung werden bei der Arbeit im Ebenenfenster automatisch gesetzt.

## 8.7 Parenting: Vererben von Eigenschaften

Parenting macht es möglich, Eigenschaftswerte von einer Ebene auf eine andere zu übertragen. Dafür werden einander über- und untergeordnete Ebenen geschaffen. Verknüpfte untergeordnete Ebenen vollziehen somit die Animationen einer übergeordneten Ebene nach. Man nennt diese Funktion daher auch **ebenenhierarchische Verknüpfung**. Hierbei werden folgende Eigenschaften von der übergeordneten zur untergeordneten Ebene übertragen: ANKERPUNKT, POSITION, SKALIERUNG und DREHUNG.

### 8.7.1 Parenting anwenden

Nützlich ist Parenting beispielsweise bei Figurenanimationen, um Drehbewegungen vom Oberarm zur Hand zu übertragen oder um mehrere Ebenen einer übergeordneten Ebene folgen zu lassen, ohne dafür eigens in jeder Ebene Keyframes setzen zu müssen. Am besten lässt sich dies jedoch an einem Beispiel demonstrieren. Im folgenden Workshop schreiten wir zur Tat.

#### Schritt für Schritt
#### Papa Parenting und Frosch junior

Die benötigten Dateien für diesen Workshop finden Sie unter BEISPIELMATERIAL/08_INTERPOLATION/PARENTING

In diesem Workshop werden Sie Ebenen überordnen und unterordnen, Ankerpunkte verschieben und intuitiv Animationen erstellen. Schauen Sie sich zuerst das Movie »froschjunior.mp4« aus dem Ordner 08_INTERPOLATION/PARENTING an. Im selben Ordner befindet sich ein für Sie vorbereitetes Projekt namens »frosch.aep«. In dem Projekt finden Sie zwei Kompositionen vor. Eine Komposition mit Namen »parentingFertig« ist zur Ansicht gedacht, die andere mit dem Namen »Uebung« zum ungefähren Nachbau.

▲ **Abbildung 8.92**
Für jede der Froschgliedmaßen verschieben Sie den Ankerpunkt auf einen Gelenkpunkt.

**1 Vorbereitung**

Bevor Sie die einzelnen Ebenen (die Froschgliedmaßen) animieren, verschieben Sie die Ankerpunkte der Ebenen. Schieben Sie den Ankerpunkt mit dem Ausschnitt-Werkzeug [Y] für jede Ebene auf den jeweiligen Gelenkpunkt. Markieren Sie dazu jeweils eine Ebene, am besten in der Zeitleiste, und bewegen Sie dann den Ankerpunkt auf einen Gelenkpunkt wie in Abbildung 8.92.

**2 Überordnung festlegen**

Sicher ist Ihnen schon die Spalte ÜBERGEORDNET UND VERKNÜPFT in der Zeitleiste aufgefallen. Falls sie fehlt, klicken Sie mit der rechten

Maustaste auf EBENENNAME ❷ und wählen dann ÜBERGEORDNET UND VERKNÜPFT aus dem Kontextmenü, oder Sie rufen das Menü SPALTEN über den Button ❶ in der Registerkarte auf.

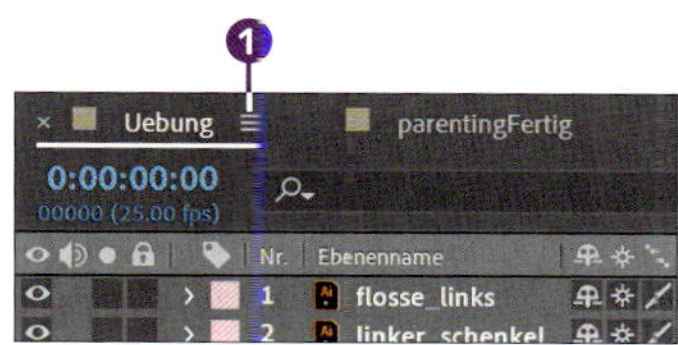


▲ **Abbildung 8.93**
Über den kleinen Button ❶ können Sie ebenfalls weitere Spalten einblenden.

Wählen Sie für die Ebene »linker_schenkel« die Ebene »froschkopf« als die übergeordnete Ebene. Sie haben dazu zwei Möglichkeiten: Klicken Sie auf das Wort OHNE, und wählen Sie die Ebene aus der Liste aus. Der Name der Ebene »froschkopf« erscheint anschließend in der Spalte ÜBERGEORDNET UND VERKNÜPFT ❹. Die zweite Möglichkeit ist, den Button ❸ zu benutzen und mit dem Gummiband auf die Ebene zu zeigen, die übergeordnet werden soll.

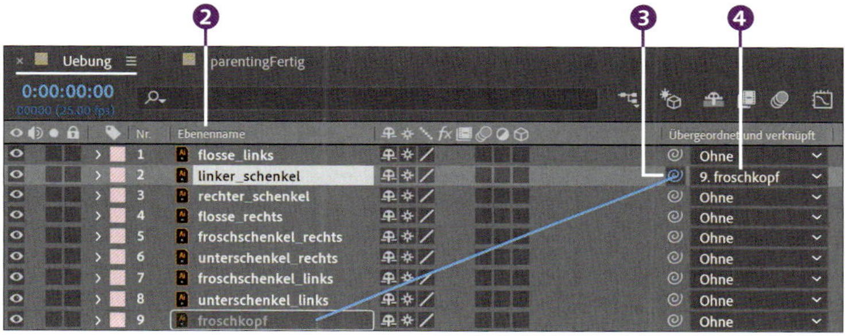


▲ **Abbildung 8.94**
In der Spalte ÜBERGEORDNET erscheinen die Namen der Ebenen, die übergeordnet wurden. Sie können das Gummiband auf eine Ebene ziehen, die übergeordnet werden soll.

**Ankerpunkte synchronisieren**
Wenn Sie Ebenen mit dem Gummiband verknüpfen, können Sie gleichzeitig die Taste ⇧ verwenden. Dies bewirkt, dass der Ankerpunkt der untergeordneten Ebene genau auf dem Ankerpunkt der übergeordneten Ebene landet.

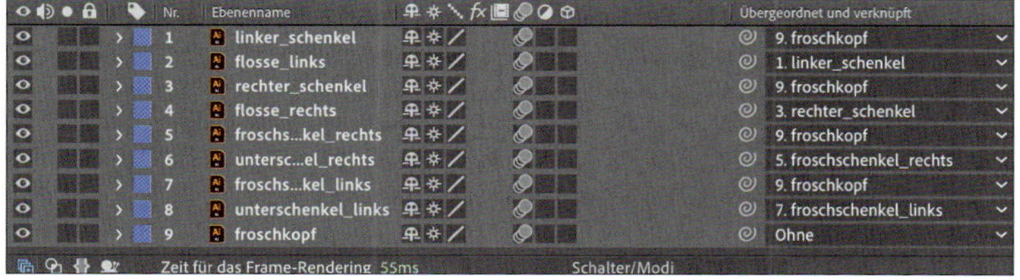


◀ **Abbildung 8.95**
Die richtige Verknüpfung der Ebenen für die Frosch-Animation

Sie haben die Ebene »linker_schenkel« der Ebene »froschkopf« untergeordnet. Wenn Sie in der Ebene »froschkopf« etwas an den Eigenschaften ändern, die Sie unter TRANSFORMIEREN finden, werden diese Änderungen von der untergeordneten Ebene übernommen. Verfahren Sie mit den Ebenen »rechter_schenkel«, »froschschenkel_rechts« und »froschschenkel_links« wie beschrieben. Wie Sie die restlichen Ebenen verknüpfen, entnehmen Sie bitte Abbildung 8.95. Falls etwas schiefgegangen ist, wählen Sie aus der Liste einfach OHNE und verknüpfen neu.

Sind alle Ebenen richtig verknüpft? Dann ziehen Sie doch einmal spaßeshalber die Ebene »froschkopf« an eine neue Position, oder verändern Sie die Skalierung (nachdem Sie OPTIMIEREN – das Sonnen-Symbol – für die Ebenen aktiviert haben). Alle untergeordneten Ebenen werden dabei an eine neue Position verschoben oder skaliert: Die Transformationen werden übertragen.

### 3 Animation

Jetzt werden wir beispielhaft eine kleine Animation durchführen, Sie werden sicher Spaß haben, danach Ihre Animationen mit dem Frosch zu erstellen.

Blenden Sie die Eigenschaft DREHUNG für die Ebenen »flosse_links« und »linker_schenkel« mit der Taste R ein. Setzen Sie jeweils einen ersten Keyframe bei 00:00, und ziehen Sie die Zeitmarke etwa eine halbe Sekunde weiter. Lassen Sie beide Ebenen ruhig markiert, und erhöhen oder verringern Sie dann den Wert für DREHUNG durch Ziehen mit dem Mauszeiger. Stellen Sie einen Wert von etwa 0x +120° ein.

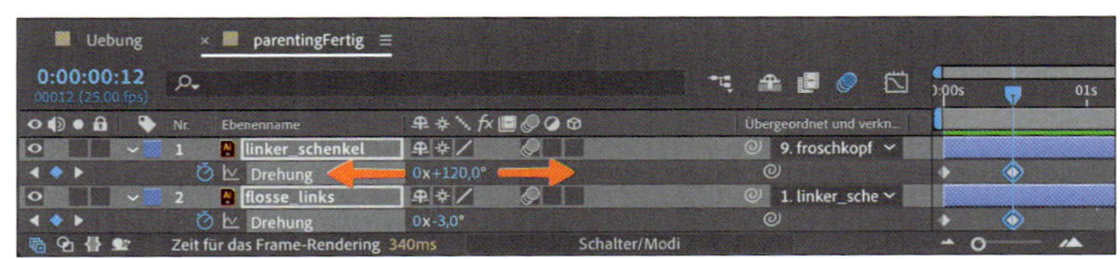


**Abbildung 8.96 ▸**
Die Drehungswerte ändern Sie durch Ziehen.

Setzen Sie dann die Zeitmarke auf 01:00, und stellen Sie einen Wert von 0x +60° für beide Ebenen ein. Die weiteren Keys können Sie kopieren. Markieren Sie dazu die beiden zuletzt gesetzten Keys für jede Drehung einzeln, und setzen Sie sie im Abstand von einer halben Sekunde wieder ein. Der Frosch scheint zu winken.

**Abbildung 8.97 ▾**
Die Keyframes für die Drehung werden kopiert und mehrfach hintereinander eingesetzt.

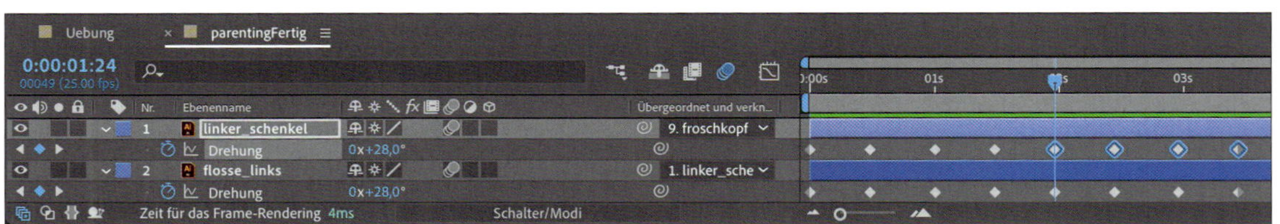

**Abbildung 8.98 ▸**
So leicht winkt ein Froschkönig.

Ähnlich können Sie die anderen Gliedmaßen animieren. Um den Frosch hüpfen zu lassen, animieren Sie zusätzlich die Positionseigenschaft der Ebene »froschkopf«. Im Beispielfilm ist zuerst nur das Gesicht des Frosches sichtbar. Animieren Sie dazu die Eigenschaft SKALIERUNG für die Ebene »froschkopf«. Den letzten Schliff geben Sie Ihren Froschbewegungen mit der zeitlichen Interpolation, die Sie schon im Workshop zu Abschnitt 8.3, »Zeitliche Interpolation und Geschwindigkeitskurven«, geübt haben. Viel Spaß!

## 8.7.2 Einzelne Eigenschaftsverknüpfungen

Im vorangegangenen Workshop haben Sie gelernt, wie Sie Ebenen einander über- bzw. unterordnen. Mit dem dort beschriebenen Parenting werden immer gleichzeitig die Werte der vier Eigenschaften ANKERPUNKT, POSITION, SKALIERUNG und DREHUNG von der über- zur untergeordneten Ebene übertragen, während bei einzelnen Eigenschaftsverknüpfungen nur eine singuläre Eigenschaft zu einer anderen singulären Eigenschaft übertragen wird.

Wollen Sie also nur die Drehung oder die Drehung und die Position übertragen, müssen Sie folgendermaßen vorgehen.

In der Spalte ÜBERGEORDNET UND VERKNÜPFT werden neben jeder Eigenschaft Symbole für verfügbare »Gummibänder« angezeigt. Um eine einzelne Eigenschaft, wir nennen sie die **auslesende** Eigenschaft, mit einer anderen einzelnen Eigenschaft – der **ausgelesenen** – zu verknüpfen, ziehen Sie einfach das Gummiband von der auslesenden auf die auszulesende Eigenschaft ❶. Im Ergebnis wird automatisch eine Expression in der auslesenden Eigenschaft erzeugt. – Aber keine Angst! – Diese Expression müssen Sie sich gar nicht anschauen. Die beiden Eigenschaften sind nun verknüpft und damit können Sie anschließend arbeiten. Verbinden Sie nur die Drehung zweier Ebenen, können Sie danach in der einen Ebene Animationen der Drehung erzeugen und die andere Ebene macht es identisch nach.

Übrigens: die einzelne Verknüpfung von Eigenschaften ist für jede Eigenschaft verfügbar, ob es nun eine Effekteigenschaft ist oder die einer Maske oder, oder …

**▼ Abbildung 8.99**
Das Gummiband wird von der auslesenden auf die auszulesende Eigenschaft gezogen. Eine Expression sorgt für das Übertragen der Werte von A nach B.

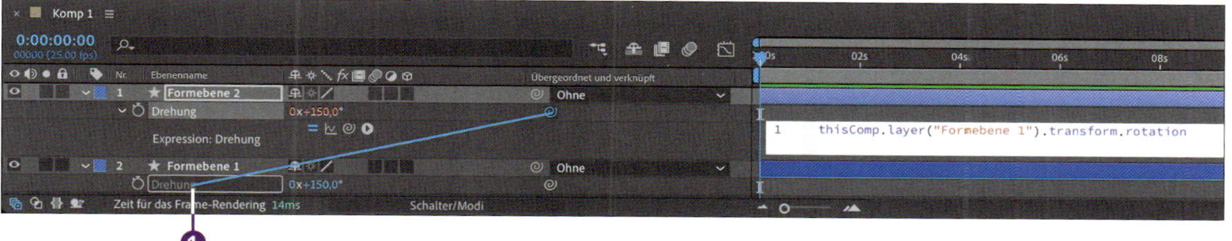

**Unterschiedliche Eigenschaften verknüpfen**

Es ist auch möglich, nicht identische Eigenschaften wie z. B. MASKENDECKKRAFT und SKALIERUNG zu verknüpfen. In diesem Fall ist dies die Verknüpfung einer eindimensionalen Eigenschaft (Deckkraft) mit den zwei Wertedimensionen der Skalierung (Breite und Höhe). Mehr zu Expressions und der korrekten Verknüpfung von Eigenschaften unterschiedlicher Wertedimensionen erfahren Sie im Kapitel 17, »Expressions«. Auch unsinnige Verknüpfungen sind möglich, wie z. B. die der Eigenschaften MASKENPFAD und DREHUNG. Da ein Pfad keine Werte besitzt, die sich in Drehungswerte konvertieren lassen, entsteht ein Expression-Fehler.

**Empfohlen: Entweder Überordnung oder Verknüpfung**

Achtung! – Puh … da kann was schiefgehen: Angenommen, Sie ordnen eine Ebene mit der Funktion ÜBERGEORDNET einer anderen Ebene unter, so dass die vier Eigenschaften ANKERPUNKT, POSITION, SKALIERUNG und DREHUNG übertragen werden. Nun fügen Sie noch zusätzlich eine einzelne Eigenschaftsverknüpfung hinzu, z. B. von DREHUNG zu DREHUNG. In dem Fall werden die Drehungswerte gleich zweimal übertragen. Ergebnis: Ebene A ist z. B. um 45° gedreht, aber Ebene B um 90°, da die Drehung doppelt übertragen wird. Bei anderen Eigenschaften ist dies nicht so schnell zu erkennen. Viel Vergnügen!

**Info für alte AE-Hasen**

Ja, dieses neue Gummiband ist nicht viel mehr als die alte Funktion ANIMATION • EXPRESSION HINZUFÜGEN oder alternativ [Alt] + Klick auf die Stoppuhr der Eigenschaft. Dort gab es ja dann auch solch ein Gummiband und es ist auch immer noch dort: doppelt gemoppelt …

## 8.8 Animation mit den Marionettenwerkzeugen

Die Marionettenwerkzeuge verwenden Sie beispielsweise, um komfortabel Animationen von 2D-Figuren oder Text zu erstellen. After Effects nutzt ein zunächst unsichtbares Gitter, das über den zu animierenden Layer gelegt wird. Mit Hilfe einiger selbstdefinierter Gelenk- bzw. Deformationspunkte verzerren Sie das Gitter. Durch Verstärkungspunkte behalten Sie unerwünschte Verzerrungen im Griff. Mit Krümmungspunkten und den erweiterten Marionetten-Punkten animieren Sie sogar Kopfdrehungen (2D) und das Heben und Senken eines Brustkorbs. Mit Überlappen-Punkten legen Sie fest, welche Teile des animierten Objekts im Vordergrund liegen und welche hinter anderen Bildteilen verschwinden.

### 8.8.1 Einsatz der Marionettenwerkzeuge

Mit den Marionettenwerkzeugen erhalten Sie ein weiteres interessantes Animationsfeature, das wir uns im folgenden Workshop in seiner vollen Funktion anschauen.

## Schritt für Schritt
## Die Marionettenwerkzeuge

In diesem Workshop werden Sie lernen, wie Sie Objekte, in diesem Fall einen Humanoiden, intuitiv animieren. Öffnen Sie zuerst das vorbereitete Projekt »puppettool.aep« aus dem Ordner 08_INTERPOLATION/PUPPETTOOL. Es enthält bereits die für die Animation notwendigen Dateien. In dem Projekt befindet sich eine Komposition mit dem Namen »puppet«, die Sie verwenden, um die Animation zu erlernen.

Die benötigten Dateien für dieser Workshop finden Sie unter BEISPIELMATERIAL/08_INTERPOLATION/PUPPETTOOL

### 1 Arbeiten mit den Marionetten-Pin-Werkzeugen

Mit den Marionetten-Werkzeugen setzen Sie Deformationspunkte auf einem automatisch erzeugten Verzerrungsgitter, die dazu dienen, dieses Gitter kontrolliert zu deformieren. Hierzu bieten sich zuallererst wahlweise das MARIONETTEN-POSITIONS-PIN-WERKZEUG oder das ERWEITERTE-MARIONETTEN-PIN-WERKZEUG an. Nur diese beiden Werkzeuge verfügen über eine Positionseigenschaft, die es ermöglicht, einen Arm, ein Bein etc. bewegen zu können. Das ERWEITERTE-MARIONETTEN-PIN-WERKZEUG verfügt zusätzlich noch über die Eigenschaften SKALIERUNG und DREHUNG, um eine Kopf- oder Körperdrehung oder eine Vergrößerung/Verkleinerung erzeugen zu können.

Da wir es in unserem Workshop mit einem Humanoiden zu tun haben, setzen wir die ersten Marionetten-Pin-Punkte entsprechend dort, wo wir Gelenke vermuten würden. Wir verwenden zunächst das MARIONETTEN-POSITIONS-PIN-WERKZEUG. Sie finden es in der Werkzeugleiste ❶. Mit dem Pin setzen Sie zuerst auf dem vom Betrachter aus rechten Arm drei Punkte: bei der Schulter, dem Ellenbogen und der Hand, wie in Abbildung 8.102 zu sehen. Die Punkte für dieses Werkzeug sind gelb, aktive Punkte haben einen Minipunkt in der Mitte.

**Marionetten-Engine und alte Marionetten-Projekte**

Für alte Projekte, die Sie mit den Marionetten-Werkzeugen erstellt haben, wird in After Effects die alte Marionetten-Engine verwendet, damit keine Fehler entstehen. Obwohl man zwischen der alten und neuen Engine jederzeit wechseln kann, sollten Sie dies nur zu Beginn des Projekts tun, um fehlerhafte Darstellungen zu vermeiden. In der Zeitleiste können Sie für jeden Wechsel von der alten zur neuen Engine den Eintrag FRÜHERE VERSION in ERWEITERT ❷ umändern. Es wird dann recht genau neu berechnet, und schon haben Sie das neue Toolset.

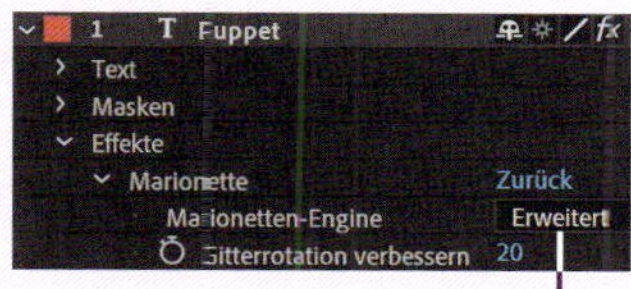


▲ **Abbildung 8.100**
Die Engine wechseln Sie schnell von FRÜHERE VERSION auf ERWEITERT.

▲ **Abbildung 8.101**
Deformationspunkte setzen Sie mit dem Marionetten-Pin-Werkzeug.

Nachdem Sie den ersten Punkt, der außer den Überlappen-Punkten zur Kategorie **Deformationspunkt** zählt, gesetzt haben, wurde in der Zeitleiste respektive im Effektfenster bereits der Effekt MARIONETTE hinzugefügt. Die Einstellungen werden wir jedoch nur in der Zeitleiste vornehmen.

Mit dem Auswahl-Werkzeug können Sie die einzelnen gesetzten Punkte direkt anklicken und verschieben. Wie Sie sehen, wird der

**Punkte markieren und löschen**

Klicken Sie einzelne Punkte im Kompositionsfenster bei aktivem Auswahl-Werkzeug direkt an, um sie zu markieren, und verwenden Sie [Entf], um Punkte zu löschen.

**Mehrere Gitterpunkte auswählen**

Klicken Sie mehrere Gitterpunkte nacheinander bei gedrückter ⇧-Taste an. Egal, welches Marionetten-Werkzeug aktiv ist, mit Alt erhalten Sie das Rahmenauswahl-Werkzeug. Hiermit ziehen Sie einen Rahmen über den jeweiligen Marionettenpunkten auf und können sie dann gemeinsam verschieben.

Arm des Humanoiden dabei gestreckt und gestaucht. Gleichzeitig wird die ganze Figur wie im luftleeren Raum bewegt, was wir gleich ändern werden.

Kehren Sie mit Strg+Z zur Ausgangseinstellung zurück. Setzen Sie weitere Gelenkpunkte für den anderen Arm: ebenfalls auf der Schulter, dem Ellenbogen und der Hand. Wenn Sie nun wieder an einem der Punkte ziehen, verschiebt sich die Figur nicht mehr ganz so stark. Um die Figur noch weiter zu fixieren, setzen Sie an allen Gelenken weitere Punkte wie in Abbildung 8.103.

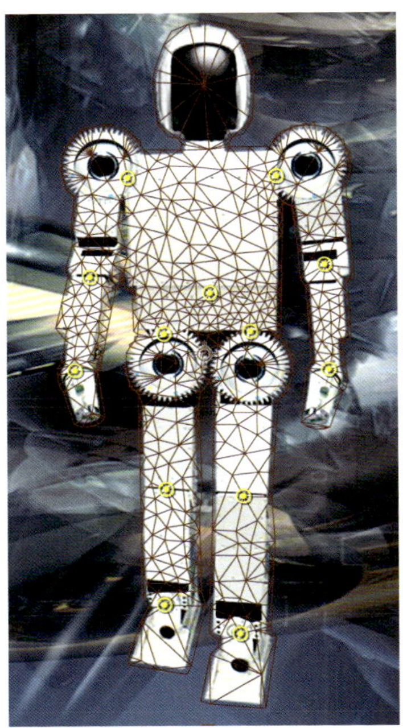

**Abbildung 8.102 ▸**
Zuerst definieren Sie Gelenkpunkte per Marionetten-Positions-Pin-Werkzeug.

**Abbildung 8.103 ▸▸**
Zur besseren Kontrolle der Verzerrungen benötigen Sie Pin-Punkte an allen Gelenken.

## 2 Animation des Humanoiden

In der Zeitleiste öffnen Sie den Effekt Marionette und unter Gitter1 den Unterpunkt Deformieren. Sie finden dort fortlaufend nummeriert sämtliche gesetzten Punkte unter der Bezeichnung Marionetten-Pin. Jeder Marionetten-Pin verfügt über eine eigene Positionseigenschaft. Hier wurde bereits automatisch jeweils ein Anfangs-Key für die Animation erzeugt. Dieser befindet sich dort, wo Sie zuerst die Zeitmarke gesetzt hatten. Ideal wäre der Zeitpunkt 00:00.

**Abbildung 8.104 ▾**
In der Zeitleiste werden automatisch Positions-Keys für den aktiven Pin-Punkt gesetzt.

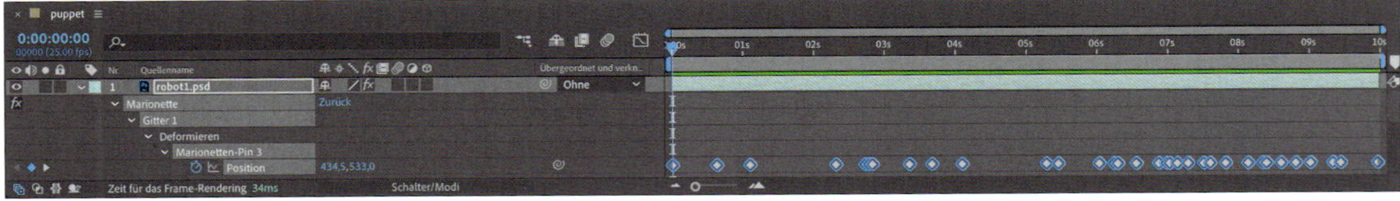

Sie können nun auf etwas umständliche Weise eine Animation »zu Fuß« erzeugen, indem Sie die Zeitmarke weiterbewegen und die Punkte in der Komposition verändern. Es werden neue Keys erzeugt, und die Positionsänderung wird danach als Animation angezeigt (betätigen Sie dazu die Leertaste).

Weit komfortabler ist die Animation jedoch, wenn Sie die Mausbewegung direkt aufzeichnen, wie es vergleichbar bei dem Feature BEWEGUNG SKIZZIEREN möglich ist. Löschen Sie zunächst Ihre eventuell bereits gesetzten Positionspunkte.

Setzen Sie die Zeitmarke auf den Zeitpunkt 00:00. Klicken Sie den Pin-Punkt für die rechte Hand unseres Humanoiden an, und betätigen Sie gleichzeitig die [Strg]-Taste. Eine Stoppuhr wird angezeigt, und der Umriss des Humanoiden wird angezeigt, während die Zeitmarke bereits losläuft. Bewegen Sie nun im Takt der Musik, die Sie gerade hören, die Hand hin und her. Lassen Sie dann die Maustaste wieder los, um die Aufzeichnung zu beenden. After Effects hat Keys für jeden Bewegungsschritt gesetzt. Spielen Sie die Animation per Leertaste ab. After Effects hat die Bewegung in Echtzeit aufgezeichnet. Die Aufzeichnung beginnt immer dort, wo die Zeitmarke gerade positioniert ist. Um Aufzeichnungen mit mehr als einem Pin-Punkt zu beginnen, markieren Sie zuvor die entsprechenden Punkte in der Komposition per Taste [⇧].

Wie Sie sehen, haben Sie hier ein sehr intuitives Animationstool an der Hand. Synchronisationen mit Sound nehmen Sie entweder intuitiv Ihrem Rhythmusgefühl entsprechend vor oder (als weitere Möglichkeit) über Expressions. Hier können Sie Audio-Keys, die Sie zuvor per AUDIO IN KEYFRAMES KONVERTIEREN erzeugt haben, auslesen und auf die Pin-Punkte übertragen (siehe Abschnitt 17.4.4, »Audiospuren für Expressions nutzen«).

▲ **Abbildung 8.105**
Aufgezeichnete Positionspunkte können Sie wie jeden anderen Bewegungspfad bearbeiten.

**Werkzeugoptionen**
Bei aktivem Marionetten-Pin-Werkzeug erscheinen rechts neben ihm in der Werkzeugleiste vier zusätzliche Optionen. Mit GITTER: ANZEIGEN blenden Sie das Verzerrungsgitter ein, das der Marionette, unserem Humanoiden, zugrunde liegt. Es ist ebenso groß wie die deckenden Pixel der Ebene und endet dort, wo transparente Ebenenteile beginnen. Bei kleineren Zwischenräumen kann das Gitter allerdings auch leicht so verschmelzen, dass die Zwischenräume nicht berücksichtigt werden. Dies müssen Sie besonders bei der Vorbereitung des zu animierenden Materials beachten.
Mit AUSBREITUNG legen Sie fest, wie weit sich das Gitter um die Außenkanten herum ausdehnt.

Mit der Option DICHTE erhöhen oder verringern Sie die Anzahl der Flächen im Gitter, um die Qualität des Gitters zu verbessern oder zu verschlechtern. Beachten Sie, dass sich die Berechnungszeit bei einem feineren Gitter teils deutlich erhöht.

**Zurücksetzen**
Sie können in der Zeitleiste Marionettenpunkte schnell auf die Anfangsposition zurücksetzen. Dazu klicken Sie mit rechts auf die Eigenschaft POSITION des Marionettenpunkts und wählen ZURÜCKSETZEN. Die Position wird nur für den aktuellen Frame zurückgesetzt.

## 3 Aufzeichnungsoptionen

Möchten Sie die Animationen nicht in Echtzeit aufzeichnen, sondern beschleunigt oder verlangsamt, legen Sie vor der Aufzeichnung neue Aufzeichnungsoptionen fest. Aktivieren Sie dazu das Marionetten-Pin-Werkzeug, und klicken Sie in der Werkzeugleiste oben rechts auf AUFN. OPT.

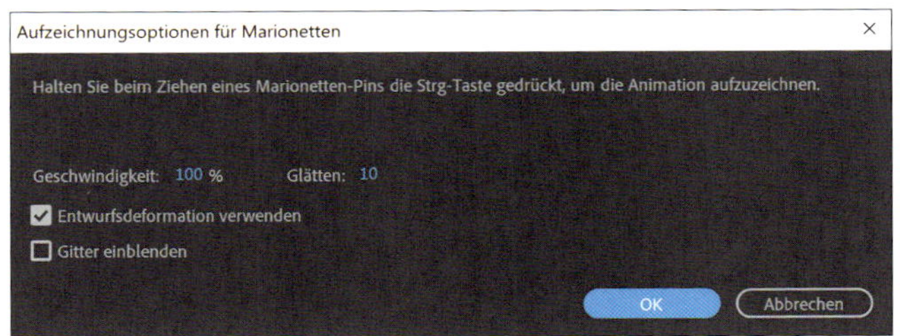


**Abbildung 8.106 ▸**
Mit den Aufzeichnungsoptionen wird die Aufnahme im Nachhinein schneller oder verlangsamt abgespielt.

Verringern Sie den Wert für GESCHWINDIGKEIT, wird die Bewegung anschließend schneller wiedergegeben, als sie aufgezeichnet wurde. Bei 100 % erfolgt die Wiedergabe in Echtzeit. Mit der Option GLÄTTEN verkleinern Sie die Anzahl der bei der Aufzeichnung gesetzten Keys. Je höher der Wert hier ist, desto weniger Keys werden gesetzt, und die Bewegung wird gegebenenfalls glatter.

Die Option ENTWURFSDEFORMATION VERWENDEN dient dazu, die Leistung bei der Vorschauanzeige zu verbessern. Per GITTER EINBLENDEN wird während der Aufzeichnung anstelle des einfachen Umrisses das Gitter eingeblendet, das der Marionette zugrunde liegt.

**Animation verändern**
Sie können die einmal aufgezeichnete Bewegung im Nachhinein noch modifizieren. Jedem Key in der Zeitleiste ist ein Positionspunkt im Kompositionsfenster zugeordnet. Sie können diese Punkte dort verschieben und den entstandenen Bewegungspfad genauso bearbeiten wie jeden anderen.

**Quell-Footage nicht austauschen!**
Wird das ursprüngliche Quell-Footage durch anderes ersetzt, wird das Gitter **nicht** automatisch an das neue Footage angepasst. Das Gitter wird nur bei Festlegung eines ersten Pin-Punktes berechnet, und zwar für den Frame, an dem die Zeitmarke sich gerade befindet.

## 4 Marionetten-Stärke-Pin-Werkzeug

Oft erzeugen die Deformationspunkte, wenn sie animiert werden, unerwünschte Verzerrungen. Um dies einzuschränken, können Sie Teile der Marionette oder, besser gesagt, Teile des zugrundeliegenden Verzerrungsgitters stabilisieren.

Exemplarisch werden wir dies anhand der Schulterstücke unseres Humanoiden nachvollziehen. Bewegen Sie zum Vergleich des Vorher-nachher-Effekts zunächst den Deformationspunkt für die rechte Schulter nach links, indem Sie den Punkt mit dem Auswahl-Werkzeug oder bei aktivem MARIONETTEN-POSITIONS-PIN-WERKZEUG verschieben. Die Schulterstücke werden dabei stark zusammengedrückt. Setzen Sie die Bearbeitung per Strg + Z zurück. Um die Deformation zu verhindern, wechseln Sie zum MARIONETTEN-STÄRKE-PIN-WERKZEUG ❶. Klicken Sie dazu etwas länger auf das MARIONETTEN-POSITIONS-PIN-WERKZEUG. Setzen Sie zwei rote Punkte genau auf die beiden Schulterstücke, wie in Abbildung 8.108 gezeigt.

Wenn Sie nun erneut zum Auswahl-Werkzeug greifen und die gelben Punkte an der Schulter verschieben, bleiben die Schulterstü-

**▲ Abbildung 8.107**
Das Marionetten-Stärke-Pin-Werkzeug

cke weniger stark deformiert erhalten. Die Position der Stärkepins ermittelt After Effects automatisch anhand umliegender Positions-Pin-Punkte.

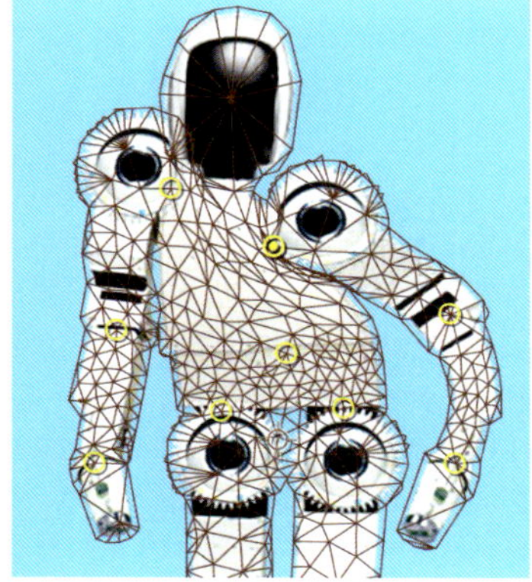

▲ **Abbildung 8.108**
Ohne Verstärkungspunkte werden die Schulterstücke stark deformiert.

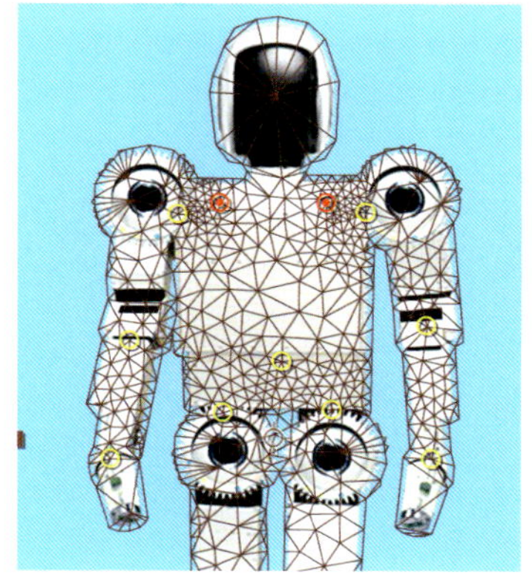

▲ **Abbildung 8.109**
Die Verstärkungspunkte werden auf die Schulterstücke gesetzt.

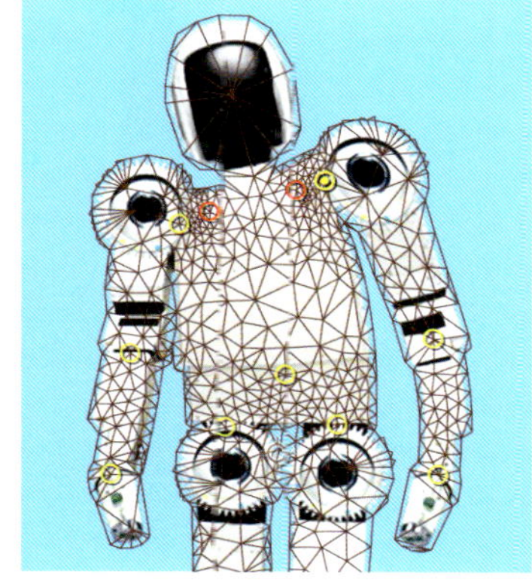

▲ **Abbildung 8.110**
Durch die Verstärkungspunkte werden die Schulterstücke nicht mehr so stark deformiert.

### 5 Nadeltyp

Für die beiden roten Punkte, die Sie mit dem Marionetten-Stärke-Pin-Werkzeug erzeugt haben, sind in der Zeitleiste unter Deformieren zwei weitere Marionetten-Pin-Einträge hinzugekommen. Diese enthalten nur die Eigenschaft Nadeltyp ❷. Daneben befindet sich ein Popdown-Menü ❸, über das Sie den Nadeltyp nachträglich ändern können. Dies geht bei allen Deformationspunkten. Sie kennen nun bereits die Nadeltypen Position und Stärke.

◄ **Abbildung 8.111**
Der Nadeltyp kann nachträglich geändert werden.

### 6 Marionetten-Überlappungs-Pin-Werkzeug

Ein weiteres Feature ist das Marionetten-Überlappungs-Pin-Werkzeug. Es ermöglicht Ihnen beispielsweise, die Arme vor oder hinter dem Körper des Humanoiden zu platzieren. Und animierbar ist das wie immer natürlich auch noch.

Drücken Sie wieder länger auf das gerade aktive Marionetten-Pin-Werkzeug, um das Marionetten-Überlappungs-Pin-Werkzeug zu wählen. Wir wollen sowohl den rechten als auch den linken Arm manchmal vor dem Körper des Humanoiden platzieren und manchmal dahinter verschwinden lassen. Kaum haben Sie das Marionetten-Überlappungs-Pin--Werkzeug aktiviert, werden die an den Gelenken gesetzten Pins als gelbe Kreuze dargestellt. Setzen Sie die Überlappen-Punkte neben den Kreuzchen auf der linken und der rechten Hand, damit die Deformationspunkte nicht verdeckt werden. Die neuen Punkte sind blau.

In der Zeitleiste definieren Sie den Bereich des Gitters, der von der Überlappen-Funktion betroffen sein soll. Öffnen Sie den Unterpunkt Überlappen und dort die Einträge Überlappen 1 und 2. Erhöhen Sie den Wert für Umfang so weit, bis jeweils der gesamte Arm wie in Abbildung 8.112 weiß gefüllt erscheint. Schauen Sie noch in der Zeitleiste unter Gitter nach der Option Ausbreitung. Setzen Sie dort den Wert auf Null, damit das Gitter ganz eng am Humanoidenkörper anliegt und kleinere Zwischenräume ausgespart werden, die ansonsten ungünstig miteinander verbunden worden wären.

Die weiß gefüllten Gitterteile können Sie nun vor oder hinter dem Körper platzieren. Dies erreichen Sie mit dem Wert bei Vorn.

Bei negativen Werten verschwindet der jeweilige Arm hinter dem Körper, bei positiven Werten liegt er vorn. Sollen beide Arme vor dem Körper überkreuzt erscheinen, benötigen wir zwei unterschiedliche positive Werte, z. B. 30 und 50. Hierbei läge der Arm mit dem Wert 50 ganz vorn. Je höher der Wert, desto weiter oben liegt also das Objekt. Negative Werte werden im Kompositionsfenster mit einer dunkleren Füllung dargestellt; helle Füllungen zeigen ein vorn liegendes Objekt an.

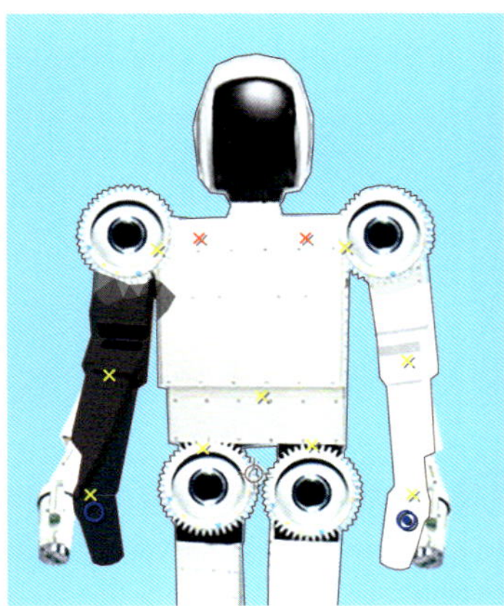

**Abbildung 8.112** ▸
Mit dem Marionetten-Überlappungs-Pin-Werkzeug definieren Sie Gitterteile, die weiter vorn oder weiter hinten liegen sollen.

**Abbildung 8.113** ▸▸
Vorn liegende Gitterteile werden heller, weiter hinten liegende dunkler dargestellt.

Zur Animation setzen Sie wie üblich Keyframes. Oft ist es hier günstig, die Keys zeitlich dicht aufeinanderfolgend zu setzen, z. B. in einem Moment, in dem sich ein Arm gerade seitlich des Körpers befindet, und dort die Position zwischen davor oder dahinter zu wechseln.

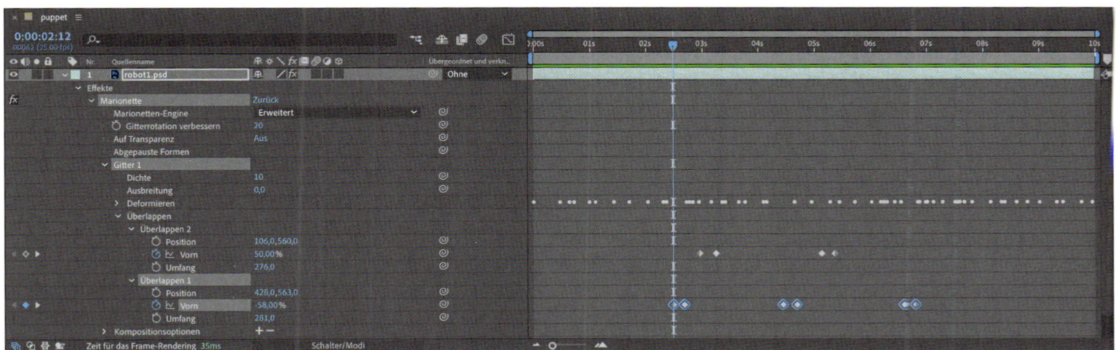


▲ **Abbildung 8.114**
Für den Wechsel zwischen vorn und hinten liegenden Gitterteilen werden die Keys oft dicht nebeneinandergesetzt.

Zur Vertiefung Ihres jetzigen Wissens legen Sie sich vielleicht einen Song in die Komposition und versuchen, unseren Roboter im Rhythmus zu animieren.

## 7 Marionetten-Krümmungs-Pin-Werkzeug

Das Marionetten-Krümmungs-Pin-Werkzeug schließlich verwenden Sie, um Drehungen und Skalierungen im Verzerrungsgitter zu erzeugen.

Wir setzen es bei unserem Humanoiden für die Kopfdrehung ein. Wählen Sie dazu das Werkzeug aus den Marionetten-Werkzeugen aus und setzen dann den Krümmungs-Pin direkt mittig auf den Helm.

Es erscheint ein brauner Pin ❶, dessen Position nachträglich nicht änderbar ist. Lassen Sie den Mauszeiger über dem Quadrat ❷ schweben, können Sie die Skalierung des Gitters unter dem Pin durch Ziehen ändern und der Umfang wird mit dem gestrichelten Kreis ❸ dargestellt. Bewegen Sie den Mauszeiger über den Kreis ❹, erscheint anstelle des üblichen Mauszeigers ein Rotationssymbol. Hiermit drehen Sie den Bereich. Eine etwas verdickte Kreislinie zeigt den Drehwinkel optisch an.

Für die Animation der Kopfdrehung des Humanoiden setzen Sie die Keys in der Eigenschaft Drehung in der Zeitleiste.

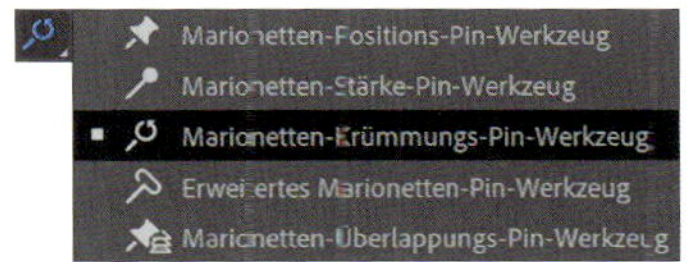


▲ **Abbildung 8.115**
Das Marionetten-Krümmungs-Pin-Werkzeug

**Schrittweise**
Halten Sie die Taste ⇧ gedrückt, wenn die Drehung oder die Skalierung des Krümmungspunktes in 15-Grad- bzw. in 5%-Schritten erfolgen soll.

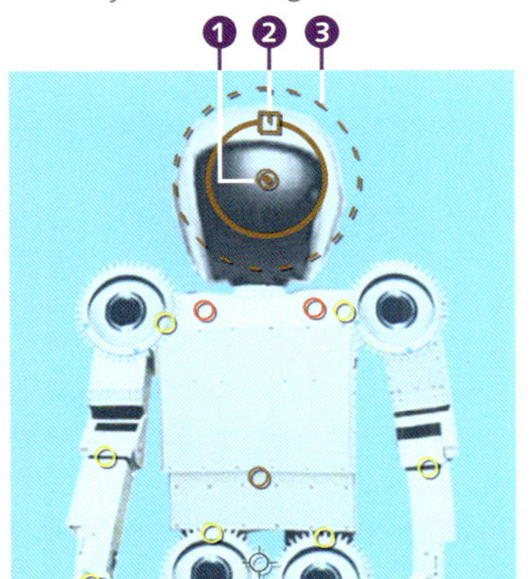


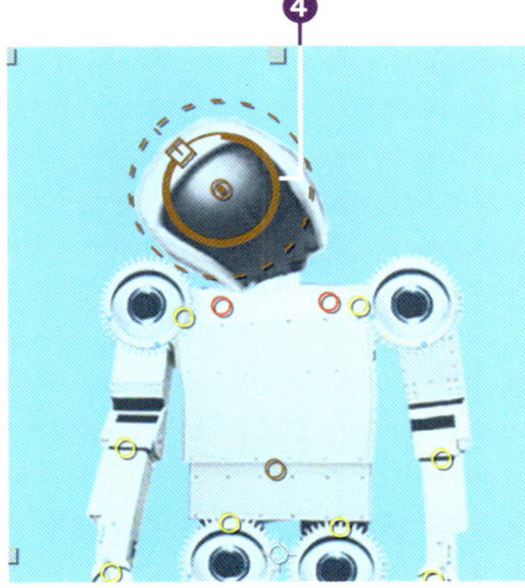


◀ **Abbildung 8.116**
Mit dem Krümmungs-Pin-Werkzeug legen Sie Skalierung und Drehung für den Pin-Bereich fest.

◀◀ **Abbildung 8.117**
(Kopf-) Drehungen werden mit einer etwas dickeren Kreislinie dargestellt.

### 8 Erweitertes Marionetten-Pin-Werkzeug

Das ERWEITERTE MARIONETTEN-PIN-WERKZEUG funktioniert wie das KRÜMMUNGS-PIN-WERKZEUG, allerdings kommt die Eigenschaft POSITION hinzu. Um es zu testen, können Sie entweder einen neuen Pinpunkt auf dem Helm platzieren oder einfach den Nadeltyp des im letzten Schritt erstellten Krümmungs-Pins auf ERWEITERT ändern. Sie können den Kopf des Humanoiden nun noch hüpfen lassen, indem Sie die Y-Werte der Position animieren.

**Kleines Animationsbeispiel**
Unter BEISPIELMATERIAL/08_INTERPOLATION/PUPPETTOOL im Projekt »puppettool_animiert« finden Sie den Humanoiden mit allen im Workshop beschriebenen Pins und Einstellungen.

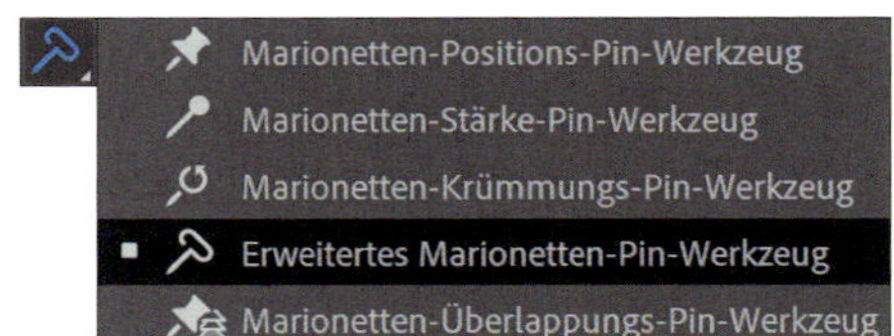


**Abbildung 8.118 ▸**
ERWEITERTES MARIONETTEN-PIN-WERKZEUG

**▴ Abbildung 8.119**
Mit dem ERWEITERTEN MARIONETTEN-WERKZEUG können Sie POSITION, SKALIERUNG und DREHUNG eines Gitterbereichs animieren.

## 8.8.2 Weitere Möglichkeiten, Marionetten-Gitter zu erstellen

Im Workshop haben wir den Marionetten-Effekt auf eine Rasterebene angewendet, die Transparenz enthielt. Das Gitter entstand dabei dort, wo sich nichttransparente Pixel befanden.

Der Marionetten-Effekt funktioniert neben Rasterebenen aber auch auf allen anderen Ebenen. Um ein Verzerrungsgitter zu erzeugen, klicken Sie einfach mit einem der Pin-Werkzeuge dort, wo Sie einen Deformationspunkt oder einen Überlappungspunkt benötigen, in den jeweiligen Bereich, der Pixel enthält, also eine Form, eine gefüllte Maske, Textzeichen, Pixel, die von einem Effekt erzeugt wurden (z. B. Kontur-Effekt) etc. Die Animation erzeugen Sie wie im Workshop beschrieben.

Sie können das Marionetten-Werkzeug für folgende Ebenen bzw. Features einsetzen:

- **Vektorebenen:** Marionettengitter lassen sich auch für Vektorebenen erstellen. Hierzu klicken Sie mit einem Marionetten-Pin innerhalb des Vektorobjekts. Das Gitter wird dann in dem durch einen Vektorpfad definierten Umriss erstellt.
- **Masken:** Um eine Maske zu deformieren und zu animieren, setzen Sie Ihre Pins immer innerhalb eines geschlossenen Masken-

**Beispiele**
Im Projekt »puppettool_animiert.aep« aus dem Ordner 08_INTERPOLATION/PUPPETTOOL finden Sie einige Beispiele zu den unten beschriebenen Punkten.

**Assistent für das Puppen-Werkzeug**
Unter *www.aescripts.com/puppettools* können Sie ein Script herunterladen, das die Animation mit den Marionettenwerkzeugen stark vereinfacht. Es heißt PuppetTools 3 und kostet ca. 40 Dollar.

pfads. Klicken Sie mit einem Pin-Werkzeug in verschiedene Masken, erhalten Sie separate Gitter zur Deformation. Zur Animation setzen Sie Deformationspunkte, die Sie ähnlich wie im Workshop animieren. Wichtig: Masken im Modus OHNE und Masken, die als Maskenreferenz bei einem Effekt ihren Dienst tun, werden von dem Marionetten-Effekt ignoriert. Mehr zu Masken erfahren Sie in Kapitel 11, »Masken, Matten und Alphakanäle«.

- **Formebenen:** Auf Formebenen wird das Gitter im Umriss eines geschlossenen Formpfads erstellt, sobald Sie einen Pin gesetzt haben. Die Animation erfolgt wieder über Deformationspunkte. Mehr zu Formebenen erfahren Sie in Abschnitt 11.5, »Formebenen«.
- **Text:** Wenn Sie Pins in einzelnen Textzeichen setzen, entsteht das Verzerrungsgitter im jeweiligen Textzeichenumriss. Wollen Sie mehrere einzelne, unverbundene Textzeichen gemeinsam animieren, müssen Sie sie zuvor mit einer geschlossenen Maske umrahmen und innerhalb des geschlossenen Pfads ihre Pins setzen. Nachdem Sie so das Gitter erstellt haben, können Sie die Maske löschen. Wenn Sie mehrere einzelne Teile einer Ebene, z. B. verschiedene Textzeichen, unterschiedlich stark verzerren wollen, können Sie mehrere Gitter auf der gleichen Textebene anlegen. Dies gilt auch für andere Ebenen als Textebenen. Mehrere Gitter erzeugen Sie, indem Sie zuerst für jedes Gitter eine geschlossene Maske zeichnen und dann per Pin hineinklicken. Mehr zu Text erfahren Sie in Kapitel 9, »Texte erstellen und animieren«.
- **Malstriche:** Malstriche, die Sie in After Effects erstellt haben, können Sie mit dem Marionetten-Effekt animieren. Dazu verwenden Sie zuvor die Option AUF TRANSPARENZ MALEN, wodurch transparente Ebenenteile entstehen. Das Marionetten-Werkzeug erstellt dann ein Gitter auf der Grundlage des Alphakanals der Ebene. Mehr zu den Malwerkzeugen erfahren Sie in Kapitel 14, »Malen und Retuschieren«.

# Kapitel 9

# Texte erstellen und animieren

*After Effects werden Sie noch mehr zu schätzen wissen, wenn Sie erst mit den Textfunktionen vertraut sind, die das Programm zu bieten hat. Jede Art von Textanimationen ist damit schnell erstellt. Verwenden Sie vorgegebene Textanimationen, oder erstellen Sie eigene Animationen mit Textanimator-Gruppen.*

## 9.1 Texte: Was ist möglich?

Seit After Effects 6 können Sie Texte direkt im Kompositionsfenster schreiben. Außerdem haben Sie zahlreiche Möglichkeiten, Ihre Texte mit Texteffekten zu belegen. Sie haben dabei drei Möglichkeiten, Text zu erzeugen:

- über das Ebenenmenü per Ebene • Neu • Text
- bei aktivem Text-Werkzeug per Klick ins Kompositionsfenster
- per Doppelklick auf das Text-Werkzeug

Nach jeder Veränderung wird die Textebene neu gerastert. Das bedeutet, dass die Darstellungsqualität von Texten auch bei großen Skalierungswerten sehr hoch bleibt.

Große Animationsmöglichkeiten eröffnen sich durch leicht bedienbare Funktionen und durch eine große Anzahl an vorgegebenen Textanimationen, die Sie jedem Text einfach hinzufügen können.

**▼ Abbildung 9.1**
After Effects bietet eine große Anzahl vorgegebener Textanimationen, die Sie jeder Textebene hinzufügen können.

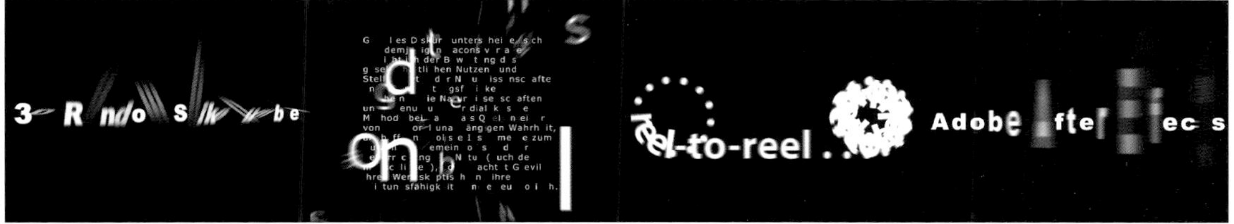

Und es geht noch mehr: das Erstellen von Masken oder Formen aus der Konturlinie der Textzeichen, die Umwandlung von Text aus Photoshop in editierbaren Text in After Effects, die Animation von Text entlang eines Maskenpfads und die Verwendung von Text aus der Zwischenablage. Seit After Effects CS3 kann Text zusätzlich zu den bekannten Animationsmöglichkeiten weichgezeichnet werden. Seit CS6 können Sie Text innerhalb einer Cinema 4D-Komposition extrudieren und wie in einem 3D-Programm animieren.

Zudem sind Masken, Effekte und Expressions auf Textebenen anwendbar. Dabei bleibt der Text immer editierbar, auch wenn er als 3D-Ebene verwendet wird. Doch beschäftigen wir uns zunächst mit der Texterstellung.

▲ **Abbildung 9.2**
Text können Sie entlang eines Maskenpfads animieren.

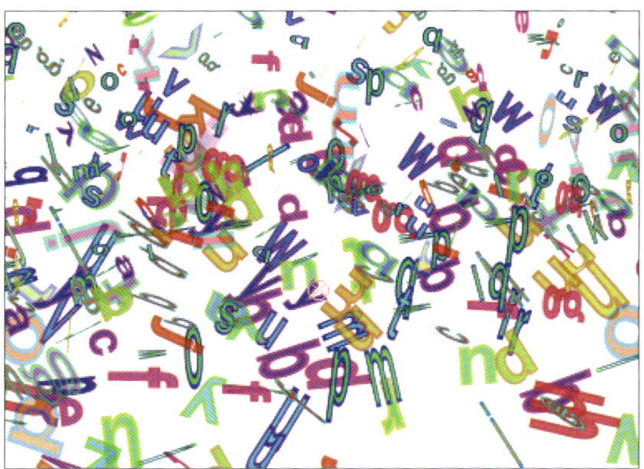

▲ **Abbildung 9.3**
Beinahe jede Texteigenschaft lässt sich in After Effects auch animieren.

## 9.2 Mit Punkt- und Absatztext arbeiten

Wie in anderen Grafikprogrammen auch, erstellen Sie Texte in After Effects als fortlaufend geschriebene Textzeile ohne automatischen Umbruch oder mehrzeilig mit Umbruch. In After Effects heißen diese zwei Eingabearten Punkttext und Absatztext.

- **Punkttext** ist sinnvoll, um eine Textzeile oder einzelne Wörter einzugeben.
- **Absatztext** verwenden Sie, um Text in längeren Absätzen anzulegen.

Beide Textarten können horizontal oder vertikal ausgerichtet sein. Formatierungen für beide Textarten legen Sie in der Zeichen- und der Absatz-Palette fest.

### 9.2.1 Punkttext erstellen

In diesem kleinen Workshop geht es um horizontalen und vertikalen Punkttext sowie um einige Formatierungsmöglichkeiten für Text. Die Kompositionsgröße wählen Sie frei, und auch eine Zeitbegrenzung gibt es nicht, da wir hier noch nicht animieren.

## Schritt für Schritt
## Der Weg zum Punkttext

In diesem Workshop lernen Sie den horizontalen und vertikalen Punkttext sowie einige Formatierungsmöglichkeiten für Text kennen.

**Weitere Zeilen**
Um weitere Zeilen in einem Punkttext zu erzeugen, drücken Sie die Taste [↵] im Haupttastaturfeld.

#### 1 Horizontaler Punkttext

Legen Sie über Ebene • Neu • Text oder [Strg]+[Alt]+[⇧]+[T] eine neue Textebene an, oder klicken Sie doppelt auf das Text-Werkzeug. In der Zeitleiste erscheint eine Textebene. In der Mitte der Komposition wird eine Einfügemarke sichtbar. Sie können sofort losschreiben. Tippen Sie die Buchstaben »t«, »e« und »x« ein.

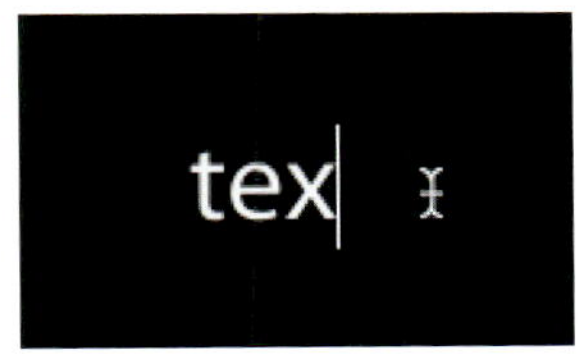


▲ **Abbildung 9.4**
Jede neue Textebene ist zuerst an ihrer Einfügemarke erkennbar. Dort geben Sie den Text ein.

#### 2 Text markieren und formatieren

Wählen Sie das horizontale Text-Werkzeug über [Strg]+[T], und klicken Sie in den Text. Markieren Sie dann die drei Buchstaben, indem Sie direkt auf die Textzeichen oder die Textebene doppelklicken, oder wählen Sie den Text bei gedrückter Maustaste durch seitliches Ziehen aus. Markierter Text wird andersfarbig unterlegt. Sie können auch einzelne Zeichen auswählen und anders formatieren.

In der Palette Zeichen bestimmen Sie im Popup-Menü ❶ eine andere Schriftart, beispielsweise Arial Black. Ändern Sie den Schriftgrad im Feld ❷ auf »150«.

▲ **Abbildung 9.5**
Zum Markieren von Text ziehen Sie die Markierung über die Textzeichen.

▲ **Abbildung 9.6**
Markierter Text wird andersfarbig unterlegt.

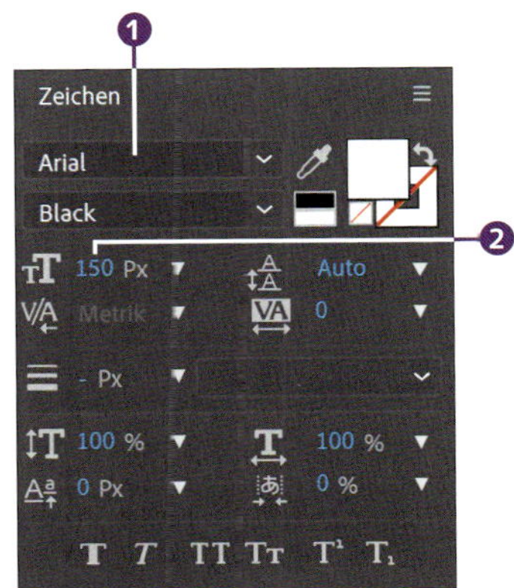


▲ **Abbildung 9.7**
In der Palette Zeichen, die in mehreren Adobe-Applikationen ihr Pendant hat, sind umfangreiche Textformatierungen möglich.

**Textbearbeitung beenden**
Wenn Sie einen Punkt- oder Absatztext fertig editiert haben, drücken Sie die Taste ↵ im Ziffernblock, um die Textbearbeitung zu beenden.

**Änderungen in der Zeichen-Palette**
Änderungen in der Zeichen-Palette wirken sich nur auf markierten Text und auf markierte Textebenen aus. Ist kein Text und keine Textebene markiert, wirkt sich die Änderung auf den Text aus, der als Nächstes erstellt wird.

### 3 Text positionieren

Den noch markierten Text können Sie an eine andere Stelle in der Komposition ziehen. Dazu bewegen Sie den Textcursor so lange vom Text weg, bis er seine Form ändert. Ziehen Sie den Text an den linken unteren Rand.

Eine zweite Möglichkeit zur Positionierung von Text ist, ihn so wie jede andere Ebene bei aktivem Auswahl-Werkzeug V anzuklicken und zu verschieben. Achten Sie dabei darauf, dass der Text nicht gerade ausgewählt ist, wenn Sie zum Auswahl-Werkzeug wechseln.

▲ **Abbildung 9.8**
Bewegen Sie den Mauszeiger während der Bearbeitung vom Text fort, können Sie den Text neu positionieren.

▲ **Abbildung 9.9**
Schon ist der Text dort, wo er landen sollte.

### 4 Vertikalen und horizontalen Punkttext eingeben und positionieren

Als zweite, bequemere Möglichkeit, Textebenen zu erstellen, verwenden Sie das Text-Werkzeug aus der Werkzeugpalette. Halten Sie die Maustaste über dem Text-Werkzeug länger gedrückt, so erscheint ein kleines Popup-Menü zur Wahl zwischen horizontalem und vertikalem Text-Werkzeug.

▲ **Abbildung 9.10**
In der Werkzeugpalette steht ein Werkzeug für horizontalen und eines für vertikalen Text zur Auswahl.

**Werte in der Zeichen-Palette »ziehen«**
Sie können Werte in der Zeichen-Palette bequem ändern, indem Sie den Mauszeiger über dem jeweils blau geschriebenen Wert, z. B. bei SCHRIFTGRAD, positionieren und dann, wenn ein Hand-Symbol erscheint, den Wert bei gedrückter Maustaste »ziehen«.

Klicken Sie mit dem vertikalen Text-Werkzeug an beliebiger Stelle ins Kompositionsfenster, und geben Sie das Wort »type« ein. Wählen Sie als Schriftgröße 33 px und als Schriftart ARIAL BLACK. Klicken Sie in der Zeitleiste auf einen leeren Bereich, um den Text zu deaktivieren.

Wählen Sie jetzt das horizontale Text-Werkzeug, und tippen Sie das Wort »typo« ein. Markieren Sie den Text, und wählen Sie nochmals Arial Black als Schriftart. Die Schriftgröße sollte ebenfalls nicht mehr als 33 px betragen.

Die beiden Wörter »typo« und »type« sollen das fehlende »t« für das Wortrudiment »tex« bilden. Positionieren Sie dazu das Wort »type«, wie in Abbildung 9.11 zu sehen, über dem Wort »typo«.

Ziehen Sie anschließend beide Wörter gleichzeitig an das Ende des Wortrudiments. Am besten geht das, wenn Sie die beiden Textebenen zuvor in der Zeitleiste nacheinander mit [⇧] ausgewählt haben und zum Verschieben das Auswahl-Werkzeug verwenden.

**Werte per Tastatur**

Wenn Sie in der Zeichen-Palette einen Wert anklicken und anschließend die Tasten [↑] bzw. [↓] gedrückt halten, wird der jeweilige Wert erhöht bzw. verringert.

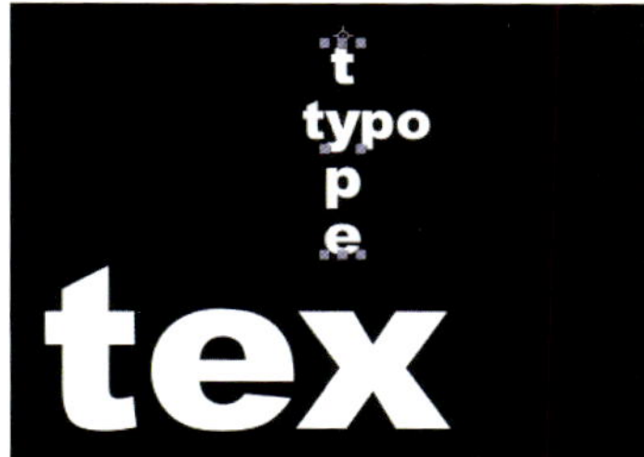


▲ **Abbildung 9.11**
Die Wörter »typo« und »type« werden deckungsgleich übereinander positioniert.

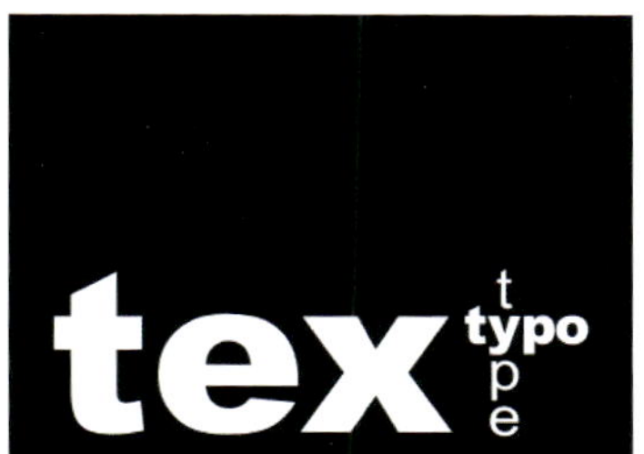


▲ **Abbildung 9.12**
Der fertig gestaltete Text wurde hier noch etwas mehr bearbeitet, sollte aber ähnlich aussehen.

### 9.2.2 Absatztext erzeugen

Absatztext erzeugen Sie mit dem horizontalen oder dem vertikalen Text-Werkzeug. Im Unterschied zum Punkttext ziehen Sie zuvor mit dem jeweiligen Werkzeug einen Rahmen auf. Der Text umbricht und wird automatisch in der nächsten Zeile fortgeführt, sobald er den rechten Rand des Rahmens erreicht. Sind mehr Zeichen vorhanden, als in den Rahmen passen, erkennen Sie dies an einem kleinen Kreuz in der rechten unteren Ecke des Rahmens.

**Quadratische Textrahmen aufziehen**

Drücken Sie, während Sie einen Textrahmen aufziehen, die Taste [⇧], um einen Rahmen mit gleichen Seitenlängen zu erhalten.

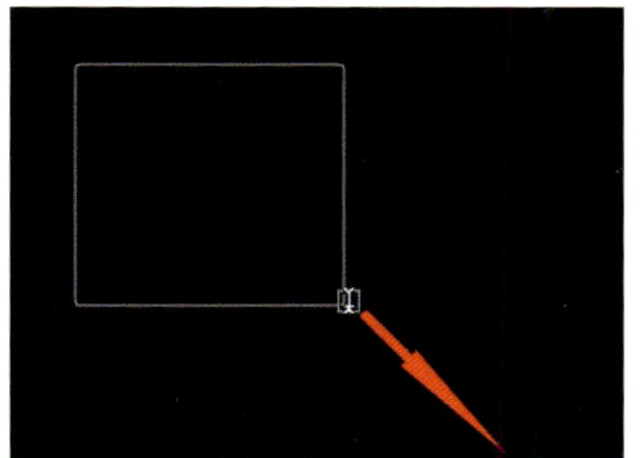

▲ **Abbildung 9.13**
Für einen Absatztext ziehen Sie erst einmal einen Rahmen auf.

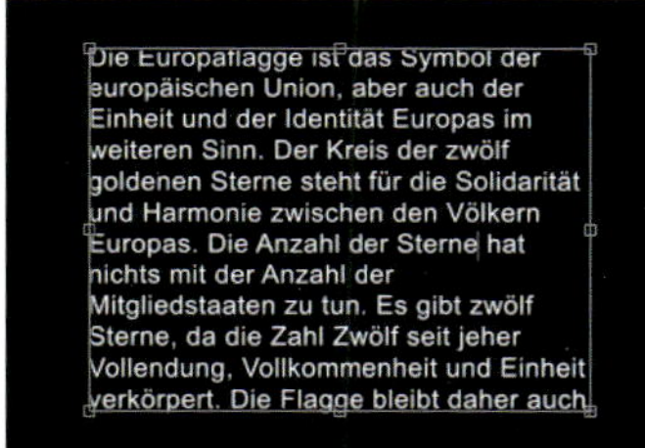


▲ **Abbildung 9.14**
An dem angekreuzten Kästchen unten rechts erkennen Sie, dass noch mehr Text vorhanden ist, als derzeit angezeigt wird.

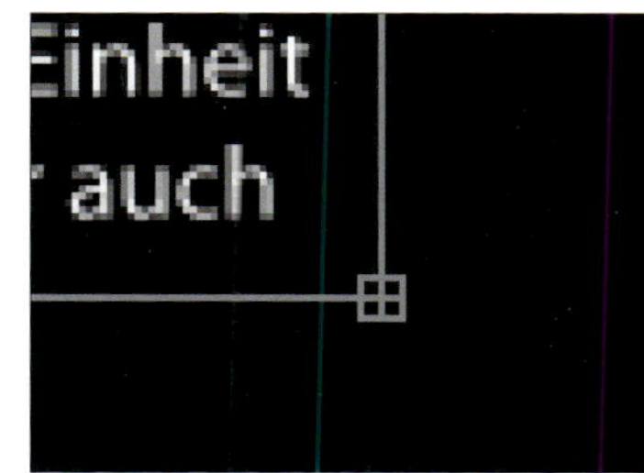


▲ **Abbildung 9.15**
Hier sehen Sie das Kästchen noch besser.

**Text auswählen**

Ein Doppelklick auf eine Textebene genügt, um alle Zeichen auszuwählen.

Mit einem Doppelklick bei aktivem horizontalem oder vertikalem Text-Werkzeug auf ein Wort wird dieses ausgewählt.

Bei drei Klicks wird die ganze Zeile, bei vier Klicks der ganze Absatz und bei fünf Klicks der gesamte Text ausgewählt.

Positionieren Sie den Mauszeiger über einem Anfasser des Begrenzungsrahmens, ändert sich sein Aussehen. Ziehen Sie dann den Anfasser in die gewünschte Richtung, um die Größe zu ändern. Mit Hilfe der Taste ⇧ vergrößern oder verkleinern Sie einen Rahmen proportional. Verwenden Sie während der Skalierung die Tasten ⇧+Strg, wird der Rahmen proportional und vom Mittelpunkt aus skaliert.

**Abbildung 9.16 ▸**
Die Größe eines Textrahmens ändern Sie, indem Sie an einem der acht Anfasser des Rahmens ziehen.

### 9.2.3 Punkttext in Absatztext umwandeln und umgekehrt

**Überfüllter Textrahmen**

Absatztext kann mehr Text enthalten, als momentan im Textrahmen angezeigt wird. Vor der Umwandlung in Punkttext sollten Sie den Textrahmen aufziehen, bis der gesamte Text sichtbar ist, da unsichtbarer Text bei der Umwandlung gelöscht wird.

Es ist ohne weiteres möglich, Punkt- in Absatztext umzuwandeln und umgekehrt. Dazu markieren Sie die zu konvertierende Textebene am besten in der Zeitleiste mit dem Auswahl-Werkzeug. Anschließend wechseln Sie das Werkzeug und wählen das vertikale oder das horizontale Text-Werkzeug aus.

Dann klicken Sie bei gedrückter rechter Maustaste an einer beliebigen Stelle im Kompositionsfenster, woraufhin ein Popup-Menü erscheint. Dort wählen Sie je nachdem die Option In Punkttext umwandeln oder In Absatztext umwandeln. Die Umwandlung wird erst wirksam, wenn Sie danach mit dem Text-Werkzeug in den Text klicken.

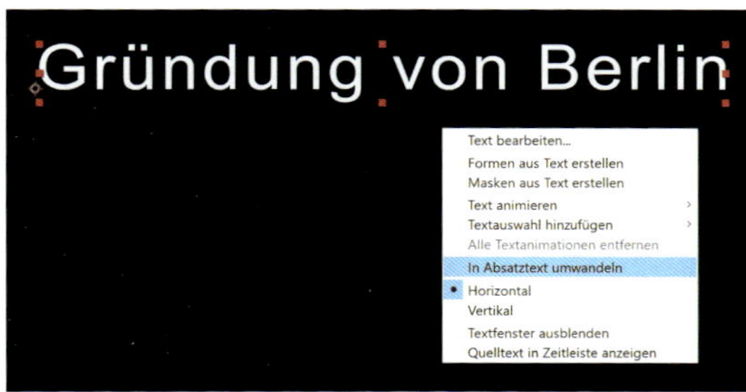


**▲ Abbildung 9.17**
Punkttext kann in Absatztext umgewandelt werden und umgekehrt.

**▲ Abbildung 9.18**
Nach der Umwandlung des Punkttextes wird der für den Absatztext typische Rahmen angezeigt.

## 9.2.4 Horizontalen in vertikalen Text umwandeln und umgekehrt

Zum Wechsel von horizontalen in vertikalen Text oder umgekehrt wählen Sie die Textebene in der Zeitleiste mit dem Auswahl-Werkzeug aus. Wechseln Sie dann zu einem der beiden Text-Werkzeuge, klicken Sie an beliebiger Stelle ins Kompositionsfenster, und wählen Sie dort HORIZONTAL oder VERTIKAL.

**Markierter Text**
Wenn der Text markiert oder der Textcursor im Text platziert ist, kann er weder von Punkt- in Absatztext noch von horizontalem in vertikalen Text umgewandelt werden.

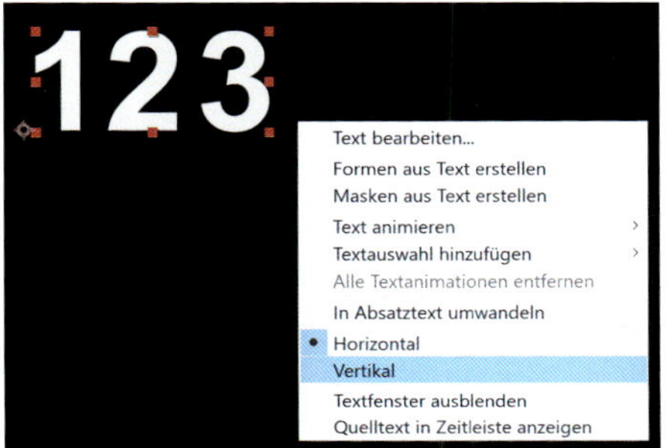


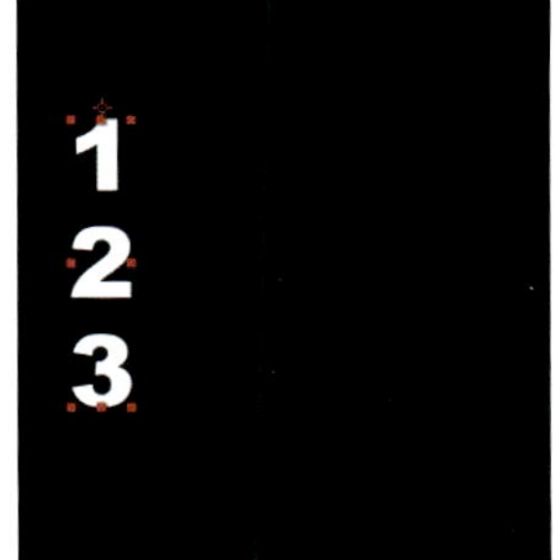


◂ **Abbildung 9.19**
Horizontalen Text können Sie leicht in vertikalen Text umwandeln.

## 9.2.5 Ebeneneinstellungen ein- und ausblenden

Bei der Bearbeitung von Text ist es mitunter lästig, wenn der markierte Text farbig unterlegt wird. Besonders bei Veränderungen der Textfarbe stört das sehr. Um die farbige Untermalung auszublenden und dennoch den ausgewählten Text bearbeiten zu können, wählen Sie ANSICHT • EBENENEINSTELLUNGEN EINBLENDEN (es wird abwechselnd ein Häkchen gesetzt) oder Strg+⇧+H. Danach verändern Sie die Textattribute wie gewünscht. Bei der nächsten Textauswahl wird die farbige Untermalung allerdings sofort wieder sichtbar und kann wieder deaktiviert werden.

**Umbruch verhindern**
Man könnte meinen, die Option KEIN UMBRUCH wurde durch Politiker und Pokerspieler an den Börsen in After Effects eingeführt, um sich diese Option offenzuhalten, sie bewirkt aber natürlich nur, was sie besagt – dass zuvor ausgewählte Wörter wie ein einzelnes Wort behandelt und durch das Verkleinern des Textrahmens nicht umbrochen werden. Sie finden die Option in der Zeichenpalette oben rechts im Popup-Menü.

## 9.2.6 Text aus anderen Anwendungen einfügen

In After Effects können Sie Text aus Adobe-Programmen und aus beliebigen Texteditoren in jede Textebene einfügen. Dazu kopieren Sie den Text in der anderen Anwendung mit Strg+C und setzen ihn mit Strg+V in eine Textebene ein. Wählen Sie zuvor noch das horizontale oder das vertikale Text-Werkzeug aus, und setzen Sie den Textcursor in den Text der gewünschten Ebene.

### Textebenen aus Photoshop und Illustrator

Erfreulich ist, dass Textebenen aus Photoshop oder Illustrator in After Effects unterstützt werden und sämtliche Formatierungen der Texte erhalten bleiben. Beim Import wählen Sie gegebenenfalls im Feld EBENENOPTIONEN den Eintrag EBENE AUSWÄHLEN. Suchen Sie dort die Textebene aus, und bestätigen Sie mit OK. Sie können Dateien mit mehreren Ebenen, aber auch als Komposition importieren und haben dann auf jede Ebene der Datei Zugriff.

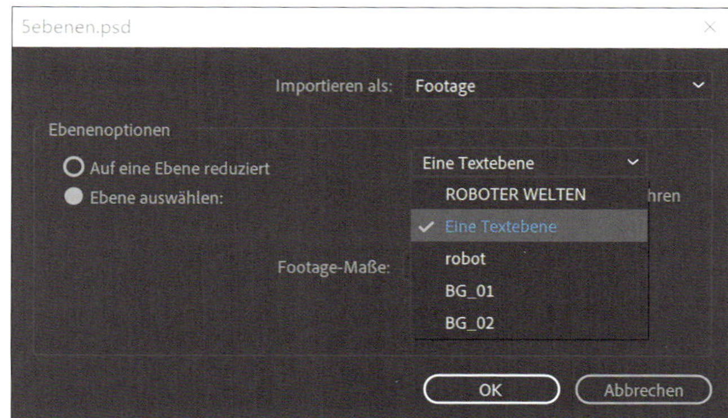


**Abbildung 9.20** ►
Um Text aus Photoshop in After Effects zu editieren, wählen Sie die Photoshop-Textebene beim Import aus.

**Photoshop-Text in editierbaren Text umwandeln**
Nachdem Sie eine Photoshop-Textebene einer Komposition hinzugefügt haben, markieren Sie sie und wählen dann Ebene • In editierbaren Text umwandeln. Danach lässt sich der Text mit der Zeichen- und der Absatz-Palette neu formatieren. In Photoshop mit der Option Text verkrümmen erstellter Text landet in After Effects allerdings auf einer Geraden. Illustrator-Textebenen können leider nicht in editierbaren Text umgewandelt werden.

## 9.2.7 Linksläufiger und indischer Text

احمد: اسمي احمد وما اسمك؟ – Darauf haben wir schon lange gewartet! – Endlich gibt es die Unterstützung für linksläufigen Text wie Arabisch und Hebräisch sowie für indischen Text!

Bevor Sie mit den genannten Schriftsystemen loslegen können, gehen Sie über Bearbeiten • Voreinstellungen • Typ in die Voreinstellungen und klicken dort unter Textmodul auf den Eintrag Südasien und Naher Osten ❶. Danach starten Sie After Effects neu. Nun werden arabische Schriftzeichen so, wie es sein soll, verschmolzen.

In der Absatz-Palette klicken Sie für linksläufigen Text auf die Schaltfläche Textrichtung von rechts nach links ❷.

Die neue Unterstützung bei arabischen Texten ermöglicht Ihnen sogar eine zeichenweise Animation von rechts nach links im Stil einer Schreibmaschinenanimation oder mit der Funktion Zeichenweise 3D (siehe Abschnitt 9.4.4).

Zwei Beispiele dazu finden Sie im Ordner 09_Textanimation im Projekt »ArabischerText«.

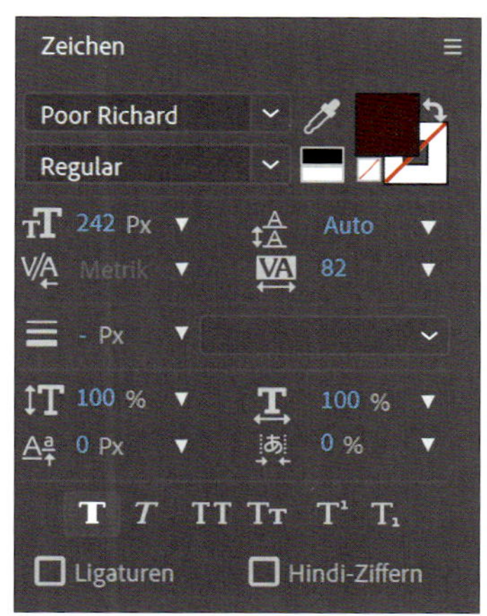


▲ **Abbildung 9.21**
Die Zeichen-Palette, hier in ihrer vollen Pracht, bietet große Formatierungsmöglichkeiten.

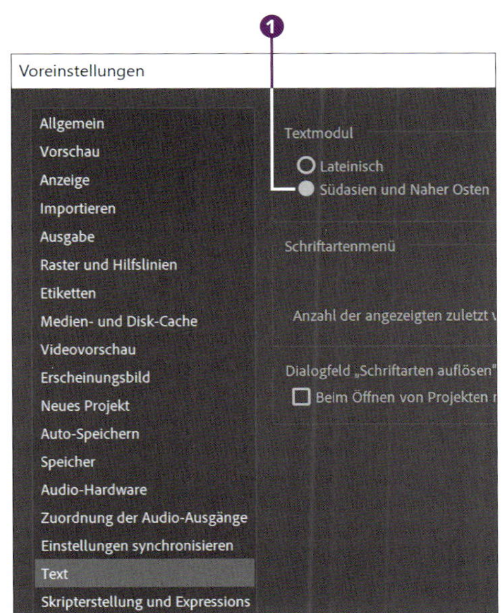


◂ **Abbildung 9.22**
Für linksläufigen und indischen Text ändern Sie in den Voreinstellungen den Typ des Schriftsystems.

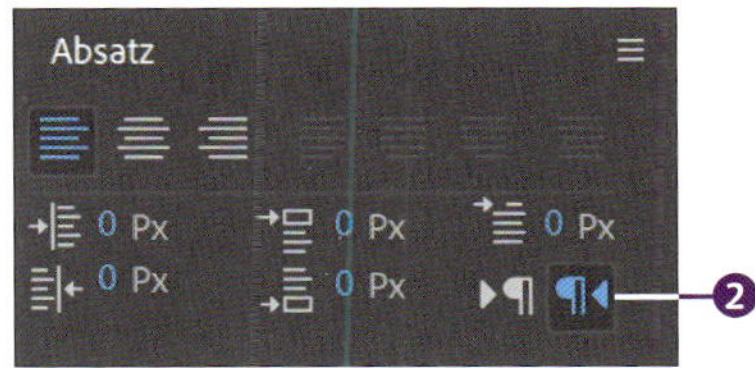


▴ **Abbildung 9.23**
In der Absatz-Palette wählen Sie Textrichtung von rechts nach links.

## 9.2.8 Textformatierung

In After Effects arbeiten Sie sehr ähnlich wie beispielsweise in Photoshop und Illustrator, um Text zu formatieren. Da die Arbeitsweise sich in After Effects nicht unterscheidet und sich leicht selbst erschließen lässt, verzichte ich hier auf genaue Erläuterungen.

### Zeichen- und Absatz-Palette

Veränderungen, die Sie in der Zeichen-Palette vornehmen, wirken sich nur auf Textebenen oder Textzeichen aus, die Sie zuvor markiert haben. Es ist möglich, einzelne Zeichen innerhalb eines Textes unterschiedlich zu formatieren.

Die Absatz-Palette enthält umfangreiche Möglichkeiten zur Formatierung von Absätzen. Absatztext kann aus einer oder mehreren Zeilen bestehen. Bei Punkttext gilt jede Zeile als Absatz.

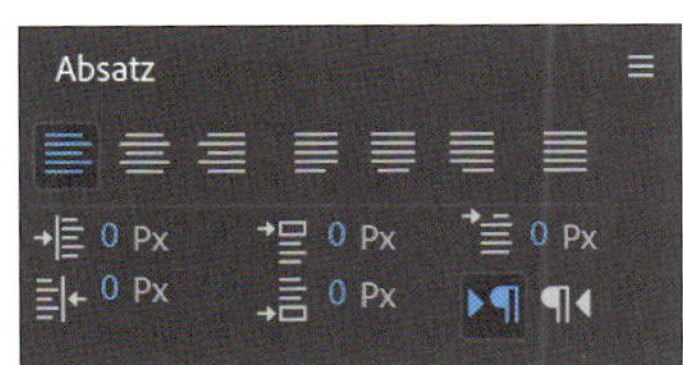


◂ **Abbildung 9.24**
Die Optionen der Absatz-Palette

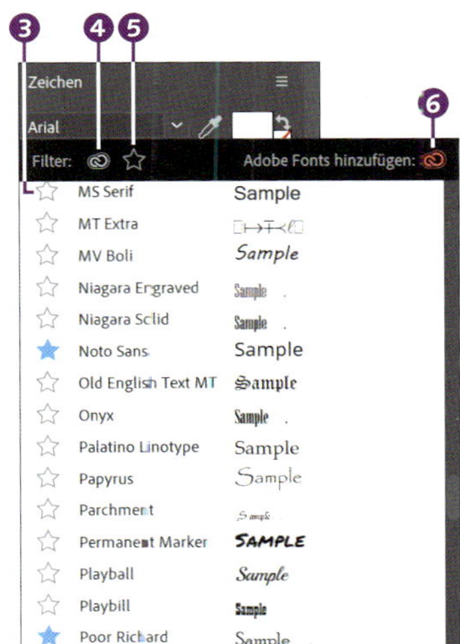


▴ **Abbildung 9.25**
Das Schrift-Menü bietet eine komfortable Schriften-Vorschau und Filterfunktionen.

### Menü Schrift

Wenn Sie in der Zeichen-Palette Schriften auswählen, steht Ihnen das Schriftmenü zur Verfügung. Hier legen Sie per Klick auf den Stern vor einer Schrift ❸ Ihre Favoriten fest. Anschließend können Sie per Klick auf den Stern ❺ bei Filter nur die Favoriten einblenden, oder Sie lassen nur Schriftarten von Adobe anzeigen ❹. Ein Hinzufügen von Schriften ist mit dem Button ganz rechts ❻ möglich. Mehr dazu im nächsten Abschnitt.

### 9.2.9 Schriftarten von Adobe Fonts verwenden

**Zusätzliche Schriften**
Zusätzlich zu den bereits auf dem System installierten Schriftarten können Sie Schriften für macOS im Ordner LIBRARY/FONTS ablegen, damit alle Anwendungen und alle Benutzer darauf zugreifen können. Für Windows wählen Sie WINDOWS (C:)\WINDOWS\FONTS.

In After Effects können Sie sämtliche Schriftarten und Schriftschnitte von Adobe Fonts ohne zusätzliche Kosten verwenden. Adobe verspricht, dass sogar die kommerzielle Nutzung der dort verfügbaren Schriftarten ohne rechtliche Folgen bleibt und frei ist. Voraussetzung für all das ist, dass Sie Ihre monatlichen Beiträge für die Nutzung der Adobe-Apps brav über Ihr Adobe Creative Cloud-Abo entrichten.

Um eine Schriftart auf ihrem Rechner hinzuzufügen, gehen Sie folgenden Weg: DATEI • SCHRIFTARTEN VON ADOBE HINZUFÜGEN. Sie gelangen auf die Adobe Fonts-Website und können dort aus der Vielzahl der Schriftarten wählen. Sind Sie fündig geworden, klicken Sie auf SCHRIFTART AKTIVIEREN ❶. Falls noch nicht geschehen, müssen Sie sich nun zunächst bei der Creative Cloud anmelden, um sich dort zu verifizieren. Danach wird die Schrift Ihrem System hinzugefügt. Anschließend ist sie sofort und ohne Neustart von After Effects in der Zeichen-Palette zu finden.

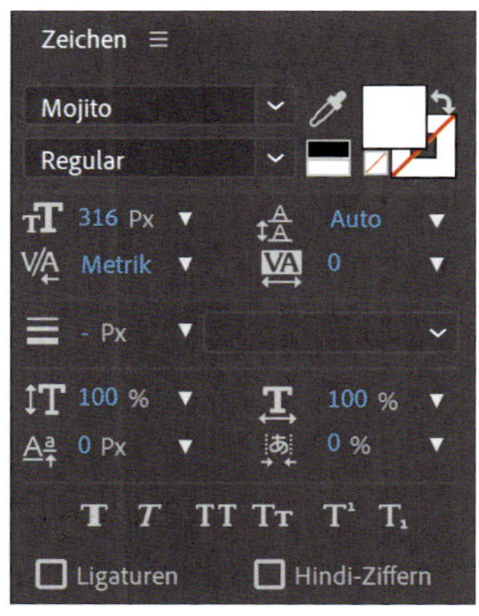


▲ **Abbildung 9.27**
Nach der Aktivierung des Fonts ist dieser sofort in der Zeichen-Palette verfügbar.

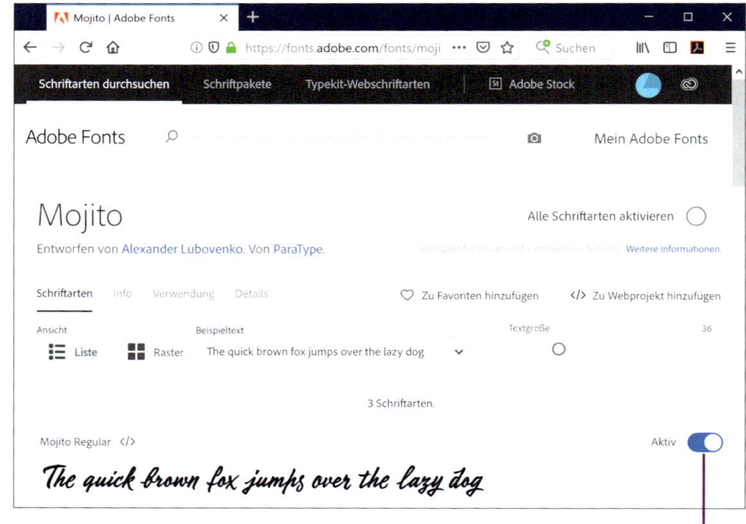


▲ **Abbildung 9.26**
Auf der Adobe Fonts-Website aktivieren Sie die gewünschten Fonts und Schriftschnitte.

Übrigens ist die Schriftart auch dann noch auf dem System vorhanden, wenn Sie die Schriftart auf der Fonts-Website deaktiviert haben.

◂ **Abbildung 9.28**
Die Verwandung vom Standard-Font (links) in einen ausgewählten Adobe-Font (rechts).

Wenn Sie sich nun fragen, wo Adobe die Schrift gespeichert hat … tjaaaaa … im Ordner FONTS Ihres Systems finden Sie sie nicht … Aber dafür hier:

- Windows: C:\Users\Nutzername\AppData\Roaming\Adobe\CoreSync\plugins\livetype\r
- Mac: ~/Library/Application Support/Adobe/CoreSync/plugins/livetype.r

**Adobe Typekit**
Adobe Typekit ist die frühere Bezeichnung der Adobe Fonts. Die Funktionalität ist beinahe identisch, nur ist sie jetzt komfortabler.

Damit Sie die Fonts dort auch sehen, müssen Sie im Explorer bzw. Finder zuvor die Option einschalten, um versteckte Dateien bzw. ausgeblendete Elemente anzuzeigen! Sie finden danach kryptische Nummern vor ❷, mit denen Adobe den Schriftnamen verschleiert. Für Windows können Sie die Datei umbenennen und am Ende einfach **.otf** ❸ anhängen, dann ist die Datei nachher per Doppelklick in der Vorschau und dort mit Klarnamen sichtbar. Für Mac wählen Sie die Tastenkombination cmd + I. Darauf einen Mojito!

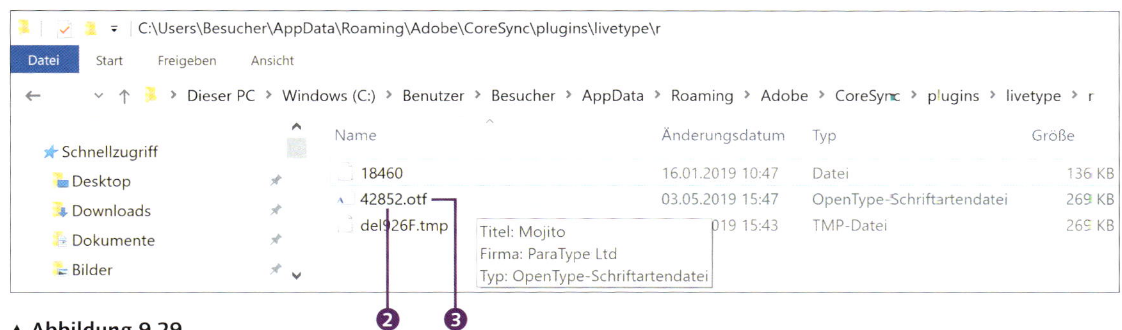


▴ **Abbildung 9.29**
Ziemlich versteckt! – Die aus Adobe Fonts hinzugefügten Fonts im Deckmantel.

## 9.3 Möglichkeiten der Textanimation

Interessanter als das reine Schreiben von Text ist natürlich die Textanimation. Hier bietet After Effects zahlreiche Möglichkeiten, die wir uns im Folgenden ansehen wollen. Textebenen lassen sich auf folgenden Wegen animieren:

1. Wie jede andere Ebene auch können Sie Textebenen über die Transformieren-Eigenschaften einer Ebene, also die Eigenschaften SKALIERUNG, DREHUNG, POSITION etc., animieren. Doch darin

besteht nicht die eigentliche Stärke bei der Textanimation. Denn die Transformieren-Eigenschaften beeinflussen die gesamte Ebene, nicht die einzelnen Texteigenschaften. Diese lassen sich eigenständig mit recht einfachen Funktionen animieren.

2. Mehrere Texteigenschaften wie TEXTFARBE, ZEICHENDREHUNG, ZEICHENSKALIERUNG etc. können Sie in **Textanimator-Gruppen** zusammenfassen und als Eigenschaftsgruppe über einen festgelegten Zeitraum animieren. Dabei ist es möglich, einzelne Zeichen, einen Bereich von Zeichen oder den ganzen Text mit einer **Bereichsauswahl** zu versehen.
3. Auch der **Quelltext** einer Textebene ist animierbar. Hierbei werden die Textzeichen im Zeitverlauf abrupt in andere Zeichen umgewandelt, oder ihre Formatierung ändert sich.
4. Den Eiligen sei die Verwendung von **vordefinierten Textanimationen** empfohlen – zur Erstellung komplexer Animationen, wenn der Feierabend ruft.
5. Auch wenn es ein Vorgriff auf Kapitel 11, »Masken, Matten und Alphakanäle«, ist, erstellen wir in diesem Kapitel schon einmal einen Maskenpfad und animieren den **Text entlang dieses Pfads**.

Und noch etwas: Den Betrag, um den eine Texteigenschaft verändert, also animiert wird, können Sie mit Expression-Auswahlen dynamisch kontrollieren.

## 9.4 Arbeiten mit Textanimator-Gruppen

Jede Textebene kann einen oder mehrere Animatoren, auch **Textanimator-Gruppen** genannt, enthalten. Jeder dieser Animatoren wird der Textebene einzeln hinzugefügt und kann – ganz nach Ihrer Wahl – verschiedene Eigenschaften der Textzeichen, beispielsweise DECKKRAFT oder LAUFWEITE, enthalten.

Diese Eigenschaften müssen Sie nicht unbedingt selbst mit Keyframes animieren. Stattdessen erreichen Sie die Animation der gewählten Texteigenschaften durch eine animierte Auswahl, die ebenfalls im Animator enthalten ist. Alle Textzeichen, die sich innerhalb der Auswahl befinden, werden animiert.

### 9.4.1 Der Animator, seine Eigenschaften und die Bereichsauswahl

Sie können sich das alles nicht so richtig vorstellen? Müssen Sie auch nicht. Im anschließenden Workshop geht es gleich praktisch los. Da sehen wir dann weiter.

## Schritt für Schritt
## Text animieren in der Praxis

Fürs Erste wenden wir uns der Textanimation mit einem einfachen Beispiel zu. Wir animieren die Eigenschaften Drehung und Skalierung für einzelne Zeichen eines kleinen Textes. Schauen Sie sich dazu das Movie »animator.mp4« aus dem Ordner 09_Textanimation/Animation1 an.

Die benötigten Dateien für diesen Workshop finden Sie unter Beispielmaterial/09_Textanimation/Animation1.

### 1 Vorbereitung

Legen Sie ein neues Projekt an, und erstellen Sie eine Komposition in der Größe 1.050 × 576 mit einer Länge von 5 Sekunden.

Klicken Sie mit dem horizontalen Text-Werkzeug in die leere Komposition, um eine Textebene zu schaffen. Tippen Sie das Wort »Animator« ein, und wählen Sie in der Zeichen-Palette die Schriftart Arial oder Calibri oder eine ähnliche verfügbare Schriftart. Die Schriftgröße soll etwa 150 px betragen. Bewegen Sie den Mauszeiger vom Text fort, um das Verschieben-Werkzeug zu erhalten, und ziehen Sie den Text in die Mitte der Komposition.

▲ **Abbildung 9.30**
Der zu animierende Text wird in der Mitte der Komposition platziert.

### 2 Animator hinzufügen

Sobald Sie eine Eigenschaft hinzufügen, die Sie animieren möchten, wird automatisch ein Animator angelegt. Markieren Sie dazu die Textebene, und wählen Sie im Menü Animation • Text animieren • Drehung. Der Textebene wird in der Zeitleiste unter Text ❶ ein Eintrag mit dem automatisch generierten Namen Animator 1 ❷ hinzugefügt. Die Animator-Gruppe enthält die Auswahl mit dem automatischen Namen Bereichsauswahl 1 und die Animatoreigenschaft Drehung.

**Folgt später**
Die anderen Optionen unter Text wie Quelltext, Pfadoptionen und Mehr Optionen ignorieren wir vorerst; ich werde sie im Verlaufe dieses Kapitels besprechen.

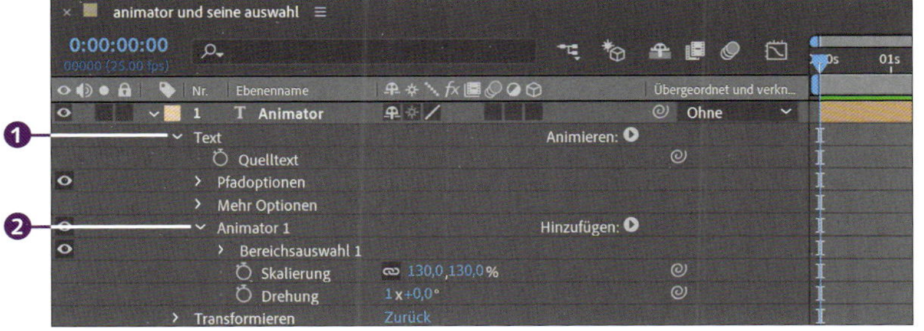


▲ **Abbildung 9.31**
Eine Animator-Gruppe enthält eine oder mehrere Eigenschaften und mindestens eine Auswahl.

**Animatoren und Auswahl benennen**
Es ist günstig, wenn Sie sich von Anfang an daran gewöhnen, Animatoren zu benennen, um Verwirrung zu vermeiden. Die Benennung erfolgt wie bei Ebenen, Kompositionen etc. Markieren Sie dazu das Wort Animator, und drücken Sie ↵ im Haupttastaturfeld. Tippen Sie einen Namen ein, und bestätigen Sie erneut mit ↵. Eine Bereichsauswahl benennen Sie auf gleichem Wege.

### 3 Wie funktioniert eine Auswahl?

Jede Auswahl ist zuerst immer so eingerichtet, dass sich der gesamte Text innerhalb der Auswahl befindet. Wird in unserem Falle die

**Versatz im Kompositionsfenster**
Indem Sie bei gedrückter ⇧-Taste und mit aktivem Auswahl-Werkzeug auf das kleine Dreieck der ANFANG- oder ENDE-Markierung klicken und diese ziehen, können Sie den Auswahlbereich verschieben. Die Werte bei VERSATZ werden dementsprechend angepasst.

Eigenschaft DREHUNG verändert, wirkt sich die Änderung auf den gesamten Text aus, es sei denn, Sie richten die Auswahl anders ein. Um die Auswahl im Kompositionsfenster anzuzeigen, klicken Sie auf den Namen der Animator-Gruppe in der Zeitleiste. Im Kompositionsfenster werden Anfang und Ende der Auswahl mit senkrechten Linien markiert. Sie können die Auswahl ändern, indem Sie auf das kleine Dreieck ❶ klicken und Anfang oder Ende der Auswahl verschieben.

▲ **Abbildung 9.32**
Eine Bereichsauswahl hat zwei typische Markierungen für ANFANG (links) und ENDE (rechts) der Auswahl, die Sie verschieben können. Der Text wird nur innerhalb der Auswahl verändert.

Eine zweite Möglichkeit, die Auswahl zu ändern, finden Sie in der Zeitleiste.

Öffnen Sie die BEREICHSAUSWAHL ❷ per Klick auf das kleine Dreieck. Dort befinden sich die Einträge ANFANG, ENDE und VERSATZ. Wenn Sie den Wert bei ANFANG auf über 0 % ziehen, wandert der Beginn der Auswahl ein paar Zeichen weiter. Bei ENDE wählen Sie Werte unter 100 %, um die Auswahl zu verändern. Wenn Sie Werte mit der Maus »ziehen«, sobald das Hand-Symbol über einem Wert erscheint, lässt sich die Auswahl sehr bequem ändern. Auf diese Weise legen Sie einen Auswahlbereich fest, der über den Versatzwert verschoben werden kann.

**Textzeichen gleichzeitig animieren**
Wenn Sie die Textzeichen nicht nacheinander, sondern alle gleichzeitig animieren wollen, dürfen Sie die Auswahl nicht animieren. Setzen Sie stattdessen die Werte für ANFANG auf 0 % und für ENDE auf 100 %, um den ganzen Text auszuwählen. Anschließend setzen Sie nur für die Drehung Keyframes, beispielsweise bei 0 Sekunden 0× +0,0° und bei 2 Sekunden 1× +0,0°.

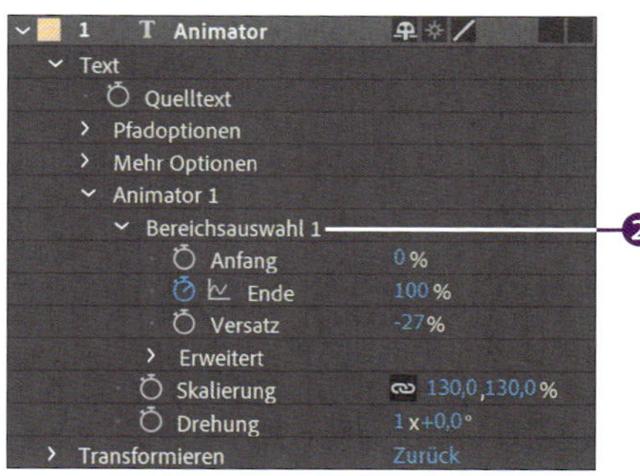


◀ **Abbildung 9.33**
Die Auswahlmarkierungen für ANFANG und ENDE können Sie bequem in der Zeitleiste verschieben.

### 4 Auswahl animieren

Legen Sie zuerst für die Eigenschaft DREHUNG eine ganze Umdrehung fest, und tragen Sie »1 × +0,0°« in das Wertefeld ein. Ziehen

Sie die Zeitmarke auf den Zeitpunkt 00:00. Stellen Sie die Werte für Anfang, Ende und Versatz auf 0%. Setzen Sie einen Keyframe für Ende. Ziehen Sie die Zeitmarke auf 02:00, und setzen Sie den Wert für Ende auf 100% ❸. Schon haben Sie die erste Animation erstellt.

Wie Sie sehen, ist es nicht nötig, für die Drehung einen Keyframe zu setzen. Das Ende der Auswahl wandert über die Textzeichen, die nacheinander jeweils eine ganze Umdrehung vollführen. Wenn Sie die Eigenschaft Drehung im Textanimator markieren, entdecken Sie im Kompositionsfenster unter jedem Zeichen ein kleines Kreuz. Dies sind die Dreh- bzw. Ankerpunkte der Textzeichen.

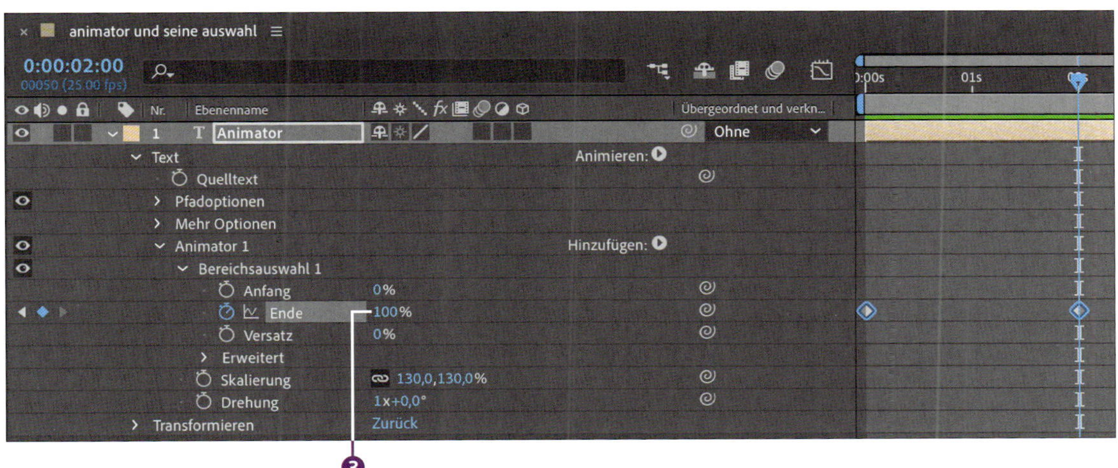


▲ **Abbildung 9.34**
So animieren Sie die dem Animator hinzugefügten Texteigenschaften über Anfang oder Ende der Auswahl. Die Zeichen ändern sich nacheinander, sobald die animierte Auswahl über ein Zeichen »wandert«.

▲ **Abbildung 9.35**
Animieren Sie nur die Eigenschaft Drehung, ändern sich die ausgewählten Zeichen gleichzeitig. Für die Übung ist dies aber nicht interessant.

### 5 Eigenschaft zur Animator-Gruppe hinzufügen

Zusätzlich zur Drehung soll die Eigenschaft Skalierung animiert werden. Dazu klicken Sie auf die Schaltfläche ❹ bei Hinzufügen und wählen unter Eigenschaft in unserem Falle Skalierung. Die Eigenschaft wird danach zusätzlich zur Drehung angezeigt. Ändern

**Animatoren und Eigenschaften entfernen**
Um einzelne Animatoren, ihre Eigenschaften oder Bereichsauswahlen schnell zu entfernen, markieren Sie sie und drücken dann die Taste [Entf]. Sämtliche Animatoren einer Textebene löschen Sie dann über ANIMATION • ALLE TEXTANIMATIONEN ENTFERNEN.

Sie den Wert der SKALIERUNG auf 130 %, ohne einen Keyframe zu setzen. Wenn Sie die Animation abspielen, werden die Drehung **und** die Skalierung der Zeichen mit der animierten Auswahl beeinflusst. Das war es schon. Sie können Ihrer ersten Animator-Gruppe natürlich noch beliebig viele Eigenschaften hinzufügen.

▲ **Abbildung 9.36**
In der fertigen Animation sehen Sie, dass jedes Zeichen einzeln mit den im Animator festgelegten Eigenschaftswerten verändert wird.

### 9.4.2 Mehr als ein Animator und eine Auswahl

Einer Textebene können Sie mehrere Animatoren hinzufügen. Jeder Animator übernimmt dabei die Animation weiterer Texteigenschaften. Die Bereichsauswahl kann dazu dienen, einzelne Wörter oder Textteile auszuwählen, die dann im Zeitverlauf animiert werden, während andere Textteile von der Veränderung ausgenommen sind. Ein praktisches Beispiel soll dies verdeutlichen.

## Schritt für Schritt
## Animatoren und ausgewählte Bereiche

Die benötigten Dateien für diesen Workshop finden Sie unter BEISPIELMATERIAL/09_TEXTANIMATION/ANIMATION2.

Schauen Sie sich zuerst das Movie »abspann.mp4« aus dem Ordner 09_TEXTANIMATION/ANIMATION2 an. Es wurden die Eigenschaften ZEICHENVERSATZ, DECKKRAFT und SKALIERUNG mit zwei Animatoren und verschiedenen Auswahlbereichen animiert.

#### 1 Vorbereitung

Legen Sie ein neues Projekt an, und erstellen Sie eine Komposition in der Größe 720 × 576 mit einer Länge von 10 Sekunden. Ziehen Sie mit dem horizontalen Text-Werkzeug in der leeren Komposition einen Textrahmen auf. Geben Sie folgenden Text ein: »Kamera / Igor O'Brien / Musik / Shana Ryan / Les Colorites«. Die Trennstriche bezeichnen den Zeilenumbruch mit [↵] im Haupttastaturfeld.

#### 2 Formatierung

Markieren Sie den Text, und wählen Sie in der Zeichen-Palette die Schriftart ❶ IMPACT oder eine andere Schriftart. Markieren Sie dann die Wörter »Kamera« und »Musik«, und weisen Sie eine Schriftgröße ❷ von 30 px zu. Vergeben Sie für alle Namen eine Schriftgröße von 55 px. Markieren Sie das Wort »Musik«, und stellen Sie einen Zeilenabstand ❸ von 100 px ein.

Bewegen Sie den Mauszeiger vom Text fort, um das Verschieben-Werkzeug zu erhalten, und ziehen Sie den Text an den unteren linken Rand der Komposition.

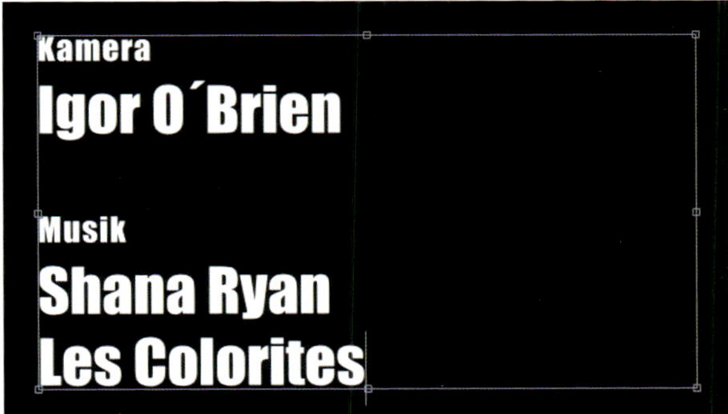


▲ **Abbildung 9.38**
Der formatierte Text soll in etwa wie hier platziert sein.

▲ **Abbildung 9.37**
Über die Zeichen-Palette formatieren Sie den Text für die Übung.

## 3 Erster Animator und erste Auswahl

Markieren Sie die Textebene, und wählen Sie Animation • Text animieren • Skalierung. Markieren Sie das Wort Animator1, und drücken Sie ↵ im Haupttastaturfeld, um einen neuen Namen einzugeben, z. B. »Ani: thema« ❹. Ziehen Sie das Ende der Bereichsauswahl 1 auf das Ende des Wortes »Kamera« ❺.

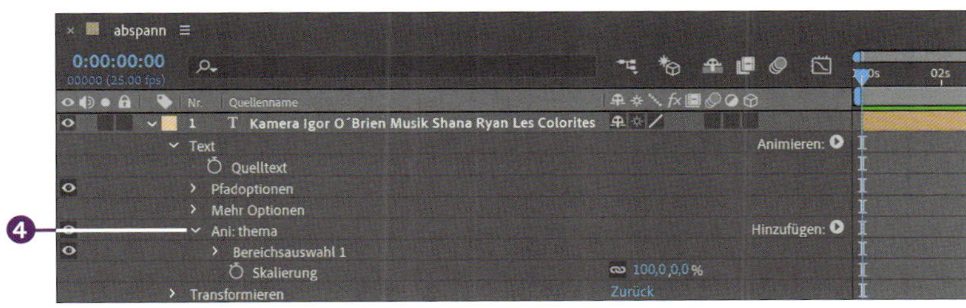


◄ **Abbildung 9.39**
Fügen Sie dem Animator eine erste Bereichsauswahl hinzu.

◄ **Abbildung 9.40**
Im Kompositionsfenster beschränken Sie die erste Bereichsauswahl auf das Wort »Kamera«. Ebenso verfahren Sie danach mit der Auswahl für das Wort »Musik«.

## 4 Zweite Auswahl

Die zweite Wahl ist die Musik. Zumindest wird sie hier so ausgewählt. Klicken Sie auf den Schalter bei Hinzufügen, und wählen

Sie AUSWAHL • BEREICH. Standardmäßig ist wieder der gesamte Text ausgewählt. Verschieben Sie ANFANG und ENDE der Auswahl, um sie auf das Wort »Musik« einzugrenzen.

### 5 Animation der Auswahlbereiche

Entfernen Sie zunächst das Verketten-Symbol bei der Eigenschaft SKALIERUNG ❷. Setzen Sie dann den y-Wert ❸ auf 0%. Entfernen Sie das Augen-Symbol vor dem Animator ❶. Die Wirkung des Animators ist damit erst einmal ausgeblendet.

Öffnen Sie BEREICHSAUSWAHL 1 und BEREICHSAUSWAHL 2. Setzen Sie jeweils einen ersten Keyframe bei ENDE zum Zeitpunkt 00:00. Verschieben Sie die Zeitmarke auf 00:14. Verschieben Sie dann, um automatisch einen zweiten Key zu generieren, die ENDE-Markierung für »Kamera« und »Musik« im Kompositionsfenster jeweils genau auf den Beginn des Wortes.

Klicken Sie noch einmal auf das Augen-Symbol des Animators, und sehen Sie sich dann die Animation an. Schließen Sie die Liste, indem Sie auf das kleine Dreieck beim Animator klicken.

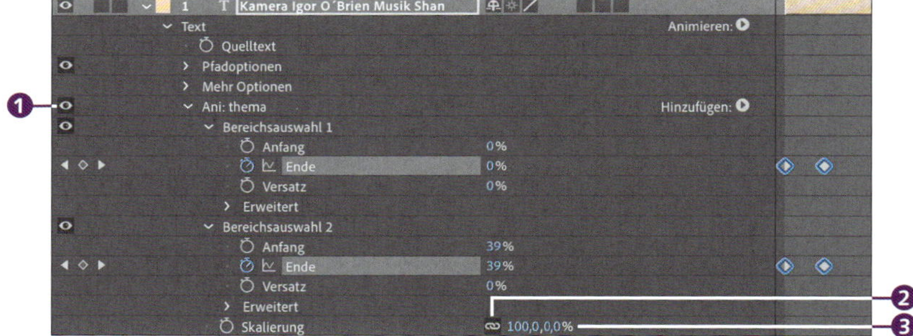


**Abbildung 9.41 ▸**
Für die beiden Auswahlbereiche wird die Animation mit Keyframes für ENDE realisiert.

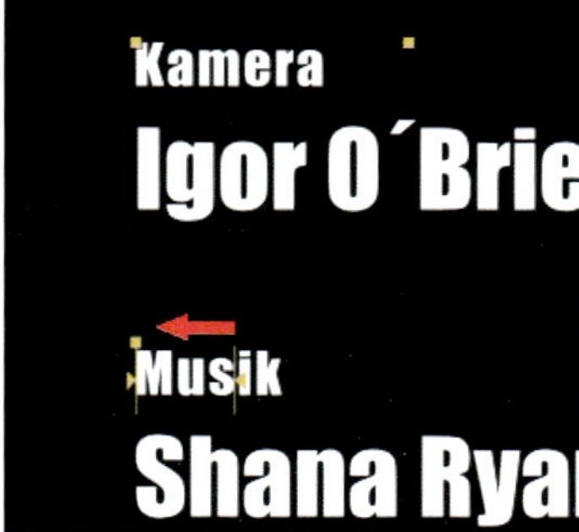


**▲ Abbildung 9.42**
Um automatisch einen zweiten Key zu generieren, verschieben Sie die Ende-Markierungen für »Kamera« und »Musik« im Kompositionsfenster auf den Beginn des Wortes.

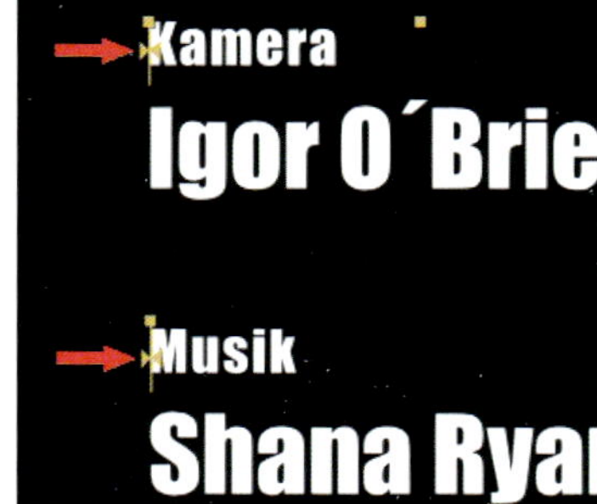


**▲ Abbildung 9.43**
Danach sollte sich die ENDE-Markierung mit der ANFANG-Markierung decken.

### 6 Neuen Animator, Eigenschaft und Auswahl hinzufügen

Weiter geht's mit den Namen. Diese animieren Sie über die Eigenschaften Deckkraft und Zeichenversatz. Generieren Sie einen neuen Animator über den Schalter bei Animieren ❹, und wählen Sie den Eintrag Deckkraft. Nennen Sie den neuen Animator »Ani: namen«. Wählen Sie für den neuen Animator über Hinzufügen • Eigenschaft den Eintrag Zeichenversatz und anschließend Hinzufügen • Auswahl • Bereich.

**Zeichenversatz**
Mit der Eigenschaft Zeichenversatz werden die eingegebenen Textzeichen durch andere im Alphabet enthaltene Zeichen ersetzt. Bei einem Wert von 3 wird aus »ABC« beispielsweise »DEF«.

◂ **Abbildung 9.44**
Ein zweiter Animator wird hinzugefügt, um die Namen von den Themenüberschriften verschieden zu animieren.

### 7 Animation der Auswahl

Markieren Sie die Bereichsauswahl 1, und stellen Sie Anfang und Ende der Bereichsauswahl 1 auf den Namen »Igor O'Brien« ein. Die Bereichsauswahl 2 stellen Sie auf »Shana Ryan / Les Colorites« ein. Setzen Sie die Deckkraft auf 0 % und den Wert bei Zeichenversatz auf 8. Schalten Sie zum Arbeiten wieder das Augen-Symbol des Animators aus.

Öffnen Sie die Bereichsauswahl 1, und setzen Sie bei 00:14 einen Key bei Anfang. Verschieben Sie die Zeitmarke auf 02:00, und ziehen Sie die Anfang-Markierung auf das Ende des Namens »O'Brien«. Wenn dabei die Markierungen in die nächste Zeile springen, ist das nicht so schlimm, nur sollte kein weiteres Zeichen ausgewählt sein.

Setzen Sie für die Bereichsauswahl 2 einen ersten Key für Anfang bei 02:00. Den nächsten Key generieren Sie automatisch bei 04:10, indem Sie die Anfang-Markierung an das Ende des Worts »Colorites« verschieben. Vergessen Sie nicht, das Augen-Symbol für den Namen-Animator wieder anzuschalten.

◂ **Abbildung 9.45**
Stellen Sie die erste Bereichsauswahl auf den Namen »Igor O'Brien« ein.

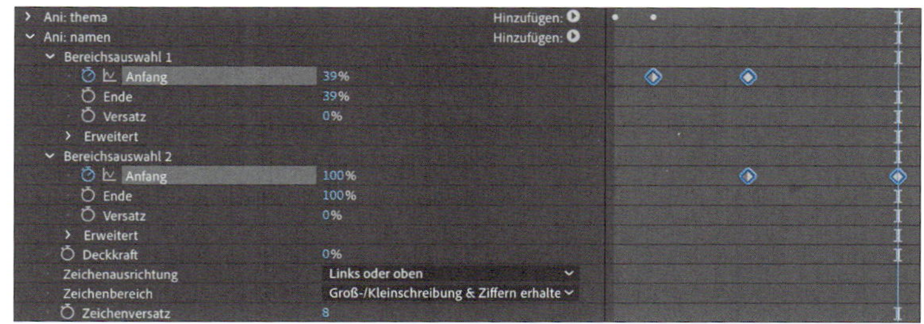


**Abbildung 9.46 ▸**
Animieren Sie den Anfang der Bereichsauswahl 1 und der Bereichsauswahl 2.

## 8 Animation umkehren

Um den Text in gleicher Weise wieder auszublenden, wie er zuvor eingeblendet wurde, soll die Animation zum Schluss umgekehrt verlaufen.

Markieren Sie dazu die Textebene, und drücken Sie die Taste [U], um alle bisher gesetzten Keys einzublenden. Sie vermeiden damit die Anzeige unendlicher Listen, die After Effects bietet. Verschieben Sie die Zeitmarke auf 06:14.

Klicken Sie mit gedrückter [⇧]-Taste auf die Wörter ENDE bei ❶ und ❷, um die dort gesetzten Keys auszuwählen. Drücken Sie [Strg]+[C] und dann [Strg]+[V], um die Keys bei 06:14 einzusetzen. Klicken Sie mit der rechten Maustaste auf die eingefügten, noch markierten Keys, und wählen Sie aus dem Kontextmenü oder im Menü ANIMATION die Option KEYFRAME-ASSISTENTEN • KEYFRAMEREIHENFOLGE UMKEHREN. Verschieben Sie dann die beiden letzten Ende-Keyframes auf den Zeitpunkt 06:20.

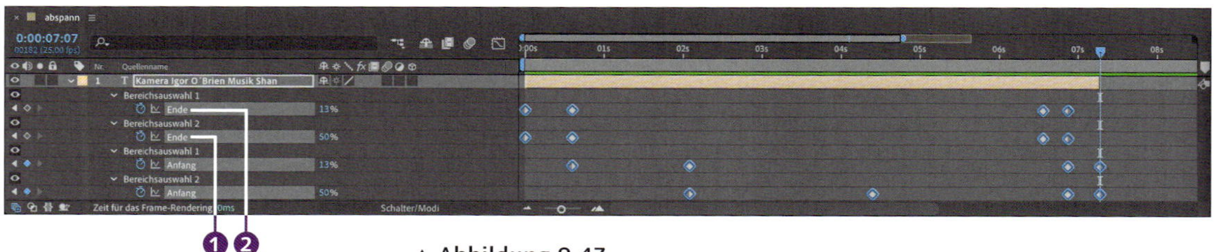


**▲ Abbildung 9.47**
So sollten die Keyframes im fertigen Projekt aussehen.

Anschließend markieren Sie zuerst die Keys bei ANFANG der Bereichsauswahl 1, setzen sie bei 06:20 ein, kehren sie um und verschieben den letzten Key auf 07:05. Wiederholen Sie den Vorgang mit den Keys bei ANFANG für die Bereichsauswahl 2.

Das war es eigentlich schon. Schauen Sie vielleicht noch in das Projekt »animation2.aep« im Ordner 09_TEXTANIMATION/ANIMATION2. Dort befindet sich eine weitere, ähnlich animierte Textebene, mit der der Abspann fortgesetzt wird.

## 9.4.3 Erweiterte Optionen der Bereichsauswahl

Hier wird es leicht wissenschaftlich. Jede Bereichsauswahl verfügt unter dem Eintrag Erweitert ❸ über eine Liste an weiteren Optionen, die das Aussehen der Animation beeinflussen können. Wir werden uns die Optionen nacheinander genauer ansehen.

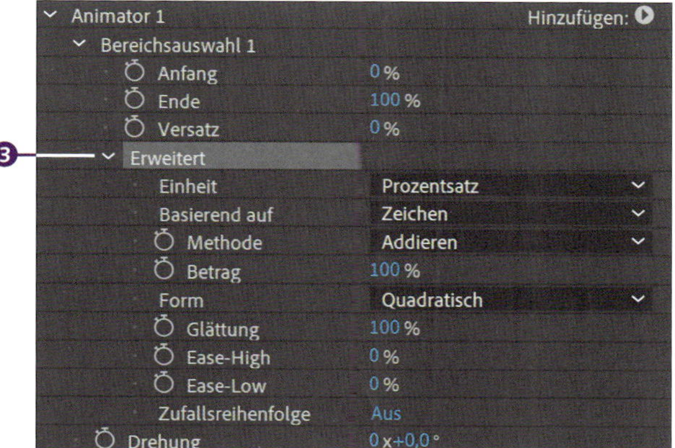


◄ **Abbildung 9.48**
Unter dem Eintrag Erweitert verbirgt sich eine lange Liste mit Optionen für die Bereichsauswahl.

### Einheit

Hier legen Sie die Einheit von Anfang, Ende und Versatz fest. Zur Wahl stehen Prozentsatz und Index. Die Werte werden also in Prozent ausgedrückt oder numerisch als Ziffern; z. B. erhält das erste Textzeichen die Ziffer 1, das zweite die 2 etc. In Zusammenhang damit steht der nächste Eintrag.

### Basierend auf

Unter Basierend auf bieten sich vier Optionen an. Wählen Sie Zeichen, wird jedes Textzeichen und jedes Leerzeichen in der Bereichsauswahl nummeriert. Tragen Sie dann beispielsweise bei Anfang den Wert »5« ein, so beginnt Ihre Auswahl nach dem 5. Textzeichen. Wählen Sie Zeichen ohne Leerzeichen, werden die Leerzeichen ignoriert. Bei Wörtern werden ganze Wörter gezählt, bei Zeilen ganze Zeilen.

### Methode

Die Methode ist wichtig für die Arbeit mit mehr als einer Bereichsauswahl. Standardmäßig ist Addieren eingestellt. Bei zwei Auswahlbereichen werden also beide zusammengerechnet. Die animierten Eigenschaften wirken sich dann auf alle addierten Zeichen aus. Ist die in der Reihenfolge weiter unten liegende Auswahl auf Subtrahieren eingestellt, wird sie von der oberen Auswahl abgezogen. Bei Überschneiden wird nur der Auswahlbereich animiert, der sich bei zwei Bereichen überlappt. Bei Min wird der Minimalwert der

**Auswahl umkehren**
Eine Bereichsauswahl kehren Sie um, indem Sie den Modus Subtrahieren einstellen. Voraussetzung ist, dass keine weitere Auswahl vorhanden ist.

▲ **Abbildung 9.49**
Im Modus Subtrahieren wird nur die nicht subtrahierte Auswahl von der geringen Deckkraft beeinflusst.

▲ **Abbildung 9.50**
Im Modus Addieren wirkt sich z. B. eine geringe Deckkraft auf die addierten Bereiche aus (hier auf den ganzen Text).

▲ **Abbildung 9.51**
Hier sind zwei sich überlappende Auswahlbereiche unterschiedlich farbig dargestellt, die durch Anwendung verschiedener Modi miteinander interagieren.

▲ **Abbildung 9.52**
Im Modus Differenz werden die Auswahlbereiche addiert, und der überlappende Bereich wird abgezogen. Dieser ist von der geringen Deckkraft nicht beeinflusst.

▲ **Abbildung 9.53**
Die Option Form steuert, wie Eigenschaftswerte innerhalb der Auswahl dargestellt werden.

Eigenschaften dort verwendet, wo sich die Auswahlbereiche **nicht** überlappen. Bei Max wird der Maximalwert dort verwendet, wo sich die Bereiche berühren. Bei Differenz werden die Auswahlbereiche addiert, der überlappende Bereich wird aber wieder abgezogen, also nicht von den Eigenschaften beeinflusst.

### Betrag

Die Option Betrag ist sinnvoll, um das Ergebnis einer Animation zu beeinflussen. Bei 100 % werden die Animationen nicht verändert. Bei geringeren Werten nehmen die Eigenschaftswerte insgesamt ab, und bei 0 % werden sie ignoriert. Bei –100 % kehrt sich die Animation um.

### Form

Ich empfehle Ihnen, mit der Option Form zu experimentieren. Verwenden Sie dazu am besten die Eigenschaft Skalierung oder Position, und verändern Sie dort den y-Wert. Die eingestellten Eigenschaftswerte werden nur bei Quadratisch auf jedes Textzeichen hundertprozentig angewandt. Bei Ramp-up ergibt sich beispielsweise eine Staffelung der Zeichen vom minimalen zum maximalen Eigenschaftswert.

### Glättung

Mit der Glättung bestimmen Sie den Übergang bei der Animation von Zeichen zu Zeichen. Bei 0 % wirkt die Animation abrupt, und der Übergang ähnelt einem Schreibmaschineneffekt.

### Ease-High

Bei –100 % werden Animationen zum Ende hin beschleunigt und umgekehrt bei 100 % abgebremst: Setzen Sie den Wert bei Ease-High auf 100 %, um die Animation für jedes Zeichen einzeln abzubremsen, sobald es sich dem Maximalwert nähert. Bei –100 % wird die Animation beschleunigt, wenn der Maximalwert erreicht wird. Sichtbar wird die Option, wenn die Auswahl vom Start zum Ende langsam animiert ist.

### Ease-Low

Bei –100 % werden Animationen zum Ende hin abgebremst und umgekehrt bei 100 % beschleunigt. Setzen Sie den Wert von Ease-Low auf –100 %, um die Animation für jedes Zeichen einzeln abzubremsen, sobald es sich dem Minimalwert nähert. Bei 100 % wird die Animation beschleunigt, wenn der Minimalwert erreicht wird. Sichtbar wird die Option, wenn die Auswahl vom Ende zum Start langsam animiert ist.

**Zufallsreihenfolge**
Wenn Sie den Anfang einer Auswahl zum Ende hin animieren, werden alle Zeichen nacheinander verändert. Setzen Sie ZUFALLSREIHENFOLGE auf EIN, ändern sich die Zeichen in einer zufälligen Reihenfolge.

**Beispiele**
Um die Optionen der Bereichsauswahl in der Praxis zu sehen, schauen Sie sich die Beispiele zum Buch im Ordner 09_TEXTANIMATION/BEISPIELE/AUSWAHLOPTIONEN an. Dort befinden sich mehrere Beispiel-Movies und das dazugehörende Projekt »bereichsauswahl.aep«.

▲ **Abbildung 9.54**
Ein Beispiel für die Anwendung von EASE-HIGH.

**Zufallsverteilung**
Mit der ZUFALLSVERTEILUNG legen Sie den Basiswert fest, mit dem die zufällige Reihenfolge berechnet wird, um Ähnlichkeiten zu verhindern.

### 9.4.4 Zeichenbasierte 3D-Textanimation

Adobe hat auch die Möglichkeit in die Text-Engine integriert, Text zeichenweise räumlich zu animieren. Wir werden uns der Funktion in einem kleinen Workshop widmen.

## Schritt für Schritt
## Zeichenbasierte 3D-Textanimation

Erst in Kapitel 16 lernen Sie, mit After Effects in die dritte Dimension vorzudringen – aber ein kleiner Vorgeschmack schadet nicht.

**1 Vorbereitung**
Schauen Sie sich zuerst das Movie »3dText.mp4« aus dem Ordner 09_TEXTANIMATION/3DTEXT an.

Die benötigten Dateien für diesen Workshop finden Sie unter BEISPIELMATERIAL/ 09_TEXTANIMATION/3DTEXT.

Erstellen Sie in einem neuen Projekt eine Komposition mit der Vorgabe PAL D1/DV, also mit 720 × 576 Pixeln, und einer Dauer von 5 Sekunden. Klicken Sie mit dem Text-Werkzeug in das Kompositionsfenster, um eine Textebene zu schaffen. Tippen Sie das Wort »Animation« ein. Die Schriftart können Sie frei wählen. Die Größe des Textes stellen Sie so ein, dass der Text etwas breiter ist als die Kompositionsbreite. Wählen Sie Weiß als Textfarbe.

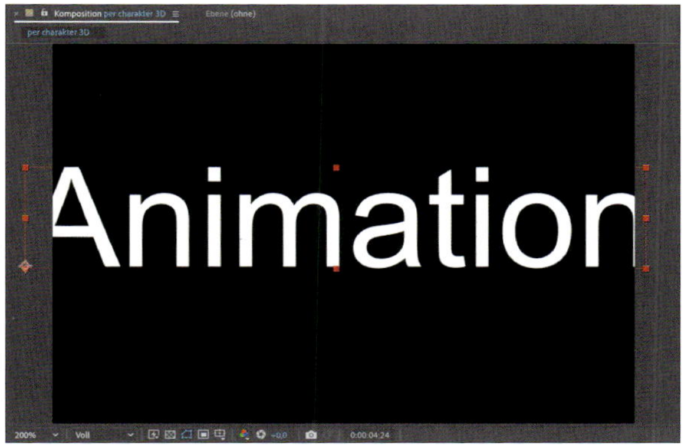


◀ **Abbildung 9.55**
Der erstellte Text soll dem hier abgebildeten ähneln.

## 2 Zeichenweise 3D hinzufügen

Gehen Sie in das Menü ❸ neben ANIMIEREN in der Zeitleiste, und wählen Sie dort den Eintrag ZEICHENWEISE 3D AKTIVIEREN aus der Liste. Sie haben damit die gesamte Textebene in eine 3D-Ebene verwandelt. Die eingeschaltete 3D-Option erkennen Sie an den zwei kleinen Würfeln ❷.

Vorab werden wir die Ebene im Raum drehen. Öffnen Sie die Liste der Eigenschaften unter TRANSFORMIEREN ❶. Suchen Sie dort die Eigenschaft Y-DREHUNG, und tragen Sie den Wert »–35« ins Wertefeld ein. Sie sehen, die Eigenschaft DREHUNG existiert nun in einer X-, Y- und Z-Ausführung. Das Wort lässt sich auf jeder der drei Achsen im Raum drehen. Das Gleiche werden wir nun für die einzelnen Textzeichen einrichten.

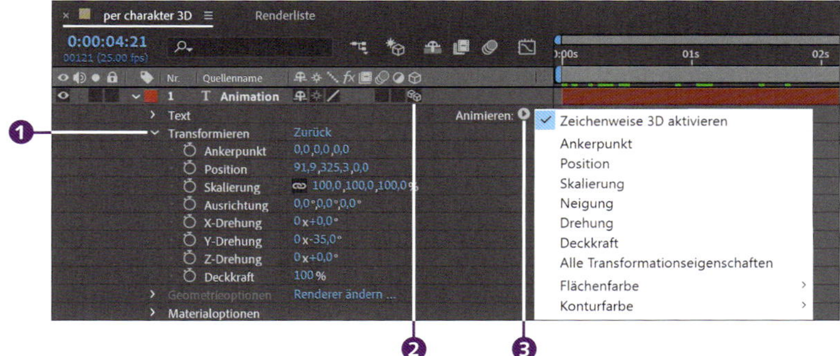


**Abbildung 9.56 ▸**
Nach der Auswahl von ZEICHENWEISE 3D AKTIVIEREN können Sie die Textebene im Raum drehen.

## 3 Eigenschaften hinzufügen und animieren

Schließen Sie zunächst die Liste der Eigenschaften unter TRANSFORMIEREN. Fügen Sie dann über das Menü bei ANIMIEREN nacheinander folgende Eigenschaften hinzu: SKALIERUNG, DREHUNG, DECKKRAFT, FLÄCHENFARBE, WEICHZEICHNEN. Sie sehen, dass auch hier die Drehung in drei Werte für die Achsen X, Y und Z aufgeteilt erscheint, und die Skalierung hat eine dritte Dimension erhalten, seit Sie ZEICHENWEISE 3D AKTIVIEREN eingeschaltet haben.

Löschen Sie anschließend die Eigenschaften Y- und Z-DREHUNG aus der Liste, da wir hier keine Animation benötigen.

Tragen Sie jetzt einige Werteänderungen für die Eigenschaften ein. Die Animation werden wir über den Versatz erzeugen. Bei SKALIERUNG und WEICHZEICHNEN klicken Sie zuerst auf das Verkettungssymbol ❹, um es zu entfernen. Dadurch können Sie die jeweiligen Werte unproportional zueinander verändern. Tragen Sie folgende Werte ein: SKALIERUNG: »100,0, 800,0, 100,0 %«. Bei X-DREHUNG: »1x +0,0°«. Bei DECKKRAFT wählen Sie 0 %, und bei WEICHZEICHNEN »5,0, 200,0«. Bei FLÄCHENFARBE stellen Sie ein Gelb ein.

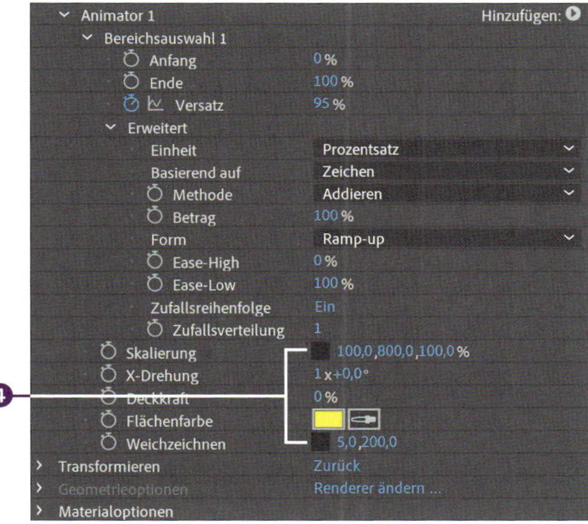


**◀ Abbildung 9.57**
Setzen Sie die Eigenschaftswerte wie in dieser Abbildung.

Zur Animation öffnen Sie die kleine Liste unter BEREICHSAUSWAHL 1. Setzen Sie für VERSATZ einen ersten Key bei 00:00. Tragen Sie hier den Wert »–100 %« ein. Navigieren Sie die Zeitmarke an das Ende der Komposition, und ändern Sie den Wert für VERSATZ auf »100 %«.

### 4 Erweiterte Einstellungen

Die Animation werden wir noch etwas modifizieren. Öffnen Sie die Liste bei ERWEITERT. Wählen Sie unter FORM den Eintrag RAMP-UP, um eine Staffelung der Zeichen vom minimalen zum maximalen Eigenschaftswert zu erreichen. Wählen Sie bei EASE-LOW einen Wert von 100, um jedes Zeichen bei Annäherung an den Minimalwert langsam abzubremsen. Schalten Sie dann die ZUFALLSREIHENFOLGE auf EIN, um die Zeichen in einer zufälligen Reihenfolge und nicht direkt nacheinander zu animieren. Setzen Sie anschließend den Wert bei ZUFALLSVERTEILUNG auf 1.

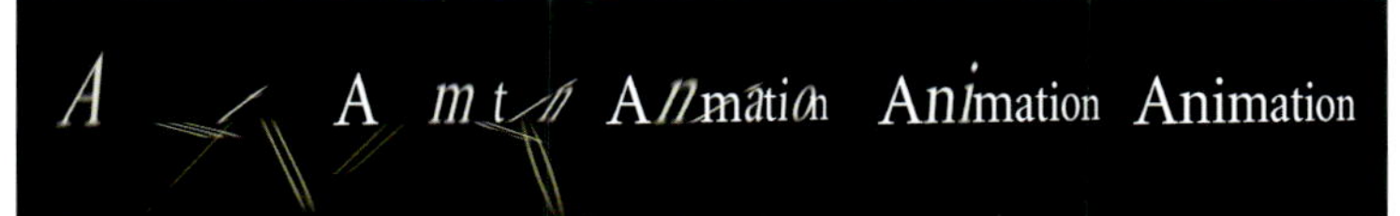


**◀ Abbildung 9.58**
Die fertige Animation sollte bei Ihnen so ähnlich aussehen wie in diesen Standbildern.

### Zeichenausrichtung zur Kamera

Wenn Sie mit der Option ZEICHENWEISE 3D AKTIVIEREN arbeiten, die ich im vorangegangenen Workshop beschrieben habe, lassen sich die Textzeichen seit CS5 einzeln zu einer Kamera ausrichten. Dreht sich die Kamera um den Text, wird jedes Zeichen einzeln frontal zur Kamera ausgerichtet. Um dies zu aktivieren, wählen Sie die Textebene in der Zeitleiste aus und nehmen dann den Weg EBENE •

**Beispiel**

Als Beispiel öffnen Sie das Projekt »ZeichenausrichtungZurKamera.aep« aus dem Ordner BEISPIELMATERIAL/09_TEXTANIMATION/BEISPIELE.

TRANSFORMIEREN • AUTOMATISCHE AUSRICHTUNG • AUSRICHTUNG ZUR KAMERA und setzen ein Häkchen bei JEDES ZEICHEN EINZELN AUSRICHTEN (ZEICHENWEISE 3D ERFORDERLICH).

### 9.4.5 Expression- und Verwackeln-Auswahl

Wie Ihnen vielleicht schon aufgefallen ist, haben Sie außer der Bereichsauswahl zwei andere Auswahlmöglichkeiten: die Expression-Auswahl und die Verwackeln-Auswahl.

#### Expression-Auswahl

Eine Expression-Auswahl verwenden Sie, um den Betrag der in der Animator-Gruppe enthaltenen Eigenschaftswerte dynamisch zu verändern. Zur Berechnung des Betrags wird mit der JavaScript-basierten Expression-Sprache gearbeitet, für die unter dem Eintrag BETRAG ❶ ein Editorfeld ❷ angelegt ist.

**Abbildung 9.59 ▼**
Mit der EXPRESSION-AUSWAHL wird der Betrag, um den eine Texteigenschaft verändert wird, dynamisch gesteuert.

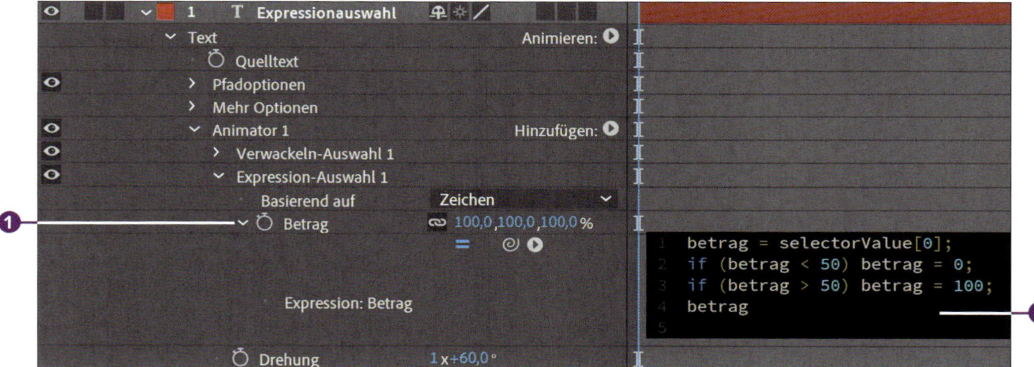


Da die Expression-Auswahl mit der Expression-Sprache arbeitet, die das Thema von Kapitel 17, »Expressions«, ist, verweise ich hier auf dieses Kapitel. Vorweggenommen sei erwähnt, dass Sie die Werte anderer Eigenschaften auf Texteigenschaften übertragen können. So nutzen Sie z. B. die Audioamplitude einer Sounddatei, um Ihre Animationen mit Sound zu synchronisieren. Die Eigenschaftswerte werden gewissermaßen miteinander verlinkt. Aber dazu erfahren Sie in Kapitel 17 mehr.

#### Verwackeln-Auswahl

Mit der Verwackeln-Auswahl wird der Wert einer Eigenschaft, die dem Animator hinzugefügt wurde, per Zufallszahl berechnet, also verwackelt. Die Verwackeln-Auswahl enthält einige Eigenschaften, über die sich beispielsweise die Anzahl der Verwacklungen pro Sekunde einstellen lässt.

## Schritt für Schritt Verwackelte Eigenschaften

Schauen Sie sich zuerst das Movie »europaflagge.mp4« aus dem Ordner 09_TEXTANIMATION/ANIMATION3 an. Mit mehreren Auswahlbereichen wurden über die Eigenschaften NEIGUNG und SKALIERUNG einzelne Wörter animiert und deren Eigenschaften verwackelt.

Die benötigten Dateien für diesen Workshop finden Sie unter BEISPIELMATERIAL/09_TEXTANIMATION/ANIMATION3.

### 1 Vorbereitung

Öffnen Sie das bereits vorbereitete Projekt »europaflagge.aep« aus demselben Ordner, und arbeiten Sie darin weiter. Falls die verwendete Schriftart nicht auf Ihrem Rechner installiert ist, legen Sie einfach eine eigene fest und arbeiten damit. Die Flagge ist über den Effekt KOMPLEXE WELLEN bereits animiert.

### 2 Animator und Bereichsauswahl hinzufügen

Die gelb hervorgehobenen Wörter sollen durch drei Bereichsauswahlen vom restlichen Text abgegrenzt werden. Wählen Sie zuerst bei markierter Textebene einen Animator über ANIMATION • TEXT ANIMIEREN • NEIGUNG. Um eine Bereichsauswahl einzugrenzen, verändern Sie in der Zeitleiste die Werte bei ANFANG bzw. ENDE oder nutzen die Markierungen im Kompositionsfenster. Ziehen Sie die ANFANG-Markierung ❸ der automatisch entstandenen BEREICHSAUSWAHL 1 genau vor das erste Zeichen des Wortes »Europaflagge« und die ENDE-Markierung ❹ genau hinter das letzte Zeichen des Wortes.

▲ **Abbildung 9.60**
Die gelb dargestellten Wörter werden wir mit drei Bereichsauswahlen eingrenzen.

▲ **Abbildung 9.61**
Die erste Bereichsauswahl grenzt das Wort »Europaflagge« ein.

Wählen Sie dann über den Schalter HINZUFÜGEN ❶ (Abbildung 9.62) und den Eintrag AUSWAHL • BEREICH zwei weitere Bereichsauswahlen, und stellen Sie sie so ein, dass die Wörter »goldenen Sterne« und »Flagge« eingegrenzt sind. Benennen Sie anschließend noch mit [↵] auf der Haupttastatur Ihre drei Auswahlen und die Animator-Gruppe wie in Abbildung 9.62.

**Reihenfolge der Auswahl**

Die Auswahlen interagieren über die Einstellungen bei METHODE in den Auswahloptionen unter ERWEITERT miteinander. Daher ist es oft notwendig, die Auswahlen in einem Animator in eine andere Reihenfolge zu bringen, um das gewünschte Ergebnis zu erzielen. Markieren Sie dazu eine Auswahl in der Zeitleiste, und ziehen Sie sie nach oben oder unten.

### 3 Eigenschaftswerte festlegen

Tragen Sie bei NEIGUNG den Wert »40« ein. Die durch die drei Auswahlbereiche eingegrenzten Wörter werden dadurch verändert.

Wählen Sie über den Schalter Hinzufügen • Auswahl • Eigenschaft den Eintrag Skalierung. Die Eigenschaft wird dem Animator hinzugefügt. Tragen Sie für die Skalierung den Wert »220 %« ein. Die ausgewählten Wörter sehen jetzt ziemlich unansehnlich aus. Das ändert nun die Verwackeln-Auswahl.

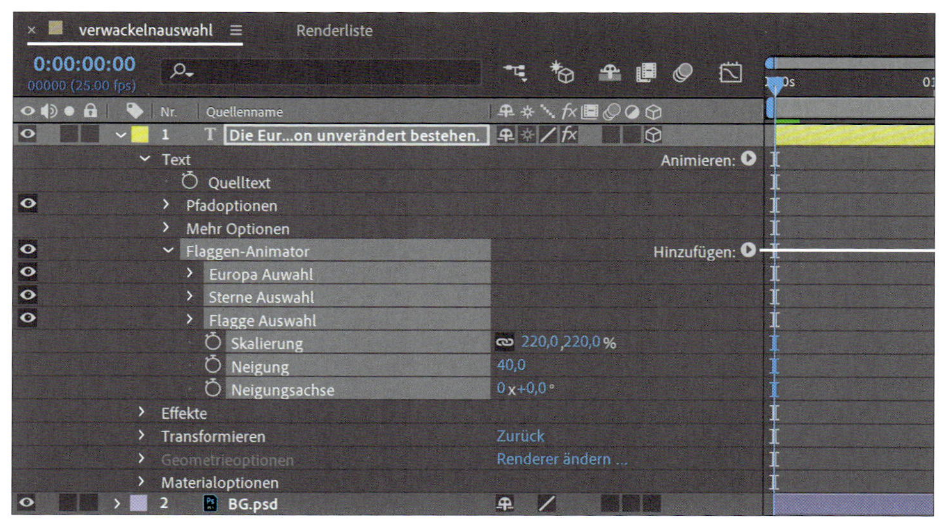


**Abbildung 9.62 ▼**
In der Zeitleiste sollten drei Bereichsauswahlen (hier mit Europa Auswahl, Sterne Auswahl und Flagge Auswahl bezeichnet) sichtbar werden.

## 4 Verwackeln-Auswahl hinzufügen

Wählen Sie über den Schalter Hinzufügen • Auswahl den Eintrag Verwackeln. Öffnen Sie die Optionen für die Verwackeln-Auswahl, und tragen Sie bei Verwacklungen/Sekunde den Wert »0,5« ein. Schon ist die Animation fertig.

**Abbildung 9.63 ▼**
Die Verwackeln-Auswahl 1 wird dem Animator hinzugefügt und erscheint in der Zeitleiste.

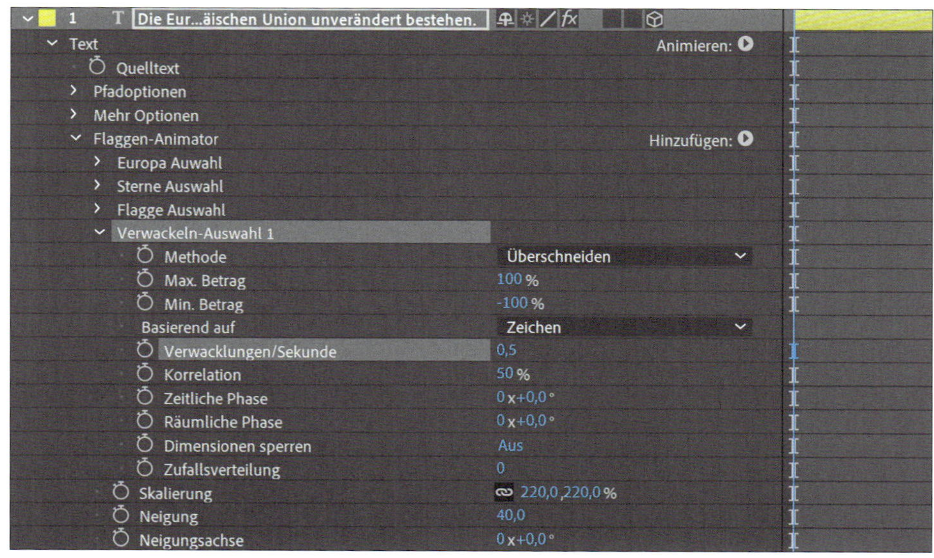

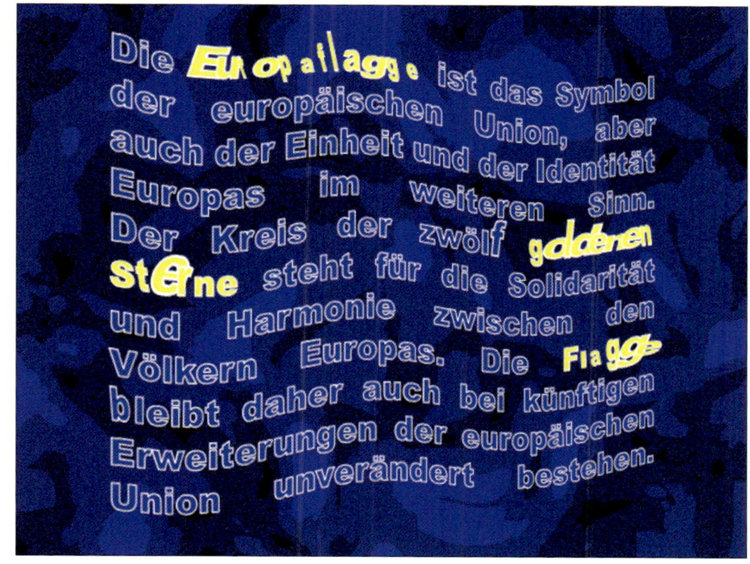


◂ **Abbildung 9.64**
Nach erfolgreicher Arbeit sollte das Ergebnis dieser Abbildung ähneln.

### Die Optionen der Verwackeln-Auswahl

Eine Verwackeln-Auswahl bezieht sich grundsätzlich auf den gesamten Text einer Textebene. Es wird also der ganze Text nach den im Animator enthaltenen Eigenschaften »verwackelt«. Eine Einschränkung der Verwackeln-Auswahl auf bestimmte Bereiche erfolgt durch eine Bereichsauswahl, so wie Sie es eben eingestellt haben.

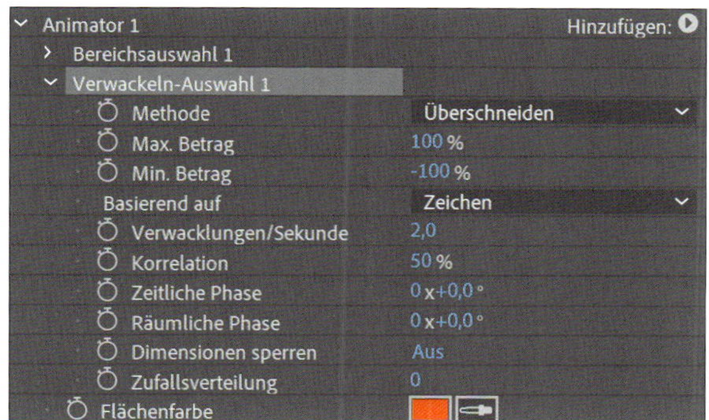


◂ **Abbildung 9.65**
Die Verwackeln-Auswahl bietet Optionen zum Einstellen der Frequenz des Verwackelns und mehr.

Wie Sie im vorangegangenen kleinen Workshop gesehen haben, bietet die Verwackeln-Auswahl einige Optionen, denen wir uns hier wieder ausführlich widmen.

- Die METHODE, die Sie auch bei einer Bereichsauswahl vorfinden, ist bei der Verwackeln-Auswahl grundsätzlich auf ÜBERSCHNEIDEN eingestellt. Es wird also nur der Bereich verwackelt, der sich bei zwei Auswahlen überlappt. Die anderen Modi beschreibe ich im Abschnitt 9.4.3, »Erweiterte Optionen der Bereichsauswahl«.

**»Basierend auf«**
Hier legen Sie fest, ob die Verwacklungen einzelne Zeichen, Zeichen ohne Leerzeichen, ganze Wörter oder ganze Zeilen beeinflussen sollen.

**»Korrelation«**
Die Wechselwirkung mit den Zeichen der Textebene bestimmen Sie hier. Bei einem Wert von 0% werden alle Zeichen unabhängig voneinander verwackelt, bei 100% werden sie um den gleichen Betrag gleichzeitig verwackelt.

- Unter MAX. BETRAG und MIN. BETRAG legen Sie die maximale bzw. die minimale Abweichung von den eingestellten Eigenschaftswerten fest. Haben Sie beispielsweise eine NEIGUNG von 40° bei einem MAX.-BETRAG von 100% und einem MIN.-BETRAG von –100% festgelegt, so wird der Text zwischen 40° und –40° geneigt.
- Geben Sie unter VERWACKLUNGEN/SEKUNDE geringere Werte ein, um die Animation zu verlangsamen, und höhere, um die Animation unruhiger wirken zu lassen.
- Mit ZEITLICHE PHASE variieren Sie das Verwackeln. Basis der Abwandlung ist die zeitliche Phase der Animation, die Sie hier verändern.
- Auch die Option RÄUMLICHE PHASE dient dazu, Abwandlungen des Verwackelns zu erzielen. Basis ist die Phase der Animation pro Zeichen.
- Bei einer mehrdimensionalen Eigenschaft werden die vorhandenen Dimensionen um gleiche Werte verwackelt, wenn die Option DIMENSIONEN SPERREN auf EIN gestellt ist. Beispielsweise werden bei der zweidimensionalen Eigenschaft SKALIERUNG für die vertikale und die horizontale Skalierung gleiche Werte verwendet. Die Skalierung erfolgt also proportional.

## 9.5 Mehr Optionen

Das Leben könnte schöner sein, wenn es nicht so viele Optionen gäbe? Nun, Sie müssen ja nicht alle der beschriebenen Optionen verwenden. Hier erläutere ich nur noch ein paar verbliebene. Damit es nicht gar zu trocken wird, betrachten wir sie an einem Beispiel.

### Schritt für Schritt
### Einstellungen unter »Mehr Optionen«

Die benötigten Dateien für diesen Workshop finden Sie unter BEISPIELMATERIAL/ 09_TEXTANIMATION/ANIMATION4.

Schauen Sie sich zuerst das Movie »glockenspiel.mp4« aus dem Ordner 09_TEXTANIMATION/ANIMATION4 an. Animiert habe ich hier nur die Eigenschaft DREHUNG unter Verwendung einer Verwackeln-Auswahl und der noch erwähnenswerten Optionen.

#### 1 Vorbereitung
Zum Bearbeiten öffnen Sie das vorbereitete Projekt »glockenspiel.aep« aus demselben Ordner. Sollte die verwendete Schriftart auf Ihrem System fehlen, suchen Sie eine andere Schrift aus.

### 2 Animator und Bereichsauswahl hinzufügen

Wählen Sie die Textebene aus, und fügen Sie dann, wie inzwischen schon bekannt, einen Animator über ANIMATION • TEXT ANIMIEREN • DREHUNG hinzu. Geben Sie bei DREHUNG den Wert »40« in das Wertefeld ein. Markieren Sie die BEREICHSAUSWAHL 1, und löschen Sie sie mit [Entf]. Fügen Sie dann über HINZUFÜGEN • AUSWAHL eine Verwackeln-Auswahl hinzu. Die Zeichen wackeln jetzt etwas unansehnlich hin und her.

◄ **Abbildung 9.66**
Ohne weitere Optionen wackeln die Textzeichen um den Textzeichenankerpunkt, der nahe bei jedem einzelnen Zeichen liegt.

◄ **Abbildung 9.67**
Am Anfang steht eine Verwackeln-Auswahl.

### 3 Gruppieren-Optionen

Öffnen Sie die Liste unter MEHR OPTIONEN ❶ (Abbildung 9.68). Belassen Sie den Eintrag bei ANKERPUNKTGRUPPIERUNG auf ZEICHEN.

Zur Erläuterung: Wir haben für die Eigenschaft DREHUNG einen Wert festgelegt. Jedes Zeichen wird in unserer bisherigen Animation jeweils um einen eigenen unsichtbaren Bezugs- bzw. Ankerpunkt herum gedreht. Wenn Sie unter ANKERPUNKTGRUPPIERUNG den Eintrag WORT auswählen, bezieht sich die Drehung auf einen Ankerpunkt pro Wort.

Was soll diese GRUPPIERUNGSAUSRICHTUNG bedeuten? Sie können sich das in etwa so vorstellen: Der Ankerpunkt, bei uns der Drehpunkt eines jeden Zeichens, kann verschoben werden.

Wenn Sie die Eigenschaft DREHUNG in der Zeitleiste auswählen, werden für die einzelnen Zeichen deren Ankerpunkte angezeigt. Sie werden als kleine Kreuze unter jedem Zeichen dargestellt. Bei positiven Werten im Feld ❷ wird der Ankerpunkt nach rechts, bei negativen Werten nach links verschoben. Bei positiven Werten im Feld ❸ wird der Ankerpunkt nach unten, bei negativen Werten nach oben verschoben.

Für unser Beispiel tragen Sie in das rechte Feld den Wert »–730« ein, damit die Ankerpunkte der Zeichen nach oben verschoben werden. Schauen Sie sich die Animation an. Jedes Zeichen scheint an einem unsichtbaren Faden zu hängen.

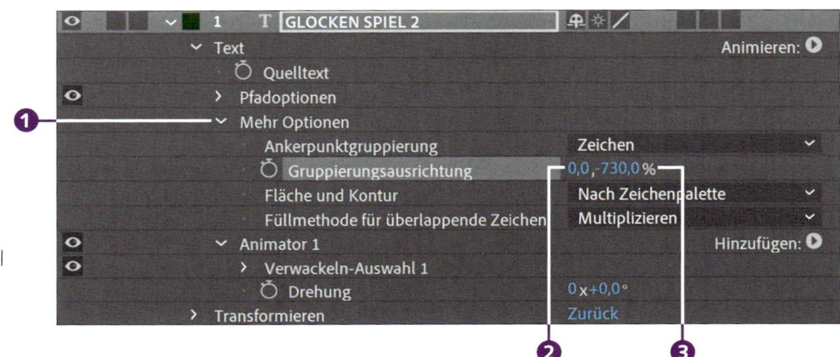


**Abbildung 9.68** ▸
So viele Optionen sind es gar nicht. Geändert wird auf jeden Fall ein Wert bei GRUPPIERUNGSAUSRICHTUNG.

## 4 Füllmethoden

Wählen Sie aus dem Popup-Menü bei FÜLLMETHODE FÜR ÜBERLAPPENDE ZEICHEN den Eintrag MULTIPLIZIEREN, oder experimentieren Sie mit den Füllmethoden. Sich überlappende Zeichen werden ähnlich berechnet wie überlagerte Ebenen mit den Ebenenmodi.

## 5 Keyframes

Damit das Glockenspiel nicht gleich wie wild beginnt, setzen wir ein paar Keys für die Drehung. Und zwar setzen Sie zum Zeitpunkt 00:00 einen ersten Key für die Drehung auf 0, bei 01:00 auf 40, bei 03:00 ebenfalls auf 40 und bei 04:00 wieder auf 0. Das war es. Zum Abschluss aktivieren Sie vielleicht noch den Schalter ❹ für Bewegungsunschärfe, damit es hübsch aussieht.

**Abbildung 9.69** ▾
Keyframes für die Drehung verhindern ein allzu wildes Glockenspiel zu Beginn, da auch der größte Verwackler eine Eigenschaft mit dem Wert 0 nicht bewegen kann.

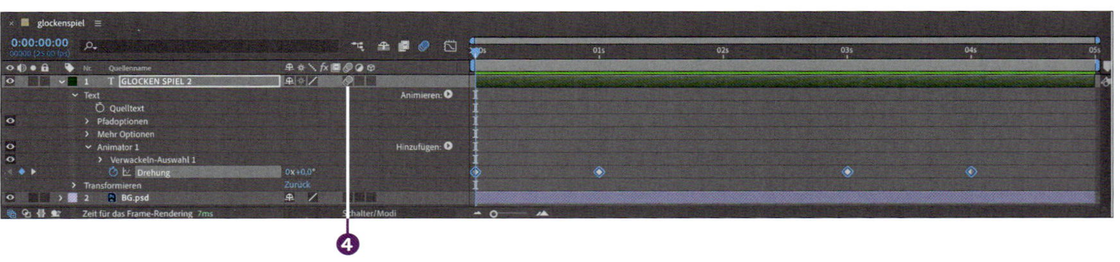

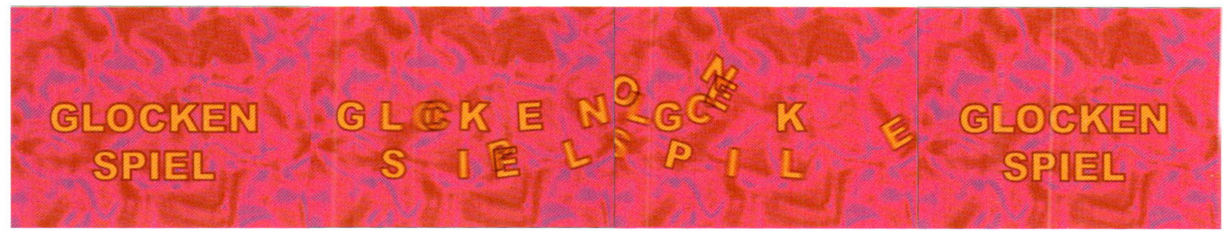


▲ **Abbildung 9.70**
Die Animation wirkt besser als die Abbildung – das ist versprochen.

## 9.6 Quelltextanimation

Bisher unerwähnt blieb die Möglichkeit, den Textinhalt innerhalb einer Textebene im Zeitverlauf zu ändern. Bei einer Quelltextanimation wird gewissermaßen die Textquelle, nämlich das einzelne Textzeichen, verändert. Das Wort »Quelle« kann beispielsweise durch das Wort »Welle« ersetzt werden. Allerdings geschieht dies nicht allmählich, sondern abrupt. Dabei können Sie auch die Formatierungen des Textes ändern.

Der Weg zum Quelltext ist einfach: Tippen Sie Ihren Text ein, wie Sie es mittlerweile hoffentlich gewohnt sind, und öffnen Sie dann die Textoptionen der Ebene.

Setzen Sie einen ersten Keyframe per Klick auf das Kästchen ❺. Vor jeder neuen Texteingabe oder Formatierungsänderung verschieben Sie die Zeitmarke. Die angezeigten Keyframes sind automatisch auf Interpolationsunterdrückung eingestellt, das bedeutet, dass die Übergänge nicht allmählich berechnet werden. Änderungen werden also erst bei Erreichen eines Keyframes sichtbar.

▼ **Abbildung 9.71**
Keyframes für den Quelltext sind immer auf Interpolationsunterdrückung gesetzt und werden quadratisch dargestellt. Änderungen sind nur abrupt am Keyframe sichtbar.

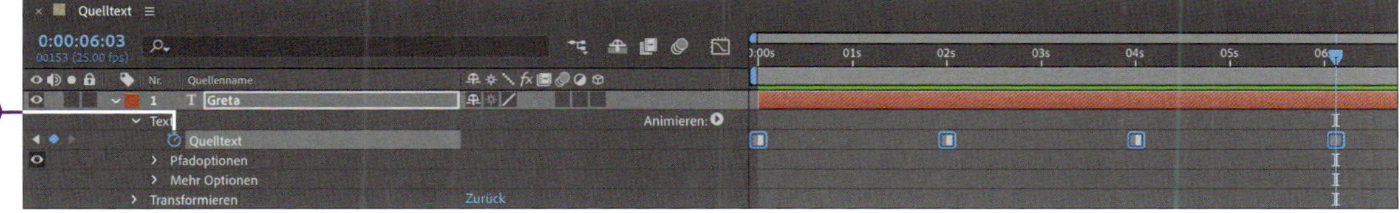

▲ **Abbildung 9.72**
Die Animation ist hier zwar nicht sichtbar, aber es handelt sich dennoch um animierten Quelltext innerhalb einer Textebene.

## 9.7 Vorgegebene Textanimationen

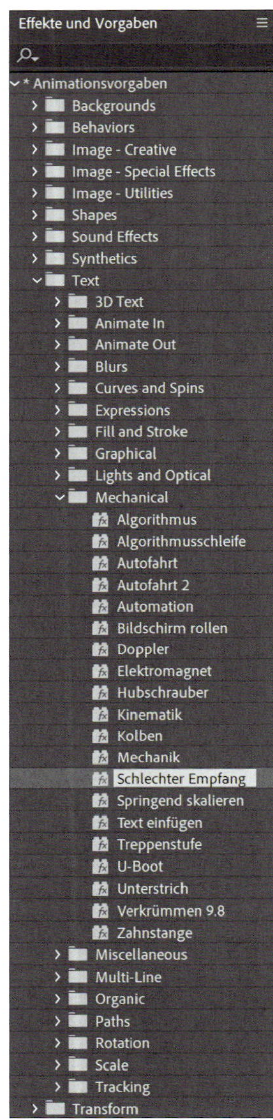


▲ **Abbildung 9.73**
Die Listen der vorhandenen Textvorgaben im TEXT-Ordner sind lang ...

Wenn Sie sehr schnell zu animierten Ergebnissen bei der Arbeit mit Text kommen wollen, ist es sinnvoll, vorgegebene Textanimationen zu verwenden. After Effects bietet eine sehr große Auswahl solcher vorgegebenen Animationen, die Sie auf jede Textebene anwenden können.

Sie öffnen die Vorgabenpalette über FENSTER • EFFEKTE UND VORGABEN oder mit Strg+5. Neben den Vorgaben werden die Effekte und eventuell von Ihnen selbst angelegte Vorgaben aufgeführt, deren Erstellung ich in Abschnitt 7.3, »Animationsvorgaben«, beschrieben habe. Die Textanimationsvorgaben öffnen Sie darin über den Eintrag ANIMATIONSVORGABEN • TEXT.

Die Liste der Vorgaben ist, wenn Sie erst einmal einen Ordner geöffnet haben, recht lang. Damit das Ausprobieren nicht ebenfalls sehr lange dauert, können Sie sich die Ergebnisse auch über Adobe Bridge in einer Vorschau anzeigen lassen. Sie starten Bridge zu diesem Zweck über ANIMATION • VORGABEN DURCHSUCHEN. In Bridge öffnen Sie dann den Ordner TEXT, in dem sämtliche Textvorgaben thematisch geordnet zur Ansicht vorliegen.

Sie wenden eine vorgegebene Textanimation an, indem Sie die Textebene markieren und anschließend in der Vorgaben-Palette auf eine Vorgabe doppelklicken. Über ANIMATION • ALLE TEXTANIMATIONEN ENTFERNEN machen Sie die Aktion wieder rückgängig.

Schauen Sie sich ruhig einmal die hinzugefügten Animatoren, Eigenschaften und Keyframes in der Zeitleiste an. Die Vorgaben können Sie dort noch modifizieren.

## 9.8 Text und Masken

Um mit Texten und Masken experimentieren zu können, empfiehlt es sich, nach der Lektüre von Kapitel 11, »Masken, Matten und Alphakanäle«, noch einmal zu diesem Abschnitt zurückzukehren und das Gelernte dann zu kombinieren. Wir werden hier trotzdem schon einmal einen kleinen Vorgriff auf das Maskenkapitel wagen und heimlich einen ersten Maskenpfad für einen Text benutzen.

### 9.8.1 Text am Maskenpfad animieren

Die benötigten Dateien für diesen Workshop finden Sie unter BEISPIELMATERIAL/09_TEXTANIMATION/WELLENREITER.

Machen Sie sich im folgenden Workshop nicht zu viele Gedanken um Begriffe, die mit Masken zu tun haben. Im Maskenkapitel werden Sie alles Weitere zu Masken erfahren.

## Schritt für Schritt
## Auf unsichtbaren Pfaden – Wellenreiter

Schauen Sie sich das fertige Movie aus dem Ordner 09_Textanimation/Wellenreiter mit dem Namen »wellenreiter.mp4« an.

### 1 Vorbereitung

Zum Bearbeiten öffnen Sie das vorbereitete Projekt »wellenreiter.aep« aus demselben Ordner. Es enthält zum einen die fertige Komposition zum Abgucken und zum anderen eine vorbereitete Komposition namens »uebung«, in der Sie arbeiten werden. Der Text darin ist bereits formatiert, und auch ein Maskenpfad ist schon angelegt.

Wenn Sie die Textebene markieren, wird der Maskenpfad angezeigt. Wie Sie selbst einen solchen Pfad erstellen, erfahren Sie in Kapitel 11, »Masken, Matten und Alphakanäle«. Stören Sie sich nicht daran, dass der Text zu Beginn angeschnitten ist, er wird später zu einer nicht unbedingt lesbaren Welle.

▲ **Abbildung 9.74**
Die Ausgangssituation für die Animation: ein Text und ein Maskenpfad im unbeteiligten Nebeneinander

### 2 Text am Pfad

Um einen Text einen Pfad entlangzuführen, brauchen Sie nicht viel Aufwand zu treiben. Öffnen Sie die Optionen von Text ❶ und die Pfadoptionen ❸ in der Zeitleiste. Wählen Sie dann aus dem Popup-Menü ❼ den Eintrag Wellenmaske, woraufhin einige Pfadoptionen eingeblendet werden. Wählen Sie bei Ausrichtung erzwingen ❹ die Option Ein. Dadurch wird der Text zwischen Anfang und Ende des Maskenpfads wie beim Blocksatz gestreckt. Öffnen Sie den Eintrag Mehr Optionen, und wählen Sie bei Füllmethode für überlappende Zeichen ❻ die Option Überlagern.

Wollen Sie den Text temporär ohne die Ausrichtung auf dem Maskenpfad anzeigen, deaktivieren Sie das Augensymbol ❷ vor dem Eintrag Pfadoptionen.

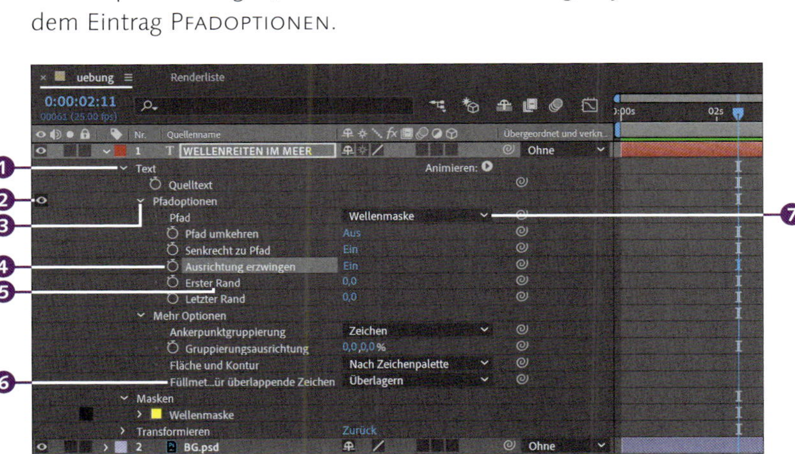


◀ **Abbildung 9.75**
In der Zeitleiste wählen Sie die Maske in den Pfadoptionen als Pfad für den Text aus. Zum Pfad passende Optionen werden nach der Auswahl des Maskenpfads in der Zeitleiste eingeblendet.

**Abbildung 9.76 ▸**
Schon wird der Text am Pfad ausgerichtet.

## 3 Textanimation am Maskenpfad

Zur Animation der Textzeichen werden wir Keys für ERSTER RAND ❺ (Abbildung 9.75) setzen. Setzen Sie den ersten Key am Zeitpunkt 00:00, und tragen Sie »–2000« in das Feld ein. Gehen Sie dann mit der Taste [Ende] an das Ende der Komposition bei 10:00, und tragen Sie den Wert »–500« in das Feld ein. Wie bei einer Ziehharmonika strecken sich die Abstände zwischen den Textzeichen.

Duplizieren Sie die Ebene einmal mit [Strg]+[D], und blenden Sie mit der Taste [U] die Keys der neuen Ebene ein. Verändern Sie darin die Werte für ERSTER RAND bei 00:00 auf »–200« und bei 10:00 in »–1500«. Die Textzeichen beider Ebenen bewegen sich jetzt gegenläufig.

**Abbildung 9.77 ▾**
Ein Duplikat der zuerst angelegten Textebene wird mit anderen Werten bei ERSTER RAND animiert.

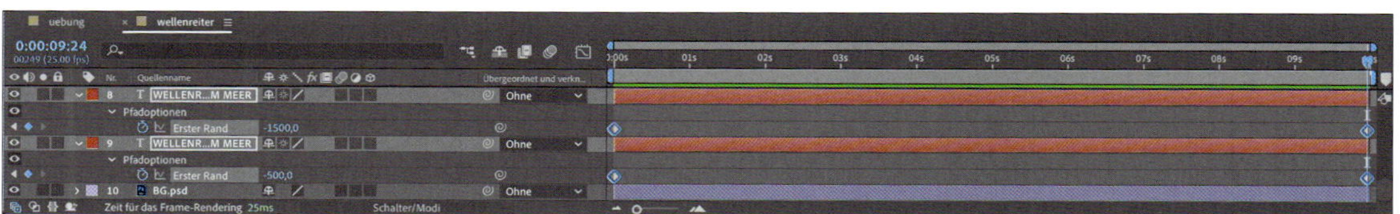


## 4 Weitere Duplikate

Von den beiden Ebenen erzeugen Sie Duplikate mit leicht veränderten Einstellungen. Schließen Sie sämtliche Ebeneneigenschaften, um Platz zu sparen. Markieren Sie dann beide Ebenen, und duplizieren Sie sie einmal. Schieben Sie die neuen Ebenen in der Zeitleiste nach oben. Lassen Sie beide Ebenen ausgewählt, und ändern Sie die Schriftgröße auf »200 px«.

Blenden Sie anschließend die Eigenschaft DECKKRAFT mit der Taste [T] bei den markierten Ebenen ein. Stellen Sie den DECKKRAFT-Wert auf 50 % für beide Ebenen. Wählen Sie in den PFADOPTIONEN unter AUSRICHTUNG ERZWINGEN die Option AUS. – Richtig, solange beide Ebenen ausgewählt sind, müssen Sie die Änderungen nicht in jeder Ebene einzeln vornehmen.

Lassen Sie die neuen beiden Ebenen markiert, und duplizieren Sie sie ein weiteres Mal. Die entstandenen vier 200 Pixel großen Ebenen verteilen Sie, um die »Wellen« zu erzeugen, mit dem Auswahl-Werkzeug [V] auf neue Positionen im Kompositionsfenster.

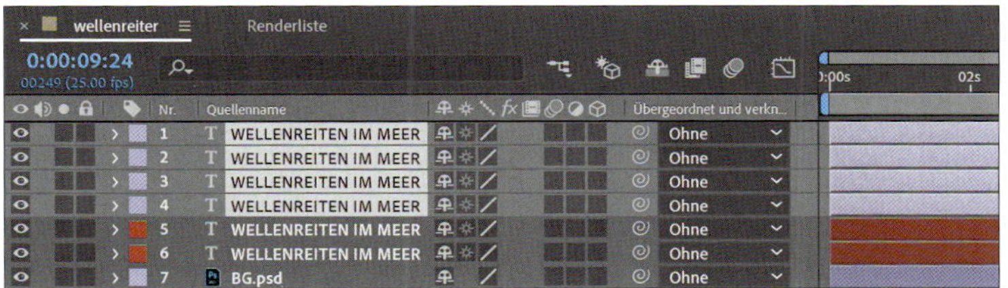


◂ **Abbildung 9.78**
Von den beiden ersten Textebenen erzeugen Sie nochmals je zwei Duplikate, und dort verändern Sie die Formatierung des Textes.

◂ **Abbildung 9.79**
Die vier Duplikate mit neuer Schriftgröße ordnen Sie in der Komposition verschieden an.

### 5 Ein Wellenreiter

Legen Sie eine neue Textebene über Ebene • Neu • Text an, und tippen Sie den Text »Wellenreiten im Meer« ein. Wählen Sie Arial Regular oder eine ähnliche Schriftart. Die Schriftgröße soll etwa 40 px betragen. Als Textfarbe weisen Sie ein helles Türkis zu.

Um den Text ähnlich wie die Wellen animieren zu können, benötigen Sie den Maskenpfad. Sie kopieren ihn aus einer der anderen Ebenen. Markieren Sie dazu eine der Ebenen, und blenden Sie die Maske mit der Taste M ein. Klicken Sie auf das Wort Maske 1 bzw. Wellenmaske, drücken Sie dann Strg+C zum Kopieren, und fügen Sie den Pfad mit Strg+V in der neuen Textebene ein. Wählen Sie in den Pfadoptionen der neuen Textebene die kopierte Maske als Pfad für den Text aus.

### 6 Animation des neuen Textes

Die Animation für die neue Textebene ähnelt der auf den anderen Ebenen. Setzen Sie einen ersten Key beim Zeitpunkt 00:00 für Erster Rand. Positionieren Sie den Mauszeiger über dem Wert für Erster Rand. Sobald das Hand-Symbol erscheint, können Sie den Wert ziehen. Dabei wandert der Text den Pfad entlang.

**Abbildung 9.80 ▼**
Eine weitere Textebene wird neu formatiert und über den rechten Rand auf dem Maskenpfad animiert.

Ziehen Sie den Wert so lange nach rechts, bis der Text vollständig am rechten Bildrand verschwunden ist. Verschieben Sie die Zeitmarke auf 05:00, und verschieben Sie dann den Text so lange nach **links**, bis er am **linken** Bildrand verschwunden ist. Sehen Sie sich die Animation an.

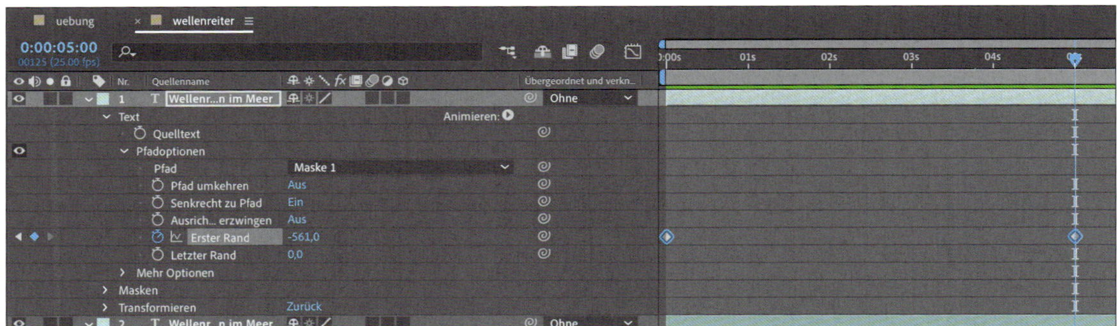


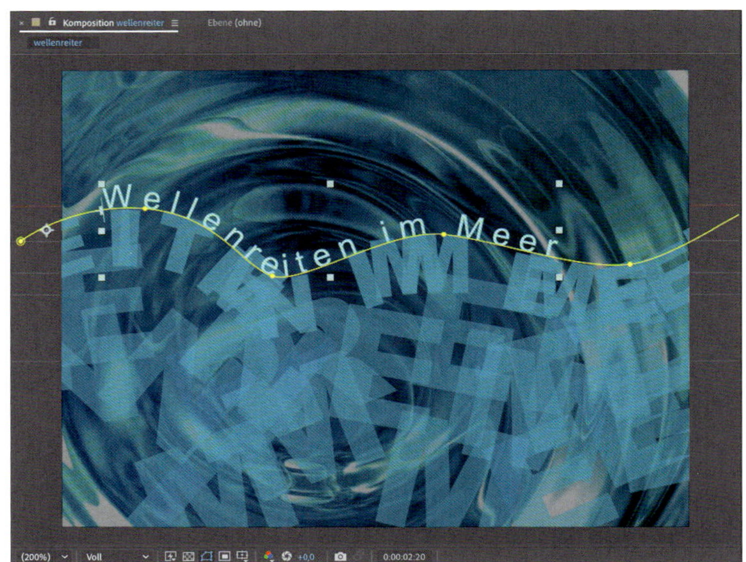


**Abbildung 9.81 ▶**
Der Text scheint auf den Wellen zu reiten.

### 7 Neue Duplikate

Ich will Sie nicht ärgern, aber damit das Ganze ein bisschen nett aussieht, benötigen Sie noch ein paar Duplikate der neuen Textebene, wobei jedes Duplikat eine etwas größere Schrift haben sollte, damit der Eindruck einer räumlichen Perspektive entsteht. Die Einstellungen für Erster Rand sollten Sie ebenfalls bearbeiten, damit nicht alle Texte zur gleichen Zeit ins Bild treten. Letztendlich ist es natürlich Geschmackssache. Da Sie bereits alles Nötige wissen, lasse ich Sie an dieser Stelle allein. Das fertige Projekt liegt Ihnen zum Abgucken ja vor.

◂ **Abbildung 9.82**
Zum Schluss reiten drei Texte auf den Wellen.

## 9.8.2 Weitere Pfadoptionen

Jetzt stelle ich Ihnen zwei weitere Pfadoptionen vor: PFAD UMKEHREN und SENKRECHT ZU PFAD. Interessant sind diese Optionen, wenn Sie den Text auf einem kreisförmigen Maskenpfad ausrichten. Sobald Sie den kreisförmigen Pfad für den Text ausgewählt haben, befindet er sich innerhalb des Maskenpfads.

Nach Anwendung der Option PFAD UMKEHREN ❶ ist der Text am äußeren Rand des Maskenpfads orientiert. Die Option SENKRECHT ZU PFAD ❷ richtet jedes einzelne Textzeichen senkrecht zum Maskenpfad aus, wenn die Option auf EIN gestellt ist. Ansonsten wird der Text senkrecht zur Komposition angezeigt.

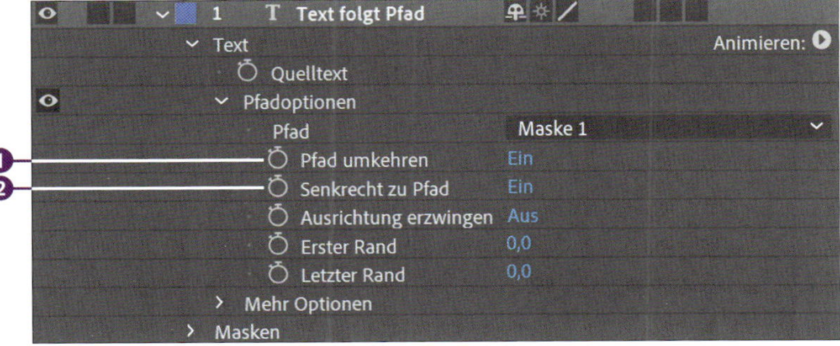


▴ **Abbildung 9.83**
Die PFADOPTIONEN bestimmen die Ausrichtung der Textzeichen am Pfad und ihre Position darauf.

▲ **Abbildung 9.84**
Ein Text in einem kreisförmigen Maskenpfad verläuft innerhalb des Pfads.

▲ **Abbildung 9.85**
Wenn Sie die Option PFAD UMKEHREN verwenden, verläuft der Text umgekehrt auf dem Pfad.

▲ **Abbildung 9.86**
Mit der Option SENKRECHT ZU PFAD richten Sie jedes Textzeichen senkrecht auf dem Pfad aus.

▲ **Abbildung 9.87**
Ist die Option SENKRECHT ZU PFAD ausgeschaltet, wird der Text in Bezug zur Komposition gesetzt.

**Beispiele**

In den Beispielmaterialien zum Buch finden Sie im Ordner 09_TEXTANIMATION/BEISPIELE/TEXTAMPFAD zwei Movies und das Projekt »textampfad.aep«. Hier wurden Texte entlang eines kreisförmigen Maskenpfads animiert. Sollte die Schrift nicht auf Ihrem System installiert sein, wählen Sie eine andere Schriftart. Die Animation wird dennoch deutlich. Vielleicht bauen Sie eine der Animationen später ja einmal nach.

▲ **Abbildung 9.88**
In den Beispielmaterialien findet sich eine Animation mehrerer Textebenen entlang eines kreisförmigen Maskenpfads (hier mit eingeschalteter Bewegungsunschärfe).

### 9.8.3 Formen und Masken aus Text erstellen

Aus den Textkonturen Formen oder Masken zu generieren, ist ganz einfach: Markieren Sie dazu die Textebene, und wählen Sie dann im Menü EBENE • ERSTELLEN • FORMEN AUS TEXT ERSTELLEN oder MASKEN AUS TEXT ERSTELLEN. Sie erhalten eine neue Formebene, und diese wiederum enthält Pfade für jedes Textzeichen, bzw. es entsteht eine neue Ebene, die Masken für jedes Textzeichen enthält. Die im ersten Fall entstehenden Pfade sind Bestandteil der Formebene, aber das sagt Ihnen hier noch nichts; mehr dazu erfahren Sie in Abschnitt 11.5, »Formebenen«. Näheres zum Umgang mit Masken lesen Sie in Kapitel 11, »Masken, Matten und Alphakanäle«.

Sinnvoll ist das Generieren von Formen aus Text, um Texteffekte zu erzeugen, die nur mit Formebenen zu erreichen sind, z. B. das Verwackeln der Textkonturen oder das animierte Morphing der Textkonturen. Für die Masken, die Sie aus Text erzeugen, gilt das ähnlich. Hier können Sie neben dem Morphing der Textkonturen auch Effekte auf die Maskenpfade anwenden, beispielsweise Leuchteffekte, die den Konturen folgen. Außerdem können Objekte dem Pfad folgen. Doch dies alles greift bereits in andere Themenbereiche vor. Es wird also Zeit für Sie, das Kapitel zu wechseln.

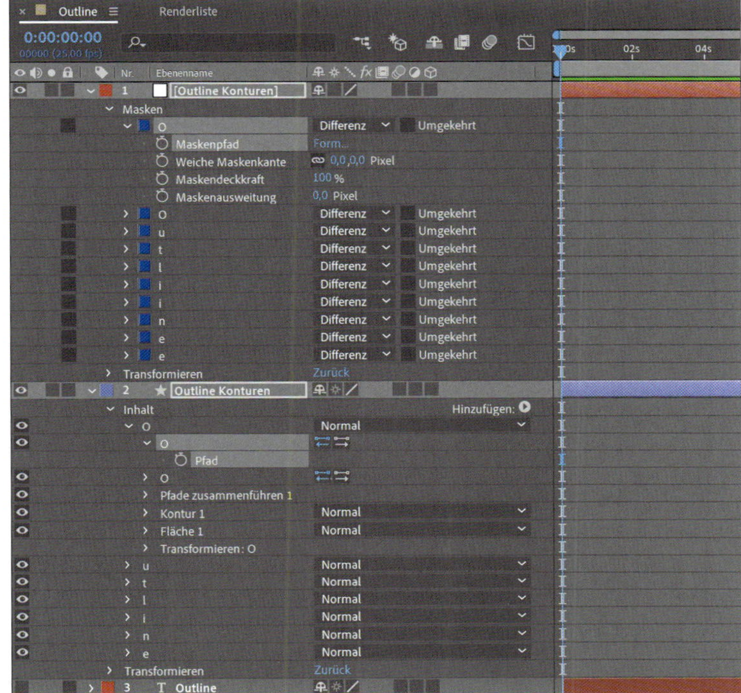


**◂ Abbildung 9.89**
Nach dem Anwenden des Befehls FORMEN AUS TEXT ERSTELLEN oder MASKEN AUS TEXT ERSTELLEN entsteht eine neue Form- bzw. Maskenebene in der Zeitleiste, die die aus den Textzeichen automatisch generierten Pfade enthält.

**◂ Abbildung 9.90**
Und so können sie aussehen, die Pfade für den Text.

Eine Alternative zum Erstellen von Masken aus Text gibt es auch noch: Wählen Sie die Textebene aus und danach die Option EBENE • PAUSSTIFT. Aus jedem Textzeichen werden nun Maskenpfade generiert. Auch so können Sie die Maskenpfade als Referenz nutzen, um Effekte oder Ebenen am Pfad entlang zu animieren.

# Kapitel 10

# Rendern und Ausgabe

*Wirklich beendet ist ein Projekt erst, wenn es beim Kunden im gewünschten Ausgabeformat vorliegt. Dazu muss eine Komposition gerendert werden. Dieses Kapitel zeigt praktische Wege, die Sie für jede Ausgabe brauchen.*

## 10.1 Kompression

Bei allem Vergnügen, Animationen zu erstellen, ist es doch entscheidend, wie der Film später bei Ihrem Publikum ankommt. Qualität und Dateigröße Ihres fertigen Films sind dabei genauso wichtig wie die richtigen Einstellungen, um Ihre Kompositionen für Fernsehen, Blu-ray Disc, DVD, Web, mobile Geräte, Film oder zur Weiterverarbeitung auszugeben.

**After Effects und Media Encoder**
After Effects beherrscht gemeinsam mit dem dazugehörenden Adobe Media Encoder die Ausgabe in unterschiedliche gängige Formate für verschiedenste Medien. Dazu bieten beide Applikationen zusammen eine große Zahl der gebräuchlichen Kompressoren an. Welche Codecs verfügbar sind, ist auch abhängig von der auf Ihrem System installierten Software, die eigene Codecs mitbringen kann. Für spezielle Anforderungen kann auch eine Nachinstallation spezieller Codecs erforderlich sein.

▲ **Abbildung 10.1**
Wollten Sie die Informationen dieser Bücher komprimieren, müssten Sie Wörter löschen und Textstellen umformulieren, bei möglichst gleichbleibendem Informationsgehalt. Ginge das gut, hätten Sie nachher mehr Platz im Regal. Ähnlich ist das bei der Kompression von Bilddaten.

### 10.1.1 Gängige Kompressoren

Zum besseren Verständnis seien hier einige der älteren und neueren in After Effects bzw. im Media Encoder verfügbaren Kompressoren etwas genauer erläutert.

**Sinn der Kompression**
Die Kompression der Filmdaten ist ein wichtiger Bestandteil im Ausgabeprozess. Der Sinn der Kompression besteht kurz gesagt in einer Reduktion der Datenmenge.

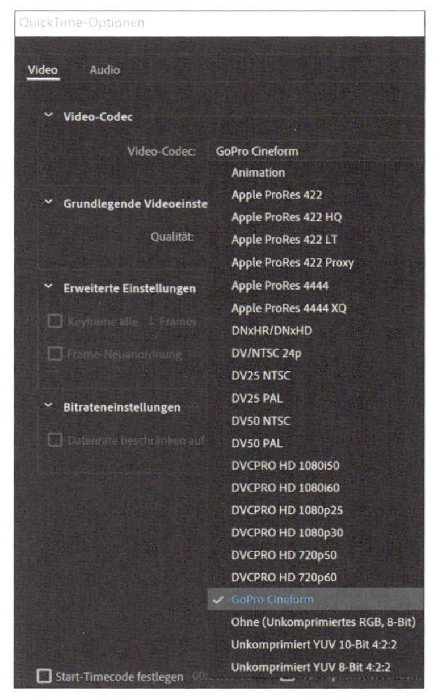


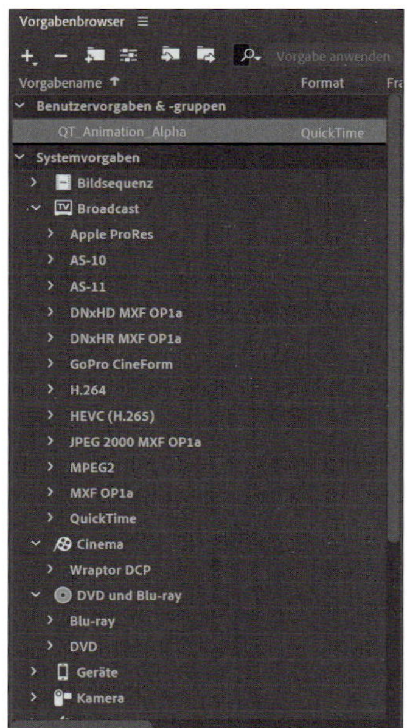


**Abbildung 10.2** ▸
Links: After Effects kann QuickTime-Dateien nativ encodieren. Rechts: Der Media Encoder hält Vorgaben für unterschiedlichste Ausgabeszenarien bereit.

**Nicht mehr unterstützt**
Seit der Version 15.1 von After Effects werden ältere Formate und Codecs für QuickTime 7 von Adobe nicht mehr unterstützt. Somit sind ältere Codecs wie Cinepak, Graphics und Sorenson nicht mehr verfügbar und auch der Import wird nicht unterstützt. Sie sollten davon betroffene ältere Videodateien für den Import zuvor in modernere Formate umwandeln.

**Sequenzen**
Zur Weiterverarbeitung eignen sich auch Sequenzen, die Sie aus After Effects in vielen Formaten wie Photoshop-Sequenz, TIFF und Targa in hoher Qualität ausgeben.

### DV-PAL und DV-NTSC

DV-PAL oder DV-NTSC wird verwendet, um Animationen im DV-Standard auszugeben. Der Codec ist nicht für eine Datenreduktion und zur Verbreitung von damit komprimierten Filmen auf multimediatypischen Medien wie DVD geeignet. Planen Sie eine Ausgabe auf MiniDV, DVCam und DVCPro, verwenden Sie die entsprechenden DV–Codecs. Standardmäßig sind für das AVI-Format die Codecs DV (24P ADVANCED), DV PAL und DV NTSC wählbar und für die Ausgabe im MOV-Format die Codecs DV/NTSC 24p, DV25 PAL, DV50 PAL, DV25 NTSC, DV50 NTSC, DVCPRO HD 1080i50, DVCPRO HD 1080i60, DVCPRO HD 1080p25, DVCPRO HD 1080p30, DVCPRO HD 1080p50, DVCPRO HD 720p50 und DVCPRO HD 720p60.

### MPEG-2

Aus After Effects können Sie MPEG-2-Dateien nur indirekt über den Media Encoder ausgeben. Dieser verwendet einen Codec von MainConcept. Mit dem MPEG-2-Codec komprimierte Dateien finden beim DVD-Authoring und zur Präsentation Verwendung (dabei ist nicht jeder Player in der Lage, die Datei abzuspielen). Mit MPEG-2 codierte Dateien sind relativ klein bei guter Bildqualität.

Um Dateien aus After Effects mit MPEG-2 auszugeben, wählen Sie Ihre Komposition aus und rufen dann KOMPOSITION • ZUR ADOBE MEDIA ENCODER-WARTESCHLANGE HINZUFÜGEN auf. Entsprechende Kompressionseinstellungen nehmen Sie im Fenster EXPORTEINSTELLUNGEN des Encoders vor (siehe Abschnitt 10.5).

### MPEG2-DVD

Ebenfalls nur im Media Encoder verfügbar wird der gleiche Codec wie bei der MPEG-2-Ausgabe verwendet. Optional geben Sie jeweils einen separaten Audio- und Videodatenstrom, je nach Weiterverarbeitungsart, oder eine gemultiplexte Variante aus (Audio- und Videodaten sind dabei in einer Datei zusammengefügt). Die Ausgabe eignet sich, wie der Name schon vermuten lässt, für Dateien, die letztlich auf einer DVD publiziert werden.

### MPEG2 Blu-ray

Auch hier nutzt der Media Encoder wieder den MPEG-2-Codec von MainConcept, und Sie können über die Exporteinstellungen weitere Einstellungen vornehmen. Die Ausgabe dient, wie der Name bereits vermuten lässt, der Datenspeicherung auf Blu-ray-Medien.

### MPEG-4 Video

Der Rechenaufwand bei der Kompression ist hier recht hoch und die Encodiergeschwindigkeit daher relativ niedrig. Das Resultat sind kleine Dateien in hoher Bildqualität. Die Ausgabe ist wieder über den Media Encoder möglich. Der Media Encoder bietet eine Ausgabe im MPEG-4-Format auch für Mobiltelefone als ».3gp«-Dateien mit H.263-Kompression an.

### H.261, H.263, H.264 und H.264 Blu-ray

Seinem Verwendungszweck für die Videotelefonie und für Videokonferenzen entsprechend, werden mit dem Verfahren namens H.261 Bilddaten bei recht guter Bildqualität stark reduziert. Der H.261-Standard bildet die Grundlage für MPEG-1, MPEG-2, H.262, H.263, H.264 und H.264 Blu-ray. Das im MPEG-4-Standard enthaltene H.263-Komprimierungsverfahren ist eine Weiterentwicklung von H.261 und ist wie dieses Verfahren für niedrige Datenraten und wenig Bewegung optimiert. Ebenfalls Teil des MPEG-4-Standards (MPEG-4 Part 10) ist der Videokonferenz-Standard H.264. Hier sind Bildauflösungen bis hin zu 1.920 × 1.080 (HD-Video) bei geringen Datenraten möglich. Das Verfahren findet bei HD-DVD, Videokonferenzen, Video-on-Demand, Streaming und Multimedia-Nachrichten Verwendung und ist für TV-Sendungen geeignet.

Im Media Encoder können Sie die Ausgabe in H.264 unter Systemvorgaben bzw. unter Format auswählen. H.264 liefert bei halber Datenrate die gleiche Qualität wie MPEG-2 und wird von den DVD-Formaten HD-DVD und Blu-ray Disc unterstützt. Wenn Sie im Media Encoder das Format H.264 oder H.264 Blu-ray ausgeben, können Sie in den Exporteinstellungen weitere Einstellungen vornehmen. Als Audiokompression wird wahlweise AAC (Advanced

Audio Coding) bzw. PCM-Audio (bei H.264 Blu-ray) verwendet, was eine hohe Audioqualität gewährleistet und zudem von vielen mobilen Geräten unterstützt wird. Für die Videokompression wird bei H.264 und bei H.264 Blu-ray der Video-Kompressor MainConcept H.264 verwendet.

Native H.264 codierte Clips können Sie seit der Programmversion 23 auch über die Renderliste in After Effects ausgeben.

### 10.1.2 Unkomprimierte Ausgabe

Die unkomprimierte Ausgabe dient nur dem Zusammenfassen Ihrer Animationen in einer einzigen Datei. Das Resultat sind entsprechend großen Dateien. Wollen Sie Daten weiterverarbeiten, z. B. in einem Schnittsystem, ist es sinnvoll, sie unkomprimiert oder in sehr hoher Qualität auszugeben. Eine solche Datei kann auch einen Alphakanal enthalten. Somit können Sie beispielsweise eine aus mehreren Ebenen bestehende Titelanimation in einer Datei mit transparentem Hintergrund zusammenfassen und über einem neuen Hintergrund platzieren. Im Abschnitt 10.6.2, »Überblick der Ausgabemöglichkeiten«, erläutere ich einige gängige Möglichkeiten genauer.

## 10.2 Der Rendervorgang

**Aufgepasst beim Codec**
Abhängig von dem verwendeten Codec nimmt die resultierende Datei mehr oder weniger Platz auf der Festplatte ein.

Beim Rendern wird jede Ebene oder verschachtelte Komposition Frame für Frame entsprechend ihrer Reihenfolge in der Zeitleiste berechnet. Dabei werden Transformationen, Effekte, Maskenbearbeitungen und Sound in die fertige Datei eingerechnet. Das Ergebnis ist eine Filmdatei, die unabhängig von der Projektdatei auf der Festplatte gespeichert wird und auf verschiedene Medien verteilt werden kann.

2D-Ebenen werden dabei von der untersten zur obersten Ebene berechnet. After Effects errechnet zuerst die auf eine Ebene angewendeten Masken, dann die Effekte und schließlich die Transformationen. Hat sich After Effects durch den Ebenenstapel bis zur obersten Ebene durchgearbeitet, wird das Ergebnis an die in der Renderliste definierten Ausgabemodule (es können mehrere sein) gesendet, um den Ausgabefilm zu erstellen.

Bei 3D-Ebenen, die ich später noch genauer besprechen werde, ist die Renderreihenfolge durch die räumliche Anordnung der Ebenen bestimmt. After Effects beginnt mit der Berechnung der räumlich am weitesten entfernten Ebene der Komposition. Für Drehungen werden nacheinander zuerst die X- und Y- und zum Schluss die Z-Drehung berechnet.

Das wäre nun alles sehr schön, wenn nicht bisweilen mit Kompositionen gearbeitet würde, die 2D- und 3D-Ebenen enthalten. After Effects sieht in der Zeitleiste aufeinanderfolgende 3D-Ebenen als eine Gruppe an, aus der die am weitesten entfernte Ebene ermittelt wird. Platzieren Sie 2D-Ebenen in der Zeitleiste zwischen 3D-Ebenen, teilt After Effects die 3D-Ebenen in zwei Gruppen und berechnet sie jeweils extra.

Das Ärgerliche daran ist, dass nun Schatten, die eigentlich von der einen Gruppe der 3D-Ebenen auf die andere Gruppe fallen sollen, nicht mehr sichtbar sind, wie Sie das im Vergleich von Abbildung 10.3 und Abbildung 10.5 gut erkennen.

**Zum Weiterlesen**

In Kapitel 16 »3D in After Effects«, finden Sie weitere Informationen zur Arbeit mit 3D-Ebenen.

▲ **Abbildung 10.3**
In dieser Abbildung sind alle Ebenen wunschgemäß dargestellt.

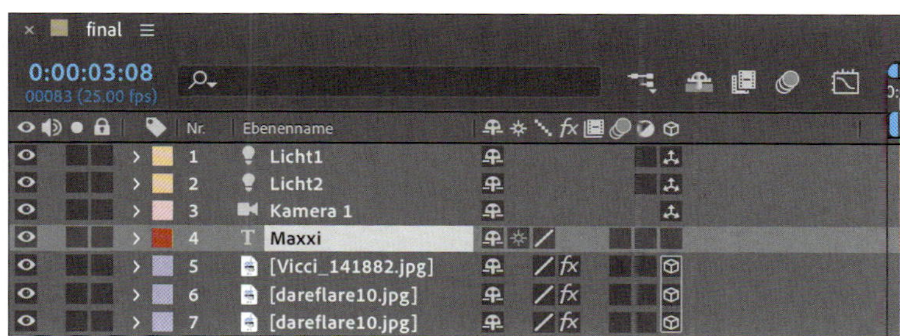


▲ **Abbildung 10.4**
Die 2D-Ebene ist in der Zeitleiste separat neben den 3D-Ebenen platziert.

▲ **Abbildung 10.5**
Hier wird die Durchdringung der Boden-Ebene mit der Hintergrundebene nicht mehr dargestellt, ein Teil des Schattens fehlt, und der Text liegt nicht mehr ganz oben.

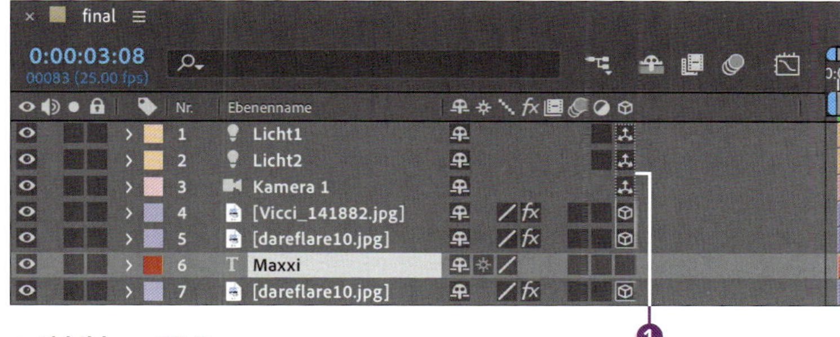


▲ **Abbildung 10.6**
In der Zeitleiste ist die 2D-Ebene zwischen den 3D-Ebenen platziert und teilt diese in zwei Gruppen, die getrennt berechnet werden. Mit den feinen Rahmen um die 3D-Schalter lassen sich die Räume gut erkennen ❶.

Auch geometrisch trennt die 2D-Ebene die beiden Gruppen, wie Sie an der Bodenfläche sehen, die einmal den Hintergrund durchdringt und einmal ohne Durchdringung dargestellt wird. Um eine solche Misere zu verhindern, müssen Sie die 2D-Ebenen in der Zeitleiste über oder unter sämtliche 3D-Ebenen ziehen. Hilfreich sind dabei die angezeigten kleinen Rahmen in der 3D-Spalte der Timeline ❶ (zu sehen in Abbildung 10.6). Adobe nennt sie »Ablageindikatoren für 3D-Ebenen«, sie sollen Ihnen zeigen, welche Ebenen zu welchem Raum gehören.

## 10.3 Rendern in der Praxis: QuickTime-Film ausgeben

Im Folgenden erlernen Sie das grundsätzliche Verfahren, aus einer Komposition einen Film zu rendern. Als Beispiel soll hier ein QuickTime-Film ausgegeben werden, der mit dem GoProCineform-Codec komprimiert wird. Der resultierende Film soll als finale Ausgabe einer Komposition für das Abspielen auf einem Computer optimiert werden. Verwenden Sie für die Ausgabe eine Ihrer Projektdateien oder eine Workshop-Datei aus den Beispielmaterialien.

### 10.3.1 Die Renderliste

In der Renderliste können Sie eine oder mehrere Kompositionen mit verschiedenen Render- und Ausgabeeinstellungen als Liste anlegen. Starten Sie den Rendervorgang, arbeitet After Effects diese Liste von oben nach unten systematisch ab, wobei die jeweils getroffenen Einstellungen die Qualität, das Format und den Speicherort der Datei bestimmen. Die Renderliste öffnen Sie, falls das Fenster geschlossen ist, über FENSTER • RENDERLISTE oder mit [Strg]+[Alt]+[0].

Markieren Sie die zu rendernde Komposition im Projektfenster, und wählen Sie dann KOMPOSITION • AN DIE RENDERLISTE ANFÜGEN oder [Strg]+[M]. Es öffnet sich die Renderliste mit den RENDEREINSTELLUNGEN und dem AUSGABEMODUL. Alternativ fügen Sie Kompositionen der Renderliste hinzu, indem Sie die Kompositionen direkt vom Projektfenster in die Renderliste ziehen.

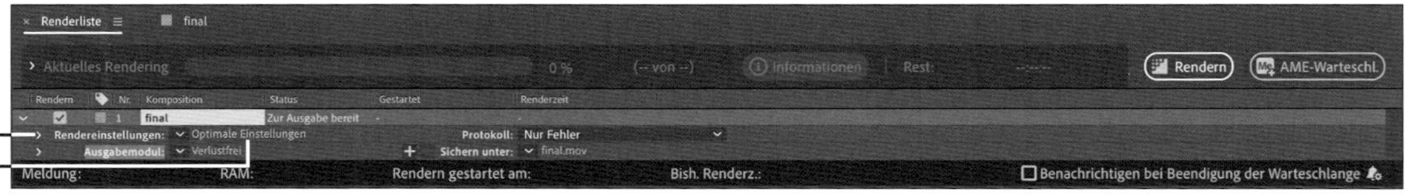


**Abbildung 10.7 ▼**
In der Renderliste warten die zur Ausgabe bereiten Kompositionen. In den RENDEREINSTELLUNGEN und im AUSGABEMODUL legen Sie zuvor wichtige Einstellungen fest.

### 10.3.2 Rendereinstellungen

Mit den RENDEREINSTELLUNGEN ❶ legen Sie die Ausgabequalität fest und wählen die Zeitspanne, die als Film ausgegeben werden soll, sowie die Halbbildreihenfolge.

### Einstellungen zur Komposition

Klicken Sie auf den Text Optimale Einstellungen ❷, um die Einstellungen, die standardmäßig auf optimale Qualität gestellt sind, zu ändern. Es öffnet sich der Dialog Rendereinstellungen.

- Qualität ❸: Legen Sie hier die Renderqualität für alle Ebenen der Komposition fest. Mit den Einstellungen Entwurf und Drahtgitter rendern Sie eine qualitativ schlechtere Datei zur reinen Vorschau und Kontrolle der Animation. Das Rendern geht dann schneller. Wählen Sie jedoch für die hier gewünschte qualitativ hochwertige Ausgabe die Einstellung Beste.
- Auflösung ❹: Hier stellen Sie ein, ob die resultierende Datei in Originalgröße oder kleiner ausgegeben wird. Wählen Sie die Einstellung Voll, es sei denn, Sie wünschen eine reine Vorschaudatei zur Kontrolle Ihrer Animationen.

**Mehrere Kompositionen rendern**

Mehrere Kompositionen können Sie markieren und anschließend der Renderliste hinzufügen. Dabei erscheinen für jede Komposition die Rendereinstellungen und das Ausgabemodul. Auch einen Speicherort müssen Sie für jede Komposition festlegen. Erst zum Schluss betätigen Sie den Button Rendern.

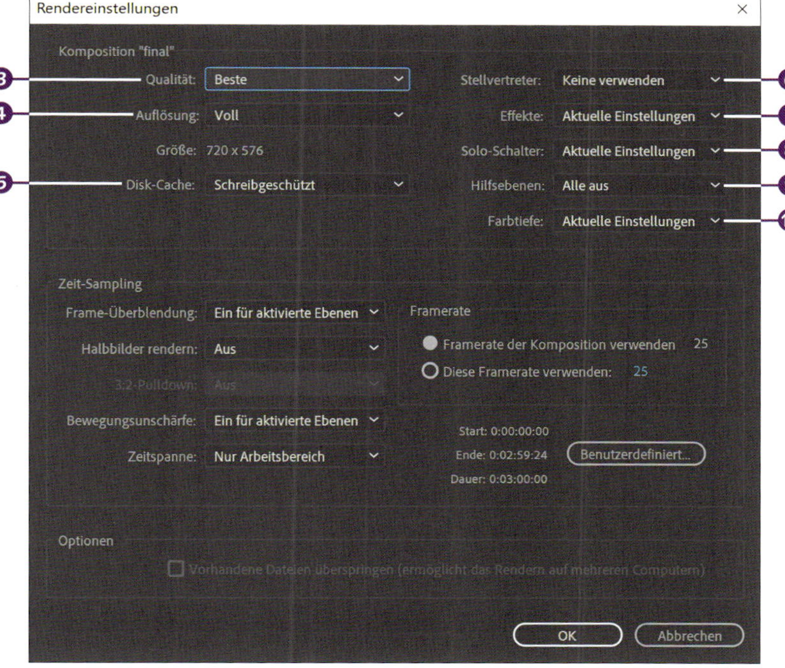


◂ **Abbildung 10.8**
Im Dialog Rendereinstellungen treffen Sie grundsätzliche Festlegungen zum Rendern von Kompositionen.

- Disk-Cache ❺: Mit Aktuelle Einstellungen bestimmen Sie hier, dass Sie die unter den Voreinstellungen getroffenen Festlegungen zum Disk-Cache verwenden (mehr dazu im Abschnitt 6.1, »Caching (globaler Performance Cache)«) oder dass der Cache während des Rendervorgangs schreibgeschützt ist.
- Stellvertreter ❻: Unter Stellvertreter legen Sie fest, ob diese bei der Ausgabe verwendet werden oder nicht. Stellvertreter sind Dateien, die in geringer Qualität vorliegen und später durch

**Zum Nachlesen**

Im Abschnitt 4.6.9, »Ebenenschalter«, sind die einzelnen Schalter, die auch für die Rendereinstellungen Bedeutung haben, eingehend erläutert.

hochaufgelöstes Material ersetzt werden. Wählen Sie hier bei der endgültigen Ausgabe KEINE VERWENDEN.

- EFFEKTE ❼: Hier wählen Sie, ob alle Effekte, kein Effekt oder die in der Komposition aktivierten Effekte verwendet werden sollen. Meist wird hier AKTUELLE EINSTELLUNGEN gewählt.
- SOLO-SCHALTER ❽: Unter SOLO-SCHALTER geben Sie vor, ob in der Zeitleiste auf solo geschaltete Ebenen gerendert werden oder nicht. Solo-Ebenen blenden sämtliche nicht auf solo geschalteten Ebenen aus. Mit AKTUELLE EINSTELLUNGEN rendern Sie die aktivierten Solo-Ebenen, mit ALLE AUS unterbinden Sie dies.
- HILFSEBENEN ❾: Unter diesem Punkt können Sie entscheiden, ob Hilfsebenen gerendert werden oder nicht. Hilfsebenen können aus jeder Ebene erstellt werden (EBENE • HILFSEBENE) und dienen z. B. zum Speichern von Kommentaren oder zur Synchronisation von Animationen mit Sound. Hilfsebenen werden normalerweise nicht gerendert, es sei denn, Sie wählen AKTUELLE EINSTELLUNGEN.
- FARBTIEFE ❿: Hier wählen Sie 8 Bit, 16 Bit oder 32 Bit pro Kanal. Mit AKTUELLE EINSTELLUNGEN übernehmen Sie die Farbtiefe, die aktuell im Projekt eingestellt ist, in Ihre Ausgabe.

### Zeit-Sampling verstehen

Die FRAME-ÜBERBLENDUNG ❶ ist ebenfalls in Zusammenhang mit den in der Komposition gewählten Einstellungen zu sehen. Mit EIN für aktivierte Ebenen wird eine Frame-Überblendung für Ebenen berechnet, bei denen diese Option in der Zeitleiste in der Spalte mit den Ebenenschaltern gewählt wurde. Mit den Optionen bei BEWEGUNGSUNSCHÄRFE ❸ wird diese für in der Zeitleiste aktivierte Ebenen berechnet bzw. nicht berechnet. Die ZEITSPANNE ❹ ist standardmäßig auf NUR ARBEITSBEREICH eingestellt. Sie können hier aber auch die Länge der Komposition oder über BENUTZERDEFINIERT eine selbstdefinierte Zeitspanne wählen. Hier legen Sie den Zeitbereich Ihrer Komposition fest, der gerendert werden soll.

Bei den Einstellungen unter FRAMERATE ❺ empfehle ich Ihnen, diese nicht zu ändern, da dies zu Verfälschungen Ihrer Animationen führen kann. Sie erhalten kleine Dateien mit eventuell stockenden Animationen bei sehr geringen Frameraten und größere Dateien bei höheren Frameraten.

Unter HALBBILDER RENDERN ❷ legen Sie die Halbbildreihenfolge für Kompositionen fest, für die eine Videoausgabe erfolgen soll. Je nachdem, für welches Gerät die Ausgabe gedacht ist, wählen Sie hier UNTERES HALBBILD ZUERST oder OBERES HALBBILD ZUERST. Im Zweifelsfall müssen Sie testen. Verwenden Sie bei DV-Material immer das untere Halbbild, bei einer Ausgabe zur Weiterverarbeitung am Avid wählen Sie das obere Halbbild.

**Ausgabe in verschiedenste Formate**

Mit Media Encoder und After Effects rendern Sie Dateien für die Wiedergabe von DVDs, Bluray Discs oder auf Computern, auf denen ein Player installiert ist. Die Ausgabe für das Web, für mobile Endgeräte, die Aufnahme auf Videobändern, auf Kinomaterial und für die Ausstrahlung im Fernsehen ist ebenso möglich. Die Ausgabe für HDV und HDTV ist eine weitere Option.

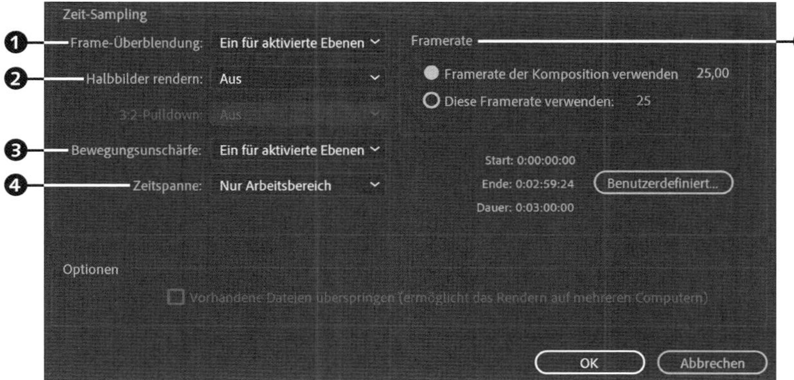


◂ **Abbildung 10.9**
Im Feld Zeit-Sampling befinden sich unter anderem Optionen zur Festlegung der Frame-Überblendung, der Halbbildreihenfolge und des zu rendernden Zeitbereichs.

Für unsere Ausgabe als QuickTime-Film wählen Sie Aus, da der Film später nur auf dem Computer präsentiert werden soll. Endlich können Sie OK anklicken und gelangen wieder in die Renderliste.

## 10.3.3 Ausgabemodul

Als Nächstes geht es um die Ausgabeoptionen. Im Ausgabemodul definieren Sie das spätere Dateiformat und wählen eventuell eine Komprimierung zur Reduktion der Datenmenge. Auch die Farbtiefe der auszugebenden Datei und die Audioausgabe legen Sie hier fest.

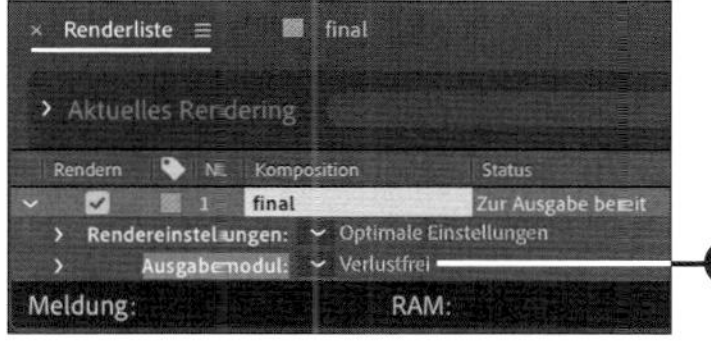


▴ **Abbildung 10.10**
Klicken Sie in der Renderliste auf Verlustfrei.

### Ausgabeformat festlegen

Klicken Sie in der Renderliste hinter Ausgabemodul auf den Text Verlustfrei ❻. Auch in den sich öffnenden Einstellungen für Ausgabemodule finden Sie wieder viele Optionen.

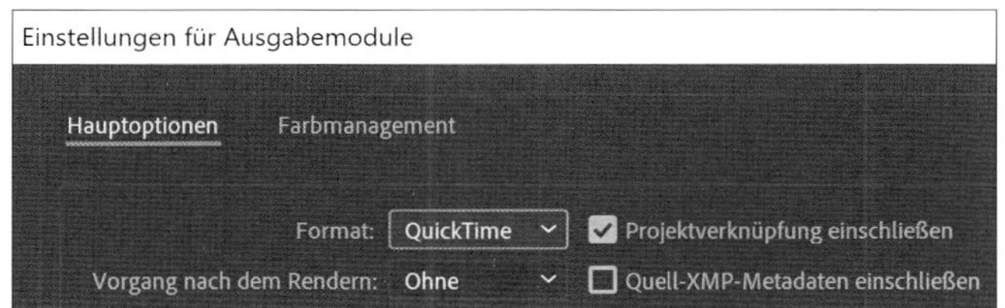


◂ **Abbildung 10.11**
Im Dialog Einstellungen für Ausgabemodule legen Sie das Format für den späteren Film, die Kompression und eine optionale Audioausgabe fest.

Unter Format wählen Sie zum Beispiel für das MOV-Format den Eintrag QuickTime. Klicken Sie auf die Schaltfläche Formatoptionen, um in das Fenster QuickTime-Optionen zu gelangen.

**Verschiedene Formate und Formatoptionen**
Je nach Format sind entsprechende Optionen wählbar. Bei einigen Formaten stehen keine weiteren Optionen zur Verfügung.

### Einstellungen im Fenster »QuickTime-Optionen«

Im Listenfeld unter Video-Codec ❶ (Abbildung 10.12) stellen Sie den gewünschten Kompressor ein, in unserem Fall GoProCineform. Mit der Qualität ❷ bestimmen Sie die räumliche Kompression. Wählen

Sie für unsere Ausgabe per Schieberegler den Wert 3, also eine bereits hohe Qualität. Die einzelnen Stufen entsprechen folgenden Qualitäten: 1 – Low, 2 – Medium, 3 – High, 4 – Film Scan und 5 Film Scan 2.

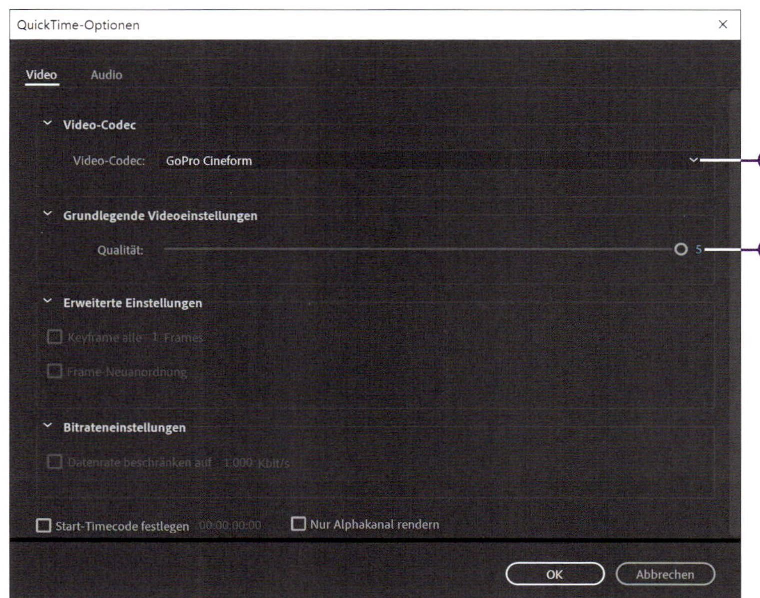


▲ **Abbildung 10.12**
Im Dialog QUICKTIME-OPTIONEN wählen Sie den Codec für die Kompression und legen die Qualitätseinstellung fest.

Bestätigen Sie den Dialog mit OK, und Sie gelangen wieder ins Fenster EINSTELLUNGEN FÜR AUSGABEMODULE.

### Einstellungen für Ausgabemodule

Unter dem Eintrag KANÄLE ❹ können Sie für einige Formate wählen, ob die Datei nur den Alphakanal, die RGB-Kanäle und den Alphakanal oder nur RGB enthalten soll. Für den hier beschriebenen mit GoPro Cineform-komprimierten QuickTime-Film haben Sie alle Möglichkeiten, aber wir benötigen hier nur RGB, da Sie den Alphakanal für die geplante finale Ausgabe nicht benötigen. Lassen Sie auch TIEFE und FARBE unverändert. Unter FARBE bestimmen Sie, nach welcher Methode der Alphakanal gespeichert wird.

Das Häkchen bei PROJEKTVERKNÜPFUNG EINSCHLIESSEN ❽ dient dazu, in der Ausgabedatei eine Verknüpfung zur Projektdatei anzulegen. Wenn die Ausgabedatei anschließend in einer anderen Applikation wie Adobe Premiere Pro verwendet wird, kann sie in der Quellapplikation modifiziert werden. Dazu dient der Befehl DATEI • EXTERN BEARBEITEN oder [Strg]+[E].

**Keyframes für die Kompression**
Basisbilder oder Schlüsselbilder sind nicht zu verwechseln mit den Keyframes, die Sie für Animationen in der Zeitleiste setzen. Bei der Kompression definieren Sie eine geringere Anzahl an Schlüsselbildern für schlechtere Qualität und eine höhere Anzahl für bessere Qualität, woraus größere Dateien resultieren. Alle Bilder zwischen den Schlüsselbildern werden mit dem jeweils vorherigen Bild verglichen, und nur die geänderte Information wird gespeichert. Dies ist eine zeitliche Kompression. Moderne Codecs fügen bei Szenenwechseln automatisch neue Schlüsselbilder ein, weshalb Sie nicht zu viele manuell erzwingen sollten, da es auf Kosten der Kompression geht.

**RGB + Alpha**
In After Effects ist die Ausgabe mit transparentem Hintergrund bzw. Alphakanal möglich. Dabei wird die Kompositionshintergrundfarbe im Ergebnisfilm automatisch auf transparent gestellt, was für eine Weiterverarbeitung der Datei interessant ist. Möglich ist dies bei folgenden Formaten. Sequenzen: IFF Sequenz, OpenEXR Sequenz, PNG Sequenz, Photoshop Sequenz, SGI Sequenz, TIFF Sequenz, Targa Sequenz. Videoformate: QuickTime mit den Codecs Animation, Apple Pro Res 4444 und Apple Pro Res 4444 XQ, DNxHR/DNxHD, GoProCineform und Ohne (Unkomprimiertes RGB, 8 Bit) sowie AVI mit dem Codec None. Bei TIEFE können Sie für einige Ausgabeformate wie Photoshop Sequenz die Option BILLIONEN FARBEN+ und GLEITKOMMA+ wählen.

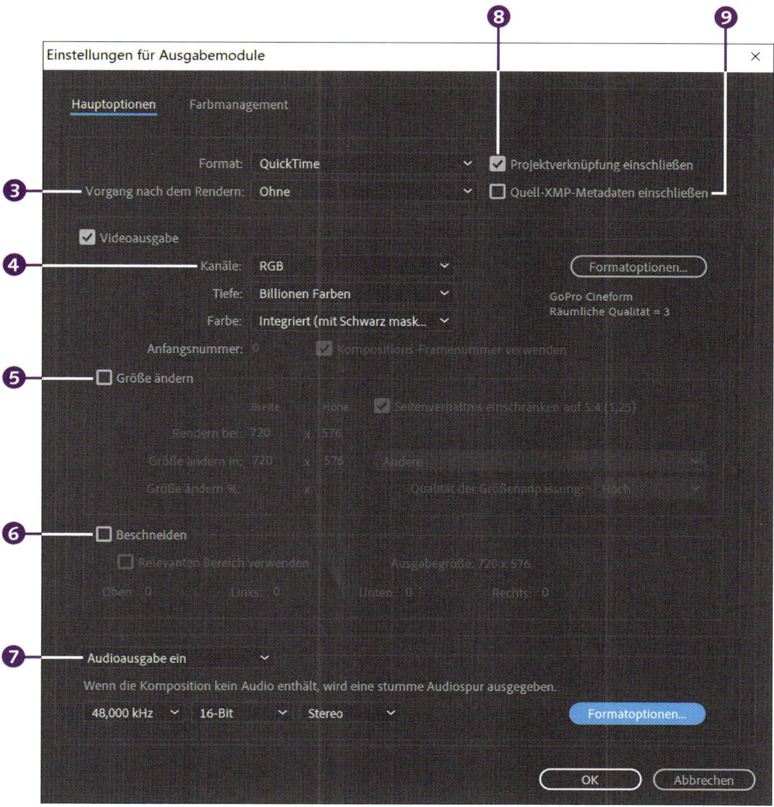


▲ **Abbildung 10.13**
Die Einstellungen für Ausgabemodule

### Größe ändern

Im Feld Grösse ändern ❺ passen Sie nötigenfalls Ihre Ausgabekomposition an ein davon unterschiedliches Ausgabeformat an. Zum Beispiel skalieren Sie eine PAL-16:9-Komposition mit 1.050 × 576 quadratischen Pixeln auf ein PAL-16:9-Format mit 720 × 576 rechteckigen Pixeln, um es im AVID weiterzuverarbeiten. Im Einblendmenü finden Sie gängige Formatgrößen. Die Skalierung beim Rendern erfolgt Frame für Frame. Die Qualität der Grössenanpassung stellen Sie zur Endausgabe auf Hoch ein. Einstellungen zur Größenänderung erhöhen die Rechenzeit. Es empfiehlt sich, die Komposition von Anfang an in der Ausgabegröße zu erstellen, um die Größenänderung unnötig zu machen.Farbmanagement Informationen zu den Einstellungen auf der Karte Farbmanagement finden Sie in Kapitel 13, »Farbkorrektur«.

Mit der Option Quell-XMP-Metadaten einschliessen ❾ geben Sie die Metadaten der ins Projekt importierten Rohmaterialien der Ausgabedatei mit. Weitere Informationen zu XMP-Metadaten erhalten Sie im gleichnamigen Abschnitt 5.6.

Bei Vorgang nach dem Rendern ❸ bestimmen Sie, ob die gerenderte Datei zur Weiterverarbeitung automatisch ins Projekt importiert wird. Wählen Sie hier den Eintrag Ohne. Näheres dazu erfahren Sie in Abschnitt 10.4.3, »Vorgang nach dem Rendern«.

Das Feld Grösse ändern ❺ benötigen Sie für unseren Film nicht.

Die Einstellungen im Feld Beschneiden ❻ dienen zum Entfernen oder Hinzufügen von Pixeln an den Formaträndern und sollten gut bedacht sein. Lassen Sie für beide Einstellungen die Checkboxen deaktiviert. Audioausgabe ein ❼ wählen Sie, falls Audiodaten für Ihre Komposition mitgerendert werden sollen. Die Option Audioausgabe automatisch rendert Audio, soweit in der Komposition aktiviert, andernfalls nicht. Bestätigen Sie die Einstellungen für das Ausgabemodul mit OK.

### Zum Weiterlesen

Informationen zu integrierten und direkten Alphakanälen finden Sie in Kapitel 11, »Masken, Matten und Alphakanäle«.

### 10.3.4 Rendern abschließen

Wichtig ist, für den zukünftigen Film einen geeigneten Speicherort festzulegen. Klicken Sie dazu in der Renderliste bei SPEICHERN UNTER auf den Dateinamen ❶, der aus dem Kompositionsnamen hergeleitet ist, und geben Sie gegebenenfalls einen anderen Dateinamen und Speicherpfad an.

Es ist so weit: Sie können das Rendern starten. Betätigen Sie dazu den Button RENDERN. Sie können in Ruhe mit Ihrem Kollegen ein Schwätzchen halten, bis After Effects sich mit einem typischen Ton meldet, wenn das Rendern beendet ist. Den fertigen Film öffnen Sie anschließend in einem Player. Wenn alles in Ordnung ist, können Sie die Filmdatei z. B. über das Web verteilen.

**Abbildung 10.14 ▼**
Mit der Schaltfläche RENDERN starten Sie den Rendervorgang und sehen einen Fortschrittsbalken.

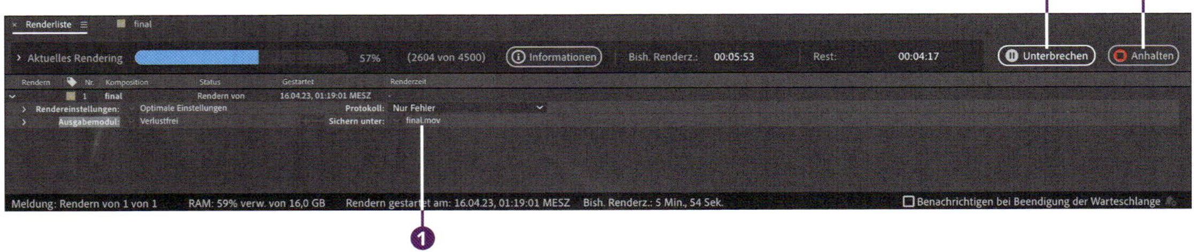


## 10.4 Arbeiten mit der Renderliste

In diesem Abschnitt lernen Sie vereinfachende Arbeitsweisen und fortgeschrittene Rendermöglichkeiten in After Effects kennen.

### 10.4.1 Einstellungsmöglichkeiten

Wir haben schon gesehen, dass Sie in der Renderliste die zu rendernden Kompositionen und Einstellungen ablegen, die dann von After Effects systematisch abgearbeitet werden. Hierbei bietet Ihnen After Effects verschiedene Optionen.

**Rendern pausieren und anhalten**
Nachdem Sie den Rendervorgang bereits gestartet haben, lässt sich der Rechenprozess in der Renderliste temporär oder endgültig stoppen. Dies geschieht mit den Buttons ANHALTEN und UNTERBRECHEN, die dann anstelle des Buttons RENDERN aktiv werden.

Der Button UNTERBRECHEN ❷ dient dazu, das Rendern kurz zu pausieren. In After Effects können Sie allerdings nicht mehr arbeiten; dies ist erst nach dem Rendern wieder möglich. Betätigen Sie den Button FORTSETZEN, fährt After Effects mit dem Renderprozess fort.

Der Button ANHALTEN ❸ bricht das Rendern ab. In der Renderliste erscheinen automatisch ein neues Modul RENDEREINSTELLUNGEN und ein dazugehöriges AUSGABEMODUL. Rendern Sie die Komposition mit den neuen Modulen, beginnt der Renderprozess mit dem Frame, an dem Sie zuvor angehalten haben. Es entstehen also zwei Ausgabefilme.

▼ **Abbildung 10.15**
Halten Sie den Renderprozess an, wird automatisch eine neue Ausgabemöglichkeit angelegt.

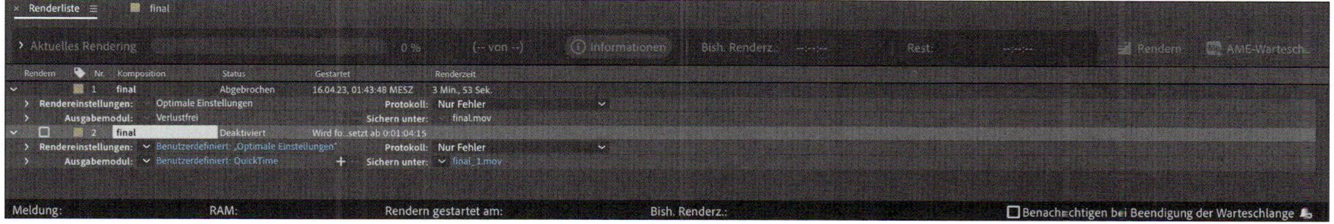

### Reihenfolge ändern

Zum Ändern der Reihenfolge, in der die zur Ausgabe bereiten Kompositionen abgearbeitet werden, markieren Sie die entsprechende Komposition in der Renderliste und ziehen sie nach oben oder unten an eine neue Position.

**Kompositionen löschen**
Falls Ihnen ein Fehler unterlaufen ist, können Sie Kompositionen löschen. Markieren Sie dazu die Komposition in der Renderliste, und drücken Sie die Taste Entf.

### Ausgabe deaktivieren

Wollen Sie eine Komposition erst einmal nicht ausgeben, deaktivieren Sie die Ausgabe. Entfernen Sie dazu das kleine Häkchen ❹ in der Spalte RENDERN vor der betreffenden Komposition. Der Status der Komposition wird nun mit DEAKTIVIERT angezeigt.

Nach dem Rendern ändert sich die Statusanzeige in FERTIG, ABGEBROCHEN oder FEHLGESCHLAGEN.

**Duplikate**
Von den in der Renderliste enthaltenen Kompositionen können Sie, wie im Projektfenster übrigens auch, Duplikate erzeugen, falls Sie nur wenige Einstellungen modifizieren wollen. Markieren Sie dazu die Komposition in der Renderliste, und nutzen Sie die Tastenkombination Strg + D.

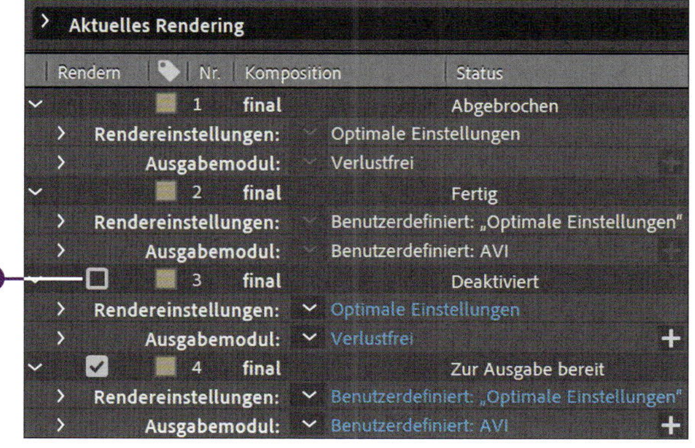


◄ **Abbildung 10.16**
Der Renderstatus wechselt je nach vorgenommener Einstellung oder nach dem Rendern.

### Rendereinstellungen überprüfen

Ihre Rendereinstellungen überprüfen Sie mit einem Klick auf die zwei kleinen Dreiecke vor RENDEREINSTELLUNGEN und AUSGABEMODUL. So werden die protokollierten Einstellungen einsehbar. Dies ist sowohl bei fertig gerenderten Kompositionen möglich als auch für noch nicht gerenderte Kompositionen. Schön ist die Möglichkeit, durch einen Klick auf den farbig hervorgehobenen Text im Ausgabemodul direkt zum fertig gerenderten Film zu gelangen.

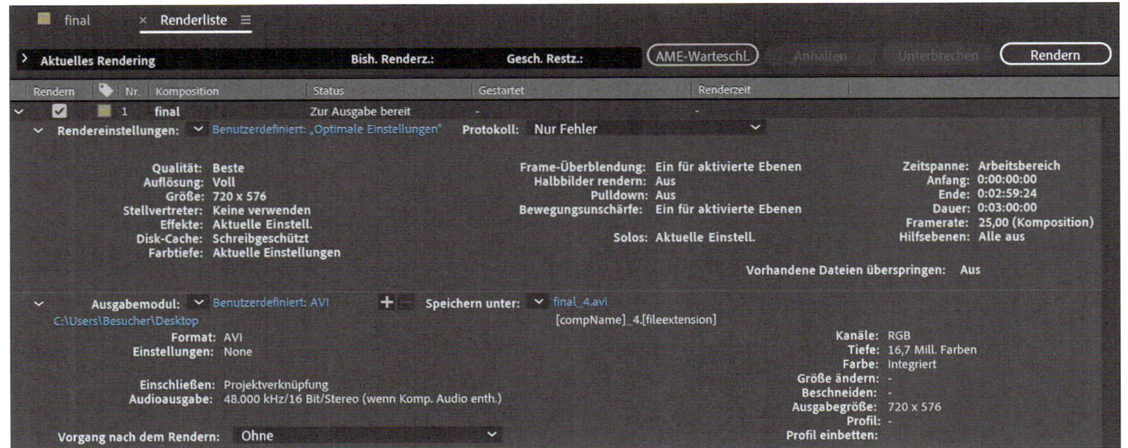


▲ **Abbildung 10.17**
Damit Sie die Rendereinstellungen und die Festlegungen im Ausgabemodul überprüfen können, protokolliert After Effects sie.

### Aktuelle Renderinformationen

Während des Rendervorgangs können aktuelle Renderinformationen angezeigt werden. Dazu blenden Sie einige Informationen über das kleine Dreieck unter Aktuelles Rendering ❶ ein. Zudem gibt es den Button Informationen ❷, der Ihnen weitere Angaben macht: die berechneten Frames pro Sekunde, die Durchschnittliche Frame-Zeit und über Gleichzeitig gerenderte Frames deren Anzahl. Informationen zum verwendeten RAM-Speicher und eventuelle Fehlermeldungen finden Sie in der Statusleiste am unteren Fensterrand.

**Abbildung 10.18** ▼
Aktuelle Informationen zum Fortgang des Renderns blenden Sie unter Aktuelles Rendering ein.

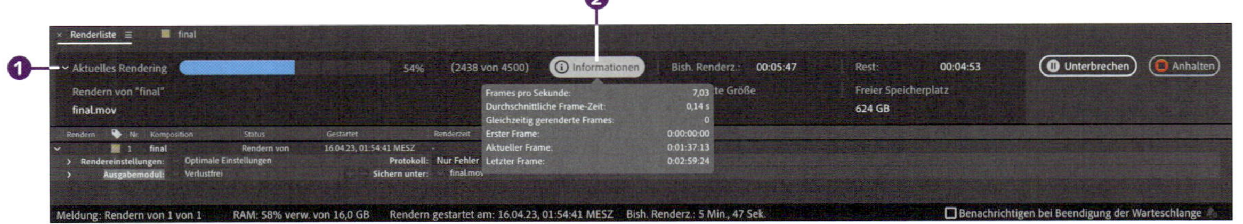


## 10.4.2 Mehrere Ausgabemodule verwenden

After Effects bietet eine einfache Möglichkeit, aus einer Komposition mehrere verschiedene Ausgabevarianten zu erstellen. Beispielsweise möchten Sie gern Ihre Animation mit verschiedenen Kompressoren – den Codecs – rendern, um nach dem Rendern zu sehen, welcher Ausgabefilm die beste Qualität aufweist. Oder Sie haben vor, Ihre Animation in verschiedenen Ausgabeformaten auf unterschiedliche Medien zu verteilen.

In diesem Fall müssen Sie die Komposition nicht mehrfach zur Renderliste hinzufügen. Fügen Sie die Komposition nur einmal wie gewohnt der Renderliste hinzu, markieren Sie die Komposition in der Renderliste, und wählen Sie danach weitere Ausgabemodule über Komposition • Ausgabemodul hinzufügen, oder noch einfacher: Klicken Sie auf das kleine Pluszeichen ❸. Für jedes Ausgabemodul wählen Sie nun unterschiedliche Einstellungen für die Kompression und das Ausgabeformat. Die ausgegebenen Filme erhalten automatisch fortlaufende Nummern. Wollen Sie ein Ausgabemodul löschen, klicken Sie auf das Minuszeichen.

**Rohmaterial rendern**
Um Rohmaterial in verschiedene Formate umzuwandeln, bietet es sich an, das Rohmaterialelement in die Renderliste zu ziehen und anschließend mehrere Ausgabemodule mit verschiedenen Ausgabeeinstellungen anzulegen. Für das Rohmaterialelement wird dabei automatisch eine eigene Komposition angelegt.

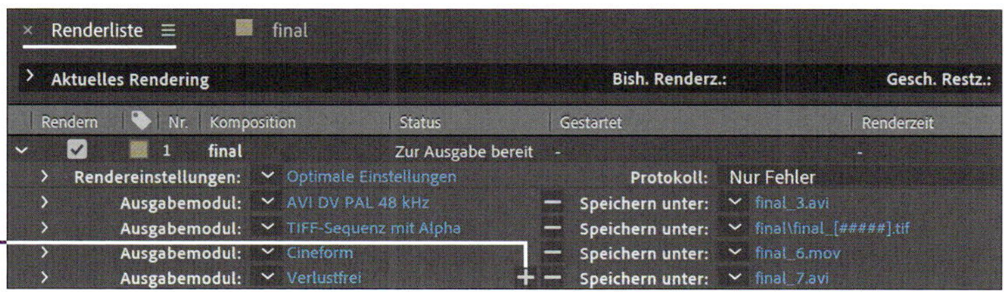


◀ **Abbildung 10.19**
Für eine zu rendernde Komposition können Sie mehrere Ausgabemodule mit unterschiedlichen Ausgabeeinstellungen festlegen.

## 10.4.3 Vorgang nach dem Rendern

Drei Optionen, die automatisch nach dem Rendern ausgeführt werden, erleichtern Ihnen das Leben mit After Effects. Sie verbergen sich im Ausgabemodul unter der Schaltfläche Vorgang nach dem Rendern in einem kleinen Popup-Menü.

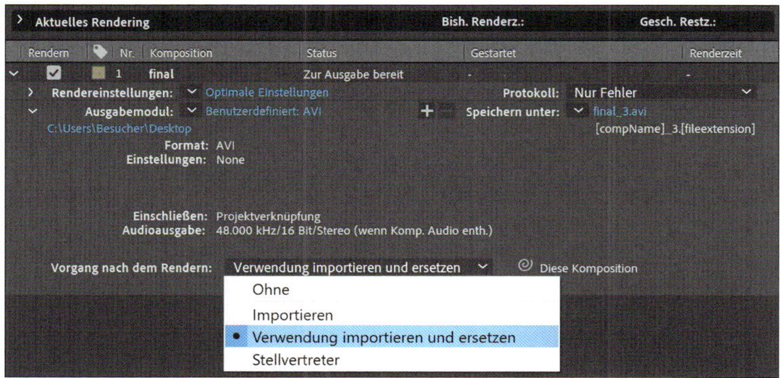


◀ **Abbildung 10.20**
Über ein kleines Menü im Ausgabemodul wählen Sie, was nach dem Rendern mit dem fertigen Film geschehen soll.

### Importieren

Importieren sorgt dafür, dass die gerenderte Datei sofort wieder in das Projekt importiert wird. Sie erscheint dann als Rohmaterial im Projektfenster. Dies ist beispielsweise nützlich, um eine Komposition, die bereits weitestgehend fertig bearbeitet ist, nicht als verschachtelte Komposition weiterverwenden zu müssen, sondern als gerenderte Datei. Die Berechnung der Vorschau ist schneller, wenn Sie nicht mit verschachtelten Kompositionen arbeiten.

### Verwendung importieren und ersetzen

Diese Funktion ähnelt IMPORTIEREN. Neben dem Eintrag erscheint nun noch ein Button ❸, aus dem Sie ein Gummiband auf jedes beliebige Element im Projektfenster ziehen können. Alle Instanzen ❷ des ausgewählten Elements ❶, die sich auch in verschiedenen Kompositionen befinden können, werden nach dem Rendern durch die gerenderte Datei ersetzt ❺. Zusätzlich wird die gerenderte Datei als Rohmaterial importiert und erscheint im Projektfenster ❹.

**Abbildung 10.21 ▼**
Jedes Element im Projektfenster können Sie durch eine gerenderte Komposition ersetzen (oben). Alle Instanzen eines im Projektfenster zuvor ausgewählten Elements werden nach dem Rendern durch die gerenderte Datei ersetzt (unten).

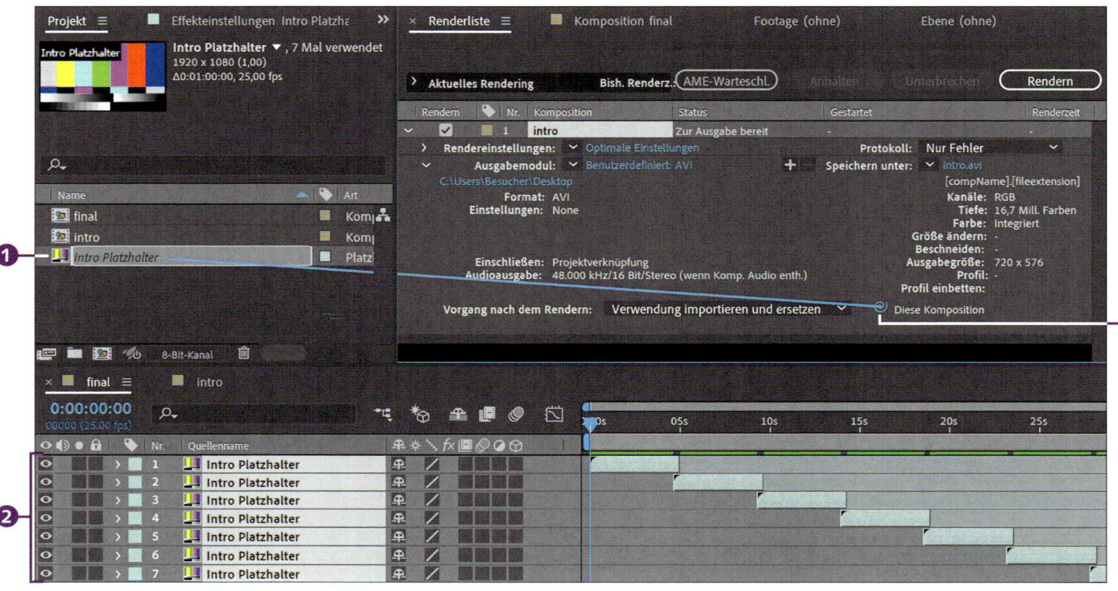


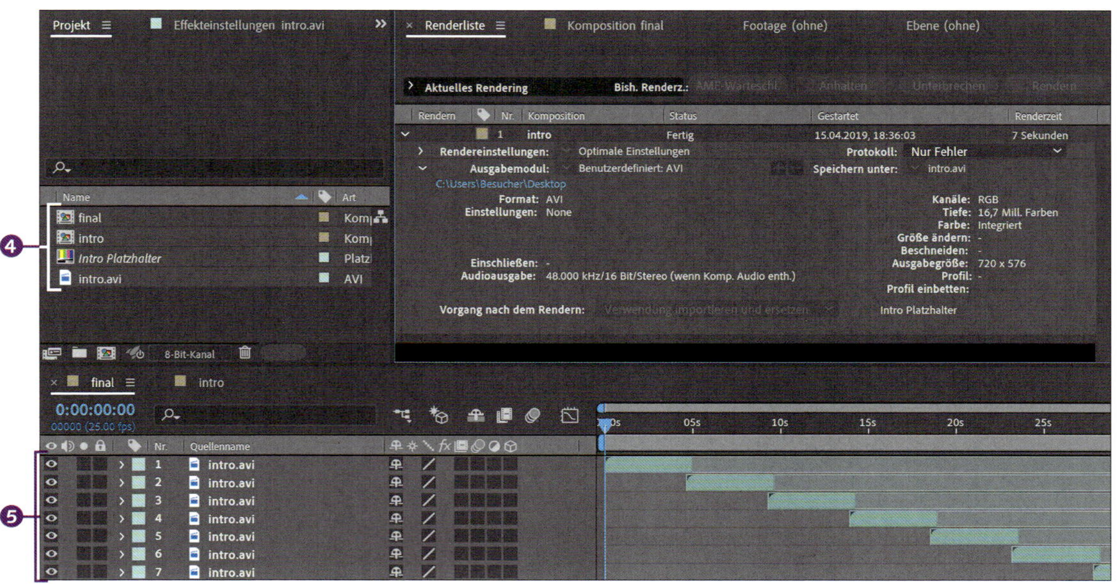

Sehr günstig ist diese Option, wenn eine Komposition, die in viele weitere Kompositionen verschachtelt ist, auf diese Art durch den fertig gerenderten Film ersetzt wird. Die Vorschaugeschwindigkeit kann sich deutlich erhöhen, wenn in der verschachtelten Komposition umfangreiche Effektbearbeitungen und Transformationen enthalten waren. Im Beispiel wurde die Funktion auf einen Platzhalter angewendet.

**Stellvertreter festlegen**

Über den Eintrag STELLVERTRETER legen Sie die gerenderte Datei als Stellvertreter für das mit dem Gummiband ausgewählte Projektelement fest. Wenn Sie das Gummiband nicht bedienen, erhält die aktuelle Komposition einen Stellvertreter.

Ein solcher Stellvertreter ist nützlich, da After Effects dann bei der Erstellung der Vorschau nicht einzeln auf die Elemente der Komposition zugreifen muss, sondern auf Ihren bereits fertig gerechneten Film-Stellvertreter, was die Vorschau beschleunigt. Zwischen dem Stellvertreter und der eigentlichen Komposition können Sie dann im Projektfenster wechseln. Dazu klicken Sie jeweils auf das kleine Quadrat ❻. Ist es leer, wird die Komposition angezeigt, ansonsten der Stellvertreter. In der Komposition wird für den Stellvertreter ein roter Hinweis mit Warndreieck eingeblendet: STELLVERTRETER AKTIVIERT. Um Änderungen für den Stellvertreter zu übernehmen, müssen Sie das Prozedere wiederholen. Um den Stellvertreter wieder loszuwerden, klicken Sie die Datei mit dem Quadrat mit der rechten Maustaste im Projektfenster an und wählen STELLVERTRETER • OHNE.

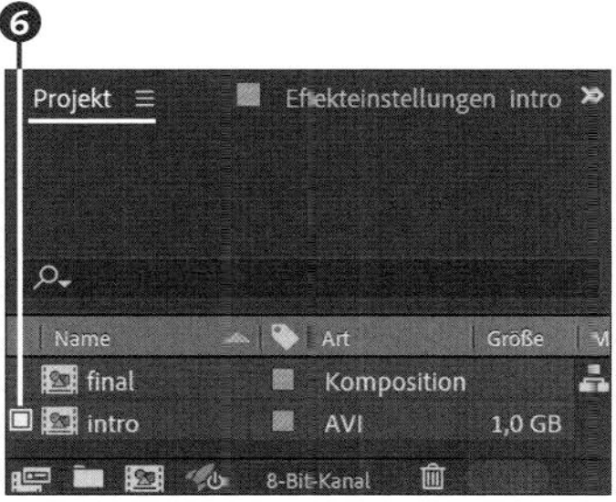


▲ **Abbildung 10.22**
Im Projektfenster wird eine Datei oder Komposition, die mit einem Stellvertreter angezeigt wird, mit einem Quadrat markiert.

## 10.4.4 Ausgabeketten erstellen

Als Vorgang nach dem Rendern können Sie, wie Sie gesehen haben, die Option VERWENDUNG IMPORTIEREN UND ERSETZEN auf einen Platzhalter anwenden. Eine alternative Möglichkeit sind Ausgabeketten.

Fügen Sie dazu eine Komposition, sagen wir die Komposition »Intro«, wie gewohnt der Renderliste hinzu. Ungewohnt ist vielleicht, dass Sie nun das Ausgabemodul zurück ins Projektfenster ziehen müssen, wo es als Platzhalter INTRO.AVI RENDERN 1 erscheint. Das Ausgabemodul wird dabei automatisch unter VORGANG NACH DEM RENDERN auf VERWENDUNG IMPORTIEREN UND ERSETZEN eingestellt. Den entstandenen »Intro«-Platzhalter können Sie anschließend in einer finalen Komposition verwenden, die Sie wiederum zur Ausgabe in die Renderliste ziehen müssen.

**Zum Nachlesen**

Die Funktion und Verwendung von Platzhaltern und Stellvertretern beschreibe ich im Abschnitt 3.10.3, »Platzhalter und Stellvertreter«.

Nach dem Start des Rendervorgangs wird zuerst die »Intro«-Komposition gerendert, wenn Sie nicht zuvor die Renderreihenfolge geändert haben. Durch den fertigen Film wird sofort der in der finalen Komposition verwendete Platzhalter ersetzt, und der Rendervorgang läuft weiter, bis auch die finale Komposition fertig gerendert ist.

Es spielt dabei übrigens keine Rolle, ob der Platzhalter andere Einstellungen (beispielsweise eine andere Framerate) aufweist als die finale Ausgabekomposition, denn zuerst wird der Platzhalter berechnet und danach die finale Komposition. Nach dem Rendervorgang wurde der »Intro«-Platzhalter in der finalen Komposition durch den gerenderten »Intro«-Film ersetzt.

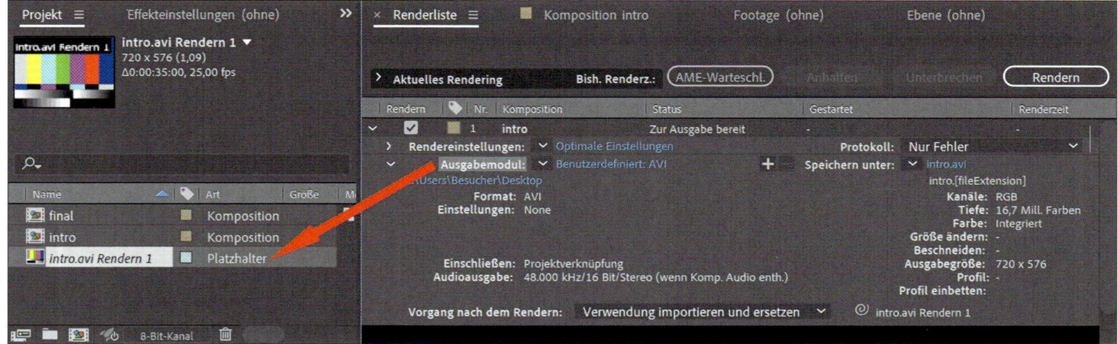


▲ **Abbildung 10.23**
Für die »Intro«-Komposition wird das Ausgabemodul ins Projektfenster gezogen und erscheint dann dort als Platzhalter.

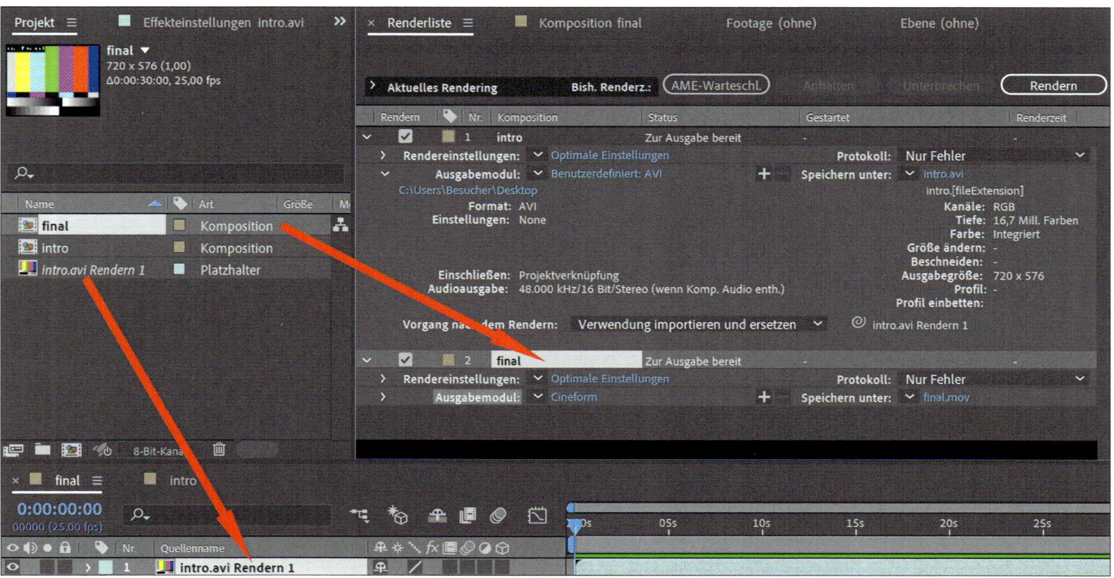


▲ **Abbildung 10.24**
Der »Intro«-Platzhalter wird in der finalen Komposition verwendet, und diese wird wie die »Intro«-Komposition in die Renderliste gezogen.

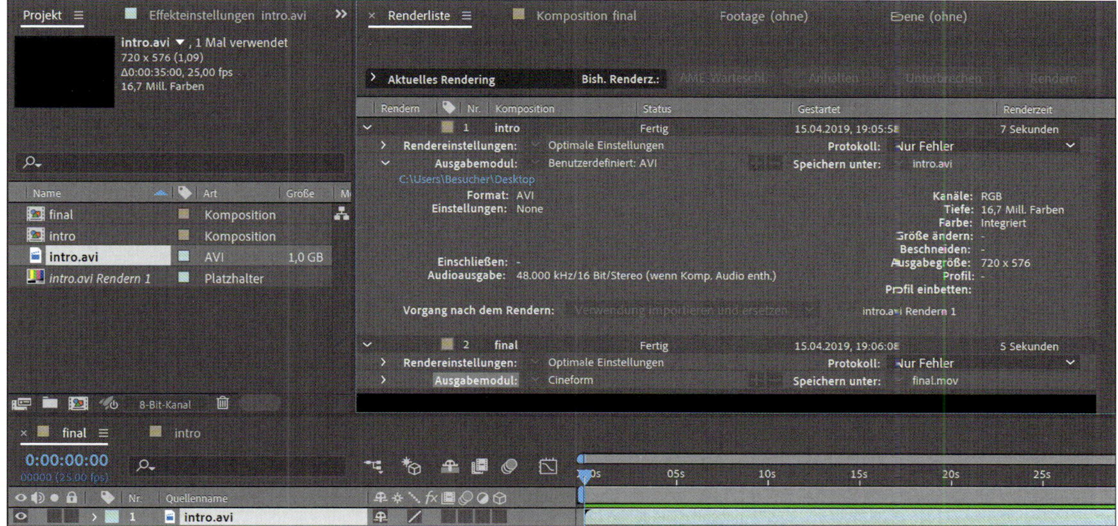

▲ **Abbildung 10.25**
Nach dem Rendern wurde der »Intro«-Platzhalter durch den fertigen »Intro«-Film ersetzt. Und die finale Komposition ist auch schon fertig gerendert.

### 10.4.5 Ausgabe-Voreinstellungen

In den Ausgabe-Voreinstellungen bestimmen Sie, wie After Effects mit dem Festplattenplatz umgehen soll und in welcher Größe es gerenderte Dateien speichert. Sie finden die Voreinstellungen für Windows unter Bearbeiten • Voreinstellungen • Ausgabe und für Mac unter After Effects • Einstellungen • Ausgabe.

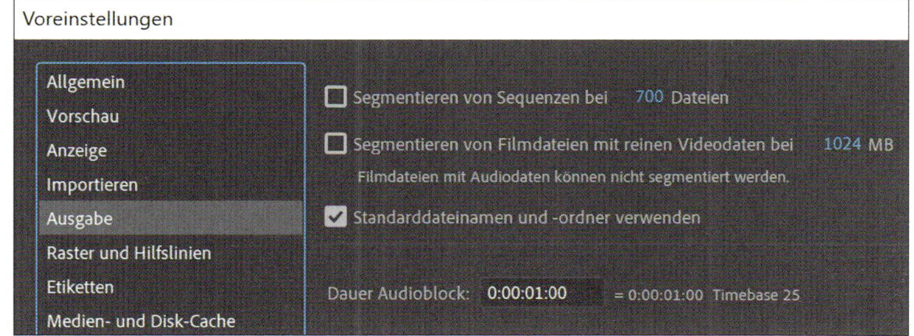


◀ **Abbildung 10.26**
Die Voreinstellungen für die Ausgabe

Die Option Segmentieren von Sequenzen bei ist für besonders lange Sequenzen nützlich, die Sie rendern. Sie sollten die Dateien auf einen Wert von wenigen Hundert begrenzen, wenn der Renderprozess sich spürbar verlangsamt. Aktivieren Sie die Option, und geben Sie die maximale Anzahl Dateien ein, die ein Ordner enthalten darf.

Die Option Segmentieren von Filmdateien mit reinen Videodaten bei ist sinnvoll, wenn Ihre Ausgabedatei ohnehin nur auf eine bestimmte Größe limitiert ist, wie bei einer Datei, die auf einer DVD verwendet wird. Je nach dort vorhandenem Platz tragen Sie hier die maximale Dateigröße ein.

Die Option STANDARDDATEINAMEN UND -ORDNER VERWENDEN aktivieren Sie, wenn aus dem Namen einer Komposition, die der Renderliste hinzugefügt wurde, gleich der Dateiname generiert werden soll. Außerdem wird in diesem Fall nach dem Rendern jede nachfolgend gerenderte Datei an gleicher Stelle gespeichert wie die vorhergehende. Entfernen Sie das Häkchen, müssen Sie für jedes neue Element in der Renderliste den Dateinamen und Speicherort neu festlegen.

Die DAUER AUDIOBLOCK ist angegeben, da Audiodaten nicht frameweise, sondern in Blöcken gespeichert werden. Größere Blöcke von je einer halben oder ganzen Sekunde sind für eine Wiedergabe von MP3-Dateien ohne Störgeräusche empfehlenswert.

## 10.5 Ausgabe mit dem Media Encoder

**Renderinstanz**
Wenn der Media Encoder eine After-Effects-Komposition rendert, geschieht dies über eine im Hintergrund laufende Renderinstanz von After Effects. Daher läuft After Effects möglicherweise langsamer.

Die Ausgabe über den Adobe Media Encoder bietet Ihnen viele Vorteile. Zum einen können Sie, während der Media Encoder Ihre Kompositionen rendert, in After Effects weiterarbeiten, was Ihnen beim Rendern aus After Effects nicht möglich ist. Außerdem kann der Media Encoder im Gegensatz zu After Effects mehrere Ausgabefilme einer Quelle parallel encodieren. Nicht zu vergessen ist auch der umfangreiche Vorgabenbrowser des Encoders, mit den gängigen Formaten und dazugehörigen Encoding-Einstellungen von Web bis Broadcast und Film.

### 10.5.1 Optionen für die Ausgabe

Welche Ausgabeformate der Media Encoder anbietet, hängt davon ab, was Sie installiert haben. Sind After Effects und/oder Premiere installiert, erweitern sich die Ausgabemöglichkeiten entsprechend.

#### Daten hinzufügen

**Exportformate entfernt**
Die in früheren After-Effects-Versionen über DATEI • EXPORTIEREN verfügbaren Ausgabeformate sind nicht mehr wählbar. Zur Ausgabe nutzen Sie den Adobe Media Encoder.

After-Effects-Kompositionen fügen Sie der Media-Encoder-Warteschlange unkompliziert hinzu, indem Sie die jeweiligen Kompositionen markieren und dann KOMPOSITION • ZUR ADOBE MEDIA ENCODER-WARTESCHLANGE HINZUFÜGEN wählen. Den gleichen Befehl finden Sie unter DATEI • EXPORTIEREN. Die Komposition wird damit über Dynamic Link mit dem Encoder verbunden.

Oder Sie wählen im Encoder DATEI • AFTER EFFECTS-KOMPOSITION HINZUFÜGEN bzw. PREMIERE PRO-SEQUENZ HINZUFÜGEN. Über den Punkt QUELLE HINZUFÜGEN ❶ können Sie Dateien unterschiedlichster Formate wie AVI oder MOV hinzufügen und dann in andere Formate umwandeln. Sie können auch per Drag&Drop Kompositionen aus After Effets und Premiere-Sequenzen zur Warteschlange hinzufügen.

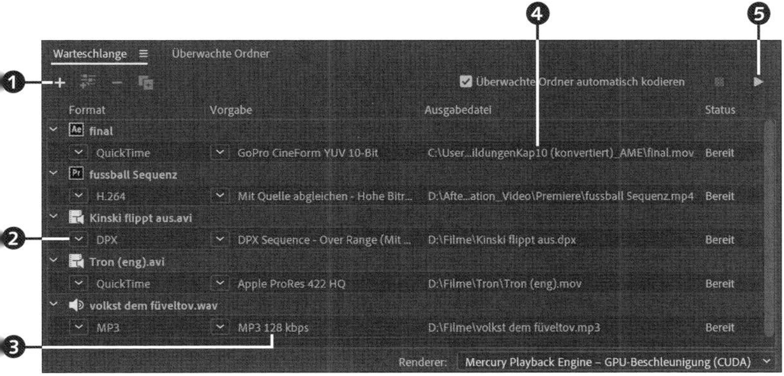


◂ **Abbildung 10.27**
Über den Adobe Media Encoder geben Sie After-Effects-Kompositionen und verschiedene Dateien in unterschiedlichste Formate aus.

### Ausgabeformat wählen

Um das Ausgabeformat für Ihre Quelle zu definieren, klicken Sie in der Spalte FORMAT auf das Dreieck ❷ und wählen dort einen Eintrag. Danach erscheinen sofort zum Format passende Vorgaben in der Spalte VORGABE.

### Vorgabe anpassen

Um die Vorgabe zu verändern, klicken Sie direkt auf den farbigen Text ❸ in dieser Spalte. Sie gelangen in den Dialog EXPORTEINSTELLUNGEN. In den Registerkarten EFFEKTE, VIDEO, AUDIO, MULTIPLEXER, UNTERTITEL und VERÖFFENTLICHEN ❽ nehmen Sie gegebenenfalls Anpassungen vor.

▾ **Abbildung 10.28**
Die EXPORTEINSTELLUNGEN ähneln denen in After Effects, bieten aber umfangreichere Möglichkeiten.

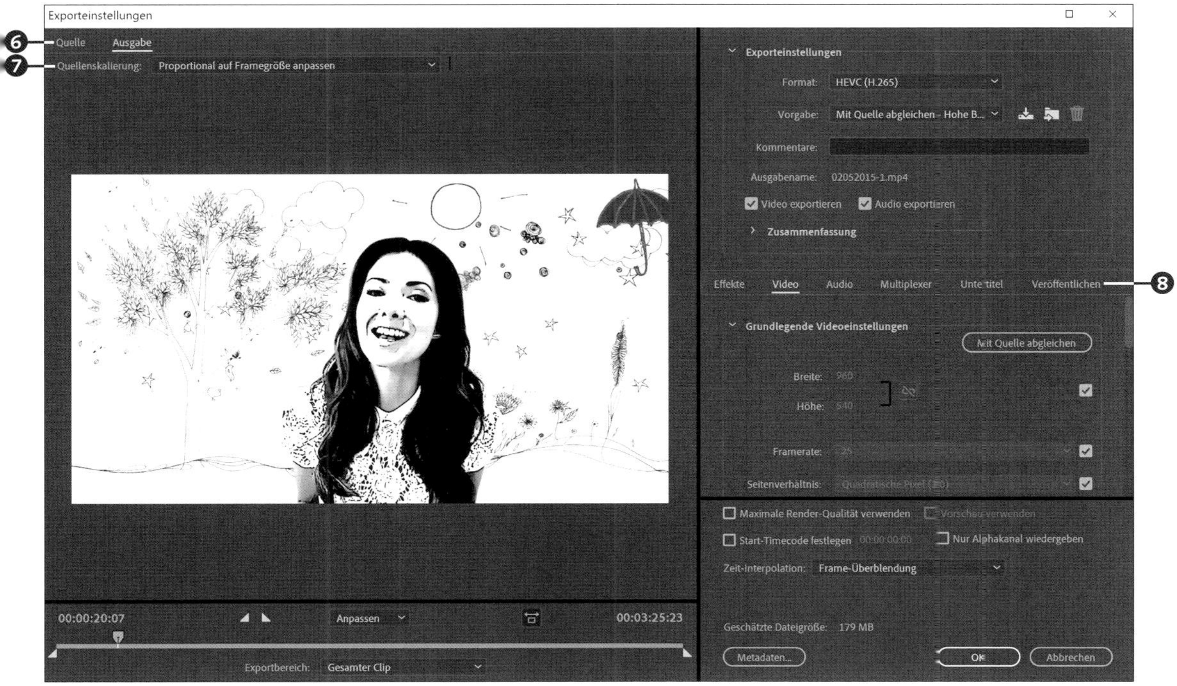

Freundlicherweise ist eine Anzeige von QUELLE und AUSGABE erlaubt, die Sie über die gleichnamigen Registerkarten ❻ (Abbildung 10.28) wählen. In der Registerkarte QUELLE ist auch ein zeitlicher Beschnitt des Materials am Anfang und am Ende möglich. Außerdem können Sie dort die Größe des Formats beschneiden.

In der Karte AUSGABE ist eine Quellenskalierung möglich. Wenn Sie beispielsweise einen HD-Film für MPEG2-DVD exportieren, wird der Film an diese Spezifikation angepasst. Wählen Sie in diesem Fall unter QUELLENSKALIERUNG ❼ (Abbildung 10.28) PROPORTIONAL AUF FRAMEGRÖSSE ANPASSEN, wird der HD-Film mit schwarzen Balken oben und unten ausgegeben. Wählen Sie PROPORTIONAL IN FRAMEGRÖSSE EINPASSEN UND ZUSCHNEIDEN, wird die Höhe dem Endformat angepasst und der Film links und rechts beschnitten. Mit AUF FRAMEGRÖSSE VERZERREN werden Breite und Höhe dem Endformat angepasst – der HD-Film wird hier gequetscht ausgegeben.

Die Option SKALIEREN UND IN SCHWARZE RAHMEN EINPASSEN ist erst aktiv, wenn Sie in der Karte QUELLE einen Beschnitt gewählt haben. Der Ausschnitt wird dann mit schwarzem Hintergrund im Endformat ausgegeben.

Die Option AUSGABEGRÖSSE AN QUELLE ANPASSEN ist nur aktiv, wenn Sie ein Ausgabeformat wählen, das keiner Spezifikation folgen muss. MPEG2-DVD ist auf die Größe 720 × 576 festgelegt, Formate wie PNG, Targa und DPX sind es nicht. Sie können hier also die Größe der Quelle beibehalten und das Ausgabeformat an die Quelle anpassen.

**Ausgabe starten**

Bevor Sie die Ausgabe der im Adobe Media Encoder gehorteten Dateien starten, legen Sie jeweils einen Speicherort fest und klicken dazu auf den farbigen Text in der Spalte AUSGABEDATEI ❹ (siehe Abbildung 10.27). Die Ausgabe beginnt, nachdem Sie auf WARTESCHLANGE STARTEN ❺ geklickt haben. Der Encoder arbeitet die Liste nacheinander ab und zeigt im unteren Teil Informationen zu Video, Audio und Bitrate, ein Vorschaubild der Ausgabedatei und unter der farbigen Renderlinie die verstrichene und die geschätzte verbleibende Zeit – alles wie in After Effects.

**Parallel Encoding geht nicht?**
Das parallele Encodieren funktioniert nur, wenn Sie mehrere Ausgaben von einer einzigen Quelle rendern. Separate Quellen werden nacheinander codiert.

Beispiele für die Ausgabe mit dem Media Encoder finden Sie in Abschnitt 10.6.11, »MPEG2-DVD-Ausgabe«, und in Abschnitt 10.6.13, »H.264- und H.264-Blu-ray-Ausgabe«.

### 10.5.2 Vorgaben verwenden

Sobald sich ein Element in der Warteschlange befindet, können Sie verschiedenste vordefinierte Vorgaben darauf anwenden. Dazu verwenden Sie den VORGABENBROWSER ❶. Zum Hinzufügen einer Vorgabe auf ein Element in der Warteschlange markieren Sie dieses ❹, suchen die Vorgabe heraus, markieren sie ebenfalls ❷ und klicken auf VORGABE ANWENDEN ❸. Es genügt aber auch ein Doppelklick auf die Vorgabe, oder Sie ziehen die Vorgabe einfach per Drag & Drop auf das Element. Genauso können Sie auch mehrere Vorgaben mehreren Elementen der Warteschlange gleichzeitig zuweisen.

**Vorgaben löschen**
Löschen können Sie eine Vorgabe, indem Sie rechts neben den Namen der Vorgabe klicken, um sie zu markieren, und anschließend oben auf den Minus-Button klicken oder die Taste [Entf] drücken.

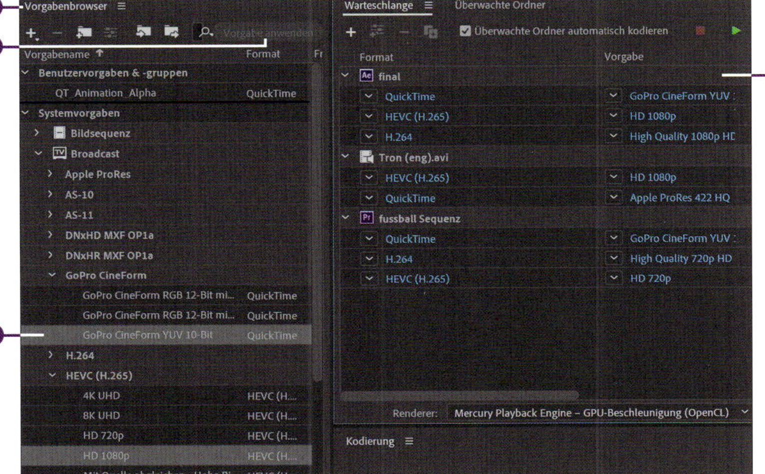

◂ **Abbildung 10.29**
Mehrere markierte Vorgaben können Sie mehreren markierten Elementen der Warteschlange hinzufügen.

## Vorgabengruppen verwenden

Über den Button ❼ erstellen Sie eine neue Vorgabengruppe. Dies ist nützlich, wenn Sie mehrere unterschiedliche Vorgaben häufig verwenden und sie schnell einem Element in der Warteschlange zuweisen wollen. Ziehen Sie Ihre gewünschten Vorgaben einfach in den Ordner der neuen Gruppe. Dort erscheinen die Vorgaben in Kursivschrift, da es sich um Instanzen (Alias) der Quellvorgaben handelt. Wenn Sie den Ordner der Vorgabengruppe auf ein Element in der Warteschlange ziehen, werden sämtliche im Ordner enthaltenen Vorgaben auf das Element übertragen.

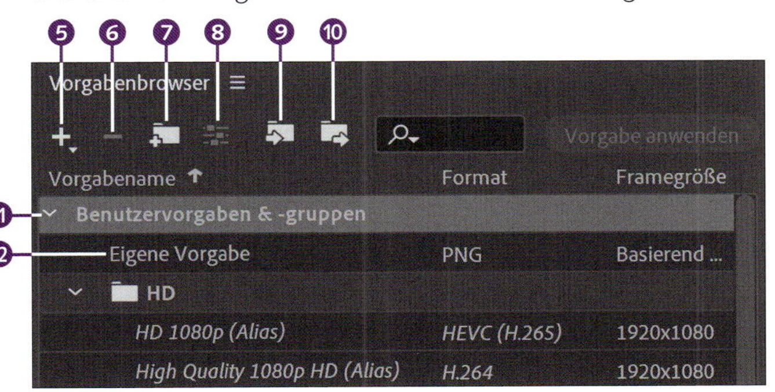

◂ **Abbildung 10.30**
Vorgaben in einer neuen Gruppe sind kursiv dargestellt und nicht modifizierbare Instanzen ihrer Quellvorgabe.

### Vorgaben modifizieren und exportieren

Um eine Vorgabe zu modifizieren, markieren Sie sie und klicken auf den Button VORGABEEINSTELLUNGEN ❽ (Abbildung 10.30) oder klicken, während Sie die Taste [Strg] gedrückt halten, doppelt auf die Vorgabe. Um dann Änderungen zu speichern, betätigen Sie KOPIE SPEICHERN in den Vorgabeeinstellungen. Die geänderte Vorlage landet unter BENUTZERVORGABEN & -GRUPPEN ⓫.

Auch eigene Vorgaben ⓬ können Sie erstellen. Dazu klicken Sie auf das Pluszeichen ❺ (Abbildung 10.30). Um Vorgaben für andere Nutzer oder einen anderen Rechner zu exportieren, wählen Sie den Button ❿, und zum Importieren den Button ❺. Löschen können Sie über das Minuszeichen ❻.

## 10.5.3 Ausgabe mit überwachtem Ordner

Mit dem Media Encoder haben Sie die Möglichkeit, einen Ordner so zu überwachen, dass Dateien bzw. Projekte, die darin landen, automatisch in verschiedene Formate codiert werden.

Dazu gehen Sie wie folgt vor: Zunächst legen Sie sich einen Ordner auf der Festplatte an, der der überwachte Ordner sein soll. Benennen Sie ihn z. B. »Ueberwacht«. Anschließend fügen Sie diesen Ordner im Media Encoder hinzu. Wählen Sie dafür DATEI • ÜBERWACHTEN ORDNER HINZUFÜGEN, klicken Sie auf das Plus ❸, oder doppelklicken Sie ins Fenster ÜBERWACHTE ORDNER.

Um das Ausgabeformat festzulegen, klicken Sie auf das Dreieck ❷ und wählen dann eine für Sie geeignete Vorgabe ❺. Wollen Sie verschiedene Ausgabeformate aus einer Quelle erzeugen, klicken Sie auf den Button ❹. Es wird ein neues Ausgabemodul hinzugefügt, für das Sie andere Einstellungen wählen können.

**Abbildung 10.31** ▼
Mit einem überwachten Ordner geben Sie Filme und Kompositionen ad hoc in verschiedenste Formate aus.

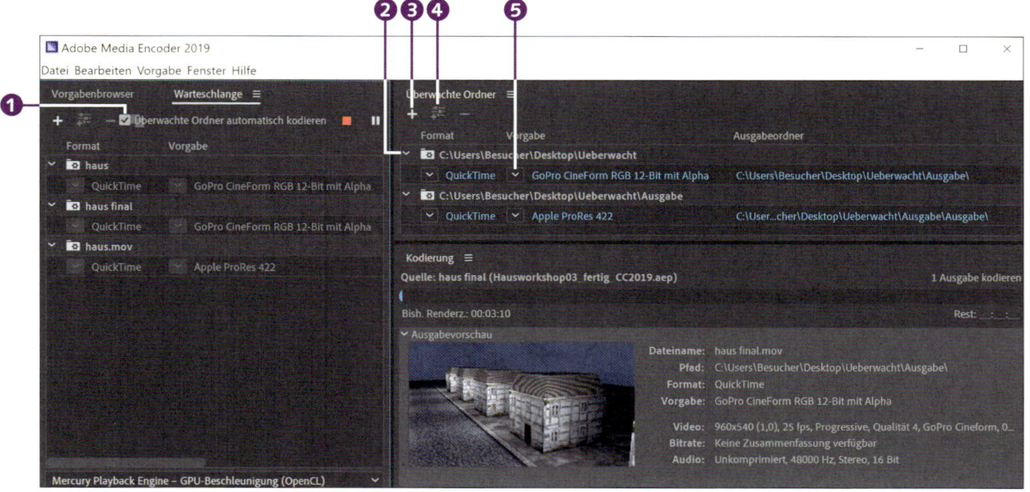

Zum Hinzufügen eines weiteren überwachten Ordners klicken Sie auf das Plus-Zeichen. Sobald Sie nun eine Projektdatei (».aep«) oder einen Film in einen überwachten Ordner kopieren, erscheint dieses Element kurz danach in der Encoder-Warteschlange. Ist dort das Häkchen bei ÜBERWACHTE ORDNER AUTOMATISCH KODIEREN ❶ gesetzt, werden Ihre Filmdateien mit kurzer Verzögerung umgewandelt. Schön ist, neben dieser sehr nützlichen Funktionalität, dass der Encoder automatisch je einen Ordner für die Quelldateien und die Ausgabedateien im überwachten Ordner erzeugt.

**Umgang mit After-Effects-Projekten**
Der Media Encoder fügt aus After-Effects-Projektdateien nur solche Kompositionen aus dem Projektfenster zur Warteschlange hinzu, die sich nicht in Ordnern befinden.

## 10.5.4 Die passende Framegröße zum Ausgabeformat

Manchmal wird die Kompositionsgröße unpassend zum Ausgabeformat gewählt, bis dann bei der Endausgabe das böse Erwachen kommt. Dies kann Ihnen dann passieren, wenn Sie Kompositionen in ein Format einer genauen Spezifikation ausgeben wollen wie zum Beispiel das alte DV-PAL-Format oder MPEG2-DVD. Hier sind die Framegrößen genau vordefiniert und müssen bei der Ausgabe eingehalten werden. HD-Material würde dann also von der Größe 1.920 × 1.080 auf das entsprechend kleinere Format zum Zwerg geschrumpft, im genannten Fall also auf 720 × 576. Da dies kein 16:9 Format ist, können Sie im Media Encoder bei der Ausgabe entscheiden, ob oben und unten schwarze Balken hinzugefügt werden, damit das HD-Format unverzerrt eingefügt wird.

Eine gute Idee ist es, die Framegröße Ihres Ausgabemediums zu kennen, bevor Sie mit der Arbeit beginnen. Sie können dazu den Vorgabenbrowser des Media Encoders nutzen. Hier finden Sie neben den Vorgaben auch die passenden Framegrößen und Frameraten, nach denen Sie Ihre Komposition einstellen.

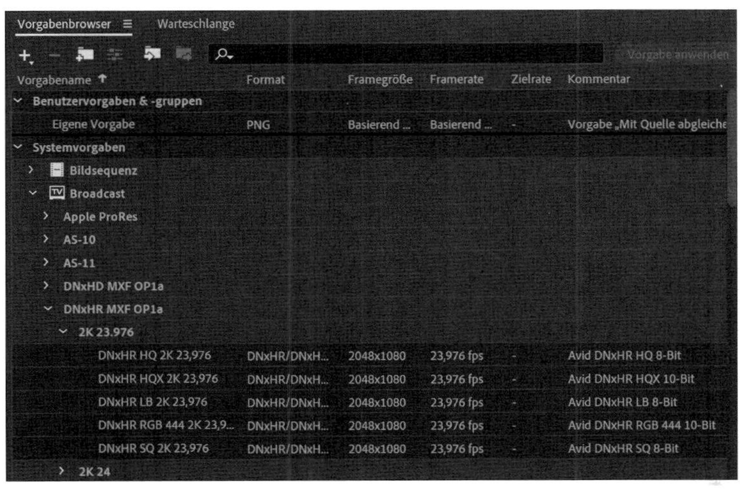


◂ **Abbildung 10.32**
Im Vorgabenbrowser des Media Encoders finden Sie passende Framegrößen zum jeweiligen Ausgabeformat.

Zum Testen, was herauskommt, wenn Sie ein Format in ein anderes Format umwandeln, können Sie in After Effects neben Ihrer finalen Komposition (z. B. 1.920 × 1.080) weitere Ausgabekompositionen mit verschiedenen Ausgabegrößen (z. B. 1.280 × 720 oder 1.440 × 1.080) anlegen. Anschließend ziehen Sie Ihre finale Komposition in die Ausgabekompositionen (siehe Abschnitt 4.4, »Verschachtelte Kompositionen (Nesting)«).

**Arbeit mit D1/DV-, HDV-, DVCPRO-HD- und HDTV-Material**
Falls Sie in diesem Kapitel eine Beschreibung der Arbeit mit D1/DV-, HDV-, DVCPRO-HD- und HDTV-Material vermissen, sollten Sie Abschnitt 3.7, »Videodaten in After Effects«, lesen.

## 10.6 Ausgabemöglichkeiten

Weiter oben haben Sie bereits erfahren, wie Sie einen Film aus After Effects ausgeben und wie Sie den Media Encoder für die Ausgabe nutzen. An dieser Stelle möchte ich Ihnen einen genaueren Einblick in einige wichtige Ausgabemöglichkeiten geben. Ich erläutere hier nur noch Unterschiede zu den bereits zur Sprache gekommenen Einstellungen.

### 10.6.1 Testrendern

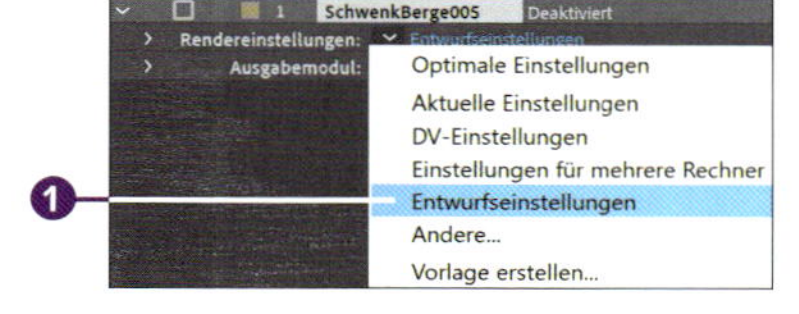


▲ **Abbildung 10.33**
In den Rendereinstellungen können Sie die Vorlage Entwurfseinstellungen verwenden, um ein Testrendern durchzuführen.

Im laufenden Projekt ist es oft sinnvoll, eine Testdatei zu rendern, die schon einmal einen Eindruck von den Bewegungsabläufen des fertigen Films gibt. Damit die Renderzeit möglichst kurz gehalten wird, sollten Sie den Arbeitsbereich in der Zeitleiste nur auf den wirklich relevanten Teil des Films einstellen. In den Rendereinstellungen müssen Sie darauf achten, die Framegröße des Testfilms zu reduzieren. Dazu wählen Sie in After Effects aus den Rendervorlagen die Vorlage Entwurfseinstellungen ❶, wodurch Ihr Film in halber Größe ausgegeben wird.

Im Ausgabemodul wählen Sie unter Format den Eintrag QuickTime. Über den Button Formatoptionen wählen Sie bei Video-Codec den Eintrag. Dieser Kompressor ist relativ schnell. Optional wählen Sie bei den Audioeinstellungen den Eintrag Audioausgabe Ein.

Nach dem Rendern beurteilen Sie das Ergebnis in einem Player. Eventuelle Änderungen nehmen Sie im Projekt vor.

### 10.6.2 Überblick der Ausgabemöglichkeiten

Der Renderprozess dauert, je nach Art Ihrer Animationen, der Kompositionsgröße und nicht zuletzt der Ausstattung Ihres Rechners, unterschiedlich lange. Oft ist es sinnvoll, schon einmal einen Picknickkorb für die Rechenzeit zu packen.

Wenn Sie die Ausgabe in verschiedene Formate planen, ist es daher günstig, zuerst ein **Masterformat** zu rendern. In diesen Masterfilm werden alle verwendeten Ebenen, ihre Transformationen, darauf angewendete Effekte etc. eingerechnet. Anschließend importieren Sie den Masterfilm in After Effects oder in den Media Encoder und können ihn für verschiedene Zwecke mit verschiedenen Codecs komprimieren und unter Beachtung der Frameseitenverhältnisse in verschiedene Formate ausgeben. Der Rechenaufwand ist dabei viel geringer, als wenn Sie die Kompositionen jeweils neu rendern würden.

Ein paar Varianten der Ausgabe für die Weiterverarbeitung seien hier kurz erwähnt: die verlustfreie Ausgabe, die Ausgabe eines Frames, die Ausgabe einer Standbildsequenz und mit 8-Bit- und 10-Bit-YUV-Komprimierung sowie mit dem GoPro-CineForm-Codec.

### 10.6.3 Verlustfreie Ausgabe

Um komplexe Kompositionen mit vielen Effekten oder Ebenen in einer Datei zusammenzufassen, die dann anstelle der Komposition in Ihrem Projekt weiterverwendet wird, wählen Sie die verlustfreie Ausgabe.

Die Datei wird bei dieser Ausgabevariante in der höchstmöglichen Qualität gerendert. Egal, ob die Komposition Effekte, Transformationen, Masken, Sound oder alles gleichzeitig enthält, nach dem Rendern ist eine einzige Filmdatei das Resultat. Wichtig ist hierbei, dass diese Datei einen Alphakanal enthalten kann. Dies nützt Ihnen beispielsweise bei Titelanimationen, die aus vielen Ebenen bestehen und die Sie später über einem Hintergrund platzieren wollen. Zuerst stellen Sie den Titel fertig, rendern ihn dann transparent – also mit Alphakanal –, und anschließend importieren Sie die gerenderte Filmdatei. Der Titel besteht nun nur noch aus einer Ebene und kann über einem beliebigen Hintergrund platziert werden.

Eine solche Datei erstellen Sie wahlweise im AVI- oder im QuickTime-Format. Häufig werden aufgrund ihrer Plattformunabhängigkeit auch Sequenzen zur Weiterverarbeitung verwendet.

Aus den Rendereinstellungen-Vorlagen wählen Sie OPTIMALE EINSTELLUNGEN ❷ für die beste Qualität. Aus den Ausgabemodul-Vorlagen wählen Sie VERLUSTFREI ❸ oder, wenn Sie einen transparenten Hintergrund benötigen, VERLUSTFREI MIT ALPHA ❹. Es wird in jedem Fall eine unkomprimierte AVI-Datei erzeugt.

Möchten Sie einen QuickTime-Film unkomprimiert ausgeben, klicken Sie auf den Text VERLUSTFREI neben dem Ausgabemodul und wählen dann in den FORMATOPTIONEN (❸ in Abbildung 10.35) bei VIDEO-CODEC den Eintrag OHNE (UNKOMPRIMIERTES RGB, 8-BIT). Bei Bedarf können Sie auch hier im Ausgabemodul unter KANÄLE

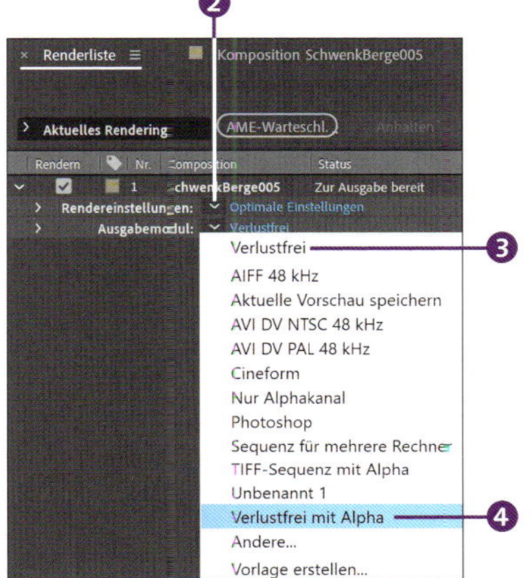


▲ **Abbildung 10.34**
Render- und Ausgabevorlagen finden Sie in der Renderliste.

❷ die Option RGB + ALPHAKANAL wählen, um einen transparenten Hintergrund im QuickTime-Film zu erzeugen. Bei der erwähnten Titelanimation könnten Sie so jeden neuen Hintergrund hinter dem Titel platzieren.

Weitere Informationen zu Render- und Ausgabevorlagen finden Sie in Abschnitt 10.6.16.

Nach dem Rendern importieren Sie den fertigen Film automatisch in das laufende Projekt, indem Sie im AUSGABEMODUL unter VORGANG NACH DEM RENDERN ❶ den Eintrag IMPORTIEREN wählen.

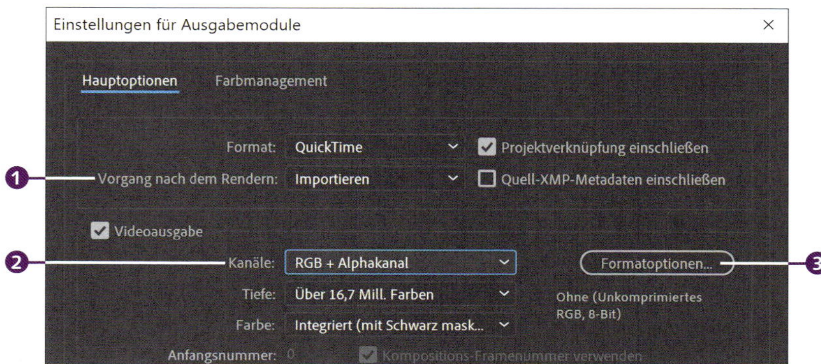


**Abbildung 10.35** ▶
Damit der Hintergrund der zu rendernden Komposition im fertigen Film transparent wird, müssen Sie die Option RGB + ALPHAKANAL wählen.

Tauschen Sie anschließend die komplexe Komposition komplett durch die gerenderte Datei aus, oder – falls Sie noch auf die Quellebenen zugreifen möchten – schalten Sie sie unsichtbar bzw. stumm und ziehen die gerenderte Datei in die Komposition.

### 10.6.4 Ausgabe eines einzelnen Frames

Sie können einzelne Frames einer Komposition zur anschließenden Weiterverarbeitung in Photoshop oder zur Verwendung in After Effects als Standbild ausgeben. Dazu wählen Sie das Bild in der Zeitleiste mit der Zeitmarke aus. Nehmen Sie anschließend den folgenden Weg: KOMPOSITION • FRAME SPEICHERN UNTER • DATEI oder PHOTOSHOP MIT EBENEN. Wenn Sie PHOTOSHOP MIT EBENEN ausgesucht haben, müssen Sie nur einen geeigneten Speicherort festlegen. Die resultierende Datei ist eine Photoshop-Datei, die sämtliche Ebenen Ihrer Komposition enthält und natürlich in Photoshop bearbeitet werden kann.

Wenn Sie DATEI gewählt haben, öffnet sich nach dem Speichern die Renderliste. In den RENDEREINSTELLUNGEN können Sie die Qualität noch von AKTUELLE EINSTELLUNGEN auf die Vorlage OPTIMALE EINSTELLUNGEN setzen. Die Ausgabedatei wird mit Alphakanal gerendert, und die Framenummer ist direkt im Dateinamen mitgespeichert. Eventuell enthaltene Ebenen werden zu einer einzigen zusammengerechnet, nachdem Sie die Schaltfläche RENDERN betätigt haben.

▲ **Abbildung 10.36**
Zur Bearbeitung in Photoshop oder zur Weiterverwendung in Ihrem Projekt können Sie aus After Effects ein Standbild aus einer Komposition ausgeben.

## 10.6.5 Ausgabe eines animierten GIFs

Ein animiertes GIF geben Sie nicht direkt aus After Effects aus, sondern über den Media Encoder. Dazu markieren Sie die Komposition im Projektfenster und wählen KOMPOSITION • ZUR ADOBE MEDIA ENCODER-WARTESCHLANGE HINZUFÜGEN. Weitere Informationen zum Media Encoder finden Sie in Abschnitt 10.5, »Ausgabe mit dem Media Encoder«.

Im Media Encoder wählen Sie unter FORMAT den Eintrag GIF ❹. Per Klick auf den Text GIF-SEQUENZ ❺ gelangen Sie in die Exporteinstellungen. Dort entfernen Sie in der Karte VIDEO unter FRAMERATE ❼ (Abbildung 10.38) das Häkchen und wählen eine Ihnen passend erscheinende Framerate, die meist mit 10 Bildern ausreichend ist. Anschließend verlassen Sie den Dialog mit OK und starten dann den Rendervorgang mit Klick auf das grüne Dreieck ❻.

**Standbildsequenz von Mac für Windows**
Für Standbilddateien, die auf einem macOS-System für Windows gerendert werden sollen, muss der Dateiname folgendes Format haben: »Dateiname[###]«. Der Teil in den eckigen Klammern wird beim Rendern durch die Framenummer des gerenderten Einzelbildes ersetzt.

▼ **Abbildung 10.37**
Ein animiertes GIF erzeugen Sie via Media Encoder.

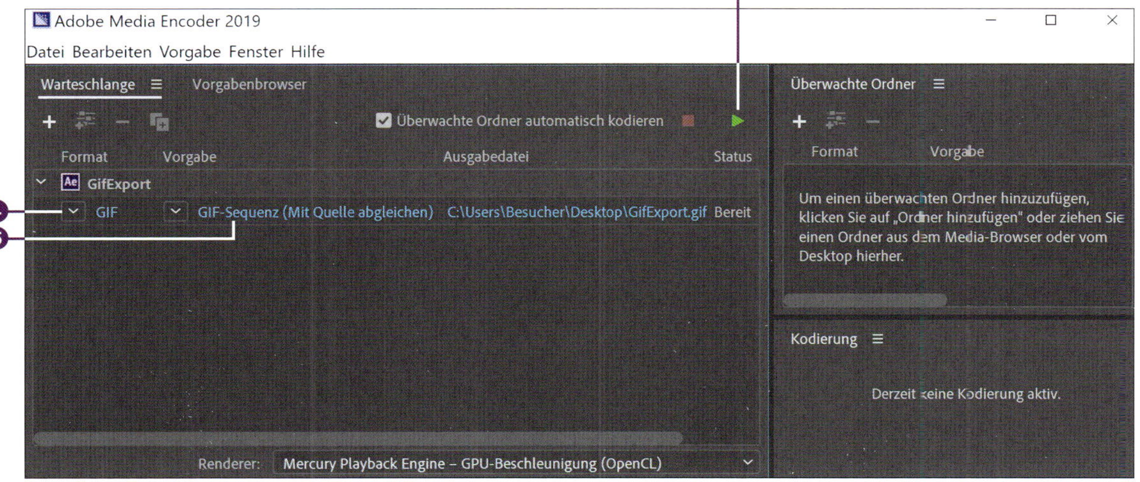

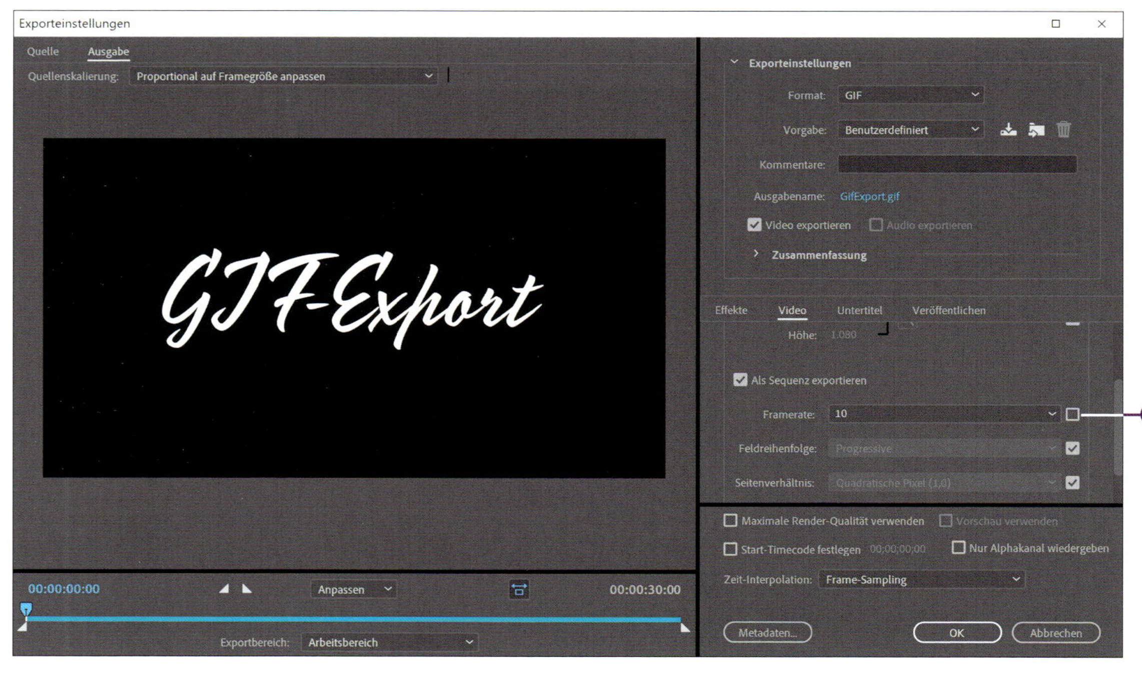


▲ **Abbildung 10.38**
Die Framerate des resultierenden GIFs können Sie noch anpassen.

Format: DPX/Cineon Sequenz
AIFF
AVI
DPX/Cineon Sequenz
IFF Sequenz
JPEG Sequenz
MP3
OpenEXR Sequenz
PNG Sequenz
Photoshop Sequenz
QuickTime
Radiance Sequenz
SGI Sequenz
TIFF Sequenz
Targa Sequenz
WAV
Weitere Formate in AME

▲ **Abbildung 10.39**
Für den Transfer auf Filmmaterial, die Verwendung in 3D-Applikationen und in professionellen Videosystemen etc. ist es sinnvoll, Standbildsequenzen auszugeben.

### 10.6.6 Ausgabe als Standbildsequenz

Eine Standbildsequenz auszugeben ist sinnvoll, wenn Sie die Animation für den Transfer auf Filmmaterial vorbereiten und für die Weiterverwendung von Sequenzen in 3D-Applikationen und in professionellen Videosystemen. Die Ausgabe von Standbildern ist aber auch für die Bearbeitung in Grafikprogrammen sinnvoll.

Mit Standbildsequenzen können Sie die Einzelbilder beim Rendern auf verschiedene Volumes ausgeben, so dass der Rendervorgang nicht abgebrochen wird, wenn der Platz für die gesamte gerenderte Animation auf einem Volume nicht ausreicht. Jedes einzelne Bild der Animation wird bei der Ausgabe automatisch nummeriert, wodurch die spätere erneute Zusammensetzung als fortlaufende Bildersequenz gesichert wird.

Wichtig ist, vor dem Rendern der Standbildsequenz einen Ausgabeordner mit eindeutiger Benennung anzulegen, denn Sie möchten doch sicher nicht, dass es nachher auf Ihrer Festplatte aussieht wie in der Wohnung eines Messies! Für die Ausgabe einer Komposition gehen Sie wie üblich vor und wählen dann im Ausgabemodul unter Format eine der angebotenen Sequenzen aus, z. B. Targa Sequenz. Als Speicherort wählen Sie den Ausgabeordner. Das Rendern erfolgt wie gewohnt.

### 10.6.7 Ausgabe mit 8-Bit- und 10-Bit-YUV

Sie können Kompositionen aus After Effects mit 8-Bit- und 10-Bit-Kanal-YUV-Komprimierung rendern, wenn Sie die Dateien in Premiere Pro oder Avid weiterverarbeiten oder mit HD-Material verwenden wollen.

Dazu wählen Sie im AUSGABEMODUL unter FORMAT den Eintrag AVI und unter FORMATOPTIONEN in der Karte VIDEO unter VIDEO-CODEC die Option UNCOMPRESSED UYVY 422 8BIT ODER V210 10-BIT YUV. Für QuickTime wählen Sie dort UNKOMPRIMIERT YUV 8-BIT 4:2:2 bzw. UNKOMPRIMIERT YUV 10-BIT 4:2:2. Unter KANÄLE wählen Sie entweder RGB oder ALPHAKANAL, um einen separaten Alphakanal auszugeben.

### 10.6.8 Ausgabe mit GoPro-CineForm-Codec

Für die professionelle Weiterverarbeitung Ihrer Daten auf anderen Systemen oder in anderen Anwendungen können Sie den GoPro-CineForm-Codec für hochauflösendes Filmmaterial verwenden. Es werden Dateien bis 4K und mehr unterstützt. Bei mehreren Codiervorgängen ergibt sich bemerkenswerterweise im Unterschied zu anderen Codecs hier kaum ein Verlust. Ein Alphakanal kann ebenfalls ausgegeben werden.

Zur Ausgabe wählen Sie im After-Effects-AUSGABEMODUL unter FORMAT den Eintrag QUICKTIME und über FORMATOPTIONEN • VIDEO-CODEC den Eintrag GOPRO CINEFORM.

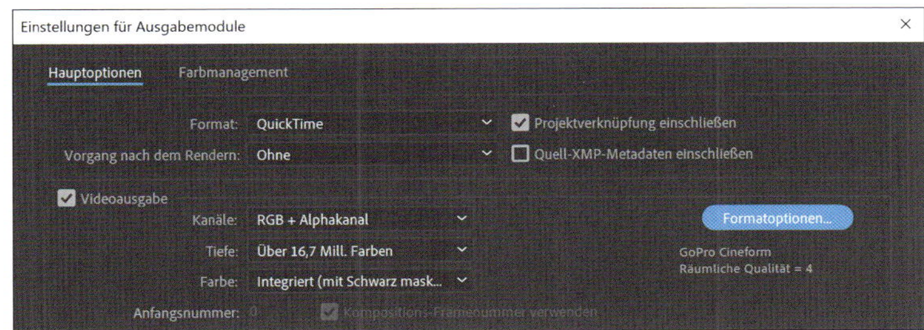


◀ **Abbildung 10.40**
Mit dem GoPro Cineform-Codec können Sie auch transparente Bereiche rendern.

Die Stufen 1 bis 5 bei QUALITÄT haben folgende Bedeutung: 1 – niedrig, 2 – mittel, 3 – hoch, 4 – Film-Scan, 5 – Film-Scan 2. Die Optionen 3 und 4 entsprechen HD-DVD-Qualität.

Für die höchste Ausgabequalität 4:4:4:4 wählen Sie anschließend unter VIDEOAUSGABE • KANÄLE den Eintrag RGB + ALPHAKANAL sowie bei TIEFE den Eintrag BILLIONEN FARBEN+. Der Film wird anschließend mit 12 Bit pro Kanal RGBA erstellt. Wenn Sie nur RGB oder ALPHA gewählt haben, erhalten Sie einen Film mit 10 Bit pro Kanal YUV. Bei der Ausgabe rendert zunächst After Effects die

Frames, und der GoPro-CineForm-Codec resampelt diese dann in 12 bpc RGBA bzw. 10 bpc YUV.

Den GoPro-CineForm-Codec können Sie auch im Vorgabenbrowser des **Media Encoders** unter BROADCAST wählen. Für höchste Qualität wählen Sie in den Exporteinstellungen in der Karte VIDEO ❶ die Option RENDERN MIT MAXIMALER TIEFE ❷.

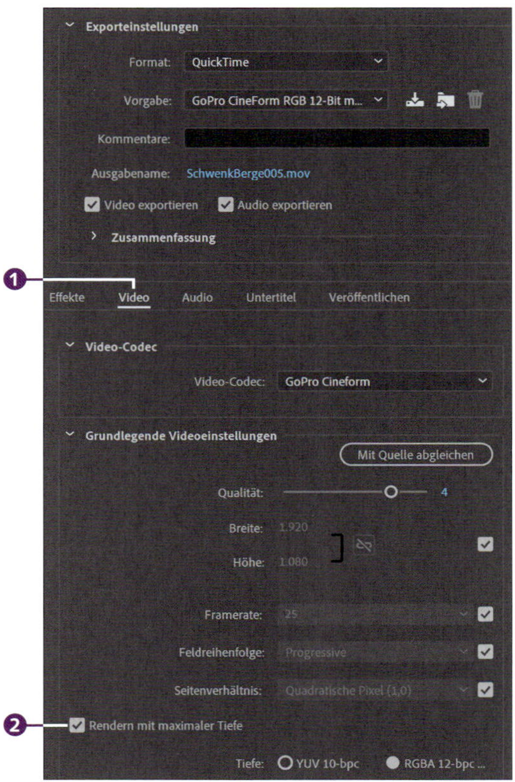


**Abbildung 10.41** ►
Im Adobe Media Encoder nehmen Sie Einstellungen für GoPro Cineform in den EXPORTEINSTELLUNGEN vor.

## 10.6.9 DV-Ausgabe

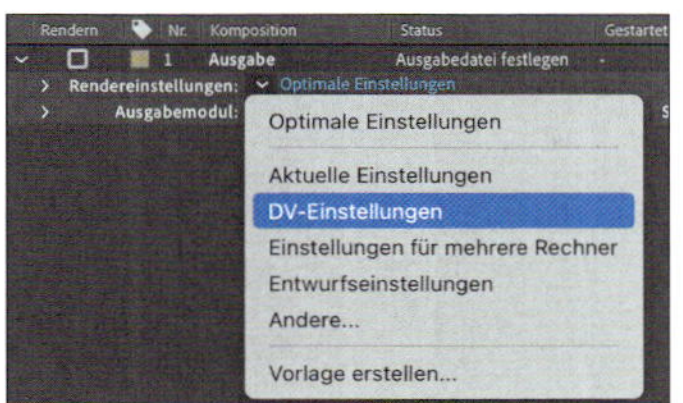


▲ **Abbildung 10.42**
Zur Ausgabe im DV-Format nutzen Sie in den Rendereinstellungen die entsprechende Vorlage.

After Effects bietet für die Ausgabe auf DV-Band in den RENDEREINSTELLUNGEN die Vorlage DV-EINSTELLUNGEN an.

Die Kompositionseinstellungen für die auszugebende Komposition müssen einem DV-Format entsprechen. Bei der Ausgabe mit der Rendervorlage wird passend zur DV-Spezifikation mit der Einstellung UNTERES HALBBILD ZUERST gerendert. Wenn Sie die Komposition auf diese Weise gerendert haben, können Sie sie über Premiere Pro auf Band ausgeben. Dazu nutzen Sie in Premiere Pro die Option DATEI • EXPORTIEREN • BAND (DV/HDV).

Wie Sie Material für die DV-Ausgabe vorbereiten, erfahren Sie in Abschnitt 3.7, »Videodaten in After Effects«.

### 10.6.10 MP3-Ausgabe

Eine schöne Möglichkeit – und darum sei sie hier erwähnt – ist auch die Ausgabe von MP3-Dateien aus After Effects. So können Sie beispielsweise Dateien aus dem WAV- oder AIF-Format in MP3-Dateien umwandeln.

Der Weg ist einfach: Ziehen Sie die Sounddatei aus dem Projektfenster direkt in die mit [Strg]+[Alt]+[0] geöffnete Renderliste. After Effects legt automatisch eine Komposition an, die nur die Sounddatei enthält. Im Dialog Einstellungen für Ausgabemodule wählen Sie nun unter Format den Eintrag MP3. Die Videoausgabe wird inaktiv. Über die Formatoptionen im Feld Audioausgabe können Sie die Audio-Bitrate und Codec-Qualität der MP3-Datei einstellen. Eine Bitrate von 224 Kbit/s ist meistens ausreichend.

Wenn Sie MP3 als Format bei der Ausgabe einer Komposition wählen, die Audio- und Videodaten enthält, wird nur die Soundspur ausgegeben und in MP3 konvertiert.

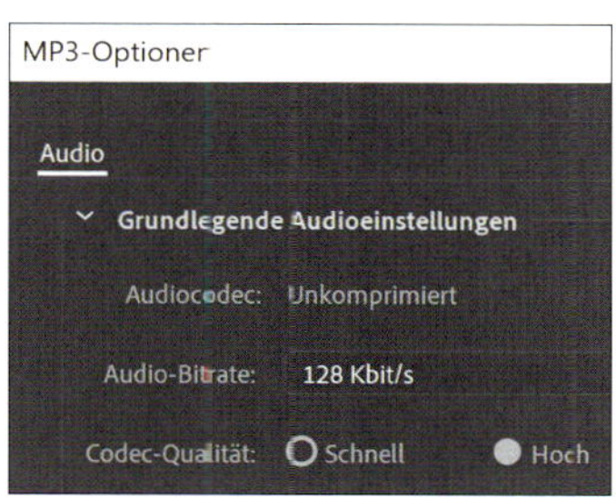


▲ **Abbildung 10.43**
Über die Formatoptionen legen Sie Einstellungen zur Bitrate und zur Qualität fest.

### 10.6.11 MPEG2-DVD-Ausgabe

Voraussetzung für eine im DVD-Standard ausgegebene Datei ist, dass Sie zuvor eine entsprechende Kompositionseinstellung festlegen. Sie nutzen dazu am besten den Vorgabenbrowser des Media Encoders. Dort finden Sie unter DVD und Blu-ray passende Vorgaben mit entsprechenden Framegrößen. Für eine Ausgabe nach PAL-Standard legen Sie in After Effects eine Komposition mit der Vorgabe PAL D1/DV Quad. Pixel (4:3-Format) bzw. PAL D1/DV 16:9 Quad. Pixel an. Für die spätere MPEG2-DVD-Ausgabe speichern Sie Ihr Projekt und wählen dann im Media Encoder Datei • After Effects-Komposition hinzufügen. Anschließend fügen Sie der importierten Komposition aus dem Vorgabenbrowser unter DVD für das 4:3-Format z. B. die Vorgabe PAL DV hinzu bzw. für das 16:9-Format die Vorgabe PAL DV Wide.

**OMF-Format**
Die Ausgabe in das Format OMF ist seit After Effects CS5 nicht mehr möglich.

**Keine direkte Ausgabe in MPEG-2 und WMV**
Eine Ausgabe ins MPEG-2- bzw. MPEG2-DVD-Format und WMV direkt aus After Effects ist nicht möglich. Sie können diese Dateien über den beschriebenen Media Encoder ausgeben.

#### Videoeinstellungen

Wenn Sie die Einstellungen der Vorgabe im Media Encoder anpassen wollen, klicken Sie in der Media-Encoder-Warteschlange auf den Eintrag ❸ unter Vorgabe.

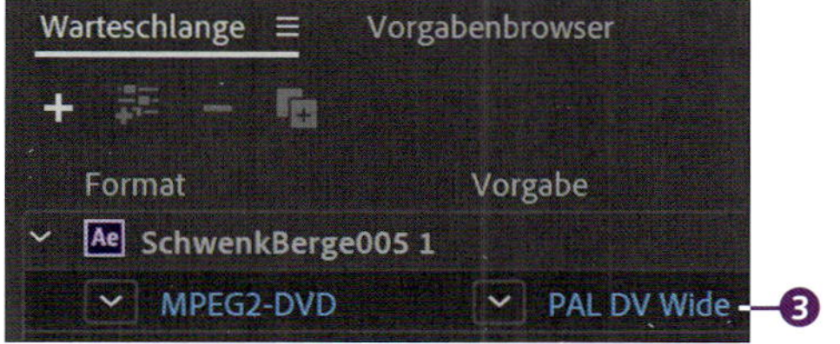


◀ **Abbildung 10.44**
Format und Vorgabe sind in der Warteschlange noch modifizierbar.

**GOP (Group of Pictures)**
Bei der MPEG-Kompression werden einzelne aufeinanderfolgende Bilder als Gruppen für die Kompression zusammengefasst. Dabei wird jeweils das Anfangsbild der Gruppe, der I-Frame (Intra-Frame), mit den meisten Bildinformationen abgespeichert. Danach folgt eine Anzahl an B-Frames (Bidirectional Frames). Diese hängen sowohl von den vorhergehenden als auch von den nachfolgenden Bildern ab, die jeweils als Referenz für die Komprimierung genutzt werden. Es werden nur die von Bild zu Bild geänderten Informationen gespeichert. Zusätzlich werden P-Frames (Predicted Frames) gespeichert. Diese werden vom I-Frame als Referenz verwendet. Es ergibt sich eine typische GOP-Struktur, die wie folgt aussehen kann: IBBPBBPBBPBB.

Im Dialog MPEG2-DVD stehen die M-Frames für die Anzahl der B-Frames zwischen I- und P-Frames und die N-Frames für die Anzahl der Frames zwischen den I-Frames. Beim Nachdenken darüber lindert eine Alka-Seltzer den Schmerz.

In den sich öffnenden EXPORTEINSTELLUNGEN können Sie zum Format passend unter EXPORTEINSTELLUNGEN • VORGABE ❶ gängige Ausgabestandards wählen.

In der Karte VIDEO ❸ erscheinen die Videoeinstellungen. Unter GRUNDLEGENDE VIDEOEINSTELLUNGEN wählen Sie die Qualitätsstufe ❹.

Bei den BITRATENEINSTELLUNGEN ❺ haben Sie die Wahl zwischen konstanter (CBR) und variabler Bitrate (VBR). Je nachdem, ob es wichtiger ist, eine vorhersagbare Dateigröße bei schwankender Qualität zu erhalten (CBR) oder ob das Ergebnis eine hohe Qualität bei nicht hundertprozentig vorhersagbarer resultierender Dateigröße (VBR) haben soll, entscheiden Sie sich für eine konstante oder eine variable Bitrate.

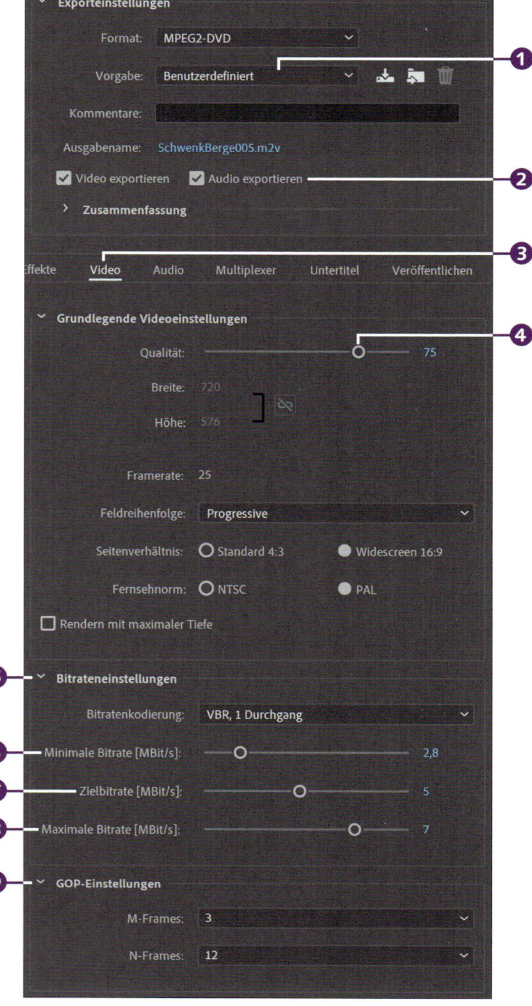


**Abbildung 10.45 ▸**
In der Karte VIDEO ändern Sie die Qualität über die Bitraten-Regler.

Bei der VBR-Codierung können Sie die MINIMALE BITRATE [MBIT/S] ❻ erhöhen, um damit die Mindestqualität zu steigern. Das verringert allerdings die Qualität komplexer Szenen. Unter ZIELBITRATE [MBIT/S] ❼ stellen Sie die für den Decoder mögliche Datenrate ein. Bei MAXIMALE BITRATE [MBIT/S] ❽ erzielen Sie mit höheren Werten eine höhere Qualität, allerdings wird der Decoder dann stärker beansprucht.

Überlassen Sie die GOP-EINSTELLUNGEN ❾ ruhig dem Experten. Die eingestellten Werte für M-FRAMES und N-FRAMES entsprechen dem Standard bei PAL (siehe Kasten).

**Konstante oder variable Bitrate**

Bei konstanter Datenrate wird diese durchgängig für den gesamten Encodierprozess verwendet und unabhängig von der Komplexität der Bildinhalte nicht variiert. Der Speicherplatz wird also nicht an den Bedarf angepasst, was dazu führt, dass weniger komplexen Bildinhalten mehr Speicherplatz als nötig zugewiesen wird. Bildinhalten, die beispielsweise viel Bewegung aufweisen, wird hingegen, wenn die Grenze der konstanten Bitrate erreicht ist, nicht genügend Speicherplatz zugewiesen, worunter die Qualität leidet. Bei einer variablen Datenrate werden Bildunterschiede im Film berücksichtigt. Sind größere Bildänderungen vorhanden, werden diese mit mehr Bits gespeichert als Teile des Films mit geringen Bildänderungen. Die Bitrate variiert demnach je nach Bildinhalt.

### Audioeinstellungen

Kommen wir nun zu den Einstellungen in der Karte AUDIO, die Sie nur dann erreichen, wenn Sie zuvor ein Häkchen bei AUDIO EXPORTIEREN ❷ gesetzt haben. Unter AUDIOFORMATEINSTELLUNGEN wechseln Sie besser auf die Einstellung MPEG ❿. Zusätzlich erhalten Sie dann den Eintrag BITRATENEINSTELLUNGEN. Die BITRATE ⓫ können Sie bei 224 Kbit/s belassen. Wählen Sie PCM, entsteht eine bedeutend größere WAV-Datei ohne hörbaren Qualitätsunterschied.

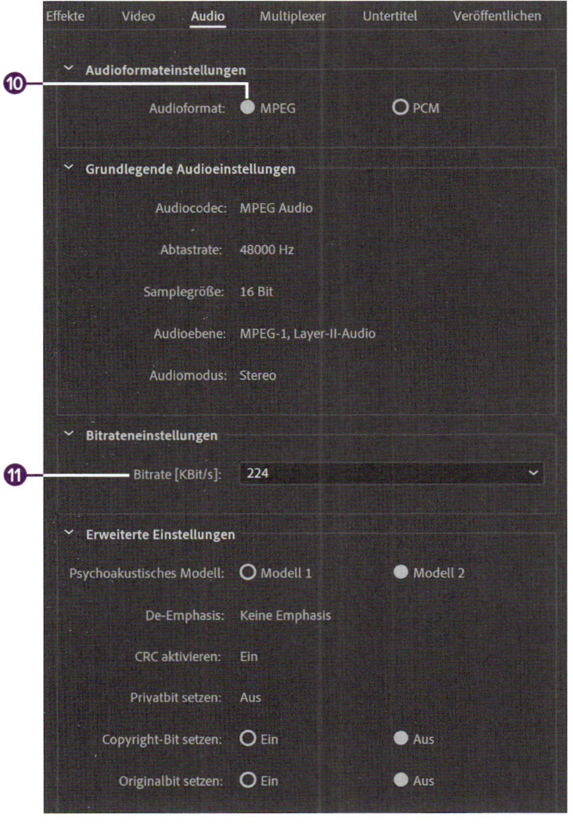


◂ **Abbildung 10.46**
Im Anschluss an die Videoeinstellungen wählen Sie in der Karte AUDIO das Audioformat.

#### Multiplexer

Beim Klick auf die Karte MULTIPLEXER können Sie zwischen DVD und OHNE wählen. Bei der DVD-Einstellung entsteht eine Datei, in der Audio- und Videodaten ineinander verflochten (gemultiplext) sind.

Für die Weiterverarbeitung sind zwei unabhängige Datenströme für Audio und Video aber empfehlenswert. Sie verwenden dafür die Einstellung OHNE. Nach dem Rendern entstehen dabei zwei unabhängige Audio- und Videodateien mit den Dateiendungen ».mpa« (bei Audioformat MPEG) oder ».wav« (bei Audioformat PCM) und ».m2v«.

### 10.6.12 MPEG2 Blu-ray

Die Ausgabe für den Blu-ray-Standard ähnelt der Ausgabe für MPEG2-DVD. Für Blu-ray können Sie in der Karte VIDEO verschiedene Framegrößen wählen und unter FELDREIHENFOLGE entscheiden, ob mit oberem oder unterem Halbbild ausgegeben wird. Die Audiodaten werden im PCM–Verfahren gespeichert.

### 10.6.13 H.264- und H.264-Blu-ray-Ausgabe

**FLV, F4V und SWF entfernt**

Die Ausgabe in die Formate FLV, F4V und SWF aus After Effects bzw. dem Media Encoder ist seit der Version CC 2014 nicht mehr möglich. Stattdessen geben Sie Ihr Video im Format H.264 aus, um es im Flash-Player zu verwenden, oder nutzen alte Versionen bis Adobe Media Encoder CC (7.2) und After Effects CC (12.2.1) für die entsprechende Ausgabe.

Der Import dieser drei Formate ist allerdings sowohl im Media Encoder als auch in After Effects weiterhin möglich.

Für die Ausgabe ins Format H.264 wählen Sie grundsätzlich im Vorgabenbrowser des Media Encoders eine Vorgabe, die zu Ihrem Ausgabemedium passt. Exemplarisch stelle ich Ihnen die Einstellungen für H.264 Blu-ray in HD 1080i 25 vor.

Haben Sie das Format H.264 Blu-ray und die Vorgabe HD 1080I 25 gewählt, können Sie in der Karte VIDEO die Ausgabegröße ❶ modifizieren. Die FRAMERATE ❷, die Feldreihenfolge ❸ und das SEITENVERHÄLTNIS ❹ werden dementsprechend automatisch gewählt.

Unter PROFIL ❺ haben Sie die Auswahl ZWISCHEN MAIN und HIGH. Bei der Einstellung HIGH erhalten Sie höhere Qualität bei höheren Anforderungen an das Encodieren und Decodieren. Unter LEVEL ❻ wählen Sie einen hohen Wert wie 4.1, wenn Sie eine große Framegröße ausgeben und eine hohe Datenrate benötigen.

Die Option RENDERN MIT MAXIMALER TIEFE ❼ sorgt für eine höhere Farbtiefe, verlangsamt jedoch den Renderprozess stark.

Bei BITRATENCODIERUNG ❽ legen Sie mit CBR eine konstante Datenrate fest und mit VBR, 1 DURCHGANG eine variable Bitrate. Mit VBR, 2 DURCHGÄNGE wird der Film doppelt analysiert, um bessere Ergebnisse zu erhalten. Mit ZIELBITRATE legen Sie die minimale Bitrate fest und mit MAXIMALE BITRATE das Maximum. Der Encoder verwendet dann bei wenig komplexen Bildinhalten eine geringere Bitrate und schöpft ansonsten nötigenfalls das Maximum aus. Wenn Sie VBR, 2 DURCHGÄNGE wählen, verlängert sich die Codierung, aber die Qualität verbessert sich dafür. Mit CBR geben Sie eine konstante, fest eingestellte Bitrate unabhängig von den Bildinhalten vor.

**Keyframeabstand**
Mit Keyframeabstand ist beim Encodierer nicht der Keyframeabstand gemeint, der beim Setzen von Keyframes für Eigenschaften, die Sie animieren, entsteht. Der Encoder definiert bestimmte Schlüsselbilder des Videos und speichert sie als Referenzbilder in hoher Qualität und komprimiert die Bilder dazwischen stärker. Wählen Sie z. B. bei KEYFRAMEABSTAND die Zahl 25, wird jedes 25. Bild zum Referenzbild. Daher führen geringere Werte zu mehr Referenzbildern, höherer Qualität und größeren Dateien.

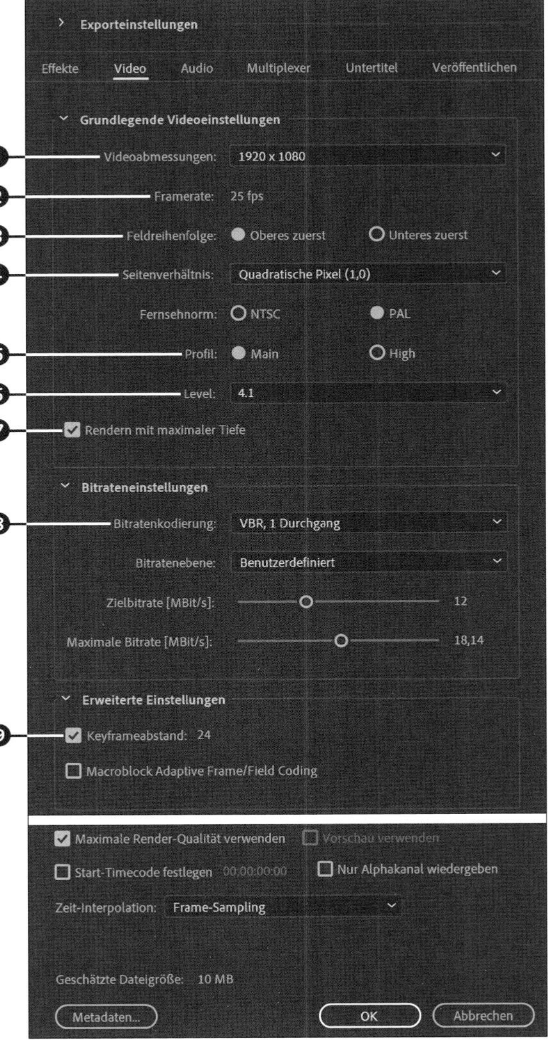


◂ **Abbildung 10.47**
Per Klick auf die Vorgabe in der Warteschlange gelangen Sie in diesen Dialog.

Unter ERWEITERTE EINSTELLUNGEN befindet sich die Option KEYFRAMEABSTAND ❾. Setzen Sie den Haken, können Sie geringere Werte für höhere Qualität, aber auch größere Dateien wählen. In dem Fall müssen Sie auch die Bitrate anheben, da Sie sonst durch die niedrige Bitrate die anfallende höhere Datenmenge limitieren und somit die eigentlich bessere Qualität wieder »beschnitten« wird. Meist ist die Framerate der Komposition eine gute Wahl, am besten ist aber ein Test.

Alternativ steht Ihnen aber auch der direkte Weg über die Renderliste zur Verfügung. In den Voreinstellungen des Ausgabemoduls finden Sie drei native H.264-Settings mit unterschiedlichen Qualitätsstufen.

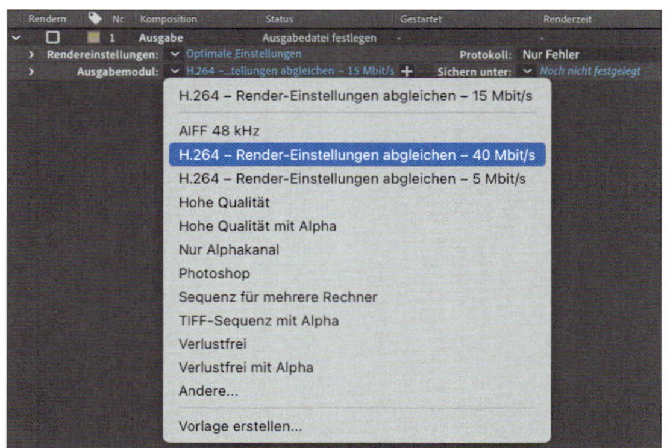


**Abbildung 10.48** ▶
H.264-Voreinstellung im Ausgabemodul der Renderliste

## 10.6.14 MXF OP1a

Die Ausgabe in das Format MXF OP1a nehmen Sie über den Media Encoder vor. Wählen Sie dazu in der Warteschlange unter Format den Eintrag MXF OP1a. Unter Vorgabe finden Sie sowohl mehrere ARD-ZDF Profiles als auch Vorgaben für AVC–Intra Class, AVC–LongG25, IMX, XAVC HD Intra Class, XAVC HD Long, XAVC QFHD Intra Class 300, XAVC QFHD Long GOP, XDCAM EX 35 und sämtliche XDCAM HD-Vorgaben.

## 10.6.15 Avid DNxHR und DNxHD

Für die Ausgabe in das Format DNxHR oder DNxHD wählen Sie im Media Encoder unter Format den Eintrag DNxHR/DNxHD MXF OP1a. Unter Vorgabe finden Sie sämtliche verfügbaren Codec-Spezifikationen.

## 10.6.16 Vorlagen für Rendereinstellungen, Ausgabemodule und Ausgabedateinamen

Die Verwendung von Vorlagen ist eine sehr angenehme Möglichkeit, wenn Sie häufig die gleichen Einstellungen für verschiedene Kompositionen benötigen.

### Vorlagen selbst erstellen

Häufig verwendete Rendereinstellungen und Ausgabemodule, die Sie mühsam definiert haben, speichern Sie in Vorlagen. Eine selbsterstellte Vorlage erscheint nach dem Speichern wie jede andere

Vorlage in einer Auswahlliste. Vorlagen können Sie außerdem dauerhaft sichern und auf anderen Computern verwenden.

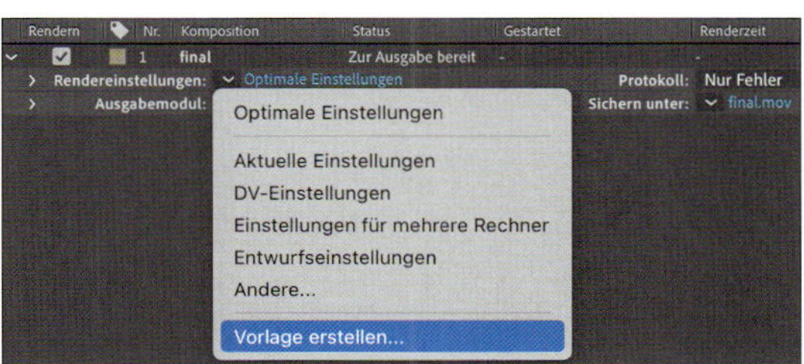


▲ **Abbildung 10.49**
Für das schnelle Arbeiten bietet After Effects die Möglichkeit, After-Effects-Vorlagen zu nutzen oder selbst neue zu erstellen.

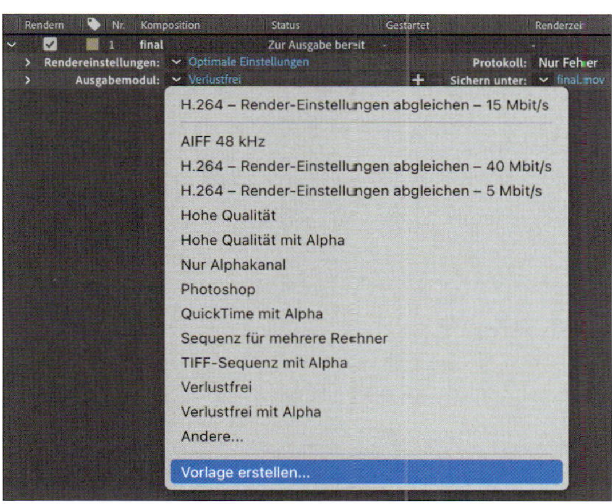


▲ **Abbildung 10.50**
Auch für das Ausgabemodul bringt After Effects einige vordefinierte Vorlagen mit, und Sie können auch selbst welche definieren.

Das Verfahren, eine Vorlage zu definieren, ist für die Rendereinstellungen und das Ausgabemodul gleich. Daher beschreibe ich es hier nur exemplarisch für das Ausgabemodul: Wählen Sie aus der Vorlagenliste die Option VORLAGE ERSTELLEN. Im Dialog AUSGABEMODULVORLAGEN vergeben Sie unter NAME FÜR EINSTELLUNGEN ❶ für die Vorlage eine Bezeichnung, die eindeutig über die getroffenen Einstellungen Auskunft geben sollte.

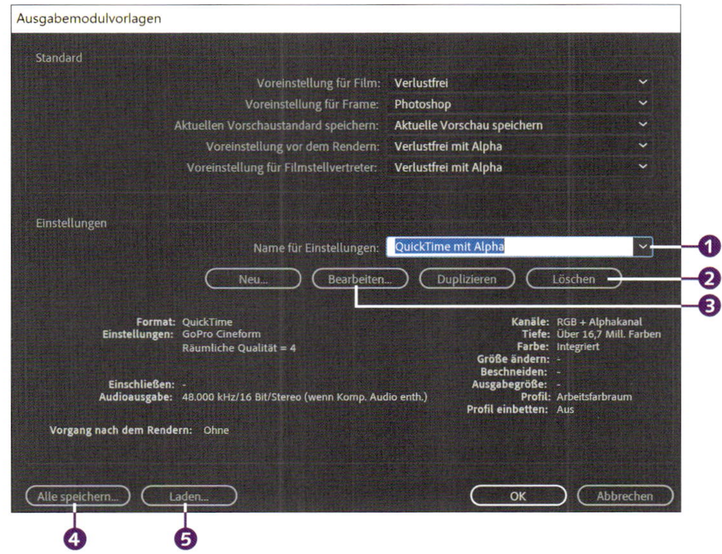


◀ **Abbildung 10.51**
Im Dialog AUSGABEMODULVORLAGEN legen Sie Einstellungen für eigene Vorlagen fest oder bearbeiten bereits vorhandene Ausgabevorlagen.

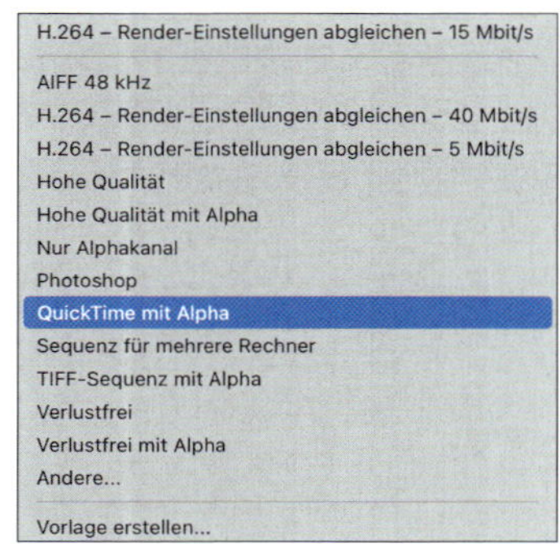


▲ **Abbildung 10.52**
Die neue Vorlage erscheint schließlich in der Auswahlliste unter den anderen Vorlagen.

Über den Button Bearbeiten ❸ gelangen Sie in den Dialog für die Rendereinstellungen bzw. hier zu den Einstellungen für Ausgabemodule. Sie können nun wie beschrieben einzeln die Einstellungen für Format, Formatoptionen, Audioausgabe etc. vornehmen. Bestätigen Sie Ihre Einstellungen mit OK. Auch im Dialog Ausgabemodulvorlagen bestätigen Sie mit OK. Die Vorlage erscheint nun zusätzlich zu den anderen Vorlagen in der Auswahlliste. Die Einstellungen sind damit gespeichert und können beliebig oft aufgerufen werden.

### Vorlage löschen

Um die Vorlage wieder zu löschen, öffnen Sie erneut den Dialog Ausgabemodulvorlagen mit der Option Vorlage erstellen. Über die Liste ❶ (Abbildung 10.51) wählen Sie die zu löschende Vorlage aus der Liste aus und betätigen anschließend den Button Löschen ❷.

### Vorlagen in einer Datei sichern und laden

Über den jeweiligen Vorlagen-Dialog für Rendereinstellungen oder Ausgabemodule können Sie auch Vorlagen in einer eigenen Datei sichern. Vorlagen für Ausgabemodule erhalten dabei die Dateiendung ».aom« und die Vorlagen für Rendereinstellungen die Dateiendung ».ars«. Zum Sichern müssen Sie nur den Button Alle speichern ❹ (Abbildung 10.51) jeweils für die Ausgabe oder die Rendereinstellungen betätigen. Um die Vorlagen zu laden, verwenden Sie den Button Laden ❺.

### Vorlagen für Ausgabedateinamen

In der Sektion Speichern unter in der Renderliste können Sie per Klick auf das Dreieck ❻ zwischen verschiedenen Vorlagen wählen, die Einfluss auf den resultierenden Dateinamen haben. So wird beispielsweise, wenn Sie Kompositionsordner und -name gewählt haben, ein Ordner mit dem Namen Ihrer Komposition erstellt und darin ein gleichnamiger Film.

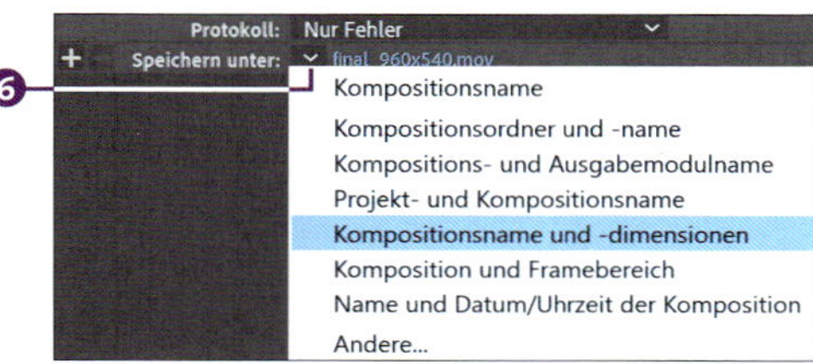


**Abbildung 10.53** ▶
Sie können aus mehreren Vorlagen für den Dateinamen wählen.

Bei Kompositions- und Ausgabemodulname erhalten Sie den Titel Ihrer Komposition und Ihres Ausgabemoduls zusammen in einem Namen. Nützlich ist auch die Vorlage Komposition und Fra-

MEBEREICH: Hier erscheint die gewählte Kompositionsgröße mit im Namen – günstig bei Tests mit verschiedenen Framegrößen.

Eigene Vorlagen erstellen Sie per Klick auf den Eintrag ANDERE. Im Fenster VORLAGE FÜR DATEINAME UND -PFAD finden Sie zum Beispiel den Eintrag »[compName]_[width]x[height].[fileExtension]« vor. Der Dateiname enthält dann also den Kompositionsnamen, die Breite und Höhe und die Dateiendung. Über EIGENSCHAFT HINZUFÜGEN ❼ lassen sich weitere Eigenschaften zum Namen hinzufügen. Dafür platzieren Sie den Cursor im obengenannten Text zum Beispiel hinter [HEIGHT], wählen dann beispielsweise den Eintrag FRAMERATE und trennen das Ganze mit einem Unterstrich, also: »[compName]_[width]x[height]_**[frameRate]**.[fileExtension]«. Per Klick auf das Symbol ❽ speichern Sie Ihre Vorgabe mit eigenem Namen, und schon erscheint sie ebenfalls in der Liste.

**Absolute Speicherpfade**
Im Fenster VORLAGE FÜR DATEINAME UND -PFAD fügen Sie einen absoluten Pfad vor dem Ausdruck hinzu, z. B.: **G:\Ausgabe**[compName].[fileExtension]. Mit dieser Vorlage werden alle Ausgabedateien auf Laufwerk C gerendert.

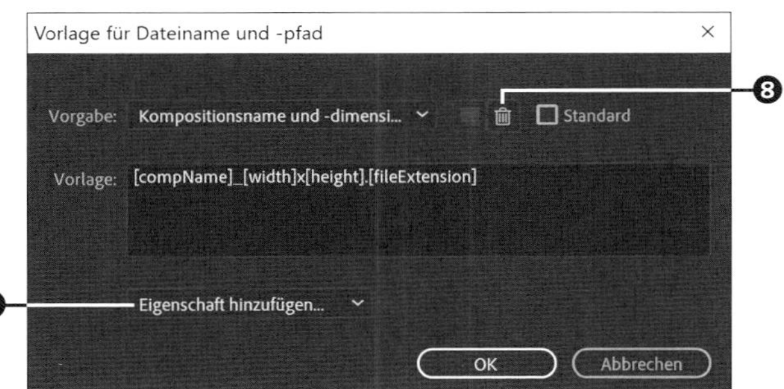


◄ **Abbildung 10.54**
Via EIGENSCHAFT HINZUFÜGEN wählen Sie weitere Informationen, die im Dateinamen enthalten sein sollen.

## 10.7 Netzwerkrendern

After Effects ermöglicht es, Kompositionen über ein Netzwerk von verschiedenen Rechnern für die Ausgabe berechnen zu lassen. Der Renderprozess wird dadurch erheblich beschleunigt.

Voraussetzung für das Rendern im Netzwerk ist, dass eine aktivierte Vollversion von After Effects auf einem der Netzwerkrechner installiert ist. Auf den anderen assistierenden Rechnern, den Renderclients, installieren Sie die **Render-Engine** von After Effects. Die Render-Engine ist eine nur für den Renderprozess bestimmte Installationsversion von After Effects.

Bevor Sie auf weiteren Rechnern die Render-Engine installieren, müssen Sie sich auf dem Hauptrechner von der Creative Cloud vorübergehend abmelden. Klicken Sie im Menü HILFE auf den Eintrag ABMELDEN. Nachdem die Clients installiert sind, können Sie sich erneut anmelden.

Auf dem nächsten beteiligten Render-Client installieren Sie nun die After-Effects-Vollversion.

**Gleiche Grafikkarten**
Für das Rendern im Netzwerk sollten Sie möglichst auf allen Systemen die gleichen Grafikkarten verwenden, da ansonsten nicht sicher ist, dass alle verwendeten Funktionen auf allen Systemen mitberechnet werden. Prüfen Sie zuvor, welche Karten After Effects unterstützt. Informationen dazu erhalten Sie unter: *https://helpx.adobe.com/after-effects/system-requirements.html*.

**Überwachter Ordner mit Media Encoder**

Alternativ können Sie die in Abschnitt 10.5.3, »Ausgabe mit überwachtem Ordner« beschriebene Möglichkeit im Media Encoder nutzen.

Nach Abschluss der Installation starten Sie After Effects und klicken im Menü Hilfe auch hier auf den Eintrag Abmelden und beenden After Effects danach.

Um auf dem Render-Client die Engine im lizenzfreien Modus zu verwenden, müssen Sie eine leere ».txt«-Datei unter dem Namen »ae_render_only_node.txt« an einem der folgenden Orte speichern: Auf dem Mac:

- /Benutzer/<benutzername>/Dokumente/
- /Benutzer/Für alle Benutzer/Adobe/

Unter Windows:

- C:\Benutzer\<benutzername>/Dokumente/
- C:\Benutzer\Öffentlich\Dokumente\Adobe

Danach öffnen Sie den After-Effects-Installationsordner. Dort finden Sie eine Verknüpfung mit dem Titel Adobe After Effects Render Engine. Klicken Sie diese Verknüpfung doppelt an, um nur die Render-Engine von After Effects zu starten.

▲ **Abbildung 10.55**
Die Render-Engine zeigt sich wie die normale After-Effects-Programmoberfläche, allerdings wird nur die Renderliste angezeigt, und alle nichtrelevanten Funktionen in der Menüleiste sind grau dargestellt.

**Nur Einzelbilder**

Beim Rendern mit mehreren Rechnern können nur Einzelbilder berechnet werden. Die Frames einer Komposition werden dabei als nummerierte Sequenzen ausgegeben. Es ist nicht möglich, eine einzelne Filmdatei mit mehreren Rechnern zu rendern.

Auf dem Hauptrechner (Projektrechner) können Sie sich nun wieder in der Creative Cloud anmelden. Dies sollte der Rechner mit der lizenzierten Vollversion von After Effects sein. Auf diesem stellen Sie die zu rendernde Projektdatei bereit. Auf einem Server legen Sie einen sogenannten überwachten Ordner an, in den Sie eine Kopie der Projektdatei und alle verknüpften Dateien kopieren. Die Assistentenrechner, die Renderclients, weisen Sie an, diesen Ordner permanent zu überwachen. Sobald sich in dem überwachten Ordner ein zu renderndes Element befindet, beginnen die Clients automatisch mit dem Rendern. Gespeichert werden die fertig gerenderten Frames in einem weiteren Ordner auf dem Server, dem Ausgabeordner.

## Schritt für Schritt
## Einrichten eines Rendernetzwerks

In diesem Workshop erfahren Sie, wie das Einrichten eines Rendernetzwerks funktioniert.

### 1 Überwachten Ordner anlegen

Nachdem Sie die Vollversion von After Effects auf einem Projektrechner und die Render-Engine auf den Assistentenrechnern installiert haben, legen Sie einen überwachten Ordner auf einem Server an. Dieser Ordner soll später die zu rendernde Projektdatei enthalten. Es ist wichtig, dass sich dieser Ordner nicht auf einem der Rechner befindet, auf dem After Effects im Modus »Überwachter Ordner« ausgeführt wird. Die Renderclients sollen den Ordner überwachen und mit dem Rendern beginnen, sobald sich ein zu renderndes Element im Ordner befindet.

Benennen Sie den Ordner eindeutig, z. B. »ueberwachterOrdner«. Geben Sie den Ordner frei, damit die Renderclients darauf zugreifen können. Damit dieser Ordner ein überwachter Ordner wird, rufen Sie in jeder Render-Engine der Renderclients den Befehl Datei/Ablage • Überwachter Ordner auf. Wählen Sie den eben erstellten Ordner aus. Jede Render-Engine prüft nun alle zehn Sekunden, ob sich ein zu renderndes Element in dem Ordner befindet.

**Sichern der Überwachung**
Damit das Rendern durch die Renderclients nicht fehlschlägt, sollten Sie sicherstellen, dass auf jedem der Clients alle im Projekt verwendeten Effekte und Schriften installiert sind. Auch die im Projekt benutzten Kompressoren sollten sich auf allen Clients befinden.

**Absolute Dateipfade**
Ordnen Sie den Netzlaufwerken auf allen Renderclients möglichst einen bestimmten Laufwerksbuchstaben zu, z. B. F:\RenderEngines\UeberwachterOrdner. Vermeiden Sie relative Pfade, z. B. \RenderEngines\. Macintosh-Computer, die einen Ordner überwachen, müssen eindeutige Namen haben und sollten daher umbenannt werden, damit nicht der Standardname verwendet wird.

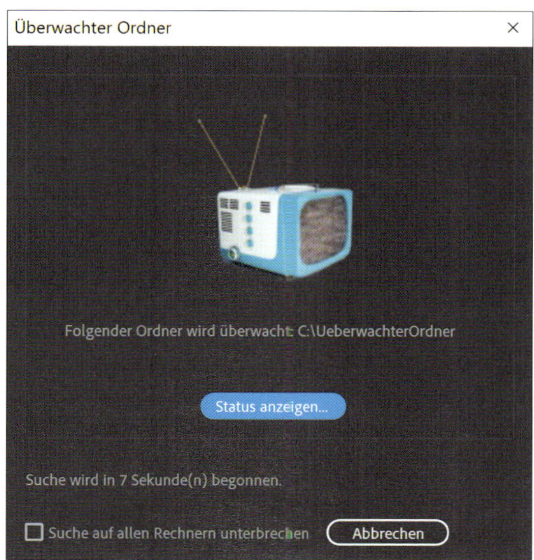


◂ **Abbildung 10.56**
Ein auf einem Server erstellter Ordner wird von den Renderclients überwacht. Sobald sich ein zu renderndes Element darin befindet, beginnen die Clients mit dem Rendern.

### 2 Zu rendernde Dateien anlegen

Die nächsten Schritte führen Sie auf dem Projektrechner aus. Die auszugebende Komposition fügen Sie mit Strg+M der Renderliste hinzu. Hier nehmen Sie die Render- und Ausgabeeinstellungen vor. Im Ausgabemodul müssen Sie als Format eine Bildsequenz, beispielsweise eine Targa-Sequenz, festlegen. Sie können aber auch die Vorlage Sequenz für mehrere Rechner wählen. Damit wird eine Photoshop-Sequenz erstellt. Geben Sie dann bei Speichern unter einen Ausgabenamen und einen Speicherort an.

Bei den Rendereinstellungen empfiehlt es sich, die Vorlage Einstellungen für mehrere Rechner zu verwenden. Wenn Sie zuvor eine Sequenz als Ausgabe festgelegt haben, ist im Dialog Rendereinstellungen unter Optionen bereits ein Häkchen für Vorhandene Dateien überspringen gesetzt. Dies bewirkt, dass jeder Renderclient prüft, welche Dateien noch nicht berechnet wurden. Diese Dateien »greift« sich der Client, berechnet sie und legt das gerenderte Ergebnis in einem Ausgabeordner ab. Da dieser noch nicht existiert, muss er mit dem nächsten Schritt erstellt werden.

**Abbildung 10.57** ▼
Unter Rendereinstellungen und unter Ausgabemodul können Sie Vorlagen für das Rendern im Netzwerk auswählen.

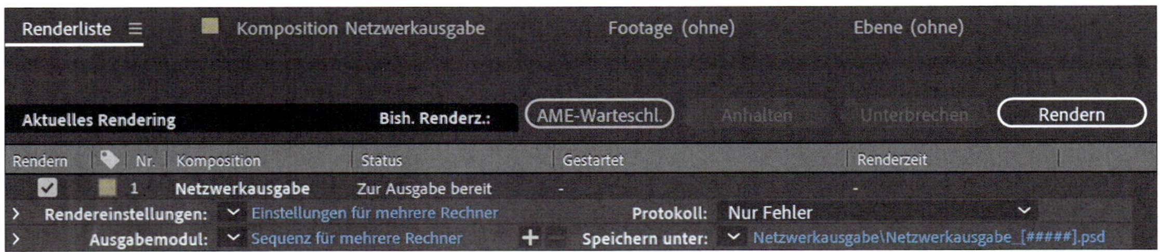


## 3 Dateien sammeln

Als Nächstes führen Sie den Befehl Dateien sammeln aus. Das Projekt und alle dazugehörenden Rohmaterialdateien werden damit in dem überwachten Ordner gesammelt. Wählen Sie dazu im Projekt Datei • Abhängigkeiten • Dateien sammeln. Es folgen einige Festlegungen im Dialog Dateien sammeln.

**Renderkontrolle**
Jeder Renderclient speichert seine Renderergebnisse in einer Datei namens »watch_folder.htm« im überwachten Ordner. In einem Webbrowser können Sie die Datei öffnen, um protokollierte Fehler und den Renderverlauf zu verfolgen. Dazu müssen Sie die Anzeige im Browser des Öfteren aktualisieren.

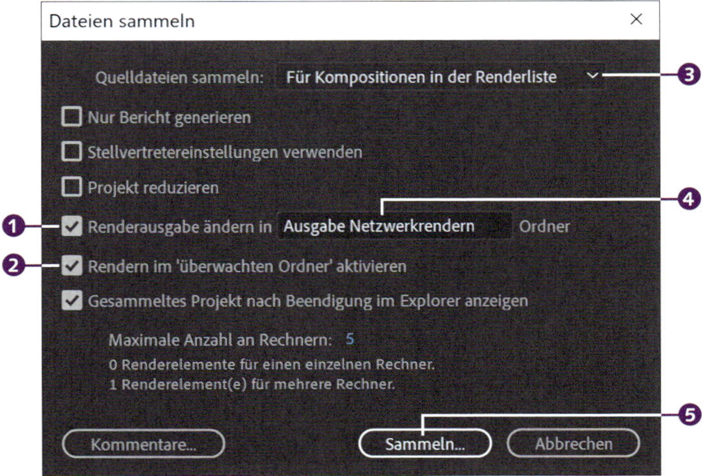


**Abbildung 10.58** ►
Über den Dialog Dateien sammeln legen Sie den Namen des Ausgabeordners fest und aktivieren das Rendern des überwachten Ordners.

Wenn die Renderliste eine Komposition zur Ausgabe enthält und Sie einen Ausgabenamen festgelegt haben, ist die Option Renderausgabe ändern in Ordner ❶ anwählbar. Dort sollten Sie ein Häkchen setzen, damit der schon erwähnte Ausgabeordner automatisch erstellt wird. Beim Sammeln wird dann in dem bereits vorhandenen überwachten Ordner automatisch ein Unterordner angelegt, dessen Namen Sie im Eingabefeld ❹ bestimmen können. In diesem Unterordner werden dann die gerenderten Dateien abgelegt. Dieser Ausgabeordner sollte sich wie der überwachte Ordner auf dem Server befinden. Stellen Sie sicher, dass alle Clients auf den Ausgabeordner zugreifen können.

Damit die Renderclients auch wirklich mit dem Rendern beginnen, müssen Sie bei RENDERN IM 'ÜBERWACHTEN ORDNER' AKTIVIEREN ❷ ein Häkchen setzen. Effektiv ist es, unter QUELLDATEIEN SAMMELN ❸ die Option FÜR KOMPOSITIONEN IN DER RENDERLISTE zu aktivieren. Es werden dann nicht sämtliche im Projekt enthaltenen Dateien kopiert.

Über die Schaltfläche SAMMELN ❺ öffnen Sie den Dialog DATEIEN IN EINEM ORDNER SAMMELN. Geben Sie dort den überwachten Ordner als Sammelort an. Vergeben Sie einen Namen für den Sammelordner, und bestätigen Sie mit SPEICHERN. Als Speicherort wählen Sie einen im Netzwerk verfügbaren Rechner, am besten einen Server. Daraufhin werden die Projektdatei, die Quelldateien, der Ausgabeordner und eine Renderkontrolldatei im überwachten Ordner gespeichert. Quelldateien, die größer als 2GB sind, werden allerdings nicht mitkopiert und müssen manuell in den Sammelordner verschoben werden.

Finden die Renderclients eine Renderkontrolldatei, die auf ein nicht gerendertes Projekt verweist, öffnen sie das Projekt und rendern es. Danach setzen die Clients die Überwachung fort, und sobald ein neues zu renderndes Element im überwachten Ordner landet, beginnen die Clients wieder mit ihrer Arbeit.

**Netzwerkrendern mit mehreren Rechnern gleichzeitig**

Ist in einem Netzwerk auf mehreren Rechnern After Effects installiert, können Sie auch ohne überwachten Ordner Standbildsequenzen mit mehreren Computern berechnen. Je mehr beteiligte Computer, desto schneller die Berechnung, es sei denn, die Netzwerkbelastung ist zu hoch.

Führen Sie folgende Schritte durch: Öffnen Sie auf einem Computer das Projekt, und fügen Sie die zu rendernden Kompositionen der Renderliste hinzu. Verwenden Sie die Vorlage EINSTELLUNGEN FÜR MEHRERE RECHNER und die Option VORHANDENE DATEIEN ÜBERSPRINGEN. Es können nur Einzelbildsequenzen verwendet werden. Legen Sie einen freigegebenen Ausgabeordner an, auf den alle Rechner Zugriff haben.

Kopieren Sie das zu rendernde Projekt samt allen Quelldateien auf alle beteiligten Rechner. Öffnen Sie überall das Projekt, und speichern Sie es auf dem jeweiligen Computer. Wählen Sie in der Renderliste für die Ausgabesequenz jeweils denselben zuvor freigegebenen Ordner als Speicherort. Anschließend starten Sie den Rendervorgang auf allen Systemen so zeitgleich wie möglich.

# TEIL III
# Masken, Effekte und Korrekturen

# Kapitel 11
# Masken, Matten und Alphakanäle

*Das Durchsichtige, Durchscheinende wie Luft oder Wasser ist transparent. Es ist notwendig, Transparenzen zu definieren, um zwei oder mehr Bilder oder Videos visuell miteinander zu kombinieren. Als Compositing-Programm bietet After Effects vielfältige Möglichkeiten, Transparenzen selbst einzustellen oder transparentes Material aus anderen Applikationen zu übernehmen.*

## 11.1 Begriffsdefinitionen

Beim Einstellen der Transparenz für ein Bild werden Teile dieses Bildes unsichtbar oder transparent gesetzt, so dass ein darunter befindliches Bild sichtbar werden kann. Auf diese Weise lassen sich beliebig viele Bilder zu einem neuen Layout kombinieren oder unerwünschte Bildbereiche entfernen und durch anderes Bildmaterial ersetzen. Bei der Arbeit mit solchen transparenten Bildbereichen begegnen uns zunächst einige Begriffe, die zur Verwirrung beitragen können, im Grunde aber vieles gemeinsam haben.

Daher soll in den folgenden Abschnitten erläutert werden, was sich genau hinter den Begriffen »Alphakanal«, »Maske« und »Matte« verbirgt.

### 11.1.1 Alphakanal

Ein Alphakanal beschreibt die transparenten Bereiche eines Bildes. Die Farbinformation eines Bildes ist in den sogenannten Farbkanälen enthalten. Für RGB-Bilder gibt es jeweils einen Kanal für die Farben Rot, Grün und Blau. Mit welcher Transparenz oder Deckkraft die Pixel eines Bildes dargestellt werden, wird als Transparenzinformation im Alphakanal gespeichert. Jedem Pixel eines Bildes sind somit je drei Farbkanalwerte und ein Alphakanalwert zugeordnet.

**Abbildung 11.1** ▸
Dieses Bild wird vollständig deckend ohne transparente Bildbereiche dargestellt.

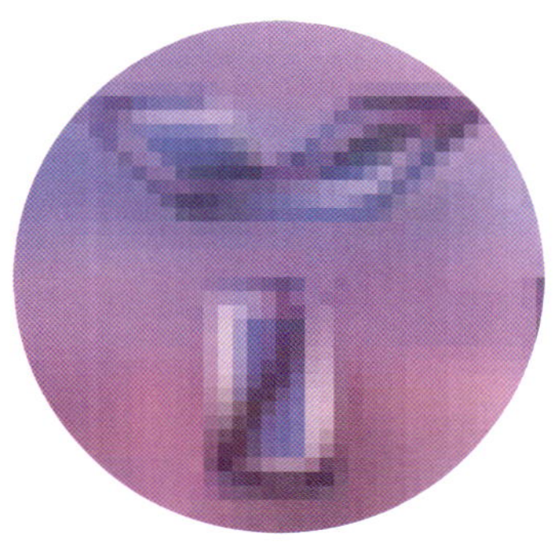

▴ **Abbildung 11.2**
Jedes Pixel setzt sich aus drei Werten für die Farben Rot, Grün und Blau und dem Alphakanalwert zusammen. Ein Rotton kann z. B. die Werte R: 180, G: 101, B: 86 und Alpha: 255 (also deckend) haben.

▴ **Abbildung 11.3**
Durch die Information im Alphakanal (hier die oberste Ebene) werden die Pixel in den einzelnen RGB-Kanälen transparent oder deckend gesetzt.

Jeder der vier Kanäle für Rot, Grün, Blau und Alpha kann, wenn er mit einer Farbtiefe von 8 Bit gespeichert wurde, 256 Grau- bzw. Transparenzabstufungen darstellen. Mit Bildmaterial, das mit einer Informationstiefe von 16 Bit pro Farbkanal bzw. für den Alphakanal erstellt wurde, lassen sich hochwertige 65.536 Abstufungen darstellen. Noch feiner sind die darstellbaren Nuancen bei 32-Bit-Material, das Sie in After Effects ebenfalls verarbeiten können.

Damit eine Datei mitsamt Alphakanal gespeichert werden kann, muss sie insgesamt eine Farbtiefe von mindestens 32 Bit aufweisen. Das entspricht der Einstellung Über 16 Mio. Farben bzw. Trillionen Farben, die für einige Ausgabeformate in After Effects gewählt werden kann.

Im Alphakanal wird die Transparenzinformation immer als Graustufenbild gespeichert. Dabei entspricht der Schwarzwert des Graustufenbildes einer vollständigen Transparenz des Materials und der Weißwert der vollständigen Deckkraft. Enthält der Alphakanal hundertprozentiges Schwarz, wird in den RGB-Kanälen keine Bildinformation dargestellt, und das Bild ist transparent, also durchsichtig. Bei hundertprozentigem Weiß verhält es sich genau umgekehrt. Die Zwischenwerte werden als Grauwerte dargestellt und ebenfalls als Transparenz auf die RGB-Farbkanäle übernommen. Ob ein Bild in Teilen oder gänzlich transparent dargestellt werden soll, »merkt« sich der Alphakanal sozusagen pixelweise.

Andere Applikationen, andere Transparenzspeicherung: Da im Compositing mit Dateien aus unterschiedlichsten Applikationen gearbeitet wird, muss After Effects damit »leben«, verschiedene Arten der **Speicherung der Alphainformation** zu erkennen. In After Effects können Sie sowohl einen separaten Alphakanal verwenden, um innerhalb einer Komposition die Transparenzen eines Bildes oder Videos zu bestimmen, als auch einen schon in der Datei vorhandenen Alphakanal nutzen. Jede Ebene in einer After-Effects-Komposition kann einen Alphakanal, der im importierten Material enthalten ist, auch korrekt darstellen.

◂ **Abbildung 11.4**
Alle Kanäle zusammengemischt ergeben dieses Bild.

**Separater Alphakanal**
Manche Programme unterstützen keinen in der Datei enthaltenen Alphakanal. Dieser kann dann als separate Datei erstellt und in After Effects mit der RGB-Datei kombiniert werden.

Über diese Möglichkeit lässt sich jede Bildebene, die Sie in After Effects verwenden, mit der Alphainformation einer anderen Datei kombinieren. Damit können Sie Bildbereiche auf der Grundlage einer – möglichst in Schwarzweiß angelegten – Bildebene freistellen. Den Alphakanal können Sie aus vielen anderen Applikationen als separate Datei exportieren. 3D-Programme bieten diese Option immer an.

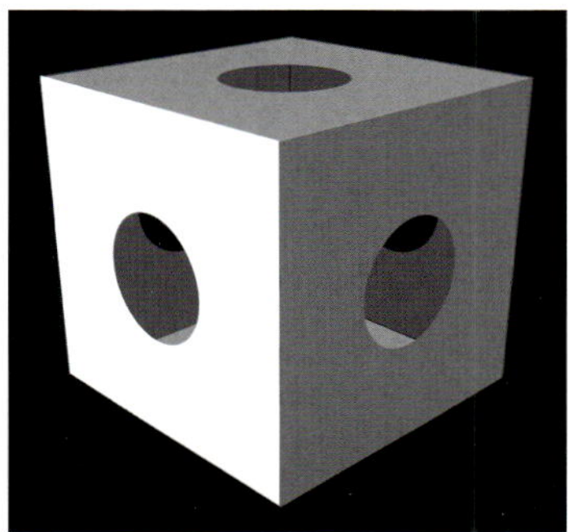

▴ **Abbildung 11.5**
Die Alphainformation in einer separaten Datei

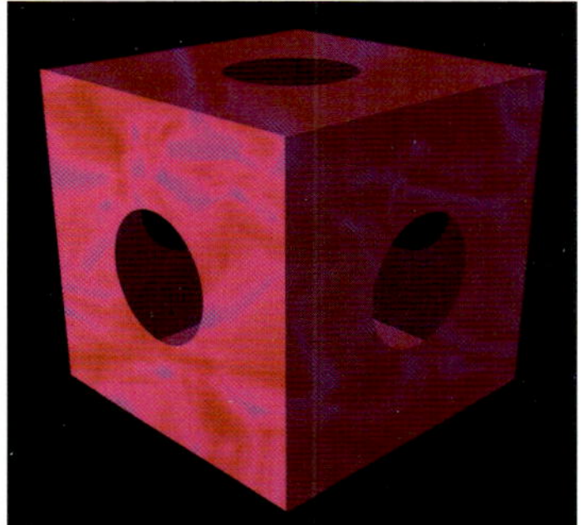

▴ **Abbildung 11.6**
Hier wurde die Alphainformation der Datei mit einem Bild kombiniert.

### Direkter Alphakanal

Der direkte Alphakanal wird auch als *Straight Alpha Channel* bezeichnet. Bei dieser Art der Speicherung wird die Alphainformation vollständig in einem separaten Kanal neben den RGB-Kanälen gespeichert. Eine in dieser Form gespeicherte Datei enthält also vier Kanäle. Die Farbinformation in den RGB-Kanälen wird durch die Alphainformation nicht verändert. Das hat den Vorteil, dass halbtransparente Flächen korrekt dargestellt werden.

Programme, die keine direkten Alphakanäle unterstützen, können so gespeicherte Transparenzinformationen nicht interpretieren und zeigen die Transparenzen nicht an. After Effects unterstützt sowohl den direkten als auch den integrierten Alphakanal.

**Abbildung 11.7** ►
Bei der Speicherung mit direktem Alphakanal liegt die Alphainformation in einem separaten Kanal vor. Aus den sichtbaren RGB-Kanälen (hier zusammengemischt als ein Kanal dargestellt) kann die Transparenzinformation nicht abgeleitet werden.

### Integrierter Alphakanal

Der integrierte Alphakanal wird auch als *Premultiplied Alpha Channel* bezeichnet. Auch bei Dateien mit integriertem Alphakanal wird die Transparenzinformation in einem gesonderten Kanal neben den RGB-Farbkanälen gespeichert. Zusätzlich wird die Transparenzinformation allerdings in die RGB-Kanäle eingerechnet. Vollkommen transparente Bereiche werden mit einer Farbe – meist Schwarz oder Weiß – vollfarbig dargestellt. Enthält die Datei auch halbtransparente Bereiche, wird die Farbe prozentual in die jeweiligen Pixel eingerechnet, d.h. für halbe Deckkraft 50 % der Farbe des Pixels und 50 % der eingerechneten Farbe. In den meisten Programmen wird die Transparenzinformation integriert gespeichert. Für Sequenzen aus 3D-Applikationen gilt dies in jedem Fall.

After Effects blendet beim Import von Dateien mit Alphainformationen bisweilen den Dialog FOOTAGE INTERPRETIEREN ein. Wenn Sie wissen, in welcher Art die Alphainformation gespeichert wurde, wählen Sie dort eine der Optionen DIREKT oder INTEGRIERT, wenn nicht, hilft der Button ERMITTELN ❶.

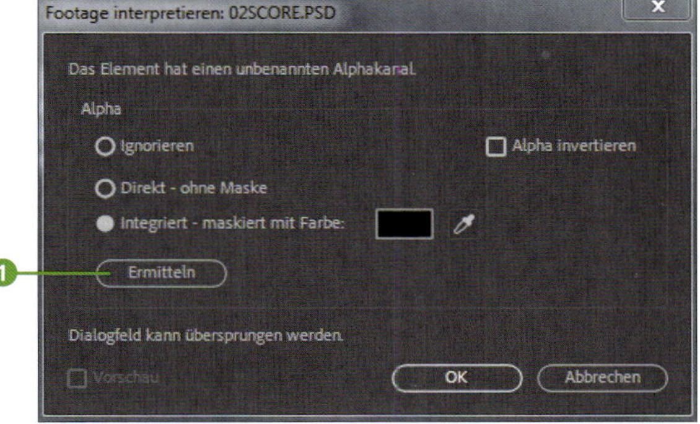


◀ **Abbildung 11.8**
Beim Import von Dateien, die Alphainformationen enthalten, blendet After Effects bisweilen diesen Dialog ein.

▲ **Abbildung 11.9**
Bei der Speicherung mit integriertem Alphakanal liegt der Alphakanal separat neben den RGB-Kanälen vor. In die RGB-Kanäle wurde die Alphainformation hier mit der Farbe Schwarz eingerechnet.

▲ **Abbildung 11.10**
In diesem Beispiel wurde der integrierte Alphakanal falsch interpretiert. Am Rand des Schriftzugs ist daher noch die schwarze Farbe erkennbar, die bei der integrierten Speicherung verwendet wurde.

### Alphakanal und Transparenz

Wenn Sie mit Photoshop arbeiten, sehen Sie im Fenster KANÄLE bei einer Datei, die einen Alphakanal enthält, den Alphakanal neben den RGB-Kanälen.

Arbeiten Sie in After Effects mit einer Farbtiefe von nur 8 Bit, stehen für jeden der vier Kanäle 8 Bit zur Verfügung. Es ist also genügend »Platz« für die Information im Alphakanal vorhanden.

Enthält Ihr importiertes Footage keinen Alphakanal oder ist die Farbtiefe des Footage geringer als die 32 Bit der vier Kanäle zusammen, legt After Effects für die Datei einen Kanal an, der mit weißer Farbe gefüllt ist. Damit wird die Datei als vollständig deckend definiert. Bei Dateien mit 16 oder 32 Bit Farbtiefe pro Kanal, für die Sie die entsprechende Farbtiefe im Projekt einstellen, ist noch mehr Platz für feine Abstufungen und bessere Detailgenauigkeit vorhanden.

▲ **Abbildung 11.11**
In Photoshop ist der Alphakanal neben den RGB-Kanälen leicht zu entdecken.

In After Effects können Sie den Farbanteil eines jeden Kanals in einer Datei über das Kompositionsfenster anzeigen lassen. Auch die Alphainformation ist separat darstellbar. Unter der kleinen Schaltfläche ❶ verbirgt sich ein Menü, in dem Sie den jeweiligen Kanal einzeln auswählen.

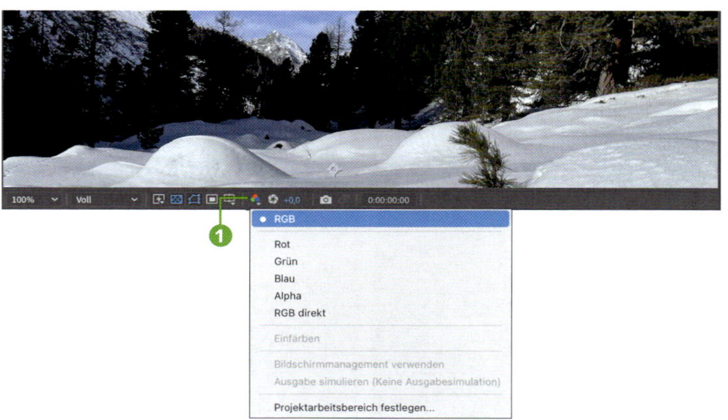


**Abbildung 11.12 ▸**
Die Farbinformation können Sie für jeden Farbkanal einzeln anzeigen. Das Gleiche gilt für den Alphakanal.

## 11.1.2 Masken und Matten

Um ein Bild oder Video mit Transparenz zu versehen, reduzieren Sie die Deckkraft. Es wird dann insgesamt durchscheinend oder ganz unsichtbar dargestellt. Um nur Teilbereiche eines Bildes unsichtbar oder durchscheinend und andere dagegen deckend zu gestalten, benötigen Sie Masken und Matten.

**Deckkraft**
Mit der Deckkraft legen Sie fest, ob und wie stark durchscheinend oder opak (also deckend) Bildbereiche oder das gesamte Bild dargestellt werden. Beträgt die Deckkraft eines Bildes 100 %, ist es vollkommen deckend. Bei 0 % Deckkraft sind Bildbereiche oder das gesamte Bild unsichtbar. Dazwischenliegende Werte führen zu einem mehr oder weniger durchsichtigen Bild.

### Masken und Matten in der traditionellen Filmtechnik

Masken wurden ursprünglich in der Filmtechnik eingesetzt, um unerwünschte Bildteile in einem Film abzudecken und diese dann durch erwünschtes Bildmaterial zu ersetzen, z. B. um einen Bildvordergrund mit einem anderen als dem beim Filmdreh verfügbaren Hintergrund auszustatten. Dazu wurden ein Film für den Vordergrund und einer für den gewünschten Hintergrund gedreht. Um die beiden Filme in einem Endprodukt, dem Kinofilm, zu vereinen, mussten gewünschter Vorder- und Hintergrund miteinander kombiniert werden.

Da in der Realität nicht einfach ein im Hintergrund befindlicher Schornstein gesprengt werden kann, nur weil er im Film störend wirkt, wurde der störende Hintergrund bei der Filmnachbearbeitung mit einer festen, also unveränderlichen Maske abgedeckt und dann eine Kopie des Vordergrundfilms erstellt. Das Ergebnis war ein maskierter Vordergrundfilm. Für den Hintergrundfilm hingegen wurde der genau umgekehrte Teil abgedeckt und ebenfalls eine Kopie angefertigt. Die zwei entstandenen maskierten Kopien konnten nun in einer Endkopie zum fertigen Kinofilm zusammenkopiert werden.

Problematisch wird eine feste Maskierung, wenn ein beweglicher Vordergrund, beispielsweise ein Schauspieler, mit einem neuen Hintergrund kombiniert werden soll. Die Lösung hierfür wäre, für jedes Filmbild die Maske an die veränderte Vordergrundfigur anzupassen – ein sehr aufwendiges Unterfangen. Einfacher ist da die Verwendung einer beweglichen Maske, die sich selbst an die Silhouette des Schauspielers anpasst. Wird der Schauspieler vor einem einfarbigen Hintergrund aufgenommen, ist diese Situation gegeben. Dabei wird – auch heute noch – ein blauer oder grüner Hintergrund verwendet, der **Bluescreen** oder **Greenscreen**.

Anders als bei dem Verfahren mit einer festen Maske enthielt die maskierte Filmkopie eine Maske, die sich in jedem Filmbild an die Silhouette des Schauspielers anpasste. Eine solche Maske bewegt sich gewissermaßen und wird daher auch als **Wandermaske** oder **Traveling Matte** bezeichnet. Also doch eine Matte ... In After Effects sind die Bezeichnungen »Maske« und »Matte« noch einmal etwas anders zu verstehen.

▲ **Abbildung 11.13**
Um den gewünschten Vorder- und Hintergrund miteinander zu kombinieren, werden Masken erstellt, die die entsprechenden Bereiche des Vorder- bzw. Hintergrundfilms abdecken. In einer Endkopie werden die gewünschten Bildinhalte miteinander kombiniert.

### Maske

Eine Maske dient dazu, Teilbereiche eines Bildes deckend oder transparent darzustellen. Eine Maske besteht aus einem geschlossenen Pfad, der auf einer Bildebene erstellt wird. Bildbereiche innerhalb des Maskenpfads werden deckend dargestellt, sind also sichtbar; Bildbereiche außerhalb sind vollständig durchsichtig bzw. unsichtbar. Die Ränder der Maske können weich auslaufen.

▲ **Abbildung 11.14**
Ein Bild ohne transparente Bereiche

▲ **Abbildung 11.15**
Das Bild aus Abbildung 11.14 mit einem Maskenpfad

**Bluescreen**
Der Bluescreen ist ein blauer Hintergrund, vor dem eine Szene spielt. Bei der Nachbearbeitung des Materials kann die blaue Farbe mit entsprechenden Filtern transparent gesetzt werden (siehe auch Abschnitt 12.4, »Keying mit Green- oder Bluescreen«).

### Matte

Matten tragen die verschiedensten Bezeichnungen: *Track Mattes*, *Spur-Matten*, *Traveling Mattes*, *bewegte Masken*, *Luminanz-Matten* und *Alpha-Matten*. Egal, welcher Begriff Ihnen begegnet, Sie können immer von Folgendem ausgehen: Grundsätzlich ist eine Matte ein Bild, das als Transparenzinformation für ein anderes Bild dient. Es handelt sich hierbei beispielsweise um ein Schwarzweiß- oder Graustufenbild. Sie können aber auch einen Schwarzweiß- oder Graustufenfilm als Matte verwenden.

Um in einer anderen Ebene transparente Bildbereiche zu erzeugen, können Sie in After Effects sowohl die Alphainformation als auch die Helligkeitsinformation einer Matte-Ebene verwenden. Die Matte selbst wird dabei nicht dargestellt, sondern dient nur als Referenz (siehe Abbildung 11.16–11.18). Nutzen Sie die Alphainformation, ist die Farbe oder Helligkeit der Matte-Ebene egal. Beim Nutzen der Helligkeitsinformation wird mit Schwarzweißbildern bzw. -filmen gearbeitet, deren Graustufenwerte für mehr oder minder deckende Bereiche sorgen. So definieren Sie über totales Weiß absolut transparente und über totales Schwarz absolut deckende Bereiche, während 50 % Grau halbtransparente Bereiche erzeugt. Im Gegensatz zu Masken schaffen Sie mit Matten somit auch komplexe semitransparente Übergänge. Ob es sich bei der Matte-Ebene um eine Bilddatei, einen Film oder auch eine Textebene handelt, ist frei wählbar (Abbildung 11.19 und 11.20).

▲ **Abbildung 11.16**
Noch ein Bild ohne transparente Bereiche

▲ **Abbildung 11.17**
Ein Graustufenbild, das als Matte verwendet werden kann. Weiße Pixel definieren volle Deckkraft, schwarze Pixel transparente Bildbereiche.

▲ **Abbildung 11.18**
Hier das Ergebnis, wenn das Bild aus Abbildung 11.16 mit der Matte aus Abbildung 11.17 kombiniert wird. Das Raster im Hintergrund deutet die transparenten Bereiche an.

◂ **Abbildung 11.19**
Ein Graustufenfilm kann ebenfalls als Matte definiert werden. Hier ein Graustufenfilm mit Text, der als Matte für eine andere Bildebene dienen soll.

▲ **Abbildung 11.20**
Der Graustufenfilm bewirkt als Matte dort Transparenzen, wo der Film kein hundertprozentiges Weiß enthält. Dort, wo es weiße Bereiche im Film gibt, wird hier ein Himmel sichtbar.

## 11.2 Matten und ihre Verwendung

In diesem Abschnitt schauen wir uns an, wie Sie in After Effects Matten verwenden. Zunächst nutzen wir die Alphawerte einer Matte-Ebene zum Erzeugen von Transparenzen in einer anderen Ebene und anschließend die Helligkeitswerte.

### 11.2.1 Alpha-Matte erstellen

Dieses Beispiel zeigt Ihnen, wie Sie über eine Alpha-Matte Videomaterial innerhalb eines Textes darstellen. Dazu geben Sie den Text als Transparenzinformation für das Video an.

**Schritt für Schritt**
**Das Bild im Text**

Die benötigten Dateien für diesen Workshop finden Sie unter BEISPIELMATERIAL/11_MASKEN/ALPHAMATTE.

Importieren Sie aus dem Ordner 11_MASKEN/ALPHAMATTE die Dateien »hintergrund.jpg« und »fuellebene.mp4«. Legen Sie eine HDTV-Komposition in der Größe 1.920 × 1.080 mit einer Dauer von 6 Sekunden an. Ziehen Sie die Dateien in den linken Bereich der Zeitleiste. Erstellen Sie mit dem Text-Werkzeug eine Textebene, und tippen Sie SYNTHESE ein. Wählen Sie eine recht große Textgröße über die Zeichen-Palette.

Hintergrund: © Rodion Kutsaiev, unsplash.com

▲ **Abbildung 11.21**
Die oberste Textebene dient als Alpha-Matte für die darunterliegende Füllebene. Ganz unten können Sie ein Hintergrundbild hinzufügen.

**1 Ebenen anordnen**

Für die Arbeit mit Matten sind mindestens zwei Ebenen nötig: eine Matte-Ebene und eine Füllebene. Außerdem können Sie einen Hintergrund hinzufügen. Die Matte-Ebene besteht in unserem Fall aus der selbsterstellten Textebene, die mit dem Inhalt eines Bildes bzw. eines Movies gefüllt werden soll.

Um das Ergebnis in früheren Versionen von After Effects zu erzielen, war es erforderlich, eine strikte Reihenfolge einzuhalten, indem die Matte-Ebene immer direkt über der Füllebene platziert werden musste. Mit Version 23 besteht nun die Möglichkeit, die Matte-Ebene frei im Ebenenstapel anzuordnen, was insbesondere bei komplexen Kompositionen von Vorteil sein kann. Wenn sie allerdings mit Kollegen zusammenarbeiten, die den alten Weg gewohnt sind, so führt diese freie Ebenenzuweisung sicher zu Missverständnissen. Ich empfehle, die Ebenen klassisch anzuordnen, unten die Füllung, darüber die Matte – und zwar so lange, bis Sie feststellen, dass in Ihrer aktuellen Komposition der neue Weg von Vorteil wäre.

Bei unserem Projekt kommt natürlich noch der Hintergrund dazu, der liegt dann ganz unten und es ergibt sich eine Anordnung wie in Abbildung 11.21.

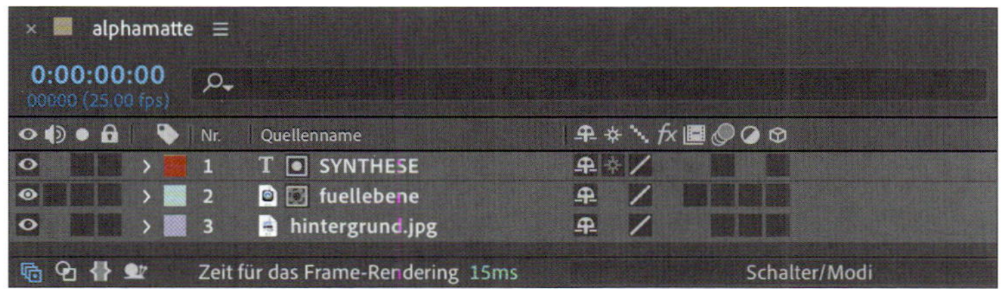

◀ **Abbildung 11.22**
In der Zeitleiste ordnen Sie die Matte-Ebene, hier den Text, ganz oben an. Darunter liegen die Füllebene und der Hintergrund.

## 2 Alpha-Matte festlegen

Im unteren linken Bereich der Zeitleiste befindet sich der Button EBENENMODIFENSTER ❷, mit dem Sie das entsprechende Fenster ein- oder ausblenden. Sie können dazu auch die Schaltfläche SCHALTER/MODI verwenden. Unter dem Listeneintrag BEWEGTE MASKE ❸ wählen Sie den Text für den Film als Alpha-Matte aus. Klicken Sie dazu in der Füllebene auf den Eintrag KEINE MASKE und wählen Sie im Einblendmenü den Eintrag SYNTHESE, also unsere Textebene.

Automatisch wird unsere Matte-Ebene unsichtbar gestellt, wie Sie auch am nicht vorhandenen Augen-Symbol ❶ der Ebene erkennen. Auch das Augen-Symbol der Füllebene hat sich automatisch geändert, und rechts wird der Schalter ALPHA-MASKE AUSGEWÄHLT ❺ angezeigt.

**After-Effects-Text als Matte**
In After Effects erstellte Textebenen lassen sich ebenfalls als Matten für Videos verwenden. Zum Erstellen von Text in After Effects siehe Kapitel 9, »Texte erstellen und animieren«.

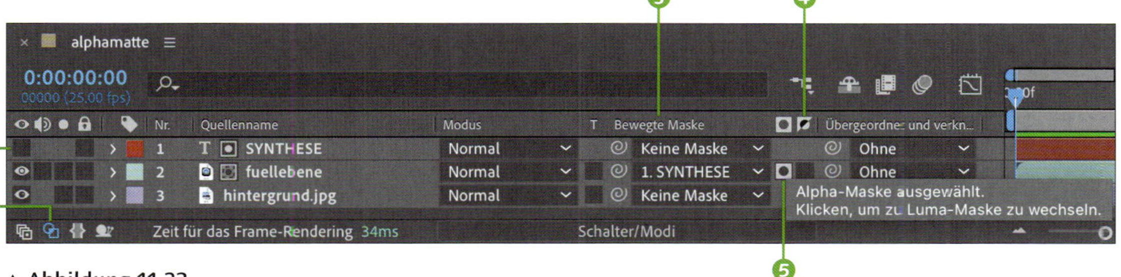


▲ **Abbildung 11.23**
Unter dem Listeneintrag BEWEGTE MASKE definieren Sie die Textebene als Alpha-Matte für die Füllebene.

Verschieben Sie jetzt die Matte-Ebene gemeinsam mit der Füllebene ein Stück über dem Hintergrund. Markieren Sie dazu beide Ebenen in der Zeitleiste. Wenn Sie nur eine der beiden Ebenen auswählen, verschieben Sie damit entweder den Bildinhalt im Text oder die Matte über dem Bildinhalt.

Probieren Sie vielleicht auch einmal den Schalter MASKE UMKEHREN rechts neben ALPHA-MASKE ❹, und betrachten Sie das Ergebnis. Falls Sie alles rückgängig machen wollen, wählen Sie den Listeneintrag KEINE BEWEGTE MASKE und klicken für den Text auf das Augen-Symbol.

**Bewegte Maske**
*Track Matte* ist ein anderer Ausdruck für eine bewegte Maske. Obwohl »Track Matte« oft für eine sich bewegende Matte steht, muss sie sich in After Effects nicht bewegen.

**Abbildung 11.24 ▸**
Das Ergebnis: Das Bild der Füllebene ist im Text der Matte-Ebene sichtbar.

## 11.2.2 Luminanz-Matte erstellen

**Effekte als Matte**
Sie können auch Effekte, einer Ebene als Graustufenfilm verwenden, beispielsweise die Generieren-Effekte Zellmuster, Radiowellen, Gewitter oder den Effekt Fraktales Rauschen aus der Effektkategorie Rauschen und Korn. Damit ergeben sich interessante Kombinationsmöglichkeiten.

Eine Luminanz-Matte ist dann gegeben, wenn die Helligkeitswerte einer Bildebene als Quelle für die Transparenzeinstellung in einer anderen Ebene verwendet werden. Es bietet sich daher an, als Matte ein Schwarzweißbild oder eine Graustufendatei bzw. einen Graustufenfilm zu verwenden. Dies kann beispielsweise ein Film zum Trennen der Vordergrund- von den Hintergrundbereichen eines Films sein.

Das Verfahren, eine Luminanz-Matte herzustellen, ist dasselbe wie das im vorigen Abschnitt beschriebene. Als einzigen Unterschied klicken Sie auf den Schalter Alpha-Maske ausgewählt, dieser ändert nun seinen Status in Luma-Maske ausgewählt. Auch hierbei haben

Sie die Möglichkeit, die Maske zu invertieren, wobei dann nicht die schwarzen Pixel als Transparenzwerte verwendet werden, sondern umgekehrt die weißen.

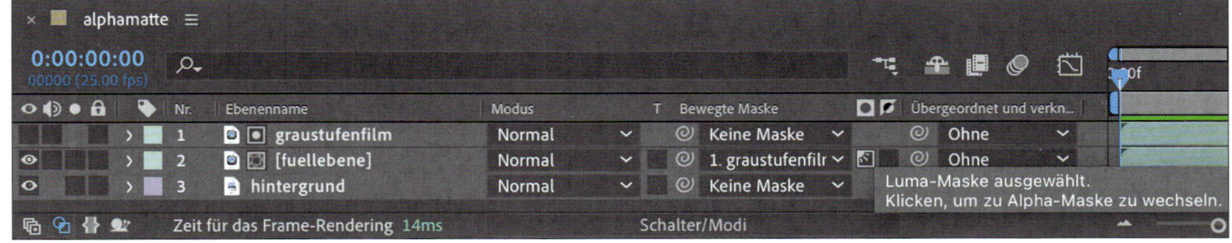


**▲ Abbildung 11.25**
In der Zeitleiste platzieren Sie die Matte-Ebene über der Füllebene, ganz wie bei der Erstellung einer Alpha-Matte.

## 11.2.3 Matte animieren

Während in einem Bild mit direktem oder integriertem Alphakanal die RGB-Kanäle mit dem Alphakanal in einer Datei verbunden sind, lässt sich die Matte im Nachhinein unabhängig von den RGB-Kanälen animieren oder austauschen.

Zur Animation einer Matte-Ebene stehen Ihnen alle Animationsmöglichkeiten von After Effects zur Verfügung. Probieren Sie doch einfach einmal aus, die Matte-Text-Ebene, die Sie im vorangegangenen Workshop verwendet haben, mit einer der Transformieren-Eigenschaften z. B. per Position oder per Rotation zu animieren, oder fügen Sie einer After-Effects-Textebene einen Animator hinzu, um Texteigenschaften zu variieren. Achten Sie dabei darauf, dass sich der Matte-Text nicht außerhalb der Grenzen der Füllebene befindet, da er sonst angeschnitten erscheint.

**Traveling Mattes**
Animierte Matten werden in After Effects auch *Traveling Mattes* genannt. Die Bezeichnung stammt aus einem weiter oben beschriebenen Maskierungsverfahren beim Film.

### 11.2.4 Transparenz erhalten

Einen Beitrag zur Verwirrung leistet eventuell der Schalter TRANSPARENZ ERHALTEN, den wir uns hier etwas genauer anschauen. Der Schalter befindet sich im EBENENMODIFENSTER, das Sie gegebenenfalls über den entsprechenden Button ❶ einblenden. In der Zeitleiste von After Effects müssen sich mindestens eine Textebene und ein Video oder eine Bildebene befinden. Der Text muss dabei **unterhalb** der Bildebene platziert sein.

Anschließend können Sie in der Spalte »T« ❷ die Option TRANSPARENZ ERHALTEN für die über dem Text befindliche Bildebene aktivieren. Deckende Bereiche des Bildes werden anschließend nur dann angezeigt, wenn sie sich mit deckenden Bereichen der darunterliegenden Ebene oder Ebenen überlappen.

Wenn Sie weitere Ebenen unter der aktivierten Bildebene platzieren, werden weitere Teile der Bildebene sichtbar.

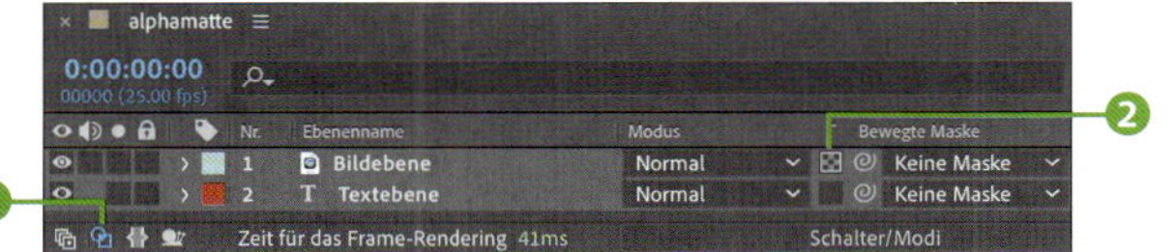


◂ **Abbildung 11.26**
Aktivieren Sie die Option TRANSPARENZ ERHALTEN in der Spalte »T«, damit deckende Bereiche der Bildebene in deckenden Bereichen der Textebene sichtbar sind.

▴ **Abbildung 11.27**
Eine Bildebene und eine Textebene wurden in der Zeitleiste übereinander platziert.

▴ **Abbildung 11.28**
Das Ergebnis, wenn die Option TRANSPARENZ ERHALTEN aktiviert wurde

## 11.3 Masken: Schon wieder Pfade

Eine Maske definiert wie eine Matte transparente und deckende Bereiche eines Bildes.

Ein **Maskenpfad** wird entweder als offener oder geschlossener Pfad erstellt. Damit eine Maske die Transparenz einer Ebene beeinflusst, muss sie geschlossen sein. In diesem Fall sind die Bereiche innerhalb des Pfads deckend, die äußeren transparent, durchsichtig dargestellt. In After Effects können Sie eine Vielzahl an Masken auf einer Ebene anlegen.

Mit Hilfe von Masken fügen Sie einem Material, das keinen Alphakanal enthält, transparente Bereiche hinzu. Ebenso ist das bei Material möglich, das bereits transparente Bereiche enthält.

Sobald Sie eine oder mehrere Masken erstellt haben, stehen Ihnen weitreichende Bearbeitungsmöglichkeiten offen: Sie können die Form jeder Maske im Nachhinein verändern und animieren, die Maske an ihren Rändern weichzeichnen und durch unterschiedliche Deckkrafteinstellungen für mehrere Masken mehrere Teilbereiche eines Bildes ein- und ausblenden.

Über Maskenmodi lassen Sie Masken miteinander interagieren, was die Darstellung der sichtbaren Bildbereiche beeinflusst. Sie können Alphakanäle und Text in Masken konvertieren (mehr dazu in Abschnitt 11.3.6 unter »Die Option Pausstift« und in Abschnitt 9.8.3 unter »Formen und Masken aus Text erstellen«). Sehr wichtig ist auch die Verwendung der Maskenpfade als Referenzpfad für bestimmte Effekte und Text.

Masken nutzen Sie außerdem, um die Wirkung von Effekten, die Sie auf eine Ebene angewendet haben, auf Teilbereiche zu beschränken. Wie das geht, erfahren Sie im Abschnitt 12.1.1, »Effekte per Masken auf Teilbereiche beschränken«.

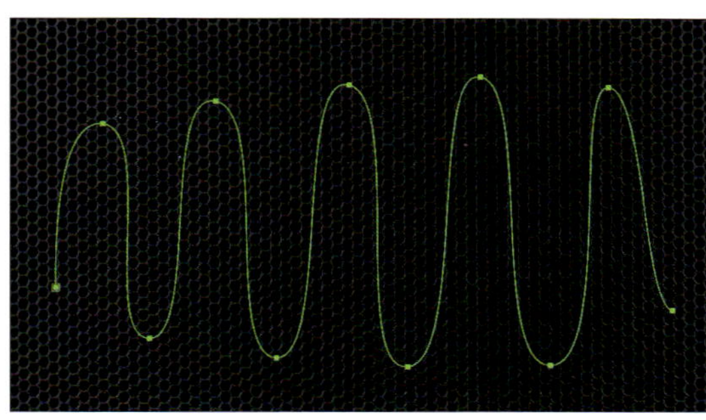

▲ **Abbildung 11.29**
Offene Maskenpfade verwenden Sie als Referenz für Effekte und Text; sie schaffen aber keine transparenten Bildbereiche.

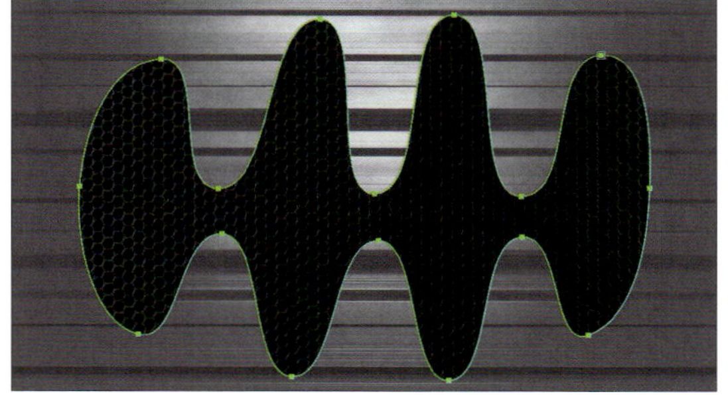

▲ **Abbildung 11.30**
Geschlossene Maskenpfade definieren transparente und deckende Bildbereiche.

Zu guter Letzt lassen sich Maskenpfade in Bewegungspfade umwandeln oder umgekehrt und dienen so auch als Referenzpfad für Ebenen. Zu Bewegungspfaden finden Sie Informationen in Abschnitt 8.2, »Räumliche Interpolation und Bewegungspfade«.

### 11.3.1 Masken erstellen und bearbeiten

Ihnen stehen sieben Wege offen, Masken zu kreieren:

1. mit den Masken- oder Form-Werkzeugen (wie im folgenden Workshop erklärt)
2. Alphakanäle in Masken konvertieren
3. numerisch mit der Maskenform-Dialogbox
4. Text in Masken konvertieren (siehe Abschnitt 9.8)
5. Mit der Option Pausstift (siehe Abschnitt 11.3.6)
6. Pfade aus Illustrator oder Photoshop verwenden (siehe Kapitel 18)
7. mit dem Grafiktablett

Wie Sie mit den Masken- oder Form-Werkzeugen Masken und Maskenpfade erzeugen, erfahren Sie im folgenden Workshop.

## Schritt für Schritt
## Einfache Maskenformen erstellen

Um mit Maskenpfaden umgehen zu lernen, ist es am besten, mit wenigen und einfachen Maskenformen zu beginnen.

### 1 Vorbereitung

Importieren Sie zunächst ein Bild, das Sie maskieren möchten, und ziehen Sie es in die Zeitleiste. In der Werkzeugpalette stehen Ihnen erst einmal fünf einfache Möglichkeiten für die Erstellung von Maskenpfaden zur Verfügung. Sie finden dort Werkzeuge für rechteckige, ovale bis hin zu sternförmigen Masken und für offene oder geschlossene freie Maskenformen.

**Neue Maske, neue Farbe**
Jede neue Maske erhält eine neue Farbe. Dies liegt am Häkchen unter Bearbeiten • Voreinstellungen • Erscheinungsbild bei Neue Farbe für jede neue Maske.

### 2 Rechteckige und ovale Masken

Wählen Sie in der Werkzeugpalette das Werkzeug für rechteckige Maskenformen. Wichtig ist, die zu maskierende Ebene jetzt zuerst zu markieren, da Sie sonst eine neue Formebene kreieren; doch Formebenen sind erst später ein Thema. Markieren Sie also die zu maskierende Ebene, und ziehen Sie bei gedrückter Maustaste ein Rechteck im Kompositionsfenster auf. Damit erstellen Sie einen geschlossenen Maskenpfad, der standardmäßig gelb dargestellt wird. Wie Sie sehen, wird die Ebene nun innerhalb des Maskenpfads an-

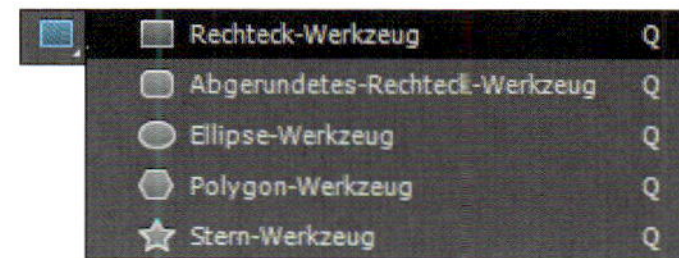


▲ **Abbildung 11.31**
Halten Sie die Maustaste auf dem Rechteck-Werkzeug gedrückt, um im Menü weitere Masken-Werkzeuge auszuwählen.

gezeigt und außerhalb transparent gestellt, so dass die Hintergrundfarbe Ihrer Komposition sichtbar wird.

Um eine elliptische Maske hinzuzufügen, wechseln Sie das Werkzeug, indem Sie mit gedrückter Maustaste länger auf das Rechteck-Werkzeug zeigen. Wiederholen Sie dann die oben genannten Schritte. Um schnell zwischen den verschiedenen Werkzeugen zu wechseln, drücken Sie die Taste [Q].

**Abbildung 11.32** ▸
Bei gedrückter Maustaste ziehen Sie eine Maske im Kompositionsfenster auf. Das kleine Kreuz in der Mitte stellt den Maskenmittelpunkt dar.

**Masken proportional skalieren**
Um eine Maske proportional zu skalieren, ziehen Sie sie auf und drücken währenddessen die [⇧]-Taste. Wenn Sie zusätzlich die [Strg]-Taste verwenden, wird die Maske außerdem von ihrem Mittelpunkt her aufgezogen. Dieser liegt beim Erstellen der Maske genau dort, wo Sie zuerst ins Bild geklickt haben. Stern- und polygonförmige Masken werden standardmäßig immer proportional und vom zuerst geklickten Punkt her aufgezogen.

### 3 Weitere Maskenformen

Die Maskenformen abgerundetes Rechteck, Polygon-Werkzeug und Stern-Werkzeug erstellen Sie grundsätzlich wie die anderen beiden Maskenformen. Beim Stern-Werkzeug können Sie den Stern noch mit spitzeren oder stumpferen Zacken ausstatten. Dazu ziehen Sie zunächst bei gedrückter Maustaste die Sternmaske auf und nehmen dann die Taste [Strg] hinzu. Ziehen Sie nun weiter die Form auf, bleibt der Stern in seiner Größe bestehen; nur die Zacken ändern sich.

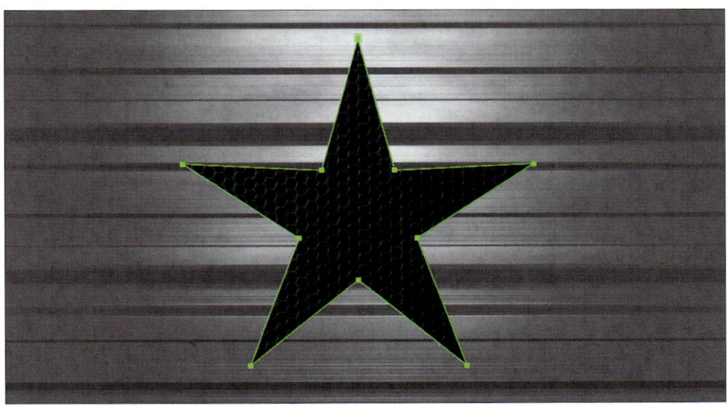

**Abbildung 11.33** ▸
Zu den neuen Maskenformen gehört die Sternform.

### 4 Offene und geschlossene Masken

Um einen frei geformten offenen oder geschlossenen Maskenpfad anzulegen, benötigen Sie das Zeichenstift-Werkzeug.

Markieren Sie die zu maskierende Ebene, und klicken Sie mit dem Zeichenstift-Werkzeug darauf. Es entsteht ein erster Maskenpunkt. Klicken Sie mit etwas Abstand dazu weitere Male, um einen Pfad zu zeichnen. Die Pfadsegmente bestehen standardmäßig aus Geraden. Möchten Sie einen Maskenpfad mit Bézier-Kurven anlegen, ist nichts weiter nötig, als an jedem neu erstellten Punkt bei gedrückter Maustaste zu ziehen. Mit der aus dem Punkt gezogenen Tangente biegen Sie den Maskenpfad. Der Pfad wird erst dann geschlossen und maskiert die Ebene, wenn Sie **ein weiteres Mal** auf den **ersten** Maskenpunkt klicken.

▲ **Abbildung 11.34**
Mit dem Zeichenstift-Werkzeug erstellen Sie offene und geschlossene Maskenpfade.

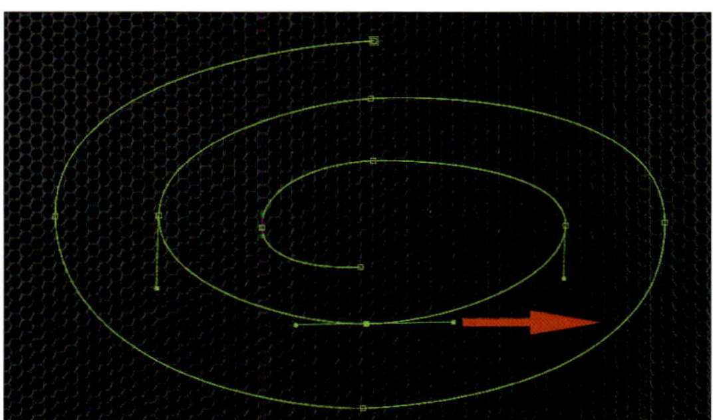

▲ **Abbildung 11.35**
Wenn Sie bei gedrückter Maustaste an einem Maskenpunkt ziehen, entstehen Tangenten, über die sich der Pfad biegen lässt.

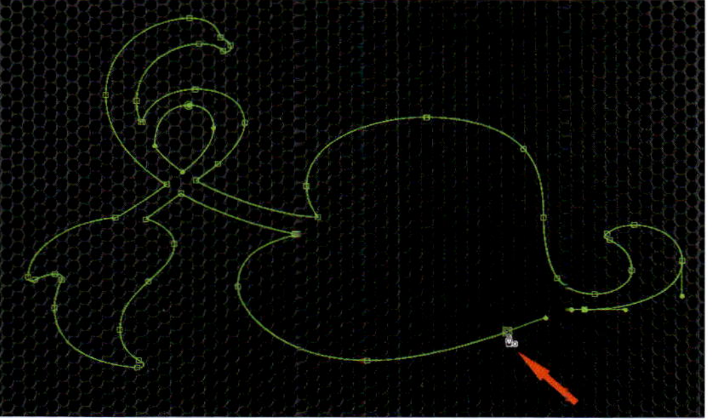

▲ **Abbildung 11.36**
Ein kleiner Kreis neben dem Zeichenstift-Werkzeug zeigt, dass der Maskenpfad beim Klick auf den zuerst gesetzten Maskenpunkt geschlossen wird.

Sie wundern sich vielleicht, warum ein Pfad als offene Maske, die keine Transparenzen definiert, geschaffen werden kann. Das liegt daran, dass Maskenpfade auch als Referenz für Effekte, Texte und Ebenen dienen können. Allerdings eignen sich dafür sowohl geschlossene als auch offene Pfade.

▲ **Abbildung 11.37**
Der Effekt RADIOWELLE bedient sich der Maskenform, um daraus sich ausbreitende Wellen zu generieren.

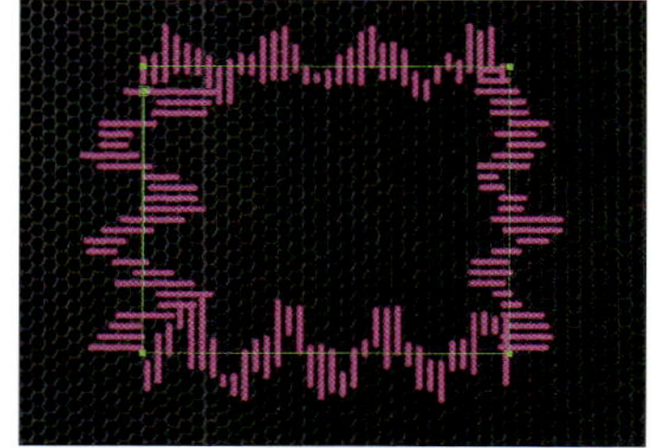

▲ **Abbildung 11.38**
Der Effekt AUDIO-WELLENFORM stellt hier die Audiodaten einer Tondatei entlang eines Maskenpfads dar.

▲ **Abbildung 11.39**
Der Effekt VEGAS orientiert sich in diesem Beispiel an einem Maskenpfad.

**Masken ein- und ausblenden**
Masken blenden Sie über den Button MASKEN ANZEIGEN im Kompositionsfenster (vierter Button von links) ein und aus.

**Bearbeitung von Masken: Maskenpfade und Maskenpunkte**
Wie Sie schon gesehen haben, ist es möglich, mehr als eine Maske pro Ebene anzulegen. Auf den nächsten Seiten erfahren Sie schrittweise in einem Workshop, wie Sie mit Maskenpfaden und Maskenpunkten umgehen. Mit dem Zeichenstift-Werkzeug arbeiten Sie wie mit einer Schere, die Formen aus Papier ausschneidet. Doch vorher schauen wir noch in die Voreinstellungen.

Seit CS5 können Sie in After Effects die Größe der Pfadpunkte einstellen. Gehen Sie also den Weg BEARBEITEN • VOREINSTELLUNGEN • ALLGEMEIN, und setzen Sie den Wert bei WEGPUNKT- UND GRIFFGRÖSSE entsprechend Ihren Anforderungen, z. B. auf 5 oder 7.

Die Größe der Pfadpunkte betrifft auch Bewegungspfade. Allerdings werden die Anfasser im Diagrammeditor zur Geschwindigkeitssteuerung nicht beeinflusst und bleiben weiterhin winzig.

Übrigens: Sie müssen Pfadpunkte nicht haargenau treffen. Es genügt, in der Nähe des Punkts zu klicken.

## Schritt für Schritt
## Scherenschnitt – Maskenpfade

Die benötigten Dateien für diesen Workshop finden Sie unter BEISPIELMATERIAL/11_MASKEN/SCHERENSCHNITT.

Schauen Sie sich zuerst das Movie »Scherenschnitt.mp4« aus dem Ordner 11_MASKEN/SCHERENSCHNITT an, das wir neu erstellen werden.

### 1 Vorbereitung
Importieren Sie anschließend aus demselben Ordner die Dateien »chinoise.psd«, »geisha1.psd« und »geisha2.psd«. Legen Sie eine Komposition in der Größe 768 × 576 mit einer Dauer von 12 Sekunden an. Die Dateien »geisha1« und »geisha2« habe ich bereits freigestellt. Die Datei »chinoise« werden wir als Nächstes so ausschneiden, dass wir daraus eine Vordergrund-, eine Mittelgrund- und eine Hintergrundebene erhalten. Dazu benötigen wir »chinoise« dreimal in der Zeitleiste. Nennen Sie die Ebenen »chinoise HG« für den Hintergrund, »chinoise MG« für den Mittel- und »chinoise VG« für den Vordergrund.

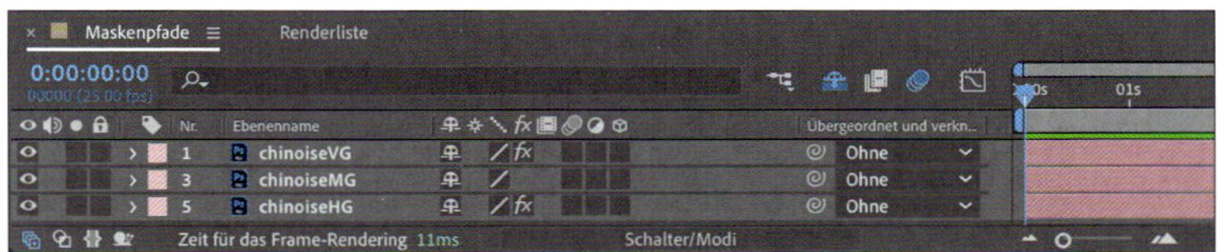


**Abbildung 11.40 ►**
Die Datei »chinoise« benötigen Sie dreimal in der Komposition benötigt – als Vorder-, Mittel- und Hintergrund.

### 2 Erste Vordergrundmaske zeichnen
Zum Erstellen einer freien Maskenform verwenden Sie das Zeichenstift-Werkzeug. Setzen Sie damit einen Maskenscheitelpunkt nach dem anderen, um einen Maskenpfad zu definieren.

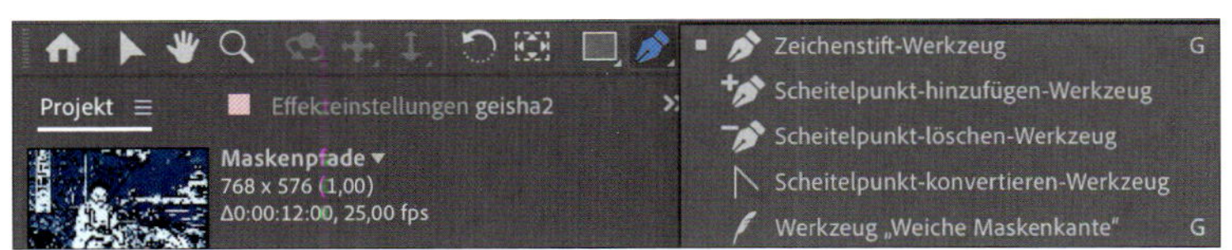


▲ **Abbildung 11.41**
Einen freien Maskenpfad erstellen Sie mit dem Zeichenstift-Werkzeug und bearbeiten ihn mit den anderen Werkzeugen im Einblendmenü.

Zeichnen Sie mit dem Zeichenstift-Werkzeug zuerst einen Pfad um die sitzende Figur im Vordergrund. Achten Sie darauf, nicht zu viele Maskenscheitelpunkte zu verwenden. Wenn die Rundungen jetzt noch nicht hundertprozentig an die Kontur angepasst sind, macht das nichts. Das lässt sich später noch korrigieren. Es ist sinnvoll, die Punkte auf markante Eckpunkte im Bild zu setzen. Sie können dabei die Darstellungsgröße zoomen, indem Sie z. B. mit dem Zoom-Werkzeug ins Bild klicken.

Wenn Sie einen Maskenscheitelpunkt setzen und dann gleichzeitig ziehen, erhalten Sie zwei miteinander verbundene Tangenten, mit denen Sie den Pfad biegen können. Um die Tangenten einzeln zu bearbeiten, klicken und ziehen Sie mit dem Cursor am Endpunkt der Tangente und drücken gleichzeitig die Taste [Strg]. Wie Sie sicher bemerkt haben, hat sich dabei der Cursor geändert. Das Scheitelpunkt-konvertieren-Werkzeug dient dazu, zwischen Eck- und Kurvenpunkt umzuschalten, wenn Sie auf einen Maskenscheitelpunkt klicken. Ziehen Sie damit an einer Tangente, wird diese von einer verbundenen zu zwei einzeln bearbeitbaren Tangenten umgeschaltet. Wenn Sie die Maustaste über dem Zeichenstift-Werkzeug in der Werkzeugpalette gedrückt halten, finden Sie auch sämtliche anderen Pfad-Werkzeuge. Sie können die Werkzeuge übrigens auch auf Bewegungspfade anwenden.

**Tastenzauber**

Mit der Taste [G] wechseln Sie schnell zum Zeichenstift. Drücken Sie die Taste [G] erneut, aktivieren Sie das Werkzeug Weiche Maskenkante; weitere Informationen dazu lesen Sie weiter in Abschnitt 11.3.4, »Werkzeug ›Weiche Maskenkante‹«. Mit der Taste [V] wechseln Sie wieder zum Auswahl-Werkzeug.

**Alle Pfad-Werkzeuge schnell wechseln**

Um zwischen allen für die Pfadbearbeitung verfügbaren Werkzeugen wechseln zu können, **deaktivieren** Sie in den Voreinstellungen unter Allgemein den Eintrag Mit dem Kurzbefehl für das Zeichenstift-Werkzeug wird zwischen dem Zeichenstift- und Weiche-Maskenkante-Werkzeug gewechselt. Danach schalten Sie mit [G] alle Pfad-Werkzeuge durch.

**Ansicht verschieben**

Mit der Leertaste blenden Sie unabhängig davon, welches andere Werkzeug gerade ausgewählt ist, temporär das Hand-Werkzeug ein, um die Ansicht im Kompositionsfenster zu verschieben.

▲ **Abbildung 11.42**
Für den Vordergrund schaffen Sie zwei Masken – eine für den Tisch, eine für die Figur –, die hier unterschiedlich eingefärbt sind.

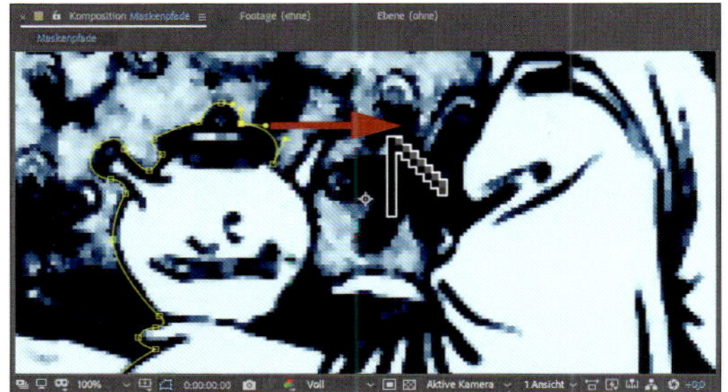

▲ **Abbildung 11.43**
Die Tangenten eines Maskenscheitelpunkts schalten Sie mit dem Scheitelpunkt-konvertieren-Werkzeug von verbundenen in unabhängige Tangenten um.

**Masken und Grafiktablett**
Freie Maskenformen zeichnen Sie komfortabel mit einem Grafiktablett. Es bedarf allerdings einiger Gewohnheit, wenn Sie bisher nur mit der Maus gearbeitet haben.

**Masken auswählen und löschen**
Natürlich können Sie ungeliebte Masken entfernen: Öffnen Sie die Eigenschaft MASKEN in der Zeitleiste. Wenn Sie dort die Maske markieren, werden alle Maskenpunkte ausgewählt. Drücken Sie dann die Entf-Taste, um alle Punkte zu löschen. Genauso entfernen Sie auch markierte Maskenpunkte aus dem Pfad.

Schließen Sie die Maske durch einen Klick auf den ersten Maskenpunkt. Wenn Sie die darunterliegenden Ebenen ausblenden, können Sie die freigestellte Figur bewundern. Außer der Figur wurde alles ausgeblendet, auch der Tisch, um den wir uns später kümmern. Damit die Figur nachher nicht eckig ausgeschnitten ist, sollten Sie den Pfad mit Bézier-Kurven an Rundungen anpassen. Hierfür ist ein wenig Übung nötig – im nächsten Schritt erfahren Sie mehr dazu.

### 3 Maske nachträglich bearbeiten

Sie sind mit den Maskenpfaden noch nicht zufrieden? Sie können sie sofort verbessern. Ist ein Maskenscheitelpunkt markiert, erscheinen wieder die Tangenten und können mit Auswahl- und Pfad-Werkzeugen bearbeitet werden. Maskenscheitelpunkte, die Sie nachträglich verändern wollen, markieren Sie einfach mit dem Auswahl-Werkzeug und verschieben sie.

Mit dem Auswahl-Werkzeug lassen sich mehrere Maskenpunkte auswählen, indem Sie ein Rechteck über den Punkten aufziehen. Dazu ist es manchmal nötig, die Maske zuvor in der Zeitleiste zu markieren. Klicken Sie dort auf den Namen der Maske, und ziehen Sie dann einen Rahmen über den gewünschten Punkten auf. Haben Sie mehrere Maskenpunkte ausgewählt, können Sie sie frei transformieren. Dazu wählen Sie im Menü EBENE • PFAD FÜR MASKEN UND FORMEN • FREIE TRANSFORMATIONSPUNKTE oder Strg+T. Noch einfacher ist ein Doppelklick auf einen der markierten Maskenpunkte.

▲ **Abbildung 11.44**
Maskenpunkte wählen Sie zur Bearbeitung aus, indem Sie einen Rahmen über den Punkten aufziehen.

▲ **Abbildung 11.45**
Ausgewählte Maskenpunkte können Sie frei transformieren.

Klicken Sie nun einfach in das eingeblendete Rechteck, und verschieben Sie die Maskenpunkte gemeinsam. Skalieren oder drehen Sie die ausgewählten Punkte, indem Sie an einer Randmarkierung ziehen. Achten Sie auf den Cursorwechsel, wenn Sie die Maus über den Rahmen und die Markierungen darin bewegen. Drehungen beziehen sich auf den kleinen Punkt in der Mitte, der angeklickt und verschoben werden kann. Per Doppelklick in das Rechteck bestätigen Sie die Änderung.

### 4 Masken im Ebenenfenster

Masken können Sie im Kompositions- und im Ebenenfenster bearbeiten. Da wir die Maske für die Figur geschlossen haben, wird der Tisch, der ebenfalls freigestellt werden soll, nicht mehr angezeigt. Es ist hier sinnvoll, im Ebenenfenster weiterzuarbeiten.

Um Masken im Ebenenfenster zu bearbeiten, wählen Sie eine der folgenden Möglichkeiten:

- Markieren Sie die Ebene »chinoiseVG« in der Zeitleiste, und wählen Sie dann EBENE • EBENE ÖFFNEN, oder klicken Sie die Ebene einfach doppelt an. Die Ebene wird als gesonderte Registerkarte über dem Kompositionsfenster angezeigt. Um den gesamten Bildinhalt der Ebene plus Masken anzuzeigen, entfernen Sie das Häkchen bei RENDERN ①. Jetzt können Sie den Pfad für den Tisch erstellen.
- Manchmal ist es bequemer, Maskenpunkte im Ebenenfenster auszuwählen. Wenn Sie doch lieber im »normalen« Kompositionsfenster arbeiten, wechseln Sie über die Registerkarte dorthin. Wenn Ihre Kompositionen sinnvoll benannt sind, bereitet das keine Probleme.

◀ **Abbildung 11.46**
In der Registerkarte EBENE ist die Bearbeitung der Masken manchmal einfacher als im Kompositionsfenster.

### 5 Maske für die Mitte der Komposition

Jetzt haben Sie schon einiges gelernt, und die Maske für die Mitte unserer Komposition sollte Ihnen leichter fallen. Schalten Sie zuerst das Augen-Symbol der obersten Vordergrundebene aus, und wählen Sie MASKE SCHÜTZEN ①.

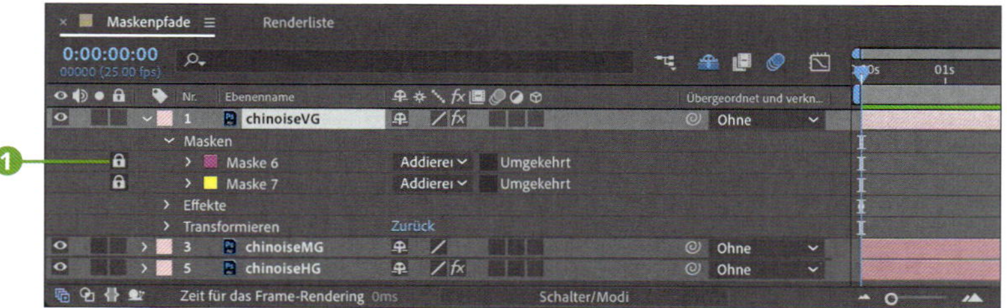


**Abbildung 11.47** ▸
Fertig bearbeitete Masken lassen sich mit dem Schloss-Symbol schützen.

Übrigens lassen sich geschützte Masken ausblenden, was sinnvoll ist, da Sie diese Masken ja nicht mehr bearbeiten. Wenn Sie das Schloss-Symbol gewählt haben, wählen Sie anschließend EBENE • MASKIEREN • GESCHÜTZTE MASKEN AUSBLENDEN. Erstellen Sie dann die Maske wie in Abbildung 11.48.

**Abbildung 11.48** ▸
Die nächste Maske sollte ähnlich wie hier aussehen.

### 6 Maske für den Hintergrund

Recht einfach haben wir es mit dem Hintergrund. Wir sparen uns Zeit, indem wir die eben erstellte Maske von der Mitte auf den Hintergrund kopieren. Öffnen Sie hierzu die mittlere Ebene, »chinoiseMG«, in der Zeitleiste, und wählen Sie dort die Maskeneigenschaften. Sie können auch die Taste M verwenden, um die Maske einzublenden.

Sie entdecken die MASKE 1. Um sämtliche Maskenpunkte auszuwählen und zu kopieren, markieren Sie einfach das Wort MASKE 1. Wählen Sie anschließend BEARBEITEN • KOPIEREN. Um die Maske auf der Hintergrundebene einzufügen, markieren Sie die Ebene »chinoiseHG« und wählen BEARBEITEN • EINFÜGEN.

Einen separaten Hintergrund haben wir jetzt allerdings noch immer nicht. Öffnen Sie also die Maskeneigenschaften der Hintergrundebene, und setzen Sie ein Häkchen bei UMGEKEHRT ②. Daraufhin werden die Pixel außerhalb des Maskenpfads deckend dargestellt.

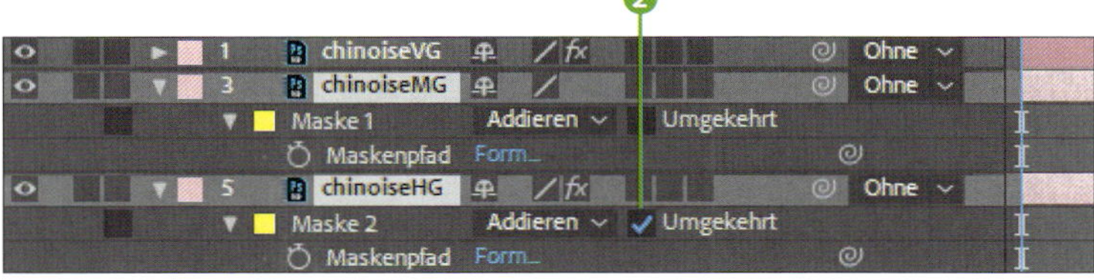


▲ **Abbildung 11.49**
Die »Mittelgrund-Maske« wird kopiert, in die Ebene »chinoiseHG« eingefügt und mit der Option UMGEKEHRT verwendet.

◂ **Abbildung 11.50**
Die umgekehrte Maske im Kompositionsfenster

## 7 Animation

Wir sind so weit und können als Nächstes »geisha1« und »geisha2« auftreten lassen. Setzen Sie zuerst die Zeitmarke auf den Zeitpunkt 02:15. Ziehen Sie dann »geisha1« in die Zeitleiste direkt auf die Zeitmarke, um die Ebene an diesem Zeitpunkt beginnen zu lassen. Platzieren Sie die Ebene unter der Ebene »chinoiseVG«.

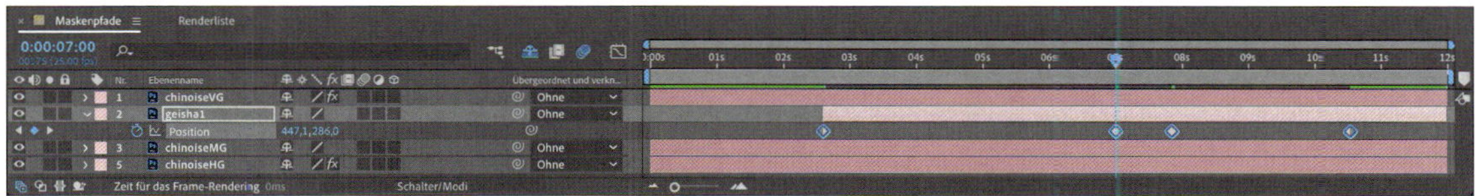


▲ **Abbildung 11.51**
Die Ebene »geisha1« animieren Sie mit Positions-Keyframes.

Damit »geisha1« durch das Bild »läuft«, müssen Sie noch Positions-Keyframes setzen. Öffnen Sie dafür die Positionseigenschaft der Ebene mit der Taste [P], und setzen Sie den ersten Keyframe bei 02:15, indem Sie auf das Stoppuhr-Symbol klicken.

Klicken Sie die Ebene im Kompositionsfenster an, und verschieben Sie sie nach links außerhalb der Komposition (Abbildung 11.52). Die »geisha1« hat dort noch zu tun, bevor sie ins Bild kommt. Den zweiten Keyframe setzen Sie dann bei 07:00, indem Sie erneut die Ebene verschieben, bis »geisha1« wie in Abbildung 11.53 positioniert ist.

Sie können die Positionswerte auch numerisch setzen, indem Sie auf die XY-Koordinatenwerte bei der Positionseigenschaft klicken und dort folgende Werte eintragen: erster Keyframe: »–164«, »286«; zweiter Keyframe: »447«, »286«. Bestätigen Sie mit [↵]. Die Geisha bleibt kurz stehen und verschwindet dann nach rechts.

▲ **Abbildung 11.52**
Auf dem ersten Keyframe platzieren Sie die Geisha links außerhalb der Komposition.

▲ **Abbildung 11.53**
Hier bleibt die Geisha kurz stehen, bevor sie rechts aus dem Bild verschwindet.

Um die Bewegung kurz anzuhalten, kopieren Sie den Positions-Keyframe bei 07:00 und setzen ihn bei 07:21 ein. Den letzten Keyframe benötigen wir bei 10:13 mit den Positionswerten 927 und 286. Damit sich keine unerwünschten Bewegungen im Positionspfad ergeben, markieren Sie alle Keyframes per Klick auf das Wort POSITION und wählen dann ANIMATION • KEYFRAME-INTERPOLATION. Im Dialogfeld suchen Sie unter GEOMETRISCHE INTERPOLATION den Eintrag LINEAR aus und bestätigen mit OK.

In dem Projekt in den Beispielmaterialien habe ich die Zeitkurven der Positionseigenschaft bearbeitet. Wie das geht, erfahren Sie im Abschnitt 8.3.3, »Geschwindigkeitskurven bearbeiten«.

### 8 Animation der »geisha2«

Jetzt zu »geisha2«: Positionieren Sie die Zeitmarke bei 06:08, und ziehen Sie die Ebene »geisha2« direkt auf die Zeitmarkierung. Platzieren Sie die Ebene unter die Mittelgrundebene »chinoiseMG«.

Setzen Sie den ersten Keyframe für die Positionseigenschaft bei 06:08 auf die Werte 932 und 297, den zweiten Keyframe bei 07:00 auf die Werte 712 und 297. Geisha 2 bleibt auf ein paar Worte bei Geisha 1 stehen. Kopieren Sie den Keyframe bei 07:00, und fügen Sie ihn bei 07:15 ein. Den letzten Keyframe setzen Sie bei 11:22 auf die Werte –116 und 297.

Wählen Sie unter KEYFRAME-INTERPOLATION wieder LINEAR. Sie haben es geschafft! Für den fertigen Film dieses Workshops habe ich für den Hintergrund den Effekt EINFÄRBEN verwendet und für den Vordergrund den Effekt VEGAS. Wie Sie mit Effekten arbeiten, erfahren Sie in Kapitel 12, »Effekte«.

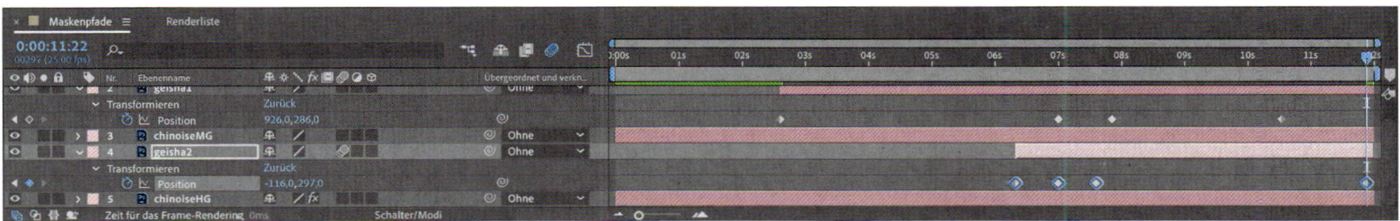


▲ **Abbildung 11.54**
Die fertige Animation in der Zeitleiste

◀ **Abbildung 11.55**
In der fertigen Animation bleiben die zwei Geishas kurz voreinander stehen.

### RotoBézier-Masken: Maskenpunkte entlang einer Kontur

Nachdem Sie nun eine Menge Übung im Zeichnen von Bézier-Masken mit dem Zeichenstift-Werkzeug haben, können Sie sich in Zukunft die Arbeit erleichtern, indem Sie die ROTOBÉZIER-Option zum Zeichnen verwenden. Mit dieser Option werden nur Maskenpunkte entlang einer Kontur gesetzt. Zwischen den einzelnen Maskenpunkten werden automatisch Kurvensegmente geschaffen, die annähernd der Kontur entsprechen, wenn Sie genügend Maskenpunkte setzen. Tangenten entstehen dabei nicht, da diese automatisch berechnet werden. Anschließend können Sie das Ergebnis noch bearbeiten, indem Sie die Spannung von Maskenpunkten verändern. Das heißt, Sie können den Pfad eckiger oder gebogener gestalten.

## Schritt für Schritt
## Samurai – RotoBézier-Maske erstellen

Die benötigten Dateien für diesen Workshop finden Sie unter BEISPIELMATERIAL/ 11_MASKEN/ROTOBEZIER.

Erleichtern Sie sich zukünftige Arbeit, indem Sie die ROTOBÉZIER-Option zum Zeichnen verwenden. Wie das funktioniert, erfahren Sie in diesem Workshop.

### 1 Vorbereitung

Importieren Sie aus dem Ordner 11_MASKEN/ROTOBEZIER die Datei »samurai.psd«. Ziehen Sie die importierte Datei auf das Kompositionssymbol im Projektfenster, um eine Komposition in der Größe der importierten Datei anzulegen. Um die Option ROTOBÉZIER zu aktivieren, klicken Sie bei aktivem Zeichenstift-Werkzeug 1 auf das kleine Häkchen 2.

**Abbildung 11.56 ▼**
Mit der ROTOBÉZIER-Option erstellen Sie komfortabel Bézier-Masken.

### 2 RotoBézier-Pfad für den Samurai

Erstellen Sie, wenn Sie die Option ROTOBÉZIER aktiviert haben, durch einfaches fortlaufendes Klicken entlang der Kontur des in der Mitte sitzenden Samurais einen Bézier-Pfad. Schließen Sie die Maske wie gewohnt per Klick auf den ersten Maskenpunkt.

**Abbildung 11.57 ▸**
Ein mit der ROTOBÉZIER-Option erstellter Maskenpfad passt sich automatisch an die Kontur an, ohne dass Sie mit Tangenten arbeiten müssen.

### 3 Spannung der Maskenpunkte einstellen

Der Pfad zwischen den Maskenscheitelpunkten kann in weichen Kurven oder in Geraden verlaufen. Bei RotoBézier-Masken regeln Sie dies über die Spannung des Pfads. Bei einer geringen Spannung sind die Kurven weicher. Um die Spannung des entstandenen Maskenpfads einzustellen, aktivieren Sie zunächst das Scheitelpunkt-konvertieren-Werkzeug, wählen dann einen oder mehrere Punkte mit dem Werkzeug aus und ziehen anschließend den Cursor über einem Maskenpunkt nach rechts oder links. Sie konvertieren damit die Punkte von Bézier- in Eckpunkte. Das Infofenster, das Sie mit [Strg]+[2] einblenden, zeigt die von Ihnen gewählte Spannung an. Ein Wert von 100 entspricht einem Eckpunkt. Kleinere Werte führen zu einer Biegung der Pfadsegmente. In Abbildung 11.58 und Abbildung 11.59 sehen Sie hierfür ein etwas deutlicheres Beispiel als unseren Samurai.

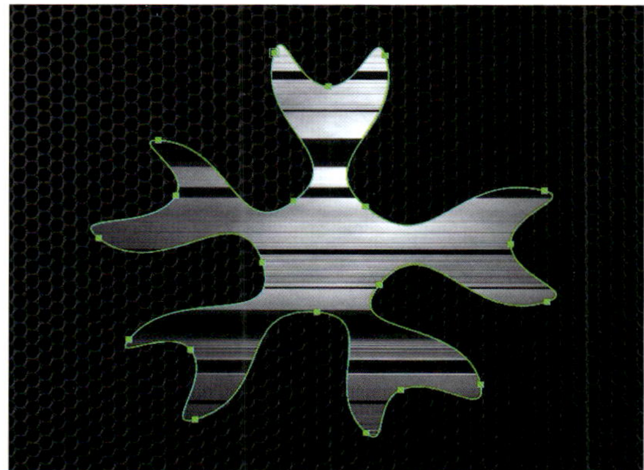

▲ **Abbildung 11.58**
Die Spannung der Maskenpunkte beträgt hier 0.

▲ **Abbildung 11.59**
Die Spannung der Maskenpunkte beträgt hier 100.

### 4 Masken im Nachhinein in RotoBézier-Masken umwandeln

Sie können Masken, die Sie nicht mit der RotoBézier-Option erstellt haben, im Nachhinein in RotoBézier-Masken umwandeln. Dazu markieren Sie einen oder mehrere Maskenpunkte und wählen im Menü Ebene • Pfad für Masken und Formen • RotoBézier. Die mit den Tangenten vorgenommenen Einstellungen werden dann allerdings leicht verändert. Um eine RotoBézier-Maske in eine Standardmaske zu konvertieren, wählen Sie den gleichen Weg.

**Eck- und Kurvenpunkt umstellen**
Maskenpunkte lassen sich mit dem Scheitelpunkt-konvertieren-Werkzeug schnell zwischen Bézier- und Eckpunkt umschalten. Klicken Sie dazu, ohne zu ziehen, abwechselnd auf einen ausgewählten Punkt.

## 11.3.2 Das Arbeiten mit Masken

Bevor wir mit dem nächsten Workshop starten, noch ein paar weitere Informationen zum Arbeiten mit Masken.

### Öffnen und Schließen von Masken

Wenn Sie einmal eine zittrige Hand haben und den ersten Maskenpunkt zum Schließen einer Maske nicht treffen, steht Ihnen dazu folgender Weg offen: Wählen Sie die Maske in der Zeitleiste aus, und nehmen Sie den Weg EBENE • PFAD FÜR MASKEN UND FORMEN • GESCHLOSSEN. Umgekehrt öffnen Sie eine geschlossene Maske, indem Sie ein Pfadsegment auswählen (Klick auf den Pfad zwischen zwei Punkten) und den gleichen Weg wie oben nachvollziehen.

### Maskenformen numerisch ändern

Wenn Sie eine Maske erstellt haben, können Sie ihre Form zwischen Rechteck und Ellipse ändern und numerisch Werte für die Größe der Maske festlegen. Sie finden die Dialogbox MASKENFORM in der Zeitleiste, indem Sie auf FORM ❶ klicken.

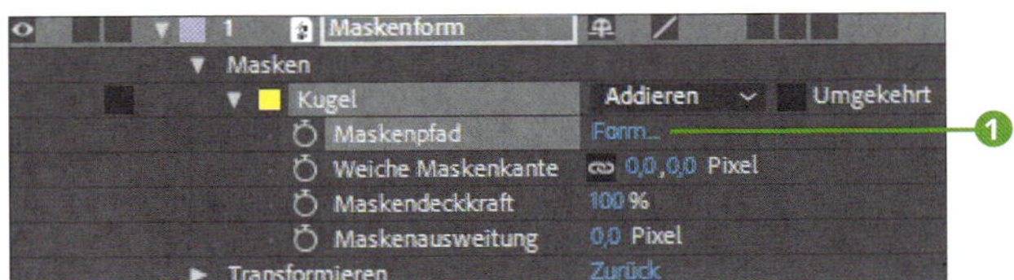


**Abbildung 11.60 ►**
Durch einen Klick auf FORM öffnen Sie den Dialog MASKENFORM, um damit Masken numerisch zu bestimmen.

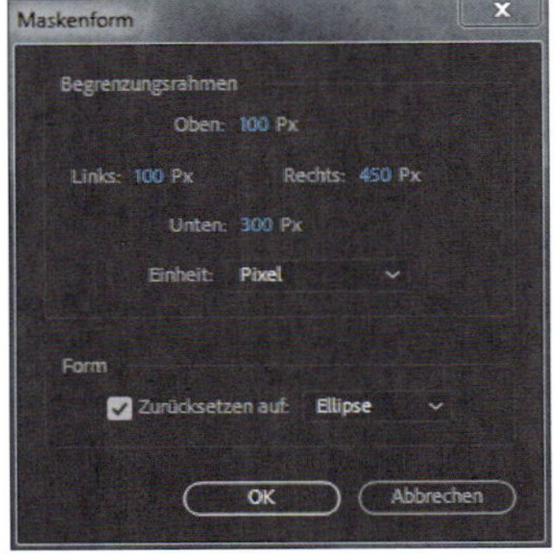


**▲ Abbildung 11.61**
In der MASKENFORM-Dialogbox können Sie die Form der Maske nachträglich ändern.

Die numerischen Werte in der Box beziehen sich auf den linken und auf den oberen Rand der Komposition. Wenn Sie also die Maske 10 Pixel vom oberen Rand beginnen und 350 Pixel vom oberen Rand enden lassen wollen, tragen Sie bei OBEN den Wert »10« und bei UNTEN den Wert »350« ein. Geben Sie bei LINKS »20« und bei RECHTS »200« ein, wenn Sie die Maske 20 Pixel vom linken Rand beginnen und 200 Pixel vom linken Rand enden lassen wollen.

**Abbildung 11.62 ►**
Die Werte aus der Dialogbox MASKENFORM wurden hier auf eine Maske angewandt.

### Form einer Maske ersetzen

Im Ebenenfenster können Sie jede Maske über das Popup-Menü ZIELMASKE ❷ auswählen. Die von mir erstellte Maske heißt »Kugel«. Wählen Sie die Maske »Kugel« im Popup-Menü unter dem Eintrag ZIEL aus und erstellen danach eine x-beliebige neue Maske, so wird die als Ziel gewählte Maske durch die neue ersetzt. Haben Sie ZIEL: OHNE gewählt, wird die Maske nicht ersetzt, sondern eine neue hinzugefügt.

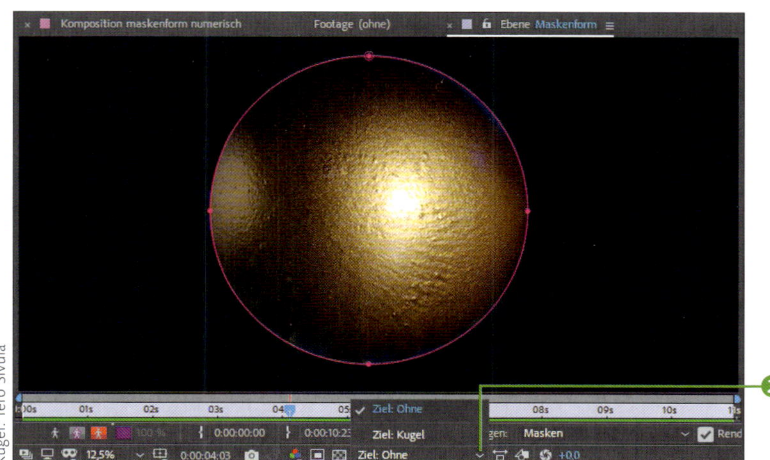


◀ **Abbildung 11.63**
Über das Popup-Menü ZIELMASKE können Sie bereits erstellte Masken auswählen und ersetzen.

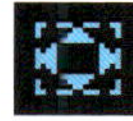

▲ **Abbildung 11.64**
Das Ausschnittwerkzeug hat mehrere Funktionen: Verschieben Sie Ebenen hinter Masken, den Ankerpunkt einer Ebene oder Videomaterial in einer geschnittenen Ebene.

### Ebene hinter einer Maske verschieben

Haben Sie erst einmal eine Maske gezeichnet und möchten Sie dann doch lieber einen anderen Ausschnitt der Ebene zeigen, müssen Sie die Maske nicht neu erstellen oder verschieben. Das Ausschnittwerkzeug hilft weiter. Klicken Sie damit in die Ebene, und ziehen Sie Ihr Bild an den gewünschten Platz.

▲ **Abbildung 11.65**
Um den gewünschten Bildausschnitt zu sehen, müssen Sie die Ebene hinter der Maske erst noch verschieben.

▲ **Abbildung 11.66**
Voilà!

## 11.3.3 Maskeneigenschaften animieren

After Effects bietet Ihnen vielfältige Animationsmöglichkeiten für Masken an. Jede Maske in der Zeitleiste verfügt über mehrere Maskeneigenschaften, z. B. Maskenform und Maskendeckkraft, die Sie wie alle anderen Eigenschaften über Keyframes animieren können.

Im folgenden Workshop werde ich Sie mit den Maskeneigenschaften vertraut machen. Wenn Sie später Kapitel 12, »Effekte«, durchgelesen haben, werden Sie durch die Kombination von Masken mit Effekten viele spannende Möglichkeiten entdecken. Es empfiehlt sich, zuvor den Workshop »Scherenschnitt – Maskenpfade« aus Abschnitt 11.3.1 durchzuarbeiten.

## Schritt für Schritt
## Maskenball – Maskeneigenschaften

Die benötigten Dateien für diesen Workshop finden Sie unter Beispielmaterial/11_Masken/Maskenball.

Für diesen Workshop schauen Sie sich am besten zunächst das Movie »maskenball.mp4« aus dem Ordner 11_Masken/Maskenball an.

### 1 Vorbereitung

Öffnen Sie das vorbereitete Projekt »maskenball.aep«. Es enthält eine Komposition in der Einstellung HDTV 1080 25, die Dateien »001.psd« bis »003.psd« und »BG.psd«. Letztere liegt bereits als Hintergrundbild in der Komposition und enthält Masken in Textform, die ich aus einer Textebene generiert habe. Wie das geht, lesen Sie im Abschnitt 9.8.3, »Formen und Masken aus Text erstellen« nach. Die anderen drei Dateien sind noch ausgeblendet und enthalten ebenfalls Maskenpfade, die ich in Photoshop erstellt und über die Zwischenablage in die Ebenen eingefügt habe.

**Masken umbenennen**
Sie können die Namen von Masken leicht ändern, indem Sie den Namen markieren und dann die Taste ↵ im Haupttastaturfeld verwenden. Nach der Umbenennung betätigen Sie die Taste erneut. Für Ebenen- und Kompositionsnamen gilt übrigens das Gleiche.

### 2 Maskenmodi

Zunächst blenden Sie die Masken der »BG«-Ebene in der Zeitleiste ein. Markieren Sie dazu die Ebene, und drücken Sie die Taste M. Ich habe allen Masken bereits Namen gegeben. Zum Umbenennen der Masken klicken Sie auf den Namen und betätigen ↵ im Haupttastaturfeld.

Neben jeder Maske befindet sich in der Spalte Schalter/Modi ein Popup-Menü mit verschiedenen wählbaren Maskenmodi. Normalerweise ist hier Addieren eingestellt. Wenn Sie Ohne zuweisen, wird die Maskierung wirkungslos. Diese Option ist häufig nötig, wenn Masken als Referenz z. B. für Effekte verwendet werden, das Bild aber nicht beschneiden sollen.

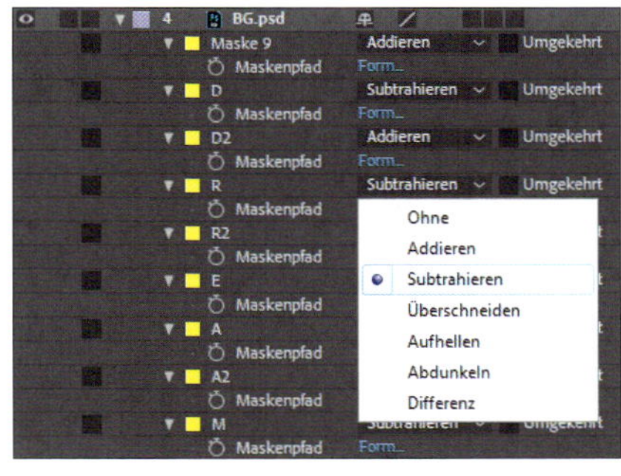


**Abbildung 11.67** ▸
Neben jeder Maske befindet sich ein Einblendmenü mit den Maskenmodi.

In den folgenden Abbildungen finden Sie eine Beispieldarstellung der verschiedenen Maskenmodi. Für unseren Workshop ist es notwendig, dass Sie den Maskenmodus für folgende Masken auf SUBTRAHIEREN setzen: »D«, »R«, »E«, »A« und »M«. Dadurch werden diese Masken von der großen Maske namens »gesamt« abgezogen, und der Hintergrund wird sichtbar, und zwar in Form des Schriftzugs »Dream«.

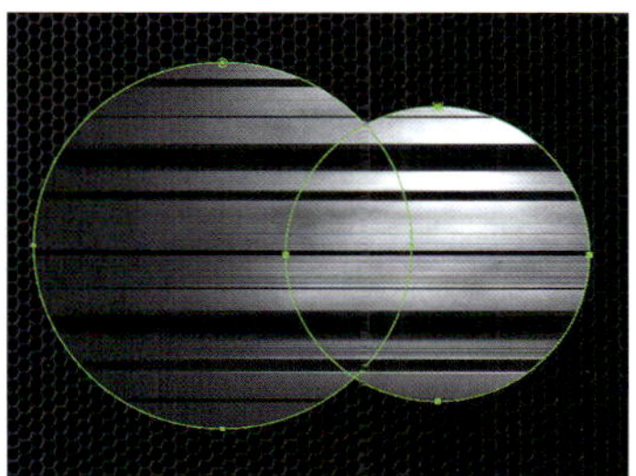

▲ **Abbildung 11.68**
Masken im Modus ADDIEREN

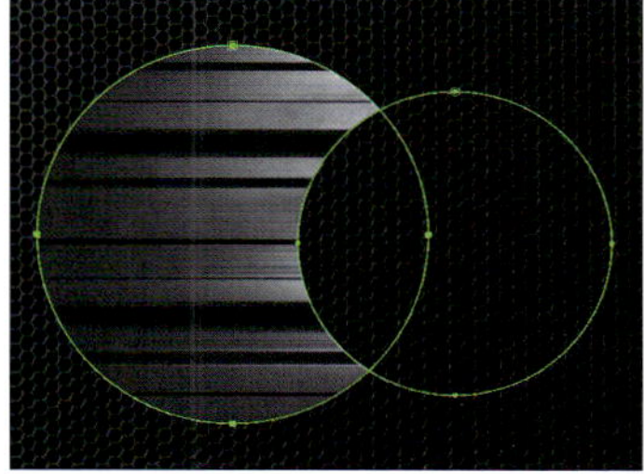

▲ **Abbildung 11.69**
Die linke Maske wurde auf den Modus SUBTRAHIEREN eingestellt.

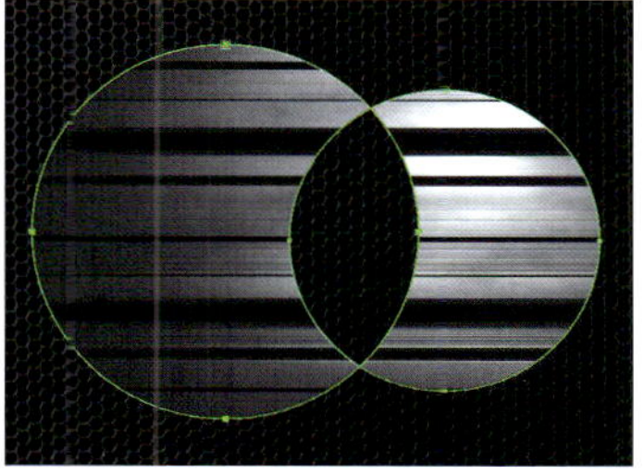

▲ **Abbildung 11.70**
Beiden Masken ist der Modus DIFFERENZ zugewiesen.

### 3 Maskendeckkraft animieren

Klicken Sie für die Maske »D« auf das kleine Dreieck, um die Maskeneigenschaften einzublenden. Für die Animation benötigen Sie hier nur die Eigenschaft MASKENDECKKRAFT. Sie gibt Ihnen die Möglichkeit, Bildbereiche ein- oder auszublenden, die durch eine Maske umrandet sind. Wir wollen einige Masken langsam ein- und ausblenden. Markieren Sie die Ebene, und drücken Sie dann kurz nacheinander die Taste [T], um nur die MASKENDECKKRAFT einzublenden. Markieren Sie die Masken »D«, »R«, »E«, »A« und »M« mit der [Strg]-Taste. Die Zeitmarke ziehen Sie auf 00:00 und setzen einen Key für die MASKENDECKKRAFT. Verringern Sie den Wert auf 0 %. Dies geschieht automatisch für alle Masken, da wir sie ja ausgewählt haben.

**Masken anzeigen**

Drücken Sie bei markierter Maskenebene die Taste [M], um alle Masken auf einer Ebene einzublenden. Drücken Sie zweimal kurz nacheinander die Taste [M], um für alle Masken die Maskeneigenschaften einzublenden.

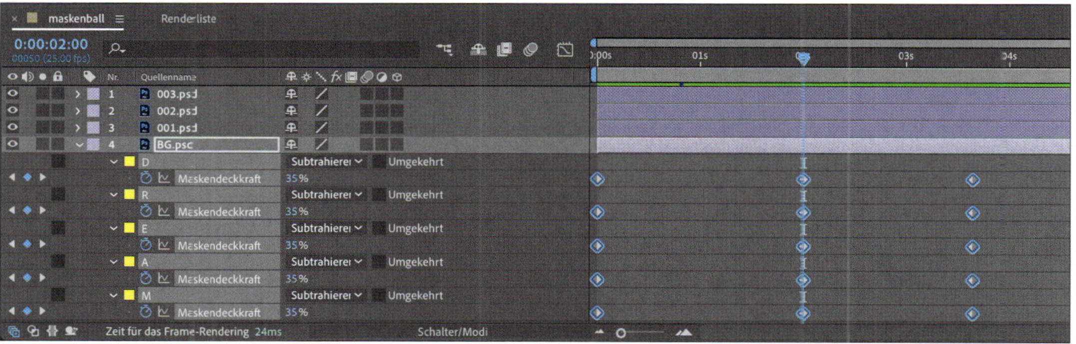


▼ **Abbildung 11.71**
Der Schriftzug »Dream« wird per MASKENDECKKRAFT ins Bild geblendet.

▲ **Abbildung 11.72**
Das Ergebnis im Kompositionsfenster

▲ **Abbildung 11.73**
Die Ebene »001.psd« wird animiert.

Erhöhen Sie am Zeitpunkt 02:00 den Wert auf 35 %, und verringern Sie ihn bei 03:16 wieder auf 0 %. Der Schriftzug wird allmählich ein- und ausgeblendet. Schließen Sie die Ebene per Klick auf das kleine Dreieck, und schützen Sie sie mit dem Schloss.

### 4 Maskenausweitung animieren

Blenden Sie die Maske auf der Ebene »001.psd« ein. Setzen Sie einen ersten Key bei 00:00, und verringern Sie den Wert bei Maskenausweitung auf –185. Bei 00:15 setzen Sie den Wert auf 0,0 Pixel, bei 01:06 wiederholen Sie den Key per Klick auf das Rauten-Symbol ①, und bei 01:19 erhöhen Sie den Wert auf 290.

Die Ebene soll außerdem die Position wechseln und gedreht und skaliert werden. Öffnen Sie dazu die Eigenschaften unter Transformieren. Setzen Sie bei 00:00 einen ersten Key für Position, und ziehen Sie die Ebene auf die Stirn der Schlafenden. Verschieben Sie die Ebene bei 00:15 noch über den linken oberen Rand. Bei 01:19 ziehen Sie die Ebene wieder auf die Anfangsposition. Setzen Sie folgende weitere Keys:

- bei 01:06 für Skalierung 100 % und für Drehung 0× +0,0°
- bei 01:19 für Skalierung 0 % und für Drehung 0× +180,0°

Schließen Sie die Ebene, und fahren Sie mit Ebene »002.psd« fort. Setzen Sie folgende Keys:

- Maskenausweitung: 01:13 = –225 Pixel, 02:00 = 0,0 Pixel, 02:19 = 0,0 Pixel, 03:15 = 291 Pixel
- Position: 01:13 = Beginn auf der Stirn, 02:19 = rechts oben und außerhalb, 03:15 = auf der Stirn
- Skalierung: 02:19 = 100 %, 03:15 = 0 %
- Drehung: 02:19 = 0× +0,0°, 03:15 = 0× +180,0°

Schließen Sie nach der Bearbeitung die Ebenen, und schützen Sie sie mit dem Schloss.

**Abbildung 11.74** ▼
Setzen Sie Keys für Maskenausweitung, Position, Skalierung und Drehung.

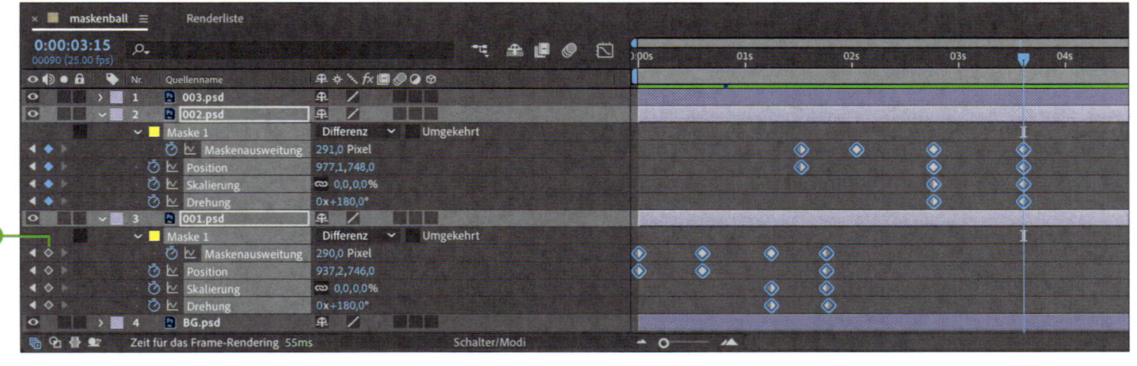

### 5 Animation der Maskenform

Die Ebene »003.psd« enthält eine Maske in Herzform. Wir werden diese Form animieren und aus Kreis und Rechteck erst die Herzform entstehen lassen. Öffnen Sie die Ebene und die Maskeneigenschaften, und setzen Sie einen Key bei MASKENPFAD. Verschieben Sie den Key auf 06:10.

Zuerst soll ein Kreis erscheinen. Wählen Sie aus den Masken-Werkzeugen das Ellipse-Werkzeug, und ziehen Sie einen Kreis auf der Ebene auf. Um den Kreis dort zu zentrieren, wo Sie zuerst geklickt haben (möglichst auf dem Ebenenmittelpunkt), nehmen Sie die [Strg]-Taste zu Hilfe und die Taste [⇧] für eine proportionale Skalierung. Eine weitere Maske (»Maske 2«) ist hinzugekommen. Öffnen Sie dort die Maskeneigenschaften, und wählen Sie die Eigenschaft MASKENPFAD aus. Kopieren Sie den Maskenpfad mit [Strg]+[C].

Markieren Sie die Eigenschaft MASKENPFAD der Herzmaske (»Maske 1«). Fügen Sie die Kreisform mit [Strg]+[V] bei 04:13 ein. Schon haben wir eine Animation von Kreis zu Herz. Doch damit nicht genug – löschen Sie »Maske 2«, die wir nun nicht mehr benötigen.

### 6 Transformationsfeld

Bevor wir aus dem Kreis ein Rechteck werden lassen, animieren wir den Kreis selbst. Klicken Sie auf den Keyframe bei 04:13, um den Kreispfad komplett auszuwählen. Verschieben Sie die Zeitmarke auf 04:00. Klicken Sie nun doppelt auf einen der ausgewählten Maskenpunkte im Kompositionsfenster. Nun wird ein Rahmen um die Maske gelegt, das sogenannte Transformationsfeld, das wie das vergleichbare Feld in Photoshop funktioniert. An den Eckpunkten können Sie das Feld und damit die Maskenpunkte skalieren und drehen. Wenn Sie innerhalb des Felds klicken und ziehen, verschieben Sie die Maske über dem Bild. Verkleinern Sie für unsere Zwecke die Maske so weit, bis das Bild möglichst unsichtbar ist. Nehmen Sie für eine proportionale und auf den Mittelpunkt bezogene Skalierung die Tasten [⇧] und [Strg] zu Hilfe. Mit einem Klick der rechten Maustaste verlassen Sie den Modus, ansonsten gelangen Sie per Doppelklick ins Transformationsfeld.

### 7 Weitere Maskenform

Wenn Sie noch einen Funken Kraft haben, ziehen Sie auf der Ebene eine weitere Maske in Form eines Rechtecks (Rechteck-Werkzeug) auf. Kopieren Sie den Maskenpfad dann, und fügen Sie ihn bei 05:02 in die bestehende Animation ein. Löschen Sie die Rechteck-Maske danach wieder. Um die Animation pro Form etwas innehalten zu lassen, müssen Sie die Keys ein und derselben Form zweimal nacheinander einsetzen – beispielsweise im Abstand von 6 Frames.

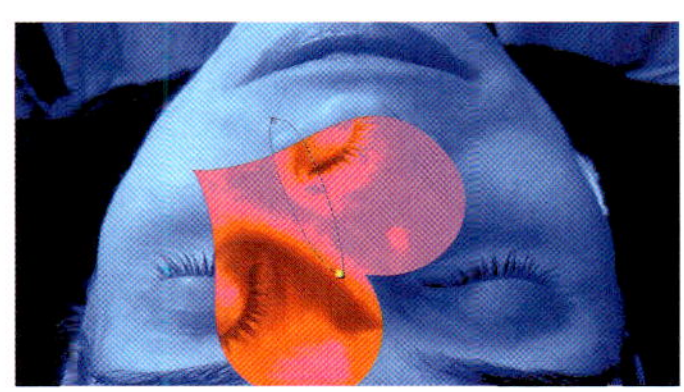

▲ **Abbildung 11.75**
Bewegungspfad der Herz-Ebene

Setzen Sie folgende weitere Keys:

- ▶ Skalierung: 04:13 = 100 %, 06:10 = 160 %, 07:04 = 100 %, 07:19 = 0 %
- ▶ Drehung: 06:10 = 0× +0,0°, 07:19 = 0× +180,0°
- ▶ Position: 04:00 = Beginn auf der Stirn, 04:13 = links oben, 06:10 = über dem Gesicht im Hintergrund, 07:19 = wieder auf der Stirn

Damit haben Sie die Animation erfolgreich nachgebaut und können das Ergebnis rendern.

**Abbildung 11.76 ▼**
Zur Animation der Maskenform setzen Sie Keys für die Eigenschaft Maskenpfad.

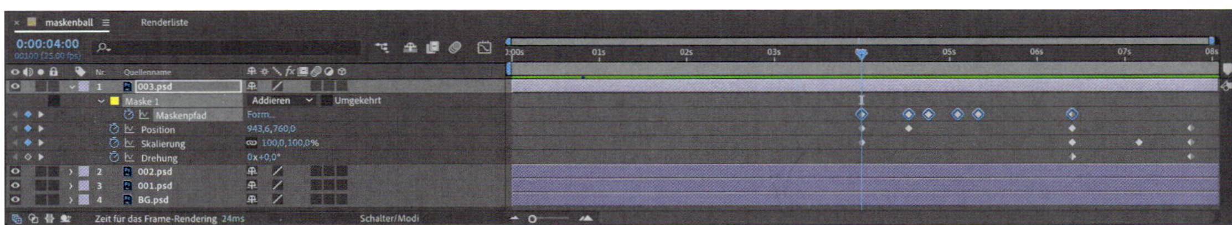


## 11.3.4 Werkzeug »Weiche Maskenkante«

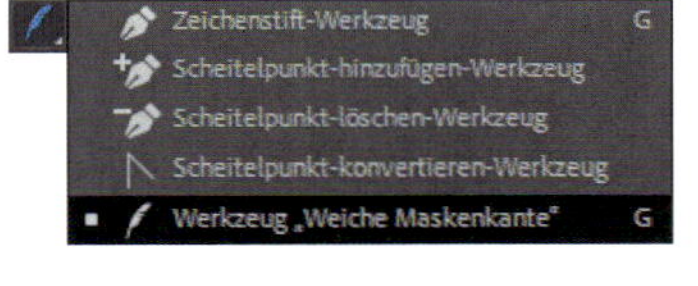


**▲ Abbildung 11.77**
Das Werkzeug Weiche Maskenkante in After Effects

Mit dem in der Version CS6 eingeführten Werkzeug Weiche Maskenkante schaffen Sie einen weichen Kantenverlauf entlang eines Maskenpfads in unterschiedlicher Breite. Beim mühevollen, aber manchmal nötigen frameweisen Freistellen von Objekten in Filmmaterial kann sich das bezahlt machen. Bewegte Objekte in einem Film können teils scharf abgegrenzt und gleichzeitig an anderer Stelle verwischt erscheinen. Mit dem Werkzeug finden Sie eine Entsprechung dafür in der Maskenbearbeitung.

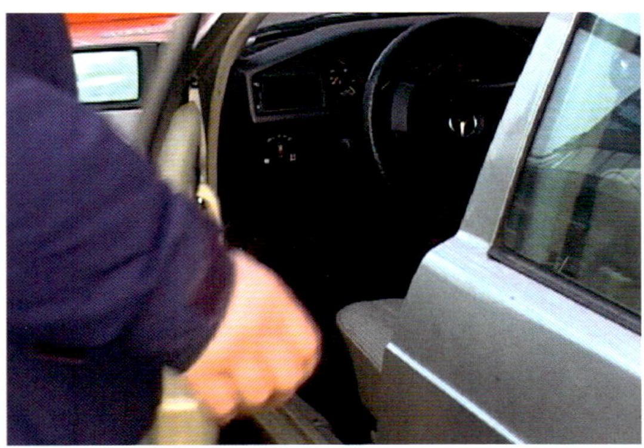

**▲ Abbildung 11.78**
Mitten in der Bewegung ergeben sich schnell unscharfe Kanten, die besonders das Freistellen per Rotoscoping erschweren.

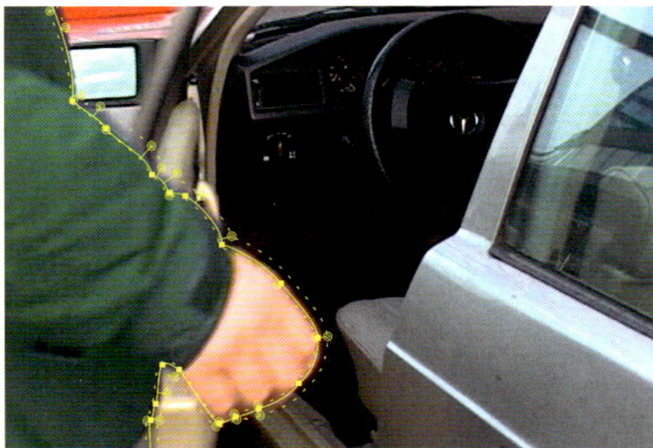

**▲ Abbildung 11.79**
Die Person habe ich hier per Maskenpfad freigestellt. Die weiche Kante habe ich an die Unschärfen an den Rändern des Arms und der Hand mit verschiedener Breite angepasst. Zur Verdeutlichung habe ich die freigestellte Person umgefärbt.

Der Weg: Sie zeichnen wie gewohnt einen Maskenpfad und wechseln zum Werkzeug Weiche Maskenkante, indem Sie länger auf das Zeichenstift-Werkzeug drücken oder mehrfach die Taste [G] drücken, bis sich der Cursor in ein Feder-Symbol geändert hat.

Positionieren Sie dann das Werkzeug dort über dem Maskenpfad, wo Sie eine weiche Kante erhalten wollen. Sobald neben der Feder ein Pluszeichen erscheint, klicken und ziehen Sie gleichzeitig und legen damit die Breite der weichen Kante an diesem Punkt fest. Haben Sie den entstandenen Anfasser zuerst nach außerhalb des Maskenpfads gezogen, entsteht auch die weiche Kante außerhalb des Pfads. Dies bleibt dann unveränderlich festgelegt, aber Sie können natürlich auch innerhalb des Pfads Anfasser definieren.

An den Anfasserpunkten können Sie jederzeit ziehen und die Bearbeitung ändern. Nutzen Sie dazu das Auswahl-Werkzeug [V] oder das Werkzeug Weiche Maskenkante.

Günstig ist es oft, mehrere der Anfasserpunkte auszuwählen und gleichzeitig zu verschieben. Klicken Sie dazu die einzelnen Punkte per Auswahl- oder Maskenkanten-Werkzeug und [⇧] nacheinander an, oder ziehen Sie mit einem der zwei Werkzeuge einen Rahmen auf. Zum Verschieben können Sie auch die Pfeiltasten nutzen. Überflüssige Punkte löschen Sie mit der Taste [Entf].

Zur genauen Anpassung der Punkte stellen Sie die Spannung an einem Punkt ein, indem Sie per [Alt] einen Punkt anklicken und ziehen. Ziehen Sie den Cursor nach links, erhöhen Sie die Spannung, und die Kurve wird spitzer; in umgekehrter Richtung wird sie weicher und die Spannung geringer.

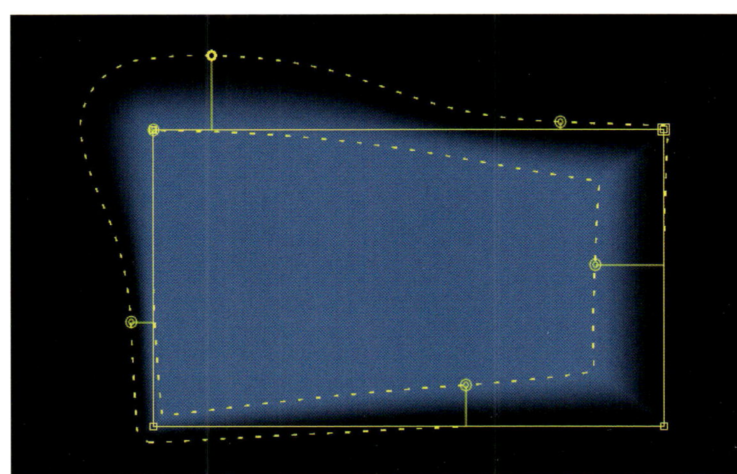

▲ **Abbildung 11.81**
Weiche Kanten definieren Sie außerhalb und innerhalb von Maskenpfaden. Die Breite regeln Sie mit Anfassern.

**Hohe Werte**
Für Maskenausweitung und Weiche Maskenkante können Sie Werte zwischen –32.000 und 32.000 einstellen.

**Kontextmenü**
Per Klick mit der rechten Maustaste auf einen der Punkte der weichen Kante erscheint das Kontextmenü. Hier wählen Sie Unterdrücken, wenn Sie keinen weichen Übergang zum nächsten Punkt erhalten wollen. Per Spannung bearbeiten erhalten Sie spitzere Kurven mit hohen Werten und weichere mit geringen Werten. Der Radius bestimmt die Länge des Anfassers und der Eckwinkel die Neigung des Anfassers an Eckpunkten des Maskenpfads.

▲ **Abbildung 11.80**
Das Kontextmenü des Werkzeugs Weiche Maskenkante

**Abfall der weichen Kante**
Mit dieser nett benannten Einstellung bestimmen Sie das Aussehen des weichen Kantenverlaufs über Ebene • Maskieren • Abfall der weichen Kante: Glatt oder Linear.

### 11.3.5 Bewegungsunschärfe für Masken

Die Bewegungsunschärfe können Sie für Ebenen und für animierte Masken aktivieren. Dies bewirkt, dass die Konturen schnell bewegter Objekte bzw. Masken bei höheren Geschwindigkeiten stärker und bei geringen Geschwindigkeiten weniger stark weichgezeichnet werden. Der Sinn liegt darin, die Bewegung flüssiger aussehen zu lassen. Die Bewegungsunschärfe ist dabei auch auf einzelne Masken anwendbar.

▲ **Abbildung 11.82**
Hier ist für die Masken die BEWEGUNGSUNSCHÄRFE aktiviert.

Um die Bewegungsunschärfe für eine oder mehrere bewegte Masken einzuschalten, markieren Sie diese in der Zeitleiste und wählen EBENE • MASKIEREN • BEWEGUNGSUNSCHÄRFE.

Sie haben dann folgende Optionen zur Auswahl: Bei GLEICH DER EBENE ist die Bewegungsunschärfe der Maske nur sichtbar, wenn Sie zusätzlich den Schalter BEWEGUNGSUNSCHÄRFE der Ebene ❶ aktiviert haben. In diesem Fall wird der Schalter BEWEGUNGSUNSCHÄRFE AKTIVIEREN ❷, mit dem die Unschärfe für die gesamte Komposition aus- und eingeschaltet werden kann, automatisch eingeschaltet. Die Option EIN dient dazu, die Unschärfe unabhängig von der Ebene nur für die Maske zu aktivieren, und die Option AUS entfernt die Unschärfe wieder.

**Abbildung 11.83** ▼
In der Komposition wird der Schalter BEWEGUNGSUNSCHÄRFE AKTIVIEREN ❷ automatisch eingeschaltet, wenn die Bewegungsunschärfe für Ebenen aktiviert wird.

### 11.3.6 Die Option »Pausstift«

Wenn Sie freigestelltes (also transparentes) Material in After Effects verwenden, können Sie mit dem PAUSSTIFT aus dem Alphakanal Maskenpfade generieren. Der PAUSSTIFT ähnelt dem Zauberstab in Adobe Photoshop. Anstelle einer Auswahl werden Masken entlang der Konturen im Alphakanal angelegt. Die eigentlich als Pixelinformation vorliegende Transparenz wird in eine Vektorinformation umgewandelt. Diese Möglichkeit erspart Ihnen ganz besonders bei transparentem animiertem oder gefilmtem Material viel Arbeit, da die Maskenpfade pro Frame generiert werden, sich also an die veränderten Bildbereiche anpassen. Außerdem können Sie die Luminanzinformation (den Rot-, Grün- und Blaukanal) einer Ebene als Quelle nutzen, um Masken daraus zu generieren.

Zur Optimierung des Pfads stehen außerdem einige Optionen bereit. Die Maskenpfade können Sie im Nachhinein für verschiedene Effekte oder Text verwenden.

## Schritt für Schritt
## Alphakanal abpausen

In diesem kurzen Workshop schauen wir uns am praktischen Beispiel an, wie Sie aus Alphakanalinformationen Maskenpfade gewinnen.

### 1 Vorbereitung

In den Beispielmaterialien zum Buch finden Sie im Ordner 11_MASKEN/ERDE einen bereits freigestellten Film, auf den Sie den Befehl PAUSSTIFT anwenden können. Importieren Sie dazu den Film »erde.mov«, und ziehen Sie ihn dann auf das Kompositionssymbol im Projektfenster, um eine Komposition in der Größe und Dauer des Films zu erstellen.

Die benötigten Dateien für diesen Workshop finden Sie unter BEISPIELMATERIAL/11_MASKEN/ERDE.

### 2 Pausstift anwenden und Einstellungen

Markieren Sie die Erde-Ebene in der Zeitleiste, und wählen Sie EBENE • PAUSSTIFT. In der erscheinenden Dialogbox PAUSSTIFT legen Sie über die TOLERANZ ❹ fest, wie genau die Masken der Kontur entsprechen. Bei niedrigen Werten erzielen Sie die höchste Genauigkeit, allerdings werden auch kleine Störungen als Masken nachgezeichnet.

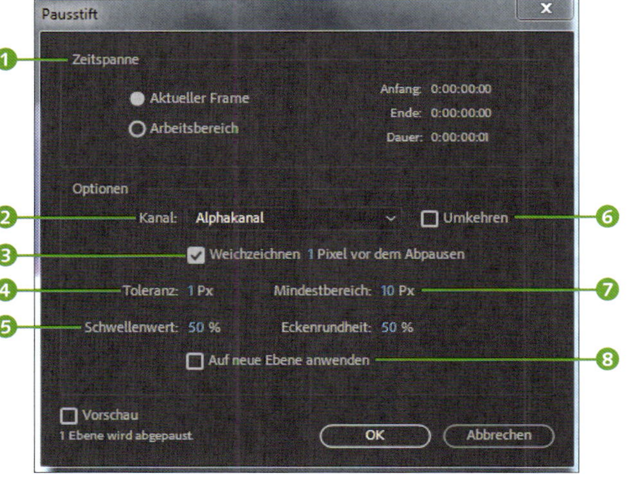


◂ **Abbildung 11.84**
Im Dialog PAUSSTIFT legen Sie unter anderem fest, wie genau das Abpausen erfolgen soll.

Der KANAL ❷ ist standardmäßig auf ALPHAKANAL eingestellt. Sie können im Popup-Menü auch den Rot-, Grün- oder Blaukanal und die Luminanz als Quelle für die zu generierenden Masken wählen.

Weichzeichnen ❸ verwenden Sie, um kleinere Störungen im Alphakanal vor dem Abpausen zu nivellieren. Kleine Werte sind dazu meist vollkommen ausreichend, z. B. 1 Pixel vor dem Abpausen.

Der Schwellenwert ❺ erweitert oder verringert die nachzuzeichnende Matte und dient ebenfalls zur genauen Anpassung der Masken an die gewünschte Kontur. Sollen die Masken auf einer neuen Ebene angelegt werden, erstellt After Effects sie Ihnen automatisch, wenn Sie Auf neue Ebene anwenden ❽ aktivieren. Lassen Sie diese Option vorerst deaktiviert.

Sie können vor dem Abpausen die Matte-Kontur Umkehren ❻. Welche Konturen ausgewählt sind, sehen Sie dann, wenn Sie die Vorschau aktivieren. Sie können außerdem verhindern, dass sehr kleine und viele Masken entstehen, indem Sie den Wert bei Mindestbereich ❼ erhöhen. Masken, die kleiner wären als der angegebene Pixelwert, werden gar nicht erst erstellt. Tragen Sie hier einen Wert von etwa 10 oder 15 ein. Die Prozentangabe bei Eckenrundheit gibt an, wie abgerundet die Maskenpfade an Scheitelpunkten erscheinen.

Über die Optionen im Feld Zeitspanne ❶ legen Sie fest, ob nur der aktuelle Frame an der Position der Zeitmarke abgepaust werden soll oder bei animiertem Material der festgelegte Arbeitsbereich. In unserem Falle wählen Sie also die Option Arbeitsbereich.

## 3 Der Abpausvorgang

Bestätigen Sie den Dialog mit OK. Der Fortgang des Abpausens wird im Infofenster angezeigt; es kann etwas dauern. Nach dem Abpausen ist eine ganze Reihe Masken (manchmal weit mehr, als Sie benötigen) in der Zeitleiste entstanden – das hängt ganz von den getroffenen Einstellungen im Dialog ab.

Für jeden Frame, in dem sich die Maske verändert, hat der Pausstift in der abgepausten Ebene einen Maskenpfad-Keyframe gesetzt. Häufig generiert der Pausstift mehr Maskenpfade, als benötigt werden. Diese löschen Sie anschließend, oder Sie machen die Aktion rückgängig und wiederholen den Abpausvorgang mit anderen Optionen.

**Abbildung 11.85 ▼**
Der Pausstift generiert häufig mehr Masken, als Sie benötigen. Für jeden Frame, in dem sich die Formen im Alphakanal ändern, wurde ein Maskenpfad-Keyframe gesetzt.

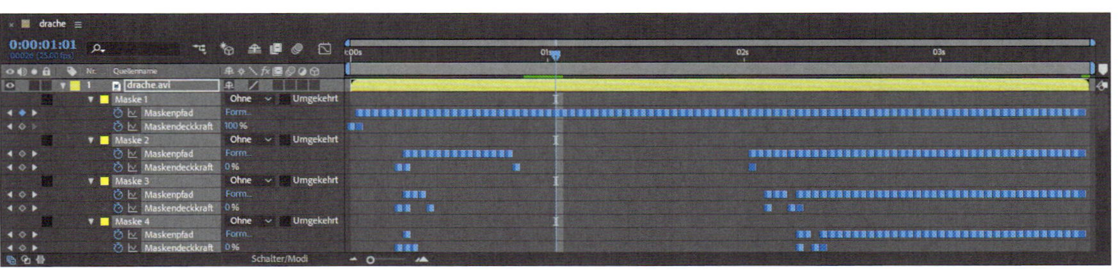

◂ **Abbildung 11.86**
Die Alphainformation des Erd-Films. Schwarze Bereiche sind transparent, weiße deckend dargestellt. Die Konturen im Alphakanal habe ich mit dem Pausstift in Masken konvertiert.

Sie können anschließend Effekte oder Text auf die generierten Maskenformen anwenden. Das fertige Beispiel für diesen Workshop befindet sich im Ordner 11_Masken/Erde im Projekt »alphaabpausen.aep«.

**Zum Nachlesen**
Mehr dazu lesen Sie in Abschnitt 9.8, »Text und Masken«. Interessant sind auch die Möglichkeiten, die ich im Abschnitt 12.3.3, »Effekte am Pfad« beschreibe.

▴ **Abbildung 11.87**
Bei animierten Sequenzen passt der Pausstift die Maske(n) an die neuen Formen im Alphakanal an.

◂ **Abbildung 11.88**
Auf die mit der Funktion Pausstift generierten Maskenpfade lassen sich Effekte anwenden, wie hier der Effekt Vegas.

## 11.4 Masken-Interpolation

**Photoshop- und Illustrator-Pfade**

Photoshop- und Illustrator-Pfade können Sie ebenfalls als Masken bzw. Maskenformen verwenden. Markieren und kopieren Sie dazu den Pfad im jeweiligen Programm, und fügen Sie ihn dann auf einer Ebene in After Effects ein.

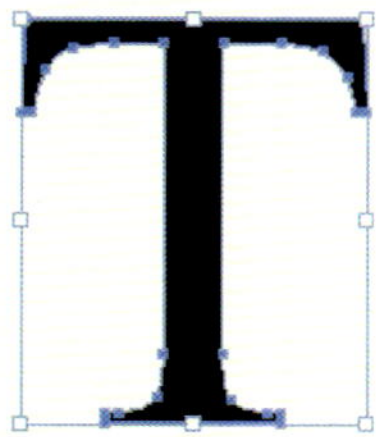

▲ **Abbildung 11.89**
Auch Pfade aus Illustrator können Sie verwenden. Dazu markieren Sie den Pfad in Illustrator, speichern ihn in der Zwischenablage und setzen ihn dann in die Maskenform bei After Effects ein.

Wählen Sie in Illustrator vor dem Kopieren eines Pfads unter BEARBEITEN • VOREINSTELLUNGEN • DATEIEN VERARBEITEN UND ZWISCHENABLAGE im sich öffnenden Dialogfeld die Optionen AICB und PFADE BEIBEHALTEN.

Wie Sie im Workshop »Maskenball – Maskeneigenschaften« in Abschnitt 11.3.3 gesehen haben, lässt sich die Form einer Maske in After Effects über Keyframes für die Eigenschaft MASKENPFAD problemlos animieren. Im Workshop haben wir die Animation der Maskenform recht einfach gehalten und per Hand die Form der Maske an bestimmten Keyframes verändert. Diese Art der Animation wird problematisch, wenn Sie z. B. eine einfache Form wie ein Quadrat in eine komplexere Form wie einen Buchstaben umwandeln wollen. Hierbei wird die Maske nicht nur skaliert oder gedreht, sondern komplett modifiziert.

Ein Quadrat besteht, wenn es eine Maske ist, aus vier Maskenscheitelpunkten. Mit den vier Punkten des Quadrats lässt sich schwer ein »T« oder ein »S« nachformen. Sie müssten also weitere Maskenpunkte für den Übergang hinzufügen. Genau das macht After Effects automatisch für Sie, wenn es den Übergang von der einen in die andere Maskenform berechnet. Sie müssen also nur die Anfangs- und Endform einer Maske für die Animation festlegen. Hierfür ist ein praktisches Beispiel das Sicherste.

### Schritt für Schritt
### Morphing – Maskenformen umwandeln

In diesem Workshop erfahren Sie, wie die Transformation eines Rechtecks zum Buchstaben »T« funktioniert.

#### 1 Vorbereitung

Legen Sie ein neues Projekt an und darin eine Komposition mit der Vorgabe HDTV 1080 25 mit einer Dauer von 5 Sekunden. Bleiben wir ruhig bei dem Beispiel, ein Quadrat in ein »T« umzuwandeln. Um den Formübergang zu realisieren, benötigen wir mindestens zwei Maskenpfad-Keyframes, nämlich einen für die Ausgangsform – das Quadrat – und einen für das »T« als Endform. Erstellen Sie zunächst eine Textebene, und tippen Sie dort den Buchstaben »T« mit einer Größe von mindestens 350 Pixeln ein.

#### 2 Masken aus Text generieren

Markieren Sie die Textebene in der Zeitleiste, und wählen Sie EBENE • ERSTELLEN • MASKEN AUS TEXT ERSTELLEN. Es entsteht eine Ebene namens »T Konturen«, die eine Maske in der Form des »T« enthält. Mit [M] blenden Sie die erstellte Maske ein. Diese Maske werden wir für das Morphing verwenden. Die Textebene wurde bereits automatisch mit dem Augen-Symbol ausgeblendet.

### 3 Quadrat erstellen

Markieren Sie die entstandene Maskenebene, und zeichnen Sie mit dem Rechteckige-Maske-Werkzeug ein Rechteck bzw. Quadrat auf der Maskenebene. Die neue Maske erscheint unter dem Listeneintrag MASKEN in der Zeitleiste.

### 4 Maskenmorph erstellen

Setzen Sie einen Keyframe am Zeitpunkt 05:00 für die Eigenschaft MASKENPFAD der Text-Maske. Setzen Sie anschließend die Zeitmarke auf den Anfang der Komposition bei 00:00. Markieren Sie das Wort MASKENPFAD der Rechteck-Maske ②. Drücken Sie Strg+C. Klicken Sie anschließend auf die Eigenschaft MASKENPFAD der Maske »T« ①, und drücken Sie dann Strg+V. Das Quadrat sollte danach in einem Keyframe fixiert sein. Jetzt können Sie die Rechteck-Maske mit der Taste Entf löschen.

Sehen Sie sich die Animation in der Vorschau an. Den Übergang von der einen in die andere Maskenform berechnet After Effects automatisch. Es sieht nur etwas unelegant aus.

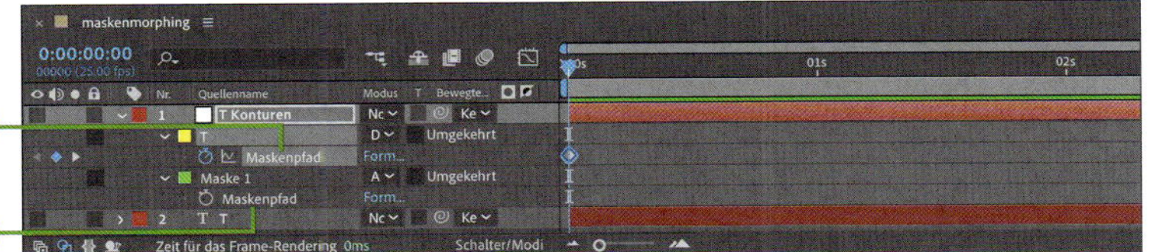


◀ **Abbildung 11.90**
Die Maskenform der Rechteck-Maske wird kopiert und in die Maskenform des ehemaligen Buchstabens »T« eingefügt.

Aber es geht auch eleganter. After Effects bietet einen Assistenten an, der sich früher auch noch »intelligent« nannte. Und den stelle ich Ihnen jetzt vor.

## 11.4.1 Der SmartMask-Assistent

Der SmartMask-Assistent, wie der Keyframe-Assistent für die Masken-Interpolation auch genannt wird, bietet Ihnen die Möglichkeit, sogar komplizierte Formübergänge ansehnlich zu gestalten. Über den Assistenten haben Sie – wie der Name schon verrät – die Möglichkeit, auf die Interpolation (also die Berechnung der Zwischenformen bei einem Übergang zweier Masken) Einfluss zu nehmen. Die Formübergänge sehen so genauer und glatter aus. Sie finden den Assistenten unter FENSTER • MASKEN-INTERPOLATION.

Damit der Assistent wirken kann, müssen mindestens zwei aufeinanderfolgende Maskenpfad-Keyframes ausgewählt sein. Falls Sie den vorhergehenden Workshop »Morphing – Maskenformen umwandeln« noch geöffnet haben, wählen Sie am besten gleich die beiden Keyframes des Quadrats und des »T« aus.

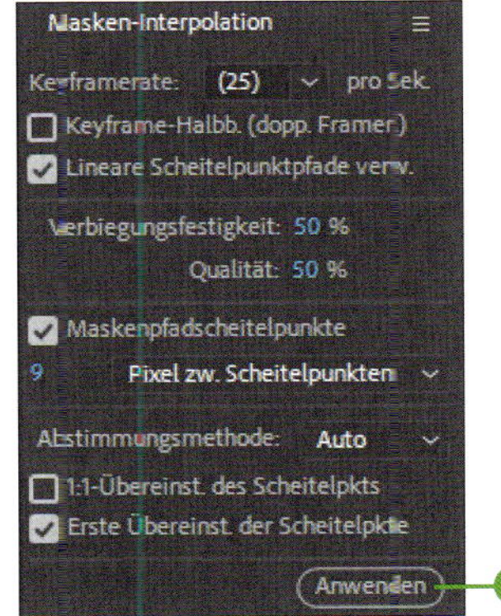


▲ **Abbildung 11.91**
Das Fenster MASKEN-INTERPOLATION mit allen verfügbaren Optionen

Sie können per Klick auf die Schaltfläche ANWENDEN ❸ (Abbildung 11.91) die Berechnung der Maskenformübergänge mit dem Assistenten starten, ohne die voreingestellten Werte zu ändern. Beim Abspielen in der Vorschau sehen Sie sofort einen Unterschied. In der Zeitleiste sind etliche Keyframes für jeden Frame entstanden.

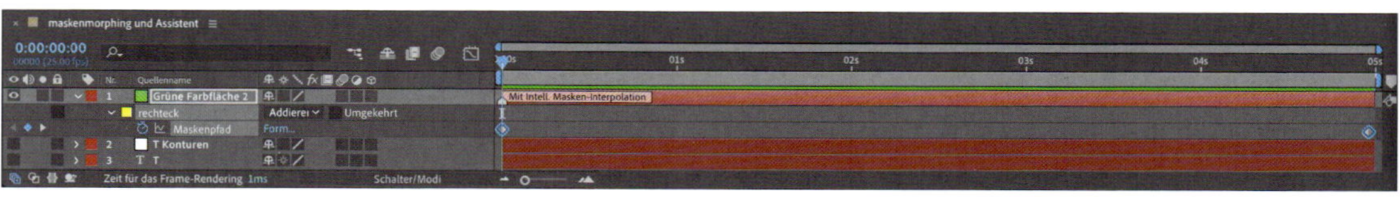

**Abbildung 11.92 ▼**
Vor der Verwendung der Masken-Interpolation müssen Sie mindestens zwei Maskenpfad-Keyframes ausgewählt haben.

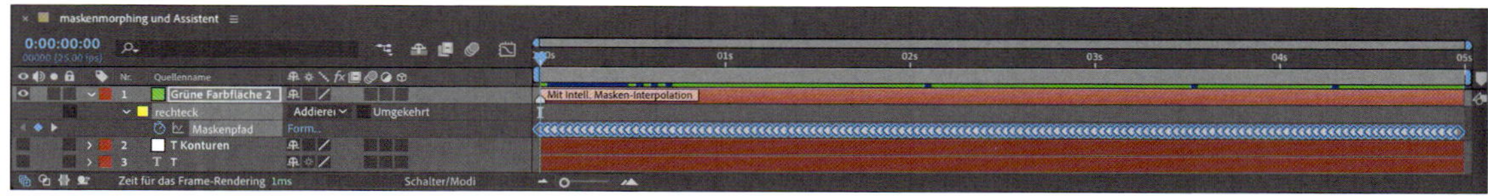

**▲ Abbildung 11.93**
Nach der Verwendung des Assistenten MASKEN-INTERPOLATION sind etliche zusätzliche Keyframes entstanden.

**Abbildung 11.94 ►**
Oben sehen Sie die Transformation vom Rechteck zum »T« mit der Standardberechnung, unten die gleiche Transformation unter Verwendung der Palette MASKEN-INTERPOLATION.

**Beispiel**
In den Beispielmaterialien finden Sie im Ordner 11_MASKEN/MASKENMORPHING die Datei »maskenmorph.aep« mit den beschriebenen Beispielen.

Sagen Ihnen die Formübergänge nicht zu, ändern Sie die Optionen in der Palette und wenden den Assistenten erneut an. Um die Änderung durch den Assistenten rückgängig zu machen, verwenden Sie am besten [Strg]+[Z].

Es lohnt sich, mit den vielen Optionen der Dialogbox MASKEN-INTERPOLATION zu experimentieren. Tipps zur Handhabung finden Sie auf den nächsten Seiten.

### 1:1-Übereinstimmung des Scheitelpunkts

Die vorletzte Option in der Box, 1:1-ÜBEREINST. DES SCHEITELPKTS, sehen wir uns zuerst an. Es geht um die Übereinstimmung der Maskenscheitelpunkte. Wichtig für den Übergang von einer Form in die andere ist vor allem die Übereinstimmung des ersten Scheitelpunkts zweier Masken. Der erste Scheitelpunkt ist bei offenen Maskenpfaden immer der Maskenpunkt, der zuerst gesetzt wurde. Bei geschlossenen Masken wird er automatisch angelegt.

Wenn Sie genau hinschauen, erkennen Sie, dass in jeder Maske ein Punkt immer etwas größer als die anderen dargestellt ist. Genau – da ist er, der erste Scheitelpunkt. Die besten Ergebnisse erzielen Sie, wenn die beiden ersten Scheitelpunkte zweier Maskenformen in ihrer Position übereinstimmen oder wenigstens dicht beieinanderliegen.

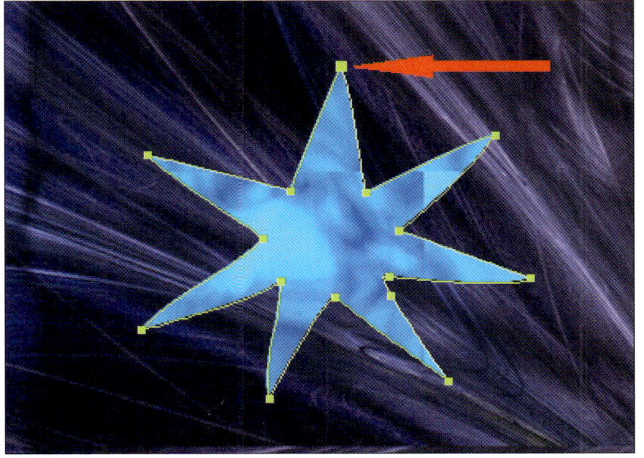

▲ **Abbildung 11.95**
Vergleichen Sie den ersten Scheitelpunkt in dieser und der folgenden Abbildung; sie befinden sich fast an gleicher Stelle.

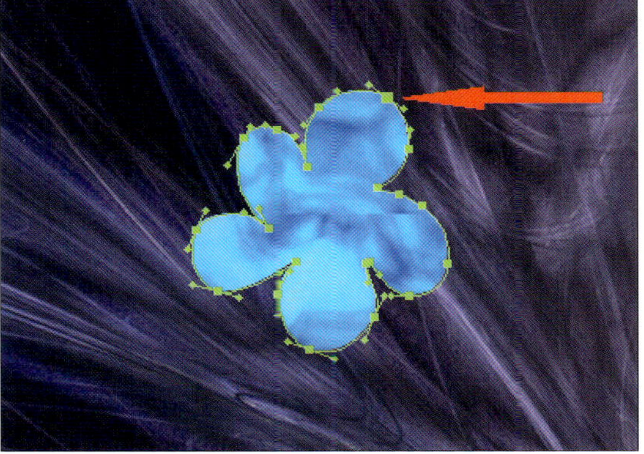

▲ **Abbildung 11.96**
Der erste Scheitelpunkt ist immer etwas größer als die anderen Punkte. Hier habe ich ihn nachträglich nach oben gesetzt, um die Transformationen glatter zu machen.

Mit der 1:1-ÜBEREINST. DES SCHEITELPKTS versucht der Assistent, die ersten Scheitelpunkte zweier Masken möglichst deckungsgleich festzulegen, um beste Ergebnisse zu erzielen. Besser bedient sind Sie jedoch, wenn Sie selbst den Punkt definieren, auf den es ankommt. Aktivieren Sie im Assistenten die Checkbox, sobald die Scheitelpunkte übereinstimmen. Manchmal wird der Assistent sogar unnötig, wenn die ersten Scheitelpunkte im Voraus übereinstimmen.

▲ **Abbildung 11.97**
In der oberen Transformation stimmte der erste Scheitelpunkt nicht überein, unten dagegen schon.

### Keyframerate

Über die KEYFRAMERATE legen Sie fest, wie viele Keyframes pro Sekunde für die Formänderung erzeugt werden. Im nächsten Feld, KEYFRAME-HALBBILDER, können Sie die Anzahl der Keyframes schnell durch Anklicken der Checkbox verdoppeln.

### Lineare Scheitelpunktpfade verwenden

Die Checkbox LINEARE SCHEITELPUNKTPFADE VERWENDEN führt zu seltsamen Animationen, wenn sie willkürlich deaktiviert wird. Enthält Ihre Animation Drehungen von Masken, ist die Option schon eher sinnvoll.

**Erster Maskenscheitelpunkt**
Um den ersten Scheitelpunkt zu ändern, markieren Sie einen anderen Maskenpunkt und wählen im Menü EBENE • PFAD FÜR MASKEN UND FORMEN • ERSTEN SCHEITELPUNKT FESTLEGEN.

Der Assistent dreht die Masken bei aktivierter Option nicht als Formübergang, sondern verkleinert sie erst bis zur Unsichtbarkeit und vergrößert sie dann umgedreht wieder. Der Assistent berechnet den gedrehten Formübergang schon besser, wenn Sie die Checkbox LINEARE SCHEITELPUNKTPFADE VERWENDEN deaktivieren und dann die Einstellungen auf die markierten Keyframes der Masken anwenden.

### Verbiegungsfestigkeit

Mit der Option VERBIEGUNGSFESTIGKEIT beeinflussen Sie, ob bei einer Transformation die Zwischenformen eher verbogen werden oder die Ausgangsform weitestgehend erhalten bleibt und nur in die andere Form hineingedehnt wird. Probieren Sie es aus – z. B. mit der Transformation von »H« zu »M« wie in Abbildung 11.99!

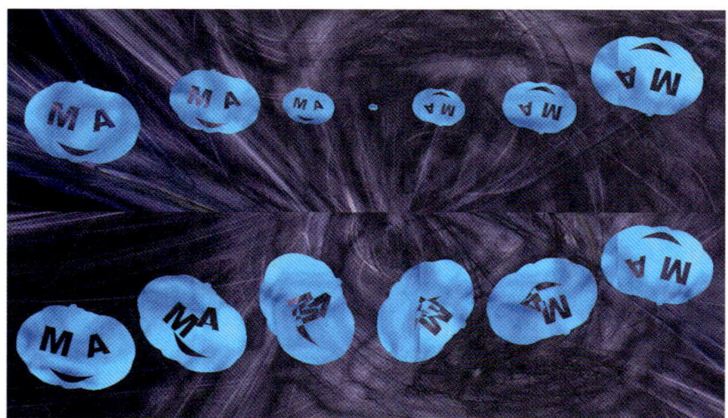

▲ **Abbildung 11.98**
Oben war die Option LINEARE SCHEITELPUNKTPFADE VERWENDEN aktiviert. Unten wurde die Option deaktiviert. Die Drehung wird zwar ohne Skalierung ausgeführt, die Zwischenformen überzeugen jedoch nicht sonderlich.

▲ **Abbildung 11.99**
Oben eine Transformation mit einer VERBIEGUNGSFESTIGKEIT von 0 – die Form wird etwas verbogen. Unten mit einem Wert von 100 – die Form wird von der einen in die andere gedehnt.

### Qualität

Mit der Option QUALITÄT legen Sie fest, wie die Scheitelpunkte zweier Formen einander entsprechen. Die Maskenpunkte sind in der Reihenfolge ihrer Erstellung nummeriert bzw. bei geschlossenen Masken automatisch nummeriert. Wählen Sie einen Wert von 0 für die Qualität, so werden die Scheitelpunkte zweier Masken verglichen und Scheitelpunkte mit der gleichen Nummer einander zugeordnet. Bei einem Wert von 100 hält sich MASKEN-INTERPOLATION nicht mehr an die Nummerierung und sucht nach der besten Zuordnung der Scheitelpunkte, was lange dauern kann.

▲ **Abbildung 11.100**
Oben eine Transformation ohne zusätzliche Maskenpfadscheitelpunkte und unten mit zusätzlichen Punkten

### Maskenpfadscheitelpunkte hinzufügen

Mit der Option MASKENPFADSCHEITELPUNKTE legen Sie fest, ob und wie weitere Punkte dem Maskenpfad während der Transformation hinzugefügt werden. Wenn Sie die Option deaktivieren, werden nur die Maskenpunkte für die Transformation genutzt, die im ersten und letzten Keyframe enthalten sind. Die Transformation wird allerdings bei einer höheren Anzahl an Maskenpunkten qualitativ besser.

### 11.4.2 Maskenpfad versus Bewegungspfad

Wie bereits erwähnt, dienen die Masken nicht nur zum Freistellen von Bildbereichen oder zum Transformieren von einer Form in die andere. Interessant werden die Masken auch dadurch, dass sie als Referenz für die Bewegung von Ebenen, die Orientierung von Text am Pfad und für Effekte dienen, die entlang eines Pfads animiert werden können.

**Zum Nachlesen**

Zur Kombination von Effekten und Pfaden kommen wir im Abschnitt 12.3.3, »Effekte am Pfad«, und zur Textanimation entlang eines Pfads haben Sie schon in Kapitel 9, »Texte erstellen und animieren«, etwas gelesen.

Zur Bewegung von Ebenen am Pfad kommen wir jetzt. In Kapitel 8, »Keyframe-Interpolation«, haben Sie mit Bewegungspfaden bereits einige Erfahrungen gesammelt. Bewegungs- und Maskenpfade ähneln sich insofern, als Sie beide mit den gleichen Werkzeugen bearbeiten können: Sie biegen die Pfade jeweils über Tangenten und schalten Maskenpunkte wie Bewegungspfadpunkte zwischen Eck- und Kurvenpunkt hin und her.

Aber vor allem enthalten die Bewegungspfad-Keyframes und die Maskenpunkte Positionsinformationen, die Sie auf andere Eigenschaften, die mit Positionswerten arbeiten, übertragen können. Das bedeutet konkret, dass Sie einen Maskenpfad in die Positionseigenschaft einer Ebene einfügen können und somit ein Bewegungspfad generiert wird, der genauso geformt ist wie Ihr Maskenpfad. Umgekehrt lässt sich der Bewegungspfad in eine Maske einfügen. Außerdem können Sie sowohl einen Bewegungspfad als auch einen Maskenpfad in Positionswerte von Effekten einfügen. Und los geht's:

## Schritt für Schritt
## Ariadne – Maskenpfad in Bewegungspfad einsetzen

In der Sage kommt Theseus – dank Ariadnes Idee, im Labyrinth einen Faden zu verwenden –, nach dem Sieg über den blutrünstigen Minotauros, dort schnell wieder raus. Das Labyrinth ist also seit alters her in unserer Kultur verankert. Nun nutzen wir ebenfalls einen Trick, um Ariadnes Wollknäuel aus dem Labyrinth zu holen.

Die benötigten Dateien für diesen Workshop finden Sie unter BEISPIELMATERIAL/11_MASKEN/ARIADNE.

**1 Vorbereitung**

Schauen Sie sich zuerst das Movie »ariadne.mp4« aus dem Ordner 11_MASKEN/ARIADNE an. Kopieren Sie dann den Ordner ARIADNE auf Ihre Festplatte, und importieren Sie die Dateien »labyrinth.psd« und »wolle.psd« in ein neues Projekt. Ziehen Sie die Datei »laby-

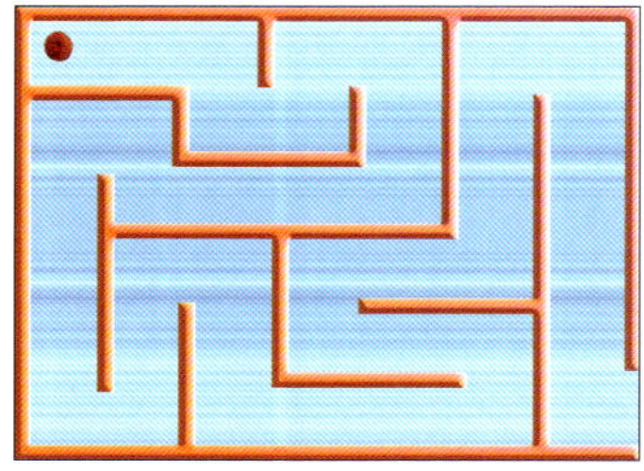

▲ **Abbildung 11.101**
Ariadnes Wollknäuel soll den Weg aus dem Labyrinth finden.

rinth.psd« auf das Kompositionssymbol im Projektfenster, um eine neue Komposition zu schaffen. Achten Sie darauf, dass die Komposition eine Dauer von 4 Sekunden besitzt. Fügen Sie die Datei »wolle.psd« der Komposition hinzu.

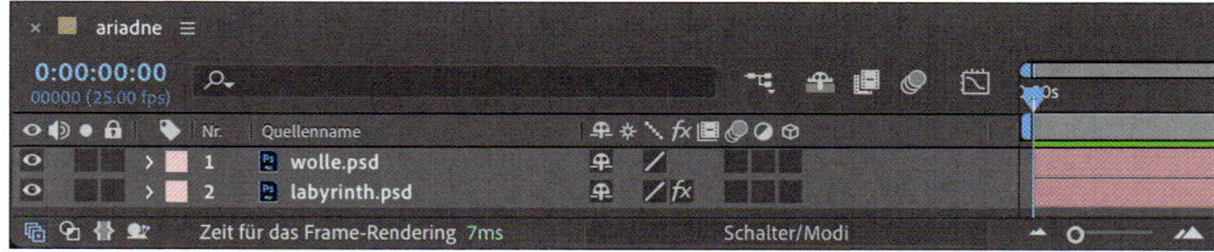


▲ **Abbildung 11.102**
Die Ebene »wolle« befindet sich über der Ebene »labyrinth«.

## 2 Maskenpfad erstellen

Ariadnes Wollknäuel weiß auch nicht mehr genau, wie es aus dem Labyrinth herauskommt, und folgt lieber einem Maskenpfad.

Erstellen Sie also zunächst einen Maskenpfad mit dem Zeichenstift-Werkzeug auf der Ebene »labyrinth«. Setzen Sie den ersten Maskenscheitelpunkt oben links im Labyrinth. Setzen Sie an jeder »Ecke« im Labyrinth einen neuen Maskenscheitelpunkt, bis Sie einen Pfad wie in Abbildung 11.103 erhalten. Bearbeiten Sie den Pfad nach, wie Sie es in den vorhergehenden Workshops gelernt haben, bis er dem abgebildeten ähnelt.

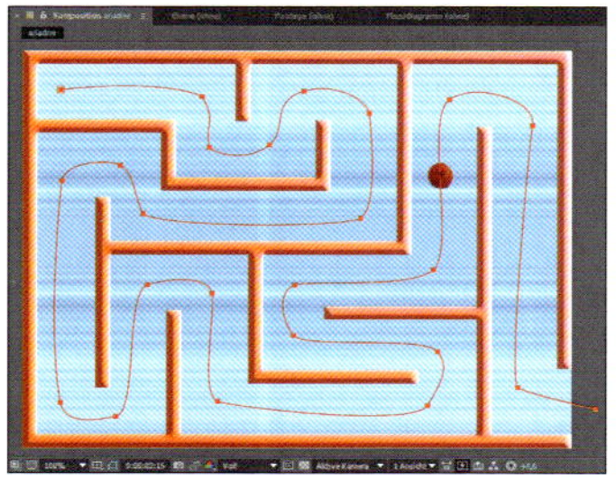

▲ **Abbildung 11.103**
Mit dem Zeichenstift-Werkzeug erstellen Sie einen Maskenpfad.

## 3 Bewegungspfad für das Wollknäuel

Um aus dem Maskenpfad einen Bewegungspfad für das Wollknäuel zu erhalten, markieren Sie die Ebene »labyrinth« und drücken die Taste M, um die soeben erstellte Maske einzublenden. Klicken Sie auf das Wort Maskenpfad, und drücken Sie die Tastenkombination Strg + C, um die Maske zu kopieren.

Markieren Sie anschließend die Ebene »wolle«, und drücken Sie die Taste P, um die Positionseigenschaft anzuzeigen. Setzen Sie die Zeitmarke auf 00:00 an den Anfang der Komposition. Markieren Sie das Wort Position, und wählen Sie Strg + V. Fertig.

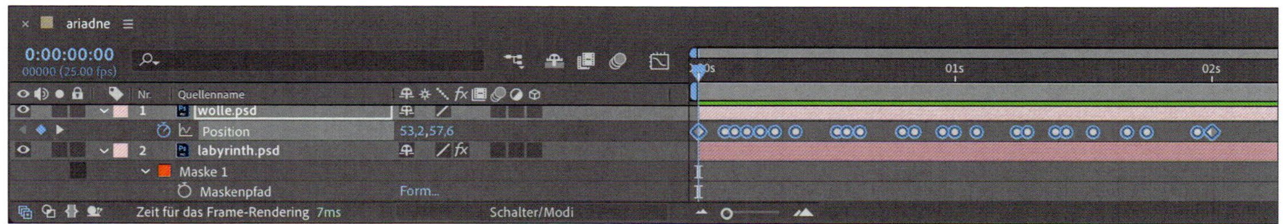


▲ **Abbildung 11.104**
Das Wort Maskenpfad wird markiert. Anschließend wird die Maske kopiert und in die Positionseigenschaft der Ebene »wolle« eingefügt.

### 4 Roving Keyframes

Die kleinen runden Punkte, die in der Positionseigenschaft entstanden sind, nennt man Roving Keyframes. Es sind zeitlich nicht fixierte Keys, wie Sie bereits aus Kapitel 8, »Keyframe-Interpolation«, wissen.

Wenn Sie an einem der beiden »normalen« Keys ziehen, bewegt sich die Reihe mit. Die zeitlichen Abstände zwischen den Keys bleiben dabei proportional erhalten. Sie können so Ihre Animation zeitlich anpassen. Klicken Sie den letzten Keyframe an, und ziehen Sie ihn bis an das Ende der Komposition, damit sich die Dauer der Animation verlängert. Achten Sie dabei darauf, dass Sie nur den letzten Keyframe anklicken, da sich sonst die gesamte Reihe verschieben kann.

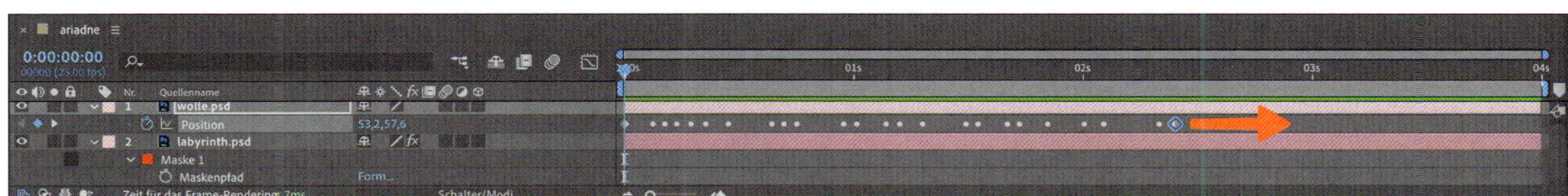

▲ **Abbildung 11.105**
Klicken Sie den letzten Keyframe an, und verschieben Sie ihn zeitlich. Die Reihe der zeitlich nicht fixierten Keyframes (Roving Keyframes) wandert mit.

### 5 Maskenpfad und Effekt

In dem Projekt »ariadne.aep«, das sich im selben Ordner befindet wie die Workshopdateien, habe ich den Maskenpfad zusätzlich für den Effekt GENERIEREN • KONTUR verwendet. Den Maskenpfad habe ich in den Effekteinstellungen unter der Option PFAD ausgewählt. Durch die Animation des Kontureffekts erscheint es so, als rollte das Wollknäuel tatsächlich einen Faden ab. Wie Sie Effekte anwenden und animieren, erfahren Sie im nächsten Kapitel.

## 11.4.3 Bewegungspfad versus Maskenpfad

Der umgekehrte Weg als der im vorigen Workshop vorgestellte – aus einem Bewegungspfad einen Maskenpfad zu generieren – ist folgender: Schaffen Sie zuerst einen Bewegungspfad, indem Sie die Positionseigenschaft einer Ebene animieren. Auf einer zweiten Ebenezeichnen Sie eine x-beliebige Maske. Markieren Sie dann alle Keyframes des Bewegungspfads, und drücken Sie [Strg]+[C]. Anschließend öffnen Sie den Eintrag MASKE 1 auf der anderen Ebene und klicken dann auf das Wort MASKENPFAD, um es zu markieren. Fügen Sie dann mit [Strg]+[V] den Bewegungspfad ein. Fertig. Der Bewegungspfad sollte danach Ihrem Maskenpfad entsprechen. Damit beide Pfade deckungsgleich übereinanderliegen, empfiehlt es sich, die Ebene mit der Maske in Kompositionsgröße anzulegen.

## 11.5 Formebenen

Mit den Formebenen erhalten Sie einen Teil des Potentials von Illustrator in After Effects und können alles noch animieren. Da Formebenen vektorbasiert sind, können Sie sie problemlos verlustfrei in jede Größe skalieren. Für jeden Pfad legen Sie Füllung und Kontur unabhängig voneinander fest. Über etliche Parameter modifizieren Sie die Pfade und animieren sie beispielsweise zu mäandernden Mustern.

Leider hat Adobe dabei nicht an die Maskenpfade gedacht. Daher sind ähnlich komplexe Pfadanimationen nur über Umwege als Masken anwendbar, deren animierbare Parameter Sie ja bereits kennengelernt haben.

Formebenen erstellen Sie ganz ähnlich wie Masken mit den Maskenpfad- bzw. Form-Werkzeugen. Sie haben also wie bei den Masken die Grundformen Rechteck, abgerundetes Rechteck, Ellipse, Polygon und Stern zur Verfügung.

**Vektorgrafik-Datei als Formebene**
Sie können Vektorgrafik-Dateien der Formate ».ai«, ».eps« und ».pdf« in Formebenen konvertieren. Wie das geht, steht im Abschnitt 18.2.3, »Vektoren in Formen konvertieren«.

Eine Formebene erhalten Sie immer dann, wenn Sie keine Ebene in der Zeitleiste ausgewählt haben und dann mit den Werkzeugen im Kompositionsfenster eine Form aufziehen. Jede Formebene kann mehrere verschiedene Formpfade enthalten, die entweder einzeln in der Formebene enthalten sind oder als Gruppe(n) mehrerer Pfade.

### 11.5.1 Formebenen animieren

Wie Sie Formebenen animieren, sehen wir uns nun an.

### Schritt für Schritt Formen animieren

Die benötigten Dateien für diesen Workshop finden Sie unter BEISPIELMATERIAL/11_MASKEN/FORMEBENEN.

In diesem Workshop erfahren Sie Näheres zur Arbeit mit Formebenen in After Effects.

#### 1 Vorbereitungen

Importieren Sie die Dateien »background.psd« und »fuellung01.psd« bis »fuellung03.psd« aus dem Ordner 11_MASKEN/FORMEBENEN. Achten Sie darauf, dass Sie die Dateien nicht als Sequenz importieren. Legen Sie eine erste Komposition an (mit der Vorgabe HDTV 1080 25, Dauer: 04:16 Sekunden, Name: »flower«).

#### 2 Formebenen erstellen und bearbeiten

Oben in der Werkzeugleiste finden Sie wie gewohnt die Masken- bzw. Form-Werkzeuge. Wenn Sie die Maustaste etwas länger über dem Rechteck-Werkzeug gedrückt halten, erscheint eine aus Illustrator und Photoshop bekannte Liste an Formvorgaben.

Wählen Sie hier das Polygon-Werkzeug ❶. Ziehen Sie mit gedrückter Maustaste ein Polygon im Kompositionsfenster auf, um eine Formebene zu schaffen.

Öffnen Sie die Eigenschaften der Formebene in der Zeitleiste. Klappen Sie die Liste bei INHALT ❹ auf; wählen Sie dort STERNENGRUPPE 1 und dann STERNENGRUPPE-PFAD 1 ❺.

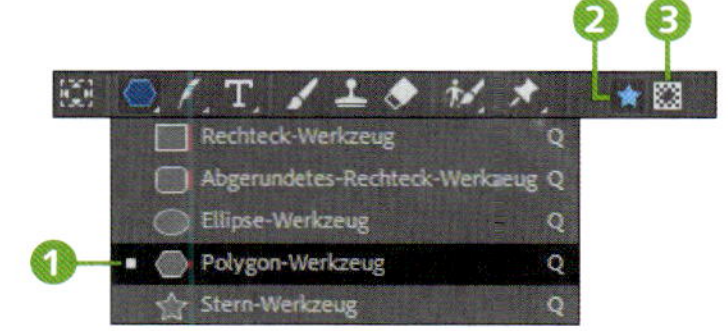


▲ **Abbildung 11.106**
Masken- bzw. Form-Werkzeuge sind in der Werkzeugleiste integriert.

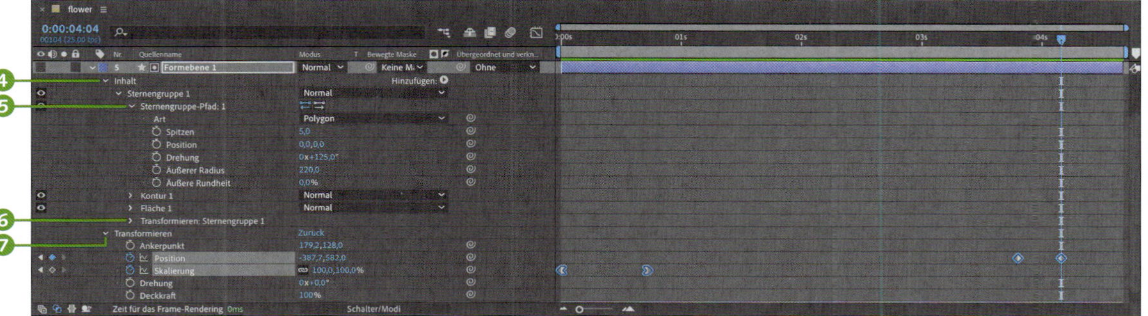

▲ **Abbildung 11.107**
Jede neue Form innerhalb einer Formebene enthält eine Menge Einstellmöglichkeiten, die Sie animieren können.

Sie können hier Grundeigenschaften wie ART und SPITZEN ändern. ÄUSSERER RADIUS und ÄUSSERE RUNDHEIT beziehen sich nicht auf Seelen- oder Körperzustände, sondern auf die Rundungen der innen- und außenliegenden Sternspitzen.

Geben Sie bei DREHUNG den Wert »125°« ein und bei ÄUSSERER RADIUS den Wert »220«. Unter dem Eintrag KONTUR 1 können Sie wie bei allen Formen eine Konturlinie definieren, und unter FLÄCHE 1 wählen Sie Eigenschaften wie FARBE und DECKKRAFT.

Neben einigen Eigenschaften finden Sie ein Augen-Symbol. So blenden Sie die Konturlinie oder die Flächenfarbe aus und ein.

Öffnen Sie den Eintrag TRANSFORMIEREN: STERNENGRUPPE 1 ❻. Hier finden Sie genau die gleichen Eigenschaften wie unter dem Eintrag TRANSFORMIEREN ❼, der die Ebeneneigenschaften enthält. Der Unterschied besteht darin, dass Sie mit den Ebeneneigenschaften die gesamte Ebene mitsamt allen darin befindlichen Formen (oder Masken) beeinflussen, mit TRANSFORMIEREN: STERNENGRUPPE 1 hingegen nur diese eine Form innerhalb der Ebene. Sie können sich die Ebene also wie einen Container für verschiedene Form- und Maskenpfade vorstellen.

Wählen Sie aus der Werkzeugleiste das Ausschnittwerkzeug (sechster Button von links), und verschieben Sie damit den Ankerpunkt der

#### Form oder Maske

Ist in der Zeitleiste keine Ebene markiert, generiert After Effects mit den Pfad-Werkzeugen eine Formebene. Haben Sie eine schon geschaffene Formebene markiert, entscheiden Sie per Klick auf den Button FORM ❷ oder MASKE ❸, ob eine weitere Form oder eine Maske hinzugefügt wird (siehe Abbildung 11.106). Markierte pixelbasierte Ebenen erhalten immer eine Maske.

#### Modi

In der Spalte MODUS neben den Einträgen STERNENGRUPPE, FLÄCHE und KONTUR können Sie Flächen und Konturfarben mit unterschiedlichen Modi mischen. Haben Sie mehrere Formen auf einer Formebene erstellt, ist eine Interaktion der Flächenfarben für diese Formen ebenfalls möglich.

**Flächen- und Konturfarbe**
Sie können die Flächen- und Konturfarbe eines innerhalb der Formebene markierten Pfads rasch über die Werkzeugleiste unter FLÄCHE und KONTUR ändern. Auch die Konturbreite lässt sich einstellen.

Formebene in etwa auf ihren Mittelpunkt. Positionieren Sie die Ebene ähnlich wie in Abbildung 11.108 in der rechten unteren Ecke.

Für die erste Animation fügen Sie den Ebeneneigenschaften POSITION und SKALIERUNG Keys hinzu, und zwar:

- SKALIERUNG: bei 00:00 = 0 %; bei 00:18 = 100 %
- POSITION: bei 03:20 = rechte untere Ecke; bei 04:04 = links außerhalb der Komposition

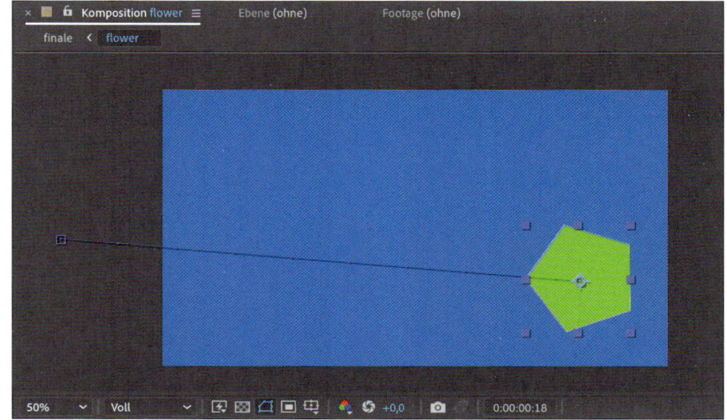


**Abbildung 11.108 ▸**
Das Polygon wird unten rechts positioniert und nach links außen bewegt.

**Gruppen hinzufügen**
Bei Bedarf fügen Sie der Formebene eine leere Gruppe hinzu. Darin versammeln Sie dann über den Button HINZUFÜGEN in der Formebene beliebig viele neue Formen (Rechteck, Ellipse etc.), Flächen- oder Kontureigenschaften. Die gesamte Gruppe können Sie mit den Gruppen-Transformationseigenschaften verändern.

### 3 Parameter hinzufügen und animieren

Zu den Parametern, die ich bereits besprochen habe, fügen Sie weitere hinzu. Dazu nutzen Sie den Button HINZUFÜGEN ① in der Zeitleiste oder in den Werkzeugoptionen (bei aktivem Form-Werkzeug in der Werkzeugleiste).

Aus der eingeblendeten Liste wählen Sie den Pfad-Operator ZUSAMMENZIEHEN UND AUFBLASEN und danach DREHEN. Öffnen Sie beide neuen Parameter, und verändern Sie testweise die Werte bei BETRAG und WINKEL. Zur Animation setzen Sie folgende Werte:

- BETRAG: bei 00:14=0,0; bei 00:19 =–105; bei 01:02 =–105; bei 01:15=105
- WINKEL: bei 01:15=0,0; bei 02:05=120; bei 02:21 =–60; bei 03:13=107; bei 03:20 =–120; bei 04:04 =–490

**Herrlich! – Ankerpunkt zentrieren!**
Das wünschte man sich schon lange: Der Ankerpunkt jeder neu erstellten Formebene wird zentriert, wenn Sie zuvor unter BEARBEITEN • VOREINSTELLUNGEN • ALLGEMEIN die Option ANKERPUNKT IN NEUEN FORMEBENEN ZENTRIEREN wählen.

**Abbildung 11.109 ▸**
Die modifizierte Formebene

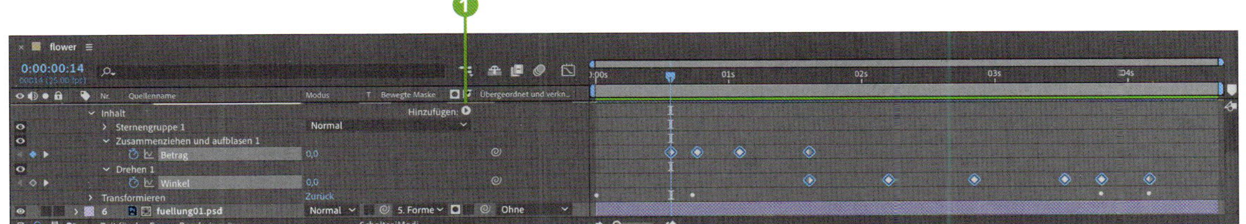

▲ **Abbildung 11.110**
Mit den Parametern Zusammenziehen und Aufblasen und Drehen modifizieren und animieren Sie die Form.

## 4 Formebene als Matte

Zu Beginn dieses Kapitels haben Sie bereits Informationen zu Matten erhalten. Hier werden wir die Formebene als Matte-Ebene verwenden. Fügen Sie der Zeitleiste zunächst die Ebene »fuellung01« hinzu, die Sie zuvor importiert haben, und positionieren Sie die Ebene unter der Formebene.

Wechseln Sie am unteren Rand der Zeitleiste über den Button Schalter/Modi in die Spalte Modus und BewMas. Wählen Sie für die Ebene »fuellung01« aus dem Popup den Eintrag 1. Formebene1. Das Schalterpaar etwas weiter rechts sollte die Einstellung Alpha-Maske ausgewählt anzeigen.

Sofort wird die Formebene ausgeblendet, und die Füllebene erscheint in den Umrissen der Form. So nutzen Sie Formebenen auch als Maskierungen für Videos und anderes Bildmaterial.

▲ **Abbildung 11.111**
Die Füllebene erscheint in der Form der Formebene.

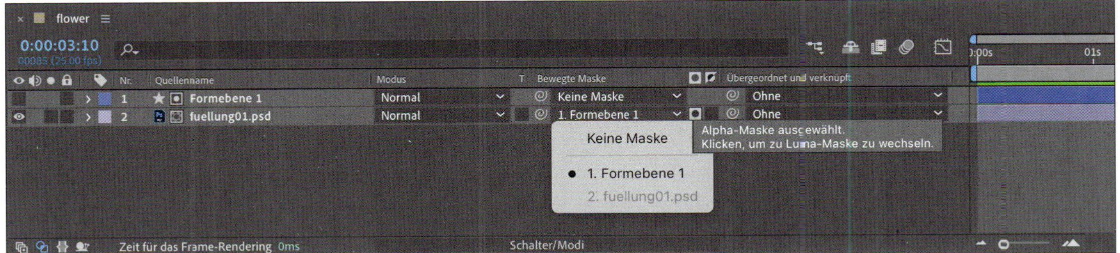


▲ **Abbildung 11.112**
Die Formebene wird als Matte-Ebene für die Füllung eingerichtet.

## 5 Duplikate

Als Nächstes duplizieren Sie die Ebene »Formebene 1« zweimal. Fügen Sie danach die Dateien »fuellung02.psd« und »fuellung03.psd« hinzu. Positionieren Sie jede Füllebene unter der jeweiligen Formebene, und wiederholen Sie den vorherigen Schritt für die beiden neuen Füllebenen.

Markieren Sie anschließend die Ebene »Formebene 2«, und drücken Sie die Taste U, um die Keys einzublenden. Klicken Sie auf

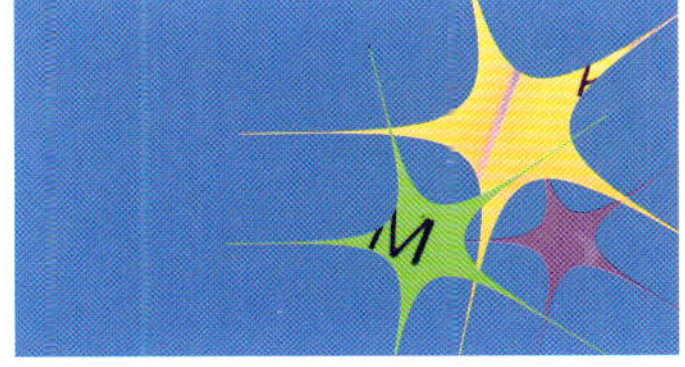

▲ **Abbildung 11.113**
Die Duplikate ordnen Sie im Kompositionsfenster leicht versetzt an.

die Eigenschaft Position, um dort die Keys auszuwählen. Ziehen Sie die Zeitmarke genau auf den ersten Key der Position. Verschieben Sie dann die »Formebene 2« etwas nach oben. Verfahren Sie genauso mit der »Formebene 3«, und verschieben Sie sie so, dass sie neben den beiden anderen Ebenen erscheint.

Verändern Sie gegebenenfalls die Skalierungswerte, um verschieden große Ebenen zu erhalten.

**Abbildung 11.114 ▼**
Die zwei Duplikate der Formebene erhalten jeweils eine weitere Füllung.

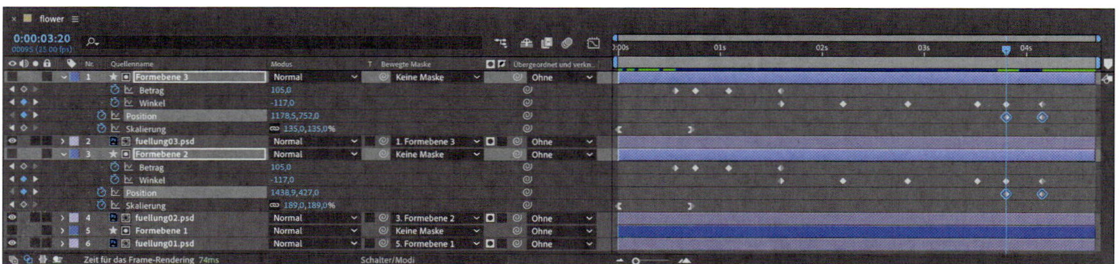


## 6 Titel aus Formebenen

Erstellen Sie eine neue Komposition (mit der Vorgabe HDTV 1080 25, Dauer: 5:08, Name: »title«).

Aktivieren Sie das Text-Werkzeug, und wählen Sie in der Zeichen-Palette, die Sie mit Strg+6 aufrufen, eine Schreibschrift wie z. B. Brush Script Std. Geben Sie den Text »Motion Graphics« zweizeilig ein. Blenden Sie den sicheren Titelbereich ein (fünfter Button von links im Kompositionsfenster). Markieren Sie den Text per Doppelklick auf die Textebene in der Zeitleiste. Passen Sie die Schriftgröße an den sicheren Titelbereich an (ca. 300 px). Ändern Sie den Zeilenabstand von »Auto« in einen geringeren Wert, bis das Ergebnis optisch passt. Wählen Sie in der Absatz-Palette, die Sie mit Strg+7 einblenden, Text zentrieren.

**Abbildung 11.115 ►**
Positionieren Sie den Schriftzug im Kompositionsfenster im sicheren Titelbereich (innerer Rahmen).

Markieren Sie die Textebene, und wählen Sie im Menü Ebene • Erstellen den Befehl Formen aus Text erstellen. After Effects generiert nun eine neue Formebene mit sämtlichen Buchstaben-Outlines als Pfade.

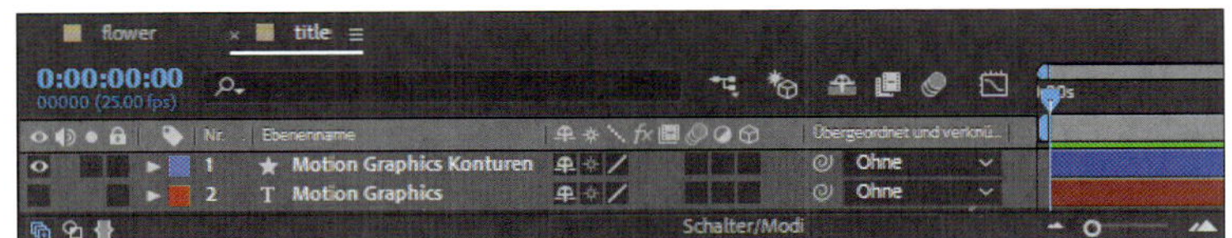


◂ **Abbildung 11.116**
Generieren Sie aus dem Text eine Formebene, die sämtliche Textkonturen als Pfade enthält.

### 7 Arbeiten mit Gruppen und Pfaden

Öffnen Sie die Eigenschaftenliste der Text-Formebene. Für jeden Buchstaben hat After Effects einen eigenen Pfad mit passendem Namen erzeugt. Legen Sie für die Buchstabenpfade eine Gruppe an, in der die Pfade zusammengefasst werden sollen. Klicken Sie dazu auf den Radiobutton bei HINZUFÜGEN, und wählen Sie den Eintrag GRUPPE (LEER). Die Gruppe wird, wenn nichts als die Formebene selbst markiert ist, unter dem letzten Pfad in der Liste eingefügt. Haben Sie einen bestimmten Pfad ausgewählt, landet die Gruppe in der Liste für diesen Pfad.

Ziehen Sie die Gruppe nach oben, direkt unter den Eintrag INHALT. Markieren Sie alle Pfade von »M« bis »s«, und ziehen Sie sie auf den Eintrag GRUPPE 1. Ihre Pfade verschwinden zunächst in der Gruppe. Öffnen Sie die Gruppe wieder.

Unter dem letzten Pfad ist nun ein weiterer Eintrag hinzugekommen: TRANSFORMIEREN: GRUPPE 1. Öffnen Sie dort die Liste. Sie finden hier neben Eigenschaften wie POSITION und SKALIERUNG interessanterweise auch NEIGUNG und NEIGUNGSACHSE. Diese Parameter sind nicht mit den Ebeneneigenschaften zu verwechseln, die Sie unabhängig davon animieren. Ändern Sie einen Parameter, wirkt sich das auf die gesamte Gruppe aus.

In den Listen jedes Buchstabens finden Sie die gleichen Parameter zur einzelnen Animation. Über das Augen-Symbol blenden Sie einzelne Buchstaben oder gesamte Gruppen ein und aus. Gruppen, Pfade etc. benennen Sie wie gewohnt um, indem Sie den jeweiligen Eintrag markieren und ↵ betätigen.

Klappen Sie die Liste für den Buchstabenpfad des »i« auf **1** (Abbildung 11.117). Hier entdecken Sie die wichtige Funktion PFADE ZUSAMMENFÜHREN. Mit dieser Pfadoperation fügen Sie mehrere Pfade zusammen. Hier hat After Effects das schon für uns erledigt.

Zum Test legen Sie sich außerhalb unseres Workshops eine neue Formebene mit zwei rechteckigen Pfaden an, die sich überlagern. Markieren Sie die Formebene, und wählen Sie im Menü HINZUFÜGEN den Eintrag PFADE ZUSAMMENFÜHREN. Unterhalb der Rechteckpfade kommen die Einträge PFADE ZUSAMMENFÜHREN 1, KONTUR und FLÄCHE hinzu. Öffnen Sie den Eintrag PFADE ZUSAMMENFÜHREN 1, und testen Sie die Methoden durch. Sie ähneln denen der Berechnung von Maskenpfaden.

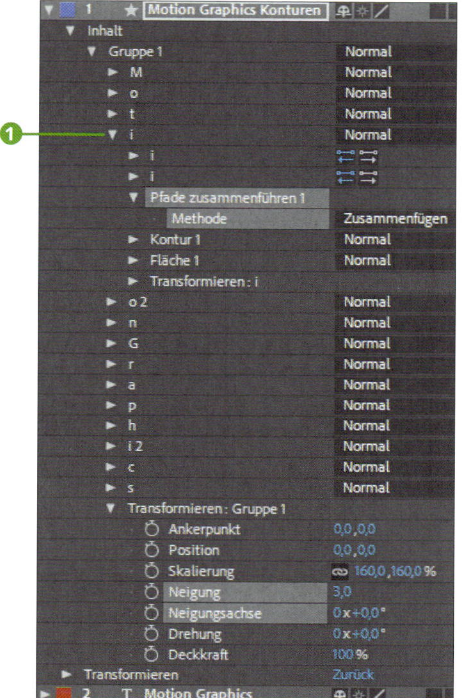

**Abbildung 11.117** ▸
Die Pfade für die Einzelbuchstaben fassen wir in einer Gruppe zusammen.

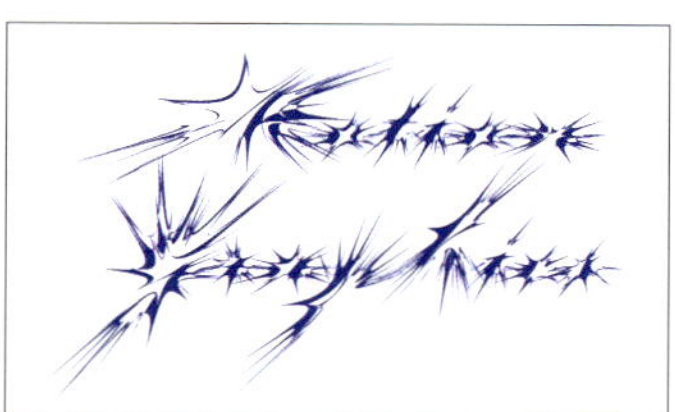

▴ **Abbildung 11.118**
Die Text-Outline animieren wir wie eine platzende Comic-Seifenblase.

**Abbildung 11.119** ▾
Um den Effekt einer platzenden Comic-Seifenblase zu erzielen, fügen wir den Pfad-Operator ZUSAMMENZIEHEN UND AUFBLASEN hinzu.

## 8 Animation der Textkonturen

Zur Animation der Textkonturen wählen Sie aus dem Menü HINZUFÜGEN die Eigenschaft ZUSAMMENZIEHEN UND AUFBLASEN. Setzen Sie folgende Keys:

- BETRAG: bei 01:00=0,0; bei 01:02 =–13; bei 01:03=0,0; bei 01:07=0,0; bei 01:09 =–15,5; bei 01:10=0,0; bei 01:16 = –4,3 und bei 01:22 =–87

Die Text-Outline ähnelt am Ende einer platzenden Comic-Seifenblase. Schließen Sie die Pfade-Liste, und öffnen Sie die Transformieren-Eigenschaften der Ebene (nicht die der Pfade!). Setzen Sie folgende Keys:

- SKALIERUNG: bei 01:16=100,0, 100,0 %; bei 01:18=132,0, 132,0 %; bei 03:06=155,0, 155,0 %
- DECKKRAFT: bei 01:22=100 %; bei 03:06=0 %

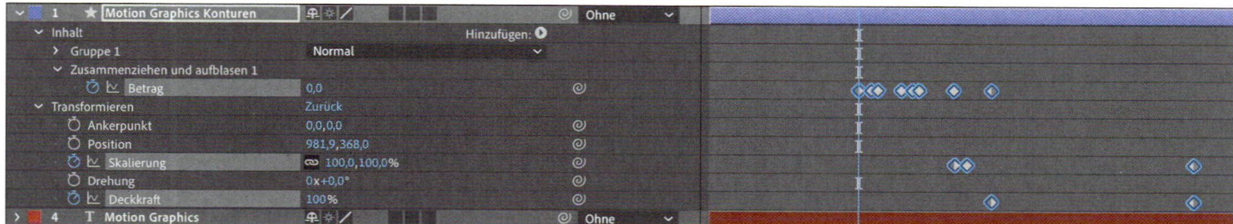

### 9 Weitere animierte Outlines

Für die kleine Titelanimation generieren Sie aus einer neuen oder der noch vorhandenen Textebene neue Konturen aus dem Wörtchen »with«, das Sie in der Mitte der Komposition platzieren. Setzen Sie die Zeitmarke auf 01:23, und drücken Sie [Alt]+[Ö], um die Ebene dort abzuschneiden. Übertragen Sie die vorhin erstellte Textanimation auf die »with«-Formebene. Kopieren Sie dazu die Keys der vorhergehenden Animation, oder erstellen Sie daraus eine Animationsvorgabe, indem Sie alle für den ersten Text gesetzten Keys auswählen und im Menü Animation den Eintrag Animationsvorgabe speichern wählen. Positionieren Sie die Zeitmarke auf 02:05, und wählen Sie Einfügen bzw. Animation • Animationsvorgabe anwenden.

Erstellen Sie noch eine dritte Text-Formebene mit dem Inhalt »Shape Layers«. Lassen Sie sie bei 03:05 beginnen, und wenden Sie die Animationsvorgabe bei 03:12 erneut an.

**Buchstabenpfade ein- und ausblenden**
Um die Buchstabenpfade temporär auszublenden, nehmen Sie den Eintrag Ebeneneinstellungen ausblenden aus dem Menü Ansicht.

▼ **Abbildung 11.120**
Ein paar weitere Text-Outlines sind für die Titelanimation nötig.

### 10 Finales Compositing

Erstellen Sie eine letzte Komposition mit der Vorgabe HDTV 1080 25, Dauer: 12:03, Name: »finale«. Ziehen Sie die bisher erstellten Kompositionen »title« und »flower« in die Komposition »finale«, und ordnen Sie sie in der genannten Reihenfolge an.

Ziehen Sie die Datei »background« in die finale Komposition, und positionieren Sie sie unter allen Ebenen. Öffnen Sie zum Vergleich das Beispielprojekt »ShapeLayerfertig.aep«, und erstellen Sie die noch fehlenden Animationen nach diesem Beispiel.

▼ **Abbildung 11.121**
Zu guter Letzt setzen Sie die Kompositionen »title« und »flower« in die Komposition »finale« ein.

## 11.5.2 Bézier-Pfade für Formebenen

Bei der Erstellung von Formen mit den Form-Werkzeugen (Rechteck, abgerundetes Rechteck, Ellipse, Polygon und Stern) können Sie die Option Bézier-Pfad einschalten. Die Option wird in der Werkzeugleiste sichtbar, wenn Sie z. B. das Rechteck-Werkzeug auswählen. Bei aktivierter Option ermöglicht dies die Formpfade anschließend wie Maskenpfade weiterzubearbeiten. Für das Zeichenstift-Werkzeug gibt es die Option nicht, da damit erstellte Pfade ohnehin bearbeitbar bleiben.

Haben Sie die Option nicht aktiviert, erstellen Sie einen parametrischen Pfad. Der Unterschied ist, dass Sie beim parametrischen Pfad einzelne Pfadpunkte nicht anwählen können. Bei einem Rechteck ist der Pfad zwar skalierbar, aber Sie können einen Eckpunkt nicht einzeln verschieben. Ist es ein Bézier-Pfad, sind alle Punkte einzeln anwählbar. In der Zeitleiste halten Bézier-Pfade nur die Eigenschaft PFAD zur Animation bereit. Hier animieren Sie die PFAD-Eigenschaft genauso wie bei Masken die Eigenschaft MASKENPFAD, also indem Sie die Form im Zeitverlauf ändern und Keyframes setzen.

Parametrische Pfade animieren Sie über die Eigenschaften GRÖSSE, POSITION und RUNDHEIT.

**In Bézier-Pfad umwandeln**
Um einen parametrischen Pfad in Bézier umzuwandeln, klicken Sie in der Zeitleiste mit der rechten Maustaste auf den Pfad ❶ und wählen IN BÉZIER-PFAD UMWANDELN. Dabei gehen allerdings zuvor für den Pfad gesetzte Keyframes verloren.

**Alt-Taste**
Drücken Sie zur Erstellung einer Formebene zusätzlich die Taste Alt, wird die Option BÉZIER-PFAD in das jeweilige Gegenteil verkehrt. Ist die Option gerade aktiv, entsteht dann ein parametrischer Pfad, ist sie gerade inaktiv, entsteht ein Bézier-Pfad.

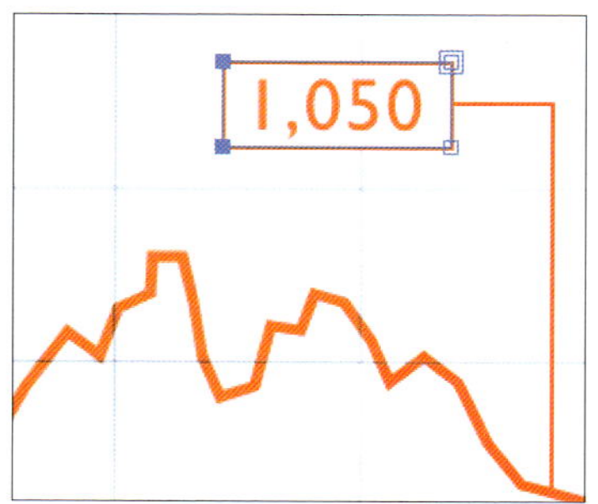


▲ **Abbildung 11.122**
Das Rechteck rund um die Zahl ist ein Bézier-Pfad. Hier können Sie einzelne Punkte auswählen und verändern.

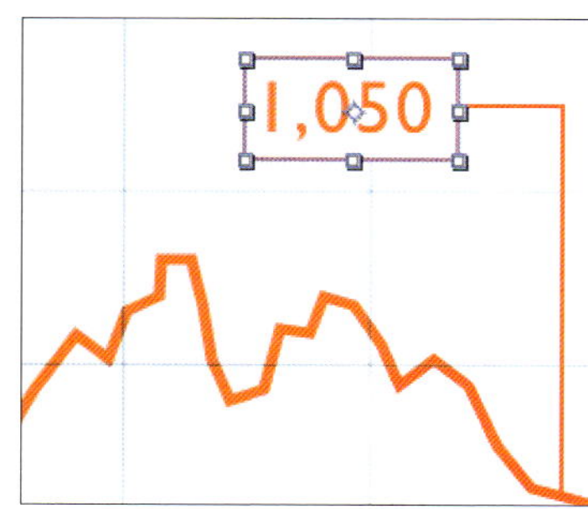


▲ **Abbildung 11.123**
Hier ist das Rechteck ein parametrischer Pfad. Er ist hier nur insgesamt in seiner Größe änderbar.

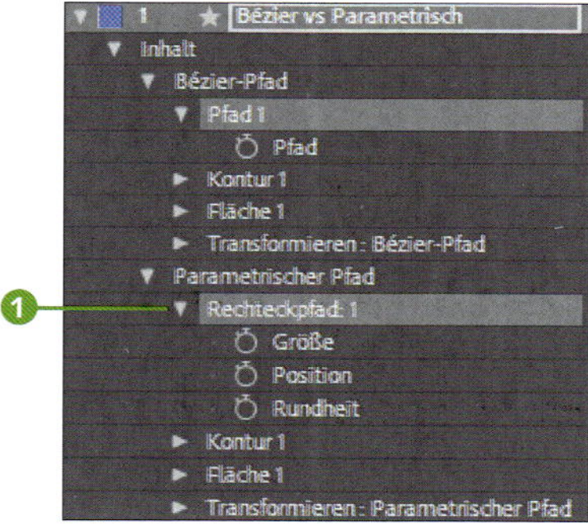


▲ **Abbildung 11.124**
In der Zeitleiste zeigen sich unterschiedliche Eigenschaften für Bézier-Pfade und parametrische Pfade.

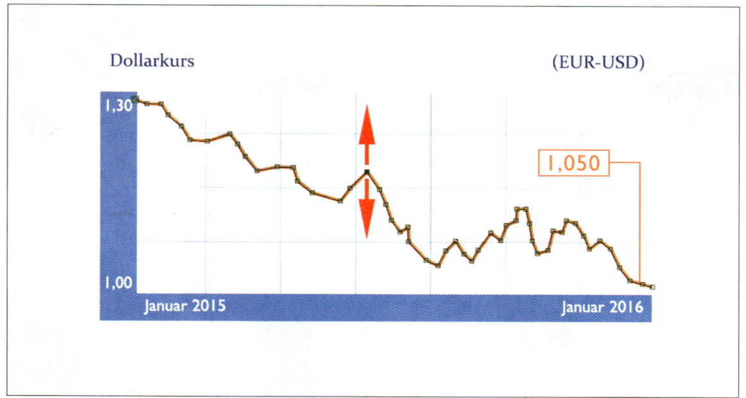


**Abbildung 11.125** ►
Mit dem Werkzeug Zeichenstift erstellte Formpfade sind immer an allen Punkten bearbeitbar.

# Kapitel 12
# Effekte

*Menschen auf dem Mond? Mit Keying-Effekten kein Problem. Explosionen, wo gar keine stattfanden? Mit Partikel-Effekten kein Thema. Farbstichige oder kontrastarme Aufnahmen wie neu? Eine neue Farbe für Ihr Auto? Nutzen Sie die vielfältigen Farbkorrektur-Effekte! Bilder und Videos verzerren, verflüssigen oder zertrümmern? Es ist fast alles machbar. Hier erhalten Sie einen Einblick in die Welt der Effekte.*

Gleich zu Beginn sei warnend erwähnt: Mit Effekten können Sie eine Menge, eine große Menge Zeit verbringen. Effekte sind gewissermaßen unendlich. Ein erster Blick in die lange Liste, die sich im EFFEKTE-Menü befindet und nur die Effektkategorien zeigt, soll Sie jedoch nicht abschrecken. Die Liste ist eher als eine Aufzählung der Möglichkeiten zu verstehen. Neben der bereits mitgelieferten umfangreichen Effekte-Palette gibt es Hunderte kostenloser und kommerzieller Effekte von After-Effects-Enthusiasten.

Effekte können die Rettung sein, wirken jedoch schnell auch plump. Die Wirkung eines Effekts will daher gut getestet und geübt sein, erst recht dann, wenn Sie die Effekte untereinander auch noch kombinieren.

In After Effects können Sie wahlweise mit einer Projektfarbtiefe von 8, 16 oder 32 Bit arbeiten. Die meisten Effekte sind auch für den 16-Bit- und den 32-Bit-Farbraum optimiert und können in entsprechenden Projekten sorgenfrei verwendet werden.

Am Ende dieses Kapitels werden Sie feststellen, dass Sie die meisten Effekte noch nicht kennengelernt haben. Dies ist nicht etwa wieder eine Sparmaßnahme und auch keine böse Absicht. Sie werden selbst bald sehen, dass ein einziges Kapitel nur als Anregung zu eigenen Reisen in die unendlichen Weiten und Kombinationsmöglichkeiten der Effekte dienen kann.

▲ **Abbildung 12.1**
Unter dem Menüpunkt EFFEKTE befindet sich eine lange Liste mit Einträgen. Hier sind allerdings nur die Effektkategorien aufgelistet.

## 12.1 Effekt-Grundlagen

Zunächst widmen wir uns einigen einfacheren Effekten, quasi als Einstieg und um grundsätzliche Arbeitsweisen kennenzulernen. Anschließend werde ich Sie mit einigen sehr nützlichen umfangreicheren Effekten bekannt machen. Der folgende Workshop soll Ihnen die ersten Schritte erleichtern.

**Nur noch 64-Bit-Plugins**
Seit After Effects CS5 können Sie nur noch 64-Bit-Plugins laden. 32-Bit-Plugins, die Sie in den Ordner PLUG-INS von After Effects kopiert haben, werden im Programm nicht angezeigt. Sie müssen Ihre Fremdanbieter-Plugins nun teilweise zunächst ganz abschreiben, bis 64-Bit-Versionen verfügbar sind.

**Plugins, Plugins, Plugins**
Unter *https://helpx.adobe.com/de/after-effects/plug-ins.html* finden Sie eine sehr gute Übersicht mit Links zu den neuesten verfügbaren Plugins von Drittanbietern für After Effects.

### Schritt für Schritt
### Bildanpassung mit Effekten

Zunächst verwenden wir drei Effekte, ohne sie zu animieren – zum Kennenlernen. Das fertige Projekt können Sie gleich zu Beginn oder am Ende des Workshops zum Vergleich öffnen. Es liegt im Ordner 12_EFFEKTE/STARTEFFEKTE.

Die benötigten Dateien für diesen Workshop finden Sie unter BEISPIELMATERIAL/12_EFFEKTE/STARTEFFEKTE.

#### 1 Vorbereitung

Öffnen Sie in Photoshop zunächst aus diesem Ordner die Datei »Burg.psd«. Sie enthält einen Nachthimmel, den ich für Sie bereits freigestellt habe, und eine Burg im Tageslicht. Wir werden in After Effects die Burg in Mondlicht tauchen.

Legen Sie für den Workshop ein neues Projekt an, speichern Sie es unter einem eindeutigen Namen ab, und importieren Sie dann mit Strg+I die Datei »Burg.psd«. Wählen Sie die Importoption IMPORTIEREN ALS • KOMPOSITION. Klicken Sie dann doppelt auf die Komposition im Projektfenster, um sie zu öffnen.

**Abbildung 12.2 ▸**
Die Burg erscheint hier (noch) im Tageslicht.

**▴ Abbildung 12.3**
Diesen Himmel kombinieren wir mit der Burg.

**Abbildung 12.4 ▸**
Die einzelnen Ebenen der importierten Datei finden sich in der Zeitleiste wieder.

## 2 Effekt hinzufügen

Mit Effekten versuchen wir, die Burg farblich an den Nachthimmel anzugleichen und eine passende Stimmung zu erzeugen.

Markieren Sie dazu die Ebene »Burg«. Zum Hinzufügen des ersten Effekts wählen Sie im Menü EFFEKTE • FARBKORREKTUR • FÄRBUNG. Sofort öffnen sich die Effekteinstellungen in einem separaten Fenster. Dort wird der Effekt FÄRBUNG angezeigt.

Um den hinzugefügten Effekt in der Zeitleiste anzuzeigen, markieren Sie die Ebene »Burg« und drücken die Taste [E]. Auf diese Weise blenden Sie sämtliche Effekte ein, die einer Ebene hinzugefügt wurden. Über das Effekticon ② blenden Sie die einzelnen Effekte ein und aus.

**Effekte zurücksetzen**

Um einen Effekt auf die »Werkseinstellung« zurückzusetzen, klicken Sie im jeweiligen Effekt auf das Wort ZURÜCK. Haben Sie bereits Keyframes für die Effekteigenschaften gesetzt, hat das Zurücksetzen nur eine Auswirkung auf den aktuellen Frame; die Effekteinstellungen an Keyframes vor und hinter dem aktuellen Frame bleiben erhalten.

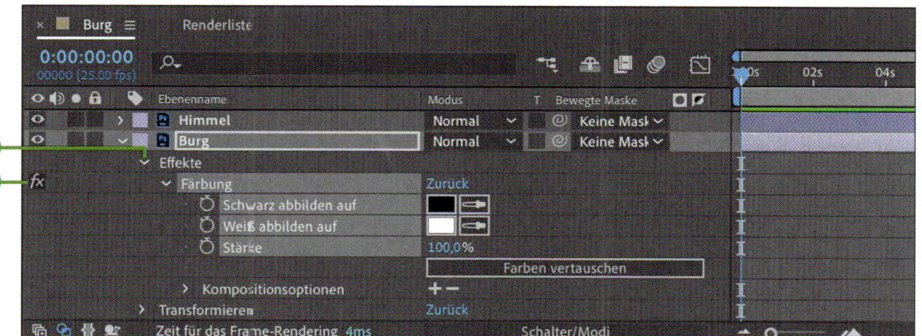


**◂ Abbildung 12.5**
Effekte können Sie auch in der Zeitleiste einblenden und dort bearbeiten.

Klicken Sie nun in der Zeitleiste auf das kleine Dreieck ①, um die Effekteigenschaften sichtbar zu machen. Änderungen nehmen Sie nach Belieben entweder in den Effekteinstellungen oder in der Zeitleiste vor.

## 3 Effekt einstellen

Unser Effekt FÄRBUNG zeigt sich mit sehr überschaubaren Einstellmöglichkeiten. Sie finden zwei Farbfelder vor. Das Feld SCHWARZ ABBILDEN AUF ③ dient dazu, die dunklen Pixel im Bild zu beeinflussen, das andere ist für die hellen Bereiche zuständig. Mit der STÄRKE ④ legen Sie die Auswirkung auf das Bild fest. Wie Sie sehen, bleibt bei einem Wert von 0 % alles beim Alten.

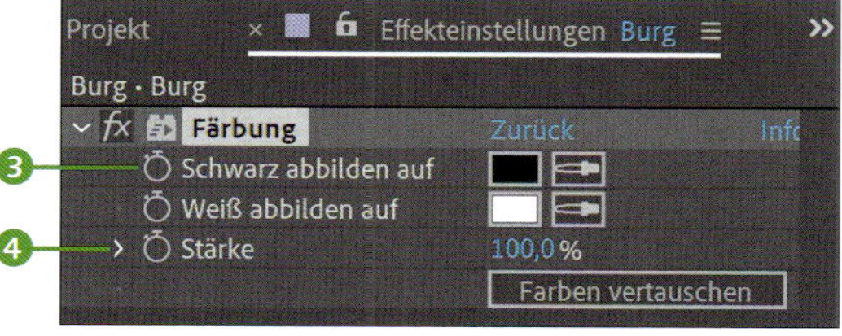


**◂ Abbildung 12.6**
Wählen Sie einen Effekt aus dem EFFEKTE-Menü, öffnen sich sofort die EFFEKTEINSTELLUNGEN in einem Extrafenster. Hier können Sie den Effekt bearbeiten.

Der STÄRKE-Wert ist bereits auf 100 % eingestellt, so dass die Burg in Schwarzweiß angezeigt wird. Ändern Sie nun die Farbe, indem

Sie auf das weiße Farbfeld klicken. Es öffnet sich der Farbwähler. Tragen Sie dort bei R, G und B die Werte 55, 66 und 77 ein (ich habe die Farbe per Pipette aus dem Bild aufgenommen, aber so wird es bei Ihnen genau wie bei mir). Bestätigen Sie mit OK, und vergeben Sie dann für das schwarze Farbfeld die Farbwerte 12, 14 und 9. Noch wirkt das Bild flau. Dies ändern wir noch.

**Farbtiefe und Effekte**

Alle Effekte in der Effekte-und-Vorgaben-Palette sind mit der maximal möglichen Farbtiefe gekennzeichnet, die ein Effekt unterstützt. Verwenden Sie einen Effekt, der nur eine geringe Farbtiefe unterstützt (z. B. 8 Bit), in einem Projekt mit höherer Bittiefe, erscheint neben dem Effekt im Effektfenster ein Warnsymbol.

▲ **Abbildung 12.7**
Vorerst wirkt die Burg noch flau.

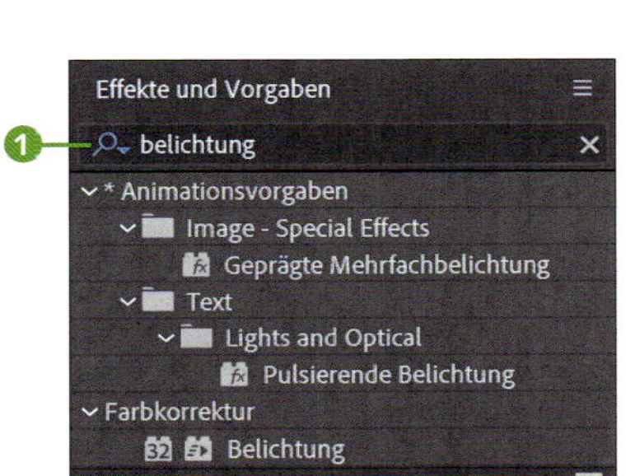


▲ **Abbildung 12.8**
In der Palette suchen und finden Sie einen Effekt durch Eintippen seines Namens.

## 4 Effekte und Vorgaben

Öffnen Sie über das Menü FENSTER oder mit [Strg]+[5] die Palette EFFEKTE UND VORGABEN, wenn sie noch nicht eingeblendet ist. Die Palette enthält alle installierten Effekte und erlaubt ein komfortableres Arbeiten, als es über den Menüeintrag EFFEKT möglich ist. Um einen bestimmten Effekt aus der langen Liste der Effekte schnell aufzufinden, geben Sie seinen Namen einfach in das Suchfeld 1 ein. Tippen Sie »belichtung« in das Feld. Der Farbkorrektur-Effekt BELICHTUNG wird angezeigt; gegebenenfalls müssen Sie die Liste ANIMATIONSVORGABEN zuklappen.

Markieren Sie die Ebene »Burg«, und klicken Sie anschließend doppelt auf den Effekt in der Palette. Daraufhin wird er der markierten Ebene hinzugefügt.

## 5 Der Effekt »Belichtung«

Wie der Titel schon verrät, ändern wir nun die Belichtung der »Burg«-Ebene. Sie können dies für die Einzelkanäle Rot, Gelb und Blau durchführen, aber wir verwenden den Master.

Erhöhen Sie den Wert bei BELICHTUNG auf 1,50, um das Bild etwas aufzuhellen. Der VERSATZ hat eine heftigere Auswirkung. Damit werden die Tiefen und Mitteltöne ohne die Lichter beeinflusst. Tippen Sie hier den Wert »–0,02« ein. Die GAMMAKORREKTUR belassen Sie auf 1. Nun passt es schon fast, bis auf zwei kleine Änderungen.

**Effekte umbenennen**

Sie können jeden Effekt umbenennen, den Sie bereits einer Ebene hinzugefügt haben. Klicken Sie dazu in der Zeitleiste oder im Effektfenster auf den Namen des Effekts, und drücken Sie die Taste [↵] im Haupttastaturfeld. Geben Sie einen passenden Namen ein, und drücken Sie erneut die Taste [↵].

## 6 Letzte Anpassungen

Um die Burg der Unschärfe des Himmels anzupassen, fügen Sie über die Effekte-Palette noch den Effekt Gaussscher Weichzeichner hinzu. Mit einem Wert von 0,3 bei Weichzeichnung wird das ganze Bild ganz leicht weichgezeichnet.

Die Farbe des Nachthimmels könnte nun dem bläulichen Charakter der Burg mehr angenähert sein. Wir nutzen hierzu die Ebenenmodi und mischen die Pixel des Nachthimmels mit dem darunterliegenden Himmel der Burg-Bilddatei. Öffnen Sie mit dem Schalter ❷ das Ebenenmodifenster, und wählen Sie aus der Liste ❸ den Modus Hartes Licht. Nun sollte die leicht gespenstische Stimmung erreicht sein, und es fehlt nur noch Bram Stokers Dracula, der sich wie eine Fledermaus aus dem Fenster stürzt.

▲ **Abbildung 12.9**
Das Endbild der eigentlich im Sonnenlicht aufgenommenen Burg

◄ **Abbildung 12.10**
Per Ebenenmodus erhält der Himmel ein tieferes Blau.

## 7 Effekthierarchie

Noch ein letztes Wort zur Effekthierarchie: Es kommt sehr darauf an, in welcher Reihenfolge die Effekte im Effektfenster erscheinen. Sie können dies gleich einmal in Erfahrung bringen, indem Sie den Effekt Belichtung markieren und im Effektfenster nach ganz oben ziehen. Die Burg sieht sofort ganz anders aus. Achten Sie also darauf!

**Gute Grafikkarte verwenden!**
Viele der in After Effects angebotenen Effekte arbeiten mit GPU-Beschleunigung. Um daran zu partizipieren, sollten Sie eine leistungsstarke Grafikkarte von Nvidia oder AMD verwenden. Die GPU-unterstützten Effekte werden dann deutlich schneller berechnet.

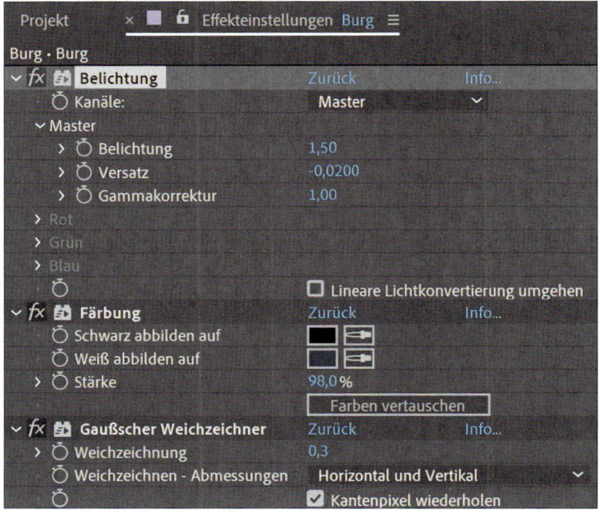


◄ **Abbildung 12.11**
Hier wurde der Effekt Belichtung über dem Effekt Färbung platziert.

**Abbildung 12.12** ▶
Durch die Änderung der Effektreihenfolge sieht die Burg gleich ganz anders aus.

### 12.1.1 Effekte per Masken auf Teilbereiche beschränken

Mit Masken können Sie Effekte, die sich ansonsten auf das gesamte Bild auswirken, auf Teilbereiche eingrenzen. Dazu fügen Sie zunächst Ihrem Bild oder Video einen Effekt hinzu. Anschließend zeichnen Sie beispielsweise mit dem Zeichenstift-Werkzeug eine Maske um den Bereich, den Sie separieren wollen.

Genau diese Maske wählen Sie danach in Ihrem Effekt aus. Dazu klicken Sie bei KOMPOSITIONSOPTIONEN auf das Plus-Zeichen ❷. Sie erhalten dann den Eintrag MASKENREFERENZ ❸ und wählen dort die Maske aus. Schon ist Ihr Effekt auf den Bereich der Maskierung eingegrenzt. Ihre Maske erhält ein kleines FX ❶ als Zeichen, dass sie im Effekt referenziert ist, und sie schneidet nun anders als die üblichen Masken keine Bildbereiche mehr aus.

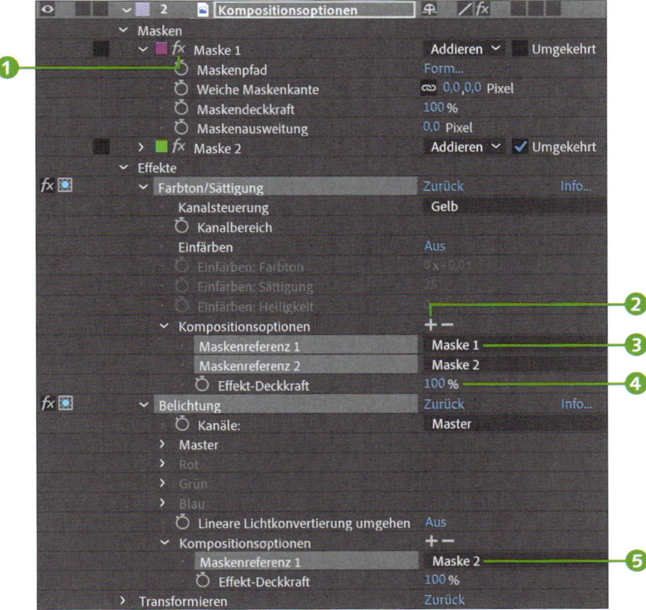


**Abbildung 12.13** ▶
Pro Effekt wählen Sie beliebig viele Maskenreferenzen, um den Effekt auf Bildbereiche einzugrenzen.

Sie können weitere Masken hinzufügen, um andere Bildbereiche in die Separierung aufzunehmen. Damit sich der angewendete Effekt auch in der zweiten Maske auswirkt, fügen Sie mit dem Plus-Schalter ❷ eine weitere Maskenreferenz hinzu.

Sie können nun die Maskendeckkraft jeder Maske einzeln ändern und so die Stärke des Effekts in jeder Maske regeln. Oder Sie verwenden die Option Effekt-Deckkraft ❹, um die Deckkraft in allen Masken zu regeln.

Wollen Sie stattdessen in einer zweiten Maske eine Veränderung bewirken, die sich von Ihrem zuerst angewandten Effekt unterscheidet, müssen Sie einen zweiten Effekt hinzufügen und die zweite Maske dort als Referenz auswählen, wie z. B. hier ❺. Diese tolle Innovation ist übrigens für jeden Effekt in After Effects verfügbar, auch für die Drittanbietereffekte.

**Zum Nachlesen: Maskenmodi**

Oft ist es bei der Referenzierung mehrerer Masken nötig, die Maskenmodi zu kennen, die die Interaktion der Masken miteinander beeinflussen. Näheres dazu lesen Sie in Abschnitt 11.3.3 im Workshop »Maskenball – Maskeneigenschaften«.

**Zum Weiterlesen: Masken-Tracking**

After Effects hält ein Masken-Tracking für statische Masken bereit. Näheres dazu erfahren Sie in Kapitel 15, »Motion-Tracking«.

▲ **Abbildung 12.14**
Im Originalbild habe ich hier zum Separieren eines Bildbereichs eine Maske gezeichnet und mit dem Werkzeug Weiche Maskenkante Kantenübergänge geschaffen.

▲ **Abbildung 12.15**
Im Ergebnis habe ich eine Maske für den Hintergrund und eine für den Vordergrund verwendet und mit je einem Effekt die Einfärbung erzeugt.

## 12.1.2 Effekte per Einstellungsebenen vererben

Es kann eine mühselige Arbeit sein, einen Effekt, den Sie für eine Ebene nach Ihren Wünschen eingestellt haben, mit den gleichen Einstellungen auf andere Ebenen zu übertragen. Eine Variante ist es, den Effekt samt Effekteinstellungen zu kopieren und dann in andere Ebenen einzusetzen.

Es geht aber auch anders: Über Ebene • Neu • Einstellungsebene kreiert After Effects für Sie eine Ebene, deren Effekteinstellungen sich auf alle in der Zeitleiste **darunter** befindlichen Ebenen auswirken. In der Zeitleiste in Abbildung 12.16 sehen Sie hierfür ein Beispiel. Die Perspektive-Effekte Schlagschatten sowie Alpha abschrägen wurden auf die oberste Ebene, die Einstellungsebene, angewandt. Sämtliche unter der Effektebene liegenden Ebenen erhalten daraufhin einen Schatten und werden wie mit einer reliefartigen Kontur versehen.

**Effekte per Animationsvorgabe**

Ein komfortabler Weg, Effekte von einer Ebene auf andere zu übertragen, ist, Animationsvorgaben zu verwenden. Wie es geht, lesen Sie in Abschnitt 7.3, »Animationsvorgaben«.

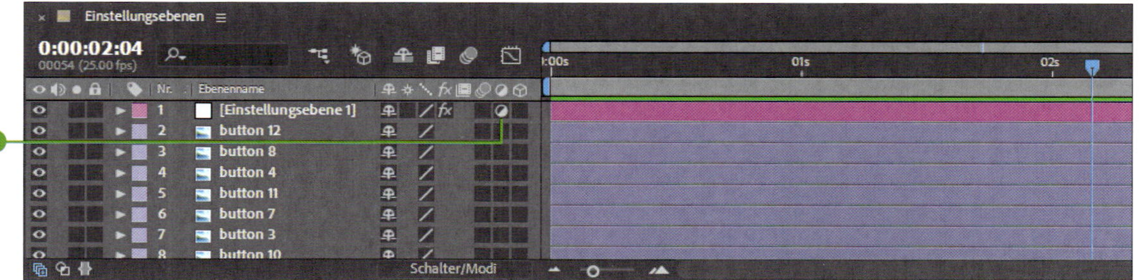


▲ **Abbildung 12.16** ▼
Die Einstellungsebene muss sich über den Ebenen befinden, auf die sich die enthaltenen Effekte auswirken sollen.

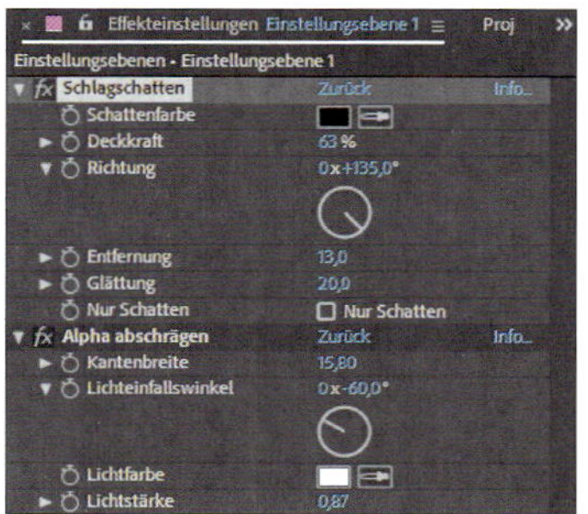


▲ **Abbildung 12.17**
Die Effekte SCHLAGSCHATTEN und ALPHA ABSCHRÄGEN wurden hier auf die Einstellungsebene angewandt.

Sie können eine Einstellungsebene über den Ebenenschalter 1 ein- und ausschalten. Über diesen Schalter ist es auch möglich, bereits vorhandene Ebenen zur Einstellungsebene zu erklären. Es ist eine Sache der Einstellung, welche Ebene Hammer oder Amboss ist. Sie finden ein ähnliches Beispiel im Ordner 12_EFFEKTE/WEITEREEFFEKTE im Projekt »weitereEffekte.aep« in der Komposition »Einstellungsebene«.

**Abbildung 12.18** ▶
Alle hier sichtbaren Buttons werden durch eine einzige Effektebene beeinflusst, die sogenannte Einstellungsebene.

## 12.1.3 Effekte mit Ebenenreferenz

Einige Effekte lassen sich in After Effects auf andere Ebenen in der Komposition referenzieren, d.h. diese Effekte beziehen Informationen wie Luminanzwerte und Veränderungen durch Effekte und Masken aus einer anderen Ebene. Um dies selbst zu testen, benötigen Sie also mindestens zwei Ebenen.

Effekte mit solchen Referenzmöglichkeiten sind beispielsweise MIT STRUKTUR VERSEHEN, VERSETZEN, MASKE FESTLEGEN und GRADATIONSBLENDE.

Im Effekt MIT STRUKTUR VERSEHEN können Sie unter STRUKTUREBENE ❷ eine andere Ebene aus Ihrer Komposition wählen und im Pop-down-Menü daneben ❸ zwischen QUELLE, MASKE und EFFEKTE UND MASKE wählen. Wählen Sie QUELLE, referenzieren Sie die ursprünglichen Eigenschaften der gewählten Ebene, ohne daran erfolgte Änderungen zu berücksichtigen. Mit dem Eintrag MASKEN werden die Transparenzinformationen von auf die Referenzebene angewendeten Masken übertragen und mit dem Eintrag EFFEKTE UND MASKEN beziehen Sie auch die Effekte mit ein.

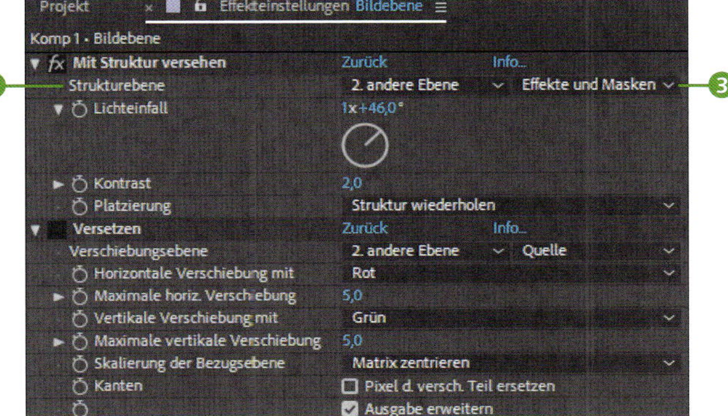


◂ **Abbildung 12.19**
Einige Effekte können andere Ebenen in Ihrer Komposition als Referenz verwenden.

## 12.2 Effekte miteinander kombinieren

Es wäre ein Leichtes, den Rahmen des Buches zu sprengen, wollte ich hier sämtliche Effekte erläutern. Da dies nicht geht, werden wir wenigstens ein paar visuelle Explosionen erzeugen.

Manchmal ist es sinnvoll, das Potential einzelner Effekte miteinander zu kombinieren. Die resultierenden Gestaltungsmöglichkeiten sind vergleichbar mit denen des Schachspiels. Einige Effekte verlangen geradezu nach einer Kombination mit anderen Effekten.

### 12.2.1 Rauch und Feuer

Natürlich können Sie fantastische Explosionen jederzeit aus dem Internet ziehen, aber wenn Sie sich dort dumm und dusselig suchen und Ihre kostbare Zeit verschwenden, da Sie die Bildrechte nicht erhalten oder sich das Footage nicht leisten können, dann wird es Ihnen helfen, aus einem harmlosen Wölkchen, das Sie bei schönem Wetter selbst aufgenommen haben, eine Explosion zu erzeugen.

Die benötigten Dateien für diesen Workshop finden Sie unter BEISPIELMATERIAL/12_EFFEKTE/RAUCH.

Eine solche Wolke habe ich für Sie bereits in Photoshop freigestellt. In After Effects werden wir sie mit den Effekten TURBULENTES VERSETZEN, GITTER-VERKRÜMMUNG und GRADATIONSBLENDE erst in Rauch und dann per EINFÄRBEN und LEUCHTEN in Feuer umwandeln.

## Schritt für Schritt Explosion erzeugen

In diesem Workshop lernen Sie, wie Sie aus einem harmlosen Wölkchen einen Explosionseffekt zaubern können.

### 1 Vorbereitung

Öffnen Sie das fertige Projekt gleich zu Beginn oder am Ende des Workshops zum Vergleich. Es liegt im Ordner 12_EFFEKTE im Ordner RAUCH. Importieren Sie die Datei »Wolke.psd« in ein neues Projekt. Legen Sie eine neue Komposition mit der Vorgabe HDTV 1080 25 an, und ziehen Sie die Wolke dort hinein.

Versetzen Sie zuerst den Ankerpunkt genau auf den linken Rand 1 wie in Abbildung 12.20. Wählen Sie dann als Positionswerte 0,0 und 520. Wir lassen das Wölkchen von links nach rechts explodieren und nutzen so die Breite des Formats. Später können Sie die Explosion senkrecht drehen.

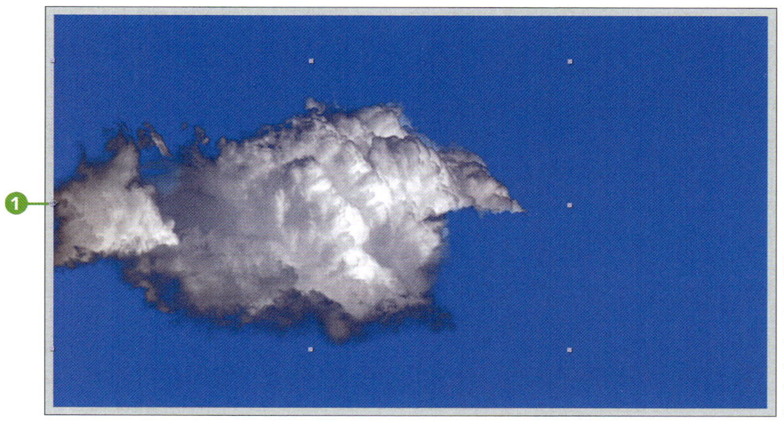




**Abbildung 12.20** ▸
Der Ankerpunkt der Wolke wird am linken Bildrand ausgerichtet und die ganze Datei am linken Kompositionsrand.

### 2 Effekte hinzufügen und animieren

Markieren Sie die Wolke in der Zeitleiste, und fügen Sie folgende Effekte hinzu: TURBULENTES VERSETZEN, GITTER-VERKRÜMMUNG und GRADATIONSBLENDE.

Der Effekt TURBULENTES VERSETZEN verzerrt die Wolke, und dies ist so animierbar, dass wir bewegten Rauch simulieren können. Unter VERSETZUNG wählen Sie die Art der Verzerrung, in unserem Fall

Drehen (sanfter). Tragen Sie bei Komplexität den Wert 10 ein, um mehr Details zu erzeugen.

- Mit animierten Werten bei Evolution bringen wir Bewegung in die Wolke, nein, den Rauch. Setzen Sie folgende Keys: bei 00:00 = 0x +0,0°; bei 00:04 = 3x +0,0°; bei 1:05 = 5x +0,0°.
- Bei Stärke setzen Sie bitte folgende Keys: bei 00:00 = 80 und bei 00:04 = 20.

Unter Fixierung wählen Sie noch Linke fixierte fixieren, um die Pixel am linken Rand unverzerrt dort zu belassen.

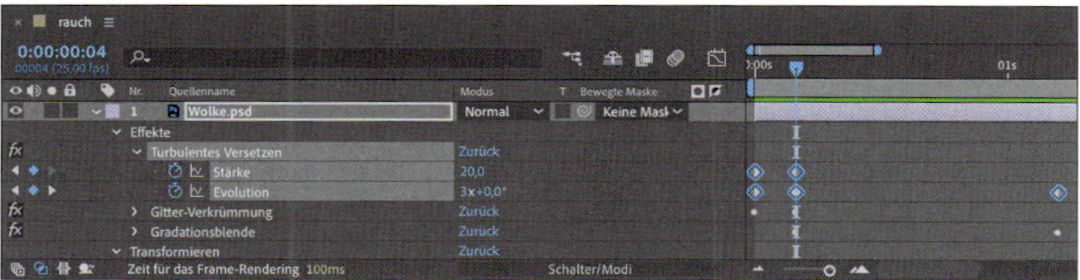

◀ **Abbildung 12.21**
Die Keys für den Effekt Turbulentes Versetzen

**»Turbulentes Versetzen«: Optionen**

Von uns nicht veränderte Optionen im Effekt sind diese: Stärke und Grösse erklären sich selbst. Versatz legt den Quellpunkt fest, aus dem der Versatz berechnet wird. Wenn Sie unter Evolutionsoptionen ein Häkchen bei Evolutionszyklus setzen, loopen Sie die bei Evolution eingestellte Animation, damit die Berechnung schneller geht. Mit Zufallsverteilung erzeugen Sie zufällige Bewegung. Ebene neu skalieren ist nützlich, um die Verzerrung über die eigentlichen Ebenengrenzen hinaus zu gestatten.

## 3 Explosion animieren

In einem kurzen Moment zu Beginn muss sich der Rauch schnell ausdehnen und dann wie ein Pilz erweitern. Dazu nutzen wir den Effekt Gitter-Verkrümmung.

Markieren Sie den Effekt in der Zeitleiste. Es erscheint das Verzerrungsgitter. Mit den Zeilen und Spalten stellen Sie das Gitter feiner oder gröber ein. Zur Animation setzen Sie einen Key bei 00:00 für die Option Verzerrungsgitter. Navigieren Sie nun zum Zeitpunkt 00:04.

Um das Gitter an diesem Zeitpunkt so wie in den Abbildungen zu verzerren, markieren Sie nacheinander bei gedrückter Taste ⇧ alle einzelnen Kreuzungspunkte des Gitters, außer diejenigen ganz links (leider lassen sich mehrere Punkte nicht anders auswählen).

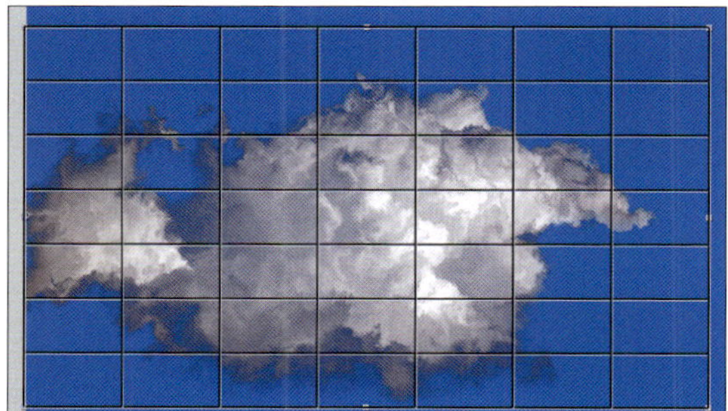

▲ **Abbildung 12.22**
Das Gitter im ersten Key ist unverzerrt.

▲ **Abbildung 12.23**
Markieren Sie alle Punkte außer diejenigen ganz links.

Verschieben Sie dann die Punkte nach rechts wie in Abbildung 12.24. Anschließend bearbeiten Sie die einzelnen Punkte und formen einen Rauchpilz. Nutzen Sie dazu auch die Tangenten an jedem einzelnen Punkt.

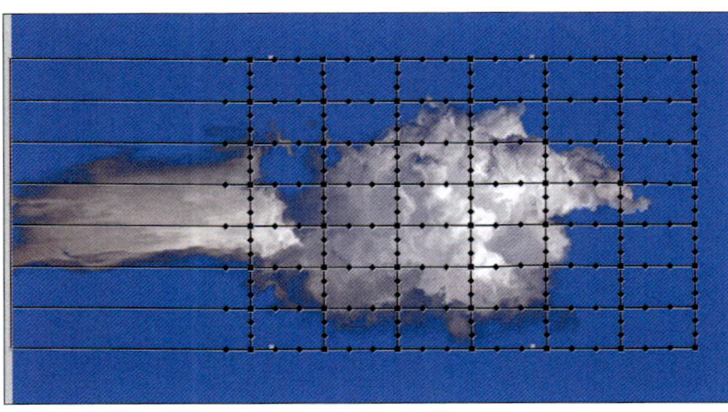

▲ **Abbildung 12.24**
Verschieben Sie die Punkte nach rechts.

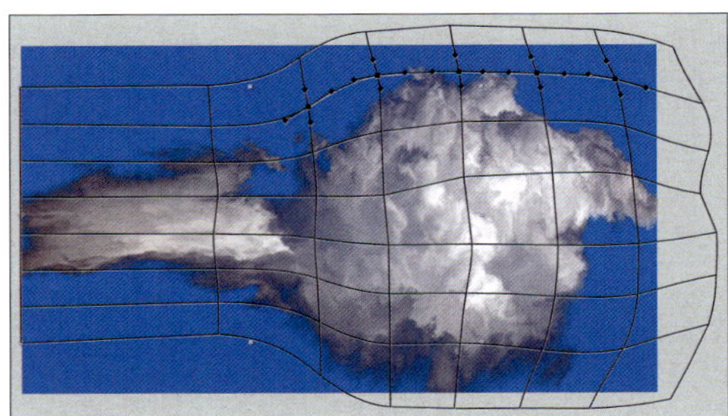

▲ **Abbildung 12.25**
Formen Sie mit den Gitterpunkten einen Rauchpilz.

**Keyframes werden nicht angezeigt**
Wenn Sie ausschließlich im Effektfenster arbeiten, werden Ihnen die Keyframes in der Zeitleiste nicht automatisch angezeigt, wenn dort der Effekt nicht eingeblendet ist. Ein solches Arbeiten spart lange Listen im Zeitleistenfenster. Wollen Sie Ihre Keyframes doch einmal wiedersehen, markieren Sie die Ebene in der Zeitleiste und drücken die Taste [U].

### 4 Ausblenden animieren

Per Gradationsblende werden wir den Rauch auflösen. Die Gradationsblende nutzt die Helligkeitswerte einer zweiten Ebene, der Verlaufsebene, zur Überblendung. In unserem Falle nutzen wir die Wolken-Ebene selbst als Verlaufsebene, die schon automatisch gewählt ist. Der Rauch löst sich mit diesem Effekt ungleichmäßig auf. Motor des Effekts ist die Option Fertigstellung der Überblendung. Setzen Sie hier Keys, und zwar: bei 00:04 = 0 % und bei 01:05 = 100 %. Erhöhen Sie den Wert bei Überblendung glätten ohne Key auf 100 %.

Setzen Sie nun noch folgende Keys für die Skalierung: Bei 00:00 = 0,0 %; bei 00:04 = 50 % und bei 01:05 = 100 %.

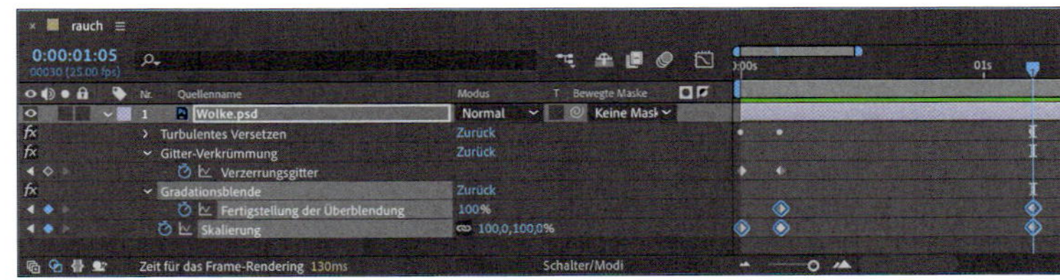


**Abbildung 12.26** ▶
Für Gradationsblende und Skalierung setzen Sie diese Keys.

### 5 Feuer hinzufügen

Für das Feuer nutzen wir gleich die bisherige Animation. Duplizieren Sie daher die Ebene »Wolke«. Erstellen Sie aus dem Duplikat eine Unterkomposition, damit wir darauf weitere Effekte und Animationen anwenden können. Markieren Sie dazu das Duplikat, und wählen Sie Ebene • Unterkomposition erstellen. Aktivieren Sie den Radiobutton bei Alle Attribute in die neue Komposition

VERSCHIEBEN, um die Keys der Ebene in die neue Komposition zu verschieben, und benennen Sie die Komposition in »Feuer« um.

Markieren Sie dann die Ebene »Feuer«, und fügen Sie die Effekte FÄRBUNG und LEUCHTEN hinzu. Klicken Sie im Effekt FÄRBUNG auf das schwarze Farbfeld, und geben Sie bei R, G, B die Werte 224, 7, 7 ein. Für das weiße Feld vergeben Sie die Werte 240, 230, 4. Setzen Sie für den Wert STÄRKE folgende Keys: bei 00:08 = 100 % und bei 01:00 = 0 %.

Mit dem Effekt LEUCHTEN erhält die Ebene einen explosionsartigen Feuerschein. Unter KANAL ist dort FARBKANÄLE gewählt, so dass sich die Einstellungen auf die Farben der Ebene auswirken. Motor des Effekts ist die INTENSITÄT. Werte über null erzeugen ein Leuchten. Per RADIUS definieren Sie den Umfang des Leuchtens um helle Pixel herum. Ist der SCHWELLENWERT hoch, leuchten größere Teile des Bilds und umgekehrt. Setzen Sie für die INTENSITÄT folgende Keys: bei 00:08 = 0,3 und bei 01:00 = 0.

Kombinieren Sie nun die beiden Ebenen »Feuer« und »Rauch« über Ebenenmodi. Wählen Sie aus der Liste 1 für die Ebene »Feuer« den Eintrag HARTES LICHT. Zum Schluss können Sie die Komposition rendern oder in eine andere Komposition verschachteln und dort mit einem Hintergrundbild kombinieren, indem Sie die Explosion um –90° drehen, skalieren und positionieren.

▼ **Abbildung 12.27**
Aus dem Rauch wird Feuer per FÄRBUNG und LEUCHTEN.

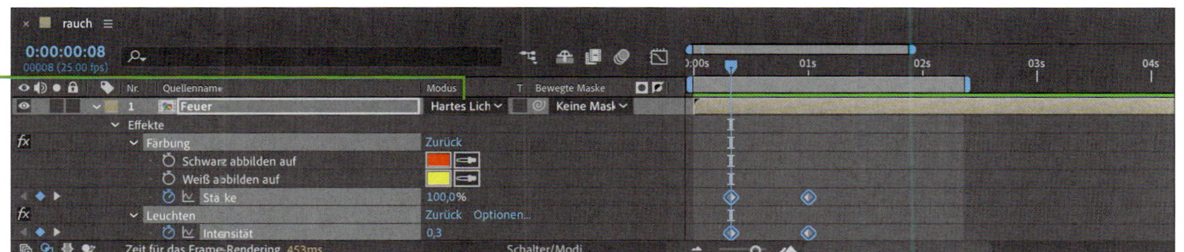


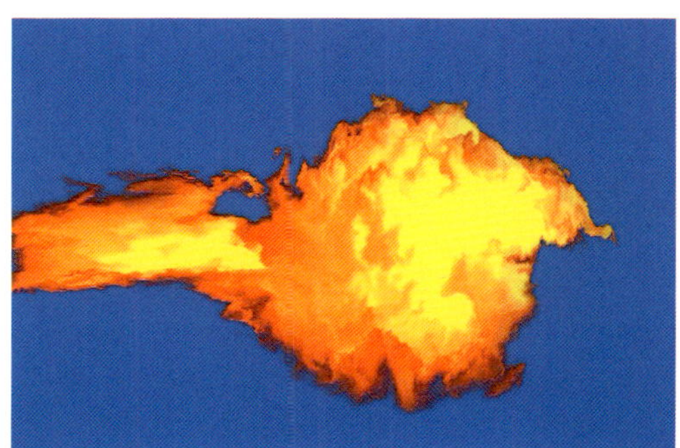

▲ **Abbildung 12.28**
Hier ist die Wolke vom Beginn kaum noch zu erkennen.

© pixelio.de – Daniel Gast (Hintergrundbild)

▲ **Abbildung 12.29**
Das Feuer wurde in einer weiteren Komposition über einem Hintergrundbild platziert.

### 12.2.2 Nebel über Fraktales Rauschen, Turbulentes Rauschen und Verflüssigen

**Beispiel**

In den Beispielmaterialien finden Sie im Ordner BEISPIELMATERIAL/12_EFFEKTE/NEBEL die Datei »nebel.aep«.

In diesem Abschnitt schauen wir uns drei Effekte an, mit denen Sie Nebel in Ihre Kompositionen einbauen können. Es handelt sich um FRAKTALES RAUSCHEN, TURBULENTES RAUSCHEN und VERFLÜSSIGEN. Ein fertiges Projekt dazu befindet sich im Ordner 12_EFFEKTE/NEBEL.

#### Fraktales Rauschen/Turbulentes Rauschen

Mit den Effekten FRAKTALES RAUSCHEN und TURBULENTES RAUSCHEN in Kombination mit Masken haben Sie vielfältige Möglichkeiten, Nebel zu erzeugen. Beide Effekte sind beinahe identisch, so dass ich hier nur FRAKTALES RAUSCHEN erläutere; gleichwohl rendert TURBULENTES RAUSCHEN schneller und ist genauer.

**Wasser simulieren**

Für animierte Flüssigkeiten wählen Sie im Effekt FRAKTALES RAUSCHEN den Fraktaltyp WIRBELIG, und unter TRANSFORMIEREN animieren Sie den Wert für TURBULENZ VERSCHIEBEN und setzen ein Häkchen für PERSPEKTIVISCHE VERSCHIEBUNG.

Der Weg: Sie können den Effekt einer einfachen Farbfläche hinzufügen. Die Farbe der Fläche wird vom Effekt ignoriert. Unter FRAKTALTYP ❶ ändern Sie das Erscheinungsbild der Störung und wählen für Nebel nicht WOLKIG, wie zu vermuten, sondern DYNAMISCH. Unter STÖRUNGSTYP ❷ können Sie alles verwenden, nur BLOCK eignet sich hier nicht. Unter TRANSFORMIEREN ❸ zoomen Sie per SKALIERUNG in das Fraktalmuster hinein und erhalten großzügigere Wolkenballungen.

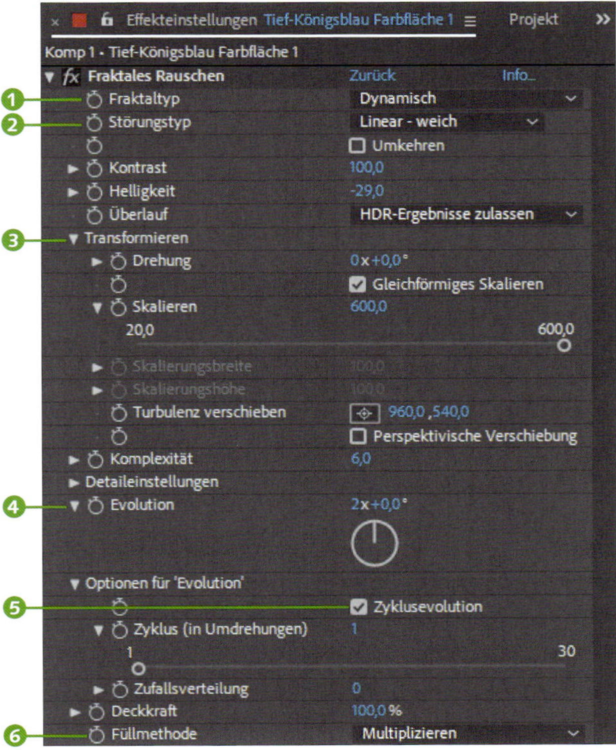


**Abbildung 12.30** ▸
FRAKTALES RAUSCHEN, hier für Nebel eingestellt

Für eine ganz leichte Bewegung animieren Sie die Werte bei EVOLUTION ❹, indem Sie zu Beginn Ihrer Animation einen ersten Key mit 0× +0,0° setzen und am Ende einen selbst zu testenden, nicht zu hohen Wert, z. B. 2× +0,0°.

Die Berechnung geht schneller, wenn Sie diese Animation intern loopen lassen. Dafür setzen Sie unter OPTIONEN FÜR EVOLUTION ein Häkchen bei ZYKLUSEVOLUTION ❺. Unter ZYKLUS wählen Sie die gleiche Anzahl Umdrehungen wie bei EVOLUTION oder einen glatt durch die Umdrehungen teilbaren Wert, damit der Evolutionszyklus genau passend geloopt wird. Der Zufallsparameter zerstört solch einen passenden Zyklus und führt zu nicht glatten Übergängen, also Vorsicht.

Wichtig ist es, im Effekt die FÜLLMETHODE ❻ zu ändern. Wählen Sie hier MULTIPLIZIEREN, erhalten Sie das Fraktal in der Farbe Ihrer Farbfläche und Schwarz. Anschließend können Sie via Ebenenmodi das Schwarz transparent setzen. Dazu muss aber auch eine Bildebene unter der Fraktalebene liegen.

**Effekt »Füllwerkzeug«**

Der Effekt FÜLLWERKZEUG enthält die Option FÜLLMETHODE. Dort finden Sie eine Liste an Füllmethoden, die den Ebenenmodi sehr ähneln. Vorteilhaft ist, dass Sie die Stärke der Füllmethode mit der Effektoption DECKKRAFT animieren können.

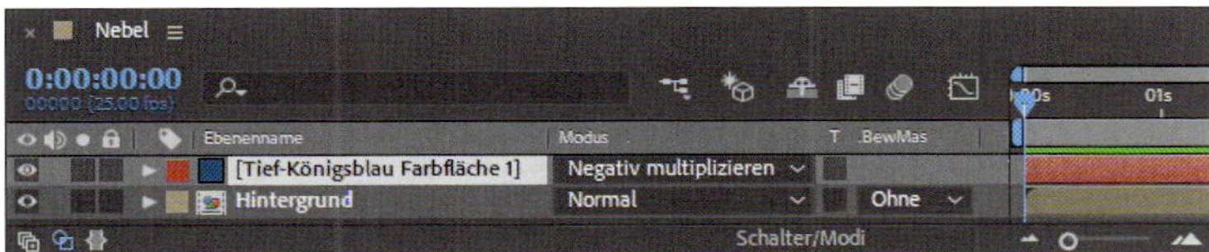


▲ **Abbildung 12.31**
Die Farbfläche mit dem Effekt wird per NEGATIV MULTIPLIZIEREN in den Hintergrund gerechnet.

**Zum Nachlesen**

Einzelheiten zu Ebenenmodi finden Sie in Abschnitt 5.7, »Bitte mischen: Füllmethoden«. Details zur Maskenbearbeitung lesen Sie in Kapitel 11, »Masken, Matten und Alphakanäle«, Informationen zur Arbeit mit 3D-Ebenen und Kameras in Kapitel 16, »3D in After Effects«.

◂ **Abbildung 12.32**
Nebel über dem gesamten Bild ist hier bereits erreicht.

## Masken, Duplikate und Kamera

Im Projekt »Nebel« aus dem Ordner 12_EFFEKTE/NEBEL ist eine Fahrt durch mehrere Nebelbänke per Kamera animiert. Hierfür sollten Sie in die entsprechenden Kapitel schauen und dann hier weiterlesen.

Um die Kamerafahrt einzurichten, zeichnen Sie zunächst eine Maske auf der Fraktalebene in ähnlicher Form wie in Abbildung 12.34. Mit dem Werkzeug Weiche Maskenkante fügen Sie unterschiedlich breite weiche Kanten hinzu.

Anschließend aktivieren Sie die 3D-Option für die Ebene und duplizieren diese einige Male. Die duplizierten Ebenen verteilen Sie räumlich, indem Sie sie auf der X-, Y- und Z-Achse unterschiedlich verschieben. Animieren Sie dann eine Kamera, die durch die Ebenen fliegt. Es entsteht ein recht räumlicher Eindruck, obwohl der Nebel kein echtes Volumen hat.

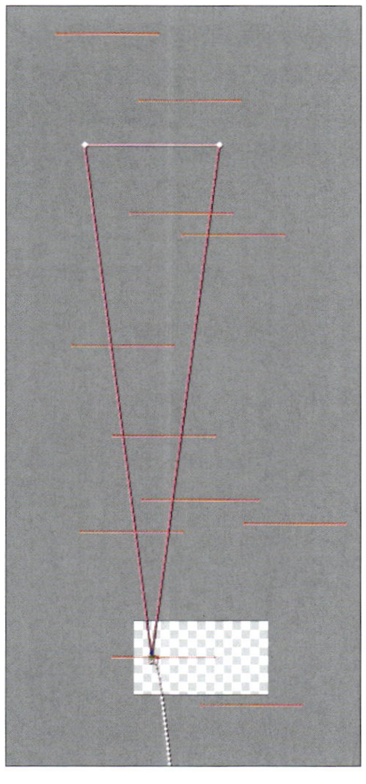

▲ **Abbildung 12.33**
Die maskierten, im Raum verteilten Ebenen in der Ansicht von oben mit animierter Kamera

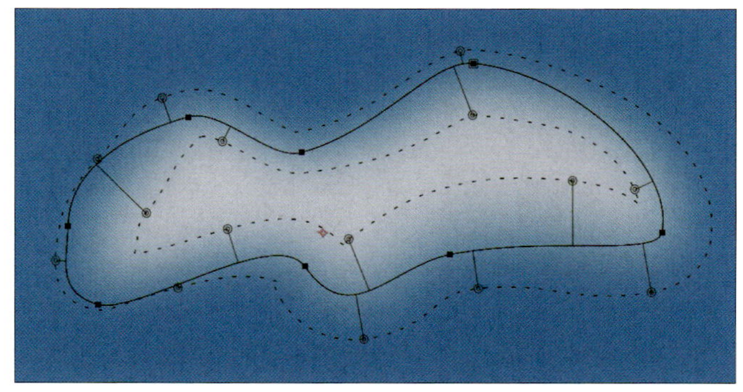

▲ **Abbildung 12.34**
Für die Fraktalebene zeichnen Sie eine Maske mit unterschiedlich breiter weicher Maskenkante.

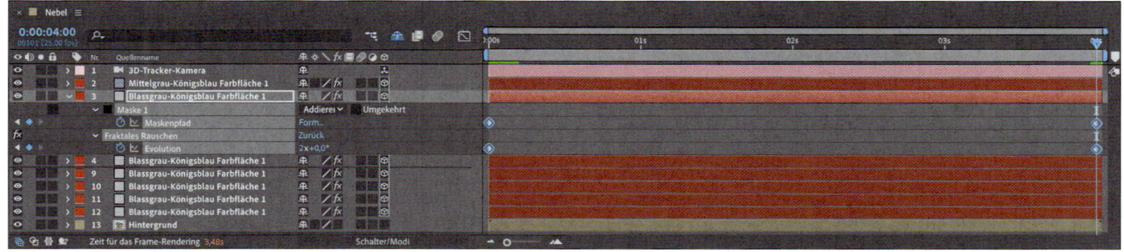


▲ **Abbildung 12.35**
Die Ebenenduplikate und die Kamera in der Zeitleiste

**Abbildung 12.36** ►
In der Animation wirkt der Nebel plastischer als in der Abbildung.

### Verflüssigen

Mit dem Effekt VERFLÜSSIGEN (EFFEKTE • VERZERRUNG • VERFLÜSSIGEN) arbeiten Sie fast schon künstlerisch auf einem Verzerrungsgitter, das über eine Ebene gelegt wird. Hier bearbeiten Sie nicht wie im schon beschriebenen Effekt GITTER-VERKRÜMMUNG einzelne Gitterpunkte. Stattdessen erzeugen Sie wie im gleichnamigen Photoshop-Effekt GITTERVERZERRUNGEN mit Pinsel-Werkzeugen.

In der Projektdatei »nebel.aep« aus dem Ordner 12_EFFEKTE/NEBEL finden Sie eine Komposition namens »Verflüssigen«. Hier habe ich aufsteigenden Nebel animiert. Dazu habe ich die Wolke verwendet, die Sie schon aus dem Workshop »Explosion erzeugen« aus Abschnitt 12.2.1 kennen.

**Fixierungsbereichsmaske**

Sie können auf der Ebene eine Maske aufziehen und diese unter FIXIERUNGSBEREICHSMASKE auswählen. Hat diese Maske keine weiche Kante und eine MASKENDECKKRAFT von 100 %, wirken sich Verzerrungen nicht auf den Bereich innerhalb der Maske aus; nur ein paar Pixel am Maskenrand werden beeinflusst, der Rest ist fixiert. Verringern Sie die MASKENDECKKRAFT oder stellen Sie eine weiche Kante ein, um diese Pixel zu verzerren.

◀ **Abbildung 12.37**
In diesem Bild soll Nebel aufsteigen.

Der Weg: Nachdem Sie beispielsweise einer freigestellten Wolke den Effekt VERFLÜSSIGEN hinzugefügt haben, können Sie via ANZEIGEOPTIONEN per GITTER ANZEIGEN schauen, ob das Gitter zu fein eingestellt ist. In dem Fall wählen Sie unter GITTERGRÖSSE die Einstellung GROSS.

Aufsteigenden Nebel erzeugen Sie mit den Werkzeugen VERKRÜMMEN, TURBULENZ, AUFBLASEN, ZUSAMMENZIEHEN und gegebenenfalls dem Rekonstruktions-Werkzeug, die Sie im oberen Bereich anklicken. Jedes aktive Werkzeug hat eigene Optionen, die weitgehend gleich sind.

Die Stärke der Verzerrung wird durch den VERZERRUNGSPROZENTSATZ und den PINSELDRUCK bestimmt. Je höher dort die Werte, desto stärker die Verzerrung.

Eine Animation erreichen Sie, indem Sie Keyframes für die Option VERZERRUNGSGITTER setzen. Für quellwolkenartigen Nebel aktivieren Sie das Aufblasen-Werkzeug ❹ (Abbildung 12.38) und wählen einen großen Pinsel. Klicken Sie im Bild den Bereich an, der vergrößert werden soll. Halten Sie die Maustaste gedrückt, wird der Bereich in Schritten vergrößert. Genau umgekehrt wirkt das Zusammenziehen-Werkzeug ❸. Mit dem Verkrümmen-Werkzeug ❶ verschieben Sie Pixel, um auch hier eine Bewegung zu erzeugen.

**Verzerrungsgitterversatz**

Haben Sie eine Ebene bereits mit den Werkzeugen verzerrt, können Sie die geschaffene Verzerrung auf den Achsen X und Y über das Bild laufen lassen, was sich besonders für Wassersimulationen eignet. Dazu animieren Sie die Option VERZERRUNGSGITTERVERSATZ.

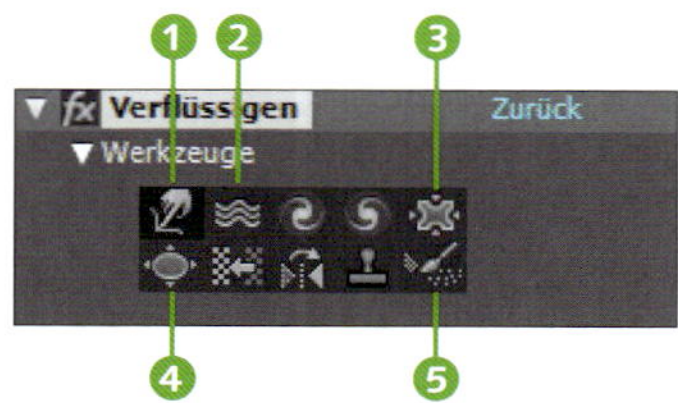


▲ **Abbildung 12.38**
Den Werkzeugkasten des Verflüssigen-Effekts sehen Sie hier.

Diese Werkzeuge erzeugen recht starke Veränderungen, die schnell unrealistisch wirken; arbeiten Sie daher eher mit geringem Pinseldruck. Kleine, aber für Wolken und Nebel sehr realistische Änderungen erzielen Sie mit dem Turbulenz-Werkzeug ❷, das die Pixel schrittweise verwirbelt, wenn Sie den Bereich angewählt halten.

Mit dem Rekonstruktions-Werkzeug ❺ setzen Sie Ihre Bearbeitungen im Bereich des Pinseldurchmessers zurück.

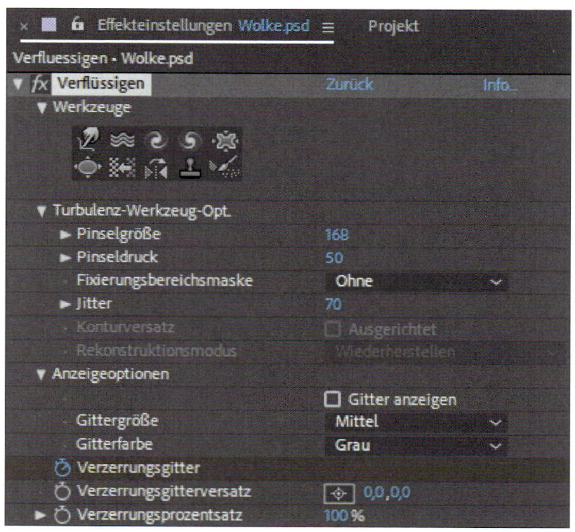


**Abbildung 12.39** ▶
Mit den Verflüssigen-Werkzeugen bearbeiten Sie fast künstlerisch das Verzerrungsgitter.

In der Beispiel-Komposition »Verflüssigen« habe ich die Wolke zusätzlich zur Effektanimation von unten nach oben skaliert und Bereiche, die nicht nebelig erscheinen sollten, ausmaskiert. Um die Wolke besser in das Bild zu integrieren, habe ich die Deckkraft verringert und den Ebenenmodus auf Negativ multiplizieren gesetzt. Mehrere Duplikate der Animation erzeugen Nebel im gesamten Bild. Außerdem wird der Nebel über eine Gradationsblende eingeblendet.

▲ **Abbildung 12.40**
Das bearbeitete Gitter verzerrt die Wolke. Bereiche, die ohne Nebel erscheinen sollen, sind ausmaskiert.

▲ **Abbildung 12.41**
Der fertig animierte Nebel durchzieht die Landschaft.

### 12.2.3 Wasser

Im nächsten Beispiel werden wir mit Hilfe des Effekts KAUSTIK Wasser, genauer eine Pfütze, in eine Videoaufnahme einbauen. KAUSTIK nutzt drei Ebenen: eine für den Boden, eine für den Himmel und eine für die Wasseroberfläche – wie in einem echten See. Diese drei Ebenen legen wir zuerst an. Der Boden besteht aus einem in Photoshop bearbeiteten Standbild des Videos, in das wir später die Pfütze einsetzen werden.

Für die Wasseroberfläche verwenden wir den Effekt TURBULENTES RAUSCHEN, der wie der schon erläuterte Effekt FRAKTALES RAUSCHEN funktioniert. Damit generieren wir eine leicht bewegte Oberfläche. Der Himmel besteht aus einem animierten Foto.

## Schritt für Schritt
## Simulation einer Wasseroberfläche

Bevor wir uns wirklich mit simuliertem Wasser beschäftigen, werden wir eine Komposition anlegen, die wir als Graustufenmatrix für den Effekt KAUSTIK verwenden.

Die benötigten Dateien für diesen Workshop finden Sie unter BEISPIELMATERIAL/12_EFFEKTE/KAUSTIK.

**1 Vorbereitung**

Legen Sie ein neues Projekt an, und erstellen Sie eine Komposition mit dem Namen »Turbulentes Rauschen« mit der Vorgabe HDTV 1080 25 und einer Dauer von 06:19 Sekunden. Fügen Sie der Komposition eine neue Farbfläche hinzu; drücken Sie dazu Strg+Y. Die Farbe der Ebene ist egal, die Größe soll der Komposition entsprechen. Wichtig ist, dass die Ebene die gesamte Kompositionsdauer lang sichtbar ist.

**2 Einstellungen für »Turbulentes Rauschen«**

Blenden Sie mit Strg+5 die Palette EFFEKTE UND VORGABEN ein, und tippen Sie die Buchstaben »turb« in das Eingabefeld. Markieren Sie die neu geschaffene Ebene, und klicken Sie doppelt auf den Effekt RAUSCHEN UND KORN • TURBULENTES RAUSCHEN. Die Ebene wird danach mit einer watteartigen Struktur gefüllt.

◂ **Abbildung 12.42**
Der selbsterstellte Graustufenfilm bewegt später die Wasseroberfläche.

Damit die Wasseroberfläche später leicht gekräuselt erscheint, wählen Sie folgende Einstellungen:

FRAKTALTYP ❶ = WIRBELIG; STÖRUNGSTYP ❷ = LINEAR WEICH; KONTRAST ❸ = 14; HELLIGKEIT ❹ = 61; unter TRANSFORMIEREN • SKALIERUNG ❺ = 16

Setzen Sie folgende Keys für TURBULENZ VERSCHIEBEN ❻, um eine leichte Fließbewegung zu erzeugen: bei 00:00 = 960, 540; bei 06:19 = 940, 515. Bei KOMPLEXITÄT ❼ wählen Sie den Wert 4.

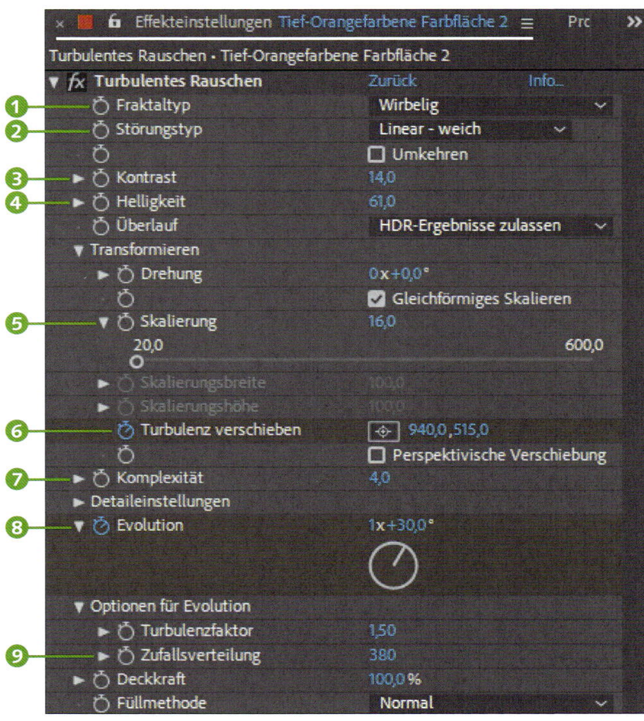


**Abbildung 12.43 ▸**
Die Einstellungen für Wasser im Effekt TURBULENTES RAUSCHEN

Setzen Sie bei EVOLUTION ❽ folgende Keys: bei 00:00 = 0× +0,0 und bei 06:19 = 1× +30,0.

Unter OPTIONEN FÜR EVOLUTION wählen Sie bei ZUFALLSVERTEILUNG ❾ den Wert 380. Alles andere bleibt unverändert.

**Kaustik mit Ebenenreferenz**
Der Effekt KAUSTIK zählt zu den Effekten mit Ebenenreferenz. Was es damit auf sich hat erfahren Sie im Abschnitt 12.1.3, »Effekte mit Ebenenreferenz«.

### 3 Himmel animieren

Importieren Sie die Datei »himmel.psd« aus dem Ordner 12_EFFEKTE/KAUSTIK. Legen Sie eine neue Komposition mit der Vorgabe HDTV 1080 25 und einer Dauer von 06:19 Sekunden an, benennen Sie sie mit »himmel«, und ziehen Sie die Datei dort hinein. Animieren Sie die Ebene so, dass sie von oben nach unten wandert. Setzen Sie dazu für die Eigenschaft POSITION einen Key bei 00:00 und einen am Ende bei 06:19.

Jetzt werden Sie die beiden geschaffenen Kompositionen für den Effekt KAUSTIK nutzen.

© pixelio.de – Roman Ibeschitz (Himmel)

▲ **Abbildung 12.44**
Am Zeitpunkt 00:00 beginnt die »Himmel«-Ebene am unteren Rand des Kompositionsfensters und wandert von dort nach unten.

### 4 »Kaustik«-Vorbereitung

Zur Simulation einer Wasseroberfläche bietet sich hervorragend der Effekt KAUSTIK an. Möglichkeiten sind die Spiegelung einer beliebigen Bildebene in der Wasseroberfläche oder der Blick durch das Wasser auf den Grund, der wiederum eine beliebige Bildebene darstellen kann.

Legen Sie eine neue Komposition mit dem Namen »Kaustik« mit der Vorgabe HDTV 1080 25 und einer Dauer von 06:19 Sekunden an. Fügen Sie der Komposition eine Farbfläche hinzu, und wählen Sie aus dem Menü EFFEKTE • SIMULATION • KAUSTIK. Ohne weitere Ebenen ergibt der Effekt noch keinen Sinn.

Importieren Sie also mit Strg+I aus dem Ordner 12_EFFEKTE/KAUSTIK die Datei »boden.psd«. Gegebenenfalls wählen Sie beim Import im Dialog FOOTAGE INTERPRETIEREN die Option ERMITTELN. Fügen Sie die Datei der Komposition »Kaustik« hinzu. Fügen Sie auch die Kompositionen »himmel« und »Turbulentes Rauschen« hinzu. Achten Sie darauf, dass alle Ebenen zum Zeitpunkt 00:00 beginnen.

Als auf diese Weise verschachtelte Kompositionen sind unsere Animationen für den Effekt KAUSTIK einsetzbar. Blenden Sie alle Ebenen außer der Farbfläche mit dem KAUSTIK-Effekt aus, indem Sie auf das Augen-Symbol jeder Ebene klicken.

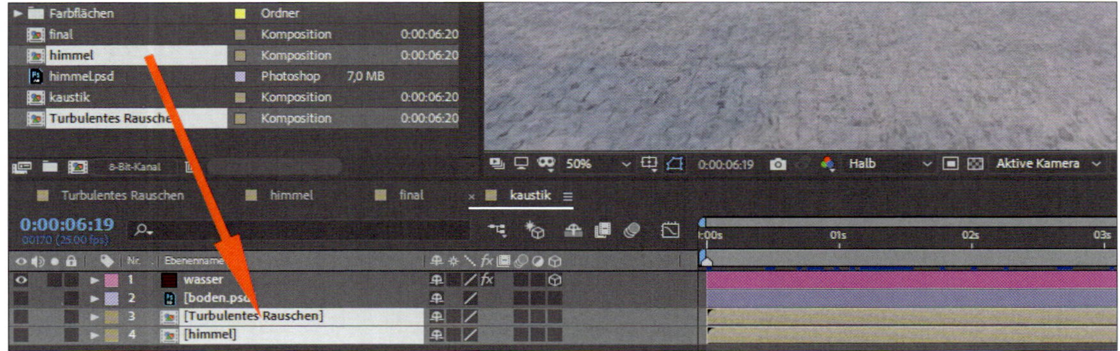


▲ **Abbildung 12.45**
Die Kompositionen »himmel« und »Turbulentes Rauschen« werden in die Komposition »Kaustik« verschachtelt. Auf diese Weise können Sie die Animationen für den Effekt Kaustik verwenden.

## 5 »Kaustik« einstellen

Der Effekt Kaustik funktioniert nach folgendem Prinzip: Der Effekt nutzt maximal drei Ebenen. Eine ist der »Meeresgrund« und eine der Himmel. Die dritte, mittlere Ebene ist die Wasseroberfläche. Sie dient zur Verzerrung der Himmel- bzw. Meeresgrundebene. Für die Wasseroberfläche verwenden wir die Komposition »Turbulentes Rauschen«. Der Effekt Kaustik holt sich die Helligkeitsinformation aus der Ebene und übersetzt sie in Wellenberge und -täler. Wie bei echtem Wasser wirkt ein Wellenberg dann wie eine vergrößernde Lupe. Das ist das Prinzip. Im Effekt stecken allerdings weit mehr Einstellmöglichkeiten, die sich am besten durch Probieren erschließen. Gehen wir die ersten Schritte gemeinsam.

Markieren Sie die Ebene, die den Effekt Kaustik enthält, und drücken Sie die Taste E. Doppelklicken Sie auf den Namen des Kaustik-Effekts, um die Einstelloptionen im Effektfenster zu öffnen. Die Einträge Unten, Beleuchtung und Material ignorieren Sie zunächst. Öffnen Sie dafür die Listen unter Wasser und Himmel. Ja, das sieht umfangreich aus. So schlimm ist es aber nicht.

Wählen Sie aus dem Einblendmenü neben Wasseroberfläche ❶ die Ebene »Turbulentes Rauschen«, um sie als Graustufenmatrix für die Wellenberge und -täler festzulegen. Wählen Sie aus dem Menü neben Himmel ❸ die Ebene »himmel«, um diese Ebene als Spiegelung auf der Wasseroberfläche anzuzeigen.

Für die Oberflächentransparenz ❷ vergeben Sie den Wert 0. Damit wird die Wasseroberfläche vollkommen durchsichtig.

Legen Sie folgende weitere Werte fest: Wellenhöhe = 0,1; Wassertiefe = 0,03; bei Himmel: Intensität = 0,13.

**Optionen im »Kaustik«-Effekt**
Soll der Effekt Kaustik nur allmählich Wirkung zeigen, regeln Sie das über die Wellenhöhe im Effekt. Bei einem Wert von 0 wird keine der Ebenen verzerrt. Auch ein Wert von 0 bei der Konvergenz verhindert eine Verzerrung der Bildinhalte. Mit Wellenhöhe, Glätten und Wassertiefe legen Sie fest, wie stark die Verzerrung des Bodens und des Himmels sein soll. Der Brechungsindex simuliert mit 1,2 korrekt die Lichtbrechung von Wasser. Erhöhte Werte bei Kaustikstärke lassen dunkle Stellen dunkler und helle heller erscheinen. Für den Himmel regelt die Intensität, wie stark er sich im Wasser spiegelt, und die Konvergenz, wie stark sich diese Spiegelung den Wellenbergen und -tälern anpasst. Hohe Werte lassen die Struktur der Wasseroberfläche deutlicher werden.

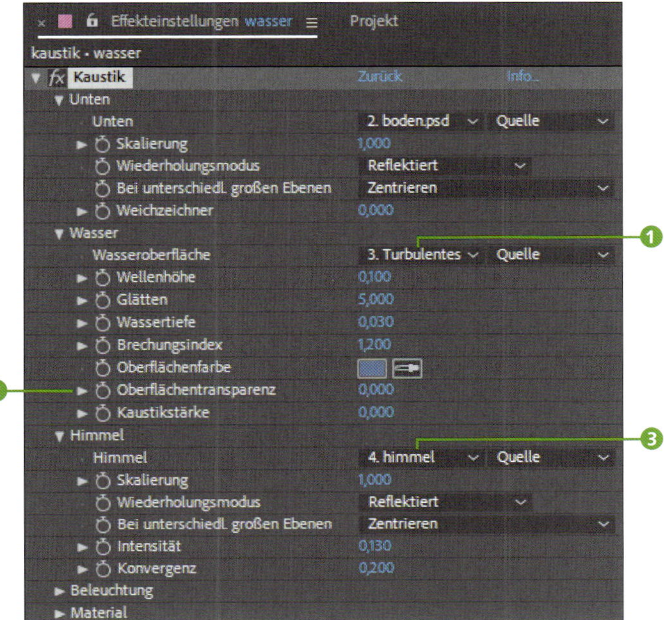

◂ **Abbildung 12.46**
Der Effekt KAUSTIK präsentiert sich mit erschlagend vielen Einstellmöglichkeiten, die aber recht gut handhabbar sind.

Spielen Sie jetzt einmal die Animation ab. Das TURBULENTE RAUSCHEN wird auf den Boden und Himmel übertragen. Damit haben Sie bereits die wichtigsten Hebel in der Hand. Die Einstellmöglichkeiten erschließen sich schnell über Ausprobieren.

▴ **Abbildung 12.47**
Das TURBULENTE RAUSCHEN wird über den Effekt KAUSTIK auf den Boden und Himmel übertragen.

### 6 Einbau ins Video

Legen Sie eine neue Komposition mit dem Namen »final« mit der Vorgabe HDTV 1080 25 und einer Dauer von 06:19 Sekunden an. Importieren Sie die Datei »BG.mp4«, und fügen Sie sie der Komposition hinzu. Fügen Sie auch die Komposition »Kaustik« hinzu.

Damit die Kaustik-Ebene als Pfütze erscheint, müssen Sie sie maskieren. Zeichnen Sie dazu mit dem Zeichenstift-Werkzeug G einen Maskenpfad wie in der Abbildung. Mit dem Werkzeug WEICHE MASKENKANTE definieren Sie anschließend eine unterschiedlich breite weiche Kante.

◂ **Abbildung 12.48**
Die maskierte Kaustik-Ebene liegt über dem Movie.

Noch passt sich die Pfütze nicht recht in das Bild ein, da die Pflastersteine im Movie eine andere Perspektive aufweisen als die Struktur in der Pfütze. Sie ändern dies, indem Sie die Komposition »kaustik«

**Zum Nachlesen**

Weitere Einzelheiten zur Maskenbearbeitung bietet Kapitel 11, Informationen zur Arbeit mit 3D-Ebenen erhalten Sie in Kapitel 16 und Details zur Farbkorrektur lesen Sie in Kapitel 13.

wieder öffnen und dort für die Ebene mit dem KAUSTIK-Effekt die 3D-Option aktivieren ❶.

**Abbildung 12.49** ▸
Per Maskenpfad wird aus der Kaustik-Ebene eine Pfütze.

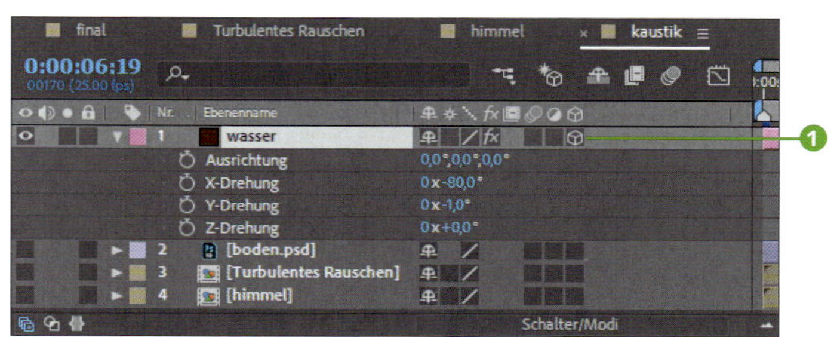


**Abbildung 12.50** ▸
Für die Kaustik-Ebene wird die 3D-Option aktiviert.

**Beispiele**

Im Ordner 12_EFFEKTE/WEITEREEFFEKTE in den Beispielmaterialien zum Buch befindet sich die Projektdatei »weitereEffekte.aep« mit einigen Beispielen zu den hier beschriebenen Effekten.

Blenden Sie mit der Taste R die Drehungseigenschaften ein, und tippen Sie für X-DREHUNG »0x –80,0°« in das Wertefeld ein und für Y-DREHUNG »0x –1,0°«. Nun sollte es in der finalen Komposition schon besser passen. Dort können Sie noch die DECKKRAFT der »Kaustik«-Komposition auf 90 % setzen und damit die Pfütze noch besser ins Movie integrieren und das Movie mit den Effekten TONWERTKORREKTUR und HELLIGKEIT UND KONTRAST farblich angleichen. Da Pfützen manchmal dunkle Ränder haben, habe ich noch eine Farbfläche unterlegt. Sie sehen das im fertigen Projekt.

**Abbildung 12.51** ▸
Am Ende passt sich die Pfütze recht gut ein.

## 12.3 Arbeiten mit den Cycore Effects

After Effects enthält über 60 Effekte der Firma Cycore Systems aus Uppsala in Schweden. Das Besondere an diesen Effekten ist ihre leichte Handhabung und Bedienfreundlichkeit. Da ich Ihnen hier nicht alle 60 Effekte vorstellen kann und dies meines Erachtens aufgrund der vorgenannten Besonderheiten auch gar nicht nötig ist, widmen wir uns hier dem umfangreichsten der Cycore Effects und noch einigen anderen.

**Cycore-Effects-Übersicht**
Eine Übersicht über alle in After Effects vorhandenen Cycore Effects finden Sie als After-Effects-Projekt mit Beispielen zu jedem Effekt auf folgender Website: *www.cycorefx.com*. Unter dem Punkt DOWNLOADS klicken Sie auf der linken Seite auf den Link CYCOREFX HD (AE BUNDLE ONLY) SAMPLES & TUTORIALS, suchen dann das CYCOREFX HD BASIC PROJECT und schauen sich dort die Beispiele an.

### 12.3.1 Spielen mit Partikeln

Im Physikunterricht haben Sie vielleicht schon einmal etwas von den verschiedensten Teilchen wie Quarks, Leptonen und Eichbosonen gehört. Mit solch elementaren Systemen wollen wir hier zwar nicht hantieren, aber wenigstens mit physikalischen Größen wie Geschwindigkeit, Gravitation und Widerstand. Diese Größen finden Sie beispielsweise in dem Effekt CC PARTICLE WORLD. PARTICLE WORLD weist einige Ähnlichkeiten zum alten Simulationseffekt PARTIKELSIMULATION auf, ist jedoch viel leichter zu bedienen. Gehen wir es praktisch an.

### Schritt für Schritt
### Den Effekt »Particle World« anwenden

In diesem Workshop werden Sie zunächst drei einfach zu erlernende Cycore Effects kennenlernen, bevor wir PARTICLE WORLD angehen.

Die benötigten Dateien für diesen Workshop finden Sie in den Beispielmaterialien unter BEISPIELMATERIAL/12_EFFEKTE/CYCOREEFFECTS.

#### 1 Vorbereitung
Schauen Sie sich zuerst das Movie »CycoreFX.mp4« an. Öffnen Sie dann das bereits vorbereitete Projekt »CycoreFX.aep« aus dem gleichen Ordner. Es enthält die drei Kompositionen »finale«, »Worldtext« und »title«. In der Komposition »finale« werden wir am Ende die beiden anderen Kompositionen verwenden, sie also darin verschachteln.

#### 2 CC Cylinder
Zuerst werden wir mit dem Effekt CC CYLINDER einen Text auf einen Zylinder mappen. Öffnen Sie dazu die Komposition »Worldtext«. Der Text ist bereits enthalten. Sollte die verwendete Schriftart ARIAL BLACK bei Ihnen nicht installiert sein, passen Sie bitte den Text der Abbildung entsprechend an.

Der Text soll auf einen Zylinder gemappt werden. Diesen kreieren wir über eine neue Farbfläche mit [Strg]+[Y]. Legen Sie die

**Lückenloser Zylinder**
Die Farbfläche muss deswegen so breit wie die Komposition sein, da der Effekt CC CYLINDER die Kompositionsbreite als Länge für den Mantel des Zylinders heranzieht. Wird die Kompositionsbreite unterschritten, ergibt sich eine Lücke im Zylinder.

Größe mit 730 × 300 Pixeln etwas breiter als die Komposition an, und wählen Sie einen Magenta-Farbton.

Positionieren Sie die Farbfläche unter dem Text. Fügen Sie eine Einstellungsebene hinzu (Ebene • Neu • Einstellungsebene). Wenden Sie auf diese Ebene den Effekt an (Effekte • Perspektive • CC Cylinder).

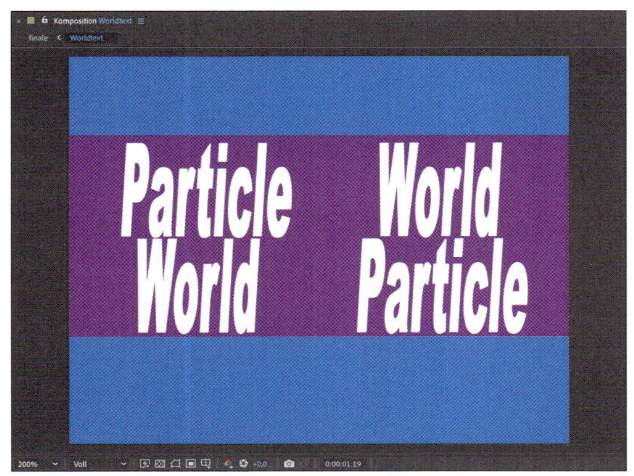


▲ **Abbildung 12.52**
Ausgangsmaterial sind eine Textebene und eine Farbfläche.

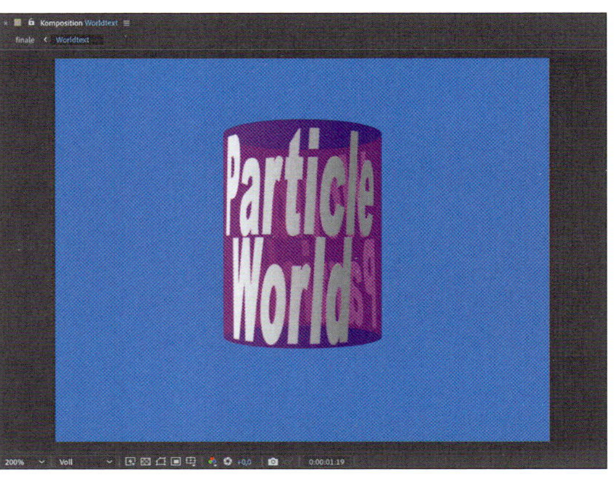


▲ **Abbildung 12.53**
Der Effekt CC Cylinder biegt Text und andere Materialien um einen imaginären Zylinder.

Da sich Effekte, die auf Einstellungsebenen angewandt werden, auf sämtliche darunterliegenden Ebenen gleich auswirken, werden sowohl der Text als auch die Farbfläche um den Zylinder wie um den kleinen Finger gewickelt.

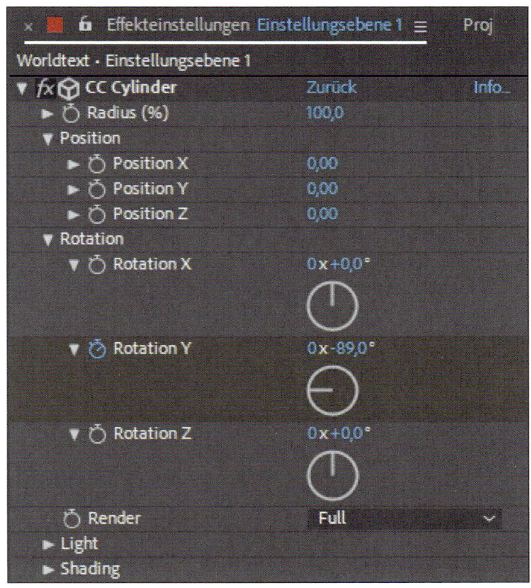


**Abbildung 12.54** ►
In den Cycore Effects gibt es meist wenige, gut beherrschbare Regler wie hier zum schnellen Positionieren und Drehen.

Im Effektfenster lassen sich RADIUS, POSITION oder ROTATION wie gewohnt einfach über Keyframes animieren. Wenn Sie die Beleuchtung oder den Schattenwurf ändern wollen, verwenden Sie LIGHT und SHADING. Zur Animation öffnen Sie die Eigenschaft ROTATION und setzen für ROTATION Y einen ersten Key bei 01:14. Ziehen Sie den Wert so lange, bis auf dem Zylinder »Particle« und darunter »World« erscheint (–80°). Navigieren Sie zum Kompositionsende, und tragen Sie folgenden Wert ein: »2x +0,0°«. Setzen Sie noch folgende Keys für die Farbfläche: DECKKRAFT: bei 00:14 = 100 %, bei 01:22 = 50 %.

▼ **Abbildung 12.55**
Damit sich der Effekt auf alle darunterliegenden Ebenen auswirkt, verwenden wir eine Einstellungsebene.

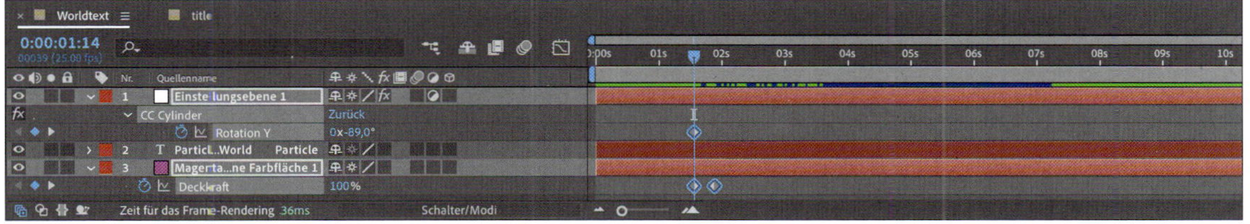


## 3 CC Ball Action

Öffnen Sie die Komposition »title«. Die Komposition enthält zwei Ebenen. Fügen Sie der Ebene »Ball Action« den gleichnamigen Effekt hinzu (EFFEKTE • SIMULATION • CC BALL ACTION). Sofort wird der Text unleserlich und wird in kleine Bälle zerteilt.

Schauen wir uns den Effekt an: Mit SCATTER regeln Sie die Verteilung dieser Bälle – höhere Werte führen zu weiter verstreuten Bällen. Per ROTATION drehen Sie das Ball-Objekt insgesamt, und mit TWIST ANGLE verdrehen Sie es in sich. Dazu haben Sie per ROTATION AXIS die Möglichkeit, das Objekt um mehr als nur eine Achse zu rotieren. Bei TWIST PROPERTY können Sie die Verwindung des Objekts sogar auf Werten aus den Farbkanälen oder per RANDOM auf Zufallszahlen basieren lassen. Das alles testen Sie vielleicht separat auch an einem importierten Bild.

▲ **Abbildung 12.56**
Zunächst erscheint der Text in kleine Bälle zerlegt.

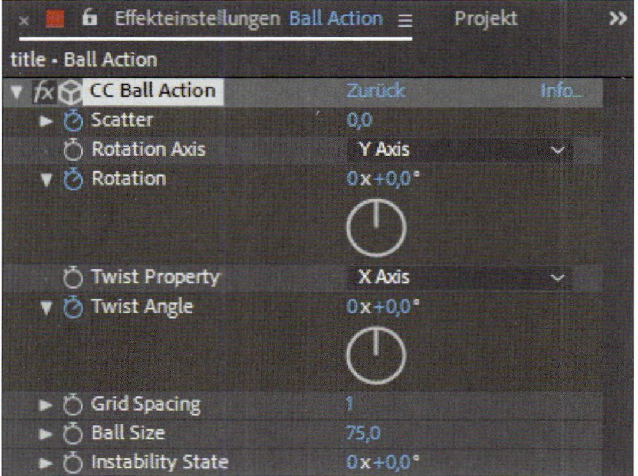


◀ **Abbildung 12.57**
Der Effekt CC BALL ACTION mit allen Einstellmöglichkeiten

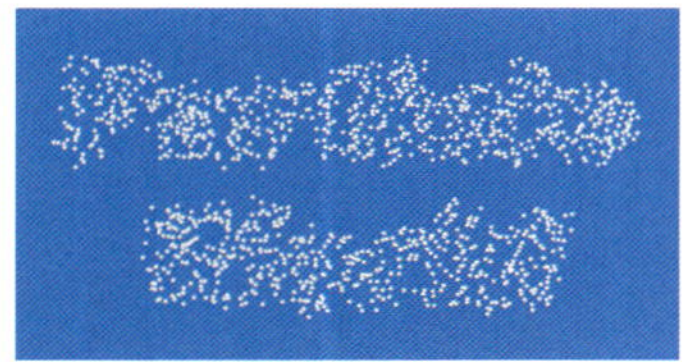

▲ **Abbildung 12.58**
Anschließend werden die Bälle stärker im Raum verteilt und animiert.

**Abbildung 12.59** ▼
Mit Keys bei Scatter, Rotation und Twist Angle kommt die Animation zustande.

Dem Ball-Objekt liegt ein unsichtbares Gitter zugrunde, dessen Maschenweite Sie mit Grid Spacing verändern. Die Ballgröße ändern Sie über Ball Size. Bei einem Wert von 0 verschwinden die Bälle. Instability State bezeichnet nicht den Zustand amerikanischer Immobilienanleihen, bringt aber Bewegung in das Ball-Objekt, wenn Sie den Wert bei Scatter zuvor erhöht haben.

Setzen Sie die Änderungen im Effekt zurück. Zur Animation setzen Sie dann folgende Keys:

- Grid Spacing: ohne Keyframes: 1
- Ball Size: ohne Keyframes: 75,0
- Rotation Axis: Y Axis
- Scatter: bei 01:04 = 0; bei 02:12 = 60
- Rotation: bei 01:14 = 0× +0,0°; bei 02:12 = 1× +0,0°
- Twist Angle: bei 01:08 = 0× +0,0°; bei 01:18 = 0× +60,0°

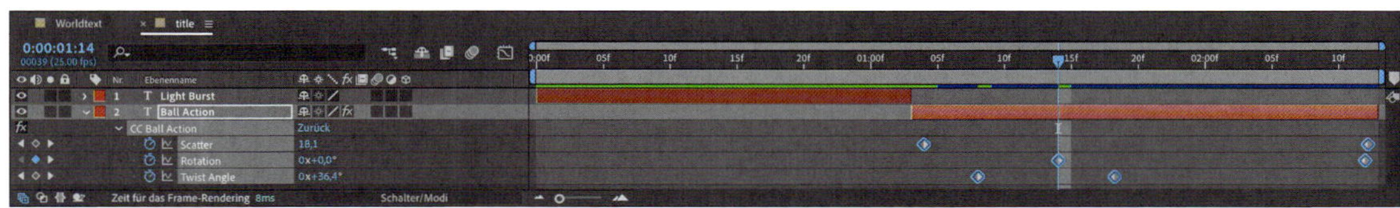

## 4 CC Light Burst

Öffnen Sie die Komposition »finale«. Hier befindet sich bereits ein Hintergrundbild, das wir nicht verändern.

Ziehen Sie die Komposition »title« in die Komposition »finale«, und achten Sie darauf, dass die Ebene bei 00:00 beginnt. Fügen Sie der Ebene »title« den Effekt Light Burst hinzu (Effekte • Generate • CC Light Burst 2.5). Sofort scheint der Text wie von hinten beleuchtet. Die Stärke des Leuchtens legen Sie mit Intensity fest, die Länge der Strahlen mit Ray Length. Bei Burst finden Sie verschiedene Berechnungsmethoden für die Strahlen. Mit Halo Alpha generieren Sie die Strahlen nur aus den Konturlinien entlang der Alpha-Matte. Setzen Sie folgende Keys:

- Ray Length: Erstellen Sie Keyframes bei 00:00 = 0, bei 00:05 = 50, bei 00:22 = 50 und bei 01:02 = 0.
- Center: Bei 00:05 ziehen Sie den Center-Punkt auf das »d« von »World«; bei 00:22 ziehen Sie den Center-Punkt auf das »P« von »Particle«.

▲ **Abbildung 12.60**
Der Center-Punkt von CC Ray Light läuft über den Text und generiert ständig neue Strahlen.

**Abbildung 12.61** ▶
Für Center und Ray Length setzen Sie Keys.

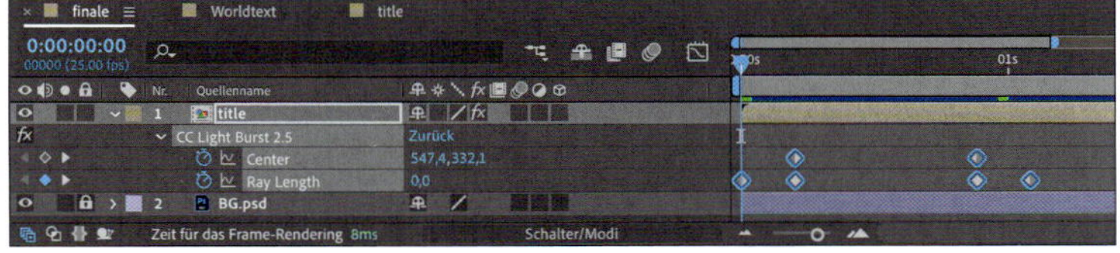

### 5 CC Particle World

Ziehen Sie die Komposition »Worldtext« in die Komposition »finale«, und lassen Sie sie bei 01:14 beginnen. Fügen Sie der Ebene »Worldtext« den Partikeleffekt hinzu (EFFEKTE • SIMULATION • CC PARTICLE WORLD). Der Inhalt der Komposition wird durch den Effekt vorerst ausgeblendet.

◂ **Abbildung 12.62**
In der Voreinstellung werden sprühende Linien als Partikel generiert.

Schauen wir uns den Effekt an und testen zunächst einige Einstellungen. Der Effekt generiert aus einem Punkt, dem PRODUCER, Partikel. Die Partikel können mit dem FLOOR genannten Boden interagieren, z. B. von dort abprallen.

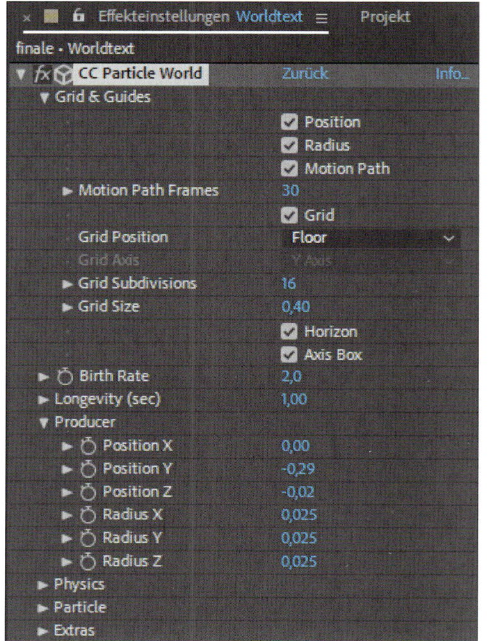


◂ **Abbildung 12.63**
Zunächst dieser Teil der erschlagenden Menge an Einstellmöglichkeiten.

**Grid & Guides**: Unter der Rubrik GRID & GUIDES finden Sie alles, um visuelle Hilfen ein- oder auszuschalten. Die Box POSITION blendet ein kleines Kreuz im Zentrum des Producers ein und aus. Die Box RADIUS aktiviert einen kleinen Kreis, der den Bereich darstellt, innerhalb dessen Partikel generiert werden. Die Box MOTION PATH zeigt den Bewegungspfad des Producers an, wenn Sie dessen Position animiert haben. Wie viele Frames vom Bewegungspfad sichtbar sind, entscheiden Sie bei MOTION PATH FRAMES. Das eingeblendete Drahtgitter können Sie mit der Box GRID ein- und ausschalten, und bei GRID POSITION legen Sie fest, ob es sich direkt beim Producer oder darunter befinden soll.

Bei GRID SUBDIVISIONS stellen Sie das Gitter feiner ein, und mit GRID SIZE skalieren Sie es. Die Box HORIZON blendet eine Horizontlinie ein und aus.

Die Box AXIS BOX ist interessant, da hier oben links eine Steuerungsmöglichkeit eingeblendet wird, mit der Sie den Blickwinkel auf die Partikel festlegen. Der Effekt nutzt eine eigene Kamera, deren Drehungswerte Sie hierbei verändern und animieren können. Die Effektkamera finden Sie unter der Rubrik EXTRAS. Sobald Sie eine After-Effects-Kamera verwenden, wird die Steuerungsmöglichkeit automatisch deaktiviert und ist erst wieder zu gebrauchen, wenn Sie die Kamera gelöscht haben. Allerdings ist es sehr günstig, After-Effects-Kameras zu verwenden, da Sie 3D-Ebenen perfekt mit der Partikelsimulation synchronisieren können.

**Birth Rate/Producer:** Bei BIRTH RATE legen Sie die Menge der Partikel fest, die produziert werden sollen. Bei LONGEVITY (SEC) stellen Sie die Lebensdauer in Sekunden ein. Mit PRODUCER bestimmen Sie den Radius des Punkts, aus dem die Partikel entspringen, und dessen Position.

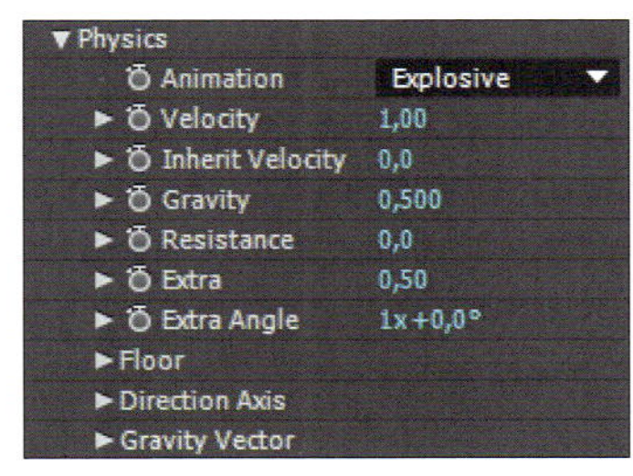


▲ **Abbildung 12.64**
War der Physikunterricht in der Schule doch zu etwas nütze?

**Physics:** Unter PHYSICS erreichen Sie starke Veränderungen im Dropdown ANIMATION, wie Sie beim Ausprobieren schnell feststellen werden. Die Geschwindigkeit der Partikelemission regeln Sie mit VELOCITY. Mit INHERIT VELOCITY bestimmen Sie die Vererbung der Geschwindigkeit des Producers auf die Partikel, falls der Producer animiert wurde. GRAVITY regelt, wie stark die Partikel angezogen werden, und RESISTANCE legt die Dichte des Materials fest, in dem sich die Partikel bewegen. Mit EXTRA und EXTRA ANGLE fügen Sie der Bewegung der Partikel Zufälligkeit hinzu.

Unter FLOOR verändern Sie die Position des Bodens. Hier regeln Sie auch, wie die Partikel mit dem Boden interagieren. Später erfahren Sie mehr dazu.

Unter DIRECTION AXIS legen Sie eine veränderte Hauptachse fest, die z. B. den Partikelstrom bei den Einstellungen DIRECTION AXIS und CONE AXIS (unter PHYSICS • ANIMATION) verändert. Auch die

Werte unter Gravity Vector beeinflussen den Partikelstrom und »ziehen« ihn in andere Richtungen.

**Particle:** Unter Particle ändern Sie im Dropdown Particle Type schnell die Art der Partikel, z. B. von Line in Bubble oder Cube. Manche Partikel bieten sogar die Möglichkeit, eine Textur hinzuzufügen. Haben Sie einen anderen Partikeltyp als Line gewählt, können Sie die Größe der Partikel bei Geburt und Dahinscheiden mit Birth Size und Death Size bestimmen. Auch die Farbe bei Geburt und Übertritt ins Totenreich lässt sich per Birth Color und Death Color leicht ändern.

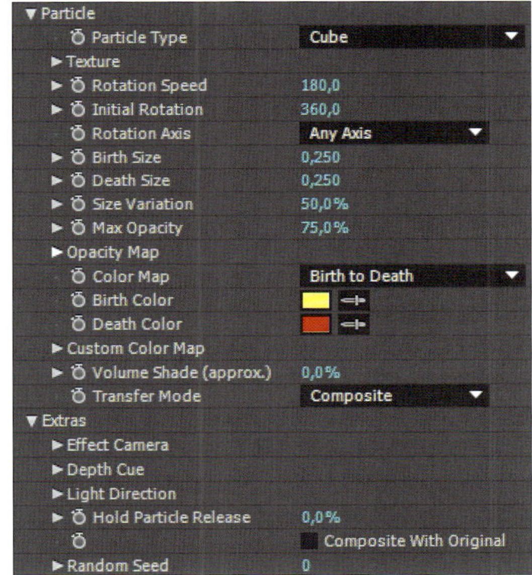


◄ **Abbildung 12.65**
Und der kleine Rest ...

Da Sie nun sicher an allen Reglern gedreht oder gezogen haben, setzen Sie den Effekt wieder auf die Ausgangseinstellungen zurück, damit wir im nächsten Schritt die Animation erstellen können.

### 6 Animation von CC Particle World

Ändern Sie zunächst folgende Eigenschaftswerte, ohne Keys zu setzen: Birth Rate setzen Sie auf 4,0, Longevity auf 0,25; unter Physics • Animation wählen Sie Jet Sideways; Velocity stellen Sie auf 0,05, Inherit Velocity % auf –225. Gravity stellen Sie auf 0,73, Extra auf 0,13, und unter Particle • Particle Type wählen Sie Cube. Der Partikelstrom klebt nun am Producer. Dies ändert sich jedoch, sobald dieser animiert ist.

Bisher war der Inhalt unserer Komposition unsichtbar. Nun blenden wir ihn wieder hinzu. Klicken Sie im Effekt auf den Eintrag Extras, und setzen Sie ein Häkchen bei Composite with Original.

Zur Animation setzen wir Keys für die Position des Producers und lassen den Partikelstrom um den Zylinder kreisen. Setzen Sie bei 03:19 Keys für folgende Eigenschaften: POSITION X, POSITION Y und POSITION Z. Der Producer lässt sich zwar auch direkt anklicken, genauer arbeiten wir jedoch mit numerisch gesetzten Werten. Ziehen Sie also den Wert für POSITION X, und bewegen Sie den Producer damit nach rechts außen außerhalb der Komposition auf einen Wert von ca. 0,60. Sie sehen, dass sehr kleine Werte benötigt werden, um den Producer zu bewegen. Bei 04:09 ziehen Sie den Producer wieder ins Bild, und zwar etwa mittig auf den Zylinder. Ziehen Sie ebenfalls den Wert bei POSITION Y, bis sich der Producer etwa am oberen Rand des Zylinders befindet. Bewegen Sie den Producer mit POSITION Z vor den Zylinder. Sie erreichen dies mit negativen Werten.

Bei 04:23 ziehen Sie den Producer in die Nähe des linken Bildrands und ein wenig nach unten (POSITION Y) und auf der Z-Position ein wenig nach hinten (positive Werte). Bei 05:12 soll der Producer mittig hinter dem Zylinder sein und bei 06:05 wieder nahe dem rechten Bildrand. Schon haben Sie eine erste Runde um den Zylinder absolviert. Fahren Sie so im Abstand von je ca. 20 Frames fort, und lassen Sie den Producer noch ein zweites Mal um den Zylinder kreisen. Bei 11:06 ziehen Sie den Producer nach links aus der Komposition heraus.

Markieren Sie alle Producer-Keys, und klicken Sie einen der Keys mit der rechten Maustaste an. Aus dem Popup wählen Sie KEYFRAME-ASSISTENTEN und dann EASY EASE. Dies glättet den geschaffenen Bewegungspfad des Producers.

**Abbildung 12.66 ▼**
Per rechter Maustaste wählen Sie die Option EASY EASE.

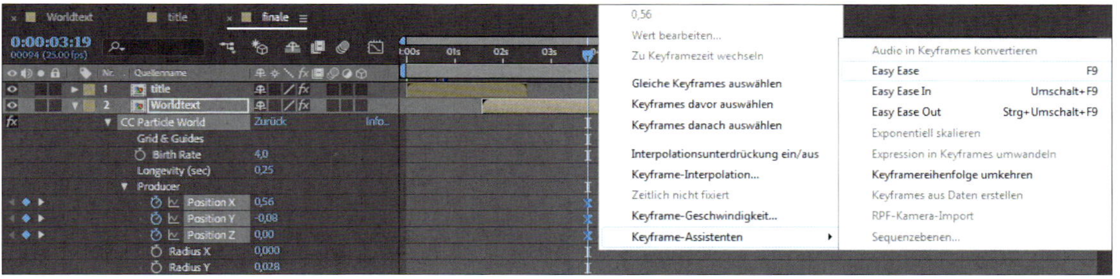


Das Ergebnis ist ein in der Bewegung des Producers mitlaufender Partikelstrom, was durch den Wert bei INHERIT VELOCITY erreicht wird. Aktivieren Sie für die Ebene »Worldtext« noch den Schalter BEWEGUNGSUNSCHÄRFE (für die Komposition tun Sie dies ebenfalls). Die Partikel werden dadurch in ihrer Bewegung verwischt und wirken dann eher wie ein Kometenschweif oder Rauch.

◀ **Abbildung 12.67**
Der Producer wird um den Zylinder herumgeführt.

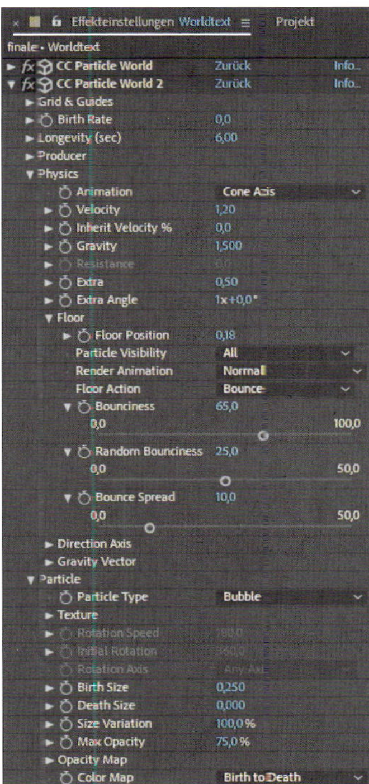


▲ **Abbildung 12.68**
Fügen Sie den Effekt CC Particle World ein zweites Mal hinzu, diesmal mit der Option Bounce.

### 7 Kleine Explosionen

Mit einem zweiten Partikeleffekt generieren wir zum Schluss noch ein paar aus dem Zylinder schießende Partikel.

Wenden Sie den Effekt CC Particle World nochmals auf die Ebene »Worldtext« an. Öffnen Sie den Eintrag Physics • Floor, und wählen Sie unter Floor Action die Option Bounce und unter Extras wieder die Option Composite with Original. Durch die Option Bounce prallen die fallenden Partikel vom Boden (Floor) ab.

◀ **Abbildung 12.69**
Partikel werden über dem Zylinder generiert und fallen in Richtung Floor-Grid.

Achten Sie darauf, dass sich das Floor-Grid genau unter dem Zylinder befindet. Positionieren Sie den Producer etwas über dem Zylinder.

Ändern Sie vor der Animation folgende Werte: Longevity (sec) auf 6; unter Physics, Animation gehen Sie auf Cone Axis; Velocity: 1,2; Gravity: 1,5; unter Particle, Particle Type stellen Sie Bubble ein; Death Size: 0; Size Variation: 100 %.

Die Animation erfolgt über Birth Rate. Setzen Sie folgende Keys: bei 11:06 = 0; bei 11:10 = 35; bei 11:15 = 0; bei 13:22 = 0; bei 14:01 = 50 und bei 14:06 = 0.

Auf diese Weise werden die Partikel nur für einen kurzen Moment ausgestoßen, sie fallen zu Boden, wo sie abprallen und letztlich liegen bleiben, bis sie nach sechs Sekunden das Zeitliche gesegnet haben. Im fertigen Projekt »CycoreFXfertig« habe ich noch ein wenig weitergearbeitet. Schauen Sie vielleicht einmal hinein.

**Abbildung 12.70** ▸
Die Partikel prallen vom Floor ab und bleiben schließlich liegen.

## 12.3.2 Partikelexplosion

Natürlich können Sie den Effekt CC Particle World auch einsetzen, um Explosionen zu generieren. Dabei sollten Sie darauf achten, dass die Farbfläche, auf die Sie den Effekt anwenden, groß genug ist, so dass sämtliche umherfliegenden Partikel sich nicht über die Ränder der Ebene hinausbewegen, da es sonst zu einem unschönen Beschnitt kommt.

### Einstellungen für eine Explosion

Der folgende Abschnitt ist zwar kein Workshop, aber eine schrittweise Beschreibung. – Sie können daher versuchen, den Text in die Praxis zu transferieren.

1. Erstellen Sie eine Komposition mit der Vorgabe HDTV 1080 25 und einer ebensogroßen Farbfläche darin.
2. Nachdem Sie CC Particle World (Effekte • Simulation • CC Particle World) hinzugefügt haben, tragen Sie folgende Werte in den Effekt ein und lassen alle nicht genannten Werte unverändert: Longevity = 3,0; Position Y = 0,9; Position Z = 3,6; Velocity = 5,0; Inherit. Velocity % = 500,0; Gravity = 1,4; unter Floor, Floor Position = 0,90; Floor Action = Bounce; Bounciness =

100; Random Bounciness = 50; Bounce Spread = 50; Particle Type = Motion Square; Birth Size = 0,12; Death Size = 0,0; Size Variation = 100; Transfer Mode = Black Matte; unter Extras • Effect Camera • Distance = 4,30.
Unter Physics ist der Effekt von vornherein auf Explosive eingestellt, so wie es hier sein soll. Zur Animation setzen Sie drei Keys für Birth Rate, z. B. bei 01:00 = 0, bei 01:04 = 300 und bei 01:08 = 0. Für einen kurzen Moment werden so die Partikel explosionsartig generiert.

3. Anschließend verfeinern Sie mit zwei weiteren Effekten die Explosion: mit Leuchten und Radialer Weichzeichner.

### Der Effekt »Leuchten«

Fügen Sie der Ebene den Effekt Leuchten, den Sie unter Effekte • Stilisieren finden, hinzu. Dieser Effekt hellt bestimmte im Bild vorhandene Farben je nach eingestellter Intensität auf. Sie können den Effekt nutzen, um die RGB-Farbtöne leuchten zu lassen, oder einen Farbverlauf im Alphakanal festlegen. Die Farben des Alphakanals befinden sich dann wie eine weitere Ebene vor oder hinter den RGB-Farbtönen. Dafür wählen Sie im Effektfenster unter Kanal ❶ den Eintrag Alphakanal. Als Farben für den Farbverlauf im Alphakanal stellen Sie ein helles Rot für Farbe A ❺ ein. Für Farbe B, das zweite Farbwahlfeld, legen Sie ein reines Gelb fest. Unter Radius ❷ bestimmen Sie, inwieweit sich das Leuchten um die Partikel legt. Tippen Sie »1« in das Wertefeld ein. Erhöhen Sie, damit das Leuchten sichtbar wird, die Intensität ❸ auf »1«. Für den Schwellenwert tragen Sie »70 %« ein. Wählen Sie unter Original berechnen ❹ den Eintrag Dahinter.

▲ **Abbildung 12.71**
Hier wurde der Effekt Leuchten auf den Alphakanal des Textes angewandt, um die Farben der Explosion aus dem Hintergrund auch um den Text herum erscheinen zu lassen.

**Leuchten animieren**
Zur Animation des Leuchten-Effekts können Sie Keys für die Eigenschaft Intensität setzen. Setzen Sie dazu die Intensität von 0 – bei der der Effekt unsichtbar ist – auf einen höheren Wert.

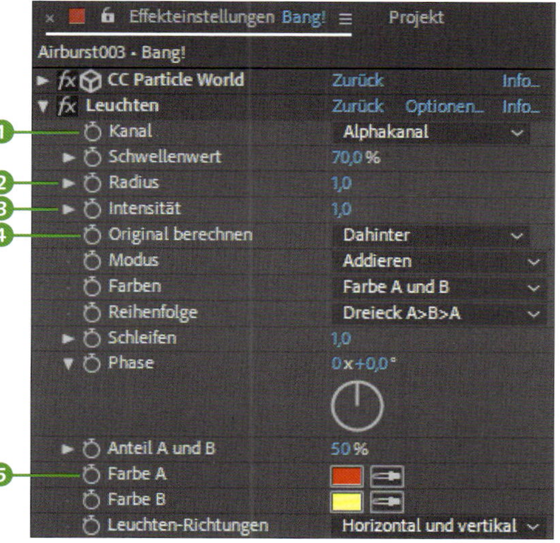


◀ **Abbildung 12.72**
Mit diesen Einstellungen bringen Sie den Alphakanal der Partikel zum Leuchten.

**Beispiel**

In den Beispielmaterialien finden Sie im Ordner BEISPIELMATERIAL/12_EFFEKTE/PARTIKELEXPLOSION die Datei »partikelexplosion.aep«.

#### Der Effekt »Radialer Weichzeichner«

Schnell fliegende Partikel sollen etwas unscharf erscheinen, damit der Eindruck schneller Bewegung verstärkt wird. Dazu fügen Sie der Ebene den Effekt RADIALER WEICHZEICHNER hinzu, der sich in der Effektkategorie WEICH- UND SCHARFZEICHNEN befindet. Zuerst setzen Sie den Effekt unter METHODE auf STRAHLENFÖRMIG. Solange der Effekt im Effektfenster markiert ist, können Sie den Mittelpunkt ① verschieben, von wo aus die Strahlen generiert werden. Unter STÄRKE wählen Sie hier den Wert 25.

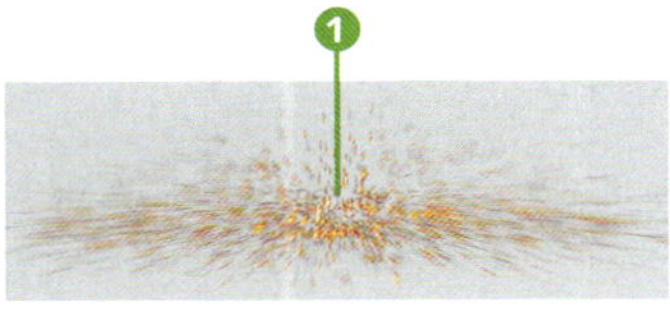


▲ **Abbildung 12.73**
Den Mittelpunkt des RADIALEN WEICHZEICHNERS setzen Sie auf die Mitte der Explosion.

Zu guter Letzt duplizieren Sie die Ebene mit den drei Effekten und setzen dann in der oberen Ebene im Effekt CC PARTICLE WORLD unter PARTICLE den Transfermode auf SCREEN. Über die Ebenenmodi kombinieren Sie dann die beiden Ebenen noch mit dem Modus INEINANDERKOPIEREN. Dies erzeugt einen relativ realistischen Effekt.

Da PARTICLE WORLD die Farbfläche bereits transparent gesetzt hat, können Sie nun die Explosion jedem beliebigen Rohmaterial hinzufügen und dort die Funken sprühen lassen. Das fertige Projekt mit einer weiteren Explosionsvariante finden Sie im Ordner 12_EFFEKTE/PARTIKELEXPLOSION.

**Abbildung 12.74** ►
Hier habe ich den neu kreierten Effekt verwendet.

### 12.3.3 Effekte am Pfad

Eine schöne Möglichkeit ist es, Effekte einem Maskenpfad oder einem Form-Pfad folgen zu lassen. Dazu kopieren Sie die Maskenpunkte bzw. den Form-Pfad und setzen sie bzw. ihn in die Positionseigenschaft eines Effekts ein. Nicht alle Effekte können mit Positionswerten animiert werden. Typische Effekte, bei denen eine solche Animation möglich ist, sind beispielsweise die Generieren-Filter BLENDENFLECKE, STRAHL, GEWITTER oder der veraltete Effekt BLITZ.

**Bézier-Pfad**

Wenn Sie mit den Form-Werkzeugen Pfade erstellen und diese in andere Positionseigenschaften kopieren wollen, müssen Sie vorher die Option BÉZIER-PFAD für Form-Werkzeuge in der Werkzeugleiste aktivieren.

Um einen Pfad in einen Effektpositionspunkt, also eine Eigenschaft mit Positionswerten, einzusetzen, öffnen Sie zuerst die Maskeneigenschaften bzw. den Inhalt der Formebene in der Zeitleiste.

Dort markieren Sie das Wort Maskenpfad ❸ bzw. bei Formebenen die Eigenschaft Pfad ❷. Mit Strg+C kopieren Sie den Pfad und können ihn dann in jeden beliebigen Effektpositionspunkt einsetzen. Dazu markieren Sie den jeweiligen Effektpositionspunkt ❹ und setzen den Maskenpfad mit Strg+V ein.

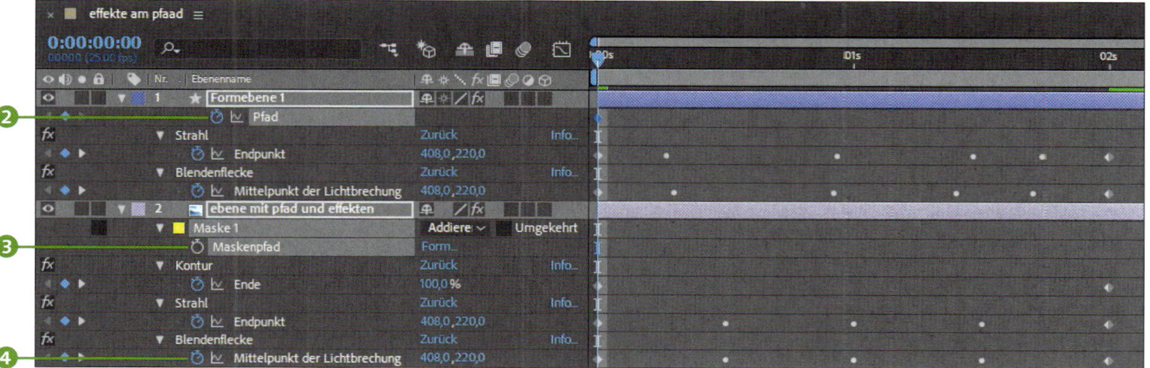


▲ **Abbildung 12.75**
Nachdem Sie das Wort Maskenpfad bzw. Pfad markiert haben, kopieren Sie den Maskenpfad. Nach dem Markieren des Effektpositionspunkts wird der Pfad dort als Reihe von Keyframes eingefügt.

Das Resultat ist eine Reihe von Roving Keyframes, also zeitlich nicht fixierten Keyframes, deren Anzahl genau der Anzahl der Pfadpunkte entspricht. Zu beachten ist noch, dass die Effektpositionspunkte durchaus verschiedene Namen haben. Bei dem Effekt Blendenflecke heißt dieser Punkt Mittelpunkt der Lichtbrechung, beim Effekt Gewitter sind es Ursprung und Richtung, bei den Effekten Blitz und Strahl sind es Anfangspunkt und Endpunkt etc.

**Beispiel**
Ein Beispiel befindet sich im Ordner 12_Effekte/WeitereEffekte im Projekt »weitereEffekte.aep« in der Komposition »effekte am pfad«.

▲ **Abbildung 12.76**
Zuerst liegen der Maskenpfad und die Effekte Blendenflecke und Strahl ohne Zusammenhang nebeneinander.

▲ **Abbildung 12.77**
Nach dem Einfügen des Maskenpfads in den Effektpositionspunkt Mittelpunkt der Lichtbrechung folgt der Blendenfleck genau dem Pfad. Hier habe ich zusätzlich die Generieren-Effekte Kontur und Strahl auf den Pfad angewendet.

### 12.3.4 Kontur, Strahl, Blendenflecke, Turbulentes Versetzen und Zertrümmern

Im folgenden Workshop verwenden wir die Effekte KONTUR und STRAHL, BLENDENFLECKE sowie TURBULENTES VERSETZEN und ZERTRÜMMERN. Da diese Effekte zum Teil sehr umfangreiche Einstellmöglichkeiten aufweisen, würde es den Rahmen sprengen, auf jede Möglichkeit einzugehen. Sie erhalten dennoch das nötige Handwerkszeug für eigene Experimente. Und lassen Sie sich nicht von den vielen Parametern abschrecken. Los geht's.

## Schritt für Schritt
## Ufo-Angriff

Dank außerirdischer Hilfe lernen Sie in diesem Workshop die Effekte KONTUR, STRAHL, BLENDENFLECKE sowie TURBULENTES VERSETZEN und ZERTRÜMMERN kennen.

**1 Vorbereitung**

Kopieren Sie sich den gesamten Ordner UFO_ANGRIFF aus dem Ordner 12_EFFEKTE auf Ihre Festplatte. Schauen Sie sich zuerst aus dem gleichen Ordner das fertige Movie mit dem Namen »Ufo.mp4« an.

Damit alles etwas einfacher geht, habe ich für Sie ein vorbereitetes Projekt in den Ordner gelegt. Es heißt »Ufo.aep«. Dieses Projekt können Sie selbst erstellen, wenn Sie zuvor den Workshop »Bewegung verfolgen« aus Abschnitt 15.1.2 machen.

Die benötigten Dateien für diesen Workshop finden Sie in den Beispielmaterialien unter BEISPIELMATERIAL/12_EFFEKTE/UFO_ANGRIFF.

**Zum Nachlesen**

Einzelheiten zum Tracking finden Sie in Kapitel 15, »Motion-Tracking«, mehr zum Keying erfahren Sie in Abschnitt 12.4, »Keying mit Green- oder Bluescreen«, Details zu Maskenpfaden stehen in Abschnitt 11.3, »Masken: Schon wieder Pfade«, und weitere Informationen zu Ebenenmodi erhalten Sie in Abschnitt 5.7, »Bitte mischen: Füllmethoden«.

**2 Materialsichtung**

Starten Sie das Projekt, und doppelklicken Sie auf die darin enthaltene Komposition »Ufo«, um sie zu öffnen.

Ganz unten befindet sich das Movie, in das Ufos und eine Explosion eingebaut werden sollen. Damit das Auto später zertrümmert werden kann, habe ich davon schon bei der Aufnahme ein Videostandbild auf dem Parkplatz gemacht und es in Photoshop freigestellt. Das Originalbild (»Auto1Original.psd«) liegt im Projektordner. Wenn Sie die bearbeitete Datei »Auto1.psd« in Photoshop öffnen, sehen Sie, dass das Auto von einer riesigen transparenten Fläche umgeben ist. Diese ist nötig, damit der Effekt ZERTRÜMMERN umherfliegende Teile darin berechnen kann.

Damit das Ufo hinter dem Laternenmast vorbeifliegt und sich so besser in das Bild integriert, habe ich aus dem Parkplatzvideo das erste Bild als Standbild herausgerechnet und die Laterne in Photoshop freigestellt.

Die Explosion, die ich gekeyt habe, stammt von der Firma Detonation Films (*www.detonationfilms.com*), die freundlicherweise einige ältere Videos zur Verwendung freigegeben hat. Allerdings ist die Qualität leider nicht berauschend.

Damit Auto, Laterne und die Explosion den Schwenk der Kamera mitmachen, habe ich einen Punkt im Parkplatzvideo getrackt und die Positionsdaten in die eingefügten Ebenen übertragen. Doch nun zu den Effekten.

### 3 Kondensstreifen erstellen

Wir werden ein Ufo durch das Bild fliegen lassen und mit den Effekten Kontur, Turbulentes Versetzen und Gaussscher Weichzeichner einen Kondensstreifen erzeugen, der genau hinter dem Ufo platziert ist.

Ziehen Sie zunächst die Datei »Ufo.psd« unter die Ebene »laterne« in die Zeitleiste. Setzen Sie folgende Keys:

- Position: bei 00:00 = Ufo links oben außerhalb des Bilds; bei 02:00 = Ufo rechts oben außerhalb des Bilds
- Skalierung: bei 00:00 = 8 %; bei 02:00 = 12 %

◄ **Abbildung 12.78**
Per Position bewegen Sie das Ufo durch das Bild.

Kreieren Sie über Ebene • Neu • Farbfläche eine Ebene in Kompositionsgröße, und nennen Sie sie »strich«. Fügen Sie bei markierter Ebene die oben genannten Effekte hinzu (z. B. über die Palette Effekte und Vorgaben).

Für den Effekt Kontur benötigen wir einen Maskenpfad, der dem Bewegungspfad des Ufos entspricht. Dazu sind ein paar Schritte nötig:

1. Markieren Sie die Ebene »strich«, und klicken Sie dann doppelt auf das Rechteck-Werkzeug [Q]. Uns genügt die hinzugefügte eckige Maske.
2. Markieren Sie die Eigenschaft Position ❷ (Abbildung 12.79) der Ebene »Ufo.psd«, um die Keys auszuwählen, und kopieren Sie sie per [Strg]+[C].

3. Öffnen Sie die Ebene »strich«, und markieren Sie dort unter MASKE 1 den Eintrag MASKENPFAD ❶. Fügen Sie nun die kopierten Daten mittels Strg+V ein.
4. Suchen Sie im Effekt KONTUR den Eintrag PFAD ❸, und wählen Sie dort die eingefügte Maske aus.

▲ **Abbildung 12.79**
Kopieren Sie die Positionswerte des Ufos in die Maske der Effektebene.

**Abbildung 12.80** ▶
Der Maskenpfad deckt sich mit dem Bewegungspfad des Ufos.

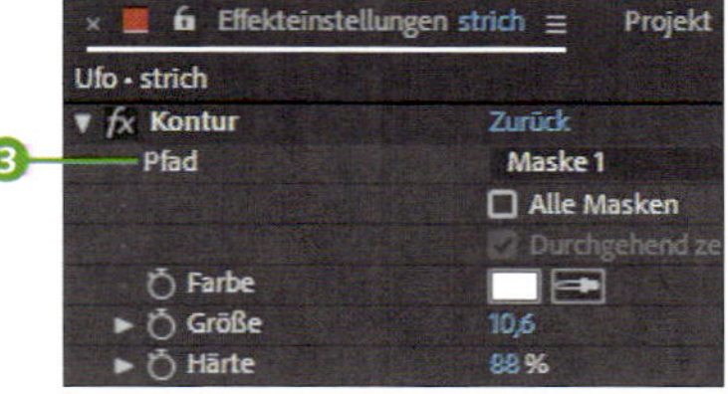


▲ **Abbildung 12.81**
Neben PFAD wählen Sie die Maske für den Effekt KONTUR aus.

Um die Farbfläche auszublenden und nur den Strich sichtbar zu machen, wählen Sie im Effekt KONTUR unter MALSTIL den Eintrag AUF TRANSPARENT. Ändern Sie folgende Parameter: GRÖSSE = 11; HÄRTE = 90 %; DECKKRAFT = 60 %. Zur Animation setzen Sie Keys für die Eigenschaft ENDE: bei 00:00 = 0 %; bei 02:00 = 100 %. Dies generiert den Strich im Zeitverlauf entlang des Maskenpfads. Jetzt sollte dem Ufo ein Kondensstreifen folgen.

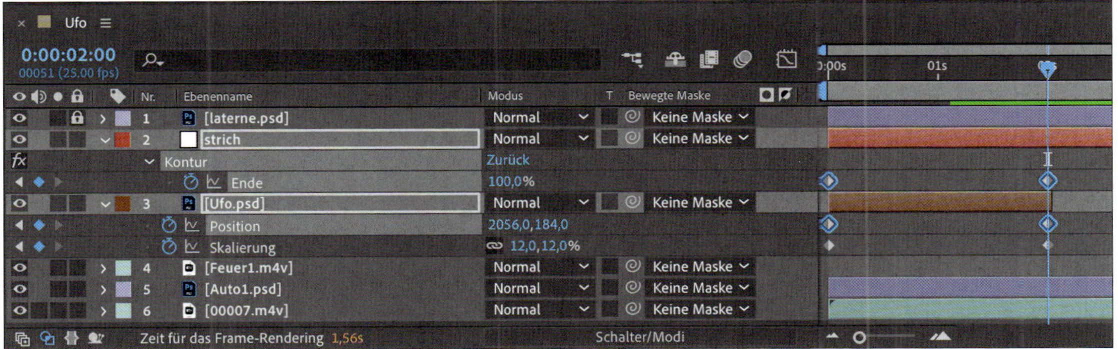


▲ **Abbildung 12.82**
Der Kontur-Effekt folgt dem Maskenpfad und wird mit der Eigenschaft Ende animiert.

◀ **Abbildung 12.83**
Der Kondensstreifen folgt dem Ufo.

## 4 Kondensstreifen verschwinden lassen

Mit dem Effekt Turbulentes Versetzen bewegen Sie den Strich leicht. Ändern Sie den Parameter Versetzung auf Horiz. und vert. Versetzung. Setzen Sie folgende Keys: für Stärke: bei 02:00 = 0, bei 04:00 = 25; und für Evolution: bei 02:00 = 0× +0,0, bei 04:00 = 1× +0,0.

Setzen Sie beim Gaussschen Weichzeichner die Stärke auf 27. Setzen Sie noch folgende Keys für die Ebeneneigenschaften:

- Skalierung: bei 02:00 = 100 %; bei 04:00 = 145 %
- Deckkraft: bei 02:00 = 100 %; bei 04:00 = 0 %

## 5 Ufolicht hinzufügen

Für einen Lichthalo um das Ufo verwenden wir den Effekt Blendenflecke. Er hellt die Pixel der Ebene auf, auf die er angewendet wird, und simuliert Lichtreflexe auf einem Objektiv. Fügen Sie den Effekt dem Parkplatzvideo hinzu. Wählen Sie als Objektivart den Eintrag 105 mm. Damit der Fleck dem Ufo folgt, kopieren Sie wieder die Positions-Keyframes aus der Ebene »Ufo.psd«. Markieren Sie dann die Eigenschaft Mittelpunkt der Lichtbrechung, und fügen Sie die Positions-Keys am Zeitpunkt 00:00 ein.

Blenden Sie dann das Licht per Helligkeit des Blendenflecks aus: bei 01:23 = 100 %, bei 02:00 = 0 %.

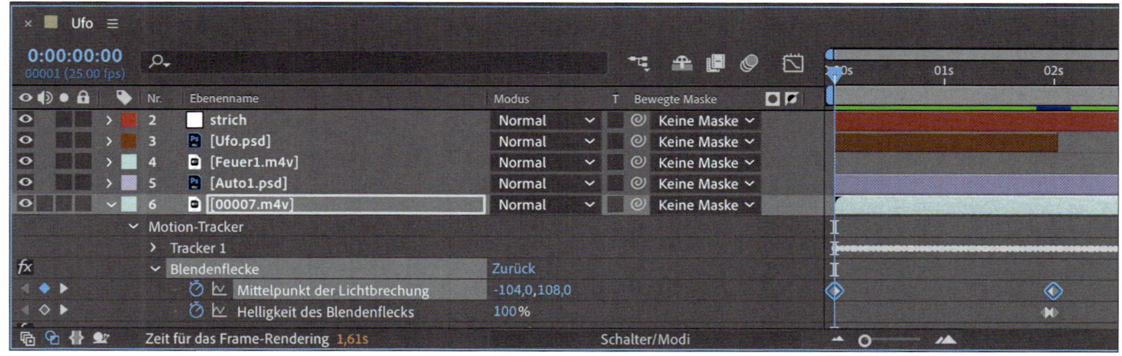


**▲ Abbildung 12.84**
Die Positions-Keys des Ufos verwenden Sie auch für den Blendenfleck.

**Abbildung 12.85 ▶**
Der Blendenfleck folgt wie der Strich dem Ufo.

## 6 Zweites Ufo hinzufügen

Ziehen Sie die Datei »Ufo.psd« erneut in die Zeitleiste, und lassen Sie sie bei 02:00 beginnen. Setzen Sie die SKALIERUNG auf 90 %.

Verschieben Sie den Ankerpunkt mit dem Ausschnitt-Werkzeug [Y] auf den unteren Rand des Ufos ❶. Lassen Sie das Ufo von rechts außen ins Bild kommen, und bilden Sie den Bewegungspfad aus der Abbildung möglichst annähernd nach. Setzen Sie dazu Positions-Keyframes bei 02:00, 04:08, 07:00 und 09:01.

**Abbildung 12.86 ▶**
Versuchen Sie, den Bewegungspfad annähernd wie hier zu erstellen.

### 7 Laserschuss hinzufügen

Für den Laserschuss ist eine weitere Farbfläche in Kompositionsgröße nötig. Nennen Sie sie »strahl«, und lassen Sie sie bei 02:00 beginnen. Fügen Sie der Ebene den Effekt STRAHL hinzu.

Ändern Sie zunächst folgende Parameter: LÄNGE = 100 %; ANFANGSBREITE = 20; INNENFARBE = Gelb; AUSSENFARBE = Grün.

Um den Anfangspunkt des Strahls deckungsgleich zum Bewegungspfad des zweiten Ufos zu bekommen, – Sie ahnen es bereits – kopieren Sie die Positions-Keys des Ufos in die Eigenschaft ANFANGSPUNKT. Beim Einfügen muss die Zeitmarke bei 02:00 stehen und die Eigenschaft wieder markiert sein.

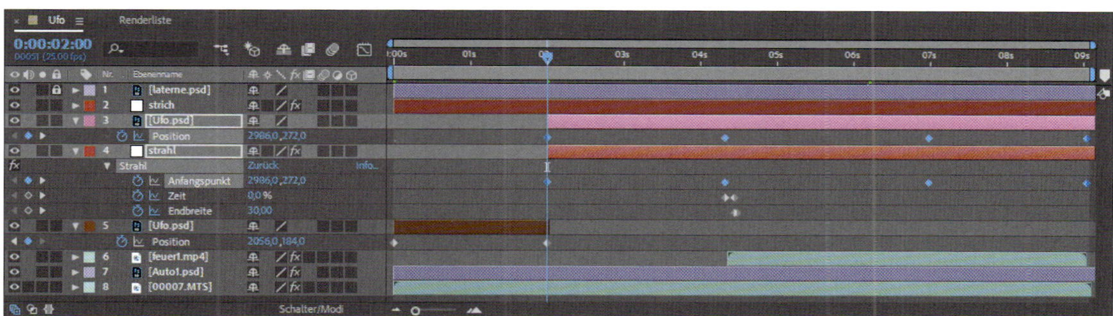


▲ **Abbildung 12.87**
Kopieren Sie die Positionswerte des zweiten Ufos in den Anfangspunkt des Strahls.

Jetzt der Laserschuss: Navigieren Sie zum Zeitpunkt 04:08. Klicken Sie im Effekt STRAHL auf das Kästchen für ENDPUNKT ❷, und ziehen Sie das im Kompositionsfenster erscheinende Kreuz auf das Auto wie in Abbildung 12.88. Setzen Sie folgende Keys:

- ZEIT: bei 04:08 = 0 %, bei 04:11 = 100 %
- ENDBREITE: bei 04:11 = 30, bei 04:12 = 0

▲ **Abbildung 12.88**
Der Endpunkt des Strahls liegt genau auf dem Auto.

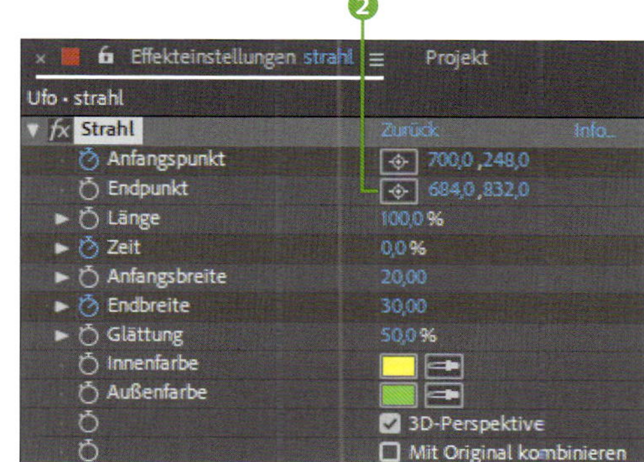


▲ **Abbildung 12.89**
Die Parameter des Effekts STRAHL

### 8 Auto zertrümmern

Das größte Vergnügen bereitet wahrscheinlich dieser Punkt, und das nicht nur, weil es der letzte ist. Fügen Sie der Ebene »Auto1.psd« den Effekt ZERTRÜMMERN aus der Kategorie SIMULATION hinzu.

Zunächst verschwindet das Auto vollständig. Dies liegt daran, dass im Effekt unter ANSICHT der Eintrag DRAHTGITTER + KRÄFTE ① gewählt ist. Diese Ansicht ist zum Einstellen des Effekts sehr gut geeignet. Um das Auto wiederzusehen, wählen Sie später GERENDERT.

Motor des Effekts ist die KRAFT 1 ② (KRAFT 2 ist per RADIUS = 0 deaktiviert). Diese ist als Kugel angelegt, deren Lage bzw. XY-Position Sie per POSITION bestimmen, deren Z-Position per TIEFE und deren Größe durch den RADIUS. Ändern Sie zunächst unter FORM folgende Parameter: MUSTER = GLAS; WIEDERHOLUNGEN = 110; EXTRUSIONSTIEFE = 0,15. Schieben Sie die Kraftkugel (KRAFT 1) mittels TIEFE einmal auf den Wert –0,73. Damit wirkt sich die Kraft nicht aus, da sie zu weit entfernt ist. Im Drahtgittermodus erkennen Sie jetzt lauter Kacheln (Wiederholungen des Musters), die wiederum in Glasscherben zerteilt sind. Nun werden wir die Kraft nutzen, um die Ebene in die Glasscherben zu zertrümmern.

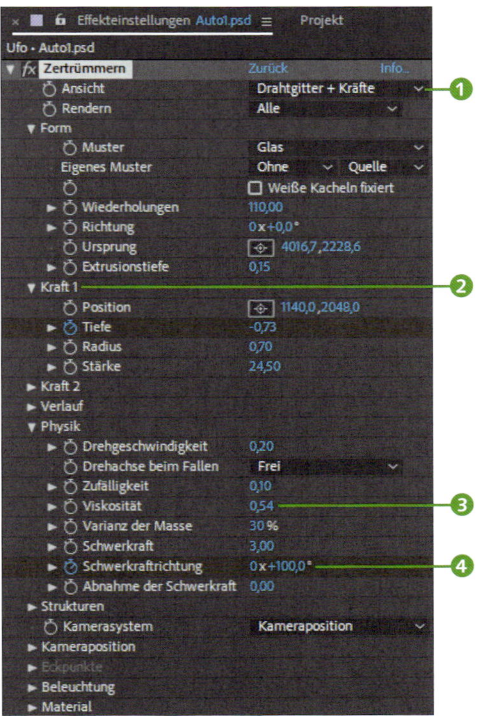


**Abbildung 12.90 ▸**
Nur einige der vielen Parameter nutzen wir für die Animation.

Tragen Sie unter KRAFT 1 folgende Werte ein: POSITION = »1140, 2048« (damit die Kraft genau auf dem Auto liegt), RADIUS = »0,70«

und Stärke = »24,50«. Setzen Sie folgende Keys für Tiefe: bei 04:11 = –0,73 und bei 04:17 = 0,20. Wenn Sie die Animation nun rendern, fliegen die Teile noch nicht so wie gewünscht.

Ändern Sie daher unter Physik den Wert bei Viskosität ❸ auf 0,55. Dies bremst die Teile wie in einer dickeren Flüssigkeit. Setzen Sie für Schwerkraftrichtung ❹ folgende Keys: bei 07:15 = 0× +100° und bei 08:08 = 0× +0°.

▼ **Abbildung 12.91**
Per Tiefe und Schwerkraftrichtung animieren wir den Effekt.

Somit fliegen die Teile erst leicht nach rechts in Richtung der Bewegung des Ufos und folgen ihm dann nach oben. Für das fertige Movie habe ich noch ein zweites Auto zertrümmert. Sie können es gern noch hinzufügen. Sie wissen jetzt ja, wie es geht.

◀ **Abbildung 12.92**
Die Trümmerteile des Autos folgen dem Ufo.

▲ **Abbildung 12.93**
Im fertigen Movie wird ein weiteres Auto zertrümmert.

▲ **Abbildung 12.94**
Teile von beiden Autos folgen letztlich dem Ufo.

### 12.3.5 Zeichentrick

Mit dem Effekt ZEICHENTRICK schaffen Sie eine ähnliche Anmutung wie mit dem Effekt SELEKTIVER WEICHZEICHNER, allerdings arbeitet ZEICHENTRICK, den Sie in der Effektkategorie STILISIEREN finden, noch genauer und besser. Mit diesem Effekt können Sie sogar Ihre Filme aussehen lassen, als wären sie im Trickfilmstudio entstanden, da bewegtes Material ohne Bildfehler berechnet wird.

Ein Beispiel finden Sie im Ordner 12_EFFEKTE/ZEICHENTRICK_MOSAIK in den Zeichentrick-Kompositionen. Hier habe ich Vorder- und Hintergrund des Originals per Roto-Pinsel separiert und einen Matte-Film erstellt, der – zugegeben – verbesserungsfähig ist. Durch Verwendung des Matte-Films konnte der Hintergrund andere Farben erhalten als der Vordergrund; Sie sehen es an den verwendeten Effekten.

▲ **Abbildung 12.95**
In diesem Beispiel wurde noch kein Effekt angewendet.

Der Weg: Gleich nachdem Sie den Effekt angewendet haben, haben die Konturen im Bild eine leichte Umrandung erhalten, und die dazwischenliegenden Flächen wirken nicht mehr so detailliert.

Im Effekt legen Sie unter RENDERN mit der Option RÄNDER fest, dass nur die Konturen eingeblendet werden, und erhalten ein wie gezeichnet wirkendes Bild. Mit FÜLLEN werden nur die dazwischenliegenden Flächen angezeigt.

▲ **Abbildung 12.96**
Hier wird der Effekt ZEICHENTRICK nur mit der Option RÄNDER angezeigt.

Über DETAILRADIUS erreichen Sie bei höheren Werten ein stärkeres Weichzeichnen der Flächen, mit DETAILSCHWELLENWERT werden die Details im Bild noch stärker nivelliert.

Die zwei Regler unter FÜLLEN funktionieren wie die Tontrennung in Photoshop, das heißt, mit SCHATTIERUNGSSCHRITTE legen Sie die Anzahl der Tonwertnuancen fest. Je geringer der Wert, desto plakativer also die Wirkung. Mit SCHATTIERUNGSGLÄTTE können Sie die Übergänge der Nuancen glätten.

▲ **Abbildung 12.97**
Hier sehen Sie ZEICHENTRICK mit der Option FÜLLEN UND RÄNDER.

▲ **Abbildung 12.98**
Per Matte-Film können Sie Vorder- und Hintergrund trennen und unterschiedlich färben.

Unter RAND erhalten Sie mit höheren Werten bei SCHWELLENWERT mehr und breitere Konturen (abhängig davon, wie stark sich angrenzende Pixel unterscheiden). Diese Konturen können Sie per BREITE fein oder grob einstellen und mit GLÄTTUNG den Übergang zu den Farbflächen weich gestalten.

Unter ERWEITERT schärfen Sie per KANTENVERBESSERUNG mit positiven Werten die Kanten und lassen sie mit negativen Werten ausgefranster erscheinen.

Per KANTENTIEFEN verwandeln Sie die normalerweise schwarzen Konturen auf weißem Grund in ihr Gegenteil, indem Sie den Wert erhöhen (leicht erhöhte Werte führen zunächst zu Grautönen). Mit KANTENKONTRAST erreichen Sie einen ähnlichen Effekt.

## 12.3.6 Mosaik

Wenn Sie beispielsweise vorhaben, das Gesicht eines Menschen in einem Video für den Zuschauer unkenntlich zu machen, ist der Effekt MOSAIK genau das Richtige für Sie. Ein Beispiel finden Sie im Ordner 12_EFFEKTE/ZEICHENTRICK_MOSAIK in der »Mosaik«-Komposition.

▲ **Abbildung 12.99**
Zunächst ist das gesamte Videoduplikat verpixelt.

Nachdem Sie Ihr Video in die Zeitleiste gezogen haben, markieren Sie die Ebene und fügen den Effekt MOSAIK aus der Effektkategorie STILISIEREN hinzu.

Sie bestimmen die Größe der »Mosaiksteinchen« über ANZAHL HORIZONTAL und ANZAHL VERTIKAL. Setzen Sie das Häkchen bei FARBEN NICHT MITTELN nicht, ergeben sich weichere Farbabstufungen zwischen den Mosaiksteinchen.

Damit später nur das Gesicht und nicht das ganze Video verpixelt wird, zeichnen Sie eine elliptische Maske um das Gesicht und tracken die Maske per After-Effects-Gesichts-Tracking. Dazu schalten Sie zuvor den MOSAIK-Effekt vorübergehend über das FX-Symbol ❷ (Abbildung 12.101) unsichtbar.

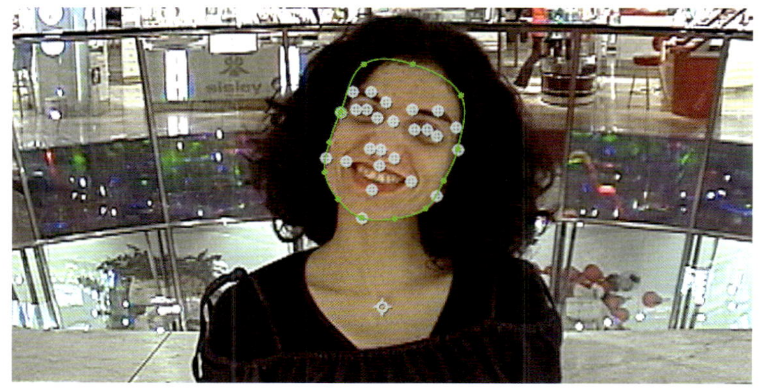

◂ **Abbildung 12.100**
Mit einer Maske tracken Sie die Bewegungen des Gesichts.

**Zum Nachlesen**

Informationen zum Umgang mit Masken und Alpha-Matten erhalten Sie in Kapitel 11, »Masken, Matten und Alphakanäle«.

Anschließend verwenden Sie die Maske in den Kompositionsoptionen des MOSAIK-Effekts als MASKENREFERENZ ❸ und schalten den Effekt wieder sichtbar. Der Maskenmodus muss auf ADDIEREN ❶ gestellt sein.

Nähere Erläuterungen zum Gesichts-Tracking erhalten Sie in Kapitel 15, »Motion-Tracking«.

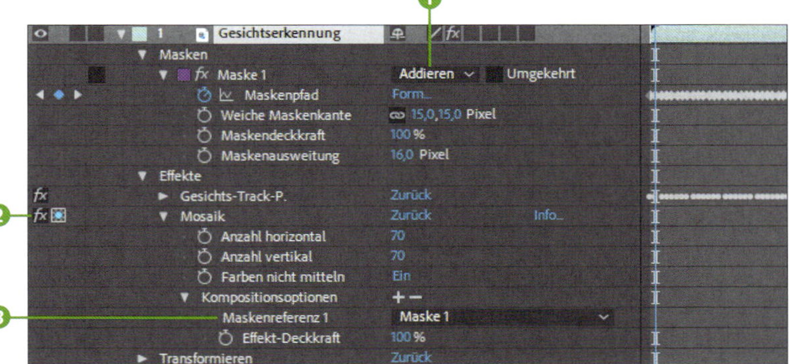


**Abbildung 12.101 ▸**
Die getrackte Maske verwenden Sie in den Kompositionsoptionen als Maskenreferenz.

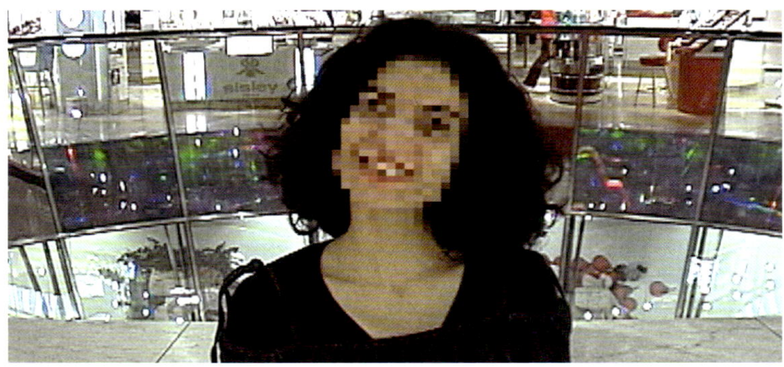

**Abbildung 12.102 ▸**
Letztlich ist nur das Gesicht verpixelt.

## 12.3.7 Kameralinsen-Weichzeichner

Der seit CS5.5 mitgelieferte Effekt KAMERALINSEN-WEICHZEICHNER ist für Kameraaufnahmen gedacht, denen im Nachhinein Tiefenschärfe hinzugefügt werden soll. Daher ist der Effekt besonders im Consumer-Bereich interessant, wo Kameras über keine Tiefenschärfe-Einstellung verfügen.

Zum Testen habe ich Ihnen im Ordner 12_EFFEKTE/KAMERALINSEN_WEICHZEICHNER das Movie »Weichzeichnen.mp4« mitgegeben, das in gleichmäßiger Schärfe aufgenommen ist.

Wenn Sie den Effekt aus der Kategorie WEICH- UND SCHARFZEICHNEN auf das Movie anwenden, wirkt zunächst das gesamte Bild leicht unscharf. Der Motor des Effekts ist eine Graustufenebene, die Sie selbst erzeugen müssen. Im oben genannten Ordner finden Sie zwei von mir erstellte Graustufenfilme zum Testen.

Für den Film »Alpha.mov« habe ich per Roto-Pinsel-Werkzeug die Statue vom Hintergrund separiert und daraus einen Film mit Alphakanal gerechnet. Als zweite Variante habe ich einen Punkt des Movies mit dem After-Effects-Tracker verfolgt und die Daten auf eine Farbfläche angewendet, die so der Bewegung der Statue bzw. der Kamera folgt. Auf dieser Farbfläche habe ich mit den Malwerkzeugen schwarze Farbe aufgetragen und damit das Gesicht, die Hand und das Buch übermalt. Anschließend habe ich noch die Silhouette der Statue in grauer Farbe hinzugefügt. Dieser Film heißt »Luma«.

▲ **Abbildung 12.103**
Zugrunde liegt eine gleichmäßig scharfe Aufnahme.

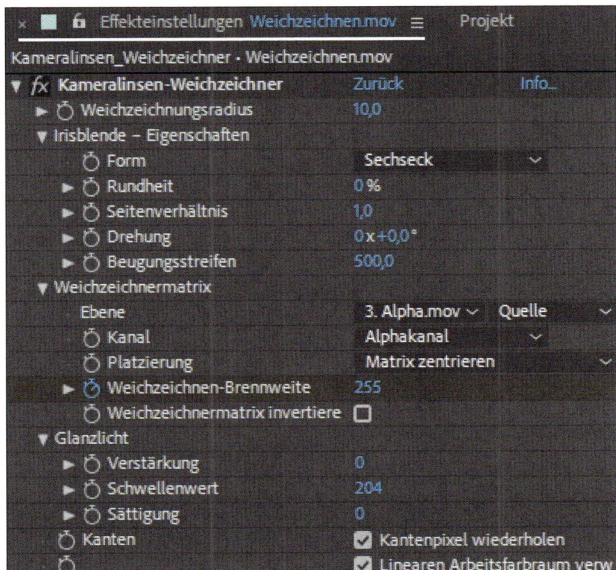


◂ **Abbildung 12.104**
Im Effekt wählen Sie unter Ebene einen Graustufenfilm aus.

- **Variante 1:** Wählen Sie den Film »Alpha.mov« unter Weichzeichnermatrix bei Ebene aus. Unter Kanal stellen Sie Alphakanal ein, damit der Effekt die Information von dort bezieht.

**Kameralinsen-Weichzeichner-Optionen**

Wie Unschärfen im Hintergrund bzw. Vordergrund aussehen, bestimmen Sie mit den Optionen unter Irisblende-Eigenschaften. Nahezu perfekt runde Unschärfen erhalten Sie, wenn Sie unter Form ein Zehneck wählen. Allerdings erreichen Sie dies auch mit einem Wert von 100 % bei Rundheit. Per Seitenverhältnis erzielen Sie mit Werten unter 1 eine leichte vertikale und mit Werten über 1 eine horizontale Verschiebung der Pixel. Mit 1 ist das Seitenverhältnis ausgeglichen. Mit Beugungsstreifen simulieren Sie haloartige Interferenzen des Lichts. Der Wert 100 simuliert ein natürliches Halo und 500 das eines Spiegellinsenobjektivs.

Um Glanzlichter hervorzuheben, stellen Sie zuerst den Schwellenwert, der hier den Graustufenwert repräsentiert, ein. Pixel, die heller sind als die eingestellte Graustufe, werden um den bei Verstärkung gewählten Wert heller dargestellt. Bei einer Projektfarbtiefe von 8 Bit ergeben sich 255 Graustufen. Ist der Schwellenwert 255, hellt sich nichts auf, und bei 0 alles.

Sofort ist die Statue unscharf und der Hintergrund fokussiert. Um die Schärfe vom Hintergrund nach vorn zu verlagern, erhöhen Sie die Werte bei Weichzeichnen-Brennweite. Ist der Wert 1, wird die Statue fokussiert. Mit dem Weichzeichnungsradius verstärken Sie die Unschärfe.

▲ **Abbildung 12.105**
Ein Graustufenfilm trennt Vorder- und Hintergrundbereiche.

- **Variante 2:** Wählen Sie den Film »Luma« unter Weichzeichnermatrix aus und unter Kanal Luminanz. Der »Luma«-Film enthält drei Graustufen: weiß für den Hintergrund, grau für die Silhouette der Statue und schwarz für Gesicht, Hand und Buch. Stellen Sie den Wert bei Weichzeichnen-Brennweite auf ca. 150, ist in diesem Beispiel nur die Statue scharf sichtbar, bei 0 Gesicht, Hand und Buch und bei 255 nur der Hintergrund. Somit können Sie über verschiedene Graustufenwerte verschiedene Schärfeebenen innerhalb einer Aufnahme festlegen und diese per Keyframes ansteuern.

**Abbildung 12.106** ▶
Nach Auswahl des Graustufenfilms ist der Hintergrund unscharf.

## 12.3.8 Rolling-Shutter-Reparatur

Der Effekt Rolling-Shutter-Reparatur aus der Effektkategorie Verzerrung ist vor allem zur Entzerrung von Videos gedacht, die mit einem Smartphone oder einer DSLR-Kamera aufgenommen wurden. Der Effekt versucht, Flächenkanten zu begradigen, die besonders bei Schwenks häufig wie ein Parallelogramm verzerrt sind, oder gerade Linien, die geneigt erscheinen.

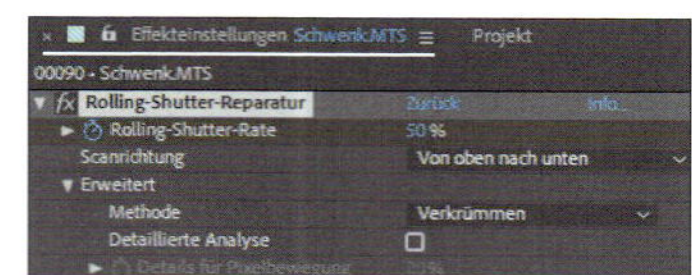


▲ **Abbildung 12.107**
Oft reicht die Voreinstellung des Effekts für ein gutes Ergebnis.

Nachdem Sie den Effekt hinzugefügt haben, berechnet er das Video mit einer Rolling-Shutter-Rate von 50 %, die oft ausreichend ist. Falls nicht, erhöhen Sie diesen Wert. Da die meisten Kameras das Bild von oben nach unten aufzeichnen, ist diese Variante bereits unter Scanrichtung gewählt. Haben Sie Ihr Smartphone einmal umgedreht verwendet, wählen Sie Von unten nach oben. Als Methode bieten sich Verkrümmen und Pixelbewegung an, wobei letztere einzelne Pixel verschiebt und daher etwas länger dauert. Sie können die Analyse für die jeweilige Methode detailgenauer durchführen.

Der Effekt ist zwar einfach anwendbar und arbeitet schnell, aber die Ergebnisse hängen sehr vom aufgenommenen Material ab. Des Öfteren wirkt das Ergebnis nach Anwendung des Effekts genau in dem Sinne verzerrt wie das Material, das der Effekt gerade begradigen sollte. Hier lässt sich zwar mit Keyframes arbeiten, indem Sie die Rolling-Shutter-Rate jeweils erhöhen und verringern, doch das ist bei längeren Clips aufwendig.

▲ **Abbildung 12.108**
Der LKW ist wie ein Parallelogramm verzerrt.

▲ **Abbildung 12.109**
Jetzt sind die Kanten des LKW und senkrechte Linien deutlich gerader als zuvor.

Für eigene Tests finden Sie im Ordner 12_Effekte/Rolling_Shutter_Reparatur das Movie »Schwenk.MTS«. Wenden Sie den Effekt mit verschiedenen Einstellungen darauf an, und vergleichen Sie mit dem Original, indem Sie den Effekt auf der Ebene ein- und ausschalten **1**.

▼ **Abbildung 12.110**
Testen Sie Ihr Material selbst, indem Sie den Effekt auf der Ebene ein- und ausschalten.

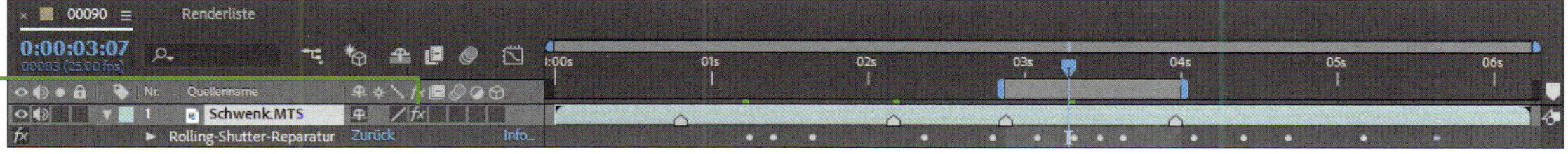


## 12.3.9 Pixel-Bewegungsunschärfe

Der Effekt Pixel-Bewegungsunschärfe ist nützlich, wenn Sie Ihrem Videomaterial oder im Computer generierten Bewegungen im Nachhinein Bewegungsunschärfe hinzufügen wollen.

Als Beispiel können Sie das Movie »Karussell.mp4« aus dem Ordner 12_Effekte/Pixel-Bewegungsunschaerfe verwenden. Hier ist zwar schon Unschärfe von der Kameraaufnahme enthalten, aber Sie können daran studieren, wie der Effekt funktioniert.

Nachdem Sie den Effekt über das Menü Effekte • Zeit hinzugefügt haben, können Sie unter Verschlusssteuerung den Eintrag Manuell wählen, um Verschlusswinkel und Verschlussmuster selbst zu steuern.

Der Verschlusswinkel bewirkt bei hohen Werten eine stärkere Bewegungsunschärfe und simuliert den Effekt, der durch eine Kamera mit drehendem Lamellenverschluss erzeugt wird.

Verschlussmuster reguliert die Qualität der Berechnung, die bei hohen Werten besser wird. Die Option Vektordetail regelt, wie viele Bewegungsvektoren berechnet werden. Bei 100 geschieht dies für jedes Pixel, was aber nicht unbedingt bessere Ergebnisse, dafür jedoch eine längere Berechnung zeitigt.

▲ **Abbildung 12.111**
Das Bild ohne Pixel-Bewegungsunschärfe ...

▲ **Abbildung 12.112**
... und mit dem Effekt.

## 12.3.10 Details erhalten (Vergrößerung)

**Qualität bei starker Skalierung**
Das bilineare und bikubische Sampling können Sie übrigens auch im Effekt Transformieren unter Sampling einschalten, um die Qualität zu verbessern, falls Sie in diesem Effekt die Skalierung stark erhöht haben.

Der Effekt Details erhalten (Vergrösserung) dient dem Hochskalieren von Bildmaterial bei größtmöglicher Erhaltung der Qualität. Sie können mit dem Effekts teilweise bessere Ergebnisse erzielen, wenn Sie zum Beispiel SD-Material auf HD-Größe anpassen oder HD-Material auf 4K.

Zum Anwenden des Effekts markieren Sie die Videoebene und wählen Effekte • Verzerrung • Details erhalten (Vergrösserung).

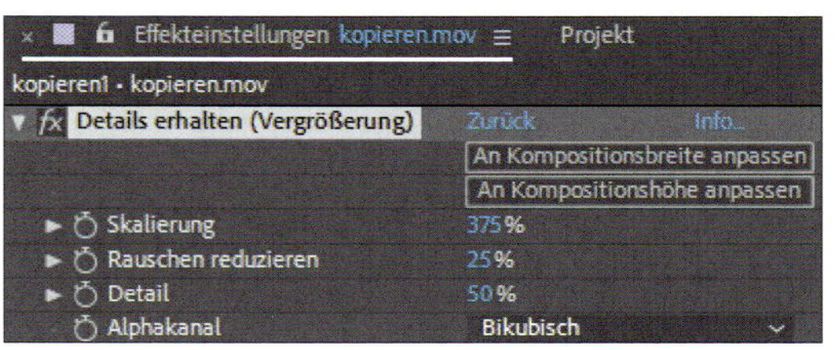


**Abbildung 12.113** ▶
Mit dem Effekt Details erhalten (Vergrösserung) passen Sie SD-Material an HD an oder HD an 4K.

Im Effekt wandeln Sie Ihr Movie mit An Kompositionshöhe anpassen bzw. An Kompositionsbreite anpassen um oder wählen einen Skalierungswert. Bei Rauschen reduzieren erhöhen Sie den Wert, wenn Sie Bildstörungen vor der Skalierung nivellieren wollen, damit sie nicht in der Vergrößerung als »schönes« Detail erscheinen. Höhere Werte bei Detail führen wie bei allen Effekten dieser Art zur Verstärkung von Kontrasten an Rändern im Bild, die vom Auge zunächst als bessere Schärfe wahrgenommen werden, bei zu hohen Werten jedoch unschöne Umrandungen erzeugen. Unter ALPHAKANAL dauert die Berechnung mit Detailerhaltung länger, da dies die höhere Qualitätsoption ist.

Alternativ zum Effekt können Sie bei hohen Skalierungswerten auch das bikubische Sampling der Ebene einsetzen, da die Berechnung dabei schneller geht (siehe auch Abschnitt »Ebenenschalter« in Abschnitt 4.6.9 unter »Qualität«).

**Weitere Effekte für Videomaterial**
In Abschnitt 15.4 finden Sie Erläuterungen zum Effekt VERKRÜMMUNGSSTABILSIERUNG, den Sie zum Stabilisieren verwackelter Aufnahmen nutzen, sowie im weiteren Text den Effekt SCHÄRFEN VON KAMERAWACKLERN, der dem Entfernen unerwünschter Bewegungsunschärfe dient.

## 12.4 Keying mit Green- oder Bluescreen

Bildbereiche können oft komfortabel vom Hintergrund separiert werden, wenn der Hintergrund zuvor als Green- oder Bluescreen angelegt wurde. In diesem Abschnitt kommen wir zu Keying-Effekten, die für diesen Einsatzzweck optimiert sind und ihren Helfern, die anschließend das Keying verbessern.

Im anschließenden Abschnitt »Keying ohne Green- oder Bluescreen« lernen Sie weitere Möglichkeiten kennen, Objekte vom Hintergrund zu trennen.

After Effects bietet verschiedene Keying-Möglichkeiten, die weit über das Auskeyen einer einzigen Farbe hinausgehen. Einige dieser Möglichkeiten stelle ich auf den folgenden Seiten vor.

**Animationsvorgabe**
Ein sehr komfortabler Weg, einmal angelegte Effekteinstellungen auf eine oder mehrere andere Ebenen zu übertragen, sind Animationsvorgaben. In Abschnitt 7.3, »Animationsvorgaben«, finden Sie alle dazu nötigen Informationen.

### 12.4.1 Wozu dient das Keying?

Angenommen, ein Moderator soll im Fernsehen einen Beitrag zu einer Katastrophe sprechen, etwa einem Wüstensturm. Dabei sollen im Hintergrund ständig Bilder der Katastrophe sichtbar sein. Da es am Katastrophenort etwas ungemütlich wäre, wird der Moderator im Studio aufgenommen. Schon haben wir das Problem: Wie kommen die Katastrophenbilder in den Hintergrund?

Vielen ist sicher der **Blue- oder Greenscreen** ein Begriff. Es handelt sich hierbei um einen blauen oder grünen Hintergrund, der hinter eine Filmszene gespannt wird. In der Postproduktion wird die blaue bzw. grüne Farbe des Hintergrunds durch anderes Bildmaterial ersetzt. Technisch gesehen wird in der Postproduktion die grüne Farbe des Greenscreens transparent gesetzt, die grünen Pixel werden also ausgeblendet. Wird der Moderator vor grünem Hintergrund aufgenommen, kann anschließend jedes Bildmaterial als Ersatz für die grüne Farbe dienen. Und genau darum soll es jetzt gehen.

**Keylight**
After Effects wird mit dem professionellen Keyer KEYLIGHT von The Foundry ausgeliefert, der schon in Hollywood-Filmen eingesetzt wurde. Im Ordner BEISPIELMATERIAL/12_EFFEKTE/KEYING/KEYLIGHT finden Sie einen Artikel aus dem Magazin Digital Production.

### 12.4.2 Linearer Color-Key

Ein probater Keyer, um Hintergrundfarbe mit einigen Farbabstufungen zu entfernen, ist der Effekt Linearer Color-Key.

**»Color-Key«**
Den simplen Effekt »Color-Key« finden Sie unter Effekte • Veraltet • Color-Key.

## Schritt für Schritt
## »Linearer Color-Key« und nützliche Zusatzeffekte

In diesem Workshop erlernen Sie die grundsätzliche Umgangsweise mit Filmmaterial, das mit anderem Material kombiniert werden soll.

**Beispiele**
In den Beispielmaterialien finden Sie im Ordner 12_Effekte/Keying das Projekt »keying.aep«, das alle hier dargestellten Beispiele enthält. Um die aep-Datei nutzen zu können, müssen Sie zuvor folgende Dateien von der Website *www.hollywoodcamerawork.com/greenscreenplates.html* herunterladen: die Datei im Abschnitt »Godiva Wide«, die nach dem Download »hcw_godiva_wide« heißt, und die Datei im Abschnitt »Hair Detail«, die nach dem Download »hcw_locked_backdrop« heißt.

#### 1 Vorbereitung

Um diesen Workshop selbst nachzuvollziehen, laden Sie zunächst das Movie »Godiva Wide« von folgender Website herunter: *www.hollywoodcamerawork.com/green-screen-plates.html*.

Anschließend importieren Sie die Einzelbilder als Sequenz in After Effects. Ziehen Sie dann die importierte Sequenz auf das Kompositionssymbol im Projektfenster ①, um die Dauer und Framegröße zu übernehmen. Fügen Sie der Sequenz danach in der Zeitleiste den Effekt Linearer Color-Key aus der Effektkategorie Keys hinzu.

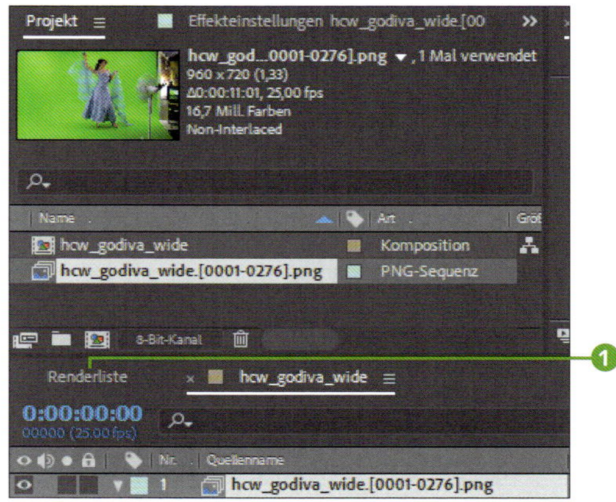


**Abbildung 12.114** ▸
Die importierte Sequenz ziehen Sie auf das Kompositionssymbol, um die gleichen Einstellungen zu erhalten.

**Abbildung 12.115** ▸
Im Originalbild sind im grünen Hintergrund einige Farbabstufungen sichtbar, die mit dem Effekt Linearer Color-Key entfernt werden.

## 2 Der Effekt »Linearer Color-Key«

Der Effekt LINEARER COLOR-KEY hält für Farbabstufungen mehrere Pipetten ❷ bereit. Mit der ersten Pipette nehmen Sie die Hauptfarbe, die transparent werden soll, auf, indem Sie in den betreffenden Farbbereich klicken. Mit der Plus-Pipette fügen Sie weitere Farben zur Farbauswahl hinzu. Die Minus-Pipette dient dazu, Farben aus der Farbauswahl zu entfernen. Dazu setzen Sie die Pipette in den Farbbereich, der eigentlich nicht transparent werden soll.

Im Effektfenster wird im linken Bild das Original angezeigt. Im rechten Bild sehen Sie je nach Wahl aus dem Einblendmenü neben ANSICHT ❸ das Ergebnis (AUSGABE), das Original (NUR QUELLE) oder die entstandene Matte (NUR MATTE).

Möchten Sie nur eine Farbe transparent setzen, ist der Wechsel unter FARBRAUM von NACH RGB-WERTEN auf NACH FARBTON günstig. Auch NACH CHROMINANZ-WERTEN (Farbton und Sättigung) können Sie keyen. Erhöhen Sie die Werte bei TOLERANZ, vergrößert sich der Bereich der ausgekeyten Farben, ähnlich wie wenn Sie die Plus-Pipette verwenden. Die GLÄTTUNG ist für den Übergang an der Matte-Kante verantwortlich. TOLERANZ und GLÄTTUNG erhöhen Sie vorsichtig und beobachten dabei das Ergebnis, bis Sie die beste Einstellung gefunden haben.

**16-Bit-Projekt**
Bei der Bearbeitung von Material, das gekeyt werden soll, erreichen Sie selten gute Ergebnisse, wenn Sie im Projektmodus von 8 Bit pro Kanal arbeiten. Ändern Sie daher unter DATEI • PROJEKTEINSTELLUNGEN • FARBEINSTELLUNGEN • TIEFE die Projektfarbtiefe auf 16 BIT PRO KANAL. Dies ist natürlich nur sinnvoll, wenn Ihr Filmmaterial in entsprechender Qualität vorliegt.

**Kameraaufnahme**
Material, das für das spätere Keying bestimmt ist, sollten Sie mit einer Kamera aufnehmen, die mit einer Farbabtastung von 4:2:2 oder besser 4:4:4 arbeitet. Bei einer geringeren Abtastrate sind schlechte Keying-Ergebnisse oft unvermeidlich.

◀ **Abbildung 12.116**
Mit dem Effekt LINEARER COLOR-KEY sind recht komfortable Keying-Arbeiten möglich.

Die letzte Option im Effekt ist der KEY-VORGANG. Hier können Sie zwischen den Einträgen FARBEN AUSKEYEN und FARBEN BEHALTEN WÄHLEN. Sie könnten den Effekt ein zweites Mal anwenden und dort die Option FARBEN BEHALTEN einstellen. Dann dient der Effekt dazu, bestimmte, mit den Pipetten definierte Farben vom Keying auszunehmen. Zwei auf diese Weise eingestellte Key-Effekte können also gegenläufig angewandt werden: einer, um Farben verschwinden zu lassen, der andere, um Farbbereiche beizubehalten.

In Abbildung 12.117 sehen Sie ein erstes Ergebnis nach Anwendung des Keyers. Ich habe hier nach RGB-Werten gekeyt, bei KEY-VORGANG habe ich FARBEN AUSKEYEN gewählt, bei TOLERANZ 8,2 % und bei GLÄTTUNG 12 %. Insbesondere im Schleier ist noch viel von der grünen Keyfarbe verblieben. Aber das entfernt der Effekt ADVANCED SPILL SUPPRESSOR, über den Sie im nächsten Schritt etwas erfahren.

**Abbildung 12.117** ▸
Im vorläufigen Ergebnis ist das Grün meistenteils verschwunden, außer aus semitransparenten Bereichen.

**Keying überprüfen**
Oft werden Pixel in Bereichen ausgekeyt, in denen das unerwünscht ist. Diese kleinen transparenten Löcher werden sehr gut sichtbar, wenn Sie kurz nur den Alphakanal der Komposition anzeigen lassen. Die Schaltfläche dafür befindet sich am unteren Rand der Komposition ①. Blenden Sie zuerst den Hintergrund aus, wählen Sie dann den Eintrag ALPHA aus der Liste, und schalten Sie mit RGB wieder zurück.

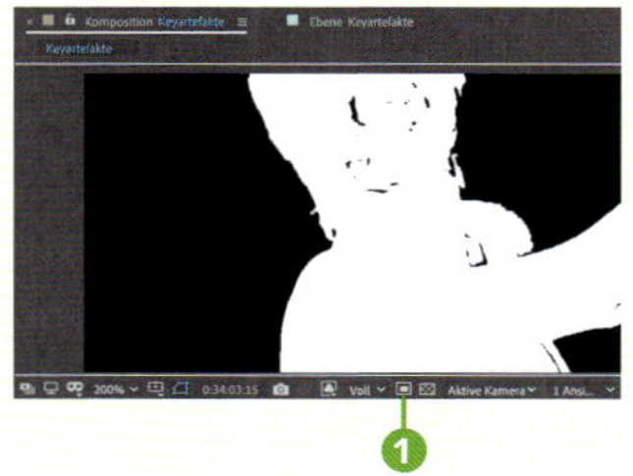

▴ **Abbildung 12.118**
Hier sind die Löcher, die durch schlechtes Material beim Keying entstehen können, besonders deutlich.

## 3 Der Effekt »Erweiterte Key-Farbenunterdrückung«

Das Keying sieht schon ganz gut aus, aber ein Manko bleibt noch: An vielen Stellen, besonders im Schleier, ist noch grüne Farbe verblieben. Abhilfe schafft hierbei der Effekt ERWEITERTE KEY-FARBENUNTERDRÜCKUNG oder auch _ADVANCED SPILL SUPPRESSOR_. Sie finden ihn unter EFFEKTE • KEYS. Gleich nach der Anwendung ist das Manko beseitigt. Allerdings arbeitet der Effekt erst einmal nach der Methode STANDARD. Stellen Sie bei METHODE ULTRA ein.

Die Methode ULTRA bietet weitere Optionen. So können Sie die zu unterdrückende Farbe hier noch anpassen. Mit TOLERANZ entfernen Sie Artefakte, die durch Farbänderungen entstanden sind. Mit SÄTTIGUNG VERRINGERN bleibt der Film bei Werten um 0 unverändert, und bei 100 ist das Bild vollständig entsättigt (grau). Mit ÜBERLAUFBEREICH steuern Sie den zu korrigierenden Farbbereich. Beim Wert 100 wird das gesamte Bild korrigiert. Mit ÜBERLAUF-FARBKORREKTUR färben Sie den gewählten Bereich um. Beim Wert 0 wird nichts umgefärbt. Die LUMINANZ-KORREKTUR bringt bei Erhöhung der Werte die Helligkeit der Quelle ins Bild zurück (oft ist 50 ein guter Wert).

**Abbildung 12.119** ▸
Nach Anwendung des Effekts ERWEITERTE KEY-FARBENUNTERDRÜCKUNG sieht das Ergebnis schon viel besser aus.

### 4 Aufräumen und neuen Hintergrund hinzufügen

Was die Key-Effekte nicht können, ist, den Raum um die »Godiva« herum aufzuräumen. Dazu nutzen wir eine Garbage-Matte, also gewissermaßen zum Entsorgen des ganzen Mülls.

Zeichnen Sie dazu mit den Masken-Zeichenstiftwerkzeug eine Maske um die Frau. Bewegen Sie die Zeitmarke, und kontrollieren Sie, ob der Schleier irgendwo angeschnitten erscheint; passen Sie die Maske gegebenenfalls mit Keyframes in der Eigenschaft MASKENPFAD an. Für den Schatten an den Füßen der Frau können Sie die Maske mit dem Werkzeug WEICHE MASKENKANTE noch leicht weichzeichnen. Den Schatten belassen wir ansonsten. Das gibt der Dame besseren Stand auf neuem Hintergrund.

Importieren Sie zum Schluss noch eine passende Datei oder die Datei »LinearerKey.jpg« aus dem Ordner 12_EFFEKTE/KEYING in das Projekt. Ziehen Sie das Hintergrundbild an den Zeitpunkt 00:00 in die Zeitleiste.

Passen Sie eventuell die Farben der zwei Bildebenen mit Farbkorrektur-Effekten aneinander an. – Kaum zu glauben, dass der Hintergrund vorher nicht da war. Oder?

▲ **Abbildung 12.120**
Zeichnen Sie eine Maske um die Frau, und entfernen Sie so die Umgebung.

◀ **Abbildung 12.121**
Nachdem der Hintergrund hinzugefügt wurde, scheint es fast so, als ob die »Godiva« tatsächlich am Meer tanzt.

## 12.4.3 Keylight

Der Effekt KEYLIGHT vereint in sich die meisten Funktionalitäten der anderen in After Effects enthaltenen Keyer. Um einen tieferen Einblick in die Arbeit mit KEYLIGHT zu erhalten, lesen Sie den von mir für das Magazin Digital Production verfassten Artikel »Keylight: Blue- und Greenscreenkeyer«. Den Artikel finden Sie im Beispielmaterial unter 12_EFFEKTE/KEYING/KEYLIGHT, das Sie sich von der Rheinwerk-Verlagswebsite unter *www.rheinwerk-verlag.de/5699* herunterladen können. Ich habe ihn zwar für die Version CS4 von After Effects geschrieben, aber die Erläuterungen sind noch immer aktuell.

Im Ordner finden Sie auch zwei Projektdateien, die alle im Artikel beschriebenen Kompositionen enthalten. Außerdem liegen im

Ordner FOOTAGE alle beschriebenen Dateien zur Bearbeitung bereit. Der Ordner FIGHTER enthält die Beispieldateien zum dazugehörenden Projekt »Fighter.aep«. Die Downloadhinweise im Artikel können Sie also ignorieren, da Sie die Dateien ja von der Rheinwerk-Website unter *www.rheinwerk-verlag.de/5699* beziehen können.

### 12.4.4 Schlechte Aufnahmen korrigieren mit »Key-Cleaner«

**Animationsvorgabe verwenden**
Eine Kombination der drei Effekte KEYLIGHT, KEY-CLEANER und ERWEITERTE KEY-FARBENUNTERDRÜCKUNG ist bei schlechten Aufnahmen sinnvoll. Daher gibt es dafür auch eine Animationsvorgabe. Sie finden sie, indem Sie »key« ins Fenster EFFEKTE UND VORGABEN eintippen, im Ordner IMAGE-UTILITIES.

KEY-CLEANER ist ein Effekt, den Sie nur benötigen, wenn Ihre Aufnahme Artefakte aufweist, was bei schlecht aufgenommenem oder stark komprimiertem Material der Fall ist. Den Effekt setzen Sie erst dann ein, nachdem Sie bereits einen Keyer wie KEYLIGHT verwendet haben, da KEY-CLEANER die Matte-Kante und semitransparente Bereiche beeinflusst.

Wenn Sie den Effekt mit KEYLIGHT gemeinsam verwenden, sollten Sie in KEYLIGHT unter VIEW ① die Option INTERMEDIATE RESULT wählen, da KEYLIGHT ansonsten die RGB-Werte des Clips automatisch ändert, um die Keyfarbe automatisch zu unterdrücken.

**Abbildung 12.122** ►
KEY-CLEANER ist oft zusammen mit KEYLIGHT und ERWEITERTE KEY-FARBENUNTERDRÜCKUNG sinnvoll.

KEY-CLEANER arbeitet aber mit den RGB-Werten und benötigt diese möglichst unverfälscht, um eine hohe Qualität zu erzielen. Da die automatische Unterdrückung der Keyfarbe von KEYLIGHT nun nicht mehr angewendet wird, verwenden Sie anschließend noch den Effekt ERWEITERTE KEY-FARBENUNTERDRÜCKUNG, den ich weiter oben im Workshop »Linearer Color-Key und nützliche Zusatzeffekte« erklärt habe.

Was tut KEY-CLEANER? – Es entfernt schon in der Voreinstellung Störungen im Hintergrund und kümmert sich ansonsten ähnlich dem Effekt HARTE MASKE VERBESSERN um die Matte-Kanten, den Sie in Abschnitt 12.5.5 kennenlernen. Hier ist nicht die 70er-Jahre-Haarmatte gemeint, obwohl KEY-CLEANER gerade beim Freistellen von Haaren nützlich sein kann.

Um mit dem Effekt zu arbeiten, ist es günstig, temporär via Button ❷ in die Alpha-Ansicht der Komposition zu wechseln.

Die Option ZUSÄTZLICHER KANTENRADIUS erhöhen Sie, wenn die Matte-Kanten sehr unregelmäßig sind; bei glatten Kanten nehmen Sie geringere Werte. Das Häkchen bei KANTENRAUSCHEN REDUZIEREN lohnt sich sehr, da es Störungen an der Matte-Kante effektiv beseitigt. Mit erhöhten Werten bei ALPHAKONTRAST bekommen Sie Störungen im Hintergrund in den Griff. Mit geringeren Werten bei STÄRKE holen Sie Details, die die anderen Optionen vielleicht entfernt haben, zurück.

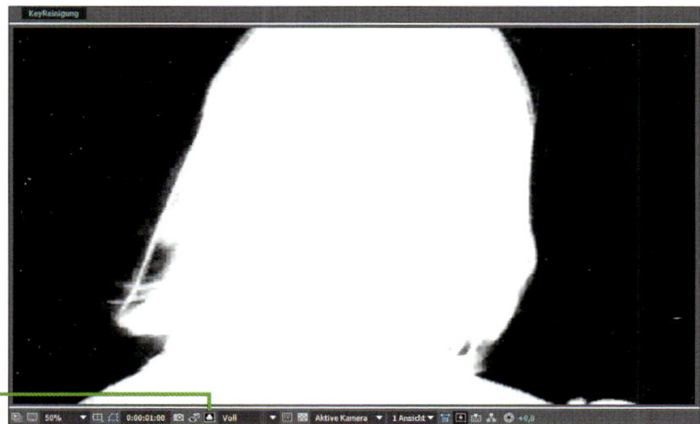


▲ **Abbildung 12.123**
Vor dem Anwenden von KEY-CLEANER weist diese Aufnahme erhebliche Störungen auf.

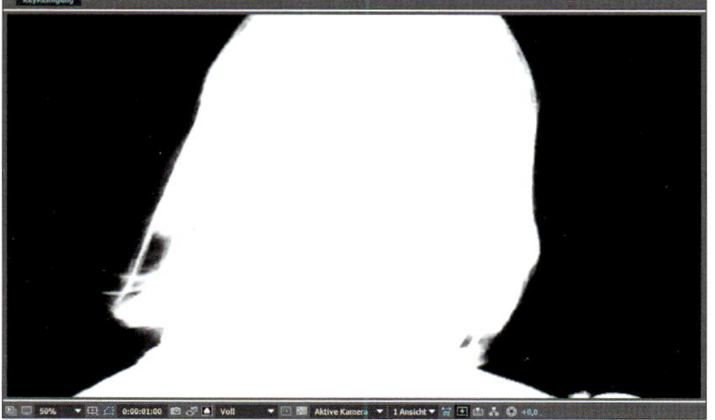

▲ **Abbildung 12.124**
Nach der Anwendung von KEY-CLEANER ist es schon besser.

## 12.4.5 Matte vergrößern/verkleinern

Ein nützliches Hilfsmittel ist der Effekt MATTE VERGRÖSSERN/VERKLEINERN aus dem Menü EFFEKTE • MASKE. Der Effekt hilft dabei, kleine transparente Löcher und semitransparente Stellen aus Farbbereichen im Vordergrund zu entfernen, die nicht transparent sein sollen. Um solche Löcher oder Flächen zu schließen, verwenden Sie bei FAKTOR negative Werte. Die Matte wird dann entsprechend verkleinert. Wollen Sie Ränder an den Außenkanten einer Matte

**Entsprechung im Keylight-Effekt**

Eine Entsprechung des Effekts MATTE VERGRÖSSERN/VERKLEINERN finden Sie in KEYLIGHT in den Optionen SCREEN DESPOT BLACK und SCREEN DESPOT WHITE, die durch entsprechend erhöhte Werte Lücken im Vorder- bzw. Hintergrund schließen.

entfernen, helfen positive Werte. Allerdings können Sie die Ränder einer Matte besser mit Effekten wie WEICHE MASKE VERBESSERN korrigieren.

Das Beispiel dazu befindet sich im Ordner 12_EFFEKTE/KEYING im Projekt »keying.aep« und dort in der Komposition »MatteVergroessernVerkleinern«.

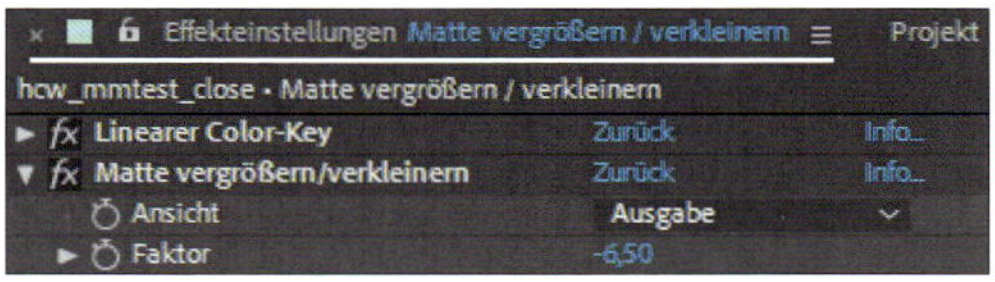

**Abbildung 12.125** ►
Mit negativen oder positiven Werten bei FAKTOR im Effekt MATTE VERGRÖSSERN/VERKLEINERN lassen sich Matten leicht verbessern.

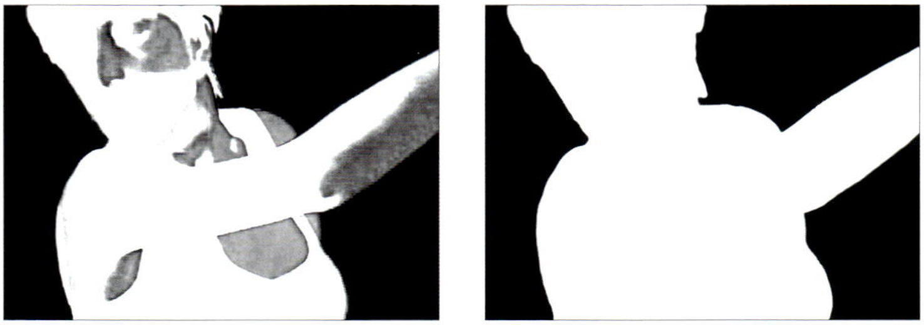

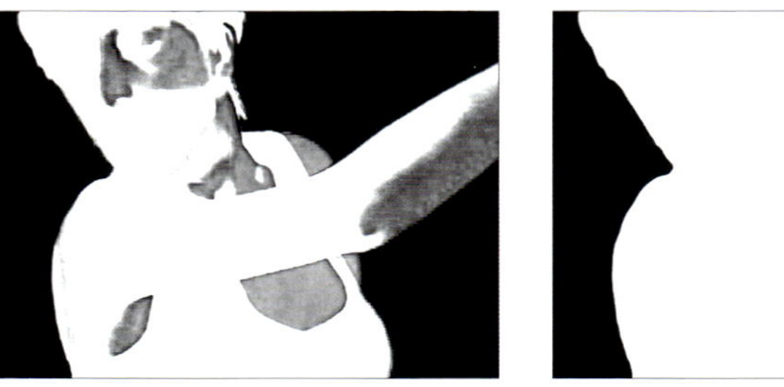

**Abbildung 12.126** ►
Die Matte links hat unerwünschte semitransparente Bereiche. Nach Anwendung von MATTE VERGRÖSSERN/VERKLEINERN sind diese Bereiche geschlossen.

### 12.4.6 Weiche Maske verbessern/Harte Maske verbessern

Sehr nützliche Effekte bei der Bearbeitung bestehender Matten sind WEICHE MASKE VERBESSERN und HARTE MASKE VERBESSERN, die der Verfeinerung einer bereits bestehenden Matte oder Maske dienen. Die Effekte erläutere ich in Zusammenhang mit dem Roto-Pinsel-Werkzeug in diesem Kapitel ab Abschnitt 12.5.3.

Das Beispiel dazu befindet sich im Ordner 12_EFFEKTE/KEYING im Projekt »keying.aep« und dort in der Komposition »Weiche Maske verbessern« (dazu ist der Download der Datei »Hair Detail« via *www.hollywoodcamerawork.com/green-screen-plates.html* erforderlich).

**Abbildung 12.127** ►
Links ein schlechter Key und rechts die Verbesserung durch den Effekt WEICHE MASKE VERBESSERN

### 12.4.7 Matten per »Min-Max« bearbeiten

Den Effekt MIN-MAX aus der Effektkategorie KANÄLE können Sie für kleinere Korrekturen alternativ zum beschriebenen Effekt MATTE VERGRÖSSERN/VERKLEINERN verwenden. Zunächst wählen Sie unter KANAL den Eintrag ALPHAKANAL. Unter VORGANG erweitern Sie den Alphakanal bzw. die Matte, wenn Sie MAXIMUM wählen, und umgekehrt schrumpfen Sie den Alphakanal bzw. die Matte, wenn Sie MINIMUM wählen und dabei die Werte bei RADIUS erhöhen. Damit das Movie beim Vorgang MINIMUM an den Rändern nicht mitgeschrumpft wird, ist die Option KANTEN NICHT VERKLEINERN eine gute Wahl.

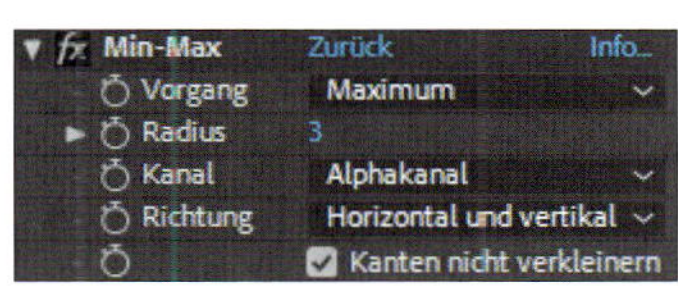


▲ **Abbildung 12.128**
Per Effekt MIN-MAX erweitern oder verkleinern Sie Matte-Karten.

## 12.5 Keying ohne Green- oder Bluescreen

Das Keying ohne Green- oder Bluescreen ist auf folgende Arten möglich: innerhalb des Effekts KEYLIGHT unter Verwendung von Inside- und Outside-Masken, mit dem Effekt INNERER/ÄUSSERER KEY, der ähnlich wie der KEYLIGHT-Effekt arbeitet, aber unkomfortabler zu benutzen ist, mit dem Effekt DIFFERENZMASKE, den ich Ihnen gleich erläutere, mit dem Roto-Pinsel-Werkzeug, das ich weiter unten in diesem Kapitel beschreibe, und mit bewegten Masken, die Sie selbst animieren können oder mit dem Masken-Tracking (siehe Kapitel 15, »Motion-Tracking«).

**Inside- und Outside-Masken**

Das Keying mit Inside- und Outside-Masken erläutere ich in meinem Digital-Production-Artikel »Keylight: Blue- und Greenscreenkeyer«. Der Artikel liegt als PDF im Ordner BEISPIELMATERIAL/12_EFFEKTE/KEYING/KEYLIGHT.

### 12.5.1 Differenzmaske

Der Effekt DIFFERENZMASKE verwendet zum Auskeyen eines Hintergrunds ein Referenzbild, so dass kein Blue- oder Greenscreen nötig ist. Dieses Referenzbild ist ein Standbild vom Hintergrund **ohne** Protagonisten. Anschließend wird der Protagonist vor dem haargenau gleichen Hintergrund gefilmt. Das Referenzbild können Sie zusammen mit Ihrem Video aufzeichnen, indem Sie ein paar Bilder ohne Protagonist filmen.

Wenn Sie bei der Aufzeichnung darauf achten, dass auf den Hintergrund kein Schatten fällt, der sich mitbewegt, keinerlei Lichtänderungen und sonstige Änderungen der Farb- bzw. Helligkeitswerte sichtbar sind, benötigen Sie weder Blue- noch Greenscreen, um den unerwünschten Hintergrund auszutauschen.

Der Effekt DIFFERENZMASKE sucht nach Pixeln im Referenzbild und im Filmmaterial, die sich in Farbe, Helligkeit und Position gleichen, und setzt diese dann transparent. Somit verbleiben nur sich verändernde Pixel, z. B. eine durchs Bild laufende Person.

▲ **Abbildung 12.129**
Die Referenzebene bzw. das Standbild ist ein statischer Hintergrund. Die Protagonistin tritt erst später ins Bild.

▲ **Abbildung 12.130**
Der Hintergrund ändert sich nicht, während die Protagonistin im Vordergrund Bewegung ins Bild bringt.

Um aus einem fertigen Film ein **Standbild** als Referenzbild herauszubekommen, bietet After Effects den Einzelbildexport an. Dazu postieren Sie die Zeitmarke auf der Stelle im fertigen Film, an der keine Protagonistin weit und breit sichtbar ist. Über KOMPOSITION • FRAME SPEICHERN UNTER • DATEI rendern Sie dann das Standbild. Danach fügen Sie es als Ebene der Filmkomposition hinzu ❶ und legen es im Effekt DIFFERENZMASKE unter DIFFERENZEBENE ❷ als Referenzbild fest. Die Ebenenreferenz belassen Sie dabei auf QUELLE, um das Referenzbild unbeeinflusst von Masken und Effekten zu verwenden.

**Abbildung 12.131** ▼
Für den Effekt DIFFERENZMASKE fügen Sie in der Zeitleiste eine Referenzebene hinzu, die ein Standbild des aufgenommenen Films ohne Protagonistin ist.

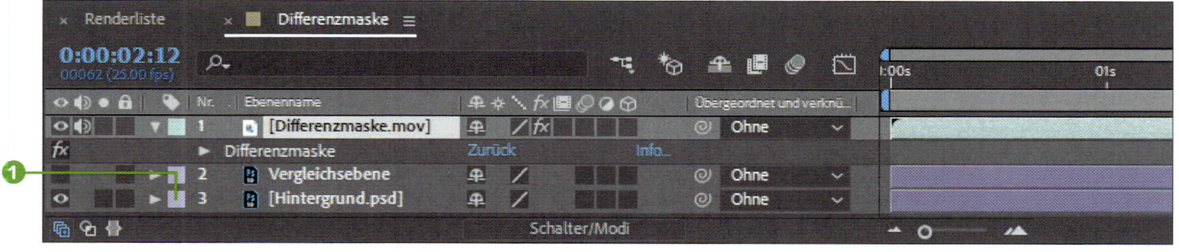


**Abbildung 12.132** ▶
Im Effekt DIFFERENZMASKE legen Sie das Standbild als Differenzebene fest.

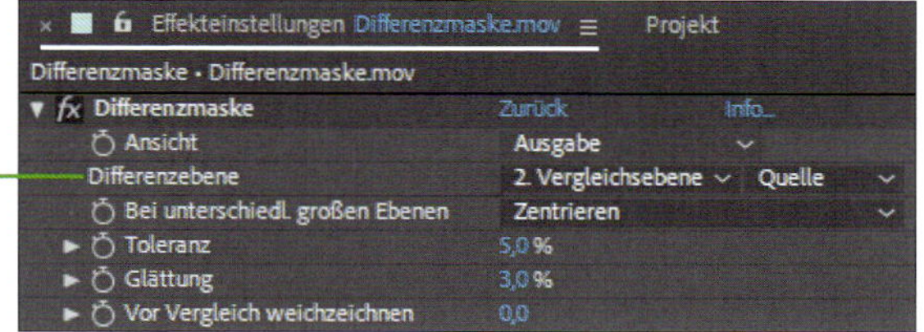


Der Effekt vergleicht schließlich das Referenzbild Frame für Frame mit dem Movie der aufgenommenen Heldin. Bildbereiche im Movie, die denen im Referenzbild gleichen, werden transparent gesetzt, also ausgekeyt. Die ungleichen Bildbereiche – sprich dort, wo sich unsere Protagonistin befindet und bewegt – bleiben deckend. Unsauber wird das Keying, wenn die Kamera bei der Aufnahme verwackelt wird oder beispielsweise ein roter Schal zufällig mit einem gleichen Rot im Hintergrund zusammentrifft. Auch kleine Veränderungen im Hintergrund wie sich bewegende Blätter oder der Schatten der Protagonistin, der auf den Hintergrund fällt, führen zu unbefriedigenden Ergebnissen. Idealbedingungen erreichen Sie natürlich nur im Studio.

Leider findet der Keyer sehr häufig unerwünschte Unterschiede im Hintergrund oder Ähnlichkeiten im Vordergrund. Das bedeutet, dass sich das bewegte Vordergrundobjekt möglichst farblich und vom Kontrast her stark abheben sollte. Außerdem muss unbedingt mit einem Stativ aufgezeichnet werden. Eine Nachbearbeitung des Ergebnisses mit Effekten wie Harte Maske verbessern und Weiche Maske verbessern ist trotzdem oft unumgänglich.

Ist das Keying gelungen, kommt zum Schluss der neue Hintergrund hinzu, und schon spaziert die Heldin in neuer Umgebung. Das Beispiel dazu befindet sich im Ordner 12_Effekte/Keying/Differenzmaske im Projekt »Differenzmaske.aep«.

◀ **Abbildung 12.133**
Bei einem gelungenen Keying ist vom früheren Hintergrund keine Pixelspur mehr übrig. Und schon spaziert die Heldin in neuer Umgebung herum.

## 12.5.2 Hintergrundfarbe entfernen

Neben den Keying-Effekten können Sie schwarze Hintergrundfarbe leicht aus einem Video (z. B. Feuer, Explosion) entfernen, indem Sie die Ebenenmodi nutzen. Dazu müssen sich zwei Ebenen in der Zeitleiste befinden: eine Hintergrundebene, in die eine Explosion eingebaut werden soll, und eine Videoebene mit der Explosion auf schwarzem Hintergrund. Für die Explosion wählen Sie den Ebenenmodus Negativ multiplizieren ❸.

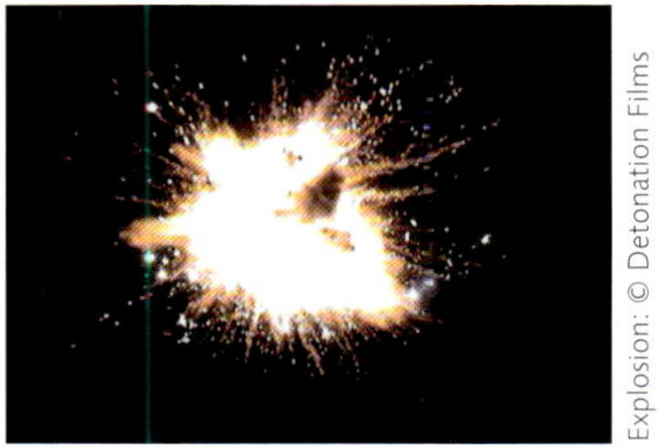

Explosion: © Detonation Films

▲ **Abbildung 12.134**
Eine Explosion, die vor schwarzem Hintergrund abgefilmt wurde

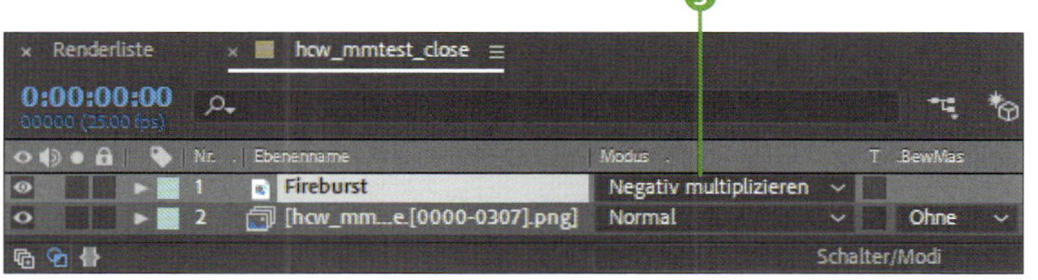


◀ **Abbildung 12.135**
Der Ebenenmodus Negativ multiplizieren entfernt die schwarze Hintergrundfarbe.

Ähnlich ist das Ergebnis unter Verwendung der Effekte Kanäle festlegen und Kanäle vertauschen aus der Effektkategorie Kanäle.

Weist das Explosionsvideo einen perfekt schwarzen Hintergrund auf, wählen Sie im Effekt Kanäle vertauschen unter Alphakanal aus den Eintrag Luminanz bzw. Lab-Helligkeit, und schon ist die schwarze Farbe verschwunden, da für den Alphakanal nur Grauwerte gelten und schwarze Farbe absolute Transparenz definiert.

▲ **Abbildung 12.136**
Hier sind mehrere Videos auf dem Fenster platziert.

Der Effekt Kanäle festlegen funktioniert genauso, wenn Sie unter Quellebene Alphakanal das Explosionsvideo auswählen und dann wieder unter Übernehmen den Eintrag Luminanz.

Anschließend kann es sinnvoll sein, mit dem Effekt Farb-Matte entfernen aus der Effektkategorie Kanäle Reste der schwarzen Hintergrundfarbe zu beseitigen.

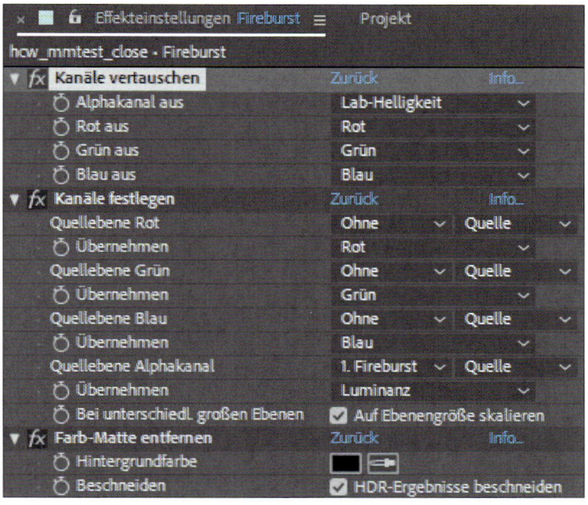


**Abbildung 12.137** ▶
Mit den zwei Effekten Kanäle vertauschen und Kanäle festlegen entfernen Sie jeweils schwarze Hintergrundfarbe.

### 12.5.3 Rotoskopieren mit Roto-Pinsel und Kantenverfeinerungs-Werkzeug

»Sensei« nennt Adobe seine Schnittstelle zu KI und maschinellem Lernen. In After Effects kommt Sensei immer dann zum Einsatz, wenn es darum geht, Vorhersagen für Parameteränderungen zu treffen; beispielsweise um zu erkennen, wohin sich ein Muster oder ein Objekt in einer Szene bewegen wird. Der neue Roto-Pinsel nutzt diese Fähigkeit, um viel schneller als sein Vorgänger den Vordergrund vom Hintergrund einer Szene zu separieren; um zum Beispiel eine im Studio aufgenommene Sprecherin vor einem neuen Hintergrund – einer Piazza in der Toskana – zu platzieren. Das Besondere am Roto-Pinsel ist, dass Sie ihn für Material verwenden können, das ohne Blue- oder Greenscreen aufgenommen wurde.

Das Kantenverfeinerungs-Werkzeug nutzen Sie dabei für feine Details an den Rändern wie Haare, durch die Bewegung verwischte Ränder und für alle semitransparenten Bereiche.

Zum Rotoskopieren können Sie prinzipiell in After Effects neben dem Roto-Pinsel auch die Malwerkzeuge verwenden, auf die ich in Kapitel 14, »Malen und Retuschieren«, eingehe. Eine herkömmliche Methode ist auch das Zeichnen eines Maskenpfads um das Vordergrundobjekt. Hierbei mussten Sie früher den Maskenpfad über die Zeit animieren und mühsam manuell an die jeweilige Veränderung des Vordergrunds anpassen. Eine weit komfortablere Lösung ist in Verbindung mit dem Tracking fester Masken möglich, wie ich sie im Abschnitt 15.1.7 unter »Rotoscoping mit festen Masken« beschreibe.

Der Roto-Pinsel ersetzt das manuelle Erstellen und Anpassen von Maskenpfaden auf komfortable Art und Weise.

#### Funktionsweise des Roto-Pinsels

Sie arbeiten mit dem Roto-Pinsel ähnlich wie mit dem Schnellauswahl-Werkzeug in Photoshop. Sie wählen also den Vordergrundbereich aus und können weitere Bereiche addieren oder auch von der Auswahl abziehen. Die geschaffene Auswahl können Sie anschließend noch mit Parametern wie Weiche Kante verbessern. After Effects berechnet die geschaffene Auswahl sofort als Matte und setzt den Hintergrund transparent.

**Rotoskopie**

Das Rotoskopieren diente bei seiner Erfindung 1914 dazu, Trickfilmanimationen zu schaffen, indem ein Animator Realbildaufnahmen bildweise abzeichnete. Dazu wurde jedes Einzelbild auf eine Mattglasscheibe projiziert.

Später wurde das Verfahren auch zur Retusche angewendet oder um Vorder- und Hintergrundbereiche eines Films zu separieren. Dabei wurde eine Matte geschaffen, die den Hintergrund transparent und den Vordergrund deckend gestaltet. In Computerprogrammen können dazu auch animierte Maskenpfade verwendet werden.

**Keying**

Im Gegensatz zur Rotoskopie wird beim Keying der Hintergrund bereits bei der Aufnahme durch einen Blue- oder Greenscreen ersetzt. Die Farbe des Hintergrunds setzen Sie später transparent, um einen neuen Hintergrund einzufügen. Siehe Abschnitt 12.4, »Keying mit Green- oder Bluescreen«.

### Schritt für Schritt Roto-Pinsel und Kantenverfeinerung

Wie die Arbeit mit dem Roto-Pinsel in der Praxis aussieht, zeigt der folgende Workshop.

Die benötigten Dateien für diesen Workshop finden Sie in den Beispielmaterialien unter 12_EFFEKTE/ROTOPINSEL.

**Gleiche Frameraten**
Die Framerate des Quellmaterials und der Komposition, in dem es verwendet wird, sollte gleich sein. Wenn sich die Framerate unterscheidet, erhalten Sie im Ebenenfenster eine Warnmeldung.

**Kompositionsauflösung**
Während der Arbeit mit dem Roto-Pinsel sollte die Kompositionsauflösung auf VOLL eingestellt sein, da geringere Auflösungen oder der Wechsel zwischen Auflösungen zu einer kompletten Neuberechnung führen.

### 1 Vorbereitung

Importieren Sie die Dateien »Rotobrush.mp4« und »Hintergrund.psd« aus dem Ordner 12_EFFEKTE/ROTOPINSEL. Klicken Sie im Dialog FOOTAGE INTERPRETIEREN auf die Schaltfläche ERMITTELN. Legen Sie eine neue Komposition mit einer Breite von 788 Px, einer Höhe von 576 Px, dem Pixel-Seitenverhältnis QUADRATISCHE PIXEL und der Dauer 12:04 an. Bei älteren Programmversionen entspricht dies der Vorgabe PAL D1/DV QUAD. PIXEL. Ziehen Sie den Film »Rotobrush« in die Zeitleiste der Komposition. Ziel ist es, die Schauspielerin in den neuen Hintergrund zu integrieren.

### 2 Roto-Pinsel anwenden

Den Roto-Pinsel verwenden Sie wie die Malwerkzeuge im Ebenenfenster. Klicken Sie, um das Ebenenfenster zu öffnen, doppelt auf den Film in der Zeitleiste. Mit der Taste [Ü] maximieren Sie das aktivierte Ebenenfenster bei Bedarf.

Klicken Sie in der Werkzeugleiste auf das Roto-Pinsel-Symbol (1). Im Ebenenfenster erscheint der Pinsel als grüner Kreis mit einem Kreuz. Die Pinselgröße verändern Sie, indem Sie die Taste [Strg] gedrückt halten, während Sie mit der Maus ziehen. Sie können die Einstellungen aber auch in der Pinsel-Palette, die Sie mit [Strg]+[9] einblenden, modifizieren. Wählen Sie zunächst für die Größe 45 Px.

▲ **Abbildung 12.138**
Mit dem Roto-Pinsel separieren Sie komfortabel Vorder- und Hintergrundbereiche.

Navigieren Sie mit der Zeitleiste zum Zeitpunkt 02:06. Ziehen Sie dann einen senkrechten Strich auf dem Vordergrundbereich, wie in Abbildung 12.139 direkt über der Schauspielerin. Gleich darauf erscheint eine magentafarbene Kontur, die den ausgewählten Bereich umrandet. Die Auswahl ist noch nicht ideal: Die Haare müssen noch zur Auswahl hinzu, Teile des Hintergrunds müssen noch entfernt werden.

Um Auswahlbereiche hinzuzufügen, ziehen Sie weitere Striche innerhalb des Vordergrunds. Für kleinere Bereiche ist eine kleinere Pinselspitze sehr günstig. Es ist jedoch nicht nötig, die Kontur nachzuzeichnen. Um Auswahlbereiche abzuziehen, drücken Sie die Taste [Alt] und ziehen einen Strich innerhalb des unerwünschten Bereichs. Der Roto-Pinsel sucht dann automatisch nach neuen Konturen.

**Maskenpfade animieren**
Wie Sie Masken animieren, beschreibe ich innerhalb des Workshops im Abschnitt 11.3.3, »Maskeneigenschaften animieren«, und im Abschnitt 11.4, »Masken-Interpolation«. Der PAUSSTIFT – siehe Abschnitt 11.3.6 – kann das Erstellen der Maskenpfade erleichtern.

▲ **Abbildung 12.139**
Zur Auswahl von Vordergrundbereiche genügt ein ungenau innerhalb des Vordergrunds gezogener Strich.

▲ **Abbildung 12.140**
Die erste Auswahl muss noch korrigiert werden.

Die Anpassung ist nicht mühelos, da in Bereichen mit ähnlichen Kontrastwerten die Konturen trotz der automatischen Erkennung schwer zu definieren sind. Auch schnelle Bewegungen sind problematisch, da sie zu verwischten Konturen führen. Allerdings bietet der Roto-Pinsel mit dem weiter unten beschriebenen Kantenverfeinerungs-Werkzeug und den dazugehörenden Effekteinstellungen dafür eine große Hilfe.

▲ **Abbildung 12.141**
Um Bereiche hinzuzufügen, zeichnen Sie weitere Striche innerhalb des Vordergrunds.

▲ **Abbildung 12.142**
Um Bereiche abzuziehen, zeichnen Sie Striche innerhalb des Hintergrunds.

**Abbildung 12.143** ▸
Nicht hundertprozentig genau, aber als Übung zunächst ausreichend – unser erstes Ergebnis

### 3 Kontrolloptionen für die Auswahl

Unterhalb der Zeitleiste des Ebenenfensters befinden sich drei Schaltflächen zur Anzeige Ihrer Auswahl. Mit dem Schalter ALPHA ❶ zeigen Sie die Maskierung der Ebene in Schwarzweiß oder bei einem zweiten Klick darauf als Endergebnis an.

Mit dem Schalter ALPHARAND ❷ zeigen Sie ausschließlich den Übergangsbereich zwischen Vorder- und Hintergrund an. Mit dem Farbwähler ❹ ändern Sie die Konturfarbe, und gleich rechts daneben finden Sie die Deckkrafteinstellung für die Kontur.

Der Schalter ALPHAÜBERLAGERUNG ❸ blendet über dem transparenten Bereich des Hintergrunds eine rote Maskierungsfarbe ein. Farbe und Deckkraft ändern Sie über das Farbfeld und die Deckkrafteinstellung rechts daneben.

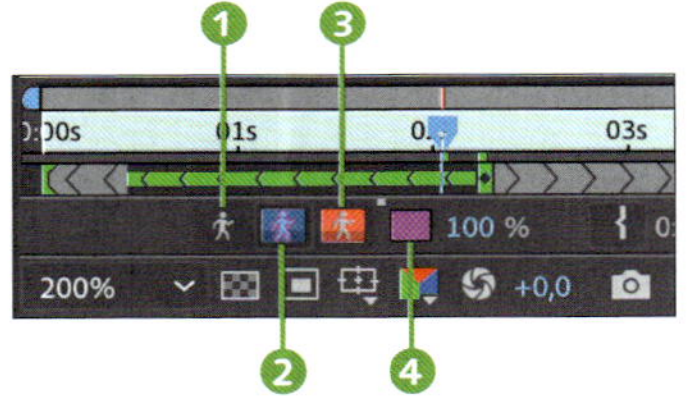


▴ **Abbildung 12.144**
Drei Anzeigeoptionen für die geschaffene Matte befinden sich im Ebenenfenster.

**Rückgängig**
Roto-Striche machen Sie wie üblich mit Strg + Z rückgängig. Um die gesamte Spanne oder mehrere Spannen zu löschen, entfernen Sie den Effekt ROTO-PINSEL im Effektfenster.

**Abbildung 12.145** ▸
Anstelle der magentafarbenen Kontur können Sie für die geschaffene Matte auch eine rote Maskierungsfarbe anzeigen.

### 4 Die Roto-Spanne

An der aktuellen Position der Zeitmarke bei 02:06 wurde mit dem ersten Roto-Strich ein Basisframe gesetzt, der als schwarzer Punkt ⑤ unter der Zeitleiste des Ebenenfensters erscheint. Wenn Sie die Zeitmarke vom Basisframe wegbewegen, beginnt sofort die Berechnung der Roto-Spanne, ein Vorgang, der die Position Ihrer Maske auf dem jeweiligen Frame bestimmt. After Effects nennt diesen Vorgang »Roto-Pinsel propagieren«, Sie können den Fortschritt im Ebenenfenster beobachten. Bereits berechnete Bereiche werden mit einer grünen Linie dargestellt. Sie werden erst dann neu berechnet, wenn Sie Änderungen innerhalb der Spanne vornehmen.

◂ **Abbildung 12.146**
Die Roto-Spanne wird um den als schwarzen Punkt dargestellten Basisframe herum berechnet.

### 5 Korrektur in der Roto-Spanne

Wenn Sie innerhalb der Roto-Spanne mit der Zeitleiste navigieren, sehen Sie, dass die magentafarbene Konturlinie nicht immer genau den Vordergrund umrandet. Diese Ungenauigkeiten bearbeiten Sie für unseren Workshop an den entsprechenden Zeitpunkten genauso wie am Basisframe, das heißt, Sie addieren Bereiche oder ziehen Bereiche ab, indem Sie neue Striche zeichnen. Wichtig ist dabei, dass Sie zunächst ganz in der Nähe des Basisframes Korrekturen vornehmen, falls sie dort nötig sind, und dann von dort aus immer weiter nach außen gehen. Fangen Sie zuerst weit entfernt vom Basisframe an, werden zunächst viele Frames berechnet, doch bei der nächsten Korrektur, die näher am Basisframe liegt, wird die Berechnung wieder verworfen.

Sobald Sie vor oder nach dem Basisframe einen Korrekturstrich zeichnen, erweitert sich die Roto-Spanne. Sie können sie auch manuell erweitern, indem Sie am Anfang oder Ende der Spanne ziehen. Ziehen Sie den Anfang auf 00:00 und das Ende auf 04:00. Bearbeiten Sie auf diese Weise zunächst höchstens die ersten vier Sekunden. Innerhalb einer Spanne navigieren Sie mit der Taste [1] auf der Haupttastatur frameweise nach links und mit der Taste [2] nach rechts.

### 6 Mehrere Roto-Spannen

Es ist mitunter sehr nervenaufreibend, wenn ein Korrekturstrich sehr weit vom Basisframe gezeichnet wird, da mit jedem neuen Strich eine neue Berechnung erfolgt. Daher ist es sinnvoll, das Movie in mehrere Spannen aufzuteilen.

**Spanne löschen**

Wenn Sie eine der Spannen löschen möchten, klicken Sie sie per rechter Maustaste an und wählen Bereich entfernen.

Um eine neue Spanne zu schaffen, muss sich die Zeitmarke außerhalb einer vorhandenen Spanne befinden. Positionieren Sie die Zeitmarke also auf den Zeitpunkt 06:00. Erstellen Sie dann eine neue Auswahl für den Vordergrund, ähnlich wie im Schritt »Roto-Pinsel anwenden« beschrieben.

Legen Sie einen neuen Basisframe mit dazugehörender Spanne an, innerhalb dessen Sie wieder die nötigen Korrekturen im Zeitverlauf vornehmen müssen. Einen letzten Basisframe setzen Sie für unseren Workshop noch am Zeitpunkt 10:00, wieder mit den nötigen Korrekturen im Zeitverlauf.

▲ **Abbildung 12.147**
Ein neuer Basisframe wird außerhalb einer vorhandenen Spanne erzeugt. Jeder neue Basisframe erhält eine eigene Spanne.

### 7 Striche im Roto-Pinsel-Effekt

Sobald Sie mit dem Roto-Pinsel zeichnen, wird im Effektfenster und in der Zeitleiste der Effekt Roto-Pinsel und Kantenverfeinerung hinzugefügt. Öffnen Sie einmal die Effekteinstellungen in der Zeitleiste.

Jeden Strich – ob Vorder- oder Hintergrundstrich –, den Sie gezeichnet haben, hat After Effekts unter dem Eintrag Konturen in der Zeitleiste (wie bei Malstrichen) gespeichert. Obwohl jeder Strich nur einen Frame lang ist, wirkt er sich innerhalb der Roto-Spanne vor bzw. nach dem Basisframe auf die Berechnung des Endergebnisses aus.

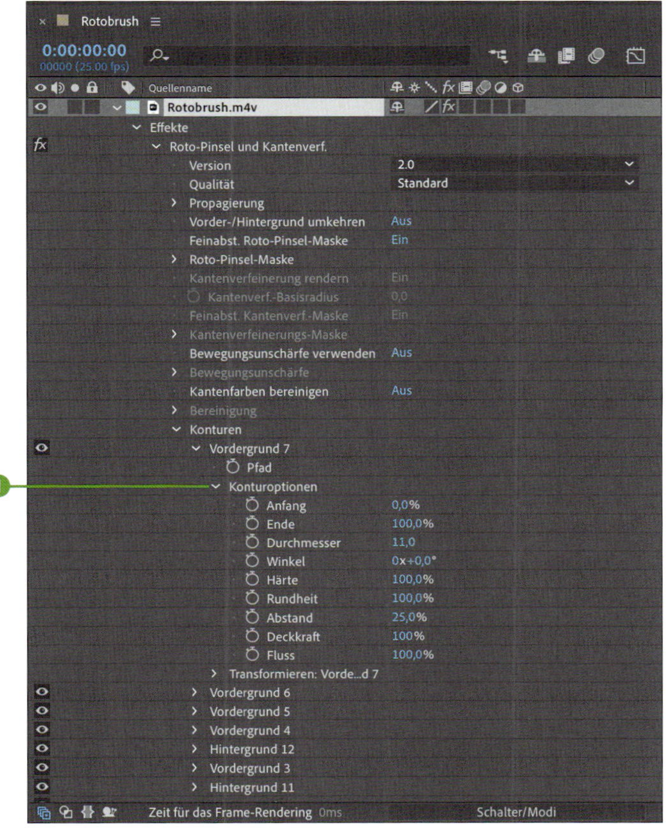


◂ **Abbildung 12.148**
Jeder Vorder- und Hintergrundstrich wird in der Zeitleiste gespeichert.

Wenn Sie die Eigenschaften eines Strichs in der Zeitleiste aufklappen, finden Sie unter KONTUROPTIONEN **1** eine lange Liste mit sämtlichen für diesen Strich gewählten Einstellungen aus der Palette PINSEL. Unter TRANSFORMIEREN sehen Sie z. B. die Eigenschaft SKALIERUNG, um den Strich noch zu vergrößern. Auch die Eigenschaft PFAD befindet sich in den Listen.

Ob Sie hier tatsächlich für Hunderte von gezeichneten Strichen die Eigenschaften modifizieren, bleibt dahingestellt. Möglich ist es jedenfalls. Sehr viel interessanter sind die im Anschluss an den Workshop beschriebenen Effekteigenschaften.

**Zwischen Spannen navigieren**

Um zwischen mehreren Spannen zu navigieren, verwenden Sie die Taste K, um an den Anfang, den Basisframe oder das Ende zu springen, und die Taste J für die Gegenbewegung.

### 8 Kantenverfeinerungs-Werkzeug verwenden

Für die Haare unserer Protagonistin bietet es sich an, das Kantenverfeinerungs-Werkzeug zu nutzen. Klicken Sie dazu etwas länger auf das Roto-Pinsel-Werkzeug. Navigieren Sie im Ebenenfenster zurück zum Zeitpunkt 02:00.

Ohne die Kantenverfeinerung ist die Kontur der Haare sehr schablonenhaft. Halbtransparente Bereiche und Details werden ignoriert.

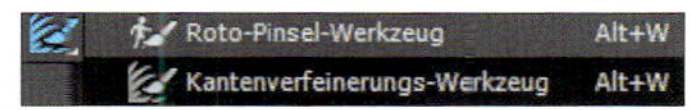


▴ **Abbildung 12.149**
Das ultimative Werkzeug für Haare und semitransparente Kanten

Sie ändern das, indem Sie mit dem Kantenverfeinerungs-Werkzeug entlang der Konturlinie nur bei den Haaren Farbe auftragen wie in Abbildung 12.150. Es geht genauso wie mit dem Roto-Pinsel –mit [Strg] ändern Sie also die Pinselgröße, und mit [Alt] ziehen Sie gezeichnete Bereiche wieder ab.

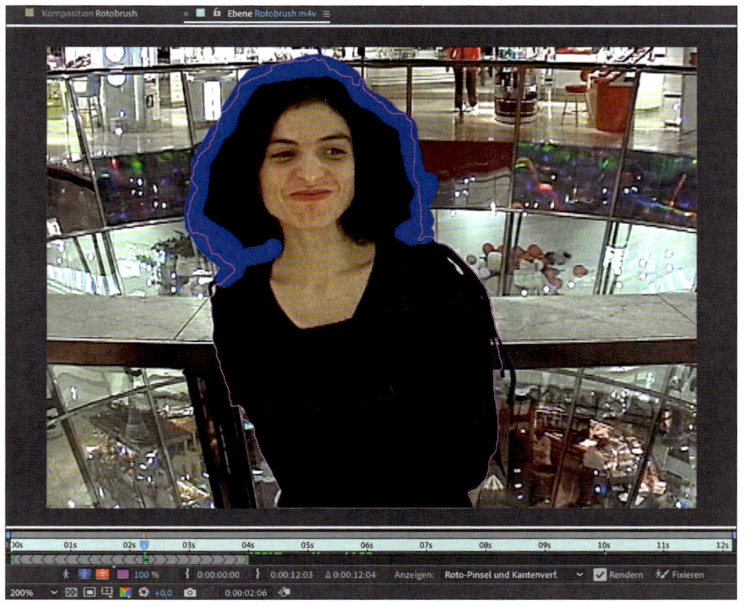


**Abbildung 12.150** ▸
Mit dem Kantenverfeinerungs-Werkzeug tragen Sie Farbe wie mit dem Roto-Pinsel auf.

Nachdem Sie die Bereiche des Haars umrandet haben, in denen der Hintergrund durchschien, markieren Sie die Ebene »Rotobrush« in der Zeitleiste und drücken [F3], um die Effekteinstellungen einzublenden. Der Effekt Roto-Pinsel und Kantenverfeinerung ❶ ist durch die Arbeit mit den Werkzeugen automatisch hinzugekommen. Sämtliche Einstellungen erläutere ich im Anschluss an den Workshop.

Wählen Sie hier nur bei Kantenverfeinerungs-Basisradius ❸ (Abbildung 12.151) den Wert 1,0. Damit erweitern Sie den Kantenbereich, so dass die Protagonistin gänzlich umrandet ist und eine leichte Korrektur auch an weniger problematischen Kanten erfolgt.

Die Berechnung der Kantenverfeinerung geschieht übrigens genau wie beim Roto-Pinsel. Sprich, sie startet, sobald Sie die Zeitmarke vom Basisframe entfernen. Korrekturen können Sie in den Roto-Spannen jederzeit vornehmen.

Verfahren Sie an jedem Basisframe genauso, und wenden Sie das Kantenverfeinerungs-Werkzeug an.

Zum Vorher-nachher-Vergleich können Sie im Effekt die Option Kantenverfeinerung rendern ❷ ein- und ausschalten.

Im Ebenenfenster betätigen Sie den Röntgen-Schalter ⑤, um entweder die mit dem Kantenverfeinerungs-Werkzeug gemalte Linie oder das freigestellte Ergebnis anzuzeigen.

Um bessere Ergebnisse zu erhalten, setzen Sie ein Häkchen bei FEINABST. DER KANTENVERF.-MASKE ④.

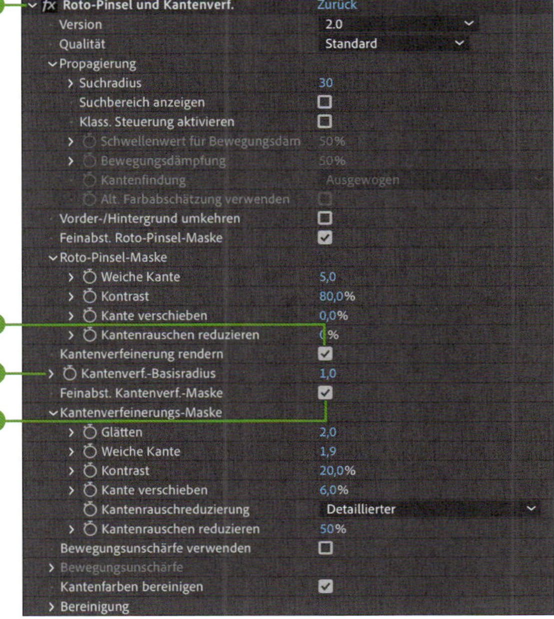


▲ **Abbildung 12.151**
Alle Parameter erläutere ich nach dem Workshop.

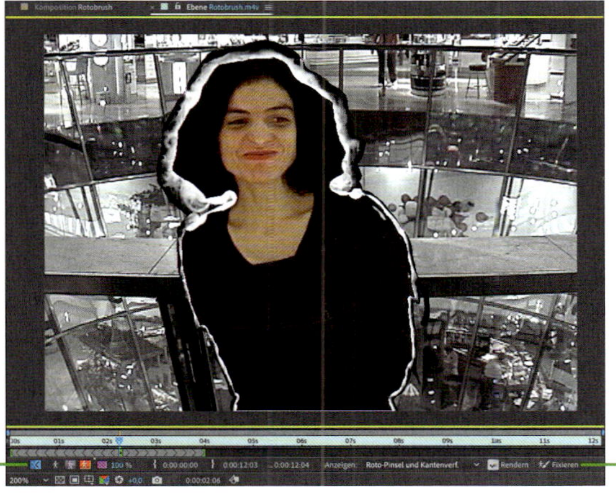


▲ **Abbildung 12.152**
Die Protagonistin ist hier gänzlich umrandet. Die Kantenverfeinerung wirkt hier besonders bei den Haaren.

## 9 Segmentierung fixieren

Als Segmentierung wird die Aufteilung in Vorder- und Hintergrund durch den Roto-Pinsel bezeichnet. Sie können die auf Grundlage aller gezeichneten Striche erfolgte Berechnung für das Projekt dauerhaft mitspeichern, indem Sie die Segmentierung fixieren.

Sie finden im Ebenenfenster die Schaltfläche FIXIEREN ⑥ vor. Wenn Sie darauf klicken, wird die Fixierung gestartet. After Effects rechnet nun noch einmal alles durch und zeigt das mit einer blauen Linie im Ebenenfenster an. Anschließend können Sie mit der Zeitmarke wieder ohne Wartezeit navigieren und Ihr Compositing vervollständigen. Beim nächsten Öffnen des Projekts ist die Matte-Berechnung übrigens immer noch gespeichert, und After Effects rechnet nicht andauernd Ihre Striche aus.

Wollen Sie doch noch einmal Änderungen vornehmen, klicken Sie einfach erneut auf FIXIEREN und können dann wie beschrieben weiterarbeiten.

**Zeitpunkt der Fixierung**
Falls Sie genau wissen wollen, wann Sie eine Bearbeitung fixiert haben, lassen Sie einfach den Mauszeiger über der Schaltfläche FIXIEREN schweben.

**Änderungen nach dem Fixieren**
Haben Sie eine Berechnung fixiert, ist das Roto-Pinsel-Werkzeug im Kompositionsfenster durchgestrichen. Verwenden Sie es dennoch, wirkt sich das erst aus, wenn Sie die Fixierung wieder lösen.

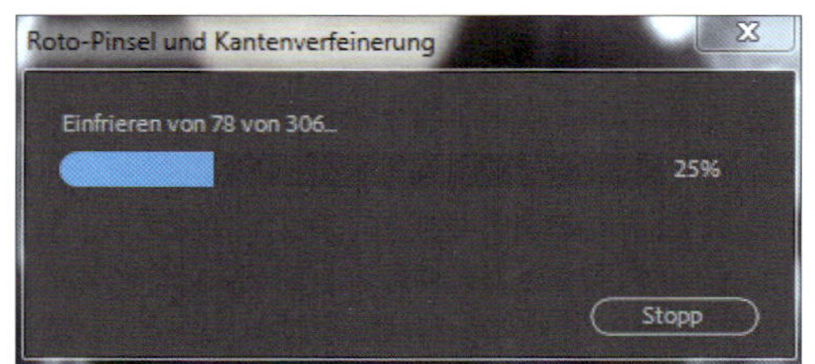


**Abbildung 12.153** ▸
Mit der Schaltfläche FIXIEREN speichern Sie die Berechnung der Matte dauerhaft.

**Fixierung stoppen**
Klicken Sie während der Fixierung auf STOPP, wird die Berechnung bis zum Stopp-Zeitpunkt gespeichert und kann nachher fortgesetzt werden.

### 10 Hintergrund einfügen

Als letzten Schritt fügen Sie die Ebene »Hintergrund.psd« der Zeitleiste hinzu. Im Kompositionsfenster sehen Sie, dass sich die Schauspielerin recht gut in den neuen Hintergrund integriert, vorausgesetzt, Sie haben einigermaßen genau gearbeitet. Passt es irgendwo nicht gut, können Sie jederzeit korrigieren. Die Matte-Kante allerdings sieht noch recht schablonenhaft aus.

Optionen zum Ändern der Matte finden Sie im Abschnitt 12.4.5, »Weiche Maske verbessern/Harte Maske verbessern«. Es ist günstig, dazu die Workshopdatei weiterzuverwenden.

**Abbildung 12.154** ▸
Nach der Bearbeitung wurde der alte Hintergrund ganz ohne Bluescreen ersetzt.

## 12.5.4 Propagierung im Roto-Pinsel-Effekt

**Beispiele**
In den Beispielmaterialien finden Sie im Ordner BEISPIELMATERIAL/12_EFFEKTE/ROTOPINSEL das Projekt »RotoPinsel.aep« mit den beschriebenen Beispielen.

Um die Einstellungen unter PROPAGIERUNG im Effekt ROTO-PINSEL UND KANTENVERFEINERUNG nachzuvollziehen, verwenden Sie die Workshopdatei oder laden das Projekt »RotoPinsel.aep« aus dem Ordner 12_EFFEKTE/ROTOPINSEL. Klicken Sie doppelt auf die Ebene »Rotobrush«, um das Ebenenfenster zu öffnen.

Unter dem Eintrag ROTO-PINSEL-PROPAGIERUNG im Effektfenster setzen Sie zuerst ein Häkchen bei SUCHBEREICH ANZEIGEN ❶ (Abbildung 12.155). Im Ebenenfenster wird daraufhin eine mehr oder minder breite Linie um den Vordergrund gelegt. In Bereichen mit größeren Bewegungen ist die Linie breiter, in gering bewegten schmaler. After Effects sucht in den angrenzenden Frames innerhalb der Linie nach der Kontur des Vordergrunds. Dort findet die Separation in Vorder- und Hintergrund statt.

Bevor Sie nun die Parameter verändern, navigieren Sie recht nahe an den Basisframe heran, da sonst die Berechnung ewig dauert. Die Parameter bewirken Folgendes:

- Suchradius: Eine Erhöhung des Werts erweitert den Suchbereich, innerhalb dessen After Effects nach der Kontur sucht. Bei zu hohen Werten werden auch irrelevante Bewegungen erfasst, bei zu niedrigen Werten werden relevante Bewegungen möglicherweise ignoriert.
- Schwellenwert für Bewegungsdämpfung: Eine starke Erhöhung des Werts bewirkt ein völliges Ignorieren von kleinen Bewegungen der Kontur, während sehr niedrige Werte zu einem Suchen auch bei kleinsten Bewegungen führen. Günstig ist meist ein Mittelwert, oder Sie müssen testen.
- Bewegungsdämpfung: Eine Erhöhung des Werts bewirkt ein Zusammenziehen des Suchbereichs. In gering bewegten Bereichen wird er stärker, in stark bewegten Bereichen geringer zusammengezogen. Günstig ist meist ein Mittelwert.
- Kantenfindung: Die Option Aktuelle Kanten bevorzugen bewirkt, dass die für den aktuellen Frame berechnete Kontur bzw. Segmentierung zwischen Vorder- und Hintergrund verwendet wird. Ausgewogen vergleicht die Segmentierung am aktuellen Frame mit benachbarten Frames. Vorhergesagte Kanten bevorzugen verwenden Sie, wenn der Vordergrund die gleiche Farbe wie der Hintergrund aufweist. Auch hier gilt: Probieren Sie.
- Alternative Farbabschätzung verwenden: Wenn Sie hier ein Häkchen setzen, führt After Effects eine andere Art der Berechnung zum Separieren von Vorder- und Hintergrund aus. Sie können es nur ausprobieren.
- Vordergrund/Hintergrund umkehren: Diese Option kehrt die Berechnung einfach um, und Sie erhalten dann eine transparente Schauspielerin.

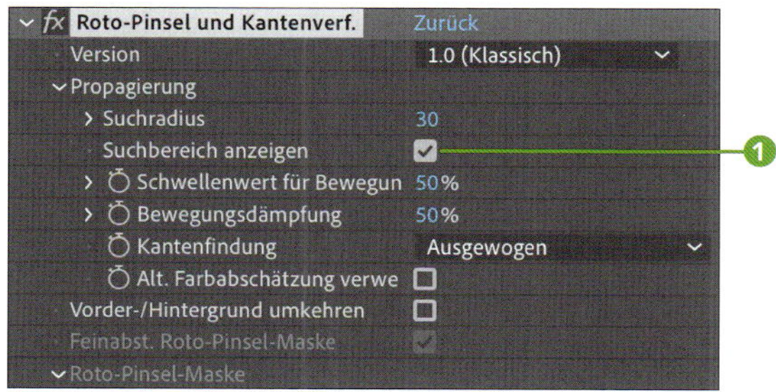


◀ **Abbildung 12.155**
Der Roto-Pinsel-Effekt mit den Optionen unter Roto-Pinsel-Propagierung.

**Abbildung 12.156 ▸**
Der Bereich, in dem After Effects nach Bewegungen der Vordergrundkontur sucht, wird hier als gelbe Linie angezeigt.

**Beispiele**

In den Beispielmaterialien finden Sie im Ordner BEISPIELMATERIAL/12_EFFEKTE/ROTOPINSEL das Projekt »RotoPinsel.aep« mit den beschriebenen Beispielen.

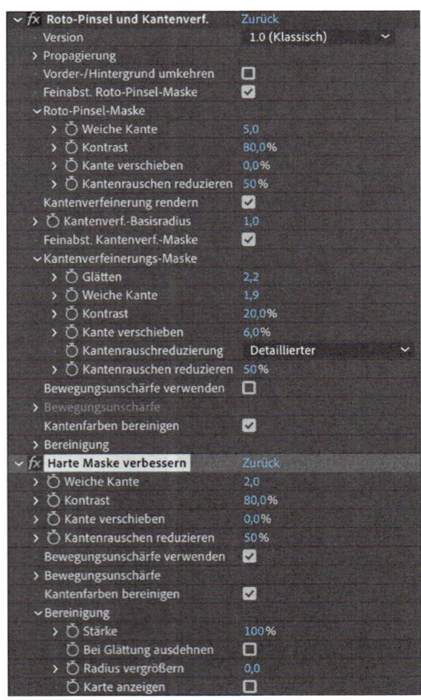


**▲ Abbildung 12.157**
Der Effekt HARTE MASKE VERBESSERN ist sowohl im ROTO-PINSEL-Effekt enthalten als auch separat für transparente Ebenen verfügbar.

### 12.5.5 Der Effekt »Harte Maske verbessern«

Den Effekt HARTE MASKE VERBESSERN (das ist der alte Effekt MASKE VERBESSERN) verwenden Sie, um die Matte-Kante von transparentem Material, wie Sie es beispielsweise durch Keying-Effekte erhalten, zu verbessern. Der Effekt HARTE MASKE VERBESSERN existiert innerhalb des Roto-Pinsel-Effekts, aber auch separat, und kann auf jegliche Ebenen mit transparenten Bereichen angewendet werden. Die Effektparameter, die ich hier für den Effekt ROTO-PINSEL UND KANTENVERFEINERUNG erläutere, sind mit denen des separaten Effekts HARTE MASKE VERBESSERN fast identisch.

Um die Einstellungen unter KANTENVERFEINERUNGS-MASKE im Effekt ROTO-PINSEL nachzuvollziehen, verwenden Sie die Workshopdatei oder laden das Projekt »RotoPinsel.aep« aus dem Ordner 12_EFFEKTE/ROTOPINSEL. Klicken Sie doppelt auf die Ebene »Rotobrush«, um das Ebenenfenster zu öffnen.

Zu den Parametern:

- GLÄTTEN: Eine Erhöhung des Werts wirkt sich auf die Kantendetails aus und glättet hier den Übergang zum Hintergrund. Dies integriert die Details oft besser in das neue Hintergrundmaterial. Verwenden Sie geringe Werte, zum Beispiel 2, um Störungen zu nivellieren.
- WEICHE KANTE: Hier wird die Kante der Matte ohne besondere Rücksicht auf die Details insgesamt weichgezeichnet.
- KONTRAST: Durch Erhöhung des Werts verstärken Sie den Kontrast der Details, bewirken damit aber auch, dass geglättete Details wieder härter, schärfer gezeichnet werden.

- KANTE VERSCHIEBEN: Niedrige Werte erweitern die Matte etwas, höhere Werte schrumpfen sie, um beispielsweise Reste der Farbe des alten Hintergrunds zu entfernen.
- KANTENRAUSCHREDUZIERUNG: Störungen lassen sich mit den Optionen DETAILLIERTER und GLATTER (LANGSAMER) bei KANTENRAUSCHREDUZIERUNG vermindern. Kurz gesagt: Bewegen sich die Matte-Kanten stark – ist also das Kantenrauschen hoch –, erhöhen Sie den Wert; bewegen sie sich nicht, verringern Sie den Wert oder schalten die Option auf AUS.
- BEWEGUNGSUNSCHÄRFE VERWENDEN: Diese Option ist sehr hilfreich, wenn Ihr Material verwischte Objekte enthält, wie sie beispielsweise durch eine schnelle Handbewegung entstehen. Die Matte-Kante wird mit aktiver Option nicht so schablonenhaft gerendert.
- BEWEGUNGSUNSCHÄRFE: Unter SAMPLES PRO FRAME stellen Sie die Durchgänge für die Berechnung der Unschärfe pro Frame ein. Unter VERSCHLUSSWINKEL können Sie den Wert erhöhen, um eine Verstärkung der Unschärfe zu erreichen.
- KANTENFARBEN BEREINIGEN: Eine nützliche Option für unscharfe, stark bewegte oder halbtransparente Vordergrundobjekte. Hier wird die Hintergrundfarbe aus den unscharfen Bereichen entfernt.
- BEREINIGUNG: Zuerst wählen Sie BEREINIGUNGSMASKE ANZEIGEN, denn da sehen Sie, welche Bereiche der Matte-Kontur beeinflusst werden. Unter STÄRKE DER BEREINIGUNG legen Sie einen Wert für die Option KANTENFARBEN BEREINIGEN fest. BEI GLÄTTUNG AUSDEHNEN sollten Sie verwenden, wenn Sie KANTENRAUSCHEN REDUZIEREN und KANTENFARBEN BEREINIGEN nutzen, um die Qualität zu erhöhen. ERHÖHEN DES BEREINIGUNGSRADIUS verspricht das, was der Name schon sagt.

### 12.5.6 Der Effekt »Weiche Maske verbessern«

Der Effekt WEICHE MASKE VERBESSERN »zeichnet« entlang der Matte-Kante einen Malstrich, innerhalb dessen eine Kantenverfeinerung berechnet wird. Mittels der Option KANTENBEREICH ANZEIGEN ❷, blenden Sie diesen Malstrich als gelbe Linie ein (siehe Abbildung 12.158).

Mit der Option ZUSÄTZLICHER KANTENRADIUS ❶ steuern Sie die Breite dieses Malstrichs. Da dieser Strich entlang der Matte-Kante im Gegensatz zu den variierenden Strichen des Roto-Pinsels immer gleich breit ist, verwenden Sie den Effekt bei Matte-Kanten, die durch ein unsauberes Keying entstanden sind, oder bei Matte-Kanten, die entlang der gesamten Matte-Kante leichte Unebenheiten

**Beispiel**

Ein Beispiel dazu befindet sich im Ordner 12_EFFEKTE/KEYING im Projekt »keying.aep« und dort in der Komposition »Weiche Maske verbessern«.

wie kleine Härchen oder Ränder von Büschen enthalten. Mit der Option Kantendetails berechnen ❸ schalten Sie die Berechnung der Kantenoptimierung ein bzw. aus.

Die Erläuterung der Parameter für den Effekt Harte Maske verbessern (siehe Abschnitt 12.4.6) gelten für die restlichen hier unerwähnt gebliebenen Parameter entsprechend.

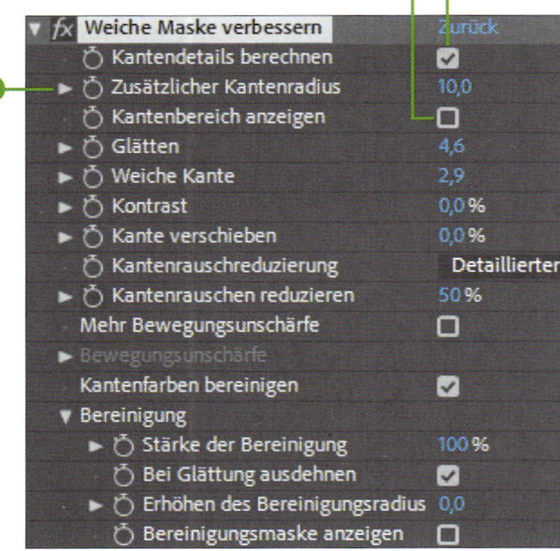


**▲ Abbildung 12.158**
Die Parameter des Effekts Weiche Maske sind fast identisch mit denen des Effekts Roto-Pinsel und Kantenverfeinerung bzw. Harte Maske verbessern.

**▲ Abbildung 12.159**
Der Effekt Weiche Maske verbessern »zeichnet« einen gleich breiten Pfad entlang allen Matte-Kanten.

**Abbildung 12.160 ▶**
Links sehen Sie einen unsauberen Key und rechts die Verbesserung durch Weiche Maske verbessern.

**Abbildung 12.161 ▶**
Links sehen Sie das Bild nur durch einen Maskenpfad freigestellt, rechts nach Anwendung von Weiche Maske verbessern.

# Kapitel 13
# Farbkorrektur

*In diesem Kapitel führe ich Sie durch einige nützliche Werkzeuge zur Farbkorrektur bis hin zu dem professionelleren Farbkorrekturwerkzeug Lumetri-Farbe. An mehreren Beispielen werde ich wichtige Farbkorrekturmöglichkeiten demonstrieren.*

## 13.1 Projektfarbtiefe

Zu Beginn schauen wir uns ein paar grundlegende Einstellungen für die Farbbearbeitung in After Effects an.

Für die Bearbeitung von Farbverläufen in hoher Qualität, für die Farbkorrektur, beim Arbeiten mit Keying-Effekten oder bei Verwendung von Daten aus 3D-Applikationen ist es empfehlenswert oder nötig, die Projektfarbtiefe auf 16 oder 32 Bit pro Kanal einzustellen, sollten Farbabstufungen sichtbar werden.

Sie erreichen dies über Datei • Projekteinstellungen. Im Feld Farbeinstellungen wählen Sie die Projektfarbtiefe aus dem Einblendmenü unter Bittiefe.

Bei höheren Farbtiefen können weit mehr Farbabstufungen als bei einem 8-Bit-Projekt dargestellt werden. Pro Kanal sind es 65.536 Abstufungen bei einem 16-Bit-Projekt, die miteinander multipliziert Trillionen möglicher Farbwerte darstellen können. Das erlaubt feinere Übergänge zwischen den Farben und sichert Details, die sonst verlorengehen würden.

Im professionellen Bereich ist eine 10-, 12- oder 16-Bit-Farbwelt bereits gang und gäbe. Während die anderen Bit-Welten aus Festkommazahlen, also aus Ganzzahlwerten, bestehen, werden in der 32-Bit-Welt Fließkommawerte verwendet. Somit lässt sich ein sehr viel größerer Bereich an Werten darstellen.

**CMYK in After Effects**

After Effects nutzt das RGB-Modell, um Farben darzustellen. Dateien, die im CMYK-Modus erstellt wurden, werden aber von After Effects auch unterstützt. Auch Illustrator- und EPS-Dateien, die den CMYK-Farbraum verwenden, können problemlos importiert werden. Eine Umwandlung in den RGB-Farbraum vor dem Import ist nicht nötig.

**Projektfarbtiefe schnell wechseln**

Halten Sie die Taste `Alt` gedrückt, und klicken Sie dann am unteren Rand des Projektfensters auf die dort angezeigte Projektfarbtiefe, um schnell zwischen den Einstellungen zu wechseln.

**Farbtiefe**
Die Farbtiefe wird in Bit pro Kanal (bpc) angegeben und beschreibt die Menge der Farbinformationen, die pro Pixel und Farbkanal (z. B. R, G, B) verfügbar sind. Mit steigendem Bitwert nimmt die Zahl der darstellbaren Farben zu.

Entscheidend dafür, ob Sie eine Projektfarbtiefe von 32, 16 oder 8 Bit wählen, ist jedoch die gewünschte Ausgabequalität. Es ergibt keinen Sinn, per se eine hohe Projektfarbtiefe zu wählen, da sich dadurch auch die Rechenzeit erhöht. Außerdem wird die Ausgabe einer sehr hohen Farbtiefe nur von einigen Ausgabeformaten unterstützt, z. B. bei der Ausgabe als OpenEXR-Sequenz. Allerdings kann es sinnvoll sein, auch für eine Ausgabe im 8-Bit-Modus eine höhere Projektfarbtiefe zu wählen oder dies beim Rendern einzustellen. After Effects berechnet dann Farbwerte mit höherer Präzision. Eine Ausgabe mit Trillionen Farben bzw. Gleitkommazahl wird beispielsweise bei der Ausgabe einer TIFF-Sequenz unterstützt.

### 16-Bit-Farbmodus

Den 16-Bit-Farbmodus sollten Sie verwenden, wenn Sie feinere Details und Verläufe erhalten wollen und wenn Sie mit Cineon-Dateien arbeiten oder wenn Sie eine HDTV-Ausgabe planen. Bedenken Sie dabei, dass sich die Berechnungszeit und der RAM–Verbrauch der Vorschau bei höheren Projektfarbtiefen erhöhen.

After Effects unterstützt den 16-Bit-Farbmodus bereits seit Längerem. In der Palette Effekte und Vorgaben, die Sie mit [Strg]+[5] einblenden, werden die unterstützten Farbtiefen mit einer kleinen Zahl neben jedem Effekt angezeigt. Adobe erweitert bei jeder neuen Version die Anzahl der Effekte mit höheren Bittiefen.

**Ausgabefarbtiefe**
Im Ausgabemodul lässt sich die Farbtiefe für jedes Renderelement unterschiedlich und unabhängig von der Projektfarbtiefe festlegen. Nicht jedes Ausgabeformat unterstützt den 32-Bit-Farbmodus beim finalen Rendering. Bei einer JPEG-Sequenz ist beispielsweise nur eine geringere Farbtiefe wählbar als bei TIFF-, Radiance- oder OpenEXR-Sequenzen, die mit Gleitkommagenauigkeit ausgegeben werden können.

### 32-Bit-Farbmodus

Den 32-Bit-Farbmodus sollten Sie dann wählen, wenn Effektberechnungen in höchster Qualität erforderlich sind oder Sie die Weiterverwendung von Daten aus oder in 3D-Applikationen planen und HDR-Bilder (High Dynamic Range) verwenden. Bei der Verwendung des 32-Bit-Farbmodus bleiben Details und Farbunterschiede in sehr hellen und sehr dunklen Bildbereichen erhalten, da mit Helligkeitswerten über 100 % sichtbarem Weiß gearbeitet werden kann. Bei der Verwendung von 8-Bit-Footage erzielen Sie in Farbverläufen und bei vielen Effektberechnungen im 32-Bit-Modus ebenfalls bessere Ergebnisse.

**HDR-Bilder** wurden mit einem sehr hohen Beleuchtungsumfang (High Dynamic Range) aufgezeichnet, der dem in der Natur vorkommenden annähernd entspricht. Damit liegt der Beleuchtungsumfang von HDR-Bildmaterial weit über dem von 8- und 16-Bit-Material. Am Computermonitor und auf Filmmaterial ist nur ein begrenzter Beleuchtungsumfang darstellbar, es sei denn, Sie verwenden einen speziellen HDR-Monitor. Beim Import konvertiert After Effects daher die Fließkommawerte von 32-Bit-Bildmaterial zur Darstellung am Monitor in den Arbeitsfarbraum Ihres Projekts. Dabei wird, wenn nichts anderes eingestellt ist, ein voreingestellter Konvertierungswert für einen normalen Monitor verwendet. Wie Sie den Arbeitsfarbraum wählen, erfahren Sie im folgenden Abschnitt.

## 13.2 Farbmanagement in After Effects

Durch ein passendes Farbmanagement erreichen Sie, dass Material, egal, mit welchem Aufnahmemedium es erfasst wurde, so ähnlich wie möglich auf einem beliebigen Ausgabegerät dargestellt wird.

Um eine möglichst farbgetreue und einheitliche Darstellung von Farben auf unterschiedlichen Wiedergabemedien zu erzielen, sollten Sie Ihren Monitor zuvor kalibrieren und ein Farbprofil des Monitors erstellen. Dies gilt insbesondere, wenn Sie vorhaben, Farbkorrekturarbeiten in After Effects durchzuführen.

Anschließend wählen Sie einen Arbeitsfarbraum, der zu Ihrem gewünschten Ausgabemedium passt. Der von Ihnen gewählte Arbeitsfarbraum wird mit der Projektdatei gespeichert. Ein Projekt, in dem ein RGB-Arbeitsfarbraum gespeichert wurde, sollte an jedem anderen kalibrierten Monitor, der das gleiche Farbprofil verwendet, mit gleichen Farben angezeigt werden.

Wenn Sie einen Arbeitsfarbraum gewählt haben, haben Sie damit gleichzeitig das Farbmanagement aktiviert. Beim Farbmanagement werden Farben von einem Farbraum in einen anderen konvertiert. Dies ist notwendig, da verschiedene Geräte (Kameras, Scanner, Monitore etc.) jeweils mit ihrem gerätespezifischen Farbraum arbeiten.

Haben Sie das Farbmanagement in After Effects nicht aktiviert, hängen die Farben in der Komposition von den Bildschirmfarben ab. Der Vorteil, mit aktiviertem Farbmanagement zu arbeiten, besteht darin, dass ein gemeinsamer Farbraum für alle Kompositionen definiert wird und die Farben des importierten Materials so dargestellt werden, wie sie erstellt wurden.

**Farbraum**
Der Farbraum wird durch den Farbumfang, die Primärfarben, den Weiß- und Schwarzwert sowie den Gamma- bzw. Grauwert bestimmt. Der Farbraum ist eine Variante eines Farbmodells. Im RGB-Farbmodell können beispielsweise verschiedene Farbräume mit unterschiedlich großem Farbumfang enthalten sein (z. B. ProPhoto RGB, Adobe RGB, sRGB IEC1966-2.1 und Apple RGB).

**Arbeitsfarbraum**
Ein Arbeitsfarbraum ist der Farbraum, der in After Effects bei der Bearbeitung verwendet wird. Er bildet die Grundlage der internen Farbberechnung und Definition von Farben.

### 13.2.1 Wie funktioniert das Farbmanagement?

Für die Übersetzertätigkeit in den verschiedenen Farbräumen sind Farbprofile zuständig. Der bisherige Standard für Farbprofile vom ICC (International Color Consortium) wird inzwischen vom Academy Color Encoding System (ACES) abgelöst. Mit der Programmversion von 2023 reagiert Adobe auf diese Entwicklung und stellt über die OCIO-Farb-Engine größeren Filmprojekten das moderne ACES zur Verfügung. Gängige Farbprofile sind in After Effects bereits ab der Installation verfügbar. Der Arbeitsablauf für das Farbmanagement ist folgender:

**Monitorprofil**
Das Monitor-Farbprofil definiert, wie die Farben am Monitor dargestellt werden.

**Monitor kalibrieren und Profil erstellen:**
Um eine möglichst objektive Beurteilung der Farbwerte auf verschiedenen Anzeigegeräten zu ermöglichen, sollten Sie Ihren Monitor unter Windows und unter macOS mit entsprechenden Dienstprogrammen kalibrieren. Noch sicherer sind allerdings die Verwendung eines Farbmessgeräts (Kolorimeters), das die Farben im Gegensatz zum menschlichen Auge objektiv misst, und der Einsatz von spezieller Software.

Beim Kalibrieren wie auch zur Beurteilung von Farben bei der Farbkorrektur ist es günstig, ablenkende Farben auf dem Desktop und in der Programmumgebung zu entfernen. Empfehlenswert ist beispielsweise ein neutrales Grau als Desktopfarbe. Auch vom Umgebungslicht sollte der Monitor möglichst abgeschirmt sein, und keinesfalls dürfen Sie den Kontrast oder die Helligkeit nachträglich manuell verändern.

Unter Windows erreichen Sie das Tool zur Farbkalibrierung via Startbutton. Geben Sie im Suchfeld entweder »dccw« ein oder »Bildschirmfarbe kalibrieren«. Sie werden nach dem Start des Programms schrittweise durch die Kalibrierung geleitet. Unter Mac OS befindet sich der Kalibrierungsassistent unter SYSTEMEINSTELLUNGEN • MONITORE • FARBE • KALIBRIEREN.

**ACES**
ACES steht für Academy Color Encoding System und etabliert sich zunehmend als Standard für digitale Farben bei Filmproduktionen. Es umfasst den gesamten Produktionsprozess und stellt hierfür Farb-Workflows von der Bildaufnahme bis zur Archivierung zur Verfügung.

2023 wurde ACES über das Farbmanagement-System OpenColorIO (OCIO) in After Effects integriert.

Um die traditionelle Adobe-Farbmanagement-Engine zu ersetzen, muss sie in den PROJEKTEINSTELLUNGEN im Reiter FARBE unter FARB-ENGINE auf OCIO COLOR MANAGED umgestellt werden. Danach ist es möglich, Arbeits-, Kompositions-, Anzeige- und Exportfarbräume zuzuweisen, und selbst für die Anwendung auf einzelnen Ebenen steht Ihnen der Konvertierungseffekt namens OCIO-FARBRAUMTRANSFORMATION zur Verfügung.

### Arbeitsfarbraum einstellen

Um eine hohe Farbgenauigkeit zwischen den Einstellungen in Ihrem Projekt und dem Farbraum des Ausgabemediums zu erhalten, sollten Sie nach der Kalibrierung und dem Festlegen eines Monitorfarbprofils den Arbeitsfarbraum an Ihren Ausgabefarbraum anpassen. Die Farben der importierten Materialien werden dann in den Arbeitsfarbraum konvertiert. Der Arbeitsfarbraum wiederum sollte den Farbraum Ihrer Ausgabewünsche umfassen.

Unter DATEI • PROJEKTEINSTELLUNGEN finden Sie in der Registerkarte FARBE unter ARBEITSFARBRAUM ② verschiedene Farbprofile. Bei der Einstellung OHNE verwendet After Effects den Farbraum des Monitors, und das Farbmanagement für das Projekt wird **deaktiviert**. Sobald Sie für den Arbeitsfarbraum ein Profil zuweisen, **aktivieren** Sie damit das Farbmanagement.

Wählen Sie immer einen Arbeitsfarbraum, der dem Ausgabefarbraum mit dem größten Farbumfang entspricht. Sollten Sie beispielsweise eine Ausgabe für das Web, aber auch für HDTV planen, wählen Sie als Arbeitsfarbraum den größten gemeinsamen Nenner, in diesem Fall HDTV (REC. 709).

Soll das Projekt nach Fertigstellung in unterschiedliche Farbräume ausgegeben werden, wählen Sie beim finalen Rendering unter BITTIEFE ① eine Projektfarbtiefe von 16 oder 32 Bit pro Kanal.

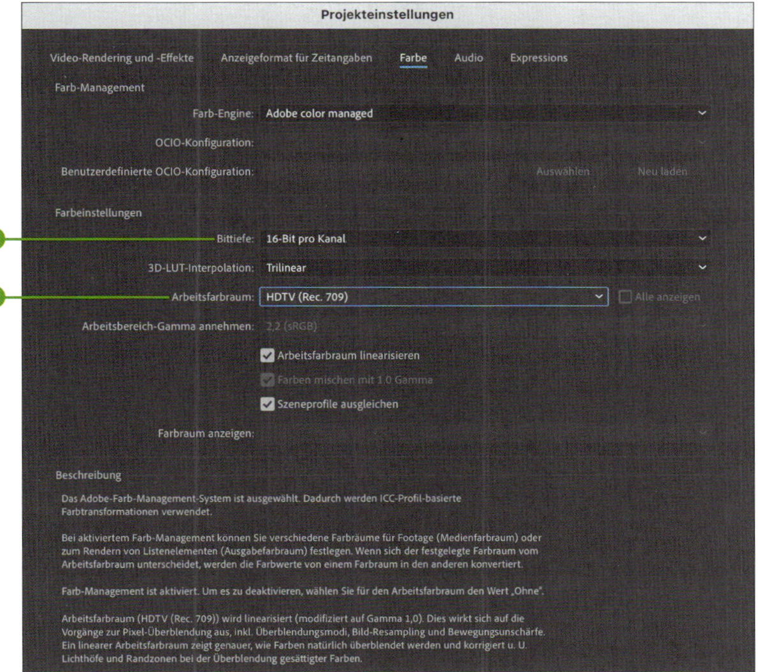


**Abbildung 13.1**
In den Projekteinstellungen treffen Sie die grundlegende Auswahl des Arbeitsfarbraums und der Projektfarbtiefe.

**Arbeiten in der Gruft**

Um eine möglichst farbgenaue und farbgetreue Bearbeitung zu gewährleisten, wird die Arbeit in der Gruft empfohlen. Das ist kein Witz: Arbeiten Sie vom Sonnenlicht abgeschirmt oder in einem fensterlosen Raum so wie Dracula, da die Anzeige der Farben durch Sonnenlicht verändert wird. Bram Stoker wird Sie dafür ebenfalls lieben. Immerhin.

Einige Vorschläge sollen Ihnen hier die Wahl des Arbeitsfarbraums erleichtern. Für das Ausgabefarbprofil gelten die Angaben entsprechend.

Die Vorschau Ihrer Animationen kann sich bei der Verwendung eines Arbeitsfarbraums verlangsamen.

### Import

Enthält importiertes Material – beispielsweise eine Photoshop-Datei – ein eingebettetes Farbprofil, sind die vom Produzenten beabsichtigten Farben in Ihrem Projekt genau reproduzierbar. Die Farben der Datei werden automatisch vom eingebetteten Farbprofil in die Farben des Arbeitsfarbraums konvertiert.

Enthält das Footage kein eingebettetes Farbprofil, so weisen Sie gegebenenfalls selbst ein Farbprofil zu. Dazu importieren Sie wie üblich das Material und markieren es dann im Projektfenster. Klicken Sie das markierte Element mit der rechten Maustaste an, und wählen Sie Footage interpretieren • Footage einstellen. Im Dialog Footage interpretieren wechseln Sie in die Karte Farbe ❹ (Abbildung 13.2). Dort wählen Sie gegebenenfalls RGB beibehalten ❺, um das Farbmanagement zu deaktivieren (für Ebenen, deren RGB-Werte Sie – beispielsweise zum Steuern von Effekten – beibehalten wollen). Unter Überschreibender Medien-Farbraum ❻

**Empfohlene Farbprofile für Arbeitsfarbraum und Ausgabe:**

**Web-Ausgabe**: Für sämtliche webrelevanten Ausgaben wählen Sie sRGB IEC61966-2.1.

- **SDTV:** Wenn die Ausgabe für Standard-Video, Standard Definition Television (SDTV) sowie Standard Definition DVD vorgesehen ist, entscheiden Sie sich für SDTV PAL 16 – 235 oder SDTV NTSC 16 – 235.
- **HDTV:** Für eine HDTV-Ausgabe empfehlen sich HDTV (Rec. 709) und eine Projektfarbtiefe von 32 bpc.
- **Film:** Für digitale Kinofilme wählen Sie z. B. ProPhoto RGB oder Universal Camera Film Printing Density und setzen ein Häkchen bei Farben mischen mit 1.0 Gamma ❸.

wählen Sie ein Profil, das dem Arbeitsfarbraum entspricht, den Sie eingestellt haben. Die Option ALS LINEARES LICHT INTERPRETIEREN 7 ist für 32-Bit-Projekte zur Vermeidung von Farbsäumen etc. sinnvoll, nicht aber für 8- oder 16-Bit-Projekte.

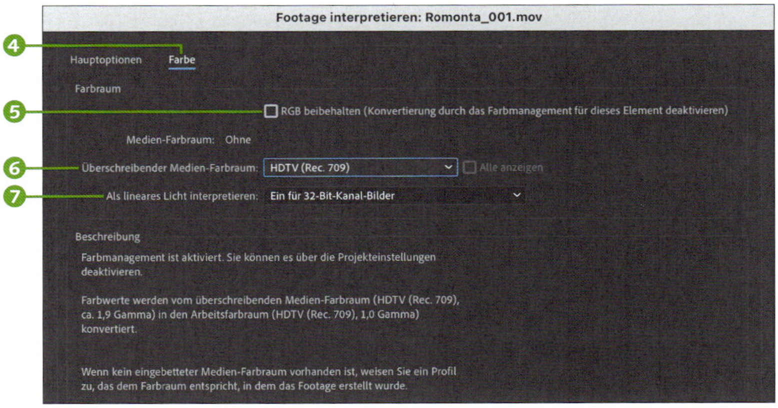

Footage interpretieren: Romonta_001.mov
4 Hauptoptionen Farbe
Farbraum
5 RGB beibehalten (Konvertierung durch das Farbmanagement für dieses Element deaktivieren)
Medien-Farbraum: Ohne
6 Überschreibender Medien-Farbraum: HDTV (Rec. 709) Alle anzeigen
7 Als lineares Licht interpretieren: Ein für 32-Bit-Kanal-Bilder
Beschreibung
Farbmanagement ist aktiviert. Sie können es über die Projekteinstellungen deaktivieren.
Farbwerte werden vom überschreibenden Medien-Farbraum (HDTV (Rec. 709), ca. 1,9 Gamma) in den Arbeitsfarbraum (HDTV (Rec. 709), 1,0 Gamma) konvertiert.
Wenn kein eingebetteter Medien-Farbraum vorhanden ist, weisen Sie ein Profil zu, das dem Farbraum entspricht, in dem das Footage erstellt wurde.

**Abbildung 13.2** ▸
Der Dialog FOOTAGE INTERPRETIEREN enthält die Karte FARBE. Dort weisen Sie importiertem Footage gegebenenfalls ein Farbprofil zu.

### Bearbeitung

Wenn Sie den Arbeitsfarbraum gewählt haben und das Footage richtig interpretiert ist, kümmert sich After Effects automatisch um das weitere Farbmanagement. In der Menüleiste unter ANSICHT • BILDSCHIRMMANAGEMENT VERWENDEN legen Sie fest, ob die Farben zur Darstellung an Ihrem Bildschirm konvertiert werden sollen. Dies macht Sinn, nachdem Sie bereits wie oben beschrieben ein Monitorprofil erstellt haben.

**Farbprofil**

Das Farbprofil enthält sämtliche Informationen, um die RGB-Werte der Bilddatei in einen geräteunabhängigen Farbraum zu konvertieren. Zusammen mit einem Farbprofil Ihres Monitors können Sie dann festlegen, welche Monitor-Farbwerte die Farbwerte des importierten Materials am besten wiedergeben. Sie werden vielleicht einwenden, dass der Bildschirm den Farbumfang des Materials ohnehin oft nicht darstellen kann. Dies ist für die Anzeige des Materials am Monitor zwar richtig, intern in Ihrem Projekt bleiben die Farben jedoch im Umfang des gewählten Arbeitsfarbraums erhalten.

### Ausgabe

Vor der Ausgabe können Sie die Anzeige auf einem anderen Gerät von After Effects simulieren lassen. Dazu rufen Sie ANSICHT • AUSGABE SIMULIEREN auf. Sie können zwischen HDTV (REC. 709), SDTV PAL und anderen wählen. Beim Rendern einer Komposition ins Ausgabeformat können Sie im Ausgabemodul ein Ausgabefarbprofil festlegen. Dadurch wird die zu rendernde Komposition vom Arbeitsfarbraum in den Ausgabefarbraum konvertiert.

**Informationen zu Farbprofilen**

Auf der Website des International Color Consortiums (ICC) finden Sie weitere Informationen zu Farbprofilen: *www.color.org*.

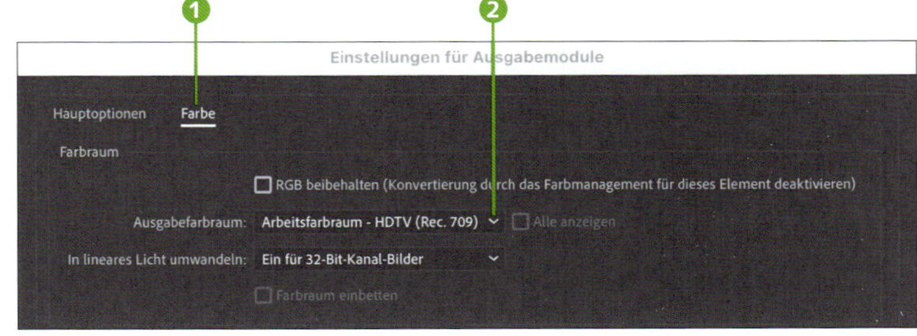


**Abbildung 13.3** ▸
Der Dialog EINSTELLUNGEN FÜR AUSGABEMODULE enthält die Karte FARBMANAGEMENT. Dort wählen Sie ein zum Ausgabemedium passendes Profil.

Klicken Sie vor der Ausgabe in der Renderliste auf das unterstrichene Wort rechts neben Ausgabemodul, um das Dialogfeld Einstellungen für Ausgabemodule zu öffnen. Wechseln Sie dort auf die Karte Farbe ①. Wählen Sie unter Ausgabefarbraum ② eine Ihrer Ausgabe entsprechende Einstellung. Sie können für jedes Ausgabemodul ein anderes Ausgabefarbprofil zuweisen.

#### Arbeitsfarbraum linearisieren

Durch die Arbeit in einem linearisierten Arbeitsfarbraum vermeiden Sie beispielsweise Farbsäume, die beim Mischen gesättigter Farben mit hohen Kontrastwerten auftreten können. Günstig wirkt sich die Arbeit im linearisierten Farbraum besonders dann aus, wenn Sie Ebenen per Füllmethoden mischen oder Bewegungsunschärfe aktiviert ist. Für die Arbeit in 8-Bit-Projekten ist das Linearisieren nicht sinnvoll.

Unter Datei • Projekteinstellungen finden Sie in der Registerkarte Farbe die Option Arbeitsfarbraum linearisieren. Die Option ist erst aktiv, wenn Sie einen Arbeitsfarbraum gewählt haben.

**Erst linearisieren, dann arbeiten**

Es ist sinnvoll, den linearisierten Arbeitsfarbraum einzustellen, bevor Sie Ihr Projekt beginnen, da sich Farben, die Sie in After Effects selbst definiert haben, durch die Einstellung verändern.

**Gamma-Anpassung unter Windows und macOS**

Seit der Version CS3 stimmen die Gamma-Anpassungen auf beiden Systemen überein. Beim Öffnen älterer After-Effects-Projekte wird in den Projekteinstellungen automatisch die Option QuickTime Gamma-Anpassung wie in früheren Versionen von After Effects aktiviert. Damit wird sichergestellt, dass es zu keiner Farbverschiebung kommt. Bei neu erstellten Projekten sollten Sie die Option nicht aktivieren (Datei • Projekteinstellungen).

#### Farbmanagement und Dynamic Link

Dynamic Link verwendet den Farbraum Rec. 709, um Farb- und Gammaverschiebungen in Premiere Pro oder Adobe Media Encoder zu verhindern. After-Effects-Kompositionen, die über Dynamic Link mit Premiere oder Media Encoder verbunden sind, werden korrekt in den Farbraum Rec. 709 umgewandelt. Voraussetzung dafür ist allerdings, dass Sie zuvor das Farbmanagement wie oben beschrieben via Datei • Projekteinstellungen-Farbe • Arbeitsfarbraum aktivieren. Wenn Sie ein anderes Farbprofil als HDTV (Rec. 709) in Adobe Media Encoder einbetten wollen, so geht dies nur über die Ausgabe einer JPEG-Sequenz. Dazu wählen Sie in After Effects in der Renderliste bei Einstellungen für Ausgabemodule als Ausgabeformat JPEG Sequenz. Anschließend wird automatisch in der Karte Farbmanagement des Ausgabemoduls (wie oben beschrieben) ein Häkchen bei Profil einbetten gesetzt. Im Media Encoder müssen Sie die Ausgabe danach ebenfalls auf JPEG einstellen.

## 13.3 Luminanzbasierte Farbkorrektur

Die luminanzbasierte Farbkorrektur nimmt einen wesentlichen Platz bei der Farbkorrektur ein und steht zumeist am Anfang. After Effects bietet zur Korrektur der **Helligkeitswerte** eines Bildes wichtige Werkzeuge an, von denen ich hier einige vorstellen werde.

### 13.3.1 Tonwertkorrektur

Ein probates Mittel, kontrastarmen, flauen Bildern ein klares Aussehen zu verleihen, ist die Anwendung des Effekts TONWERTKORREKTUR. Er befindet sich im Menü unter EFFEKTE • FARBKORREKTUR.

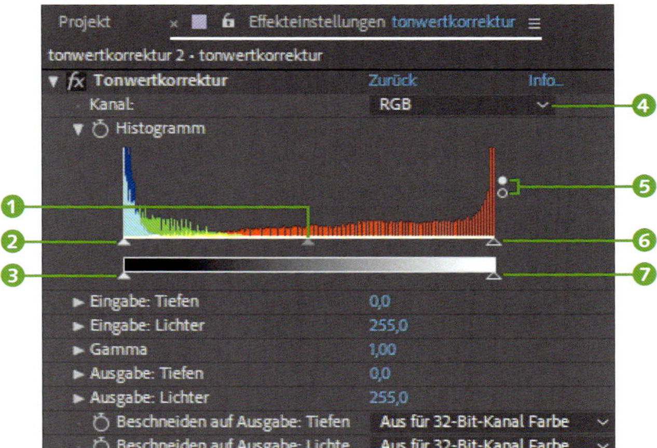


**Abbildung 13.4** ▸
Der Effekt TONWERTKORREKTUR verleiht kontrastarmen Bildern ein klareres Aussehen.

**Farbtiefe**
Sie können den Effekt sowohl in 8- und 16- als auch in 32-Bit-Projekten verwenden. Mit höheren Projektfarbtiefen wächst auch der Helligkeitsbereich des Effekts entsprechend.

Der Effekt arbeitet mit einer **Histogramm**-Anzeige, die die Helligkeitsverteilung der Pixel innerhalb eines Bildes illustriert. Auf der horizontalen Achse des Histogramms werden die Helligkeitsstufen dargestellt. Die vertikale Achse zeigt die Menge der Bildpixel für jede Helligkeitsstufe an. Ein Berg im Histogramm zeugt also davon, dass ganz besonders viele Bildpixel in dem entsprechenden Helligkeitsbereich vorhanden sind. Über die zwei kleinen Punkte rechts beim Histogramm ❺ können Sie andere Farbkanäle zum Vergleich einblenden oder nur den jeweiligen Kanal einzeln anzeigen.

Über Regler für den Weiß- und Schwarzpunkt und einen Regler für den Gammawert korrigieren Sie die Helligkeitswerte. Dabei steht der **Weißpunkt** für ein absolutes Weiß im Bild und der **Schwarzpunkt** für ein absolutes Schwarz. Der **Gammawert**, auch Graupunkt genannt, repräsentiert die Bildbereiche mittlerer Helligkeit.

Verschieben Sie den Regler für den Schwarzpunkt, EINGABE: TIEFEN ❷, nach rechts, ist das Resultat ein dunkleres, kontrastreicheres Bild, bei dem die Feinheiten in den dunklen Bildbereichen verlorengehen. Verschieben Sie den zweiten Regler für den Schwarzpunkt, AUSGABE: TIEFEN ❸, resultiert dies in einem helleren Bild. Tiefschwarze Farbbereiche sind dann nicht mehr zu finden.

Bei einem Verschieben des Reglers für den Weißpunkt, EINGABE: LICHTER ❻, nach links hellt sich das Bild auf und wird kontraststärker. Ein Verschieben des zweiten Reglers für den Weißpunkt, AUSGABE: LICHTER ❼, nach links führt zu einem dunkleren, kontrastschwachen Bild.

Wenn schließlich Weiß- und Schwarzpunkt neu gesetzt sind, können Sie noch die Mitteltöne über den Gammaregler ❶ beeinflussen. Eine Verschiebung nach links hellt das Bild auf und verringert den Kontrast. Genau umgekehrt verhält es sich bei einer Verschiebung nach rechts.

Im Übrigen lässt sich der Effekt auch sehr gut zur Regelung der Helligkeitswerte in den einzelnen Farbkanälen einsetzen. Dazu wählen Sie den entsprechenden Kanal im Einblendmenü unter KANAL ❹ aus. After Effects merkt sich die Änderungen, die Sie in den einzelnen Kanälen vorgenommen haben. Sie müssen den Effekt also nicht für jeden Kanal neu hinzufügen.

**Beispiele**

Die hier im Text erwähnten Beispiele finden Sie gesammelt in den Beispielmaterialien im Ordner 13_FARBKORREKTUR. Das Projekt »farbkorrektur.aep« zeigt alle im Text besprochenen Effekte anhand des abgebildeten Beispielmaterials.

▲ **Abbildung 13.5**
Das nicht korrigierte Originalbild

▲ **Abbildung 13.6**
Nach der Korrektur wirkt das Bild schon viel klarer.

### 13.3.2 Kurven

Wie der Effekt TONWERTKORREKTUR dient auch der Effekt KURVEN zur Anpassung kontrastarmer Bilder. Allerdings bietet er dabei noch mehr Kontrolle als der Effekt TONWERTKORREKTUR. Der Effekt KURVEN befindet sich ebenfalls im Menü unter EFFEKTE • FARBKORREKTUR. Nach dem Anwenden des Effekts wird ein Kurvendiagramm angezeigt, das zum Bearbeiten der Helligkeitswerte des Bildes dient. Den Schwarzpunkt verschieben Sie durch Anklicken und Ziehen des Punkts unten links ❿, den Weißpunkt über den Punkt oben rechts ⓭.

Ein Verschieben des **Schwarzpunkts** nach rechts führt zu einem kontrastreichen Bild ohne Feinzeichnung in schwarzen Bildbereichen. Eine Verschiebung nach oben hellt das Bild auf und macht es kontrastärmer.

Verschieben Sie den **Weißpunkt** nach links, hellt sich das Bild auf und wird kontrastreicher. Beim Verschieben nach unten wird es dunkler und kontrastärmer.

Der Kurve können Sie weitere Punkte hinzufügen, solange die Schaltfläche BÉZIER ⓫ aktiv ist. Um einen Punkt hinzuzufügen, klicken Sie einfach auf die Kurvenlinie.

**Automatische Anpassung**

Mit der Schaltfläche AUTOMATISCH ⓯ im Effekt KURVEN erhalten Sie meist gute Ergebnisse, da ihr eine Datenbank von Kurvenkorrekturen von Fotografieexperten zugrunde liegt.

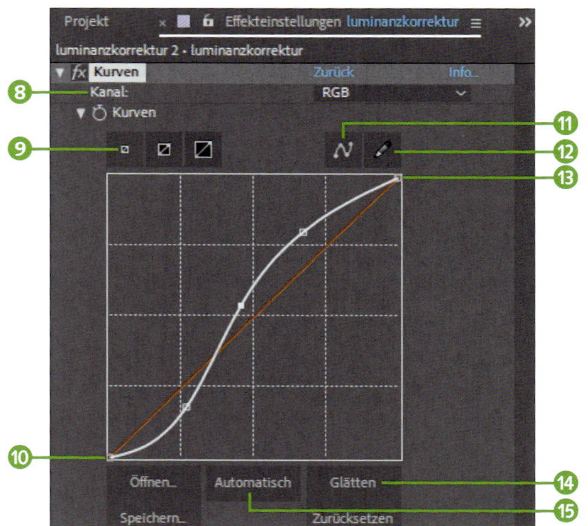


**Abbildung 13.7 ▸**
Der Effekt KURVEN gibt Ihnen große Kontrolle über die Helligkeitswerte im Bild, da Sie bis zu 14 Punkte definieren können, die die Helligkeitswerte fixieren.

**Zeichenstift und Glätten**

Bei aktiviertem ZEICHENSTIFT ⓬ können Sie eine Freihandkurve zeichnen, die Sie mit der Schaltfläche GLÄTTEN ⓮ in eine formschön geschwungene Kurve verwandeln.

Jeder hinzugefügte Punkt gibt Ihnen weitere Kontrolle über die Helligkeitswerte. Die Kurvenpunkte können Sie intuitiv verschieben, um die Helligkeitsverteilung im Bild schnell zu korrigieren. Ziehen Sie dabei nur ganz sensibel an den Punkten, da Sie sonst möglicherweise höchst unerwünschte Ergebnisse erhalten. Wenn Sie einen Punkt entfernen möchten, ziehen Sie ihn einfach aus der Diagrammanzeige heraus.

Die Bearbeitung der Kurven ist standardmäßig auf RGB eingestellt, um die Luminanz eines Bildes zu regeln. Verändern Sie die RGB-Kanäle alle in gleicher Weise, bleibt der Farbton erhalten. Im Einblendmenü neben KANAL ❽ sind jedoch auch die einzelnen Farbkanäle wählbar. Stellen Sie die Farbkanäle in einem unterschiedlichen Verhältnis zueinander ein, verändert sich auch der Farbton. Änderungen in den einzelnen Farbkanälen merkt sich After Effects wieder ganz genau.

Auch dieser Effekt ist bei einer 32-Bit-Farbtiefe verwendbar. Die Größe des Kurvenfensters können Sie in drei Stufen über die Schaltflächen bei ❾ wählen.

**Abbildung 13.8 ▾**
Links: Das Originalbild wirkt sehr flau. Rechts: Dem mit dem Effekt KURVEN korrigierten Bild fehlt es nur in den ganz dunklen Bereichen etwas an Details

## 13.4 Chrominanzbasierte Farbkorrektur

Bei der chrominanzbasierten Farbkorrektur geht es vor allem um die Änderung des **Farbtons**. So wie Sie bei den zuvor erläuterten Effekten TONWERTKORREKTUR und KURVEN auch die Farbwerte beeinflussen können, sind bei den chrominanzbasierten Farbkorrektur-Werkzeugen auch Helligkeitsänderungen möglich. Das Augenmerk liegt jedoch auf der Änderung des Farbtons. Manipulieren Sie ihn, färben Sie beispielsweise eine blaue Blume bei gleichbleibenden Helligkeitswerten in eine rote, grüne oder beliebig andersfarbige Blume um.

### 13.4.1 Farbton/Sättigung

Der Effekt FARBTON/SÄTTIGUNG zeigt recht anschaulich, was Sie mit dem Ändern eines Farbtons eigentlich bewirken können. Sie finden den Effekt im Menü unter EFFEKTE • FARBKORREKTUR. Er verwendet zur Auswahl des Farbtons den Farbkreis. Wenn Sie sich die Farben nacheinander auf einen Kreis verteilt vorstellen, so ist es gut nachvollziehbar, dass mit einer bestimmten Winkelangabe eine bestimmte Farbe angegeben werden kann.

Der Gradmesser bei BLAU: FARBTON ❹ arbeitet genauso. Wenn Sie den Regler auf andere Werte als den voreingestellten Wert 0 ziehen, ändern sich im ganzen Bild bzw. im gewählten Farbkanal die Farben.

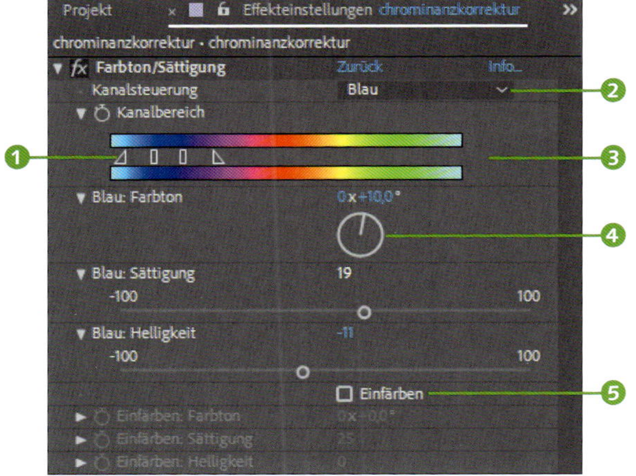


◂ **Abbildung 13.9**
Mit dem Effekt FARBTON/SÄTTIGUNG färben Sie einzelne Farbbereiche um, entfernen den Farbstich aus einem Bild oder tauchen das gesamte Bild in einen Farbton.

Sie können in dem Effekt unter KANALSTEUERUNG ❷ einen bestimmten Farbkanal wählen, den Sie ändern möchten. Normalerweise ist hier STANDARD eingestellt. Im abgebildeten Beispiel, das Sie auch in den Beispielmaterialien finden, habe ich den Blaukanal ausgewählt. Der für Blau vordefinierte Farbbereich wird unter KANALBEREICH ❸ angezeigt.

Die zwei Dreiecke und die zwei kleinen Balken ❶ (Abbildung 13.9) lassen sich verschieben, um den Kanalbereich zu verändern. Damit erreichen Sie eine genauere Auswahl des Farbbereichs, in dem Sie den Farbton ändern wollen. Dabei wählen Sie mit den Dreiecken die absoluten Grenzen des Farbbereichs. Mit den Balken stellen Sie einen Übergang von der beim Dreieck befindlichen Farbe zur beim Balken befindlichen Farbe ein. Ist der Kanalbereich einmal definiert, lassen sich, wie Sie in Abbildung 13.10 sehen, sehr schön nur die Blautöne des Himmels im Bild umfärben. Die anderen Farbkanäle beeinflussen Sie auf die gleiche Weise. Neben der Farbtonänderung bietet der Effekt die Möglichkeit, die Sättigung – also die Intensität – und auch die Helligkeit des Farbtons zu beeinflussen.

**Abbildung 13.10** ▼
Im Originalbild hat der Himmel einen blauen Farbton (links). Rechts habe ich über die Kanalsteuerung den Kanalbereich für Cyan und Blau ausgewählt, daher wirkt sich der rote Farbton nur auf den zuvor blauen Himmel aus.

Setzen Sie ein Häkchen bei Einfärben ❺ (Abbildung 13.9), erscheinen die Regler oben deaktiviert. Dafür erhalten Sie Regler für Farbton, Sättigung und Helligkeit, um das Bild einzufärben. Ohne Rücksicht auf die im Bild vorhandenen Farbunterschiede wird das Bild basierend auf der Helligkeit in eine neue Farbe getaucht.

**Abbildung 13.11** ▶
In diesem Beispiel wurde das Häkchen bei Einfärben im Effekt Farbton/Sättigung gesetzt.

## 13.4.2 Farbbalance

Der Effekt Farbbalance aus dem Menü Effekte • Farbkorrektur dient dazu, die Bildfarben über Regler für die Kanäle Rot, Grün und Blau zu beeinflussen. Dabei stellt der Effekt für jeden Farbkanal drei Regler zur Verfügung, so dass Sie Schatten, Mitten und Spitzlichter separat einstellen können. Verwenden Sie einen Wert von –100, verschwindet die Farbe vollständig. Bei positiven Werten wirkt der Farbton intensiver.

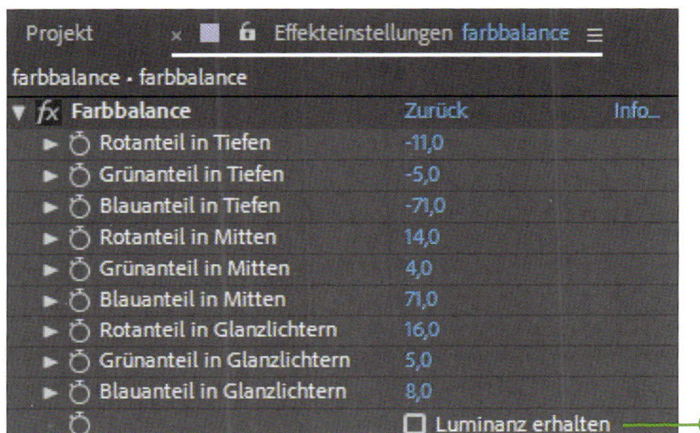


◄ **Abbildung 13.12**
Mit dem Effekt Farbbalance verändern Sie die Farben für die Kanäle Rot, Grün und Blau separat.

Wenn Sie unter Luminanz erhalten ❶ ein Häkchen setzen, versucht After Effects, die Helligkeitswerte des Originals mit den eingestellten Werten in Einklang zu bringen.

Viel mehr muss ich zu dem Effekt nicht sagen, da sich die Bedienung intuitiv erschließt und die Einstellungen stark vom jeweils verwendeten Material abhängen.

▲ **Abbildung 13.13**
Das Originalbild wirkt etwas eingetrübt.

▲ **Abbildung 13.14**
Nach der Anwendung des Effekts Farbbalance erscheint das Motiv etwas sonniger.

## 13.5 Lumetri-Scopes und Lumetri-Farbe

**Color Finesse – nicht integriert**
Mit der Oktoberversion 2018 (AE 16.0) wird Color Finesse nicht mehr im Bundle mit After Effects ausgeliefert. Ältere Projekte mit Color Finesse sollten Sie in alten Programmversionen öffnen.

Das in After Effects verfügbare neue Panel LUMETRI-SCOPES, das von Premiere Pro übernommen wurde, gibt Ihnen für jede Art von Farbkorrektur enorm nützliche Analysetools an die Hand. Im Zusammenspiel mit dem Effekt LUMETRI-FARBE erhalten Sie professionelle Werkzeuge für die Farbkorrektur.

Im Panel LUMETRI-SCOPES können Sie nebeneinander verschiedene Wellenform- und Vektorskopmonitore sowie ein Histogramm anzeigen lassen. Anhand der Monitore analysieren Sie die Farb- und Helligkeitsverteilung sowie Sättigungswerte eines Bildes und nutzen sie zur Korrektur, um die Aufnahme so natürlich wie möglich wirken zu lassen. Aber auch an das Color Grading ist gedacht, wenn Sie bestimmte Filmlooks erzeugen wollen.

Sie können das Panel bei sämtlichen Farbkorrektur-Effekten zur Beurteilung der Bearbeitung nutzen. Damit Sie wissen, was Sie mit den Analysetools anfangen, gehen wir das Lumetri-Scopes-Panel und die Monitore zunächst einmal durch. Danach werde ich Ihnen die Scopes im Zusammenhang mit dem Effekt LUMETRI-FARBE näherbringen.

### 13.5.1 Das Lumetri-Scopes-Panel

**Projektfarbraum ungleich Lumetri-Farbraum**
Für den Fall, dass Sie After Effects in den Projekteinstellungen einen anderen Farbraum zugewiesen haben als in Lumetri-Scopes, konvertiert Lumetri den After-Effects-Farbraum in den in Lumetri gewählten Farbraum.

Sie finden unser Panel, das Sie bei der Farbkorrektur bald nicht mehr missen wollen, unter FENSTER • ARBEITSBEREICH • FARBE oder wählen alternativ FENSTER • LUMETRI-SCOPES.

Im Panel haben Sie die Möglichkeit, sich insgesamt fünf Analysetools nebeneinander anzeigen zu lassen. Sie teilen sich in drei Hauptkategorien auf: Wellenform, Vektorskop und Histogramm. Im Verlauf dieses Abschnitts erläutere ich jede der Hauptkategorien nacheinander.

Über den Maulschlüssel ❶ wählen Sie im Popup die Analysemonitore, die Sie benötigen. Dazu klicken Sie einfach auf einen Eintrag in der Liste, z. B. VEKTORSKOP YUV. Monitore, für die ein Häkchen gesetzt ist, sehen Sie dauerhaft.

Über den Eintrag VORGABEN suchen Sie sich die passende Monitorzusammenstellung für Ihre Arbeit heraus, z. B. PREMIERE 4 SCOPE YUV (FLOAT, UNEINGESCHRÄNKT).

Die Anzeige können Sie über den Eintrag HELLIGKEIT modifizieren. Dort wählen Sie zwischen HELL, NORMAL und VERDUNKELT.

Für das Scopes-Panel haben Sie über den Eintrag FARBRAUM die Möglichkeit, den Farbraum passend zu Ihrem zu bearbeitenden Material einzustellen. Wählen Sie folgende Einstellung:

- **Rec. 601:** zur Codierung von analogen Videosignalen in digitales Video
- **Rec. 709:** für alle HDTV-Bearbeitungen
- **Rec. 2020:** für HDR und UHDTV (UHD 4K und UHD 8K)

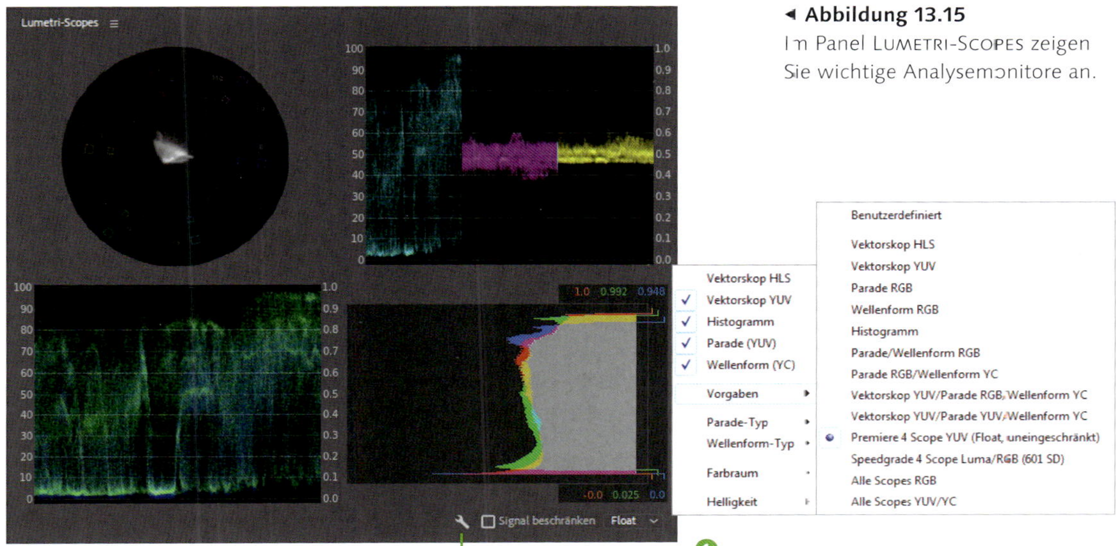


**Abbildung 13.15**
Im Panel LUMETRI-SCOPES zeigen Sie wichtige Analysemonitore an.

### 8 Bit, Float, HDR und Signal beschränken

Das Lumetri-Scopes-Panel verfügt unten rechts über die Wahlmöglichkeit zwischen 8 BIT, FLOAT und HDR. Hier ist es angeraten, die Einstellung passend zur Farbtiefe des von Ihnen zu bearbeitenden Videomaterials zu wählen. FLOAT entspricht 32 Bit.

Mit dem Kontrollkästchen SIGNAL BESCHRÄNKEN können Sie den Anzeigebereich der Wellenform-Monitore auf den sichtbaren Bereich (0-100) beschränken: In vielen Fernsehanstalten wird das Material nur dann als sendefähig eingestuft, wenn sich die Helligkeitswerte im Bereich 0-100 befinden. Werte, die über 100 oder unter 0 liegen, werden beschnitten (Clipping). Helligkeitswerte über dem Wert 100 werden dann auf den Wert 100 gesetzt, was dazu führt, dass feine Helligkeitsunterschiede nivelliert werden – im Bild zeigen sich dann helle Bereiche ohne Abstufungen. Ebenso wird in den dunklen Bereichen verfahren.

Da der Klick auf das Kästchen SIGNAL BESCHRÄNKEN **nur die Anzeige des Signals** beschneidet, aber das ausgegebene Video unverändert lässt, sollten Sie das Kästchen standardmäßig deaktivieren. So können Sie die Informationen außerhalb des sichtbaren Bereichs noch sehen und haben die Möglichkeit, sie per Farbkorrektur in den sichtbaren Bereich zu verlagern und ein qualitativ besseres Ergebnis zu erhalten, was das Ziel ist.

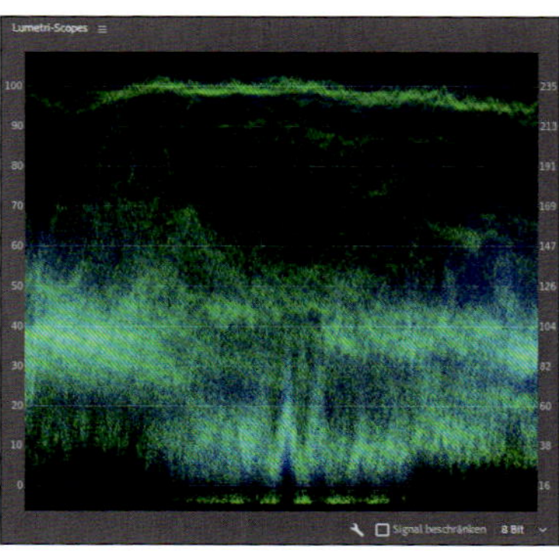

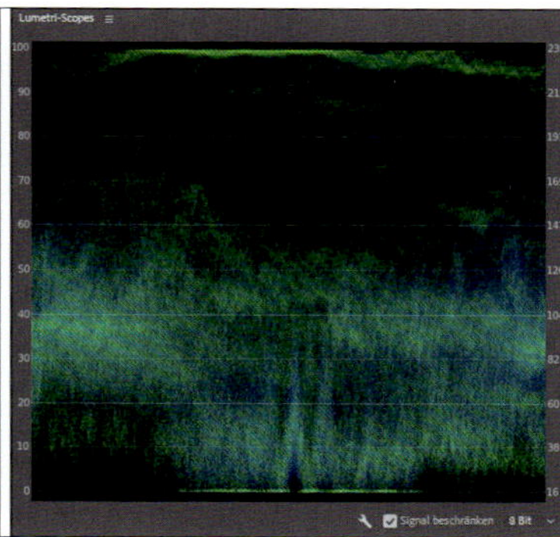

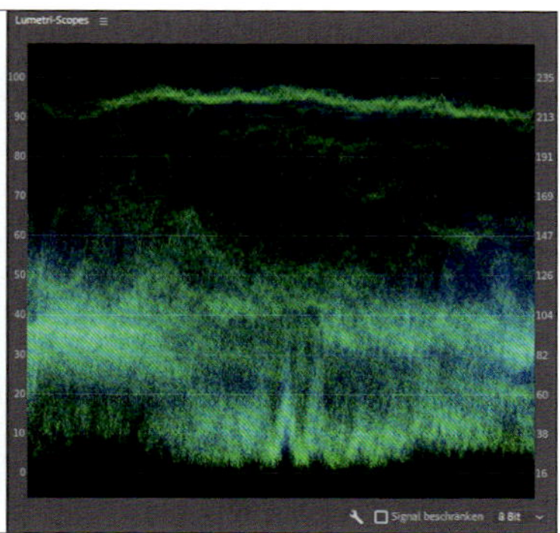

▲ **Abbildung 13.16**
Links: Einige Highlights liegen über 100, einige Schwarzwerte unter 0. Mitte: Anzeige der beschnittenen Werte im sendefähigen Bereich. Rechts: Die Tonwerte liegen nach der Farbkorrektur ausgeglichen zwischen 0 und 100 bzw. 16 und 235.

## 13.5.2 Wellenform-Monitore

Die Wellenform-Monitore dienen kurz gesagt dazu, die Helligkeitsverteilung (Luminanzwerte) und die Farbwerte (Chrominanzwerte) in einem Videobild zu beurteilen.

Sie können im Lumetri-Scopes-Panel zwischen den Wellenform-Typen RGB, LUMINANZ, YC und YC, KEINE CHROMINANZ wählen.

- **RGB-Wellenform (0–255):** Hier sehen Sie alle RGB-Signale überlagert in einer Ansicht. Auf diese Weise ist sichtbar, welche Farbanteile welches Helligkeitslevel aufweisen.
- **Luminanz-Wellenform (0–255):** Hier wird allein die Helligkeitsverteilung angezeigt, ohne die Farbanteile extra hervorzuheben (diesen Monitor empfehle ich Ihnen).
- **YC-Wellenform (0–235):** Hier wird die Helligkeitsverteilung im Bild mit Grün dargestellt. Der Helligkeitsinformation ist hier die Farbverteilung im Bild überlagert, die mit Blau dargestellt wird.
- **YC, keine Chrominanz (0–235):** Hier wird ebenfalls die Helligkeitsverteilung in Grün angezeigt, aber ohne die Farbverteilung.

### Interpretation der Skalenwerte

Zur Interpretation der Skalenwerte an den Wellenform-Monitoren folgendes Beispiel:

Haben Sie die 8-Bit-Einstellung gewählt und dazu den Wellenform-Typ (YC) und/oder den Parade-Typ YUV ausgewählt, sehen Sie im jeweiligen Monitor links eine Skala mit IRE-Werten von 0 bis 100, während rechts Werte von 16 bis 235 dargestellt werden. Die Skalenwerte bezeichnen Helligkeitsstufen vom absoluten Weiß (0 bzw. 16) bis zum absoluten Schwarz (100 bzw. 235).

**IRE**
IRE steht als Abkürzung für *Institute of Radio Engineers*. Die Helligkeitswerte werden oft in IRE-Einheiten angegeben, beispielsweise im Waveformmonitor.

Bei der Skala auf der rechten Seite handelt es sich um die Anzeige mit eingeschränktem Tonwertumfang für 8-Bit-Videomaterial. 8 Bit – das hat man gelernt – bedeuten immer 255 Helligkeitsstufen (auch Full Range genannt). Wieso also wird hier ein stärker limitierter Tonwertumfang (auch Limited Range genannt) verwendet? Weil dies von der *International Telecommunication Union (ITU-R)* mit ihren Spezifikationen ITU-R BT.601 und ITU-R BT.709 für SD- und HD-Video so beschlossen wurde, um die Sendefähigkeit des Materials zu sichern. Die 16 in der Skala steht dabei für absolut reines Schwarz und die 235 für absolut reines Weiß.

Bei FLOAT liegen die Werte auf der rechten Skala zwischen 0.0 und 1.0 – die ebenfalls absolutes Schwarz und absolutes Weiß repräsentieren.

Bei HDR wechselt die Darstellung auf Nits – Einheiten zur Bemessung des Dynamikumfangs in einer Szene – und umfasst einen Wertebereich von 0 bis 10.000. Hier machen die 8 Bit nur noch einen Bruchteil der Tonwertabstufungen aus. Denken Sie nicht zu viel über die Skalen nach! Achten Sie aber darauf: Bei der Bearbeitung sollten alle Tonwerte möglichst ausgeglichen zwischen den absoluten Werten liegen und sich nicht beispielsweise beim Schwarz sammeln, sonst wird es zappenduster!

**Intern 32 Bit**

Intern arbeitet After Effects mit 32 Bit Floating-Point RGB (32f). Verwenden Sie Material, das im limitierten Farbraum mit 8 Bit YUV aufgezeichnet wurde, wird es intern auf die 32 Bit RGB umgerechnet. So wird der Wert 16 intern auf 0 (schwarz) gesetzt und der Wert 235 auf 100 (weiß).

**Dynamikumfang in Nits**

Der Dynamikumfang beschreibt das Verhältnis zwischen größter und kleinster Leuchtdichte in der von der Kamera aus sichtbaren Umgebung. Maßeinheit ist hier Candela/m² bzw. cd/m², auch Nits genannt.

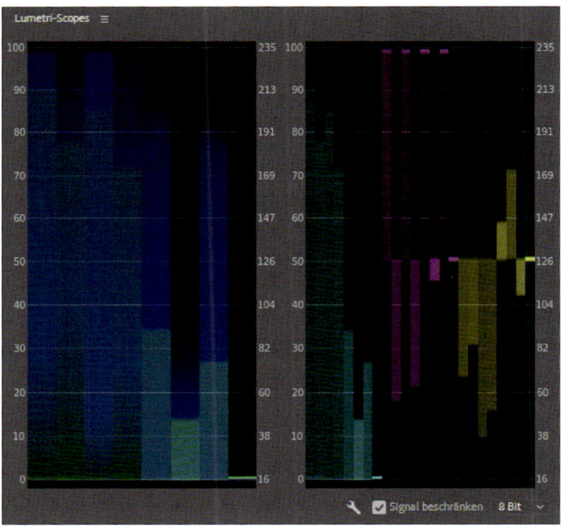


◄ **Abbildung 13.17**
Links der Wellenform-Typ YC, rechts Parade-Typ YUV. Die Anzeige stellt hier das Videosignal bei sendefähig beschränktem Tonwertumfang (16–235) dar.

### Wellenform-Monitore interpretieren

Alle Wellenform-Monitore zeigen Bildpixel identisch mit dem analysierten Bild an, d. h., die linke obere Ecke des Monitors entspricht der linken oberen Ecke im Bild usw.

Die so übertragenen Bildpunkte werden nun allerdings auf der vertikalen Achse nach ihrer Helligkeit positioniert. An der oberen Kante des Monitors landen die rein weißen Bildpunkte, an der unteren die absolut schwarzen. Ein leuchtender Scheinwerfer, der sich im Bild unten rechts befindet, würde dementsprechend auf dem Monitor oben rechts erscheinen, da seine Helligkeitswerte besonders hoch sind.

Neben den Wellenform-Monitoren finden Sie links immer eine Skala von 1 bis 100 bzw. –20 bis 120, solange Sie im Standard-Definition-Bereich (SDR) arbeiten, also mit 8 Bit oder Float. Werte unter 0 bzw. über 100 können bei manchem Material, insbesondere bei Broadcast-Kamera-Material, vorliegen. Wählen Sie HDR, reichen die Skalenwerte sogar von 0 bis 10.000, da hier auch Werte weit über reinem Weiß erfasst werden können.

Wenn Sie für eine Sendeanstalt produzieren, sollte es Ihr Ziel sein, die auf den Monitoren dargestellte Helligkeitsverteilung mittels des Lumetri-Farbe-Effekts möglichst zwischen den Werten 0 und 100 (linke Skala) zu platzieren. Liegen Bildpixel im Bereich darüber oder darunter, werden diese von Sendeanstalten beschnitten bzw. Ihr Material wird möglicherweise abgelehnt.

Leicht interpretierbar wird die Wellenform-Anzeige insbesondere dann, wenn Sie nur die Luminanzwerte eines Bildes in Betracht ziehen. Daher habe ich für das hier abgedruckte Beispielbild den Wellenform-Typ YC gewählt, den Sie im Lumetri-Scopes-Panel via Maulschlüssel (1) erreichen, wenn Sie dort die Einstellung WELLENFORM-TYP YC, KEINE CHROMINANZ wählen. Dies ist meine bevorzugte Wahl bei der Bearbeitung. Die Chrominanz-Anzeige verwirrt nur.

In den aufgeführten Beispielen in Abbildung 13.18 bis Abbildung 13.21 können Sie gut erkennen, welche Wirkung sich aus einer günstigen und ungünstigen Helligkeitsverteilung ergibt.

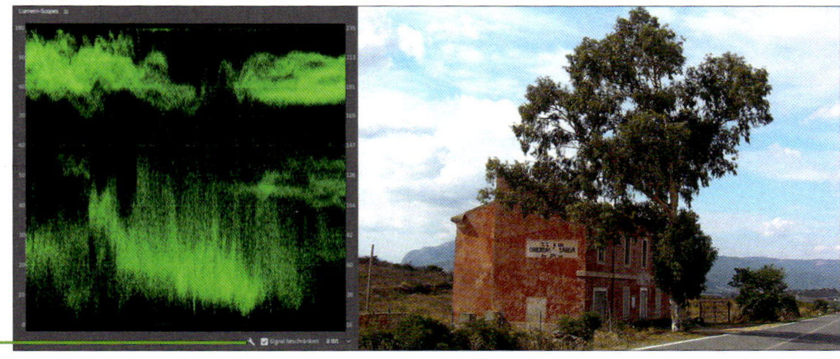

**Abbildung 13.18 ▸**
In diesem Beispiel ist die Helligkeitsverteilung im Bild recht gleichmäßig. Das Bild wirkt kontrastreich und farbenfroh.

**Abbildung 13.19 ▸**
Die meisten Helligkeitswerte liegen im obersten Bereich der Anzeige und sind nicht schön in die mittlere Helligkeit verteilt: Den hellen Bereichen des Bildes fehlt es somit an Details.

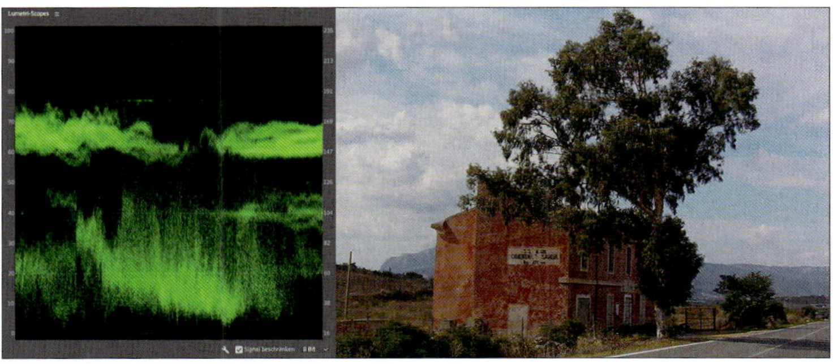

◂ **Abbildung 13.20**
Im oberen Bereich der Anzeige sieht man, dass Helligkeitsinformationen fehlen: Das Bild ist zu dunkel und wirkt kontrastarm.

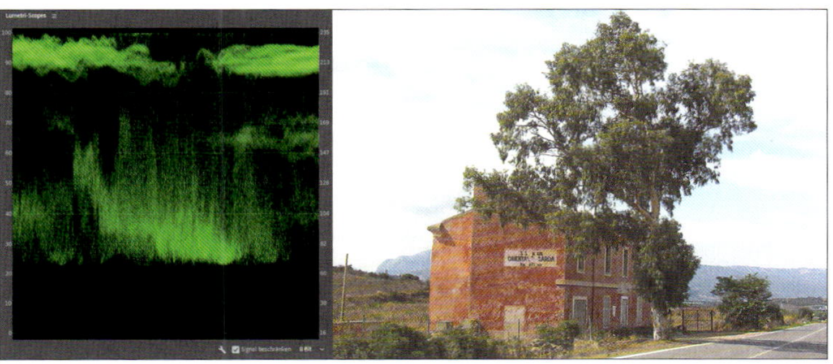

◂ **Abbildung 13.21**
Der Hauptteil der Bildpunkte für den hellen und dunklen Bildbereich ist nach oben gedrängt. Das Bild wirkt zu hell und kontrastarm. Den Schatten fehlt es an Tiefe.

**Parade-Monitor**
Die Parade-Monitore gleichen bei der Interpretation der Anzeige den oben beschriebenen Wellenform-Monitoren. Der Unterschied besteht darin, dass hier die Videosignale in drei Wellenformanzeigen aufgesplittet dargestellt werden: in die Luminanz- und die zwei Farbabweichungskanäle.

- **RGB-Parade (0–255):** Die Helligkeitsverteilung der RGB-Signale wird kanalweise aufgesplittet (diesen Monitor empfehle ich Ihnen).
- **YUV-Parade (16–235):** Hier stellt die linke Anzeige die Helligkeitsinformation (Y) dar. In den beiden anderen Anzeigen wird die Farbdifferenzinformation (U, V) dargestellt, wobei die mittlere Anzeige den blauen Farbbereich minus Helligkeitsinformation und die rechte Anzeige den roten Farbbereich minus Helligkeit illustriert. Dieser Anzeigetyp ist vor allem der inzwischen veralteten Videobearbeitung geschuldet.
- **RGB-Weiß und YUV-Weiß:** Diese zwei Parade-Typen entsprechen den oben genannten, nur dass hier alles schön in Weiß dargestellt wird. Geschmackssache, diese Darstellung.

▴ **Abbildung 13.22**
Die Wellenform-Monitore des Parade-Typs zeigen die Helligkeitsverteilung aufgesplittet in drei Bereiche, hier RGB.

## 13.5.3 Das Vektorskop

Das Vektorskop ist ein Analysemonitor, mit dem Sie Farbton und Sättigung eines Videosignals überprüfen. Um es anzuzeigen, wählen

**Vektorskop HLS**

Um es klar zu sagen: Das HLS-Vektorskop bietet keinen Mehrwert gegenüber dem YUV-Vektorskop. Es zeigt ebenso die Farbverteilung im Bild und die Sättigung der Farben. Die Farben sind ebenfalls entgegen dem Uhrzeigersinn in der Reihenfolge Rot, Gelb, Grün, Cyan, Blau, Magenta angeordnet. So lässt sich hier gut ein Farbstich erkennen, sobald sich Punkte in einem Farbbereich häufen. Die Sättigung der Farben zeigt sich wie im YUV-Vektorskop: in der Mitte die ungesättigten Farben, am äußeren Rand Farben höchster Sättigung. Nicht dargestellt ist, wann Sättigungswerte die Sendefähigkeit überschreiten. Helligkeitsveränderungen bildet das HLS-Vektorskop nicht wirklich ab, wie ersichtlich wird, wenn man einmal für eine einzige Farbe die Belichtung ändert.

Sie in den Lumetri-Scopes via Maulschlüssel ❶ den Eintrag VEKTORSKOP YUV.

Darin wird jeder Bildpunkt durch einen Punkt in der Vektorskop-Anzeige repräsentiert. Diese stellt einen Farbkreis dar, in dem die Bildfarben entgegen dem Uhrzeigersinn in folgender Reihenfolge zugeordnet werden: Rot, Gelb, Grün, Cyan, Blau, Magenta.

Stark gesättigte Bildpunkte, also die intensiver leuchtenden Farben, werden je nach Grad der Sättigung weiter außen am Rand des Farbkreises dargestellt. In der Mitte sammeln sich alle die Bildpunkte, die eine weniger hohe oder gar keine Sättigung aufweisen. Dort sind daher auch sämtliche unbunten Farben zu finden, also Weiß, Grau und Schwarz.

Wird die Sättigung im Bild erhöht, wandern die Punkte in der Anzeige nach außen, während sich bei einer Verringerung der Sättigung die Punkte zur Mitte hin bewegen. Auch bei der Manipulation einer Farbe wandern die Punkte – diesmal allerdings von einem Farbsegment ins andere, rund um den Farbkreis.

▲ **Abbildung 13.23**
Die Farbbalken zeigen alle im Farbkreis vorhandenen Farben zu gleichen Anteilen, deren Abdunklung bis ins Schwarz führt. Im YUV-Vektorskop zeigen sich Weiß und Schwarz in der Mitte, von dort aus nimmt die Sättigung pro Farbe stetig zu.

**Abbildung 13.24** ▶
In diesem Beispiel sind alle Farben gleichmäßig stark verteilt, inklusive ihrer Übergänge (von Rot nach Gelb etc.), wie auch im YUV-Vektorskop deutlich wird.

### Farbstich erkennen

Einen Farbstich erkennen Sie im YUV-Vektorskop sehr schnell, da in diesem Fall eine deutliche Verschiebung einiger Bildpunkte in ein bestimmtes Segment des Farbkreises zu beobachten ist.

Auch ein Überschreiten der Farbsättigungsgrenze, die bei der Ausgabe für eine Ausstrahlung im Fernsehen zu beachten wäre, lässt sich in dem Analysemonitor schnell bestimmen. In den Segmenten der Primärfarben Rot, Grün und Blau und in denen der Sekundärfarben Gelb, Cyan und Magenta befinden sich zur Kontrolle jeweils zwei Kästchen. Die Bildpunkte sollten sich beim ersten der beiden Kästchen befinden, aber maximal beim zweiten Kästchen. Sollten die Bildpunkte über das erste Kästchen hinaus verteilt sein, zeigt das eine Übersättigung der jeweiligen Farbe an. Das sollten Sie natürlich vermeiden.

In Abbildung 13.25 sehen Sie ein kontrastarmes Bild mit einem leuchtend roten Kinderwagen. Der Blick auf das Vektorskop zeigt die deutliche Rotverschiebung einiger Bildpunkte bis in den übersättigten Bereich ❷.

❷
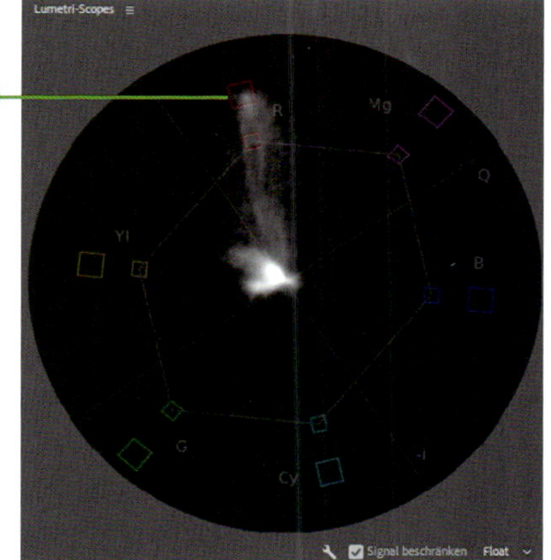

▲ **Abbildung 13.25**
Das Vektorskop zeigt eine deutliche Rotverschiebung einiger Bildpunkte bis in den übersättigten Bereich. Diese stammen von dem knallroten Kinderwagen.

### Flaues Bild und übersättigte Farben erkennen

Im Vektorskop wird eine ausgeglichene Farb- und Helligkeitsverteilung daran ersichtlich, dass die Punktewolke der Anzeige sich relativ gleichmäßig vom Mittelpunkt bis zu den ersten Kontrollkästchen erstreckt. Natürlich gibt es dort, wo keine Farbe ist, keine Punktewolke, d.h., wenn es im Bild kein Rot gibt, so fehlt die Farbe auch im Vektorskop.

Ein flaues Bild mit schwachen Farben erkennen Sie an einer Punktewolke, die weit von den ersten Kästchen entfernt liegt, während ein übersättigtes Bild eine Punktewolke zeigt, die stark über die Kästchen hinausgeht. In Abbildung 13.26 sehen Sie entsprechend drei Darstellungen dazu.

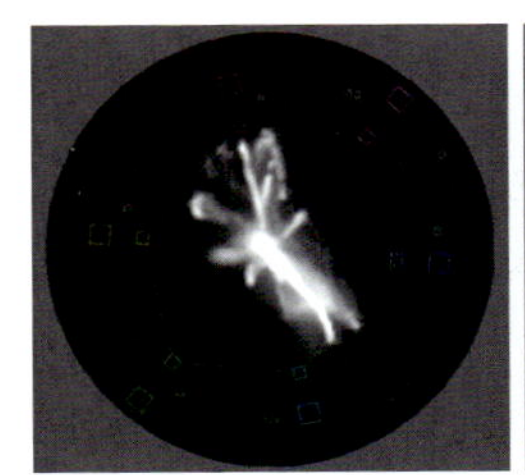
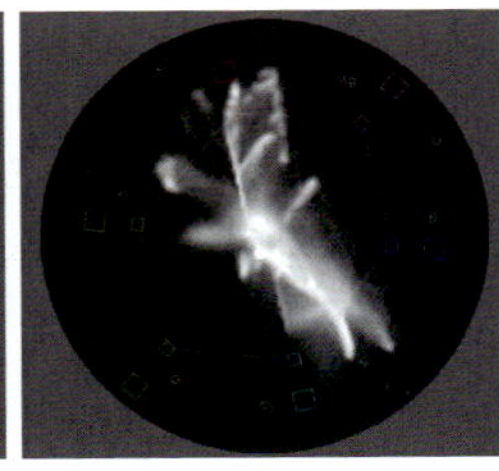
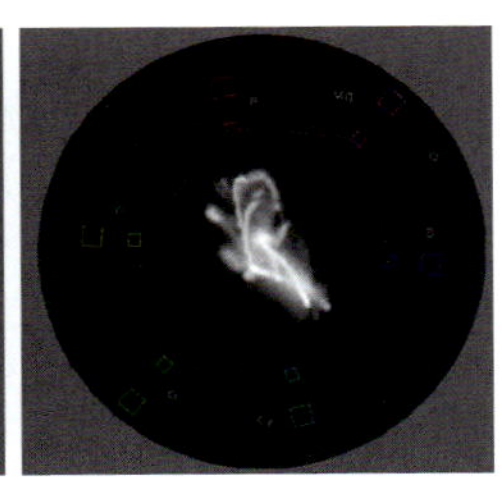

**Abbildung 13.26** ▸
Links: gleichmäßige, gute Verteilung der Helligkeiten. Mitte: übersättigte Farben. Rechts: flaues Bild mit schwachen Farben.

## 13.5.4 Das Histogramm

Entgegen gängigen Histogrammen wird das Histogramm im Lumetri-Scope-Panel nicht waagerecht, sondern senkrecht dargestellt und passt damit zum Wellenform-Monitor.

Auf der vertikalen Achse des Histogramms werden die Helligkeitsstufen dargestellt. Die horizontale Achse zeigt die Menge der Bildpixel für jede Helligkeitsstufe an. Entstehen im Histogramm Berge, so zeugt das von besonders vielen Bildpixeln in diesem Helligkeitsbereich. In einer 8-Bit-Darstellung zeigt das Histogramm 255 Helligkeitsstufen für jeden Kanal (RGB) an. Zeigt das Histogramm nicht in jeder Helligkeitsstufe Tonwerte an, fehlen Bildinformationen. Das Resultat sind weniger detailreiche Aufnahmen. Dies kann beispielsweise durch eine Über- oder Unterbelichtung während der Aufnahme entstehen, wodurch in hellen Bildbereichen Details überstrahlt werden bzw. Details in dunklen Bildbereichen »zulaufen«.

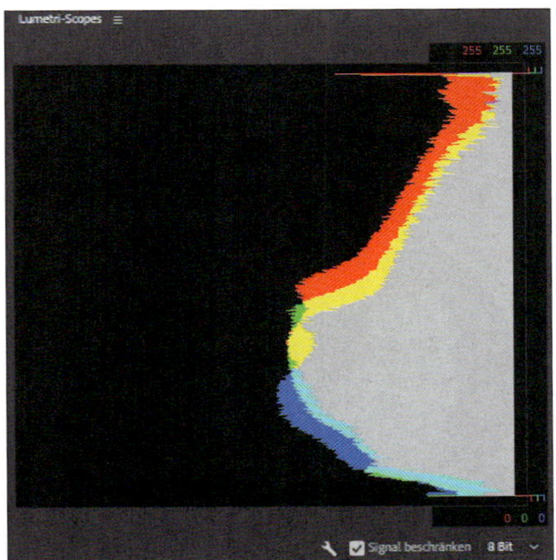


**Abbildung 13.27** ▸
Das Histogramm zeigt für jeden Kanal (RGB) einzeln, aber einander überlagernd, die Helligkeitsverteilung im Bild an.

## 13.5.5 Lumetri-Farbe

Mit dem Effekt Lumetri-Farbe erhalten Sie zusammen mit den Lumetri-Scopes ein professionelles Werkzeug zur Farbkorrektur, um Ihre Aufnahmen so natürlich wie möglich aussehen zu lassen, und für das Color Grading, um bestimmte Farbstimmungen zu erzielen. Der Effekt bietet Anpassungsmöglichkeiten für Farbe, Kontrast und Helligkeit. Intern erfolgt die Berechnung der Farbkorrektur mit **32-Bit-Fließkommagenauigkeit in RGB**. Damit vermeiden Sie bei umfangreichen Farbkorrekturen Fehler, die bei der Auf- und Abrundung von Werten entstehen können.

**Performance und Farbtiefe**
Für eine schnelle Performance arbeitet der Lumetri-Effekt mit GPU-Unterstützung. Sie können unterstützte Nvidia- und AMD-Grafikkarten verwenden.
Lumetri arbeitet in den Farbtiefen 8 bpc, 16 bpc und 32 bpc.

### Arbeitsablauf/Einfache Korrektur

Für die Farbkorrektur empfehle ich Ihnen, zuerst den Arbeitsbereich via Fenster • Arbeitsbereich • Farbe zu wechseln. Sie erhalten somit die weiter oben erläuterten Analysemonitore Lumetri-Scopes, die Sie für die Arbeit mit Lumetri-Farbe unbedingt verwenden sollten.

Sie können Lumetri-Farbe im Zeitverlauf für Ihr Filmmaterial unterschiedlich einstellen und Keyframes für verschiedene Eigenschaften setzen. Daher sollten Sie zunächst den ersten zu bearbeitenden Filmframe festlegen, den Sie bearbeiten wollen. Anschließend beginnen Sie mit der grundlegenden Korrektur Ihres Materials. Im Lumetri-Effekt spiegelt sich diese anfängliche Arbeit im Bereich unter Einfache Korrektur wider. Schauen wir, wie das geht.

## Schritt für Schritt
## Grundlegende Korrektur mit Lumetri-Farbe

In diesem Workshop lernen Sie, wie Sie mit Lumetri-Farbe die grundlegendsten Korrekturen von Filmmaterial durchführen können.

Die benötigten Dateien für diesen Workshop finden Sie in den Beispielmaterialien unter Beispielmaterial/13_Farbkorrektur/Bildmaterial.

### 1 Vorbereitung

Starten Sie ein neues Projekt, und importieren Sie die Datei »EinfacheKorrektur.psd« aus dem Ordner 13_Farbkorrektur/Bildmaterial. Ziehen Sie die Datei auf das Kompositionssymbol im Projektfenster, um eine neue Komposition zu erstellen. Auf die Dauer der Komposition kommt es nicht an.

Markieren Sie die Ebene in der Komposition, und fügen Sie über das Menü Effekte • Farbkorrektur den Effekt Lumetri-Farbe hinzu. Wählen Sie im Menü unter Fenster den Eintrag Lumetri-Scopes. In der Anzeige Lumetri-Scopes klicken Sie auf das Maulschlüssel-Symbol und wählen als einzigen Monitor Vektorskop-YUV aus.

Als Kompositionshintergrundfarbe benötigen wir absolutes Schwarz, damit die Hintergrundfarbe, falls sie mal sichtbar ist, die Analysemonitore nicht durch eine zusätzliche Farbe »verwirrt«. Schwarz beeinflusst die Monitore als unbunte Farbe nicht. Nutzen Sie also bei geöffneter Komposition die Tastenkombination Strg+K, um im Fenster Kompositionseinstellungen unter Hintergrundfarbe ein absolutes Schwarz einzustellen.

**Grundlagen**
Um die Übung besser nachvollziehen zu können, lesen Sie den Abschnitt 13.5.1 »Das Lumetri-Scopes-Panel«.

**Weißabgleich wozu?**
Während unser Gehirn gelernt hat, ein Blatt weißes Papier unter verschiedener Beleuchtung als Weiß zu interpretieren, obwohl es unter Tageslicht bläulich und unter Kunstlicht rötlich erscheint, nimmt eine Kamera diese Interpretation nicht vor und zeichnet je nach Beleuchtung farbstichig auf. Um Farbstiche von Kunst- oder Tageslicht auszugleichen und eine möglichst neutrale, natürliche Farbdarstellung zu erhalten, ist der Weißabgleich nötig.

## 2 Weißabgleich durchführen

Der erste Schritt der Farbkorrektur sollte immer der Weißabgleich sein. Ziel dabei ist es, einen möglichst neutralen Grauton im Bild zu finden und diesen im Vektorskop auf dem Mittelpunkt zu platzieren. So können wir einen Farbstich schnell korrigieren.

Zunächst arbeiten wir hier zum späteren besseren Verständnis mit einer Maskierung, über die wir den Graubereich eingrenzen. Markieren Sie dazu unser Beispielbild in der Zeitleiste, und ziehen Sie wie in Abbildung 13.28 mit dem Rechteck-Werkzeug eine Maske im Bereich der grauen Wand auf.

**Abbildung 13.28 ▸**
Um nur das Wand-Grau im Vektorskop anzuzeigen, maskieren wir den Bereich und schließen damit alle anderen Farben aus der Betrachtung aus.

Beobachten Sie nun das Vektorskop. Sie sehen einen Punkt in der Mitte, der das Schwarz aus der Hintergrundfarbe repräsentiert, und einen Punkt gleich daneben, der unser Wand-Grau auf die Bühne bringt. Es ist deutlich erkennbar, dass unser Grau in den Cyan-Blau-Farbbereich verschoben ist.

Nun zur Korrektur. Im Vektorskop sehen Sie zwei Linien. Wenn wir aufgrund unseres permanenten Herumstarrens auf Bildschirmen kein natürliches Farbempfinden mehr besitzen, hilft uns die Linie ❶, eine Verschiebung des Weißwerts weg vom Mittelpunkt zu erkennen.

Landen beispielsweise Farben wie die Hauttöne Ihrer Tante, deren gesunden Farbton Sie im Gedächtnis haben, im grünlichen oder im magentafarbigen Bereich auf der Linie, können Sie sich denken, dass das Material wohl nicht in gesunden Belichtungsverhältnissen aufgenommen wurde oder andernfalls mit dem Gemütszustand Ihrer Tante etwas nicht ganz in Ordnung war.

Die Linie ❷ steht für die Farbtemperatur. Hier können Sie sehen, ob die Aufnahme in einer eher frostig-bläulichen oder einer anheimelnd-rötlichen Atmosphäre aufgenommen wurde.

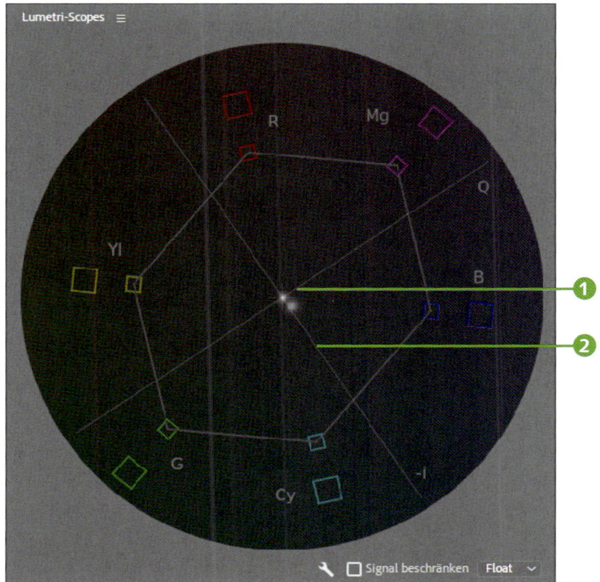


◀ **Abbildung 13.29**
Unser Grau ist in den Cyan-Blau-Farbbereich verschoben, sollte aber auf dem Mittelpunkt liegen.

In unserem Fall ist der Grauton der Wand leicht in den bläulichen Bereich verschoben.

Zur Korrektur ziehen Sie so lange an dem Regler für TEMPERATUR ❹ bzw. dem Wertefeld nach rechts, bis der ins Bläuliche abgedriftete Punkt genau in der Mitte liegt, denn dort ist sein idealer Platz. Schon ist das Weiß ausbalanciert. Merke: Den Temperatur-Regler nach rechts ziehen für eine rötliche Färbung, nach links für eine bläuliche Färbung.

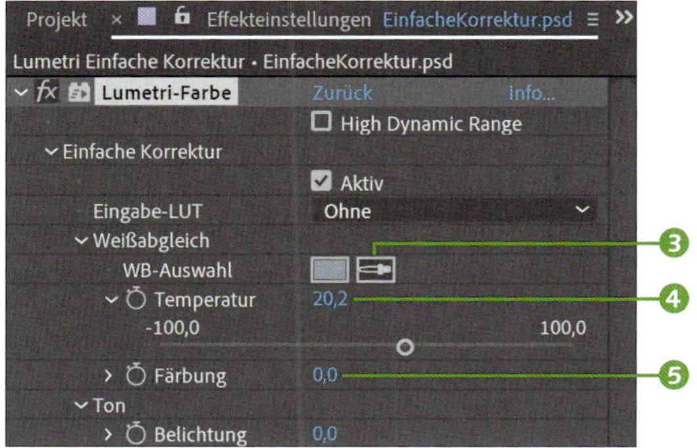


◀ **Abbildung 13.30**
Mit den Reglern TEMPERATUR und FÄRBUNG wird der Weißwert neu ausgerichtet, um den Farbstich zu entfernen.

Den Regler bzw. Wert für FÄRBUNG ❺ können Sie nach Geschmack einstellen. Sie wissen schon: ungesund grünlich (Regler nach links) oder ungesund magentafarben (Regler nach rechts).

Nun, wo Sie verstanden haben, wie Sie den Weißabgleich manuell bewerkstelligen, kann ich es ja verraten: Es geht auch mit einem

Klick! Sie können ganz ohne eine Maskierung eines Bildbereichs und ohne an Reglern zu ziehen, den Weißabgleich durchführen.

Dazu müssen Sie nichts weiter tun, als mit der Pipette bei WB-Auswahl ❸ in einen Bereich des Bildes zu klicken, wo Sie ein neutrales Grau finden. Temperatur und Färbung werden automatisch so justiert, dass dieser gewählte Grau-Wert in der Mitte des Vektorskops liegt. – Spitze!

### 3 Tonung korrigieren

Im Bereich Ton des Lumetri-Effekts können wir das Bild nun noch schnell ein wenig strahlender und weniger flau erscheinen lassen.

Zur Kontrolle der Korrektur wählen Sie im Panel Lumetri-Scopes anstelle des Vektorskops den Wellenform-Monitor. Klicken Sie dazu auf das Maulschlüssel-Symbol ❻, und wählen Sie dann im Menü den Eintrag Wellenform-Typ • Luminanz. Anschließend müssen Sie in der Liste noch den Eintrag Wellenform (Luminanz) ❼ auswählen und dort das Vektorskop abwählen.

**Skalen und Wellenform interpretieren**

Im Abschnitt 13.5.2, »Wellenform-Monitore«, finden Sie weiterführende Informationen zur Darstellung der Skalen in den Wellenform-Monitoren und zur Bildinterpretation.

Als Farbtiefe können Sie hier 8 Bit oder Float ❽ wählen. Das Häkchen bei Signal beschränken sollten Sie entfernen, um die tatsächliche Helligkeitsverteilung angezeigt zu bekommen.

Im Wellenform-Monitor können Sie gut die Helligkeitsverteilung im Bild erkennen. Anhand der linken Skala am Monitor sehen Sie, dass die Helligkeitsverteilung sich in einem ungünstigen Bereich zwischen den Werten 10 und 90 befindet, was in einem flauen Bild resultiert.

**Abbildung 13.31 ▼**
Die Helligkeitsverteilung liegt ungünstig im Bereich zwischen 10 und 90. Das Bild wirkt matt und flau.

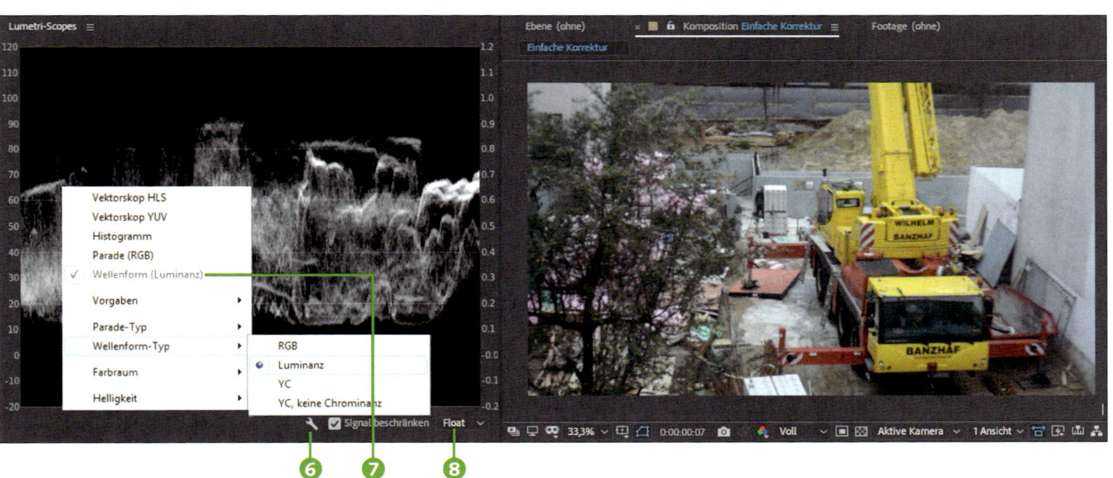


Ideal wäre es, wenn die obersten Helligkeitswerte (Glanzlichter) auf dem Wert 100 (absolutes Weiß) und die untersten auf dem Wert 0 (absolutes Schwarz) lägen. Kein Problem!

Im Lumetri-Farbe-Effekt erhöhen wir im Bereich TON zunächst den Wert WEISS auf 25 und setzen den Wert für SCHWARZ auf –35. Schon haben wir eine bessere Helligkeitsverteilung. Anschließend erhöhen wir den Wert für GLANZLICHTER auf 70 und verringern den Wert für SCHATTEN auf –60, um die Lichter leuchtender zu machen und den Schatten mehr Tiefe zu geben. Zum Schluss noch ein wenig den KONTRAST nach oben gedreht und die SÄTTIGUNG erhöht, schon wirkt das Bild deutlich aufgefrischt.

▼ **Abbildung 13.32**
Nach der Korrektur wirkt das Bild deutlich frischer.

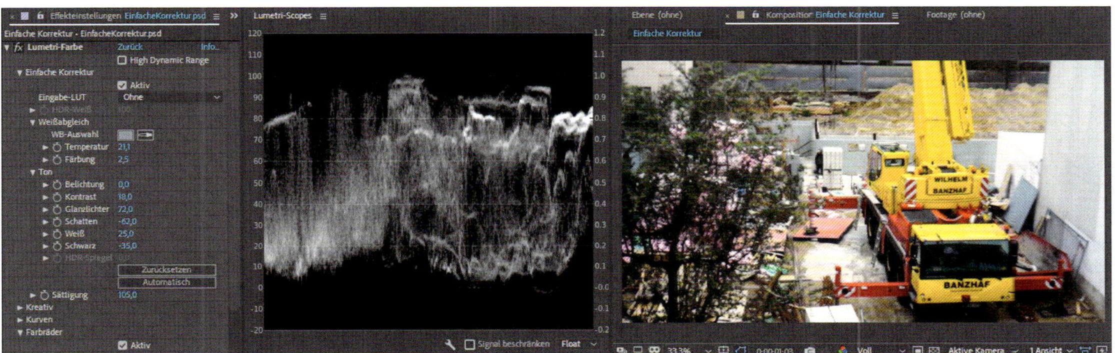


## Bereich Kreativ

Nachdem Sie Ihr Filmmaterial einer grundlegenden Korrektur unterzogen haben, wie im vorangegangenen Workshop beschrieben, können Sie im Kreativ-Bereich des Lumetri-Effekts Ihren Farbphantasien freien Lauf lassen.

Unter dem Punkt LOOK ❶ (Abbildung 13.33) finden Sie vordefinierte Filmlooks, die Ihrem Film einen professionellen Anstrich verleihen können. Mit dem Regler bei INTENSITÄT legen Sie fest, wie stark sich der gewählte Look auf Ihr Filmmaterial auswirkt.

Unter dem Punkt ANPASSUNGEN finden Sie folgende Einstellmöglichkeiten:

- AUSGEBLENDETER FILM: Hier erreichen Sie durch Erhöhung der Werte einen vintageartigen Look.
- SCHARFZEICHNER: Beim Erhöhen des Werts werden Kanten im Bild kontrastreicher gezeichnet und erzeugen so den Eindruck einer Scharfzeichnung.
- DYNAMIK: Dies ist die richtige Wahl, wenn Sie die Sättigung nicht über das ganze Bild gleichmäßig erhöhen bzw. verringern wollen. Stattdessen werden weniger gesättigte Farben stärker durch Werteänderungen beeinflusst als die bereits stark gesättigten Farben. Hauttöne werden geschont, und eine übermäßige Sättigung wird verhindert. Außerdem wirkt die Einstellung weniger stark, je näher sie sich dem übersättigten Bereich nähert.

- SÄTTIGUNG: Ändern Sie hier die Werte, so wird die Sättigung im gesamten Bild gleichmäßig verringert (0 = monochrom) bzw. angehoben.
- TEILTONUNG: Mit den beiden Farbrädern färben Sie Schatten- und Glanzlichtbereiche in gewünschter Farbrichtung ein. Wird nur ein Farbring anstelle eines ausgefüllten Kreises angezeigt, wurde hier keine Änderung vorgenommen. Sie setzen unerwünschte Änderungen mit einem Doppelklick in den Farbkreis zurück.
- FARBTONBALANCE: Erhöhen Sie hier den Wert, verringern Sie den Magenta-Anteil im Bild; bei negativen Werten wird der Grünanteil minimiert.

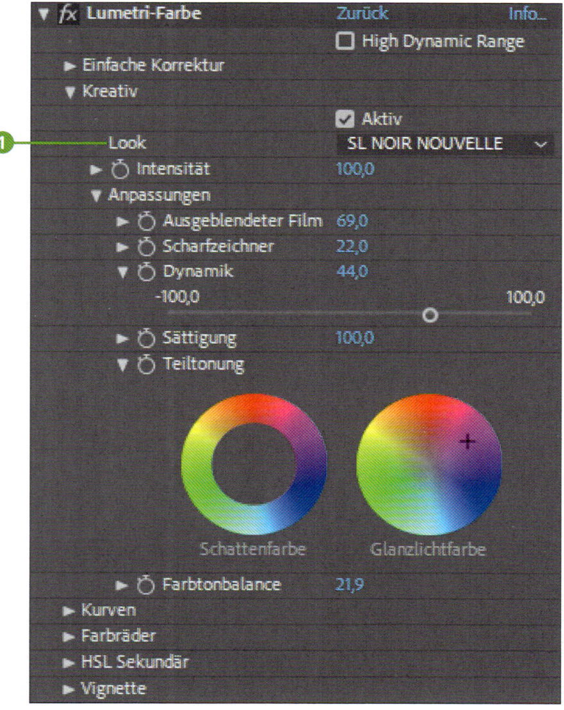


▲ **Abbildung 13.33**
Im Kreativ-Bereich wählen Sie Filmlooks aus und verändern Looks mit den Einstellungen unter ANPASSUNGEN.

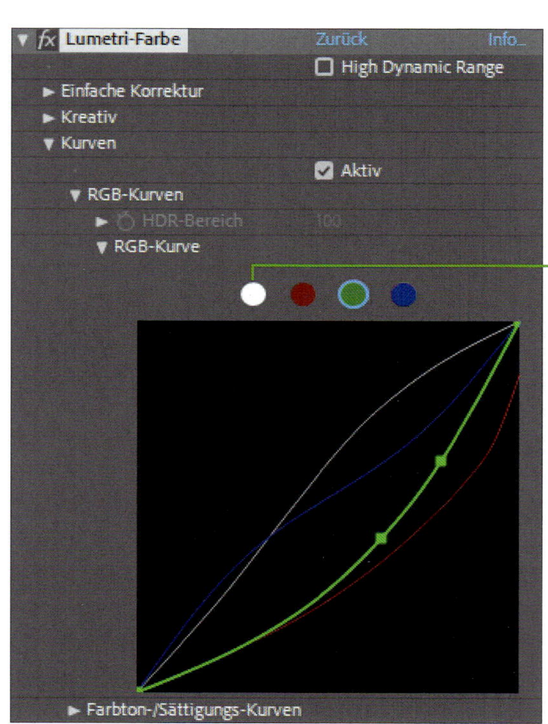


▲ **Abbildung 13.34**
Wie Photoshop-Gradationskurven – die RGB-Kurven in Lumetri-Farbe

### Kurven

Im Bereich KURVEN finden Sie RGB-KURVEN und FARBTON-/SÄTTIGUNGS-KURVEN zusammengefasst. Zur Erläuterung der RGB-Kurven sei auf den Abschnitt 13.3.2, »Kurven«, verwiesen, denn genauso wie bei der luminanz-basierten Farb-Korrektur funktioniert es auch in Lumetri; wenn Sie mit den Photoshop-Gradationskurven vertraut sind, dann wissen Sie auch hier Bescheid.

Nur ein Wort dazu: Per Klick auf den weißen Punkt ❷ bei RGB-KURVE blenden Sie die Master-Kurve ein, mit der Sie alle Farben verändern, während die anderen Punkte für die einzelnen RGB-Kanäle stehen. Und: Punkte setzen Sie in der Kurve mit der automatisch eingeblendeten Zeichenfeder, und löschen können Sie sie per Strg-Taste und einem Klick darauf.

Kommen wir nun zu den Farbton-/Sättigungskurven. Fünf Farbton- und Sättigungskurven können Sie zur einfachen Änderung von Farbton, Sättigung und Helligkeit Ihrer Videos und Bilder einsetzen. Es sind folgende:

- FARBTON VS. SÄTTIGUNG: Per Pipette können Sie einen Farbton im Bild auswählen und die Sättigung dafür erhöhen oder verringern. Die Sättigung lässt sich sehr genau auf den gewünschten Farbbereich eingrenzen.
- FARBTON VS. FARBTON: Hier wählen Sie einen Farbton aus und ändern ihn anschließend in eine andere Farbe. Dies ermöglicht Ihnen, selektiv Farben in Bildbereichen zu ändern und zu korrigieren.
- FARBTON VS. LUMINANZ: Sie wählen einen Farbton aus und ändern anschließend die Helligkeit dieser Farbe. So können Sie zu dunkel geratene Elemente im Bild aufhellen und umgekehrt.
- LUMINANZ VS. SÄTTIGUNG: Hier wählen Sie einen Helligkeitsbereich im Bild aus und erhöhen oder verringern dann die Sättigung des Bereichs, z. B. im Bereich von Glanzlichtern oder Schatten.
- SÄTTIGUNG VS. SÄTTIGUNG: Sie wählen beispielsweise einen übersättigten Bereich Ihres Bildes mit der Pipette aus und verringern danach den Sättigungswert. Dies kann hilfreich sein, wenn Sie Farben für die Fernsehproduktion übertragungssicher machen wollen.

Die Anwendung der Farbton-/Sättigungskurven lässt sich am Beispiel der Kurve FARBTON VS. SÄTTIGUNG verdeutlichen, zu sehen in Abbildung 13.36.

Mit der Pipette ❻ wählen Sie eine Farbe im Bild aus. In Abbildung 13.35 war es ein Farbton des Himmels. Dadurch werden automatisch drei Punkte in der farbigen waagerechten Linie ❸ hinzugefügt. Um eine Änderung zu bewirken, wird der mittlere Punkt ❷ nach oben oder unten gezogen. Dabei zeigt sich eine weitere farbige Linie ❹, an der Sie die Intensität der Sättigungsänderung ablesen. Nach oben hin wird die Sättigung erhöht wie im abgebildeten Beispiel. Die beiden Punkte links und rechts vom mittleren Punkt nutzen Sie, um den Farbbereich zu erweitern oder zu verringern. Dazu einfach den Punkt in der Waagerechten nach links bzw. rechts bewegen.

**Beispiele**

Die hier im Text erwähnten Beispiele finden Sie gesammelt in den Beispielmaterialien im Ordner 13_FARBKORREKTUR im Projekt »farbkorrektur.aep« in der Komposition »Lumetri Farbton/Sättigungskurven«.

Um den Vorher-Nachher-Effekt genießen zu können, klicken Sie immer wieder auf Aktiv ①. Mit dem Regler unter dem Diagramm ⑤ verschieben Sie die Kurve, bis Sie komfortabel damit arbeiten können.

▲ **Abbildung 13.35**
Links das weniger gesättigte Bild vorher und rechts nach der Bearbeitung



**Abbildung 13.36** ▸
Die Sättigung für den mit der Pipette gewählten Farbbereich wurde stark erhöht.

Das zweite Beispiel in Abbildung 13.37 zeigt die Anwendung der Kurve Farbton vs. Farbton.

Hier sind weitere Punkte in der Kurve gesetzt worden. Sie erreichen dasselbe, indem Sie den Mauszeiger über der farbigen Linie platzieren – er ändert sich in eine Zeichenfeder, mit der Sie weitere Punkte hinzufügen. Wenn Sie einen der Punkte nach oben oder unten ziehen, wird eine farbige senkrechte Linie eingeblendet, und dort wählen Sie die gewünschte Austauschfarbe aus.

Auch wenn bei den Kurven Luminanz vs. Sättigung und Sättigung vs. Sättigung keine senkrechte Hilfslinie eingeblendet wird – die Bearbeitung bleibt bei allen Kurven gleich.

Gut zu wissen: Klicken Sie ein zweites Mal mit welcher Pipette auch immer auf einen Farb- oder Helligkeitsbereich, werden weitere drei Punkte auf der waagerechten Linie hinzugefügt. Und das ist gut so, denn Sie können somit an verschiedenen Bereichen Korrekturen vornehmen.

**Ein paar Helfer**

Punkte löschen: Alt + Klick auf den Punkt. Alle Punkte löschen: Doppelklick auf einen beliebigen Punkt. Einen Punkt auf die senkrechte Bewegung einschränken: Taste ⇧ drücken und Punkt ziehen.

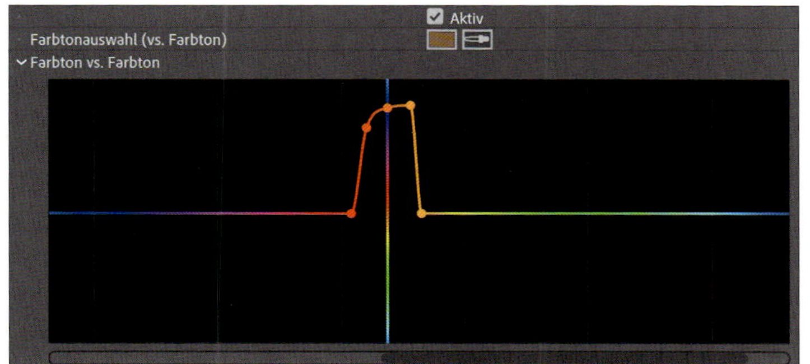


**◀ Abbildung 13.37**
Mit der Kurve FARBTON VS. FARBTON können Sie gezielt einzelne Farbbereiche umfärben bzw. korrigieren.

**▼ Abbildung 13.38**
Hier wurde die Originalfarbe der Segel neu definiert.

## Farbräder

Die Farbräder verwenden Sie, um in den Mitteltönen, den Schatten und Lichtern des Bilds einen Farbstich zu entfernen oder eine bestimmte Färbung zu erzielen. Zusätzlich können Sie Einfluss auf die Helligkeit dieser Bereiche nehmen.

**▼ Abbildung 13.39**
Im Vektorskop ist deutlich eine Verschiebung der Farbwerte in den Cyan-Blau-Farbbereich erkennbar.

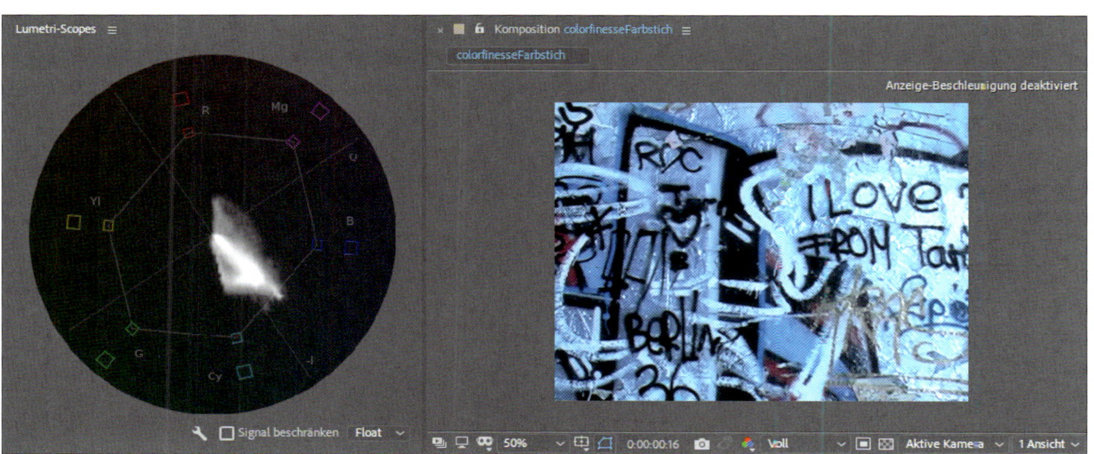


Um einen einzelnen Helligkeitsbereich wie die Mitteltöne ❾ (Abbildung 13.40) abzudunkeln bzw. aufzuhellen, ziehen Sie den Regler ❼ nach unten bzw. nach oben.

**Beispieldatei**

Eine Beispieldatei finden Sie im Ordner 13_FARBKORREKTUR/BILDMATERIAL mit dem Namen »farbstich.psd«. Im Projekt »farbkorrektur.aep« finden Sie die Datei mit bereits angepasster Farbkorrektur in der Komposition »Farbraeder«.

Zur Veränderung der Farbe eines Helligkeitsbereichs klicken Sie einfach in das Farbrad und ziehen dann mit der Maus das kleine Kreuz 8 in Richtung der gewünschten Farbe. Gewöhnungsbedürftig ist, dass nun der Cursor verschwindet und die Mausbewegung extrem zäh erscheint. Doch dies dient dazu, sehr feine Einstellungen zu ermöglichen. Sie müssen nur etwas mehr »herumrudern« mit der Maus oder dem Stift, den Sie verwenden.

Zur Beurteilung Ihrer Einstellungen nutzen Sie wie im oben gezeigten Workshop die Monitore VEKTORSKOP YUV und WELLENFORM (LUMINANZ).

Nachdem Sie den Weißabgleich durchgeführt haben, können Sie die Farbräder nutzen, um einen Farbstich zu entfernen, der nicht schon durch den Weißabgleich behoben werden konnte. Dazu beobachten Sie das Vektorskop und schauen, in welchen Farbbereich die Farbwerte verschoben sind. Um den Farbstich zu entfernen, bewegen Sie die kleinen Kreuze in den Farbrädern in den gegenüberliegenden Bereich, im abgebildeten Beispiel in Richtung Rot-Gelb.

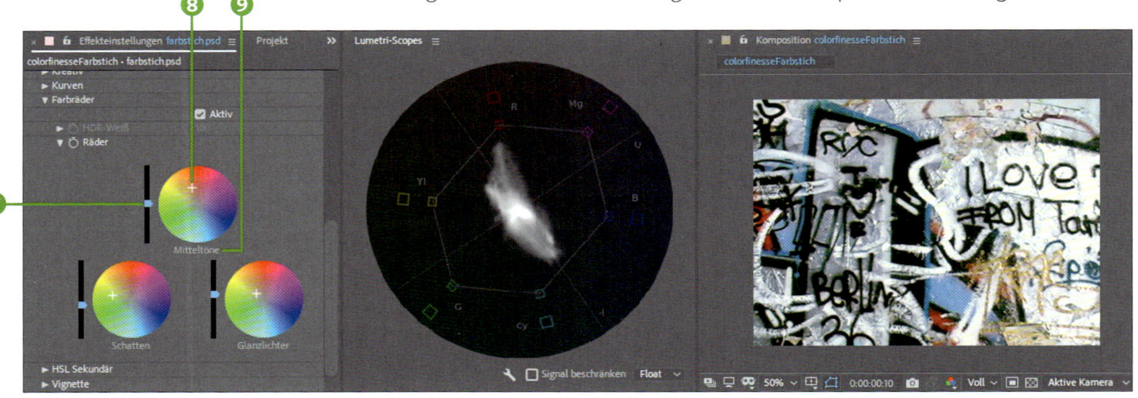


▲ **Abbildung 13.40**
Die Farbwerte der Farbräder werden zur Korrektur in den entgegengesetzten Farbbereich verschoben.

### HSL Sekundär

Im folgenden Workshop lernen Sie, wie Sie mit Lumetri-Farbe einzelne Farbbereiche im Filmmaterial eingrenzen und diese korrigieren können. Das geht über den Bereich HSL SEKUNDÄR.

## Schritt für Schritt
## Sekundäre Farbkorrektur mit HSL Sekundär

Die benötigten Dateien für diesen Workshop finden Sie in den Beispielmaterialien unter BEISPIELMATERIAL/13_FARBKORREKTUR/BILDMATERIAL.

### 1 Vorbereitung

Starten Sie ein neues Projekt, und importieren Sie die Datei »SelektiveKorrektur.psd«. Ziehen Sie die Datei auf das Kompositionssymbol im Projektfenster, um eine neue Komposition zu erstellen. Auf die Dauer der Komposition kommt es nicht an.

Im Bild zu sehen ist die italienische Flagge. Für unser kleines Farbkorrekturbeispiel nehmen wir den höchst unwahrscheinlichen Fall einer Okkupation Italiens durch Frankreich an. Unser Filmmaterial muss nun an die neuen politischen Verhältnisse angepasst werden.

Markieren Sie dazu zunächst die Ebene in der Komposition, und fügen Sie über das Menü EFFEKTE • FARBKORREKTUR den Effekt LUMETRI-FARBE hinzu. Markieren Sie die Ebene in der Zeitleiste, und drücken Sie dann die Taste F3, um das Effektfenster mit den Effekteinstellungen anzuzeigen.

Wählen Sie im Menü unter FENSTER den Eintrag LUMETRI-SCOPES, um einen Kontrollmonitor auswählen zu können. In der Anzeige LUMETRI-SCOPES klicken Sie auf das Maulschlüssel-Symbol und wählen als einzigen Monitor VEKTORSKOP-YUV aus.

▲ **Abbildung 13.41**
Die Fahne soll französisch werden.

### 2 Farbbereich definieren mit HSL Sekundär

Im Effekt LUMETRI-FARBE benötigen wir den Bereich HSL SEKUNDÄR, den Sie im Effektfenster per Klick auf das kleine Dreieck 1 (Abbildung 13.42) öffnen. Unter TONART 2 finden Sie drei Farbfelder vor.

Hier wählen Sie die Farben aus, die später korrigiert werden.

In unserem Beispiel ist dies der grüne Teil der italienischen Flagge. Wählen Sie mit der jeweiligen Pipette 4 je ein helles, ein mittleres und ein dunkles Grün aus der Flagge aus, um diese Farbbereiche korrigieren zu können. Um einen größeren Pixelbereich von 5×5 Pixeln mit den Pipetten aufzunehmen, drücken Sie zusätzlich die Taste Strg.

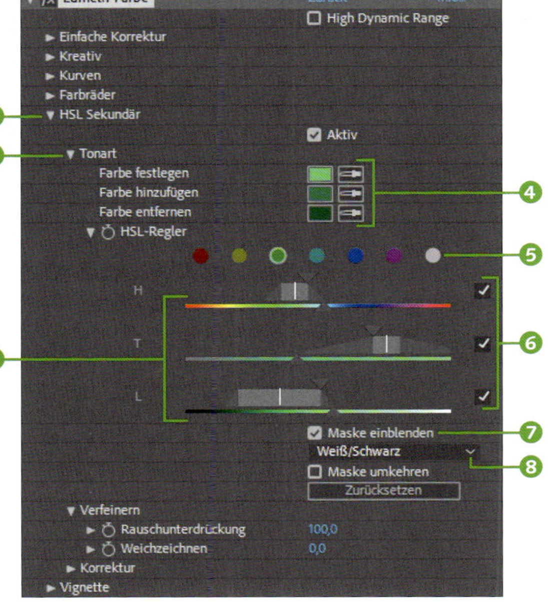


◀ **Abbildung 13.42**
Im Bereich HSL SEKUNDÄR legen Sie genaue Farbbereiche fest, die später korrigiert werden.

Da die Auswahl dennoch nicht genau genug ist, steht der Bereich HSL-Regler zur Verfügung.

### 3 HSL-Regler verstehen

Die HSL-Regler dienen der Auswahl von Bildbereichen nach Farbton, Sättigungswert und Helligkeitswert. Sie können die Regler einzeln oder in Kombination verwenden.

Es fallen die sechs Farbpunkte ❺ (Abbildung 13.42) und ein weißer Punkt sowie drei Schieberegler ❸ auf. Die Schieberegler stehen für H = Farbe, T = Sättigung (hier haben sich die Programmierer wohl vertan, denn dort wäre ein S für Saturation zu erwarten gewesen), L = Helligkeit. Sie sehen, die Schieberegler sind bereits auf bestimmte Bereiche eingestellt. Dies liegt daran, dass wir bereits die Pipetten zur Farbauswahl eingesetzt haben. Damit haben wir bereits den Farbbereich, der korrigiert wird, den Sättigungs- und Helligkeitsbereich definiert.

Die Farbpunkte sollten Sie für unser Beispiel nicht anklicken. Aber zur Erläuterung: Wird einer der Farbpunkte angeklickt, so wählen Sie damit einen vordefinierten Farbbereich aus, der unsere Wahl mit der Pipette überschreibt. Außerdem werden die Einstellungen bei Sättigung und Helligkeit gelöscht.

Der weiße Punkt steht allein für die Helligkeit, sprich, wird er angeklickt, ist nur der Helligkeitsregler aktiviert. Durch Verschieben dieses Reglers legen Sie fest, welchen Helligkeitsbereich – ganz unabhängig von der Farbe und Sättigung – Sie korrigieren wollen.

Die Häkchen ❻ neben den Reglern dienen dazu, jeweils Farbe, Sättigung und Helligkeit einzeln zu aktivieren/zu deaktivieren. Sie können also jeden Regler unabhängig von den anderen einsetzen oder diese kombinieren und auf die Art Bildbereiche zur Korrektur auswählen.

Zur Kontrolle, welche Bildbereiche ausgewählt sind, dient der Punkt Maske einblenden ❼. Setzen Sie dort ein Häkchen. Im Kompositionsfenster werden nun nur noch die ausgewählten Bildpixel angezeigt, in unserem Fall die grüne Farbe der Flagge. Im Dropdown-Menü ❽ wählen Sie nun als Art der Anzeige den Eintrag Farbe/Schwarz. Hier sehen Sie besonders deutlich, was ausgewählt ist und was nicht.

### 4 HSL-Regler anwenden

Nun aber endlich zur Anwendung! In unserem Beispiel sind noch nicht alle Pixel der Flagge ausgewählt. Zur Feineinstellung werden die Farbe, Sättigung und Helligkeit noch angepasst. Dies geht so:

Ziehen Sie am oberen Dreieck eines Reglers ❾, können Sie den Auswahlbereich einschränken, indem Sie das Dreieck zum hellen

Strich ⑩ hinbewegen, bzw. erweitern, wenn Sie es davon wegbewegen. Das untere Dreieck ziehen Sie vom oberen fort, um den Bereich weichzuzeichnen.

Den gesamten gewählten Bereich können Sie verschieben, indem Sie direkt in der Nähe des hellen Strichs klicken und den Bereich verschieben. Für den Farbregler navigieren Sie auf diese Weise durch die Farben. Den Sättigungsregler ziehen Sie nach rechts, um höher gesättigte Farben im Bild auszuwählen; mit dem Helligkeitsregler wählen Sie links dunklere Bildbereiche und rechts hellere aus.

Nun ist Ihr Fingerspitzengefühl gefragt: Ziehen Sie vorsichtig an den Reglern und den Dreiecken, und beobachten Sie dabei die angezeigte Auswahl in der Komposition. Alle Pixel der Flagge sollen ausgewählt sein.

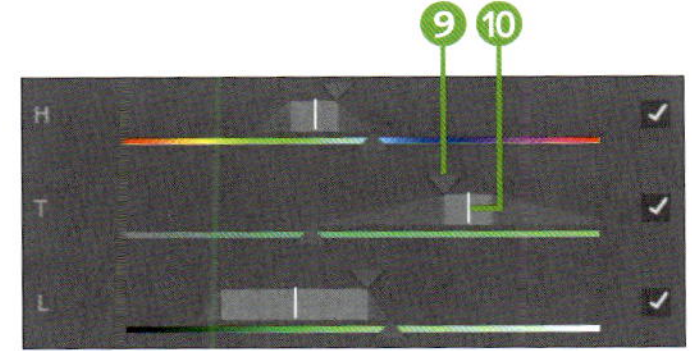


▲ **Abbildung 13.43**
Mit den HSL-Reglern gelingt die Feinabstimmung der Farbauswahl.

**Verfeinern**
Im Bereich VERFEINERN wählen Sie bei RAUSCHUNTERDRÜCKUNG höhere Werte, um kleine Pixelstörungen zu entfernen. Die Option WEICHZEICHNEN eignet sich mit sehr geringen Werten auch dafür.

◀ **Abbildung 13.44**
Nach erfolgreicher Farbauswahl ist nur die Flagge in der Maskierung zu sehen.

### 5 Korrektur-Einstellungen

Im Bereich KORREKTUR finden Sie ein Master-Farbrad vor, mit dem Sie die Hauptfarbrichtung festlegen. Sie können aber per Klick auf die drei Minikreise ① (Abbildung 13.43) auch zur Drei-Wege-Farbkorrektur wechseln und dort separat für MITTELTÖNE, GLANZLICHTER und SCHATTEN die Farbwerte anpassen. Klicken Sie auf den einzelnen Punkt ②, sehen Sie das Master-Farbrad wieder.

Für unser Beispiel ziehen Sie das kleine Kreuz im Master-Farbrad in den blauen Farbbereich. Wechseln Sie dann in die Drei-Wege-Korrektur, und ziehen Sie auch dort für MITTELTÖNE, GLANZLICHTER und SCHATTEN die Kreuze in den blauen Bereich.

Unter den Farbkreisen finden Sie die Regler TEMPERATUR und FÄRBUNG. Zum Verstärken des Farbeffekts ziehen Sie den Temperaturregler nach links und erhalten eine stärker bläuliche Farbe. Den Wert für FÄRBUNG erhöhen wir und ziehen den Regler nach rechts für eine stärkere Magenta-Tonung.

Außer diesen Einstellungen können Sie in dem Bereich noch KONTRAST, SCHARFZEICHNER und SÄTTIGUNG anpassen, was in unserem Beispiel jedoch nicht nötig ist.

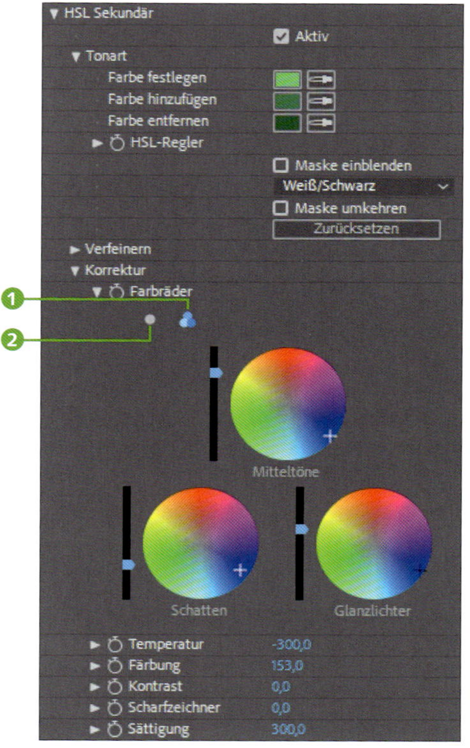


**Abbildung 13.45 ▸**
In der Sektion KORREKTUR erfolgt die Anpassung der unter TONART festgelegten Farbbereiche.

**Abbildung 13.46 ▸**
Im Endergebnis ist die italienische Flagge zu einer französischen umgefärbt worden.

## Vignette

Der letzte Punkt im Effekt LUMETRI-FARBE ist der einfachste. Unter VIGNETTE können Sie eine Vignettierung des Materials einstellen. Setzen Sie bei STÄRKE negative Werte, erhalten Sie eine Abdunklung an den Rändern, bei positiven Werten eine Aufhellung. Werte über null bei MITTELPUNKT lassen die Vignette nach außen wandern. Bei

RUNDHEIT führen negative Werte zu einer eher eckigen und umgekehrt zu einer runden Vignettierung, und WEICHE KANTE schafft einen weichen Übergang. Um Vignetten flexibler gestalten zu können, würde es sich allerdings anbieten, außerhalb des Effekts mit Masken zu arbeiten.

◄ **Abbildung 13.47**
Die Vignettierung innerhalb des Lumetri-Effekts ließe sich mittels Masken flexibler gestalten.

## 13.6 Lookup Tables (LUTs)

Lookup Tables (LUTs) sind Farbtabellen, die beispielsweise zum Kalibrieren von Monitoren verwendet werden. Dies dient zum Beispiel dazu, die Farben auf einem Vorschaumonitor genau passend zum Look eines fertigen Films darzustellen.

In After Effects werden LUTs benutzt, um die Farben einer Ebene passend zu einer Farbtabelle zu transformieren. Dazu muss die Farbtabelle extern vorhanden sein und geladen werden.

In After Effects können Sie seit CS5 Farbtabellen für einzelne Ebenen hinzuladen, um die Farbeinstellungen dieser Ebene entsprechend einer Farbtabelle zu verändern. Dazu fügen Sie der Ebene den Effekt FARB-LUT ANWENDEN hinzu, den Sie unter EFFEKTE • DIENSTPROGRAMM finden. Sie werden sofort zur Auswahl einer Datei aufgefordert, wie Sie beispielsweise Color Finesse erzeugen kann. Allerdings sind nur die Formate »cube«, »3 dl«, »look« und »csp« gestattet.

Gefällt Ihnen die veränderte Farbeinstellung der Ebene nicht, können Sie im Effekt per Klick auf LUT AUSWÄHLEN eine andere Farbtabelle laden.

Im weiter oben beschriebenen Effekt LUMETRI-FARBE können Sie unter dem Punkt KREATIV • LOOK aus einer großen Anzahl mitgelieferter Looks wählen, um eine bestimmte Farbstimmung Ihres Films zu erzielen.

# Kapitel 14

# Malen und Retuschieren

*After Effects bietet mit drei unauffälligen Werkzeugen umfangreichste Bearbeitungsmöglichkeiten für die Retusche in Film- und Bildmaterial: mit dem Pinsel, dem Kopierstempel und dem Radiergummi. Diese Werkzeuge basieren auf auflösungsunabhängigen Vektoren. Im Folgenden wollen wir uns diese Werkzeuge einmal genauer ansehen.*

Beim Malen oder Retuschieren erzeugen Sie mit dem **Pinsel** Striche, die vorhandene Bildbereiche überdecken oder diese transparent setzen. Mit dem **Kopierstempel** kopieren Sie Pixel aus einem gewählten Bildbereich und fügen sie an anderer Stelle im Bild wieder hinzu. Der **Radiergummi** dient dazu, Bildpixel oder auch bereits gemalte Pinselstriche durchscheinend oder unsichtbar zu machen. Für beide, den Kopierstempel wie den Radiergummi, werden dabei ebenfalls Striche erzeugt.

Alle diese Bearbeitungsmöglichkeiten sind nicht-destruktiv, fügen dem Bild also keinen Schaden zu. Jeder Strich, ob vom Pinsel-, Kopier- oder Radier-Werkzeug erzeugt, besitzt mannigfaltige animierbare Eigenschaften und ist nachträglich bearbeitbar. Durch die Anwendung eines der drei Werkzeuge auf eine Ebene wird dieser der Effekt MALEN hinzugefügt.

**Das fertige Movie**

Schauen Sie sich zuerst das fertige Movie »GraffitiFertig.mp4« aus dem Ordner 14_RETUSCHE/GRAFFITI in den Beispielmaterialien an.

## 14.1 Pinsel und Pinselspitzen

Zum Einstieg werden Sie die wichtigen Paletten MALEN und PINSEL in einem kleinen Workshop kennenlernen.

## Schritt für Schritt Graffiti malen

Die benötigten Dateien für diesen Workshop finden Sie in den Beispielmaterialien zum Buch unter BEISPIELMATERIAL/14_RETUSCHE/GRAFFITI.

In diesem kleinen Workshop erhalten Sie die Aufgabe, das Graffiti »Berlin Graffiti Beatz« mit unterschiedlichen Farben und Strichstärken auf eine Hauswand zu sprayen, sorry, auf eine virtuelle Hauswand zu zeichnen.

### 1 Vorbereitung

Legen Sie ein neues Projekt an, importieren Sie das Video »Graffiti.mp4«, und ziehen Sie es dann auf das Kompositionssymbol im Projektfenster, um Größe, Dauer etc. zu übernehmen.

Sie könnten nun direkt auf die Hauswand spr ..., nein, zeichnen, aber da es sich bei dem Video um einen Kameraschwenk handelt und das Graffiti diesen mitmachen soll, muss es auf einer gesonderten Ebene liegen.

Erstellen Sie über EBENE • NEU • FARBFLÄCHE oder [Strg]+[Y] eine beliebig farbige Ebene. Klicken Sie im Kompositionsfenster doppelt auf die Ebene, um das Ebenenfenster einzublenden, denn nur dort haben die Malwerkzeuge eine Wirkung.

**Das Gedächtnis der Malen-Palette**

Veränderungen in der Malen-Palette bleiben Ihnen auch dann erhalten, wenn Sie ein anderes Werkzeug verwenden. Sie sollten also in jedem Fall überprüfen, ob die gewählten Einstellungen noch zur jeweiligen Aufgabe passen.

### 2 Arbeitsbereich wechseln

Öffnen Sie über FENSTER • MALEN ([Strg]+[8]) und FENSTER • PINSEL ([Strg]+[9]) die Malen- und Pinsel-Palette. Noch besser ist es, Sie wechseln gleich den gesamten Arbeitsbereich. Wählen Sie dazu bei FENSTER • ARBEITSBEREICH den Eintrag MALEN. Der Arbeitsbereich enthält danach bereits beide Paletten, und Kompositions- und Ebenenfenster sind nebeneinander angeordnet. Ein Doppelklick auf die Ebene im Kompositionsfenster öffnet sie wieder im Ebenenfenster. Ziehen Sie, um Platz zu sparen, gegebenenfalls die Palette PINSEL auf die Palette MALEN, und wechseln Sie dann zwischen beiden Registerkarten hin und her.

**Abbildung 14.1 ▼**
Die Wahl des Arbeitsbereichs MALEN ermöglicht ein bequemes Arbeiten im Ebenenfenster, während das Endergebnis im Kompositionsfenster angezeigt wird.

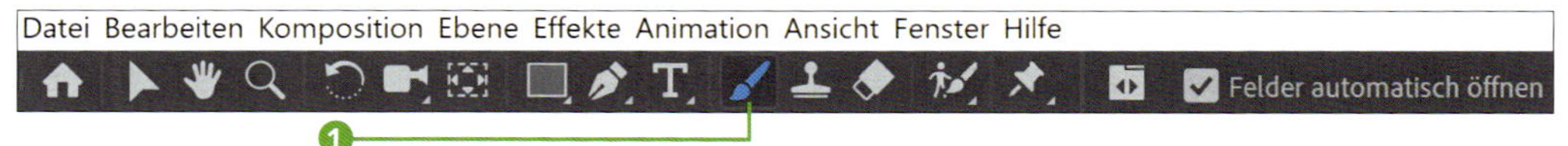


### 3 Erste Schritte mit der Malen-Palette

Die Bearbeitung erfolgt beim Malen, Radieren und Kopieren im Ebenenfenster. Wählen Sie zunächst das **Pinsel-Werkzeug** 1 aus. Sie können sofort loslegen. Versichern Sie sich aber zuerst, dass unter METHODE 3 NORMAL gewählt ist, unter KANÄLE • RGBA und unter DAUER • KONSTANT. Zeichnen Sie nun am Zeitpunkt 00:00 den Schriftzug »Berlin«, so wie Sie ihn sprayen würden, oben links auf die Farbfläche. Sie könnten natürlich gleich in der passenden

**Weiterlesen**

Im nächsten Kapitel 15, »Motion-Tracking«, erhalten Sie das nötige Wissen, um das Graffiti per Tracking an die Kamerabewegung anzupassen.

Größe zur Wand den Schriftzug unter dem Lüfter platzieren. Ich habe ihn nur auf die gesamte Ebene gezeichnet, um die Wackler meiner tattrigen Hand nachher durch Verkleinern unsichtbar zu machen (ein alter Trick …).

Sie sollten die Buchstaben möglichst in einem Zug durchzeichnen. Setzen Sie zu oft ab, entstehen unübersichtlich viele Striche, die sich schlechter korrigieren lassen.

Für den zweiten Schriftzug, »Graffiti«, ändern Sie die Farbe über den Farbwähler ❹ in Grün. Sie können in einem Bild auch Farben mit der Pipette aufnehmen und dann mit dieser Farbe malen. Die Einstellungen DECKKRAFT und FLUSS ❷ verändern die Transparenz des Strichs. Setzen Sie den Wert für FLUSS auf 20 %.

**Striche korrigieren**

Übrigens zum Thema »korrigieren«: Per [Strg]+[Z] löschen Sie den letzten missratenen Strich und zeichnen ihn dann neu. Um einen mit dem Pinsel-, Kopier- oder Radier-Werkzeug erzeugten Strich zu verschieben, verwenden Sie das Auswahl-Werkzeug und klicken dann direkt in die Mitte eines Strichs. So einfach können Sie den Strich an eine andere Stelle ziehen. Das Verschieben mit den Pfeiltasten ist ebenfalls möglich.

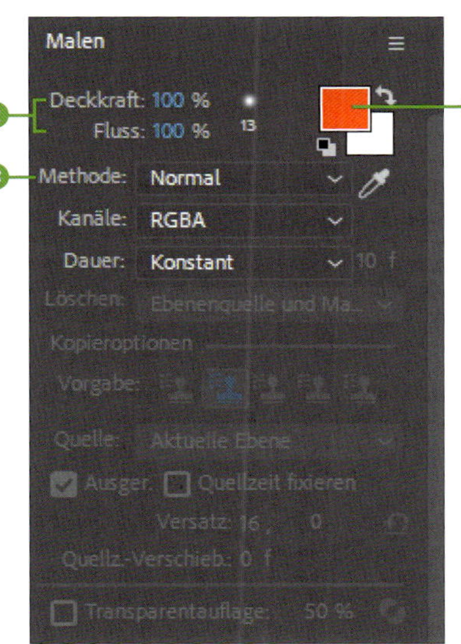


▲ **Abbildung 14.2**
In der Palette MALEN legen Sie die FARBE, die DECKKRAFT, die KANÄLE, auf die sich der Strich auswirkt, und mehr fest. Die KOPIEROPTIONEN sind noch inaktiv.

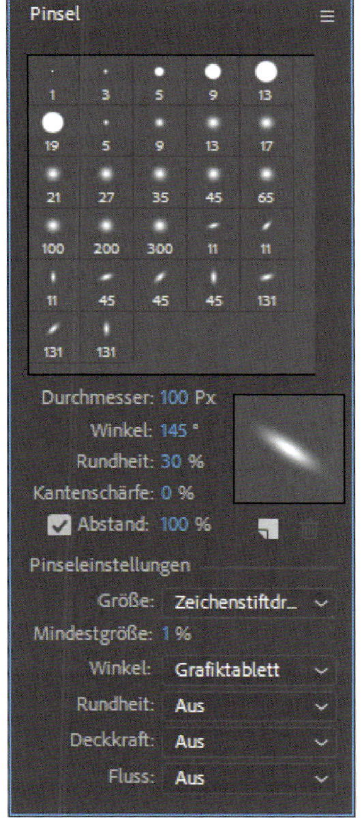


◂ **Abbildung 14.3**
In der Palette PINSEL wählen Sie vordefinierte Pinselspitzen aus dem oberen Feld oder definieren selbst neue.

### 4 Erste Schritte mit der Pinsel-Palette

Wechseln Sie in die Palette PINSEL. Tragen Sie bei DURCHMESSER dem neuen Wert »50« ein. Legen Sie die KANTENSCHÄRFE mit 75 % und den ABSTAND mit 10 % fest. Zeichnen Sie danach das Wort »Graffiti« im Ebenenfenster. Der »rauchige«, sehr durchscheinende Charakter dieses Strichs ist auf den zuvor gewählten Wert von 20 % bei FLUSS zurückzuführen.

**Keine eigenen Pinselspitzen**

Die Verwendung eigener, auf Bildern basierender Pinselspitzen zur Simulation von natürlichen Malwerkzeugen, wie es beispielsweise Photoshop erlaubt, ist leider nicht möglich.

Für den nächsten Schriftzug, »Beatz«, stellen Sie die Werte bei DURCHMESSER auf 100 px, bei WINKEL auf 145° und bei RUNDHEIT auf 30 %. Sie erkennen schon in der Vorschau neben den Werten, dass damit die Form eines Markers simuliert wird. Ändern Sie die KANTENSCHÄRFE auf 0 %, setzen Sie ein Häkchen bei ABSTAND, und tippen Sie den Wert »100 %« in das Wertefeld. Dadurch wird eine punktierte Linie entstehen. Setzen Sie jetzt noch in der Palette MALEN den Wert für FLUSS auf 100 % zurück, und wählen Sie eine neue Farbe, z. B. Weiß. Zeichnen Sie dann den Schriftzug im Ebenenfenster.

**Pinselspitzen anhängen/zurücksetzen**

Sie können die Pinselspitzen wieder auf Standardwerte zurücksetzen. Klicken Sie dazu auf die kleine Menü-Schaltfläche, und wählen Sie dann im Palettenmenü den Eintrag PINSELSPITZEN ZURÜCKSETZEN. Sie haben die Wahl zwischen ANHÄNGEN, ABBRECHEN und OK. ANHÄNGEN bewirkt eine Erweiterung der Standardpalette um die von Ihnen erstellten Pinselspitzen. Die Schaltfläche OK löscht angehängte Vorgaben. Es sind dann nur noch die Standardvorgaben vorhanden.

▲ **Abbildung 14.4**
Das Ergebnis Ihrer ersten Schritte sollte dieser Abbildung ähnlich sehen.

**Selbsterstellte Pinselspitzen sichern**

Wenn Sie eigene Werte für die Parameter einer Pinselspitze definiert haben, können Sie sie sichern. Wählen Sie aus dem Palettenmenü über die Menü-Schaltfläche den Eintrag NEUER PINSEL. Als Name werden einige Parameter vorgegeben. Die neue Pinselspitze finden Sie nach dem OK neben den Standardspitzen. Das Gleiche erreichen Sie in der Pinsel-Palette über die Schaltfläche SPEICHERN.

### 5 Der Effekt »Malen«

Wählen Sie bei markierter Farbflächen-Ebene im Menü EFFEKTE den Eintrag EFFEKTEINSTELLUNGEN ÖFFNEN. Im Effektfenster ist der Effekt MALEN sichtbar. Er enthält eine äußerst karge Liste. Aktivieren Sie den Eintrag AUF TRANSPARENZ MALEN ❶ mit einem Häkchen. Sie blenden damit den Bildinhalt der Originalebene aus, auf der Sie gemalt haben, und es sind lediglich Ihre Malstriche zu sehen. Falls einer Ihrer Malstriche doch nicht sichtbar ist, so liegt das sicherlich daran, dass Sie das Graffiti-Video nicht importiert haben und so Strich- und Hintergrundfarbe der Komposition einander gleichen wie ein Ei dem anderen. Schließen Sie die Effekteinstellungen wieder.

**Effekte einblenden**

Effekte blenden Sie bei markierten Ebenen schnell mit dem Tastenkürzel [E] ein.

Nun müssen Sie nur noch das Graffiti auf der Mauer verschieben und gegebenenfalls skalieren, bis es passt. Im Endergebnis habe ich einen Punkt der Wand getrackt und die Daten auf das Graffiti angewandt, damit es den Kameraschwenk mitmacht.

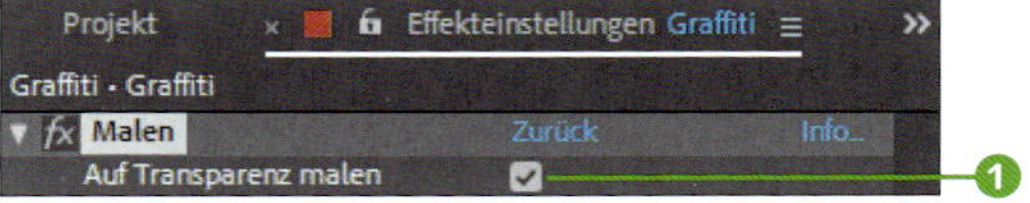


**Abbildung 14.5** ►
Der Effekt MALEN enthält im Effektfenster nur eine Option.

Im Endergebnis sieht es dann so wie in Abbildung 14.6 aus.

◂ **Abbildung 14.6**
Die Originalfarbe der Farbfläche können Sie durch die Option Auf Transparenz malen ausblenden.

## 14.1.1 Malen-Optionen in der Zeitleiste

So karg es im Effektfenster aussah, so reichhaltig tummeln sich nach unserem Workshop die Optionen in der Zeitleiste. Wir werfen hier nur einmal einen kleinen Blick hinein.

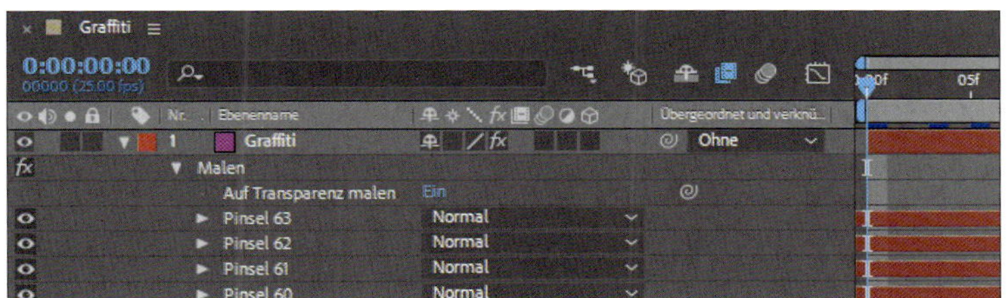


◂ **Abbildung 14.7**
In der Zeitleiste verbergen sich noch eine Menge mehr Optionen für Striche, als an dieser Stelle abgebildet sind.

Markieren Sie die Farbfläche aus dem vorhergehenden Workshop in der Zeitleiste, und drücken Sie dann zweimal kurz hintereinander die Taste [P]. Der Effekt Malen wird daraufhin in der Zeitleiste geöffnet. Darin enthalten ist wieder die Option Auf Transparenz malen. Außerdem finden Sie dort etliche Einträge: Pinsel 1, Pinsel 2 ... – je nachdem, wie viele Striche Sie für das Graffiti aufgewendet haben. Jeder Eintrag steht für einen der gemalten Striche. Die Nummerierung erfolgt fortlaufend. Der zuletzt gemalte Strich trägt die höchste Nummer und befindet sich auch ganz oben in der Reihenfolge.

### Reihenfolge ändern

Sie können die Reihenfolge jederzeit verändern, indem Sie einen Pinsel auswählen und nach oben oder unten verschieben. Die Renderreihenfolge der Malstriche verläuft vom untersten zum obersten Strich in der Zeitleiste.

**Pinsel löschen**
Sie haben zwei Möglichkeiten: Klicken Sie mit dem Auswahl-Werkzeug direkt auf die Mitte eines Strichs, um den Strichpfad zu markieren, und betätigen Sie dann die Taste [Entf]. Wählen Sie alternativ den Pinsel in der Zeitleiste aus, und betätigen Sie auch hier die Taste [Entf].

▲ **Abbildung 14.8**
Jeder mit dem Pinsel-, Kopier- oder Radier-Werkzeug erzeugte Strich besteht aus einem Pfad, der in der Mitte des Strichs verläuft.

**Pinsel umbenennen**
Zum Umbenennen eines Pinsels markieren Sie seinen Namen und drücken die Taste [↵], tragen den neuen Namen ein und betätigen wieder [↵]. Zum **Ausblenden eines Pinsels** klicken Sie auf das Augen-Symbol.

Neben jedem Pinsel befindet sich ein roter Balken, der nicht etwa eine neue Ebene darstellt, sondern die Dauer der Sichtbarkeit des Pinsels bzw. Strichs anzeigt.

Das soll es für Ihren Einstieg zunächst gewesen sein, aber es gibt natürlich weitaus mehr Möglichkeiten. Dazu komme ich auf den nächsten Seiten.

## 14.1.2 Anzeigeoption im Ebenenfenster

Im Ebenenfenster haben Sie unter dem Menüpunkt ANZEIGEN die Möglichkeit, Effekte, Masken und Ankerpunktpfade auszublenden. Diese sind dort in der Reihenfolge ihrer Anwendung aufgelistet. Wenn Sie ein Häkchen am Anfang der Liste setzen, z. B. bei MASKEN, werden alle nachfolgenden Bearbeitungen ausgeblendet. Mit dem Eintrag OHNE ist das Material im Originalzustand sichtbar. Um den Originalzustand anzuzeigen, können Sie aber auch das Häkchen bei RENDERN entfernen.

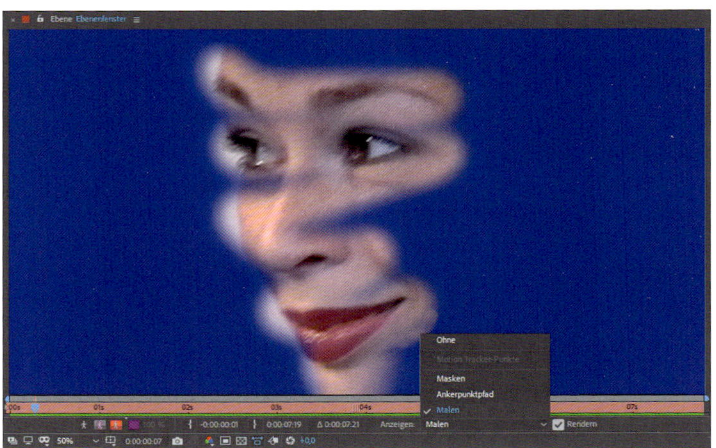


**Abbildung 14.9** ▶
Im Ebenenfenster blenden Sie Bearbeitungsschritte ein und aus.

## 14.1.3 Malen auf Text

Um auf in After Effects erstellte Texte oder Buchstaben zu malen, ist eine kleine Vorbereitung nötig. Zuerst müssen Sie eine Komposition für den Text erstellen. Dort organisieren Sie Ihre Textebenen. Anschließend legen Sie eine zweite Komposition an, in der Sie später malen, radieren oder kopieren. Die zuerst angelegte Textkomposition ziehen Sie dann wie jedes Rohmaterial aus dem Projektfenster in die zweite Komposition. Mehr dazu erfahren Sie in Abschnitt 4.4, »Verschachtelte Kompositionen (Nesting)«.

Auf die in der zweiten Komposition entstandene Ebene können Sie wie auf jeder anderen Ebene malen. Wenn Sie die Malstriche nur innerhalb der Textzeichen anzeigen lassen wollen, wählen Sie in der Malen-Palette vor dem Malen unter KANÄLE den Eintrag RGB aus. Die Striche werden nur innerhalb der Buchstaben, sprich in den opaken Bereichen, angezeigt.

▲ **Abbildung 14.10**
In diesem Beispiel wurde der Text in einer Komposition verschachtelt, um auf ihm malen zu können. Nur in den RGB-Kanälen der Buchstaben wurde Pink aufgetragen.

## 14.2 Malstriche bearbeiten

Wenn Sie mit dem Pinsel (oder auch dem Kopierstempel oder dem Radiergummi) ähnlich wie im vorhergehenden Workshop einen Strich erzeugt haben, können Sie die Parameter des Strichs im Nachhinein ändern.

Aber aufgepasst! Diese Änderung ist nicht in der Malen-Palette oder in der Palette PINSEL möglich! Diese beiden Paletten dienen nur dazu, die Eigenschaften eines zukünftig noch zu zeichnenden Strichs festzulegen. Also: Erst wenn Sie **danach** im Ebenenfenster malen, werden die Einstellungen wirksam und sichtbar.

Um einen schon vorhandenen Strich zu modifizieren, müssen Sie die Eigenschaften in der Zeitleiste verändern. Im Workshop haben Sie da schon kurz hineingeschaut.

### 14.2.1 Konturoptionen

Wenn Sie die Eigenschaftsliste eines Pinsel- oder anderen Malstrichs in der Zeitleiste über die kleinen Dreiecke öffnen, finden Sie unter KONTUROPTIONEN ❷ die Eigenschaften aufgelistet, die in den beiden Paletten enthalten sind (siehe Abbildung 14.11). Wenn Sie dort die Werte verändern oder eine neue Farbe wählen, wird der Strich dementsprechend modifiziert.

Falls Sie den Eintrag KANTENSCHÄRFE vermissen, der für einen weichen oder harten Strich sorgt – er heißt hier HÄRTE ❹. Interessant sind die Eigenschaften PFAD ❶ sowie ANFANG und ENDE ❸ und weitere Optionen unter TRANSFORMIEREN ❺. Im Abschnitt 14.2.3, »Transformieren von Strichen«, folgt noch mehr zu diesem Thema.

Im folgenden kleinen Workshop schauen wir uns die Eigenschaften PFAD sowie ANFANG und ENDE genauer an. Die anderen Eigenschaften sollten Sie ohne weitere Hilfe schnell handhaben können. Probieren Sie einfach die Eigenschaften einmal durch, nachdem Sie einen Strich gemalt haben.

**Beispiele**

Die Beispiele zu den Workshops und zu einigen im Text erläuterten Funktionen finden Sie in den Materialien zum Buch im Ordner 14_RETUSCHE. Öffnen Sie das Projekt »malen.aep«. Sie finden darin Kompositionen vor, die ähnliche Namen tragen wie die Workshops bzw. die beschriebenen Funktionen.

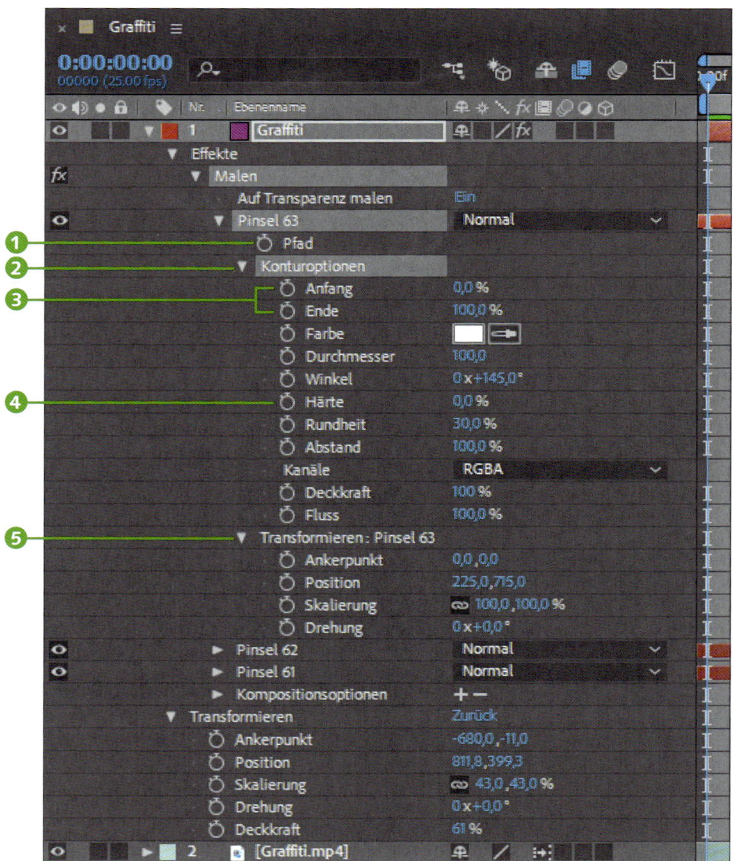


**Abbildung 14.11** ▸
In der Zeitleiste finden Sie die Optionen der Paletten MALEN und PINSEL als animierbare Eigenschaften aufgelistet. Hier ändern Sie bereits erstellte Striche.

**Ebenen zur Bearbeitung doppelt anklicken**

Wenn Sie eine neue Ebene mit den Werkzeugen Pinsel, Kopierstempel oder Radierer bearbeiten wollen, müssen Sie sie zuvor erst im Ebenenfenster per Doppelklick öffnen. Andernfalls bearbeiten Sie womöglich versehentlich die falsche Ebene.

## Schritt für Schritt
## Der Anfang, das Ende und die Form des Pinsels

In diesem Workshop lernen Sie zwei Möglichkeiten kennen, wie Sie einen **Strich animieren**. In der ersten Variante sieht das Ergebnis so aus, als würde der Strich gerade erst beim Abspielen der Animation von Hand gezeichnet. Anschließend soll er einige Formumwandlungen durchlaufen.

### 1 Vorbereitung

Legen Sie zuerst ein neues Projekt an und darin eine Komposition mit einer Dauer von 10 Sekunden. Die Größe darf 1.920 × 1.080 (HDTV) betragen. Fügen Sie dann mit Strg + Y eine Farbfläche in der Größe der Komposition hinzu. Wählen Sie unter ARBEITSBEREICH oben rechts den Eintrag MALEN. Klicken Sie gegebenenfalls im Kompositionsfenster doppelt auf die Ebene, um sie im Ebenenfenster für die Bearbeitung zu öffnen.

## 2 Anfang

Wählen Sie wie im ersten Workshop das Pinsel-Werkzeug aus, und modifizieren Sie dann wieder über die Paletten MALEN und PINSEL die Einstellungen des Pinsels nach Ihrem Geschmack. Achten Sie aber darauf, dass bei METHODE NORMAL, bei KANÄLE RGBA und bei DAUER KONSTANT gewählt ist.

**Zu viele Pinselstriche**

Wenn Sie mit dem Pinsel, Kopierstempel oder Radierer arbeiten, sollten Sie darauf achten, nicht wie wild ständig in die Ebene zu klicken, da jeder neue Klick einen neuen Strich erzeugt. Es wird in der Zeitleiste, wo Sie auf jeden Strich Zugriff haben, sonst recht schnell sehr unübersichtlich.

## 3 Ende animieren

Wählen Sie keinen sehr dicken DURCHMESSER für den Strich. Schreiben Sie dann das Wort »Anfang« in einem einzigen Durchgang ins Ebenenfenster.

Nachdem Sie das Wort geschrieben haben, wählen Sie das Auswahl-Werkzeug und klicken damit genau auf die Mitte des erstellten Strichs. Es wird der in jedem Strich vorhandene Pfad angezeigt, und wenn Sie etwas genauer hinschauen, sehen Sie den Anfangspunkt: einen kleinen Kreis mit einem Kreuz. Dieser liegt genau da, wo Sie mit dem Zeichnen angesetzt haben.

Öffnen Sie in der Zeitleiste den Eintrag KONTUROPTIONEN. Setzen Sie bei ENDE am Zeitpunkt 00:00 einen ersten Key, indem Sie auf das Stoppuhr-Symbol klicken. Tippen Sie den Wert »0 %« in das Wertefeld von ENDE ein. Der Strich ist zunächst verschwunden. Verschieben Sie die Zeitmarke auf den Zeitpunkt 02:00, und setzen Sie den Wert bei ENDE nun wieder auf 100 %. Drücken Sie die Taste [0] im Ziffernblock, um eine Vorschau anzuzeigen. Schon wird das Wort wie von selbst geschrieben.

▲ **Abbildung 14.12**
Jeder Strich hat einen Anfangspunkt, der dort liegt, wo Sie angesetzt haben, um den Strich zu zeichnen.

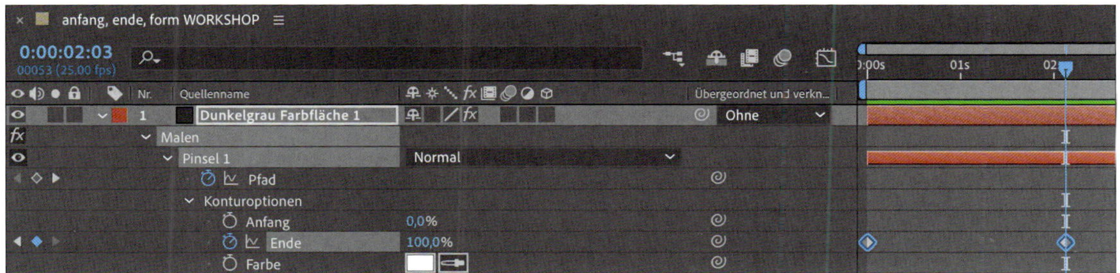


▲ **Abbildung 14.13**
Für die Eigenschaft ENDE setzen Sie Keyframes, um den Strich zu animieren.

## 4 Form animieren

Jetzt werden wir den Strich noch wie in Ovids »Metamorphosen« von einer Form in die andere transformieren.

Verschieben Sie dazu die Zeitmarke auf den Zeitpunkt 03:00, und setzen Sie einen ersten Key für die Eigenschaft PFAD des bereits vorhandenen Strichs. Den zweiten Key generieren Sie automatisch am Zeitpunkt 06:00, indem Sie dort einfach eine neue Form, nämlich das Wort »Ende«, zeichnen bzw. schreiben.

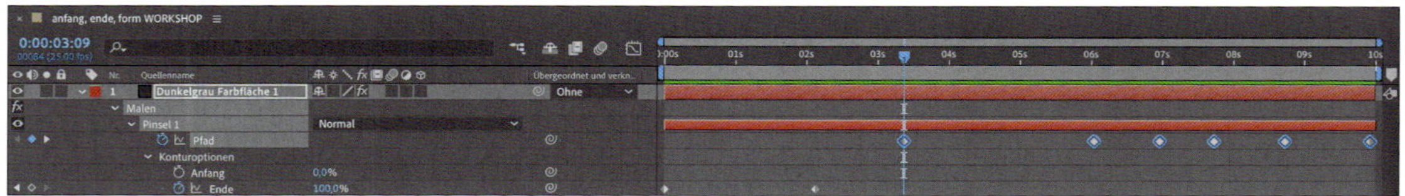


▲ **Abbildung 14.14**
Auch in der Eigenschaft PFAD setzen Sie Keyframes. After Effects berechnet selbständig den Übergang von der einen in die andere Form.

Aufgepasst! Dazu müssen Sie wieder das Pinsel-Werkzeug wählen, und Sie sollten den Namen PINSEL 1 in der Zeitleiste anklicken, damit dieser Strich ausgewählt ist. Ansonsten erhalten Sie nämlich einen neuen Strich. Wenn Sie es so gemacht haben, wird die bisherige Form des Strichs durch die neue ersetzt und in einem Key gespeichert. After Effects berechnet selbständig die Interpolation zwischen den Keys, also den Übergang von der einen in die andere Form.

Das war es im Grunde schon. Aus Spaß habe ich noch ein paar mehr Formen hinzugefügt. Dieser kleine Workshop hat Ihnen gezeigt, dass die Form eines Strichs ersetzt wird, wenn dieser ausgewählt ist, und ein neuer Strich gemalt wird. Passen Sie also auf, ob Sie das wirklich wollen!

**Vorsicht bei Eigenschaftsänderungen**
Sollten Sie in der Zeitleiste eine Eigenschaft wie die Farbe ändern, so wirkt sich das in diesem Workshop auf alle von Ihnen gezeichneten Formen aus, da diese ja nur aus einem einzigen Strichpfad bestehen.

Übrigens: Sie wundern sich vielleicht über die Exaktheit der Linienführung in den abgebildeten Beispielen. Ich habe sie gar nicht mit dem Pinsel-Werkzeug gemalt, sondern aus einem Maskenpfad kopiert, um genauere Pfade zu erhalten. Wie das funktioniert, erfahren Sie im folgenden Abschnitt.

**Abbildung 14.15** ►
After Effects errechnet die Zwischenstufen der Formen, die mit Keyframes fixiert wurden.

## 14.2.2 Strichpfad als Maskenpfad und umgekehrt

Jeder mit dem Pinsel-, Kopier- oder Radier-Werkzeug erzeugte Strich besteht aus einem Pfad, der genau in der Mitte des Strichs verläuft. Sie können diesen Pfad direkt mit dem Auswahl-Werkzeug anklicken und beispielsweise verschieben. Außerdem können Sie den Pfad kopieren und an anderer Stelle einsetzen.

**Vorsicht bei der Bearbeitung mehrerer Striche**
Wenn Sie mehrere Striche gemalt haben, sollten Sie darauf achten, immer nur den oder die Striche ausgewählt zu haben, die Sie tatsächlich bearbeiten wollen. Zur Sicherheit drücken Sie vor der Bearbeitung die Taste F2, um sämtliche Striche zu deselektieren.

Um einen Strichpfad in einen Maskenpfad zu verwandeln, drücken Sie auf der Ebene, die den Strich enthält, zweimal kurz hintereinander die Taste P und wählen dann unter PINSEL die Eigenschaft PFAD aus. Kopieren Sie danach den Pfad des mit dem Pinsel-, Kopier- oder Radier-Werkzeug erstellten Strichs mit Strg+C. Wählen Sie anschließend die Ebene aus, die den Maskenpfad enthält, drücken Sie die Taste M, und markieren Sie dann die Eigenschaft MASKENPFAD. Fügen Sie den Strichpfad mit Strg+V ein.

Umgekehrt funktioniert es ebenso: Wählen Sie zuerst den Maskenpfad aus, kopieren Sie ihn dann, und setzen Sie ihn in die PFAD-Eigenschaft des Strichs ein. Auf diese Weise übernehmen Sie auch ganze Pfadanimationen wie die im vorigen Workshop beschriebene.

Hierzu finden Sie ein Beispiel in den Beispielmaterialien im Ordner 14_RETUSCHE/RAUCHSPUR; es heißt »rauchspur.aep«.

Hier habe ich die Flugbahn des Flugzeugs mit einer Maske nachgezeichnet und diese dann in eine neue Ebene in den Strichpfad eingefügt. Der Strich ist grau gefärbt, und die Option FLUSS habe ich auf 20 % gesetzt. Da es im Flugzeug-Movie eine leichte Kamerabewegung gab, habe ich einen Punkt im Video getrackt und die Daten auf die Rauchspurebene übertragen, wo noch via Ankerpunkt ein paar Korrekturen nötig waren. Anschließend kamen die Effekte TURBULENTES RAUSCHEN, TURBULENTES VERSETZEN, KANTEN AUFRAUEN und GAUSSSCHER WEICHZEICHNER hinzu, um dem Strich ein rauchähnliches Aussehen zu verleihen. Anschließend habe ich das Feuer von Detonation Films hinzugefügt, wozu ich das Flugzeug getrackt habe.

Natürlich gibt es auch andere Varianten, eine Rauchspur zu erzeugen, aber diese ist auch passabel.

**Beispiel**

In den Beispielmaterialien finden Sie im Ordner BEISPIELMATERIAL/14_RETUSCHE/RAUCHSPUR die Datei »rauchspur.aep«.

**Pfade aus Illustrator und Photoshop**

Sie können auch Pfade aus Adobe Illustrator oder Adobe Photoshop für die beschriebene Prozedur verwenden. Achten Sie dabei darauf, dass die Pfade möglichst aus einfachen Formen bestehen, dass sich also Pfade nicht kreuzen, wie es beim Symbol für »Unendlich« der Fall wäre. Dann nämlich wird ein Maskenpfad in After Effects generiert.

◂ **Abbildung 14.16**
Die Rauchspur ist ein Malen-Strich.

### 14.2.3 Transformieren von Strichen

Verwechseln Sie nicht die Transformieren-Eigenschaften, die in der Zeitleiste für jeden Strich einzeln verfügbar sind, mit den gleichnamigen Transformieren-Eigenschaften einer Ebene. Der Unterschied besteht darin, dass hier nur der Strich, im Falle der Ebene aber die ganze Ebene mit allen enthaltenen Effekten etc. transformiert werden kann. Damit Sie nicht zufällig die Ebeneneigenschaften transformieren, markieren Sie die Ebene und drücken die Taste [P] zweimal kurz hintereinander. Somit werden sicher nur die Pinseleigenschaften angezeigt.

**Transformieren per Tastatur**

Bei aktivem Auswahl-Werkzeug und **ausgewähltem** Strich können Sie zum Verschieben des Strichs die Pfeiltasten verwenden. Zum Drehen nutzen Sie im Ziffernblock [+] und [-]. Zum Skalieren verwenden Sie die Tasten ebenfalls, aber in Verbindung mit der Taste [Strg] bzw. [Alt]. Eine Hinzunahme der Taste [⇧] bewirkt bei allen Optionen einen Versatz in Zehner- statt in Einer-Schritten.

Wichtig beim Transformieren ist es, sich zu vergegenwärtigen, dass jeder Strich einen Anfangspunkt besitzt, wie Sie im Workshop »Der Anfang, das Ende und die Form des Pinsels« in Abschnitt 14.2.1 bereits gelernt haben. Dieser Anfangspunkt ist der Ankerpunkt des Strichs, um den sich sozusagen alles dreht.

Wenn Sie unter TRANSFORMIEREN die Werte bei ANKERPUNKT verändern, bleibt dieser fixiert, während der Strich verschoben wird. Eine Änderung bei der Eigenschaft POSITION wiederum verschiebt sowohl den Ankerpunkt als auch den Strich gemeinsam.

Die SKALIERUNG wird immer auf den Ankerpunkt bezogen und vergrößert den Strich. Falls Sie den Durchmesser beibehalten wollen, hilft nur eine Korrektur der Werte bei DURCHMESSER in den KONTUROPTIONEN. Auch die Eigenschaft DREHUNG nimmt den Ankerpunkt als Bezugspunkt.

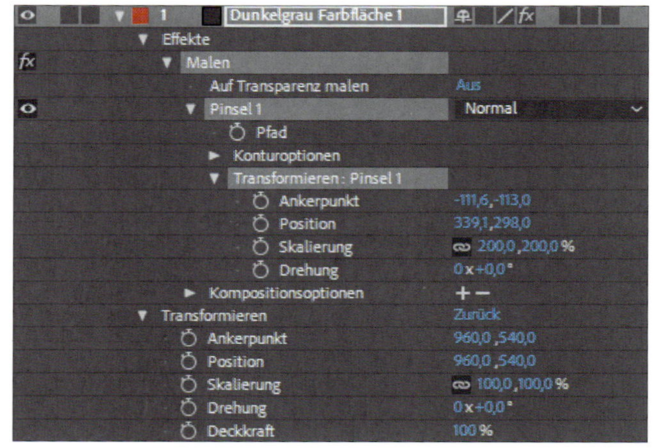


**Abbildung 14.17** ▶
Die TRANSFORMIEREN-Eigenschaften sind bei jedem Strich änderbar und nicht mit den Transformieren-Eigenschaften einer Ebene zu verwechseln.

## 14.2.4 Ein paar Helfer beim Malen

Damit Sie etwas flotter arbeiten können, liste ich hier ein paar helfende Funktionen auf.

### Durchmesser und Kantenschärfe

Der Durchmesser und die Kantenschärfe einer Pinselspitze lassen sich sehr schön mit Hilfe der [Strg]-Taste einstellen. Im geöffneten Ebenenfenster wählen Sie den Pinsel, den Kopierstempel oder den Radiergummi, drücken dann **zuerst** die [Strg]-Taste und verändern danach bei gedrückter Maustaste durch Ziehen des Cursors im Ebenenfenster den Pinseldurchmesser. Lassen Sie dann zuerst die [Strg]-Taste los, und ziehen Sie weiter bei gedrückter Maustaste, um auch die Kantenschärfe einzustellen. Diese wird mit einem zweiten Kreis dargestellt.

### Gerade Linien zeichnen

Mit Hilfe der Taste [⇧] zeichnen Sie gerade Linien. Dazu klicken Sie zuerst am Startpunkt der Linie ins Ebenenfenster, drücken dann die Taste [⇧] und klicken auf den Endpunkt der Linie. Wenn Sie die Taste weiter gedrückt halten, können Sie die geraden Liniensegmente beliebig fortsetzen.

### Farbwahlfeld schnell wechseln

Mit der Taste [X] wechseln Sie sehr schnell zwischen Vorder- und Hintergrundfarbe in der Malen-Palette, wenn ein Pinsel-Werkzeug aktiv ist. Die Taste [D] ermöglicht ein schnelles Austauschen selbstgewählter Farben gegen Schwarz und Weiß.

**Die Alt-Taste**

Wenn Sie die [Alt]-Taste betätigen, wird bei aktivem Pinsel-Werkzeug immer die Pipette anstelle der Pinselspitze eingeblendet. Sollten Sie das Kopierstempel-Werkzeug gewählt haben, können Sie bei gedrückter [Alt]-Taste den Aufnahmebereich festlegen, von dem aus Pixel kopiert werden sollen.

### Aufnahmebereich der Pipette vergrößern

Mit der Pipette übernehmen Sie Farben eines Bildes und legen sie dadurch als Vordergrundfarbe für die nächsten zu malenden Striche fest. Mit der Taste [Strg] nehmen Sie nicht nur ein Pixel auf, sondern einen Bereich von 4 × 4 Pixeln. Der Durchschnittswert wird als Vordergrundfarbe festgelegt.

### Deckkraft- und Flusswerte per Tastatur

Wenn die Malen-Palette aktiv ist, können Sie mit der numerischen Tastatur die Werte von Deckkraft und Fluss in 10-Prozent-Schritten festlegen. Mit den Tasten [1] bis [9] stellen Sie den Deckkraft-Wert von 10 % bis 90 % ein. Die Taste [,] setzt den Wert auf 100 %. Um die Werte für Fluss zu ändern, nehmen Sie dabei immer die [⇧]-Taste hinzu.

**Werkzeuge wechseln**

Um schnell zwischen den Werkzeugen Pinsel, Kopierstempel und Radierer zu wechseln, nutzen Sie die Tastenkombination [Strg]+[B].

## 14.2.5 Grafiktablett verwenden

Wenn Sie ein Grafiktablett an Ihren Computer angeschlossen haben, können Sie auch den Zeichenstift des Tabletts verwenden, um mit den Pinsel-, Kopier- oder Radier-Werkzeugen Striche zu erzeugen. Dabei können Sie festlegen, welche Eigenschaft des Strichs in welchem Maße durch den Zeichenstift beeinflusst wird.

In der Palette Pinsel befindet sich die Sektion Pinseleinstellungen. Dort können Sie für die Pinsel-Eigenschaften Grösse, Winkel, Rundheit, Deckkraft und Fluss jeweils wählen, ob sie durch den Zeichenstiftdruck, die Zeichenstift-Schrägstellung oder die Rändelradposition am Grafiktablett beeinflusst werden. Sie können so z. B. die Deckkraft oder die Größe des Pinselstrichs oder auch beide Eigenschaften durch Ihren individuellen Stiftandruck dynamisch verändern.

**Abbildung 14.18 ▶**
In den Pinseleinstellungen können Sie den Zeichenstiftdruck, die Zeichenstift-Schrägstellung oder die Rändelradposition am Grafiktablett zur dynamischen Veränderung der Pinselspitze wählen.

## 14.2.6 Malen auf Kanälen

Mit den Malen-, Radieren- und Kopier-Werkzeugen haben Sie die Möglichkeit, nur bestimmte Kanäle eines Bildes zu beeinflussen. Dazu befindet sich in der Palette Malen ein Einblendmenü unter Kanäle. Dort wählen Sie den Eintrag RGBA, RGB oder Alphakanal.

Wie die unterschiedliche Wahl sich auswirkt, wird an einer Bildebene mit transparenten Bereichen recht anschaulich. In dem Beispiel aus Abbildung 14.20 sehen Sie einen Farbverlauf. Die kleinen Karos zeigen die transparenten Bereiche an.

- Wenn Sie mit dem Malen-Werkzeug Farbe auftragen und RGBA gewählt haben, ist nachher ein Strich sowohl in den transparenten Bereichen (dem Alphakanal der Ebene) als auch in den deckenden (den RGB-Kanälen) sichtbar. Diese Option habe ich in Abbildung 14.21 bei dem roten Strich links im Bild gewählt.
- In der Mitte habe ich nur die bereits deckenden Bereiche mit grüner Farbe verändert. Dies war mit der Kanalwahl RGB möglich.
- Den fehlenden Teil rechts im Bild habe ich mit der Kanalwahl Alphakanal erzeugt. Dazu habe ich die Farbe in der Malen-Palette auf Schwarz eingestellt. Mit weißer Farbe machen Sie in diesem Kanal zuvor transparente Bereiche wieder sichtbar. Grau bewirkt halbtransparente Farben. Der Malen-Pinsel wird beim Malen mit schwarzer Farbe im Alphakanal dem Radiergummi-Werkzeug sehr ähnlich.

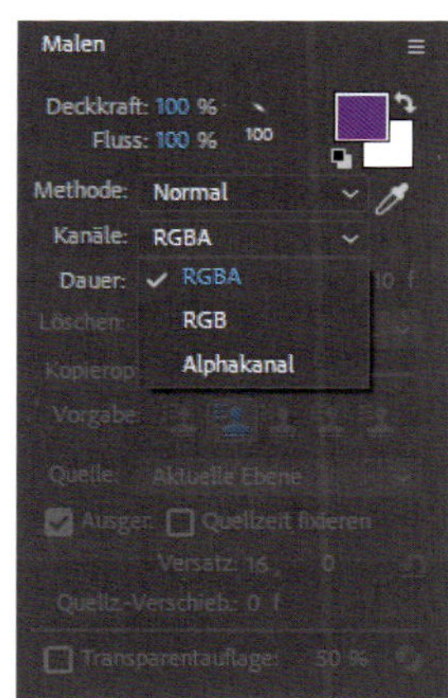


**▲ Abbildung 14.19**
Die Kanalwahl in der Malen-Palette entscheidet sehr über das Endergebnis einer Bearbeitung durch Malen-, Radieren- oder Kopieren-Werkzeuge.

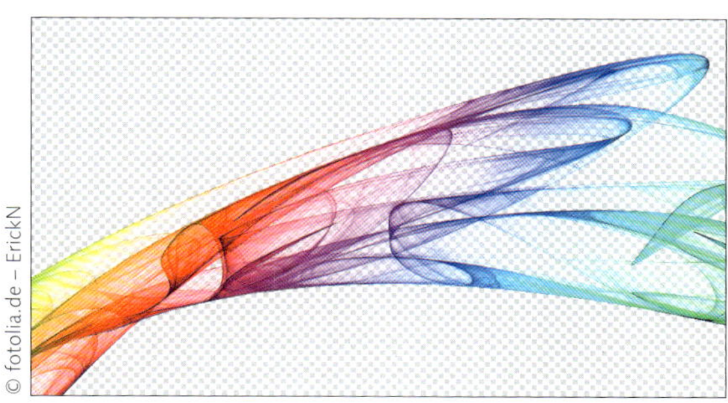

▲ **Abbildung 14.20**
In diesem Ausgangsbild werden transparente Bereiche zur Verdeutlichung mit einem Karomuster dargestellt.

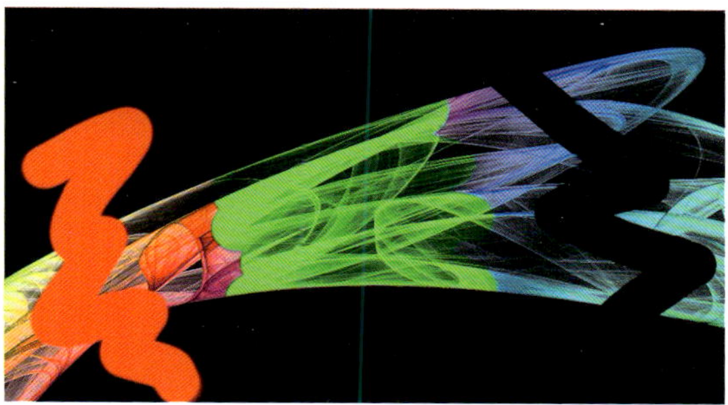

▲ **Abbildung 14.21**
Mit dem Malen-Werkzeug in verschiedenen Kanälen erzeugte Veränderungen

## 14.2.7 Blendmodi

Interessante Wirkungen erzielen Sie auch durch das Verwenden unterschiedlicher Blendmodi. In der Malen-Palette ist eine ganze Reihe davon unter METHODE aufgelistet (siehe Abbildung 14.23). Sie können jeden Strich in einem eigenen Überblendmodus zu den Bildpixeln oder zu anderen überlagerten Strichen einstellen. In der Zeitleiste ist der Modus eines Strichs jederzeit änderbar. Dazu befindet sich neben jedem Strich die gleiche Liste wie in der Malen-Palette.

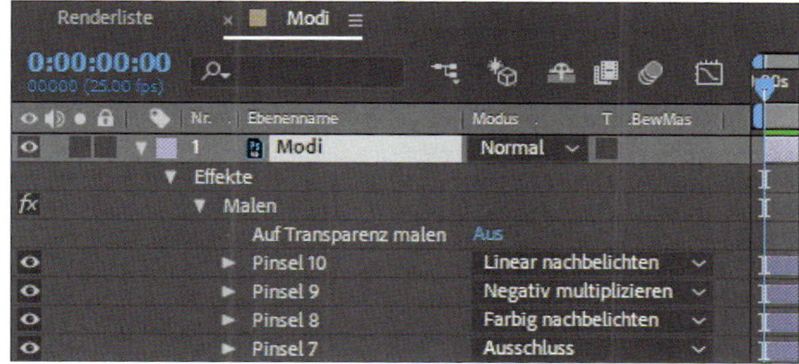


▲ **Abbildung 14.22**
Neben jedem einzelnen Strich befindet sich ein Menü, das die Liste der möglichen Blendmodi enthält.

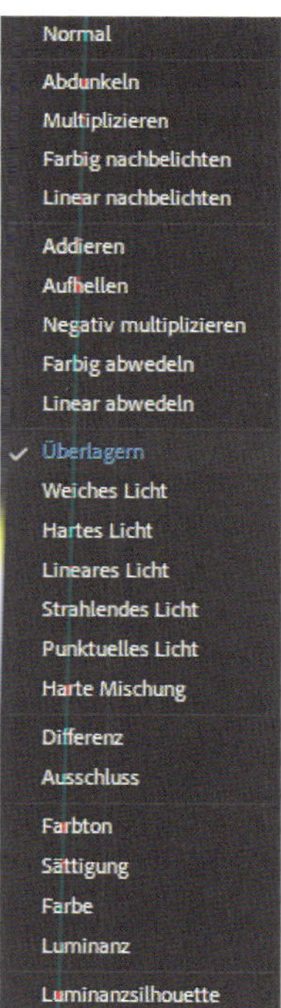


▲ **Abbildung 14.23**
Die verschiedenen Modi unter METHODE in der Malen-Palette probieren Sie am besten selbst einmal aus.

◄ **Abbildung 14.24**
In diesem Beispiel habe ich mit verschiedenen Blendmodi für die einzelnen Striche gearbeitet, um den Farbverlauf einzufärben.

▲ **Abbildung 14.25**
Optionen bei DAUER

### 14.2.8 Dauer und Animation

Bevor Sie einen Strich malen, können Sie in der Malen-Palette eine DAUER festlegen. Daraus ergeben sich einige Animationsmöglichkeiten, die ich bisher nicht besprochen habe. Im Einblendmenü bei DAUER haben Sie die Wahl zwischen den Optionen KONSTANT, MALEN ANIMIEREN, EINZELNER FRAME und BENUTZERDEFINIERT.

#### Konstant

Die Option KONSTANT ist Ihnen bereits aus den beiden Workshops in diesem Kapitel bekannt. Wenn Sie einen Strich mit dieser Option malen, ist er normalerweise über die gesamte Länge der Komposition sichtbar. Eine Ausnahme entsteht allerdings, wenn Sie die Zeitmarke an einen neuen Zeitpunkt ziehen, denn jeder Strich, den Sie malen, beginnt genau dort, wo Ihre Zeitmarke positioniert war, und endet dort, wo der Out-Point einer Ebene platziert ist.

Die Dauer eines Strichs können Sie im Nachhinein durch das Verschieben des In- oder Out-Points ändern, was ein früheres oder späteres Erscheinen bzw. Verschwinden des Strichs bewirkt. Sie können den Balken für die Dauer auch insgesamt verschieben, ohne dass sich die zeitliche Position der Ebene dabei verändert. Keyframes, die Sie für die Pinseleigenschaften gesetzt haben, werden dabei mitbewegt.

**Abbildung 14.26** ▼
Die Striche beginnen dort, wo die Zeitmarke zu Beginn des Malens positioniert war, und enden da, wo der Out-Point der Ebene liegt.

▲ **Abbildung 14.27**
Den Balken für die Dauer bzw. Sichtbarkeit eines Strichs sowie dessen In- und Out-Point können Sie verschieben.

### Malen animieren

Malen animieren ist eine tolle Sache. Sie sollten es unbedingt ausprobieren! Im Workshop »Der Anfang, das Ende und die Form des Pinsels« in Abschnitt 14.2.1 haben Sie einen Malstrich über Keyframes in der Eigenschaft Ende animiert. Die Option Malen animieren funktioniert ganz genauso und setzt freundlicherweise die Keyframes in der Eigenschaft Ende automatisch für Sie.

Sie müssen die Option wählen, **bevor** Sie malen. Der erste Keyframe entsteht automatisch dort, wo die Zeitmarke zu Beginn positioniert wird. Wenn Sie danach loslegen, zeichnet After Effects Ihre Mausbewegung zeitlich eins zu eins auf. Beim Betrachten des Ergebnisses in der Vorschau werden Sie bemerken, dass auch die Geschwindigkeitsänderungen Ihrer Linienführung identisch gespeichert wurden. Sie können die Geschwindigkeit anschließend noch durch das Verschieben der Keyframes in der Eigenschaft Ende anpassen.

Falls Sie beim Malen sehr langsam waren, wurde der letzte Keyframe möglicherweise bereits außerhalb Ihrer gewählten Kompositionszeit gesetzt. Um den Keyframe trotzdem zu erreichen, passen Sie die Länge der Komposition an oder verschieben den Balken für die Ebenendauer bzw. für die Dauer des Strichs in der Zeitleiste.

### Rotoscoping per »Einzelner Frame« und »Benutzerdefiniert«

Als Rotoskopieren oder Rotoscoping bezeichnet man das Malen auf einer Reihe von fortlaufenden Einzelbildern eines Films, um eine trickfilmartige Animation zu schaffen oder um zu retuschieren.

Mit den beiden Optionen Einzelner Frame und Benutzerdefiniert bei Dauer können Sie trickfilmartig auf einzelnen Frames malen, radieren oder kopieren. Für die Trickfilmanimation eignen sich die Optionen jedoch weniger, da die vorherigen und folgenden Frames im Vergleich zum aktuellen Frame nicht angezeigt werden. Für die als Rotoscoping bekannten Verfahren eignen sich die Optionen aber gut. Mit dem Kopierstempel-Werkzeug können Sie beispielsweise Retuschearbeiten innerhalb einiger weniger Frames eines Films gut durchführen.

Wenn Sie die Option Einzelner Frame gewählt haben, wird ein Strich mit der Dauer eines Frames erstellt. Verwenden Sie die Taste [Bild↓], um einen Frame vorwärts zu gehen, und [Bild↑], um einen Frame rückwärts zu springen.

Mit der Option Benutzerdefiniert definieren Sie die Dauer eines Strichs mit einer eigenen Anzahl an Frames. Das kleine Eingabefeld ❶, das bei dieser Wahl aktiv wird, dient dazu, die gewünschte Anzahl einzutragen. Der danach erstellte Strich ist auf diese Dauer festgelegt. Mit der Tastenkombination [Strg]+[Bild↓] und

▲ **Abbildung 14.28**
Mit der Option Benutzerdefiniert legen Sie eine Frameanzahl für die Dauer der zu schaffenden Striche fest.

[Strg]+[Bild ↑] springen Sie schnell um die gewählte Anzahl an Frames vor oder zurück.

## 14.3 Radiergummi

▲ **Abbildung 14.29**
Das Radieren-Werkzeug macht Bildpixel oder zuvor mit den Pinsel- oder Kopier-Werkzeugen gezeichnete Striche durchscheinend oder unsichtbar.

Mit Hilfe des Radieren-Werkzeugs setzen Sie Bildpixel transparent und machen Striche, die Sie zuvor mit den Pinsel- oder Kopier-Werkzeugen gezeichnet haben, durchscheinend oder unsichtbar. Auch für den Radierer wird nach der Anwendung ein Pfad angelegt, den Sie über die bereits erläuterten Optionen FORM, KONTUROPTIONEN und TRANSFORMIEREN in der Zeitleiste modifizieren können.

Die Pinselspitze eines Radierers stellen Sie auf dieselbe Art und Weise ein wie die eines Malstrichs.

Im Radieren-Modus können Sie unter LÖSCHEN zusätzlich drei weitere Optionen wählen. Dort legen Sie zuerst fest, welche Bildteile gelöscht werden sollen.

- Sie können mit der Option EBENENQUELLE UND MALEN sowohl die Pixel der Originalebene als auch zuvor mit den Pinsel- oder Kopier-Werkzeugen gezeichnete Striche transparent setzen.
- Wenn Sie die Option NUR MALEN gewählt haben, bleibt die Originalebene von Ihrem Tun unbehelligt, und nur die zuvor gemalten Striche werden dort transparent, wo der Radierer über sie hinwegstreicht.
- Die Option NUR LETZTE KONTUR dient dazu, den mit den Pinsel- oder Kopier-Werkzeugen zuletzt gemalten Strich transparent zu setzen. Die Originalebene und sämtliche Striche bleiben erhalten.

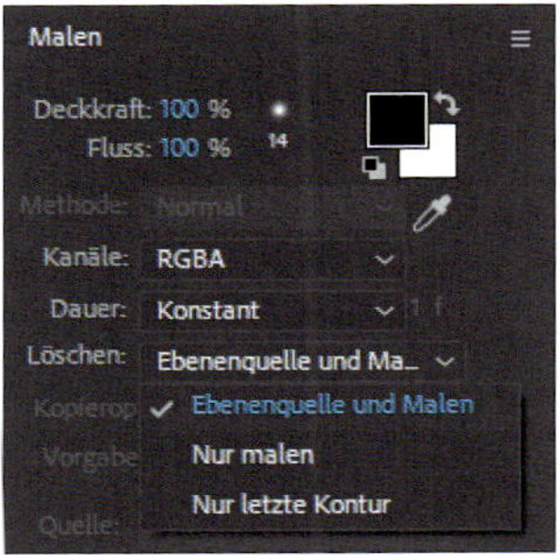


▲ **Abbildung 14.30**
Unter LÖSCHEN legen Sie fest, was im Bild transparent werden soll.

**Mit dem Radier-Werkzeug erstellte Striche nachträglich ändern**
Genau wie die mit den Pinsel- und Kopier-Werkzeugen erstellten Striche können Sie auch die Striche des Radier-Werkzeugs in der Zeitleiste mit den Optionen unter KONTUROPTIONEN und TRANSFORMIEREN nachträglich bearbeiten. Auch das Umbenennen und Löschen oder das Umsortieren in eine neue Reihenfolge wird in der Zeitleiste vollzogen. Lesen Sie mehr dazu in Abschnitt 14.2, »Malstriche bearbeiten«.

Unter DAUER sollten Sie beim Radieren den Eintrag KONSTANT auswählen, da Sie sonst womöglich den mit dem Radieren-Werkzeug erstellten Strich animieren, aber vielleicht haben Sie ja auch genau das im Sinn. Die Werte bei DECKKRAFT und FLUSS verändern die mit dem Radieren-Werkzeug erstellten Striche ähnlich wie die mit dem Pinsel-Werkzeug erstellten Striche. Meist werden Sie mit Werten bei 100 % arbeiten. Nicht unerheblich ist es, welche Wahl Sie im Einblendmenü KANÄLE getroffen haben.

- **RGBA:** Egal, welche Farbe Sie gewählt haben, die Pixel werden dort transparent gesetzt, wo der Radierer waltet.
- **RGB:** Hier kommt es auf die Hintergrundfarbe in der Palette MALEN an. Es entstehen keine transparenten Bereiche, stattdessen werden die Originalpixel wegradiert, und dafür erscheint die gewählte Hintergrundfarbe.

- **Alphakanal:** Auch hier kommt es auf die Hintergrundfarbe in der Palette an. Hier haben Sie nur die Wahl zwischen Schwarz, Weiß und den dazwischenliegenden Graustufen. Haben Sie Schwarz gewählt, werden die Pixel transparent. Haben Sie Weiß aktiviert, werden sie wieder sichtbar.

▲ **Abbildung 14.31**
Im Modus RGBA werden Pixel transparent gesetzt, egal, welche Farbe Sie in der Malen-Palette gewählt haben.

▲ **Abbildung 14.32**
Im Modus RGB werden die Originalpixel durch eine in der Malen-Palette gewählte Hintergrundfarbe ersetzt (in diesem Falle durch ein Blau).

▲ **Abbildung 14.33**
Im Modus ALPHAKANAL machen Sie bereits transparente Bildpixel wieder sichtbar.

## 14.4 Kopierstempel

Eine hervorragende Möglichkeit, Retuschearbeiten in After Effects an Standbildern und bewegtem Filmmaterial durchzuführen, bietet sich mit dem Kopierstempel-Werkzeug, das dem aus Photoshop bekannten Werkzeug sehr ähnlich ist.

Mit dem Kopierstempel können Sie nicht nur Bildbereiche innerhalb einer Ebene kopieren und an anderer Stelle einsetzen, sondern es ist auch ein ebenenübergreifender Einsatz möglich. So übertragen Sie Bildbereiche einer Ebene in eine zweite Ebene. Malstriche oder Effekte, die sich vor dem Kopieren bereits auf der Ebene befinden, kopiert das Kopierstempel-Werkzeug ebenfalls mit.

Die nachträgliche Bearbeitung eines mit dem Kopierstempel-Werkzeug erzeugten Strichs erfolgt wie beim Malen und beim Radieren in der Zeitleiste. Dort können Sie unter KONTUROPTIONEN und unter TRANSFORMIEREN die gleichen Modifikationen durchführen, wie ich sie in Abschnitt 14.2, »Malstriche bearbeiten«, beschrieben habe.

**Radier-Werkzeug temporär einsetzen**
Wenn Sie das Malen- oder das Kopierstempel-Werkzeug gewählt haben, können Sie mit der Tastenkombination Strg+⇧ kurz das Werkzeug wechseln. Stattdessen wird dann das Radier-Werkzeug verwendet, und Sie können die zuvor erzeugten Striche wegradieren. Benutzen Sie gerade das Radier-Werkzeug, können Sie die Tastenkombination verwenden, um radierte Teile wieder sichtbar zu machen.

### 14.4.1 Arbeiten mit dem Kopierstempel

Nun kommen wir aber zuerst einmal zur Handhabung des Kopierstempel-Werkzeugs.

## Schritt für Schritt
## Das doppelte Lottchen

Die benötigten Dateien für diesen Workshop finden Sie auf der Website *www.hollywood-camerawork.com/green-screen-plates.html*Eine Projektdatei, in der Sie das heruntergeladene Footage ersetzen müssen, habe ich in den Ordner BEISPIELMATERIAL/14_RETUSCHE/LOTTCHEN gelegt.

Um den hier beschriebenen Workshop selbst nachzuvollziehen, laden Sie zunächst von der Website *www.hollywoodcamerawork.com/green-screen-plates.html* unter der Überschrift »Failed Matchmove« das Movie »Dolly Without Markers« herunter und entpacken es anschließend. Der dort als misslungen beschriebene Shot ist für unsere Zwecke genau richtig.

▲ **Abbildung 14.34**
Gleich wird die Frau einen Zwilling erhalten.

### 1 Vorbereitung

Nach dem Entpacken der Datei öffnen Sie das vorbereitete Projekt »kopieren.aep« aus dem Ordner BEISPIELMATERIAL/14_RETUSCHE/LOTTCHEN. Die erscheinende Warnmeldung aufgrund fehlenden Materials bestätigen Sie mit OK. Ersetzen Sie nun das fehlende Material durch die heruntergeladenen Bilder. Dazu klicken Sie das fehlende Material ① mit der rechten Maustaste an, wählen FOOTAGE ERSETZEN • DATEI und suchen die heruntergeladene und zuvor entpackte Sequenz. Dort wählen Sie das erste Bild der Sequenz aus und setzen im Importfenster, falls noch nicht automatisch geschehen, ein Häkchen bei PNG-SEQUENZ. Nun können Sie im Projekt arbeiten.

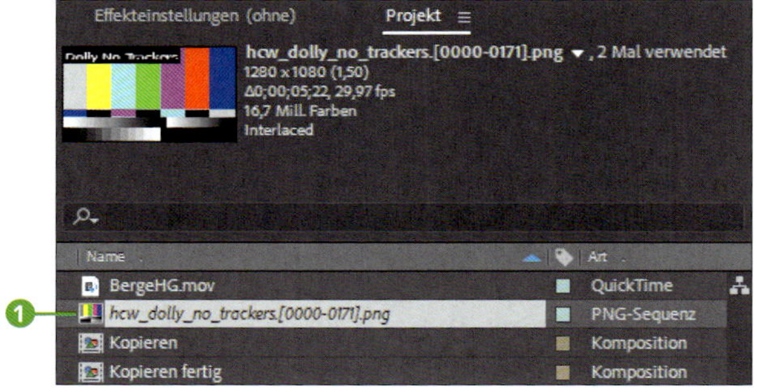


**Abbildung 14.35** ▶
Bevor Sie beginnen, ersetzen Sie das fehlende Footage durch das heruntergeladene Material.

In dem Projekt sind zwei Kompositionen enthalten. Die Komposition »Kopieren fertig« können Sie zum Vergleichen nutzen. Aber fangen Sie erst einmal mit der Komposition »Kopieren« an. Diese enthält die heruntergeladene Datei »hcw_dolly_no_trackers.png«.

### 2 Vor dem Kopieren

Aktivieren Sie das Kopierstempel-Werkzeug in der Werkzeugleiste, und wechseln Sie zum Arbeitsbereich MALEN. Um mit dem Kopierstempel-Werkzeug zu arbeiten, klicken Sie doppelt auf die zu bearbeitende Ebene in der Zeitleiste, damit sie im Ebenenfenster geöffnet wird.

▲ **Abbildung 14.36**
Zuerst aktivieren Sie das Kopierstempel-Werkzeug in der Werkzeugleiste.

Bevor Sie einen Bereich in einem Bild kopieren, legen Sie zuerst, wie Sie es von den Malen- und Radieren-Werkzeugen bereits gewohnt sind, die Parameter für die Pinselspitze wie Durchmesser, Winkel, Rundheit und weitere fest. Für den Durchmesser wählen Sie beispielsweise »235 px«.

In der Malen-Palette sollten dazu Deckkraft und Fluss auf 100 % eingestellt sein. Die gewählte Farbe ist uns gleich, da mit jeder Farbe ebenso gut kopiert werden kann. Bei Methode sollten Sie darauf achten, dass Sie Normal gewählt haben. Unter Kanäle sollte RGBA und unter Dauer sollte Konstant stehen. Die Kopieroptionen werde ich im Anschluss an den Workshop ansprechen.

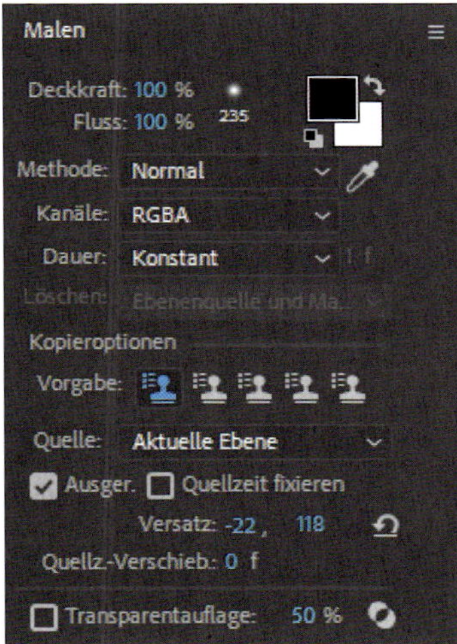


◂ **Abbildung 14.37**
Auch für das Kopierstempel-Werkzeug stellen Sie zunächst die Pinselspitze ein.

◂◂ **Abbildung 14.38**
In der Malen-Palette sind nun auch die Kopieroptionen aktiviert.

## 3 Kopierstempel zur Montage anwenden

Zum Anwenden des Kopierstempels drücken Sie die Alt-Taste. Dadurch verwandelt sich der Mauszeiger im Ebenenfenster in ein Fadenkreuz. Klicken Sie damit in einen Bildbereich, aus dem Sie Pixel aufnehmen wollen. Bewegen Sie dann den Mauszeiger an die Stelle, an der Pixel eingesetzt werden sollen. In unserem Falle navigieren Sie zum ersten Bild des Movies und nehmen Pixel aus dem Bereich des Halses auf ❷ (Abbildung 14.39) und legen sie rechts daneben so ab, dass anschließend die Frau nochmals ins Bild passt ❸.

Um das ganze Lottchen zu kopieren, müssen Sie eventuell mehrfach ansetzen. Es ist etwas Geschick nötig, damit nicht unerwünschte Verschiebungen auftreten. Nach dem Kopieren haben Sie ein identisches zweites Lottchen. Sogar die Bewegungen sind vollkommen gleich.

**Hilfe zum Kopieren**

Schön ist, dass eine transparente Kopie über dem Original eingeblendet wird, wenn Sie die Werte bei Versatz in der Malen-Palette verändern.

**Einsatzzweck**

Wie Sie vielleicht schnell bemerkt haben, eignet sich das Kopieren vor allem für statische Aufnahmen.

▲ **Abbildung 14.39**
Der Kopierstempel nimmt Bildbereiche dort auf, wo das Fadenkreuz sichtbar ist, und fügt sie unter dem Kreis ein.

▲ **Abbildung 14.40**
Fertig! Hier habe ich mit Keylight noch den Hintergrund entfernt und ausgetauscht.

## 14.4.2 Retusche mit dem Kopierstempel

Ein wenig kopiert haben Sie im vorigen Workshop bereits. Etwas mehr davon ist im folgenden Workshop nötig.

**Abbildung 14.41** ▼
Finden Sie die zehn Unterschiede!

In den beiden Abbildungen oben sehen Sie ein mit dem Kopierstempel bearbeitetes Video und ein unbearbeitetes. Nur – welches ist welches?

### Schritt für Schritt
### Bildteile entfernen

Die benötigten Dateien für diesen Workshop finden Sie in den Beispielmaterialien zum Buch unter BEISPIELMATERIAL/14_RETUSCHE/HAUSRETUSCHE.

Richtig! Das rechte Bild ist das Originalbild. Es sollen also die Pfütze und ein Stückchen Rasen auf dem Fußweg und das ganze Haus entfernt werden.

#### 1 Vorbereitung

Importieren Sie dazu die Datei »hausretusche.mp4« aus dem Ordner 14_RETUSCHE/HAUSRETUSCHE. Vom vorigen Workshop her wissen Sie ja bereits, wie Sie den Kopierstempel benutzen. Außerdem kennen Sie ihn ja aus Photoshop. Daher hier nur noch ein paar Tipps.

**2 Bildelemente entfernen**

Beginnen Sie mit der Pfütze, und vergrößern oder verkleinern Sie die Darstellung im Ebenenfenster schnell mit den Tasten [.] und [,]. Verschieben Sie die vergrößerte Ansicht per gedrückter Leertaste, um den Ausschnitt festzulegen. Passen Sie die Größe der Kopierstempels bei gedrückter [Strg]-Taste und durch Ziehen des Werkzeugs an. Achten Sie darauf, dass Sie nicht aus einem Bildteil Pixel kopieren, der sich später stark ändert, z. B. aus dem Bereich des Fußwegs, in dem der Fahrradfahrer auftaucht. – Von der Quelle aus, von der Sie die Pixel aufgenommen haben, werden über die gesamte Filmdauer Pixel in den retuschierten Bereich übertragen! Es sei denn, Sie nutzen die weiter unten beschriebene Option QUELLZEIT FIXIEREN.

Achten Sie auf ähnliche Farbnuancen; im Fall der Pfütze etwa sollten Sie nur aus dem Baumschatten Pixel kopieren, ebenso bei dem kleinen Rasenstück links im Bild. Das Haus entfernen Sie durch eine Erweiterung des Himmels einerseits und der Baumgruppe links andererseits. Der Rest ist eine Frage Ihres Geschicks und Ihres Zeitkontingents. Viel Erfolg!

### 14.4.3 Kopieroptionen in der Malen-Palette und in der Zeitleiste

Wenn Sie den Kopierstempel gewählt haben, werden in der Malen-Palette weitere Optionen unter KOPIEROPTIONEN aktiviert. In der Zeitleiste kommen die Einträge KOPIERQUELLE, KOPIERPOSITION, KOPIERZEIT bzw. KOPIERINTERVALL unter den KONTUROPTIONEN hinzu. Da die Optionen in der Zeitleiste oft im Zusammenhang mit denen der Malen-Palette stehen, fasse ich diese Optionen hier unter einer Überschrift zusammen. Beispiele befinden sich im Projekt »malen.aep« in den Beispielmaterialien.

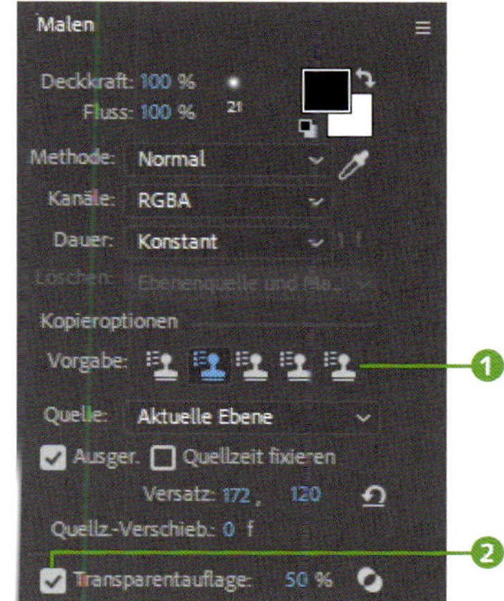


▲ **Abbildung 14.42**
In der Malen-Palette können Sie bis zu fünf Vorgaben mit unterschiedlichen Kopieroptionen anlegen.

#### Vorgabe

Die fünf als Stempel gekennzeichneten Kopiervorgaben (1) dienen dazu, schnell zwischen unterschiedlich gewählten Kopieroptionen zu wechseln. Sobald Sie eine der Kopieroptionen verändern, wird diese neue Einstellung in der aktuell aktiven Vorgabe gespeichert. Die Vorgaben sind auch dann noch verfügbar, wenn Sie auf einer anderen Ebene oder in einer anderen Komposition arbeiten. Zum schnellen Umschalten zwischen den fünf Vorgaben nutzen Sie die Tasten [3] bis [7] im Haupttastaturfeld.

Die Einstellungen der aktuell aktiven Vorgabe können Sie duplizieren. Dazu klicken Sie bei gedrückter [Alt]-Taste auf die Vorgabe und klicken gleich anschließend ebenfalls bei gedrückter [Alt]-Taste auf eine andere Vorgaben-Schaltfläche.

▲ **Abbildung 14.43**
Diese Datei wurde hier als Quellebene angegeben.

▲ **Abbildung 14.44**
Diese Datei dient als Ziel- bzw. Bearbeitungsebene.

### Quelle

Unter QUELLE legen Sie fest, aus welcher Ebene Pixel kopiert werden sollen, um sie an anderer Stelle einzusetzen. Sie haben die Wahl zwischen dem Eintrag AKTUELLE EBENE und weiteren Ebenen, soweit diese in Ihrer Komposition enthalten sind. Ist AKTUELLE EBENE gewählt, ist die aktive Ebene Quelle und Ziel zugleich. Wenn Sie eine andere Ebene auswählen, beispielsweise ein anderes Movie, können Sie den Inhalt der Quell- und Zielebene mischen und somit Bildteile austauschen.

Für das Kopieren aus einer anderen Ebenenquelle setzen Sie ein Häkchen bei TRANSPARENTAUFLAGE ❷. Wenn Sie dann kopieren, wird die Quellebene über der Zielebene als Orientierung transparent eingeblendet. Gleich rechts neben der Option TRANSPARENTAUFLAGE befindet sich eine Schaltfläche mit zwei Kreisen bzw. Kugeln. Ist diese aktiviert, wird die Quellebene im Differenzmodus in die Zielebene eingeblendet. Sie können direkt drauflosmalen, um die Quellebene eins zu eins und deckungsgleich zu kopieren. Wollen Sie die Quellebene an eine andere Stelle in der Zielebene kopieren, müssen Sie die Quellebene so verschieben, dass die zu kopierende Stelle deckungsgleich über dem Ziel liegt. Dazu benutzen Sie die Tasten [Alt]+[⇧] und ziehen die Ebene an eine neue Position.

▲ **Abbildung 14.46**
Im Ergebnis wurden Pixel aus der Quellebene in die Zielebene kopiert.

▲ **Abbildung 14.45**
Ist die Option TRANSPARENTAUFLAGE aktiviert, wird als Orientierung die Kopierquelle über dem Zielbild eingeblendet.

### Kopierquelle

In der Zeitleiste gibt es zu der Option QUELLE der Malen-Palette eine Entsprechung in den KONTUROPTIONEN. Sie können dort im Nachhinein unter KOPIERQUELLE das Bild oder Movie wechseln, aus dem Pixel kopiert werden sollen.

**Blendmodi beim Kopieren**
Interessante Effekte erzielen Sie beim Kopieren, wenn Sie in der Malen-Palette für die eingefügten Pixel als METHODE einen anderen Blendmodus als den standardmäßig eingestellten Modus NORMAL verwenden.

### Ausgerichtet

Bevor Sie mit dem Kopieren beginnen, definieren Sie mit der gedrückten [Alt]-Taste per Klick einen Quellpunkt, von dem aus Pixel kopiert werden. Mit einem zweiten Klick legen Sie dann den Ort fest, an dem die kopierten Pixel abgelegt werden. Zwischen Quell- und Zielpunkt gibt es also einen bestimmten Versatzwert.

Wenn Sie bei AUSGER. ❸ ein Häkchen gesetzt haben, bleibt der Versatzwert bei jedem nachfolgenden Strich gleich groß, und der Quellpunkt wandert beim Kopieren synchron zum Zielpunkt mit. Fehlt das Häkchen, wird der Versatzwert für jeden neuen Strich neu definiert. Auf diese Weise kopieren Sie Pixel immer von ein und demselben Ort bzw. Quellpunkt und können sie in unterschiedlichen Abständen in das Bild einfügen.

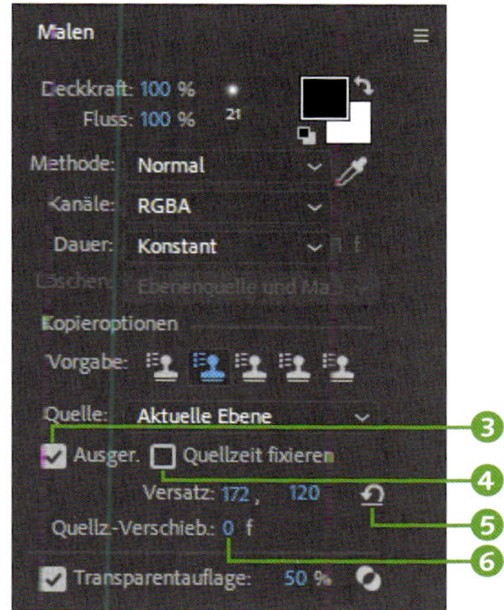


▲ **Abbildung 14.47**
Die Malen-Palette

▲ **Abbildung 14.48**
Links sehen Sie das Originalbild. Für das Ergebnisbild rechts habe ich die Option AUSGERICHTET deaktiviert, um Pixel immer von ein und demselben Ort, hier der Person mit der roten Jacke, zu kopieren.

### Versatz

Den Versatzwert zwischen Quell- und Zielpunkt können Sie über die X- und Y-Werte bei VERSATZ auch numerisch festlegen. Wenn Sie den Mauszeiger über einem der Werte positionieren, wird der Mauszeiger zu einem Hand-Symbol. Verändern Sie die Werte dann durch Ziehen. Sie können aber auch mittels der Tastenkombination [Alt]+[⇧] im Ebenenfenster arbeiten. – Solange Sie die Tasten gedrückt halten, können Sie dann die Quellebene an eine andere Stelle ziehen. Ihre Kopierquelle wird dabei halbtransparent über dem Zielbild eingeblendet. Die Versatzwerte lassen sich auf null zurücksetzen, indem Sie auf das kleine Symbol ❺ neben den Versatzwerten klicken.

### »Quellzeit fixieren« aktiviert/deaktiviert

Wenn Sie ein Häkchen bei QUELLZEIT FIXIEREN ❹ setzen, wird nur der Frame Ihres Quellmaterials kopiert, der unter QUELLZEIT festgelegt wurde. (In Abbildung 14.47 ist das Häkchen nicht gesetzt, daher steht dort QUELLZ.-VERSCHIEB. ❻ – siehe unten.) Dies ist sehr nützlich, wenn Sie beispielsweise am Zeitpunkt null aus der linken unteren Ecke Pixel kopieren und später im Film aber ein Auto genau in dieser Ecke erscheint, das Sie gar nicht kopieren wollten. In dem Fall fixieren Sie den Zeitpunkt, bevor das Auto erscheint, und kopieren die Pixel. Sie können also mit der Option QUELLZEIT Pixel aus irgendeinem Frame Ihres Videos zeitlich und örtlich an eine andere Stelle kopieren. Das heißt, sollte bei QUELLZEIT der Wert »0 f« oder »1 f« stehen, wird der allererste Frame Ihres unter QUELLE angegebenen Materials kopiert. Bei einem Wert von »25 f« wird der Frame kopiert, der in der PAL-Norm nach einer Sekunde sichtbar ist.

Verwenden Sie höhere Werte, als Ihr Movie »hergibt« – das heißt, ist Ihr Movie nicht so lang wie die eingetragene Framezahl –, fängt After Effects einfach von vorn an zu zählen.

Ist die Option QUELLZEIT FIXIEREN deaktiviert, wird anstelle der Option QUELLZEIT die Option QUELLZEIT-VERSCHIEBUNG angezeigt. Haben Sie für die QUELLZEIT-VERSCHIEBUNG den Wert 0 eingesetzt, wird immer der Frame kopiert, der gerade an der aktuellen Position der Zeitmarke sichtbar ist. Sie können danach die Zeitmarke verschieben, um aus einem anderen Frame zu kopieren, oder die Werte bei QUELLZEIT-VERSCHIEBUNG ändern.

### Kopierzeit und Kopierintervall

Wenn Sie in der Malen-Palette ein Häkchen bei QUELLZEIT FIXIEREN gesetzt haben, wird nach der Anwendung des Kopierstempels die Konturoption KOPIERZEIT ❶ in der Zeitleiste angezeigt. Sie können dort die Werte ändern, ohne Keyframes zu setzen, um Frames aus einem anderen Zeitpunkt im kopierten Bildbereich darzustellen. Dies ergibt natürlich nur Sinn, wenn Sie zuvor aus einem Movie kopiert haben.

Die Option eignet sich aber auch sehr gut, um Änderungen in der Geschwindigkeit des kopierten Bildbereichs zu gestalten. Dazu setzen Sie einen Keyframe für den im kopierten Bildbereich zuerst angezeigten Frame, z. B. 0:00:00:00, und wählen dann für den zweiten Keyframe einen anderen Zeitpunkt, z. B. 0:00:10:00. Durch das Verschieben des zweiten Keyframes ändern Sie die Geschwindigkeit des angezeigten kopierten Materials.

Ihr kopiertes Material kann mit der Option auch in Schleife abgespielt werden, also mehrmals hintereinander. Angenommen, Ihr kopiertes Movie ist nur 10 Sekunden lang und Sie wählen für den zweiten Keyframe eine KOPIERZEIT von 30 Sekunden. In diesem Falle wird das kopierte Material dreimal hintereinander abgespielt.

Die Option KOPIERINTERVALL wird in der Zeitleiste dann sichtbar, wenn Sie vor dem Kopieren die Option QUELLZEIT FIXIEREN deaktiviert hatten. Wie mit der Option KOPIERZEIT können Sie durch ein Ändern der Werte Bildinhalte aus anderen Zeitpunkten im kopier-

**Kopierposition**

Die Option KOPIERPOSITION in der Zeitleiste können Sie verwenden, um den Bildinhalt des bereits kopierten Materials in X- und Y-Richtung zu verschieben. Für kleinere Korrekturen im kopierten Bildbereich eignet sich die Option recht gut. Die beim Lesen dieses wissenschaftlichen Abschnitts entstandenen intervallartigen Kopfschmerzen lindern Sie vielleicht mit etwas Quellwasser und praktischen Übungen.

ten Material sichtbar machen. Auch mit der Animation verhält es sich ganz ähnlich.

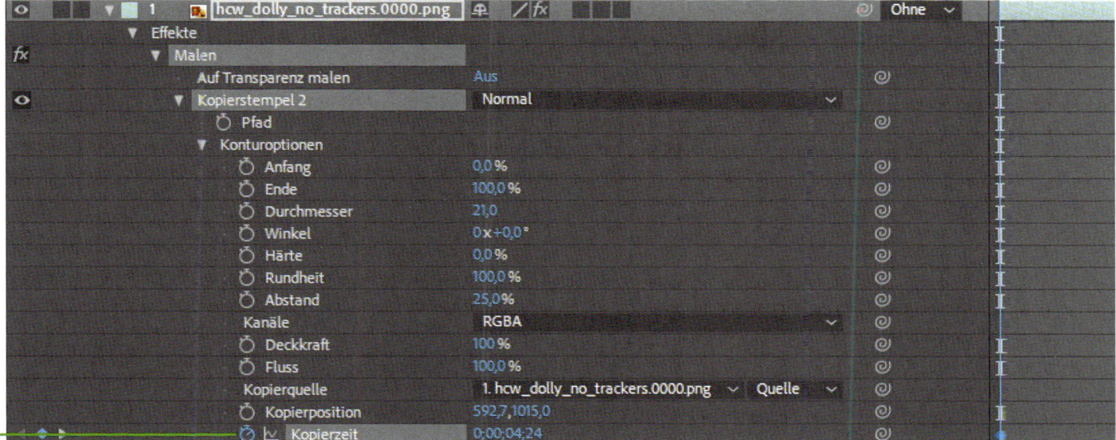


▲ **Abbildung 14.49**
In der Zeitleiste werden vier nur beim Kopieren verfügbare Konturoptionen angezeigt: KOPIERQUELLE, KOPIERPOSITION und KOPIERZEIT. Der Eintrag KOPIERINTERVALL ist nur sichtbar, wenn Sie in der Malen-Palette QUELLZEIT FIXIEREN deaktiviert haben.

# TEIL IV
# Fortgeschrittene Funktionen

# Kapitel 15
# Motion-Tracking

*Beim Motion-Tracking werden die Bewegungen von Personen, Gesichtern und Objekten oder Bewegungsdaten einer Kamera aus gefilmtem Material ausgelesen. Mit diesen Daten bietet das Motion-Tracking neben der Datenauswertung und -analyse auch weitreichende Möglichkeiten, im Nachhinein in zunächst authentisches Filmmaterial Fremdmaterial oder Effekte einzufügen. Auch dem Entfernen von Bildinformationen stehen immer weniger Hindernisse im Weg.*

News oder Fake News? Wir glauben meist das, was wir sehen. Nach diesem Kapitel werden Ihnen jedoch Zweifel kommen, ob Sie sich überhaupt noch auf Ihre Sinne verlassen können.

Adobe hat ein ganzes Arsenal an Werkzeugen entwickelt, mit dem Sie schnell selbst zum Erzeuger gefakter Aufnahmen mutieren. In authentische Filmaufnahmen können Sie andere oder synthetisch generierte Filmaufnahmen einbauen oder unerwünschte Bildinhalte herauslöschen. So können Sie Explosionen generieren, die es gar nicht gab, Personen, die nicht anwesend waren, in Videos einbauen oder Personen entfernen, Dokumente austauschen etc. Was an einem Bild oder Video echt ist und ob die Gesamtaussage wahr ist, bleibt somit dem Glauben des Betrachters überlassen.

Seit After Effects CS4 können Sie sich entscheiden, ob Sie das Tracking mit dem internen After-Effects-Tracker oder der inzwischen integrierten Applikation Mocha der Firma Boris FX durchführen, die das Tool nach Zusammenschluss mit der Firma Imagineer Systems nun weiterentwickelt.

## 15.1 Der Motion-Tracker von After Effects

Das kleine Fenster des Motion-Trackers lässt die Anwendungsvielfalt des Werkzeugs kaum erahnen. Mit Hilfe des Trackers integrieren und synchronisieren Sie später hinzugefügte Bilder, Videos oder

Effekte so mit Ihrem Filmmaterial, als wäre alles gemeinsam aufgezeichnet worden. Der After-Effects-Tracker verfolgt dabei einen oder mehrere Punkte in dem aufgenommenen Material oder Flächen, die Sie zuvor mit einer oder mehreren Masken umzeichnet haben. So verfolgen Sie beispielsweise das Rücklicht eines Autos, dessen Nummernschild, das Vergissmeinnicht im Haar Ihrer Freundin oder auch einen markanten, extra für den Tracker angehefteten Punkt.

Nach dem Verfolgen hat sich der Tracker die Positionsdaten des verfolgten Punkts bzw. der Fläche genau gemerkt. Diese Positionsdaten lassen sich anschließend auf anderes Bildmaterial oder Effekte übertragen. Im Ergebnis bewegt sich das Bildmaterial oder ein Effekt entlang des Pfads, den der Tracker aufgezeichnet hat. So lässt sich das Vergissmeinnicht leicht durch eine Rose ersetzen. Auch verwackeltes Filmmaterial ist ein Thema für den Tracker. Salopp gesagt schlägt der Tracker einfach einen Nagel in das aufgenommene Material, und somit kann an dieser Stelle nichts mehr wackeln. Aber keine Angst, es wird danach kein Loch in der Leinwand sichtbar sein. Doch dazu später mehr.

### 15.1.1 Die Tracker-Palette

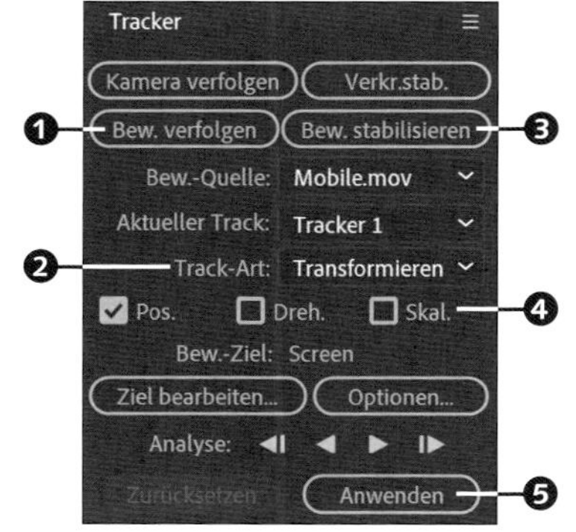


▲ **Abbildung 15.1**
Über die Tracker-Palette richten Sie verschiedenste Arten des Trackings ein.

Für das Motion-Tracking nutzen Sie den Arbeitsbereich Motion-Tracking, den Sie über Fenster • Arbeitsbereich • Motion-Tracking erreichen, oder rufen die Tracker-Palette über Fenster • Tracker auf. Beginnen wir mit einem kurzen Überblick.

Zunächst soll es hier um zwei Hauptkategorien gehen: das Verfolgen eines bewegten Objekts und das Stabilisieren verwackelter Aufnahmen. Die Funktionen der Schaltflächen Kamera verfolgen und Verkr.stab. erläutere ich in Abschnitt 15.3, »3D-Kameratracker«, und Abschnitt 15.4, »Verkrümmungsstabilisierung«.

Wenn Sie Bew. stabilisieren ❸ gewählt haben, wird als Track-Art ❷ standardmäßig Stabilisieren verwendet. Haben Sie Bew. verfolgen ❶ gewählt, ist standardmäßig Transformieren eingestellt.

Bei diesen beiden Track-Arten können Sie das Tracking weiter spezifizieren, indem Sie eine der Boxen Pos., Dreh. oder Skal. ❹ aktivieren. Je nachdem, in welcher Box Sie ein Häkchen gesetzt haben, werden in Ihrer Zielebene Keyframes für Position, Drehung oder Skalierung generiert, nachdem Sie die Schaltfläche Anwenden ❺ angeklickt haben. Eine Kombination mehrerer Boxen ist ebenfalls möglich. Die generierten Keyframes bewirken, dass Ihre Zielebene oder auch ein Effektpunkt Ihrem getrackten Feature, also einem markanten Punkt im aufgenommenen Material, folgt.

### 15.1.2 Motion-Tracking in der Praxis

Ein erstes Beispiel soll Ihnen dabei helfen, den Tracker kennen- und verstehen zu lernen. Anschließend werden Sie weitere verschiedene Tracking-Arten kennenlernen. Für diese ist der folgende Workshop grundlegend.

In diesem Workshop geht es um die Handhabung der Tracker-Palette, was wir anhand von vorbereitetem Videomaterial üben. Der Tracker verfolgt einen zu wählenden Punkt im Video, indem er diesen Punkt mit sogenannter **Subpixelgenauigkeit** Frame für Frame im Video vergleicht. Der Tracker verwendet also intern nicht nur Pixelgenauigkeit, sondern eine höhere Auflösung, indem er die Pixel in noch kleinere Einheiten unterteilt. Schauen wir es uns an einem praktischen Beispiel an.

#### Schritt für Schritt
#### Bewegung verfolgen

Dieser Workshop dient als Grundlage für den Workshop »Ufo-Angriff« aus Abschnitt 12.3.4, »Kontur, Strahl, Blendenflecke, Turbulentes Versetzen und Zertrümmern«. Schauen Sie sich zuerst das Ziel an. Das fertige Movie befindet sich im Ordner 15_MOTION_TRACKING/MOTIONTRACKING und heißt »Ufo.mp4«.

Die benötigten Dateien für diesen Workshop finden Sie unter BEISPIELMATERIAL/15_MOTION_TRACKING/MOTIONTRACKING.

**1 Vorbereitung**

Erstellen Sie ein neues Projekt, und importieren Sie die Datei »00007.mts« aus dem Unterordner (FOOTAGEFENSTER) der Beispielmaterialien. Ziehen Sie die Datei auf das Kompositionssymbol im Projektfenster ❻, um eine Komposition mit passender Größe und Dauer zu schaffen.

**Dateien unsichtbar?**

Zunächst ist von den Dateien im Kompositionsfenster nichts zu sehen: Die Laterne liegt genau auf der Laterne des Videos, die sie während des Schwenks überdecken soll, damit zwischen Video und Laterne ein Ufo entlangfliegen kann. Das Auto befindet sich in der linken Ecke der PSD-Datei. Diese ist so groß, da der im Workshop »Ufo-Angriff« hinzugefügte Effekt ZERTRÜMMERN diesen Platz benötigt. Das Feuer wird erst nach ein paar Frames sichtbar.

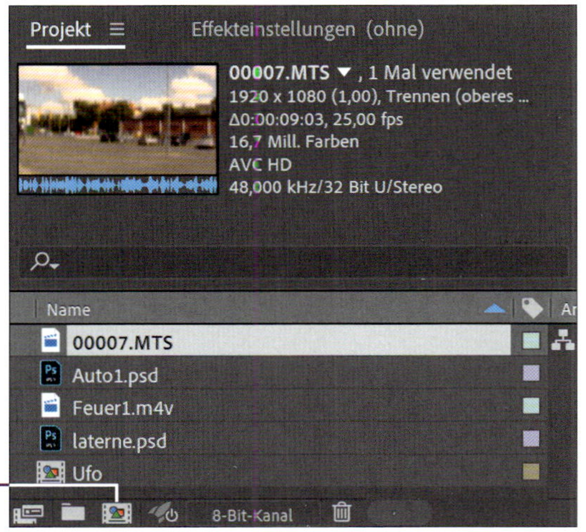


◂ **Abbildung 15.2**
Das importierte Video ziehen Sie auf das Kompositionssymbol.

▲ **Abbildung 15.3**
Positionieren Sie die importierten Dateien in dieser Reihenfolge über dem Video.

Benennen Sie die Komposition mit dem Titel »Ufo«. Importieren Sie die Dateien »Auto1.psd«, »feuer1.m4v« und »laterne.psd«. Diese drei Dateien sollen später so ins Bild platziert werden, als wären sie von der Kamera mit aufgezeichnet worden. Im Projekt »Ufo-Angriff« werden die Autos dann in Einzelteile zertrümmert.

Ziehen Sie die Dateien ebenfalls in die Zeitleiste, und ordnen Sie sie wie in Abbildung 15.3 an.

### 2 Einstellungen in der Tracker-Palette

Wählen Sie unter Fenster • Arbeitsbereich den Eintrag Motion-Tracking, um die Tracker-Palette einzublenden. Alternativ rufen Sie im Menü unter Fenster den Eintrag Tracker auf.

In der Tracker-Palette wählen Sie unter Bew.-Quelle ❷ die Datei »00007.mts« aus. Markieren Sie dann das Video in der Zeitleiste. Daraufhin werden weitere Schaltflächen in der Palette aktiv.

Zuallererst legen Sie fest, ob eine Bewegung verfolgt oder stabilisiert werden soll. Klicken Sie in unserem Fall auf die Schaltfläche Bew. verfolgen ❶. Durch den gewählten Arbeitsbereich ist bereits das Ebenenfenster über dem Kompositionsfenster geöffnet worden, da Sie für das Tracking darin arbeiten müssen.

**Tracker komplett löschen**
Einen Tracker, den Sie loswerden wollen, löschen Sie am besten in der Zeitleiste. Klicken Sie auf den Namen des unerwünschten Trackers, z. B. Tracker 224, und drücken Sie die Taste Entf.

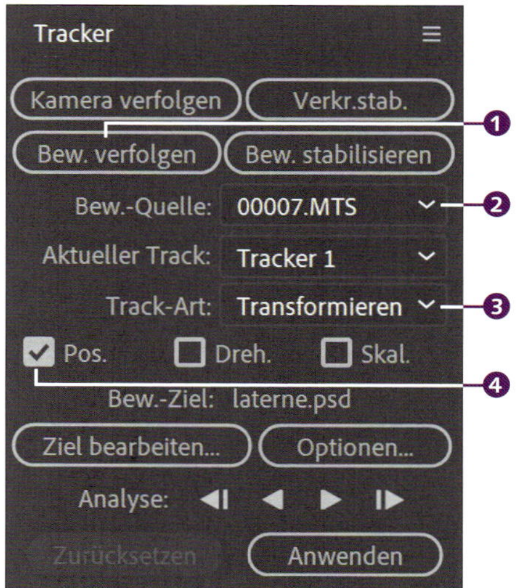


**Abbildung 15.4** ►
In der Tracker-Palette legen Sie zuerst die Bewegungsquelle fest, und danach entscheiden Sie, ob eine Bewegung verfolgt oder stabilisiert werden soll.

Dieses enthält einen Track-Punkt ❺, der mit 1 nummeriert ist. Das hat den Grund, dass Sie mit mehreren Track-Punkten mehr als einen Punkt im Video verfolgen können. Im Ebenenfenster wird übrigens nur das Video angezeigt, das getrackt wird, kein anderes Material aus der Komposition. Ins Kompositionsfenster zurück wechseln Sie einfach per Klick auf die Karte Komposition. Aber bleiben Sie zunächst im Ebenenfenster.

◀ **Abbildung 15.5**
Nachdem Sie das Video in der Tracker-Palette gewählt haben, erscheint ein erster Track-Punkt im Ebenenfenster.

**Neuer Tracker**
Mit jedem Klick auf eine der Schaltflächen Bewegung verfolgen oder Bewegung stabilisieren fügen Sie einen neuen Tracker hinzu. Sie sollten also nicht häufiger als nötig auf die Schaltflächen klicken. Jeder Tracker erhält eine fortlaufende Nummer und kann unter Aktueller Track ausgewählt werden. Jeder Tracker kann mehrere Track-Punkte enthalten.

In der Tracker-Palette ist unter Track-Art ❸ automatisch Transformieren eingestellt. Belassen Sie es bei dieser Einstellung. Diese Tracking-Art erlaubt auch das Verfolgen der Position, der Drehung und der Skalierung, was Sie mit Häkchen in den dementsprechend benannten Boxen entscheiden. Wir benötigen nur eines in der Box Pos. ❹. Zu den anderen Schaltflächen komme ich gleich.

### 3 Der Track-Punkt

Schauen wir uns den Track-Punkt genauer an! Der Track-Punkt setzt sich aus Suchregion ❻, Feature-Region ❼ und Anfügepunkt ❽ zusammen.

- Das Feature ist der Punkt, der verfolgt werden soll. Der Tracker benötigt zum Verfolgen Punkte, die sich im gesamten aufgenommenen Material klar von der Umgebung unterscheiden. Die Feature-Region wird später auf den zu verfolgenden Feature-Punkt gesetzt.
- Die Suchregion ist immer größer als die Feature-Region. Der Tracker sucht nur innerhalb dieser Region in den zu verfolgenden Frames nach dem Feature-Punkt.
- Der Anfügepunkt liegt meistens genau in der Mitte der Feature-Region. Mit diesem Punkt legen Sie fest, wo ein Effekt-Positionspunkt oder der Ebenenmittelpunkt (Ankerpunkt) einer Bilddatei angefügt wird, nachdem das Verfolgen bzw. das Tracking abgeschlossen wurde.

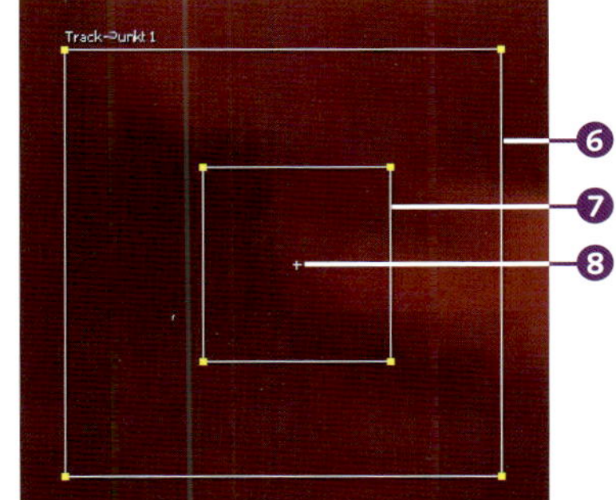


▲ **Abbildung 15.6**
Der Track-Punkt setzt sich aus Suchregion, Feature-Region und Anfügepunkt zusammen.

### 4 Track-Punkt anpassen

Um den Track-Punkt inklusive Feature-, Suchregion und Anfügepunkt zu verschieben, klicken Sie in eines der beiden Rechtecke

**Ein- und Auszoomen im Ebenenfenster**
Hilfreich ist es, die Ansicht im Ebenenfenster, beispielsweise beim Einstellen der Feature-Region, zu vergrößern oder zu verkleinern. Dies erreichen Sie durch eine Bewegung Ihres Maus-Scrollrades. Alternativ nutzen Sie die Taste `,` zum Verkleinern und die Taste `.` zum Vergrößern.

der Suchregion oder der Feature-Region, ohne dabei den Anfügepunkt oder den Rahmen einer Region zu treffen. Bei Hinzunahme der Taste `Alt` verbleibt der Anfügepunkt an seiner ursprünglichen Position. Der Bildbereich der Feature-Region wird dabei zur haargenauen Positionierung stark vergrößert, wenn Sie nicht ohnehin schon in einer starken Vergrößerung arbeiten.

Um die Suchregion zu skalieren, klicken Sie einen der Eckpunkte der Region an und ziehen an einem Punkt. Mit der Taste `⇧` vergrößern Sie die Region proportional. Zum Verschieben der Suchregion allein und ohne zu skalieren klicken Sie den Rahmen der Region an und ziehen die Region an eine neue Position. Die Feature-Region skalieren Sie wie die Suchregion an den Eckpunkten. Um den Anfügepunkt zu verschieben, klicken Sie ihn direkt an.

**Position der Zeitmarke**
Vor dem Einrichten des Track-Punkts sollte sich die Zeitmarke im ersten Frame des zu verfolgenden Materials befinden.

**Abbildung 15.7** ▸
Standardmäßig wird der Bildbereich innerhalb der Feature-Region beim Verschieben des Track-Punkts stark vergrößert, wenn Sie nicht ohnehin eine große Vergrößerung gewählt haben.

**Bild im Ebenenfenster verschieben**
Mit der Taste `H` oder der Leertaste verschieben Sie den Bildausschnitt im Ebenenfenster, falls der Track-Punkt am Rand verborgen ist.

Ziehen Sie jetzt den gesamten Track-Punkt auf die Laterne wie in Abbildung 15.7. Passen Sie anschließend die Feature-Region so an, dass sie etwas größer als die Lampe ist. Die Suchregion sollte links etwas mehr Platz haben, da bei diesem Schwenk das Feature, also die Lampe im linken Bereich, zu erwarten ist. Das kleine Kreuz, den Anfügepunkt, belassen Sie direkt auf der Lampe. Vergleichen Sie die Einstellungen mit Abbildung 15.8.

**Abbildung 15.8** ▸
Die Feature-Region sollte das Feature recht genau umschließen. Die Suchregion wählen Sie nicht viel größer.

### 5 Bewegung verfolgen

Wählen Sie eine Vergrößerung im Ebenenfenster, bei der Ihr gesamtes Videobild angezeigt wird. Stellen Sie sicher, dass in der Tracker-Palette unter TRACK-ART der Eintrag TRANSFORMIEREN gewählt ist. In der Tracker-Palette befinden sich bei ANALYSIEREN folgende Schaltflächen: FRAME RÜCKWÄRTS ANALYSIEREN ❶, RÜCKWÄRTS ANALYSIEREN ❷, VORWÄRTS ANALYSIEREN ❸ und FRAME VORWÄRTS ANALYSIEREN ❹.

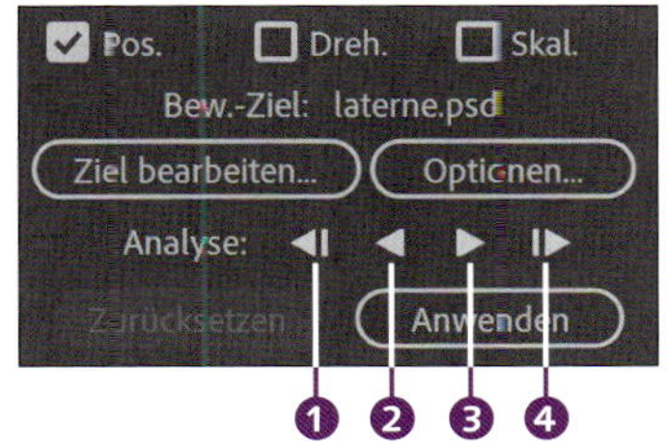


▲ **Abbildung 15.9**
Das Tracking starten Sie mit den ANALYSIEREN-Schaltflächen.

Klicken Sie auf die Schaltfläche VORWÄRTS ANALYSIEREN ❸, um das Tracking in Abspielrichtung zu starten. Der Track-Punkt folgt jetzt der Lampe, unserem Feature, solange dieses sich eindeutig von der Umgebung abhebt. Danach erscheinen im Ebenenfenster eine Reihe von Pünktchen, die Keyframe-Marken. Diese werden in der Zeitleiste tatsächlich als einzelne Keyframes gespeichert, und jeder dieser Keys enthält die Koordinaten des Anfügepunkts bzw. des Feature-Zentrums für den jeweiligen Frame.

Häufig bleibt beim Tracking der Track-Punkt plötzlich irgendwo hängen. In diesem Falle – und das verursacht die Arbeit beim Tracking – müssen Sie den Track-Punkt ab genau der Stelle anpassen, an der er das Feature verloren hat, und genau dort wieder auf die ANALYSIEREN-Schaltfläche klicken. Lassen Sie sich also davon nicht beirren! Oft muss man mehrmals neu ansetzen oder das Tracking wiederholen. Dies hängt auch entscheidend vom vorbereiteten Tracking-Material ab. Aber das ist in diesem Workshop recht ideal.

**Maximale Qualität**
After Effects setzt beim Tracking automatisch die Bildauflösung auf die beste Qualität und die Auflösung auf 100 %. Beim Tracking werden somit von vornherein bessere Ergebnisse gesichert.

Wie Sie das Tracking präzisieren, erfahren Sie im Abschnitt 15.1.3, »Das Tracking verbessern«, nach diesem Workshop. Doch zunächst möchte ich mit Ihnen die bereits vorhandenen Tracking-Daten anwenden.

▼ **Abbildung 15.10**
In der Zeitleiste werden die Tracking-Daten in Keyframes gespeichert.

### 6 Tracking-Daten auf Bilder und Effekte anwenden

Die ermittelten Tracking-Daten können Sie auf Bilddaten und Positionsdaten mancher Effekte wie zum Beispiel des Effekts BLENDENFLECKE anwenden. Eine weitere Verwendung bietet sich mit Expressions, die auf die Tracking-Daten zugreifen. In unserem Falle wenden wir die Daten zuerst auf die Ebene »Auto1.psd« an. Klicken Sie in

▲ **Abbildung 15.11**
Mit der Schaltfläche ZIEL BEARBEITEN legen Sie das Bewegungsziel fest, und mit der Schaltfläche ANWENDEN kopieren Sie Keyframes zum Ziel.

der Tracker-Palette auf ZIEL BEARBEITEN ❶. Im Fenster BEWEGUNGSZIEL (Abbildung 15.12) wählen Sie unter EBENE die Datei »Auto1.psd« aus. Dort können Sie aber auch jede andere Ebene, sofern sie sich in der Zeitleiste befindet, auswählen. Bestätigen Sie den Dialog mit OK. Im selben Dialog können Sie unter EINSTELLUNGEN FÜR EFFEKTANKERPUNKT die Effektposition auswählen, die beispielsweise für die erwähnten Blendenflecke den schönen Namen MITTELPUNKT DER LICHTBRECHUNG trägt. Dies geht aber nur, wenn Sie zuvor den Effekt auf die getrackte Ebene angewendet haben. Bei anderen Ebenen erkennt der Tracker die dort befindlichen Effekte nicht.

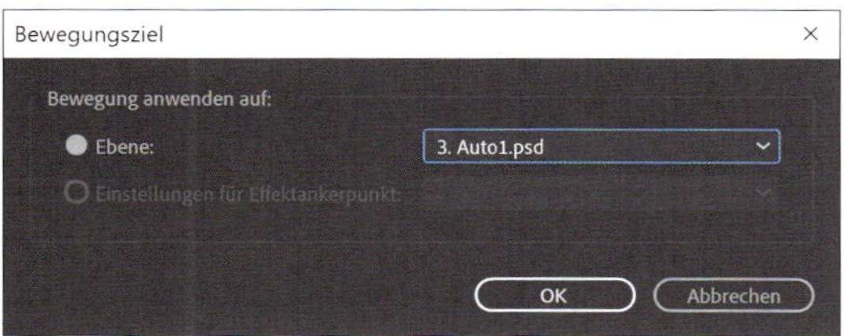


▲ **Abbildung 15.12**
Wählen Sie eine Ebene oder einen Effektankerpunkt.

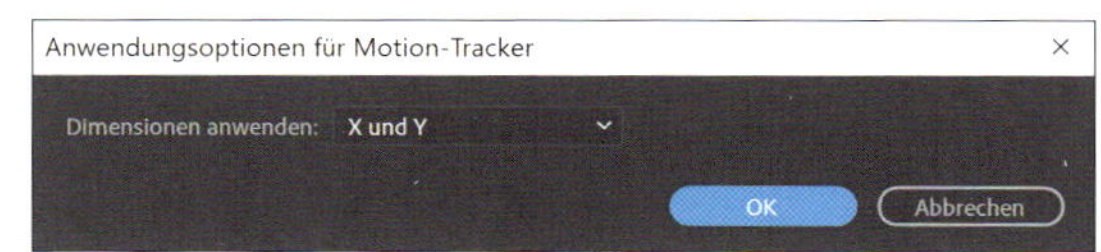


▲ **Abbildung 15.13**
In diesem Dialogfenster können Sie die Bewegungen auf die Dimension X oder Y beschränken.

**Zurücksetzen**
Mit der Schaltfläche ZURÜCKSETZEN in der Tracker-Palette löschen Sie sämtliche Tracking-Daten des ausgewählten aktuellen Trackers. Haben Sie diese bereits auf eine Zielebene oder einen Effektpunkt angewendet, bleiben die Tracking-Daten dort erhalten.

**Standbilder im Menü »Bewegungsquelle«**
Normalerweise erscheinen in der Motion-Tracker-Palette unter dem Eintrag BEWEGUNGSQUELLE nur Movies. Für Standbilder wählen Sie EBENE • UNTERKOMPOSITION ERSTELLEN, um sie danach im Menü verfügbar zu machen.

Betätigen Sie jetzt die Schaltfläche ANWENDEN. Im Fenster ANWENDUNGSOPTIONEN FÜR MOTION-TRACKER (Abbildung 15.13) wählen Sie unter DIMENSIONEN ANWENDEN den Eintrag X UND Y. Eine davon abweichende Wahl beschränkt die resultierende Bewegung auf die Dimension X oder Y. Bestätigen Sie abschließend mit OK.

In der Ebene »Auto1.psd« befinden sich nun Keys für die Eigenschaft POSITION. Trotzdem sehen Sie in der Komposition noch immer kein Auto, da wir den Anfügepunkt auf der Lampe belassen haben, und nun wandert zwar der Ankerpunkt des Autos schön synchron auf der Lampe mit, aber nicht das Auto.

Um es zu sehen, skalieren Sie das Auto auf 32 % und verschieben den Ankerpunkt manuell, bis Sie das Auto auf dem Parkplatz eingeparkt haben. Sie können auch in der Zeitleiste unter ANKERPUNKT die Werte »2696« und »373« eintragen – dies sollte passen. Schauen Sie sich in der Vorschau das Ergebnis an. Das Auto bleibt den gesamten Schwenk über gut geparkt.

Prima! Damit haben Sie schon die Grundlage für die weiteren Erläuterungen!

Die auf das Auto angewendeten Tracker-Daten können Sie ebenso für die Ebenen »Feuer« und »laterne.psd« verwenden, um die Startkomposition des Workshops »Ufo-Angriff« aus dem Effekte-Kapitel zu erstellen (oder Sie verwenden das vorbereitete Projekt des dortigen Workshops).

Dazu verschieben Sie beim Feuer vor Anwendung der Tracker-Daten die Ebene in der Zeitleiste auf den Zeitpunkt 04:09 und lassen sie dort beginnen. Den Ankerpunkt müssen Sie in etwa auf die Position 1150 und 320 verschieben, damit das Feuer auf dem Auto platziert ist. Ihre Tracker-Daten sind sicher leicht anders, daher ist dies nur bedingt passend. Für die Laterne tragen Sie die Werte »1408« und »302« ein. Allerdings müssen Sie hier mit Keyframes für Drehung und Ankerpunkt nachkorrigieren.

Das fertige Beispiel befindet sich im im Projekt »motiontracking.aep« und dort in der Komposition »Ufo_positionverfolgen«.

**Effektankerpunkt**

Einen Effektankerpunkt finden Sie nicht in jedem Effekt vor. Zudem tragen die Effektankerpunkte kaum jemals den gleichen Namen. Es handelt sich aber immer um Punkte, die Positionswerte beschreiben. Effekte mit solchen Positionswerten sind interessant für den Motion-Tracker.

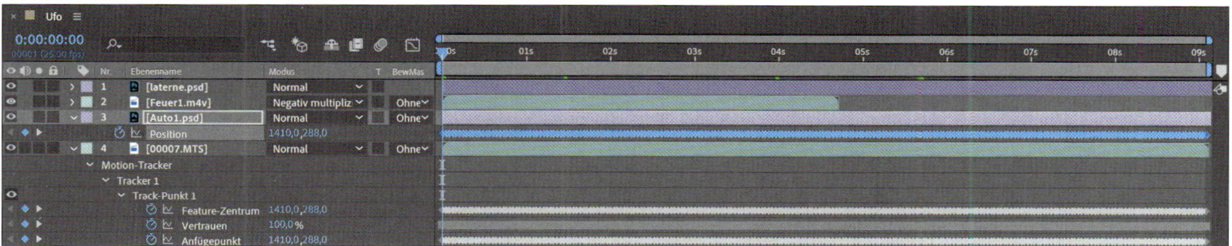


▲ **Abbildung 15.14**
Die angewendeten Tracking-Daten erscheinen als Keyframes in der Zeitleiste unter Position.

◂ **Abbildung 15.15**
Nach dem erfolgreichen Anwenden der Tracking-Daten sind Auto, Feuer und Laternenmast mit der Bewegung der Lampe synchron.

## Track-Punkt hinzufügen

Sie können jedem Tracker weitere Track-Punkte hinzufügen, um mehr als ein Feature in Ihrem aufgenommenen Material zu verfolgen. Dazu wählen Sie im Menü der Tracker-Palette (die kleine Schaltfläche oben rechts) den Eintrag Neuer Track-Punkt.

Allerdings ist dabei zu beachten, dass Sie die Daten zusätzlicher Track-Punkte nicht auf eine andere Ebene oder einen Effektankerpunkt übertragen können, solange Sie mit der Schaltfläche Anwenden der Tracker-Palette arbeiten. Außerdem können zusätzliche Track-Punkte ausschließlich die Position verfolgen, nicht beispielsweise Position und Drehung gleichzeitig.

Sinnvoll ist die Verwendung mehrerer Track-Punkte also vor allem dann, wenn die Track-Daten später von Expressions ausgelesen

**Tracking-Daten auf Effekte in anderen Ebenen anwenden**

Eine Übertragung der Tracking-Daten in Effektankerpunkte anderer Ebenen ist aus der Tracker-Palette heraus nicht möglich. Sie können aber die Track-Daten in der Zeitleiste kopieren und in Effektankerpunkte anderer Ebenen einfügen oder mit Expressions arbeiten, um die Track-Daten auszulesen.

**Bewegungsunschärfe in der Zielebene**
Wenn Sie die BEWEGUNGSUNSCHÄRFE-Funktion in der Zeitleiste für Ihre Zielebene aktiviert haben, empfiehlt es sich, unter KOMPOSITION • KOMPOSITIONSEINSTELLUNGEN • ERWEITERT bei VERSCHLUSSPHASE die Hälfte des Werts einzutragen, der bei VERSCHLUSSWINKEL gewählt ist. Sie erreichen damit, dass die Bewegungsunschärfe auf den Anfügepunkt zentriert wird und damit Ihre Zielebene nicht hinter oder vor dem verfolgten Feature erscheint.

werden sollen, um darüber andere Eigenschaften zu animieren. Mit der etwas uneleganteren Methode können Sie Keyframes der zusätzlichen Track-Punkte natürlich auch kopieren und in andere Ebenen einsetzen. Weitere Informationen zur Handhabung von Expressions finden Sie in Kapitel 17, »Expressions«.

### 15.1.3 Das Tracking verbessern

Häufig verläuft das Tracking nicht in den gewünschten Bahnen. Ein Track-Punkt verliert leicht das Feature, das er verfolgen soll. Man nennt dies eine **driftende Feature-Region**.

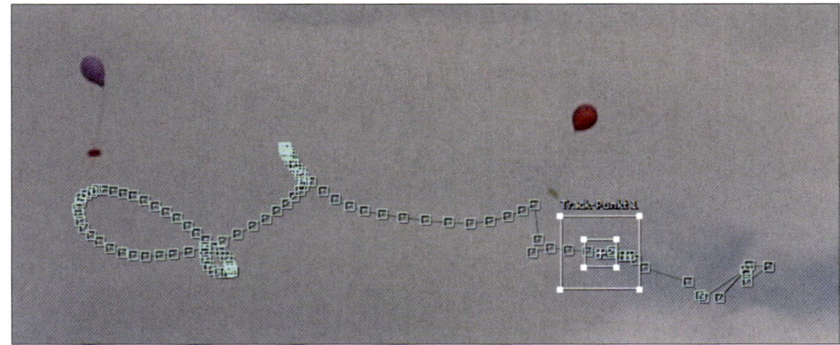

▲ **Abbildung 15.16**
In der Vergrößerung ist gut sichtbar, wo der Track-Punkt das Feature verloren hat.

**Frame vorwärts/rückwärts analysieren**
Um sich an einen Zeitpunkt heranzutasten, an dem die Feature-Region wegzudriften beginnt, sind die Schaltflächen FRAME VORWÄRTS ANALYSIEREN und FRAME RÜCKWÄRTS ANALYSIEREN sinnvoll, die Sie im vorigen Workshop kennengelernt haben, da sie Frame für Frame analysieren.

Mit der Schaltfläche RÜCKWÄRTS ANALYSIEREN erhalten Sie manchmal andere und eventuell bessere Ergebnisse als bei der Option VORWÄRTS ANALYSIEREN, da der Vergleich der Einzelbilder in umgekehrter Reihenfolge erfolgt.

Damit die Fehlerquote relativ gering bleibt, sollten Sie das Feature bereits vor der Aufnahme deutlich von der Umgebung abheben. Am besten eignet sich dafür ein Objekt, dessen Farbe, Kontrast und Form sich nicht stark ändern. Dies könnte ein farbiger Tischtennisball sein, den Sie dort platzieren, wo später neues Bildmaterial oder ein Effekt »angehängt« werden soll. Während der Aufnahme sollte dieses Feature möglichst nie verdeckt werden. Da sich die Beleuchtungsverhältnisse und der Blickwinkel auf das verfolgte Objekt während einer Aufnahme leicht ändern können, ist es kein Wunder, dass beim Tracken manchmal nicht gleich alles glattläuft. Aber der Tracker bietet einige Möglichkeiten für die verschiedensten Bedingungen, die ich im folgenden Abschnitt beschreiben werde.

Sie haben vier Möglichkeiten, das Tracking zu verbessern: das erneute Anpassen der Feature- und Suchregion, die Optionen für den Motion-Tracker, das manuelle Korrigieren der Marken, die der Tracker für das Feature-Zentrum setzt, und die Anpassung der Werte unter VERTRAUEN bei problematischen Frames. Dazu werden die Werte dieser Frames analysiert. Wählen Sie dann etwas höhere Werte als den bereits vorgefundenen Maximalwert der Frames.

### Feature-Region und Suchregion neu anpassen

Um einen wegdriftenden Track-Punkt in die gewünschte Bahn zu lenken, verwerfen Sie nicht etwa den bisherigen Teil des Trackings, bei dem alles gut lief. Vielmehr platzieren Sie die Zeitmarke kurz vor die Stelle, an der der Track-Punkt das Feature verlor. Nach dem erneuten Anpassen der Feature- und der Suchregion setzen Sie das Tracking einfach durch einen Klick auf eine der Schaltflächen bei ANALYSIEREN fort. Die zuvor vom Tracker gespeicherten Keyframes werden dabei überschrieben. Den Anfügepunkt sollten Sie dabei nicht verschieben, sonst »holpert« es nachher in der Bewegung der angefügten Bilddatei oder des angefügten Effekts.

### Optionen für den Motion-Tracker

Hinter der Schaltfläche OPTIONEN der Tracker-Palette finden Sie umfangreiche Einstellungen zum Anpassen und Präzisieren des Trackings. Außerdem können Sie in dem sich öffnenden Dialogfeld OPTIONEN FÜR 'MOTION-TRACKER' einen neuen Track-Namen für den aktuellen Track vergeben oder, wenn vorhanden, ein Tracker-Plugin eines Drittanbieters wählen.

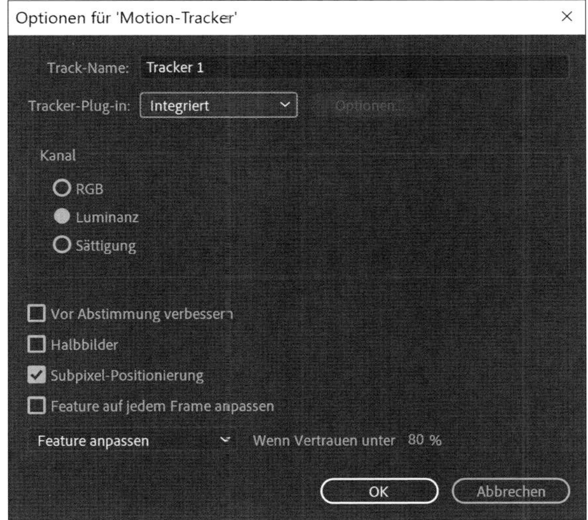


◀ **Abbildung 15.17**
Das Dialogfeld OPTIONEN FÜR 'MOTION-TRACKER' bietet viele Optionen zum Verbessern des Trackings.

**»Wenn Vertrauen unter«**
Unterschreitet die Genauigkeit, mit der der Tracker das Feature bestimmen kann, einen bestimmten Prozentwert im Eingabefeld, wird eine der Optionen ausgeführt, die Sie im Einblendmenü gewählt haben. Die Bewegung kann gestoppt oder fortgesetzt oder die Feature-Region automatisch angepasst werden. Wird die Bewegung extrapoliert, setzt der Tracker Keyframes, indem er vermutet, wo entlang sich das Feature weiterbewegt. Dies ist hilfreich, wenn das Feature kurzzeitig verdeckt ist.

Folgende weitere Optionen sind verfügbar:

- **Kanal:** Unter KANAL legen Sie fest, ob innerhalb der Feature-Region RGB-, Luminanz- oder die Sättigungswerte des Features mit den nachfolgenden Frames verglichen werden. Wählen Sie beispielsweise RGB für ein stark andersfarbiges Feature, das verfolgt werden soll, oder LUMINANZ, wenn die Helligkeitswerte eindeutig verschieden von der Umgebung sind, z. B. bei einer bewegten Lichtquelle.

- **Vor Abstimmung verbessern:** Mit dieser Option hebt der Tracker intern Konturen deutlicher hervor, um eine Verbesserung des Trackings zu erzielen.
- **Halbbilder:** Bei Videomaterial mit Halbbildern (Interlaced) sollten Sie hier ein Häkchen setzen. Es werden beide Videohalbbilder beim Verfolgen berücksichtigt, und auch die Framerate wird verdoppelt.
- **Subpixel-Positionierung:** Wählen Sie diese Option, wird die Berechnungsgenauigkeit zur Platzierung von Positions-Keyframes erhöht und weitestgehend an die Feature-Region angepasst.
- **Feature auf jedem Frame anpassen:** Aktivieren Sie diese Box, versucht der Tracker, die Feature-Region automatisch an das Feature anzupassen.

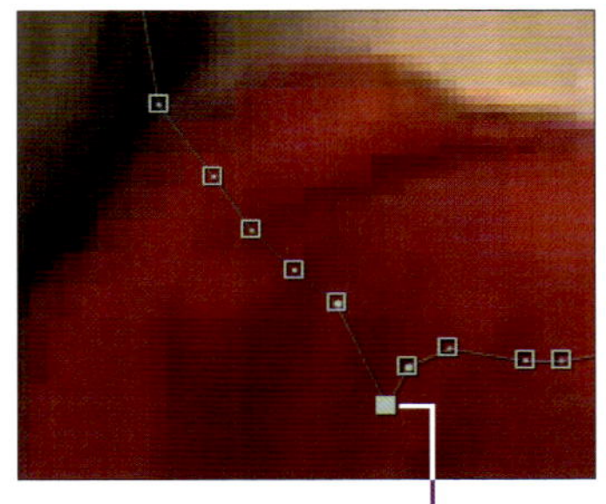


▲ **Abbildung 15.18**
Für kleine Korrekturen gut: das manuelle Verschieben der Marken für das Feature-Zentrum mit dem Auswahl-Werkzeug

**Feature-Zentrum manuell anpassen**
Die sicherlich aufwendigste Methode, die Track-Daten zu korrigieren, ist das manuelle Verschieben der Marken, die der Tracker für das Feature-Zentrum setzt. Es soll hier trotzdem erwähnt sein, da sich kleine Korrekturen damit gut bewerkstelligen lassen. Eine Feature-Zentrum-Marke ❶ können Sie mit dem Auswahl-Werkzeug anklicken und manuell verschieben. Mit der Taste [⇧] wählen sie mehrere Marken nacheinander aus und verschieben sie dann. Die Taste [Entf] löscht ausgewählte Marken.

Das erfolgreiche Tracking erfordert etwas Erfahrung und Geduld und ist mit jedem neuen Material eine neue Herausforderung! Wenn es also nicht gleich beim ersten Mal so klappt, wie Sie sich das vorstellen, verzagen Sie nicht. Welche Methode für das Verbessern des Trackings am günstigsten ist, hängt stark vom Material ab – da hilft oft nur Probieren.

**Keyframe-Interpolation im Tracker anpassen**
Die im Tracker in der Zeitleiste angezeigten Keyframes können wie die Keyframes eines Bewegungspfads interpoliert werden. Um eine andere Interpolationsmethode festzulegen, markieren Sie die entsprechenden Keyframes in der Zeitleiste und wählen ANIMATION • KEYFRAME-INTERPOLATION. Zur genauen Handhabung lesen Sie mehr in Kapitel 8, »Keyframe-Interpolation«.

## 15.1.4 Tracking-Daten in der Zeitleiste

Wie bereits erwähnt, wird mit jedem Betätigen einer der Schaltflächen BEWEGUNG VERFOLGEN oder BEWEGUNG STABILISIEREN ein neuer Tracker angelegt. In der Zeitleiste erscheint ein zusätzlicher Eintrag unter MOTION-TRACKER. Um die Tracker einzublenden, klicken Sie auf die kleinen Dreiecke. Jeder Tracker wird fortlaufend nummeriert und enthält sämtliche Track-Punkte, die jeweils gesetzt wurden.

Jeder der Track-Punkte enthält folgende animierbare Eigenschaften:

- **Feature-Zentrum:** Ändern Sie die Werte für das FEATURE-ZENTRUM, verschiebt sich der gesamte Track-Punkt. Die Werte geben die Positionskoordinaten des Feature-Zentrums an.

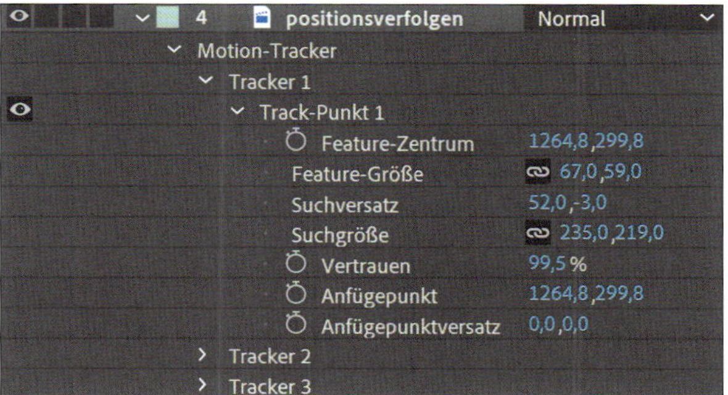


◂ **Abbildung 15.19**
Jeder Track-Punkt ist mit einer Reihe animierbarer Eigenschaften ausgestattet.

- **Feature-Größe:** Die FEATURE-GRÖSSE gibt die Größe der Feature-Region – also der Region, die an das zu verfolgende Feature angepasst wird – in Pixel an.
- **Suchversatz**: Wie der Name bereits besagt, handelt es sich hierbei um den Versatz der Suchregion gegenüber der Feature-Region.
- **Suchgröße:** Die SUCHGRÖSSE steht für die Größe der Suchregion in Pixel.
- **Vertrauen**: Gibt die Genauigkeit an, mit der das verfolgte Feature durch den Tracker im Suchbereich bestimmt werden konnte.
- **Anfügepunkt:** Ändern Sie die Werte für den ANFÜGEPUNKT, verschiebt sich dieser unabhängig von der Feature- und der Suchregion. Einen Ebenen- oder einen Effektankerpunkt fügen Sie mit der Schaltfläche ANWENDEN an der Position des Anfügepunkts an das verfolgte Feature an.
- **Anfügepunktversatz:** Eine Änderung der Werte an dieser Stelle führt ebenfalls zu einer Verschiebung des Anfügepunkts unabhängig von der Feature- und Suchregion. Allerdings werden hier die Werte als Abstand zum Feature-Zentrum ausgedrückt. Den Anfügepunkt zu verschieben ist nur dann sinnvoll, wenn das anzufügende Objekt nicht genau auf dem verfolgten Feature platziert werden soll.

**Tracker oder Track-Punkt umbenennen**
Zum Umbenennen eines Trackers oder Track-Punkts markieren Sie den bisherigen Namen in der Zeitleiste, drücken dann die Taste [↵] im Haupttastaturfeld, geben den neuen Namen ein und bestätigen erneut mit der Taste [↵].

## 15.1.5 Track-Arten

In der Tracker-Palette finden Sie unter TRACK-ART fünf Kategorien, mit denen Sie den verschiedenen Anforderungen des Trackings begegnen. Um Ihnen einen Überblick zu geben, beschreibe ich hier die Track-Arten im Einzelnen noch einmal genauer.

▴ **Abbildung 15.20**
Es stehen die Track-Arten STABILISIEREN, TRANSFORMIEREN, PARALLELER ECKPUNKT, PERSPEKTIVISCHER ECKPUNKT und ROH zur Verfügung.

### Bewegung verfolgen (Track-Art »Transformieren«)

Wollen Sie einen Effekt oder eine Bildebene bestimmten Punkten im Filmmaterial, z. B. einem fliegenden roten Ball, folgen lassen,

**Beispiele**

Zu den in diesem Abschnitt beschriebenen Track-Arten finden Sie im Ordner 15_MOTION_TRACKER/MOTIONTRACKING das Projekt »motiontracking.aep«. Es enthält mehrere Kompositionen mit Anwendungsbeispielen zu einigen der hier vorgestellten Track-Arten.

wählen Sie in der Tracker-Palette BEW. VERFOLGEN. Als TRACK-ART erscheint der Eintrag TRANSFORMIEREN.

- **Transformieren: Position:** Mit Hilfe dieser Track-Art verfolgen Sie einzelne Feature-Punkte wie z. B. das Rücklicht eines Autos. Dafür setzen Sie ein Häkchen bei POS. Die ermittelten Tracking-Daten kopieren Sie als Positions-Keyframes in eine von Ihnen gewählte Ebene, die Zielebene, oder einen Effektankerpunkt. Im Workshop »Bewegung verfolgen« in Abschnitt 15.1.2 finden Sie hierzu eine genaue Erläuterung, die als Grundlage für die weiteren Track-Arten dient.
- **Transformieren: Drehung:** Für diese Track-Art setzen Sie ein Häkchen in der Box DREH. Mit dieser Art des Trackings verfolgen Sie beispielsweise Enden eines gefilmten Stabes in der Quellebene, an die später eventuell ungeheure Gewichte geknüpft werden sollen. Der Tracker setzt zur Ermittlung der Tracking-Daten automatisch zwei Track-Punkte. Im Beispiel aus Abbildung 15.21 habe ich einen Track-Punkt manuell auf der gelben Tüte platziert, den anderen auf dem Ausrufezeichen des Verkehrsschilds. Die Feature- und Suchregion habe ich justiert. Wie bei allen Track-Arten starten Sie das Tracking der Drehung über eine der ANALYSIEREN-Schaltflächen der Tracker-Palette. Beim Anwenden der ermittelten Track-Daten generiert der Tracker Keyframes für die Eigenschaft DREHUNG in der Zielebene. Um das Bild aus Abbildung 15.22 zu erzeugen, habe ich außer für die DREHUNG in der Box POS. ein Häkchen gesetzt. So wurden in der Zielebene für den Baum Keyframes sowohl für die POSITION als auch für die DREHUNG generiert.

▲ **Abbildung 15.21**
Um Keyframes für die Drehung zu erstellen, ermittelt der Tracker den Winkel zwischen den zwei Track-Punkten.

▲ **Abbildung 15.22**
Nach dem Betätigen der Schaltfläche ANWENDEN passt sich die Zielebene (der Baum) der Bewegung der zwei Track-Punkte an.

- **Transformieren: Skalierung:** Ein Häkchen in der Box für SKAL. bewirkt ein ähnliches Tracking wie das der DREHUNG. Es werden ebenfalls automatisch zwei Track-Punkte geschaffen. Bei der Anwendung des Track-Ergebnisses auf eine Zielebene werden dort Skalierungs-Keyframes generiert. Die Zielebene wird dabei proportional skaliert, und zwar im Verhältnis der Entfernung der beiden Track-Punkte zueinander. Verringert sich die Entfernung, wird die Zielebene also verkleinert, ansonsten vergrößert.

**Zielebene in Kompositionsgröße**

Da der Tracker außer der eingestellten Kompositionsgröße keine Bezugsgröße hat, werden die Positionen des Effekts Eckpunkte verschieben von den Eckpunkten der Komposition aus berechnet. Daher sollte Ihre Zielebene immer Kompositionsgröße haben. Bei Textebenen etc. verschachteln Sie den Text in eine entsprechend große Komposition und wenden dann auf diese Komposition die Track-Daten an.

### Eckpunkte verfolgen

Mit den beiden Track-Arten Paralleler Eckpunkt und Perspektivischer Eckpunkt haben Sie die Möglichkeit, jeweils vier Punkte in bewegtem Filmmaterial zu verfolgen. Auf diese Weise ersetzen Sie beispielsweise ein Werbeplakat in einem Film leicht durch ein in der Postproduktion erstelltes Standbild.

- **Paralleler Eckpunkt:** Diese Track-Art eignet sich dafür, vier Punkte eines Rechtecks (also eines Werbeplakats, eines Fernsehers oder dergleichen) zu verfolgen, die günstigenfalls ohne perspektivische Verjüngung aufgenommen wurden. Wenn möglich sollten Sie vor der Aufnahme vier deutlich erkennbare Punkte auf dem Rechteck platzieren, deren Farbe sich stark abhebt. Dieser Tracker bietet drei Track-Punkte an, während ein vierter automatisch berechnet wird. Vor dem Tracking platzieren Sie die Feature- und die Suchregion der drei aktiven Track-Punkte auf die Ecken bzw. Marker des zu verfolgenden Rechtecks. Der vierte Punkt verschiebt sich automatisch. Welcher der vier Track-Punkte das sein soll, können Sie selbst neu definieren. Dazu markieren Sie den Punkt, der zukünftig automatisch berechnet werden soll, und klicken bei gedrückter `Alt`-Taste auf die Feature-Region des Track-Punkts.

  Wie bei jedem Track-Punkt können Sie die Anfügepunkte (die kleinen Kreuze in der Mitte der Feature-Region) außerhalb der Feature-Region platzieren. Nach dem Anwenden der ermittelten Track-Daten werden die Ecken einer Zielebene genau auf die Position der Anfügepunkte gesetzt. Dies erreicht der Tracker über den Effekt Eckpunkte verschieben. Der Tracker generiert dort für jede Ecke Keyframes. Außerdem legt er Keyframes für die Positionseigenschaft der Zielebene an.
- **Perspektivischer Eckpunkt:** Diese Track-Art ähnelt der zuvor beschriebenen Track-Art Paralleler Eckpunkt. Allerdings sind nun alle vier Track-Punkte am Tracking beteiligt und müssen auf die vier Ecken eines rechteckigen Features ausgerichtet werden. Die Verwendung dieser Track-Art ist für rechteckige Flächen gedacht, die perspektivisch verjüngt aufgenommen wurden. Das könnte z. B. ein Buchdeckel sein, der geöffnet wird, oder wie im abgebildeten Beispiel die Ecken des Hauses, die sich, wenn auch nur leicht, nur leicht durch einen Schwenk verjüngen. Nach An-

wendung der Track-Daten wurden auch hier Keyframes in der gewählten Zielebene für den Effekt ECKPUNKTE VERSCHIEBEN und für die Eigenschaft POSITION generiert. Im Beispiel habe ich zwei Tracker verwendet. Die Track-Punkte habe ich auf je einem Fenster platziert. Die Anfügepunkte des ersten Trackers lagen oberhalb des Hauses, so dass der Schriftzug »tracker« eingefügt werden konnte. Die Anfügepunkte des zweiten Trackers lagen auf dem Haus. So ließe sich dort eine Werbung aufbringen.

▲ **Abbildung 15.23**
Mit der Track-Art PERSPEKTIVISCHER ECKPUNKT tracken Sie perspektivisch verjüngte Flächen. Alle vier Track-Punkte sind aktiv. Die Anfügepunkte sind hier außerhalb der Track-Punkte gesetzt.

▲ **Abbildung 15.24**
Die Ecken der Zielebene liegen auch hier nach Anwendung der Track-Daten auf der vorherigen Position der Anfügepunkte.

Explosion: © Detonation Films

**Abbildung 15.25** ►
In diesem Beispiel wurden die Positionsdaten per Expression ausgelesen und auf zwei Explosionen angewendet, die daher die Kamerabewegung mitmachen.

### Roh

Die Track-Art ROH ist nicht etwa besonders grobschlächtig, sondern dafür gedacht, Punkte in bewegtem Material zu verfolgen, wenn eine Zielebene noch nicht vorhanden ist. Ist ROH gewählt, wird nur ein Track-Punkt sichtbar. Da Sie mit dieser Track-Art nur die Position eines Features verfolgen können, ist diese VERFOLGEN-Option schon von vornherein aktiviert, und weitere Optionen wie DREHUNG und SKALIERUNG sind nicht verfügbar.

Wenn Sie weitere Track-Punkte benötigen, fügen Sie sie über die Option NEUER TRACK-PUNKT aus dem Menü der Tracker-Palette hinzu. Das Menü erreichen Sie über die kleine Schaltfläche oben rechts. Die Feature- und die Suchregion des Track-Punkts richten Sie wie beschrieben ein. Nach dem Analysieren der Bewegung des Features werden die ermittelten Track-Daten dauerhaft in der Filmebene gespeichert.

Die Daten können Sie anschließend per Expression auslesen oder auf eine später hinzugekommene Zielebene anwenden. Dazu müssen Sie die TRACK-ART allerdings beispielsweise auf TRANSFORMIEREN umstellen, denn bei der TRACK-ART ROH sind die Schaltflächen ZIEL BEARBEITEN und ANWENDEN nicht aktiv.

### Bewegung stabilisieren

Wollen Sie eine verwackelte Kameraaufnahme nachträglich stabilisieren, wählen Sie die Track-Methode BEWEGUNG STABILISIEREN (3 in Abbildung 15.1). Erhoffen Sie sich aber nicht zu viel. Sehr stark verwackelte Aufnahmen büßen eine Menge Bildinformation an den Rändern ein und sind auch schwierig zu tracken. Als TRACK-ART erscheint der Eintrag STABILISIEREN. Beim Stabilisieren einer Bewegung ist die Quellebene immer auch die Zielebene, da diese ja die verwackelte Aufnahme enthält und stabilisiert werden soll.

- **Stabilisieren: Position:** Haben Sie diese Track-Art gewählt, können Sie auf dem Feature (also dem zu verfolgenden Punkt) im Film einen Track-Punkt platzieren, der nach Anwendung der ermittelten Track-Daten unverrückbar an derselben Stelle verbleiben soll. Die Feature-Region und den Suchbereich des Track-Punkts richten Sie wie bei allen Track-Arten ein. Das war bereits das Thema des Workshops »Bewegung verfolgen« (siehe Abschnitt 15.1.2).

**Abbildung 15.26**
Wenn eine verwackelte Aufnahme stabilisiert wird, kommen leicht Bildverluste an den Rändern zustande. Verwenden Sie also besser ein Stativ!

**Effektpunktsteuerungen verfolgen**

Die Option EFFEKTPUNKTSTEUERUNGEN VERFOLGEN sei hier der Vollständigkeit wegen erwähnt. Im Workshop am Anfang des Kapitels haben Sie bereits eine Möglichkeit kennengelernt, Track-Daten in einen Effektpunkt zu übertragen. Dazu haben Sie den Effektankerpunkt in der Tracker-Palette als Ziel angegeben. Sie erreichen die richtigen Tracker-Einstellungen aber auch, indem Sie zuerst den Effektankerpunkt in der Zeitleiste markieren. Im Falle des Effekts BLENDENFLECKE wäre dies der MITTELPUNKT DER LICHTBRECHUNG. Anschließend wird im Menü ANIMATION der Eintrag EFFEKTPUNKTSTEUERUNGEN VERFOLGEN aktiv. Wenn Sie diese Option auswählen, wird im Tracker automatisch das passende Bewegungsziel eingestellt. Die TRACK-ART ist in diesem Falle TRANSFORMIEREN, und es wird die Position verfolgt.

**Größe der Ausgabedatei reduzieren**

Stabilisieren ist eine Möglichkeit, die Größe der Ausgabedatei zu reduzieren. Da viele Encoder nur die sich ändernden Bilddaten abspeichern und redundante Bilddaten entfernen oder stärker komprimieren, ist ein stabiles Bild günstig. Verwackelte Videos enthalten mehr sich ändernde Bilddaten.

Nach Anwendung der Track-Daten wackelt nicht mehr der Punkt im Bild, sondern der Bildrahmen verwackelt um den getrackten Punkt. Dies ist der Grund für Bildverluste an den Rändern der verwackelten Aufnahme, die eine Skalierung notwendig machen. Trotzdem ist dieses Tracking für kleinere Korrekturen gut geeignet. Damit der verfolgte Punkt fixiert bleibt, werden Keyframes für den Ankerpunkt der Ebene generiert, die die Verwacklung ausgleichen.

- **Stabilisieren: Drehung:** Die Box für die Drehung wird oft gemeinsam mit der Box Position verwendet. Zusätzlich können Sie damit leichte Verwacklungen um die Kameraachse ausgleichen. Dabei werden nach dem Anwenden der Track-Daten neben den Keyframes für den Ankerpunkt auch Keyframes für die Drehung generiert, die den Verwacklungen entgegenwirken. Wurde die Kamera während der Aufnahme geschwenkt, sollten Sie die Box Position deaktivieren.

### 15.1.6 Null-Objekte für Tracking nutzen

**Beispiel**

Im Ordner Beispielmaterial/15_Motion_Tracking/Motiontracking finden Sie die Datei »motiontracking.aep«.

Null-Objekte sind unsichtbare Ebenen, die Sie über den Menüpunkt Ebene • Neu • Null-Objekt generieren. Sie können wie oben beschrieben Positionsdaten aus Videoebenen auslesen, also tracken, und diese dann auf ein Null-Objekt anwenden. Auf die Positionsdaten in der Null-Objekt-Ebene greifen Sie wiederum per Expression zu oder indem Sie einer oder mehreren Ebenen das Null-Objekt überordnen. Um die Positionsdaten per Expression auszulesen, markieren Sie die Eigenschaft Position der Zielebene und wählen Animation • Expression hinzufügen oder klicken bei gedrückter Taste `Alt` auf die Stoppuhr der Positionseigenschaft. Ziehen Sie dann das Gummiband ❶ auf die Positionseigenschaft des Null-Objekts.

**Abbildung 15.27 ▼**
Per Expression oder Überordnung lesen Sie die Positionsdaten, die der Tracker geschaffen hat, aus und übertragen diese in eine oder mehrere weitere Ebenen.

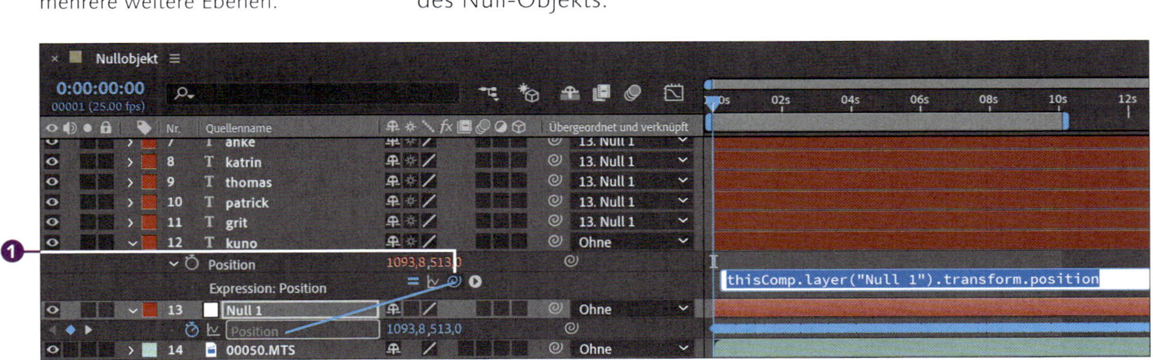


Wie Sie Ebenen überordnen, lesen Sie in Abschnitt 8.7, »Parenting: Vererben von Eigenschaften«.

Im Projekt »motiontracking.aep« im Ordner 15_Motion_Tracking/Motiontracking der Materialien zum Buch finden Sie ein Beispiel in der Komposition »Nullobjekt«. Hier wurde ein Luftballon verfolgt, dessen getrackte Positionsdaten auf ein Null-Objekt angewandt wurden. Per Überordnung wurden diese Daten dann in die Textebenen übertragen, um die Namen zu animieren.

◂ **Abbildung 15.28**
Alle Namen erhalten ihre Positionsdaten vom Null-Objekt, das den Namen-Ebenen übergeordnet ist.

## 15.1.7 Das Masken-Tracking

Mit dem Masken-Tracking ergeben sich enorm viele neue Möglichkeiten, Objekte in Filmmaterial zu separieren. Zusammen mit der Möglichkeit, Effekte auf den Bereich von Masken zu beschränken, ist es eine kleine Revolution im After-Effects-Compositing.

Adobe scheint einen heißen Draht zu Firmen im Bereich der Überwachungstechnik zu haben, denn mit der Version CC 2015 erhielt After Effects auch einen Gesichts-Tracker zum Aufzeichnen detaillierter Gesichtsmaße, der sogar misst, wie weit Mund und Augen geöffnet sind, also auch Emotionen messtechnisch erfassen kann. Damit wir uns nicht fragen, was das in einem Animationsprogramm verloren hat, liefert Adobe dazu das Programm Character Animator. Dieses wertet die Messdaten aus und wendet sie auf eine in Photoshop oder Illustrator erstellte Figur an. Während der Tracker einen eher an Orwell denken lässt, ist Character Animator ein Spaß-Tool, das die Akzeptanz solcher Technik in unserem Alltag sicher erhöht.

#### Gesichts-Tracking

Die Anwendung des Masken-Trackers können Sie anhand von drei Beispielen selbst nachvollziehen. Dazu öffnen Sie das Projekt »Maskentracking.aep« aus dem Ordner 15_Motion_Tracking/Maskentracking. Darin liegen vier Kompositionen, die bereits fertig bearbeitet sind.

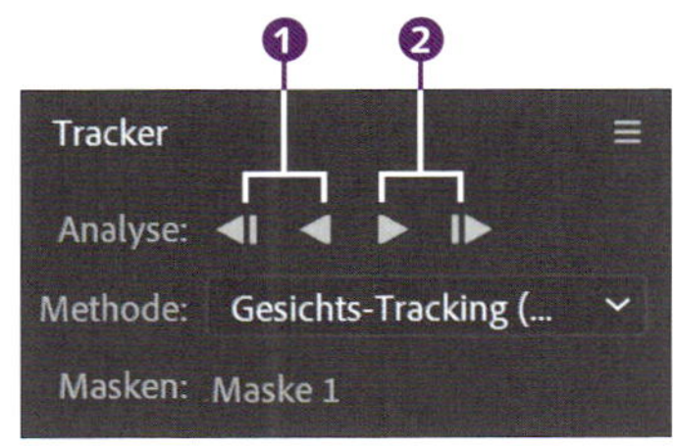


▲ **Abbildung 15.29**
Nachdem Sie die Maske ausgewählt haben, ändert sich die Tracker-Palette.

In den Kompositionen »Mosaik« und »Mosaik 2« kam das Gesichts-Tracking zum Einsatz. Um es nachzuvollziehen, zeichnen Sie zuerst um das Gesicht eine Maske, die der Kontur nicht besonders genau angepasst sein muss. Sobald Sie die Maske in der Zeitleiste markieren, ändert sich das Aussehen der Tracker-Palette. Für die Analyse stehen vier Schaltflächen zur Wahl, mit denen Sie einzelbildweise oder fortlaufend rückwärts ❶ und vorwärts ❷ analysieren können.

Unter METHODE wählen Sie, um das Gesicht zu verfolgen, GESICHTS-TRACKING (NUR KONTUR) oder, um auch Augen- und Mundbewegungen etc. zu erfassen, GESICHTS-TRACKING (DETAILLIERTE MERKMALE). Für das Beispiel reicht die erste Option. Wenn Sie dann fortlaufend vorwärts analysieren, erkennt der Tracker sehr genau die Gesichtskonturen und passt die Maskenform fortlaufend an Änderungen an.

Anschließend können Sie einen Effekt hinzufügen und ihn dann über die KOMPOSITIONSOPTION auf den Bereich der Maske beschränken, indem Sie auf das Pluszeichen ❸ klicken und dann die Maske unter MASKENREFERENZ auswählen. Im Beispiel war es der Effekt MOSAIK, der anschließend das Gesicht unkenntlich macht.

**Abbildung 15.30** ►
Für das zu trackende Gesicht benötigen Sie nur einen ungenauen Maskenpfad.

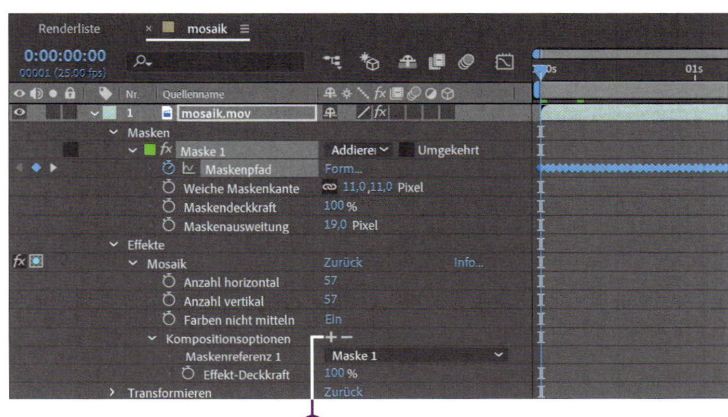


**Abbildung 15.31** ►
Hier habe ich den Effekt MOSAIK hinzugefügt und über die Kompositionsoption auf den Bereich der getrackten Maske beschränkt.

### Gesichts-Tracking (detaillierte Merkmale)

Beim detaillierten Gesichts-Tracking, das ich in der Komposition »Mosaik 2« angewendet habe, sind zusätzlich zur oben beschriebenen Vorgehensweise ein paar Einzelheiten zu beachten.

Das zu trackende Gesicht sollte wie bei Ihrem Personalausweis oder Ihrer Gesundheitskarte eine Frontalansicht enthalten, da dies dem Gesichts-Tracker die Analyse Ihres Gesichts erleichtert.

Vor dem Analysieren zeichnen Sie eine Maske genau in dem Frame, der die Frontalansicht enthält, grob um das Gesicht.

Danach analysieren Sie wie beschrieben. Im Anschluss daran erscheint in der Zeitleiste der Effekt GESICHTS-TRACK-P ❹, in dem jedes Detail Ihres Gesichts vermaßt ist und via Keyframes die Veränderung aufgezeichnet wurde. Da nun z. B. für die Pupille jeden Auges Positionsdaten existieren, könnten Sie auf die Augen Effekte anwenden. Zum Beispiel ließe sich der Effekt GENERIEREN • BLENDENFLECKE auf den Film anwenden, und wenn die Positionseigenschaft des Effekts MITTELPUNKT DER LICHTBRECHUNG über eine Expression die Daten aus der Pupille erhält, folgt der Blendenfleck der Augenbewegung. Ebenso könnten Sie eine andere Ebene, z. B. eine Sonnenbrille, mit den Positionsdaten versorgen.

**▼ Abbildung 15.32**
Jedes Detail Ihres Gesichts zeichnet der Gesichts-Tracker auf.

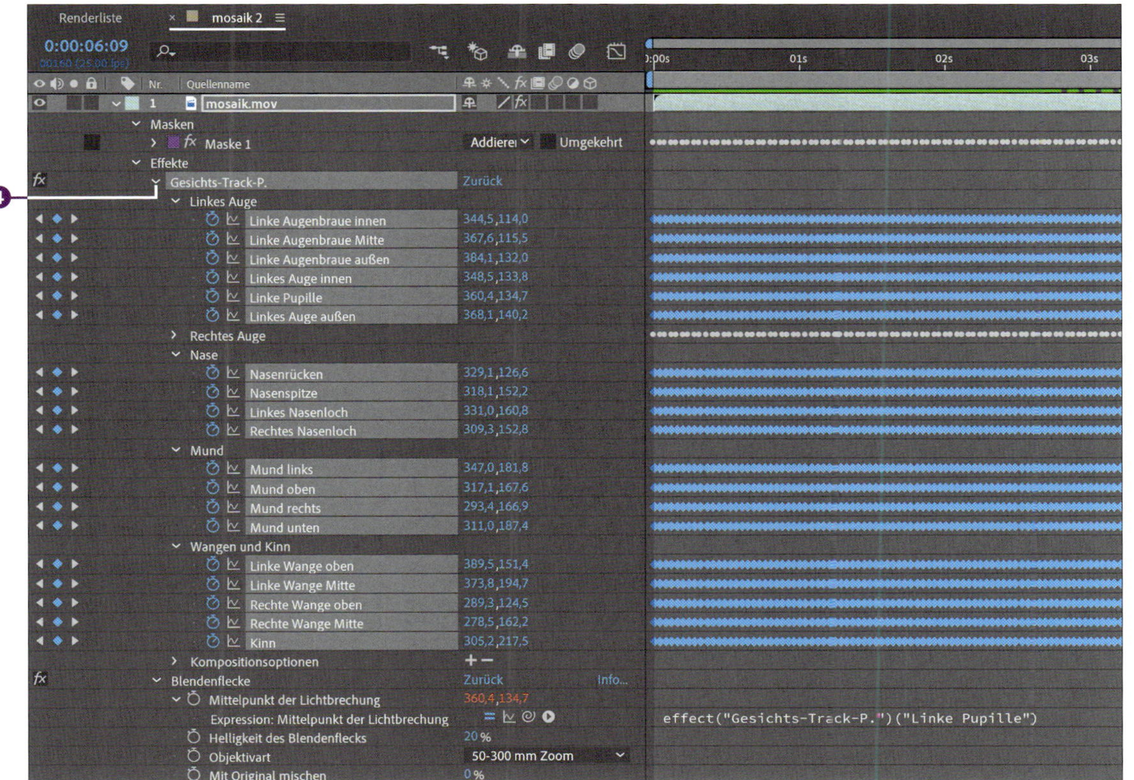

▲ **Abbildung 15.33**
Anhand der zuvor festgelegten Ruhepose berechnet der Tracker die Gesichtsmaße.

### Gesichtsmaße extrahieren

Die Funktion GESICHTSMASSE EXTRAHIEREN/KOPIEREN ❶ in der Tracker-Palette dient unter anderem dazu, diese Daten für Character Animator verfügbar zu machen. Sie wählen dazu die Maske mit dem detaillierten Tracking in der Zeitleiste aus und wählen gegebenenfalls im Tracker die Methode GESICHTS-TRACKING (DETAILLIERTE MERKMALE). Nun sollten Sie zu einem Frame navigieren, der Ihr Gesicht in einer Frontalansicht zeigt. Hier klicken Sie auf RUHEPOSE FESTLEGEN und anschließend auf GESICHTSMASSE EXTRAHIEREN/KOPIEREN.

Der Tracker berechnet dann jede Änderung in Bezug auf das Gesicht in der Ruhepose. Dafür eignen sich biometrische Frontalaufnahmen am besten.

Anschließend enthält der hinzugekommene Effekt GESICHTSMASSE Informationen wie ÖFFNUNG LINKES AUGENLID oder HÖHE MUND-SKALIERUNG, die in Prozentwerten zum Referenzframe, der Ruhepose, gemessen werden.

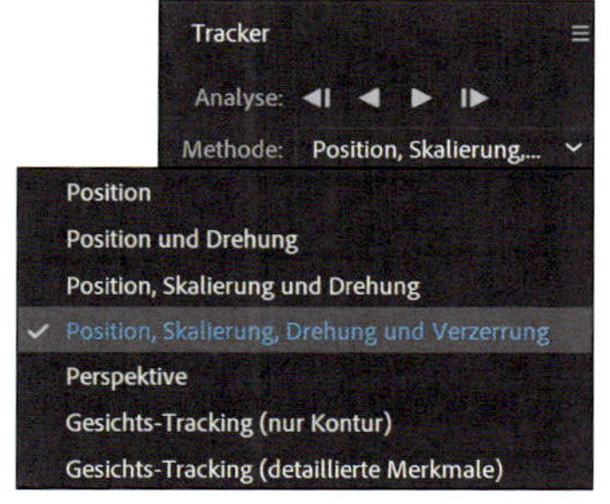


▲ **Abbildung 15.34**
Für in der Form unveränderliche Objekte bietet der Tracker die Methoden PERSPEKTIVE und POSITION an oder Kombinationen wie POSITION, SKALIERUNG, DREHUNG UND VERZERRUNG.

### Rotoscoping mit festen Masken

In den nächsten zwei Beispielen habe ich einmal ein Schild mittels einer Maske getrackt und im anderen Video einen See und eine Straße. Um es selbst nachzuvollziehen, zeichnen Sie den Maskenpfad recht genau entlang der Konturen des Schilds bzw. des Sees und der Straße. Dazu wählen Sie einen Zeitpunkt, an dem z. B. das Schild komplett sichtbar ist (Beispielmaterial und fertiges Projekt im Ordner 15_MOTION_TRACKING/MASKENTRACKING).

Unter METHODE wählen Sie im Tracker POSITION, SKALIERUNG, DREHUNG UND VERZERRUNG. All diese Eigenschaften wird der Tracker dann in die Analyse des umrahmten Objekts einbeziehen. Mit der Option PERSPEKTIVE sind sogar auch Flächen trackbar, die sich während einer Drehung perspektivisch verjüngen.

Anschließend analysieren Sie das Material zunächst rückwärts. Dabei »wandert« das Schild aus dem Bild, aber die Maske verfolgt es trotzdem korrekt, bis es ganz außerhalb des Kamerasichtfelds ist. Es funktioniert ganz wie bei bekannten Planartrackern. Sie können den Analysevorgang jederzeit stoppen, indem Sie ins Kompositionsfenster klicken. Sie können zu jedem beliebigen Zeitpunkt neu mit der Analyse ansetzen. Somit lässt sich das Schild zuerst rückwärts analysieren und dann für den weiteren Verlauf vorwärts. Oder Sie navigieren gleich ans Ende der Komposition und analysieren nur rückwärts.

Sollte sich die Maske während des Trackings von den zuerst genau angepassten Konturen entfernen, unterbrechen Sie das Tracking, passen die Maske an genau dem Zeitpunkt an, wo der Fehler zuerst auftrat, und analysieren dann in Ruhe weiter.

**Form passt sich nicht an**

Bei den Track-Methoden, die nicht dem Gesichts-Tracking dienen, darf das verfolgte Objekt seine Form nicht ändern. Anders als beim Gesichts-Tracking wird die Maskenform nicht angepasst.

Anschließend wählen Sie wieder einen Effekt aus, der in dem getrackten Bereich wirken soll.

**Mehrere Masken tracken**
Sie können gleichzeitig mehrere Masken tracken. Dazu markieren Sie die gewünschten Masken vor der Analyse in der Zeitleiste.

▲ **Abbildung 15.35**
Obwohl das Schild aus dem Bild wandert, erkennt es der Tracker und verfolgt es korrekt.

▼ **Abbildung 15.36**
In diesem Beispiel wurden die Masken für den See und die Straße mit Parkplatz getrackt, um die Bereiche anschließend einzufärben (na ja: inklusive der Fahrzeuge …).

## 15.1.8 Inhaltsbasierte Füllung: Entfernen von Personen und Objekten

In Kombination mit den vorgenannten Möglichkeiten des Masken-Trackings ergeben sich mit der Funktion INHALTSBASIERTE FÜLLUNG enorme Möglichkeiten, Personen, Objekte oder störende Bildteile, die unerwünscht im Video aufgenommen wurden, zu entfernen. Was am Video authentisch ist und was nicht, lässt sich im Nachhinein nicht mehr einschätzen.

▼ **Abbildung 15.37**
Links sehen Sie das Original und rechts das Bild, nachdem zwei Personen entfernt wurden.

Um mit der Funktion INHALTSBASIERTE FÜLLUNG zu arbeiten, benötigen Sie nichts als eine Maske, die Sie allerdings mit den Möglichkeiten, die ich im Abschnitt 15.1.7, »Das Masken-Tracking« beschrieben habe, tracken müssen.

Inhaltsbasierte Füllung füllt transparente Bildbereiche, die Sie mit der Maske geschaffen haben, nachher mit Bildbereichen auf, die aus der näheren Umgebung der Maske stammen.

**Beispiel**

Ein Beispiel befindet sich im Ordner BEISPIELMATERIAL/15_MOTION_TRACKING/INHALTSBASIERTE FÜLLUNG. Die im Projekt befindliche Füllung habe ich im Nachhinein von einer Sequenz in eine Film-Datei umgewandelt, damit sie nicht so viel Speicher belegt.

### Inhaltsbasierte Füllung verwenden

Um Personen oder Objekte aus Ihrem Videomaterial zu entfernen, zeichnen Sie zuerst eine Maske um den Bereich. Nachdem Sie die Maske nicht allzu genau um den Umriss des zu entfernenden Bildbereichs gezeichnet haben, tracken Sie die Maske, damit sie den Bereich über die Dauer des Videos verfolgt. Dabei passen Sie den Maskenpfad gegebenenfalls dort an, wo die Person oder das Objekt ungünstig umzeichnet wurde.

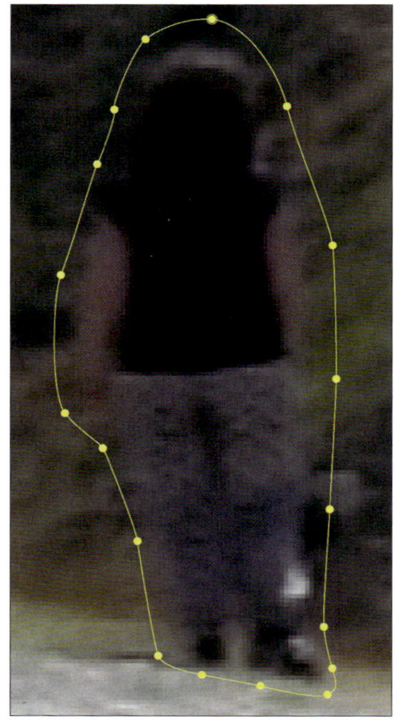

◂ **Abbildung 15.38**
Die Maske wird grob um den zu entfernenden Bereich gezeichnet und im Zeitverlauf angepasst.

**Füllmaterial löschen**

Da bei jedem erneuten Klick auf die Schaltfläche FÜLLEBENE GENERIEREN eine neue Berechnung erfolgt, die eine neue Füllebenensequenz zur Folge hat, sollten Sie ab und zu ungenutzte Füllungen löschen. Dazu verwenden Sie das Kontextmenü im Bedienfeld INHALTSBASIERTE FÜLLUNG (die drei Balken oben rechts) und wählen dort NICHT VERWENDETES FÜLLMATERIAL LÖSCHEN.

Wichtig ist, anschließend für den Maskenmodus der Maske die Option SUBTRAHIEREN ❸ einzustellen, da sonst keine Transparenz entsteht und die inhaltsbasierte Füllung dann nichts zu füllen hat.

Als Nächstes markieren Sie die Videoebene und wählen FENSTER • INHALTSBASIERTE FÜLLUNG.

Um wie im abgebildeten Beispiel die Personen aus dem Video zu entfernen, wählen Sie unter FÜLLMETHODE den Eintrag OBJEKT und unter BEREICH den Eintrag GESAMTE DAUER für das ganze Video oder ARBEITSBEREICH für ebendiesen Teil des Videos. Mit einem Klick auf FÜLLEBENE GENERIEREN ❶ starten Sie die Analyse des Videos. Hierbei ist es egal, ob Sie eine oder mehrere Masken auf dem Video gezeichnet hatten. Danach wird automatisch eine Füllebene ❷ erstellt, die über Ihr Video gelegt wird. Sie besteht aus einer Einzelbildsequenz und belegt recht viel Platz auf Ihrer Festplatte. Die Füllebene enthält die im Video ersetzten Bereiche. Das Tool nimmt die Bildinformation aus dem aktuellen und den benachbarten Frames, um die fehlenden Pixel zu ersetzen.

▼ **Abbildung 15.39**
INHALTSBASIERTE FÜLLUNG analysiert das Video und füllt anschließend die transparenten Bereiche mit neuen Bildpixeln.

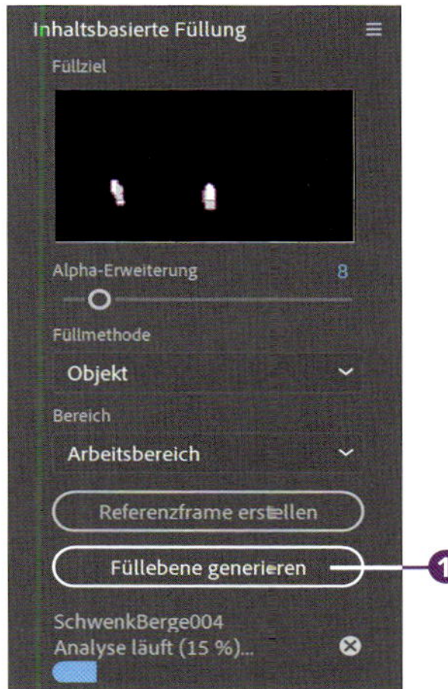


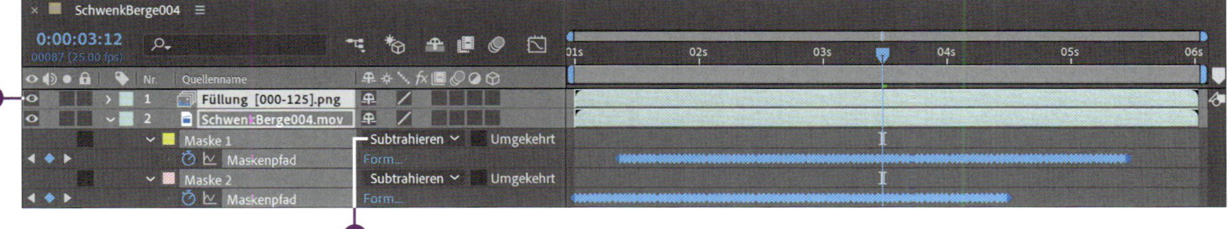


▲ **Abbildung 15.40**
Zunächst werden die Masken getrackt, danach arbeitet INHALTSBASIERTE FÜLLUNG und schafft eine neue Füllebene.

### Ein paar Optionen

Hier nun zu den weiteren Optionen des Tools INHALTSBASIERTE FÜLLUNG.

- ALPHA-ERWEITERUNG: Hiermit erweitern Sie die Masken, die Sie auf dem Video gezeichnet haben, und somit werden rings um die Maske weitere Pixel in die Analyse einbezogen. Dies kann bessere Ergebnisse liefern, führt aber bei hohen Werten zu verräterischen Schleiern auf dem Bild, die es als Fake entlarven.

- FÜLLMETHODE: Die Methode OBJEKT ist für bewegte Objekte geeignet, ersetzt aber nicht das vorherige Masken-Tracking. Die Option OBERFLÄCHE verwenden Sie für statische Objekte, wie ein Bild an einer Wand. Bei der Option KANTENÜBERBLENDUNG werden die Pixel an den Maskenkanten für den transparenten Bereich verwendet, indem diese ineinander überblendet, weichgezeichnet und über die maskierte Fläche gelegt werden. Somit eignet sich die Option, um beispielsweise Text auf Papier zu entfernen und danach ein falsches Dokument anstelle des echten einzufügen.
- REFERENZFRAME ERSTELLEN: Wenn Sie diese Schaltfläche betätigen, wird der aktuelle Frame als Datei in Photoshop geöffnet. Sie können den Frame dann verwenden, wenn das Ergebnis der Füllung nicht befriedigend ist. In diesem Fall retuschieren Sie die transparenten Bereiche mit den Photoshop-Werkzeugen wie dem Kopierstempel, dem Ausbessern-Werkzeug und dem Bereichsreparatur-Pinsel etc. Ist dies geschehen, speichern Sie den Referenzframe und wenden den Befehl FÜLLEBENE GENERIEREN erneut an. Nun verwendet das Tool die Pixel aus dem Referenzframe, um Bildbereiche damit zu füllen bzw. abzudecken.

**Ein paar Einstellungen**

Über das Kontextmenü ❶ des Bedienfelds INHALTSBASIERTE FÜLLUNG legen Sie Folgendes fest:

- AUSGABETIEFE: Hier wählen Sie die Farbtiefe der Füllebenensequenzen in Bit pro Kanal (Standard ist die Projektfarbtiefe).
- AUSGABEORT: Hier geben Sie den Ort an, wo Ihre Füllungssequenzen landen sollen. Mit .\FLÄCHEN landen die Dateien im gleichen Ordner wie die Projektdatei, allerdings im Unterordner FLÄCHEN, und mit ..\FLÄCHEN landen sie einen Ordner höher als da, wo Ihre Projektdatei liegt.
- PFADTYP: Die Option PROJEKTBEZOGEN legt die Dateien in Relation zum Ort Ihrer Projektdatei ab, und mit ABSOLUT können Sie den Pfad im Format C:\USERS\PUBLIC\DOCUMENTS\FLÄCHEN festlegen.
- PHOTOSHOP-REFERENZFRAME ERSTELLEN: Belassen Sie das Häkchen dort, damit Referenzframes als PSD erstellt und in Photoshop geöffnet werden, ansonsten erhalten Sie ein PNG.
- PHOTOSHOP-SEQUENZ FÜR AUSGABE ERSTELLEN: Wenn Sie ein Häkchen setzen, werden die Füllsequenzen zu PSDs, andernfalls entstehen PNGs bzw. EXR-Dateien (nur bei 32 bpc)
- NICHT VERWENDETES FÜLLMATERIAL AUTOMATISCH VERWALTEN: Setzen Sie hier das Häkchen, wird bei jeder neu generierten Füllebene automatisch das alte, in der Komposition nicht mehr verwendete Füllmaterial gelöscht.

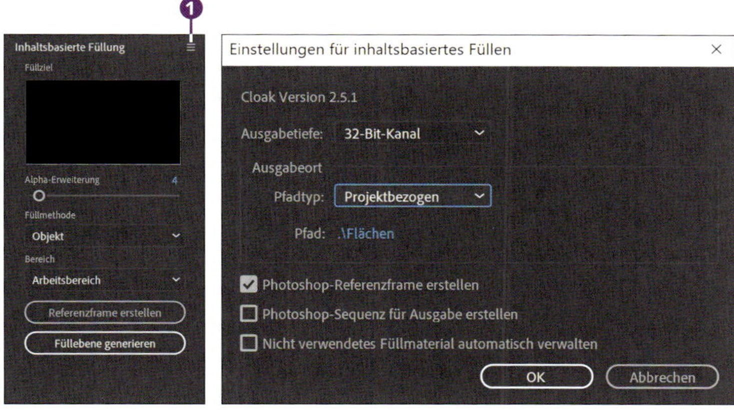


◂ **Abbildung 15.41**
Über das Menüsymbol gelangen Sie in die Einstellungen.

## 15.2 Adobe Character Animator

Character Animator können Sie über die Creative Cloud kostenpflichtig installieren. Mit dem Tool animieren Sie selbsterschaffene Figuren in Echtzeit anhand Ihrer Mimik und Bewegungen.

Character Animator greift auf Ihre Kamera und das Mikrofon Ihres Rechners zu und zeichnet Ihre Gesichtszüge und Ihre Stimme auf. Anschließend überträgt das Tool Ihre Bewegungen und wenn erwünscht Ihre Stimme auf eine Figur, die Sie in Photoshop oder Illustrator selbst erstellt haben, oder auf vorgefertigte Vorlagen in Character Animator. Damit dies funktioniert, sind eine bestimmte Benennung und Reihenfolge der Ebenen nötig. Die Animation der Figur lässt sich aufzeichnen und anschließend nach After Effects übertragen.

Im anschließenden Workshop werden Sie Character Animator in der Praxis kennenlernen.

### Schritt für Schritt
### Character Animator verstehen

Um die Arbeitsweise mit Character Animator zu verstehen, schauen wir uns zuerst an, wie Sie eine Datei für Character Animator vorbereiten, und dann stelle ich Ihnen die grundlegenden Möglichkeiten in Character Animator vor.

#### 1 Vorbereitung

Laden Sie sich die Datei »HeadBodyLeerTemplate.psd« aus dem Ordner 15_MOTION_TRACKING/CHARACTERANIMATOR herunter.

Starten Sie die Programme Photoshop und Character Animator. Öffnen Sie die Datei »HeadBodyLeerTemplate.psd« in Photoshop.

Die benötigten Dateien für diesen Workshop finden Sie unter BEISPIELMATERIAL/15_MOTION_TRACKING/CHARACTERANIMATOR.

Sie sollten Photoshop ab der Version CC 2014 installiert haben, um es mit Character Animator verwenden zu können.

### 2 Photoshop-Datei kennenlernen

Falls noch nicht geschehen, öffnen Sie in Photoshop die Ebenenansicht. Alle Ebenen erscheinen dort in verschiedene Ordner sortiert. Die oberste Gruppe bildet der Ordner +FRONT.

Darin liegen die beiden nächsten Ordner HEAD und BODY. Im Ordner HEAD wiederum befinden sich die Ordner +RIGHT EYE und +LEFT EYE, +MOUTH und +FACE BACKGROUND. In jedem dieser Ordner liegen die dazugehörenden Einzeldateien wie »Left Eyeball« und »+Left Pupil«. Ähnlich ist die Struktur im Ordner BODY. Sie sehen: Kopf und Körper funktionieren irgendwie getrennt voneinander und doch zusammen.

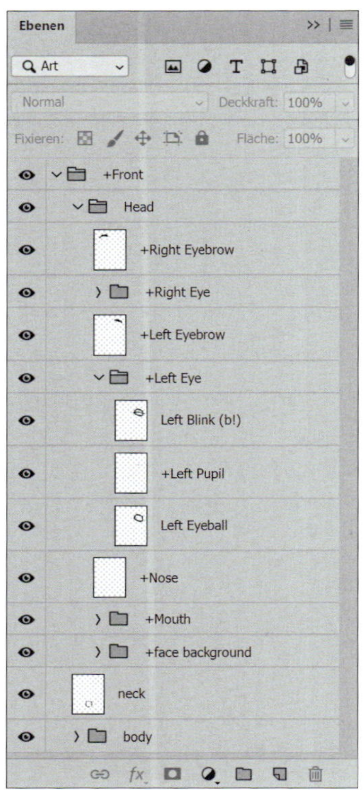


▲ **Abbildung 15.42**
Photoshop-Dateien müssen für Character Animator einer festen Hierarchie und Benennung folgen.

Also: Was soll das Ganze? – Sie ahnen es! Die Ordnerstruktur gibt eine hierarchische Struktur vom übergeordneten zum untergeordneten Element vor. Der Ordner HEAD ist dem Ordner +RIGHT EYE übergeordnet, somit machen alle Elemente im Ordner +RIGHT EYE später die Kopfbewegung mit. Nun wäre es für Sie persönlich fatal, wenn Sie Ihre Augen nur dorthin blicken lassen könnten, wohin sich Ihr Kopf bewegt. Damit Elemente sich innerhalb der übergeordneten Bewegung unabhängig bewegen können, erhalten Sie ein + vor dem Namen. Wenn Sie den Ordner +LEFT EYE öffnen, finden Sie die Ebene »+Left Pupil«. Also auch die Pupille kann sich unabhängig bewegen.

Die Namensgebung und die Ordnerstruktur sollten Sie für alle Ihre Figuren einhalten, da der Animator sie zur eindeutigen Identifizierung benötigt und sonst fehlerhafte Animationen entstehen oder gar keine.

Die im Template auf unsichtbar geschalteten Ebenen sollten Sie ausgeschaltet lassen. Sie werden sie später in Character Animator wiedersehen. Dieser blendet sie nämlich ein, sobald er ein entsprechendes Signal erkennt, z. B. Ihr nettes Lächeln.

Was Sie machen können: Sie können das + beliebig entfernen oder hinzufügen, um die Unabhängigkeiten zu verändern. Sie können auch Namenszusätze verwenden wie »+*Right Eye Blind*«.

Es ist auch möglich und manchmal nötig, die Ebenenreihenfolge zu ändern, etwa damit Haare nicht hinter der Nase herumwackeln, es sei denn, Sie wollen Nasenhaare animieren.

### 3 Figur zeichnen

In der noch leeren Photoshopdatei beginnen Sie, eine Figur zu entwerfen. Für den ersten Versuch halten Sie sie besser simpel mit einfachen Konturlinien.

Fangen Sie beispielsweise bei den Augen an. Markieren Sie dafür die Ebene »Right Eyeball«, um darin den rechten Augapfel zu zeichnen. Wichtig: Der rechte Augapfel muss links ins Bild gezeichnet werden, da Ihre Figur Ihnen nachher wie ein echter Mensch gegenübertreten wird, dessen rechtes Auge rechts ist, obwohl Sie es auf der linken Seite sehen. Die Pupille zeichnen Sie auf der Ebene »+Right Pupil«. Auf der Ebene »Right Blink (b!)« zeichnen Sie, wenn Sie wollen, ein zwinkerndes Auge. Genauso machen Sie es mit dem linken Auge. Vergessen Sie nicht die Augenbrauen auf den Ebenen »+Right« und »+Left Eyebrow«.

Im Ordner MOUTH zeichnen Sie auf der Ebene »Neutral« einen neutralen, geschlossenen Mund. Auf den Ebenen »Smile« und »Surprised« können Sie je einen lächelnden bzw. überraschten Mund zeichnen. Wenn Sie dies tun, wird Sie Ihre Figur nachher anlächeln, sobald Sie selbst lächeln, bzw. überrascht sein – ein idealer neuer Partner also. Wenn es sehr gut zwischen Ihnen laufen soll, sollten Sie ein paar Worte miteinander sprechen; dafür stehen die Ebenen von »Ah« bis »W-Oo« bereit. Dort können Sie für die entsprechenden Sprachlaute je eine Mundform einzeichnen. Allerdings beherrscht Ihre Figur nur die englischen Laute.

Im Ordner +FACE BACKGROUND reicht es für den Anfang, die Kopfform auf der Ebene »face« zu zeichnen und dann im Ordner BODY auf der Ebene »Torso« den Oberkörper. Dazwischen liegt die Ebene »neck«; hier ist es wichtig, eine geschlossene Linie zu zeichnen, z. B. eine Ellipse, die dann den Hals bildet.

Speichern Sie zunächst; Sie können während des Spaßes in Character Animator noch jederzeit Änderungen durchführen.

**Keyboard-Kommandos**

What a **(b!)**? – Ah, das hatte ich mich auch gefragt. Es steht hinter LEFT BLINK und RIGHT BLINK. Sie können Ebenen, die mit einem solchen in Klammern stehenden Buchstaben versehen sind, nachher in Character Animator immer dann einblenden, indem Sie die Taste, in diesem Fall [B], betätigen. Dazu muss in Character Animator das SCENE-Fenster aktiviert sein.

Das Ausrufezeichen hinter dem B bedeutet, dass alle anderen Ebenen des Ordners unsichtbar werden, wenn die Taste gedrückt wird. So können Sie verschiedene Ebenen schnell per Keyboard ein- und ausblenden.

▲ **Abbildung 15.43**
Die erste Figur kann ruhig simpel aussehen – und der Spaß kann beginnen!

## 4 Charakter in Character Animator laden

Bevor Sie Character Animator starten, schließen Sie alle ressourcenintensiven Programme, Photoshop brauchen Sie aber noch. Jetzt benötigen Sie die Kamera Ihres Rechners und das Mikrophon.

Nach dem Start wählen Sie DATEI • IMPORTIEREN und laden Ihre Photoshop-Datei hinzu. Sie landet im Projekt-Bedienfeld ganz oben ❶ (Abbildung 15.44). Von dort ziehen Sie sie in den Bereich ZEITLEISTE ❸ unter dem Hauptfenster bzw. Szenenfenster. Automatisch wird eine neue Szene erstellt, die im Projekt-Bedienfeld ❷ erscheint. Alles schwarz? Dann klicken Sie auf das kleine Viereck ❺, bis der Hintergrund weiß ist. Den Button SZENE AKTUALISIEREN ❹ verwenden Sie, wenn Sie in Photoshop noch etwas ändern, die Datei speichern und die Änderung dann in Character Animator trotzdem nicht gleich übernommen wird.

Ups! – Es geht schon los: Sehen Sie … Sie bewegt sich schon, Ihre Figur. Und das rechts oben in dem kleinen Fenster – das sind

**Andere Datei verwenden**

Alternativ zur selbsterstellten Figur können Sie auch meine Datei »HeadBody.psd« aus dem Ordner 15_MOTION_TRACKING/CHARACTERANIMATOR verwenden, oder Sie nehmen die Adobe-Templates, indem Sie auf die kleine Schaltfläche START über dem Haupt- bzw. Szenenfenster klicken.

**Externes Mikrophon**
Ich empfehle, ein gutes externes Headphone oder abgeschirmtes Mikrophon zu nutzen, da Sie sonst das dauerbellende Hündchen Ihrer Nachbarn irgendwie in Ihren Film einbauen müssten.

Sie! Die Kamera erkennt Ihre Gesichtsausdrücke, die Sie in den Photoshop-Ebenen »Neutral«, »Smile« und »Surprised« festgelegt haben. Und das Mikrophon erkennt Laute wie »Ah« und »W-Oo« und blendet dann die entsprechenden Ebenen ein.

Sitzen Sie bequem? Dann kalibrieren Sie nun Ihre Kamera, damit sie Ihr Gesicht noch besser erkennt. Schauen Sie dazu gerade auf das Hauptfenster, also die Szene mit der Figur, und wählen Sie eine Sitzposition, die nicht allzu nah an der Kamera ist. Klicken Sie dann auf RUHEPOSE FESTLEGEN ❻. Schauen Sie deutlich nach oben, unten, links rechts, lächeln Sie, und machen Sie ein erstauntes Gesicht. Wenn Ihre Figur dasselbe tut – prima! In dem kleinen Videofenster sollte Ihr Gesicht nun mit roten Punkten versehen sein. Ihr Gesicht wird nun ganz genau verfolgt.

Im Menü neben KAMERA & MIKROFON ❼ können Sie für ein flüssigeres Arbeiten die Option KAMERA AUF 12 FPS BESCHRÄNKEN wählen und die Aufzeichnung von Bild und Ton anhalten, wenn Character Animator gerade im Hintergrund läuft. Für die Audio-Hardware schauen Sie gegebenenfalls unter BEARBEITEN • VOREINSTELLUNGEN • AUDIOGERÄTE.

**Abbildung 15.44 ▼**
Die importierte Datei landet links im Projekt-Bedienfeld und wird dann unten in die Timeline gezogen.

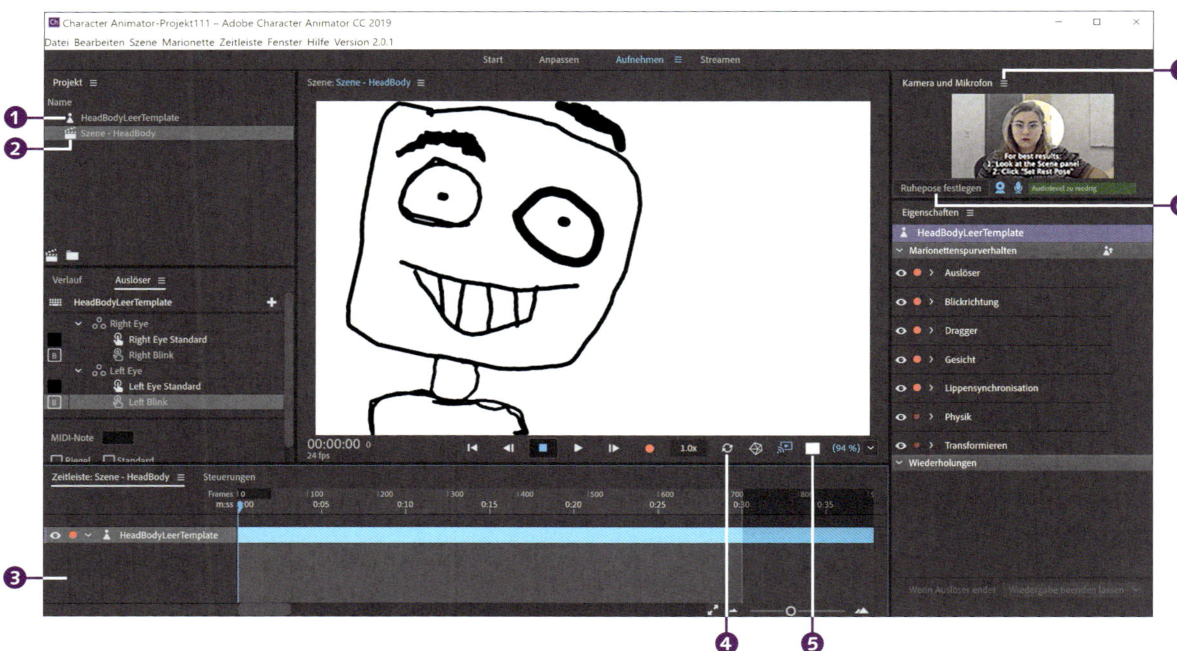

## 5 Verschiedene Verhalten für die Figur

Ihre Figur befindet sich standardmäßig in der Mitte des Hauptfensters. Um sie neu zu positionieren, klicken Sie im Projekt-Bedienfeld die importierte Datei mit dem Figuren-Symbol an. Daraufhin wird rechts unter der Kameraanzeige das Eigenschaften-Bedienfeld angezeigt. Dort wird unter VERHALTEN eine Reihe von Verhalten angezeigt, die standardmäßig hinzugefügt sind. Öffnen Sie dort die Eigenschaften unter TRANSFORMIEREN, indem Sie auf das kleine Dreieck ❿ klicken. Verändern Sie den Wert bei POSITION X, um Ihren Charakter neu zu positionieren, und ändern Sie dort gegebenenfalls auch die Skalierung und Drehung.

Übrigens können Sie unter LIPPENSYNCHRONISATION ❾ schauen, welche Photoshop-Ebenen welchem Laut zugeordnet sind. Über das kleine Kreuz ⓫ setzen Sie veränderte Werte auf Standardwerte zurück. Über das Plus ❽ fügen Sie weitere Verhalten hinzu. Löschen können Sie ganze Verhaltensgruppen über das Kontextmenü, das sie über die Schaltfläche rechts neben jeder Gruppe einblenden.

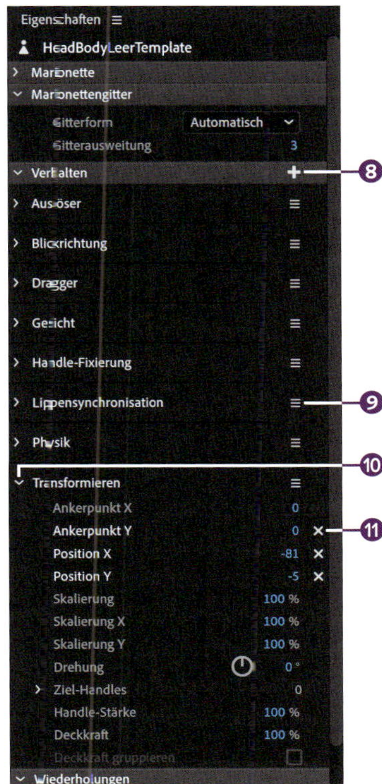


▲ **Abbildung 15.45**
Via VERHALTEN fügen Sie Ihrer Figur verschiedene Verhalten-Eigenschaften hinzu.

## 6 Das Marionetten-Bedienfeld

Klicken Sie im Projekt-Bedienfeld doppelt auf die importierte Datei mit dem Figuren-Symbol, um das Marionetten-Bedienfeld zu öffnen. Links unter NAME werden die Namen Ihrer Photoshop-Ebenen eingeblendet. Der oberste Ordner in der Photoshop-Datei hieß +FRONT. Auch hier ist FRONT in der Hierarchie am höchsten gelistet ❶.

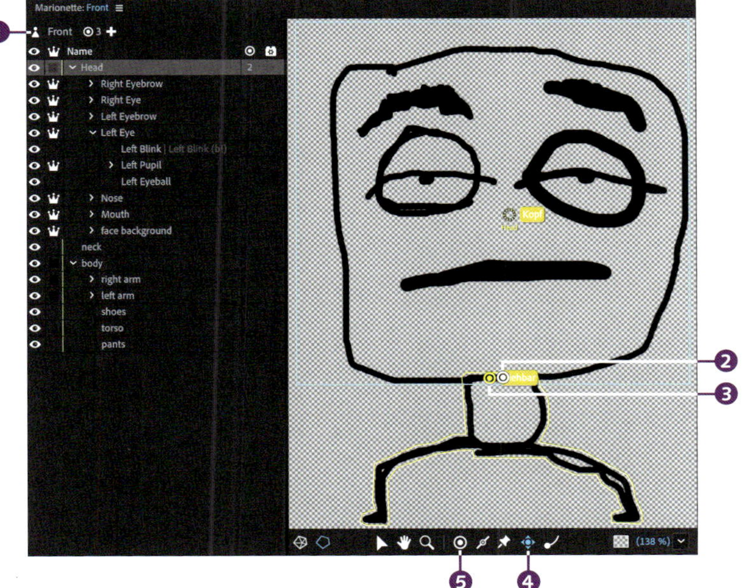


◀ **Abbildung 15.46**
Im Marionetten-Bedienfeld erscheinen alle Photoshop-Ebenen in hierarchischer Anordnung.

Die Ordnerstruktur in Photoshop spiegelt sich als Hierarchie in Character Animator wider. Klicken Sie auf die Dreiecke, um weitere Ebenen einzublenden. Was auffällt, ist, dass vor einigen Ebenen ein Kronen-Symbol sichtbar ist, vor anderen nicht. Sie erinnern sich: Dies liegt am + vor dem Namen der Photoshop-Ebene und macht die jeweilige Ebene zu einem Element, das sich unabhängig bewegen darf. Hier im Marionetten-Bedienfeld erhalten alle Ebenen bzw. Ordner mit diesem Pluszeichen ein Kronen-Symbol, bei den anderen ist es deaktiviert.

### 7 Die Kopfdrehung anders fixieren und Hals anheften

Wenn Sie einmal auf das Wort HEAD klicken, wird der Kopf der Figur mit einer Box umgeben, in deren Mitte sich ein kleiner Kreis befindet – der Mittelpunkt des Kopfes einerseits, aber auch der Drehpunkt für die Rotation des Kopfes während der Animation. Da sich Köpfe nicht um die Nase drehen, versetzen wir nun den Drehpunkt. Dazu wählen Sie bei markierter »Head«-Ebene das HANDLE-WERKZEUG ❺. Damit können Sie zwar den Mittelpunkt nicht verschieben, aber einen Drehpunkt am Kinn schaffen, einen sogenannten »Handle« ❷. Um den Kopf an den Hals anzuheften, verwenden Sie das Dragger-Werkzeug ❹. Klicken Sie damit auf den Hals direkt neben dem Handle-Punkt ❸. Nun ist dieser Bereich ziehbar, und der Kopf hängt am Hals.

### 8 Fixierung der Figur

Nun verleihen wir der Figur Boden unter den Füßen. Klicken Sie zuerst auf die Ebene »Front«. Klicken Sie nun das PUNKT-WERKZEUG ❼ an, und setzen Sie damit auf den linken ❻ und rechten Fuß ❽ je einen Fixpunkt.

Wechseln Sie nun über FENSTER > SCENE zurück zum Hauptfenster. Der Kopf Ihrer Figur sollte sich nun um den Nackenwirbel drehen, und die »Füße« sollten auf dem Boden fixiert sein.

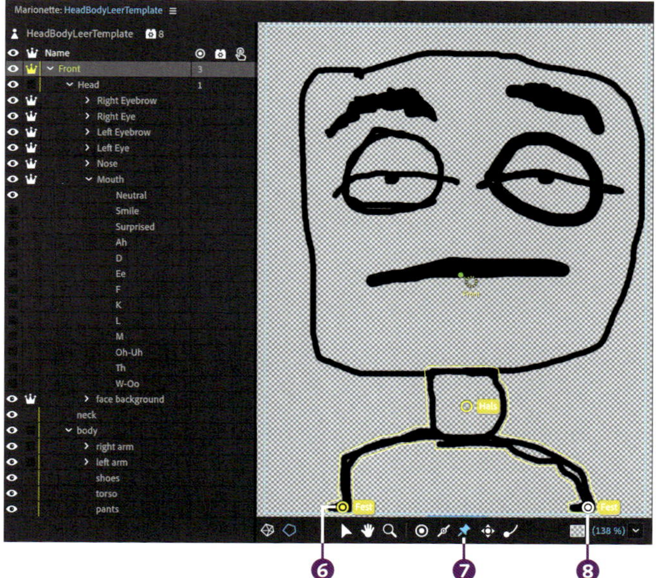


**Abbildung 15.47 ▸**
Mit dem PUNKT-WERKZEUG fixieren Sie die »Füße«.

**▴ Abbildung 15.48**
Nach PUNKT- und HANDLE-WERKZEUG sollte Ihre Figur Boden unter den »Füßen« haben.

### 9 Punkte fixieren in Photoshop und Illustrator

Alternativ zum vorigen Schritt können Sie auch in Photoshop oder Illustrator Punkte wie die Füße einer Figur fixieren. Dazu verwenden Sie in Photoshop das Zeichenstift-Werkzeug ⑩ in der Werkzeugeigenschaft FORM ⑨ (wichtig!). Dann setzen Sie genau dort Punkte, wo die Ebene fixiert sein soll ⑫ und ⑬. Die Ebenen müssen (!) das Wort »Fixed« im Namen tragen. Um die Kopfdrehung um einen anderen Punkt zu gewährleisten, schaffen Sie eine weitere solche Ebene zeichnen auch dort den neuen Drehpunkt ⑪ ein, aber nennen die Ebene »Origin«.

In Illustrator verwenden Sie das dortige Zeichenstift-Werkzeug und setzen die Punkte ebenso. Sobald Sie einen Punkt erstellt haben, wählen Sie im Kontextmenü oder via ANSICHT • HILFSLINIEN die Option HILFSLINIEN ERSTELLEN. Benennen Sie die entstehenden Ebenen wie beschrieben. Wichtig ist, immer nur einen einzigen Punkt je Ebene zu setzen.

▲ **Abbildung 15.49**
Alternativ setzen Sie Fixpunkte bzw. neue Drehpunkte in Photoshop oder Illustrator.

### 10 Animation aufzeichnen

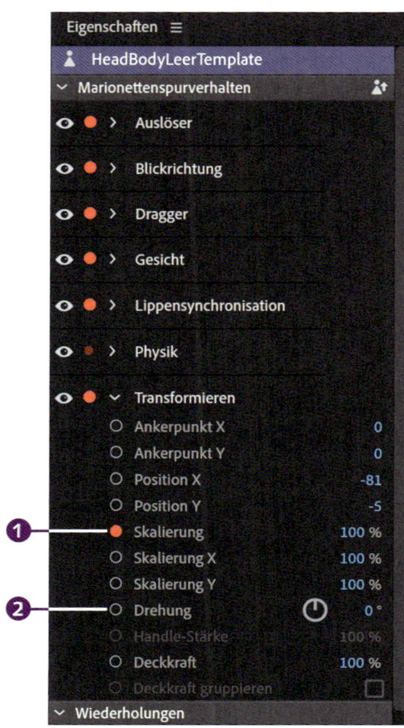


▲ **Abbildung 15.50**
Verhalten und Eigenschaften, die Sie aufzeichnen wollen, markieren Sie zuvor mit einem roten Punkt.

Da Sie mehrere verschiedene Figuren importieren und einer Szene hinzufügen können, müssen Sie Character Animator »mitteilen«, welche Figur Sie aufzeichnen wollen. Zum Testen können Sie über die kleine Schaltfläche START über dem Haupt- bzw. Szenenfenster klicken und dann eine Marionetten-Vorlage wie »Cloe (Photoshop)« hinzuladen. Sie landet zunächst in einer eigenen Szene. Aber Sie können die zuvor erstellte Szene im Projekt Bedienfeld per Doppelklick öffnen und dann die Photoshop-Marionette in die Timeline dieser Szene ziehen.

Um eine Figur aufzuzeichnen, wechseln Sie den Arbeitsbereich über FENSTER • ARBEITSBEREICH • AUFNEHMEN. Wählen Sie dann in der Timeline eine Figur aus. Sie wird blau markiert. Im Fenster EIGENSCHAFTEN wird jedes Verhalten, das später aufgezeichnet wird, mit einem roten Punkt vor dem Namen versehen. Um einzelne Eigenschaften zur Aufzeichnung hinzuzufügen, klicken Sie sie an ❶. Gegebenenfalls müssen Sie vor dem Eigenschaftsnamen auf die kleinen Punkte ❷ klicken und wählen im Kontextmenü PARAMETERAUFZEICHNUNG AKTIVIEREN, damit der Parameter aufgezeichnet wird. Die Aufnahme startet an dem Zeitpunkt, an dem sich Ihre Zeitmarke gerade befindet. Sie können nun die Figuren einzeln oder gemeinsam aufzeichnen, indem Sie sie einzeln oder gemeinsam in der Timeline auswählen. Klicken Sie dann auf den Aufnahme-Button. Anschließend finden Sie unter jeder Figur die Eigenschaften vor, die aufgezeichnet wurden, sowie separate Audioebenen. Mit dem Play-Button spielen Sie Ihre Animation ab, wobei sich dann mehrere Audioebenen überlagern.

Die »Einstellung« genannten Aufnahmen können Sie in der Timeline anklicken und an neue Zeitpunkte verschieben oder löschen. Mit Strg + Z setzen Sie Aktionen wie üblich zurück.

**Abbildung 15.51** ▼
In der Timeline wählen Sie zur Aufzeichnung eine oder mehrere Figuren aus.

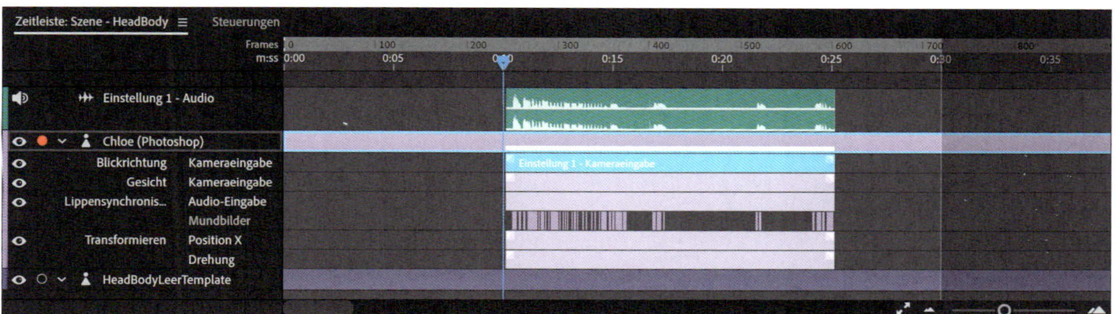


### 11 Aufnahme exportieren

Um Ihre Aufnahme anschließend in After Effects oder Premiere zu verwenden, wählen Sie die Szene im Projekt-Bedienfeld aus und nehmen dann den Weg DATEI • EXPORTIEREN. Um sowohl Bild als auch Ton auszugeben, können Sie beispielsweise die Option PNG-SEQUENZ UND WAV wählen. Nachdem Sie einen Exportordner gewählt und alles exportiert haben, erhalten Sie eine Bildsequenz und eine Audiodatei, die Sie wie üblich in After Effects importieren können. Die PNG-Sequenz und die Audiodatei müssen Sie dann in After Effects in einer Zeitleiste kombinieren, um Bild und Ton zu übernehmen.

Außerdem wird eine JSON-Datei erzeugt, welche die Eigenschaften der Szene wie Framerate und die Abmessungen enthält. Eine ausführliche Beschreibung zum Umgang mit JSON-Dateien in After Effects finden Sie im Abschnitt 17.5, »Datengesteuerte Animationen«.

Die andere Möglichkeit, Aufnahmen von Character Animator nach After Effects zu übernehmen, ist die Option VIDEO MIT ALPHA ÜBER ADOBE MEDIA ENCODER EXPORTIEREN. Hier wählen Sie Ihr gewünschtes Film-Ausgabeformat im Encoder, rendern dann das Video und importieren es danach in After Effects.

**Audio Level**
Vor der Aufnahme sollten Sie die Anzeige AUDIO LEVEL unter der kleinen Videovorschau beachten. Aufgezeichnet wird von –48 dB bis 0 dB. Ab 0 dB wird die Anzeige rot; ist die Aufnahme zu leise, steht dort AUDIO LEVEL ZU NIEDRIG.

### 12 Character Animator via Dynamic Link übernehmen

Schön ist die Möglichkeit, Character-Animator-Szenen via Dynamic Link zu übertragen. Dies ist ganz einfach: Ziehen Sie die gewünschte Szene aus dem Projektfenster des Animators direkt ins Projektfenster von After Effects. Klicken Sie anschließend in After Effects die Animator-Datei mit der rechten Maustaste an, und wählen Sie NEUE KOMPOSITION AUS AUSWAHL. Fertig! Schon werden alle Änderungen im Animator zeitgleich in Ihr AE-Projekt übertragen. Am Ende wollen Sie nun Ihr Character-Animator-Projekt noch speichern? Tja, da suchen Sie vergebens – aber irgendwie speichert der Animator trotzdem alles. Sie sehen es, wenn Sie ein altes Projekt via DATEI • PROJEKT ÖFFNEN aufrufen ... Das Zwischenspeichern können Sie sich also sparen. Wollen Sie an einem neuen Ort speichern, wählen Sie wie üblich DATEI • PROJEKT SPEICHERN UNTER.

## 15.2.1 Dragger-Werkzeug, Dangle-Werkzeug, Versteifungs-Werkzeug und Partikel

Mehrere interessante Tools habe ich im Workshop noch nicht erwähnt: das DRAGGER-WERKZEUG ❹ und das DANGLE-WERKZEUG ❺ sowie das VERSTEIFUNGS-WERKZEUG ❸ und PARTIKEL.

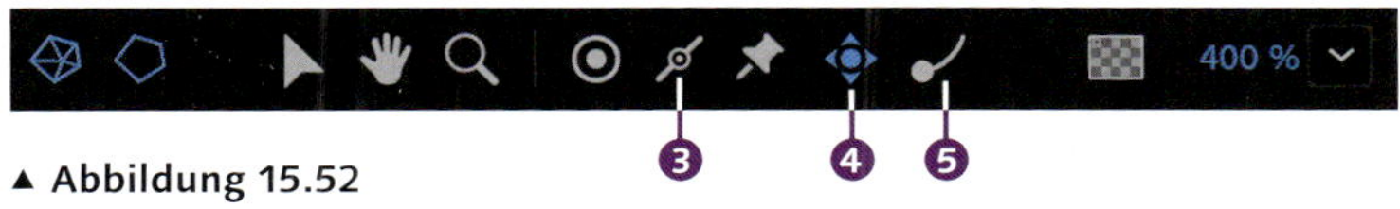


▲ **Abbildung 15.52**
DRAGGER-WERKZEUG, DANGLE-WERKZEUG und VERSTEIFUNGS-WERKZEUG im Character Animator

## Dragger-Werkzeug

Mit dem DRAGGER-WERKZEUG legen Sie Track-Punkte in Ihrer Figur fest, die Sie anschließend während der Aufzeichnung mit der Maus ziehen können. Dazu markieren Sie in der Ebenenhierarchie z. B. die Ebene »body« und setzen mit dem DRAGGER-WERKZEUG die Punkte ❶. Auch in Photoshop und Illustrator geht das wie im vorigen Workshop unter Punkt 9, »Punkte fixieren in Photoshop und Illustrator«, beschrieben. In beiden Programmen müssen Sie die Ebenen mit dem Wort »Mousetrack« versehen, damit der Animator sie auch trackt.

**Abbildung 15.53 ▶**
Mit dem DRAGGER-WERKZEUG schaffen Sie Punkte, die nachher mit der Maus ziehbar sind.

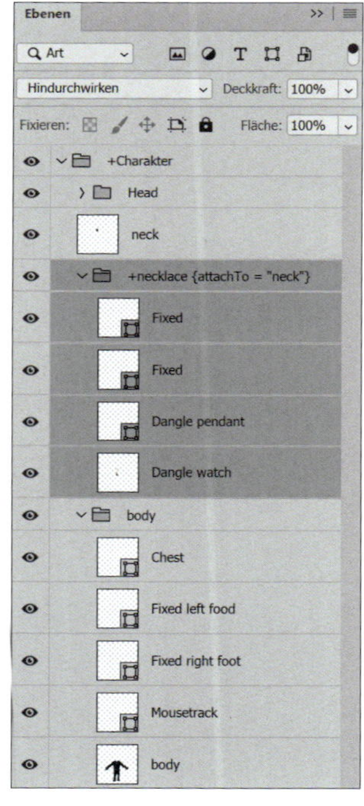


**▲ Abbildung 15.54**
In Photoshop bedürfen die Ebenen einer bestimmten Benennung, damit Character Animator sie passend animiert.

## Dangle-Werkzeug

Das DANGLE-WERKZEUG dient dazu, Ebenen so zu verzerren, als würden sie an einem Gummiband hängen. Für eine Ebene wie die Uhr oder die Haare in Abbildung 15.55 definieren Sie dazu zuerst den Punkt, von dem aus die Bewegung erfolgen soll, indem Sie den Origin-Punkt ❸ dorthin verschieben. Dann fixieren Sie Punkte, die fest gepinnt werden sollen ❹, und schließlich verwenden Sie das DANGLE-WERKZEUG ❼ und legen damit den Punkt fest, der nach unten gezogen werden soll ❻. In Photoshop und Illustrator muss die Ebene das Wort »Dangle« enthalten, um auf diese Weise animiert zu werden. Über die Ebenen »Origin« und »Fixed« definieren Sie in den beiden Programmen, von wo die Bewegung ausgeht, und mit »Dangle pendant«, wo sich der Schwerpunkt befindet. Anschließend fügen Sie im Fenster EIGENSCHAFTEN ❷ über das Pluszeichen bei VERHALTEN ❺ z. B. den Eintrag PHYSIK hinzu und modifizieren die physikalischen Eigenschaften mit SCHWERKRAFTSTÄRKE und WINDINTENSITÄT etc.

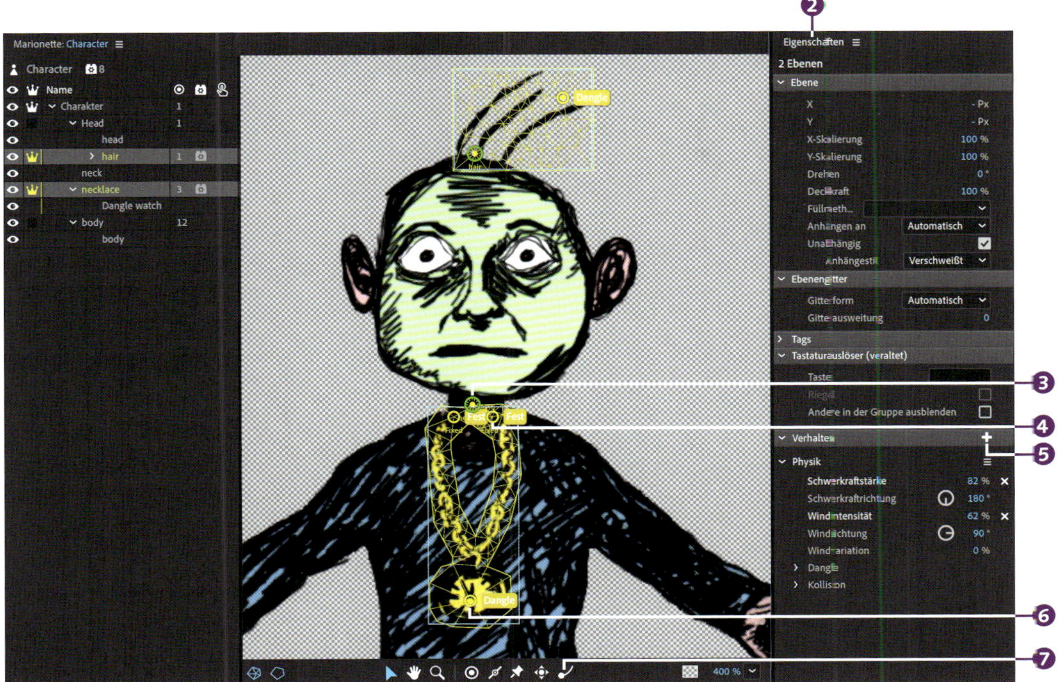


▲ **Abbildung 15.55**
Mit dem Dangle-Werkzeug wehen Haare oder Uhren im Wind.

## Versteifungs-Werkzeug

Das Versteifungs-Werkzeug ❽ dient dazu, Bereiche des Charakters zu verfestigen. Eine Eigenschaft zunehmenden Alters könnte man meinen, aber in diesem Fall lassen sich damit Teile des Verzerrungsgitters verfestigen. Sehr hilfreich, um Arme und Beine mit Gelenken zu simulieren.

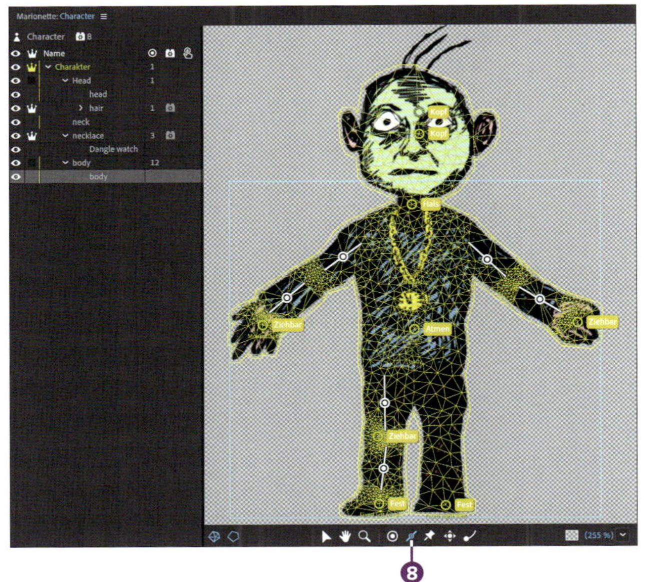


◂ **Abbildung 15.56**
Mit dem Versteifungs-Werkzeug fügen Sie verfestigte Bereiche hinzu, die Knochen der Figur sozusagen.

In Abbildung 15.56 sehen Sie weiß dargestellte Striche, um die herum das Gitter weniger detailliert ausfällt. Wird an der Hand gezogen oder am Knie, so biegt sich dort das Gitter stark und an den versteiften Stellen weniger. Im Grunde so, als fügten Sie damit die Knochen für die Figur hinzu.

### Partikel

Sie können Character Animator veranlassen, aus jeder beliebigen Ebene Partikel zu generieren. Dazu schaffen Sie sich zuvor am besten ein Bild, das ein Partikel bilden soll, z. B. eine Luftblase. Diese Blase importieren Sie und fügen sie der Szene mit Ihrer Figur hinzu. Im Projekt-Bedienfeld klicken Sie die Luftblase ❶ doppelt an und klicken dann im Marionetten-Bedienfeld auf das Figuren-Symbol ❷. Im Eigenschaften-Bedienfeld bei Verhalten klicken Sie auf das Pluszeichen ❸ und fügen das Verhalten Partikel hinzu.

Unter Partikel ❹ steuern Sie das Generieren der Partikel. Zunächst werden ständig Partikel generiert, und zwar so viele, wie bei Partikel pro Sekunde eingestellt sind. Weitere Steuermöglichkeiten wie die Schwerkraftrichtung finden Sie unter dem Eintrag Physik ❺.

**Abbildung 15.57 ▼**
Im Bedienfeld Eigenschaften wählen Sie das Verhalten Partikel.

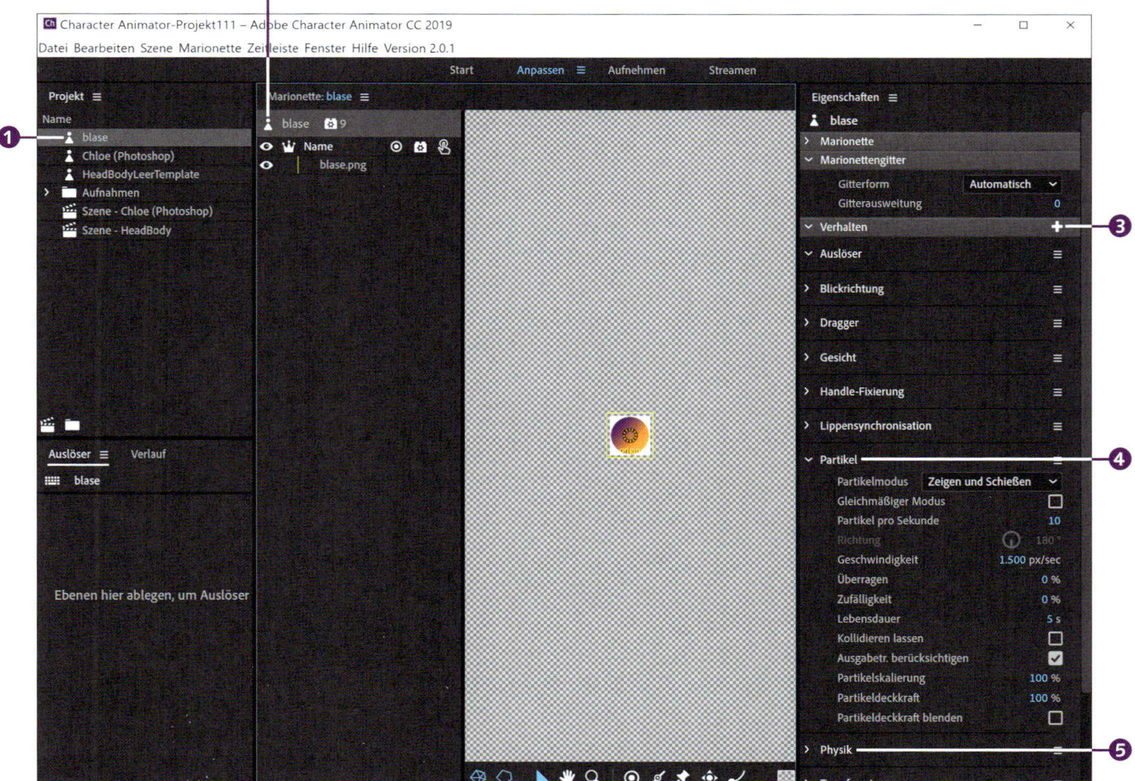

Um die Partikel in Ihrer Szene zu generieren, klicken Sie die Szene im Projekt-Bedienfeld doppelt an. Nun wählen Sie das Partikel in der Zeitleiste aus. Wenn Sie jetzt mit der Maus im Szenenfenster länger klicken, werden die Partikel generiert. Um den Ursprung zu ändern, aus dem die Partikel entspringen, halten Sie das Partikel in der Zeitleiste angewählt und öffnen im Eigenschaften-Bedienfeld den Eintrag TRANSFORMIEREN. Hier ändern Sie die Ursprungsposition mit den Werten bei ANKERPUNKT bzw. bei POSITION.

### 15.2.2 Gesichtsmaße kopieren

Wie in Abschnitt 15.1.2, »Motion-Tracking in der Praxis«, beschrieben, können Sie mit dem Masken-Tracker in After Effects detaillierte Gesichtsmaße aufzeichnen. Mit dem dort beschriebenen Vorgang GESICHTSMASSE EXTRAHIEREN/KOPIEREN werden die Gesichtsbewegungen in die Zwischenablage kopiert.

Anschließend können Sie diese Gesichtsbewegungen auf eine Figur in Character Animator übertragen, indem Sie die Figur in der Zeitleiste auswählen und im Fenster EIGENSCHAFTEN unter BLICKRICHTUNG und GESICHT den Eintrag KAMERAEINGABE aktivieren (roter Punkt). Danach positionieren Sie die Zeitmarke dort, wo die Daten eingefügt werden sollen, markieren die Charakter-Ebene und wählen dann [Strg]+[V], um die Daten in die Ebene zu übertragen. Sie erhalten daraufhin die Einträge BLICKRICHTUNG und GESICHT in der Ebene Ihres Charakters. Und somit spricht Ihre Figur wie ein echter Mensch. Das ist einerseits toll, hat aber auch viel Orwell'sches Potential!

## 15.3 3D-Kameratracker

Vermutlich werden Sie den 3D-Kameratracker sehr schnell lieben. Dieser Tracker analysiert nämlich Ihr Videomaterial vollkommen selbstständig und bietet Ihnen anschließend verschiedenste Ebenen im Video an, die sich zum Anheften von Rauchsäulen oder computergenerierten Objekten etc. eignen. Dies werden wir im nächsten Workshop gleich praktisch angehen.

**Schritt für Schritt**
**Kamera tracken**

In diesem Workshop ermitteln Sie zuerst die Kamerabewegung mit dem 3D-Kameratracker und verwenden die Daten anschließend dazu, um dem Video einen Text, Schatten und eine Rauchsäule hinzuzufügen.

Die benötigten Dateien für diesen Workshop finden Sie unter 15_MOTION_TRACKING/3DKAMERATRACKER.

## 1 Vorbereitung

Erstellen Sie ein neues Projekt, und importieren Sie die Datei »00082.mts« aus dem Ordner 15_MOTION_TRACKING/3DKAMERATRACKER/(FOOTAGEFENSTER). Ziehen Sie die Datei auf das Kompositionssymbol im Projektfenster, um eine Komposition mit passender Größe und Dauer zu schaffen. Benennen Sie die Komposition mit dem Titel »kameratracker«.

Auf der Brücke soll ein Text mit Schattenwurf eingefügt werden und … meinetwegen auch eine Rauchsäule.

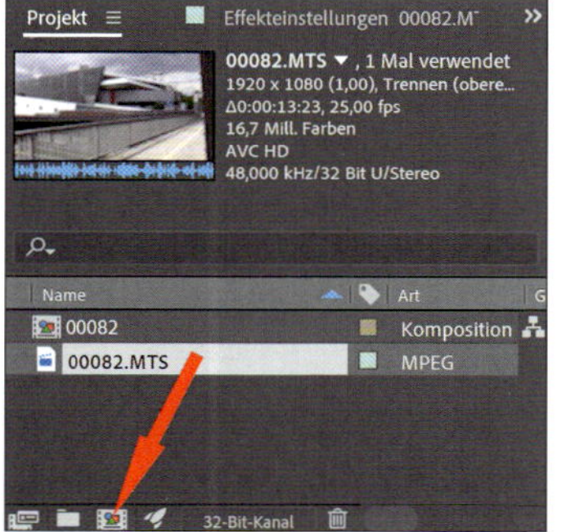


▲ **Abbildung 15.58**
Das importierte Video ziehen Sie auf das Kompositionssymbol.

## 2 3D-Kameratracker hinzufügen

Den 3D-Kameratracker fügen Sie über EFFEKTE • PERSPEKTIVE • 3D-KAMERATRACKER der markierten Videoebene hinzu. Oder Sie nutzen bei markierter Ebene die Tracker-Palette und klicken dort auf KAMERA VERFOLGEN oder wählen im Menü ANIMATION • KAMERA VERFOLGEN. Sofort beginnt der Tracker zu arbeiten, was Sie am blauen Banner ANALYSIEREN IM HINTERGRUND erkennen.

Im Effektfenster ist jetzt der Effekt 3D-KAMERATRACKER zu sehen. Dort bleiben Sie unter EINSTELLUNGSART für diese Aufnahme bei dem Eintrag FESTER BLICKWINKEL. Unter ERWEITERT finden Sie den Eintrag DETAILLIERTE ANALYSE. Setzen Sie dort ein Häkchen. Nun können Sie noch einmal über den letzten Abend bei Ihrer Freundin oder Ihrem Freund nachdenken, denn auch beim Tracker dauert es ein wenig, bis die Analyse fertig ist. Allerdings könnten Sie jetzt auch an anderen Kompositionen weiterarbeiten, da der Tracker im Hintergrund arbeitet, ohne After Effects zu beeinträchtigen.

**Abbildung 15.59** ▼
Während der Tracker arbeitet, sehen Sie diese Banner.

**Track-Punkte manuell wählen**
Sie können drei oder mehr Track-Punkte auch manuell wählen. Klicken Sie sie dazu bei gedrückter Taste ⇧ an.

Nachdem der Tracker eine Lösung angekündigt hat, stehen Ihnen etliche bunte Track-Punkte im Video zur Verfügung. Da diese hier recht klein sind, ändern Sie im Effektfenster die TRACK-PUNKT-GRÖSSE in 200 %. Bewegen Sie nun die Maus über das Video: Sobald sich der Mauszeiger zwischen den Track-Punkten befindet, werden dreieckige Flächen und eine Art Zielscheibe eingeblendet. Ist diese zu groß oder zu klein, wählen Sie unter ZIELGRÖSSE einen anderen Wert. Zum Einfügen des Textes auf der Brücke suchen Sie eine Zielscheibe, die in etwa der Perspektive der Brücke entspricht. Dazu navigieren Sie zum Zeitpunkt 02:00. Hier bieten sich mehrere

Zielscheiben an. Wählen Sie eine etwas weiter hinten liegende wie in der Abbildung ❶.

◂ **Abbildung 15.60**
Wir wählen ein Bull's Eye, das perspektivisch in etwa passend zur Brücke liegt.

**Arbeitsbereich trimmen**
Bei der Analyse wird immer die gesamte Komposition analysiert. Um kürzere Sequenzen des Videos zu analysieren, stellen Sie zuerst den Arbeitsbereich auf die gewünschte Dauer, klicken dann mit der rechten Maustaste in die Arbeitsbereichsleiste und wählen KOMPOSITION AUF ARBEITSBEREICH TRIMMEN.

### 3 Schattenfänger, Kamera und Licht

Für den Text, der auf der Brücke landen soll, benötigen wir eine Beleuchtung und eine Ebene, die den Schatten des Textes abbildet, sowie nicht zuletzt eine Kamera, die die Bewegung der Videokamera unserer Aufnahme nachahmt. Dies ist ganz einfach: Klicken Sie mit der rechten Maustaste auf unsere erwählte Zielscheibe. Im Kontextmenü wählen Sie SCHATTENFÄNGER, KAMERA UND LICHT ERSTELLEN, und im Nu erhalten Sie die gewünschten drei Ebenen.

**Nur Schattenfänger**
Der Schattenfänger bzw. Tiefenfänger ist nichts weiter als eine Farbfläche mit aktivierter 3D-Option, für die unter MATERIALOPTIONEN bei EMPFÄNGT SCHATTEN die Option NUR gewählt wurde.

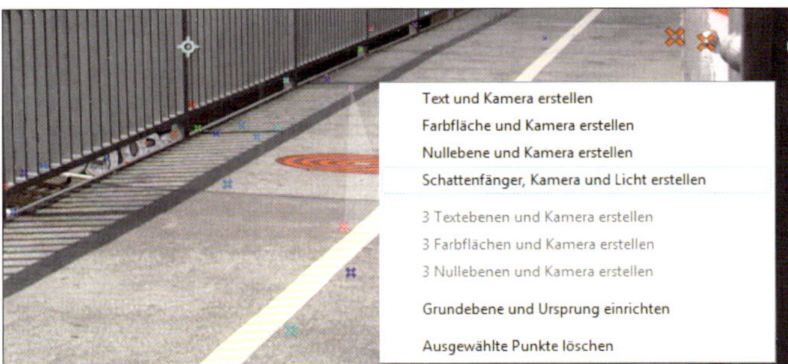


◂ **Abbildung 15.61**
Per rechter Maustaste erschaffen Sie getrackte Objekte.

Im Kompositionsfenster sehen Sie von den Ebenen erst einmal gar nichts. Das liegt daran, dass für die Schattenebene noch kein Objekt existiert, das Schatten werfen könnte. Manchmal ist es hilfreich, die Schattenebene auch sehen zu können. Dazu können Sie die Ebene »Tiefenfänger« öffnen und dort temporär in den Materialoptionen bei EMPFÄNGT SCHATTEN von NUR auf EIN umschalten. Später stellen Sie die Option aber unbedingt wieder zurück. Übrigens sehen Sie die Ebene auch immer dann, wenn Sie statt mit dem Renderer KLASSISCH 3D mit CINEMA 4D arbeiten.

Klicken Sie, um den Text zu erstellen, ein zweites Mal die Video-Ebene an, wählen Sie wieder mit der rechten Maustaste die vorhin aktivierte Zielscheibe, und suchen Sie aus dem Kontextmenü den Eintrag TEXT ERSTELLEN.

**Abbildung 15.62 ▸**
Um den Text zu erstellen, wählen Sie die zuvor gewählte Zielscheibe erneut aus.

Wenn Sie das Video jetzt in endgültiger Qualität anschauen, klebt der Text fest auf der Brücke und sollte perfekt jede Kamerabewegung mitmachen. Der Tracker hat dafür in der Kameraebene etliche Keys geschaffen. Noch liegt der Text auf der Brücke wie eine weggeworfene Bierbüchse und ohne Schatten wie der Teufel. Das ändern wir noch, aber zuvor kommen wir zu den Einstellmöglichkeiten des 3D-Kameratrackers.

**Abbildung 15.63 ▸**
Alle Ebenen werden automatisch generiert, und die Kamera erhält passende Keys.

### 4 Effekteinstellungen des 3D-Kameratrackers

Für den Fall, dass die automatische Analyse des Trackers keine passenden Ergebnisse liefert, können Sie unter EINSTELLUNGSART ❶ wählen, ob Ihr Material mit einem festen horizontalen Blickwinkel, einem variablen Zoom oder einem speziellen Blickwinkel aufgenommen wurde. Sobald Sie hier etwas ändern, beginnt der Tracker, an einer neuen Lösung zu tüfteln.

Unter TRACK-PUNKTE ANZEIGEN ❷ können Sie die Punkte mit 2D QUELLE ohne Perspektive oder mit 3D AUFGELÖST perspektivisch anzeigen lassen.

Die Option TRACK-PUNKTE RENDERN ❸ verwenden Sie, wenn Sie die Punkte im Zeitverlauf beobachten wollen, um sie beispielsweise mit einem anders analysierten Video zu vergleichen. Aber Vorsicht! Hierbei bleiben die Punkte auch nach der Endausgabe sichtbar!

**Tracker verwirrt**

Sich bewegende Objekte können den Tracker verwirren. Markieren Sie ungünstige Track-Punkte, und löschen Sie sie per [Entf]-Taste. Gegebenenfalls rendern Sie die Track-Punkte zuvor, um ungünstige Punkte zu erkennen.

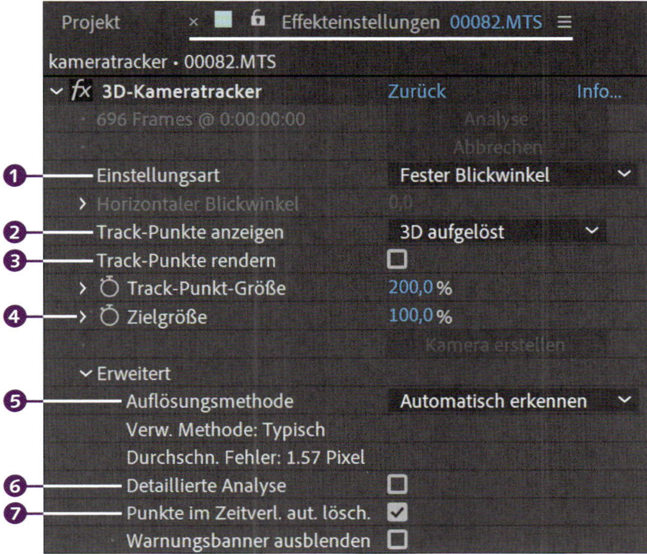


◂ **Abbildung 15.64**
Der 3D-Kameratracker und seine Optionen

Die ZIELGRÖSSE ❹ ist wichtig, denn sie hat Einfluss auf die Größe des dem Video hinzugefügten Materials. Sie legen hier also schon die Größe des Texts fest, der auf der Brücke erscheinen soll.

Unter ERWEITERT definieren Sie per AUFLÖSUNGSMETHODE ❺ Ihre Kamerabewegung. TYPISCH wählen Sie, wenn Sie weder einen reinen Schwenk noch eine statische Aufnahme gemacht haben, wie im Beispielmovie. Die anderen beiden Optionen dienen der statischen Aufnahme und dem Schwenk. War Ihnen alles zu ungenau, wählen Sie DETAILLIERTE ANALYSE ❻ und denken noch länger über den vorigen Abend nach.

PUNKTE IM ZEITVERLAUF AUTOMATISCH LÖSCHEN ❼ ist eine wichtige Option, wenn Sie bestimmte Punkte in Ihrem Video nicht mittracken wollen. Wenn z. B. ein Flugzeug durch das Video fliegt und mitgetrackt wurde, können Sie an einem Frame die Track-Punkte dafür durch Umrahmen auswählen und mit der Taste `Entf` löschen. Der Tracker versucht dann, alle entsprechenden Punkte im Video zu entfernen. Da ihm das nie gelingt, müssen Sie die unerwünschten Punkte zwar nicht mehr wie früher aus jedem Frame löschen, aber doch noch in einem recht geringen Zeitabstand.

Das WARNUNGSBANNER ist nur das Banner, das Sie schon gesehen haben – nichts Schlimmes.

**Tiefenfänger unverfügbar**
Haben Sie unter TRACK-PUNKTE ANZEIGEN den Eintrag 2D AUFGELÖST gewählt, können Sie nur eine Kamera erstellen, keinen Schattenfänger, da dann keine Perspektivdaten verfügbar sind. Ein manuell erzeugter Text, für den Sie die 3D-Option aktivieren, wird perfekt getrackt.

### 5 Text, Licht und Schatten anpassen

Ab hier sollten Sie zuvor bereits Kapitel 16, »3D in After Effects«, gelesen haben, sonst wird es eventuell zu kompliziert, aber abhalten will ich Sie auch nicht.

Navigieren Sie wieder zum Zeitpunkt 02:00, und markieren Sie die Textebene. Text und Schatten wurden vom Tracker per se als 3D-Ebenen erzeugt, was Sie am kleinen Würfel-Symbol auf diesen Ebenen erkennen. Positionieren Sie das Drehen-Werkzeug (W) genau auf der roten x-Achse des Textes, bis anstelle des Cursors ein kleines x erscheint, und drehen Sie den Text senkrecht. Auf der Y-Achse drehen Sie ihn quer zur Fahrtrichtung des Radfahrers. Per Auswahl-Werkzeug (V) verschieben Sie den Text nach rechts neben den Fahrradweg. Ziehen Sie dazu an je einer der Achsen. Natürlich lässt sich der Text noch editieren. Klicken Sie den Text dazu doppelt in der Zeitleiste an, und wählen Sie in der Zeichenpalette SCHRIFTGRÖSSE, FARBE etc. aus. Ich habe mich für den Text »good luck!« entschieden.

Die Größe der Ebene »Tiefenfänger 1«, also des Schattenfängers, verändern Sie zunächst auf 4.500 Px × 4.500 Px. Markieren Sie dazu die Ebene, und wählen Sie den Menüpunkt EBENE • EINSTELLUNGEN FÜR FARBFLÄCHEN. Da wir später noch eine Maske hinzufügen werden, können wir die Ebene nicht einfach skalieren, da dies zu ungewollten weichen Kanten an den Maskenrändern führt. Verschieben Sie die Ebene noch ähnlich wie in Abbildung 15.65, damit sie den Schatten empfangen kann.

**Abbildung 15.65 ▼**
Den Text editieren, drehen und verschieben Sie. Den Schattenfänger verschieben Sie ebenfalls und vergrößern ihn.

In der Licht-Ebene klappen Sie die LICHTOPTIONEN auf und stellen die SCHATTENTIEFE etwa auf 40 % und die WEICHE SCHATTENKANTE auf 300 Pixel.

Damit der Schatten ähnlich fällt wie der des Geländers, muss das Licht ❶ links vom Text ❷ platziert sein. Dazu wählen Sie am besten eine zweite Kompositionsansicht und verschieben das Licht in der Ansicht von OBEN ❸ wie in der Abbildung.

Letztendlich fällt der Schatten auch auf den Pfeiler im Video, wo er unerwünscht ist. Um dies zu beheben, fügen Sie der Ebene »Tiefenfänger 1« eine Maske hinzu, die Sie im Zeitverlauf animieren. Dazu zeichnen Sie die Maske am Zeitpunkt 00:00 wie in Abbildung 15.67 rund um den Pfeiler und wählen dann für die Maske die Option UMGEKEHRT ❹ in den Ebeneneigenschaften (siehe Abbildung 15.68).

Für diese erste Maskenform setzen Sie am Zeitpunkt 00:00 einen Key bei MASKENPFAD. Alle weiteren Keys entstehen, indem Sie jeweils die Maske an anderen Zeitpunkten anpassen. Günstig ist es, zunächst im Zeitverlauf nach jeder Sekunde einen Key für die Eigenschaft MASKENPFAD zu setzen, indem Sie die Maske an jeder Sekunde an den Pfeiler anpassen. Anschließend justieren Sie die Maske, indem Sie zwischen den Keys gegebenenfalls weitere Anpassungen vornehmen.

Weitere Informationen zu animierten Masken erhalten Sie in Abschnitt 11.4, »Masken-Interpolation«.

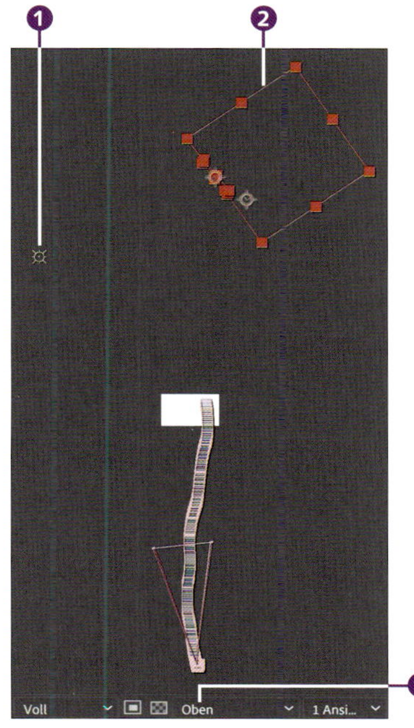


▲ **Abbildung 15.66**
Das Licht ist hier in der Ansicht von OBEN links vom Text platziert.

◀ **Abbildung 15.67**
Eine Maske auf der Ebene »Tiefenfänger 1« verhindert, dass der Schatten auf den Pfeiler fällt.

▲ **Abbildung 15.68**
Im Zeitverlauf habe ich Keys für die Option MASKENPFAD gesetzt. Für die Maske habe ich hier die Option UMGEKEHRT verwendet.

### 6 Null-Objekt tracken und Rauch einfügen

Importieren Sie die Datei »BlackSmokeMasked.mov« der Firma Detonation Films aus dem Ordner MOTION_TRACKING/3DKAMERATRACKER/(FOOTAGEFENSTER). Die Qualität der Datei ist zwar nicht berauschend, da sie nicht für HD-Material geschaffen wurde, aber dafür ist sie kostenlos und unlizenziert verfügbar. Ziehen Sie die Datei in die Zeitleiste, und aktivieren Sie die 3D-Option der Ebene, indem Sie auf das Würfel-Symbol der Ebene klicken. Skalieren Sie die Datei auf 790 % (dadurch wird sie noch pixeliger – zum Üben reicht es aus, falls Sie das aber zu sehr stören sollte, können Sie im Internet nach einem anderen lizenzfreien Video stöbern, das Ihren Vorstellungen entspricht).

Markieren Sie wieder den Effekt 3D-KAMERATRACKER wie zu Anfang des Workshops, und suchen Sie erneut die Zielscheibe, die wir anfangs verwendet haben. Klicken Sie mit der rechten Maustaste darauf, und wählen Sie NULLEBENE ERSTELLEN. Für die Nullebene ist automatisch die 3D-Option aktiviert, und sie folgt der Kamera. Damit der Rauch dies auch tut, ordnen Sie die Nullebene dem Rauch über. Wie Sie Ebenen überordnen, lesen Sie in Abschnitt 8.7, »Parenting: Vererben von Eigenschaften«.

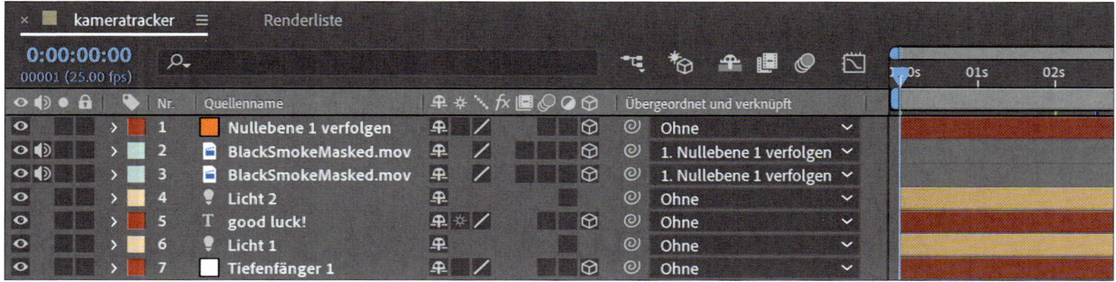


▲ **Abbildung 15.69**
Hier folgen zwei Rauch-Ebenen der Ebene »Nullebene 1«.

Um den Rauch auf der Brücke zu verschieben, bietet es sich an, die Werte bei ANKERPUNKT zu verändern. Ziehen Sie die Werte, und platzieren Sie den Rauch damit hinter dem Schriftzug. Lassen Sie den Rauch am Zeitpunkt 04:01 beginnen, damit der Radfahrer noch durch die Rauchsäule fährt. Gutes Gelingen!

**Abbildung 15.70** ▸
Der Rauch und der Text machen die Kamerabewegung mit.

## 15.4 Verkrümmungsstabilisierung

Den Effekt VERKRÜMMUNGSSTABILISIERUNG nutzen Sie, um nicht allzu stark verwackelte Kameraaufnahmen zu beruhigen oder die Verwacklung ganz zu beseitigen.

Sie fügen den Effekt über die Schaltfläche VERKRÜMMUNGSSTABILISIERUNG in der Tracker-Palette, über EFFEKTE • VERZERRUNG • VERKRÜMMUNGSSTABILISIERUNG oder ANIMATION • VERKRÜMMUNGSSTABILISIERUNG einer markierten Videoebene hinzu. Wie der Effekt 3D-KAMERATRACKER analysiert die VERKRÜMMUNGSSTABILISIERUNG zunächst Ihr Material und bietet dann eine Lösung an. Voreingestellt sind im Effekt unter STABILISIERUNG bei ERGEBNIS die Option RUHIGE BEWEGUNG und bei METHODE die Option SUBSPACE-WARP ❷. Je nach Material verändern Sie diese Einstellungen. Mit der Option KEINE BEWEGUNG ❶ versucht der Effekt, Punkte im Bild vollkommen unverwackelt zu halten. Mit den Methoden POSITION, PERSPEKTIVE und POSITION, SKALIERUNG, DREHUNG werden dementsprechende Kamerabewegungen ausgeglichen, während SUBSPACE-WARP Teile des Bilds verzerrt, um den Frame insgesamt unverwackelt zu halten. Dies führt bei stärkerer Bewegung zu unschönen Verzerrungen. In diesem Fall wechseln Sie zu POSITION, SKALIERUNG, DREHUNG.

Die Option SKALIERUNG BEIBEHALTEN ❸ verhindert, dass der Effekt versucht, Vor- und Rückwärtsbewegungen der Kamera durch Skalierungen auszugleichen. Dies ist besonders bei Flugszenen, die Sie beispielsweise mit einer Drohne aufnehmen, hilfreich.

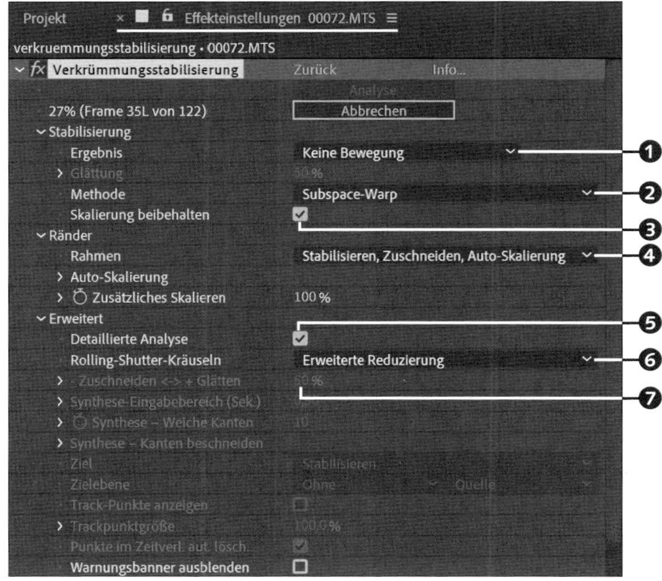


◀ **Abbildung 15.71**
Die Optionen des Effekts VERKRÜMMUNGSSTABILISIERUNG

**Beispiel**

Ein Beispiel finden Sie im Ordner 15_MOTION_TRACKING/VERKRUEMMUNGSSTABILISIERUNG im Projekt »Verkruemmungsstabilisierung.aep«.

Unter RAHMEN ❹ können Sie gut erkennen, was der Effekt eigentlich macht. Ist NUR STABILISIEREN gewählt, wackelt der Rahmen um die Aufnahme herum, anstatt dass die Aufnahme im Rahmen wackelt. Bei STABILISIEREN, ZUSCHNEIDEN wird der Bereich festgelegt, der noch ohne wackeligen Rand dem Seitenverhältnis des Formats entspricht; kommt AUTO-SKALIERUNG hinzu, skaliert der Effekt das Bild, damit es ins Format passt. Mit STABILISIEREN, KANTEN SYNTHETISIEREN versucht der Effekt, den fehlenden Randbereich durch Bildinformationen aus vorherigen und nachfolgenden Frames auszugleichen.

Unter ERWEITERT setzen Sie gegebenenfalls ein Häkchen bei DETAILLIERTE ANALYSE ❺ und verwenden unter ROLLING-SHUTTER-KRÄUSELN die ERWEITERTE REDUZIERUNG ❻, wenn senkrechte Linien verzerrt erscheinen. Die Option ZUSCHNEIDEN <-> + GLÄTTEN ❼ ist nur bei der Option RUHIGE BEWEGUNG aktiv und sorgt bei geringeren Werten für einen geringeren Kantenbeschnitt. Auch die Option NUR STABILISIEREN kann den Beschnitt verringern.

**Abbildung 15.72 ▸**
Mit der Option NUR STABILISIEREN sehen Sie, wie der Effekt das Bild dreht, skaliert und verschiebt, um die Kamerabewegung auszugleichen.

### 15.4.1 Kamerabewegung synchronisieren

Mit dem Effekt VERKRÜMMUNGSSTABILISIERUNG können Sie die Kamerabewegungen in einem Clip auf ein anderes Objekt oder einen anderen Hintergrund übertragen und so ein nahezu perfektes Compositing von Objekten und Personen erreichen, die nie zuvor in der Aufnahme vorhanden waren.

Im Beispiel in Abbildung 15.73, das sich auch im Beispielmaterialordner Projekt »Kamerasynchron.aep« in den Beispielmaterialien zu diesem Kapitel befindet, gibt es einen verwackelten Schwenk, wie er bei Aufnahmen mit Handkameras vorkommt. Dort wurde eine Darstellerin eingefügt, die mit Stativ aufgenommen wurde. Die Kamerabewegung des Schwenks musste also mit der Stativaufnahme synchronisiert werden. (Wie ich die Darstellerin freigestellt habe, erfahren Sie übrigens im Abschnitt 12.5.1, »Differenzmaske«.)

**Track-Punkte anzeigen**

Unter ERWEITERT finden Sie im Effekt die Option TRACK-PUNKTE ANZEIGEN. Dies ist genau wie beim Effekt 3D-KAMERATRACKER. Sie können unerwünschte Punkte im Kompositionsfenster umrahmen und per [Entf] löschen. Ist zusätzlich PUNKTE IM ZEITVERLAUF AUTOMATISCH LÖSCHEN aktiviert, müssen Sie das nur noch in größeren Zeitabständen tun und nicht frameweise.

Nachdem beide Videos in der Komposition platziert waren, habe ich auf das Video »Schwenk« den Effekt VERKRÜMMUNGSSTABILISIERUNG angewendet. Nach der Analyse habe ich im Effekt unter ERWEITERT bei ZIEL die Option BEWEGUNG ÜBER ORIGINAL AUF ZIEL ANWENDEN ❶ gewählt und unter ZIELEBENE das Movie »Darstellerin.mov« ❷. Die andere Option, BEWEGUNG AUF ZIEL ANWENDEN, bewirkt, dass das Original-Movie, also der Schwenk, später ausgeblendet wird.

Der Effekt überträgt dann die Inhalte des Movies »Darstellerin« in das Movie »Schwenk.mp4«, daher habe ich die Originaldarstellerin ausgeblendet. Die Kamerabewegungen werden perfekt auf das Movie übertragen, so dass nicht wahrnehmbar ist, dass es sich um zwei verschiedene Aufnahmen handelt. – Wer da noch glaubt, was er selbst gesehen hat …

Nur eines ist seltsam: Der Effekt verkürzt das eingefügte Video der Darstellerin. Ob es am Schwenk liegt? Offenbar wird auch die Geschwindigkeit der Aufnahmen einander angeglichen.

▼ **Abbildung 15.73**
Kamerabewegungen verwackelter Aufnahmen werden perfekt aneinander angepasst.

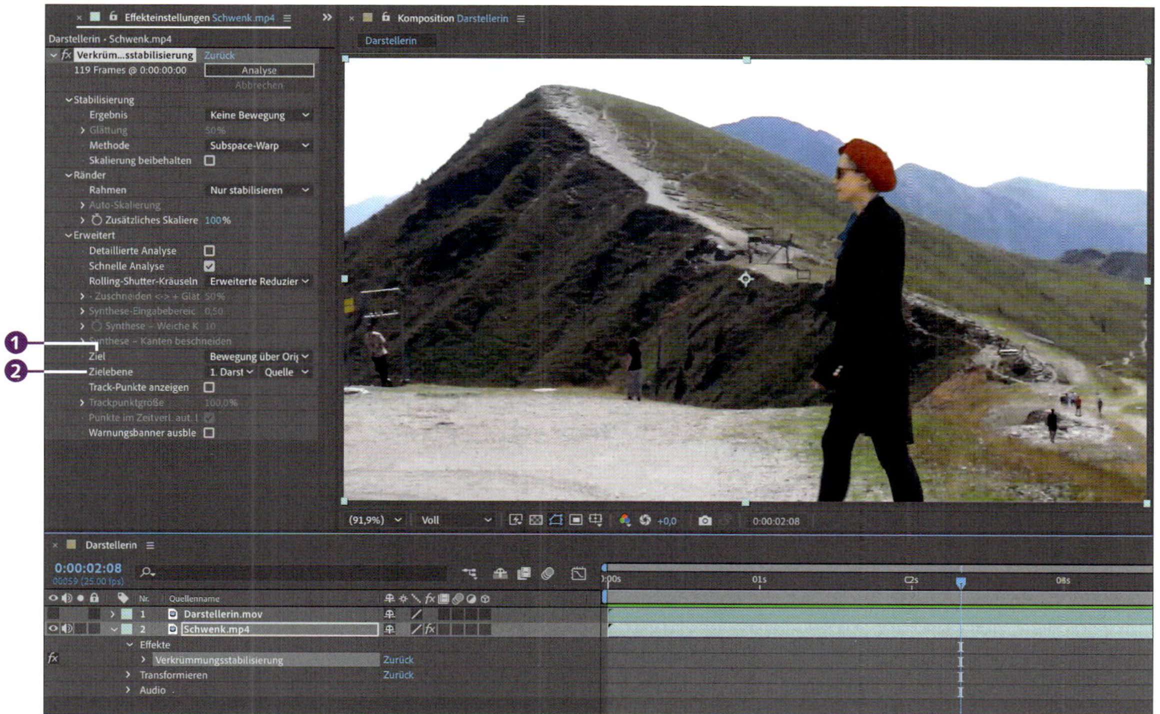


## 15.4.2 Effekte synchronisieren

Um Effekte mit verwackeltem Material zu synchronisieren, die selbst nur auf einen Bereich wirken, der durch ihre Position bestimmt ist, wie es beispielsweise bei dem Effekt CC LIGHT RAYS der

Fall ist, müssen Sie Folgendes tun: Fügen Sie den Effekt Verkrümmungsstabilisierung der Videoebene hinzu, und wählen Sie unter Erweitert bei Ziel die Option Umkehrbare Stabilisierung. Dann duplizieren Sie den Effekt und wählen im Duplikat an gleicher Stelle Stabilisierung umkehren. Nach dem Analysevorgang wenden Sie den zu synchronisierenden Effekt an und platzieren ihn im Effektfenster zwischen den beiden Stabilisieren-Effekten. Er macht danach alle Verwackler mit. Ein Beispiel dazu befindet sich im Ordner 15_Motion_Tracking/Verkruemmungsstabilisierung im Projekt »Verkruemmungsstabilisierung.aep«.

### 15.4.3 Schärfen von Kamerawacklern

Der Effekt Schärfen von Kamerawacklern ist in diesem Kapitel gelandet, da die Anwendung oft nach der Nutzung des Effekts Verkrümmungsstabilisierung hilfreich ist, um unscharfen Frames im Video mehr Schärfe zu verleihen.

Zur Anwendung navigieren Sie mit der Zeitmarke durch das Video und setzen dort, wo Sie einen unscharfen Frame entdecken, mit der Tastenkombination [⇧]+[0], [⇧]+[1] etc. Kompositionszeitmarken oder ziehen diese am Rand heraus ❶.

**Abbildung 15.74 ▼**
Unscharfe Frames markieren Sie durch Kompositionszeitmarken.

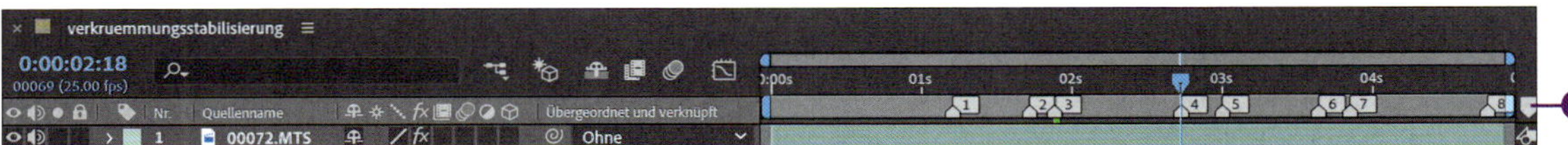


Wenden Sie anschließend via Effekte • Weich- und Scharfzeichnen den Effekt Schärfen von Kamerawacklern auf Ihr Video an. Der Effekt analysiert sofort die Aufnahme und schärft an den Kompositionszeitmarken die Frames, so gut er kann. Sind die Ergebnisse unbefriedigend, wählen Sie bei Weichzeichner-Dauer und/oder der Verwacklungsempfindlichkeit höhere Werte. Bevor Sie den Wert bei Stärke erhöhen, testen Sie erst, ob Sie bessere Ergebnisse erzielen, wenn Sie den Effekt duplizieren. Dazu wählen Sie den Effekt im Effektfenster und wählen [Strg]+[D].

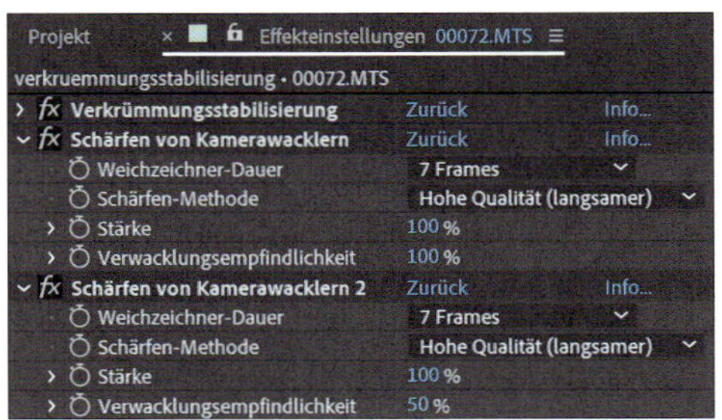


**Abbildung 15.75 ▶**
Um die Qualität zu verbessern, kann der Effekt dupliziert werden.

## 15.5 Mocha

Während der althergebrachte in After Effects integrierte Motion-Tracker pixelbasiert arbeitet, kommt im inzwischen ebenfalls integrierten Mocha ein flächenbasiertes Tracking zum Einsatz. Sieht man von dem After-Effects-Masken-Tracker einmal ab, verfolgt der klassische After-Effects-Tracker also Pixel im Videomaterial und ist somit anfällig für jegliche Störungen wie Artefakte, Unschärfen und verdeckte oder außerhalb des Bildes geratene Pixel, die eigentlich verfolgt werden sollen. Da Mocha nicht die Pixel, sondern die Form des Objekts verfolgt, werden die meisten Fehler ausgeschlossen, und das Tracking geht schneller und ist präziser. Die gewonnenen Tracking-Daten können Sie dann sofort innerhalb von After Effects verwenden, um beispielsweise anderes Material genau ins Video einzupassen.

**Boris FX**
Weitere Informationen zur Firma Boris FX und Mocha finden Sie unter *www.borisfx.com*.

### Schritt für Schritt
### Eckpunkte verfolgen mit Mocha

Im folgenden Workshop werden Sie die Umgangsweise mit Mocha erlernen. Die Dateien für den Workshop sowie die fertigen Mocha- und After-Effects-Projekte zur Kontrolle finden Sie im Ordner 15_Motion_Tracking/Mocha.

#### 1 Vorbereitung

Kopieren Sie die Datei »Mobile.mp4« aus dem Ordner 15_Motion_Tracking/Mocha der Beispielmaterialien, und legen Sie sie in einem eigenen Ordner ab. Importieren Sie die Datei in After Effects, und ziehen Sie sie dort auf das Kompositionssymbol im Projektfenster, um eine Komposition mit passender Größe und Dauer zu schaffen. Sie erhält automatisch den Titel »Mobile«.

Die benötigten Dateien für diesen Workshop finden Sie unter Beispielmaterial/15_Motion_Tracking/Mocha

#### 2 Erste Einstellungen in Mocha

Markieren Sie nun die Datei in der Zeitleiste, und wählen Sie dann Animation • Track in Boris FX Mocha, oder Sie suchen im Menü Effekte den gleichnamigen Eintrag. Im Effektfenster erscheint der Effekt Mocha AE. Um in Mocha zu arbeiten, klicken Sie auf das wie eine Kaffeemaske wirkende Icon unter Launch Mocha AE und werden nun zu Mocha weitergeleitet. Hier lesen Sie sich zunächst aufmerksam die Werbung zu weiteren Produkten von Boris FX durch und klicken dann nach Verlassen dieser Seite im nächsten Fenster auf Start ❶ (Abbildung 15.77). Mocha startet mit dem Arbeitsbereich Essentials. Wechseln Sie für den Workshop auf den Bereich Classic ❷.

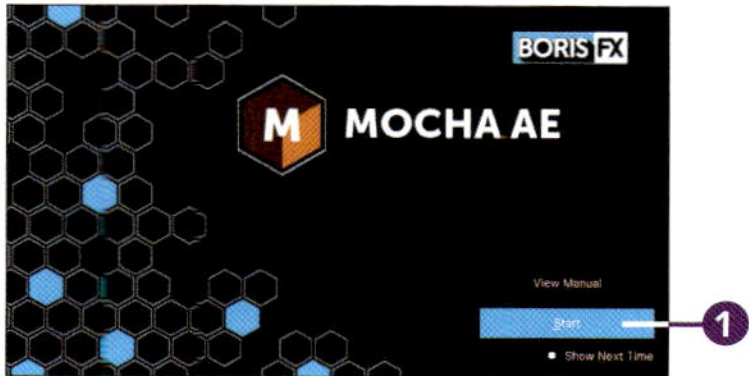


▲ **Abbildung 15.76**
So begrüßt Sie Mocha.

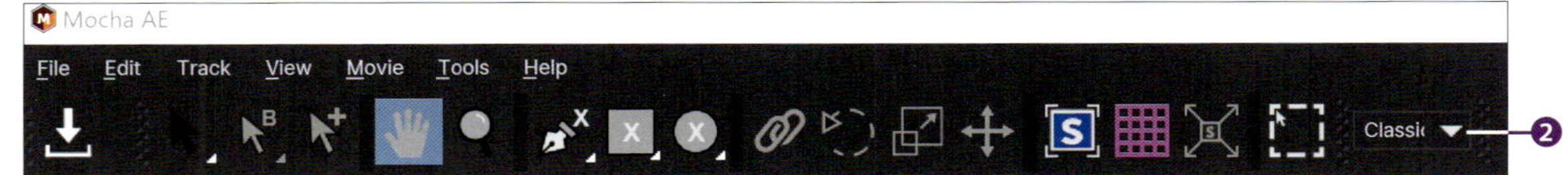


▲ **Abbildung 15.77**
Über die Mocha-Werkzeugleiste wechseln Sie zur klassischen Ansicht des Trackers.

Schauen wir uns zuerst ein paar Voreinstellungen an. Sie erreichen sie über FILE • PREFERENCES.

- OUTPUT SETTINGS: In dieser Karte legen Sie das Intervall für das automatische Speichern fest und können bei AUTOSAVE DIRECTORY per CHOOSE ❸ den Speicherort dafür festlegen. Dies legt den Pfad fest, der maßgeblich ist, wenn Sie Ihr Projekt über FILE • SAVE PROJECT speichern. Unter CACHE DIRECTORY wählen Sie den Ort, wo Mocha temporär Projektdaten ablegt.

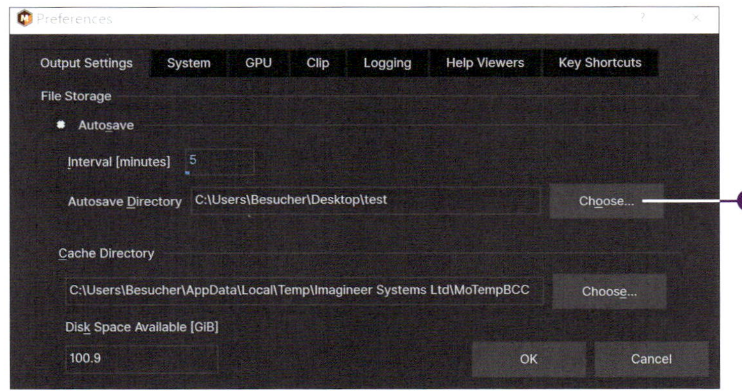


**Abbildung 15.78** ▶
In den Preferences legen Sie die Ausgabeeinstellungen für das Projekt fest.

- CLIP: In dieser Karte werden Grundeinstellungen zum zu bearbeitenden Clip zusammengefasst. Unter FPS ❹ wählen Sie die Framerate passend zu Ihrem After-Effects-Projekt. Da meist mit PAL gearbeitet wird und unser Clip ebendiese Rate verwendet, ändern Sie den Eintrag dort auf 25. Unter CUSTOM PAR ❺ können Sie ein anderes Standard-Pixelseitenverhältnis wählen. Belassen Sie es vorerst bei der eingetragenen Zahl 1. Mit TIMECODE und FRAMES ❻ können Sie zwischen der Anzeige nach Stunden, Minuten und Sekunden und der Anzeige in Frames wechseln, und mit FIXED FRAME OFFSET können Sie einen Zeitversatz z. B. zum Startframe eingeben.
- SEPARATE FIELDS ❼: Falls das Material aus Halbbildern besteht, wählen Sie hier den Eintrag LOWER FIELD FIRST oder UPPER FIELD FIRST. Da es sich im Workshop um Material ohne Halbbilder handelt, aktivieren Sie den Punkt gar nicht erst.

**Schnelle Festplatte**

Sie sollten als Speicherorte für die Mocha-Dateien in jedem Falle immer eine schnelle Festplatte mit viel Platz auswählen, da Mocha Daten schreibt, die durchaus den dreifachen Platz Ihres Originalclips belegen können. Durch diese Daten sichert Mocha eine hohe Wiedergabegeschwindigkeit des Clips im Programm.

Beenden Sie den Dialog mit OK.

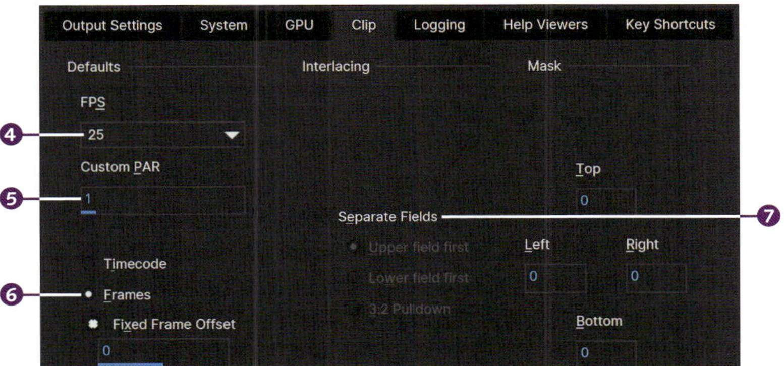


◀ **Abbildung 15.79**
In der Karte CLIP legen Sie Grundeinstellungen für den Clip fest.

## 3 Der Clip in Mocha

Der Film wird nun im Bildfenster innerhalb von Mocha angezeigt. Wenn der Clip nicht zentriert angezeigt wird, drücken Sie die Taste X und verschieben den Clip dann mit der Hand.

Jetzt können Sie den Clip einmal mit den Steuerungen unter dem Bildfenster ⑪ abspielen; Sie sehen, dass das Material manchmal etwas unscharf ist, Artefakte aufweist und das Mobiltelefon sich dreht, verkleinert und vergrößert.

▼ **Abbildung 15.80**
Im Bildfenster steuern Sie den Clip oder beschneiden ihn.

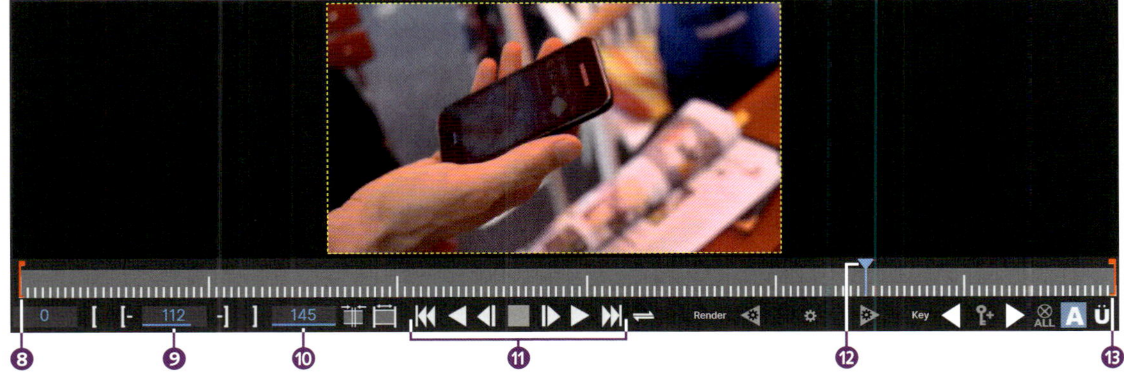


Außer mit der üblichen Steuerung können Sie schnell durch das Material spulen, indem Sie die Marke ⑫ ziehen. Mit den roten Markierungen ⑧ und ⑬ beschneiden Sie das Material am Anfang und am Ende, wenn Sie nicht den ganzen Clip tracken wollen. Die Zahlenfelder ⑨ und ⑩ dienen dem gleichen Zweck. Wir wollen aber den ganzen Clip.

## 4 Objekt separieren

Damit der Tracker weiß, was er verfolgen soll, legen wir einen Rahmen oder besser einen Maskenpfad um das zu verfolgende Objekt an. Ziehen Sie die Zeitmarke auf den Frame 0, und klicken Sie dann auf CREATE X-SPLINE LAYER TOOL ②.

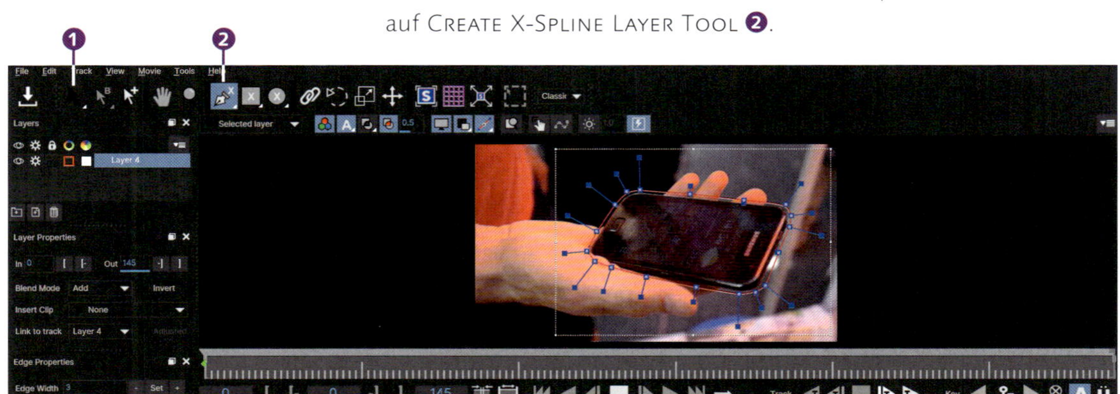

▲ **Abbildung 15.81**
Im Bildfenster zeichnen Sie mit dem X-SPLINE TOOL eine Art Maske um das Mobiltelefon.

Zeichnen Sie damit Klick für Klick einen Pfad um das Mobiltelefon. Machen Sie das nicht zu genau – der Pfad soll ein wenig Abstand zu den Objekträndern haben. Damit der Tracker besser arbeitet, setzen Sie auch bei geraden Objektkanten ein paar Punkte mehr. Richten Sie sich im Zweifel nach der Abbildung. Wenn Sie in die Nähe des Anfangspunkts kommen und die Maske beenden möchten, klicken Sie mit der rechten Maustaste.

Anschließend bearbeiten Sie gegebenenfalls den Pfad mit dem PICK TOOL ①. Klicken Sie damit auf Punkte, und verschieben Sie sie bei Bedarf. Wenn Sie den blauen Anfasser an einem Punkt verkürzen, erhalten Sie an dieser Stelle einen stärker gebogenen Pfad, beim Verlängern wird der Pfad eckig.

### 5 Flächen ausschließen

Problematisch für den Tracker können die auf dem Display des Mobiltelefons erscheinenden Reflexionen werden. Wir werden den größeren Teil dieser Fläche also aus der schon geschaffenen Maske aussparen.

Dazu wählen Sie das Werkzeug ADD X-SPLINE TO LAYER. Um es zu erhalten, müssen Sie etwas länger auf das eben verwendete CREATE X-SPLINE LAYER TOOL klicken oder wählen einfach Strg+G. Damit umranden Sie die Bildteile, die der Tracker ignorieren soll. Zeichnen Sie im ersten Frame eine Maske in der Größe des Displays. Diesmal benötigen wir allerdings nur die vier Eckpunkte. Klicken Sie dazu in jede Ecke, und schließen Sie den Pfad wieder mit der rechten Maustaste. Das fertige Rechteck hat abgerundete Ecken.

Wir ändern das, indem wir mit dem Pick Tool auf einen Eckpunkt klicken. Drücken Sie dann die rechte Maustaste, und wählen Sie aus dem Einblendmenü die Option Selection • Select All in Spline. Ziehen Sie an dem blauen Anfasser eines Punktes, bis der Pfad an allen vier Punkten eckig ist. Klicken Sie die einzelnen Eckpunkte noch einmal durch, und justieren Sie sie gegebenenfalls genauer in die Ecken.

▼ **Abbildung 15.82**
Um die Reflexionen des Displays beim Tracking auszuschließen, umranden Sie es mit einer weiteren Maske.

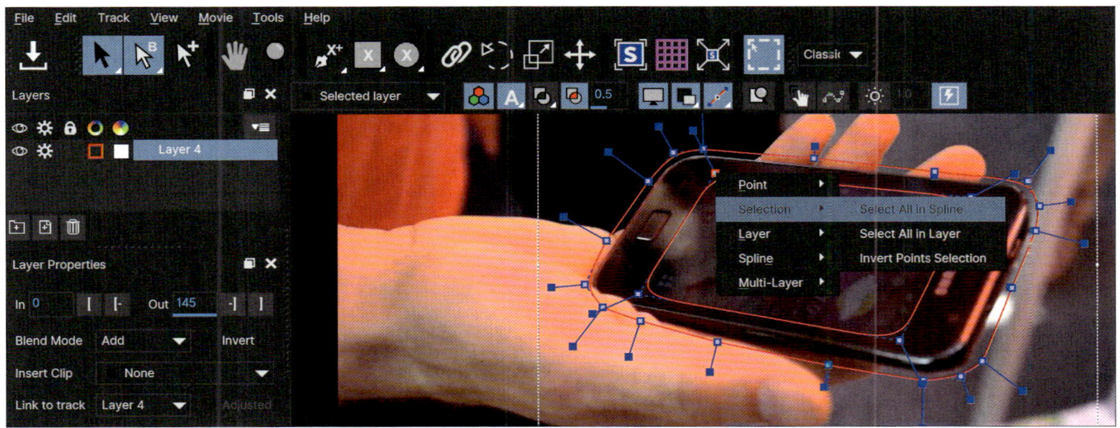


Zur Kontrolle dessen, was wir gemeinsam fabriziert haben, demarkieren Sie alle Punkte und klicken oben, direkt über dem Bildfenster, auf die Schaltfläche Show layer Mattes ❸. Sie sehen, das Display ist in der Matte ausgespart.

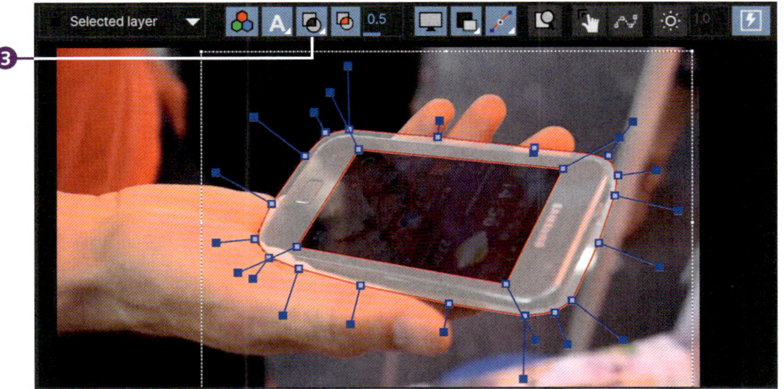


◀ **Abbildung 15.83**
Zur Kontrolle blenden Sie die fertige Matte farbig ein.

### 6 Tracking starten

Öffnen Sie im unteren Teil die Karte Track. Falls sie ausgegraut dargestellt ist, klicken Sie mit dem Pick Tool auf einen der Maskenpfade. Setzen Sie unter Motion ein Kreuz bei Perspective ❶ (Abbildung 15.84).

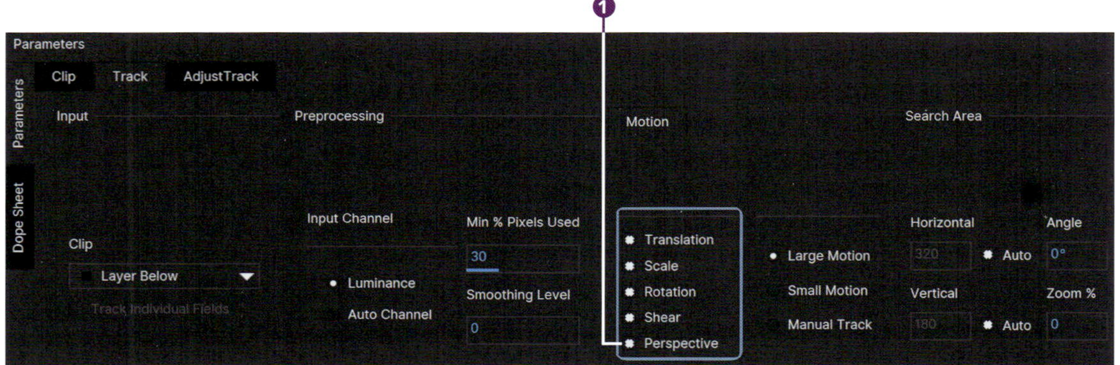


▲ **Abbildung 15.84**
In der Karte TRACK justieren Sie die Tracker-Einstellungen.

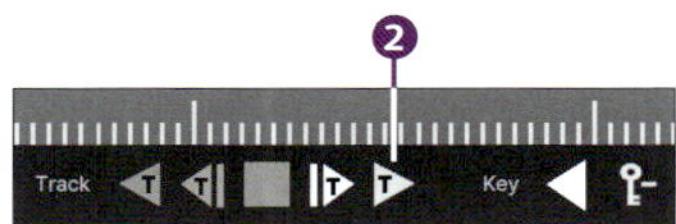


▲ **Abbildung 15.85**
Starten Sie das Tracking mit den Tracker-Steuerungen.

Jetzt können Sie das Tracking starten. Klicken Sie dazu auf die Schaltfläche TRACK FORWARDS ❷. Und nun können Sie sich wieder Ihrem Kollegenschwätzchen oder Ihrer Familie widmen oder mit Warren Buffet über gewinnbringende Anlagestrategien nachdenken.

### 7 Daten für Eckpunkte

Um in After Effects unser Tracking so verfügbar zu machen, dass wir ein anderes Bild auf das Display »kleben« können, müssen Sie noch festlegen, wo das Display sich überhaupt befindet. Sie haben dies noch nicht mit der zuletzt gezeichneten Maske getan, denn diese dient nur dazu, das Display für den Tracker auszusparen, damit die Reflexionen nicht zu Fehlern führen. Klicken Sie also oben auf die Schaltfläche SHOW PLANAR SURFACE ❸. Es wird ein blauer Rahmen eingeblendet, der nun die Eckpunkte des einzufügenden Materials für After Effects definiert.

Mit dem PICK TOOL positionieren Sie im ersten Frame die Punkte des Rechtecks genau in den Ecken des Displays.

Zur Vorschau des Endergebnisses klicken Sie auf die Schaltfläche SHOW PLANAR GRID ❹. Das eingeblendete Gitter bewegt sich beim Abspielen des Clips perspektivisch richtig zur Display-Oberfläche.

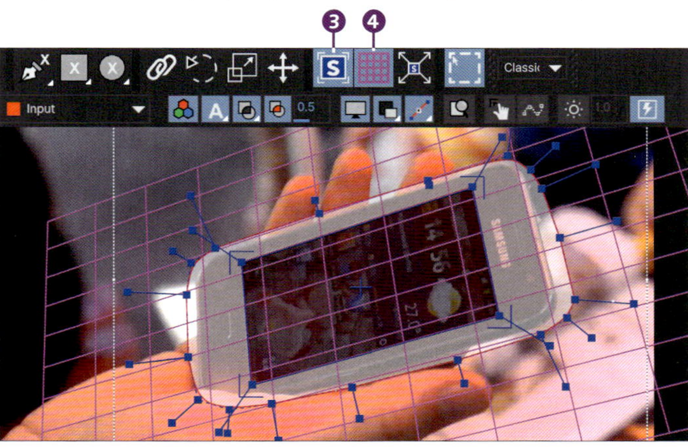


**Abbildung 15.86** ▶
Um Eckpunktdaten für After Effects zu erhalten, müssen Sie den Surface-Rahmen einrichten.

## 8 Adjust Track

Sollte das Surface an den Eckpunkten noch nicht ausreichend genau auf das Display passen, navigieren Sie mit der Zeitmarke zunächst bis zu dem letzten Frame, der noch ausreichend genau war. Klicken Sie jetzt auf die Karte ADJUST TRACK. Klicken Sie dann im Bildfenster einen Eckpunkt des Surface-Rahmens an. Jetzt können Sie durch Klick auf SET MASTER für den jeweils markierten Eckpunkt des Surface einen Keyframe setzen, der für alle nachfolgenden Keyframes als Referenzpunkt dient. Mit SET MASTER ALL legen Sie alle Punkte des Surface als Referenzpunkte fest. In der Zeitleiste wird dadurch ein Keyframe eingefügt ❻, und im Bildfenster erscheinen vier Referenzpunkte (rote Kreuze). Diese dienen als Referenz, wo die Surface-Eckpunkte noch perfekt eingerichtet waren. Alles, was danach kommt, wird sich nun daran messen lassen müssen.

Navigieren Sie anschließend zu einem Frame, bei dem der Surface-Rahmen nicht hundertprozentig auf das Display passt. Klicken Sie mit dem PICK TOOL auf einen der gedrifteten Eckpunkte. Im Bildfenster werden zusätzlich zwei Vergrößerungen des Eckpunkts eingeblendet ❺. Davon ist die obere Darstellung die Ihres Master Frames (also dort, wo der Key gesetzt wurde), und die untere zeigt den Eckpunkt am aktuellen Frame.

**Set Master All**

Mit SET MASTER ALL setzen Sie einen neuen Referenz-Keyframe für alle enthaltenen Referenzpunkte, auf den sich wieder nachfolgende Änderungen beziehen. Mit SET MASTER geschieht das Gleiche für den aktuell markierten Referenzpunkt.

**Keyframes löschen**

Dazu navigieren Sie in den entsprechenden Frame und betätigen die Schlüssel-Schaltfläche ❼. Befindet sich die Zeitmarke gerade nicht auf einem Keyframe, erhält der Schlüssel ein Pluszeichen und sie können einen Keyframe hinzufügen. Alle Keyframes löschen Sie via ALL ❽.

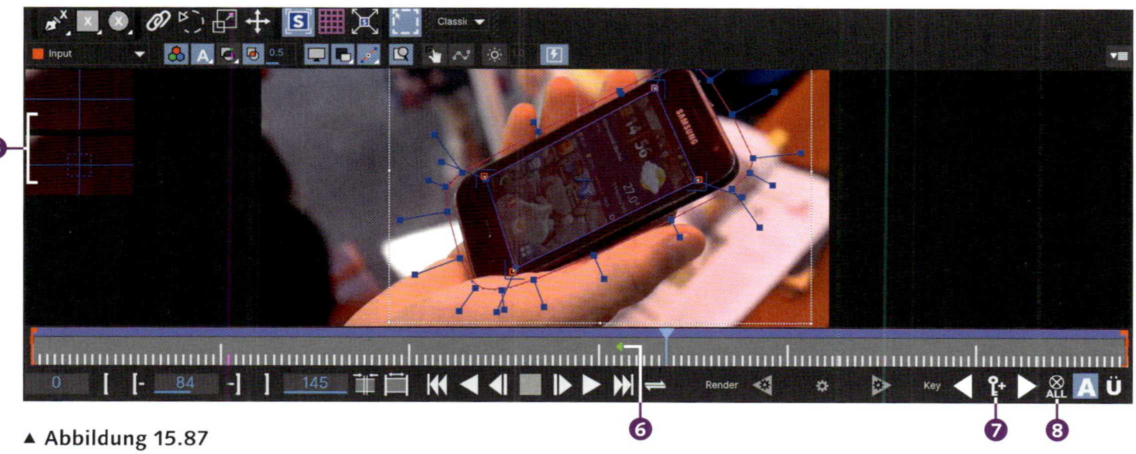


▲ **Abbildung 15.87**
Um das Surface haargenau auf das Display einzupassen, korrigieren Sie mittels Referenzpunkten und Keyframes.

Jetzt korrigieren Sie entweder manuell oder automatisch: manuell, indem Sie den Punkt anklicken und per Maus dem Master anpassen; automatisch, indem Sie ihn anklicken und dann in der Karte ADJUST TRACK auf die Schaltfläche AUTO ❶ (Abbildung 15.88) klicken. Mocha erledigt das dann für Sie, und Sie erhalten in jedem Falle einen neuen grünen Key in der Zeitleiste.

**Reference-Point-Linien**

Die Referenzpunkte sind durch gestrichelte Linien miteinander verbunden. Erscheinen diese grün, sind die Referenzpunkte gut platziert, bei Rot sind sie schlecht platziert und bei Gelb mittelmäßig.

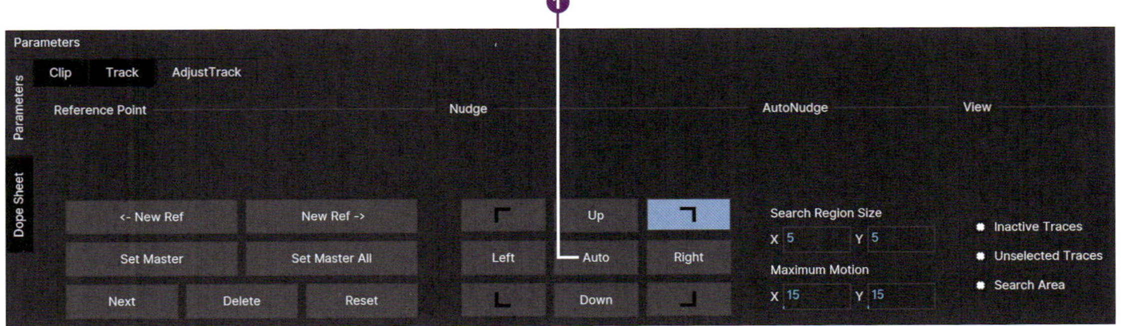


▲ **Abbildung 15.88**
Mit der Schaltfläche AUTO ist das Korrigieren ein Kinderspiel.

**MochaImport+**
Ein komfortableres Arbeiten bietet der 50-Dollar-Helfer MochaImport+, der es beispielsweise ermöglicht, After-Effects-Masken in Mocha zu öffnen und dort zu tracken oder den Eckpunkte-Effekt für gekrümmte Oberflächen zu verwenden. Siehe *http://aescripts.com/mochaimport/*.

So fahren Sie fort, bis alle gedrifteten Punkte korrigiert sind. Für eine solche Korrektur müssten Sie mit dem After Effects Motion-Tracker entweder das Tracking wiederholen oder die Track-Punkte auf jedem einzelnen Frame anpassen.

Bevor wir nun die Tracking-Daten in After Effects verwenden, können Sie Ihr fertiges Projekt dauerhaft sichern. Dazu wählen Sie FILE • EXPORT PROJECT. Es wird ein Projekt mit der Endung ».mocha« generiert.

### 9 Verwendung in After Effects

Kehren Sie nun zum After-Effects-Projekt mit dem importierten Clip zurück, indem Sie Mocha via FILE • EXIT verlassen.

Klicken Sie in der Ebene »Mobile« doppelt auf den Effekt MOCHA AE, um ihn im Effektfenster zu öffnen. Sie finden dort die Einträge MATTE und TRACKING DATA. Öffnen Sie den Eintrag TRACKING DATA. Hier finden Sie die Einträge für Eckpunkte (TOP LEFT, TOP RIGHT, BOTTOM LEFT, BOTTOM RIGHT) sowie für einen Center-Punkt, dessen Rotation und für die Skalierung des verfolgten Bereichs.

Noch sind die Tracking-Daten nicht in die entsprechenden Werte übertragen. Sie ändern das schnell mit einem Klick auf die Schaltfläche CREATE TRACK DATA ❷. Im darauffolgenden Fenster setzen Sie das Einstellungsrädchen ❸ vor dem Layer. Der Layer ist die von Ihnen zuvor in Mocha gezeichnete Maske. Nach dem OK finden Sie alle Tracking-Daten in der Zeitleiste des Movies. Dort nutzen sie noch nicht viel, aber Sie können sie gleich auf eine andere Datei anwenden.

Foto links: © Marion Botella, unsplash.com

**Abbildung 15.89** ▶
Das kleinere Foto links soll in das Display des Mobiltelefons rechts eingepasst werden.

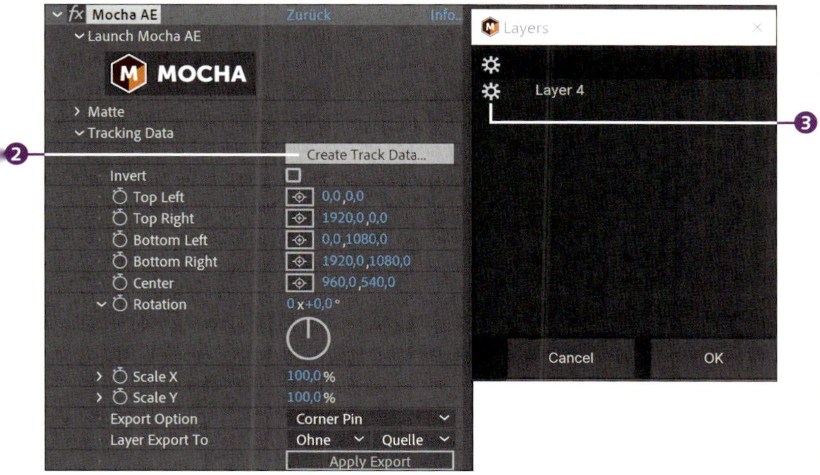

**◂ Abbildung 15.90**
Im Effekt MOCHA AE klicken Sie auf CREATE TRACK DATA und …

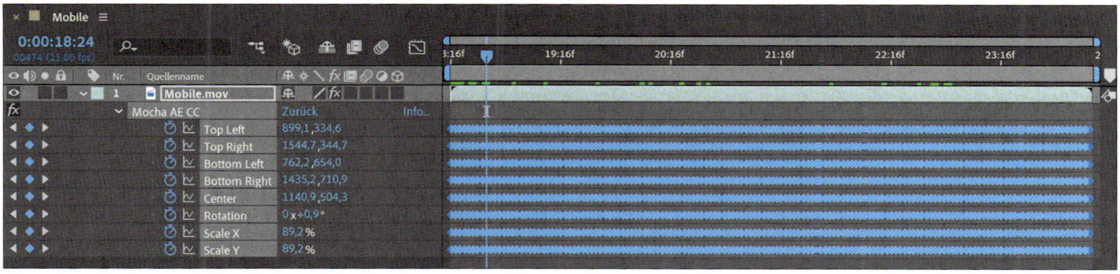

**▾ Abbildung 15.91**
… erhalten sämtliche getrackten Daten aus Mocha.

### 10 Neues Material ins Movie integrieren

Importieren Sie die Datei »screen.jpg« aus dem Ordner 15_MOTION_TRACKING/MOCHA, und ziehen Sie sie über das Movie in die Zeitleiste. Um die Tracking-Daten auf die neue Ebene zu übertragen, nutzen Sie im Mocha-Effekt die Option LAYER EXPORT TO ❺ und wählen die Ebene »screen.jpg« dort aus. Mit EXPORT OPTION ❹ haben Sie drei Exportmöglichkeiten.

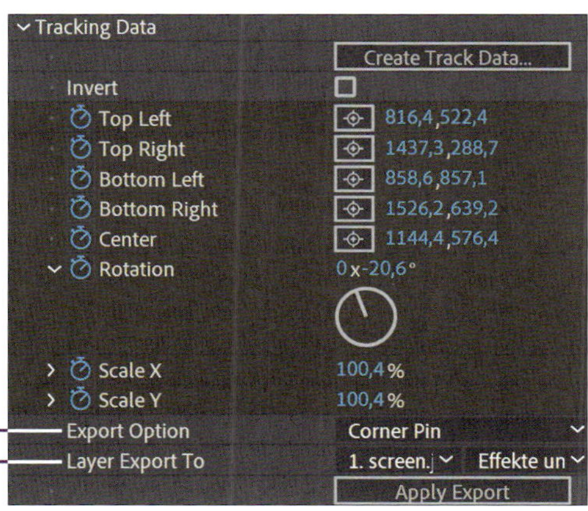


**◂ Abbildung 15.92**
Die Tracking-Daten exportieren Sie auf eine Ebene in der Komposition.

Die erste Option ist Corner Pin: Hier werden nur die Daten für den Effekt Eckpunkte verschieben übertragen. Mit Corner Pin (Support Motion Blur) werden zusätzlich die Daten für Position, Skalierung und Drehung übertragen und mit Transform nur die letztgenannten drei Eigenschaften.

Wählen Sie in unserem Falle Corner Pin, und betätigen Sie die Schaltfläche Apply Export.

Anschließend wird der Ebene »screen.jpg« automatisch der Effekt Eckpunkte verschieben hinzugefügt. Die Daten dafür stammen von dem in Mocha gezeichneten Surface. Auch die Keyframes sind pro Frame eingefügt worden. Nur leider passt das Bild nicht genau auf das Display.

Dies liegt daran, dass das Foto kleiner ist als die Video-Komposition und somit der Ankerpunkt nicht mit dem des Videos übereinstimmt. Sie können das simpel lösen, indem Sie vorher eine Extrakomposition für das Foto in der Größe des Videos (1.920 × 1.080) anlegen. Das Foto drehen Sie darin um 90° nach rechts und skalieren es, bis es die Komposition ausfüllt.

Diese Komposition ziehen Sie dann in die Videokomposition und wenden die Tracking-Daten darauf an. So geht es ganz genau. Falls Sie nicht folgen konnten, schauen Sie in den mitgelieferten Projekten »mobileFertig.aep« und »mobileFertig.mocha« nach. Hier habe ich noch weitere Anpassungen mittels Weichzeichner-Effekt und Blendmodi vorgenommen, um das Foto besser an die Videoqualität anzugleichen.

▲ **Abbildung 15.93**
Nachdem Sie im Effekt Mocha AE auf _Apply Export_ geklickt haben, erscheinen Keyframes für den Effekt _Eckpunkte verschieben_ in der Fotoebene bzw. Fotokomposition.

**Abbildung 15.94** ▶
Im Endergebnis passt das Foto ins Display, als wäre es das Originalmaterial.

Sie haben also gesehen, mit dem Mocha-Tracker ist es nicht nötig, perfekt aufgenommenes Videomaterial für das Tracking zu verwenden!

### 11 Matte verwenden

Eine Frage hätten Sie noch? Diese Optionen da unter dem Eintrag Matte im Effekt Mocha – was die bedeuten?

Sie hatten ja in Mocha mit den X-Spline-Tools Masken rund um das Objekt und um das Display herum gezeichnet. Diese sind in After Effects verfügbar und können zum Separieren eines Objekts eingesetzt werden.

Klicken Sie im Effekt Mocha auf View Matte ❶, erhalten Sie eine Schwarz-Weiß-Ansicht und könnten nun die Movie-Ebene als Matte für andere Ebenen verwenden.

Wählen Sie stattdessen Apply Matte ❷, wird die Matte angewendet, und Sie sehen nur noch den maskierten Teil des Movies. Mit Feather könnten Sie die Randbereiche der Matte dann noch weichzeichnen.

Wenn Sie auf Create AE Masks klicken ❹, werden After-Effects-Masken für das getrackte Objekt generiert, deren Größe und Position im Zeitverlauf angepasst werden.

Beim Klick auf Visible Layers ❸ sehen Sie im darauffolgenden Fenster in unserem Fall nur eine Ebene, da nur ein Layer in Mocha geschaffen wurde.

Mehr zu Masken und Matten erfahren Sie in Kapitel 11, »Masken, Matten und Alphakanäle«.

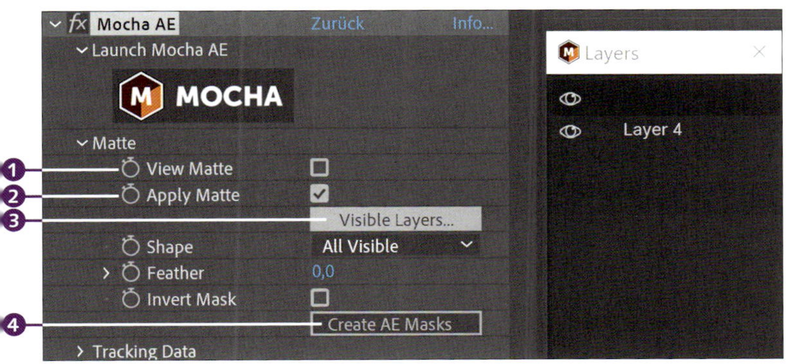


◂ **Abbildung 15.95**
Masken aus Mocha lassen sich perfekt hin zu After Effects übertragen und sind nützlich als Matten oder After-Effects-Masken.

# Kapitel 16
# 3D in After Effects

*Die Assoziation liegt nahe, dass 3D-Objekte in After Effects selbst generiert werden könnten. Und wirklich: Sie können – innerhalb einer Cinema 4D-Komposition – bestimmte 2D-Ebenen extrudieren, also eine Materialdicke hinzufügen. So schaffen Sie einfache 3D-Objekte in After Effects.*

## 16.1 3D in einem 2D-Animationsprogramm?

Es mag verwirrend erscheinen, mit einem 2D-Animationsprogramm im dreidimensionalen Raum arbeiten zu können. Tatsächlich wurde diese Möglichkeit erst mit der Version 5 in After Effects integriert. Seitdem ist es möglich, zweidimensionale Flächen im 3D-Raum zu animieren, die 3D-Szenerie mit verschiedenen Lichtquellen zu beleuchten und über Kameras eine weitere Art der Animation zu erreichen.

Um 3D-Ebenen zu einem perfekten Kubus zu formen, die 3D-Ebenen auf einer Kugel anzuordnen oder räumlich gestaffelt zu verteilen, ist PlaneSpace von Red Giant, vormals 3D-Assistants von Digital Anarchy, interessant.

Zum Erstellen komplizierter Objekte greift man allerdings lieber auf einschlägige 3D-Software zurück. After Effects ist auf Dateien verschiedener 3D-Applikationen gut vorbereitet und ermöglicht deren Weiterverarbeitung. Zunächst befassen wir uns aber mit dem 3D-Raum und dem Umgang mit 3D-Ebenen in After Effects.

**2D- und 3D-Ebenen mischen**

Eine Komposition kann sowohl 2D- als auch 3D-Ebenen enthalten. Was bei der Arbeit mit gemischten Ebenen zu beachten ist, beschreibe ich in Kapitel 10, »Rendern und Ausgabe«.

### 16.1.1 2D- und 3D-Ebenen und Koordinaten

Sie verwandeln jede 2D-Ebene in eine 3D-Ebene, indem Sie die 3D-Option für die Ebene aktivieren (dazu gleich mehr). Zusätzlich zu der bisherigen x- und y-Achse zur Positionierung von 2D-Ebenen kommt eine z-Achse für die Tiefe hinzu. Eine 3D-Ebene bleibt zunächst flächenhaft, kann aber auf der z-Achse vom Betrachter weg und zu ihm hin verschoben und im Raum gedreht werden. After Effects errechnet dabei die perspektivische Verjüngung der Ebenen und erzeugt realistisch wirkende Szenarien. Bei Einstellungsebenen hat die 3D-Option keine Wirkung auf die darunterliegenden Ebenen, anders als bei angewandten Effekten.

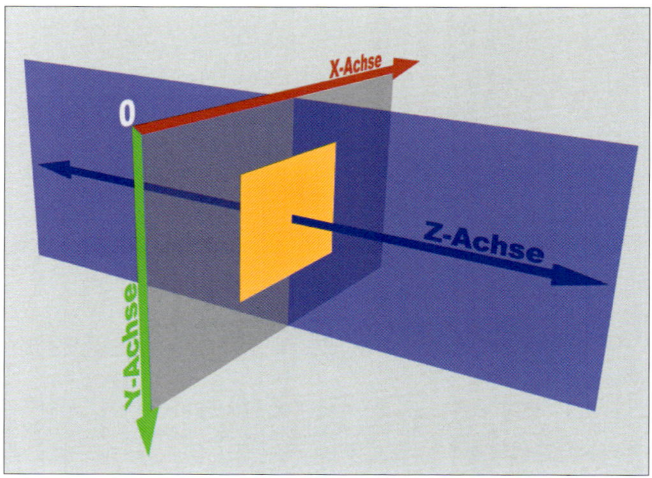


**Abbildung 16.1 ▸**
Eine 3D-Ebene (orangefarbene Fläche) wird mittels der Koordinaten X, Y und Z im Raum positioniert und kann animiert werden.

In einer Komposition wird jede Ebene anhand ihres Ankerpunkts auf den Achsen X, Y und Z im Raum positioniert. Für die Achsen X und Y liegt der Nullpunkt oben links im Kompositionsfenster. Die 3D-Ebenen befinden sich, wenn Sie nichts geändert haben, immer auf dem Nullpunkt der z-Achse. Die Position einer 3D-Ebene wird also durch drei Werte für die x-, y- und die z-Achse repräsentiert.

Die Werte für diese drei Achsen geben an, wo sich der Ankerpunkt der Ebene im Raum befindet. Verringern Sie die Werte für die x-Achse, verschiebt sich eine 3D-Ebene – von vorn betrachtet – nach links, und umgekehrt nach rechts. Auf der y-Achse verschiebt sich eine 3D-Ebene nach oben, wenn die Werte verringert werden, und umgekehrt nach unten. Verringern Sie schließlich die Werte für die z-Achse, bewegt sich die Ebene auf den Betrachter zu und umgekehrt vom Betrachter fort in die Tiefe des Raums.

Für jede 3D-Ebene werden die drei Achsen einzeln angezeigt, wenn die Ebene markiert ist. Jeder Achse ist zur besseren Unterscheidung eine andere Farbe zugeteilt. Die x-Achse wird dabei in Rot, die y-Achse in Grün und die z-Achse in Blau dargestellt. Um die Position der Ebene in Richtung einer Achse zu ändern, ziehen Sie direkt an der jeweiligen Achse.

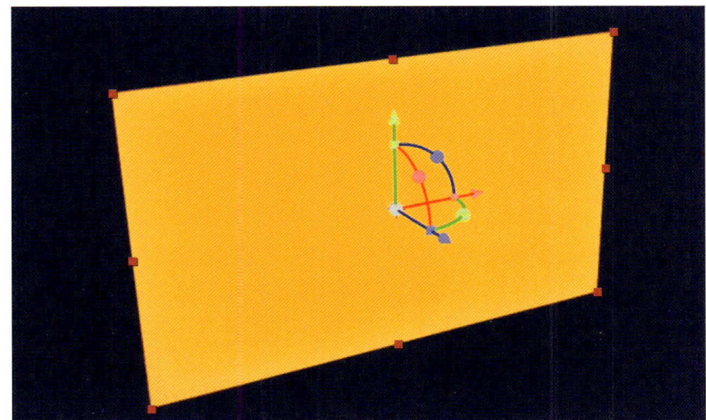

◂ **Abbildung 16.2**
Für jede 3D-Ebene zeigt After Effects drei Achsen (X: rot, Y: grün und Z: blau) an und diesen zugeordnet drei Viertel- bzw. Vollkreissymbole. Mit Hilfe der Achsen verschieben Sie die Ebenen im Raum. Klicken und Ziehen an den Kugeln und Kreisen aktiviert die jeweiligen Rotationseigenschaften. Komplettiert wird das Achsenwerkzeug noch mit den Skalierungseigenschaften, die Sie mit Klicken und Ziehen auf das der jeweiligen Achse zugeordnete Würfelsymbol erreichen. Funktional entspricht das 3D-Transformations-Gizmo nun dem Werkzeugverhalten, das Ihnen eventuell bereits aus dedizierten 3D-Umgebungen wie Cinema 4D oder 3ds Max bekannt ist.

### 16.1.2 2D-Ebenen in 3D-Ebenen umwandeln und animieren

Jetzt geht es zum praktischen Teil: In drei Workshops, die aufeinander aufbauen, erlernen Sie die Arbeit mit 3D-Elementen in After Effects. Im ersten Workshop widmen wir uns den grundlegenden 3D-Funktionen, kommen dann zur Arbeit mit Lichtern und werden die im ersten Workshop erzeugte 3D-Szene beleuchten. Im dritten Workshop arbeiten Sie mit einer Kamera und schaffen eine Kamerafahrt.

## Schritt für Schritt
## Schaffe, schaffe, Häusle baue

In diesem Workshop lernen Sie, 2D-Ebenen in 3D-Ebenen umzuwandeln und diese im Raum zu animieren. Dabei werde ich die grundsätzliche Arbeit mit 3D-Kompositionen erläutern.

#### 1 Vorbereitung

Zuerst schauen Sie sich, wie immer, das fertige Movie »dorf.mp4« aus dem Ordner 16_3D/3D-Ebenen an.

Die benötigten Dateien für diesen Workshop finden Sie unter Beispielmaterial/16_3D/3D-Ebenen.

Ich werde Ihnen, damit Sie nicht noch ein halbes Buch lesen müssen, die ersten 347 Schritte ersparen, die nötig waren, das Haus für die Animation vorzubereiten. Aber eine kurze Zusammenfassung will ich Ihnen nicht vorenthalten. Die Datei für das Haus stammt aus dem Internet und ist in den Beispielmaterialien enthalten, damit Sie die Schritte selbst ausprobieren können. Ich habe sie in Photoshop in Dach und Haus separiert, per Tonwertkorrektur, Kurven, Tiefen/Lichter korrigiert, per Formgitter und Transformieren verzerrt, per Kopierstempel retuschiert. Für das Dach und die Straße im Movie habe ich Muster aus Ziegeln bzw. Pflastersteinen erzeugt, was beim näheren Hinsehen noch sichtbar ist. Der

Himmel ist eine After-Effects-Farbfläche mit den Effekten VERLAUF und FRAKTALES RAUSCHEN.

Doch nun zum Haus. Es soll zuerst als Abwicklung erscheinen und sich dann aus seinen Einzelteilen zu einem Haus zusammenfalten.

### 2 Grundsteinlegung: Erste Vorarbeit

Wir werden das Haus aus zehn Ebenen zusammensetzen. Dafür benötigen wir zuerst eine Komposition für das Haus in der Größe 1.580 × 1.580 px und mit einer Dauer von 10 Sekunden, die den Namen »haus« erhalten soll.

Importieren Sie folgende Dateien aus dem Ordner 16_3D/3D-EBENEN, und ziehen Sie sie in die neue Komposition »haus«: »dach1.psd«, »dach2.psd«, »haus1.psd«, »haus2.psd«.

Erstellen Sie via EBENE • NEU • FARBFLÄCHE eine Ebene in der Größe 530 × 530 px. Diese Ebene bildet die Bodenfläche des Hauses; wir benötigen sie als Orientierung zum Positionieren der Wände.

### 3 2D-Ebenen in 3D-Ebenen umwandeln

Wandeln Sie alle Ebenen in 3D-Ebenen um. Dazu klicken Sie für jede Ebene in der Spalte 3D-EBENE auf das Würfelsymbol ❶. Sie können auch alle Ebenen schnell umwandeln, indem Sie den Mauszeiger bei gedrückter Maustaste über die Würfelsymbole ziehen. Wenn Sie die Ebenen markieren, werden danach die Achsen X, Y und Z für jede Ebene angezeigt.

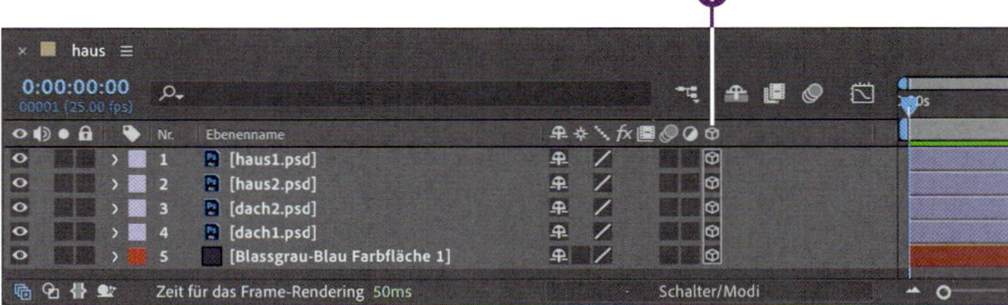


**Abbildung 16.3 ▸**
Zum Aktivieren der 3D-Eigenschaft klicken Sie das Würfelsymbol ❶ für die Ebenen an.

**Abbildung 16.4 ▸**
Für jede 3D-Ebene (hier eine Hausseite) werden die Ebenenachsen eingeblendet, wenn die Ebene markiert ist.

### 4 Ebenen im Raum verschieben

Im nächsten Schritt sollen die Ebenen so verschoben werden, dass sie zusammengeklappt ein Haus ergeben. Um die Ebene im Raum zu verschieben, ergeben sich drei Möglichkeiten:

- Klicken Sie die Ebene direkt im Kompositionsfenster an, und verschieben Sie sie frei, also in jede Richtung unabhängig.
- Klicken Sie jeweils auf eine der angezeigten Achsen der Ebene, und ziehen Sie daran, um die Ebene ausschließlich auf **einer** Achse zu verschieben. Neben dem Mauszeiger erscheint in diesem Fall ein kleines x, y oder z, um anzuzeigen, um welche Achse es sich handelt.
- Ändern Sie die Werte für X, Y oder Z in der Zeitleiste.

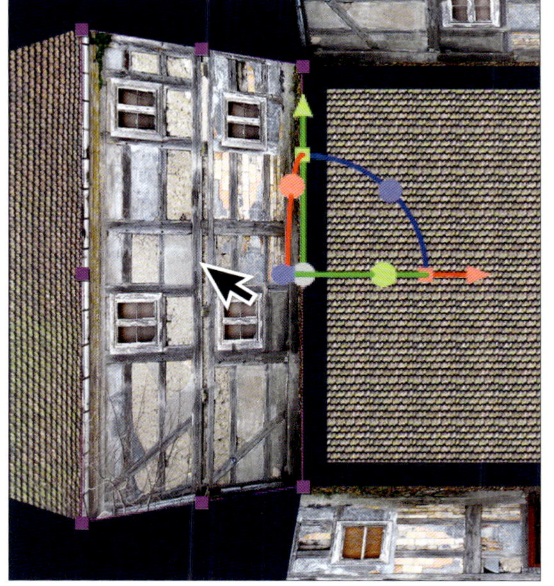

▲ **Abbildung 16.5**
Um eine Ebene frei in allen Richtungen zu verschieben, klicken Sie in die Ebene und ziehen.

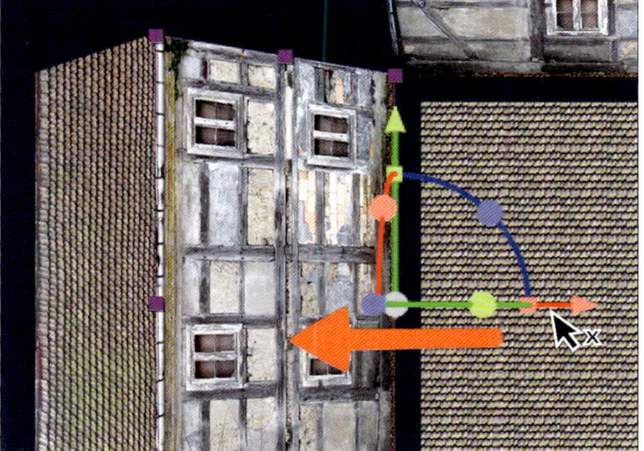

▲ **Abbildung 16.6**
Um eine Ebene ausschließlich in Richtung einer Achse zu verschieben, klicken Sie die Achse an und ziehen.

Wählen Sie vorerst die dritte Möglichkeit. Markieren Sie dazu die Ebene »haus1«, und drücken Sie die Taste [P], um die Positionseigenschaft einzublenden. Dort sehen Sie im Gegensatz zu 2D-Ebenen drei Werte, jeweils für die Achsen, die ärgerlicherweise nicht so eingefärbt sind wie die Achsen im Kompositionsfenster. Daher muss man meist erst die Werte verändern und dann zurücksetzen, um herauszufinden, welcher Wert welche Achse repräsentiert. In unserem Fall sollte es der zweite Wert sein. Ziehen Sie so lange daran, bis der untere Rand der Hauswand bündig mit der Bodenfläche ist. Verfahren Sie ebenso mit »dach1«, bis es bündig mit der Wand positioniert ist.

Markieren Sie dann die Ebene »haus2«, und drücken Sie die Taste R zum Einblenden der DREHUNG. Im Vergleich zu den 2D-Ebenen sind die AUSRICHTUNG, die X-DREHUNG, Y-DREHUNG und Z-DREHUNG hinzugekommen. Tippen Sie bei Z-DREHUNG den Wert »0x +90°« in das Feld, und verschieben Sie die Wand dann bündig nach rechts.

Bevor Sie das komplette Haus weiterbauen, müssen Sie die Ankerpunkte verschieben, denn um sie dreht sich nachher die ganze Animation. Wählen Sie das Ankerpunkt-Werkzeug Y, und klicken Sie zuerst die Ebene »dach1« im Kompositionsfenster an. Dort, wo alle Achsen entspringen, befindet sich der Ankerpunkt. Klicken Sie ihn direkt an, und ziehen Sie ihn genau auf die untere Kante der Ebene. Vergrößern Sie dazu ruhig die Kompositionsansicht. Verfahren Sie mit den beiden anderen Ebenen genauso.

▲ **Abbildung 16.7**
Die Wand von »haus1« ziehen Sie bündig zur Bodenfläche.

▲ **Abbildung 16.8**
Voraussetzung für die Animation: die richtige Position des Ankerpunkts

Anschließend duplizieren Sie die Ebene »dach1« dreimal und die Ebene »haus1« zweimal. Verschieben und drehen Sie die Ebenen (Z-DREHUNG), bis Sie die Anordnung aus Abbildung 16.10 erreicht haben. Wenn alles stimmt, blenden Sie zum Schluss die Bodenebene aus.

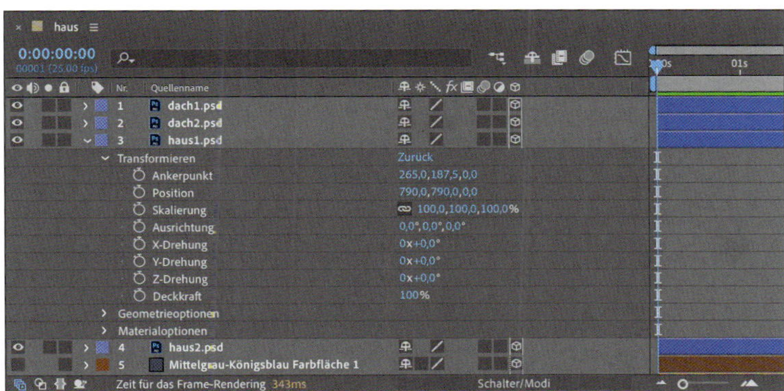


◄ **Abbildung 16.9**
In der Zeitleiste sind bei den 3D-Ebenen einige Eigenschaften hinzugekommen.

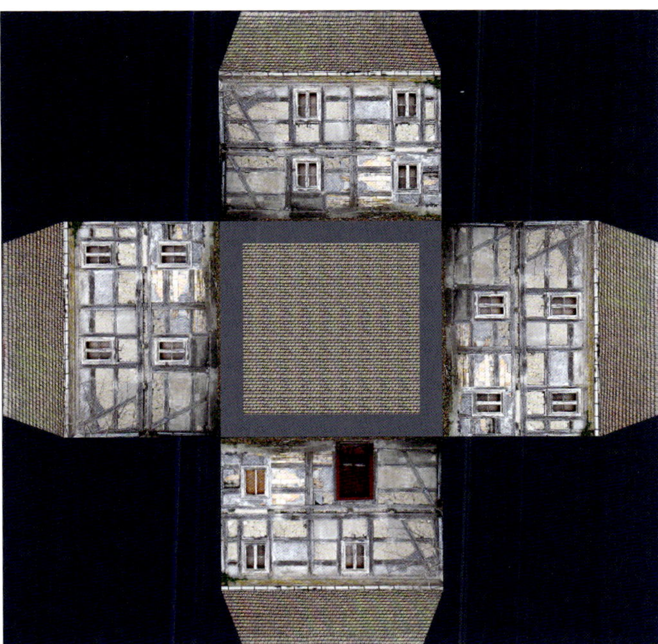

◄ **Abbildung 16.10**
Fertige Abwicklung des Hauses

## 5 Hierarchische Verknüpfung

Bevor wir Keys setzen, verknüpfen wir die Dächer mit der jeweiligen Wand. Dadurch können die Dächer nachher ebenso animiert werden wie die Wände. Benennen Sie die Ebenen in »dach oben«, »haus oben«, »dach rechts«, »haus rechts« etc. um. Dazu markieren Sie die Ebene und drücken ↵, benennen die Ebene und drücken wieder ↵.

Anschließend klicken Sie in der Zeitleiste mit der rechten Maustaste auf den grauen Bereich neben EBENENNAME ❶ (Abbildung 16.12) und wählen SPALTEN • ÜBERGEORDNET UND VERKNÜPFT. Verknüpfen Sie jedes Dach mit der dazugehörigen Wand, indem Sie das Gummiband ❷ jeweils von der Dachebene auf die Wandebene

**Achsenmodi**

Die Achsen von 3D-Ebenen können angezeigt werden. Jede 3D-Ebene ist standardmäßig auf den **Lokalachsenmodus** ❶ eingestellt. Dabei werden die Achsen in Bezug zu der 3D-Ebene dargestellt und drehen sich mit, wenn Sie die Ebene drehen. Im **Weltachsenmodus** ❷ richten sich die Achsen nach den Kompositionskoordinaten, auch wenn die Ebene schon gedreht ist. Im **Sichtachsenmodus** ❸ sind die Achsen in Bezug auf die aktive Kompositionsansicht ausgerichtet.

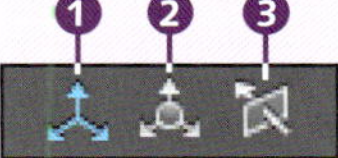

▲ **Abbildung 16.11**
Mögliche Achseneinstellungen

ziehen. Konzentrieren Sie sich auf die richtige Verknüpfung – hier darf nichts schiefgehen.

**Abbildung 16.12 ▸**
Blenden Sie die Spalte ÜBERGEORDNET UND VERKNÜPFT ein.

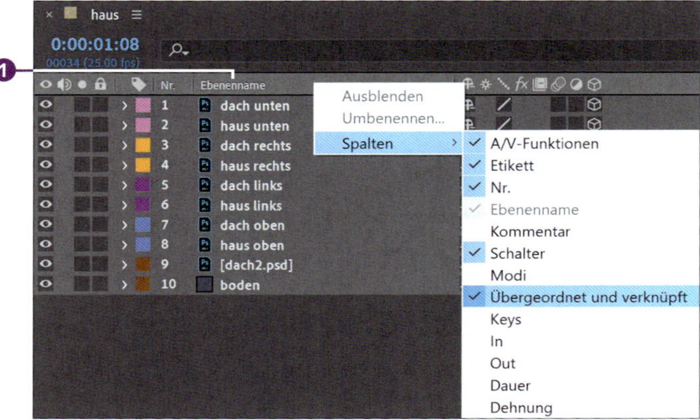

**Abbildung 16.13 ▾**
Ziehen Sie das Gummiband von der zu verknüpfenden Dachebene auf die Wand- bzw. Hausebene.

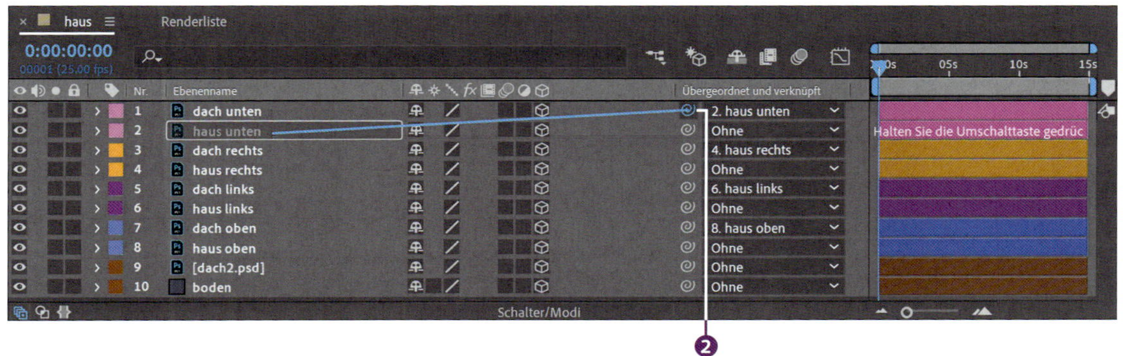

## 6 Animation

Alle »haus«-Ebenen werden wir nun um 90° drehen – allerdings um verschiedene Achsen –, sodass wir von oben in die Haus-Pappschachtel schauen. Eventuell müssen Sie die Ebenen um andere Achsen drehen als von mir angegeben, da Sie vielleicht zuvor andere Drehungen verwendet haben. In dem Fall testen Sie bitte selbst, welche Achse richtig ist, indem Sie kurz den Drehungswert der Achse ändern und wieder zurücksetzen. Ansonsten gehen Sie wie folgt vor:

Markieren Sie die jeweils im Folgenden genannte Ebene, und drücken Sie die Taste R. Setzen Sie folgende Keys:

- für die Ebene »haus unten«: für X-DREHUNG, am Zeitpunkt 00:00 = 0x +0,0° und bei 02:00 = 0x –90°
- für die Ebene »haus links«: für Y-DREHUNG, am Zeitpunkt 00:00 = 0x +0,0° und bei 02:00 = 0x –90°
- für die Ebene »haus oben«: für X-DREHUNG, am Zeitpunkt 00:00 = 0x +0,0° und bei 02:00 = 0x +90°

- für die Ebene »haus rechts«: für Y-Drehung, am Zeitpunkt 00:00 = 0× +0,0° und bei 02:00 = 0× +90°

Verfahren Sie dann mit den Dächern ebenso, aber setzen Sie dort für **alle** Dachebenen Drehungs-Keys für X-Drehung bei 02:00 mit 0× +0,0° und bei 03:00 mit 0× +21,5°. Die Dächer werden somit leicht gekippt und sollten dann an den Kanten genau bündig aufeinandertreffen.

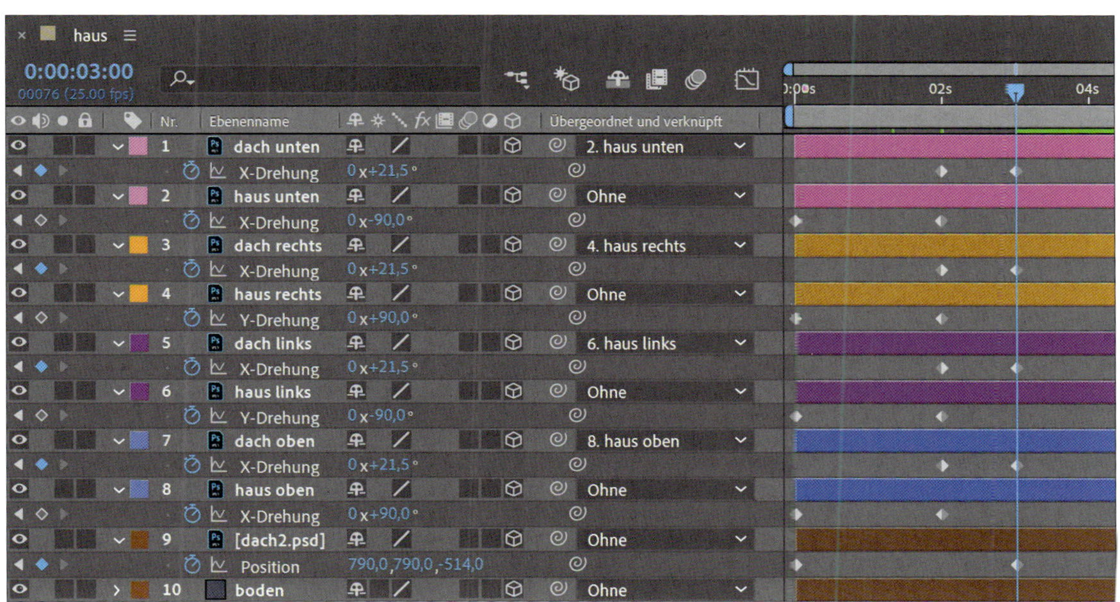


▼ **Abbildung 16.14**
Nun fehlt nur noch »dach2« als Deckel für das Papphaus. Das animieren wir später.

Bisher haben Sie das Haus die ganze Zeit nur von oben gesehen. Zunächst werden Sie daher nun andere Blickwinkel auf die Szenerie kennenlernen, und später drehen wir das Haus noch.

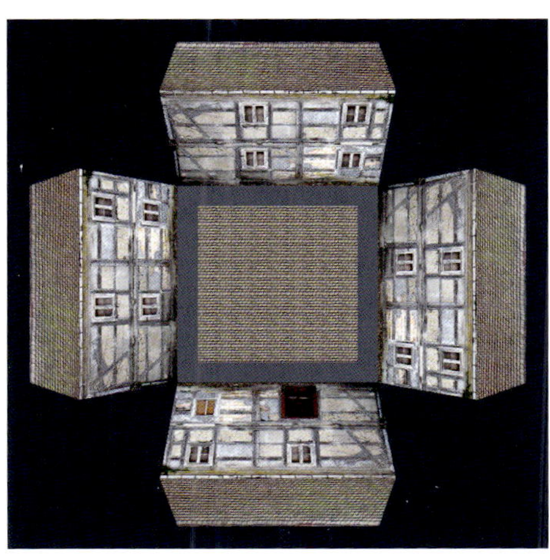

◄ **Abbildung 16.15**
Das Haus faltet sich nun zusammen wie eine Blume.

### 7 Kompositionsansichten einrichten

Zur Arbeitserleichterung stellt After Effects Ihnen mehrere Kompositionsansichten zur Verfügung. In jeder Kompositionsansicht können Sie die 3D-Szenerie aus verschiedenen Blickwinkeln betrachten. Um mehrere Kompositionsansichten zu erhalten, erweitern Sie das Kompositionsfenster, bis alle Schaltflächen am unteren Rand sichtbar sind. Über die Schaltfläche ANSICHTENLAYOUT AUSWÄHLEN ❷ wählen Sie den Eintrag 4 ANSICHTEN ❶ aus. Die jetzt gezeigte Anordnung der einzelnen Fenster entspricht der, die Sie auch in »klassischen« 3D-Anwendungen vorfinden.

**Abbildung 16.16** ▼
Die Arbeit mit 3D-Kompositionen wird durch die optionalen vier Kompositionsansichten oft erleichtert.

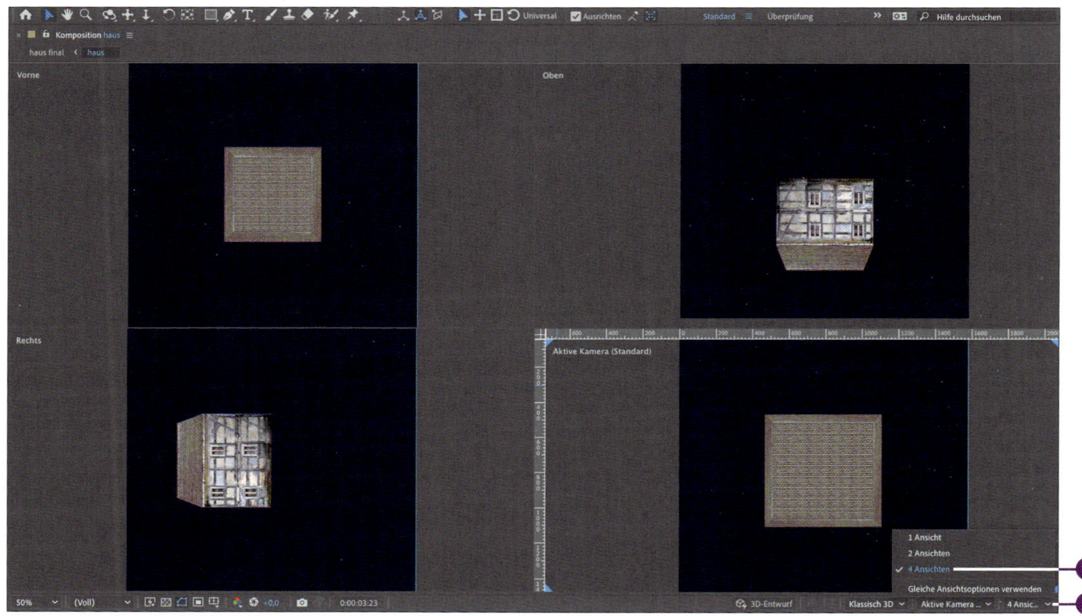


**Arbeitsbereich speichern**
Über FENSTER • ARBEITSBEREICH • NEUER ARBEITSBEREICH können Sie eine einmal eingerichtete Arbeitsoberfläche dauerhaft sichern. Vergeben Sie einen eindeutigen Namen für die Arbeitsoberfläche. Der neue Arbeitsbereich erscheint in der Liste der voreingestellten Arbeitsbereiche.

In diesem Ansichtenlayout wird die 3D-Szenerie in vier Ansichten in den voreingestellten Blickwinkeln OBEN, VORNE, RECHTS und der Ansicht AKTIVE KAMERA dargestellt. Solange Sie noch keine eigene Kamera definiert haben, zeigt Ihnen AKTIVE KAMERA das Endergebnis an. Veränderungen Ihrer Arbeit werden in allen Ansichten gleichzeitig aktualisiert. Netterweise steht in jeder Ansicht, um welchen Blickwinkel es sich handelt. Sollten Sie nur über wenig Platz auf Ihrem Monitor verfügen oder auch auf einem Laptop arbeiten, so bietet oft die dritte Option aus dem ANSICHTENLAYOUT, die Variante mit zwei Ansichten, einen sinnvollen Kompromiss.

Unser Haus haben wir, wie Sie nun auch sehen, auf die Seite gekippt gebaut. Dies war aus erklärungstechnischer Sicht besser – sorry! Aber keine Sorge: Wir können das Haus nachher drehen, wie wir wollen.

### 8 Blickwinkel ändern

Per Klick in eine Ansicht aktivieren Sie diese. Die ausgewählte Ansicht wird an den Ecken markiert ❸. Klicken Sie zunächst an irgendeine Stelle auf das standardmäßig eingestellte Ansichtsfenster Aktive Kamera ❹ (in jedem Ansichtsfenster steht oben links der Name der Ansicht), und wählen Sie dann über die Schaltfläche 3D-Ansichten einen anderen Blickwinkel aus, und zwar Eigene Ansicht 3 ❺. Damit wird die 3D-Szenerie perspektivisch dargestellt. Viele Anwender bevorzugen diese Ansicht, da es hier einfacher ist, sich vorzustellen, wie die Flächen im 3D-Raum verschoben werden. Wir hätten die Flächen darin allerdings kaum so passgenau positionieren können, wie wir es anfangs getan haben. Zum genauen Arbeiten sind die anderen Ansichten ohne perspektivische Verzerrung also unverzichtbar.

**Sie sehen nur Striche?**

In den Ansichten Oben und Rechts etc. sehen Sie nur einen dünnen Strich, wenn Sie auf die Seiten von Flächen schauen und keine Materialdicke angegeben wurde oder Sie kein Objekt gebaut haben wie das Haus.

▼ **Abbildung 16.17**
Für jede Kompositionsansicht können Sie verschiedene Blickwinkel wählen.

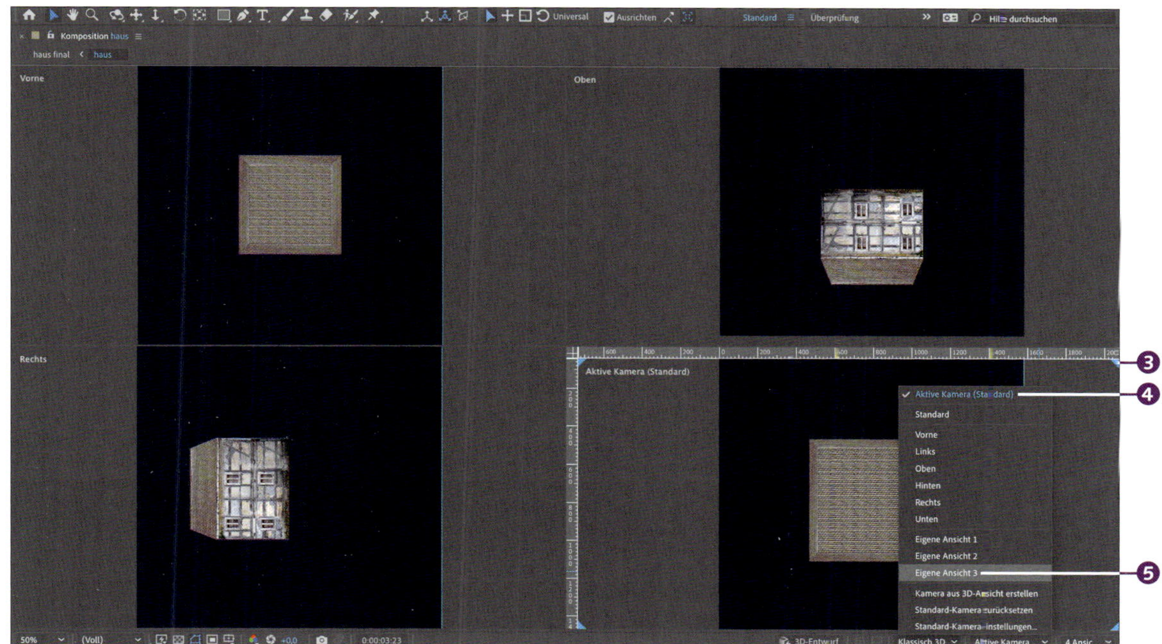


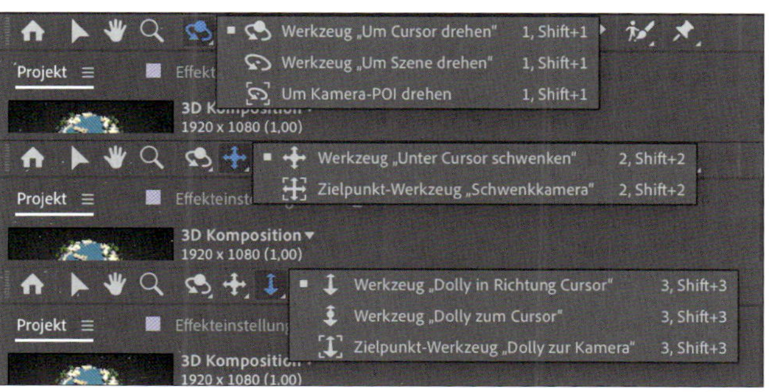


◀ **Abbildung 16.18**
Wenn Sie eine Eigene Ansicht im Kompositionsfenster gewählt haben, lässt diese sich mit den Kamera-Werkzeugen verändern. Sonst werden die Kamera-Werkzeuge, wie der Name schon sagt, für die Arbeit mit Kameras verwendet (siehe Abschnitt 16.3.6).

**Tastaturbefehl für aktive Kamera festlegen**

Auf die Tasten [F10], [F11] und [F12] sind standardmäßig die Ansichten VORNE, EIGENE ANSICHT 1 und AKTIVE KAMERA gelegt. Um beispielsweise für [F10] eine andere Ansicht festzulegen, suchen Sie zuerst im Kompositionsfenster eine neue Ansicht (z. B. LINKS) aus und wählen dann ANSICHT • TASTATURBEFEHL FÜR 'LINKS' ZUWEISEN • F10 ('VORNE' ERSETZEN) aus.

## 9 Dach decken

Schon vergessen? Wir wollten das Dach noch animieren und somit das Haus schließen.

Ändern Sie das Ansichtenlayout auf 2 ANSICHTEN – HORIZONTAL. Wählen Sie für die rechte Ansicht den Blickwinkel AKTIVE KAMERA und für die linke den Blickwinkel LINKS. Markieren Sie die Ebene »dach2«. In der linken Ansicht erscheint die Ebene am Boden des Hauses mit aktivierten Achsen. Setzen Sie zunächst am Zeitpunkt 00:00 für diese Position einen Key. Navigieren Sie zum Zeitpunkt 03:00, und ziehen Sie dann die Ebene an der z-Achse nach rechts, bis sie mit den Dachschrägen abschließt ❶.

Sie können in die Ansicht mit dem Scrollrad der Maus und den Tasten [,] und [.] aus- und einzoomen und die Ansicht per Leertaste verschieben.

**Abbildung 16.19** ▸
Die Ebene »dach2« animieren Sie per POSITION. Sie wandert vom Boden hinauf.

## 10 Komposition verschachteln

Sie haben nun zwar schon erfolgreich Ihr erstes animiertes Objekt gebaut, doch die Komposition, in der es steckt, hat eine Größe, die keinem Standard entspricht und die vor allem dazu da ist, das Haus später modifizieren zu können und insgesamt die Übersicht zu wahren. In den weiteren Workshops werden wir eine Szenerie mit dem Haus bauen und dafür hier den Grundstein legen.

Was wir dazu brauchen, ist eine neue Komposition. Würde ich nicht befürchten, dass vielleicht Ihr Rechner bei der Berechnung dieser recht komplexen Kompositionen arg lahmen könnte, da Sie

**Parenting statt Verschachteln**

Statt Kompositionen zu verschachteln, können Sie die einzelnen Ebenen auch innerhalb einer Komposition über die Funktion PARENTING miteinander verknüpfen und dann als gesamtes Objekt animieren. Dies hätte im Fall des Hauses gut mit einem allen anderen Ebenen übergeordneten Null-Objekt funktioniert, also einer unsichtbaren Ebene (EBENE • NEU • NULL-OBJEKT). Informationen zum Parenting erhalten Sie auch in Abschnitt 8.7, »Parenting: Vererben von Eigenschaften«.

vielleicht nicht alles in Ihr System gesteckt haben, würde ich die Vorgabe »HDTV 1080 25« vorschlagen. Da später aber noch Lichter etc. hinzukommen, tippen Sie bei der Kompositionsgröße lieber »960 × 540 px«, also die Hälfte, ein und wählen »10 Sekunden« bei DAUER. Als Hintergrundfarbe legen Sie für später bitte ein dunkles Blau (#08122E) fest. Nennen Sie die Komposition »haus final«.

Zum Verschachteln ziehen Sie die Komposition »haus« einfach wie ein Rohmaterialelement in die Komposition »haus final«. Sie müssen noch TRANSFORMATIONEN FALTEN ❷ und 3D-EBENE ❸ für die verschachtelte Komposition aktivieren, da sonst das Haus nicht als Objekt, sondern als flache Scheibe dargestellt wird.

▼ **Abbildung 16.20**
Nach der Verschachtelung sind die Ebenen des Objekts zu einer Ebene zusammengefasst, und es wird die 3D-Option aktiviert.

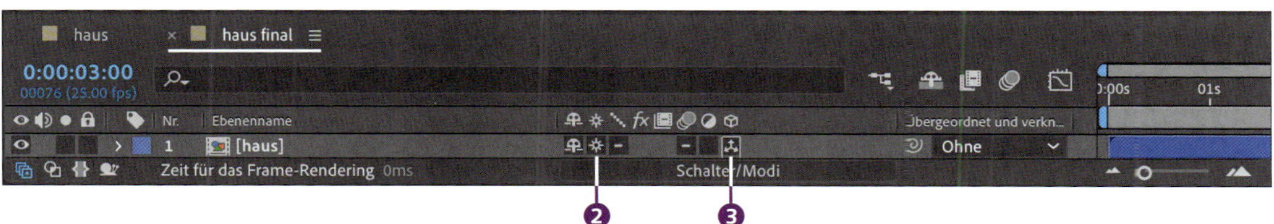


## 11 Ausrichtung des Hauses

Von dem Haus ist noch nicht viel zu sehen? Stimmt! Aber gleich.

Öffnen Sie die Eigenschaft TRANSFORMIEREN. Setzen Sie den z-Wert bei POSITION auf »1000«, um das ganze Objekt zu sehen.

Tippen Sie bei X-DREHUNG »0× –90,0°« in das Feld. Ziehen Sie das Haus auf der senkrechten Achse nach unten, und verändern Sie probehalber die Werte bei AUSRICHTUNG leicht, um das Haus ein wenig gekippt anzuzeigen. Sie können die Ausrichtung auch direkt im Kompositionsfenster mit dem Drehen-Werkzeug ❹ verändern. Wechseln Sie dazu im Popup-Menü auf AUSRICHTUNG ❺. Setzen Sie am Ende aber alle Ausrichten-Werte und die Y- und Z-Drehung auf 0 zurück!

▲ **Abbildung 16.21**
Das Drehen-Werkzeug beeinflusst je nach Wahl im Popup-Menü die Werte der DREHUNG oder der AUSRICHTUNG von 3D-Ebenen.

Die Box ums Haus, wenn es markiert ist, ist übrigens eine Neuerung der Version CS6. Danke dafür! Wollen Sie sie trotzdem mal nicht sehen, wählen Sie ANSICHT und entfernen den Haken bei EBENENEINSTELLUNGEN EINBLENDEN.

Speichern Sie das Projekt, falls Sie es für die folgenden Workshops verwenden wollen. Aber ich habe für jeden Teil auch ein eigenes Projekt in den Beispielmaterialien hinterlegt: »Hausworkshop01.aep«.

**Abbildung 16.22** ▶
Das ausgerichtete Haus könnte so aussehen.

### 16.1.3 3D-Ebenen im Kompositionsfenster

Sie haben das Kompositionsfenster bisher als zweidimensionale Fläche wahrgenommen und kennengelernt. An dieser Darstellung ändert sich, wie Sie im vorhergehenden Workshop gerade gesehen haben, auch dann nichts, wenn Sie mit 3D-Ebenen arbeiten.

Die 3D-Darstellung in After Effects führt oft zu Orientierungsproblemen. Es fehlt zunächst die Darstellung eines Bodengitters, auf dem, wie in vielen 3D-Applikationen üblich, dreidimensionale Objekte platziert werden. Hier kommen Ihnen die zwei Optionsschalter neben dem Button für den 3D-Entwurf ❶ in der Kompositionsansicht zu Hilfe. Beide werden aktiv, wenn Sie vorher den 3D-Entwurf eingeschaltet haben. Der erste Schalter nennt sich 3D-Grundebene ❷ und liefert Ihnen genau das gesuchte Bodengitter, eine gerasterte Fläche, die sich auf der Y-Achse am Nullpunkt befindet und sich in X und Z gleichsam »unendlich« ausdehnt. Sie können auf diesem Gitter Ihre 3D-Welt aufbauen und dabei sicher sein, dass es in der finalen Ausgabe nicht berechnet wird, da es sich ja nur um ein Hilfsobjekt aus dem 3D-Entwurfsmodus handelt. Der zweite Schalter, der als Erweiterter Viewer ❸ bezeichnet wird, hilft Ihnen dabei, die restliche Welt im Blick zu behalten. Schalten Sie ihn ein, wenn Sie genauer beurteilen müssen, wie sich Ihre Ebenen außerhalb der eigentlichen Komposition verhalten. Alle Objekte Ihrer Welt werden jetzt auch außerhalb Ihres finalen Raumausschnitts optisch richtig und texturiert dargestellt, selbst Effekte werden korrekt berechnet, vorbei ist die Zeit der Drahtgitteransicht. Letztlich ist das ein Feature, das man sich auch für einfache 2D-Kompositionen gut vorstellen könnte. Da es sich bei dieser erwei-

**Ausrichtung oder Drehung**

Sie fragen sich vielleicht, warum es eine Ausrichtungsoption gibt, wo doch für jede einzelne Achse die Drehen-Eigenschaften vorhanden sind. Hilfreich ist die Ausrichtung, um ein Objekt oder eine Fläche im Raum zu neigen und anschließend mit den Werten für die Drehung zu animieren. Die Drehung ermöglicht im Gegensatz zur Ausrichtung mehrere Umdrehungen um die jeweilige Achse. Für die Animation geringfügiger Neigungen im Raum kann es aber sinnvoll sein, die Ausrichtung zu verändern, da die x-, y- und z-Neigungswerte in einem einzigen Key repräsentiert werden und Sie so mit weniger Keys als bei der Drehung arbeiten können.

terten Ansicht aber ebenfalls um eine Funktion des 3D-Entwurfsmodus handelt, bleibt dies vorerst ein unerfüllter Wunsch.

▲ **Abbildung 16.23**
Mit aktiviertem 3D-Entwurf können Sie die 3D-Grundebene und den Erweiterten Viewer aktivieren.

Auf einen dreidimensionalen Raum können Sie in After Effects von allen Seiten schauen, also in den Arbeitsansichten Vorne, Links, Oben, Hinten, Rechts und Unten. Zusätzlich ist ein Blick aus einem festgelegten Blickwinkel auf die 3D-Szenerie möglich. Verwenden Sie eine After-Effects-Kamera, können Sie den Raum aus jedem Blickwinkel betrachten. Aber dazu komme ich noch in Abschnitt 16.3, »Die Kamera: Ein neuer Blickwinkel«.

Die Arbeit mit 3D-Ebenen ist an dieser Stelle noch nicht beendet. In den nächsten Abschnitten liegt der Schwerpunkt allerdings auf der Arbeit mit Licht- und Kameraebenen. Trotzdem lohnt es sich, die Workshops in diesen Abschnitten durchzuarbeiten, weil Sie dabei auch lernen, mit 3D-Ebenen besser umzugehen.

**PlaneSpace**
PlaneSpace bietet Ihnen Möglichkeiten, 3D-Ebenen komfortabel im Raum anzuordnen. Informationen und Tutorials zu PlaneSpace finden Sie auf der Website *www.maxon.net/en/red-giant*.

## 16.2 Licht und Beleuchtung

Eine Szene ist erst dann richtig reizvoll, wenn sie in das richtige Licht getaucht wird. Sie werden jetzt verschiedene Lichtquellen kennenlernen und ihre Wirkung auf 3D-Ebenen erproben.

### 16.2.1 Lichtquellen

In After Effects gibt es einige animierbare Lichtquellen. Stellen Sie sich diese wie Scheinwerfer vor, die Sie im Raum positionieren können. Dabei sind die Position wie auch die Beleuchtungsrichtung animierbar. Lichtquellen sind selbst immer 3D-Ebenen; Sie müssen die Option also nicht extra einschalten. Für Ebenen, auf die sich die Beleuchtung auswirken soll, ist es allerdings notwendig, die 3D-Option zu aktivieren. 2D-Ebenen bleiben vom Licht unbehelligt.

#### Schritt für Schritt
#### Lichtquellen anlegen und animieren

Jetzt schreiten wir zur Tat. Im folgenden Workshop erfahren Sie, wie Sie Lichtebenen anlegen und animieren.

Die benötigten Dateien für diesen Workshop finden Sie unter Beispielmaterial/16_3D/3D-Ebenen.

**1 Vorbereitung**
Öffnen Sie Ihr Projekt aus dem vorigen Workshop oder das Projekt »Hausworkshop01.aep« aus dem Ordner 16_3D/3D-Ebenen. In

diesem Teil werden wir mehrere Häuser entlang einer Straße postieren, Straßenbeleuchtung hinzufügen und einen Hubschrauber mit Scheinwerfer darüberfliegen lassen.

Importieren Sie die beiden Dateien »steinstrasse.jpg« und »Hubschrauber.psd«. Ziehen Sie die Datei »steinstrasse.jpg« in die Komposition »haus final«. Die Datei ist recht groß, da wir sie als Boden verwenden und sie sich dann in der Perspektive stark verjüngt.

**Reihenfolge von 3D-Ebenen**
Im Unterschied zu 2D-Ebenen wird die Reihenfolge von 3D-Ebenen nicht durch deren Position in der Zeitleiste, sondern durch die Position im Raum festgelegt. Das heißt, 2D-Ebenen, die sich in der Zeitleiste über anderen 2D-Ebenen befinden, überdecken diese. Bei 3D-Ebenen überdecken die weiter vorn beim Betrachter befindlichen Ebenen diejenigen Ebenen, die sich räumlich dahinter befinden. Die Reihenfolge in der Zeitleiste spielt dafür keine Rolle.

### 2 Ein Straßendorf bauen

Wählen Sie als Ansichtenlayout 2 Ansichten – horizontal. Aktivieren Sie die 3D-Option für die Straße. Klicken Sie in die linke Ansicht des Kompositionsfensters, um sie zu aktivieren, und wählen Sie als Blickwinkel Links. Dort sehen Sie das Haus als Drahtgitter und die Straße als dünnen Strich, da wir auf die Kante der Ebene schauen. Markieren Sie die Ebene »steinstrasse«, und drücken Sie die Taste R. Tippen Sie dann bei X-Drehung den Wert »0x –90°« in das Feld. In diesem Projekt ist der Lokalachsenmodus eingestellt, das heißt, da wir die Ebene gedreht haben, sind nun die Achsen auch verdreht, und die z-Achse zeigt nach oben. Wechseln Sie daher per Klick auf den Button ❶ auf Weltachsenmodus, und ziehen Sie die Ebene entlang ihrer y-Achse nach unten und entlang der z-Achse nach hinten, indem Sie im Kompositionsfenster genau an der jeweiligen Achse ziehen, oder tippen Sie folgende Werte in die Eigenschaft Position: »480«, »540«, »4500«.

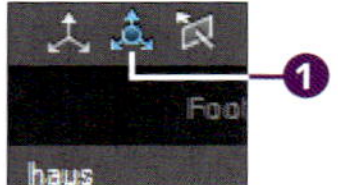


▲ **Abbildung 16.24**
Die Achsen einer 3D-Ebene können in verschiedenen Modi angezeigt werden. Wir wählen hier den Weltachsenmodus.

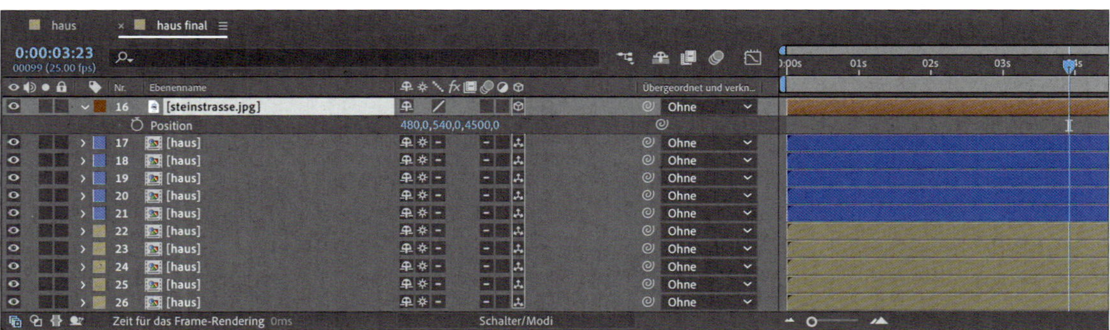


▲ **Abbildung 16.25**
Für die Straße aktivieren Sie die 3D-Option. Die Hausebenen ordnen Sie per Ebenenfarbe bzw. Ebenenetikett in rechte und linke Seite.

Für ein Straßendorf duplizieren Sie die Ebene »haus« so oft, bis Sie fünf Häuser haben. Markieren Sie die fünf Häuser, und ziehen Sie sie in der Ansicht Links auf der y-Achse etwas nach unten, bis sie bündig auf der Straße stehen. Verteilen Sie dann die Häuser wie in Abbildung 16.26 auf der z-Achse, sodass sie eine Reihe bilden.

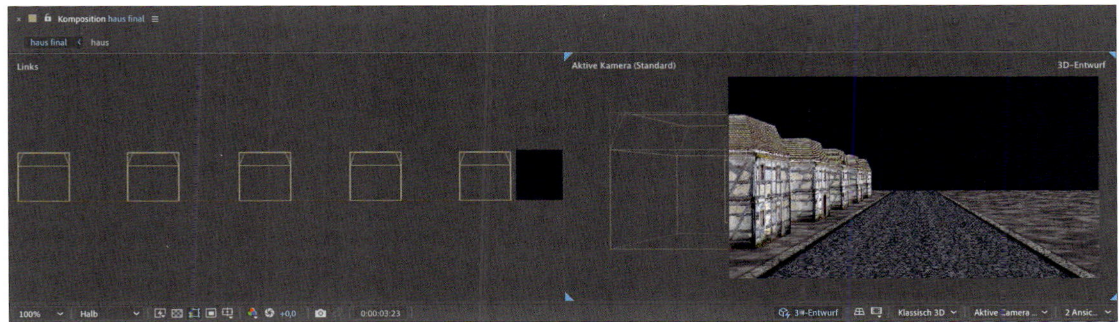

▲ **Abbildung 16.26**
Zunächst schaffen Sie fünf Duplikate des Hauses und verteilen sie in der Ansicht LINKS.

Markieren Sie jetzt die fünf Hausebenen, und duplizieren Sie sie wieder. Ziehen Sie die markierten Ebenen in der Zeitleiste nach oben, und weisen Sie ihnen eine neue Etikettfarbe zu, indem Sie auf das eingefärbte Kästchen vor der Ebenennummer klicken, um die Ebenen von den anderen zu unterscheiden. Verschieben Sie dann die Duplikate auf der x-Achse auf die andere Straßenseite. Jetzt kommen wir zur Beleuchtung.

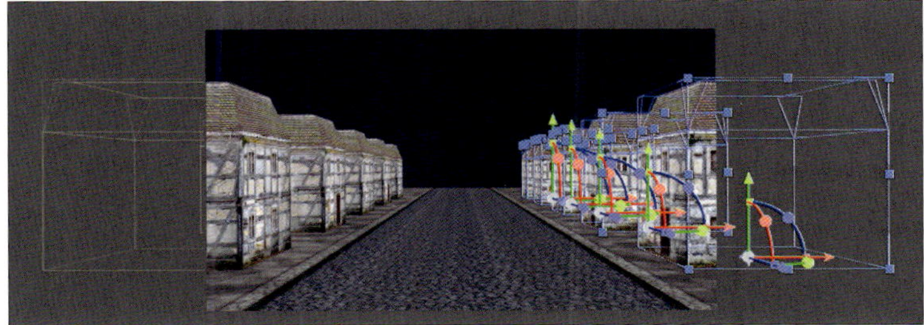

◂ **Abbildung 16.27**
Für die andere Straßenseite duplizieren Sie die fünf Häuser und verschieben sie.

### 3 Lichtebene hinzufügen und Lichtoptionen einstellen

Lichtquellen werden ebenfalls als Ebenen angelegt und befinden sich nach deren Einrichtung in der Zeitleiste. Lichtebenen haben also wie alle Ebenen einen In- und einen Out-Point. Vor dem In- und nach dem Out-Point wirkt sich die Lichtebene daher auch nicht auf die 3D-Ebenen aus.

Zur Einrichtung wählen Sie EBENE • NEU • LICHT. Es erscheint der Dialog LICHTEINSTELLUNGEN. Dort gibt es unter LICHTART, zu sehen in Abbildung 16.28, folgende Optionen:

- PUNKTLICHT ist mit einer Glühbirne zu vergleichen – das Licht strahlt von einem Punkt aus gleichmäßig in alle Richtungen.
- Die Einstellung PARALLEL resultiert in einer Lichtquelle ohne Lichtkegel, vergleichbar mit einer leuchtenden Fläche, die Licht

**Tasten zum Ein- und Auszoomen und Verschieben**

Um ein Kompositionsfenster zu vergrößern, betätigen Sie die Taste [.]. Zum Verkleinern drücken Sie [,]. Benutzen Sie dafür nicht den Ziffernblock der Tastatur. Zum Verschieben der Ansicht innerhalb des Kompositionsfensters drücken Sie die Taste [H] oder die Leertaste und ziehen gleichzeitig mit der Maus.

in eine Richtung aussendet, oder der Sonne, deren Licht aufgrund der Entfernung beinahe parallel einfällt.

- Die Einstellung SPOTLICHT, die wir später verwenden, resultiert in einer Lichtquelle, deren Licht ähnlich wie bei einem Scheinwerfer durch einen Lichtkegel begrenzt ist.
- UMGEBUNGSLICHT schließlich dient zur Aufhellung der Szene insgesamt; es ist nicht animierbar und kommt aus allen Richtungen.

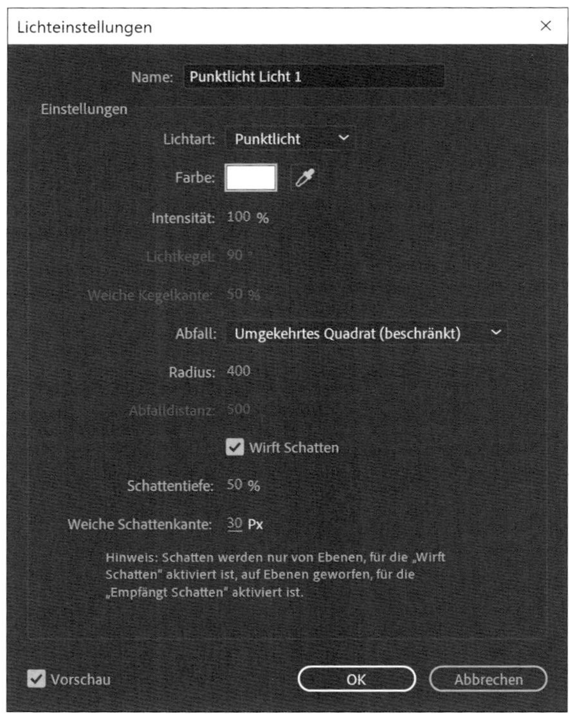


**Abbildung 16.28 ▸**
Die Einstellungen aus dem Dialog LICHTEINSTELLUNGEN können Sie in der Zeitleiste auch animieren.

Stellen Sie zunächst PUNKTLICHT ein. Die FARBE belassen Sie bei Weiß. Die INTENSITÄT erhöhen Sie auf 100 %. Per ABFALL gerät das Licht nicht in den Müll, sondern es wird geregelt, ob und wie die Lichtintensität mit der Entfernung abnimmt. Mit GLEICHMÄSSIG (auch GLÄTTEN genannt) nimmt das Licht linear mit der Entfernung ab, und mit UMGEKEHRTES QUADRAT wird der Lichtabfall physikalisch korrekt berechnet. Über RADIUS legen Sie fest, wo der Lichtabfall beginnt, und über ABFALLDISTANZ, wo er endet.

Wählen Sie hier UMGEKEHRTES QUADRAT und für den RADIUS den Wert 400. Den Haken bei WIRFT SCHATTEN belassen wir. Beleuchtete 3D-Ebenen werfen in dem Fall Schatten, allerdings muss in den 3D-Ebenen die gleichnamige Option aktiviert sein. Ist die SCHATTENTIEFE bei 100 %, ist der Schatten absolut schwarz, ansonsten gesoftet. Der Schatten ist umso weicher, je höher der Wert bei WEICHE SCHATTEN-

KANTE ist. Belassen Sie die Werte. Bestätigen Sie mit OK. Achten Sie darauf, dass die Lichtebene zum Zeitpunkt 00:00 beginnt.

### 4 Punktlichter positionieren

Kaum haben Sie das erste Punktlicht in Ihrer Szene, ist diese in tiefschwarze Nacht gehüllt. Der Grund ist, dass das Punktlicht einen eingeschränkten Leuchtradius hat und wir es erst in die Nähe eines Hauses rücken müssen. Wählen Sie für die linke Ihrer Kompositionsansichten den Blickwinkel OBEN.

Lichter positionieren Sie genauso wie 3D-Ebenen – über ihre Achsen. Ziehen Sie das Punktlicht mittels der z- und der x-Achse bis kurz vor das erste Haus ❸ der linken Straßenseite. Je nach Rechnerkonfiguration verlangsamt sich die Anzeige nun ab jedem neu hinzukommenden Licht stark. In dem Fall verringern Sie die Zoomstufe der Ansicht AKTIVE KAMERA auf 50 % ❶, die Auflösung auf HALB ❷ und aktivieren den 3D-Entwurf ❹.

Duplizieren Sie dann die Lichtebene, bis Sie sechs Ebenen erhalten, und positionieren Sie die restlichen Lichter jeweils zwischen den Häusern. Die sechs Lichtebenen duplizieren Sie wieder und verschieben die Duplikate auf die rechte Straßenseite.

Sollten Sie sich wundern, dass anscheinend bei manchen Lichtern der Lichtschein fehlt, so trügt Sie der Schein. Sobald Sie den 3D-ENTWURF wieder ausstellen und die Auflösung auf VOLL verändern, sollte alles korrekt (und langwierig) berechnet werden.

**▼ Abbildung 16.29**
Das Punktlicht wird dupliziert und wie Straßenbeleuchtung positioniert.

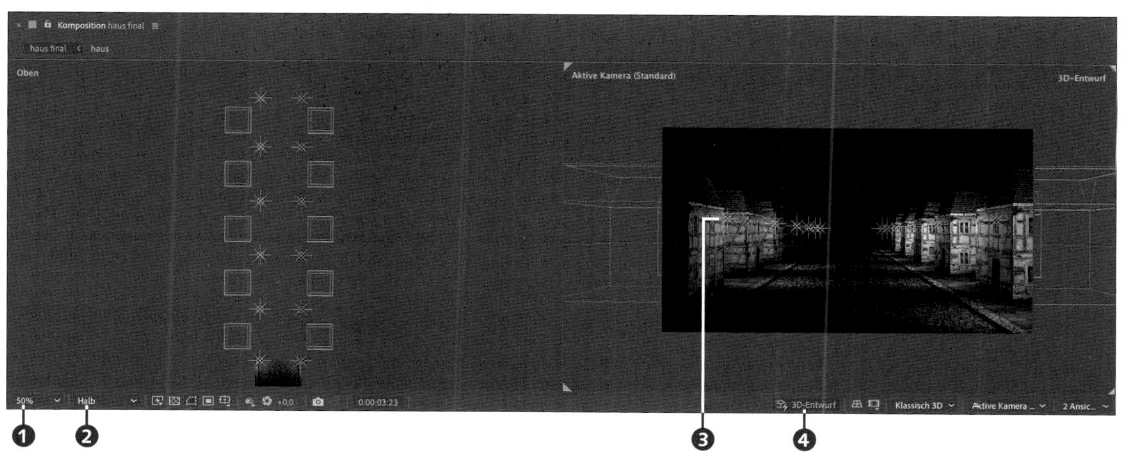


Öffnen Sie die Lichteinstellungen via EBENE • NEU • LICHT. Wählen Sie für die neue Lichtebene den Namen »spot« und unter LICHTART den Eintrag SPOTLICHT ❺ (Abbildung 16.30). Ändern Sie folgende Einstellungen: INTENSITÄT = 300 %, LICHTKEGEL = 20°, WEICHE KEGELKANTE = 10 %, ABFALL = OHNE.

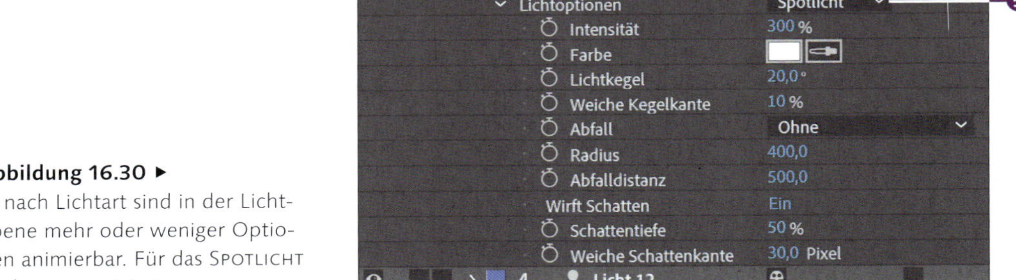


**Abbildung 16.30 ▸**
Je nach Lichtart sind in der Lichtebene mehr oder weniger Optionen animierbar. Für das SPOTLICHT sind es am meisten.

Das Spotlicht besteht aus **Lichtquelle** ❽, **Lichtkegel** ❼ und **Zielpunkt** ❻. Die Lichtquelle ist in gleicher Weise animierbar (POSITION, DREHUNG) wie 3D-Ebenen. Der Zielpunkt bestimmt die Beleuchtungsrichtung und ist ebenfalls animierbar. Zu Beginn ist der Zielpunkt auf den Kompositionsmittelpunkt gerichtet. Den Lichtkegel können Sie ebenfalls animieren.

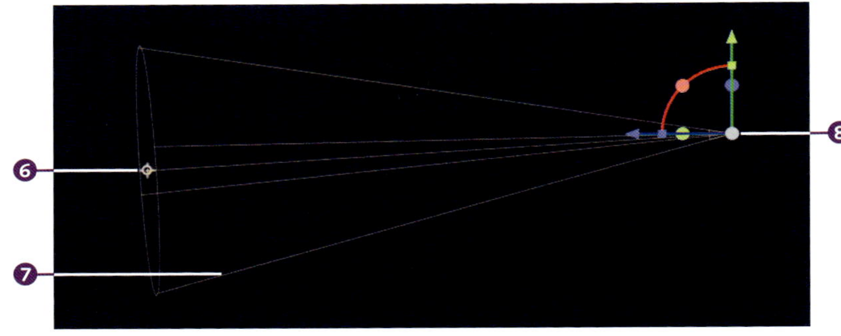


**▲ Abbildung 16.31**
Lichter positionieren und verschieben Sie ähnlich wie 3D-Ebenen.

**Separate Dimensionen**
Auch für die Positionseigenschaft von Lichtebenen können Sie die Dimensionen separieren. Klicken Sie dazu mit der rechten Maustaste auf TRANSFORMIEREN • POSITION, und wählen Sie DIMENSIONEN TRENNEN. Sie können dann für die Achsen X, Y und Z jeweils einzeln Keyframes setzen. Um die Option rückgängig zu machen, nehmen Sie den gleichen Weg. Für diesen Workshop ist es einfacher, mit einem Keyframe für alle drei Achsen zu arbeiten.

### 5 Spotlicht animieren

Nun zur Animation: Verschieben Sie zuerst die »spot«-Ebene in der Zeitleiste, sodass sie bei 06:00 beginnt. Zu diesem Zeitpunkt soll der Lichtkegel von links ins Bild kommen, über ein Haus hinwegfliegen und dann auf dem zweiten Haus der rechten Straßenseite ankommen.

Öffnen Sie die TRANSFORMIEREN-Eigenschaften in der Zeitleiste. Setzen Sie je einen ersten Key für die Eigenschaften POSITION und ZIELPUNKT bei 06:00. Richten Sie die Lichtquelle dann so ähnlich ein wie in Abbildung 16.32 und Abbildung 16.33. Arbeiten Sie dazu in der linken Kompositionsansicht, wo Sie den Blickwinkel nach Bedarf zwischen LINKS und OBEN wechseln.

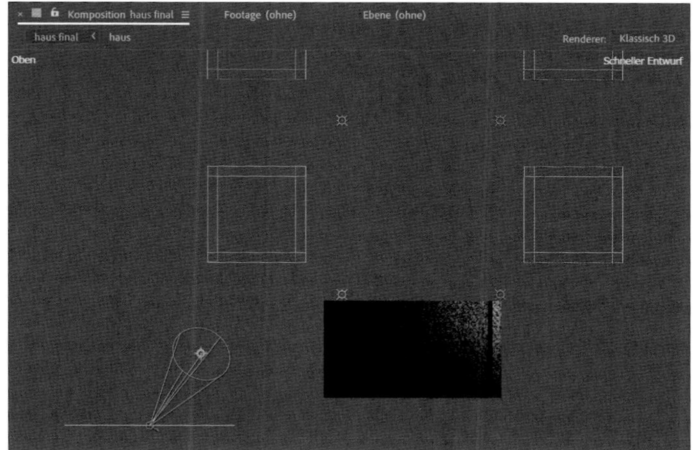


◄ **Abbildung 16.32**
Bei 06:00 ist das Spotlicht in der Ansicht Oben wie hier positioniert und …

**Zielpunkt-Bug in CC 2015**

Für den Zielpunkt von Spotlichtern werden in der Version CC 2015 nur noch maximal zwei Keyframes generiert, wenn der Zielpunkt ausschließlich im Kompositionsfenster verändert wird. Wenn Sie die Werte für den Zielpunkt in der Zeitleiste ändern, werden Keyframes wie gewohnt an allen Zeitpunkten erstellt.

Ziehen Sie die Lichtquelle möglichst immer nur direkt an einer ihrer Achsen, da sie sonst frei im Raum verschoben wird, was zu unerwarteten Ergebnissen führen kann. Um den Lichtkegel nach unten zeigen zu lassen, klicken Sie in der Ansicht Links direkt auf den Zielpunkt des Lichts und ziehen daran.

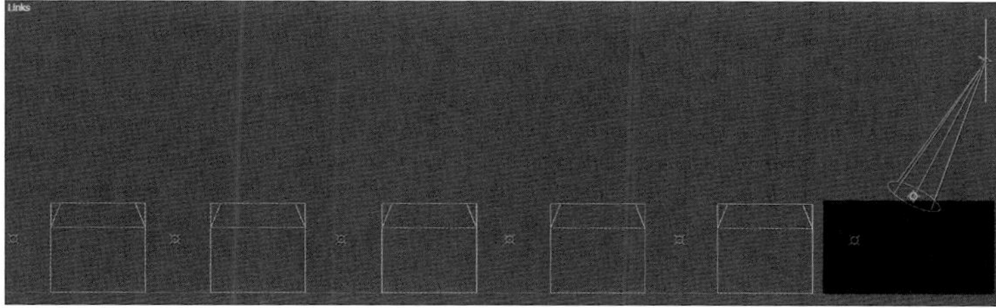


◄ **Abbildung 16.33**
… in der Ansicht Links so wie hier.

Am Zeitpunkt 09:00 soll der Spot auf das zweite Haus der rechten Straßenseite zeigen. Um Zielpunkt und Lichtquelle gleichzeitig und parallel zu verschieben, ziehen Sie die Lichtquelle immer an einer ihrer Achsen. Das geht gut, wenn Sie die Lichtquelle in der Ansicht Oben zuerst auf der z-Achse nach hinten verschieben und dann auf der x-Achse zum Haus hin, dann in der Ansicht Links nach unten und in der Ansicht Aktive Kamera den Zielpunkt direkt anklicken und auf das Haus ziehen.

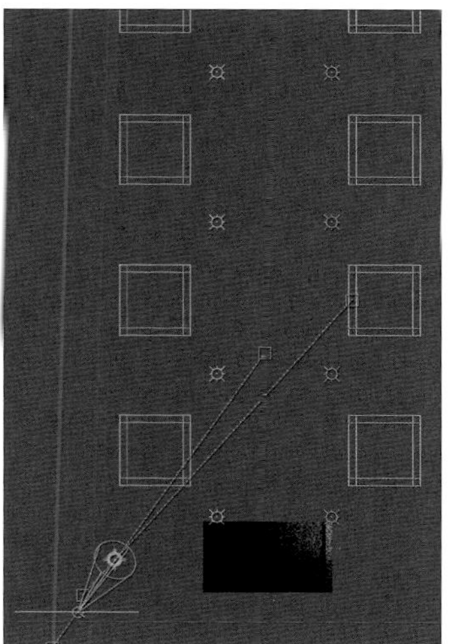

▲ **Abbildung 16.34**
Bei 09:00 sieht es von oben so aus.

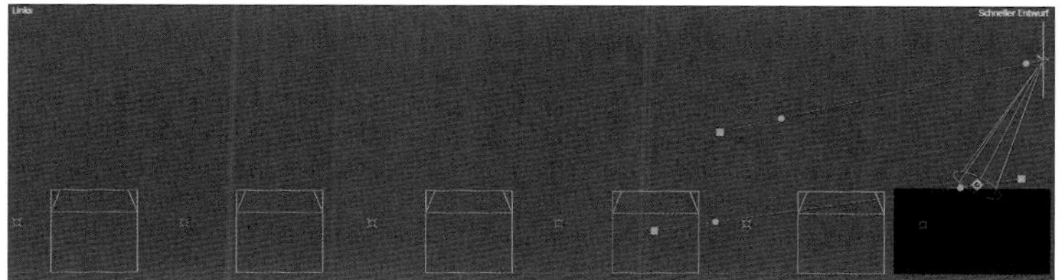


◄ **Abbildung 16.35**
Von links stellt sich die Szenerie bei 09:00 so dar.

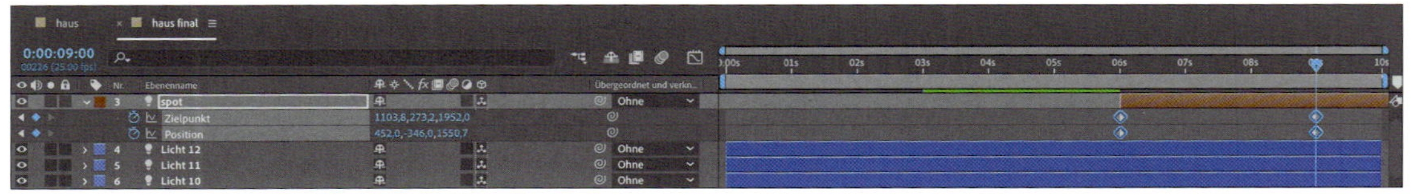


▲ **Abbildung 16.36**
Mit zwei Keys für Position und Zielpunkt animieren Sie den Spot.

## 6 Umgebungslicht hinzufügen

Jetzt haben Sie es fast geschafft. Setzen Sie die Zeitmarke auf den Zeitpunkt 00:00, und gehen Sie noch einmal den Weg Ebene • Neu • Licht. Wählen Sie im Einstellungsdialog unter Lichtart gleich Umgebungslicht. Die Farbe wählen Sie je nach Geschmack, beispielsweise ein helles Blau für eine bläuliche Nachtstimmung, und setzen die Intensität nicht zu hoch, z. B. auf 20 %. Bestätigen Sie mit OK.

**Lichtposition und Leuchtrichtung ändern**
Um die Position einer Lichtquelle zu ändern, ziehen Sie an einer ihrer Achsen, um damit die Lichtquelle und den Zielpunkt gleichzeitig und parallel auf einer Achse zu verschieben. Ziehen Sie nur an der Lichtquelle, ohne dass eine Achse aktiviert ist, wird sie frei und unabhängig vom Zielpunkt verschoben. Ziehen Sie nur am Zielpunkt, wird dieser unabhängig von der Leuchtquelle verschoben und ändert so die Beleuchtungsrichtung.

## 7 Letzter Schritt

Zu guter Letzt kommt noch der Hubschrauber ins Spiel bzw. ins Dorf. Er soll sich genau entlang des Spotlichts bewegen, so als ginge dieses vom Hubschrauber aus.

Dazu nutzen wir eine Expression. Ziehen Sie den Hubschrauber, den Sie anfangs importiert haben, in die Zeitleiste, und aktivieren Sie die 3D-Option. Markieren Sie die Ebene, und drücken Sie die Taste [P]. Markieren Sie dann die Positionseigenschaft, und wählen Sie Animation • Expression hinzufügen.

Um die Positionswerte der Ebene »spot« in die Ebene »spot« zu übertragen (zum Übertragen von Eigenschaftswerten sind Expressions da), ziehen Sie das Gummiband ❶ auf die Eigenschaft Position der Ebene »spot« und bestätigen mit [↵] im Zehnerblock. Gut. Das war es. Mehr Informationen zu Expressions finden Sie in Kapitel 17, »Expressions«.

**Abbildung 16.37** ▼
Per Expression übertragen Sie die Positionsdaten der Ebene »spot« in die Position des Hubschraubers.

## 8 Gut zu wissen: Variationen

Übrigens können Sie für die Häuser zur Variation auch per Z-Drehung eine andere Frontansicht einstellen und die Häuser etwas in der Höhe skalieren. Mit etwas mehr Zeit erstellen Sie verschiedene Haustypen, indem Sie die Quellkomposition »haus« im Projektfenster duplizieren und im Duplikat die Wände und Dächer austauschen. Die neuen Dächer und Wände müssen genauso groß sein wie die alten und extern erstellt und dann importiert werden. Per [Alt]-Taste ziehen Sie dann die neuen Wände auf die markierten Ebenen im Duplikat. Die neuen Hauskompositionen ziehen Sie ebenfalls per [Alt]-Taste auf die vorhandenen Hausebenen in der Komposition »haus final«. Einen besseren Blick auf die ganze Szenerie richten wir im nächsten Workshop »Kamerafahrt und Kamerazoom« in Abschnitt 16.3.1 ein.

◂ **Abbildung 16.38**
Nach unserer Beleuchtungsaktion ist die Dorfstraße in nächtliches Laternenlicht getaucht. Und wo sind die Laternen? – Vielleicht fügen Sie sie ja noch hinzu …

## 16.2.2 Materialoptionen: Die Schattenwelt

Dies ist nicht wie in der realen Welt: Beleuchtete Ebenen können in After Effects Schatten werfen oder auch nicht. Teuflisch gut. Schatten können Sie nicht allein in der Lichtebene festlegen, sondern die Einstellung hängt mit den Materialoptionen der 3D-Ebenen zusammen.

### Schattenwurf für 3D-Ebenen einstellen

Da Sie im vorigen Workshop die Szenerie beleuchtet haben, wollen Sie sicher wissen, wie Sie einen Schattenwurf für beleuchtete Ebenen einstellen. Hier die prinzipielle Herangehensweise.

Zunächst benötigen Sie mindestens folgendes Setting: eine Lichtquelle, eine Ebene, die beleuchtet wird und Schatten wirft, und eine Hintergrundebene, auf die der Schatten fällt. Bei allen Ebenen muss die 3D-Option aktiviert sein. Zuerst wählen Sie in der Lichtebene unter LICHTEINSTELLUNGEN bei WIRFT SCHATTEN den Eintrag EIN, falls die Option dort inaktiv ist.

Dann öffnen Sie die 3D-Ebene, die von der Lichtquelle beleuchtet wird. Dort wählen Sie in den MATERIALOPTIONEN ebenfalls bei

WIRFT SCHATTEN den Eintrag EIN ❶. Fertig. Ach so: Damit auf die Hintergrundebene der Schatten fällt, wählen Sie dort, falls inaktiv, in den MATERIALOPTIONEN den Eintrag EMPFÄNGT SCHATTEN EIN ❷.

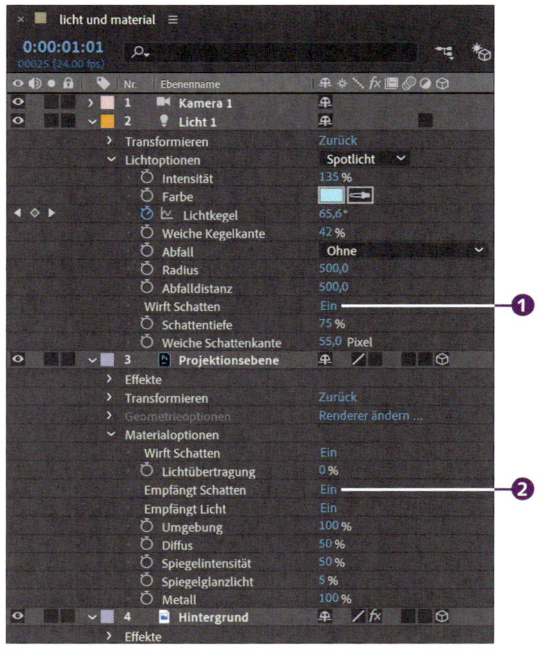


**Abbildung 16.39 ▸**
In der Lichtebene aktivieren Sie den Schattenwurf, genau wie in der Projektionsebene.

Für die Optionen WIRFT SCHATTEN und EMPFÄNGT SCHATTEN können Sie EIN, AUS und NUR wählen und somit bestimmte Licht- und Schatteninteraktionen auch unterbinden.

**Abbildung 16.40 ▸**
Haben Sie die Materialoptionen richtig gewählt, sind realistisch wirkende Schatten möglich.

### Noch mehr Materialoptionen

Weitere Materialoptionen befinden sich in jeder 3D-Ebene:

- UMGEBUNG: Bei 100 % wird Umgebungslicht vollständig reflektiert.

- Diffus: Hier bestimmen Sie die Reflexion diffusen Lichts. Bei 0 % wird gar kein diffuses Licht reflektiert.
- Spiegelintensität: Bei einem Wert von 100 % wird das ankommende Licht wie ein Spiegel reflektiert. Bei 0 % gibt es keine Reflexion.
- Spiegelglanzlicht: Hier legen Sie die Randschärfe des Reflexionspunkts für das gespiegelte Licht fest. Wählen Sie 0 %, wirkt der Lichtpunkt etwas kleiner.
- Metall: Diese Option bewirkt bei 0 % einen Glanzpunkt in der Farbe des einfallenden Lichts und bei 100 % einen in der Farbe der Ebene.
- Lichtübertragung dient dazu, die Ebene durchscheinend wie ein Dia zu machen. Dazu mehr im folgenden Abschnitt.

### 16.2.3 Lichtübertragung

Die Option Lichtübertragung, die für 3D-Ebenen einstellbar ist, kann dazu dienen, Durchlichtprojektionen zu kreieren. Für diese Möglichkeit drängt sich der Vergleich mit einem Kirchenfenster auf, durch das Licht fällt. In magisch leuchtenden Farben illuminiert die Christusgeschichte geheimnisvoll den Kirchenraum. In After Effects werden – weniger poetisch ausgedrückt – Bildinhalte durch Verwendung der Lichtübertragung auf die 3D-Szenerie projiziert, um Texturen auf 3D-Ebenen zu generieren.

In der Anwendung benötigen Sie für eine solche Projektion eine Lichtquelle, eine Bildebene, deren Bildinhalt projiziert werden soll, und eine oder mehrere Projektionsflächen.

Im mitgegebenen Beispiel »lichtuebertragung.aep« in den Materialien zum Buch wird ein Panoramabild auf zwei weiße Farbflächen ❺ projiziert. Dazu habe ich vor den Farbflächenebenen das Panoramabild ❹ platziert und dahinter ein Punktlicht ❸.

**Vorsicht!**
Bei Verwendung der Vorschauoption Schneller Entwurf wird die Lichtübertragung leider nicht dargestellt.

**Beispiel**
In den Materialien zum Buch finden Sie im Ordner Beispielmaterial/16_3D/lichtuebertragung die Datei »lichtuebertragung.aep«.

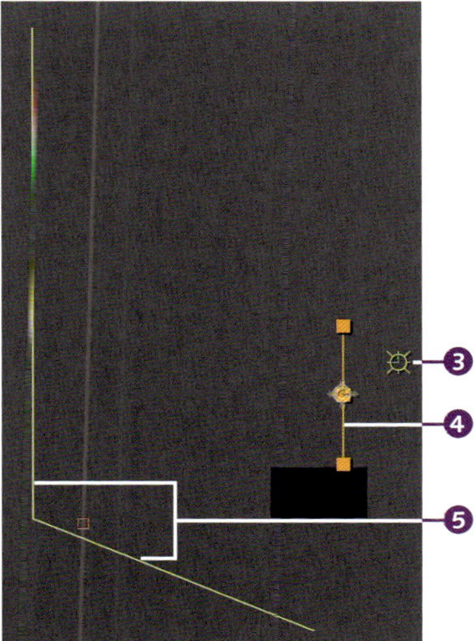


▲ **Abbildung 16.41**
In der Ansicht Links sehen Sie das Setting für die Lichtprojektion.

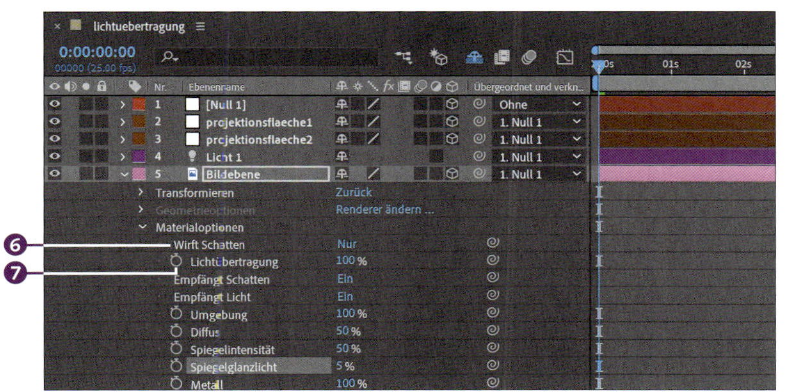


◀ **Abbildung 16.42**
Für eine wirkungsvolle Projektion setzen Sie den Wert für Lichtübertragung auf 100 % und die Option Wirft Schatten auf Ein bzw. Nur.

**Null-Objekt**

Günstig ist es, zum Beispiel Lichtquelle und Bildebene und gegebenenfalls die Projektionsflächen einem Null-Objekt unterzuordnen. So lassen sich alle diese Ebenen gleichzeitig im Raum verschieben, was die Positionierung einfacher gestaltet. Informationen zur Überordnung erhalten Sie in Abschnitt 8.7, »Parenting: Vererben von Eigenschaften«.

Beim Panoramabild ist in den Materialoptionen die Option Lichtübertragung ❼ auf 100 % eingestellt und die Option Wirft Schatten auf Nur ❻. Dadurch wird die Bildebene ausgeblendet und nur ihre Projektion sichtbar.

Für das Punktlicht ist die Option Intensität auf 100 gestellt (höhere Werte überstrahlen die Projektion möglicherweise, und geringere führen zur Abdunklung); die Farbe ist weiß, damit die Projektion nicht verfärbt wird; Abfall steht auf Ohne, damit die Projektion nicht irgendwo im Dunkel endet. Wirft Schatten habe ich auf Ein gestellt, die Schattentiefe auf 100 % (geringere Werte soften die Projektion ab) und weiche Schattenkante auf 0, damit die Projektion hohe Schärfe aufweist.

Für die Projektionsflächen wählen Sie in den Materialoptionen bei Empfängt Schatten den Eintrag Ein.

Das Panoramabild besteht aus einer Häuserreihe und der Wasserfläche davor. Hier bot es sich an, zwei Projektionsflächen zu verwenden, die im Winkel aufeinanderstoßen. Die Lichtquelle und die Bildebene mussten dann so verschoben werden, dass die Haus-Wasser-Kante passgenau auf die Ecke der Flächen zielte.

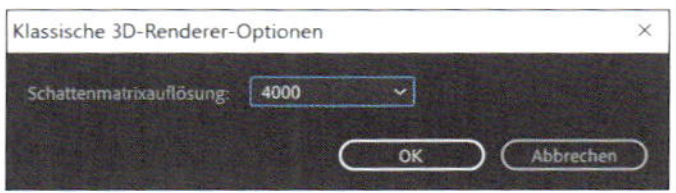


▲ **Abbildung 16.43**
Die Schattenmatrixauflösung zeichnet für scharfe und unscharfe Schatten verantwortlich.

Oft kommt es bei Projektionen zunächst zu Unschärfen wie bei der heranfahrenden Kamera im Beispiel. Diese können Sie im Beispiel beheben, indem Sie dort in den Kompositionseinstellungen in der Karte 3D-Renderer bei Renderer den Eintrag Klassisch 3D wählen und dann unter Optionen den Wert bei Schattenmatrixauflösung auf 4.000 einstellen.

Der Schatten wird anschließend genauer berechnet, was natürlich auch länger dauert.

Mit diesen Mitteln fügen Sie realistische Texturen in Ihre 3D-Szenerien ein.

**Beispiele**

In den Materialien zum Buch finden Sie im Ordner 16_3D/Lichtuebertragung ein weiteres Beispielprojekt und das Movie »Projektor.mp4«, in dem ich die Option Lichtübertragung verwendet habe.

**Abbildung 16.44** ▸
Zur Verdeutlichung ist die Kamera hier ausgezoomt, damit Sie sehen, wie die Projektion auf die Farbflächen passt. Nicht alles wird abgedeckt, was es per Kamera geschickt zu umsteuern gilt.

## 16.3 Die Kamera: Ein neuer Blickwinkel

Bisher haben Sie von festgelegten Blickwinkeln aus auf die 3D-Szenerie geschaut, wie z. B. von oben, von links oder durch die Ansicht AKTIVE KAMERA, die als Standardkamera sofort aktiviert wird, wenn eine 3D-Ebene in der Komposition auftaucht. Weitere Kameras, die Sie selbst einrichten, geben Ihnen weitreichende neue Möglichkeiten, um realistisch wirkende Bewegungen durch einen 3D-Raum zu kreieren. Die Tiefenschärfeeinstellung einer Kamera macht es möglich, einzelne Ebenen besonders hervorzuheben, während andere im Unschärfebereich der Kamera nur angedeutet werden.

### 16.3.1 Arbeit mit Kameraebenen

Grundsätzlich ist erst einmal wichtig, dass eine neue Kamera (wie eine Lichtquelle) als Ebene in der Zeitleiste erscheint. Außerdem werden Kameras als Drahtgitterobjekte in den Kompositionsansichten dargestellt, denn nicht immer schauen Sie durch die neue Kamera selbst. Sie schauen in den Arbeitsansichten LINKS, OBEN etc. vielmehr auf die gesamte 3D-Szenerie mitsamt der neuen Kamera, um diese im Raum zu positionieren. Im gerenderten Ergebnis ist sie dann – keine Sorge – nicht sichtbar.

Damit die selbsterstellte Kamera Wirkung zeigt, muss die Komposition 3D-Ebenen enthalten. Die Kamera selbst ist bereits eine 3D-Ebene. Besser wird das aber anhand eines praktischen Beispiels im folgenden Workshop deutlich.

### Schritt für Schritt
### Kamerafahrt und Kamerazoom

In diesem Workshop erfahren Sie, wie Sie Kameraebenen erstellen und animieren.

#### 1 Vorbereitung

Öffnen Sie Ihr Projekt aus dem vorigen Workshop oder das Projekt »Hausworkshop02.aep« aus dem Ordner 16_3D/3D-EBENEN. In diesem Workshop-Teil werden wir eine Kamera hinzufügen und sie animieren.

Die benötigten Dateien für diesen Workshop finden Sie unter BEISPIELMATERIAL/16_3D/3D-EBENEN.

#### 2 Kamera hinzufügen und Kameraeinstellungen

Öffnen Sie die Komposition »haus final«. Erstellen Sie über EBENE • NEU • KAMERA eine neue Kameraebene. Der Dialog KAMERAEINSTELLUNGEN sieht kompliziert und mächtig aus, die Handhabung der Einstellungen ist aber einfacher, als es scheint.

Unter VORGABE ❶ wählen Sie die Einstellung 35 MM für die häufig verwendete 35-mm-Filmkamera. Die Einstellungen ZOOM, BLICKWINKEL und BRENNWEITE hängen zusammen und wirken sich darauf aus, wie groß die Komposition beim Blick durch die Kamera abgebildet wird. Wenn Sie den Wert für eine der drei Einstellungen verändern, passen sich die jeweiligen beiden anderen Werte an. Die MESSFILMGRÖSSE simuliert die Größe des belichteten Bereichs eines Films und bestimmt den erfassten Ausschnitt der Szene.

**Abbildung 16.45 ▼**
Der Dialog KAMERAEINSTELLUNGEN wirkt komplizierter, als er ist. Hier legen Sie grundlegende Eigenschaften der Kamera fest.

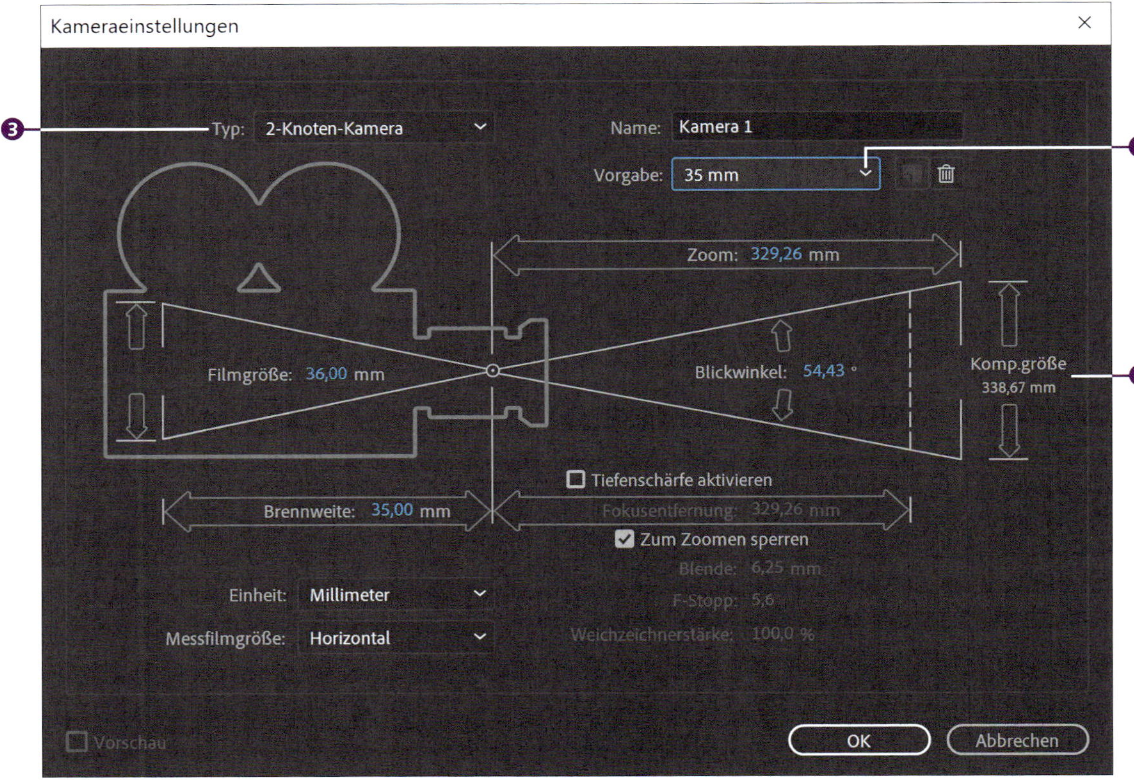


**Ausrichtung**
In den Transformieren-Eigenschaften der Kamera findet sich auch die Eigenschaft AUSRICHTUNG. Ich rate Ihnen vorerst davon ab, diese zu animieren oder zu verändern. Durch eine Änderung wird die Kamera von ihrem Zielpunkt abgelenkt, was zu unerwünschten Ergebnissen führen kann. Interessant ist die Option zum Schwenken der Kamera.

Die KOMPOSITIONSGRÖSSE ❷ entspricht den zuvor von Ihnen gewählten Einstellungen. Die EINHEITEN geben Sie in PIXEL, MILLIMETER oder ZOLL an. Bei der Einstellung MILLIMETER erkennen Sie, dass die Brennweite unseren voreingestellten 35 mm entspricht. Die Filmgröße wird normalerweise immer horizontal gemessen, Sie können sie aber unter MESSFILMGRÖSSE in VERTIKAL oder DIAGONAL ändern.

Unter TYP ❸ entscheiden Sie, ob Sie eine 1-KNOTEN-KAMERA oder eine 2-KNOTEN-KAMERA erstellen wollen. Was es damit auf sich hat, erfahren Sie im Abschnitt nach diesem Workshop. Belassen Sie zunächst die 2-KNOTEN-KAMERA.

Einen interessanten weiteren Optionsbereich – die Tiefenschärfeeinstellungen – schauen wir uns in Abschnitt 16.3.5 genauer an. Nach dem OK erscheint die Kamera als Drahtgitterdarstellung in Ihren Kompositionsansichten und als Ebene in der Zeitleiste.

### 3 Kameraoptionen

Öffnen Sie in der Kameraebene via TRANSFORMIEREN die KAMERAOPTIONEN – hier kommt eine schöne Liste zusammen. Sie finden die wichtigsten, auch im Einstellungen-Dialog wählbaren Kameraoptionen wieder, Sie müssen also nicht immer in die Einstellungen zurückkehren. Wenn Sie dies dennoch wollen, klicken Sie einfach doppelt auf die Kameraebene. Das Gleiche gilt übrigens für Lichtebenen. Mit den KAMERAEINSTELLUNGEN beschäftigen wir uns ausführlich in Abschnitt 16.3.5, »Die wichtigsten Kameraoptionen«.

**Achsenmodi**
Wie bei allen Bearbeitungen im 3D-Raum ist es auch bei der Positionierung von Kameras oft nötig, den Achsenmodus umzuschalten und beispielsweise anstelle des Lokalachsenmodus den Weltachsenmodus zu verwenden.

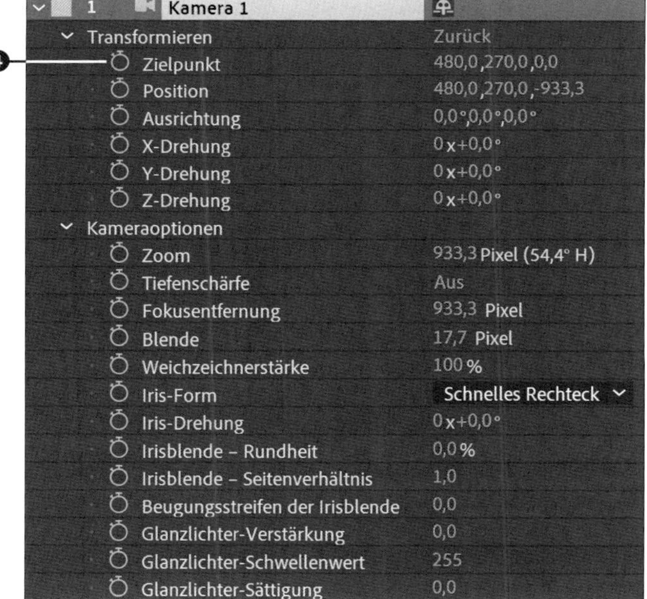


◂ **Abbildung 16.46**
Unter KAMERAOPTIONEN sind die animierbaren, wichtigsten Optionen des Dialogs KAMERAEINSTELLUNGEN zusammengefasst.

Die Blickrichtung einer Kamera stellen Sie ähnlich den Leuchtquellen über den ZIELPUNKT ❹ ein. Wollen Sie die Position der Kamera ändern, ist dies ebenfalls vergleichbar mit den Leuchtquellen. Ziehen Sie an einer der Achsen ❺ (Abbildung 16.47), um die Kamera und den Zielpunkt **gleichzeitig und parallel** zu verschieben. Drücken Sie dabei noch gleichzeitig die Taste [Strg], wird die Kamera bewegt, und der Zielpunkt verbleibt an seiner Position. Ziehen Sie am Kamerakörper ❻, um die Kamera unabhängig in alle Richtungen zu verschieben. Bewegen Sie nur den Zielpunkt ❼, verbleibt die Kamera an ihrer Position, und die Blickrichtung ändert sich.

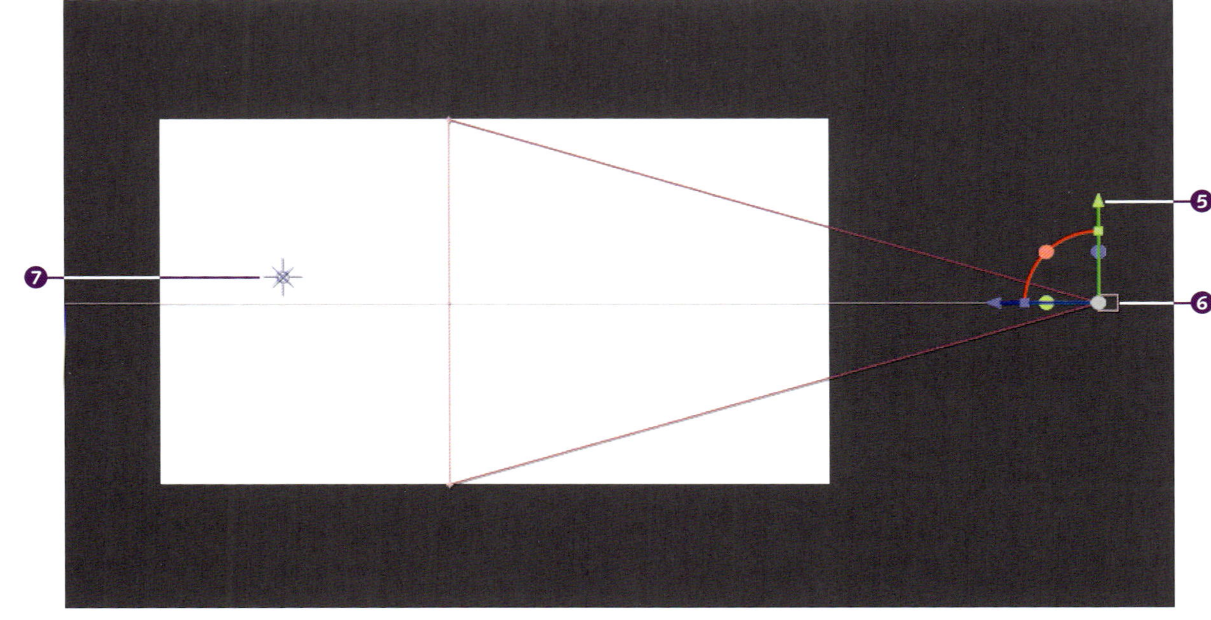


▲ **Abbildung 16.47**
Die Kamera wird hier in der Ansicht von links gezeigt. Sie positionieren sie ähnlich wie 3D-Ebenen und Lichter.

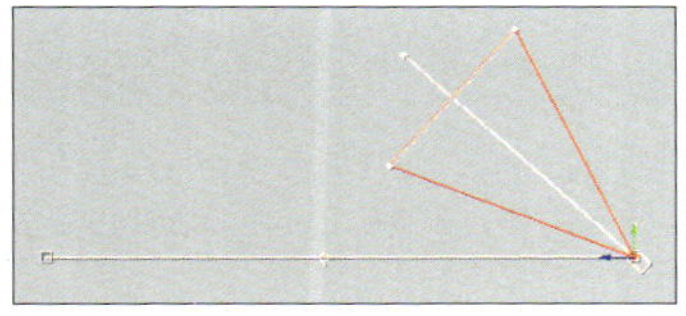

▲ **Abbildung 16.48**
Vorsicht ist mit der Option Ausrichtung der Kamera geboten: Dadurch wird die Kamera von ihrem Zielpunkt abgelenkt, der in diesem Fall auf dem Bewegungspfad liegt.

**Tasten für Ansichten**
Zum Verkleinern oder Vergrößern einer Ansicht nutzen Sie die Tasten [,] und [.]. Bei gedrückter Taste [H] oder Leertaste verschieben Sie die Ansicht innerhalb des Kompositionsfensters.

### 4 Kamera in Ausgangsposition bringen

Damit Sie alles gut sehen, duplizieren Sie die Ebene »umgebung« und drücken zweimal kurz hintereinander die Taste [A], um die Lichtoptionen einzublenden. Ändern Sie die Farbe in Weiß und die Intensität in 100 %. Arbeiten Sie, während Sie die Kamera einrichten, mit dem Vorschaumodus Schneller Entwurf.

Die Kamera soll zu Beginn so positioniert sein, dass sie von schräg links oben auf das Dorf »schaut«. Wählen Sie dazu das Ansichtenlayout 2 Ansichten – horizontal, für die linke der beiden Ansichten den Blickwinkel Links und für die rechte Ansicht den Blickwinkel Kamera 1. Der Blick durch die eben erstellte Kamera 1 zeigt das Endergebnis.

Setzen Sie zuerst in der Kameraebene für die Eigenschaften Position und Zielpunkt je einen Key bei 00:00. Ziehen Sie dann in der Ansicht Links die Kamera an der y-Achse nach oben und auf der z-Achse nach rechts. Der Zielpunkt ❶ sollte dabei mitgewandert sein, wenn Sie die Achsen genau getroffen haben. Ihn klicken Sie jetzt direkt an und ziehen ihn zwischen das zweite und dritte Punktlicht.

Wechseln Sie nun den Blickwinkel auf Oben. Hier ziehen Sie die Kamera auf der x-Achse nach links und den Zielpunkt anschließend auf die Straßenmitte. Das ist die Ausgangsposition.

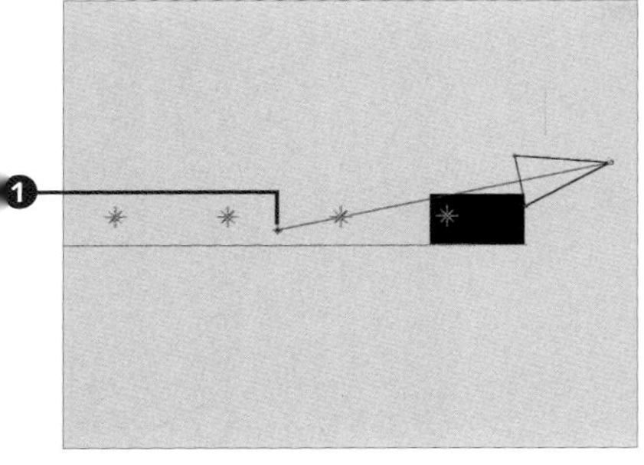


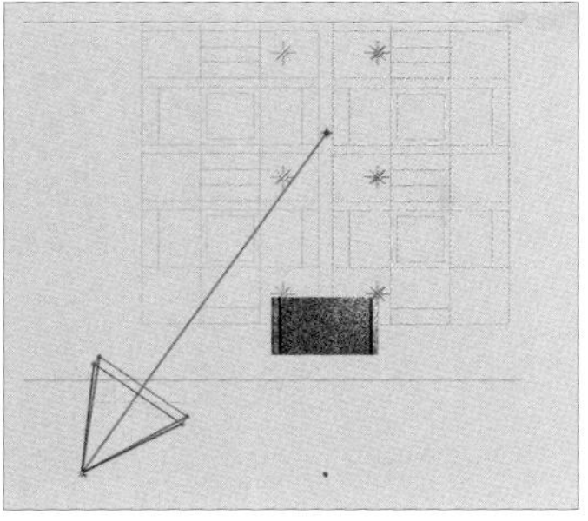

◂ **Abbildung 16.49**
Die Kamerapositionen zu Beginn von links und von oben

### 5 Die Kamerafahrt einstellen

Kamerabewegungen in einem Buch zu erläutern, ist in etwa so, als wollten Sie im Nachhinein Ihre Fahrt mit dem Motorrad durch die Stadt im Detail nachvollziehbar machen; aber versuchen wir es. Navigieren Sie zum Zeitpunkt 01:15. In der Ansicht OBEN ziehen Sie die Kamera hinter die rechte Häuserzeile, und zwar ohne eine der Achsen zu treffen! Klicken Sie dazu in der Nähe des Kamerakörpers, bis sich der Cursor in ein schwarzes Dreieck verwandelt, und schwenken Sie dann die Kamera um 90° herum. Ziehen Sie den Zielpunkt in die Straßenmitte beim dritten Haus. Den Bewegungspfad der Kamera (und übrigens auch den von Lichtebenen) bearbeiten Sie wie jeden Bewegungspfad mit den Anfassern. Formen Sie den Pfad zu einem Kreisbogen.

Navigieren Sie zum Zeitpunkt 03:00, und ziehen Sie die Kamera wieder, ohne eine Achse zu treffen, an das Ende der Häuserreihe.

**Zum Nachlesen**

Falls Sie es vergessen haben: Informationen zur Bearbeitung von Bewegungspfaden erhalten Sie in Kapitel 8, »Keyframe-Interpolation«.

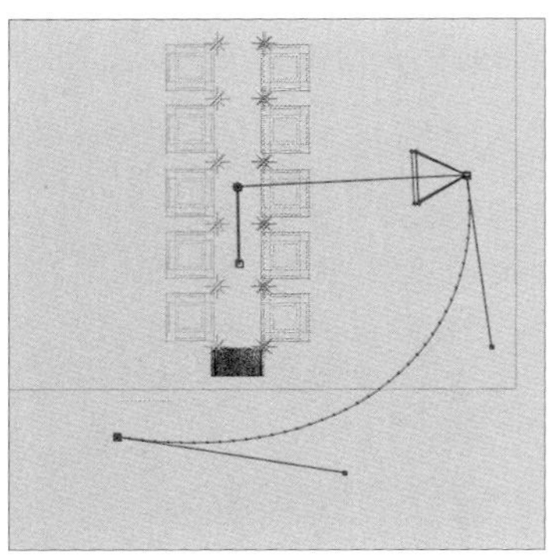

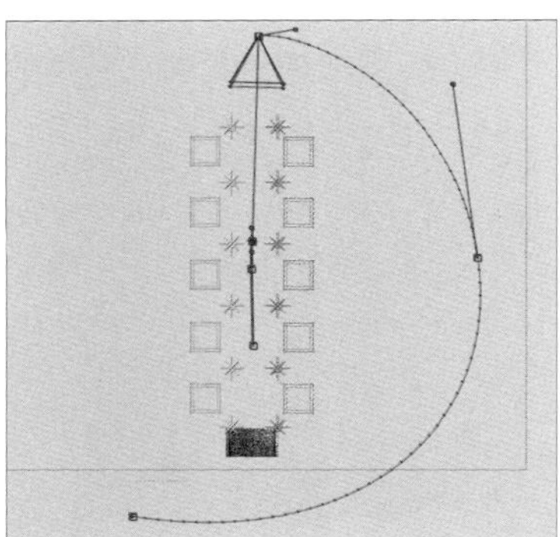

▴ **Abbildung 16.50**
Von oben: die zweite und dritte Kameraposition

Am Zeitpunkt 04:15 ziehen Sie zuerst den Zielpunkt auf den Mittelpunkt des zweiten Hauses rechts und dann die Kamera, ohne eine Achse zu treffen, sodass sie frontal zum Haus ausgerichtet ist. In der Ansicht LINKS ziehen Sie die Kamera, diesmal indem Sie die y-Achse treffen, etwas nach unten.

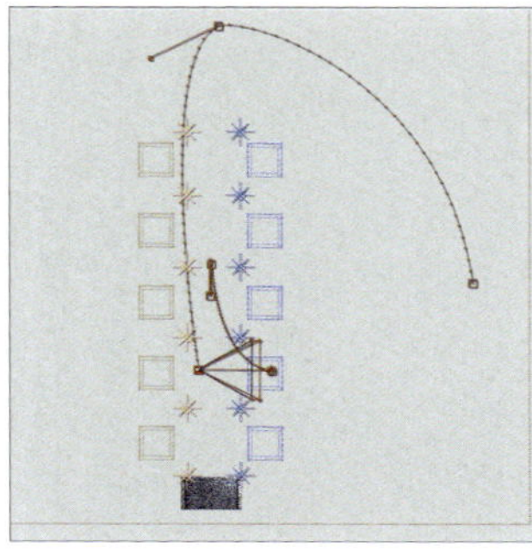

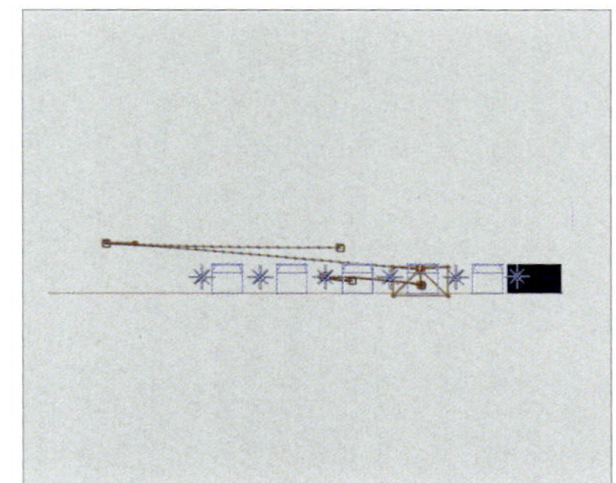

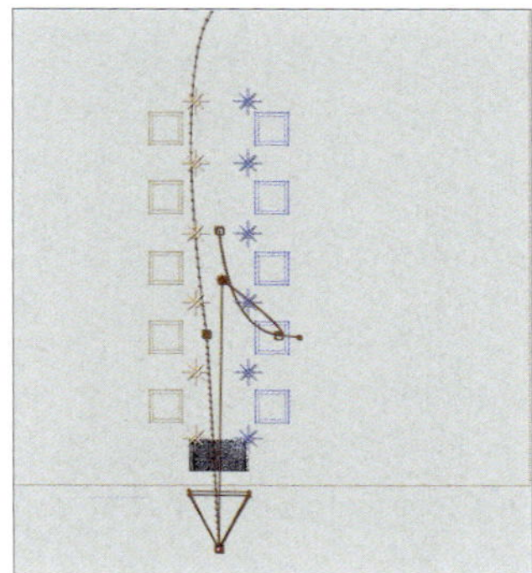

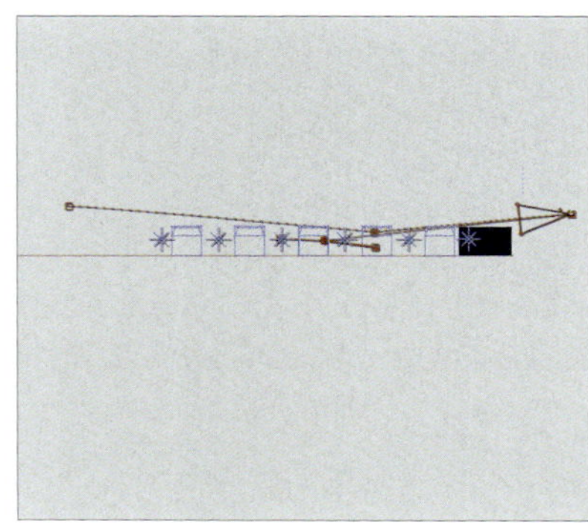

**Abbildung 16.51 ▸**
Die vierte und fünfte Kameraposition

Zum Schluss verschieben Sie die Kamera bei 05:15 in der Ansicht OBEN so, dass sie frontal auf die Straße »schaut«; dazu versetzen Sie den Zielpunkt auf die Straßenmitte beim dritten Haus. In der Ansicht LINKS schwenken Sie die Kamera für einen schrägen Blickwinkel ohne Achsen nach oben.

Hoffentlich haben Sie bei Ihrer Fahrt keinen Unfall eingebaut!

**Abbildung 16.52 ▾**
Die Keys der Kamerabewegung

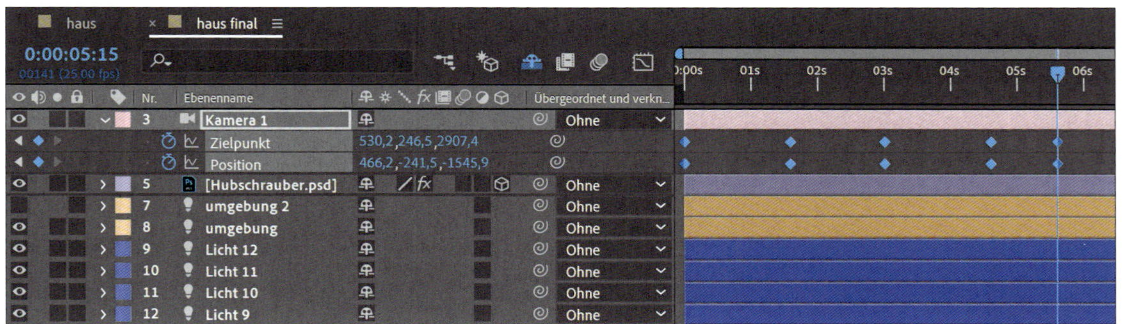


## 6 Das fertige Projekt

Im letztendlichen Projekt (»Hausworkshop03_fertig.aep«) habe ich noch eine Hintergrundebene eingefügt und mit den Effekten VERLAUF und FRAKTALES RAUSCHEN eine wolkenartige Struktur erzeugt. Damit die Struktur im Hintergrund in allen Perspektiven sichtbar ist, habe ich die Komposition zu einer Cinema 4D-Komposition umgeschaltet und dann die Ebene zur Umgebungsebene erklärt. Außerdem ist die Zeit für die Kamerabewegung etwas verändert und ein Blinklicht für den Hubschrauber hinzugekommen. So könnte es immer weitergehen, aber es gibt noch eine Menge anderer Aufgaben, wie zum Beispiel dieses Buch. Daher überlasse ich Ihnen die perfekte Übertragung der hier beschriebenen Funktionen auf Ihr eigenes Rohmaterial.

Informationen zu Cinema 4D-Kompositionen finden Sie in Abschnitt 16.4, »Cinema 4D-Kompositionen«.

◂ **Abbildung 16.53**
Der Blick durch die Kamera am Ende der Kamerafahrt

## 16.3.2 Ein-Knoten- und Zwei-Knoten-Kameras

Wenn Sie über Ebene • Neu • Kamera gehen, gelangen Sie in den Dialog Kameraeinstellungen und entscheiden sich dort unter Typ zwischen 1-Knoten-Kamera und 2-Knoten-Kamera.

- Eine 2-Knoten-Kamera ist auf den Zielpunkt hin ausgerichtet. In der Zeitleiste können Sie sowohl für die Eigenschaft Position als auch für die Eigenschaft Zielpunkt Keyframes setzen.
- Eine 1-Knoten-Kamera ist auf keinen Punkt ausgerichtet. Der Zielpunkt wird in der Komposition zwar unnötigerweise angezeigt, aber die Kamera ist weder auf ihn ausgerichtet, noch können Sie in der Zeitleiste Keyframes dafür setzen.

Egal, ob 1- oder 2-Knoten-Kamera – der Titel lenkt davon ab, dass es sich hierbei nur um eine Ausrichtungsoption handelt. Sie können die Ausrichtung der Kamera jederzeit ändern und damit die Kamera von einer 1- in eine 2-Knoten-Kamera umwandeln und umgekehrt.

Markieren Sie dazu die Kameraebene, und gehen Sie den Weg Ebene • Transformieren • Automatische Ausrichtung. Im Dialog Automatische Ausrichtung wählen Sie Aus, um eine 1-Knoten-Kamera zu erhalten, und Ausrichtung zum Zielpunkt für eine 2-Knoten-Kamera.

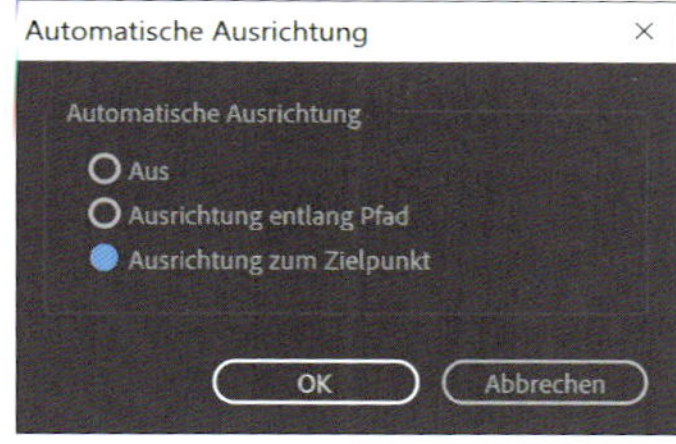


▲ **Abbildung 16.54**
Im Dialog AUTOMATISCHE AUSRICHTUNG entscheiden Sie, wohin die Kamera »blickt«.

Mit der Option AUSRICHTUNG ENTLANG PFAD folgt die Blickrichtung der Kamera einem zuvor geschaffenen Bewegungspfad. Auch hier ist der Zielpunkt nicht selbst animierbar.

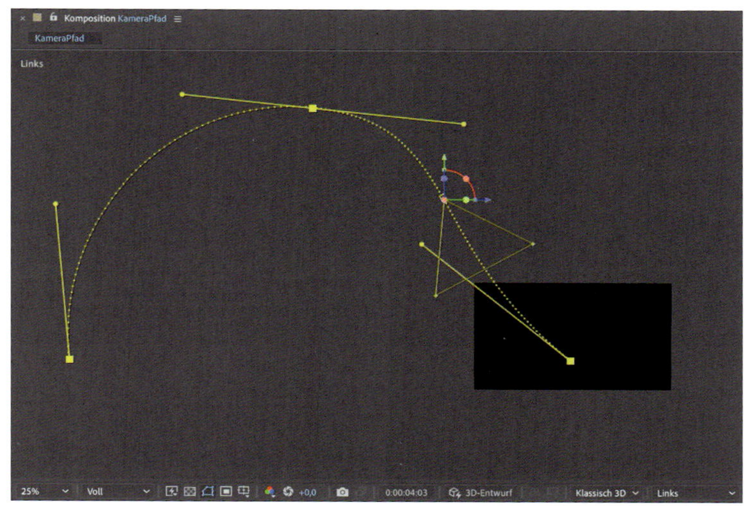


**Abbildung 16.55** ▶
Hier ist die Kamera entlang des Bewegungspfads ausgerichtet.

## 16.3.3 Ebene zur Kamera ausrichten

Wie Sie wissen, können Sie Kameras an Pfaden ausrichten, was bei Ebenen auch möglich ist. Zusätzlich lassen sich Ebenen zur Kamera hin ausrichten. Die Option ist erst verfügbar, wenn Sie die Ebene zu einer 3D-Ebene umschalten. Anschließend ist die Ebene immer frontal zur Blickrichtung der Kamera ausgerichtet. Dies ist beispielsweise nützlich, wenn Sie die Kamera um ihren Zielpunkt drehen. Die ausgerichtete Ebene dreht sich dann mit.

Um eine Ebene zur Kamera auszurichten, markieren Sie sie und wählen EBENE • TRANSFORMIEREN • AUTOMATISCHE AUSRICHTUNG • AUSRICHTUNG ZUR KAMERA.

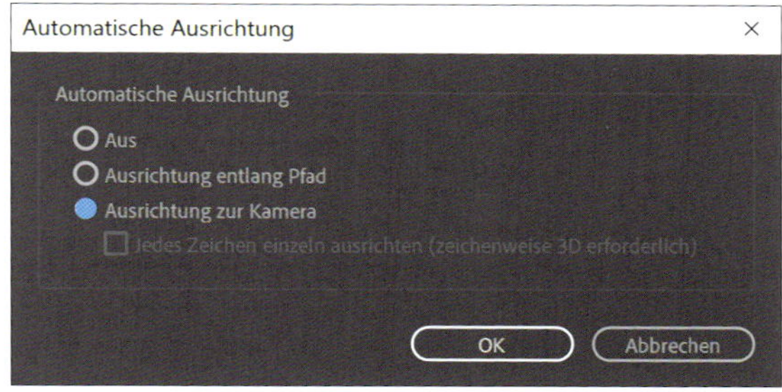


**Abbildung 16.56** ▶
Über den Dialog AUTOMATISCHE AUSRICHTUNG richten Sie 3D-Ebenen zur Kamera hin aus.

Für Textebenen gibt es zusätzlich die Option JEDES ZEICHEN EINZELN AUSRICHTEN, falls Sie in der Textebene ZEICHENWEISE 3D AKTIVIEREN gewählt haben. In dem Fall dreht sich jedes einzelne Textzeichen frontal in die Blickrichtung der Kamera.

### 16.3.4 Null-Objekt für die Kamera nutzen

Oft ist es hilfreich, eine Kamera über ein Null-Objekt zu animieren, da dieses eventuell leichter zu handhaben ist.

Ein Null-Objekt, also eine unsichtbare Ebene, erhalten Sie über Ebene • Neu • Null-Objekt. Es gibt zwei Möglichkeiten:

Ordnen Sie der Kamera das Null-Objekt über – dann werden die Transformieren-Eigenschaften der Nullebene auf die Kamera übertragen. Der Kamerakörper folgt dann dem Bewegungspfad des Null-Objekts, und Sie können die Blickrichtung der Kamera via Ausrichtung oder Drehung in der Kameraebene beeinflussen. Wichtig ist dabei, dass in diesem Fall die Optionen Ebene • Transformieren • Ausrichtung entlang Pfad und Ausrichtung zum Zielpunkt nicht funktionieren. Dies geht aber mit der zweiten Möglichkeit:

Ordnen Sie dafür die Kameraebene nicht der Nullebene unter, sondern verknüpfen Sie die Positionseigenschaft der Kamera per Expression mit der Positionseigenschaft der Nullebene. Auch hier können Sie die Kamera per Ausrichtung und Drehung noch beeinflussen.

Wollen Sie eine Kamera um ihren Zielpunkt herum bewegen, also die Kamera im Kreis drehen, gibt es eine hilfreiche Funktion: Markieren Sie die Kamera, und wählen Sie dann Ebene • Kamera • Drehung um Nullebene erstellen. Daraufhin generiert bequemerweise After Effects für Sie ein Null-Objekt mit aktivierter 3D-Option, das der Kamera übergeordnet ist und bereits haargenau auf dem Zielpunkt liegt. Sie müssen dann nur noch Keys für die Drehungseigenschaften der Nullebene setzen.

**Zum Nachlesen**

Mehr Informationen zu Expressions finden Sie in Kapitel 17, »Expressions«. Informationen zum Überordnen bzw. Parenting erhalten Sie auch in Abschnitt 8.7, »Parenting: Vererben von Eigenschaften«.

### 16.3.5 Die wichtigsten Kameraoptionen

Wie ich im vorhergehenden Workshop schon angekündigt habe, wollte ich noch ein paar Kameraoptionen erklären. Es handelt sich um die Einstellungen für die Tiefenschärfe, die Blende, die Weichzeichnerstärke, die Fokusentfernung und den Zoom. Sie kennen die Wirkung von der Fotokamera – eine kleine Blende bewirkt eine hohe Tiefenschärfe: Das Motiv ist, obwohl Sie nur auf einen bestimmten Punkt scharf gestellt hatten, durchgängig klar erkennbar. Bei einer großen Blendenöffnung hingegen ist das Motiv vor und hinter dem Punkt, auf den Sie scharf gestellt haben, verschwommen. Um Teile einer 3D-Szenerie zu betonen, bietet sich die Tiefenschärfeeinstellung hervorragend an.

### Tiefenschärfe der Kamera aktivieren

Die Tiefenschärfe können Sie im Dialogfeld KAMERAEINSTELLUNGEN und in der Zeitleiste aktivieren. Doppelklicken Sie auf die Ebene KAMERA 1 in der Zeitleiste, um das Dialogfeld zu öffnen. Setzen Sie ein Häkchen bei TIEFENSCHÄRFE AKTIVIEREN ❶.

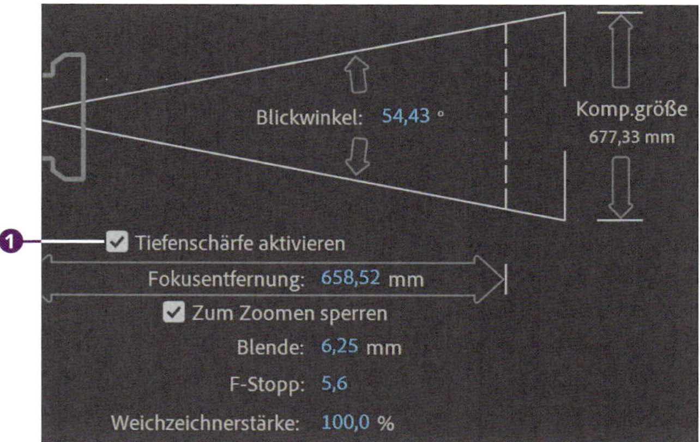


**Abbildung 16.57 ▸**
Im Dialog KAMERAEINSTELLUNGEN befinden sich auch Optionen für die Tiefenschärfe einer Kamera.

Der Fokus bezeichnet den absoluten Schärfepunkt. Ein Bild, das sich also genau auf dem Fokuspunkt befindet, wird absolut scharf dargestellt. Mit der FOKUSENTFERNUNG legen Sie fest, wie weit entfernt von der Kameraposition dieser Schärfepunkt liegt. Vor und hinter dem Fokuspunkt werden die Bildbereiche abhängig von der gewählten BLENDE unscharf. Je kleiner der Blendenwert ist, desto größer ist der Bereich vor und hinter dem Fokuspunkt, innerhalb dessen die Bildbereiche scharf erkennbar sind. Das ist der Tiefenschärfebereich. Durch die Animation der Fokusentfernung ist es möglich, den Tiefenschärfebereich so zu verschieben, dass neue Objekte in den scharfen Bereich eintreten, während andere im unscharfen Bereich liegen. In den Kompositionsansichten können Sie den Fokuspunkt als dünne Linie ❷ wahrnehmen, wenn Sie die Option FOKUSENTFERNUNG verändern.

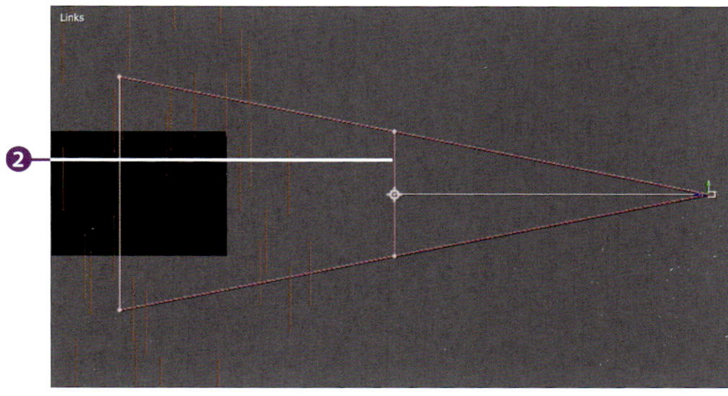


**Abbildung 16.58 ▸**
Außer der Kamera selbst wird hier der zur Kamera gehörende Fokuspunkt angezeigt.

F-Stopp ist nichts weiter als eine andere Art der Messung des Blendenwerts; die Werte der Blende und von F-Stopp hängen daher zusammen. Verändern Sie den einen Wert, ändert sich auch der andere. Die Option Zum Zoomen sperren bewirkt, dass die Fokusentfernung dem Wert des Zooms entspricht. Mit der Weichzeichnerstärke stellen Sie ein, wie stark Bildbereiche, die außerhalb des Tiefenschärfebereichs liegen, weichgezeichnet werden.

Die gleichen Optionen wie im Dialog finden Sie in der Zeitleiste wieder, wenn Sie in der Kameraebene auf das Dreieck vor Kameraoptionen klicken. Der F-Stopp-Wert fehlt übrigens, da der Blendenwert ihn ersetzt.

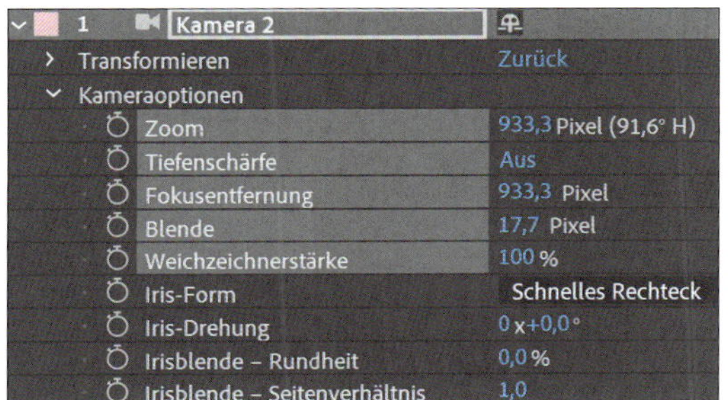


▲ **Abbildung 16.59**
Zum Animieren finden Sie die Optionen in der Zeitleiste wieder.

### Fokusentfernung automatisch erkennen

Damit Sie sich mit Animationen der Fokusentfernung nicht ewig mühen müssen, verrate ich Ihnen, wie Sie dies einfach umgehen können.

Ganz ohne Keyframes animieren Sie die Fokusentfernung auf folgendem Weg: Sie markieren die Kameraebene und die Ebene, auf die fokussiert werden soll, und wählen Ebene • Kamera • Fokusentfernung mit Ebene verknüpfen. After Effects erstellt daraufhin eine Expression in der Kameraebene, die die Entfernung ermittelt und zur Kameraebene überträgt, sodass es keine Unschärfen geben kann.

Auf gleichem Weg verknüpfen Sie die Fokusentfernung mit dem Zielpunkt, um Objekte an diesem Punkt immer klar zu erkennen. Außerdem ist über Fokusentfernung anhand der Ebene einstellen ein einmaliges Auslesen der Entfernung am aktuellen Zeitpunkt möglich.

### Weitere Kameraoptionen

Für die sehr realistische, an reale Kameraobjektive angepasste Darstellung von Unschärfen und eventuell in der Szene enthaltenen Glanzlichtern gibt es einige weitere Optionen. Das Ziel hierbei ist

**3D-Entwurf**
Sie können für 3D-Kompositionen Lichter, Schatten und die Wirkung der Tiefenschärfe einer Kamera aus- und einschalten, um das Rendern beim Arbeiten zu beschleunigen. Klicken Sie dazu in der Zeitleiste auf den Schalter 3D-Entwurf ❸.

▲ **Abbildung 16.60**
Über den Schalter 3D-Entwurf schalten Sie die Wirkung von Lichtern, Schatten und Tiefenschärfe aus und ein.

**Fokus testen**
In der Ansicht Links lässt sich – wenn Sie die Kamera sonst nicht animiert haben – sehr gut nachvollziehen, wie der Fokuspunkt durch die Ebenen »wandert«. Verändern Sie dazu den Wert von Fokusentfernung ruhig einmal, indem Sie ihn in der Zeitleiste ziehen. Sie sehen dann einen dünnen Strich in der linken Ansicht wandern. Dies ist der absolute Schärfepunkt, das heißt, sobald er deckungsgleich mit einer Ebene liegt, ist diese klar erkennbar.

es – besonders bei Glanzlichtern –, in den Unschärfebereichen eine subjektiv schöne Form, ein schönes Bokeh, zu erreichen.

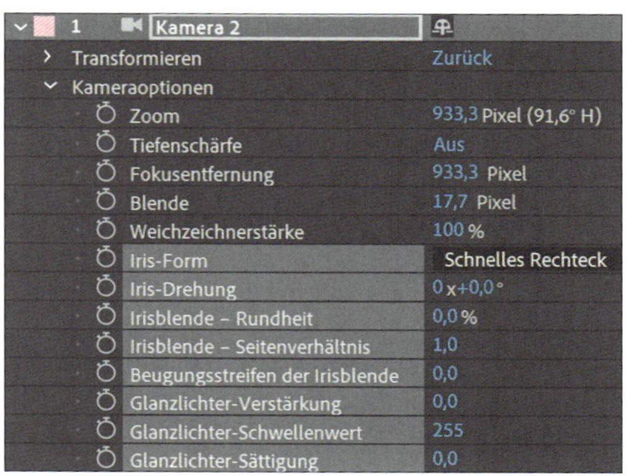


**Abbildung 16.61 ▸**
Mit diesen vielen Optionen beeinflussen Sie das Aussehen unscharfer Bereiche, insbesondere bei Glanzlichtern.

**▴ Abbildung 16.62**
Hier können Sie das sogenannte Bokeh – das Aussehen des Unschärfebereichs – dieses Bilds selbst begutachten.

Übrigens sind die folgenden Optionen identisch mit den ähnlich oder gleich lautenden Einstellungsmöglichkeiten im Effekt Kamera-Linsen-Weichzeichner, den ich in Kapitel 12, »Effekte«, beschreibe.

- Per Iris-Form wählen Sie die Anzahl der Lamellen des Kameraobjektivs. Je höher der Wert, desto kreisförmiger sind die Blendenöffnung und somit auch die Glanzlichter des Bokehs. Dies erreichen Sie auch mit höheren Werten bei Irisblende-Rundheit. Iris-Drehung und Irisblende-Seitenverhältnis verändern vor allem bei den Formen Dreieck und Viereck das Aussehen der Unschärfebereiche.
- Mit Beugungsstreifen simulieren Sie die bei verschiedenen Objektiven unterschiedlich auftretenden Haloeffekte von unscharfen Lichtpunkten, die mal eher am Rand oder eher in der Mitte heller sind. Hohe Werte erzeugen einen Halo, also einen helleren Rand.
- Per Glanzlichter-Schwellenwert entscheiden Sie, bis zu welchem Graustufenwert Glanzlichter beeinflusst werden. Die Anzahl der Graustufen ist dabei abhängig von der von Ihnen gewählten Projektfarbtiefe. Wie die Glanzlichter-Sättigung beeinflusst wird, bestimmen Sie mit der letzten Option der Liste.

### 16.3.6 Kamera-Werkzeuge

Die schon im Workshop »Schaffe, schaffe, Häusle baue« in Abschnitt 16.1.2 erwähnten Kamera-Werkzeuge dienen zum Bearbeiten und Neueinrichten der Ansichten im Kompositionsfenster, was sich besonders in den Fenstern von Eigene Ansicht als praktisch erweist. Verändern Sie hier mit einem der drei Kamera-Werkzeuge den Blick auf die Szene, so haben diese Änderungen keinen Einfluss auf das Endergebnis, da ja nur eine Kameraansicht ausgegeben werden kann.

Wenden Sie die Werkzeuge jedoch in einer Kameraansicht an, z. B. KAMERA 1, ändern sich sehr wohl die Drehung und die X-, Y- und Z-Position der Kamera. Dies hat einen Einfluss auf das Endergebnis! Die Kamera-Werkzeuge dienen so als große Arbeitserleichterung, da Sie mit den Werkzeugen einfach irgendwo in das Kompositionsfenster klicken können, ohne umständlich in verschiedenen Ansichten nach Achsen suchen zu müssen. Die Kameraposition ändern Sie dann sehr einfach, indem Sie sie bei aktiviertem Werkzeug über das Kompositionsfenster ziehen. Daher betrachten wir hier noch einmal diese Werkzeuge.

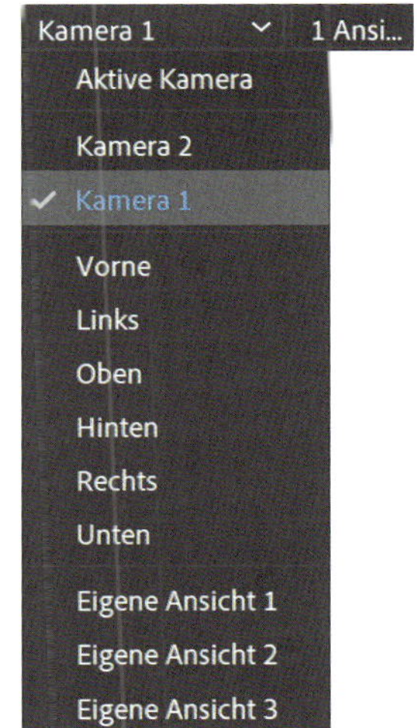


▲ **Abbildung 16.63**
Um eine Kamera mit den Kamera-Werkzeugen zu bearbeiten, müssen Sie sie im Einblendmenü 3D-ANSICHTEN auswählen.

Ihnen stehen drei Kamerawerkzeuge zur Verfügung:

- Das erste ist das Drehen-Werkzeug. Adobe nennt es etwas spröde WERKZEUG „UM CURSOR DREHEN". In dem zugehörigen Flyout finden sich noch das WERKZEUG „UM SZENE DREHEN" und UM KAMERA-POI DREHEN. Nutzen Sie die erste Variante, so legen Sie mit der Position des Mauszeigers den Rotationspunkt fest. UM SZENE DREHEN dreht die Ansicht um ihren Mittelpunkt, bei UM KAMERA-POI DREHEN entspricht der Punkt, um den sich alles dreht, dem Point of Interest der Kamera.

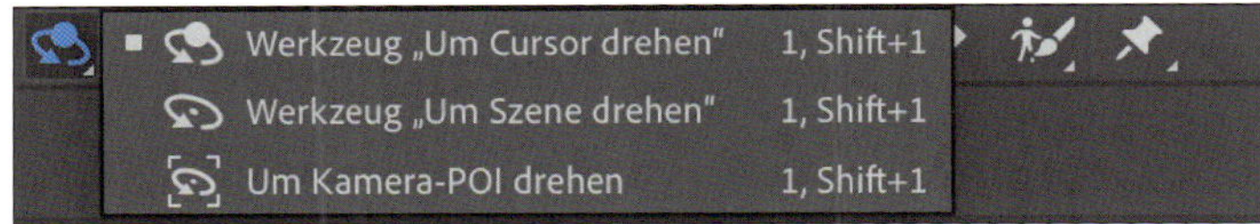


◄ **Abbildung 16.64**
Die drei Varianten des Kamera-drehen-Werkzeugs

- Das nächste Werkzeug ist das Schwenk-Werkzeug. Wobei es sich bei der entstehenden Transformation eher um ein Verschieben des Bildausschnitts handelt, genauer um ein Verschieben in Richtung der x- und/oder y-Achse. Die Varianten aus dem Flyout unterscheiden sich in ihrer Geschwindigkeit bezogen auf den jeweiligen Endpunkt. Bei dem WERKZEUG „UNTER CURSOR SCHWENKEN" ändert sich die Schwenkgeschwindigkeit relativ zum Cursor, beim Einsatz von ZIELPUNKT-WERKZEUG „SCHWENKKAMERA" ist dies nicht der Fall.

**Tastenkürzel**
Um sich das Arbeiten mit den Werkzeugen noch leichter zu machen, wechseln Sie einfach mit den Tasten [1], [2] und [3] zwischen den Werkzeugen hin und her. Was zum schnellen Wechsel auch funktioniert, sind die drei Maustasten, also links, Mitte und rechts, in Kombination mit gedrückter [Alt]-Taste.

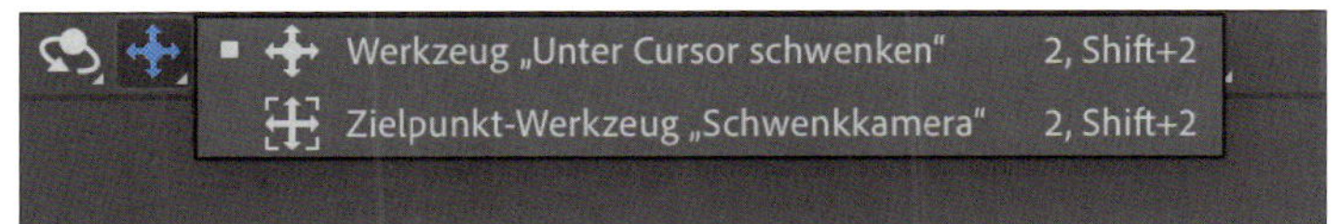


◄ **Abbildung 16.65**
Das Schwenk-Werkzeug nutzen Sie zum Verschieben Ihrer Ansicht.

- Den Abschluss bildet das Dolly-Werkzeug. Eine Dollycam meint beim Film eine Kamera, die auf einem Schienenwagen montiert ist, die also zum Beispiel eine Zu-Fahrt aufnehmen könnte. Die Optionen Werkzeug „Dolly in Richtung Cursor", Werkzeug „Dolly zum Cursor" und Zielpunkt-Werkzeug „Dolly zur Kamera" unterscheiden sich wieder in ihrem Bezugspunkt, also Mauszeiger, Mittelpunkt oder Point of Interest der Kamera.

Werkzeug „Dolly in Richtung Cursor" 3, Shift+3
Werkzeug „Dolly zum Cursor" 3, Shift+3
Zielpunkt-Werkzeug „Dolly zur Kamera" 3, Shift+3

**Abbildung 16.66** ▶
Das Dolly-Werkzeug eignet sich für virtuelle Fahrten in die Szene hinein oder aus ihr heraus.

## 16.4 Cinema 4D-Kompositionen

In Cinema 4D-Kompositionen können Sie Textebenen und Formebenen in echte 3D-Ebenen umwandeln, d.h. mit einer Materialdicke versehen. Außerdem ermöglichen sie das Biegen von Ebenen und die Einrichtung von Umgebungsmaps. In Cinema 4D-Kompositionen werden Reflexionen in Abhängigkeit von der eingestellten Qualität des Renderers bis zu sehr hohen Qualitäten gerendert. Die genauere Berechnung resultiert – abhängig von Ihrer Systemkonfiguration – in längeren Renderzeiten.

**Unterstützte Funktionen**
Der Cinema 4D-Renderer unterstützt folgende Funktionen:
- Extrudierte und abgeschrägte Textelemente und Formen
- Reflexionen
- Ebenen mit gebogenem Footage
- Material setzt Text-/Formkanten und Seiten außer Kraft
- Umgebungsebenen (nur in Reflexionen)
- Vorkompositions-Tiefenpass mit Kanaleffekten

**Nicht unterstützte Funktionen**
Folgende Funktionen werden vom Cinema 4D-Renderer nicht unterstützt:
- Füllmethoden
- Bewegte Masken
- Ebenenstile
- Masken und Effekte für durchgehend gerasterte Ebenen
- Text- und Formebenen
- gefaltete 3D-Unterkompositionsebenen
- Transparenz erhalten
- Lichtübertragung
- Einstellungslichter
- Transparenz und Brechungsindex
- Schatteneinstellung: Nur
- Bewegungsunschärfe
- Kameratiefenschärfe

### 16.4.1 Voraussetzungen und Arbeitshilfen für Cinema 4D-Renderer

Wegen der oben bereits erwähnten langen Renderzeiten, die sich beim Arbeiten mit Cinema 4D-Kompositionen ergeben können, gebe ich Ihnen gleich zu Beginn ein paar Hilfsmittel an die Hand, mit denen Sie die Vorschauanzeige passabel gestalten.

#### Grafikkarte

Bevor Sie mit Cinema 4D anfangen, sollten Sie sich eine gute Grafikkarte gönnen, denn die Grundvoraussetzung für ein flüssiges Arbeiten liegt vor allem darin. Wenn Sie eine Grafikkarte der neueren Generationen verwenden, erfolgt die Berechnung von Lichtern, Lichtbrechungen, Spiegelungen etc. deutlich schneller.

Falls Sie eine solche Grafikkarte nicht verwenden, erfolgt die Berechnung aber immerhin noch über alle physischen Kerne der CPU. Damit kommen Sie auch ein Stück weit. Weitere Informationen finden Sie in Abschnitt 6.5.7, »Grafikkarte und Vorschau«.

Ist eine unterstützte Grafikkarte im System, gehen Sie über Bearbeiten • Voreinstellungen • Vorschau und klicken auf den Button GPU-Informationen. Hier finden Sie alle Informationen zu der installierten Grafikkarte. In jedem Fall können Sie unter STRUKTURSPEICHER den Wert auf 80 % des installierten VRAM erhöhen.

### Kompositionsfenster und Zeitleiste

Ob mit CPU oder GPU unterwegs, Sie beschleunigen die Anzeige mit der Ansichtsoption 3D-ENTWURF. Es werden damit allerdings keine exakten Berechnungen von Lichtern, Schatten, Transparenzen etc. durchgeführt, sodass sich die Vorschau vom Endergebnis unterscheiden kann. Im Modus AUS (ENDGÜLTIGE QUALITÄT) wird die Anzeige via CPU deutlich langsamer.

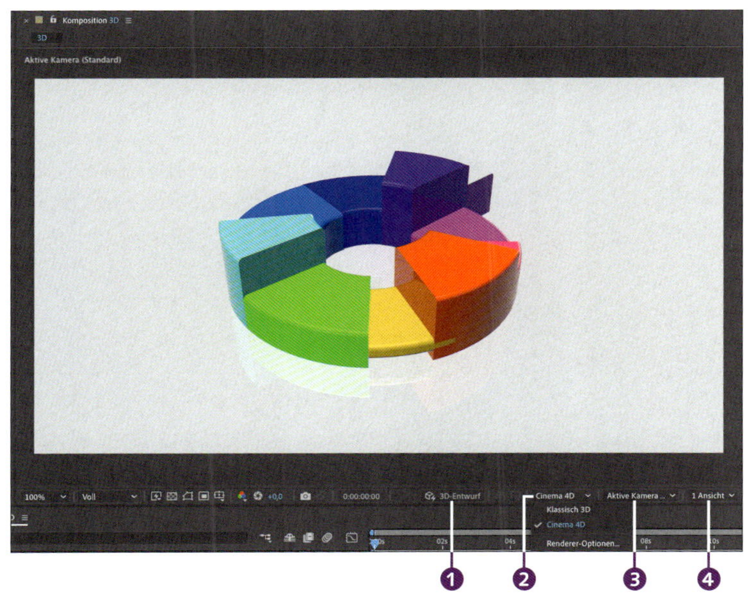


◀ **Abbildung 16.67**
Immer schneller ist es im Vorschaumodus 3D-ENTWURF.

### Optionen im Kompositionsfenster

Sobald Sie eine 3D-Ebene in einer Komposition haben, erscheinen im Kompositionsfenster unten rechts die 3D-relevanten Einstellmöglichkeiten. Die schnelle 3D-Vorschau ❶, der 3D-Renderer ❷, das Popup zu den 3D-Ansichten ❸ und der Dialog ANSICHTENLAYOUT AUSWÄHLEN ❹. Beim 3D-Renderer wählen Sie CINEMA 4D. Ein weiterer Klick an derselben Stelle führt Sie zu den RENDERER-OPTIONEN, wo Sie die Berechnung von Reflexionen und damit auch die Rendergeschwindigkeit über den Regler bei QUALITÄT beeinflussen können. Ist dort der Regler auf ENTWURF eingestellt, erhalten Sie eine gute Performance, aber es wird dann auch keine Reflexion berechnet. Für die endgültige Berechnung aller Schattierungen und Reflexionen erhöhen Sie den Wert schrittweise, bis das Ergebnis passend ist. Bei zu niedrigen Werten können Störungen wie Bildrauschen auftreten.

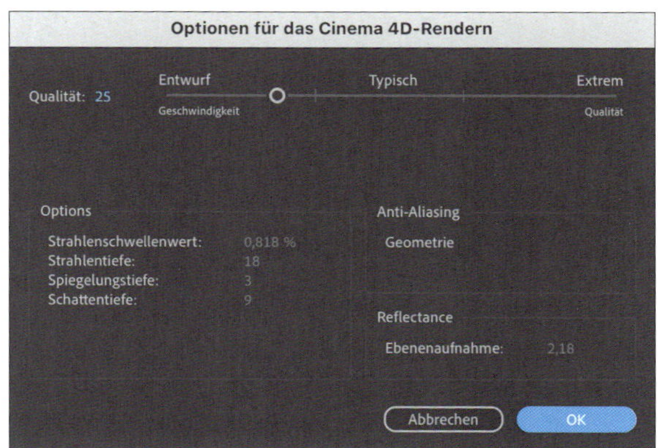


**Abbildung 16.68 ▸**
Im Fenster Optionen für das Cinema 4D-Rendern legen Sie die Qualität des Renderers fest.

Jetzt sind Sie gerüstet, damit Sie im folgenden Workshop nicht nur zwischen Rechner und beispielsweise Ihrem Buch »Anfänge: Eine neue Geschichte der Menschheit« von David Graeber und David Wengrow pendeln, um die Zeit während der Vorschauberechnung sinnvoll zu nutzen.

## Schritt für Schritt
## 3D-Balkengrafik

Die benötigten Dateien für diesen Workshop finden Sie unter Beispielmaterial/ 16_3D/ Cinema4D.

In diesem Workshop arbeiten Sie mit rein in After Effects generiertem Material: mit Form- und Textebenen, die zusammen ein beleuchtetes und animiertes Balkendiagramm ergeben sollen.

### 1 Vorbereitung

Schauen Sie sich zuerst das Movie »Balkendiagramm.mp4« aus dem Ordner 16_3D/Cinema4D an.

Ein wenig vorbereitet habe ich das Projekt, in dem Sie arbeiten sollen, bereits. Aber keine Angst – es bleibt noch genug zu tun. Öffnen Sie das Projekt »Diagramm_start.aep« aus dem oben genannten Ordner.

Darin habe ich die Komposition »3draum_start« in HD-Größe angelegt. Zuerst schalten Sie die Komposition zu einer Cinema 4D-Komposition um. Sie haben ja bereits weiter oben im Text gelesen, wie das geht. Bei den Optionen stellen Sie vorerst den Regler bei Qualität auf den Eintrag Typisch.

In der Komposition befindet sich bereits eine Formebene, deren Inhalt nur aus einem L-förmigen Pfad besteht. Da dieser bereits extrudiert ist, bildet er die Hintergrundfläche. Allerdings sehen Sie davon momentan nichts, da die Ebene ausgeblendet ist. Aber auch wenn Sie sie einblenden, sehen Sie nur eine weiße Fläche. Ganz anders wird das nachher, wenn wir die Beleuchtung hinzufügen.

Mit Formebenen machen wir gleich weiter; zunächst bauen wir einen Balken für das Diagramm und eine Skala.

## 2 Formebenen extrudieren

Wählen Sie aus den Masken- bzw. Form-Werkzeugen das Abgerundetes-Rechteck-Werkzeug.

◀ **Abbildung 16.69**
Haben Sie eine Ebene markiert, sind es Maskenwerkzeuge, wenn nicht, Form-Werkzeuge, wie wir sie hier benötigen.

Klicken Sie in der Werkzeugleiste auf das Wort KONTUR ❶, und wählen Sie die Kontur in den KONTUROPTIONEN ab (das durchgestrichene Kästchen). Klicken Sie dann auf das Wort FLÄCHE, und wählen Sie dort das zweite Kästchen von links, also VOLLTONFARBE. Danach weisen Sie per Klick auf das Farbfeld neben FLÄCHE die Farbe Weiß zu. Ziehen Sie bei gedrückter [⇧]-Taste ein Quadrat auf.

Öffnen Sie die Liste unter INHALT • RECHTECK in der entstandenen Formebene. Unter RECHTECKPFAD tippen Sie bei GRÖSSE ❷ den Wert »220« in eines der Felder und bestätigen mit [↵] im Zehnerblock. Schalten Sie anschließend die 3D-Option für die Ebene ein, und drehen Sie sie dann unter TRANSFORMIEREN bei X-DREHUNG um 90°.

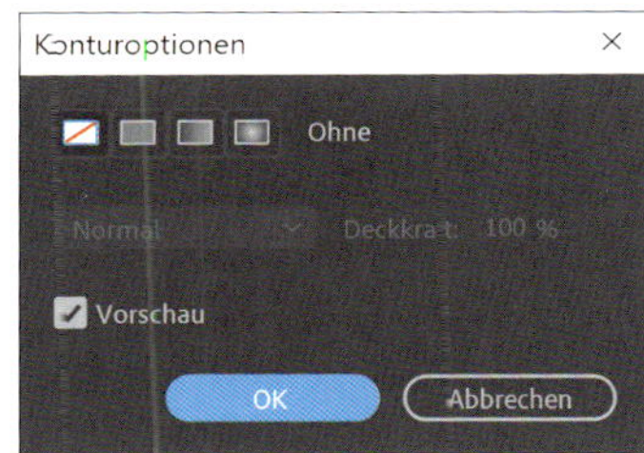


▲ **Abbildung 16.70**
Per Klick auf das Wort KONTUR öffnen sich die KONTUROPTIONEN.

Durch das Umschalten der Ebene auf 3D ist der Punkt GEOMETRIEOPTIONEN hinzugekommen, dem ein paar Optionen untergeordnet sind. Um nun aus der Fläche einen Balken zu machen, erhöhen Sie den Wert bei EXTRUSIONSTIEFE auf 1.000. Zugegeben: Das Ganze wirkt momentan eher flach als plastisch, aber es handelt sich jetzt wirklich um ein in After Effects erzeugtes, echtes 3D-Objekt – wie gesagt, es liegt am noch fehlenden Licht, dass Sie es nicht als solches erkennen. Benennen Sie die Ebene also trotzdem in »Balken 1« um, indem Sie sie markieren und [↵] drücken.

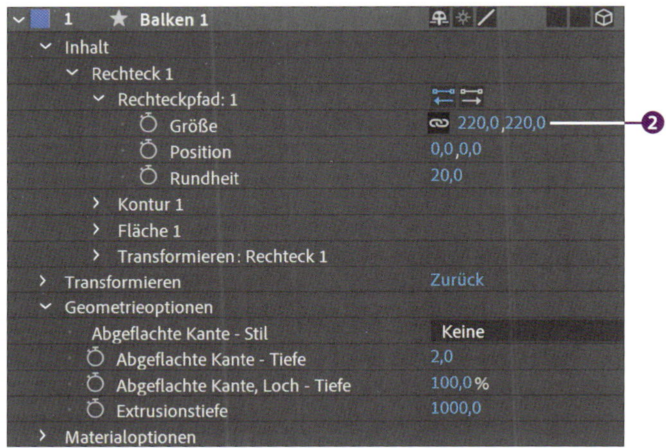


◀ **Abbildung 16.71**
Die Optionen der ersten Formebene

### 3 Formebenen zu einer Skala kombinieren

Nun zur Skala – nein nicht zur Mailänder Scala, obwohl … Italien … Verlockend, die Vorstellung, dort, in Italien, unter italienischer Sonne, bei einer Polenta Pasticciata und einer Flasche Pinot Grigio zu sitzen und … Aber bleiben wir vorerst beim Rechteck-Werkzeug. Verwenden Sie nun das normale Rechteck-Werkzeug ohne abgerundete Ecken, und ziehen Sie damit ein Rechteck ohne Kontur auf. Dabei darf die zuerst erstellte Formebene nicht markiert sein, sonst zeichnen Sie dort einen weiteren Pfad hinein. Für die Flächenfarbe wählen Sie einen Blauton (R: 142, G: 186, B: 245).

Tippen Sie diesmal bei GRÖSSE die Werte »275« und »1100« ein. Deaktivieren Sie dazu das Verketten-Symbol ❷ vor den Wertefeldern. Lassen Sie die neue Ebene markiert, und erstellen Sie ein weiteres Rechteck in der Größe 2.000 × 180.

Aktivieren Sie die 3D-Option ❶. Tragen Sie dann bei EXTRUSIONSTIEFE ❸ den Wert »380« ein. Wählen Sie bei ABGEFLACHTE KANTE – STIL den Eintrag KONVEX, und tragen Sie bei ABGEFLACHTE KANTE – TIEFE den Wert »15« ein. Es entsteht dadurch an den Kanten eine Rundung, die der des Balkens entspricht. Benennen Sie die Ebene mit … »Skala«.

Licht? – Nein. Wir schalten es noch nicht ein.

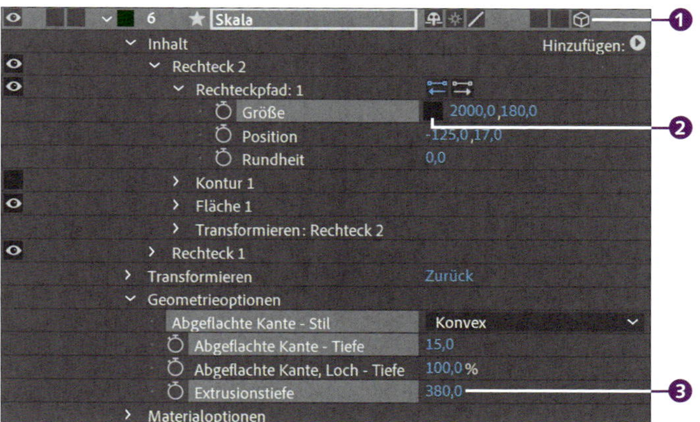


**Abbildung 16.72 ▸**
Bei aktivierter 3D-Option können Sie Formebenen extrudieren.

### 4 Formebenen positionieren

Wechseln Sie in die Ansicht VORNE. Öffnen Sie die Eigenschaften der Ebene »Skala«, und ändern Sie dort unter INHALT für das waagerechte und senkrechte Rechteck unter RECHTECK 2 bzw. RECHTECK 1 • RECHTECKPFAD 1 die Positionswerte so, dass beide Pfade bündig miteinander abschließen, damit sich keine Lücke oder Stufe bildet.

Markieren Sie die Ebene »Balken 1«, und verschieben Sie den Balken auf der z-Achse (Lokalachsenmodus) so weit nach unten, bis er bündig mit der Waagerechten der Skala abschließt.

◂ **Abbildung 16.73**
Die beiden Rechtecke der Skala sollten bündig aufeinandertreffen.

Wechseln Sie in die Ansicht LINKS, und verschieben Sie den Balken auf der y-Achse, bis er mittig auf der Skala positioniert ist.

Duplizieren Sie den Balken zweimal. Verteilen Sie die drei Balken in der Ansicht VORNE gleichmäßig auf der Waagerechten.

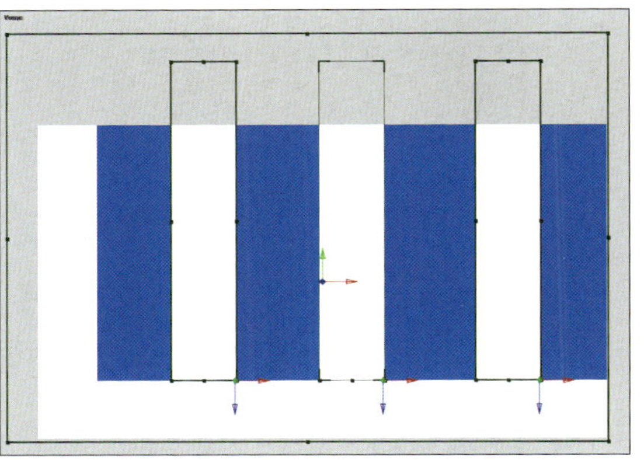

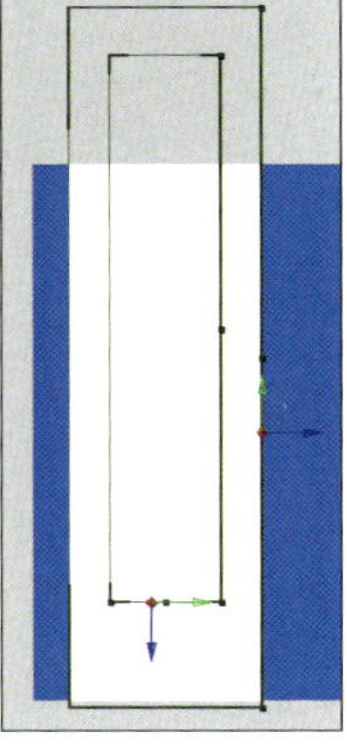

◂ **Abbildung 16.74**
Positionieren Sie die Balken auf der Waagerechten der Skala annähernd wie in dieser Abbildung.

### 5 Beleuchtung hinzufügen

Damit es endlich nicht mehr aussieht wie auf Zeichnungen eines Architekturbüros, fügen Sie über EBENE • NEU • LICHT eine neue Lichtebene hinzu und wählen als LICHTART SPOTLICHT. Die Farbe soll Weiß sein, die INTENSITÄT auf 140 stehen, LICHTKEGEL auf 30°, WEICHE KEGELKANTE auf 50 %, ABFALL auf OHNE, ein Häkchen bei WIRFT SCHATTEN stehen, die SCHATTENTIEFE bei 50 % liegen und WEICHE SCHATTENKANTE bei 100 Pixeln.

Duplizieren Sie gleich die Ebene, und positionieren Sie dann die Lichter links und rechts von der Skala; sie sollen die Skala, ähnlich wie in der Abbildung, leicht von vorn und oben beleuchten. Wie das geht, wissen Sie schon aus vorangegangenen Workshops – das hoffe ich jedenfalls.

Zwischendurch können Sie ab und zu die Ansicht AKTIVE KAMERA aktivieren, da sehen Sie schon etwas besser das Ergebnis.

**Abbildung 16.75 ▼**
Positionieren Sie zwei Spotlichter links und rechts von der Skala.

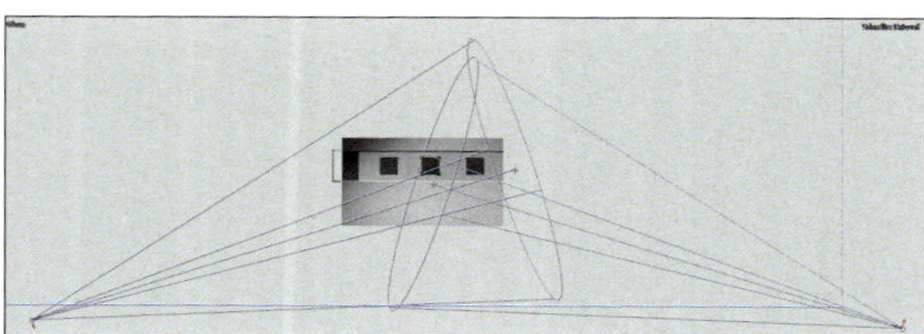

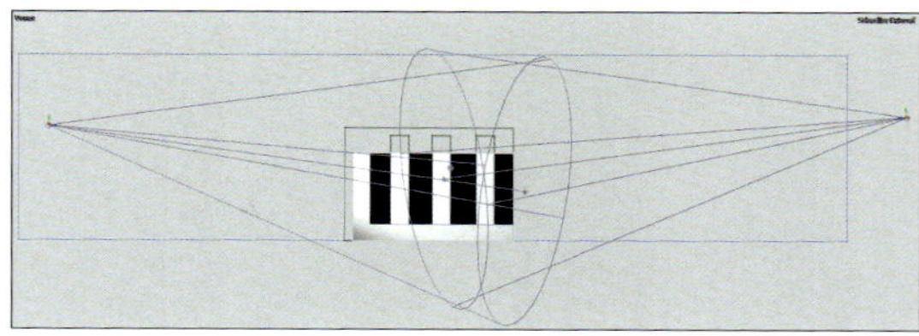

Außerdem verwenden wir einige Punktlichter, zur Aufheiterung gewissermaßen – wie Laternen in einer Trattoria ... Aber lassen wir das. Fügen Sie also ein Punktlicht mit der INTENSITÄT 20 % und weißer Lichtfarbe hinzu. Duplizieren Sie die Ebene dreimal, und verteilen Sie die Lichter dann in den Ansichten OBEN und VORNE wie in Abbildung 16.76, also etwas vor und über der Skala.

**Abbildung 16.76 ▼**
Vier Punktlichter bringen ein variantenreicheres Licht- und Schattenspiel.

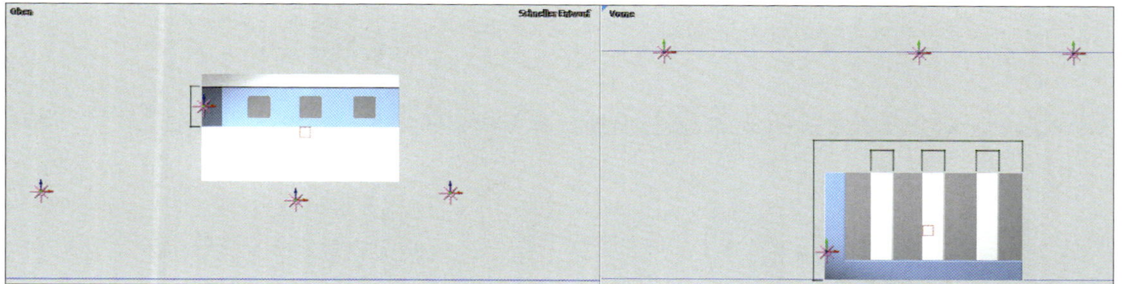

### 6 Kamera hinzufügen und animieren

Fügen Sie via EBENE • NEU • KAMERA eine 2-Knoten-Kamera mit der Vorgabe 35 MM hinzu. Schalten Sie das Ansichtenlayout auf 2 ANSICHTEN – HORIZONTAL. Wählen Sie auf der rechten Seite die Ansicht KAMERA 1, um das Endergebnis zu sehen, und auf der linken Seite die Ansicht OBEN.

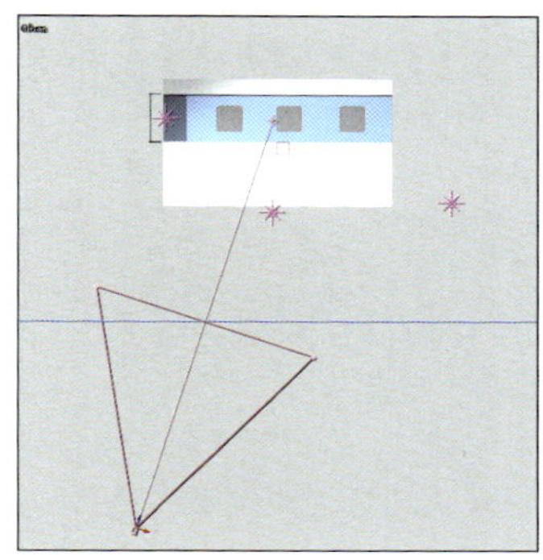

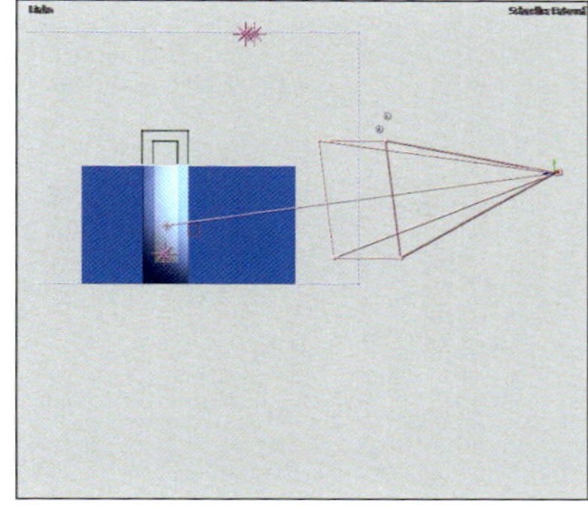

**Abbildung 16.77 ▸**
In der Startposition »schaut« die Kamera leicht von links und oben auf das Diagramm.

Schwenken Sie die Kamera in der Ansicht OBEN um den Zielpunkt, indem Sie keine der Achsen treffen und nur am Kamerakörper ziehen. Ziehen Sie auch am Zielpunkt, um die Skala im Blickfeld mittig zu positionieren. In der Ansicht LINKS ziehen Sie den Kamerakörper leicht nach oben.

Setzen Sie in der Kameraebene bei POSITION einen Key am Zeitpunkt 00:00. Navigieren Sie zum Zeitpunkt 03:00, schwenken Sie dann dort die Kamera in der Ansicht OBEN um ihren Zielpunkt nach rechts, und ziehen Sie die Kamera in der Ansicht LINKS auf der y-Achse etwas nach unten und auf der z-Achse etwas an das Diagramm heran.

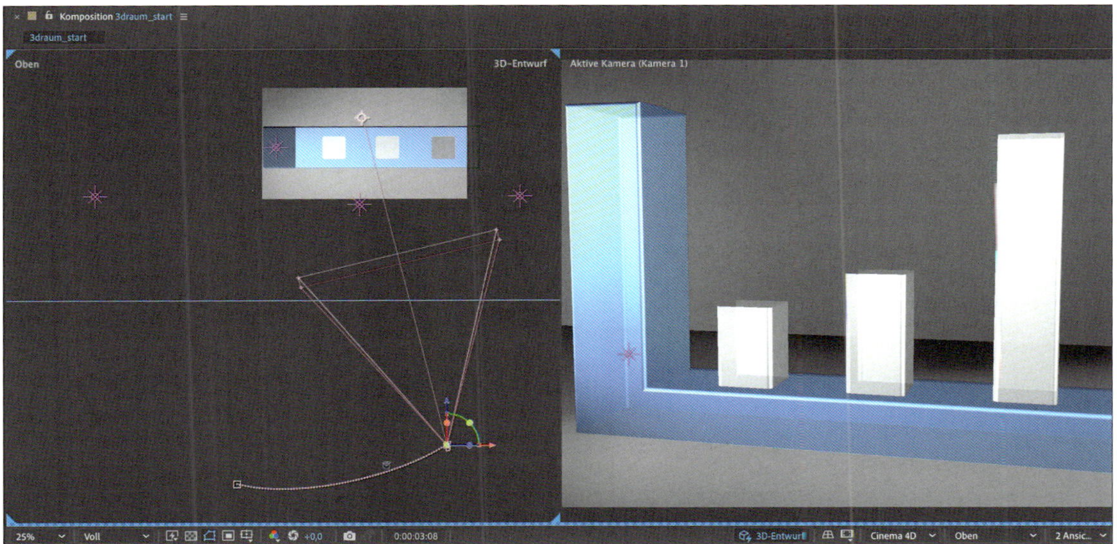


▲ **Abbildung 16.78**
Schwenken Sie die Kamera nach rechts.

## 7 Zahlen hinzufügen

Über EBENE • NEU • TEXT erstellen Sie eine Textebene. In der Palette ZEICHEN wählen Sie beispielsweise die Schriftart CALIBRI und eine Größe von 100 px. Markieren Sie die Textebene, und fügen Sie über EFFEKTE • EINSTELLUNGEN FÜR EXPRESSIONS den Effekt EINSTELLUNGEN FÜR SCHIEBEREGLER hinzu.

Öffnen Sie die Texteigenschaften, und markieren Sie das Wort QUELLTEXT. Aktivieren Sie dann via ANIMATION • EXPRESSION HINZUFÜGEN diese Funktionalität. Ziehen Sie das Gummiband ❶ (Abbildung 16.79) auf das Wort SCHIEBEREGLER ❷.

Wenn Sie jetzt Zahlen im Wertefeld des Schiebereglers eintippen oder per Keys animieren, erscheinen die Zahlen in Ihrer Komposi-

**Zum Nachlesen**
Mehr Informationen zu Expressions finden Sie in Kapitel 17, »Expressions«.

tion. Ändern Sie noch die Farbe des Textes, beispielsweise in einen Apricot-Ton.

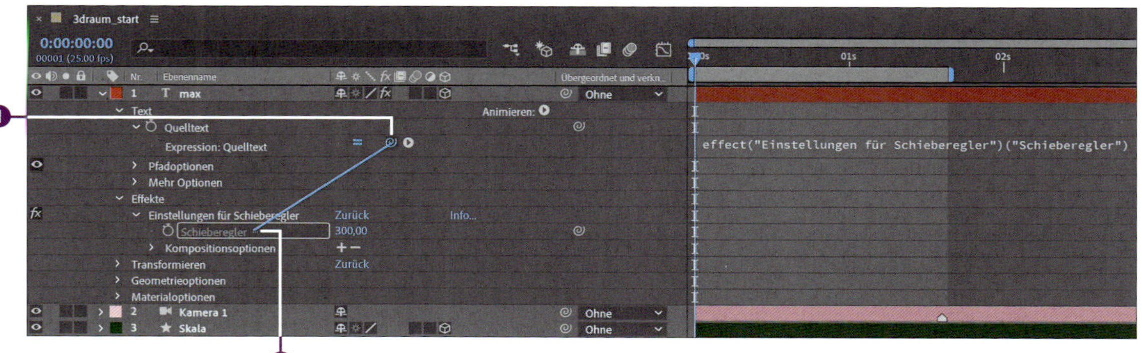


▲ **Abbildung 16.79**
Per Expression werden die Werte des Schieberegler-Effekts in den Quelltext übertragen.

Schalten Sie die 3D-Option für die Ebene ein, und wählen Sie unter Geometrieoptionen bei Extrusionstiefe den Wert 30. Duplizieren Sie die Ebene dreimal, und positionieren Sie dann die Zahlen jeweils unter den Balken und eine Zahl als Maximalwert auf der senkrechten Skala. Nutzen Sie dafür die Ansicht Vorne. In der Ansicht Links verschieben Sie die Zahlen bündig zur Waagerechten bzw. Senkrechten der Skala.

**Abbildung 16.80** ▶
Die Texte verteilen Sie auf der Skala.

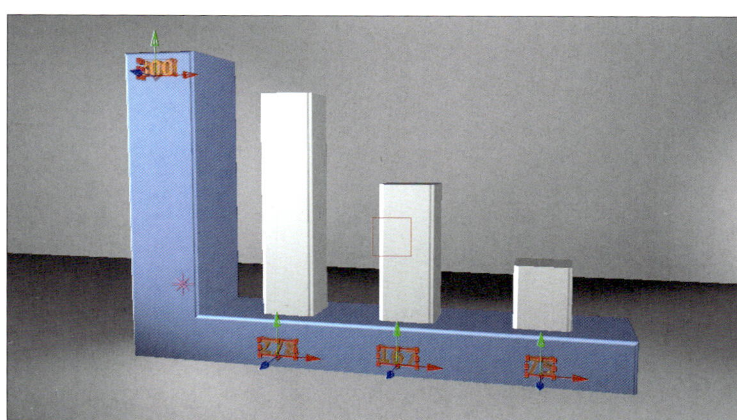

## 8 Materialoptionen wählen

Damit Sie die Qualitäten des Cinema 4D-Renderers richtig zu schätzen lernen, verändern wir noch ein paar Materialoptionen.

Markieren Sie zunächst die Balken und die Skala, drücken Sie die Taste T, um die Deckkraft einzublenden, und wählen Sie dann 80 %. Markieren Sie nun alle Balken-Ebenen und die Skala. Öffnen

Sie bei einer beliebigen Ebene die MATERIALOPTIONEN. Solange alle Ebenen markiert bleiben, wirken sich Änderungen auf diese Ebenen aus.

Ändern Sie nun folgende Werte: WIRFT SCHATTEN = EIN; SPIEGELINTENSITÄT = 100; SPIEGELGLANZLICHT = 10; REFLEXIONSINTENSITÄT = 100; REFLEXIONSSCHÄRFE = 100; REFLEXIONSAUSSTRAHLUNG = 50; TRANSPARENZ = 20.

Die Optionen werde ich im Anschluss an den Workshop noch näher erläutern. Bei allen Textebenen verändern Sie die Werte wie oben, außer: SPIEGELINTENSITÄT = 80; SPIEGELGLANZLICHT = 0; REFLEXIONSAUSSTRAHLUNG = 0; TRANSPARENZ = 0.

Entfernen Sie das Schlosssymbol bei der Ebene »BG«, und schalten Sie das Augensymbol auf sichtbar.

Ändern Sie hier die Werte wie oben, außer: WIRFT SCHATTEN = AUS; REFLEXIONSINTENSITÄT = 50; REFLEXIONSSCHÄRFE = 30; TRANSPARENZ = 0.

### 9 Animation der Balken

Sie animieren die Balken, indem Sie den Skalierungswert für die Höhe ändern und dazu das Verketten-Symbol bei SKALIERUNG deaktivieren.

Im Projektordner liegt auch die Datei »DiagrammFertig.aep«. Darin sind die Balken und Zahlen per Expressions so animiert, dass sich die Höhenskalierung der Balken dem eingetippten Zahlenwert proportional anpasst. Die Regler für die Balkenskalierung sind in die Ebene »Balkenwerte« ausgelagert und werden per Expressions in die Skalierung der Balken übertragen, wo sie passend umgerechnet werden.

### 10 Bessere Renderqualität

Noch bessere Qualität besonders in Verläufen, weichgezeichneten und halbtransparenten Bereichen erhalten Sie mit einer Projektfarbtiefe von 16 (bzw. 32) Bit pro Kanal. Per `Strg`-Taste und Klick auf die Kanalangabe im Projektfenster erreichen Sie dazu die Projekteinstellungen. Die Renderzeiten erhöhen sich jedoch stark!

Leider können Sie im Vorschaumodus SCHNELLER ENTWURF die volle Wirkung einer beleuchteten Szene nicht beurteilen, dazu ist diese Vorschau zu ungenau. Daher kommt nun der Gedulds- und Performancetest für Sie und Ihren Rechner: Schalten Sie den Vorschaumodus auf AUS (ENDGÜLTIGE QUALITÄT).

Nachdem die Vorschau berechnet wurde, gibt es noch einige verrauschte Stellen im Bild, die bei der voreingestellten Qualität noch nicht ausreichend genau berechnet werden konnten. Das ändern Sie, indem Sie auf das Maulschlüsselsymbol bei RENDERER in der rechten oberen Ecke des Kompositionsfensters klicken. Im erscheinenden Dialog erhöhen Sie so lange die Werte bei QUALITÄT, bis keine Störungen mehr auftreten.

Die Szene wirkt dann, wie Sie sehen, bedeutend anders – es sind tolle Materialwirkungen möglich! Der Nachteil: Je nach Rechnerperformance können Sie das Projekt trotz der kurzen Animationssequenz nur über Nacht rendern (oder eben schneller). Einen erholsamen Schlaf wünsche ich jedenfalls!

Und morgen können Sie noch die Headline, die Quelle, Jahreszahlen und eine feinere Aufteilung der Skala für die gestiegene Staatsverschuldung hinzufügen.

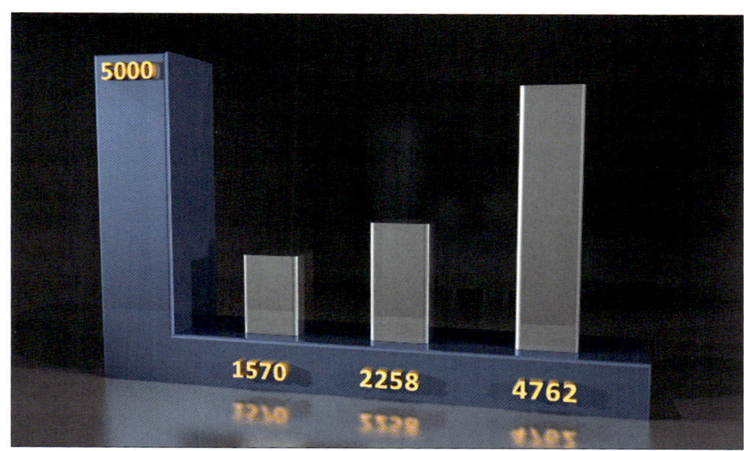


**Abbildung 16.81** ▶
Nachdem der Raytracer gearbeitet hat, sieht es bedeutend besser aus.

## 16.4.2 Materialoptionen in Cinema 4D-Kompositionen

Vier Materialoptionen (❶ und ❷) kommen für 3D-Ebenen in Cinema 4D-Kompositionen hinzu. Gehen wir sie durch:

- REFLEXIONSINTENSITÄT: Hiermit legen Sie fest, wie stark sich andere reflektierende Objekte und Umgebungsmaps im markierten Objekt spiegeln. Bei 0 % gibt es keine Spiegelung.
- REFLEXIONSSCHÄRFE: Die Reflexionen auf der Oberfläche werden weichgezeichnet, wenn Sie niedrige Werte verwenden.
- REFLEXIONSAUSSTRAHLUNG: Oberflächen, die frontal zur Kamera ausgerichtet sind, reflektieren stärker bei einem Wert von 0 % und erscheinen opak bei einem Wert von 100 %.
- TAUCHT IN REFLEXIONEN AUF: Nomen est omen – haben Sie diese Option für die 3D-Ebene eingeschaltet, passiert das, was der Name schon sagt: Die Ebene taucht in den Reflexionen anderer Objekte auf. Bei der Einstellung NUR tauchen nur die Reflexionen des Objekts auf, ohne das Objekt. Mysteriös, nicht?

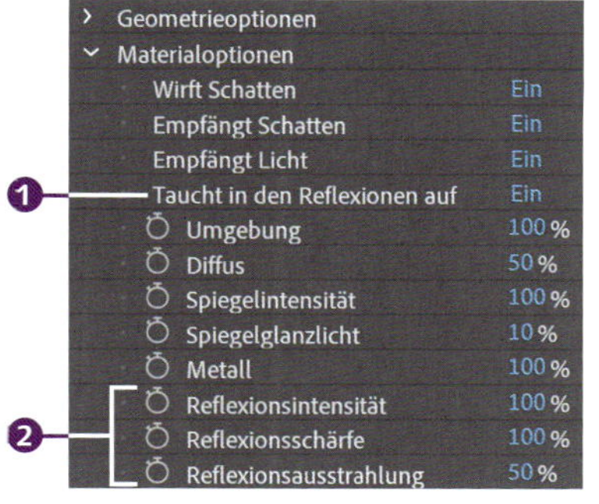


▲ **Abbildung 16.82**
In Cinema 4D-Kompositionen ist die Liste der MATERIALOPTIONEN länger als in klassischen 3D-Kompositionen.

Für Text- und Formebenen gibt es passend dazu, dass diese Ebenen extrudierbar sind, die Möglichkeit, allen Seiten des Objekts, auch schrägen Kantenflächen, Materialoptionen hinzuzufügen, die auch animierbar sind.

Bei Textebenen wählen Sie die Ebene aus, klicken dann auf den kleinen Button bei ANIMIEREN in der Textebene und suchen dort für VORNE, SCHRÄGE, SEITE oder HINTEN ❸ eine Materialoption wie SPIEGELINTENSITÄT aus. Es sind die gleichen Materialoptionen wie oben beschrieben. Für Textebenen fallen dafür die sonst verfügbaren Optionen FLÄCHENFARBE, KONTURFARBE und KONTURBREITE weg.

Für Formebenen werden VERLAUFSFÜLLUNG und VERLAUFSKONTUR wie bei Text mit VORNE, SCHRÄGE, SEITE und HINTEN ersetzt. Verläufe werden nicht unterstützt.

**▾ Abbildung 16.83**
Im Textanimationsmenü wählen Sie für VORNE, SCHRÄGE, SEITE und HINTEN verschiedene Materialoptionen aus. Auch für Formebenen sind via HINZUFÜGEN animierbare Materialoptionen wählbar.

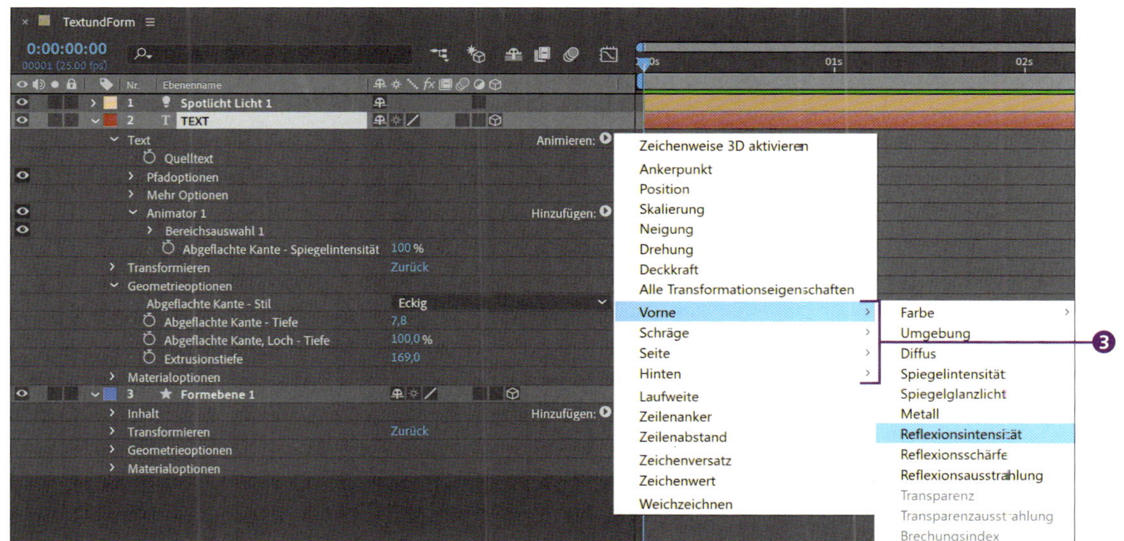


## 16.4.3 Ebenen biegen und Umgebungsmaps

In Cinema 4D-Kompositionen können Sie Ebenen via GEOMETRIEOPTIONEN biegen und somit beispielsweise halbrunde Hintergründe erzeugen. Auch Umgebungsmaps sind möglich.

Ebenen biegen ist eine einfache Sache. Jede 3D-Ebene, die Sie in einer Cinema 4D-Komposition verwenden, verfügt über Geometrieoptionen mit den Einstellungen KRÜMMUNG und SEGMENTE, solange es sich nicht um eine Form- oder Textebene handelt, denn diese können normalerweise nur extrudiert werden.

Für konkave Krümmungen stellen Sie positive Werte ein und für konvexe negative. Erhöhen Sie den Wert bei SEGMENTE, um genauere Krümmungen zu erhalten.

**Gebogener Text und Formebenen**

Text- und Formebenen lassen sich nur verkrümmen, wenn Sie sie zuvor verschachteln. Also: Textkomposition anlegen, die Komposition in eine andere Komposition ziehen, dafür die 3D-Option aktivieren und dann biegen, bis sich die Balken brechen – nein, das ging irgendwie anders.

Um eine Umgebungsmap zu kreieren, markieren Sie die Ebene und wählen EBENE • UMGEBUNGSEBENE. Im Vorschaumodus SCHNELLER ENTWURF ist die Ebene allerdings unsichtbar. Erst ab dem Modus ENTWURF können Sie sie in Reflexionen sehen. Damit die Umgebungsebene überhaupt Wirkung zeigt, müssen Sie in den Ebenenoptionen aller vorhandenen 3D-Ebenen die Option REFLEXIONSINTENSITÄT ❷ auf Werte über null setzen. Für die jeweilige 3D-Ebene selbst entscheiden Sie über die Option TAUCHT IN DEN REFLEXIONEN AUF ❶, wie diese Ebene in Reflexionen behandelt wird. Mit der Option AUS spiegelt sich die Ebene nicht in anderen Ebenen, mit der Option NUR spiegelt sie sich, ist aber selbst unsichtbar, und mit EIN ist sie dann schließlich sichtbar und spiegelt sich wider.

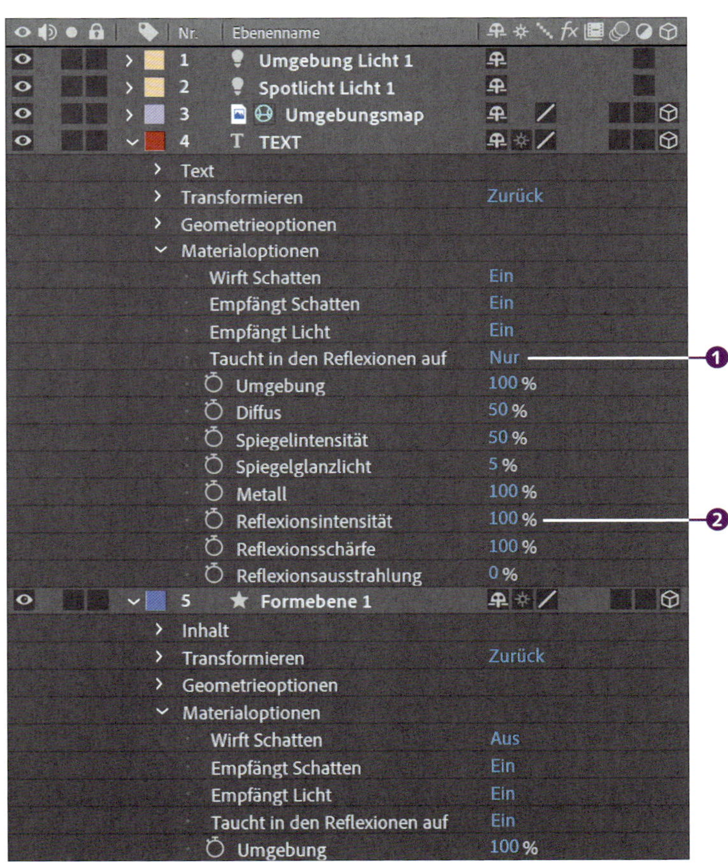


**Abbildung 16.84** ▸
Umgebungsmaps erhalten eine Art Weltkugel als Symbol. Fotos, Videos, Farbflächen etc. biegen Sie per KRÜMMUNG und legen Segmente fest.

Eine Umgebungsmap besitzt immer eine Nahtstelle, an der sie zur Kugel zusammengefügt wurde. Daher sollten Sie beim Kreieren der Map bereits auf Strukturen achten, bei denen die Naht nicht stark auffällt. Ansonsten drehen Sie die Naht über die Optionen AUSRICHTUNG oder DREHUNG.

Übrigens wird immer die oberste Kompositionsebene als Umgebungsmap verwendet, aber nur, wenn das Auge angeschaltet ist. Haben Sie die Deckkraft heruntergesetzt, wird die Kompositionsfarbe in die Map mit eingerechnet. Allerdings erscheint diese Farbe nicht in Reflexionen.

Ein kleines Beispielprojekt namens »biegen.aep« finden Sie in den Beispielmaterialien im Ordner 16_3D/CINEMA4D.

**Beispiel**

In den Materialien zum Buch finden Sie im Ordner BEISPIELMATERIAL/16_3D/CINEMA4D die Datei »biegen.aep«.

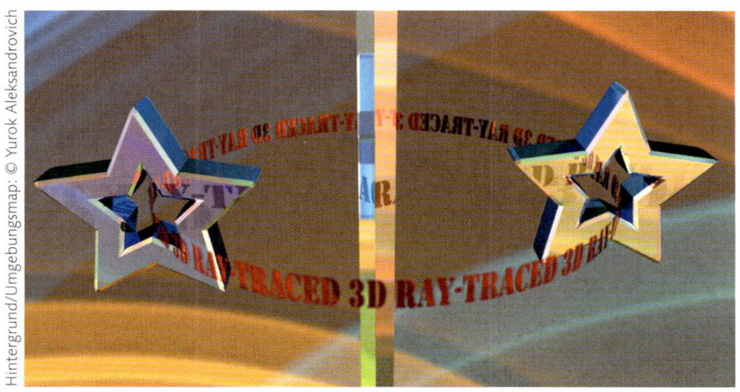




◂ **Abbildung 16.85**
Nicht schön, aber möglich: eine Umgebungsmap, die sich in 3D-Objekten spiegelt, und gebogener Text

## 16.4.4 Illustrator-Pfade extrudieren

Illustrator-Pfade können Sie nicht direkt extrudieren, aber über einen kleinen Umweg: Die Illustrator-Datei ziehen Sie in die Zeitleiste und wählen dann EBENE • FORMEN AUS VEKTOREBENE ERSTELLEN. Dann schalten Sie die neu entstandene Formebene auf 3D und können die Form extrudieren.

◂ **Abbildung 16.86**
Dieser »Schmetterling« entstand aus einem Pfad einer Illustrator-Datei.

# Kapitel 17
# Expressions

*Schon geringe Kenntnisse im Umgang mit Expressions geben Ihnen große Möglichkeiten an die Hand, komplexe Animationen ohne aufwendiges Setzen vieler Keyframes zu schaffen. Ändern Sie ganze Sets von animierten Eigenschaften im Handumdrehen, schaffen Sie Beziehungen zwischen verschiedenen Eigenschaften. Expressions sind ein weites Feld; gehen wir ein Stück hinein …*

## 17.1 Was sind Expressions?

Expressions sind eine oder mehrere Anweisungen bzw. Ausdrücke in Form von Formeln, die dazu dienen, einem **Parameter** (d. h. der Eigenschaft eines Objekts) einen **Wert** zuzuweisen.

Sie haben selbst schon den verschiedensten Eigenschaften Werte zugewiesen und damit eine Änderung oder Animation einer Eigenschaft erreicht. Zum Beispiel kann der Wert »100«, den Sie in der Eigenschaft Deckkraft ins Wertefeld eintippen, eine Expression sein. Sie können aber auch eine Berechnung wie `10×5` als Expression verwenden. Das Ergebnis dieser Berechnung verändert dann entsprechend die Eigenschaft, in der es verwendet wird.

Die Stärke der Expressions liegt aber nicht einfach nur darin, einer Eigenschaft einen unveränderlichen Wert zuzuweisen. Die Hauptanwendung von Expressions ist, verschiedene **Eigenschaften miteinander zu verbinden**.

In diesem Anwendungsfall sind Expressions vergleichbar mit einer Pipeline, die zwei Eigenschaften einer Ebene (wie beispielsweise die Position und die Drehung) miteinander verbindet. Durch diese Pipeline werden Werte von hier nach da, von einer Eigenschaft zur anderen übertragen. Allerdings geht das nur in eine Richtung.

Das bedeutet konkret, dass Sie für eine Animation beider Eigenschaften nur eine der Eigenschaften mit Keyframes bestücken müssen. Nennen wir sie die Quelleigenschaft – oder besser die

Quelleigenschaften, denn es ist möglich, die Werte aus mehreren unterschiedlichen Eigenschaften per Expression zu einer Zieleigenschaft zu übertragen. Die Zieleigenschaft erhält anstelle von Keyframes eine Expression. Diese Expression liest die Werte der mit Keyframes animierten Eigenschaft aus und überträgt sie. Die übertragenen Werte werden dann in der Zieleigenschaft verwendet.

**Expressions professionell**
Wenn es später richtig losgehen soll, empfehle ich Ihnen, ein Buch über JavaScript zu lesen, z. B. »JavaScript – Das umfassende Handbuch« von Philipp Ackermann, das ebenfalls im Rheinwerk Verlag erschienen ist (ISBN 978-3-8362-8629-9).

Schon ist die Beziehung definiert: Die Eigenschaft mit der Expression übernimmt jetzt immer die Werte der Quelleigenschaft, egal, wie dort die Keyframes verschoben werden. Hinzu kommt, dass alle möglichen Eigenschaften mit Expressions bestückt werden können. Auf diese Weise beeinflussen Sie eine ganze Heerschar an Eigenschaften über eine einzige, mit Keyframes bedachte Eigenschaft. Veränderungen sind im Nu bewerkstelligt. Wir haben es also mit einem sehr mächtigen Instrument zu tun.

Expressions sind bei aller Arbeitserleichterung, die sie bieten, sehr kleinlich, was ihre Schreibweise angeht. Weniger salopp ausgedrückt: Expressions basieren auf der Programmiersprache JavaScript und müssen eine genaue Schreibweise einhalten. Bei einer fehlerhaften Syntax droht die Expression mit gelben Warndreiecken.

Sie mögen nun Angst bekommen und denken, dass Sie mit Expressions in diesem Fall nichts anfangen können. Sie brauchen sich aber auch als Nicht-Programmierer keine Sorgen zu machen, denn After Effects ist freundlich zu Ihnen und hilft Ihnen beim Schreiben der Expressions. Folgen Sie einfach den nächsten Workshops, und Sie werden sehen, dass es gar nicht so schwer ist, einen Einstieg zu finden.

### 17.1.1 Animationen übertragen

Sie haben verschiedene Möglichkeiten, eine Animation auf einen Satz anderer Ebenen oder Eigenschaften zu übertragen. Dazu gehören die verschachtelten Kompositionen, die ebenenhierarchische Verknüpfung (Parenting) und eben die Expressions.

Mehrere Ebenen einer Komposition lassen sich, wenn Sie sie in einer anderen Komposition verwenden, zu einer einzigen Ebene zusammenfassen. Eine Änderung in der auf diese Weise verschachtelten Kompositionsebene wirkt sich auf alle darin enthaltenen Ebenen gleichermaßen aus. Bei der ebenenhierarchischen Verknüpfung sieht es schon anders aus: Hier werden einzelne animierte Eigenschaften auf eine oder mehrere andere Ebenen, die hierarchisch mit der jeweils übergeordneten Ebene verknüpft sind, identisch übertragen. Eine Verschachtelung von Kompositionen ist dazu nicht nötig.

Noch ein wenig anders ist es bei den Expressions. Jede Expression überträgt Werte von einer oder mehreren Eigenschaften zu einer einzigen anderen Eigenschaft. Dabei spielt es keine Rolle, ob es sich dabei um gleiche oder um unterschiedliche Eigenschaften handelt. Sollen Animationen von einer Eigenschaft auf mehrere andere Eigenschaften übertragen werden, ist es notwendig, für jede dieser Eigenschaften eine eigene Expression zu schreiben.

### 17.1.2 Expressions erstellen

Auch wenn das, was Sie bis jetzt gelesen haben, recht anspruchsvoll wirkt: In der Praxis sieht manches einfacher aus. Der folgende Workshop beschreibt ein einfaches Beispiel zum Erstellen von Expressions.

## Schritt für Schritt
## Eigenschaften verknüpfen

Wir beginnen hier mit einem einfachen Beispiel, das Ihnen eine grundlegende Handhabung zeigt, mit Expressions zu arbeiten.

Die benötigten Dateien für diesen Workshop finden Sie unter BEISPIELMATERIAL/17_EXPRESSIONS.

#### 1 Vorbereitung

Für diesen Workshop und auch die folgenden finden Sie ein vorbereitetes Projekt im Ordner 17_EXPRESSIONS vor. Kopieren Sie am besten den gesamten Ordner auf Ihre Festplatte. Der Ordner enthält das Projekt »expressions.aep«, mit dem Sie die Übungen nachvollziehen können, und das Projekt »expressions_fertig.aep«, anhand dessen Sie die Ergebnisse vergleichen können. Außerdem ist ein Ordner BILDMATERIAL mit den dazugehörenden Rohmaterialien enthalten.

#### 2 Sichtung des Projekts

Öffnen Sie das Projekt »expressions.aep«, und doppelklicken Sie dort auf die Komposition »start«. Sollte das Rohmaterial als fehlend angezeigt werden, öffnen Sie den Ordner BILDMATERIAL im Projektfenster und verlinken das Rohmaterial neu, indem Sie es im Projektfenster markieren und dann den Befehl DATEI • FOOTAGE ERSETZEN • DATEI wählen.

In der Komposition »start« befinden sich die zwei Ebenen, »rad01« und »rad02«. Die Ebene »rad01« wurde mit Keyframes animiert. Markieren Sie die Ebene, und blenden Sie die Keyframes mit der Taste [U] ein. Es wurden für die Eigenschaften SKALIERUNG, DREHUNG und DECKKRAFT Keys gesetzt. Unser Ziel ist es hier, die Ebene »rad02« auf die gleiche Weise zu animieren, ohne jedoch einen einzigen Keyframe dazu zu verwenden. Wir lösen diese Aufgabe mit Expressions.

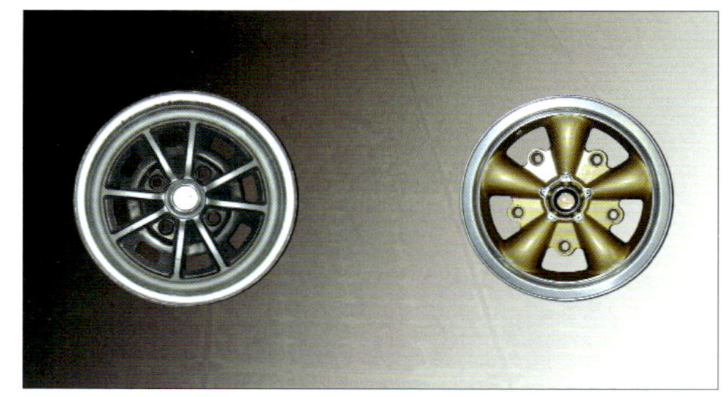

**Abbildung 17.1 ▶**
Zu Beginn ist nur das linke Rad animiert. Mit Hilfe von Expressions übertragen wir die Animation auf das rechte Rad.

**Abbildung 17.2 ▼**
Für das linke Rad wurden Keyframes für die Eigenschaften Skalierung, Drehung und Deckkraft gesetzt.

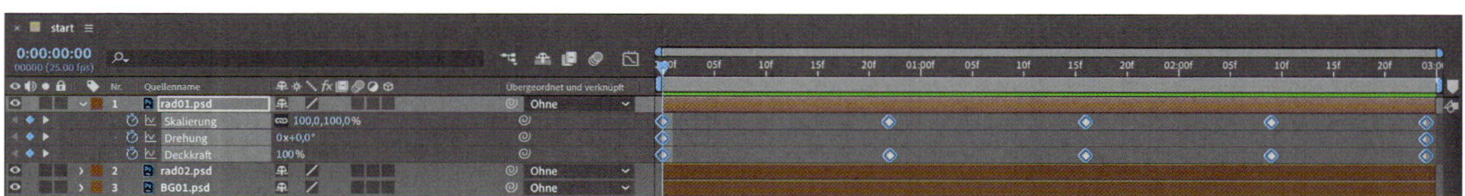


**Expression hinzufügen und löschen**

Um eine Expression hinzuzufügen, drücken Sie die [Alt]-Taste und klicken auf das Stoppuhr-Symbol der gewünschten Eigenschaft. Auf gleichem Wege können Sie Expressions auch wieder löschen.

## 3 Expression hinzufügen

Markieren Sie die Ebene »rad02«, und drücken Sie zuerst die Taste [S], um die Skalierung einzublenden, und danach [⇧]+[R] und [⇧]+[T], um die Drehungs- und die Deckkrafteigenschaft anzuzeigen.

Für alle drei Eigenschaften sollen Expressions festgelegt werden, die die jeweiligen Eigenschaftswerte aus der Ebene »rad01« auslesen und übertragen.

Markieren Sie dazu zuerst das Wort Skalierung, und wählen Sie dann Animation • Expression hinzufügen. In der Zeitleiste erscheint die Skriptzeile `transform.scale`. Die Zeile bewirkt erst einmal nichts und ist die voreingestellte Expression. Ziehen Sie also, während der Skripttext markiert bleibt, das Gummiband ❷ auf das Wort Skalierung der Ebene »rad01«, und lassen Sie es dort los. Drücken Sie zur Bestätigung der Expression [↵] im Ziffernblock, nicht im Haupttastaturfeld. Alternativ klicken Sie in einen leeren Bereich der Oberfläche.

**Abbildung 17.3 ▼**
Nach dem Hinzufügen einer Expression können Sie eine Eigenschaft mit jeweils einer anderen Eigenschaft verknüpfen, wobei es sehr hilfreich ist, das Gummiband zu verwenden.

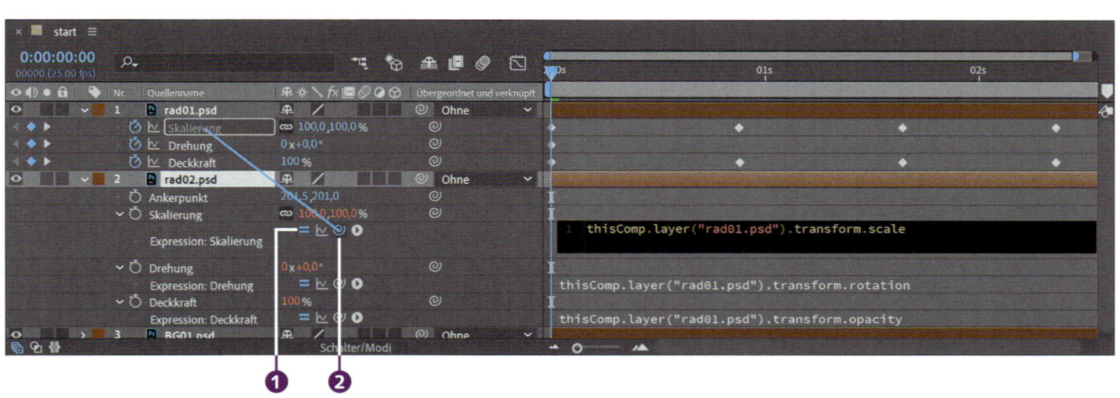

Der Expression-Text hat sich nun geändert. Es ist zu lesen:

```
thisComp.layer("rad01.psd").transform.scale
```

Aus der Eigenschaft SKALIERUNG der Ebene »rad01« werden also die Werte dieser Komposition ausgelesen. Da die Expression in der Eigenschaft SKALIERUNG der Ebene »rad02« geschrieben ist, werden die ausgelesenen Werte dort verwendet. Fein.

Spielen Sie einmal die Animation ab. Das rechte Rad wird so skaliert wie das linke.

### 4 Noch zwei Expressions

Für die DREHUNG und die DECKKRAFT wiederholen Sie den Spaß. Diesmal fügen wir die Expressions aber auf anderem Weg hinzu.

Drücken Sie die Taste [Alt], und klicken Sie dann jeweils auf das Stoppuhr-Symbol der Eigenschaften DREHUNG und DECKKRAFT. Ziehen Sie danach wieder bei markiertem Expression-Text jeweils das Gummiband von der DREHUNG bzw. der DECKKRAFT zur animierten DREHUNG bzw. DECKKRAFT der Ebene »rad01«.

Es werden wieder automatisch die passenden Expressions hinzugefügt. Die Syntax ist ebenfalls genau richtig. Das Gummiband ist also ein großer Helfer! Sie sehen, die Sache mit den Expressions kann ganz leicht von der Hand gehen. Nachdem Sie die Animationen übertragen haben, verändern Sie doch einmal die Keyframes in der Ebene »rad01«. Das Praktische an den Expressions ist nämlich, dass jetzt die Animationen der Ebene »rad02« automatisch angepasst werden. Toll, was?

### Rote Eigenschaftswerte

Als Sie im Workshop die Expressions hinzugefügt haben, färbten sich die Werte neben den Eigenschaften rot ein. Dies zeigt Ihnen an, dass sich dort eine Expression befindet. Wenn Sie diese roten Werte anklicken und neue Werte eintragen, beeinflusst das nicht das Ergebnis Ihrer Expression. Deaktivieren Sie die Expression, wirken sich Ihre Veränderungen aber doch aus. Haben Sie also nur mal so aus Spaß eine Skalierung von 2.000 % eingestellt, so ist diese nach dem Ausschalten der Expression auch deutlich sichtbar.

### Gummiband

Im Workshop haben Sie das Gummiband verwendet, um Werte direkt aus einer Eigenschaft in eine andere zu übertragen. Dies ist sowohl innerhalb einer Ebene möglich, um die Werte verschiedener Ebeneneigenschaften zu verknüpfen, als auch ebenenübergreifend wie im Workshop. Auch ein kompositionsübergreifender Einsatz

**Eine Expression ein- und ausschalten**

Eine Expression wird durch ein Gleichheitszeichen ❶ in der Zeitleiste gekennzeichnet. Klicken Sie darauf, wird die Expression deaktiviert, und das Gleichheitszeichen erscheint durchgestrichen. Ein erneuter Klick schaltet die Expression wieder ein.

**Expressions ein- und ausblenden**

Markieren Sie die Ebene, von der Sie annehmen, dass sie Expressions enthält, und drücken Sie zweimal kurz hintereinander die Taste [E], um die Expressions einzublenden. Drücken Sie die Taste einmal, blenden Sie die Expression wieder aus.

**Richtige Wertedimensionen**

Eigenschaften können unterschiedliche Wertedimensionen besitzen. So hat die Eigenschaft DECKKRAFT die Dimension 1 (Prozentwert) und die SKALIERUNG die Dimension 2 (Breite und Höhe) oder 3 (Breite, Höhe und Tiefe). Wenn Sie Werte aus Eigenschaften mit der Wertedimension 1 in eine Eigenschaft mit der Wertedimension 2 oder 3 übertragen, so erhalten Sie durch Verwendung des Gummibands immer richtige Wertedimensionen. Auch mit der Syntax kann nichts schiefgehen.

des Gummibands ist möglich, wenn Sie die Kompositionen nebeneinander in getrennten Fenstern öffnen, wie in Abbildung 17.4.

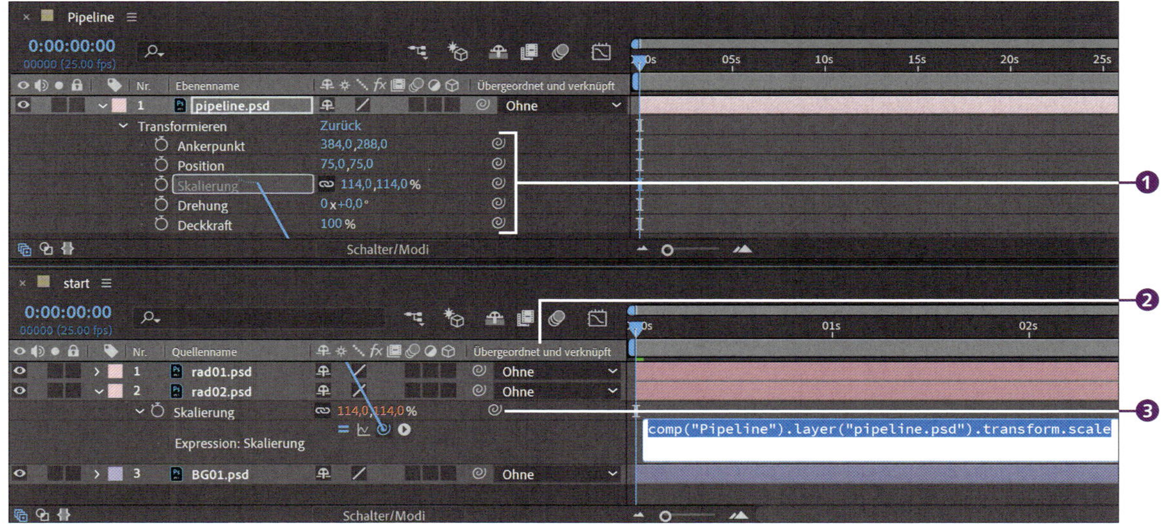


▲ **Abbildung 17.4**
Mit dem Gummiband können Sie Werte auch kompositionsübergreifend auslesen. Dazu öffnen Sie zwei Kompositionen in getrennten Fenstern.

Ein direkter Weg, eine Expression hinzuzufügen, ist außerdem, aus der Spalte ÜBERGEORDNET UND VERKNÜPFT das dort vorhandene weitere Gummiband aus der Spalte ÜBERGEORDET UND VERKNÜPFT ❷ z. B. bei SKALIERUNG ❸ zu verwenden. Sie ersparen sich so den Schritt, zuerst eine Nonsens-Expression zu erzeugen, die Sie danach ohnehin überschreiben. Jede Eigenschaft verfügt über ein solches Gummiband ❶ in der genannten Spalte.

Aufpassen müssen Sie hier nur, wenn Sie auch gleichzeitig eine andere Ebene per Überordnung verknüpft haben. Wird beispielsweise der Ebene B eine Ebene A übergeordnet und noch hinzu eine einzelne Eigenschaft aus der Ebene A per Expression verknüpft, so ist das Resultat eine Addition der ausgelesenen Werte: sprich Überordnungswert + einzelne verknüpfte Eigenschaft = Ergebnis. Oder: Die Rotation von Ebene A beträgt 45° – einmal wird der Wert aufgrund der Überordnung übertragen und zusätzlich noch per Expression, so ist das Ergebnis in Ebene B dann 90°.

## 17.2 Die Sprache der Expressions

Die Expression-Sprache in After Effects ist objektorientiert.

**Objekte** sind wie im realen Leben Dinge, die über gewisse Eigenschaften verfügen. Objekte können beispielsweise Kompositionen, Ebenen oder Masken sein.

Wie bei einer Matrioschka (den ineinander verschachtelten russischen Holzpuppen) kann ein Objekt andere Objekte enthalten. Auf After Effects bezogen sind es in einer Komposition allerdings mehrere mögliche Ebenen, wobei jede Ebene mehrere Masken enthalten kann. Die Ebenen sind dabei die Unterobjekte einer Komposition, und die Masken bilden wiederum Unterobjekte einer Ebene.

Zu jedem Objekt gehören spezifische **Attribute** (Eigenschaften) und **Methoden** (Aktionen). Bei einer Komposition wären das Eigenschaften wie Höhe, Breite und Dauer. Eine Ebene hat die Ihnen ebenfalls bekannten Eigenschaften wie POSITION, SKALIERUNG oder DECKKRAFT. Eine Methode kann es sein, Zahlenwerte per Zufall zu generieren. Wenn Sie z. B. für die Eigenschaft DECKKRAFT die Methode `random(100)` verwenden, werden zufällige Deckkraftwerte im Bereich von 0 bis 100 % generiert.

**Beispiele**

Die nachfolgend im Text dieses Abschnitts erwähnten Expression-Beispiele können Sie sich im Ordner 17_EXPRESSIONS und dort im Projekt »expressionsprache.aep« in Aktion ansehen.

### 17.2.1 Adressierung

Um Werte aus der Eigenschaft einer Ebene, nennen wir diese die Quellebene, auszulesen und sie in einer anderen Eigenschaft, der Zielebene, zu verwenden, ist eine Adressierung nötig. Klar wird das, wenn Sie bedenken, dass eine Komposition mehrere Ebenen enthalten kann. In einer Expression müssen Sie also einen Adresspfad von der Ziel- zur Quellebene definieren.

In After Effects erfolgt die Adressierung hierarchisch vom äußeren zum inneren Objekt.

Gehen wir einmal von zwei Ebenen aus. In der Ebene »A« wurden Keyframes für die Drehung festgelegt. In der Ebene »B« sollen die Werte davon für die DECKKRAFT per Expression übernommen werden. In die Expression-Sprache übersetzt, liest sich das Ganze dann folgendermaßen:

```
thisComp.layer("A").transform.rotation
```

Bei der Adressierung geben Sie also das äußerste Objekt, hier das Kompositionsobjekt `thisComp`, zuerst an. Um das Objekt `layer` vom übergeordneten Objekt `thisComp` (der aktuellen Komposition) zu trennen, setzen Sie einen Punkt. In Klammern befindet sich zur Identifizierung der Ebene deren Ebenenname: `("A")`. Anschließend werden die Transformieren-Eigenschaften adressiert. Am Ende der Expression, wieder getrennt durch einen Punkt, findet sich die Eigenschaft `rotation`, aus der der entsprechende Wert ausgelesen werden soll.

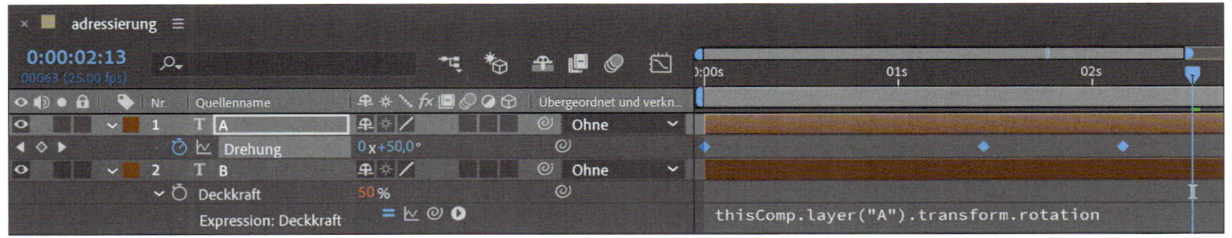


▲ **Abbildung 17.5**
Hier werden die Drehungswerte der Ebene »A« ausgelesen und für die Deckkraft-Eigenschaft der Ebene »B« verwendet.

**Eindeutige Ebenennamen**
Bei der Benennung von Ebenen ist es sinnvoll, eindeutige, zu ihrer Funktion und ihrem Zweck passende Ebenennamen zu verwenden.

Sollen Werte von Eigenschaften innerhalb ein und derselben Ebene ausgelesen und übertragen werden, ist eine aufwendige Adressierung nicht nötig. Angenommen, wir wollten innerhalb der Ebene »hintergrundbild« den Wert der Eigenschaft Skalierung auslesen und in die Eigenschaft Position übertragen, dann könnten wir einfach das Wörtchen `scale` in das Expression-Feld der Positionseigenschaft tippen.

Machen wir es noch einmal einfacher: Tippen Sie beispielsweise das Wörtchen `width` als Expression in die Eigenschaft Drehung der Ebene »hintergrundbild«. Daraufhin übernimmt die Drehung den Wert der Breite des Hintergrundbildes. Tippen Sie anstelle dessen `thisComp.width` ein, so wird die Breite der aktuellen Komposition als Drehungswert eingesetzt.

▲ **Abbildung 17.6**
In der Komposition wird das Ergebnis der Expression und der Drehung visualisiert.

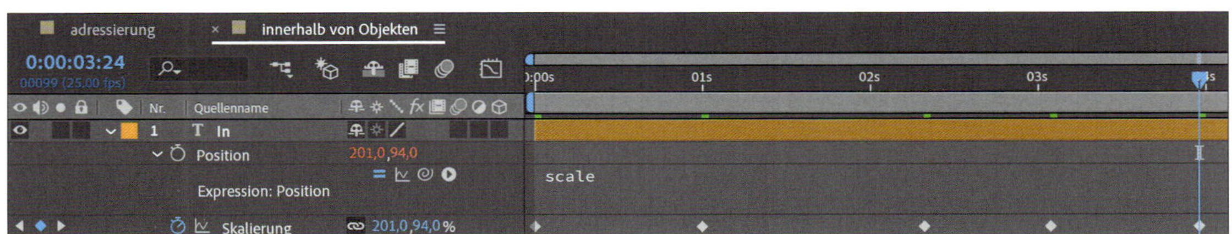


▲ **Abbildung 17.7**
Innerhalb eines Objekts können Sie sich eine aufwendige Adressierung sparen.

## 17.2.2 Globale Objekte

Eine spezielle Art von Objekten sind globale Objekte. Globale Objekte zeichnen sich dadurch aus, dass Sie auf diese Art von Objekten direkt zugreifen können. Damit wird auch klar, dass Sie bei einer Adressierung zuerst das globale Objekt angeben müssen.

Im Beispiel `thisComp.layer("A").transform.rotation` ist das Objekt `thisComp` demzufolge ein globales Objekt. `thisComp` kann weitere, nicht globale Objekte enthalten. Hier wäre es das in diesem Falle nicht globale Objekt `layer("A")`, das u. a. die Eigenschaft `rotation` besitzt.

### 17.2.3 Attribute und Methoden

Attribute sind Eigenschaften eines Objekts. Methoden sind Aktionen, die ein Objekt durchführen kann. Eine Methode erkennen Sie bei der objektorientierten Programmierung daran, dass auf sie immer zwei runde Klammern ( ) folgen, in denen oft Parameter stehen. Ein Beispiel wäre folgende Expression:

```
thisComp.layer("hintergrundbild").transform.position.
wiggle(4, 50)
```

Hier werden die Werte der Eigenschaft `position` der Ebene `layer("hintergrundbild")` ausgelesen und mit der Methode `wiggle()` verwackelt. In Klammern stehen die Parameter dafür. An erster Stelle wird angegeben, dass die ausgelesenen Positionswerte viermal pro Sekunde um einen Betrag von 50 verwackelt werden.

Da ich hier nicht auf sämtliche Attribute und Methoden, die After Effects anbietet, eingehen kann, sei Ihnen die »Expression-Referenz« in der After-Effects-Hilfe (Hilfe • Expression-Referenz) empfohlen, in der Sie eine Vielzahl an Informationen zu passenden Attributen und Methoden erhalten. Einen vertiefenden Einblick in den Umgang mit Expressions geben Ihnen die weiteren Workshops.

**Name statt Nummer**

Um Objekte in einer Expression eindeutig identifizieren und referenzieren zu können, ist es für Ebenen und auch für Kompositionen, Effekte oder Masken sehr wichtig, dass Sie unverwechselbare Namen festlegen und diese in einer Expression anstelle einer Nummer verwenden.

Die Ebenennummer beispielsweise ändert sich bereits dann, wenn Sie eine Ebene in der Zeitleiste nach oben oder unten verschieben. In einer Expression wird die Nummer jedoch nicht aktualisiert. So kann die schönste Expression so wirkungsvoll sein wie ein Bier ohne Alkohol.

**Syntax in After Effects**

In der objektorientierten Programmierung folgen auf Methoden wie erwähnt zwei runde Klammern ( ). In After Effects wurde von dieser Konvention teilweise abgewichen.

### 17.2.4 Expression-Sprachmenü

Da es nicht ganz leicht ist, immer genau zu wissen, welche Attribute und Methoden ein Objekt besitzt, bietet Ihnen After Effects das **Expression-Sprachmenü**, das Sie in der Zeitleiste über den kleinen runden Button ❶ erreichen, sobald Sie eine Expression hinzugefügt haben. Das im Menü ausgewählte Element wird dort in Ihrer Expression platziert, wo sich gerade der Cursor befindet. Wenn Sie das Expression-Sprachmenü nutzen, können Sie sich also nur noch vertippen, wenn Sie den eingefügten Expression-Teil modifizieren.

Benutzen Sie das Menü wie ein Baukastensystem. Dazu ein kleines Beispiel: Angenommen, Sie wollten auf der Ebene »hintergrundbild«, auf der Sie eine Maske gezeichnet haben, für die Eigenschaft Drehung eine Expression bauen. So schauen Sie unter dem Listeneintrag Global, welche globalen Objekte zur Verfügung stehen, und wählen da, sagen wir, thisComp. Zur Trennung vom nächstfolgenden Sprachelement setzen Sie dann manuell einen Punkt.

Anschließend schauen Sie unter dem Eintrag Comp, welche Sprachelemente auf `thisComp.` folgen können. In der bei Comp

**Ebenen und Eigenschaften umbenennen**

Eine Umbenennung von Ebenen oder Eigenschaften, wenn sich bereits Expressions darauf beziehen, ist kein Problem, da die neuen Namen in den Expressions automatisch aktualisiert werden. Wenn dies in Ausnahmefällen nicht der Fall sein sollte, müssen Sie die Expressions von Hand aktualisieren.

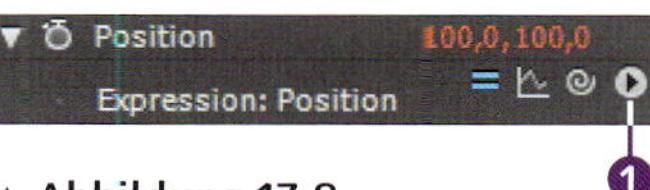


▲ **Abbildung 17.8**
Über den kleinen runden Button in der Zeitleiste öffnen Sie das Expression-Sprachmenü.

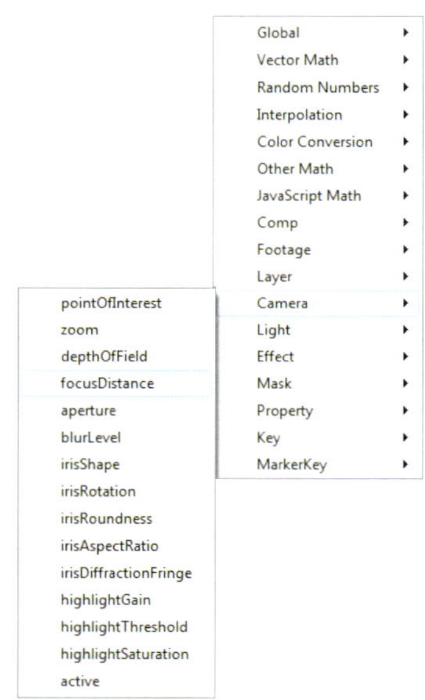


▲ **Abbildung 17.9**
Das Expression-Sprachmenü enthält Schreibweisen für Objekte, Eigenschaften und Methoden.

**Parameter ersetzen**
Mit dem Expression-Sprachmenü werden oft automatisch in Klammern gesetzte Parameter mitgeschrieben, wie z. B. bei `wiggle(freq, amp, octaves = 1, amp_mult = .5, t = time)`. Sie müssen diese Parameter durch tatsächliche Werte ersetzen, da die Expression sonst nicht funktioniert. Werte, die mit = versehen sind, müssen nicht unbedingt ersetzt werden. After Effects nimmt dann automatisch Standardwerte, in diesem Fall also `1`, `0.5` und die aktuelle Zeit.

eingeblendeten Liste wählen Sie vielleicht LAYER(NAME) und setzen wieder manuell einen Punkt. Unter LAYER • SUB-OBJECTS wählen Sie dann ein Unterobjekt aus, sagen wir MASK(NAME), wieder gefolgt von einem Punkt. Schließlich fügen Sie noch manuell die Maskeneigenschaft `maskOpacity` hinzu, die für die Maskendeckkraft steht. Sie finden sie in der oben erwähnten Expression-Sprachreferenz. Das Ganze liest sich dann mit den hinter jedem Sprachelement hinzugefügten Punkten so:

```
thisComp.layer(name).mask(name).maskOpacity
```

Nach einer kleinen Modifizierung, bei der Sie die wirklichen Namen der Ebene und der Maske eintragen, könnte es dann so aussehen:

```
thisComp.layer("hintergrundbild").mask("kreis").
maskOpacity
```

Schon sollte die Eigenschaft DREHUNG mit den Werten der Maskendeckkraft versorgt werden.

## 17.3 Einheiten und Dimensionen

Bei der Arbeit mit Expressions werden oft Werte verschiedener Eigenschaften miteinander verknüpft. Da verschiedene Eigenschaften unterschiedliche Einheiten haben, sind nicht selten Werteanpassungen nötig, die der Expression hinzugefügt werden.

### 17.3.1 Werteanpassung

Im folgenden Workshop nehmen wir das oben genannte Problem genauer unter die Lupe.

#### Schritt für Schritt
#### Verschiedene Eigenschaften, verschiedene Einheiten

In dem folgenden einfachen Beispiel erläutere ich, wie Sie die Wertebereiche zweier unterschiedlicher Eigenschaften aneinander anpassen.

**1 Vorbereitung**
Öffnen Sie das Projekt »expressions.aep« aus dem Ordner 17_EXPRESSIONS in den Beispielmaterialien. Klicken Sie doppelt auf die Komposition »wertanpassung«.

Für die Ebene »schalter« wurde die Eigenschaft DREHUNG animiert. Sie finden einen Wertebereich von 0° bis 360° in der Animation vor. In After Effects wird das mit den Werten 0 × 0,0° und 1 × 0,0° ausgedrückt. Die Werte der Drehung sollen hier auf die Eigenschaft DECKKRAFT in der Ebene »lampe« übertragen werden.

Die DECKKRAFT verfügt aber nur über einen Wertebereich von 0 % bis 100 %. Übertragen Sie die Drehungswerte also eins zu eins, ergibt es sich, dass die Animation der Deckkraft jedes Mal beim Erreichen einer Drehung von 100° beendet ist. Unser Ziel ist es jedoch, dass die Deckkraft der Lampe nur dann 100 % beträgt, wenn die Drehung 360° erreicht.

Die benötigten Dateien für diesen Workshop finden Sie unter BEISPIELMATERIAL/17_EXPRESSIONS.

**◂ Abbildung 17.10**
Das Ziel dieses Workshops ist, dass die Deckkraft der Lampe nur dann 100 % beträgt, wenn die Drehung des Schalters 360° erreicht.

**▾ Abbildung 17.11**
Für den Schalter wurde die Eigenschaft DREHUNG animiert. Die Drehungswerte sollen auf die Eigenschaft DECKKRAFT der Lampe übertragen werden.

### 2 Expression hinzufügen und anpassen

Markieren Sie die Ebene »lampe«, und drücken Sie die Taste [T], um die Eigenschaft DECKKRAFT anzuzeigen. Klicken Sie bei gedrückter [Alt]-Taste auf das Stoppuhr-Symbol, um eine Expression hinzuzufügen. Ziehen Sie das Gummiband auf das Wort für die Eigenschaft DREHUNG der Ebene »lampe«, und schauen Sie sich die daraus resultierende Animation an.

So ganz passend zur Drehung scheint die Deckkraftanimation der Lampe nicht zu sein. Gleichen wir also die Werte der beiden Eigenschaften einander an.

### 3 Eigenschaftswerte anpassen

Klicken Sie auf den Text der Expression. Die Expression wird markiert und ist damit editierbar. Sie können das Expression-Feld am unteren Rand des Feldes vergrößern, sobald ein kleiner Doppelpfeil

**Mathematische Operatoren**
Die Schreibweise für mathematische Operatoren innerhalb einer Expression ist wie folgt: für Division /, für Multiplikation *, für Addition + und für Subtraktion -. Um positive oder negative Werte umzukehren, verwenden Sie * - 1. Nutzen Sie zum Tippen der Operatoren die Tastatur im Ziffernblock.

anstelle des Mauszeigers erscheint. Dies ist im Moment allerdings nur ein Hinweis. Wir brauchen das erst später.

Platzieren Sie den Textcursor am Ende der Expression ❶, und tippen Sie dann folgende Werte und Operatoren in das Feld:

```
/ 360×100
```

Bestätigen Sie mit [↵] im Ziffernblock, nicht im Haupttastaturfeld, und spielen Sie nun noch einmal die Animation ab. Jetzt passt es!

**Abbildung 17.12 ▸**
Nach dem Hinzufügen der Expression für die Eigenschaft Deckkraft beeinflusst die Drehung des Schalters die Deckkraft der Lampe.

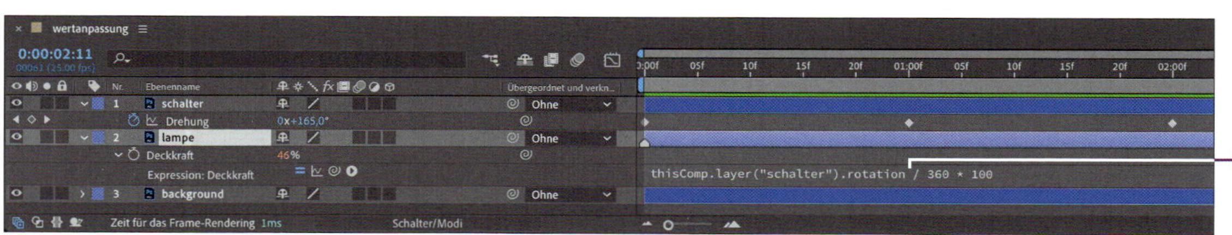


**▲ Abbildung 17.13**
Um den ausgelesenen Drehungswert an den Wertebereich der Deckkraft anzupassen, modifizieren Sie die Expression.

Wenn ein Wert von 360 aus der Drehung ausgelesen wird, wird er durch 360 geteilt, was 1 ergibt. Multipliziert mit 100 erhalten wir den für die volle Deckkraft nötigen Wert. Natürlich können Sie gleich durch 3,6 teilen; achten Sie allerdings darauf, dass Expressions die amerikanische Schreibweise von `3.6` mit einem Punkt statt des Dezimalkommas benötigen.

**Modulo-Operator**
Der Modulo-Operator gibt den Rest aus der Division zweier Ganzzahlen an. Der Operator dafür ist ein %-Zeichen.

Ein Beispiel für die Verwendung des Modulo-Operators finden Sie im Ordner 17_Expressions im Projekt »expressionsprache.aep« und dort in der Komposition »moduloOperator«.

### 17.3.2 Dimensionen und Arrays

Die Dimensionen, um die es in diesem Abschnitt geht, sind die Wertedimensionen verschiedener Eigenschaften. Die Dimension einer Eigenschaft erkennen Sie daran, mit wie vielen Werten diese beschrieben werden muss. Eine eindimensionale Eigenschaft ist z.B. die DECKKRAFT.

Um die Position einer Ebene in der Komposition zu definieren, sind bereits zwei Werte nötig: für die X-Position und die Y-Position. Handelt es sich um eine 3D-Ebene, kommt noch der Wert für die Z-Position hinzu. Die Wertedimension der Positionseigenschaft kann also zwei- oder dreidimensional sein. Ebenso verhält es sich mit der Skalierung. Auch vierdimensionale Eigenschaften sind möglich, wie z.B. bei Farben (R, G, B, Alpha).

Da Sie mit Expressions ein- und mehrdimensionale Eigenschaften miteinander verbinden können, entstehen kleine Kommunikationsprobleme, wenn Sie einer mehrdimensionalen Eigenschaft nur einen Eigenschaftswert mitteilen. In diesem Fall ist die Eigenschaft eingeschnappt und funktioniert nicht.

Die benötigten Dateien für diesen Workshop finden Sie unter BEISPIELMATERIAL/17_EXPRESSIONS.

## Schritt für Schritt
## Verschiedene Eigenschaften, verschiedene Dimensionen

In diesem Workshop schauen wir also den Expressions auf die Finger und wollen herausfinden ob sie auch die richtige Wertedimension mitteilen.

### 1 Vorbereitung

Öffnen Sie das Projekt »expressions.aep« aus dem Ordner 17_EXPRESSIONS. Doppelklicken Sie auf die Komposition »arrays«. Darin enthalten sind die Ebenen »background«, »schalter«, »Skalierung« und »linie«. Die Ebene »schalter« wurde per Drehung animiert. Mit diesen Drehungswerten soll nun die Eigenschaft SKALIERUNG der Textebene »Skalierung« versorgt werden. Die Linie soll in nur einer Dimension skaliert werden.

▲ **Abbildung 17.14**
In diesem Beispiel soll die Drehung des Schalters die X- und Y-Skalierung des Texts beeinflussen. Die Linie soll nur in einer Dimension skaliert werden.

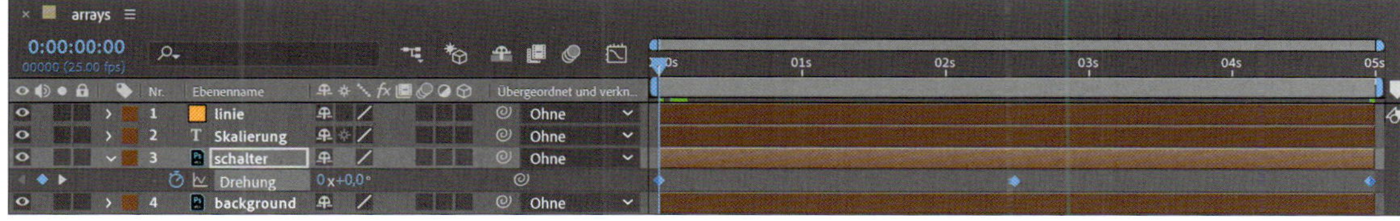


▲ **Abbildung 17.15**
Zu Beginn sind nur Keyframes für die Drehung des Schalters sichtbar.

### 2 Expressions hinzufügen und Arrays kennenlernen

Markieren Sie die Ebene »Skalierung«, und drücken Sie die Taste [S]. Markieren Sie die Ebene »schalter«, und drücken Sie die Taste [R], um die Eigenschaft DREHUNG anzuzeigen. Ziehen Sie das Gummiband aus der Spalte ÜBERGEORDNET UND VERKNÜPFT ❶ von der SKALIERUNG auf das Wort DREHUNG, um die Drehungswerte auszulesen und automatisch eine passende Expression zu generieren. Erweitern Sie das Expression-Feld, indem Sie an seinem unteren Rand ziehen. Folgender Code sollte zu sehen sein:

```
temp = thisComp.layer("schalter").transform.rotation;
[temp, temp]
```

After Effects hat also eine Variable mit dem Namen `temp` angelegt und verwendet sie als Zwischenspeicher für die Werte, die aus der Eigenschaft `rotation` der Ebene `layer("schalter")` ausgelesen werden. In der letzten Zeile ist die Variable `temp` gleich zweimal in eckigen Klammern zu sehen. Hier wird der ausgelesene eindimensionale Drehungswert auf zwei Werte aufgeteilt, da es sich bei der Skalierung ja um eine zweidimensionale Eigenschaft handelt.

Solche in eckigen Klammern stehenden Werte werden **Array** genannt. Das tolle Gummiband hat also die richtige Dimension unserer Skalierung erkannt. Alles ist in Ordnung.

**Variablen**
Als Variablen bezeichnet man Platzhalter für Werte. Diese Werte werden in den Variablen veränderlich gespeichert. Eine Variable lässt sich anstelle langer Ausdrücke verwenden und gestaltet ein Skript übersichtlicher. Achten Sie bei der Verwendung darauf, dass der Name der Variablen weder Sonderzeichen noch Umlaute oder Leerzeichen enthält. Günstig ist es, aussagekräftige Variablennamen zu vergeben.

**Abbildung 17.16 ▼**
Verwenden Sie das Gummiband zur Übertragung von Eigenschaftswerten, werden auch die Dimensionen der jeweiligen Eigenschaft richtig interpretiert.

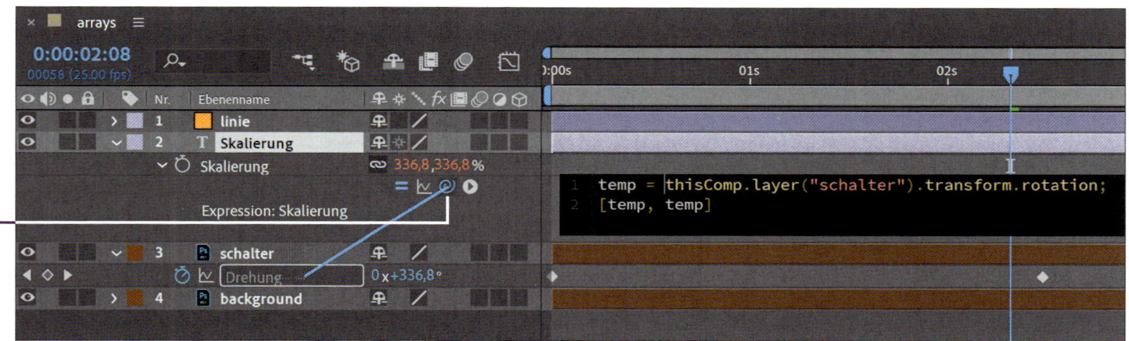


**Abbildung 17.17 ▶**
Die Werte der eindimensionalen Eigenschaft DREHUNG werden mittels der Variablen `temp` auf die zweidimensionalen Skalierungswerte aufgeteilt.

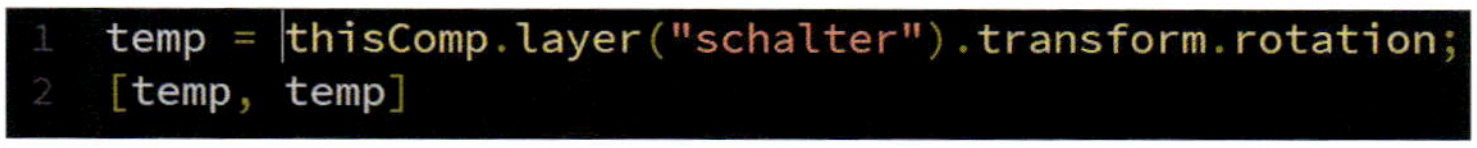

```
temp = thisComp.layer("schalter").transform.rotation;
[temp, temp]
```

Damit Sie das Warnbanner ❷ kennenlernen, löschen Sie eine `temp`-Variable aus dem Array und drücken [↵] im Ziffernblock. In der Folge erscheint eine Fehlermeldung im Kompositionsfenster; die Expression wird zwar nicht deaktiviert, funktioniert aber nicht. Machen Sie die Aktion also wieder rückgängig.

Das Warnbanner enthält den Versuch einer Ursachenbeschreibung des Fehlers. Ist die Beschreibung länger, wird sie abgeschnitten, aber Sie können den vollen Text lesen, indem Sie in der Zeitleiste auf das dort hinzugekommene Warndreieck klicken. Das Banner im Kompositionsfenster nutzen Sie, um zwischen mehreren

Meldungen zu blättern, indem Sie die Pfeiltasten nach links und rechts verwenden. Mit der Lupe springen Sie schnell zu der verhunzten Expression.

**Warnbanner aktivieren/deaktivieren**
Unter BEARBEITEN • VOREINSTELLUNGEN • ALLGEMEIN setzen Sie ein Häkchen bei WARNUNGSBANNER ANZEIGEN, WENN DAS PROJEKT EXPRESSION-FEHLER ENTHÄLT.

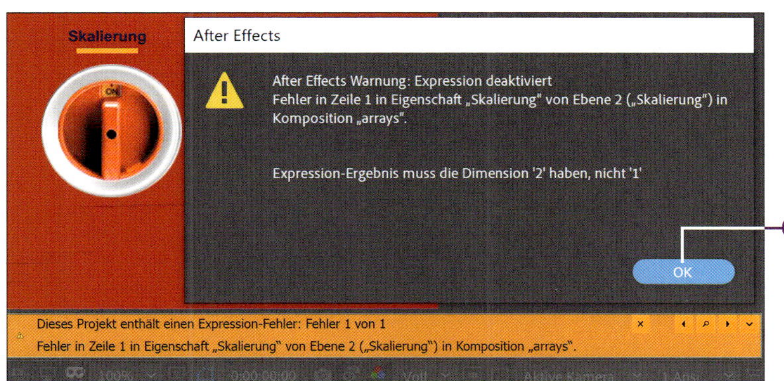


◂ **Abbildung 17.18**
Hier wurde die Dimension der Eigenschaft nicht beachtet. Das wird mit einem Warnbanner bestraft.

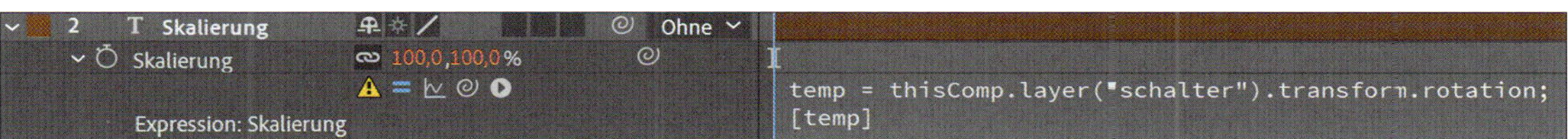


▲ **Abbildung 17.19**
Eine Expression, in der etwas nicht stimmt, wird deaktiviert und mit einem Warndreieck markiert.

## 3 Linie skalieren

Nachdem die Skalierung des Textes erfolgreich war, geht es jetzt darum, die Ebene »linie« ebenfalls zu skalieren. Hier soll jedoch nur die Breite animiert werden. Fügen Sie zunächst eine Expression für die Eigenschaft SKALIERUNG der Ebene »linie« hinzu. Ziehen Sie das Gummiband wieder auf die Drehungseigenschaft der Ebene »schalter«, und vergrößern Sie dann das Expression-Feld, bis die gesamte Expression angezeigt wird.

Löschen Sie anschließend die zweite der im Array befindlichen Variablen, und tippen Sie stattdessen den Wert `100` ins Array. Die letzte Zeile sollte dann wie folgt aussehen:

```
[temp, 100]
```

Drücken Sie zum Beenden des Editierens ↵ im Ziffernblock. Die Linie wird anschließend nur noch horizontal skaliert, während die vertikalen Werte immer 100 % betragen.

**Wertedimension und Array**
Mehrdimensionale Eigenschaften wie SKALIERUNG und POSITION benötigen mehrere Werte, die Sie in einem Array in eckigen Klammern, z. B. `[100, 100]`, angeben. Innerhalb des Arrays trennen Sie die Werte durch Kommata voneinander.

▾ **Abbildung 17.20**
Um die Linie nur vertikal zu skalieren, setzen Sie den zweiten Wert im Array, der für die vertikale Skalierung zuständig ist, auf `100`.

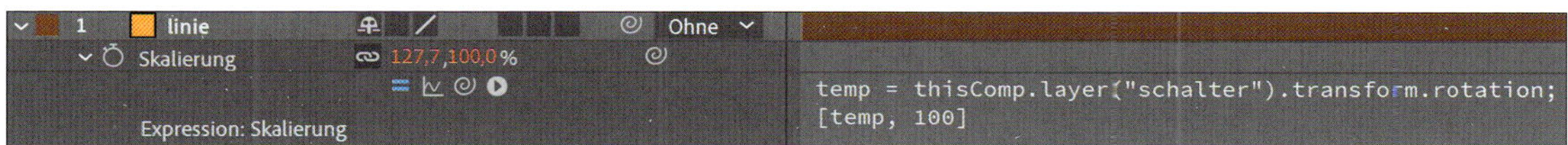

### 17.3.3 Mehrdimensionale Eigenschaften auslesen

Im vorangegangenen Workshop haben Sie Arrays kennengelernt. Dazu ist noch zu sagen, dass die Werte innerhalb eines Arrays in einer bestimmten Reihenfolge gespeichert werden. Für die Positionseigenschaft einer 3D-Ebene müssen, da es sich um eine mehrdimensionale Eigenschaft handelt, drei Werte in einem Array stehen, z. B. `[100, 100, 100]`. Diese drei Werte stehen für die X-, Y- und die Z-Position der Ebene. Innerhalb des Arrays sind diese Werte intern nummeriert, und zwar beginnend mit 0, 1, 2. So steht `position[0]` für den X-Wert der Position.

Die benötigten Dateien für diesen Workshop finden Sie unter BEISPIELMATERIAL/17_EXPRESSIONS.

## Schritt für Schritt
## Den Wert der Eigenschaft eines Objekts auslesen

Im folgenden Workshop werden wir uns dieses Wissen zunutze machen und spezielle Werte einer Eigenschaft zur Animation auslesen.

**▲ Abbildung 17.21**
Das Wort »Lesbar« und der Buchstabe »Q« existieren zunächst unabhängig nebeneinander.

### 1 Vorbereitung

Wie auch in den anderen Workshops befindet sich eine vorbereitete Komposition im Projekt »expressions.aep« aus dem Ordner 17_EXPRESSIONS der Beispielmaterialien. Klicken Sie doppelt auf die Komposition »arrays_auslesen«. Sie finden die Ebenen »Q« und »Lesbar« vor. Das »Q« wurde über die Eigenschaft SKALIERUNG animiert. Auf die Ebene »Lesbar« soll sich nur der Y-Wert der zweidimensionalen Skalierung auswirken, und zwar auf die Eigenschaft WEICHZEICHNUNG des Effekts GAUSSSCHER WEICHZEICHNER, der bereits auf die Ebene angewandt wurde.

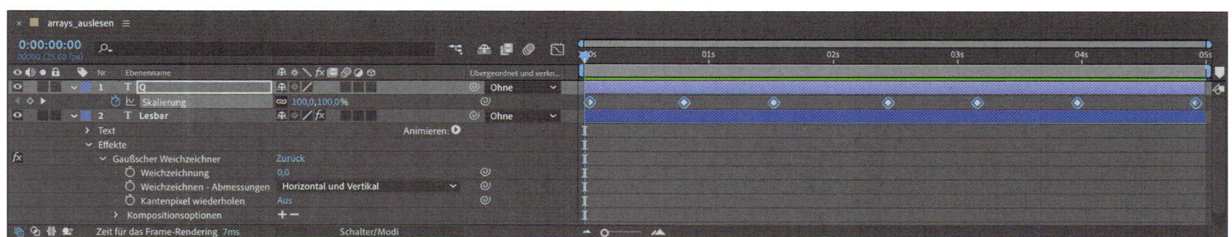


**▲ Abbildung 17.22**
Nur der Y-Wert der zweidimensionalen Eigenschaft SKALIERUNG soll sich auf den Effekt GAUSSSCHER WEICHZEICHNER für das Wort »Lesbar« auswirken.

### 2 Expression hinzufügen und modifizieren

Blenden Sie den Effekt GAUSSSCHER WEICHZEICHNER mit der Taste E für die Ebene »Lesbar« ein. Fügen Sie in der Eigenschaft WEICHZEICHNUNG eine Expression hinzu. Blenden Sie die Eigenschaft SKALIERUNG für die Ebene »Q« ein. Ziehen Sie dann das Gummiband von der Eigenschaft Stärke der Ebene »Lesbar« auf das Wort Skalierung. Es erscheint der folgende Expression-Text:

```
thisComp.layer("Q").transform.scale[0]
```

Es wird also automatisch der X-Wert der Skalierung ausgelesen, was Sie an der 0 in den eckigen Klammern erkennen. Eindimensionale Eigenschaften, die mehrdimensionale Eigenschaften auslesen, verwenden automatisch den ersten Wert der mehrdimensionalen Eigenschaft.

Um anstelle dessen den Y-Wert zu erhalten, tippen Sie statt der 0 eine 1 in die eckigen Klammern. Wenn Sie nun die Animation abspielen, wirkt sich der ausgelesene Skalierungswert doch recht stark auf den Weichzeichner aus. Sie können das ändern, indem Sie die Expression um den Zusatz / 10 ergänzen. Die ausgelesenen Werte werden so durch 10 dividiert.

▲ **Abbildung 17.23**
Der Effekt Gaussscher Weichzeichner wird nach dem Hinzufügen der Expression in Abhängigkeit von der Skalierung des Buchstabens »Q« animiert.

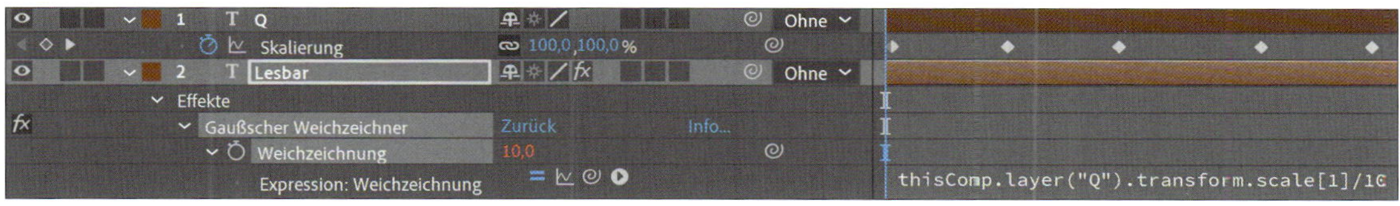


▲ **Abbildung 17.24**
Die 1 in den eckigen Klammern der Expression zeigt an, dass der Y-Wert der Skalierung der Ebene »Q« ausgelesen wird.

### 17.3.4 Mathematische Operationen mit Arrays

Im Workshop haben Sie den ausgelesenen Wert in der Expression durch 10 dividiert. Eine kleine Besonderheit bilden bei solchen Operationen die Arrays. Ein Array besteht immer aus mehreren Werten und kann mit jedem mathematischen Operator modifiziert werden. In diesem Sinne sind Arrays mit Vektoren vergleichbar, und die Gesetze der Vektorrechnung gelten demzufolge auch für Arrays.

Zum Beispiel ist es kein Problem, die Werte des Arrays [100, 100] mit einem Faktor zu multiplizieren, z. B. [100, 100] * 50. Auch die Division bereitet keine Schwierigkeiten: [100, 100] / 50.

Anders sieht es bei der Subtraktion und der Addition aus. Wenn Sie vorhaben, zu beiden Werten des Arrays den Wert 15 zu addieren, können Sie nicht einfach eine +15 hinter das Array schreiben. Stattdessen sieht die Operation so aus: [100, 100] + [15, 15]. Bei der Subtraktion sähe sie so aus: [100, 100] - [15, 15].

**Expressions mit mehreren Anweisungen**

Wenn eine Expression mehrere Anweisungen enthält, ist es der Übersichtlichkeit halber günstig, sie in mehrere Zeilen aufzuteilen. Die einzelnen Anweisungen schließen Sie dabei durch Semikola ab; danach betätigen Sie ↵ im Haupttastaturfeld, um in der nächsten Zeile weiterzuschreiben. Welchen Wert die Eigenschaft annimmt, die eine Expression mit mehreren Anweisungen enthält, hängt von der letzten Anweisung in der Expression ab. Diese sollte in der letzten Zeile stehen und enthält den oder die Werte, die Sie als Ergebnis der Expression an die Eigenschaft übergeben, und benötigt kein Semikolon.chende Verhalten zuweisen.

## 17.4 Expressions im Einsatz

Um den Einsatz von Expressions zu erläutern, werden wir im folgenden Workshop ganz ohne Keyframes auskommen und eine Bewegung allein unter Verwendung von Expressions erzeugen.

**Weitere Expressions-Beispiele**
Sie können über den Menüpunkt Menü ANIMATION • VORGABEN DURCHSUCHEN gehen und dann in Bridge im Ordner BEHAVIORS einer markierten Ebene entsprechende Verhalten zuweisen.

### 17.4.1 Bewegung ohne Keyframes

Für die Erzeugung der Bewegung nutzen wir die Kosinusfunktion. Außerdem werden Sie Variablen einsetzen und eine **if-then**-Bedingung verwenden.

#### Schritt für Schritt
#### Herr Kosinus lernt laufen

Die benötigten Dateien für diesen Workshop finden Sie unter BEISPIELMATERIAL/17_EXPRESSIONS.

In diesem Workshop werden Sie einen vertiefenden Einblick in die Arbeit mit Expressions erhalten und daher ein kleines Skript schreiben.

**1 Vorbereitung**
Öffnen Sie wie in den anderen Workshops das Projekt »expressions.aep« aus dem Ordner 17_EXPRESSIONS. Klicken Sie doppelt auf die Komposition »herrKosinus«. Die darin befindlichen Ebenen wurden in Illustrator erstellt und als Komposition importiert.

Herr Kosinus besteht aus mehreren Einzelteilen, die so animiert werden sollen, dass sich eine Laufbewegung ergibt. Eine schwingende Bewegung der Arme und Beine wäre dafür wünschenswert. Es bietet sich an, eine Sinus- oder eine Kosinusbewegung für die Arme und Beine zu erzeugen. Damit alles richtig funktioniert, befinden sich die Ankerpunkte der Einzelteile bereits an ihrem physikalisch richtigen Drehpunkt.

▲ **Abbildung 17.25**
Der Herr Kosinus vor dem Hinzufügen der Kosinusbewegung

**Abbildung 17.26** ▶
Die Illustrator-Datei wurde als Komposition in After Effects importiert und enthält die korrekten Ebenennamen für alle Gliedmaßen.

**2 Kosinusbewegung für ein Null-Objekt**
After Effects bietet die Möglichkeit, unsichtbare Hilfsebenen (**Null-Objekte**) anzulegen, die standardmäßig den Namen »Null« zuge-

wiesen bekommen. Solche Null-Objekte können Sie für andere Ebenen und Effekte als Steuerungsebenen verwenden.

Um uns Arbeit zu sparen und spätere Änderungen schneller bewerkstelligen zu können, ist es günstig, die Bewegung für die Gliedmaßen des Herrn Kosinus in einer solchen Ebene zu speichern. Wählen Sie also EBENE • NEU • NULL-OBJEKT.

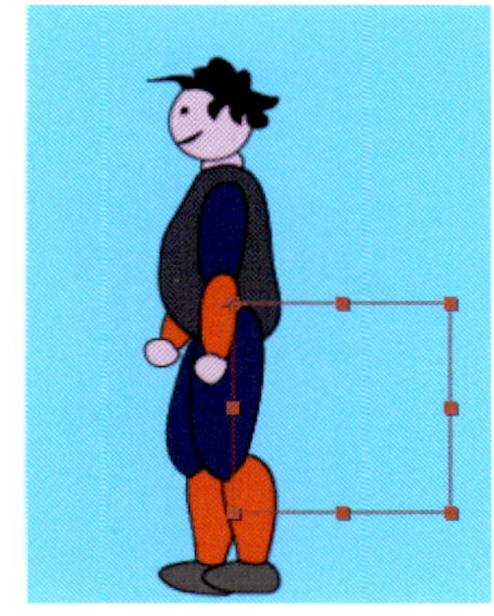

▲ **Abbildung 17.27**
Ein Null-Objekt ist nur als Rahmen sichtbar. Nach dem Rendern ist vom Null-Objekt nichts mehr zu sehen.

### 3 Kosinusbewegung für die Gliedmaßen

Markieren Sie die neu geschaffene Ebene namens »Null 1«, und drücken Sie die Taste R, um die Drehungseigenschaft einzublenden. Fügen Sie für die Eigenschaft DREHUNG eine Expression hinzu, indem Sie bei gedrückter Alt-Taste auf das Stoppuhr-Symbol klicken. Lassen Sie die Skriptzeile `transformation.rotation`, die zuerst erscheint, markiert, und klicken Sie dann auf das kleine Dreieck ❸. Hier befindet sich das Expression-Sprachmenü. Dieses Menü enthält alle Sprachelemente, die Sie in Expressions verwenden können. Wählen Sie aus dem Menü den Eintrag JAVASCRIPT MATH und dort den Eintrag MATH.COS(VALUE). Das Sprachelement ersetzt nun die zuvor markierte Skriptzeile.

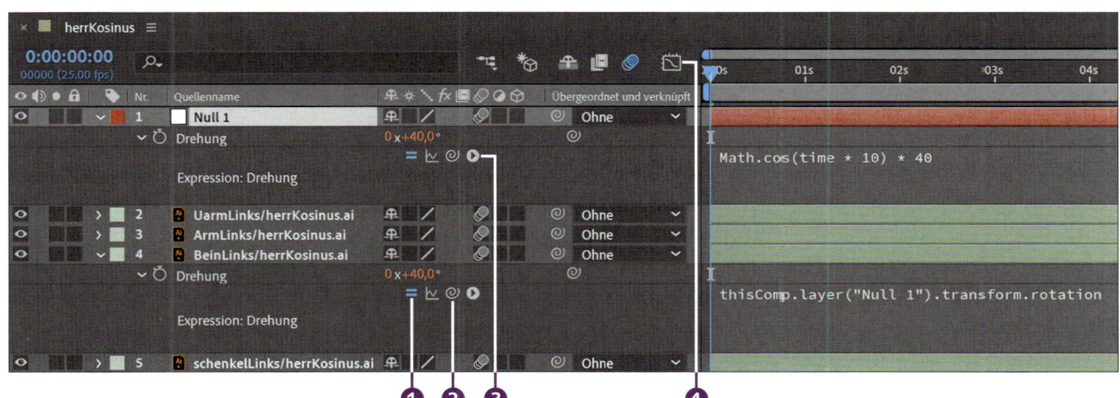


▲ **Abbildung 17.28**
In der Null-Objekt-Ebene »Null 1« definieren Sie die Kosinusbewegung für die Gliedmaßen.

Damit sich der Kosinus tatsächlich auf unsere Drehungseigenschaft auswirkt, benötigt er noch ein paar Werte. Wir werden den Wert `time`, also die Kompositionszeit, dafür verwenden. Markieren Sie dazu das Wort `value` in der Expression, und ersetzen Sie es durch das Wort `time`. Es bewegt sich noch immer nichts. Also fügen Sie am Ende der Expression noch den Operator `40` hinzu:

```
Math.cos(time) * 40
```

Daraus ergibt sich eine Drehung im Bereich von 40° bis –40°. Noch sieht das ganz unspektakulär aus, da das Null-Objekt ja unsichtbar ist.

**Kurven für Expressions**

Eine Kurve für den Expression-Verlauf können Sie über den kleinen Kurven-Schalter ❶ einblenden, wenn Sie gleichzeitig auch den Schalter für den Diagrammeditor ❹ aktiviert haben. Die Kosinusbewegung ist darin sehr schön erkennbar.

Als Nächstes übertragen wir diese Bewegung aber auf die Ebene »BeinLinks«. Blenden Sie mit der Taste [R] die Eigenschaft DREHUNG für diese Ebene ein, und fügen Sie eine Expression hinzu. Lassen Sie den Expression-Text ausgewählt, und ziehen Sie das Gummiband ❷ auf das Wort DREHUNG der Ebene »Null 1«. Automatisch wird folgende Expression generiert:

```
thisComp.layer("Null 1").transform.rotation
```

Drücken Sie die Taste [0] im Ziffernblock, um die Vorschau zu berechnen. Sie sehen, das Bein bewegt sich mit! Allerdings wirkt die Drehung noch zu langsam. Fügen Sie also in der Expression der Ebene »Null 1« hinter dem Wort `time` den Operator `* 5` hinzu. Nun sieht es doch schon ganz realistisch aus!

### 4 Parenting

Im nächsten Schritt widmen wir uns dem Unterschenkel mitsamt Fuß. Zuerst verknüpfen Sie die Ebene »schenkelLinks« mit dem eben animierten »BeinLinks«. Blenden Sie dazu, falls noch nicht vorhanden, die Spalte ÜBERGEORDNET ein, indem Sie mit der rechten Maustaste auf den grauen Bereich neben dem Ebenennamen klicken. Wählen Sie aus dem Einblendmenü den Eintrag SPALTEN • ÜBERGEORDNET. Deaktivieren Sie für den nächsten Schritt die Expression für die Ebene »BeinLinks«, indem Sie auf das Gleichheitszeichen ❶ klicken.

**Abbildung 17.29 ▼**
Für den Herrn Kosinus erreichen wir die Animation über eine Mischung aus Expressions und Parenting.

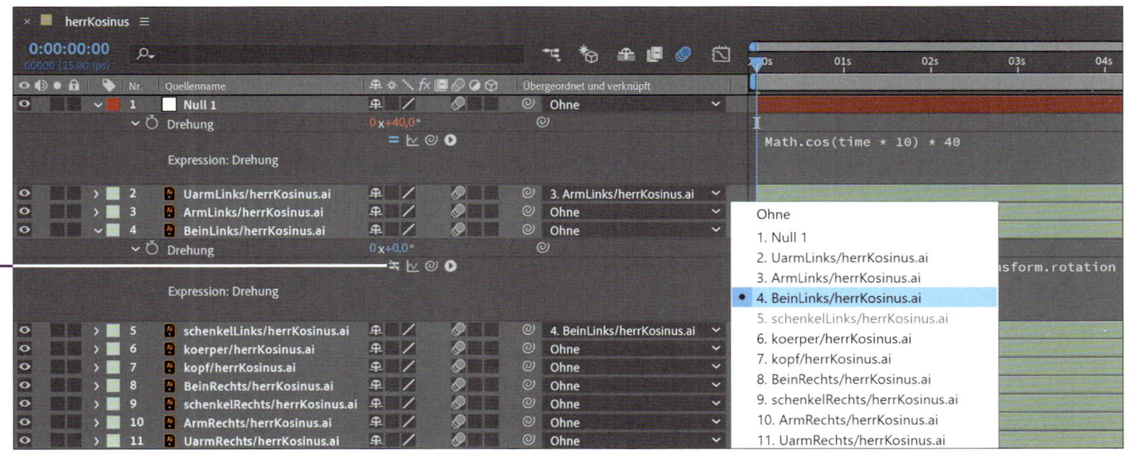


Klicken Sie anschließend auf das Wort OHNE in der Ebene »schenkelLinks«, und wählen Sie dort den Eintrag BEINLINKS. Sie haben damit dem Unterschenkel das Bein übergeordnet. Der Unterschenkel wird danach alle Bewegungen des Beins mitmachen.

Anders als bei Expressions, mit denen eine solche Verknüpfung natürlich auch möglich ist, können Sie beim Parenting mehrere Eigenschaften auf eine untergeordnete Ebene übertragen – in unserem Falle die Position und Drehung des Beins. Um das zu sehen, aktivieren Sie die Expression durch einen erneuten Klick auf das Gleichheitszeichen und spielen die Vorschau ab.

### 5 Drehung auslesen

Das Bein wirkt zurzeit noch wie an einen Besen gebunden. Gönnen wir dem Unterschenkel also eine eigene Drehbewegung. Fügen Sie dazu der Eigenschaft DREHUNG der Ebene »schenkelLinks« eine Expression hinzu. Ziehen Sie dann einfach das Gummiband auf das Wort DREHUNG der Ebene »BeinLinks«, um den dortigen Drehungswert auf den Unterschenkel zu übertragen. Die automatisch generierte Expression lautet:

```
thisComp.layer("BeinLinks").transform.rotation
```

Nun, finden Sie, dass es wie bei einem Hampelmann aussieht? Wir ändern das sofort.

**Vom Diagrammeditor zur Ebenenansicht**

Zwischen Diagrammeditor und Ebenenansicht schalten Sie mit [⇧]+[F3] um.

### 6 Variable und »if-else«-Bedingung hinzufügen

Natürlich kann ein Bein nicht nach vorn umknicken. Es muss also eine Bedingung her, die die Drehbewegung des Unterschenkels beschränkt. Zuerst definieren wir dazu in der Ebene »schenkelLinks« eine Variable namens `drehung`. Tippen Sie die Variable und ein Gleichheitszeichen wie folgt vor der bisherigen Expression ein:

```
drehung = thisComp.layer("BeinLinks").transform.
rotation;
```

Die Drehungswerte werden ab jetzt in der Variablen `drehung` gespeichert. Da noch weitere Zeilen folgen, lassen Sie die erste Zeile mit einem Semikolon ; enden. Das ist Pflicht! Per Druck auf die Taste [↵] im Haupttastaturfeld wechseln Sie in die nächste Zeile. Am unteren Rand des Felds ändert sich der Mauszeiger in einen kleinen Doppelpfeil. Vergrößern Sie das Expression-Feld durch Ziehen.

Nun kommt die Bedingung. Tippen Sie die folgenden weiteren Zeilen in das Expression-Feld:

```
if (drehung > 1) {
drehung = 1;
}
```

Das war es auch schon mit der `if`-Bedingung.

Im Klartext besagt die obige Bedingung Folgendes: Immer wenn bzw. `if` die Drehungswerte 1° übersteigen bzw. `(drehung > 1)`, dann bzw. `{}` setze die Drehung wieder zurück auf 1 bzw. `drehung = 1`. Die nach `if` definierte Bedingung muss also erfüllt sein, damit anschließend der Skriptteil in geschweiften Klammern ausgeführt wird.

Nun muss noch definiert werden, was ansonsten passieren soll, wenn die if-Bedingung nicht erfüllt wird. Dazu benötigen wir die »Else«. Fügen Sie im Skript noch hinzu, dass ansonsten die in der Variablen »Drehung« übertragenen Werte verwendet werden. Das sieht dann so aus:

```
if (drehung > 1) {
drehung = 1;
}else{
drehung;
}
```

**Abbildung 17.30 ▼**
Eine `if-else`-Bedingung verhindert, dass Herrn Kosinus' Bein nach vorn umknickt.

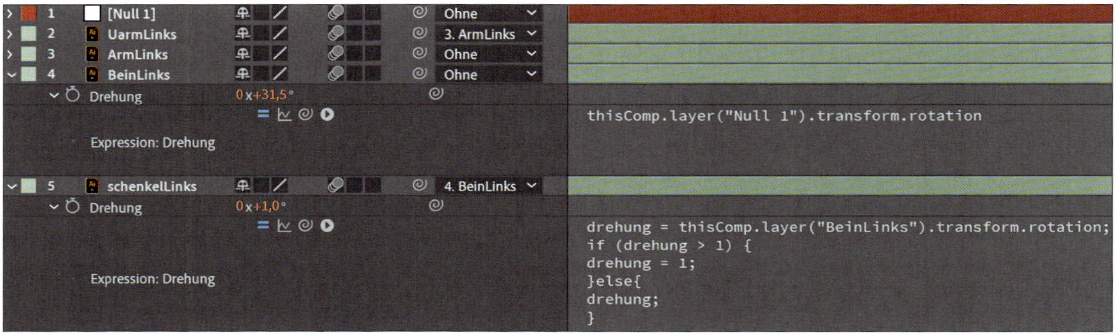

## 7 Das andere Bein bewegen

Wie Sie sich bestimmt denken können, ist der Rest der Animation nicht mehr besonders kompliziert. Es wiederholt sich nur alles – mit kleinen Modifizierungen.

Wählen Sie für die Ebene »schenkelRechts« aus der Spalte ÜBERGEORDNET den Eintrag BEINRECHTS, um die Ebenen per Parenting zu verknüpfen. Markieren Sie die beiden Ebenen »BeinRechts« und »schenkelRechts«, und drücken Sie die Taste [R].

Fügen Sie zuerst für die Ebene »BeinRechts« eine Expression hinzu, und ziehen Sie dann das Gummiband auf das Wort DREHUNG der Ebene »Null 1«. Fügen Sie der Expression den Operator `* - 1` hinzu, um eine gegenläufige Drehbewegung zu erhalten. Das Resultat sollte folgende Expression sein:

```
thisComp.layer("Null 1").transform.rotation * - 1
```

**Geschweifte und eckige Klammern**

Geschweifte Klammern erhalten Sie ganz einfach mit der Tastenkombination [AltGr]+[7] ({) und [AltGr]+[0] (}). Eckige Klammern erhalten Sie mit [AltGr]+[8] ([) und [AltGr]+[9] (]).

Fügen Sie anschließend eine Expression für die Drehung der Ebene »schenkelRechts« hinzu, und ziehen Sie das Gummiband auf das Wort Drehung der Ebene »BeinRechts«. Eigentlich müssten wir auch noch unsere `if-else`-Bedingung hinzufügen. Es fällt in diesem Beispiel ausnahmsweise aber kaum auf, wenn sie fehlt – es sei denn, Sie erhöhen den Drehungswert für die Ebene »schenkelRechts«. Ich habe die `if-else`-Bedingung jedenfalls hinzugetippt.

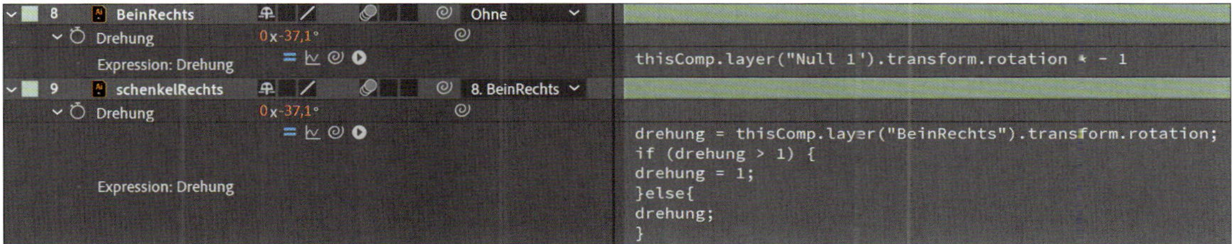


▲ **Abbildung 17.31**
Auch das andere Bein wird in seiner Bewegung mit einer `if-else`-Bedingung eingeschränkt.

### 8 Rest

Die Animation der Arme handhaben Sie genauso wie die der Beine. Verknüpfen Sie zuerst die Unterarme per Parenting mit den Oberarmen, und fügen Sie dann für die Oberarme die Expressions hinzu, die die Kosinusbewegung auslesen. Für die Unterarme lesen Sie wieder die Drehung der Oberarme aus und fügen eine `if-else`-Bedingung hinzu.

Falls Sie bei den einigermaßen vielen Ebenen den Überblick verloren haben, schauen Sie sich die fertige Animation in der Projektdatei »expressions_fertig.aep« aus dem Ordner 17_Expressions an. Die entsprechende Komposition heißt auch dort »herrKosinus«.

Eine abgewandelte Animation befindet sich in der Komposition »herrKosinus2«. Diese liegt auch als gerenderte Version namens »herrKosinus« vor.

**Expressions kopieren und einfügen**

Eine sehr bequeme Möglichkeit zum Kopieren von Expressions besteht darin, die entsprechende Eigenschaft, die die Expression enthält, zu markieren und Bearbeiten • Nur Expression kopieren zu wählen. Fügen Sie die Expression entweder in einer anderen Ebene oder in einer anderen Eigenschaft mit [Strg]+[V] ein, indem Sie zuvor die jeweilige Ebene oder Eigenschaft auswählen.

Eine weitere Möglichkeit, Expressions kompositionsübergreifend zu kopieren, beschreibe ich im Abschnitt 7.1.3, »Kopieroptionen für Keyframes«.

◀ **Abbildung 17.32**
Zum Schluss läuft Herr Kosinus.

### 17.4.2 Effekte für Expressions

Extra für die Arbeit mit Expressions gibt es in After Effects spezielle Effekte, die ein komfortableres Arbeiten ermöglichen. Mit diesen Effekten können Sie Eigenschaftswerte über eine Steuerungsebene beeinflussen. Im nächsten Workshop wird dies am praktischen Beispiel anschaulich. Sie werden einige Effekte für Expressions kennenlernen. Das Ziel wird ein aus Textebenen bestehendes 3D-Objekt sein, das sich über Schieberegler manipulieren lässt.

#### Schritt für Schritt
#### Eine animierbare DNS

Mit der in diesem Workshop beschriebenen Technik manipulieren Sie Eigenschaftswerte in einer oder mehreren Ebenen über Schieberegler, die als Effekt einer Ebene hinzugefügt werden können.

**1 Vorbereitung**

Die benötigten Dateien für diesen Workshop finden Sie unter BEISPIELMATERIAL/17_EXPRESSIONS.

Auch diesmal finden Sie eine vorbereitete Komposition im Workshop-Projekt »expressions.aep« im Ordner 17_EXPRESSIONS der Beispielmaterialien vor. Klicken Sie doppelt auf die Komposition »dns«. In der Komposition befinden sich sechs Ebenen. Drei davon sorgen für die richtige Beleuchtung, eine Kamera kümmert sich um den richtigen Blickwinkel, eine Ebene bildet den Hintergrund. Die Ebene, um die es sich dreht, heißt »after effects«. Es ist eine verschachtelte Komposition, die eine Textebene enthält.

Unser Ziel ist es, die Ebene mehrmals zu duplizieren und dabei zu erreichen, dass sie um einen Betrag auf der z-Achse versetzt wird, der ihrer Höhe entspricht. Die duplizierten Textzeilen müssten dann wie bei einer Jalousie untereinander erscheinen. Später wird diese Jalousie noch ähnlich einer DNS in sich verdreht.

**Abbildung 17.33** ▸
Zu Beginn ist nur eine beleuchtete 3D-Textzeile sichtbar.

◂ **Abbildung 17.34**
Drei Lichter kreieren die Beleuchtung. Eine Kamera sorgt für den richtigen Blickwinkel auf den Text.

### 2 Expression für den Höhenversatz

Blenden Sie zunächst die Eigenschaft Position der Textebene mit der Taste [P] ein. Fügen Sie dieser Eigenschaft eine Expression hinzu, indem Sie die [Alt]-Taste drücken und auf das Stoppuhr-Symbol klicken. Ersetzen Sie die vordefinierte Expression, und tippen Sie ihrer Stelle die folgenden Zeilen in das Expression-Feld; ziehen Sie dafür das Feld am unteren Rand etwas größer. Hier der Code:

```
ebene = index - 1;
Yauslesen = thisComp.layer(ebene).position[1];
hoehe = height;
Ypos = Yauslesen + hoehe;
[position[0], Ypos, position[2]]
```

Sie erhalten zunächst eine Fehlermeldung, und die Expression wird deaktiviert. Darum kümmern wir uns später. Gehen wir die Expression Zeile für Zeile durch.

Mit der ersten Zeile wird die Ebenennummer, die jede Ebene, die Sie der Zeitleiste hinzufügen, automatisch erhält, in der Variablen `ebene` gespeichert. Der Operator `- 1` sorgt dafür, dass mit `index` nicht Werte der aktuellen Ebene ausgelesen werden, sondern die Werte der Ebene mit der jeweils nächstniedrigeren Nummer.

In der zweiten Zeile wird in der Variablen `Yauslesen` die aus der zuvor definierten Ebene ausgelesene Y-Position zwischengespeichert. Dabei sorgt die im Array stehende `1` dafür, dass es sich dabei auch wirklich um die Y-Position handelt: `position[1]`.

In der dritten Zeile wird die Höhe der aktuellen Ebene in der Variablen `hoehe` gespeichert. In der vierten Zeile schließlich wird der Wert für die Höhe zum Wert der ausgelesenen Y-Position addiert, woraus sich die neue Position der aktuellen Ebene ergibt.

Die fünfte Zeile enthält dann ein Array mit drei Werten: `position[0]` für die X-Position, die Variable `Ypos` für die Y-Position und `position[2]` für die Z-Position.

### 3 »if-then«-Bedingung

Um zu vermeiden, dass die Expression gleich zu Beginn deaktiviert wird, müssen wir sie modifizieren. Wir benötigen eine Bedingung für die Anweisung `index - 1`, denn die Ebene mit der Nummer 1 kann ja nicht Werte aus einer Ebene 0 auslesen, die es nicht gibt. Ergänzen Sie das kleine Programm also um folgende fettgedruckte Bedingung:

```
ebene = index - 1;
if (ebene < 1){
ebene = 1;
}
Yauslesen = thisComp.layer(ebene).position[1];
hoehe = height;
Ypos = Yauslesen+hoehe;
[position[0], Ypos, position[2]]
```

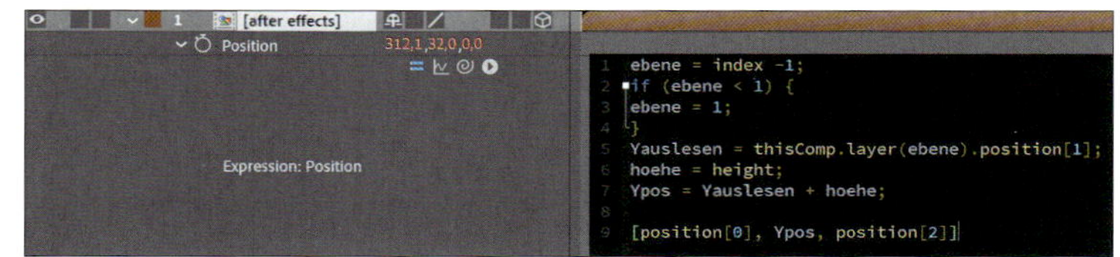


**Abbildung 17.35 ►**
Ein kleines Programm liest die Ebenenposition der Ebene mit der nächstkleineren Ebenennummer aus und versetzt auf dieser Basis die aktuelle Ebene ein Stück weiter auf der y-Achse.

### 4 Duplikate, Duplikate

Duplizieren Sie die Ebenen einfach etwa 2.874-mal. Nein, nein – das ist nun doch zu viel. Aber ein paar Duplikate sollten Sie erzeugen, um zu testen, ob das Prögrammchen auch richtig tickt. Markieren Sie also die Ebene »after effects«, und duplizieren Sie sie mit `Strg`+`D`. Jedes der Duplikate enthält dann die vorbereitete Expression. Die Ebenen sollten im Kompositionsfenster in regelmäßigem Versatz untereinander angeordnet werden. Wenn das so weit funktioniert, können Sie die Ebenen ab Ebene 2 wieder löschen.

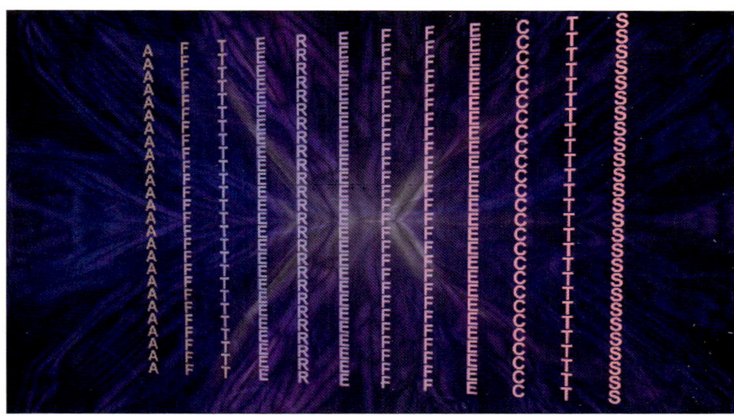

**Abbildung 17.36 ►**
Die entstandenen Duplikate werden anschließend noch einmal entfernt, um weitere Einstellungsmöglichkeiten hinzuzufügen.

Noch sind wir nämlich nicht fertig mit allen Vorbereitungen. Die entstehende DNS soll noch in ihrer Höhenausdehnung verstellbar sein und auch in sich verdreht werden können. Löschen Sie also die Duplikate wieder, beginnend ab der Ebene mit der Nummer 2.

### 5 Null-Objekt und Schieberegler

Fügen Sie der Komposition über EBENE • NEU • NULL-OBJEKT eine Ebene hinzu, die als Einstellebene für die spätere DNS dienen soll. Das entstandene Null-Objekt ist in der Komposition unsichtbar und trägt standardmäßig den Namen »Null«. Benennen Sie die Ebene um, und geben Sie ihr den Namen »Einstellebene«. Ziehen Sie die Ebene in der Zeitleiste unter die Ebene »after effects«, und achten Sie darauf, dass sie dort auch in Zukunft bleibt.

Markieren Sie die neue »Einstellebene«, und wählen Sie dann EFFEKTE • EINSTELLUNGEN FÜR EXPRESSIONS • EINSTELLUNGEN FÜR SCHIEBEREGLER. Drücken Sie die Taste E, um den Effekt einzublenden, und klappen Sie den Effekt in der Zeitleiste auf.

Der Schieberegler wird uns dazu dienen, die Abstände zwischen den Textzeilen flexibel zu gestalten. Positionieren Sie dazu den Cursor im Code unseres kleinen Programms genau hinter `height`, und tippen Sie wie folgt ein Additionszeichen hinzu:

```
hoehe = height +;
```

Belassen Sie den Cursor hinter dem Additionszeichen, und ziehen Sie das Gummiband auf das Wort SCHIEBEREGLER der »Einstellebene«. Automatisch wird der Expression eine lange Anweisung hinzugefügt:

```
hoehe = height+thisComp.layer("Einstellebene").effect
("Einstellungen für Schieberegler")("Schieberegler");
```

Bestätigen Sie die Expression mit ↵ im Ziffernblock, nicht im Haupttastaturfeld.

**Kommentare hinzufügen**
Kommentare stören den Ablauf der Expression nicht, wenn sie mit den richtigen Zeichen eingeleitet werden, helfen aber bei der Orientierung oder beim Teamwork. Sie können in jeder Zeile der Expression Kommentare wie folgt hinzufügen:

```
//dies ist eine Anmerkung
/* dies ist ein mehrzeiliger
Kommentar*/
```

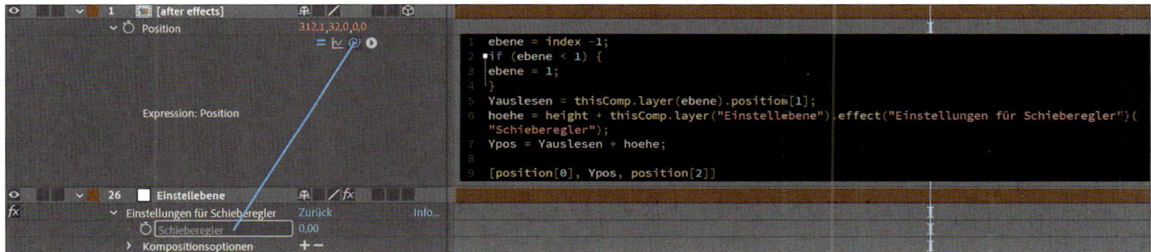


▼ **Abbildung 17.37**
Um die Werte des Schiebereglers auszulesen, ziehen Sie das Gummiband auf das entsprechende Wort der »Einstellebene«.

## 6 Duplikate, zum Zweiten

Nun wieder Duplikate! Aber wieder nur zum Test. Nachdem Sie einige Duplikate erstellt haben, verändern Sie einmal die Werte des Schiebereglers durch Ziehen. Die Textzeilen wandern auseinander – aber auch die obere Zeile bewegt sich! Das macht sich schlecht für unsere DNS! Entschuldigung, aber die Duplikate müssen nochmals fort, beginnend ab Ebene 2.

## 7 »else«

Damit die erste Textzeile fixiert bleibt, fügen Sie bitte dem Programm die folgende `if-else`-Bedingung hinzu (an welcher Stelle genau, entnehmen Sie bitte Abbildung 17.38):

```
if (index > 1) {
Ypos;
} else {
Ypos = position[1];
}
```

Else ist nicht nur ein typischer Name für eine Großmutter, im Skript könnte man `else` mit »sonst« übersetzen. Die eingetippten neuen Zeilen lesen sich übersetzt: **Wenn** die aktuelle Ebenennummer größer ist als eins, **dann** führe das aus, was bei `Ypos` definiert wurde, `else`, nein, **ansonsten** setze `Ypos` gleich der Y-Position der aktuellen Ebene. Prima! Jetzt wird es eine richtig klasse DNS.

```
ebene = index -1;
if (ebene < 1) {
ebene = 1;
}
Yauslesen = thisComp.layer(ebene).position[1];
hoehe = height + thisComp.layer("Einstellebene").effect("Einstellungen für Schieberegler")
("Schieberegler");
Ypos = Yauslesen + hoehe;
if (index > 1) {
Ypos;
} else {
Ypos = position[1];
}
[position[0], Ypos, position[2]]
```

**Abbildung 17.38** ►
Damit die erste Textzeile später nicht wandert, sondern fixiert bleibt, bestimmt eine `if-else`-Bedingung, dass die Ebenen erst ab Ebenennummer 2 versetzt werden.

**Effekteinstellungen-Fenster**
Effekte für Expressions werden wie andere Effekte auch im Effektfenster angezeigt. Wenn Ihnen die Listen in der Zeitleiste zu lang werden, können Sie auch dort Einstellungen vornehmen. Auch das Gummiband können Sie bis ins Effektfenster auf eine Eigenschaft ziehen.

## 8 Noch ein paar Regler

Noch ein bisschen Arbeit, dann kommen wir zum Vergnügen an der Sache. Um die später duplizierten Textzeilen in sich verdrehen zu können, benötigen wir noch ein paar Regler.

Markieren Sie die »Einstellebene«, und wählen Sie dann dreimal den Weg EFFEKTE • EINSTELLUNGEN FÜR EXPRESSIONS • EINSTELLUNGEN FÜR WINKEL. Markieren Sie den ersten der drei Effekte in der Zeitleiste, drücken Sie dann die Taste [↵] – diesmal im Haupttastaturfeld, nicht im Ziffernblock. Tippen Sie den Namen »x-drehung« in das Feld ein, und bestätigen Sie wieder mit [↵]. Verfahren Sie genauso mit den beiden anderen Effekten, und benennen Sie sie mit »y-drehung« und mit »z-drehung«. Klappen Sie die Effekte auf, so dass jeweils das Wort »Winkel« sichtbar wird.

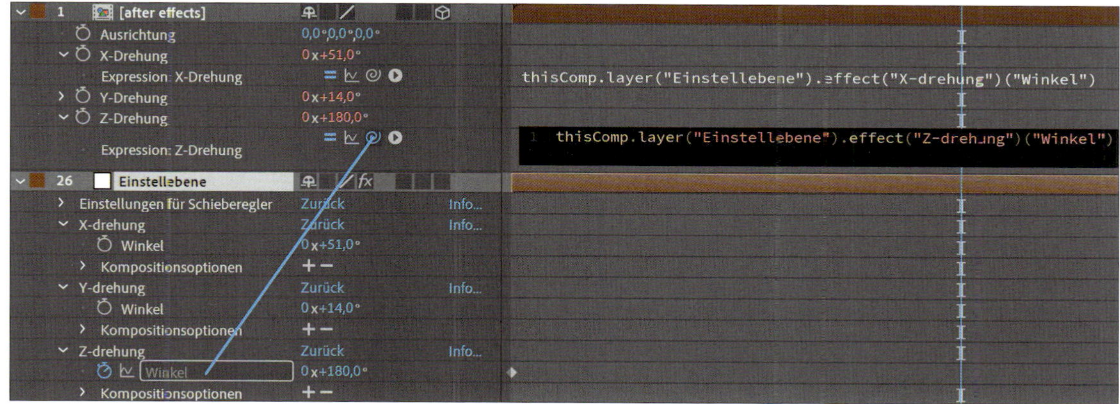


▲ **Abbildung 17.39**
Über die Einstellungen für Winkel verdrehen Sie die Textzeilen in sich.

Markieren Sie nun die Ebene »after effects«, und drücken Sie die Taste R zum Einblenden der Drehungseigenschaften. Fügen Sie mit der Alt-Taste der X- und der Z-Drehung jeweils eine Expression hinzu. Markieren Sie den jeweiligen Expression-Text, und ziehen Sie dann das Gummiband auf das Wort Winkel des entsprechenden Effekts in der »Einstellebene« – also für X-Drehung auf den Schieberegler »x-drehung« etc. Bestätigen Sie jeweils mit ↵ im Ziffernblock. Sie sind fast fertig – fast.

### 9 Y-Drehung

Sie werden sehen, diese Expression lohnt sich ganz besonders. Fügen Sie der Eigenschaft Y-Drehung der Ebene »after effects« eine Expression hinzu. Tippen Sie folgenden Code in das Expression-Feld:

```
ebene = index - 1;
if (ebene < 1) {
ebene = 1;
}
winkel = thisComp.layer(ebene).rotationY;
drehung = winkel+
```

Lassen Sie den Cursor hinter dem + verweilen, und ziehen Sie dann noch einmal das Gummiband auf das Wort Winkel im Effekt Y-Drehung der »Einstellebene«. Das Ergebnis sehen Sie in Abbildung 17.40.

Es wird wieder die Ebenennummer der nächstniedrigeren Ebene in der Variablen `ebene` zwischengespeichert. In der Variablen `winkel` wird dann der Wert der Y-DREHUNG dieser Ebene zwischengespeichert. Anschließend werden dieser Drehungswert und der Wert des Schiebereglers addiert, und in der Variablen `drehung` steht dann das Ergebnis dieser Operation. Jede neue Ebene wird gegenüber der vorigen Ebene um diesen Betrag versetzt.

Aber genug der langen Erläuterung. Die Wirkung wird nach dem Duplizieren der Ebene »after effects« erfahrbar.

**Abbildung 17.40 ▼**
Für die Y-DREHUNG programmieren wir einen Versatz zwischen den einzelnen Duplikaten der Ebenen.

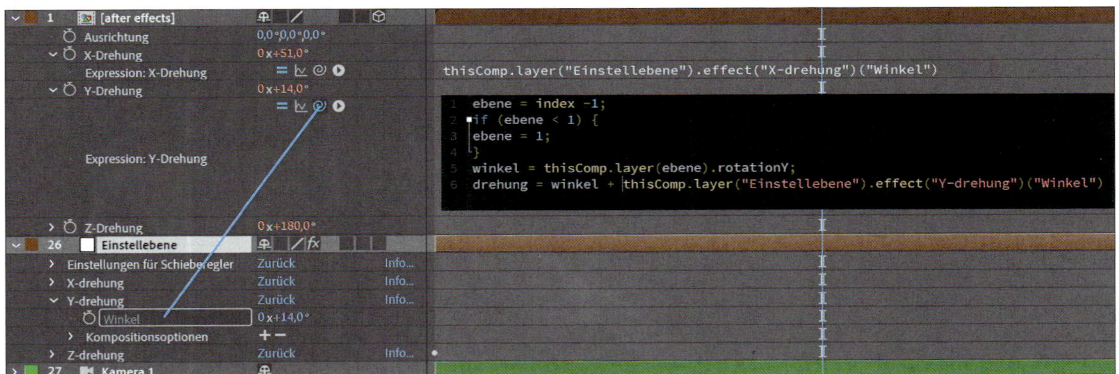


**Abbildung 17.41 ▼**
Durch die Winkelveränderungen mit den Schiebereglern ergeben sich vielfältige Formen.

### 10 Duplikate, zum Dritten

Duplizieren Sie die Ebene mindestens zehnmal. Und jetzt: Viel Spaß! Ziehen Sie an den Werten der Regler, um die Abstände und Winkel der einzelnen Textzeilen zu ändern.

**▲ Abbildung 17.42**
Noch ein paar Beispiele

Sie können für die Regler natürlich auch Keyframes setzen. Auch die Kameraposition können Sie animieren. Alles in allem ergeben sich fast süchtig machende Möglichkeiten. Zwei gerenderte Beispiele finden Sie in den Beispielmaterialien zum Buch im 17_EXPRESSION-

Ordner. Sie heißen »Dns1« und »Dns2«. Allerdings wurde hier noch etwas mehr getrickst. Eine Komposition dazu finden Sie im Projekt »expressions_fertig.aep«; sie heißt »dns2«. Die Komposition zur Übung heißt »dns1« und befindet sich im gleichen Projekt.

Ich könnte mir vorstellen, dass Sie nun eine Menge Zeit damit verbringen werden, die Möglichkeiten auszuprobieren. Ich konnte jedenfalls nicht gleich damit aufhören.

### 17.4.3 Expression-Editor

Der Expression-Editor ist als Teil des Diagrammeditors in After Effects enthalten. Bei Expressions, die aus mehreren Zeilen bestehen, ist die Arbeit darin etwas übersichtlicher.

**Externer Editor**
Expressions können Sie ebenfalls mit einem externen Editor erzeugen und anschließend ins Expression-Feld kopieren.

Sie blenden den Diagrammeditor über den Button ❶ ein. Über den Button Diagrammtyp ❸ wählen Sie aus dem Einblendmenü den Eintrag Expression-Editor anzeigen. Wenn Sie anschließend eine Eigenschaft anklicken, die eine Expression enthält, wird diese im Expression-Feld ❷ angezeigt, das sich unterhalb der Werte- bzw. Geschwindigkeitskurven im Diagrammeditor befindet. Sie können das Feld am oberen Rand erweitern und verkleinern.

Um Expressions anderer Eigenschaften anzuzeigen, wählen Sie diese nacheinander aus. Es wird der jeweilige Programmcode eingeblendet. Das Schreiben von Expressions im Editor unterscheidet sich nicht von der in diesem Kapitel beschriebenen Art und Weise.

**▼ Abbildung 17.43**
Ein etwas bequemeres Arbeiten ermöglicht – besonders bei langen Expressions – der Expression-Editor, der im Diagrammeditor enthalten ist.

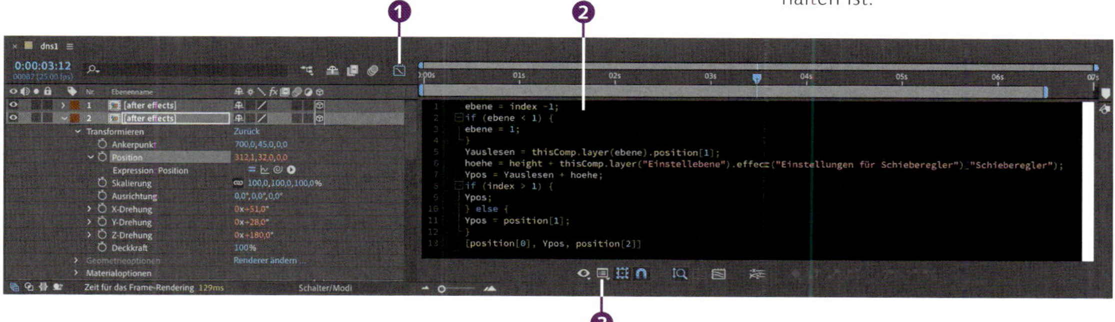


### 17.4.4 Audiospuren für Expressions nutzen

After Effects hält schon lange die Möglichkeit bereit, Audioinformationen in Keyframes zu konvertieren. Wählen Sie dazu Animation • Keyframe-Assistent • Audio in Keyframes konvertieren.

**Audioamplitude glätten**
Wurde die Audioamplitude für die Animation anderer Eigenschaften verwendet, wirken diese oft recht stark verwackelt. Verwenden Sie die Palette unter Fenster • Glätten, um die Keyframes der Audioamplitude zu glätten und so weichere Animationen zu erhalten.

After Effects generiert daraufhin aus allen in der Komposition enthaltenen Audioebenen eine Ebene mit dem Namen »Audioamplitude«. Darin befinden sich drei Schieberegler für den linken, den rechten und für beide Audiokanäle. Zwei Beispiele, die zeigen, wie Sie die Keyframes der Audioamplitude für die Animation anderer Eigenschaften auswerten können, befinden sich im Projekt »expressions_fertig.aep« in den Kompositionen »audioInKeys1« und »audioInKeys2«. Den Verlauf einer mit Expressions erzeugten Animation blenden Sie, nachdem Sie den Diagrammeditor geöffnet haben, über den Button KURVE NACH EXPRESSION ANZEIGEN ❶ ein. Dies sehen Sie besonders gut, wenn Sie mit einer Expression die Audiodaten einer Ebene auslesen.

**Abbildung 17.44 ▼**
Die Audioinformation von Soundebenen werten Sie über den Keyframe-Assistenten AUDIO IN KEYFRAMES KONVERTIEREN für die Animation mit Expressions aus.

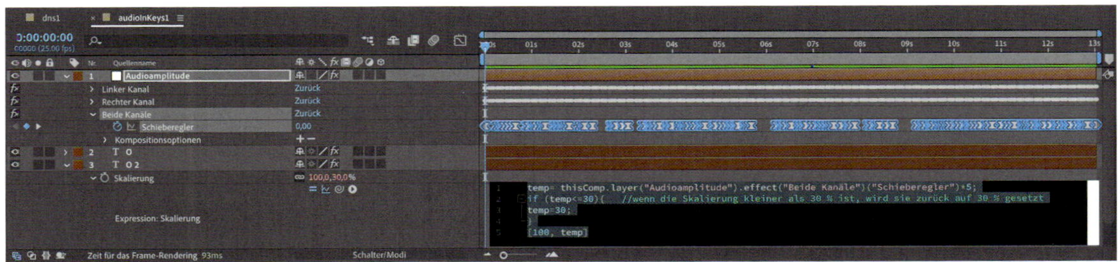

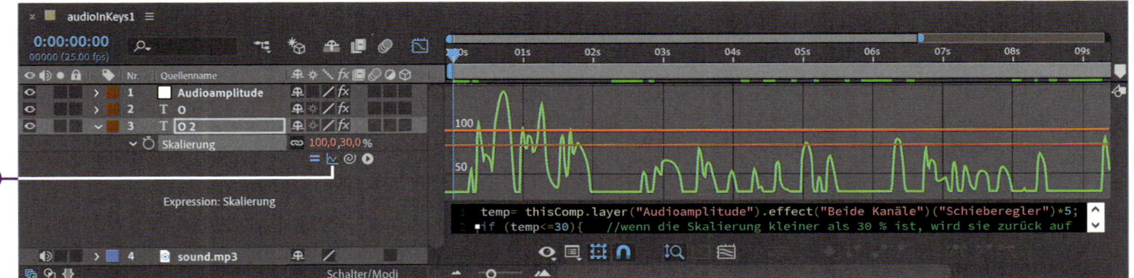


**▲ Abbildung 17.45**
Hier werden Audiodaten von einer Expression ausgelesen und für die Eigenschaft SKALIERUNG verwendet. Der Verlauf der Animation lässt sich im Diagrammeditor einblenden.

## 17.4.5 Expressions dauerhaft sichern

Expressions lassen sich nur auf einem kleinen Umweg vom Projekt getrennt dauerhaft sichern. Eine Methode dabei ist, die Expression insgesamt auszuwählen, dann in einen Texteditor zu übertragen und das Dokument abzuspeichern. Eine andere Methode wäre, die Expression zu kopieren und dann in einen Effekt wie z. B. den Effekt EINSTELLUNGEN FÜR SCHIEBEREGLER (im Menü unter EINSTELLUNGEN FÜR EXPRESSIONS) einzufügen. Anschließend können Sie den Effekt als Animationsvorgabe mitsamt der Expression dauerhaft sichern. Öffnen Sie dazu den Effekt mit F3 im Effektfenster, und markieren Sie den Namen des Effekts. Wählen Sie dann ANIMATION • ANIMATIONSVORGABE SPEICHERN.

Um den Effekt mitsamt Expression wieder auf eine andere Ebene anzuwenden (dies kann auch in einem anderen Projekt sein), wählen Sie ANIMATION • ANIMATIONSVORGABE ANWENDEN.

Zu beachten ist bei all diesen Möglichkeiten allerdings, dass sich Expressions oft auf ganz bestimmte Eigenschaften in anderen Ebenen beziehen. Diese Ebenen werden natürlich nicht mitkopiert, und so muss dann doch oft das ganze Projekt mit allen seinen internen Beziehungen und Abhängigkeiten gesichert werden. Das A und O ist auch für Expressions wie immer die ».aep«-Datei.

## 17.5 Datengesteuerte Animationen

Bei datengesteuerten Animationen handelt es sich um von außen kommende Daten, die innerhalb von After Effects die dort enthaltenen Inhalte bzw. Werte von Animationsparametern verändern können.

Mit den Daten können beispielsweise Diagramme (Linienchart, Balkendiagramm, Tortendiagramm) gesteuert werden, aber auch visuelle Effekte, Charaktere oder Titelanimationen.

Als Datenquellen kommen hierfür verschiedenste Daten in Frage. Dies können benutzergenerierte statische Daten wie Umfrageergebnisse sein, aber auch gerätegenerierte Daten (z. B. vom Fitnesstracker, der die Herzfrequenz, Geschwindigkeit, Höhe, Entfernung etc. mittels Sensoren aufzeichnet). Auch Echtzeitdaten von Websites wie Einstiegs- und Ausstiegspfade von Benutzern sowie deren Navigationspfade sind verwendbar. Hinzu kommen noch Metadaten, also Daten, die als Metadaten in Videodateien eingebettet sind.

Um die Daten in After Effects importieren und verwenden zu können, müssen sie in einem der folgenden kompatiblen Eingabeformate vorliegen: JSON, MGJSON, CSV, TSV. Alle anderen Datendateien müssen in die angegebenen Formate konvertiert werden.

**Statische und dynamische Daten**
MGJSON (.mgJSON) kann im Gegensatz zu JSON, CSV und TSV dynamische Daten enthalten, also Daten, die sich über die Zeit ändern. Es dient somit dem vereinfachten Importieren und Referenzieren von Datenströmen in After Effects. Alle anderen Formate können hingegen nur mit statischen Daten umgehen.

### 17.5.1 Grundsätzliche Verwendung von JSON-, MGJSON-, CSV- und TSV-Dateien

Der Weg, um in After Effects an Daten aus kompatiblen Dateiformaten zu gelangen, ist bei allen Formaten derselbe:

Sie importieren zunächst die Datei wie übliches Rohmaterial. Anschließend fügen Sie die Datendatei einer Komposition hinzu und erhalten eine Datenebene mit den einzelnen Dateneinträgen. Um einzelne Dateneinträge innerhalb einzelner Eigenschaften oder innerhalb von Skripten zu referenzieren, verwenden Sie Expressions.

Eine Datendatei, die Sie einer Komposition hinzugefügt haben, wird nicht wie sonstige Ebenen mit Transformieren-Eigenschaften in der Ebene angezeigt. Stattdessen sehen Sie die in der Datei enthaltenen Daten. Die Anzeige folgt dabei der in der Datei zuvor definierten Hierarchie.

**Datendatei referenzieren**
Datendateien müssen der Komposition nicht zwingend hinzugefügt werden. Sie können auch mit dem `sourceData`-Attribut auf die importierte Datei zugreifen, z. B. `var quelle = footage("beispiel.json").sourceData;`

Die in After Effects importierte und als Ebene eingefügte Datendatei bleibt mit der ursprünglichen Quelldatei dauerhaft verknüpft. Auf die außerhalb von After Effects befindlichen Daten wird via Expression zugegriffen, z. B. `footage("beispiel.json").dataValue([14, 0])`. Aus der Datei »beispiel.json« wird der Datenwert aus der Zeile 15, Spalte 1 herausgelesen (JavaScript-Nummerierungen beginnen immer mit 0 = 1). Jede einzelne Dateneigenschaft verfügt über eine solche Expression und ist darüber mit der Quelldatei verknüpft. Ändern Sie in der Quelldatei die Daten, werden diese daher auch in After Effects aktualisiert.

Im folgenden Workshop können Sie sich ein praktisches Bild von der Arbeit mit datengesteuerten Animationen machen.

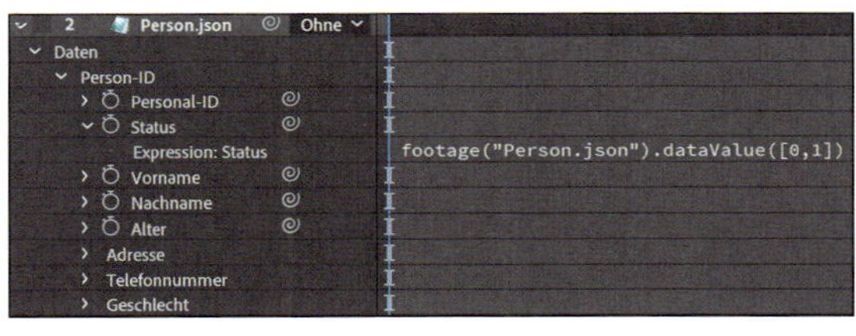


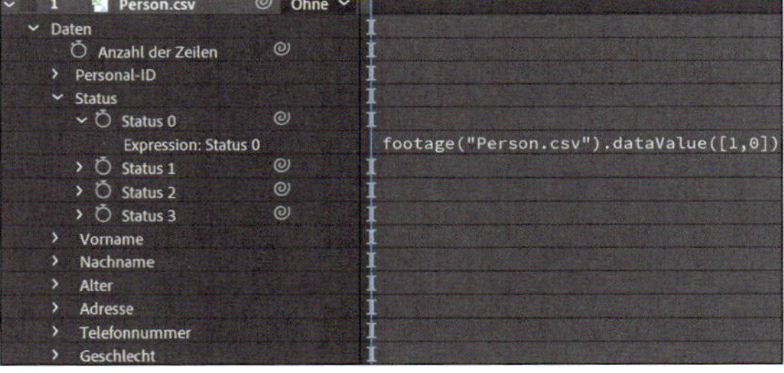


▲ **Abbildung 17.46**
Importierte, als Ebenen verwendete Datendateien enthalten Verknüpfungen zur Quelldatei.

## Schritt für Schritt Datengesteuerter Linienchart

In diesem Workshop lernen Sie, wie Sie mit Daten aus externen Quellen die Inhalte in einem Liniendiagramm ändern.

### 1 Vorbereitung

Die benötigten Dateien für diesen Workshop finden Sie unter BEISPIELMATERIAL/17_EXPRESSIONS.

Für diesen Workshop finden Sie ein vorbereitetes Projekt namens »DatengestuetzteAnimation_Start.aep« im Ordner 17_EXPRESSIONS/DATENGESTUETZTEANIMATION vor. Klicken Sie doppelt auf die Komposition »Liniendiagramm JSON Start«.

In der Komposition befindet sich die fertige Animation eines Liniendiagramms. Anstelle von passenden Überschriften und passenden Skalenwerten etc. finden Sie jedoch nur Platzhalter für die eigentlichen Inhalte vor, denn Überschriften, Einheit, Werte und die Farbe der Linie sollen von außen, durch eine externe Datei, gesteuert werden. In After Effects können Sie dazu die Datenformate JSON, MGJSON, CSV und TSV verwenden. Damit die einzelnen Inhalte auch von außen übertragen werden, muss in der Quelldatei eine Datenstruktur angelegt werden. Für die Kategorien, z. B. »Headline«, legen Sie entsprechende Inhalte wie »Super! – Ein Liniendiagramm« in der Quelldatei an.

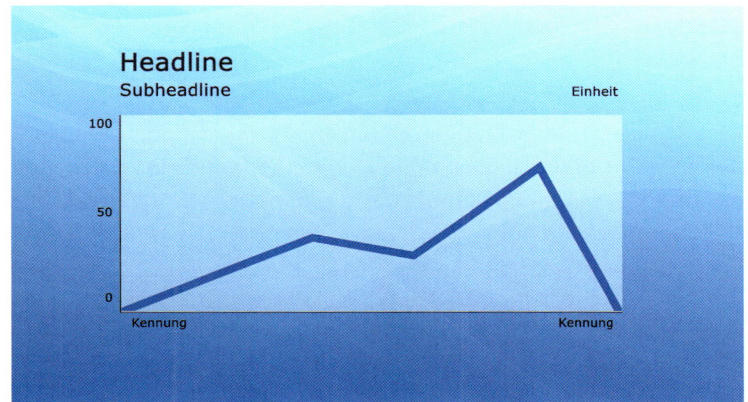


◀ **Abbildung 17.47**
Im vorbereiteten, bereits animierten Linienchart fehlen noch die Inhalte. Es sind nur Platzhalter zu sehen.

### 2 Externe Datendateien richtig editieren

Um externe Datenquellen richtig zu nutzen, müssen Sie die jeweilige Datei entsprechend ihren Spezifikationen editieren.

Für die Verwendung in After Effects gehen Sie bei **CSV-Dateien** wie folgt vor:

Starten Sie Excel, und geben Sie dort in der Spalte 1, Zeile 1 hintereinanderweg alle Kategorien ein, die Sie später in After Effects verändern wollen. Sie können eigene Begriffe definieren. Wichtig ist nur, dass Sie jeden Eintrag mit einem Komma vom nächsten trennen.

In der zweiten Zeile geben Sie dann die Inhalte in der gleichen Reihenfolge ebenfalls mit Komma getrennt ein. In der dritten Zeile folgen alternative weitere Inhalte, immer schön in der Reihenfolge der ersten Zeile. Gibt es keine Inhalte für eine Kategorie, lassen Sie den Inhalt einfach weg und schreiben nur das Komma. Vor dem Speichern löschen Sie alle weiteren Tabellenblätter. Anschließend speichern Sie die Datei. Wählen Sie dazu SPEICHERN UNTER, und suchen Sie in der Formateliste den Eintrag CSV UTF-8 (TRENNZEICHEN-GETRENNT) (*.CSV). Das UTF-8-Format sorgt dafür, dass Umlaute, die Sie im Inhalt verwenden, in After Effects korrekt angezeigt werden. Ein Beispiel finden Sie im Projektordner (Footage-Ordner).

**Ältere Excel-Versionen**
Bietet Ihnen Excel nicht das UTF-8-Format an, öffnen Sie die Datei im Windows-internen Texteditor und wählen dort bei SPEICHERN UNTER die Codierung UTF-8.

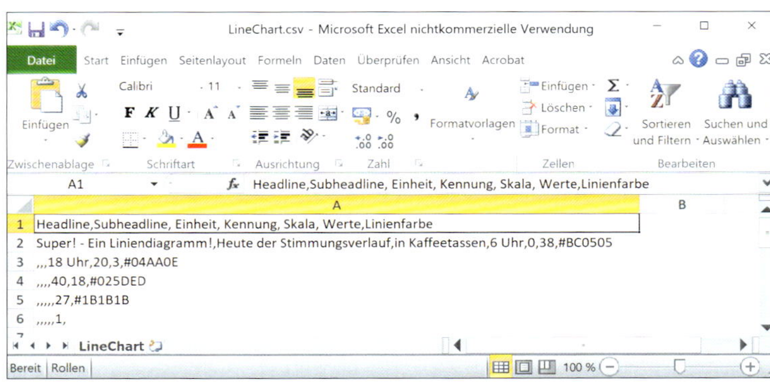


**Abbildung 17.48 ▸**
In Excel geben Sie die Kategorien in der ersten Spalte, Zeile 1 ein. Darunter folgen die Inhalte.

Eine **TSV- bzw. eine TXT-Datei** können Sie einfach mit dem rechnerinternen Editor erzeugen. Auch hier kommen die Kategorien in die erste Zeile und die Inhalte in derselben Reihenfolge in die nächsten Zeilen. Einzelne Einträge trennen Sie dort mit der Taste ⇆ voneinander.

Beim Speichern im TXT-Format müssen Sie darauf achten, dass unter dem Punkt CODIERUNG der Wert UTF-8 eingetragen wurde, damit auch Umlaute richtig an After Effects übermittelt werden.

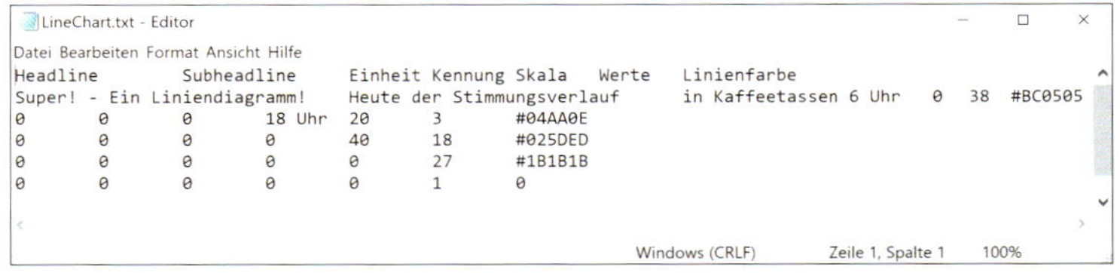


**▴ Abbildung 17.49**
Im rechnerinternen Editor erzeugen Sie dieselbe Struktur wie in Excel. Getrennt werden die Einträge mit der Taste ⇆.

Um eine **JSON-Datei** zu erzeugen, benötigen Sie einen etwas besseren Editor. Es reicht aber schon ein kostenloses Programm wie Notepad++.

Für JSON-Dateien müssen Sie sich zwingend an die JSON-Spezifikationen halten. After Effects ist überaus streng beim Import und duldet keinen Fehler! Sollten Sie beim Import eine Fehlermeldung erhalten, bedeutet dies nicht, dass Sie einen falschen Editor benutzen, sondern kleinste Syntaxfehler können sie erzeugen. Zum Glück ist die erforderliche Syntax gut dokumentiert!

Das Schöne an einer JSON-Datei ist, dass sie so übersichtlich ist. Im abgebildeten Beispiel sehen Sie eine Ansammlung von Objekten – in dem Fall unseren Kategorien –, denen einzelne Werte zugeordnet sind, z. B. »Super! – Ein Liniendiagramm«. Bei anderen Objekten findet sich eine Reihe von Werten innerhalb eckiger Klam-

**Hilfe! – JSON**
Eine gute Hilfe bei der Arbeit mit JSON bietet beispielsweise die Website *www.w3schools.com*.

mern, also in einem Array. Dies ist bei »Kennung«, »Skala«, »Werte« und »Farben« der Fall. Gespeichert wird die Datei im Format ».json«. Wichtig ist auch hier, dass mit UTF-8-Codierung gespeichert wird.

**Unterstützung für JSON (.json)**
Von After Effects unterstützte Datentypen sind:

- **Zahl:** eine Dezimalzahl mit Vorzeichen
- **Zeichenfolge:** Folge aus null oder mehr Unicode-Zeichen
- **Boolescher Wert:** Einer der Werte »true« oder »false«.
- **Array:** eine geordnete Liste von null oder mehr Werten
- **Objekt:** ungeordnete Sammlung von Namen- und Wertpaaren. Namen sind hierbei (Schlüssel-)Zeichenfolgen.
- **Null:** ist ein leerer Wert, für den das Wort »null« angegeben ist.

D:\After Effects Book\After Effects CC 2015\AECC_BeispielmaterialNeu\17_Expressions\Date...

File Edit Search View Encoding Language Settings Tools Macro Run Plugins Window ?

LineChart.json

```
{
    "LineChart":
        {
            "Headline": "Super! - Ein Liniendiagramm",
            "Subheadline": "Heute der Stimmungsverlauf",
            "Einheit": "in Kaffeetassen",
            "Kennung": ["6 Uhr", "18 Uhr"],
            "Skala": ["0", "20", "40"],
            "Werte": [30, 3, 18, 27, 1],
            "Farben": ["#BC0505", "#04AA0E", "#025DED", "#1B1B1B"]
        }
}
```

ength : 324 lines : 13 Ln : 1 Col : 1 Sel : 0 | 0 Windows (CR LF) UTF-8 IN

▲ **Abbildung 17.50**
Sehr übersichtlich! Die JSON-Datei, mit Objekten und zugehörigen Werten.

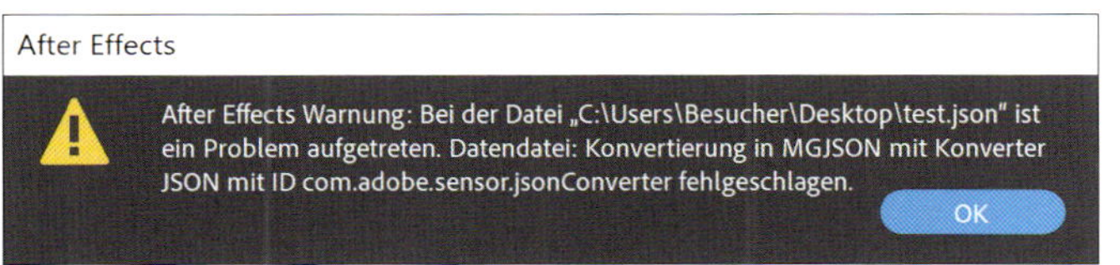


◀ **Abbildung 17.51**
Fehlermeldung bei falscher Syntax in der JSON-Datei

## 3 Datendatei importieren und verstehen

Aus dem Übungsordner DatengestuetzteAnimation/Footage importieren Sie die Datei »LineChart.json«. Um die Datei nun als Datenquelle in der Animation zu verwenden, ziehen Sie sie wie sonstiges Rohmaterial in die Zeitleiste der Komposition.

Klicken Sie anschließend auf das Häkchen ❶ (Abbildung 17.52) und die Häkchen bei Daten und LineChart. Hier finden Sie sämtliche vorher geschriebenen Kategorien säuberlich aufgelistet. Klicken Sie auch auf die Häkchen bei Kennung, Skala, Werte und Farben, werden dort auch die Inhalte angezeigt. Wenn Sie auch noch auf die Häkchen dieser Inhalte klicken, z. B. bei Skala ❷, können Sie anhand der dort vorhandenen Expression ❸ erkennen, woher die Daten kommen.

Für die Kategorie »Skala« lässt sich die Expression `footage("LineChart.json").dataValue([0,4,0])` so übersetzen: Der übertragene Wert stammt aus der Datei »LineChart.json«. Darin ist es der Wert aus dem ersten Objekt `[0]`, seinem fünften Unterobjekt `[4]` und dort dann dessen erster Wert `[0]`. Da JavaScript intern bei der Nummerierung immer mit dem Element 0 beginnt, steht die Null hier für das erste Objekt bzw. den ersten Wert.

**Abbildung 17.52** ►
Nach dem Hinzufügen der JSON-Datei zur Komposition zeigen sich auch in After Effects die Daten.

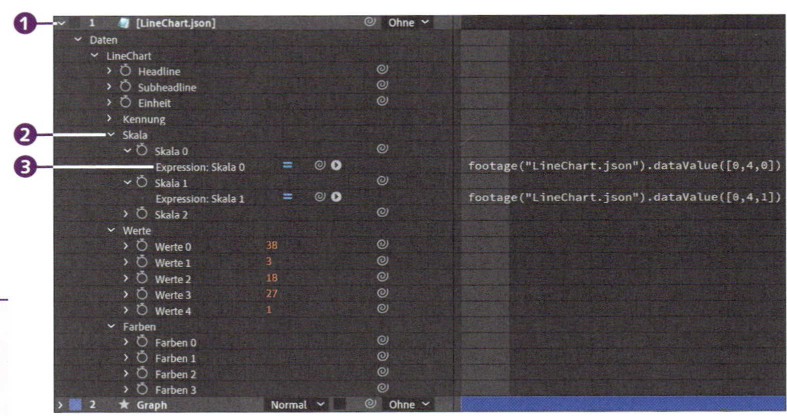

**Verknüpfungsalternative**
Eigenschaften mit Daten verknüpfen können Sie auch über diesen Weg: Auf den Dateneintrag der Datenebene klicken und BEARBEITEN • MIT EIGENSCHAFTSVERKNÜPFUNGEN KOPIEREN wählen. Anschließend fügen Sie die Verknüpfung einer ausgewählten Eigenschaft mit BEARBEITEN • EINFÜGEN hinzu.

### 4 Datenquelle verknüpfen

Um die importierten Daten für die Einzelelemente der Animation verwendbar zu machen, müssen sie mit diesen verknüpft werden.

Gehen Sie dazu zunächst für die Ebene »Skala 1« wie folgt vor: Öffnen Sie die Eigenschaft QUELLTEXT ❹ der Ebene, und ziehen Sie dann das Gummiband ❺ auf den Eintrag SKALA 0 in der Datenebene. Eine passende Expression für die Eigenschaft QUELLTEXT generiert After Effects automatisch.

Verfahren Sie ebenso mit den Quelltext-Werten für »Skala 2«, »Skala 3«, »Kennung 1«, »Kennung 2«, »Einheit«, »Headline« und »Subheadline«.

**Abbildung 17.53** ▼
Einzelne Eigenschaften werden mit der Datenquelle per Gummiband und nachfolgender Expression verknüpft.

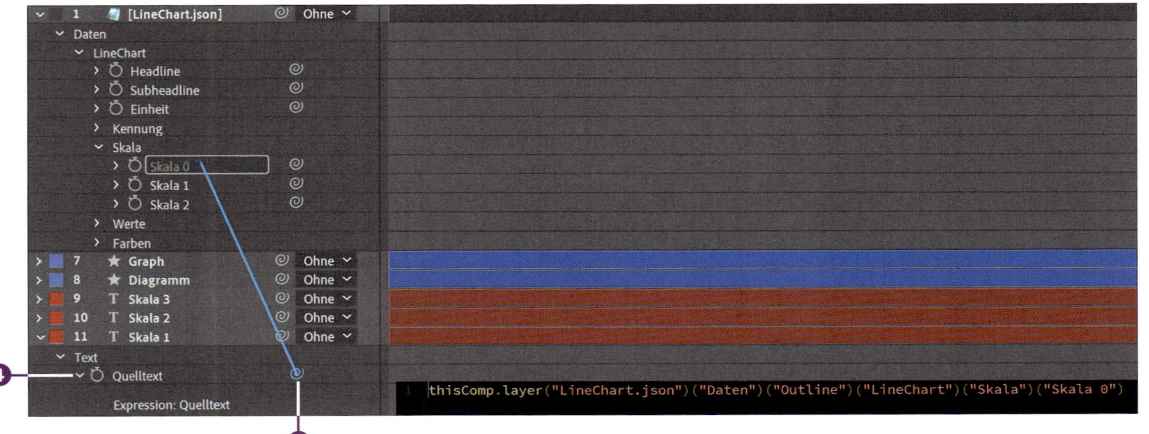

### 5 Create Nulls From Paths.jsx

Was soll diese merkwürdige Überschrift? Sie weist auf ein sehr nützliches Skript hin, das wir benötigen, um die einzelnen Punkte in unserem Linienchart zu steuern. Um zu verstehen, was damit gemeint ist, öffnen Sie die Ebene »Graph« und dort den Eintrag INHALT und PFAD. Klicken Sie auf die Eigenschaft PFAD ❻. In der Komposition werden nun die einzelnen Pfadpunkte fett dargestellt, und genau diese sollen per Datenquelle von außen gesteuert werden. Aber die Punkte verfügen über keine eigenen Positionswerte! Tja. Und nun? Wie steuern wir sie nun? Halten Sie den Pfad markiert, und wählen Sie dann FENSTER • CREATE NULLS FROM PATHS.JSX. In dem sich öffnenden Fenster klicken Sie auf PUNKTE FOLGEN NULLEBENEN. Sie erhalten ein langes Skript in der Eigenschaft PFAD und für jeden Pfadpunkt eine neue Ebene. Jede dieser Ebenen ist ein Nullobjekt mit den bekannten Transformationseigenschaften, eben auch der Eigenschaft POSITION. Wenn Sie nun die Position des jeweiligen Nullobjekts ändern, ändert sich dementsprechend auch der Linienchart. Jetzt lässt sich der Pfad vielleicht doch steuern …

**Maskenpfade auch?**
Ja! Create Nulls from Paths ist auch für Maskenpfade verfügbar!

**Fehler vermeiden**
Wenn Sie Nullebenen aus Punkten erzeugen, müssen Sie zwingend immer die Pfadeigenschaft in der Ebene markieren, sonst droht eine Fehlermeldung.

**Nur Bézierpfade**
Geschlossene Pfade, z. B. Rechteck oder Stern, müssen Sie zunächst in einen Bézierpfad umwandeln, damit Nullebenen aus den Pfadpunkten generiert werden können. Klicken Sie dazu mit der rechten Maustaste auf den Pfadeintrag (z. B. RECHTECKPFAD, STERNENGRUPPE-PFAD), und wählen Sie IN BÉZIER-PFAD UMWANDELN.

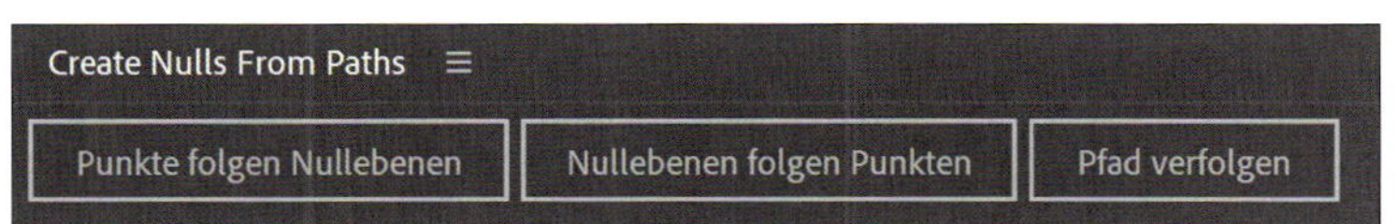


▲ **Abbildung 17.54**
Mit der Funktion PUNKTE FOLGEN NULLEBENEN erzeugen Sie Nullebenen, welche die Pfadpunkte steuerbar machen.

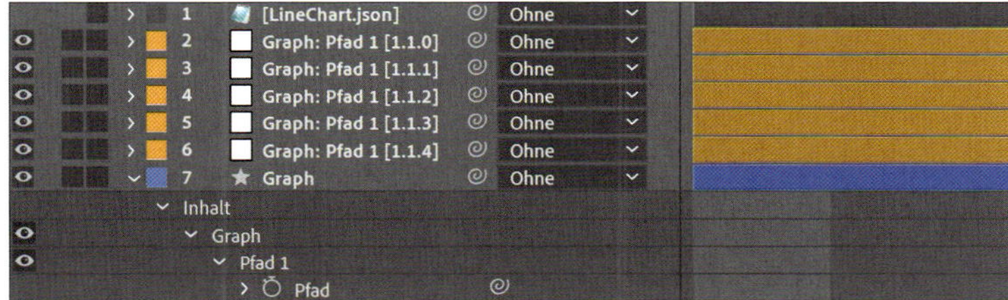


◄ **Abbildung 17.55**
Für jeden Pfadpunkt wird eine eigene Nullebene erzeugt.

## 6 Werte mit dem Linienchart verknüpfen

Jede der Nullebenen verknüpfen wir nun mit einem Wert der Datenebene. Dazu öffnen Sie die Eigenschaft POSITION ❻ der Ebene »Graph: Pfad 1 [1.1.0]« und ziehen das dortige Gummiband ❼ auf den Eintrag WERTE 0. Sie erhalten folgende Expression in der Positionseigenschaft:

```
temp = thisComp.layer("LineChart.json")("Daten")("Outline")("LineChart")("Werte")("Werte 0");
[temp, temp].
```

▼ **Abbildung 17.56**
Per Gummiband verknüpfen Sie die Werte der Positionseigenschaft mit der Datenebene.

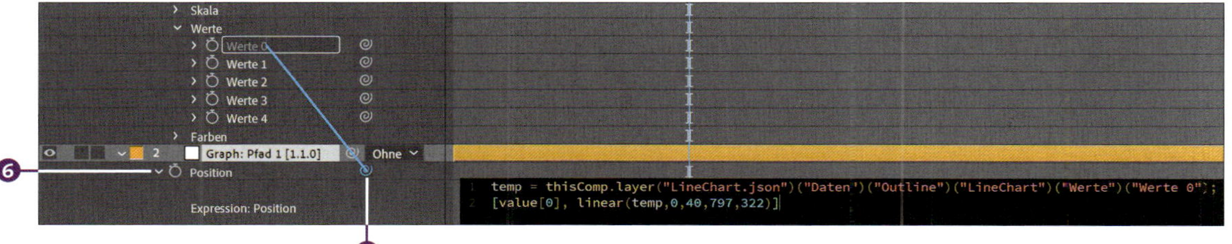

Damit die Expression so funktioniert, wie sie soll, muss sie modifiziert werden. Statt `[temp, temp]` schreiben wir in der letzten Zeile `[value[0], linear(temp,0,40,797,322)]`. Mit `value[0]` bleibt der x-Wert der Position unverändert. Für den y-Wert verwenden wir eine Interpolationsmethode, die den aus der Datenquelle ankommenden Wert auf einen y-Positionswert in unserer Komposition umrechnet.

Dazu nutzen wir die Methode `linear(t, tMin, tMax, value1, value2)`. Anstelle von `t` setzen wir `temp` (die Variable, die den ankommenden Wert enthält), für `tMin` und `tMax` setzen wir 0 und 40 (den gewünschten Wertebereich des Diagramms), und für `value1` und `value2` setzen wir die tatsächlichen minimalen und maximalen y-Positionswerte aus der Komposition ein. Hierzu können Sie Hilfslinien verwenden und deren Position im Info-Fenster ablesen.

Haben Sie die Expression dahingehend modifiziert, kopieren Sie die gesamte Expression und fügen sie in den verbliebenen vier Nullebenen in die dortigen Positionseigenschaften ein. Anschließend passen Sie noch in jeder Ebene folgende Zeile an: `thisComp.layer("LineChart.json")("Daten")("Outline")("LineChart")("Werte")("Werte 0")`. Den Eintrag `("Werte 0")` ändern Sie in eine fortlaufende Nummerierung, also `("Werte 0")`,`("Werte 1")` etc.

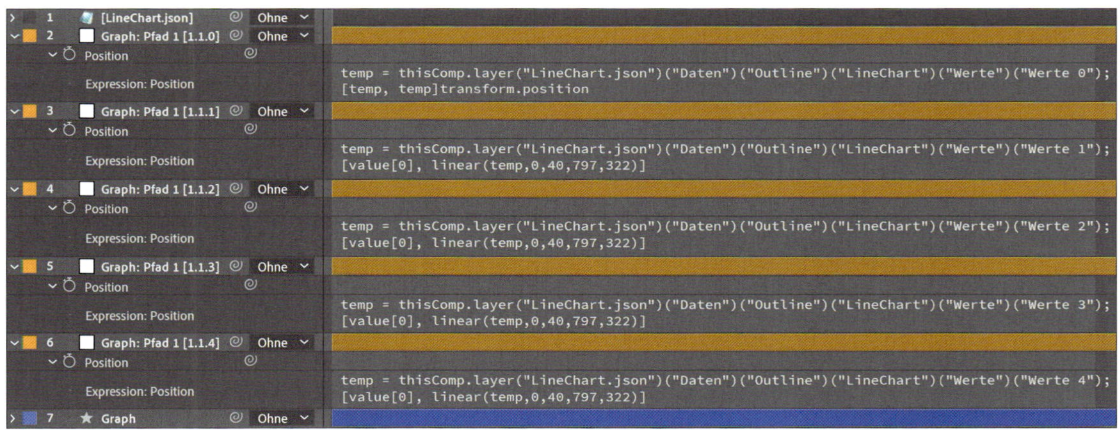


**Abbildung 17.57 ▼**
Die modifizierte Expression wird in alle Nullebenen eingefügt, und dort wird die Nummerierung angepasst.

### 7 Farbe des Liniencharts aus der Datenquelle

In der importierten JSON-Datei sind auch vier Farbwerte enthalten. Einen davon nutzen wir für die Einfärbung des Liniencharts.

Die Farbwerte in der JSON-Datei sind hexadezimal codiert und müssen für After Effects in RGB-Werte umgewandelt werden.

Um dies zu erreichen, fügen Sie in der Ebene »Graph« unter Kontur und weiter unter Farbe eine Expression hinzu, indem Sie mit gedrückter Taste `Alt` auf die Stoppuhr des Eintrags FARBE klicken.

Ersetzen Sie die automatisch generierte Expression mit der Zeile `hexToRgb();`. Platzieren Sie den Cursor innerhalb der Klammer, und ziehen Sie dann das Gummiband ❶ auf FARBEN 0 der Datenebene. Sie erhalten: `hexToRgb(thisComp.layer("LineChart.json")("Daten")("Outline")("LineChart")("Farben")("Farben 0"))`. Noch wird die Farbe jedoch nicht erkannt, da es sich bei dem ankommenden Wert noch nicht um einen String handelt. Fügen Sie also noch am Ende `.toString()` hinzu: `hexToRgb(thisComp.layer("LineChart.json")("Daten")("Outline")("LineChart")("Farben")("Farben 0").toString())`.

Der hexadezimale Farbwert wird nun korrekt dargestellt.

▼ **Abbildung 17.58**
Mit dem Gummiband wird der hexadezimal codierte Farbwert aus der Datenebene verknüpft.

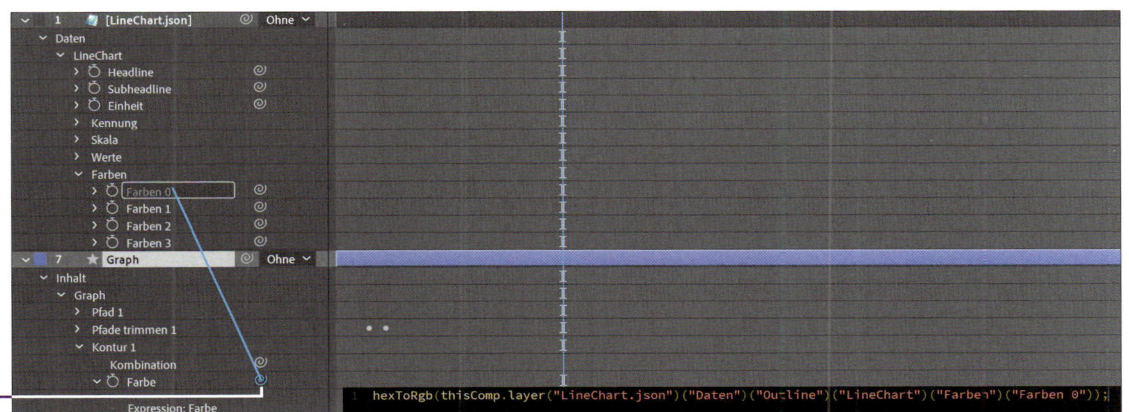


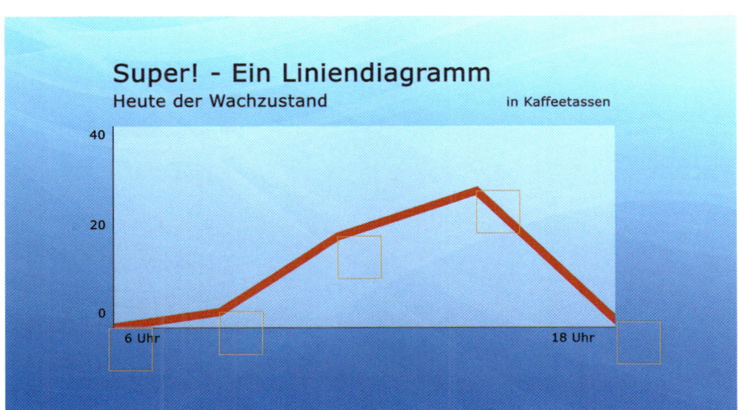


◀ **Abbildung 17.59**
Alle Daten sind korrekt im Linienchart angekommen und können jederzeit aktualisiert werden.

### 8 Und nun das Vergnügen!

Wenn der Motor funktioniert, läuft die Reise wie geschmiert. Haben Sie im Workshop alles fehlerfrei umgesetzt, dann können Sie jetzt nach Herzenslust die Daten in der externen Datei ändern. In

**Weitere Informationen**
Den hier bearbeiteten Linienchart können Sie im Bedienfeld ESSENTIAL GRAPHICS für Premiere Pro exportieren und dort editierbar machen. Mehr dazu im Abschnitt 17.6.2, »Essential Graphics und datenbasierte Animationsvorlagen«.

After Effects wird die Änderung sofort nach dem Speichern übernommen.

### 17.5.2 Create Nulls from Paths – weitere Möglichkeiten

Im vorangegangenen Workshop haben Sie bereits gesehen, wie ein Linienchart sich mittels der Funktion Create Nulls from Paths steuern lässt.

Weitere Möglichkeiten bergen die Optionen NULLEBENEN FOLGEN PUNKTEN und PFAD VERFOLGEN.

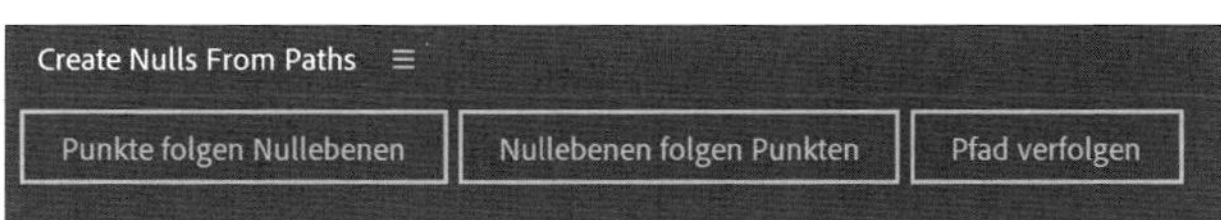


**Abbildung 17.60** ▸
CREATE NULLS FROM PATHS bietet drei tolle Optionen!

#### Nullebenen folgen Punkten

Wenden Sie diese Option auf einen Pfad an, den Sie in der Zeitleiste markiert haben, erhalten Sie für jeden einzelnen Pfadpunkt eine Nullebene. Allerdings steuert nicht die Nullebene den Pfadpunkt, sondern umgekehrt der Pfadpunkt steuert die Nullebene.

Sie können also den Pfad animieren, und die Nullebenen bewegen sich dann synchron dazu. Die Eigenschaften der Nullebenen können Sie nun wiederum mit Eigenschaften anderer Ebenen oder von Effekten verknüpfen.

**Beispielprojekt**
Im Ordner 17_EXPRESSIONS finden Sie das Projekt namens »CreateNullsFromPaths« mit zwei Beispielkompositionen. Einmal folgen Blendenflecke einem animierten Pfad, einmal verfolgt ein Partikeleffekt die Pfadform.
In Abschnitt 11.3.8, »Maskeneigenschaften animieren«, finden Sie alle Informationen rund um das Animieren von Maskenpfaden.

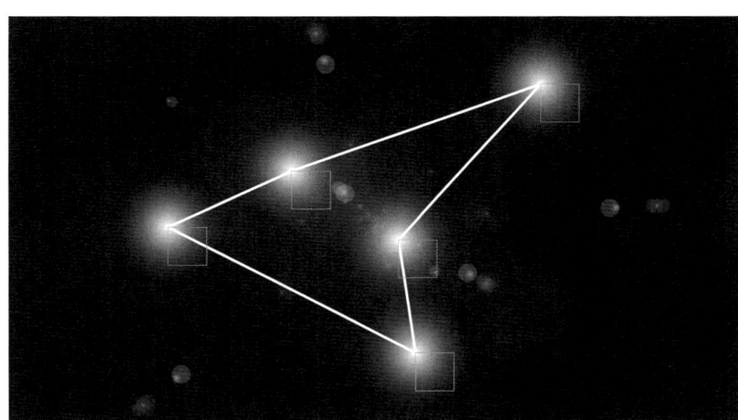

**Abbildung 17.61** ▸
Hier sind Blendenflecke per Expressions mit je einer Nullebene verknüpft, die jeweils einem Pfadpunkt folgt.

#### Pfad verfolgen

Wenn Sie diese Option wählen, wird ein Nullobjekt erstellt, das unablässig den Pfad im Loop umrundet, wenn es ein geschlossener Pfad ist. Bei Linien springt das Nullobjekt ständig an den Anfang der Linie und verfolgt diese dann wieder.

Das Schöne daran ist, dass auch animierte Pfade weiterhin vom Nullobjekt verfolgt werden. So lassen sich komplexe Animationen erzeugen. Auch hier verknüpfen Sie Eigenschaften des Nullobjekts mit Eigenschaften von Ebenen oder Effekten, um z. B. einen funkensprühenden Emitter an einer Kontur entlangfahren zu lassen.

Die Zeitdauer des Loops stellen Sie über den Abstand der Keyframes bei STATUS ❶ ein.

**Loop stoppen**

Möchten Sie den Loop nur ein einziges Mal haben, klicken Sie in der Nullebene auf den Eintrag EIN ❷ bei SCHLEIFE und schalten ihn aus.

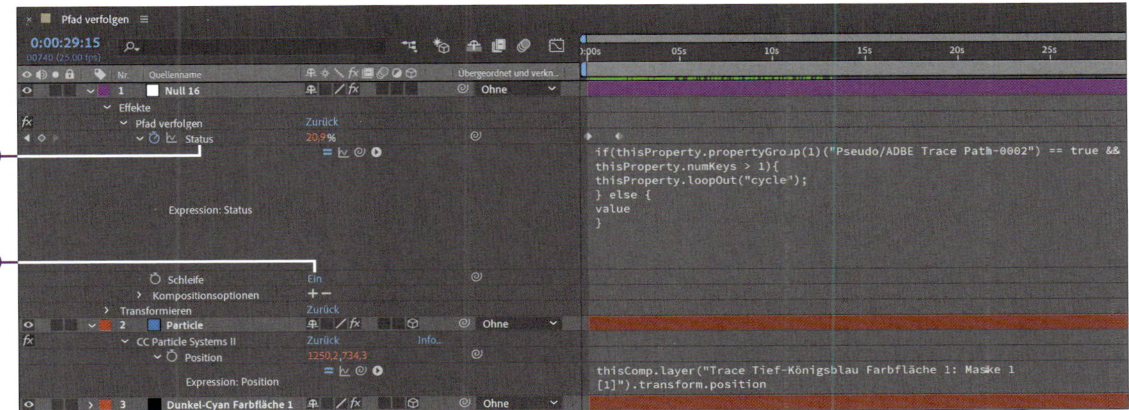


▲ **Abbildung 17.62**
Die Option PFAD FOLGEN erzeugt ein Nullobjekt, das den Pfad im Loop umrundet.

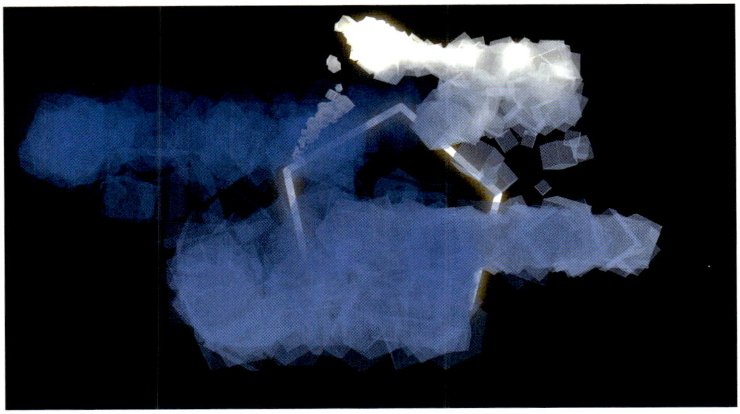

◀ **Abbildung 17.63**
Mit dem Nullobjekt habe ich hier den Effekt CC PARTICLE SYSTEMS II verknüpft.

### Auf Pfadpunkte von Formen, Masken und Pinselstrichen über Expressions zugreifen

In After Effects können Sie auf Pfadpunkte von Formpfaden, Maskenpfaden und Pinselstrichen des Effekts MALEN sowie ROTOPINSEL und KANTENVERFEINERUNG zugreifen. Beim Verwenden des Gummibands wird immer die richtige Expression im auslesenden Element geschaffen. Ziehen Sie z. B. das Gummiband von der Eigenschaft POSITION einer Nullebene auf die Eigenschaft PFAD einer Form- oder Maskenebene oder des Effekts MALEN, so entsteht in der Eigenschaft POSITION die passende Expression.

> **Beispielprojekt**
> Im Ordner 17_EXPRESSIONS finden Sie das Projekt »Pfadpunkte-Auslesen.aep«. Hier können Sie studieren, wie Sie die Optionen des Bedienfelds CREATE NULLS FROM PATHS auch manuell selbst mit Expressions erstellen können.

Im Expression-Sprachmenü finden Sie unter dem Punkt PATH PROPERTY eine Liste mit Methoden, um Pfadpunkte auszulesen, Pfadpunkte und Tangentenpaare zu erstellen und festzulegen, ob der Pfad geschlossen oder offen sein soll.

In der Abbildung sehen Sie ein Beispiel für das Auslesen eines Maskenpfads, dessen Werte in der Variablen PFADPUNKTE weitergegeben werden. Mit der Methode POINTONPATH() wird ein Punkt auf dem Maskenpfad bestimmt, dessen Position auf dem Pfad mittels dieser Methode als Prozentwert zwischen 0 und 1 festgelegt wird. Dabei bezeichnet 0 % den Startpunkt des Pfads und 100 % den Endpunkt. Der Schieberegler dient dazu, den Prozentwert dynamisch zu verändern. Wird also der Wert des Schiebereglers verändert, ändert sich auch der Prozentwert und somit die Position des Nullobjekts auf dem Pfad.

**Abbildung 17.64** ▼
Aus dem Beispielprojekt: Eine Nullebene und eine damit verbundene Kreisform folgen dem Maskenpfad.

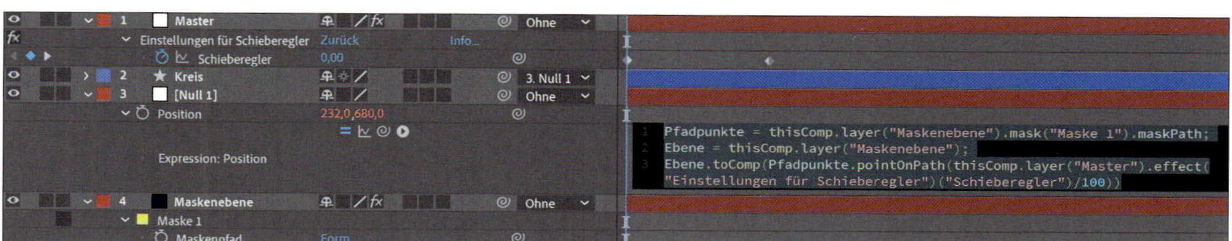


## 17.6 Essential Graphics

Dem Essential-Graphics-Bedienfeld können Sie Steuerelemente hinzufügen, um innerhalb von After Effects Animationen zentral zu steuern.

Die zweite hervorragende Möglichkeit besteht darin, dass Sie die Steuerelemente via ESSENTIAL GRAPHICS als Animationsvorlagen nach Premiere Pro exportieren können. Dort lassen sich dann alle Inhalte und Werte, die Sie als Datenkategorien festgelegt haben, austauschen und ändern, denn Premiere Pro verfügt ebenfalls über ein Essential-Graphics-Bedienfeld.

Sie haben damit ein Kraftpaket an der Hand, mit dem Sie Balken-, Linien- und Tortendiagramme oder Bauchbinden und Titelanimationen etc. in After Effects oder Premiere Pro editieren lassen können, ohne dass vordefinierte Designs beeinträchtigt werden.

Drei Möglichkeiten will ich Ihnen hier vorstellen. Einmal die Nutzung des Bedienfelds für einzelne Eigenschaftswerte innerhalb von After Effects, einmal die Nutzung im Zusammenhang mit externen Datenquellen und mit Premiere Pro und dann die Nutzung allein in After Effects als Master-Eigenschaften.

### 17.6.1 Essential Graphics – die eigene Steuerzentrale

Zunächst werden Sie das Bedienfeld Essential Graphics kennenlernen und erfahren, wie Sie es einsetzen. Hierzu ein (hoffentlich) kurzer Workshop.

## Schritt für Schritt
## Bauchbinde über Essential Graphics steuern

In diesem Workshop lernen Sie, wie Sie verschiedene Eigenschaften von Kompositionen zentral über das Bedienfeld Essential Graphics steuern.

### 1 Vorbereitung

Für diesen Workshop finden Sie ein vorbereitetes Projekt namens »EssentialGraphics_Start.aep« im Ordner 17_Expressions/EssentialGraphics vor. Klicken Sie doppelt auf die Komposition »Bauchbinde«. Sie sehen eine kleine Animation einer Bauchbinde. Die Ebenen »Ort« und »Objektname« sollen später extern via Essential-Graphics-Bedienfeld editierbar sein. Auch die Farbe der Texte und des Punkts soll anpassbar sein.

Ein Hintergrundbild liegt in einer Unterkomposition und könnte jederzeit gegen ein anderes Bild ausgetauscht werden. Wir wollen es extern skalierbar und verschiebbar machen. Das tun wir zuerst.

Die benötigten Dateien für diesen Workshop finden Sie unter Beispielmaterial/17_Expressions/EssentialGraphics.

▼ **Abbildung 17.65**
Auf einige Eigenschaften der Ebenen wollen wir später via Essential-Graphics-Bedienfeld zugreifen.

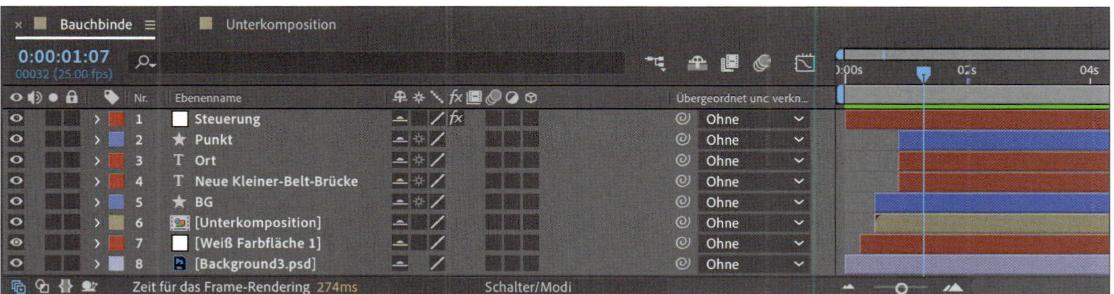

◀ **Abbildung 17.66**
Ort, Objektname und eckiger Punkt sowie die Position und Größe des Bilds sollen editierbar sein.

### 2 Schieberegler und Expressions für die Unterkomposition

Zunächst schaffen wir uns in der Unterkomposition Steuerelemente für die Eigenschaften SKALIERUNG und POSITION. Klicken Sie dazu doppelt auf die Ebene »Unterkomposition«. Markieren Sie die Foto-Ebene, und fügen Sie der Ebene über EFFEKTE • EINSTELLUNGEN FÜR EXPRESSIONS den Effekt EINSTELLUNGEN FÜR SCHIEBEREGLER hinzu. Wiederholen Sie den Vorgang, bis Sie drei Schieberegler haben. Benennen Sie nun die Effekte um, indem Sie einen Namen markieren und [↵] drücken. Wählen Sie folgende Bezeichnungen: »Skalierung«, »X Position« und »Y Position«.

Nun zu den Expressions. Markieren Sie die Transformieren-Eigenschaft SKALIERUNG in der Zeitleiste, drücken Sie [Alt], und klicken Sie auf das Stoppuhrsymbol ❶, um eine Expression hinzuzufügen. Markieren Sie danach die voreingestellte Expression, und ziehen Sie das Gummiband ❷ auf SCHIEBEREGLER im Effekt SKALIERUNG. Jetzt können Sie mit dem Schieberegler die Skalierung steuern.

Bei der Position ist etwas mehr Mühe gefragt. Fügen Sie folgende Expression hinzu:

```
xtemp = effect("X Position")("Schieberegler");
ytemp = effect("Y Position")("Schieberegler");
[xtemp, ytemp]
```

Der Wert des Schiebereglers »X Position« steuert nun die horizontale Position des Bilds und »Y Position« die vertikale.

**Abbildung 17.67 ▼**
Die Eigenschaften SKALIERUNG und POSITION werden mit den Schiebereglern verbunden.

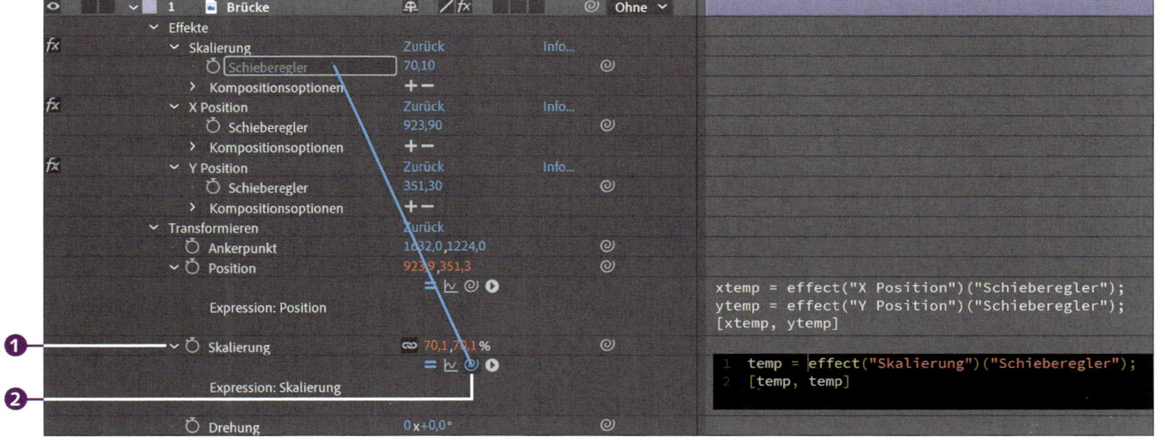


### 3 Essential Graphics als Steuerzentrale einrichten

Um das Bild in Größe und Position extern steuerbar zu machen, nutzen wir das Essential-Graphics-Bedienfeld, das Sie über FENSTER • ESSENTIAL GRAPHICS öffnen.

Im Bedienfeld wählen Sie unter MASTER die Komposition »Bauchbinde« aus. Eigenschaften aus der Master-Komposition sowie aus darin enthaltenen Unterkompositionen können Sie über das Bedienfeld steuern. Per Drag & Drop können Sie nun die drei Schieberegler dem Bedienfeld hinzufügen. Alternativ klicken Sie einen Schieberegler mit der rechten Maustaste an und wählen Eigenschaft zu Essential Graphics hinzufügen. In Essential Graphics sollten Sie die Regler sofort umbenennen in »Skalierung Bild«, »Position Horizontal« und »Position Vertikal«, damit Sie wissen, was sie bedeuten.

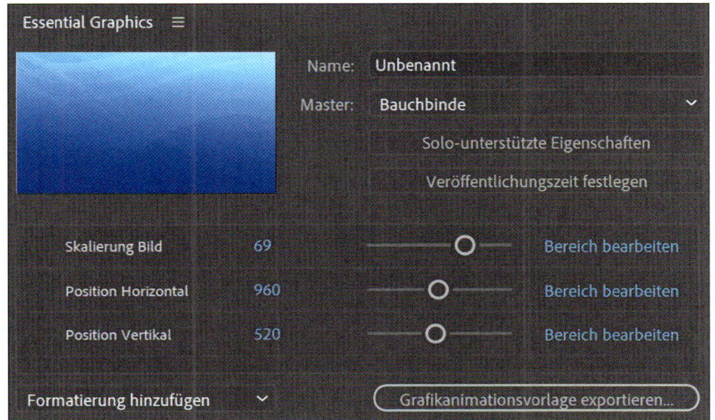


◂ **Abbildung 17.68**
Nach dem Hinzufügen der Schieberegler sind auch in Essential Graphics einzelne Regler entstanden.

Neben jedem Regler gibt es den Eintrag Bereich bearbeiten. Hier legen Sie den Wertebereich jedes Reglers fest, z. B. 0–100 für die Skalierung und 0–1920 bzw. 0–1080 bei den Positionen.

Im Prinzip wissen Sie nun, wie Sie Essential Graphics für die Animationssteuerung nutzen können. Aber ein wenig mehr ist es doch noch.

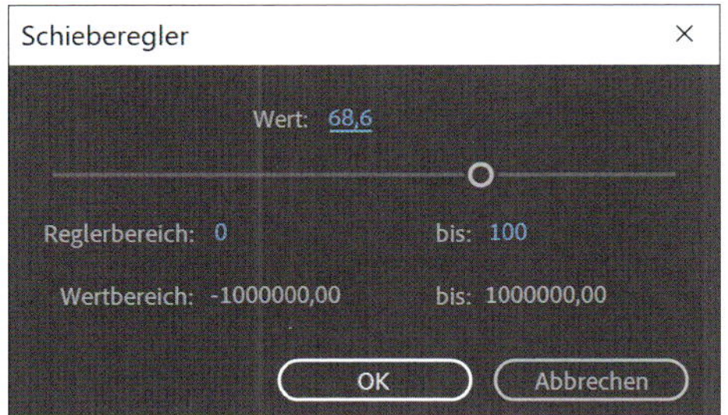


◂ **Abbildung 17.69**
Über Bereich bearbeiten gelangen Sie in diesen Dialog und definieren hier den Wertebereich der Regler.

### 4 Quelltext in Essential Graphics

Um nun noch den Text der Bauchbinde und auch einige Farbeinstellungen zu beeinflussen, fügen wir entsprechende Steuerelemente hinzu.

Öffnen Sie die Komposition »Bauchbinde« und dort die Textebenen »Ort« und »Objektname«. Klappen Sie die Eigenschaften der Textebenen auf, und ziehen Sie die jeweilige Eigenschaft Quelltext ins Essential-Graphics-Bedienfeld. Dort klicken Sie jeweils auf das Wort »Quelltext« und benennen die Einträge in »Ort« und »Objektname« um.

Und schon können Sie in Essential Graphics per Eingabe den Inhalt auf der Bauchbinde ändern. Richtig wäre für Ort »Dänemark« und für Objektname »Neue Kleiner-Belt-Brücke«.

| | | |
|---|---|---|
| Bild Skalierung | 70 | Bereich bearbeiten |
| Position Horizontal | 924 | Bereich bearbeiten |
| Position Vertikal | 351 | Bereich bearbeiten |
| Ort | Dänemark | Eigenschaften bearbeiten |
| Objektname | Neue Kleiner-Belt-Brücke | Eigenschaften bearbeiten |

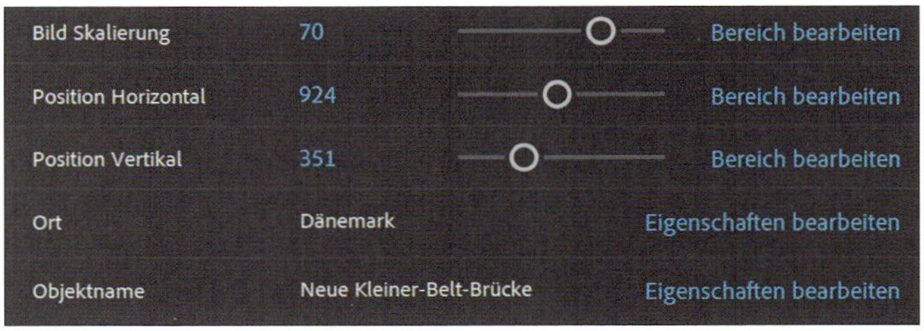

**Abbildung 17.70 ▸**
Die Eigenschaft Quelltext wird ins Essential-Graphics-Bedienfeld gezogen, umbenannt, und neue Inhalte werden eingegeben.

## 5 Farbe in Essential Graphics

Für die Farbe schaffen wir uns eine Steuerebene, da wir drei Farben gleichzeitig ändern wollen. Fügen Sie daher über Ebene • Neu • Null-Objekt eine Nullebene hinzu. Der Nullebene fügen Sie den Effekt Einstellungen für Expressions • Einstellungen für Farben hinzu.

Um die Textfarbe beeinflussen zu können, wählen Sie in den Textebenen jeweils unter Animieren ❶ den Eintrag Flächenfarbe • RGB. Ziehen Sie dann das jeweilige Gummiband vom Eintrag Flächenfarbe ❷ bzw. Farbe ❸ auf den Eintrag Farbe ❹ in der Nullebene. Fein!

Zu guter Letzt ziehen Sie den Eintrag Farbe aus der Nullebene in das Essential-Graphics-Bedienfeld. Und jetzt können Sie von dort aus die Farben manipulieren.

**Abbildung 17.71 ▾**
Mit dem jeweiligen Gummiband werden die Farbeinträge mit dem Effekt in der Nullebene verknüpft.

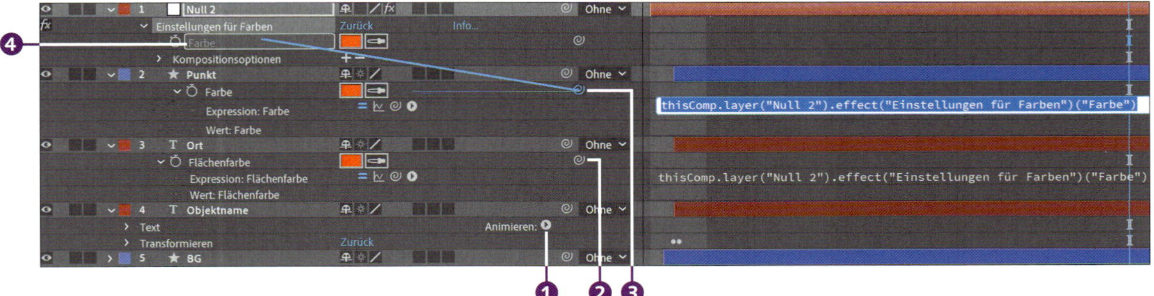


## 6 Mehr Komfort

Mehr Komfort erhalten Sie, wenn Sie ein paar Helfer des Essential-Graphics-Bedienfelds nutzen.

Über Formatierung hinzufügen ❽ können Sie mit dem Eintrag Kommentar hinzufügen eine eigene Kommentarzeile ❺ einfügen, nur als Hinweis für den Editierenden. Die Zeile kann ganz nach oben geschoben werden.

Ebenfalls dort ❽ finden Sie den Eintrag GRUPPE HINZUFÜGEN. Die jeweilige Gruppe ❻ können Sie anklicken und umbenennen und dann Steuerelemente ❼ hineinverschieben.

Bei Klick auf den Eintrag SOLO-UNTERSTÜTZTE EIGENSCHAFTEN ❾ zeigt After Effects sämtliche Eigenschaften der Master-Komposition an, die im Bedienfeld ESSENTIAL GRAPHICS referenziert werden können.

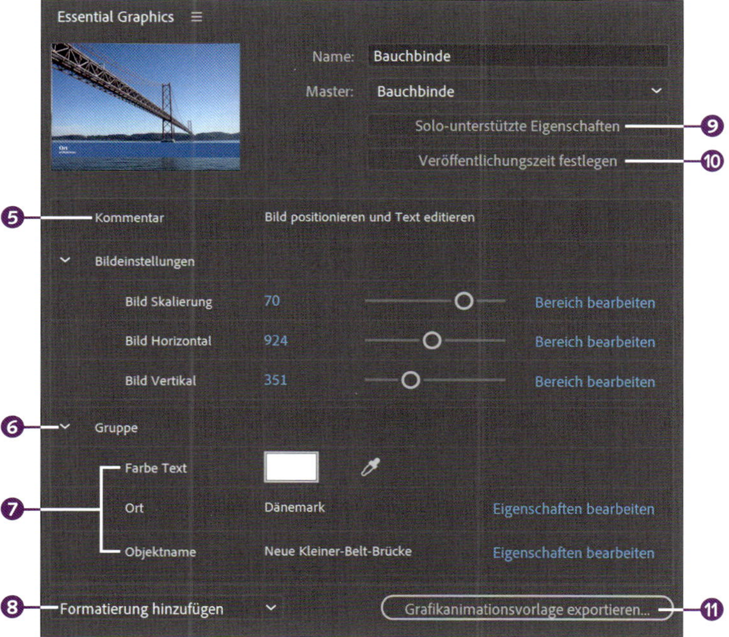


▲ **Abbildung 17.72**
Fertig! Als Steuerzentrale in After Effects oder als Vorlage für Premiere Pro.

### 7 Grafikanimationsvorlage in Premiere Pro nutzen

Wollen Sie die selbst geschaffenen Steuerelemente in Premiere Pro so nutzen, wie Sie es in After Effects vorbereitet haben, macht es Sinn, einen Namen unter NAME einzutragen und ein hübsches Foto von der Komposition zu schießen, indem Sie auf VERÖFFENTLICHUNGSZEIT FESTLEGEN ❿ klicken. Danach können Sie alles, also die gesamte Animation, mitsamt allem verwendeten Rohmaterial und den Steuerelementen in ESSENTIAL GRAPHICS als Vorlage exportieren.

Via GRAFIKANIMATIONSVORLAGE EXPORTIEREN ⓫ starten Sie den Exportprozess. Vergeben Sie einen Speicherort für die Vorlage, und

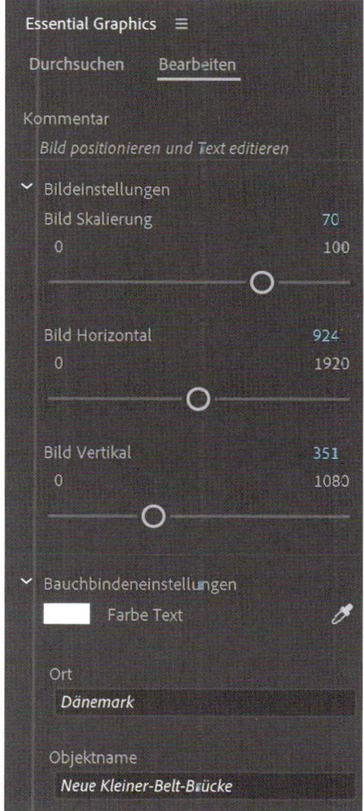


▲ **Abbildung 17.73**
Die gleichen Steuerelemente wie in After Effects finden Sie nach dem Export der Vorlage auch in Premiere Pro.

**Genaue Beschreibung des Exports für Premiere Pro**
Im folgenden Workshop »Linienchart als Vorlage für Premiere Pro« finden Sie eine ausführliche Beschreibung des Exportvorgangs.

verwenden Sie sie dann in Premiere Pro im Premiere-eigenen Essential-Graphics-Bedienfeld. Sie haben auch dort Zugriff auf alle Steuerelemente.

## 17.6.2 Essential Graphics und datenbasierte Animationsvorlagen

Für Datendateien (.csv, .tsv), die Sie in After Effects verwenden, können Sie über Essential Graphics alle Kategorien aus der Datendatei als Steuerelemente hinzufügen, Inhalte und Werte werden übersichtlich dargestellt, und Sie können Ihre Animationen innerhalb von After Effects steuern. Außerdem können Sie die Steuerelemente via Essential Graphics als Animationsvorlagen nach Premiere Pro exportieren. Dort lassen sich dann alle Inhalte und Werte, die Sie als Datenkategorien festgelegt haben, austauschen und ändern.

Diese Funktionalität ist auf CSV- und TSV-Datendateien beschränkt. In der Praxis schauen wir uns dies am Beispiel des Liniencharts an, den wir zuvor im Abschnitt 17.5, »Datengesteuerte Animationen«, besprochen haben.

### Schritt für Schritt Linienchart als Vorlage für Premiere Pro

Die benötigten Dateien für diesen Workshop finden Sie unter Beispielmaterial/17_Expressions.

In diesem Workshop lernen Sie, wie Sie Daten aus externen Quellen in Essential Graphics verwenden und als Animationsvorlage für Premiere Pro exportieren.

#### 1 Vorbereitung

Für diesen Workshop finden Sie ein vorbereitetes Projekt namens »DatengestuetzteAnimation_EssentialGraphics.aep« im Ordner 17_Expressions/DatengestuetzteAnimation vor. Klicken Sie doppelt auf die Komposition »Liniendiagramm CSV«.

Im Projekt finden Sie eine importierte Datendatei namens »EssentialGraphics.csv«. Hier befinden sich die Daten, die den bereits animierten Linienchart mit Inhalten versorgen. Wie das genau geht, können Sie im Workshop »Datengesteuerter Linienchart« im Abschnitt 17.5, »Datengesteuerte Animationen« in diesem Kapitel nachlesen.

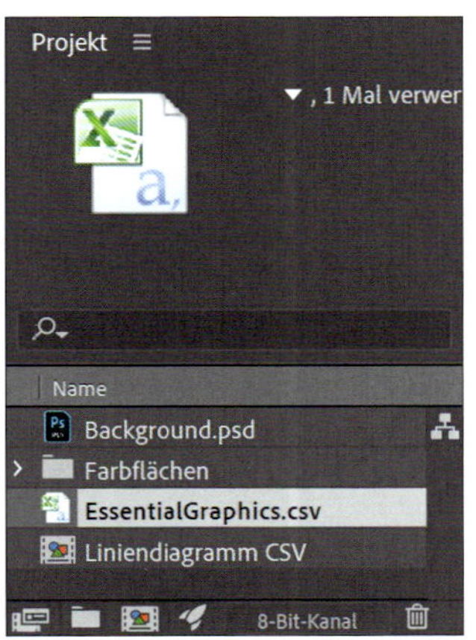


▲ **Abbildung 17.74**
Eine CSV-Datei enthält die Daten, die den Linienchart mit Inhalten und Werten versorgen.

#### 2 Essential Graphics zum Editieren von Datenebenen verwenden

In der Komposition »Liniendiagramm CSV« ist die Datei »EssentialGraphics.csv« bereits als Datenebene vorhanden.

Alle darin enthaltenen Datenkategorien wie HEADLINE, EINHEIT etc. sind mit den entsprechenden Elementen des Diagramms via Expressions verknüpft.

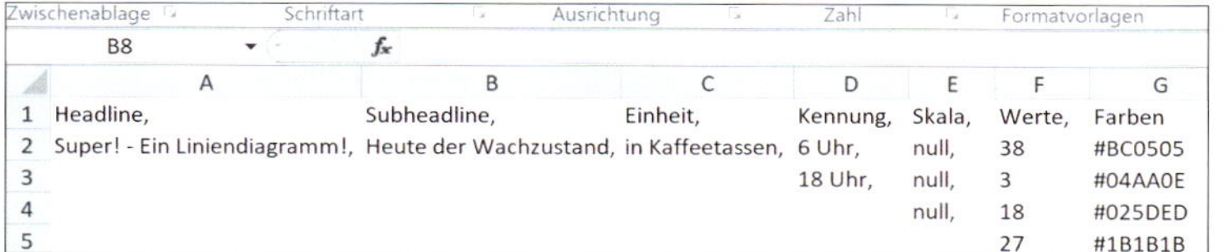

| | A | B | C | D | E | F | G |
|---|---|---|---|---|---|---|---|
| 1 | Headline, | Subheadline, | Einheit, | Kennung, | Skala, | Werte, | Farben |
| 2 | Super! - Ein Liniendiagramm!, | Heute der Wachzustand, | in Kaffeetassen, | 6 Uhr, | null, | 38 | #BC0505 |
| 3 | | | | 18 Uhr, | null, | 3 | #04AA0E |
| 4 | | | | | null, | 18 | #025DED |
| 5 | | | | | | 27 | #1B1B1B |

◀ **Abbildung 17.75**
Hier eine CSV-Datei mit fünf Zeilen. In der ersten Zeile stehen die Spaltennamen bzw. Kategorien.

Um die Inhalte nun editierbar zu machen, benötigen wir das Bedienfeld ESSENTIAL GRAPHICS. Sie öffnen es über FENSTER • ESSENTIAL GRAPHICS. Ziehen Sie aus der Ebene »EssentialGraphics.csv« den Eintrag DATEN ❶ in das Bedienfeld. Daraufhin werden alle Kategorien, die in der CSV-Datei eingetragen wurden, übersichtlich untereinander dargestellt.

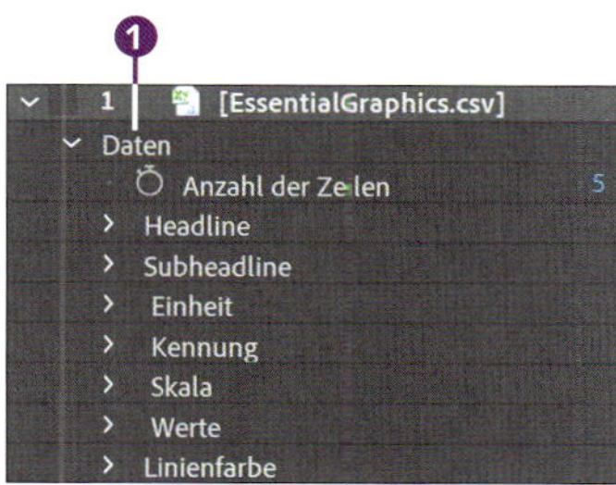


▲ **Abbildung 17.76**
Die CSV-Datei in After Effects

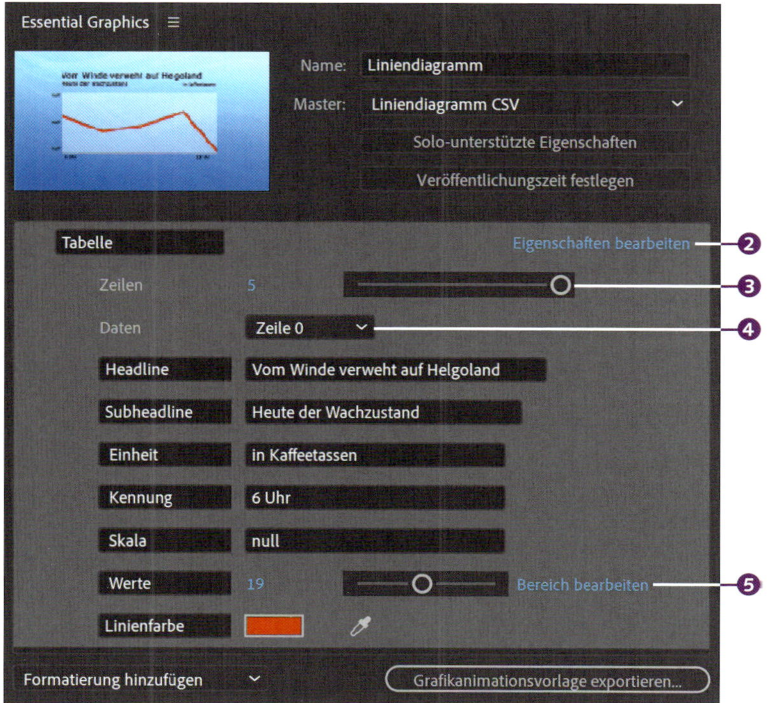


◀ **Abbildung 17.77**
Nach dem Hinzufügen des Eintrags DATEN zu ESSENTIAL GRAPHICS

## 3 Umgang mit der Tabelle in Essential Graphics

Neben den Kategorieeinträgen wie HEADLINE, SUBHEADLINE etc. befinden sich Felder, in denen die bisherigen Inhalte vermerkt sind. Hier können Sie neue Inhalte eintragen, die dann sofort in der Animation angezeigt werden, z. B. als Headline »Vom Winde verweht auf Helgoland«.

**Spaltennamen ändern**

Die Namen der Kategorien bzw. Spalteneinträge selbst können Sie ebenfalls editieren, indem Sie direkt in die Felder z. B. bei HEADLINE etc. klicken.

Einen Unterschied bildet der Eintrag WERTE. Hier findet sich ein Schieberegler. Grund dafür ist, dass in der CSV-Datei nicht ein String in Form eines Textes eingetragen wurde, sondern eine Zahl. Den Wertebereich des Schiebereglers können Sie über BEREICH BEARBEITEN ❺ festlegen. Da in der CSV-Datei Werte zwischen 0 und 40 verwendet wurden, bietet es sich an, den Eintrag MINIMALE EINGABE auf 0 und MAXIMALE EINGABE auf 40 zu setzen.

Wichtig sind die Einträge ZEILEN ❸ und DATEN ❹. Mit dem Regler bei ZEILEN legen Sie fest, wie viele Zeilen aus der CSV-Datei überhaupt verwendet werden sollen. Wählen Sie hier z. B. nur drei Zeilen, so können in Premiere Pro und After Effects auch nur noch drei Zeilen editiert werden. Sie sehen es sofort unter dem Eintrag DATEN, wo sich eine Liste der verwendbaren Zeilen befindet.

Unter DATEN wählen Sie dann auch die jeweilige Zeile der CSV-Datei aus, die Sie gerade editieren möchten. Wählen Sie hier den Eintrag ZEILE 0 aus, sind noch alle Kategorien mit den Inhalten aus der CSV-Datei gefüllt; wählen Sie ZEILE 1 aus, sehen Sie nur noch die Inhalte aus dieser Zeile.

Über EIGENSCHAFTEN BEARBEITEN ❷ gelangen Sie in den Dialog TABELLENEIGENSCHAFTEN. Hier legen Sie den Datentyp der Inhalte bzw. Werte aus dem CSV-Dokument fest. Dies bestimmt, ob in Premiere der jeweilige Wert als Text-Eingabefeld, als Schieberegler für Zahlen oder als Hexadezimalwert für Farben übertragen wird. Wählen Sie bei LINIENFARBE den Eintrag FARBE ❻ und bestätigen Sie den Dialog mit OK.

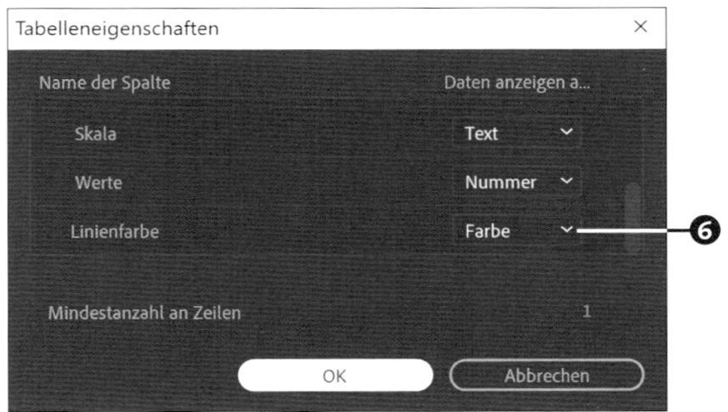


**Abbildung 17.78** ▸ Der Dialog TABELLENEIGENSCHAFTEN

Sie haben jetzt ein Tool, mit dem Sie innerhalb von After Effects die Inhalte der Grafik ändern können. Wählen Sie dazu einmal unter DATEN die ZEILE 0, und tragen Sie dann bei SKALA anstelle von »null« eine echte 0 ein. Bei WERTE tragen Sie statt 38 eine 14 ein. Wählen Sie nun unter DATEN die ZEILE 1, und tragen Sie bei SKALA die Zahl 20 ein und bei WERTE die Zahl 40. Sie können damit den Linienverlauf beeinflussen! Und nun zu Premiere Pro.

### 4 Animation zum Export für Premiere Pro vorbereiten

Für Premiere Pro können Sie die Animation und die Tabelle als Vorlage exportieren, und danach kann sie in Premiere Pro modifiziert werden.

Im Bedienfeld ESSENTIAL GRAPHICS können Sie unter NAME ❼ den Titel für Ihre Animationsvorlage festlegen. Unter MASTER ❽ suchen Sie die Komposition aus, die Sie exportieren wollen und die damit zur Master-Komposition deklariert wird. Klicken Sie auf VERÖFFENTLICHUNGSZEIT FESTLEGEN, so wird ein Foto aus Ihrer Komposition erstellt und als Titelbild verwendet. Nun zum Export!

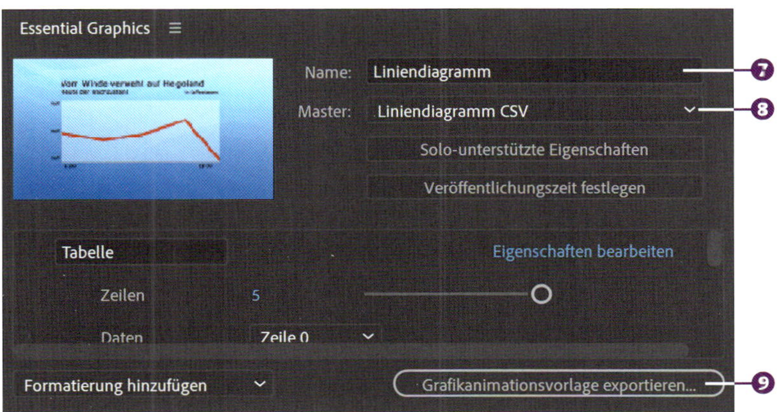


▲ **Abbildung 17.79**
Das Bedienfeld ESSENTIAL GRAPHICS nutzen Sie nicht nur für After Effects intern, sondern auch zum Export von Vorlagen für Premiere Pro.

### 5 Grafikanimationsvorlage für Premiere Pro exportieren

Speichern Sie Ihr Projekt, und starten Sie dann den Export via GRAFIKANIMATIONSVORLAGE EXPORTIEREN ❾. Es erscheint der Dialog ALS ANIMATIONSVORLAGE EXPORTIEREN.

Wohin Sie die Vorlage exportieren, sollten Sie von der späteren Verwendung abhängig machen: Soll das Projekt über die Creative Cloud von anderen Personen oder an einem anderen Arbeitsplatz verwendet werden, wählen Sie unter ZIEL eine der Creative-Cloud-Bibliotheken aus der Liste, die Sie auch für andere Nutzer freigeben können.

Wird die Vorlage nur lokal auf dem Rechner verwendet, wählen Sie den Eintrag LOKALER VORLAGENORDNER. Die Vorlage landet dann in dem vorinstallierten Ordner, aus dem Premiere standardmäßig Vorlagen lädt. Legen Sie als Ziel LOKALES LAUFWERK fest, müssen Sie via DURCHSUCHEN einen eigenen lokalen Speicherort festlegen.

Die exportierte Datei erhält die Endung ».mogrt«.

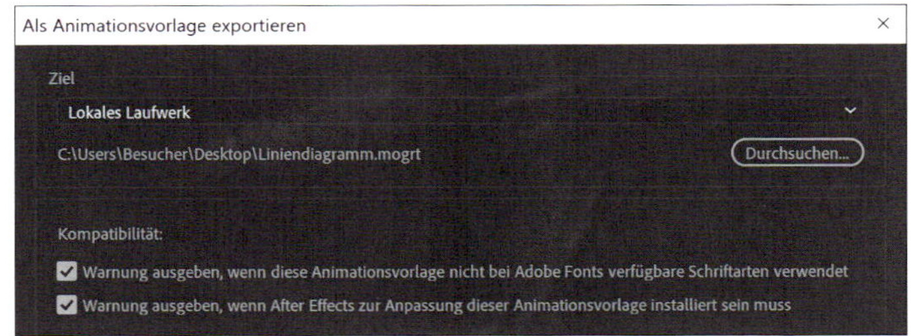


**Abbildung 17.80** ►
Die Vorlage kann für die Creative Cloud oder zur lokalen Verwendung exportiert werden.

## 6 Grafikvorlage in Premiere Pro

In Premiere Pro öffnen Sie zunächst das Bedienfeld ESSENTIAL GRAPHICS via FENSTER • ESSENTIAL GRAPHICS. Dort aktivieren Sie im Bereich DURCHSUCHEN den Eintrag LOKALER VORLAGENORDNER ❷ bzw. geben im Suchfeld ❶ den Namen der Vorlage ein.

Für separat gespeicherte Vorlagen klicken Sie auf den Plusbutton unten rechts ❸ und fügen sie darüber der Auswahl hinzu.

Erstellen Sie in Premiere Pro eine neue Sequenz, indem Sie mit der rechten Maustaste ins Projektfenster klicken und NEUES OBJEKT • SEQUENZ wählen.

Zur Verwendung einer Vorlage markieren Sie sie und ziehen sie in das Schnittfenster.

Um die Inhalte der Vorlage modifizieren zu können, markieren Sie die Vorlage im Schnittfenster und wählen in ESSENTIAL GRAPHICS den Bereich BEARBEITEN ❹. Unter TABELLE klicken Sie auf den Eintrag TABELLENDATEN BEARBEITEN ❺. Im sich öffnenden Dialog können Sie nun die Daten ändern.

After Effects müssen Sie nun nicht extra auf dem System installiert haben, um Modifikationen der Inhalte einer Animationsvorlage vorzunehmen. Ein großer Vorteil!

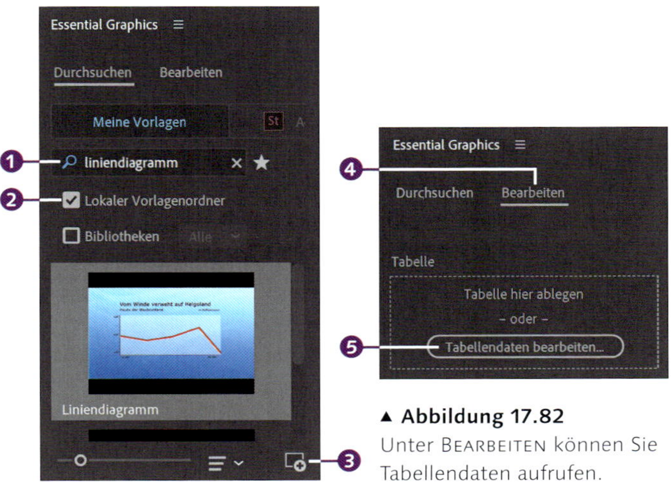


**Abbildung 17.81** ►
In Premiere Pro haben Sie Zugriff auf gespeicherte Vorlagen.

▲ **Abbildung 17.82**
Unter BEARBEITEN können Sie Tabellendaten aufrufen.

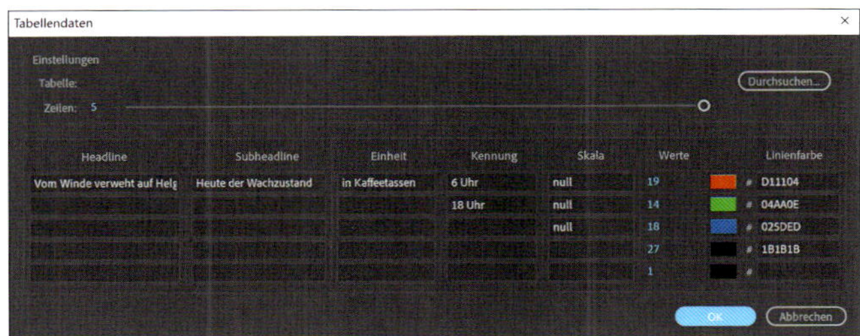


◂ **Abbildung 17.83**
In Premiere Pro können Sie Tabellendaten direkt modifizieren.

## Geänderte Grafikvorlagen in Premiere Pro

Grafikvorlagen, die Sie einmal in Premiere Pro verwendet haben, erhalten eine eindeutige eigene ID und werden im Ordner VORLAGE • MOTION GRAPHICS TEMPLATE MEDIA als ».aegraphic«-Datei gespeichert. Vorlagen, die Sie außerhalb des Vorlagenordners gespeichert haben, erhalten ebenfalls solch eine ID und landen da, wo Sie Ihr Projekt gespeichert haben.

Sobald Sie in After Effects eine Änderung an der Vorlagendatei vornehmen und diese dann erneut exportieren, können Sie zwar die ».mogrt«-Datei überschreiben. Aber dadurch aktualisiert sich in Premiere nicht die im Schnittfenster verwendete Sequenz, denn durch die Verwendung im Schnittfenster hat Premiere daraus eine ».aegraphic«-Datei gemacht und referenziert diese über die ID. Damit die Änderung wirksam wird, müssen Sie die geänderte Vorlage erneut ins Schnittfenster ziehen.

**Responsive Design – Zeit in Animationsvorlagen**

Sie können in After Effects in Kompositionen geschützte Bereiche erstellen. Wenn Sie eine solche Komposition dann als Animationsvorlage exportieren und in Premiere Pro in einer Sequenz verwenden, können Sie die Start- und Endpunkte des Clips ziehen, ohne dass sich die geschützten Bereiche zeitlich verändern, obwohl sich der Rest des Clips, also der ungeschützte Bereich, zeitlich dehnen lässt. Mehr Infos dazu finden Sie in Abschnitt 5.5, »Marken setzen und Responsive Design – Zeit«.

## Vorlagenprojekte wiederherstellen

Wenn Vorlagendateien von einer anderen Person erstellt wurden oder bereits von Ihnen gelöscht wurden, können Sie die nötigen Daten wiederherstellen.

Dazu klicken Sie in Premiere Pro im Projektfenster die Vorlagendatei 6 per rechter Maustaste an und wählen dann IN EXPLORER ANZEIGEN. Sie werden zum Ordner MOTION GRAPHIC TEMPLATES MEDIA geführt. Dort lagert ein ».aegraphic«-Projekt.

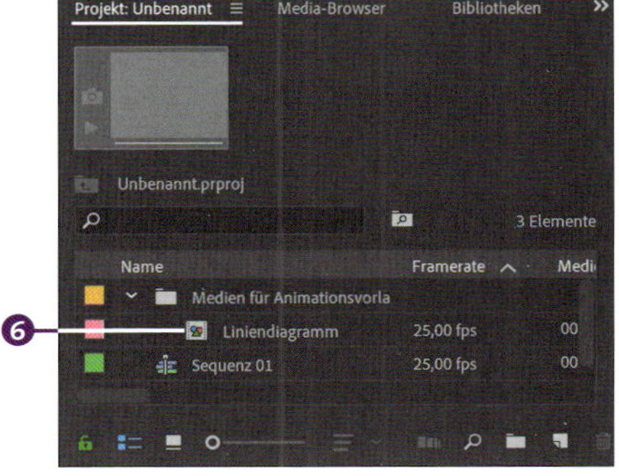


◂ **Abbildung 17.84**
Vorlagenprojekte, die in Premiere Pro verwendet wurden, können mitsamt enthaltenem Rohmaterial in After-Effects-Projektdateien zurückgewandelt werden.

In After Effects öffnen Sie ebendieses Projekt. Anschließend werden Sie aufgefordert, einen Speicherort für die zu extrahierenden Dateien anzugeben. Nachdem dies geschehen ist, wird das ursprüngliche Projekt mitsamt allen Rohmaterial-Dateien neu erzeugt und in einem Ordner säuberlich abgelegt. Vorlagendateien (.mogrt) können Sie demselben Procedere unterziehen.

### 17.6.3 Arbeiten mit Master-Eigenschaften

Wenn Sie die Arbeit mit dem Bedienfeld Essential Graphics kennen, werden Sie auch mit Master-Eigenschaften umgehen können.

Es funktioniert im Prinzip so: Sie haben einige Eigenschaften im Essential-Graphics-Bedienfeld abgelegt, damit Sie oder ein Kollege die Inhalte in einer bereits animierten Vorlage schnell anpassen können. Statt über das Essential-Graphics-Bedienfeld können Sie das Ganze aber auch innerhalb einer Komposition steuern, d.h., Sie schaffen eine übergeordnete Komposition, in der sich genau die Eigenschaften befinden, die Sie zu Essential Graphics hinzugefügt hatten. Dort heißen die Eigenschaften dann Master-Eigenschaften.

Besser doch praktisch nachvollziehen? Also gut!

## Schritt für Schritt Master-Eigenschaften einsetzen

Die benötigten Dateien für diesen Workshop finden Sie unter Beispielmaterial/17_Expressions/EssentialGraphics.

In diesem Workshop lernen Sie, wie Sie verschiedene Eigenschaften von Kompositionen zentral von einer übergeordneten Komposition aus steuern.

### 1 Vorbereitung

Für diesen Workshop finden Sie ein vorbereitetes Projekt namens »EssentialGraphics_Mastereigenschaften.aep« im Ordner 17_Expressions/EssentialGraphics vor.

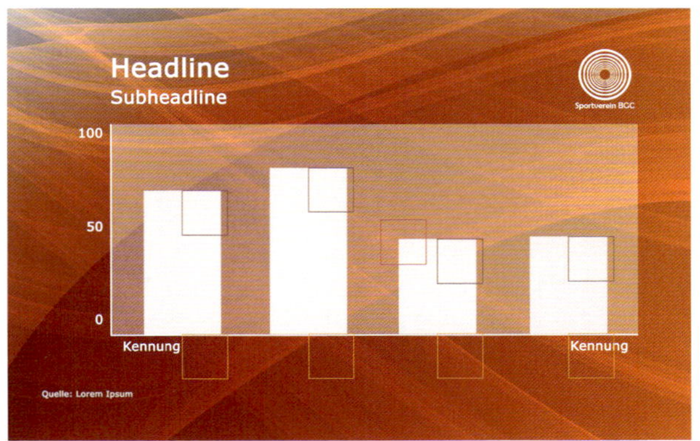


**Abbildung 17.85 ▸**
Diese Animationsvorlage eines Balkendiagramms soll über Master-Eigenschaften editiert werden.

Schauen Sie sich das Projekt in Ruhe an. Wichtig ist hier momentan nicht, wie die Vorlage erstellt wurde, sondern wie die vorhandenen Kompositionen ineinander verschachtelt sind.

Die Komposition »Master« enthält zwei Unterkompositionen »Hintergrund« und »Logo« ❶. Im Essential-Graphics-Bedienfeld ist die Komposition »Master« als Master-Komposition gewählt worden ❷. Daher werden alle Eigenschaften, die aus dem Master hinzugefügt wurden – auch Eigenschaften, die aus Unterkompositionen des Masters stammen –, hier angezeigt. Es sind Steuerelemente hinzugefügt, über die Sie die Headline, die Subheadline, die Quelle, die Logofarbe und die Werte der Balken editieren können. Es sind also Eigenschaften aus allen drei vorhandenen Kompositionen darin enthalten.

Das Essential-Graphics-Bedienfeld schließen wir nun aber, denn heute wollen wir es nicht benutzen, sondern die Master-Eigenschaften!

**Verschachtelte Kompositionen**
In Abschnitt 4.4, »Verschachtelte Kompositionen (Nesting)«, erhalten Sie ausführliche Informationen zum Thema Verschachtelung.

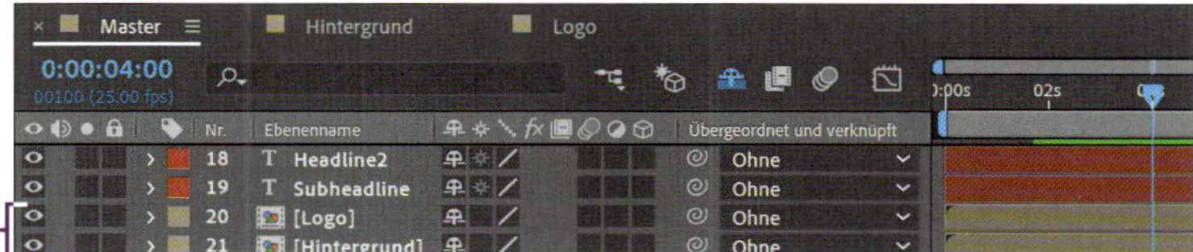


◀ **Abbildung 17.86**
In der Master-Komposition sind die Unterkompositionen »Hintergrund« und »Logo« verschachtelt.

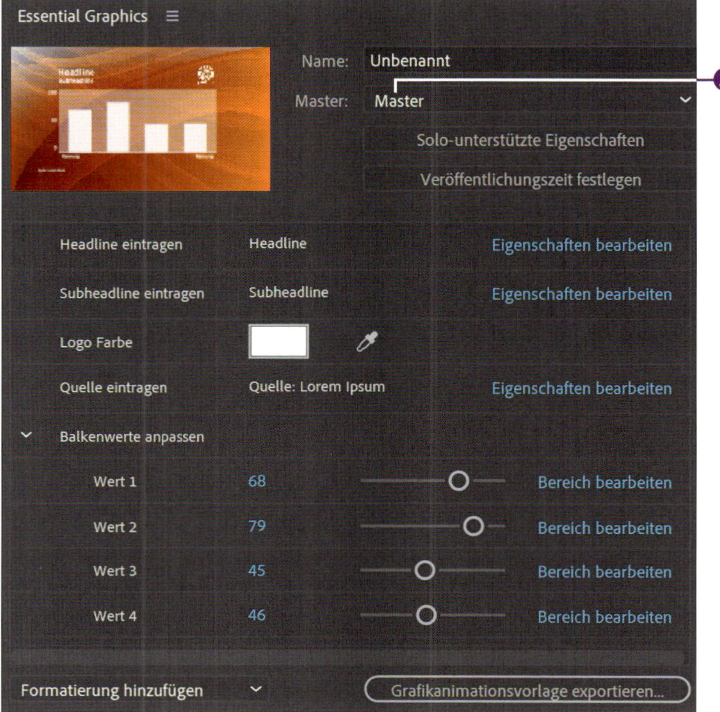


◀ **Abbildung 17.87**
Im Essential-Graphics-Bedienfeld befinden sich Eigenschaften aus allen drei Kompositionen.

## 2 Master-Eigenschaften erstellen und editieren

Um nun Master-Eigenschaften zur Steuerung zu erhalten, müssen wir die Master-Komposition wiederum in eine übergeordnete Komposition verschachteln.

Dazu ziehen Sie einfach die Master-Komposition im Projektfenster auf den Kompositionsbutton ❶. Die entstandene Komposition benennen Sie gleich um, in, sagen wir spaßeshalber, »Obermacker«.

Wenn Sie nun in der Komposition »Obermacker« die Ebeneneigenschaften der Komposition »Master« öffnen, stellen Sie fest, dass neben den üblichen Transformieren-Eigenschaften noch der Eintrag Master-Eigenschaften ❷ angezeigt wird. Und wie Sie sehen, stehen dort genau die Einträge, die auch im Essential-Graphics-Bedienfeld zu finden waren.

Um die Eigenschaften nach Bedarf zu editieren, tragen Sie unter Balkenwerte anpassen ❹ neue Zahlen ein oder wählen unter Logo Farbe ❸ eine neue Einfärbung. Wollen Sie die Textinhalte ändern, klicken Sie mit der rechten Maustaste beispielsweise auf Headline eintragen und wählen im Kontextmenü den Eintrag Wert bearbeiten aus. Im anschließenden Dialogfeld geben Sie die neue Überschrift ein.

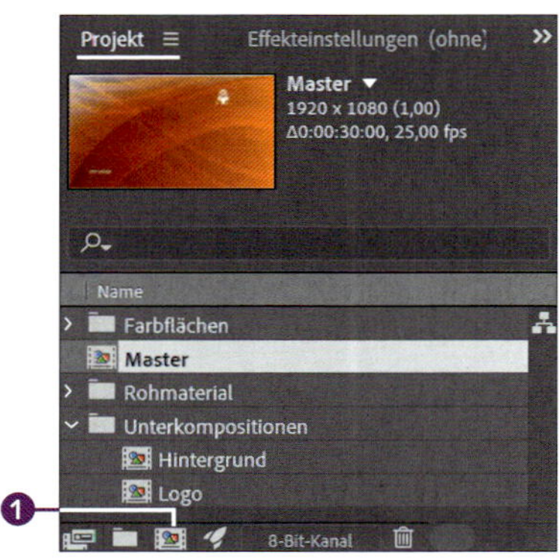


▲ **Abbildung 17.88**
Die Master-Komposition wird in eine weitere Komposition verschachtelt.

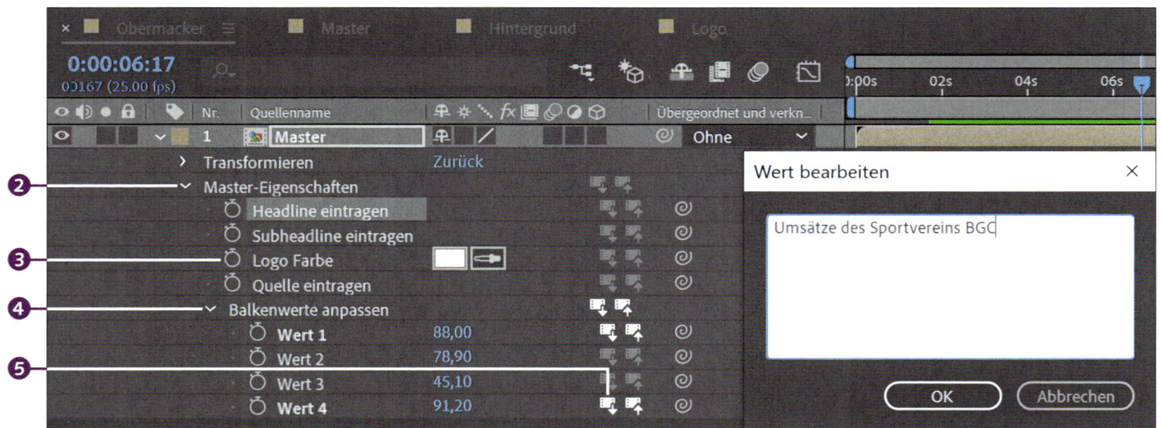


▲ **Abbildung 17.89**
In der Komposition »Obermacker« erscheint die Komposition »Master« mit Master-Eigenschaften.

## 3 Verknüpfte und nicht verknüpfte Eigenschaften

Nachdem Sie ein paar Werte oder Textinhalte geändert haben, fallen zwei Dinge auf. Erstens: Die geänderten Eigenschaften werden zunächst nur in der Komposition »Obermacker« angezeigt, nicht aber, wenn Sie eine der verschachtelten anderen Kompositionen wie »Master« oder »Hintergrund« öffnen. Zweitens: Die Anzeige der seltsamen Symbole ❺ hat sich geändert. Es handelt sich um die Schaltflächen Schieben und Ziehen. Werden sie ausgegraut dargestellt, bedeutet das, dass die Eigenschaftswerte aus der Master-

Komposition bezogen werden, also dass eine Verknüpfung dahin besteht. Sind die Symbole hell dargestellt, besteht die Verknüpfung nicht, und es werden die Werte aus »Obermacker« verwendet.

Möchten Sie die Änderungen aus »Obermacker« in die Master-Komposition verschieben, klicken Sie auf die Schaltfläche SCHIEBEN, mit dem Pfeil nach oben ❽. Dies geht für jede Eigenschaft einzeln oder für alle gleichzeitig, wenn Sie den Schalter bei MASTER-EIGENSCHAFTEN ❼ verwenden.

Übrigens können Sie den Inhalt vom Obermacker bis hin zur letzten verschachtelten Komposition durchdrücken. Sie sehen es, wenn Sie bei QUELLE EINTRAGEN ❻ den Inhalt ändern und dann »Schieben« drücken. Öffnen Sie danach die Komposition »Hintergrund«, dann hat sich dort der Text geändert.

Natürlich können Sie auch »ziehen«. Das Adobe-Team hat sich in seltsamer Verdrehung für »Ziehen« den Pfeil nach unten ausgedacht. Wahrscheinlich wurde bis dato noch nie eine Flasche Wein geöffnet. Jedenfalls sprudelt der Inhalt bei »Ziehen« wieder vom Master zum Obermacker.

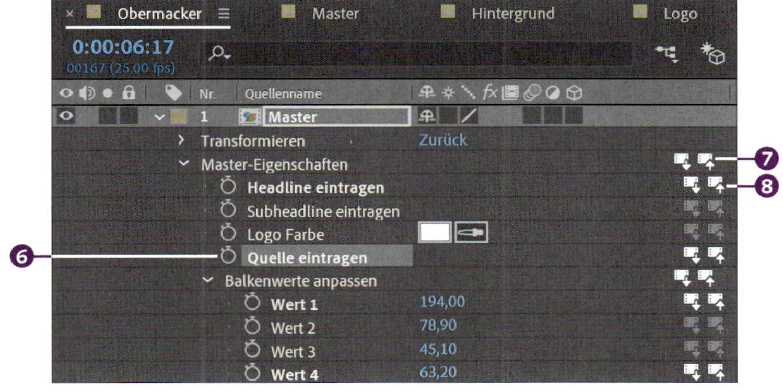


◀ **Abbildung 17.90**
Über die Schaltflächen SCHIEBEN und ZIEHEN bestimmen Sie die Richtung des Flusses der Inhalte.

## 4 Englische und spanische Übersetzung

Stellen Sie sich vor, Sie hätten ein Template wie dieses Balkendiagramm, und Sie müssten zwar die Animation beibehalten, aber Headline, Subheadline und Quelle in Fremdsprachen übersetzen.

Für diesen Fall duplizieren Sie im Projektfenster die Komposition »Master« zweimal, indem Sie sie dort markieren und Strg+D drücken. Sie benennen die markierten Kompositionen mit ↵ in »Master Deu«, »Master Eng« und »Master Spa« um.

Die beiden letzteren Kompositionen ziehen Sie in »Obermacker«. Nun haben Sie dort für alle Master-Kompositionen die Master-Eigenschaften zur Verfügung und können Ihre Übersetzungen hier tätigen. Anschließend können Sie mit der Schaltfläche SCHIEBEN die Übersetzungen in die Kompositionen übertragen.

Ups! Die Quelle! Nach dem »Schieben« der spanischen Übersetzung landet »Fuente« in allen Master-Kompositionen ... Ein klarer Konzeptionsfehler! Denn die Unterkomposition mit der Quelle steckt in allen Master-Kompositionen. Aber das war Absicht, damit Sie sehen, dass das »Schieben« Inhalte selbst in weit verschachtelten Unterkompositionen überschreibt. Die Quelle gehört natürlich in die Master-Komposition.

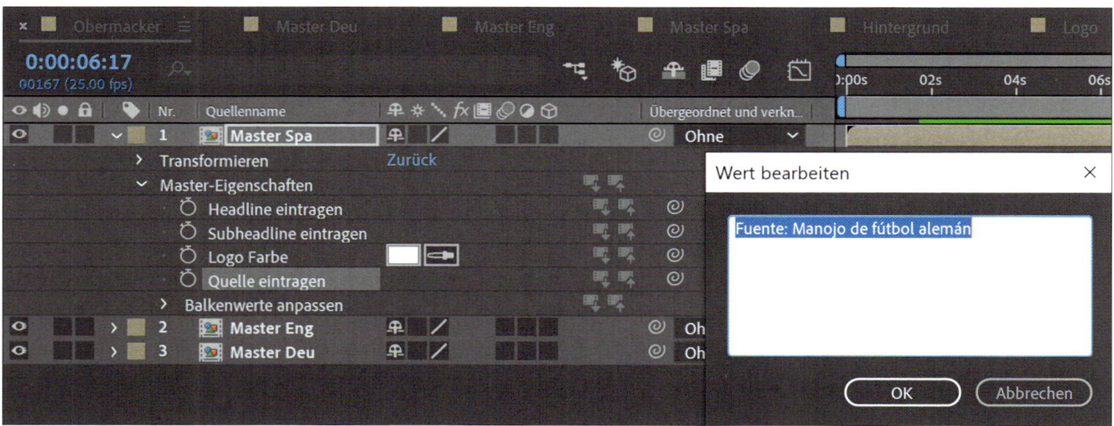


**Abbildung 17.91** ▼
Zwei Duplikate der Master-Komposition werden in »Obermacker« verschachtelt. Hier werden nun alle Übersetzungen des Templates erledigt.

TEIL V

# After Effects im Workflow

# Kapitel 18
# Workflow mit Photoshop und Illustrator

*Ein grundlegender Bestandteil des Arbeitsprozesses in After Effects ist die Integration von Dateien anderer Adobe-Applikationen. So werden im Zusammenspiel mit Adobe Photoshop beispielsweise die meisten Photoshop-Funktionen bis hin zu Fluchtpunktdaten nach After Effects übernommen. Die Integration von Adobe Illustrator erlaubt es Ihnen, vektorbasierte Grafiken zu importieren, die sich ohne Qualitätsverlust skalieren lassen und die Sie in After Effects in Formebenen umwandeln können.*

## 18.1 Zusammenarbeit mit Adobe Photoshop

Das Programm Photoshop ist für die Welt der digitalen Bildbearbeitung zentral. Eine Integration der Photoshop-Dateien ist auch für die Arbeit mit After Effects grundlegend. Und die Zusammenarbeit dieser beiden Programme hat einen goldenen Boden, schon allein deshalb, weil beide Programme aus dem gleichen Hause stammen. In Photoshop richtig vorbereitete Dateien können den Arbeitsprozess mit After Effects stark beschleunigen. So kann eine Photoshop-Datei bereits Ebeneneinstellungen, Ebenenstile, Masken, Effekte und einiges mehr enthalten, was größtenteils in After Effects übernommen werden kann. Photoshop bietet somit eine ideale Vorbereitungsmöglichkeit für Bilddateien, die anschließend in After Effects animiert werden sollen. Damit die Übergabe der Photoshop-Dateien reibungslos funktioniert, sind zuerst die Vorbereitungen in Photoshop unser Thema.

### 18.1.1 Bilddaten in Photoshop vorbereiten

Damit Bilddaten aus Photoshop korrekt an After Effects übergeben werden, ist es notwendig, ein paar Kleinigkeiten zu beachten.

#### Neue Datei erstellen

Photoshop unterstützt die gebräuchlichen Videoformate und Pixel-Seitenverhältnisse. Um für After Effects oder Premiere Pro korrekt erstellte Bilddateien zu produzieren, wählen Sie DATEI • NEU und dann unter DOKUMENTTYP den Eintrag FILM & VIDEO bzw. MOBILE-APP-DESIGN oder WEB. Unter GRÖSSE stehen Ihnen dann die passenden Einstellungen, z.B. HDTV 1080P oder HDV 1080P bis hin zu 8K-Dateien, zur Verfügung.

**Datei extern bearbeiten**

Alle Adobe-Applikationen haben den Befehl BEARBEITEN • DATEI EXTERN BEARBEITEN oder [Strg]+[E] gemeinsam. Die im jeweiligen Programm markierte Datei wird in der Originalanwendung geöffnet und kann dort bearbeitet werden. Nach dem Speichern wird die Datei dann automatisch in dem Programm aktualisiert, von wo aus die Bearbeitung aufgerufen wurde.

#### CMYK

Dateien im CMYK-Modus werden seit der Version CS3 von After Effects unterstützt. Um eine konsistente Bearbeitung zu gewährleisten, empfiehlt es sich jedoch, sämtliche Dateien im RGB-Farbmodus anzulegen, da After Effects im RGB-Farbraum arbeitet. Die Daten sollten Sie vor dem Import also eventuell in den RGB-Farbmodus umwandeln oder am besten gleich in diesem erstellen. Wählen Sie beim Anlegen der Datei unter FARBMODUS den Eintrag RGB-FARBE ODER ändern Sie den Modus in Photoshop unter BILD • MODUS in RGB-FARBE.

#### Ebenennamen

After Effects übernimmt auch die in Photoshop vergebenen Ebenennamen. Eine eindeutige Benennung der Ebenen in Photoshop ist also nötig, um spätere Verwirrungen in After Effects zu vermeiden.

Werden die Ebenennamen und -inhalte in Photoshop nachträglich verändert, so wird die Photoshop-Datei in After Effects beim nächsten Öffnen des Projekts (oder wenn Sie in After Effects die Option FOOTAGE NEU LADEN verwenden) aktualisiert. Eine nachträglich in Photoshop gelöschte Ebene wird in After Effects als fehlend angezeigt und durch einen Platzhalter ersetzt.

#### Auflösung

Die Auflösung einer Photoshop-Datei für After Effects ist anders zu betrachten als für eine Printausgabe. Während im Printbereich die Menge der Pixel pro Inch (dpi) für die Qualität der Ausgabe entscheidend ist, ist es für After Effects die Größe des Bildes, also die Menge der Pixel in Breite und Höhe. Wenn Sie eine Datei, die eine Breite und Höhe von beispielsweise 1.920 × 1.080 (HDTV) und eine dpi-Zahl von 600 hat, mit einer Datei vergleichen, die die gleiche Breite und Höhe bei 72 dpi hat, werden Sie in After Effects keinen Unterschied feststellen.

Wenn Sie also planen, das Photoshop-Bild in After Effects zu skalieren, sollten Sie nicht die dpi-Zahl erhöhen, sondern die Bildgröße in Photoshop auf den maximalen Wert Ihrer Skalierung einstellen.

Angenommen, Sie möchten in einer After-Effects-Komposition mit der Größe von 1.920 × 1.080 Pixeln (HDTV) ein Photoshop-Bild von 0 % (unsichtbar) auf 200 % skalieren, so legen Sie es in Photoshop in der Größe 3.840 × 2.160 Pixel an, damit sich beim Skalieren keine Artefakte bilden.

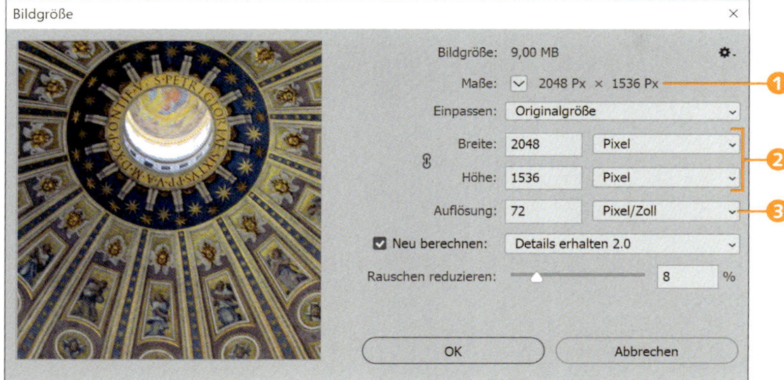


◂ **Abbildung 18.1**
Die Qualität, mit der eine Photoshop-Datei in After Effects dargestellt wird, hängt von der richtig gewählten Bildgröße, nicht von der Auflösung ab.

Wenn die Bildgröße im Nachhinein verändert werden soll, wählen Sie in Photoshop Bild • Bildgrösse. Im Dialog geben Sie die neuen Pixelmaße oder eine Prozentangabe ein. Sie können unter Masse ❶ und bei Breite und Höhe ❷ zwischen Prozent, Pixel und anderen Maßeinheiten wählen, wobei für After Effects die Pixel entscheidend sind. Bei Auflösung ❸ reichen 72 Pixel/Zoll.

## 18.1.2 Generieren einer Komposition aus einer Photoshop-Datei

Den Umgang mit Photoshop-Dateien sind Sie sicher gewohnt. Aber ein paar Kleinigkeiten sind dennoch interessant. Eine Photoshop-Datei mit einer einzigen Ebene zu importieren, wirft keine Fragen auf. Enthält die Photoshop-Datei mehrere Ebenen, haben Sie zwei Möglichkeiten:

### Importieren als Footage

Wählen Sie im Importdialog diese Option ❹, können Sie die Photoshop-Ebenen beim Import zu einer Ebene zusammenfassen, wofür Sie Auf eine Ebene reduziert ❺ anklicken. Oder Sie wollen eine bestimmte Ebene mit Ebene auswählen importieren – in dem Fall können Sie unter Footage-Masse zwischen Ebenengrösse und Dokumentgrösse wählen. Ist Ihre Ebene größer als das Dokument, sollten Sie Ebenengrösse wählen, da die Ebene sonst beschnitten wird. Ist die Ebene kleiner, macht diese Option oft auch Sinn, um die jeweilige Ebene genau in Originalgröße zu importieren.

Im Beispielmaterial finden Sie unter Beispielmaterial/13_Integration_PSIL /Photoshop die Datei »herbstmusik.psd« zum Testen.

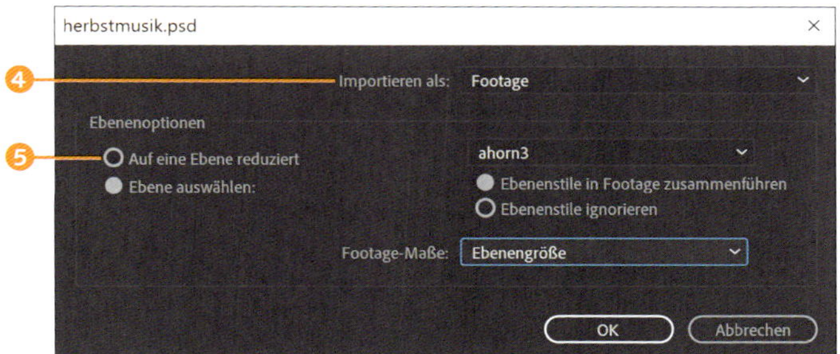


**Abbildung 18.2** ▸
Beim Import einer Datei mit mehreren Ebenen wählen Sie einzelne Ebenen aus oder fassen sie zu einer Ebene zusammen.

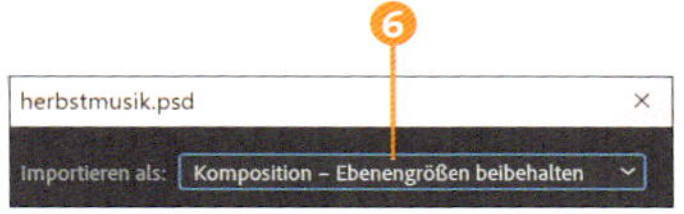


▴ **Abbildung 18.3**
Auch ganze Kompositionen lassen sich aus PSD-Dateien generieren.

### Importieren als Komposition

Diese Funktion 6 ist interessant! Hiermit wird Ihre Photoshop-Datei komplett übernommen. Außerdem legt After Effects automatisch eine Komposition in der Größe der Photoshop-Datei an, die bereits alle einzelnen Photoshopebenen enthält – so kann Ihr Kollege in Photoshop alles vorbereiten, während Sie dann alles animieren.

Die Option Importieren als Komposition • Ebenengrössen beibehalten importiert alle Photoshop-Ebenen genau in der Größe, mit der sie erstellt wurden. Bei der anderen Option kommen sie immer in der Größe des gesamten Photoshop-Dokuments herein, und das ist teils hinderlich.

Nach dem Import als Komposition klicken Sie die automatisch generierte Komposition im Projektfenster doppelt an, um sie zu öffnen.

**Photoshop-Sequenzen**

Wie der Import von Photoshop-Sequenzen vonstattengeht, erfahren Sie genauestens im Workshop »Die Bilder lernen laufen – Trickfilm« in Abschnitt 3.2.1.

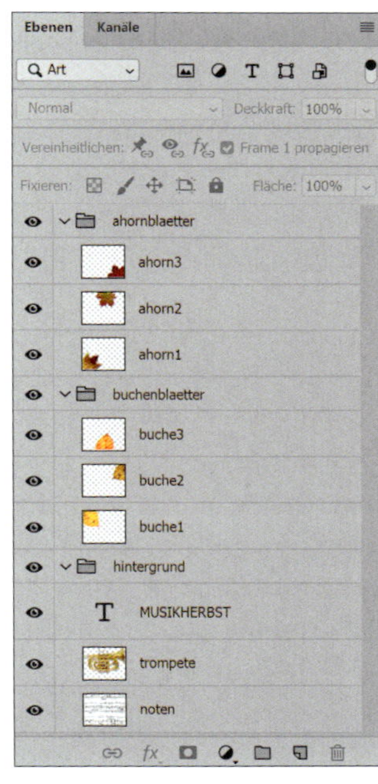


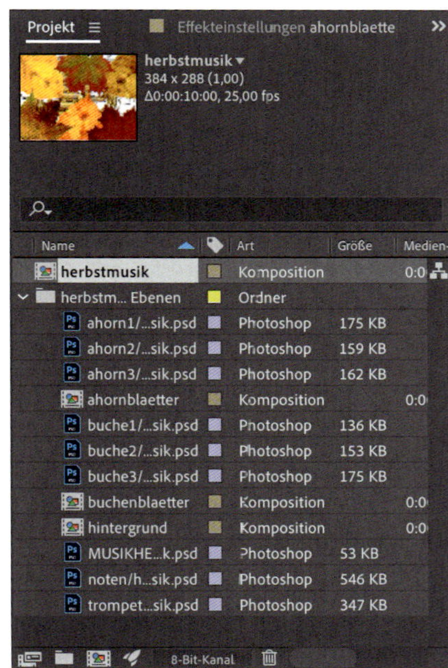


**Abbildung 18.4** ▸
In Photoshop wurden die Ebenen in mehreren Ordnern als Ebenensätze verpackt und jeweils eindeutig benannt.

**Abbildung 18.5** ▸▸
After Effects übernimmt beim Import als Komposition Ebenengruppen als Kompositionen, die in einer Gesamtkomposition enthalten sind. Sämtliche Benennungen werden korrekt wiedergegeben.

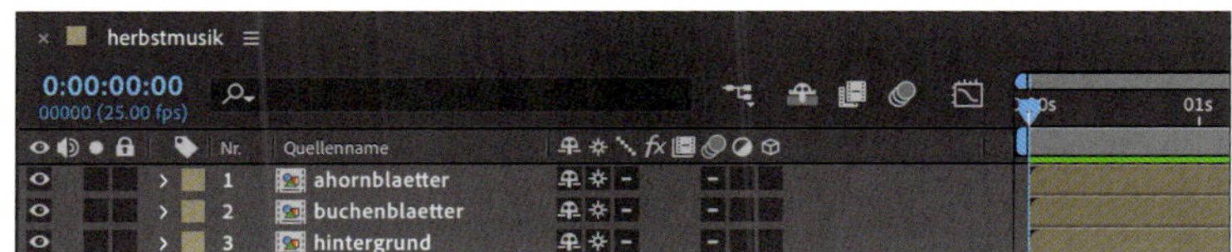


◂ **Abbildung 18.6**
In der automatisch generierten Komposition »herbstmusik« sind alle anderen Kompositionen mit den Photoshop-Ebenengruppen bereits enthalten.

**Photoshop-Dateien in Ebenen konvertieren**
Wenn Sie Photoshop-Dateien mit mehreren Ebenen in After Effects als Footage und auf eine Ebene reduziert importiert haben, können Sie die Ebenen nachträglich in After Effects wiederherstellen. Wählen Sie dazu die entsprechende Ebene in der Zeitleiste aus. Anschließend rufen Sie den Befehl Ebene • Erstellen • In Komposition mit Ebenen konvertieren auf. Es werden zusätzliche Kompositionen angelegt, die genau die Ebenen und Ebenengruppen enthalten, die auch in Photoshop angelegt wurden.

### 18.1.3 Datei extern bearbeiten

Es gibt eine sehr komfortable Möglichkeit, Dateien, die bereits in After Effects importiert sind, ohne große Umwege zu bearbeiten. Wählen Sie die Datei dazu im Projektfenster aus. Über den Befehl Bearbeiten • Datei extern bearbeiten oder [Strg]+[E] öffnen Sie die Datei im externen Bearbeitungsprogramm, z. B. in Photoshop.

Sobald die Änderungen im Originalprogramm erstellt **und abgespeichert** sind, wird die Datei ohne weitere Schritte sofort in After Effects aktualisiert. Sie finden diesen Bearbeitungsbefehl übrigens auch in anderen Adobe-Programmen. Voraussetzung für das Funktionieren des Befehls ist natürlich, dass die jeweils zur Bearbeitung nötigen Programme in den aktuellen Versionen auch auf dem System installiert sind.

### 18.1.4 Was wird aus Photoshop übernommen?

Wenn Sie Photoshop-Dateien in After Effects integrieren, bleiben beim Import die in Photoshop festgelegten Positionen der Ebenen und auch die Deckkraft, die Sichtbarkeit (Augen-Symbol) und die Transparenz erhalten. Sogar den aus Photoshop übernommenen Text können Sie in After Effects editieren, indem Sie die entsprechende Textebene in der Komposition markieren und Ebene • Erstellen • In editierbaren Text umwandeln wählen. Der Text verhält sich danach wie in After Effects erstellter Text.

Die Integration mit Photoshop-Dateien aber umfasst einiges mehr als das, und zwar z. B. auch die Übernahme von Füllmethoden, Ebenenstilen, Ebenenmasken, Vektormasken, Beschnittgrup-

**Text-Werkzeuge**
Falls Sie sich mit den Text-Werkzeugen und -Animationen nicht auskennen, finden Sie nähere Informationen in Kapitel 9, »Texte erstellen und animieren«.

pen, Einstellungsebenen und Hilfslinien. Wichtig ist, dass die Dateien, die korrekt importiert werden sollen, zuvor im PSD-Dateiformat abgespeichert wurden.

**Beispieldateien**
Zum eigenen Testen der von Photoshop übernommenen Einstellungen liegen im Ordner BEISPIELMATERIAL/18_Integration_PSIL /PHOTOSHOP/BEISPIELDATEIEN einige Photoshop-Dateien bereit. Importieren Sie die Dateien jeweils als Komposition, um die Übernahme aus Photoshop richtig beurteilen zu können.

### Füllmethoden

Alle in Photoshop angewendeten Füllmethoden werden in After Effects korrekt übernommen. Sie entsprechen den Ebenentransfermodi in After Effects. In Abbildung 18.7 sehen Sie das Ergebnis der Füllmethode LUMINANZ, die in Photoshop auf die Moskauer Basiliuskathedrale angewendet wurde.

**Abbildung 18.7 ►**
Die beiden Bilder des Metroplakats und der Basiliuskathedrale wurden in Photoshop mit der Füllmethode LUMINANZ gemischt.

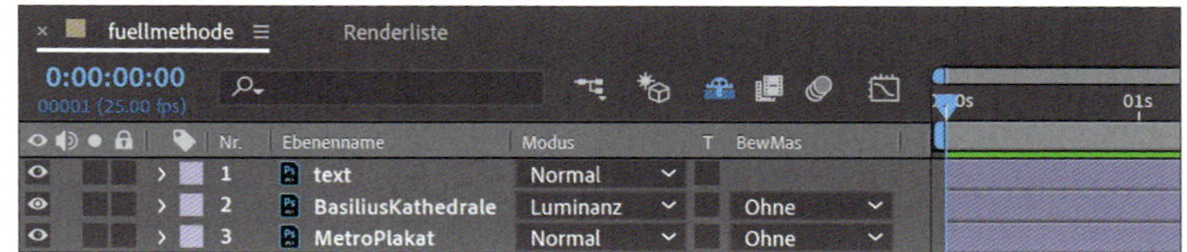


**Abbildung 18.8 ►**
In After Effects wurde die in Photoshop festgelegte Füllmethode LUMINANZ richtig übernommen.

### Ebenenmasken

In Photoshop erstellte Ebenenmasken werden als Transparenzeinstellung der importierten Datei übernommen. Photoshop unterstützt für jede Ebene Transparenzen und eine Ebenenmaske. After Effects kombiniert diese beim Import im Alphakanal. Die Ebenenmaske selbst ist daher in After Effects nicht mehr veränderbar.

### Vektormasken

Sie können in Photoshop aus einem Arbeitspfad oder einem Beschneidungspfad für jede Ebene eine Vektormaske erstellen. Wenn Sie die mit der Vektormaske abgespeicherte Datei in After Effects als Komposition importieren, wird für jede Ebene, die eine Vektormaske enthält, eine After-Effects-Maske generiert.

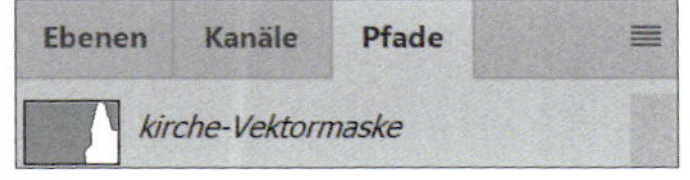


**▲ Abbildung 18.9**
Im Register PFADE wird die in Photoshop angelegte Vektormaske angezeigt.

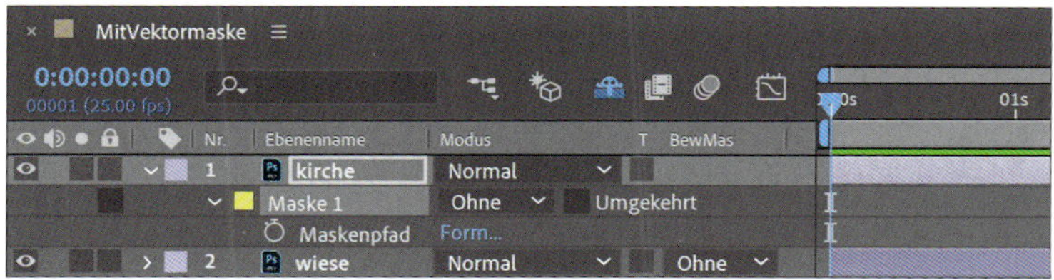


**◂ Abbildung 18.10**
Für die in Photoshop erstellte Vektormaske wird in After Effects eine Maske angelegt.

**▴ Abbildung 18.11**
Für die Füllebene wurde in Photoshop eine Schnittmaske festgelegt.

## Beschnittgruppen

Wenn Sie in Photoshop eine Schnittmaske für eine Ebene festgelegt haben, sollten Sie die Datei in After Effects als Komposition importieren. Es wird dann automatisch eine Komposition erzeugt, die eine Unterkomposition enthält. In dieser Unterkomposition sind die in Photoshop über die Beschnittgruppe zusammengefassten Ebenen enthalten. Um das gleiche Ergebnis wie in Photoshop zu erzielen, hat After Effects den Schalter Transparenz erhalten aktiviert.

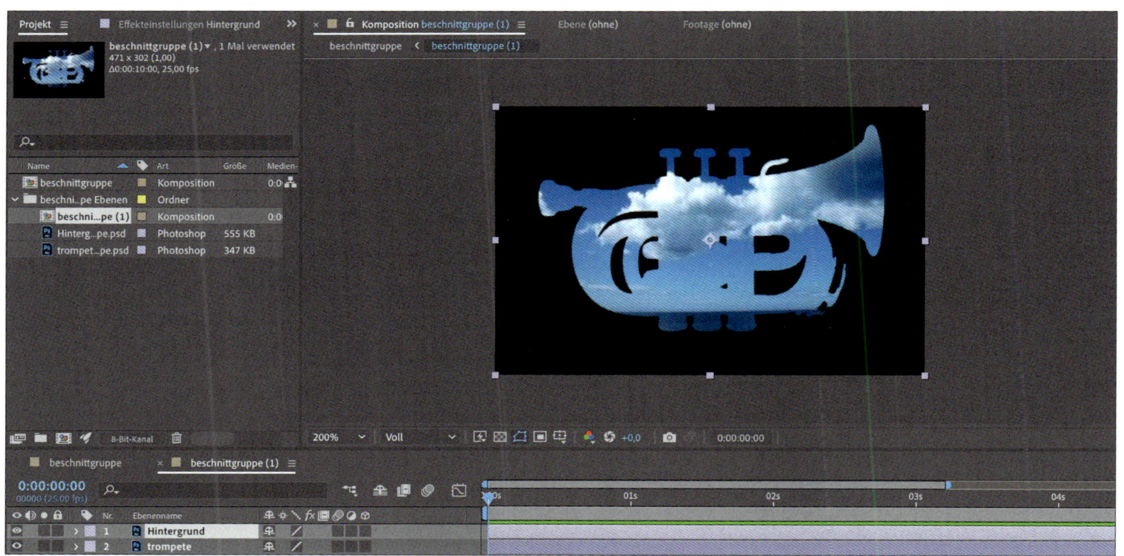


## Einstellungsebenen

In After Effects werden alle in Photoshop erstellten Einstellungsebenen wie Schwarzweiss, Dynamik oder Selektive Farbkorrektur korrekt übernommen. Die einzige Ausnahme bilden Verlaufsumsetzung und Color Lookup. Diese werden zwar als eigene Ebene in After Effects angezeigt, bleiben jedoch ohne Wirkung. Damit After Effects dies richtig macht, müssen Sie die Photoshop-Datei mit den Einstellungsebenen als Komposition importieren. After Effects legt eigene Einstellungsebenen mit entsprechenden Effekten an, die Sie in After Effects ändern können. Sie erkennen die Einstellungsebenen an dem Symbol ❶ (Abbildung 18.14) in der Zeitleiste.

**▴ Abbildung 18.12**
Damit im Endergebnis, wie in Photoshop, der Himmel in der Trompete sichtbar wird, hat After Effects die Komposition automatisch in eine weitere Komposition eingefügt.

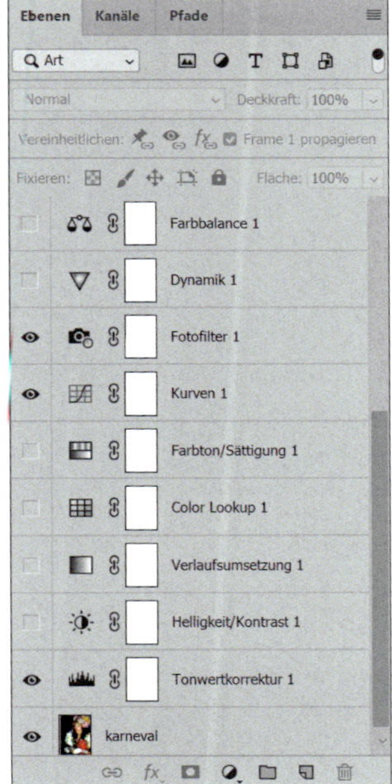


▲ **Abbildung 18.13**
Einige der Einstellungsebenen in Photoshop

**Ebenenstile löschen**
Zum Löschen eines Ebenenstils markieren Sie diesen in der Zeitleiste und drücken die Taste Entf. Zum Löschen aller Ebenenstile auf einer Ebene wählen Sie Ebene • Ebenenstile • Alle entfernen.

**Musterüberlagerung**
Der Photoshop-Effekt bzw. -Stil Musterüberlagerung wird in After Effects zwar korrekt übernommen, ist aber nicht eigens in After Effects verfügbar.

**Renderreihenfolge**
Ebenenstile werden in After Effects gleich nach den Transformationen gerendert. Sie gehören nicht zu den Effekten. Letztere werden noch vor den Transformationen gerendert.

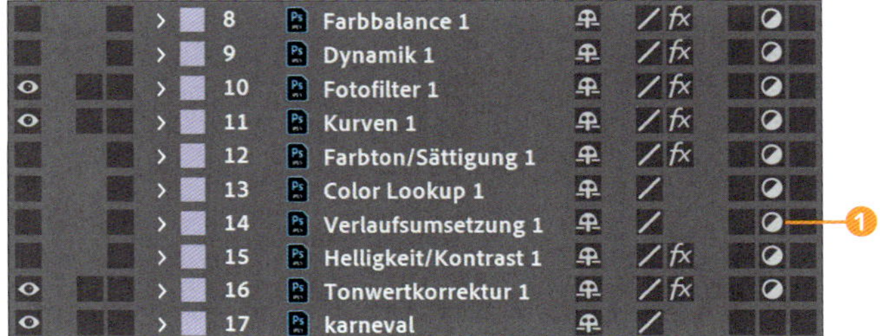


▲ **Abbildung 18.14**
Bis auf Verlaufsumsetzung und Color Lookup werden Einstellungsebenen in After Effects korrekt übernommen.

## Ebeneneffekte bzw. -stile

After Effects übernimmt sämtliche Photoshop-Ebeneneffekte bzw. -stile. Zudem sind die Ebenenstile in After Effects ebenfalls vorhanden und können über Ebene • Ebenenstile auf jede Ebene angewendet und animiert werden.

Wenn Sie die Photoshop-Datei in After Effects als Komposition importieren und nicht als Footage, können Sie im Importdialog unter Ebenenoptionen zwischen Editierbare Ebenenstile und Ebenenstile in Footage zusammenführen wählen. Bei erstgenannter Option bleiben die Stile in After Effects voll editierbar und können wie die After-Effects-Stile animiert werden. Letztgenannte Option führt dazu, dass die Ebenenstile ins Footage eingerechnet werden und vorerst in After Effects nicht mehr veränderbar sind. Dies können Sie jederzeit ändern, indem Sie die Ebenen in After Effects markieren und dann Ebene • Ebenenstile • In editierbare Formate umwandeln wählen. In der Zeitleiste haben Sie dann auf alle zuvor in Photoshop erstellten Ebenenstile Zugriff. Leider ist die Übernahme der Ebenenstile nicht immer hundertprozentig farbecht.

▲ **Abbildung 18.15**
In Photoshop wurde dem Schatten noch eine Störung hinzugefügt. Der Schatten wirkt daher körnig.

Der Effekt Schlagschatten wird mit allen seinen Einstellmöglichkeiten nach After Effects übertragen. Vergleichen Sie dazu die Abbildung 18.16 und Abbildung 18.17.

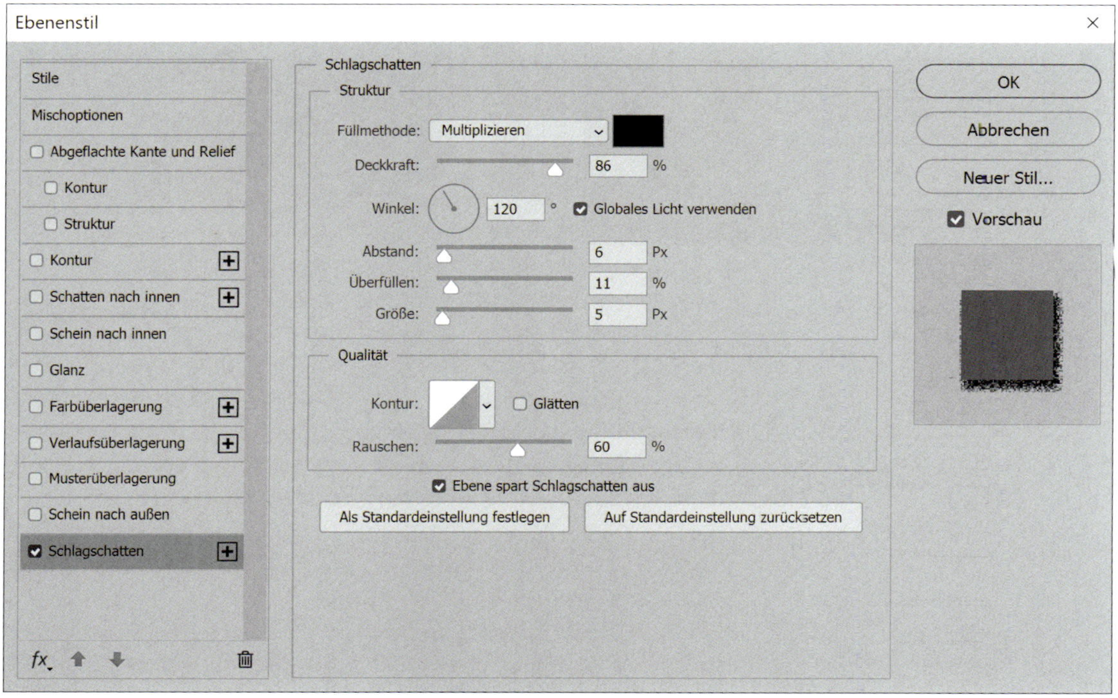

**▼ Abbildung 18.16**
Der Ebenenstil Schlagschatten in Photoshop

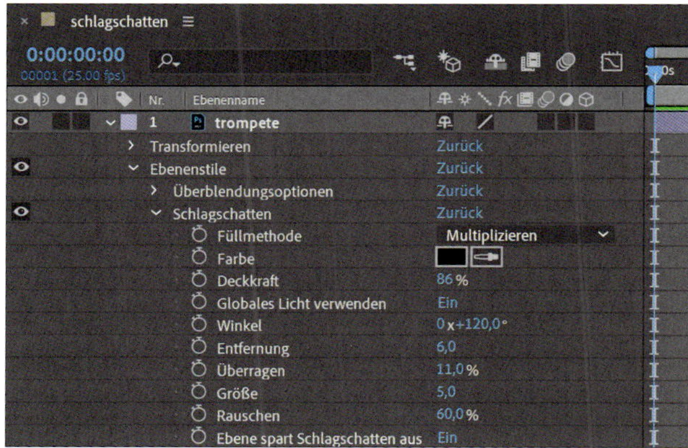


**◄ Abbildung 18.17**
Alle Einstellungen des Photoshop-Schlagschattens werden identisch nach After Effects übernommen.

**3D-Ebenen und Ebenenstile**
Wenn Sie Ebenenstile auf 3D-Ebenen anwenden, werden die 3D-Ebenen nicht korrekt angezeigt, wenn sie sich schneiden. Auch Schatten von einer 3D-Ebene auf eine andere werden in diesem Fall nicht gerendert.

Die Effekte Schatten nach innen, Schein nach aussen und Schein nach innen, Farbüberlagerung, Glanz, Verlaufsüberlagerung und Kontur werden ebenfalls vollständig übertragen. Auch der Effekt Abgeflachte Kante und Relief wird identisch übernommen. Nur die Muster unter Struktur und die Kurventools unter Kontur sind nicht verfügbar.

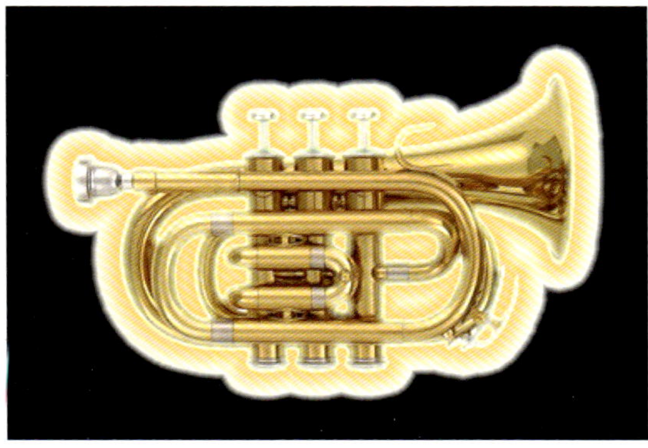

▲ **Abbildung 18.18**
Die Photoshop-Effekte Schein nach aussen und Schein nach innen sind hier recht deutlich sichtbar und werden identisch in After Effects übernommen.

▲ **Abbildung 18.19**
Das Ergebnis des Effekts Verlaufsüberlagerung in Photoshop. In After Effects sieht es ganz genauso aus.

### Überblendungsoptionen der Ebenenstile

Wie in Photoshop gibt es auch in After Effects unterschiedliche Überblendungsoptionen für die Ebenenstile.

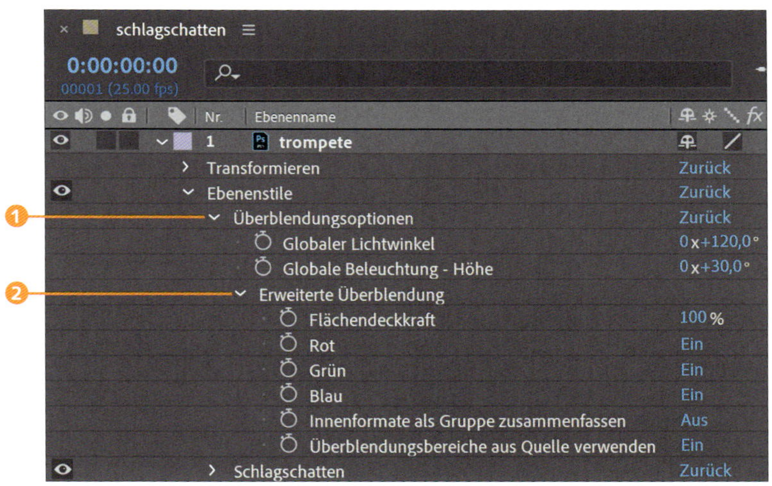


**Abbildung 18.20** ▶
Überblendungsoptionen, hier des Ebenenstils Schlagschatten

Sie können zunächst in der Zeitleiste unter Überblendungsoptionen ❶ die Werte für Globaler Lichtwinkel und Globale Beleuchtung – Höhe verändern.

Wenn Sie bei Ebenenstilen, die die Option Globales Licht verwenden anbieten, z. B. Schlagschatten, diese Option aktivieren, können Sie anschließend die Beleuchtung über die Werte bei Globaler Lichtwinkel und Globale Beleuchtung – Höhe verändern. Die in diesen Ebenenstilen separat vorhandenen Regler für Winkel und Höhe sind dann unwirksam.

Der Vorteil: Verwenden Sie verschiedene Ebenenstile, so werden die darin möglichen unterschiedlichen Winkelwerte durch den globalen Lichtwinkel bzw. die Beleuchtungshöhe ersetzt und bleiben auf diese Weise immer synchron.

Unter dem Eintrag ERWEITERTE ÜBERBLENDUNG ❷ finden Sie die Eigenschaft FLÄCHENDECKKRAFT. Mit dieser Option blenden Sie bei allen Ebenenstilen nur die Pixel der Originalebene aus, nicht aber die Pixel des Ebenenstils. Haben Sie den Ebenenstil SCHLAGSCHATTEN verwendet, so wird also einzig und allein der Schatten nicht ausgeblendet, während bei der Verringerung der DECKKRAFT unter TRANSFORMIEREN alle Pixel der Ebene, auch die Ebenenstile, ausgeblendet werden. Ebenenstile blenden Sie separat über die in jedem Stil verfügbare eigene Deckkrafteinstellung ein und aus.

Eine weitere Option ist INNENFORMATE ALS GRUPPE ZUSAMMENFASSEN. Es wird unterschieden zwischen Innenformaten, die sich auf die Ebene auswirken, auf die der Ebenenstil angewendet wurde (SCHEIN NACH INNEN, SCHATTEN NACH INNEN, FARB- UND VERLAUFSÜBERLAGERUNG, GLANZ und ABGEFLACHTE KANTE UND RELIEF), und Außenformaten, die mit darunterliegenden Ebenen interagieren (SCHEIN NACH AUSSEN und SCHLAGSCHATTEN). Aktivieren Sie die Option INNENFORMATE ALS GRUPPE ZUSAMMENFASSEN, so werden die Innenformate bei der Verwendung von Ebenenmodi in die Berechnung einbezogen. Bleibt die Option deaktiviert, bleiben die Innenformate von den Ebenenmodi unbehelligt.

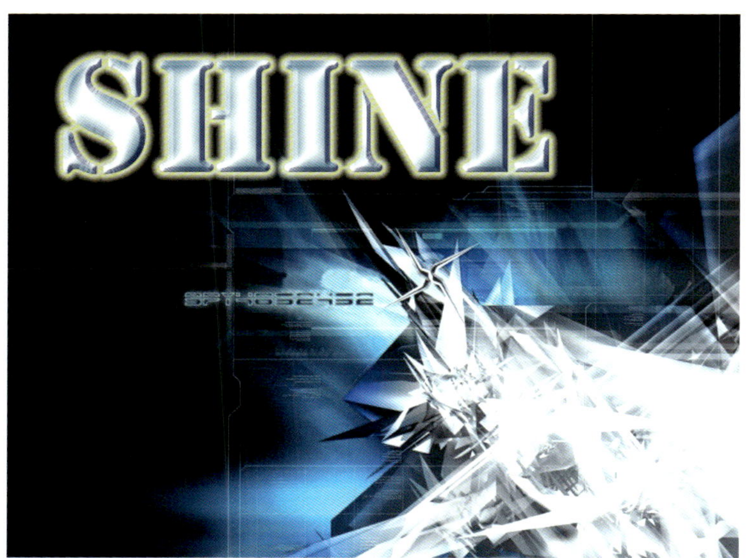


◂ **Abbildung 18.21**
In diesem Beispiel wurden die Ebenenstile SCHEIN NACH AUSSEN, ABGEFLACHTE KANTE UND RELIEF sowie GLANZ auf den Text »Shine« angewendet.

**Eigenschaften der Ebenenstile**
Jeder Ebenenstil hat in After Effects seine eigenen animierbaren Eigenschaften, auf die ich wegen ihrer Vielzahl hier nicht eingehen kann. Die Eigenschaften erschließen sich allerdings auch sehr leicht durch Ausprobieren und ähneln stark denen, die bei den Photoshop-Ebenenstilen verfügbar sind.

Aus Photoshop kennen Sie die für die Ebenenstile einstellbaren FÜLLOPTIONEN unter MISCHOPTIONEN • ERWEITERTER MISCHMODUS.

In After Effects entscheiden Sie mit ÜBERBLENDUNGSBEREICHE AUS QUELLE VERWENDEN, ob dieser erweiterte Mischmodus aus der Photoshop-Datei übernommen werden soll oder nicht.

Wollen Sie einzelne Farbkanäle bei der Berechnung der Ebenenfüllmethoden ausschließen, so ist das über die Optionen ROT, GRÜN und BLAU möglich.

### 18.1.5 Import von Photoshop-Zeichentricksequenzen und -Animationen

**Beispiel**

Im Beispielmaterial finden Sie im Ordner BEISPIELMATERIAL/18_Integration_PSIL/PHOTOSHOP/ANIMATION die Dateien »VideoebeneEinzelbildani.psd«, » FrameEinzelbildani.psd« und »PSKeyanimation.psd«. Diese Dateien können Sie für eigene Tests in Photoshop und After Effects verwenden.

Photoshop-Dateien können bereits seit der Version CS3 (Extended) auch Videos bzw. Animationen enthalten. Keyframe- und Einzelbildanimationen können Sie als PSD in After Effects importieren. Änderungen an den PSD-Dateien werden nach jedem Speichern sofort nach After Effects übernommen!

Um in Photoshop eine Animation zu schaffen, die Sie in After Effects verwenden können, legen Sie ein neues Dokument an, wechseln dann den Arbeitsbereich via FENSTER • ARBEITSBEREICH und wählen dort den Eintrag BEWEGUNG. Daraufhin erscheint unten eine Zeitleiste. Klicken Sie dort auf den Button VIDEOZEITLEISTE ERSTELLEN, oder wählen Sie über das Popup 1 FRAME-ANIMATION ERSTELLEN. Haben Sie VIDEOZEITLEISTE gewählt, können Sie ähnlich wie in After Effects Animationen erstellen, bei der Frame-Animation können Sie aus Photoshop-Ebenen Einzelbildsequenzen erstellen.

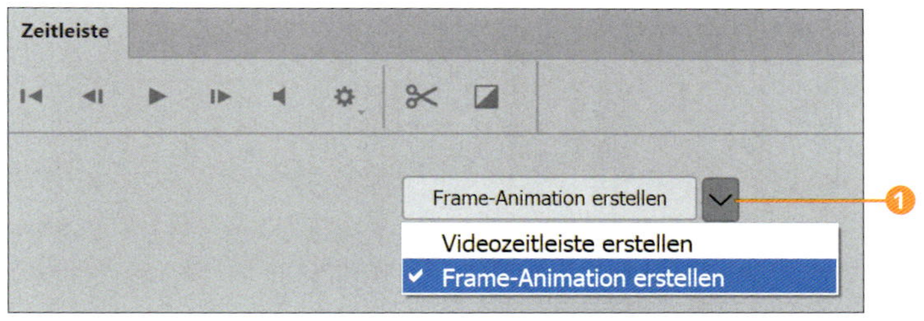


**Abbildung 18.22** ▸
In Photoshop wählen Sie zuerst die gewünschte Zeitleiste: zwischen Keyframe- oder Frame-Animation.

**Videos in Photoshop**

Sie können Videos in Photoshop wie ein normales Bild öffnen. Sie lassen sich mit simplen Animationen wie Deckkraftänderungen und Überblendungen animieren und auch schneiden. Allerdings wird der Import eines Video-PSDs in After Effects seit der Version CS6 nicht mehr unterstützt, das heißt, das Video wird als Standbild angezeigt. Allerdings könnten Sie es auch aus Photoshop heraus rendern.

#### Einzelbildanimation

Es gibt zwei Möglichkeiten, Einzelbildanimationen in Photoshop zu erstellen.

Die für After Effects sinnvollste ist diese: Erstellen Sie eine Videozeitleiste, und legen Sie via EBENE • VIDEOEBENEN • NEUE LEERE VIDEOEBENE eine neue Ebene 3 an. Auf dieser Ebene können Sie nun frameweise zeichnen, indem Sie immer nur einen Frame weiternavigieren und den neuen Bildinhalt zeichnen. Im Zeitleistenmenü 2 wählen Sie noch ZWIEBELSCHICHTEN AKTIVIEREN, um zuvor oder auch danach gezeichnete Frames mit geringerer Deckkraft anzuzeigen. Per ZWIEBELSCHICHTENEINSTELLUNGEN können Sie die Anzahl der sichtbaren Frames festlegen. – Diese Möglichkeiten gibt es in After Effects nicht!

Wenn Sie diese Einzelbildanimation als PSD abspeichern und in After Effects als Footage (nicht als Komposition!) importieren, dann erhalten Sie dort eine einzelne Ebene, die die ganze Animation enthält. Das Schöne daran ist: Wenn Sie in Photoshop noch etwas an der Animation ändern und wieder speichern, wird das in After Effects sofort aktualisiert!

Übrigens können Sie via EBENE • VIDEOEBENEN • NEUE VIDEOEBENE AUS DATEI auch ganze Bildsequenzen in Photoshop laden und sie modifizieren.

**Malen animieren**

In After Effects können Sie mit der Option MALEN ANIMIEREN, wie in Abschnitt 14.2.8, »Dauer und Animation«, beschrieben, frameweise zeichnen, allerdings können Sie dabei nicht mit Zwiebelschichten arbeiten. Da tränt einem das Auge!

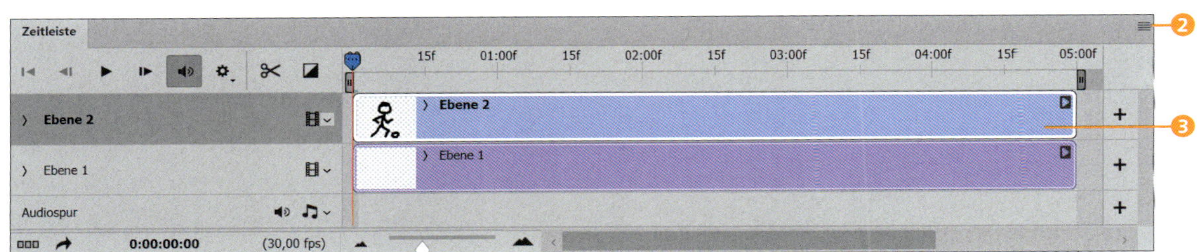


▲ **Abbildung 18.23**
Einzelbilder zeichnen Sie am besten auf einer Photoshop-Videoebene.

◄ **Abbildung 18.24**
Das gibt es in After Effects nicht! – Mit der Option ZWIEBELSCHICHTEN zeigen Sie zuvor gezeichnete Frames zur Orientierung mit geringerer Deckkraft an.

Variante zwei: Für Einzelbildanimationen ist es auch möglich, zunächst die einzelnen Bildschritte in Photoshop auf mehreren Ebenen zu erstellen. Zum Beispiel legen Sie auf eine Ebene ein Porträtfoto mit geschlossenem Mund und auf die zweite Ebene eines mit offenem Mund. Anschließend erstellen Sie eine Zeitleiste mit FRAME-ANIMATION und wählen dort im Zeitleistenmenü die Option FRAMES AUS EBENEN ERSTELLEN. Und schon können Sie die Abspieloptionen 2 nutzen (siehe Abbildung 18.25). Mit der Schaltfläche 4 fügen Sie bei Bedarf weitere Ebenen hinzu, die einen neuen Bildschritt enthalten. Vom markierten Frame wird eine Kopie geschaffen, die Sie nun ändern können. Wollen Sie ganz neu zeichnen, wählen Sie im Zeitleistenmenü die Option FÜR JEDEN NEUEN FRAME EINE NEUE EBENE ANLEGEN.

Wenn ihr gestriger Abend ein episches Ausmaß angenommen hat, weil sie dem siebten Himmel so nah waren und nun zu träge sind, etliche Zwischenschritte der Animation selbst zu zeichnen, nutzen Sie das Tweening ❸. Dieses fügt dann die Bilder für Sie ein.

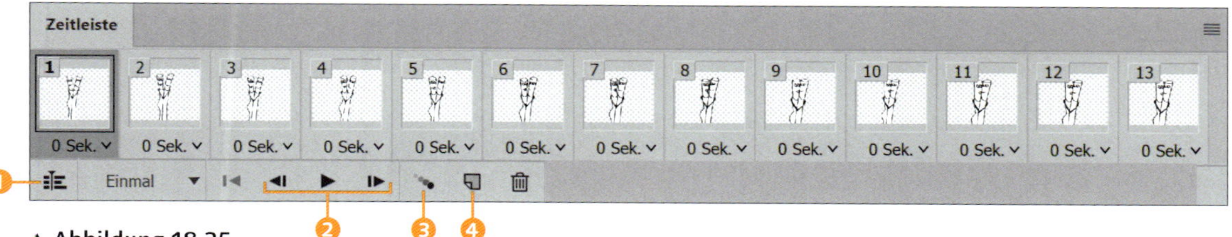


▲ **Abbildung 18.25**
Aus vielen Photoshop-Ebenen generieren Sie via FRAMES AUS EBENEN ERSTELLEN eine Einzelbildanimation.

Nach After Effects bekommen Sie die Animation, indem Sie daraus ein Video oder eine Einzelbildsequenz rendern. Dies geht über DATEI • EXPORTIEREN • VIDEO RENDERN. Im Ausgabedialog wählen Sie den Speicherort und entscheiden per Button ❺ ob eine PHOTOSHOP-BILDSEQUENZ erstellt werden oder der ADOBE MEDIA ENCODER gestartet werden soll. Dann rendern Sie die Sequenz, die Sie anschließend in After Effects importieren können.

Es gibt aber auch die Möglichkeit, die Sequenz als PSD nach After Effects zu übernehmen. Dazu konvertieren Sie die Frame-Animation über den Button ❶ in eine Videozeitleiste. Danach speichern Sie das PSD und importieren es wie bei der ersten Variante beschrieben.

**Abbildung 18.26** ▶
Mit den Renderoptionen in Photoshop geben Sie Bildsequenzen oder ein Filmformat aus.

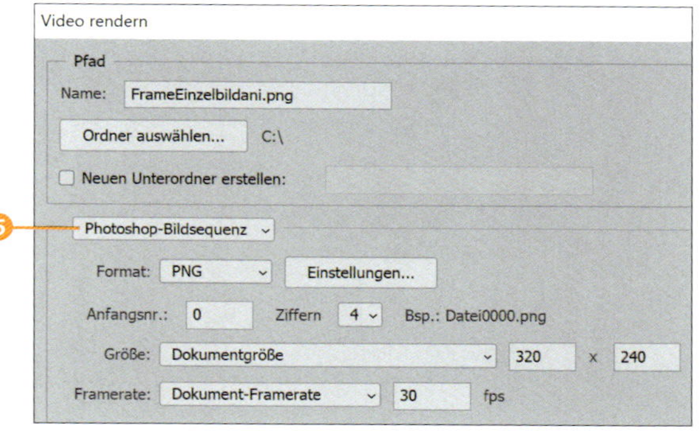


**Unter Windows nicht**

Wollen Sie Animationen im Format PSD unter Windows nach After Effects übernehmen, so gehen die Animationen leider verloren und Videos werden nicht abgespielt. Sie können in Photoshop aber den Weg über DATEI • EXPORTIEREN • VIDEO RENDERN nehmen, um immerhin einen Film auszugeben.

## Keyframe-Animation

Nachdem Sie mit der Option VIDEOZEITLEISTE eine Zeitleiste für die Keyframe-Animation erstellt haben, finden Sie eine Audiospur und eine Videogruppe vor. Da weder Audio noch Video nach dem Import in After Effects wiedergegeben werden, ist das wenig interessant. Um eine Extraspur z. B. für ein externes zu animierendes Bild zu laden, klicken Sie auf das Minidreieck ❻ und wählen dort NEUE VIDEOGRUPPE. In dieser neuen Gruppe wählen Sie dann auf dem gleichen Weg MEDIEN HINZUFÜGEN.

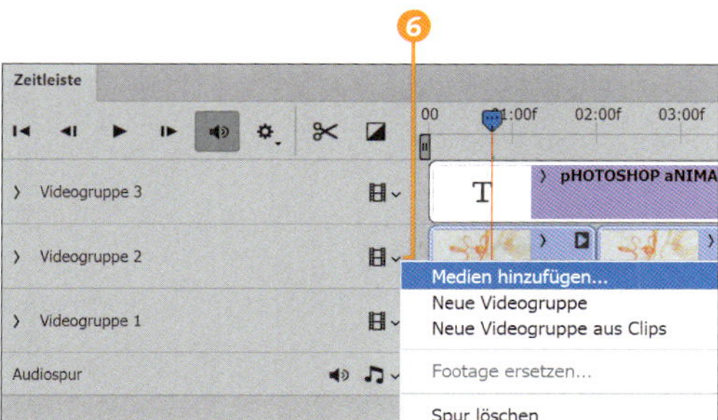


◂ **Abbildung 18.27**
Externe Dateien werden einer Videogruppe hinzugefügt.

In der Zeitleiste setzen Sie ähnlich wie in After Effects Keyframes. Um beispielsweise die Deckkraft einer Ebene in Photoshop zu animieren, klappen Sie die Ebene über das Dreieck 7 auf. Dort setzen Sie Keyframes für Deckkraft oder Position und ziehen den Deckkraft-Regler 15 (in Abbildung 18.29) in der Ebenenpalette auf einen anderen Wert, z. B. 0%. Den nächsten Key setzen Sie, indem Sie die Deckkraft an einem anderen Zeitpunkt wieder auf 100% erhöhen. Positionswerte ändern Sie per Auswahl-Werkzeug durch Ziehen der Ebene an eine neue Position. Wenn Sie Ebeneneffekte animieren wollen, setzen Sie für die Eigenschaft Stil 8 Keyframes und ändern an verschiedenen Zeitpunkten die Einstellungen in der Ebenenpalette unter Effekte 16 (in Abbildung 18.29).

▾ **Abbildung 18.28**
In Photoshop können Sie auf ähnliche Weise wie in After Effects Keyframes setzen. Die Animation können Sie im Format PSD speichern oder als Video rendern.

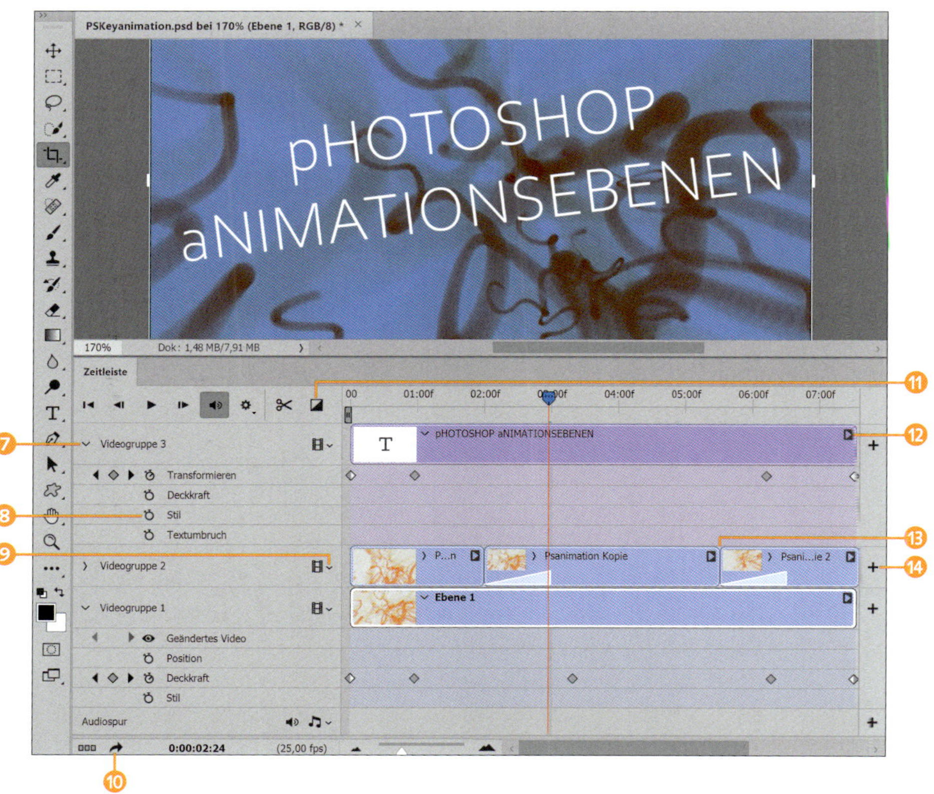

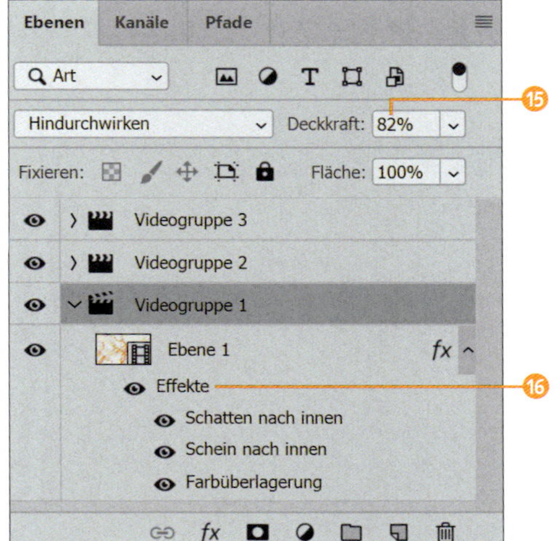


**Abbildung 18.29 ▸**
Über die Ebenenpalette ändern Sie Keyframe-Einstellungen z. B. für die DECKKRAFT und Ebeneneffekte.

Sie können außerdem wie in jeder Photoshop-Datei weitere Ebenen hinzufügen. Diese sind dann Standbildebenen. Außerdem können Sie Videoebenen über EBENE • VIDEOEBENEN HINZUFÜGEN. Am Ende jeder Ebene befindet sich ein kleines Dreieck ⓬ (Abbildung 18.28). Dort finden Sie bei Standbildebenen noch die Einträge DREHEN, SCHWENKEN, ZOOM etc. (und bei Videoebenen DAUER, GESCHWINDIGKEIT etc.). Wenn Sie dort für Standbildebenen z. B. DREHUNG auswählen, setzt Photoshop automatisch Keys für die Eigenschaft TRANSFORMIEREN und generiert eine Animation. Am jeweiligen Keyframe können Sie Änderungen vornehmen. Um eine Ebene beispielsweise zu drehen, verwenden Sie FREI TRANSFORMIEREN (Strg+T) an verschiedenen Zeitpunkten.

Über den Button ⓫ lassen sich auch automatisch generierte Überblendungen hinzufügen, indem Sie die Überblendung einfach auf die Ebene oder zwischen zwei Ebenen ziehen ⓭. Die Dauer passen Sie per Doppelklick auf das Überblendungssymbol in der Ebene an.

Weitere Medien wie Standbilddateien, Videos und Audiodateien fügen Sie über das kleine Dreieck ❾ neben der Videogruppe bzw. Audiospur oder über das Pluszeichen ⓮ hinzu.

Einen Film erzeugen Sie über den Button VIDEO RENDERN ❿. Die Rendereinstellungen sind mit denen in After Effects vergleichbar.

Speichern Sie die geänderte Datei über SPEICHERN UNTER als PSD. Photoshop legt daraufhin eine normale PSD an. Diese importieren Sie wie gewohnt in After Effects. Wählen Sie beim Import IMPORTIEREN ALS FOOTAGE, werden alle Ebenen auf eine Ebene reduziert, enthalten aber die Animation. Wählen Sie IMPORTIEREN ALS • KOMPOSITION, bleiben die Einzelebenen und auch die Animationen erhalten. Änderungen im Photoshop-Dokument speichern Sie, um sie in After Effects zu aktualisieren. Die andere Möglichkeit: Sie rendern einen Film und importieren ihn wie gewohnt.

▲ **Abbildung 18.30**
Nach dem Import in After Effects wurde alles richtig übersetzt, und Änderungen werden beim Speichern aktualisiert.

## 18.1.6 3D-Kompositionen aus Fluchtpunkt-Daten erzeugen

Das Feature FLUCHTPUNKT in Photoshop dient dazu, Fremdmaterial perspektivisch richtig in ein fotografiertes Motiv einzupassen. So ließe sich in Carl Spitzwegs Bild »Der arme Poet« recht problemlos eine neue Innenausstattung für die Dachkammer des Poeten erfinden.

In After Effects können Sie per Fluchtpunkt bearbeitete Fotos verwenden, um in After Effects generiertes oder importiertes Material wie zum Beispiel extrudierte Formen und Texte darin einzufügen. Gehen wir es an.

**Live Photoshop 3D**

3D-Modelle, die Sie in Photoshop erstellt haben, konnten Sie bis zur Version 5.5 von After Effects via LIVE PHOTOSHOP 3D importieren. Seit CS6 wird diese Funktion nicht mehr unterstützt.

### Schritt für Schritt 3D-Komposition aus Fluchtpunkt-Daten

In diesem Workshop werden wir eine 3D-Komposition aus einem per Fluchtpunkt bearbeiteten Bild erstellen.

Die benötigten Dateien für diesen Workshop finden Sie unter BEISPIELMATERIAL/18_Integration_PSIL /PHOTOSHOP/VPE.

## 1 Vorbereitungen

Schauen Sie sich zuerst das Movie »halle.m4v« aus dem Ordner 18_INTEGRATION_PSIL/PHOTOSHOP/VPE an. Für die Kamerafahrt in die Halle wurde nur ein einfaches Foto verwendet. Am Ende des Movies sehen Sie im Boden daher Verzerrungen, was aber gut die Grenzen der hier vorgestellten Funktion veranschaulicht.

Für diesen Workshop finden Sie ein vorbereitetes Foto namens »HalleFertig.jpg« im oben genannten Ordner vor. Dieses Foto enthält bereits Fluchtpunktdaten, und Sie können es verwenden, falls Ihnen die nächsten Schritte nicht gelingen. Wollen Sie es selbst probieren, habe ich die Datei »HalleBeginn.jpg« dazugelegt. Öffnen Sie diese Datei in Photoshop, und rufen Sie die Fluchtpunkt-Bearbeitung über FILTER • FLUCHTPUNKT auf. Es öffnet sich ein eigenes Fenster. Hier werden wir über die Seitenflächen der Halle mehrere Gitter aufziehen, anhand deren After Effects nachher die perspektivische Verzerrung der Seitenflächen und ihre räumliche Anordnung erkennen wird.

## 2 Gitter erstellen

Beginnen Sie mit einem Gitter für die rechte Seitenfläche der Halle, da links neben der zuerst erstellten Fläche später die Kamera generiert wird, diese dann also in die Halle »schaut«. Aktivieren Sie dazu das Ebene-erstellen-Werkzeug ❷. Klicken Sie dann nacheinander die vier Ecken der rechten Wand an, um ein Gitter zu erhalten.

**Abbildung 18.31 ▼**
Mit dem Feature FLUCHTPUNKT erstellen Sie zuerst Gitter für die Seitenflächen des Kubus.

Zur Feinbearbeitung nutzen Sie falls nötig anschließend das Ebene-bearbeiten-Werkzeug ①. Ziehen Sie damit an den vier Eckpunkten, bis das Gitter die Seitenfläche vollständig und perspektivisch richtig überlagert. Alle anderen Gitter orientieren sich an diesem zuerst erstellten Gitter.

Wechseln Sie wieder zum Ebene-erstellen-Werkzeug, oder drücken Sie die Strg-Taste, um für die Decke ein weiteres Gitter zu erstellen. Klicken Sie auf den mittleren oberen Anfasser (es ist kein Eckpunkt, sieht aber so wie einer aus), und ziehen Sie das neue Gitter nach links auf.

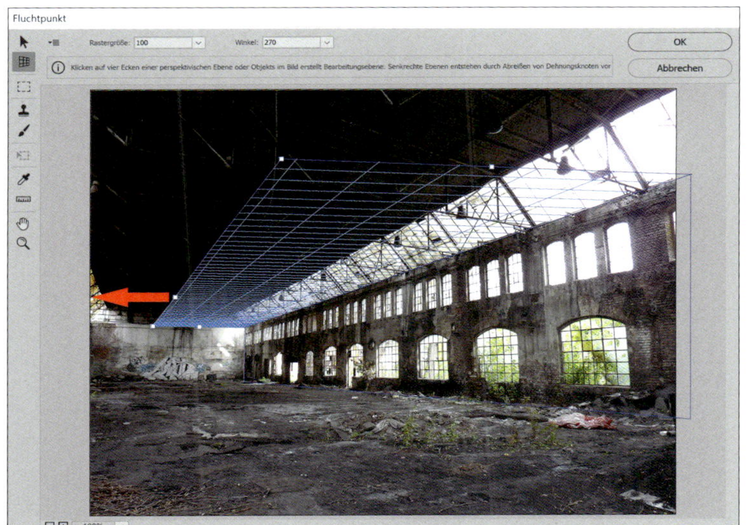


◂ **Abbildung 18.32**
Für die Decke ziehen Sie ein Gitter vom mittleren Anfasser aus nach links. Wenn das erste Gitter perspektivisch recht genau angelegt war, sollte eine Nachbearbeitung kaum nötig sein. Für die linke Wand, die im Foto nicht zu sehen ist, ziehen Sie ein Gitter direkt an der linken Bildkante herunter, fügen dann noch das Bodengitter hinzu und ein Gitter für die hintere Wand, das Sie vom Deckengitter aus herunterziehen.

▾ **Abbildung 18.33**
So sieht das Gitter gut aus.

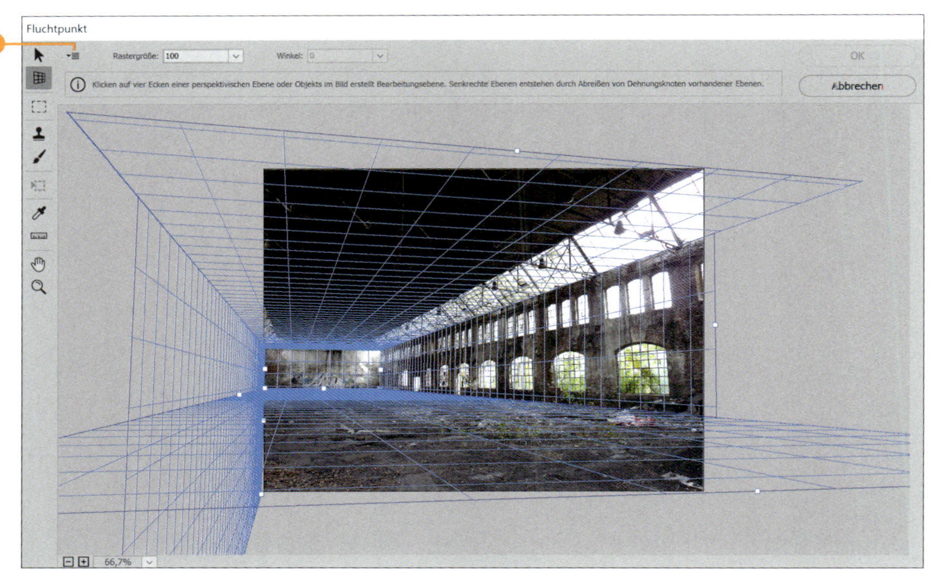

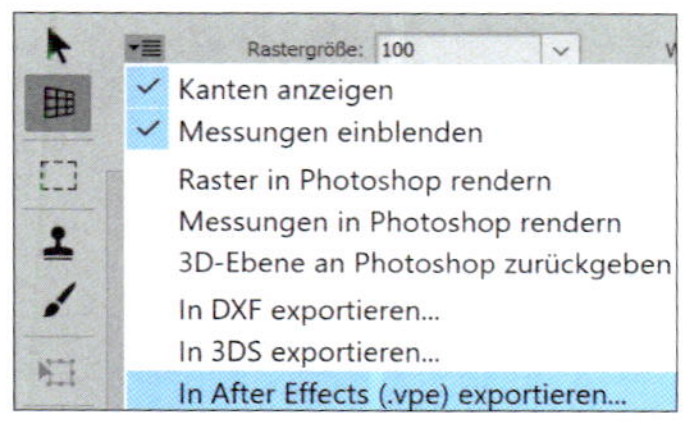


▲ **Abbildung 18.34**
Im Popup-Menü wählen Sie den Eintrag In After Effects (.vpe) exportieren.

### 3 3D-Szene generieren

Wir nutzen die fertiggestellten Gitterflächen, um eine 3D-Szene zu exportieren und diese in After Effects zu verwenden. Dazu klicken Sie auf den Button oben links neben den Werkzeugen innerhalb des Fluchtpunkt-Fensters ③ (siehe Abbildung 18.33). Wählen Sie aus dem Popup-Menü den Eintrag In After Effects (.vpe) exportieren. Legen Sie einen Speicherort fest, und geben Sie als Dateinamen »halle« ein.

Um die VPE-Datei in After Effects zu importieren, gehen Sie nicht den üblichen Weg per Doppelklick ins Projektfenster, da die VPE-Datei hiermit nicht importiert werden kann. Stattdessen klicken Sie mit der rechten Maustaste in das Projektfenster und wählen dann Importieren • Fluchtpunkt (.vpe). Nach dem OK erscheinen im Projektfenster eine automatisch generierte Komposition (»halle.vpe«), ein Ordner mit fünf PNG-Dateien und einer mit Nullebenen.

**3DS exportieren**

Beim Export einer VPE-Datei wird zusätzlich immer eine ».3ds«-Datei generiert. Sie können über den für VPE verfügbaren Exportweg in Photoshop auch die Option In 3DS exportieren wählen. Damit erhalten Sie eine Datei, die Sie beispielsweise in 3ds Max und Cinema 4D öffnen können. Dies kann eine Hilfe sein, um 3D-Objekte in After Effects zu integrieren.

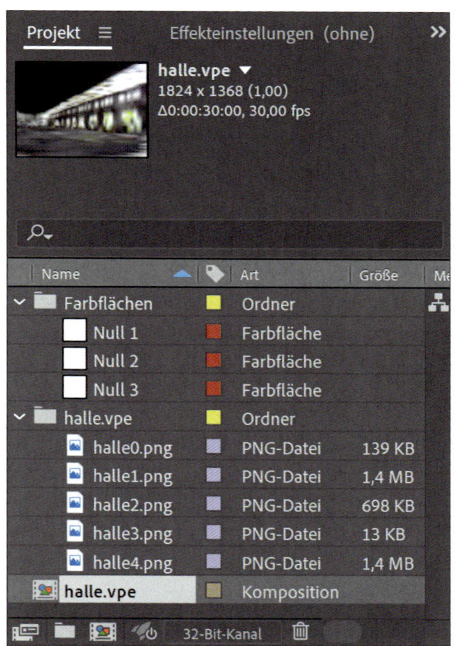


◀ **Abbildung 18.35**
Im Projektfenster wird für die importierte VPE-Datei automatisch eine Komposition angelegt, die alle für die 3D-Szene nötigen Ebenen enthält.

Öffnen Sie die Komposition per Doppelklick. Aufgrund der zuvor perspektivisch richtig angelegten Gitter wurden die PNG-Dateien bereits automatisch korrekt in die 3D-Szene eingebaut. Außerdem wurde überflüssiger Hintergrund rund um jedes Gitter entfernt.

After Effects hat eine Nullebene (»Übergeordnet«) ⑤ angelegt, mit der die PNGs per Parenting verbunden sind. Zudem gibt es eine Kamera-Ebene ④. Die Komposition entspricht noch keiner Standardgröße, da sie aus den Maßen der Bilddatei abgeleitet wurde.

**Transparenzen**

Falls Sie Dateien verwenden, in denen Sie zuvor in Photoshop Transparenzen hinzugefügt haben, wird die eigentlich freigestellte Datei unverständlicherweise nicht gleich ebenso in After Effects interpretiert, sondern es wird weißer Hintergrund anstelle der Transparenz aufgefüllt. Das macht es notwendig, die einzelnen PNGs nochmals in Photoshop zu öffnen, dort den weißen Hintergrund zu entfernen und erneut zu speichern. Sie aktualisieren die PNGs in After Effects, indem Sie sie alle markieren und dann mit der rechten Maustaste den Befehl Footage neu laden wählen.

Ändern Sie die Kompositionseinstellungen über KOMPOSITION • KOMPOSITIONSEINSTELLUNGEN auf die Vorgabe HDV/HDTV 720 25 und die Dauer auf 10 Sekunden.

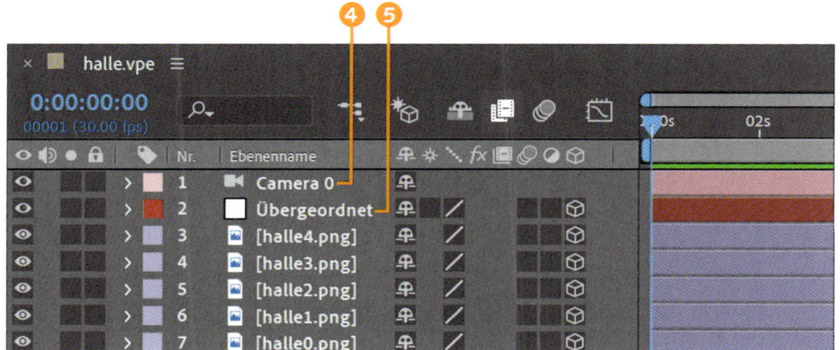


◀ **Abbildung 18.36**
Die für die 3D-Szene generierten PNG-Dateien sind per Parenting mit einer Nullebene namens »Übergeordnet« verbunden.

## 4 Kamerafahrt und Text erstellen

Zum Schluss erstellen wir eine Kamerafahrt in die Halle hinein. Wählen Sie dazu im Kompositionsfenster die Einstellung 2 ANSICHTEN – HORIZONTAL ⑦. Klicken Sie in die links der beiden Ansichten, und schalten Sie sie auf OBEN ⑥. Markieren Sie die Kamera in der Zeitleiste, um sie im Kompositionsfenster sichtbar zu machen. Klappen Sie die Transformieren-Eigenschaften und die Kameraoptionen auf.

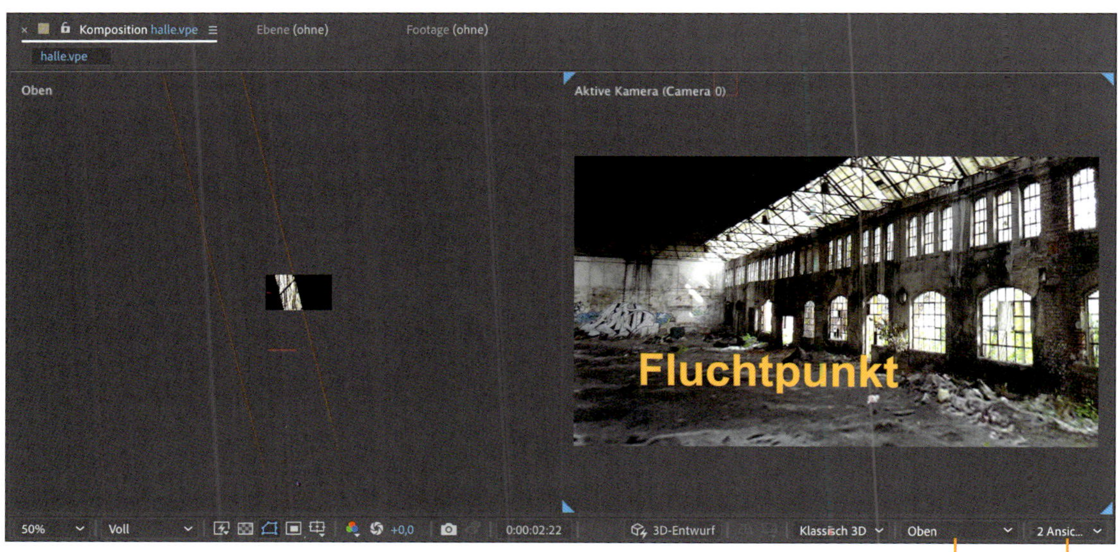


▲ **Abbildung 18.37**
In der Ansicht von oben richten Sie die Kamerafahrt ein.

**Parenting**
Weitere Informationen zum Parenting finden Sie in Abschnitt 8.7, »Parenting: Vererben von Eigenschaften«.

Setzen Sie für ZIELPUNKT, POSITION und ZOOM einen ersten Key bei 00:00. Achten Sie darauf, dass die Kamera nicht über den Rand der generierten »Schachtel« hinausfährt.

**Kamerazoom**

Die in After Effects automatisch angelegte Kamera besitzt einen Kamerazoom, der dem Blickfeld der Fluchtpunkt-Szene in Photoshop Extended entspricht.

**3D-Ebenen, Kamera und Licht**

Weitere Informationen zu 3D-Ebenen, Kameras und Licht erhalten Sie in Kapitel 16, »3D in After Effects«.

Ziehen Sie die Zeitmarke an das Ende der Komposition, und verschieben Sie dann die Kamera auf der Z-Achse nach oben (Ansicht OBEN), also in den Raum hinein. Den Zielpunkt ziehen Sie nach links, und zwar so, dass die Kamera in der »Schachtel« bleibt.

Setzen Sie einen Key bei ZOOM mit dem Wert 8.200. Wenn Sie nun die Animation abspielen, sollte die Kamera in die Halle hineinfahren. Dabei werden Sie auch schon die Schwäche der per Fluchtpunkt generierten 3D-Szenen bemerken: Die zuerst perspektivisch richtig dargestellten Wände bzw. die Bodenfläche wirken schnell verzerrt, da die zugrundeliegenden PNGs nur aus einem Blickwinkel generiert wurden. Aber immerhin …

Anschließend können Sie nun noch einen Text, für den Sie die 3D-Option aktivieren, hinzufügen und in der Halle platzieren oder ein CG-Objekt aus einer 3D-Anwendung, Licht setzen und die Komposition in eine Ray-traced-3D-Komposition umschalten. Ich werde es momentan nicht tun, aber dafür die nächsten Kapitel für Sie bearbeiten.

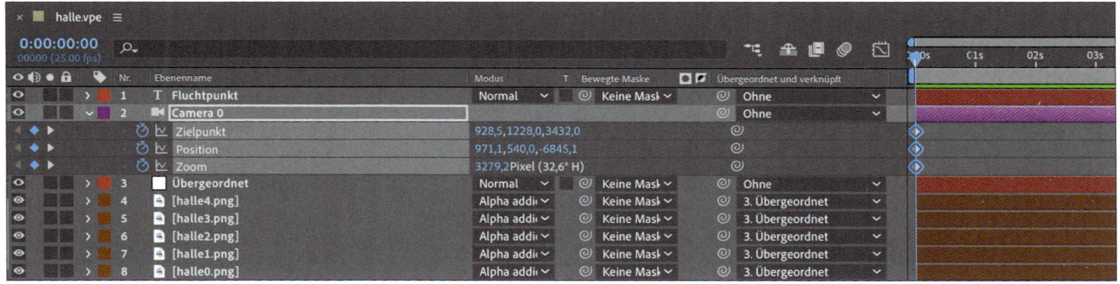


▲ **Abbildung 18.38** ▼
Die Kamera wird per POSITION, ZIELPUNKT und ZOOM animiert.

## 18.1.7 Photoshop-Pfade in After Effects

**Fertige Datei**

Das fertige Projekt zum Workshop finden Sie im Ordner 18_Integration_PSIL/PHOTOSHOP/VPE. Es heißt »fluchtpunkt.aep«.

In Photoshop erstellte Pfade können Sie in After Effects als Masken oder als Bewegungspfade verwenden. Dazu markieren Sie den in Photoshop generierten Pfad und kopieren ihn mit Strg+C. Anschließend fügen Sie ihn in After Effects auf einer beliebigen Ebene mit Strg+V ein.

Markieren Sie dabei nur die Ebene, legt After Effects für den eingefügten Pfad eine oder mehrere Masken an. Markieren Sie die Eigenschaft POSITION einer Ebene, fügt After Effects Bewegungs-Keyframes in die Ebene ein. Die Ebene folgt dann animiert dem Pfadverlauf. Dabei sollten Sie beachten, dass Sie natürlich nicht mehr als einen Pfad auf einmal in die Positionseigenschaft einfügen können.

▲ **Abbildung 18.39**
Einen Photoshop-Pfad können Sie in Photoshop auswählen und kopieren, um ihn anschließend in After Effects zu verwenden.

▲ **Abbildung 18.40**
Einen in Photoshop kopierten Pfad können Sie in einer After-Effects-Ebene als Masken- oder Bewegungspfad einfügen. Hier sehen Sie den Pfad als Maske in einem Video.

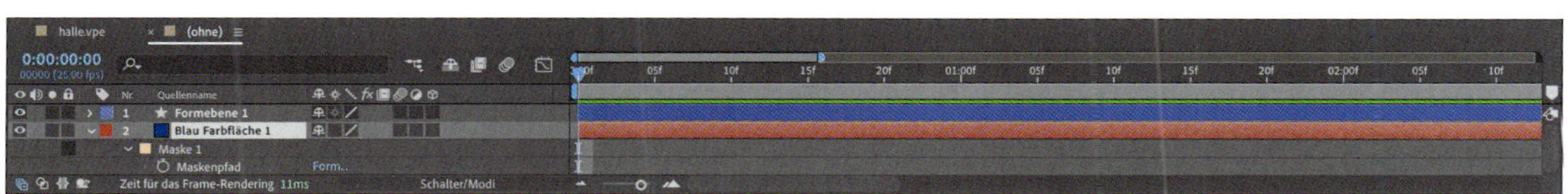


▲ **Abbildung 18.41**
In diesem Beispiel wurde ein Photoshop-Pfad einmal als Maske in eine Bildebene eingesetzt und in der Formebene als Bewegungspfad verwendet. Die runden »Punkte« im Bewegungspfad sind Roving Keyframes (zeitlich nicht fixierte Keyframes, siehe Abschnitt 8.4.2).

## 18.1.8 Photoshop-Dateien aus After Effects ausgeben und erzeugen

Aus After Effects können Sie einzelne Frames als Dateien im Photoshop-Dateiformat ausgeben. Dies dient zum einen der Weitergabe einzelner Frames aus einer Animation zur Printausgabe, zum anderen vor allem dazu, Standbilder der Animation in After Effects oder anderen Programmen weiterzuverwenden. Der aktuelle Frame wird dabei entweder als Datei mit allen in After Effects angelegten Ebenen oder als eine zu einer Ebene zusammengerechnete Datei gespeichert.

**Weitere Informationen**
Zur Vertiefung Ihrer Kenntnisse lesen Sie Näheres über die Verwendung von Pfaden in After Effects in Abschnitt 8.4, »Pfade als Key-Generator«.

Die Optionen dazu befinden sich unter Komposition • Frame speichern unter • Datei bzw. Photoshop mit Ebenen. Haben Sie die erste Option gewählt, wird die Renderliste geöffnet. Darin legen Sie die Qualitätseinstellungen fest, und die Datei wird mit dem Namen der Komposition und der genauen Nummer des Frames, den Sie rendern, ausgegeben.

Wenn Sie eine Photoshop-Datei mit Ebenen ausgeben, müssen Sie die Datei nur abspeichern. Ein Rendern ist nicht erforderlich.

| | |
|---|---|
| Text | Strg+Alt+Umschalt+T |
| Farbfläche... | Strg+Y |
| Licht... | Strg+Alt+Umschalt+L |
| Kamera... | Strg+Alt+Umschalt+C |
| Null-Objekt | Strg+Alt+Umschalt+Y |
| Formebene | |
| Einstellungsebene | Strg+Alt+Y |
| Adobe Photoshop-Datei... | |
| MAXON CINEMA 4D-Datei... | |

▲ **Abbildung 18.42**
Über Ebene • Neu gelangen Sie in dieses Menü.

Sämtliche After-Effects-Ebenen finden Sie auch in Photoshop wieder. Wenn Ihre Komposition auch verschachtelte Kompositionen enthält, so werden diese in Photoshop als Ebenengruppe angezeigt. Sie haben also auch auf die Ebenen der verschachtelten Komposition Zugriff. Eine sprechende Benennung der Ebenen in After Effects ist hier wieder einmal sehr ratsam.

Erfreulicherweise kann After Effects selbst Photoshop-Dateien erzeugen, und zwar über Ebene • Neu • Adobe Photoshop-Datei. Die automatisch geöffnete Photoshop-Datei erhält die Größe der After-Effects-Komposition und kann nun bearbeitet werden. In After Effects wird die neue Datei zugleich automatisch in der aktuellen Komposition verwendet. Änderungen werden nach jedem Speichern sofort in After Effects aktualisiert.

## 18.2 Zusammenarbeit mit Adobe Illustrator

▲ **Abbildung 18.43**
Dateien wie diese in Illustrator erstellte können Sie in After Effects verwenden und verlustfrei skalieren.

Die Integration mit Adobe Illustrator erlaubt es Ihnen, die umfangreichen Möglichkeiten dieser vektorbasierten Grafikapplikation mit After Effects zu neuen Höhen zu führen. Nutzen Sie Vektorgrafiken für animierte Tricksequenzen, für das Mischen mit Videomaterial oder als 3D-Material. Auffallend ist die perfekte Skalierbarkeit der Illustrator-Dateien, die ohne Qualitätsverlust in After Effects möglich ist. Um echte 3D-Objekte in After Effects zu generieren, sind Illustrator-Dateien, die Sie innerhalb von Cinema 4D-Kompositionen verwenden, eine wichtige Grundlage.

### 18.2.1 Bilddaten in Illustrator vorbereiten

Damit Sie Grafikdateien aus Illustrator in After Effects möglichst problemlos verarbeiten können, sollten Sie folgende Hinweise beachten.

#### Neue Datei erstellen

Illustrator unterstützt die gebräuchlichen Videoformate und Pixel-Seitenverhältnisse. Um für After Effects oder Premiere Pro korrekt erstellte Grafiken zu produzieren, wählen Sie Datei • Neu und suchen dann im Dialog Neues Dokument unter Film und Video die passende Vorlage, z. B. HDV/HDTV 1080.

**Datei zum Nachvollziehen**
Im Beispielmaterialordner finden Sie unter 18_Integration_PSIL/Illustrator die Datei »ueberflieger.ai«, die Sie zum Ausprobieren verwenden können.

#### Speichern der Illustrator-Datei

Beim Speichern Ihrer Illustrator-Datei muss im Dialog Illustrator-Optionen ein Häkchen bei PDF-kompatible Datei erstellen gesetzt sein, da After Effects sonst die Datei nicht richtig anzeigen kann. Wählen Sie als Format möglichst immer ».ai« und nicht ».eps«, damit After Effects die Datei mit bester Genauigkeit anzeigt.

**Einheiten**
Setzen Sie die Einheiten in Illustrator unter BEARBEITEN • VOREINSTELLUNGEN • EINHEIT im Dropdown-Menü ALLGEMEIN auf PIXEL, um in After Effects und der Illustrator-Datei mit den gleichen Dimensionen arbeiten zu können.

### CMYK

Es ist möglich, CMYK-Dateien, die im EPS- oder AI-Format gespeichert wurden, in After Effects zu importieren. Um in After Effects bestmögliche Ergebnisse ohne Farbverschiebungen zu erzielen, verwenden Sie in Illustrator bereits bei der Erstellung Ihrer Dateien den Modus RGB-FARBE. Unter DATEI • DOKUMENTFARBMODUS können Sie den Modus im Nachhinein in RGB-Farbe ändern.

**Farbmanagement**
Sie können in Illustrator nur im RGB-Modus Farbprofile wie sRGB IEC61966-2.1 oder HDTV (REC. 709) zuweisen. Um in Illustrator ein Farbprofil zuzuweisen und damit das Farbmanagement zu aktivieren, rufen Sie BEARBEITEN • PROFIL ZUWEISEN auf. Unter PROFIL wählen Sie das gewünschte aus. Weitere Informationen zum Farbmanagement finden Sie in Kapitel 13, »Farbkorrektur«.

### Text

Soll die Illustrator-Datei auf verschiedenen Systemen verwendet werden, stellen Sie sicher, dass die in Illustrator verwendeten Fonts auf den anderen Systemen installiert sind. Es ist auch möglich, die Illustrator-Texte zuvor in Pfade umzuwandeln, um die Schriftart auf anderen Systemen in gleicher Weise anzuzeigen. Klicken Sie dazu in der Ebenenpalette die Textebene an und wählen Sie SCHRIFT • IN PFADE UMWANDELN. Textebenen, die in Illustrator erstellt wurden, können Sie nicht im Nachhinein in After Effects editieren. Dies ist nur bei Photoshop-Textebenen möglich.

**Reduzierte Ebenen in Kompositionen konvertieren**
Sie können Illustrator-Dateien, die aus mehreren Ebenen bestehen, aber in After Effects mit der Option AUF EINE EBENE REDUZIERT importiert wurden, nachträglich in eine Komposition mit Ebenen verwandeln. Wählen Sie dazu die reduzierte Ebene in der Zeitleiste aus, und rufen Sie anschließend EBENE • ERSTELLEN • IN KOMPOSITION MIT EBENEN KONVERTIEREN auf.

### Pfade

Sie können Illustrator-Pfade in After Effects verwenden. Kopieren Sie ebenso wie in Photoshop die Pfade zuerst mit [Strg]+[C] in Illustrator, und setzen Sie sie dann mit [Strg]+[V] entweder auf einer markierten Ebene als Maske oder in der markierten Positionseigenschaft einer Ebene oder eines Effekts als Bewegungs-Keyframes ein. Sollte es einmal nicht funktionieren, aktivieren Sie in Illustrator unter BEARBEITEN • VOREINSTELLUNGEN • DATEIEN VERARBEITEN UND ZWISCHENABLAGE die Optionen AICB und PFADE BEIBEHALTEN.

### Schnittmarken und Dokumentmaße

Wenn Sie eine Illustrator-Datei in der richtigen Größe erhalten wollen, verwenden Sie am besten die Vorgaben (für After Effects VIDEO UND FILM), wenn Sie ein neues Dokument erstellen. Diese Vorgaben finden Sie auch wenn Sie das Zeichenflächen-Werkzeug via [⇧]+[O] verwenden und unter FENSTER • ZEICHENFLÄCHEN das Kontextmenü aufrufen. Darin klicken Sie doppelt auf das Zeichenflächensymbol des jeweiligen Zeichenflächeneintrags und stellen im Dialog ZEICHENFLÄCHENOPTIONEN die Größe etc. ein. Dieses Werkzeug ist die richtige Wahl, wenn Sie bereits vorhandene Illustrator-Dateien verwenden, die keine Standardmaße aufweisen. Wichtig ist

**Alte Illustrator-Versionen**
In früheren Illustrator-Versionen mussten Schnittmarken definiert werden, da sonst die in After Effects importierte Illustrator-Datei in den Maßen der Ebenen mit den größten horizontalen und vertikalen Abmessungen erschien. Die in Illustrator festgelegte Dokumentgröße wurde dabei ignoriert. Um die Datei dennoch in der Größe des Dokuments in After Effects zu erhalten, legen Sie in älteren Versionen Schnittmarken fest. Achten Sie in Illustrator darauf, dass keine Ebene ausgewählt ist, und wählen Sie dann OBJEKT • SCHNITTBEREICH • ERSTELLEN. Es werden Schnittmarken in der Größe des Dokuments festgelegt.

hierbei, zuvor unter DATEI • DOKUMENT EINRICHTEN unter EINHEIT den Eintrag PIXEL zu wählen. Die Datei wird dann in After Effects in der entsprechenden Größe übernommen.

▲ **Abbildung 18.44**
Via ZEICHENFLÄCHENWERKZEUG können Sie die Illustrator-Datei in der Größe eines Videoformatstandards erstellen.

**Illustrationen im Buch**
Die hier abgebildeten Illustrationen hat das Büro für Gestaltung Anke Thomas (*www.anketho.de*) freundlicherweise zur Verfügung gestellt.

Innerhalb der Illustrator-Datei können Sie mehrere Zeichenflächen erstellen, indem Sie bei aktivem Zeichenflächen-Werkzeug mehrfach einen Rahmen aufziehen. Um jede der Zeichenflächen als separate Datei zu speichern, wählen Sie DATEI • SPEICHERN und setzen dann in den ILLUSTRATOR-OPTIONEN ein Häkchen bei JEDE ZEICHENFLÄCHE IN EINER SEPARATEN DATEI SPEICHERN. Sie erhalten mehrere Dateien in den Abmessungen der jeweiligen Zeichenfläche.

### Sichern

Beim Sichern der Illustrator-Datei wählen Sie das Illustrator-Dateiformat (».ai«). In den ILLUSTRATOR-OPTIONEN wählen Sie PDF-KOMPATIBLE DATEI ERSTELLEN und setzen auch ein Häkchen bei KOMPRIMIERUNG VERWENDEN. After Effects sollte dann die Datei ohne Probleme importieren können.

### Ebenen

Falls Objekte einer Illustrator-Datei in After Effects einzeln animiert werden sollen, müssen Sie sie in Illustrator bereits in einzelnen Ebenen angelegt haben. Wie bei Photoshop-Dateien sollten Sie Ebenen auch in Illustrator eindeutig benennen, um in After Effects die Zuordnung zu vereinfachen.

Sie können in Illustrator auch eine Ebene mit mehreren Objekten auswählen und dann im Kontextmenü der Palette EBENEN den Befehl EBENEN FÜR OBJEKTE ERSTELLEN (SEQUENZ) aufrufen. Allerdings legt Illustrator damit nicht wie erwartet und für After Effects nötig jede Ebene separat an, sondern erstellt pro Objekt eine Unterebene, die Sie dann manuell zu eigenständigen Ebenen machen müssen, indem Sie sie in der Ebenenpalette verschieben. Um eine neue separate Ebene für die Animation zu schaffen, wählen Sie den Button ①.

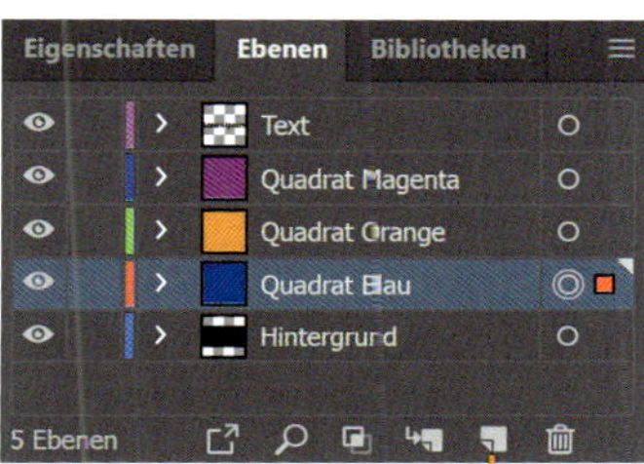


▲ **Abbildung 18.45**
Für die Animation in After Effects muss jedes separat zu animierende Element auf einer separaten Ebene erstellt werden.

## 18.2.2 Import

Um eine in Ebenen aufgeteilte Illustrator-Datei in After Effects korrekt zu übernehmen, importieren Sie sie mit der Option IMPORTIEREN ALS • KOMPOSITION – EBENENGRÖSSEN BEIBEHALTEN. Die anschließend automatisch generierte Komposition klicken Sie doppelt an, um die Ebenen in After Effects wiederzusehen. Wenn Sie die einzelnen Ebenen nicht für die Animation benötigen, importieren Sie die Datei einfach mit der Option IMPORTIEREN ALS • FOOTAGE.

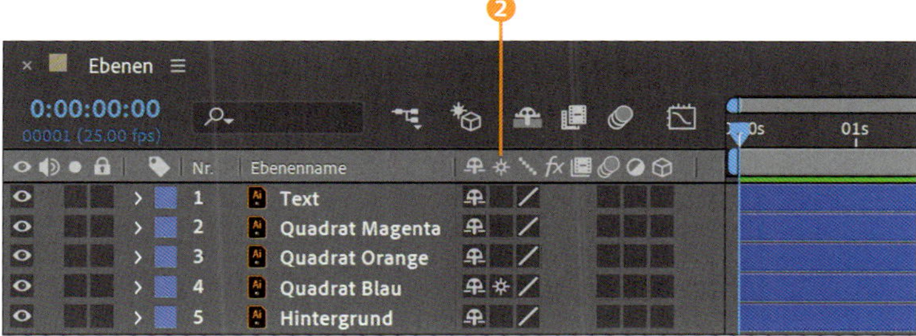


▲ **Abbildung 18.46**
Wird eine Illustrator-Datei, die Ebenen enthält, als Komposition importiert, kommen die Ebenen auch in After Effects richtig an.

Der Schalter OPTIMIEREN bzw. TRANSFORMATIONEN FALTEN ② ist dafür verantwortlich, wie After Effects auf die Illustrator-Ebene angewendete Transformationen, Masken und Effekte rendert. Um bei Skalierungswerten über 100 % hervorragende Ergebnisse zu erzielen, muss die Option eingeschaltet sein, ansonsten erhalten sie ein verpixeltes Bild. Zur Erläuterung: Beim Import der Illustrator-Datei wandelt After Effects die Vektorinformation in Pixel um. Wird nun die Datei in After Effects **ohne** aktiven OPTIMIEREN-Schalter über 100 % skaliert, wirkt die Grafik unscharf, da hier Pixel vergrößert werden. Ist der Schalter aber aktiv, werden die in After Effects angewendeten Transformationen wie SKALIERUNG und DREHUNG zuerst mit der Originaldatei berechnet. Danach erfolgt erst das Rastern, also das Umwandeln in Pixel.

**Illustrator-Sequenzen**
After Effects importiert Illustrator-Sequenzen wie jede andere Sequenz auch. Es ist wie bei allen Sequenzen notwendig, vor dem Import die Illustrator-Dateien in gleicher Größe zu erstellen und fortlaufend zu nummerieren. Für die Dateien sollten Sie einen separaten Ordner anlegen.

▲ **Abbildung 18.47**
Bei einer Illustrator-Datei, die ohne die Option KONTINUIERLICH RASTERN über 100% skaliert wird, wirken die Konturen unscharf.

▲ **Abbildung 18.48**
Haben Sie die Option KONTINUIERLICH RASTERN aktiviert, gibt es bei der Darstellungsqualität von skalierten Dateien keine Probleme.

In früheren After-Effects-Versionen war es nicht möglich, Masken und Effekte auf optimierte Ebenen (auch verschachtelte optimierte Kompositionen) anzuwenden. Inzwischen ist dies jedoch kein Problem mehr. Sie können also getrost mit den Effekten und Masken arbeiten. Ein weinendes Auge bleibt allerdings dabei: Einige Effekte sehen auf optimierte Ebenen angewendet anders aus als bei nicht optimierten Ebenen. Dies wird deutlich, wenn Sie die optimierte Ebene gemeinsam mit dem Effekt skalieren. Bei einer optimierten Ebene wird der Effekt nicht mitskaliert.

▲ **Abbildung 18.49**
Der Effekt KOMPLEXES WÖLBEN, auf eine nicht skalierte Illustrator-Datei angewendet

▲ **Abbildung 18.50**
Der Effekt wird bei der Skalierung der optimierten Ebene nicht mitskaliert und muss im Nachhinein angepasst werden.

### 18.2.3 Vektoren in Formen konvertieren

Seit der Version CS6 können Sie Vektordateien in Formebenen konvertieren und dadurch anschließend nicht nur alle Optionen von Formebenen für Illustrator-Dateien nutzen, sondern auch die Funktionalität von Cinema 4D-Kompositionen. Dort lassen sich die Illustrator-Vektoren extrudieren und werden zu echten 3D-Objekten. Dazu ziehen Sie die Illustrator-Datei in die Zeitleiste und wählen Ebene • Erstellen • Formen aus Vektorebene erstellen. Schalten Sie dann die Komposition auf Cinema 4D um, wie Sie es in Abschnitt 16.4, »Cinema 4D-Kompositionen«, nachlesen können.

Neben Illustrator-Dateien (».ai«) können Sie auch EPS und PDF umwandeln.

Hintergrund: © pixelio.de – Gerd Altman

▲ **Abbildung 18.51**
Dieses surreale Objekt besteht aus nichts weiter als zwei Illustrator-Pfaden.

▲ **Abbildung 18.52**
Hier wurde eine Formebene aus einem Illustrator-Pfad erzeugt und innerhalb einer Cinema 4D-Komposition extrudiert.

Aber es gibt auch einige Einschränkungen:

- Text aus Illustrator wird nicht umgewandelt (was auch nicht nötig ist, da sich After-Effects-Text besser eignet).
- Deckkrafteinstellungen und Verläufe sowie Bilder innerhalb der Illustrator-Datei werden ignoriert.
- Dateien mit etlichen Pfaden brauchen recht lange bei der Umwandlung.

# Kapitel 19
# Video-Workflow

*In der Praxis arbeiten Sie nicht allein mit After Effects, sondern nutzen eine Vielzahl an Programmen. Sie übernehmen Schnittdaten aus Programmen wie Avid, Final Cut Pro und Premiere Pro oder geben Animationen zum Cutter. Und Sie tauschen Animationen zwischen Motion und Animate und After Effects aus. In diesem Kapitel schauen wir uns den Workflow mit den genannten Applikationen an.*

## 19.1 Zusammenarbeit mit Adobe Premiere Pro

Premiere Pro ist neben anderen Schnittprogrammen eine führende Applikation in der Videobearbeitung und bietet passend zum Namenszusatz »Pro« professionelle Funktionen. Premiere Pro zeichnet sich unter den Videoschnittlösungen durch die beste Integration mit After Effects aus. Für einen flüssigen Arbeitsprozess ist die gute Integrierbarkeit der Adobe-Applikationen ineinander ein großer Vorteil.

Wie bei allen Schnittprogrammen, deren Daten mit anderen Programmen ausgetauscht werden sollen, ist es auch für den Austausch zwischen Premiere und After Effects entscheidend, welche Daten der Zeitleiste und der darin bearbeiteten Clips übernommen werden sollen. Dabei geht es um die Übernahme von In- und Out-Points der geschnittenen Clips, Schnittmarken, Überblendungen, Effekte, Titel, Änderungen der Clipgeschwindigkeit und Transformationen.

After Effects übernimmt die Daten aus Premiere Pro in Form eines Premiere-Projekts oder via Dynamic Link. Dabei werden viele Funktionen unterstützt, aber es geht auch manches verloren. Der umgekehrte Weg ist, ein Premiere-Pro-Projekt aus After Effects zu exportieren und darüber die After-Effects-Bearbeitung in Premiere Pro zu verwenden oder alternativ wieder per Dynamic Link.

**Final-Cut-Pro-Projekte importieren**

Es ist zwar nicht möglich, Final-Cut-Pro-Projekte direkt in After Effects zu importieren, aber Sie können via Datei • Importieren • Pro Import After Effects aus Final Cut Pro exportierte AAF- oder XML-Dateien importieren. Außerdem lassen sich Final-Cut-Pro-Projekte in Premiere Pro importieren, und dies stößt die Tür zu After Effects auf, denn wie in diesem Abschnitt beschrieben, können Sie Premiere-Projekte in After Effects verwenden.

Außerdem können Sie in After Effects Animationsvorlagen erstellen und diese dann über das Bedienfeld Essential Graphics für Premiere Pro exportieren. Hier ist es sogar möglich, Eigenschaften wie Textinhalte, Farben, Größen und vieles mehr so zu übergeben, dass diese Eigenschaften anschließend in Premiere Pro editierbar sind. In den meisten Fällen benötigt der Video-Editor dazu nicht einmal mal mehr eine installierte After Effects-Version. Ausführliche Informationen zu Essential Graphics und zu Animationsvorlagen finden Sie im Abschnitt 17.6, »Essential Graphics«, und in den dazugehörenden Workshops.

Die folgenden Beschreibungen beziehen sich auf die Verwendung von Premiere Pro. Viele der Funktionen sind aber auch bei älteren Premiere-Versionen identisch oder ähnlich.

## 19.1.1 Videodaten in Premiere Pro vorbereiten

**Premiere Pro und der Mac**

Premiere Pro ist natürlich auch für Mac verfügbar. Bei älteren Premiere-Versionen ist der Import von Premiere-Projekten in eine auf dem Mac installierte After-Effects-Version nicht möglich. Um ältere Premiere-Daten in ein After-Effects-Projekt auf dem Mac zu bekommen, müssen Sie die Daten im Format AAF zwischenspeichern.

Wenn Sie vorhaben, die Bearbeitungsfunktionen von Premiere Pro zu nutzen und das Projekt dann in After Effects abzuschließen oder einige Bearbeitungsschritte dort vorzunehmen, müssen Sie ein paar Dinge beachten.

### Clips

Es ist günstig, Clips innerhalb von Premiere Pro eindeutig zu benennen und sie in Ordnern zu organisieren. After Effects übernimmt beides und noch mehr.

### Sequenzen

Sequenzen aus Premiere Pro werden in After Effects als Kompositionen eingesetzt. Eine eindeutige Benennung von Sequenzen in Premiere Pro ist angebracht. Das in der Sequenz enthaltene Rohmaterial wird automatisch mitimportiert, und die Bearbeitung innerhalb der Sequenz bleibt unter Beachtung der weiteren Ausführungen erhalten.

### Titel und Texte

Sollten Sie planen, Ihr Premiere-Pro-Projekt in After Effects abzuschließen, empfehle ich Ihnen, dort auch Titel und Texte zu gestalten, denn After Effects lässt von den Premiere-Texten beim Import nicht viel übrig. Stattdessen finden Sie Farbflächen vor, die immerhin die Dauer der Titel und Texte widerspiegeln.

### Effekte

Es ist empfehlenswert, in Premiere nur die Effekte anzuwenden, die auch in After Effects zur Verfügung stehen. Premiere-Pro-spezifische Videoüberblendungen wie SCHACHBRETT, SEITE UMBLÄTTERN, IRISBLENDE (KREUZ) oder ÜBERGANG ZU SCHWARZ (in der Effekte-Palette von Premiere Pro mit einem Rechteck dargestellt) übernimmt After Effects nicht und stellt auch sie nur als Farbfläche dar, die noch die Dauer der Videoüberblendung erkennen lässt.

**Transparenzen und Überblendungen**
Deckkrafteinstellungen, die Überblendung WEICHE BLENDE aus dem Ordner VIDEOÜBERBLENDUNGEN und die Überblend-Effekte aus dem Ordner ÜBERBLENDEN werden übernommen und können problemlos in Premiere Pro animiert und in After Effects modifiziert werden.

**Clipgeschwindigkeit**
Die Clipgeschwindigkeit können Sie in Premiere Pro auch frei gestalten. After Effects übersetzt sie in Dehnungswerte.

**Bewegungen**
Einstellungen und Animationen, die Sie in Premiere Pro für die Eigenschaften POSITION, SKALIERUNG, DREHUNG oder ANKERPUNKT festlegen, werden von After Effekts übernommen. Keyframes für animierte Eigenschaften finden Sie unter dem Eintrag TRANSFORMIEREN in der Zeitleiste.

**Clipmarken**
Clipmarken werden in After Effects als Ebenenmarker übernommen.

**Metadaten**
Metadaten aus Premiere werden wie von Adobe Audition problemlos übernommen. Zum Umgang mit Metadaten finden Sie mehr Infos in Abschnitt 5.6, »XMP-Metadaten«.

### 19.1.2 Import einer Premiere-Pro-Datei

In diesem Workshop kommt es auf den Vergleich der Premiere-Pro-Datei mit dem in After Effects angezeigten Ergebnis nach dem Import des Premiere-Projekts an.

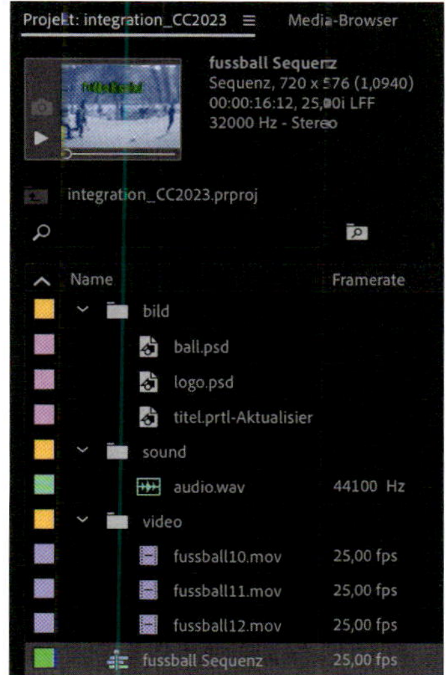


▲ **Abbildung 19.1**
Im Premiere-Projekt habe ich Ordner und Rohmaterialien eindeutig benannt, um spätere Verwirrungen zu vermeiden.

## Schritt für Schritt
## Der Umgang mit Premiere-Pro-Daten

Für diesen Workshop habe ich ein Premiere-Projekt vorbereitet, anhand dessen die Übernahme von Premiere-Daten nach After Effects geprüft werden soll.

### 1 Öffnen der Premiere-Pro-Datei
Starten Sie Premiere Pro, und öffnen Sie zuerst das Premiere-Projekt »integration.prproj« aus dem Ordner 19_INTEGRATION_VIDEO.

Das aus Premiere gerenderte Movie befindet sich im selben Ordner und trägt den Namen »fussballspiel.mp4«. Schauen Sie sich die Ordnerstruktur im Projektfenster von Premiere Pro an, und vergleichen Sie sie später in After Effects.

Die benötigten Dateien für diesen Workshop finden Sie unter BEISPIELMATERIAL/19_INTEGRATION_VIDEO/PREMIERE.

## 2 In Premiere Pro

Im Schnittfenster des Premiere-Projekts befinden sich ein in Premiere Pro erstellter Titel, ein per Drehung und Position animierter Ball, eine Photoshop-Datei – ein Logo –, drei Videos und eine Audiodatei.

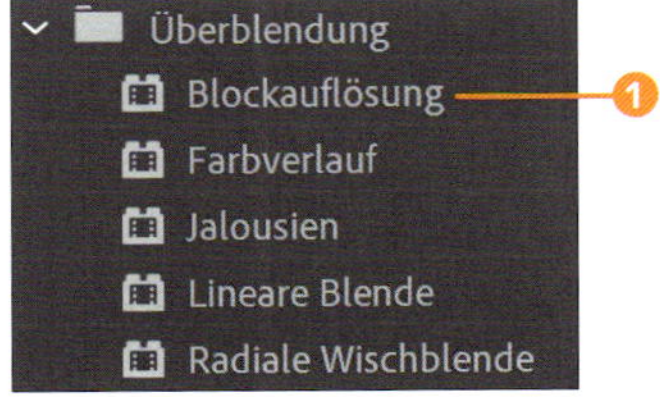


▲ **Abbildung 19.2**
Mit dem Stecker-Symbol gekennzeichnete Effekte, die auch in After Effects vorhanden sind, werden problemlos mit allen Keyframes nach After Effects übernommen.

Auf die Videos habe ich die Videoüberblendungen Weiche Blende und Radiale Wischblende und die Videoeffekte Dreiwege-Farbkorrektur, Färbung, Helligkeit und Kontrast, Lineare Blende und einmal den Effekt Wölben angewendet. Die fünf Letzteren gehören zu den Effekten, die After Effects problemlos mit allen Keyframes übernimmt. Sie erkennen dies am Stecker-Symbol 1.

Zusätzlich habe ich den In-Point des allerersten Videos zum Standbild erklärt und die Geschwindigkeit des letzten Clips verlangsamt. In der Audiospur befinden sich Clipmarken. Für die gesamte Sequenz gibt es eine Sequenzmarke. Außerdem ist auf dem letzten Clip eine Maske für den Effekt Färbung vorhanden, und ich habe die Eigenschaft Maskenausweitung animiert und auch die Deckkraft. – Mal sehen, was After Effects von all dem übrig lässt …

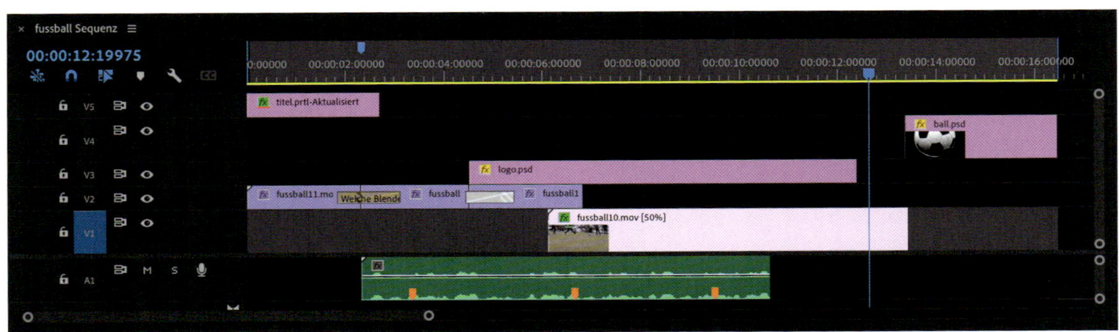


▲ **Abbildung 19.3**
Im Premiere-Schnittfenster wurden mehrere Clips geschnitten und ineinander überblendet.

**Import von Premiere-Projekten**

Der Import von Premiere-Pro-Projekten der Versionen 1.0, 1.5 und 2.0 ist unter macOS nicht möglich. Premiere-Projekte der Versionen ab CS3 sind importierbar. Unter Windows können Sie alle Versionen importieren, sofern es sich um Premiere-Pro-Projekte handelt. Sie können also auch ältere Projekte in einer Pro-Version öffnen und speichern, um sie in After Effects zu verwenden.

## 3 Import der Premiere-Pro-Datei

Ein Premiere-Projekt, das Sie in After Effects importieren wollen, speichern Sie wie jede andere Premiere-Pro-Projektdatei.

Starten Sie After Effects, und importieren Sie die Datei »integration.prproj« aus dem Ordner 19_Integration_Video/Premiere über Datei • Importieren • Adobe Premiere Pro-Projekt. Im Dialog Premiere Pro Importer wählen Sie unter Sequenz auswählen den Eintrag Alle Sequenzen und setzen ein Häkchen bei Audio importieren. After Effects übernimmt die in Premiere Pro angelegten Projektordner mit denselben Namen. Die in Premiere Pro erstellte Sequenz erscheint in After Effects als Komposition.

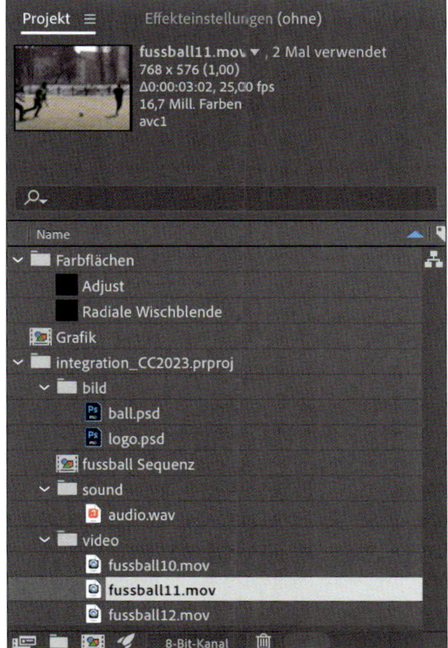


**◀ Abbildung 19.4**
Im After-Effects-Projektfenster sieht es ganz ähnlich wie in Premiere Pro aus. Alle Benennungen sind erhalten geblieben. Die in Premiere Pro erstellte Sequenz erscheint hier als Komposition.

### 4 Optional: Rohmaterial neu verlinken

Sollten beim Import der Premiere-Datei in After Effects Dateien als fehlend angezeigt werden, ist nur die Verknüpfung zu den Dateien abhandengekommen. Kopieren Sie in diesem Fall den Ordner PREMIERE aus dem Ordner 19_INTEGRATION_VIDEO auf Ihre Festplatte, und versuchen Sie den Import erneut, oder verlinken Sie das Rohmaterial neu mit dem importierten Projekt. Wählen Sie dazu die jeweils fehlende Datei im Projektfenster aus, und rufen Sie dann DATEI • FOOTAGE ERSETZEN • DATEI auf.

**After Effects zuerst installieren**

Das Premiere-Pro-Plugin, das für den Import der Premiere-Pro-Projekte in After Effects verantwortlich ist, wird erst mit der Installation von Premiere Pro installiert. Damit der Import der Premiere-Pro-Projekte in After Effects reibungslos funktioniert, empfiehlt es sich, After Effects vor Premiere Pro zu installieren.

### 5 Was wurde übernommen?

Im Ordner FARBFLÄCHEN befinden sich von After Effects erzeugte Farbflächen, die anstelle der Videoüberblendung RADIALE WISCHBLENDE und des Titels erscheinen. Doppelklicken Sie auf die Komposition im Projektfenster, um sie zu öffnen. Markieren Sie mit Strg + A alle Ebenen in der Zeitleiste, und drücken Sie die Taste U, um die in After Effects übernommenen Keys anzuzeigen.

Die Überblendung und der Titel selbst sind dahin, und die Farbflächen deuten nur noch das Timing und die Position an.

Aber schauen wir einmal, was After Effects alles von Premiere Pro übernommen hat. Die Reihenfolge der in Premiere angelegten Spuren spiegelt sich in der Ebenenreihenfolge wider. Der Titel überdeckt als Farbfläche die darunter befindlichen Ebenen. Der Ball wurde mit den Keys für Position und Drehung übernommen. Das Logo wird mitsamt Transparenz korrekt angezeigt.

Das erste Video wird weiterhin als Standbild angezeigt. Zu verdanken ist dies der in After Effects angewendeten ZEITVERZERRUNG ❶. Die Videoüberblendung WEICHE BLENDE wurde in Form von Deckkraft-Keyframes übernommen, allerdings muss der erste Keyframe manuell auf 100 % gesetzt werden.

Für das Video »fussball12.mov« ist der Videoeffekt LINEARE BLENDE ❷ und für »fussball10.mov« der Effekt EINFÄRBEN (FÄRBUNG) komplett mit Keys erhalten geblieben. Da dieser Effekt maskiert war, wurde zusätzlich eine After-Effects-Effektmaske erzeugt ❸. Auch für das Video »fussball11.mov« sind die Effekte DREIWEGE-FARBKORREKTUR, EINFÄRBEN UND WÖLBEN erhalten geblieben. Auch die Geschwindigkeitsänderung in »fussball10.mov« ist vorhanden und wurde in einen Wert für die DEHNUNG ❹ übersetzt. Die Deckkraftänderungen wurden übernommen.

Die Videoüberblendung RADIALE WISCHBLENDE ist nur als Farbfläche ❻ sichtbar und enthält Anfang und Ende der Überblendung. Die In- und Out-Points der Videos werden korrekt angezeigt und können nun nachträglich noch verändert werden. Es bietet sich jedoch an, den Videoschnitt in Premiere Pro mit den dort vorhandenen professionellen Werkzeugen zu gestalten.

Jetzt noch zur Audio-Ebene: Die Clipmarken sind Ebenenmarken in der Audio-Ebene in After Effects, und die Sequenzmarke ❺ ist zur Kompositionsmarke geworden. Es ist doch eine ganze Menge übernommen worden.

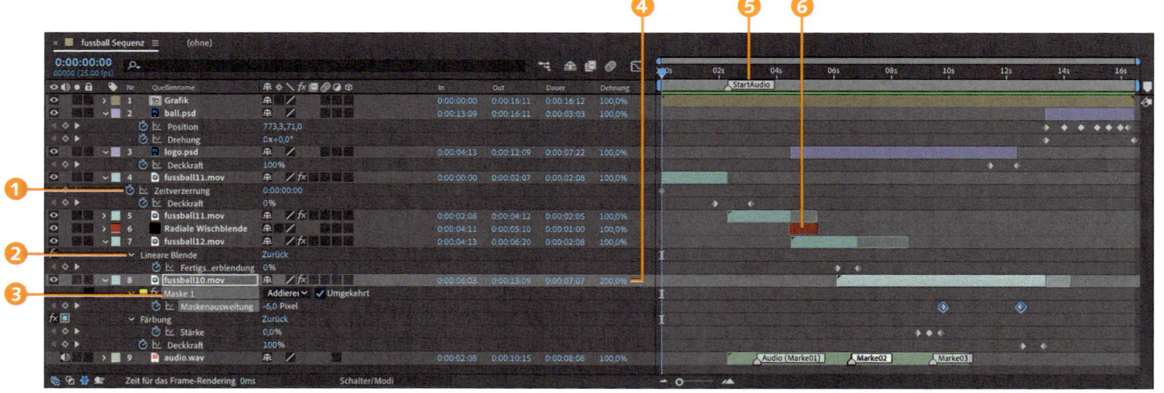


▲ **Abbildung 19.5**
In der Zeitleiste wird sichtbar, dass einige Überblendungen und der Titel aus Premiere Pro verlorengegangen sind, aber das meiste wurde doch korrekt übernommen.

### Getrackte Masken aus Premiere Pro

In Premiere Pro können Sie Masken mit den Schaltflächen für Vorwärts- und Rückwärtsverfolgen ❼ ähnlich wie in After Effects tracken. After Effects übernimmt die entstandenen Keyframe-Daten identisch 8.

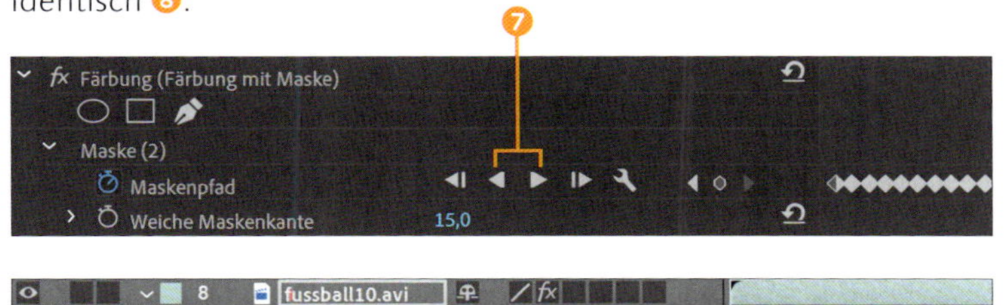


◂ **Abbildung 19.6**
Getrackte Masken aus Premiere Pro (Abbildung oben) werden identisch nach After Effects (Abbildung unten) übernommen.

## 19.1.3 After-Effects-Daten in Premiere Pro

After-Effects-Daten können Sie auf herkömmlichem Wege wie in den früheren After-Effects-Versionen als gerendertes Ergebnis in Premiere Pro weiterverwenden. Doch das ist natürlich nicht, was Sie hören wollen.

After-Effects-Projekte lassen sich auch als Premiere-Pro-Projekte exportieren. Über Dynamic Link können Sie außerdem Premiere Pro und After Effects miteinander verlinken. So verwenden Sie After-Effects-Kompositionen ohne Rendervorgang in einem Premiere-Pro-Projekt. Die Kompositionen werden dabei identisch übernommen. Dazu gleich mehr.

Eine weitere Möglichkeit sind After Effects-Animationsvorlagen, die Sie über das Bedienfeld Essential Graphics erstellen. Hier können Sie in Premiere sogar noch Eigenschaften der Animationsvorlage wie Textinhalte, Farben etc. editieren.

**Live-Text-Vorlagen**
Live-Text-Vorlagen sind das inzwischen veraltete Konzept, editierbare Vorlagen von After Effects nach Premiere zu transferieren. Abgelöst wurde es durch das weit komfortablere Arbeiten mit dem Bedienfeld Essential Graphics.

**Animationsvorlagen mit Essential Graphics**
Ausführliche Informationen zu Essential Graphics und zu Animationsvorlagen finden Sie im Abschnitt 17.6, »Essential Graphics«, und in den dazugehörenden Workshops.

**Adobe Dynamic Link**
Weitere Informationen zur Arbeit mit Adobe Dynamic Link finden Sie in Abschnitt 19.2, »Adobe Dynamic Link«.

### Premiere-Pro-Projekte exportieren

Um aus Ihrem After-Effects-Projekt ein Premiere-Pro-Projekt zu erzeugen, wählen Sie in After Effects Datei • Exportieren • Als Adobe Premiere Pro-Projekt exportieren. Geben Sie anschließend einen Speicherort an. Das Rendern der After-Effects-Daten ist nicht nötig. Das Premiere-Pro-Projekt starten Sie wie gewohnt.

### Was übernimmt Premiere Pro?

In After Effects geschnittene Ebenen übernimmt Premiere Pro identisch. Transparente Dateien werden ebenso dargestellt wie in After Effects. Auch Deckkrafteinstellungen und sämtliche animierten Transformationseigenschaften werden in Premiere korrekt dargestellt und sind dort modifizierbar.

Verschachtelte Kompositionen übernimmt Premiere Pro als Sequenz, so dass Sie auch in Premiere immer noch Zugriff auf die einzelnen Elemente der Komposition haben. Ebenen, die in After

Effects mit DEHNUNG zeitverzerrt wurden, werden in dieser veränderten Geschwindigkeit in Premiere angezeigt und können dort verändert werden. Farbflächen werden identisch übernommen.

Nicht unterstützte Effekte stellt Premiere Pro nicht dar, alle anderen Effekte werden mitsamt Keyframes korrekt übernommen. In After Effects erstellte Textebenen werden in Premiere Pro nicht übernommen. Ebenso ergeht es Licht- und Kameraebenen. Maskierungen bleiben ebenso auf der Strecke wie Füllmethoden. Formebenen werden nicht übernommen. Mit ZEITVERZERRUNG erstellte Geschwindigkeitsänderungen übernimmt Premier Pro nicht korrekt.

#### Der herkömmliche Weg

Wenn Sie auf herkömmlichem Wege Daten aus After Effects in Premiere Pro übernehmen wollen, beachten Sie bitte folgende Hinweise:

Es ist wichtig, Animationen, die weiterbearbeitet werden sollen, aus After Effects in optimaler Qualität auszugeben. Animationen rendern Sie in After Effects auf gewohnte Weise in ein Format, das in Premiere Pro importiert werden kann, wie QuickTime oder AVI. Dabei sollten Sie die Datei ohne verlustbehaftete Komprimierung speichern, um eine hohe Qualität beizubehalten. Im Beispiel in Abbildung 19.7 wurde dazu die Option NONE ❹ gewählt. Falls Sie Transparenzen mitspeichern wollen, ist die Ausgabeeinstellung RGB + ALPHAKANAL ❶ zwingend.

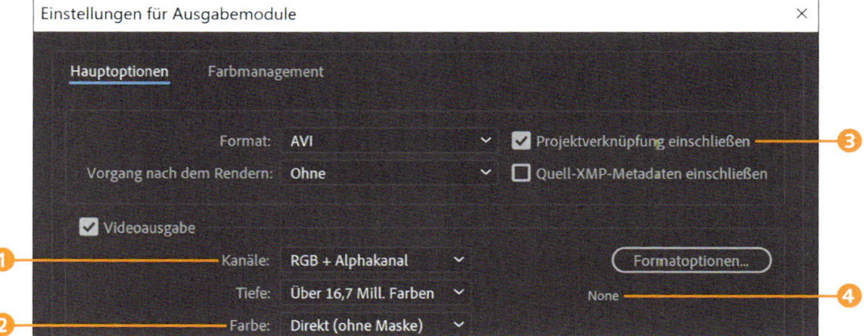


**Abbildung 19.7 ▸**
Ein Projekt, das von After Effects aus in Premiere Pro weiterverarbeitet werden soll, wird als Filmdatei unkomprimiert gerendert und anschließend in Premiere Pro importiert.

Geben Sie der Ausgabedatei die Transparenzinformation mit, empfiehlt es sich, unter FARBE ❷ den Eintrag DIREKT (OHNE MASKE) zu wählen. Es wird ein direkter Alphakanal separat neben den RGB-Kanälen angelegt. Mit der Option INTEGRIERT (MASKIERT) speichern Sie die Transparenzinformation in einem integrierten Alphakanal, bei dem es in Premiere Pro zu einer veränderten Anzeige halbtransparenter Flächen kommen kann. Vergleichen Sie dazu die folgenden Abbildungen. Mehr zu direkten und integrierten Alphakanälen lesen Sie in Kapitel 11, »Masken, Matten und Alphakanäle«.

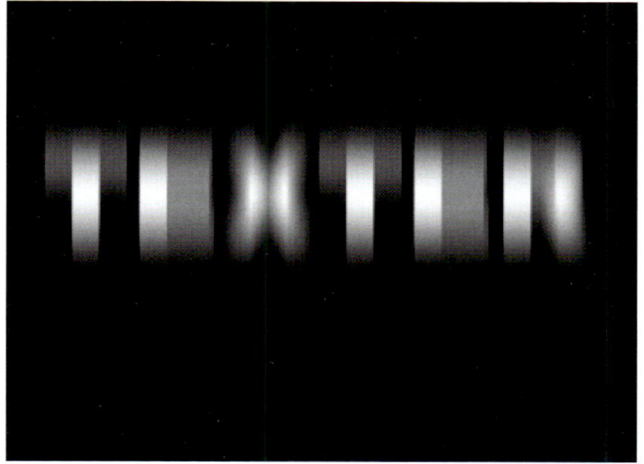

▲ **Abbildung 19.8**
Ein weichgezeichneter Text wird in Premiere richtig dargestellt, wenn er wie hier mit direktem Alphakanal aus After Effects ausgegeben wurde.

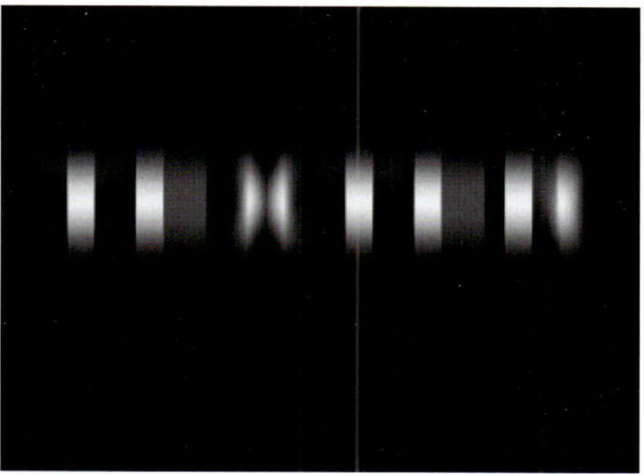

▲ **Abbildung 19.9**
Im Vergleich zur Abbildung des Texts mit direktem Alphakanal erscheint die Darstellung des Texts mit indirektem Alphakanal fehlerhaft.

### Spätere Aktualisierung

Günstig ist es, ein Häkchen bei PROJEKTVERKNÜPFUNG EINSCHLIESSEN ❸ zu wählen, wenn Sie planen, Ihre After-Effects-Animationen später zu aktualisieren. In der gerenderten Datei wird dadurch ein Link zur Projektdatei mitgespeichert. Das After-Effects-Projekt starten Sie dann schnell von Premiere Pro aus, indem Sie in Premiere Pro den Befehl BEARBEITEN • ORIGINAL BEARBEITEN oder Strg+E verwenden.

**Zum Nachlesen**
Weitere Informationen zum Rendern von Dateien finden Sie in Kapitel 10, »Rendern und Ausgabe«.

### Ausgabe von Bildsequenzen

Zur Weiterbearbeitung in Premiere Pro ist auch die Ausgabe einer Bildsequenz (TIFF, TGA oder PSD) unproblematisch, da Premiere Pro Bildsequenzen ebenfalls importieren kann.

### Copy & Paste

Neben den oben beschriebenen Möglichkeiten, Inhalte zwischen Premiere und After Effects auszutauschen, geht dies auch mit der »vielgerühmten« Guttenberg-Methode. In After Effects können Sie also per Strg+A sämtliche Ebenen einer Komposition auswählen und dann, Sie wissen es ja, kopieren und in eine Premiere-Sequenz einfügen. Umgekehrt geht es genauso.

Auch der Austausch von Einstellungsebenen zwischen beiden Programmen ist über diese Methode möglich. Setzen Sie eine Einstellungsebene von Premiere Pro in After Effects ein, wirkt sie sich korrekt auf die darunterliegenden Ebenen aus. In Premiere Pro erhalten Sie allerdings nur eine Farbfläche mit den in After Effects verwendeten Effekten. Damit diese sich auf die Videoebenen in Premiere Pro auswirken, müssen Sie dort die Effekte auf eine in Premiere Pro via Projektfenster erstellte Einstellungsebene kopieren.

Mehr Informationen zu Einstellungsebenen erhalten Sie im Abschnitt 12.1.2, »Effekte per Einstellungsebenen vererben«.

## 19.2 Adobe Dynamic Link

Über Adobe Dynamic Link haben Sie in Premiere Pro Zugriff auf Kompositionen aus After Effects, was den Arbeitsprozess sehr organisch gestaltet.

Adobe Dynamic Link ermöglicht die Übernahme von Kompositionen aus After Effects in Premiere Pro. Kompositionen müssen Sie nicht mehr erst rendern, um sie in Premiere Pro zu verwenden. Umgekehrt können Sie in After Effects per Dynamic Link Premiere-Pro-Sequenzen ohne Zwischenrendern importieren. Der Clou dabei ist: Änderungen werden in den beiden Applikationen sofort und ohne zeit- und platzraubendes Rendering aktualisiert, sobald Sie das jeweilige Projekt gespeichert haben. Und: Sämtliche in After Effects erstellten Animationen, Effekte etc. werden in Premiere Pro hundertprozentig gleich angezeigt. Ebenso verhält es sich umgekehrt, wenn Sie eine Premiere-Pro-Sequenz mit After Effects verlinkt haben. Die verlinkten Kompositionen oder Sequenzen können Sie behandeln wie jedes andere Rohmaterial auch, der einzige Unterschied ist eben, dass Änderungen in den verknüpften Programmen automatisch aktualisiert werden. Somit ergibt sich ein sehr produktiver Workflow.

Übrigens: Sie können auch in Premiere Pro After-Effects-Kompositionen starten und in After Effects Premiere-Pro-Sequenzen. Diese sind danach im jeweils anderen Programm verfügbar.

**Metadaten per Dynamic Link**
Metadaten werden auch bei per Dynamic Link verknüpften Kompositionen oder Sequenzen unterstützt. Somit ist es auch möglich, in After Effects Premiere-Sequenzen nach Schlüsselwörtern zu durchsuchen. Mehr dazu erfahren Sie in Abschnitt 5.6, »XMP-Metadaten«.

**RGB nach YUV**
Dynamisch verknüpfte Kompositionen werden in Premiere Pro vom After-Effects-Farbraum (RGB) in den Premiere-Pro-Farbraum (YUV) umgewandelt, wenn Sie ein entsprechendes Ausgabeformat gewählt haben.

### 19.2.1 After-Effects-Komposition verknüpfen

Sie finden die Option in Premiere Pro unter Datei • Adobe Dynamic Link • After Effects-Komposition importieren. Suchen Sie dann ein Projekt aus. Die darin enthaltenen Kompositionen werden im Dialog Komposition importieren angezeigt, und Sie fügen sie per Doppelklick oder mit OK hinzu. Der Import per Drag & Drop von Projektfenster zu Projektfenster ist ebenfalls möglich. Und schon ist die Verlinkung da, und das Zwischenrendern nach Änderungen entfällt. Nur das vorherige Speichern der Projekte dürfen Sie nicht vergessen, damit danach Änderungen immer sofort aktualisiert werden.

**Original bearbeiten**
Mit der Tastenkombination Strg+E können Sie eine im Projektfenster einer Adobe-Anwendung markierte Datei in der jeweiligen Originalanwendung öffnen und dort bearbeiten. Änderungen werden in dem Programm, von dem aus Sie die Bearbeitung gestartet haben, sofort aktualisiert. Für Kompositionen, die über Dynamic Link verknüpft wurden, gilt der Befehl in gleicher Weise.

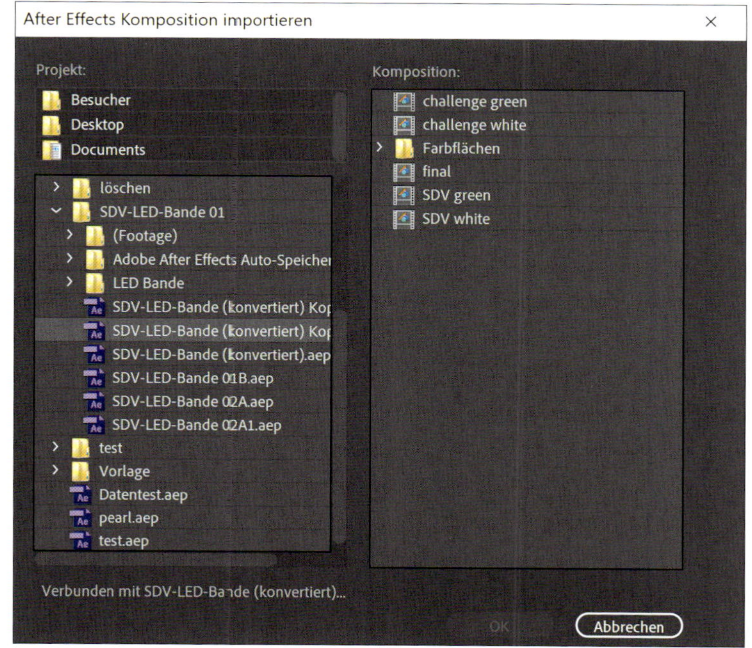


◀ **Abbildung 19.10**
Auf der linken Seite des Importdialogs suchen Sie das Projekt. Auf der rechten Seite sehen Sie die enthaltenen Kompositionen.

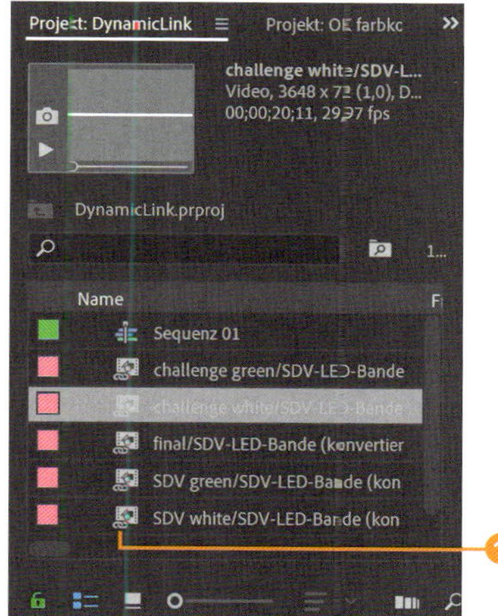


▲ **Abbildung 19.11**
Verknüpfte Kompositionen werden wie hier in Premiere Pro mit einem Verketten-Symbol **1** im Projektfenster gekennzeichnet.

Die Inhalte der Kompositionen werden in Premiere Pro nun wie gerendertes Material behandelt. Dabei wird eine Verknüpfung zu der After-Effects-Komposition geschaffen, und After Effects rendert die Komposition im Hintergrund. Somit ist es auch nicht verwunderlich, dass sämtliche Effekte, Texte oder sonstigen Einstellungen, die in After Effects erstellt wurden, korrekt dargestellt werden. Das Rendern im Hintergrund hat dafür seinen Preis und geht auf alten Systemen zu Lasten der Vorschaugeschwindigkeit. Sie können Abhilfe mit Offlinekompositionen und gerenderten Kompositionen schaffen, wie ich später noch ab dem Abschnitt 19.2.5, »Offlinekompositionen«, erläutern werde.

Sehr angenehm ist, dass Änderungen, die Sie an verknüpften Kompositionen in After Effects vornehmen, sofort in Premiere Pro aktualisiert werden. Die verlinkte Komposition können Sie also wie anderes Material auch einer Sequenz hinzufügen und mit allen Premiere-Pro-Werkzeugen bearbeiten.

Wenn die After-Effects-Komposition Audiomaterial enthält, wird ebenfalls separat verlinkt. Modifizierungen daran in After Effects werden unabhängig vom Bildmaterial aktualisiert. Mehrere Audioebenen werden grundsätzlich zu einer Spur zusammengefasst.

Sollten Sie das After-Effects-Projekt unter neuem Namen abspeichern, verwendet Premiere Pro weiterhin die Kompositionen des alten Projekts. Änderungen im neuen Projekt werden also nicht übernommen.

**Projektnummerierung**

Unter Bearbeiten • Voreinstellungen • Allgemein können Sie seit CS6 in After Effects ein Häkchen bei Dynamic Link nutzt in After Effects den Projektdateinamen mit der höchsten Zahl setzen. Dieses Häkchen ist dann wichtig, wenn Sie Ihre Projekte mit fortlaufender Nummerierung via Datei • inkrementieren und speichern sichern, denn After Effects fügt in diesem Falle jeder auf diesem Weg gesicherten Datei automatisch eine Nummer hinzu.

Ist das Häkchen nicht gesetzt, nutzt Premiere die verlinkten Kompositionen aus dem zuerst verwendeten After-Effects-Projekt. Ist das Häkchen gesetzt, nutzen Sie verlinkte Kompositionen immer aus dem Projekt mit der höchsten Nummer.

## 19.2.2 Premiere-Pro-Clip durch After-Effects-Komposition ersetzen

In Premiere Pro haben Sie die schöne Möglichkeit, Clips innerhalb einer Sequenz durch eine After-Effects-Komposition zu ersetzen.

In Premiere Pro markieren Sie dazu die entsprechenden Clips und klicken sie dann mit der rechten Maustaste an. Im Kontextmenü wählen Sie den Eintrag Durch After Effects-Komposition ersetzen. Daraufhin wird ein After-Effects-Projekt gestartet, das Sie zuerst abspeichern müssen.

Automatisch legt After Effects eine Komposition mit dem Namenszusatz »Verbundene Komposition« an.

In Premiere Pro sind die zuvor markierten Clips nun ebenfalls unter dem Titel verknüpfte Komposition zusammengefasst. Sämtliche Änderungen in der After-Effects-Komposition – ob es sich dabei um Effektbearbeitungen oder Textanimationen handelt – werden genauso in Premiere Pro übernommen.

In Premiere Pro können Sie die Verbindung eines Clips zu einer verlinkten Komposition zeitweise unterbrechen. Dazu markieren Sie den Clip in der Zeitleiste und wählen die Option Clip • Aktivieren. Das dort befindliche Häkchen wird entfernt – die Verbindung ist unterbrochen. Zum erneuten Aktivieren nehmen Sie den gleichen Weg.

**Abbildung 19.12** ▼
In Premiere Pro werden Clips markiert und durch eine After-Effects-Komposition ersetzt.

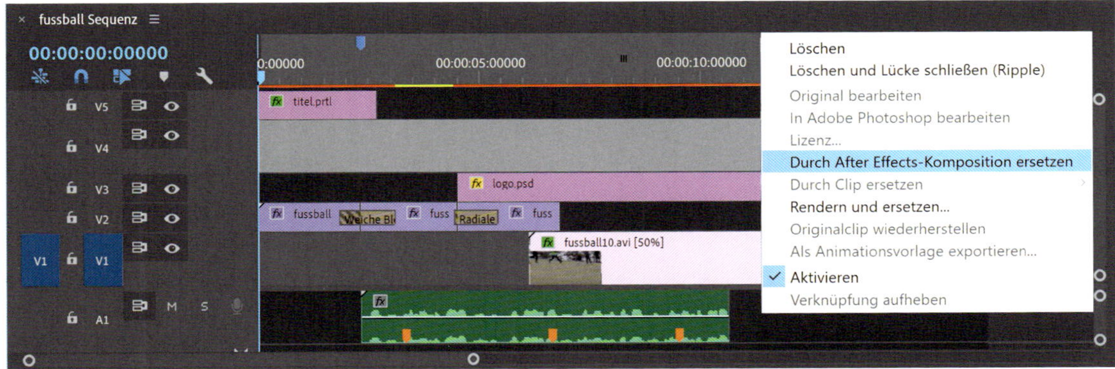


## 19.2.3 Neue After-Effects-Komposition

Um eine neue After-Effects-Komposition zu erstellen, steht Ihnen in Premiere Pro die Option Datei • Adobe Dynamic Link • Neue After Effects-Komposition zur Verfügung.

Wenn After Effects noch nicht geöffnet ist, wird es über die obige Option gestartet, und es werden ein neues Projekt sowie eine neue Komposition angelegt. In bereits geöffneten After-Effects-Projekten wird eine neue Komposition erstellt. Diese Komposition ist dynamisch verknüpft. Die Möglichkeiten sind also die gleichen wie bei den oben beschriebenen verknüpften Kompositionen.

Die Größe der neuen Komposition entspricht der des Premiere-Pro-Projekts, wenn Sie im Dialog Neue After Effects-Komposition nichts ändern. Auch das Pixel-Seitenverhältnis, die Framerate und die Audiosamplerate werden übernommen.

**Verlinkungen löschen**
In Premiere Pro enthaltene verknüpfte Kompositionen löschen Sie mit der Taste Entf. Dies ist sowohl im Schnittfenster als auch im Projektfenster möglich.

**Kompositionsnamen ändern**
Sie können Kompositionen umbenennen, die mit anderen Anwendungen verknüpft wurden, ohne die Verknüpfung dadurch zu deaktivieren. Allerdings verwenden die anderen Anwendungen weiterhin den alten Kompositionsnamen.

### 19.2.4 Premiere-Pro-Sequenzen verlinken

In After Effects haben Sie die Möglichkeit, Premiere-Pro-Sequenzen über Dynamic Link zu verknüpfen. Wählen Sie dazu Datei • Adobe Dynamic Link • Premiere Pro-Sequenz importieren. Änderungen an der Sequenz werden in den verknüpften Programmen sofort aktualisiert.

### 19.2.5 Offlinekompositionen

Offlinekompositionen sind sinnvoll, wenn sich die Anzeige der verlinkten Kompositionen in Premiere Pro sehr verlangsamt. Es ist aber auch möglich, dass eine Komposition offline angezeigt wird, wenn Sie das After-Effects-Projekt mit der verknüpften Komposition gelöscht, verschoben oder umbenannt haben.

Um eine Komposition offline zu stellen, wählen Sie in Premiere Pro bei markierter Komposition Datei • Medien offline stellen. Wenn Sie die Komposition erneut verlinken wollen, markieren Sie sie im Premiere-Pro-Projektfenster und wählen Projekt • Medien verknüpfen. Klicken Sie anschließend auf Suchen, um das Projekt ausfindig zu machen, das die zuvor verlinkte Komposition enthält, und bestätigen Sie Ihre Auswahl mit OK. Dann sollte die Komposition automatisch neu verlinkt werden.

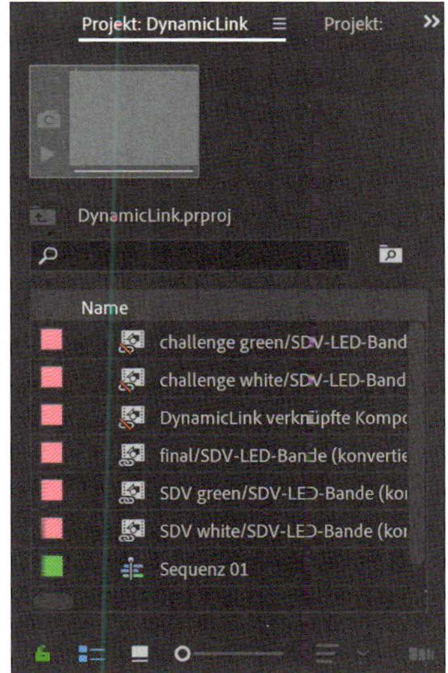


▲ **Abbildung 19.13**
Offlinekompositionen werden mit einem durchgestrichenen Verketten-Symbol wie hier im Premiere-Pro-Projektfenster gekennzeichnet.

### 19.2.6 Rendern und ersetzen

In Premiere Pro können Sie Clips und verlinkte After-Effects-Kompositionen durch gerenderte Versionen ersetzen, was insbesondere bei effektgeladenen Sequenzen sinnvoll ist, weil es die Systemressourcen schont. Dazu markieren Sie den gewünschten Clip in der Zeitleiste von Premiere Pro und wählen Clip • Rendern und ersetzen.

Im darauffolgenden Dialog wählen Sie unter Quelle ① (Abbildung 19.14) den Eintrag Sequenz, um den oder die ausgewählten

Clips in der Framegröße, Framerate und dem Pixel-Seitenverhältnis der Sequenz zu rendern. Clips, die größer als die Sequenz sind, werden dabei beschnitten.

**Alpha mitrendern**

Transparente Bereiche können Sie nur mit der Vorgabe GoPro CineForm RGB 12-Bit mit Alpha herausrendern.

Mit der Option Einzelne Clips wird der Clip in seiner eigenen Framegröße und Framerate gerendert. Wenn Sie die Option Vorgabe verwenden, können Sie unter Format ❷ einen der drei Einträge wählen und dazu unter Vorgabe ❸ Standards wie XDCAM HD 25 PAL 25p aussuchen. Allerdings muss der Clip auch dazu passen, denn wenn Ausgabe- und Quellclip nicht abgeglichen werden können, wird der Clip nicht gerendert.

Mit OK starten Sie den Rendervorgang, und Ihr Clip landet dort, wo Sie es unter Ziel ❹ bestimmt haben. In Premiere Pro ersetzt dieser Clip nun die verlinkte After-Effects-Komposition, und eine Echtzeitwiedergabe ist jetzt möglich.

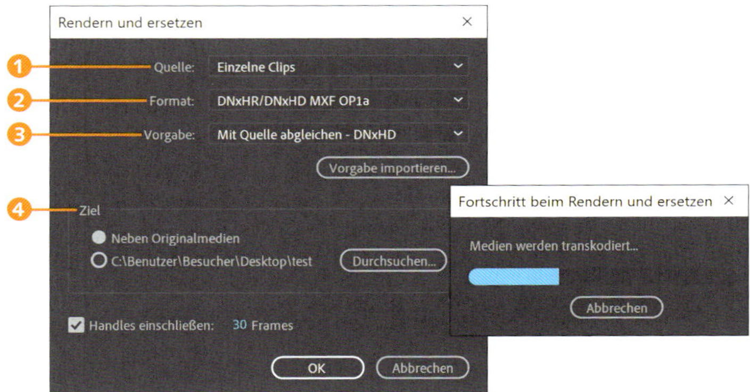


**Abbildung 19.14** ▸
Für ein flüssigeres Arbeiten rendern Sie verlinkte After-Effects-Kompositionen.

Sie können den Vorgang auch rückgängig machen und die vorherige verlinkte Komposition in der Sequenz wiederherstellen, und zwar mit Clip • Ungerenderte wiederherstellen, oder Sie klicken den Clip mit der rechten Maustaste an und wählen Originalclip wiederherstellen. Effekte, die Sie zuvor in Premiere Pro auf die verlinkte Komposition angewandt haben, werden übrigens nicht mitgerendert, was gut ist, denn Sie können sie weiterhin anpassen.

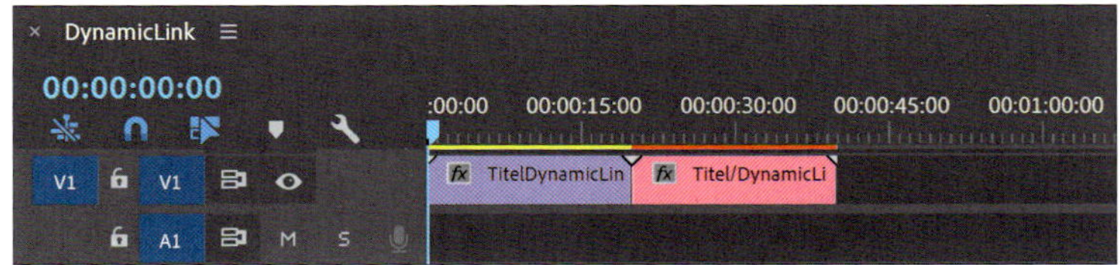


▴ **Abbildung 19.15**
Der Clip links in der Zeitleiste wurde gerendert und ersetzt und ist in Echtzeit abspielbar. Rechts ist die Komposition noch per Dynamic Link verbunden und wird nicht in Echtzeit abgespielt.

## 19.3 Automatic Duck für Apple Final Cut Pro, Apple Motion und Avid

Halten Sie es für denkbar, dass eine automatische Ente der babylonischen Sprachverwirrung hätte Herr werden können? Im Falle von Automatic Duck tut sie ihr Bestes, um Informationen zwischen verschiedensten Schnitt- und Compositing-Systemen auszutauschen. Und das Schönste daran ist: Das zuvor kostenpflichtige Plug-in ist seit der Version CS6 in After Effects integriert!

Es ermöglicht die Übersetzung der Zeitleisteninformation und vieler anderer Informationen nach After Effects. Leider geht es darüber nicht auch umgekehrt von After Effects zu anderen Systemen.

Interessant für After Effects ist Automatic Duck deshalb, weil es die Integration mit Final Cut Pro, Avid und Apple Motion sehr vereinfacht. Die Weitergabe von Zeitleisten- und Clipinformationen an andere Programme ist oft durch den Export als AAF (Advanced Authoring Format) möglich, das Sie über die »Ente« importieren können.

**Automatische Ente im Web**
Auf die weitere Entwicklung von Automatic Duck darf man gespannt sein. Verfolgen können Sie sie unter *www.automatic-duck.com*.

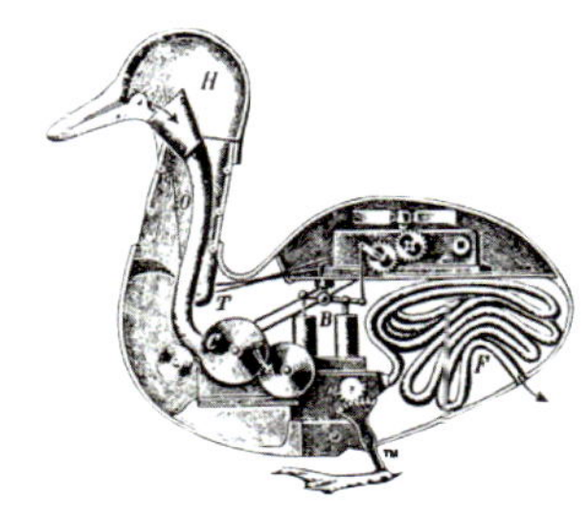

▲ **Abbildung 19.16**
Das Plug-in Automatic Duck hilft dabei, Informationen zwischen verschiedensten Schnitt- und Compositing-Systemen auszutauschen.

### 19.3.1 Export und Import

Automatic Duck arbeitet beim Export und Import XML-, AAF- und OMF-basiert. XML-Dateien haben dabei den Vorteil, dass eine große Menge verschiedener Informationen eingebettet werden können. Solch eine XML-Datei können Sie in After Effects über Automatic Duck importieren.

#### »Modify Settings«

Über die Schaltfläche Modify Settings im Dialog Pro Import After Effects gelangen Sie in die Importeinstellungen. Hier legen Sie fest, wie mit Final-Cut- und Avid-Dateien beim Import verfahren werden soll. Für eine detaillierte Beschreibung aller Optionen und Erläuterungen, wie Automatic Duck Funktionen vom einen ins andere Programm übersetzt, konsultieren Sie am besten den User Guide »Pro Import AE«. Sollte dieser über die Schaltfläche Hilfe nicht aufrufbar sein, finden Sie ihn hier: Programme/Adobe/After Effects/Support Files/Plug-ins/Format/ProImport/Supporting Files. Einen kurzen Überblick geben die nächsten Seiten.

**AAF und OMF**
Das Format AAF (Advanced Authoring Format) dient zum Austausch multimedialer Inhalte, enthält selbst aber keine Medien, wie Audio- und Videodateien, sondern nur Bearbeitungsinformationen und Verknüpfungen zu den Medien. Dies können auch OMF-Dateien sein. Das Format OMF (Open Media Framework) kann sowohl Projektinformationen als auch Medien enthalten.

#### Final Cut Pro

Aus Final Cut Pro exportieren Sie eine AAF- oder eine XML-Datei über Ablage • Export • AAF bzw. XML.

Der Import dieser Datei in After Effects funktioniert ganz ähnlich über Datei • Importieren • Pro Import After Effects. Dabei werden nicht nur die Schnittdaten übertragen, sondern auch gleich die verknüpften Mediendateien importiert und säuberlich in einem Extraordner verwahrt. Durch die importierten Dateien ist Ihnen die Möglichkeit gegeben, die Clips innerhalb von After Effects neu zu trimmen oder den Inhalt eines Clips zu verschieben. Mehr Informationen dazu finden Sie in Abschnitt 5.3, »Trimmen von Ebenen«.

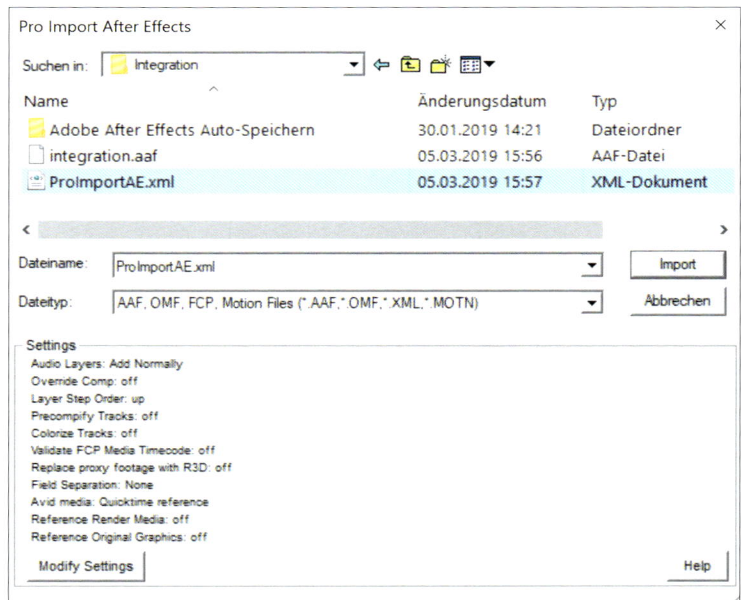


**Abbildung 19.17** ►
Via Pro Import After Effects importieren Sie AAF-, OMF-, XML- und MOTN-Dateien.

### Avid

Für Avid erfolgt die Übernahme von Projekten nach After Effects über eine AAF- oder eine OMF-Datei. Diese erzeugen Sie aus Avid über File • Export. Im Dialog Export As gehen Sie auf Options und wählen im Fenster Export Settings unter Export As den Eintrag AAF bzw. OMF. Der Import in After Effects erfolgt wieder über Datei • Importieren • Pro Import After Effects. Dazu wählen Sie die AAF- bzw. OMF-Datei aus. Der umgekehrte Weg – von After Effects zu Avid – ist über das Plug-in leider nicht möglich. Es bleibt nur die Ausgabe über die Renderliste oder den Media Encoder, z. B. als fertig gerechnetes AVI.

### Apple Motion

Aus Motion heraus müssen Sie nicht erst eine spezielle Datei exportieren. Stattdessen speichern Sie das Projekt einfach. Über den schon erwähnten Importweg wird es dann in After Effects als Komposition mit einem dazugehörigen Ordner angelegt, der die Mediendaten enthält.

### 19.3.2 Was wird unterstützt?

Das Automatic-Duck-Plug-in unterstützt eine Vielzahl an Funktionen für Final Cut Pro, Avid und Motion. Welche es im Detail sind, erfahren Sie hier.

#### Final Cut Pro

Aus Final Cut Pro werden wie auch in den anderen von Automatic Duck unterstützten Applikationen die meisten Informationen – also Bildgröße, Framerate, Layer, Schnittpunkte (In-/Out-Point), Ebenenmodi und Text von Plug-ins für Untertitel, Multiclips und Clipmarker – übernommen.

Außerdem werden von Final Cut Pro beispielsweise Überblendungen, Deckkraft, Skalierung, Position, Drehung aus dem Tab BEWEGUNG, Text (auch von Untertitelungen), Basic 3D, Geschwindigkeitsänderungen und Freeze Frames, Clip- und Sequenzmarker sowie einige in Final Cut Pro verwendete After-Effects-Plugins von Drittanbietern und deren Einstellungen übernommen. Dazu gehören z. B. Digi Effects, Digital Film Tools, Boris FX, Coremelt, Genarts, Noise Industries und Red Giant Software (nicht sämtliche Plug-ins jedes Herstellers werden unterstützt).

Unterstützt werden auch alle Final-Cut-Pro-Mediendateien wie DVCPRO HD, HDV und XDCAM, R3D-Dateien und DPX-Sequenzen.

#### Avid

Von Avid werden unter anderem Bildgröße, Framerate, Layer, Schnittpunkte (In-/Out-Point), Überblendungen, Bildüberlagerungen, Freeze Frames, Matte Key, Deckkraft und Positionsinformationen übernommen. Texte, die mit dem Avid Title Tool erstellt wurden, bleiben erhalten. Allerdings werden die Stile nicht übernommen und müssen nachträglich in After Effects angepasst werden. Geschwindigkeitswechsel und Zeitverzerrungen werden in Dehnungswerte bzw. in die After-Effects-Zeitverzerrung übersetzt.

Clips, die Sie in After Effects als einzelne Ebenen einsetzen, können Sie trimmen, und Sie können das Material innerhalb der Schnittpunkte verschieben (*Slip Edit*). Dies liegt daran, dass auch die Medien in After Effects importiert werden.

Unterstützt werden außerdem ABVB, DV, DV50, Meridien, DNxHD und DVCPRO HD. HDV Native Media und 720p 1:1 werden nicht unterstützt.

#### Apple Motion

Für Apple Motion werden Deckkraft, Skalierung, Position, Drehung, Text und in Motion verwendete After-Effects-Plugin-Einstellungen sowie Effekteinstellungen von Drittanbietern wie z. B. Digi Effects,

**SWF-, FLV- und F4V-Ausgabe entfernt**

SWF-, FLV- und F4V-Dateien sind Containerformate, die Video- und Audiodaten enthalten. Die Ausgabe in diese Formate ist aus After Effects seit der Version CC 2014 nicht mehr möglich.

**XFL-Export entfernt**

Der XFL-Export aus After Effects ist seit der Version CC 2012 nicht mehr verfügbar, und das ist auch gut so, denn die Einschränkungen überwogen die Vorteile doch immens.

Digital Film Tools, Boris FX, Coremelt, Genarts, Noise Industries und Red Giant Software (allerdings nicht sämtliche Plug-ins jedes Herstellers) unterstützt. Außerdem werden Marker und Blendmodi übernommen. Die Framerate des After-Effects-Footage wird an die Wiedergabegeschwindigkeit der Motion-Medien angepasst.

Ebenen, die in Motion einen einzigen Clip enthalten, werden nach After Effects als einzelne Layer übersetzt, während Ebenen, die in Motion mehrere Clips enthalten, in After Effects als verschachtelte Kompositionen ihre Entsprechung finden.

Für in Motion kreierte Partikel, Ebenen mit Verhalten und Replikatoren werden beim Import in After Effects Mini-Motion-Projekte mit der Endung ».mov« generiert, so dass After Effects diese wie QuickTime-Filme rendert. Auf diese Weise sind sie in After Effects als Ebenen in den Kompositionen enthalten. Diese Möglichkeit ist allerdings nur Mac-Usern vorbehalten, denn dazu müssen Sie neben After Effects auch Motion auf demselben System installiert haben.

## 19.4 Zusammenarbeit mit Adobe Animate

Auch das Programm Animate (vormals Flash Professional) ist gut in die Produktpalette integriert. Sie haben die Möglichkeit, Animate-Projektdateien in After Effects zu verwenden oder aus Animate heraus SWFs oder besser QuickTime-Filme auszugeben und diese in After Effects zu verwenden.

Außerdem können Sie den Media Encoder aus Animate heraus für die Umwandlung in andere Formate für After Effects nutzen. Umgekehrt bietet sich aus After Effects für Animate nur die H.264-Ausgabe (».mp4«) an, die nur via Media Encoder erreichbar ist. Für eine solche Ausgabe markieren Sie die gewünschte Komposition und wählen Komposition • Zur Adobe Media Encoder-Warteschlange hinzufügen. Falls Sie nicht wissen, wie es danach weitergeht, lesen Sie Abschnitt 10.5, »Ausgabe mit dem Media Encoder«.

Bei der Frage, welches Animationstool Sie besser nutzen sollten, plädiere ich natürlich für After Effects. Viele Animationen, die in After Effects mit wenigen Klicks erledigt sind, fallen in Animate sehr umständlich aus, obwohl das Programm seit der CS4-Version um einige After-Effects-Funktionen erweitert wurde. Abgesehen davon ist die Effekte-Palette von After Effects weitaus umfangreicher. Was Interaktivität und Programmiersprache angeht, liegt Animate wiederum vorn. Das ist so auch sinnvoll, denn Animate ist auf Animationen für interaktive Anwendungen und das Web ausgelegt.

### 19.4.1 Import einer .fla-Datei in After Effects

Um Animationen aus Animate in After Effects nutzen zu können, bietet sich als beste Variante der Import einer Animate-Projektdatei (.fla-Datei) an. Wenn Sie die Datei auf gewohntem Weg importieren, erhalten Sie einen Dialog, über den Sie einen Speicherort angeben sollen. Dies wird dann der Ort, wo SWFs abgelegt werden, aus denen die Animation in After Effects rekonstruiert wird. In After Effects erhalten Sie pro Layer aus Animate eine Ebene, in der eine SWF-Datei liegt.

Aus den Animate-Beispielprojekten habe ich Ihnen eine Datei im Ordner 19_INTEGRATION_VIDEO im Ordner ANIMATE abgelegt, die Sie zum Testen nutzen können.

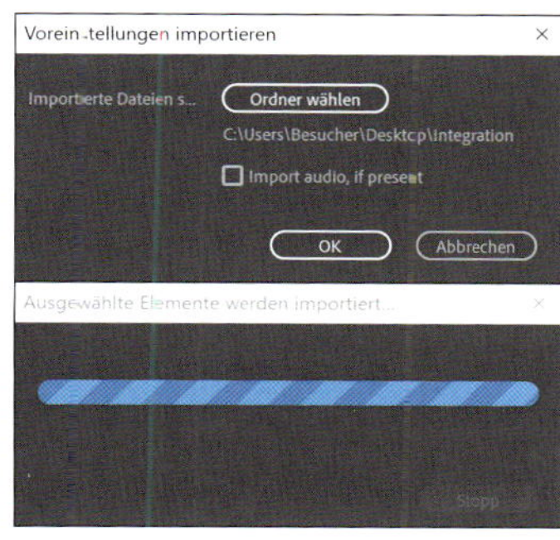


▲ **Abbildung 19.18**
Beim Import einer .fla-Datei müssen Sie einen Ordner wählen, in dem die SWFs für die einzelnen Layer abgelegt werden.

▲ **Abbildung 19.19**
In Animate gibt es neun Layer, aus denen die Figur zusammengesetzt ist.

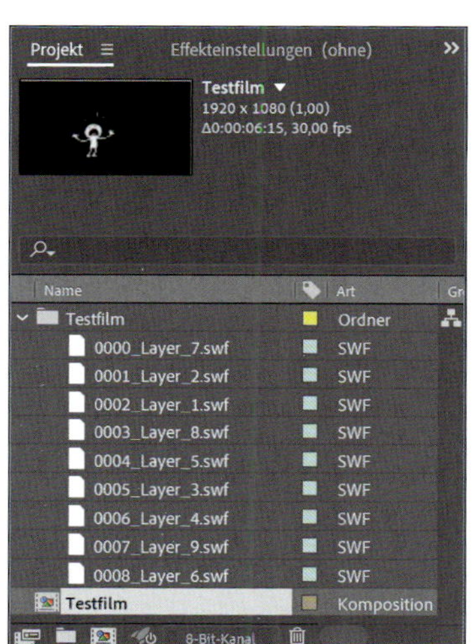


◂ **Abbildung 19.20**
Im After Effects-Projektfenster sieht man die SWFs. Diese werden in der Komposition verwendet.

**SWF und FLA**

SWF-Dateien sind Containerformate und zur Wiedergabe im Flash Player vorzugsweise im Internet bestimmt. SWFs zeichnen sich bei Verwendung vektorbasierter Elemente, die Sie in Illustrator für Animate oder in Animate selbst erstellen und animieren, durch geringe Dateigrößen aus. Durch Einbindung von pixelbasiertem Material wie JPG und PSD oder Video kann die Dateigröße stark anwachsen. Per ActionScript wird eine SWF-Datei interaktiv steuerbar. SWFs erzeugen Sie aus FLA-Dateien, also dem Dateiformat der Animate-Applikation.

**Import von SWF-, FLV- und F4V-Dateien**

Sie können SWF- und die veralteten FLV- und F4V-Dateien in After Effects importieren. Interaktive Inhalte gehen dabei allerdings verloren. Animationen und Transparenzeinstellungen (der Alphakanal) in SWF-Dateien blieben beim Import in früheren Versionen vollständig erhalten, inzwischen wird bei SWFs nur noch ein Standbild angezeigt. Enthalten Ihre FLA-Dateien mehrere Ebenen, so können Sie auf diese nach der Umwandlung in SWF nicht mehr zugreifen.

**After-Effects-Soundeffekte**

Effekte aus der Effektkategorie Audio, die Sie in After Effects auf Audiomaterial anwenden, werden von Audition ignoriert.

**Audio-Hardware-Voreinstellung**

In After Effects können Sie die Audio-Hardware passend zu Ihrer Soundkarte wählen. Dazu nehmen Sie den Weg: Bearbeiten • Voreinstellungen • Audio-Hardware. In den Voreinstellungen wählen Sie unter Standardgerät die entsprechende Audio-Hardware und können über Einstellungen weitere Spezifikationen festlegen. Außerdem können Sie Lautsprecher für die Ausgabe zuordnen. Wählen Sie dazu in den Voreinstellungen den Eintrag Zuordnung der Audio-Ausgänge.

### 19.4.2 Export von QuickTime- und SWF-Dateien aus Animate

Um eine Zeitleistenanimation aus Animate zu exportieren, wählen Sie Datei • Exportieren. Für eine SWF-Datei oder auch eine PNG-Sequenz wählen Sie danach Film exportieren und im Ausgabedialog unter Dateityp das gewünschte Format. Für QuickTime wählen Sie stattdessen die Option Video exportieren. Wenn Sie einen Haken bei Video in Adobe Media Encoder konvertieren setzen, wartet Ihr Video nachher im Media Encoder auf Ihre Einfälle, in was sie es noch konvertieren wollen.

Auf diese Weise exportierte QuickTime-Filme oder Filme aus dem Media Encoder können Sie natürlich in After Effects importieren und weiterbearbeiten.

## 19.5 Zusammenarbeit mit Adobe Audition

Wie bei der Schnittbearbeitung ist es oft sinnvoll, umfangreiche Audiobearbeitungen außerhalb von After Effects vorzunehmen. Neben den in After Effects verfügbaren Audioeffekten bietet Audition weit umfangreichere Bearbeitungsmöglichkeiten. Um die Audiobearbeitung von After Effects aus zu starten, markieren Sie die jeweilige Sound-Ebene im Projektfenster oder in der Zeitleiste und wählen Bearbeiten • In Adobe Audition bearbeiten.

Nachdem Sie Ihren Sound dort bearbeitet haben, wenden Sie die Bearbeitung über Datei • Speichern an. Die Audiobearbeitung wird dann automatisch in After Effects übernommen und auch bei weiteren Änderungen nach dem Speichern sofort aktualisiert.

Einen kleinen Unterschied zwischen reinen Audiodateien (wie WAV, MP3 etc.) und sogenannten Containerformaten (also Dateien, die sowohl Audio als auch Video enthalten können, wie AVI und MOV) müssen Sie noch beachten: Sie können zwar auch Containerformate über oben genannten Befehl in Audition bearbeiten, müssen anschließend aber den Befehl Datei • Speichern unter wählen. Hier ist ein erneuter Import in After Effects notwendig. Fügen Sie die geänderte Sounddatei zur Komposition hinzu. Den Sound in Ihrer ursprünglichen Video- und Sounddatei sollten Sie dann zugunsten der veränderten Audiodaten ausschalten.

# Kapitel 20
# Integration mit 3D-Applikationen

*In diesem Kapitel geht es um die Verwendung von Kamera- und 3D-Daten aus 3D-Applikationen in After Effects. Oft können nur einige Daten oder ein aus den Programmen ausgegebener Film verwendet werden, im Falle von Cinema 4D aber ist alles möglich.*

## 20.1 Warum externe 3D-Programme nutzen?

Nachdem Sie bereits einige Erfahrungen mit dem 3D-Raum in After Effects gesammelt haben, bleibt noch die Frage offen, wie komplexere 3D-Objekte in After Effects nutzbar gemacht werden, da es hier nicht möglich ist, 3D-Objekte zu verformen, von Figurenanimation ganz zu schweigen. Dies wäre ein Grund dafür, spezielle 3D-Programme zu verwenden.

Ein weiterer Grund liegt in den unterschiedlichen Stärken einer 2D-orientierten Anwendung wie After Effects und eines 3D-Programms.

Oft lassen sich Aufgaben wie der Einbau eines 3D-Objekts in eine real gedrehte Filmszene schneller und komfortabler in After Effects bewerkstelligen.

Die Anwendung von Effekten innerhalb eines 3D-Programms kann den Arbeitsprozess sehr verlangsamen. Da After Effects selbst mit einer großen Anzahl an Effekten ausgestattet ist, die Sie durch Plug-ins erweitern können, ist es auch hier oft sinnvoll, eine Kombination aus 3D- und 2D-Compositing zu nutzen.

## 20.2 Datenübergabe an After Effects

**Echte 3D-Objekte importieren**

Auf die sich leider derzeit noch in der Betaphase befindliche Möglichkeit, echte 3D-Objekte direkt in After Effects zu importieren, hatte ich schon im Kapitel 3 hingewiesen. Genutzt wird hierbei das .obj-Dateiformat, das ein weit verbreitetes Austauschformat in der 3D-Welt ist. Für die Übergabe von Texturen wird beim Import automatisch eine .mtl-Datei importiert. Fügen Sie eine .obj-Datei einer bestehenden Komposition hinzu, öffnet sich ein Import-Dialog, in dem Sie die grundlegenden Eigenschaften Ihres Modells genauer spezifizieren können. Nun können Sie Ihr 3D-Objekt genau wie die anderen Elemente Ihrer Komposition bearbeiten.

After Effects kann mit verschiedenen 3D-Applikationen wie Maxon Cinema 4D, Autodesk Maya, Autodesk 3ds Max, NewTek LightWave 3D, Luxology modo und weiteren zusammenarbeiten. Wesentlich bei der Zusammenarbeit mit allen 3D-Anwendungen ist die Frage, wie die Datenübergabe von 3D-Programmen an After Effects erfolgt.

Bei der Datenübergabe an After Effects geht es darum, auf Informationen aus der 3D-Szene Zugriff zu haben. Das betrifft die Bewegung der Kamera, die Position von Objekten, Lichtern und weitere spezielle Informationen wie Orientierung und Blickwinkel einer Kamera oder die Lichtfarbe. Diese Informationen werden zusätzlich zu den Farb- und Alphakanälen in Hilfskanälen gespeichert und aus den 3D-Programmen entweder als separate Dateien oder innerhalb einer einzigen Datei ausgegeben.

Notwendig sind diese Daten, um die importierten 3D-Objekte, Lichter und Kameras bestmöglich mit dem 3D-Raum von After Effects in Einklang zu bringen. Kennen Sie die Position eines 3D-Objekts, die Beleuchtung und die Kamerafahrt aus der 3D-Anwendung, können Sie eine in After Effects kreierte 3D-Ebene an ähnlicher Stelle im Raum positionieren, durch die After-Effects-Lichter ähnlich beleuchten und mit einer After-Effects-Kamera aus dem gleichen Blickwinkel betrachten. Je mehr Daten Sie an After Effects übergeben können, desto mehr Kontrollmöglichkeiten bieten sich für eine reibungslose Integration der 3D-Daten.

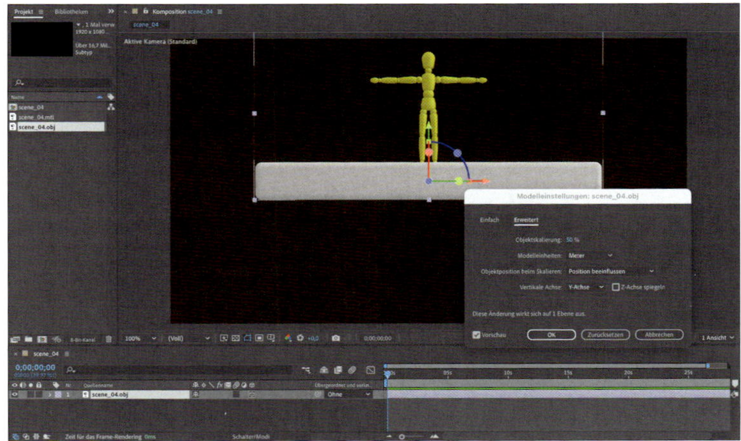


**Abbildung 20.1** ▶
Modelleinstellungsdialog einer .obj-Datei

### 20.2.1 Art der Datenübergabe

Die einzelnen 3D-Programme geben unterschiedlich viele Informationen weiter.

### Cinema 4D

Besonders hervorzuheben ist die Integration mit Maxon Cinema 4D: After Effects wird mit einer Lite-Version des Programms ausgeliefert! Sie können aus After Effects heraus Cinema 4D-Dateien erstellen, After-Effects-3D-Kompositionen als Cinema 4D-Projekt abspeichern und ganze Cinema 4D-Projekte importieren. Der CINEWARE-Effekt sorgt dafür, dass Sie an alle Daten herankommen. Über den Live-Link können Sie in Cinema 4D arbeiten und das Ergebnis sofort in After Effects begutachten und umgekehrt. Änderungen eines importierten Cinema 4D-Projekts werden sofort in After Effects aktualisiert, fast als würden Sie es direkt in After Effects erstellen. Bravo! Da haben die Entwickler von Maxon die großartigste Arbeit von allen geleistet! Die neuen Möglichkeiten finden Sie in Abschnitt 20.4, »Die Integration mit Cinema 4D«.

### RLA und RPF

Eine andere verbreitete Form der Datenübergabe wird über die Formate RLA und RPF gewährleistet. Die Ausgabe in diese Formate ist in verschiedenen 3D-Programmen wie beispielsweise in Autodesk 3ds Max möglich. RLA- und RPF-Dateien enthalten die Rot-, Grün-, Blau- und Alphakanäle (RGBA) und zusätzliche Informationen in den Hilfskanälen wie die Tiefeninformation innerhalb einer einzigen Datei. RPF-Dateien enthalten auch Kameradaten. Die Dateiendungen sind .rla bzw. .rpf.

### OpenEXR

OpenEXR, herausgegeben von Industrial Light and Magic (ILM), ist ein High-Dynamic-Range-Format. Das Format unterteilt sich in Formate, deren Dynamikumfang 16-Bit- bzw. 32-Bit-Gleitkommadarstellung oder 32-Bit-Integer umfassen können. Es kann wie RLA und RPF Rot-, Grün-, Blau- und Alphakanäle und weitere Informationen in etlichen anderen Kanälen speichern.

Da es sich um einen offenen Standard handelt, wird das Format ständig weiterentwickelt. So kommen unter anderem immer neue Kompressionstechniken zum Einsatz. Inzwischen hat sich das Format zum Software-Industrie-Standard für HDR-Bilder entwickelt und ist in vielen 3D-Applikationen das Standard-Render-Format. After Effects unterstützt das Format schon seit längerem, allerdings wird erst seit der Version CS4 der volle Funktionsumfang des Formats ausgeschöpft, wie ich weiter unten noch erläutern werde.

### Tiefeninformation

Basierend auf der Z-Information, also der Tiefeninformation, können Sie einer Ebene in After Effects eine Tiefenschärfe zuweisen.

Eine andere Möglichkeit besteht darin, Objekte aus einer 3D-Applikation anhand der Tiefeninformation gezielt ein- oder auszublenden, um die 3D-Ebenen von After Effects zwischen dem Vorder- und Hintergrund einer 3D-Szene zu platzieren.

Die Tiefeninformation wird außer im Falle von RLA und RPF meist als separate Datei ausgegeben. Hier sind Softimage-Dateien und Electric-Image-Dateien zu erwähnen. Softimage-Dateien mit der Endung .pic speichern die Tiefeninformation in einer Datei mit der Endung .zpic. Electric-Image-Dateien mit der Dateiendung .img legen diese Information in einer Datei mit der Endung .eiz ab.

### 20.2.2 Wie kommt After Effects an die Daten heran?

Wie After Effects die Daten aus den verschiedenen Programmen empfängt, hängt sehr von der verwendeten 3D-Applikation ab. Im besten Falle werden die Kameras und Lichter, die in einer 3D-Szene enthalten sind, nach dem Import in After Effects in gleicher Weise mit den After-Effects-Kameras und -Lichtern dargestellt. Hier ist wieder Cinema 4D mit Lorbeeren zu schmücken, das die weitaus beste Integration ermöglicht.

Zumeist werden Standbilddateien ausgegeben, in denen Kanalinformationen mitgespeichert werden, auf die After Effects mit entsprechenden Effekten zugreifen kann, wie Sie in Abschnitt 20.3.3, »3D-Kanaleffekte«, nachlesen können.

Haben Sie den Weg vom 3D-Programm nach After Effects beschritten, sieht es in After Effects möglicherweise nicht so aus wie erwartet. Denn wenn Sie manche Anpassungen außer Acht lassen, geht es den Kameras, Lichtern und 3D-Ebenen in After Effects wie Bob Harris im Film »Lost in Translation«.

### 20.2.3 Anpassungen und Vorbereitungen

Bei der Integration von 3D-Programmen mit After Effects müssen Sie auf einige Dinge achten, die nicht programmspezifisch sind. Schauen wir sie uns hier kurz an.

#### Objektgröße

Damit die 3D-Szene mit dem später in After Effects hinzugefügten Material zusammenpasst, ist es günstig, im 3D-Programm ein Referenzobjekt zu verwenden, das dem in After Effects hinzugefügten entspricht, das also in der Größe des hinzugefügten Textes oder des Videos etc. erstellt wird. Anschließend bauen Sie in Bezug zum Referenzobjekt die 3D-Szene.

#### Maßeinheiten und Operatoren

Wenn möglich, sollten Sie in den Voreinstellungen des 3D-Programms die Maßeinheiten auf Pixel umstellen, damit Umrechnungen unnötig sind und es später in After Effects passt. Oft arbeiten 3D-Programme im Vergleich zu After Effects mit umgekehrten Operatoren für die Positionierung, d.h., ist die Position eines Objekts im 3D-Programm mit einem positiven Wert dargestellt, kann es in After Effects ein negativer Wert sein. In diesem Fall fügen Sie in die betroffenen Eigenschaften (z.B. POSITION und DREHUNG) eine Expression mit folgendem Inhalt hinzu: `-value`. Dies kehrt die Werte ins Gegenteil um.

#### Position und Ankerpunkt

Die Position von Objekten innerhalb des 3D-Programms benötigen Sie, um in After Effects an gleicher Stelle Ebenen hinzuzufügen. Die Positionsdaten übermitteln Sie an After Effects über Objekt-IDs, Null-Objekte (z.B. Nulllichter) oder Tags oder extra dafür eingerichtete Dummy-Kameras. Weiter unten werde ich für 3ds Max- und Cinema 4D-Dateien eine Möglichkeit beschreiben.

Den Ankerpunkt eines Objekts sollten Sie im 3D-Programm dort platzieren, wo später in After Effects eine Ebene hinzugefügt werden soll. Oft liegt er im 3D-Programm in der Objektmitte.

#### Manuelle Anpassung

Für eine sichere Übereinstimmung ist es häufig nötig, Objektdaten wie die Position, Kameradaten wie den Blickwinkel und bei Lichtern den Lichtkegel zu notieren und den dafür verwendeten Zettel nicht versehentlich als Butterbrotpapier zu nutzen. Die darauf enthaltenen Informationen müssen Sie zur richtigen Einstellung von Lichtern und Kameras und zur Positionierung von 3D-Ebenen in After Effects oft manuell eingeben.

**Null-Objekte zur Positionierung**
Als Positionierhilfe für Ebenen, die Sie in After Effects in eine 3D-Szenerie einpassen wollen, dienen Null-Objekte, wie Nulllichter oder Null-Locator-Knoten. Diese positionieren Sie zuvor dort, wo die After-Effects-Ebenen platziert werden sollen.

#### Zeit- und Bewegungsinterpolation

Haben Sie im 3D-Programm den Bewegungspfad gekrümmt oder Bewegungen beschleunigt oder abgebremst, werden diese Veränderungen oft nicht übernommen. In diesem Falle wenden Sie wie in Maya das Baking an, wodurch für jeden Frame ein Keyframe geschaffen wird.

## 20.3 Umgang mit 3D-Daten in After Effects

Im Folgenden werde ich den Umgang mit 3D-Daten anhand einiger wichtiger Formate veranschaulichen.

### 20.3.1 RPF-Dateien in 3ds Max vorbereiten und erstellen

Anhand von 3ds Max zeige ich Ihnen hier kurz, wie Sie in RPF-Dateien die für After Effects wichtigen Daten einschließen. Neben den Kanälen Rot, Grün und Blau für die Farbdarstellung und dem Alphakanal für die Transparenzdarstellung können RPF-Dateien Kanäle für die Tiefeninformation (Z-Tiefe), für einzelne Objekte (Objekt-ID), Materialien (Material-ID), für Texturpositionen (UV-Koordinaten) und einige mehr enthalten. Damit Kameradaten übernommen werden, muss der Datei die Tiefeninformation mitgegeben werden. Via Objekt- und Material-ID separieren Sie später Objekte.

**Abbildung 20.2 ▼**
Im 3D-Programm schließen Sie wie hier in 3ds Max zusätzliche Kanalinformationen in die RPF-Datei ein.

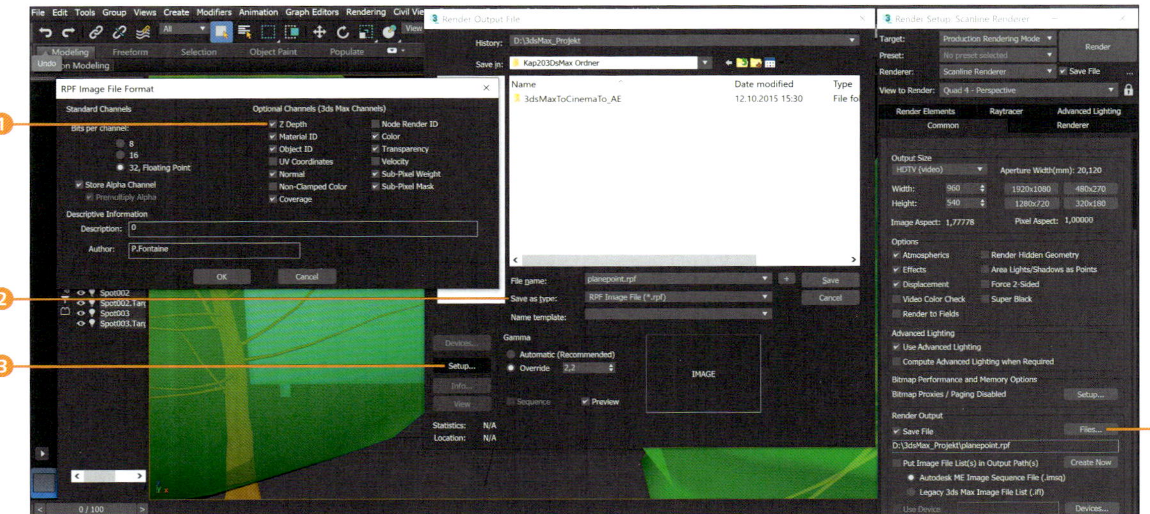


Nachdem Sie in 3ds Max Ihre Szene gebaut haben, geben Sie via Rendering Ihre Filmsequenz aus. Zuvor gehen Sie über Rendering • Render Setup und klicken im sich öffnenden Dialog unter Render Output auf Files 4 und im Render Output File-Dialog auf Save as type 2. Dort wählen Sie den Eintrag RPF bzw. RLA Image File. Anschließend klicken Sie im Dialog auf Setup 3. Im Dialog RPF Image File Format setzen Sie unter Optional Channels mindestens für Z Depth 1 ein Häkchen und gegebenenfalls für die anderen Kanäle. Unter Standard Channels belassen Sie es bei Store Alpha Channel und Premultiply Alpha, um die Transparenzinformation korrekt zu übernehmen.

#### Objekt-ID vergeben

Um die Objekte Ihrer Szene zu nummerieren, wählen Sie das jeweilige Objekt oder eine Gruppe von Objekten aus und rufen dann per rechter Maustaste das Kontextmenü und dort den Eintrag Object

Properties auf. Im darauffolgenden Dialog vergeben Sie die Objekt-ID unter G-Buffer ❺.

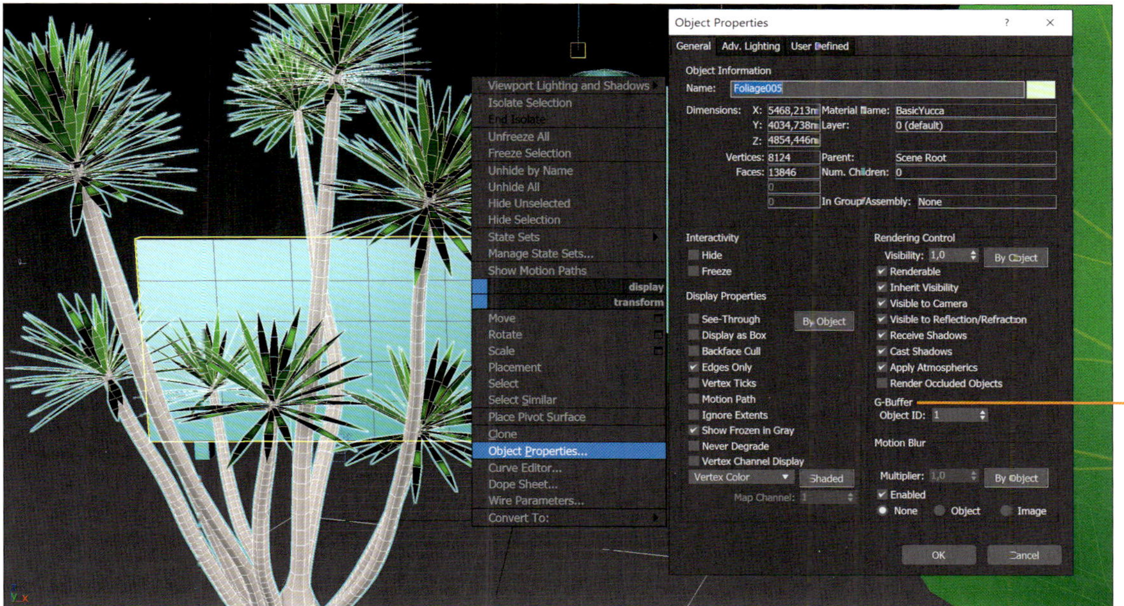


▲ **Abbildung 20.3**
Unter G-Buffer vergeben Sie die Objekt-ID.

## Material-ID vergeben

Via Rendering • Material Editor • Compact Material Editor erreichen Sie den gleichnamigen Dialog. Dort wählen Sie das gewünschte Material aus und weisen dann über den kleinen Button ❼ die Material-ID zu. Anschließend weisen Sie das Material den ausgewählten Objekten zu ❻.

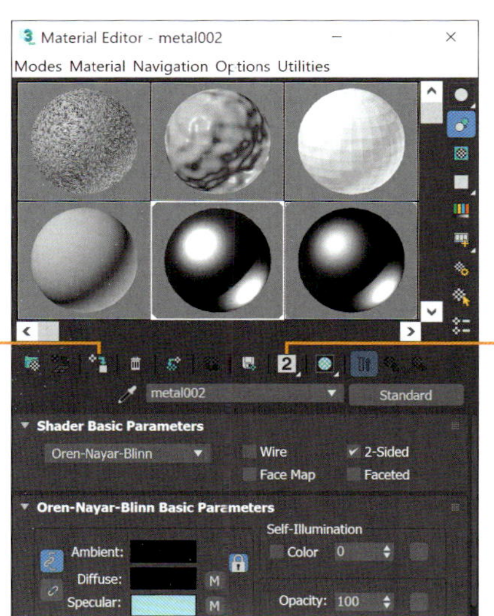


◀ **Abbildung 20.4**
Die Material-ID weisen Sie im Material Editor zu.

### AE Transfer

Mit dem Skript AE Transfer exportieren Sie Kameras, Lichter und Ebenen von 3ds Max nach After Effects. Position, Drehung und Skalierung werden ebenfalls exportiert. Außerdem können Sie einzelne Objekte auswählen und Ihre Daten per JSX-Skript exportieren, das von AE Transfer generiert wird, oder Objektparameter via Zwischenablage übertragen. Das Ganze ist mit allen Versionen von 3ds Max 2012 und After Effects CS5 bis heute kompatibel. Der Preis dafür ist unschlagbar günstig! Weitere Infos unter *www.ae-transfer.com*.

**3ds Max to After Effects**
Für 3ds Max ist es auch über das Plug-in MAX2AE von der Firma Boomer Labs (*www.boomerlabs.com*) möglich, weitere Informationen z. B. von Kameras, Lichtern und Hilfsebenen nach After Effects zu übernehmen.

Wenn Sie die IDs zugewiesen und das RPF-Format für die Ausgabe gewählt haben, rendern Sie Ihre Sequenz in einen Extraordner. Für den Import habe ich eine solche Sequenz (»parkplatz.rpf«) vorbereitet, die Sie im folgenden Workshop verwenden können.

### 20.3.2 RPF-/RLA-Sequenzen importieren

Dieser Workshop hat den Import und die Weiterverwendung einer RPF-Sequenz in After Effects zum Thema. Wie in After Effects die in RPF-Dateien enthaltenen Kameradaten importiert werden und darauf basierend eine Kameraebene geschaffen wird, schauen wir uns hier an. In gleicher Weise wie nachfolgend beschrieben verarbeiten Sie auch **RLA-Sequenzen** in After Effects weiter.

### Schritt für Schritt Umgang mit einer RPF-Sequenz

In diesem Workshop werden Sie eine RPF-Sequenz verwenden und 3D-Daten in ein Video einpassen sowie ein Video in die 3D-Daten. Die Kompositionsgröße müssen Sie dabei nicht selbst bestimmen, sie ergibt sich in den nächsten Schritten von selbst.

Die benötigten Dateien für diesen Workshop finden Sie unter BEISPIELMATERIAL/20_INTEGRATION_3D/RPFIMPORT/SEQUENZ.

#### 1 Vorbereitung

Das Beispielmovie für diesen Workshop liegt im Ordner 20_INTEGRATION_3D/RPFIMPORT bereit und heißt »parkplatz.mp4«. Schauen Sie sich den Film zunächst einmal an.

**Abbildung 20.5** ▸
Diese Versuchsanordnung (hier noch in 3ds Max) soll in ein Video eingebaut werden. Zusätzlich soll ein weiteres Video auf die hier bläuliche Fläche, hinter der Palme, platziert werden.

#### 2 Import einer RPF-Sequenz

Importieren Sie jetzt aus dem Ordner 20_INTEGRATION_3D/RPFIMPORT/SEQUENZ die Sequenz. Markieren Sie dafür die erste Datei der Sequenz ①, setzen Sie gegebenenfalls ein Häkchen bei RLA/RPF-SEQUENZ ②, und klicken Sie auf IMPORTIEREN.

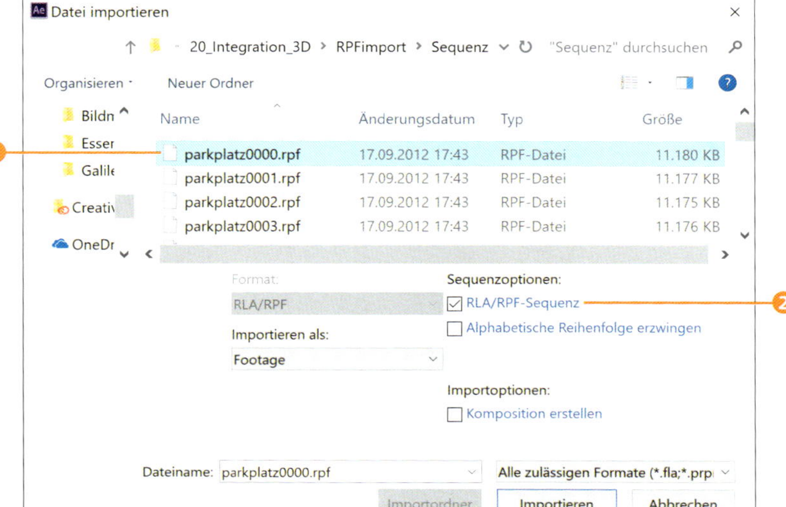


◂ **Abbildung 20.6**
Zum Importieren einer RLA/RPF-Sequenz setzen Sie ein Häkchen bei RLA/RPF-SEQUENZ.

Im folgenden Dialog FOOTAGE INTERPRETIEREN klicken Sie auf ERMITTELN und OK. After Effects erkennt dann automatisch, wie der Alphakanal des Rohmaterials erstellt wurde.

Ziehen Sie die RPF-Sequenz im Projektfenster auf die Kompositionsschaltfläche. Es wird automatisch eine Komposition in der richtigen Größe in der Länge der Sequenz angelegt. Importieren Sie anschließend die Dateien »parkplatzBG« und »screen« mit der Option FOOTAGE, und ziehen Sie die Datei beginnend am Zeitpunkt 00:00 in die entstandene Komposition.

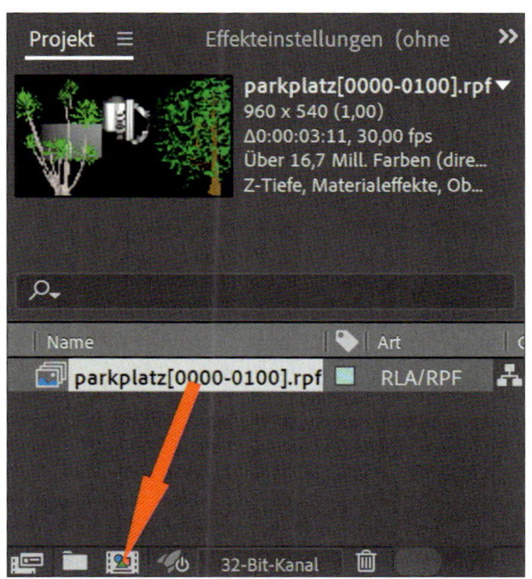


◂ **Abbildung 20.7**
Um eine Komposition in der Framegröße und Dauer der RPF-Sequenz anzulegen, ziehen Sie die Sequenz auf die Kompositionsschaltfläche.

**Abbildung 20.8 ▸**
Die importierte 3D-Szenerie

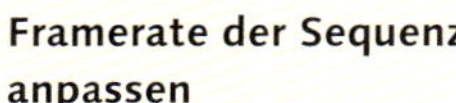

**Framerate der Sequenz anpassen**

Falls sich die Framerate der Ausgabedatei von der Rate der importierten RPF- oder RLA-Sequenz unterscheidet, sollten Sie die Framerate der Sequenz an die gewünschte Ausgabe-Framerate anpassen. Dazu wählen Sie die Sequenz im Projektfenster aus und ändern die Framerate unter Datei • Footage interpretieren • Footage einstellen im Feld Framerate. Für den Workshop wählen Sie die Framerate 25.

### 3 RPF-Kameradaten auslesen

Das Video »screen« soll auf der grauen Fläche in der 3D-Szene hinter die Palme platziert werden und die perspektivische Verzerrung der in der Szene befindlichen Objekte übernehmen, die durch die Kamerabewegung entsteht. Um dies zu erreichen, schaffen Sie in After Effects eine Kamera, die sich genauso bewegt wie die Kamera aus der 3D-Szene. Außerdem muss sich der Blickwinkel der beiden Kameras gleichen, damit sich das Video »screen« so im Raum zu bewegen scheint wie die anderen Flächen.

Die Daten der Kamera aus der 3D-Szene kann After Effects auslesen, da sie in der RPF-Datei mitgespeichert sind. Dazu klicken Sie auf die RPF-Sequenz in der Zeitleiste, gehen zum Zeitpunkt 0:00:00 und wählen dann Animation • Keyframe-Assistent • RPF-Kamera-Import. After Effects legt daraufhin automatisch eine neue Kameraebene an. Markieren Sie einmal die Ebene ❶, und lassen Sie sich mit der Taste U die in der Kameraebene enthaltenen Keys anzeigen. Für jeden Frame wurden die Daten für die Position und die Drehung der Kamera in Keys gespeichert.

**Abbildung 20.9 ▾**
Nach dem Auslesen der RPF-Kameradaten werden für jeden Frame der Kameraebene mehrere Keyframes erstellt.

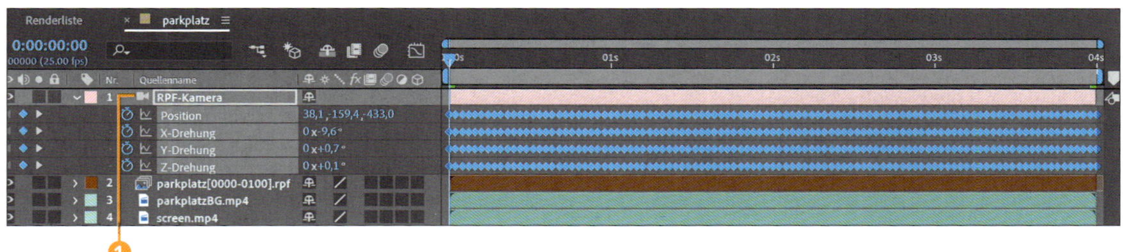


### 4 Screen positionieren und Kamera anpassen

Ziehen Sie das Video »screen« zunächst in der Zeitleiste über die importierte RPF-Sequenz. Damit das Video nun auch wirklich auf der grauen Fläche landet, müssen Sie zuerst die 3D-Option ❸ für das Video aktivieren. Falls die Option nicht sichtbar ist, blenden Sie sie über die Schaltfläche für Ebenenschalter ❷ ein. Damit wirkt sich die Kamerabewegung auf das Video aus. Nur die Position des Videos im Raum stimmt noch nicht. Um das Video mit der grauen Fläche in Übereinstimmung zu bringen, ist es notwendig, die Positionsdaten der Fläche zu kennen.

In diesem Fall habe ich eine Dummy-Kamera an der Position der grauen Fläche geschaffen, um die Positionsdaten von dort zu erhalten. Via RPF gelangten die Daten dann in After Effects. Die Positionsdaten sind also –170, 23, 447.

Markieren Sie die Ebene »screen«, drücken Sie die Taste P, um die Positionseigenschaft einzublenden, und tragen Sie die Werte in der genannten Reihenfolge ein. Nun ist nur das Video noch viel zu groß. Skalieren Sie es daher auf 29 %.

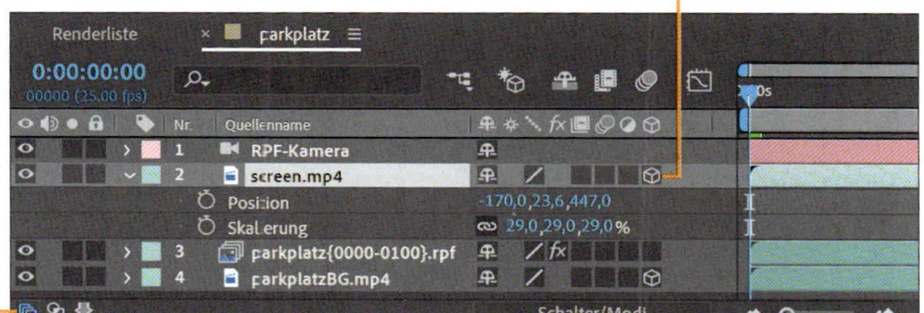


◂ **Abbildung 20.10**
Der Komposition wird die Ebene »screen« hinzugefügt, und die 3D-Option für die Ebene wird aktiviert. Erst dann wirkt sich die Kamerafahrt auf die Videoebene aus.

Jetzt sollte es passen. Es hat sich aber ein anderes Problem ergeben: Das Video liegt über der Palme, soll sich aber eigentlich dahinter befinden. Wie Sie dies schaffen, erfahren Sie im nächsten Workshop. Vorerst werden wir noch den Hintergrund »parkplatzBG« der Kamerabewegung annähern.

◂ **Abbildung 20.11**
Nach der richtigen Übernahme der Positionswerte auf die Videoebene liegt diese passgenau auf der grauen Fläche, jedoch noch nicht hinter der Palme.

### 5 Hintergrundmovie an Kamerabewegung anpassen

Da es sich bei dem Hintergrundmovie nicht um einen 3D-Raum handelt und die Kameraaufnahme nicht zuvor mit der geplanten Kamerabewegung abgeglichen wurde, kann die Anpassung an die Kamerabewegung hier nur ungefähr erfolgen. Schalten Sie zunächst wieder die 3D-Option für die Ebene ein. Setzen Sie dann einen Keyframe für die Positionseigenschaft am Zeitpunkt 00:00. An-

**Alternative Möglichkeit**

Eine Alternative, um den Parkplatz an den 3D-Raum der Objekte anzupassen, wäre es, die Lichtübertragung zu nutzen und das Parkplatz-Movie als Textur auf in After Effects erzeugten 3D-Ebenen einzusetzen. Dies beschreibe ich im Abschnitt 16.2.3, »Lichtübertragung«.

**Positionsdaten manuell**
Manchmal ist es nötig, die Positionsdaten im 3D-Programm einzusehen, zu notieren und dann manuell zu übertragen. Abhängig von der im 3D-Programm verwendeten Einheit müssen Sie hier eventuell noch die Werte umrechnen. Je nach Programm werden die Koordinaten in der Form XYZ oder XZY dargestellt. Beim Übertragen müssen Sie dann die Reihenfolge ändern. Zusätzlich sind oft die Operatoren unterschiedlich, so dass aus plus minus wird. Auch der Kamerablickwinkel kann sich von Programm zu Programm unterscheiden; Sie sollten ihn prüfen und dann im Dialog KAMERAEINSTELLUNGEN unter BLICKWINKEL anpassen.

schließend ziehen Sie die Ebene auf der Z-Achse hinter die Ebene »screen«. Verschieben Sie die Ebene auf der X- und Y-Achse, bis die 3D-Objekte auf dem Parkplatz stehend erscheinen. Da die Kamera einen leichten Schwenkt macht, ist die Anpassung nicht einfach, aber mit folgenden Werten ging es:

- POSITION: bei 00:00 = 65, 150, 1300; bei 03:18 = 48, 134, 1170
- Y-DREHUNG: bei 00:00 = 0x +0,0°; bei 03:18 = 0x –3,0°

Im nun folgenden Workshop werden wir die 3D-Objekte separieren und die Ebene »screen« hinter die Palme platzieren.

## 20.3.3 3D-Kanaleffekte

Im vorangegangenen Workshop haben Sie After-Effects-Kameradaten aus einer RPF-Sequenz auslesen lassen. Eine weitere Möglichkeit, an Informationen innerhalb einer RPF- oder RLA-Datei zu gelangen, ist es, 3D-Kanaleffekte zu verwenden. After Effects kann auf **Kanalinformationen**, die wie bei RLA- und bei RPF-Dateien innerhalb der Dateien mitgespeichert wurden, mit den eigens dafür geschaffenen 3D-Kanaleffekten zugreifen. Ein wichtiger Helfer bei der Positionsbestimmung von Objekten innerhalb einer importierten 3D-Szene ist das in After Effects enthaltene **Infofenster**. Auf Basis der in der Palette angezeigten Informationen stellen Sie Werte für 3D-Kanaleffekte wie 3D-Nebel und Tiefenschärfe ein.

Einige dieser Effekte schauen wir uns im nächsten Workshop und in den Abschnitten danach genauer an. Wir beginnen mit der ID Maske, weitere 3D-Kanaleffekte sind 3D-NEBEL, 3D-KANAL EXTRAHIEREN, TIEFENMASKE und TIEFENSCHÄRFE.

### ID Maske

Im 3D-Programm können Sie jedem Objekt eine Objekt-ID zuweisen, durch die jedes Objekt identifizierbar ist. Anhand der Objekt-ID kann der Effekt ID-MASKE Objekte der Szene ein- und ausblenden.

### Schritt für Schritt
### 3D-Kanaleffekt »ID Maske«

Die benötigten Dateien für diesen Workshop finden Sie unter BEISPIELMATERIAL/20_INTEGRATION_3D/RPFIMPORT.

Zur Anwendung der 3D-Kanaleffekte nutzen Sie die im vorigen Workshop entstandene Projektdatei oder verwenden »RPFimport.aep« aus dem Ordner 20_INTEGRATION_3D/RPFIMPORT.

#### 1 Der Effekt »ID-Maske«

Um die Palme vor den Screen zu bekommen und ihn trotzdem auf der grauen Fläche zu belassen, bietet sich der Effekt ID-MASKE an.

Um den Effekt anzuwenden, markieren Sie die Sequenz in der Zeitleiste und wählen EFFEKTE • 3D-KANAL • ID-MASKE. Da die Objekte in unserer Szene von eins bis drei nummeriert sind, ist erst einmal nichts mehr zu sehen.

Wenn Sie unter ID-AUSWAHL den Wert »1« eintippen, wird die Palme allein sichtbar. Der grauen Fläche ist die Objekt-ID 2, den Objekten und den Bäumen auf der rechten Seite allen gemeinsam der Wert 3 zugeordnet. Für die weitere Arbeit wollen wir die Palme isolieren und belassen den Wert bei 1.

Der Effekt hat noch folgende andere Optionen: Unter HILFSKANAL legen Sie fest, ob Sie die Objekte anhand ihrer Objekt-ID oder ihrer Material-ID auswählen. Mit der Option WEICHE KANTE zeichnen Sie die entstandene Maske an ihren Rändern weich. Die Option UMKEHREN kehrt die ID-Auswahl um. ABDECKUNG VERWENDEN dient zum Entfernen unerwünschter Pixel entlang der Maskenkante, ist aber nur wirkungsvoll, wenn die 3D-Sequenz einen sogenannten Abdeckungskanal (auch »Coverage« genannt) enthält.

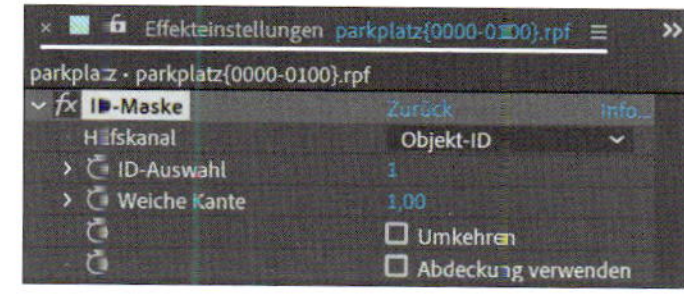


▲ **Abbildung 20.12**
Mit dem Effekt ID-MASKE isolieren Sie Objekte anhand ihrer Objekt- oder ihrer Material-ID.

▲ **Abbildung 20.13**
Die per ID-MASKE isolierte Palme aus der RPF-Sequenz

## 2 Screen zwischen Palme und grauer Fläche

Sie haben die Palme isoliert, und jetzt müssen Sie den Rest der 3D-Datei wieder sichtbar machen. Duplizieren Sie dazu die RPF-Sequenz. Im Original setzen Sie im Effekt ID-MASKE bei UMKEHREN ein Häkchen. Beide Sequenzen müssen am Zeitpunkt 00:00 beginnen, und die Palme muss zuoberst sein. Damit der Screen unter der Palme erscheint, ziehen Sie die Ebene »screen« in der Zeitleiste zwischen die beiden 3D-Sequenzen.

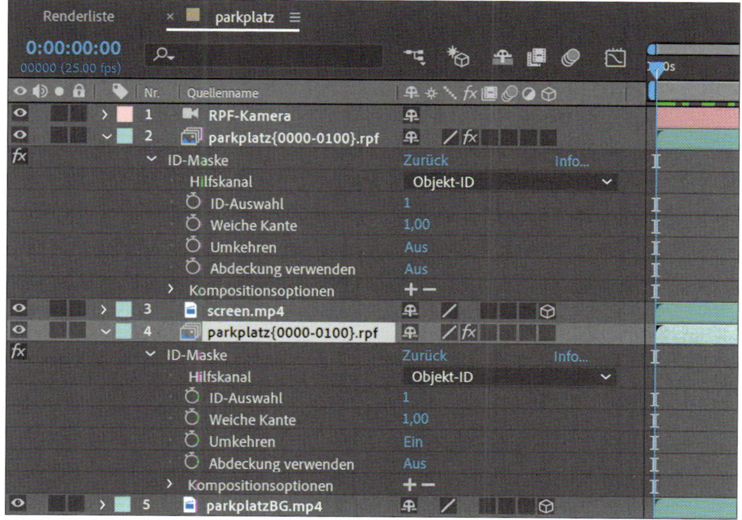


◀ **Abbildung 20.14**
Duplizieren Sie die RPF-Sequenz, und platzieren Sie den Screen dann zwischen die zwei RPF-Sequenzen.

▲ **Abbildung 20.15**
In der Komposition ist nicht zu erkennen, dass der Screen erst nachträglich hinter der Palme positioniert wurde.

Im ID-Maske-Effekt können Sie noch den Wert für Weiche Kante auf 1,00 setzen; damit integriert sich die Palme noch besser ins Bild. In der fertigen Projektdatei »RPFimportFertig.aep«, die Sie ebenfalls im Ordner RPFimport finden, habe ich noch Farbanpassungen vorgenommen, um die 3D-Objekte besser ins Bild zu integrieren.

▲ **Abbildung 20.16**
Im fertigen Projekt sorgen Farbanpassungen für eine bessere Integration der vorgefertigten Max-Objekte ins Bild.

### 3D-Nebel

Es folgt ein kurzer Workshop zum Effekt 3D-Nebel. Der Effekt 3D-Nebel fügt der 3D-Szene anhand der Z-Tiefeninformation Nebel hinzu. Mit Hilfe einer Verlaufsebene erzielen Sie sehr realistische Nebeleffekte.

## Schritt für Schritt
## Der Effekt »3D-Nebel«

In diesem Workshop wollen wir einer 3D-Szene einen Nebel hinzufügen.

### 1 Effekt »3D-Nebel« hinzufügen

Die benötigten Dateien für diesen Workshop finden Sie unter Beispielmaterial/20_Integration_3D/3DNebel.

Öffnen Sie zuerst das Projekt »3DNebel.aep« aus dem Ordner 20_Integration_3D/3DNebel. Darin ist eine RPF-Sequenz enthalten. Diesem 3D-Raum fügen wir nun Nebel hinzu. Importieren Sie dazu die Verlaufsebene »graustufenfilm« aus dem oben genannten Ordner. Ziehen Sie den Film in die Zeitleiste, so dass er bei 00:00 beginnt, und klicken Sie auf das Augen-Symbol, um den Film unsichtbar zu schalten. Wählen Sie anschließend die 3D-Sequenz namens »RPF« in der Zeitleiste aus. Wählen Sie nun Effekte • 3D-Kanal • 3D-Nebel.

## 2 Effekt einstellen

Der Effekt ist so neblig eingestellt, dass das Bild verschwindet. Sie müssen zunächst also die Werte für START DES NEBELS und ENDE DES NEBELS ändern. Der Nebel wird damit in der 3D-Szene anhand der Tiefeninformation verteilt. Da die hinterste Fläche der 3D-Szene sehr weit entfernt ist, müssen Sie recht hohe Werte wählen. Sie können die Werte durch Anklicken und gleichzeitiges Ziehen intuitiv anpassen. Noch besser ist es, die Z-Tiefeninformation zur Verfügung zu haben und die Werte daraufhin einzustellen. Aus dem 3D-Programm sind die Werte für die nächstgelegene und die am weitesten entfernte Fläche der 3D-Szene bekannt. Tragen Sie bei ENDE DES NEBELS »–60000« und bei START DES NEBELS »2000« 1 ein.

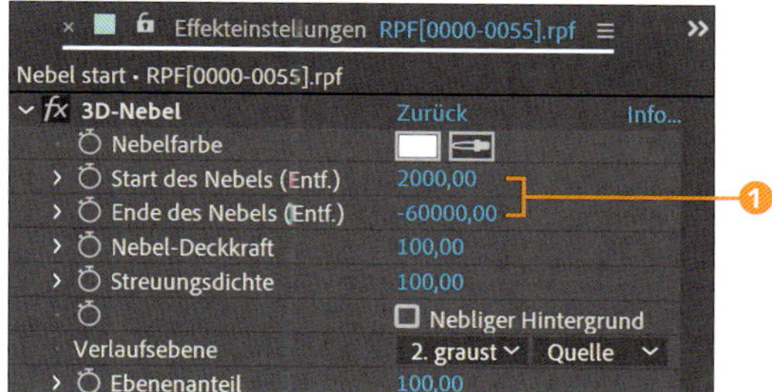


◀ **Abbildung 20.17**
Zur Anwendung des Effekts 3D-NEBEL sollten Sie die Z-Tiefeninformation kennen, um Start und Ende des Nebels festzulegen.

Kennen Sie die Werte zuvor nicht, bringen Sie sie über das Infofenster in Erfahrung; Sie öffnen es mit Strg + 2. Klicken Sie danach auf das Wort 3D-NEBEL im Effektfenster. Das Wort muss ausgewählt sein! Sie müssen danach einzelne Flächen in der 3D-Sequenz innerhalb des Kompositionsfensters anklicken, um die für den Effekt interessanten Werte im Infofenster anzuzeigen. Dies gilt für alle 3D-Kanaleffekte. Oft ist es notwendig, die Parameter der Effekte anhand der ausgelesenen Werte einzustellen. Für unser Beipiel muss das Ende des Nebels weit hinter den Flächen liegen, das ist bei –60.000 der Fall.

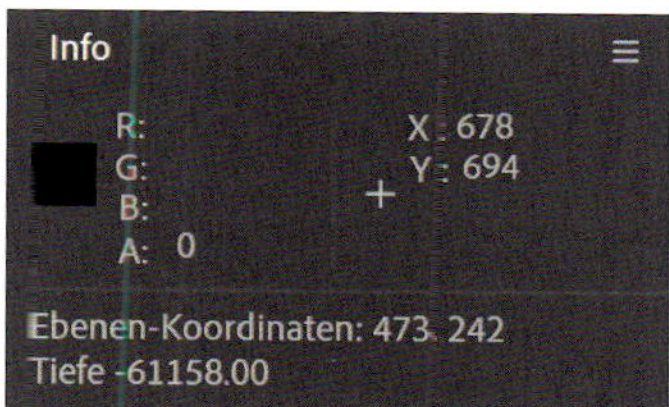


▲ **Abbildung 20.18**
Bei ausgewähltem Effekt können Sie per Mausklick im Kompositionsfenster Werte wie die Z-TIEFE im Infofenster anzeigen.

## 3 Verlaufsebene hinzufügen

Der Nebel zieht sich noch etwas undramatisch durch die Szene. Zum Hinzufügen der Dramatik wählen Sie den Graustufenfilm unter dem Eintrag VERLAUFSEBENE aus. Da wir die Daten aus dem Quellfilm beziehen und nicht aus hinzugefügten Effekten oder Masken, belassen Sie den Eintrag daneben auf QUELLE. Der Effekt verwendet nun die Helligkeitswerte der Graustufenebene, um die Anzeige des Effekts zu modifizieren. Sichtbar wird das aber erst so richtig, wenn Sie den Wert bei EBENENANTEIL und STREUUNGSDICHTE auf 100 % erhöhen. Verändern Sie ruhig noch die anderen Werte nach Ihrem Geschmack; sie sind selbsterklärend.

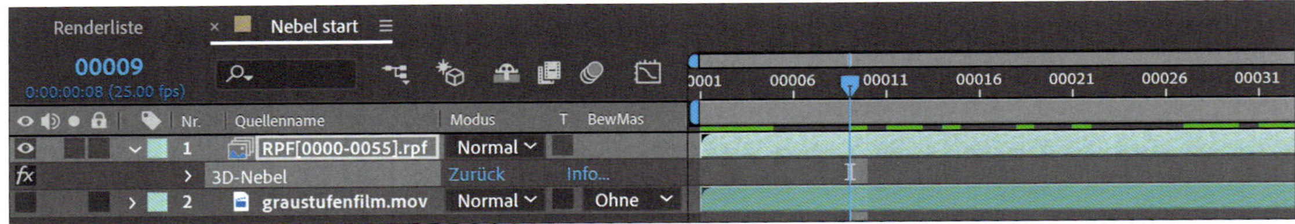


▲ **Abbildung 20.19**
Der RPF-Sequenz-Ebene wird der Nebel-Effekt zugewiesen und justiert.

▲ **Abbildung 20.20**
Die 3D-Szene links ohne und rechts mit in After Effects hinzugefügtem Nebel.

### 3D-Kanal extrahieren

Mit dem Effekt 3D-KANAL EXTRAHIEREN lesen Sie Informationen wie die Z-TIEFE, OBJEKT-ID, UV-STRUKTUR oder die Material-ID und mehr aus einer RPF- oder RLA-Sequenz aus. Ein Beispiel liegt im Ordner BEISPIELMATERIAL\20_INTEGRATION_3D\3DNEBEL im Projekt »3DKanalExtrahieren.aep«.

**Abbildung 20.21** ▶
Der Effekt 3D-KANAL EXTRAHIEREN kann mit vielen Kanalinformationen etwas anfangen.

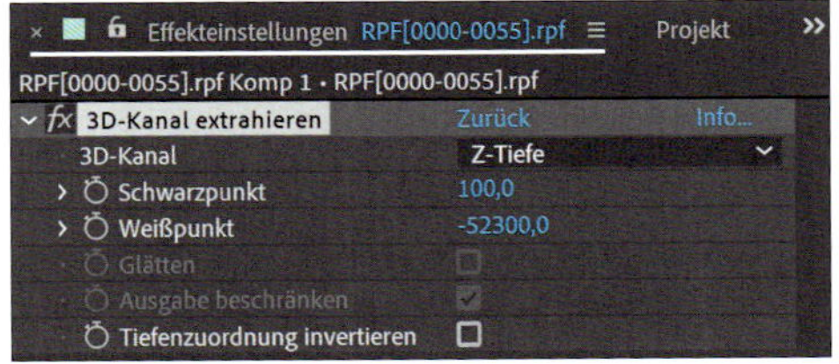


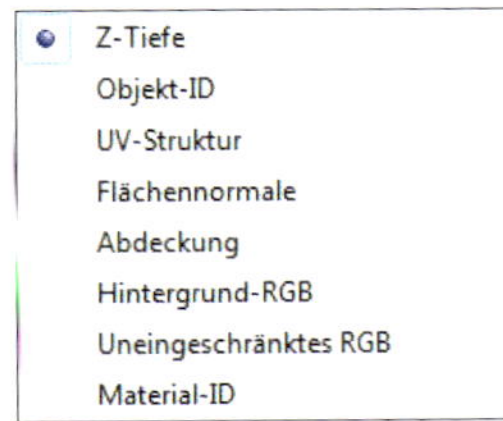


▲ **Abbildung 20.22**
Der Effekt 3D-KANAL EXTRAHIEREN stellt einige Möglichkeiten bereit, Informationen aus 3D-Dateien auszulesen.

Im Falle der ausgelesenen Z-TIEFE wird durch den Effekt eine Graustufenebene erstellt. Der Schwarzwert und der Weißwert sind einstellbar, um dem entferntesten Punkt der 3D-Szene die Farbe Schwarz und dem nächstgelegenen Punkt die Farbe Weiß zuzuordnen oder umgekehrt. Dazwischen werden alle Distanzen als Graustufen dargestellt. Auf diese Graustufeninformation kann z. B. der Effekt EBENENÜBERGREIFENDER WEICHZEICHNER zugreifen. Er wird auf eine weitere Bildebene angewandt, die anhand der Graustufeninformation weichgezeichnet werden soll.

Der ebenenübergreifende Weichzeichner verwendet weiße Pixel der Graustufenebene, um Bildteile unscharf erscheinen zu lassen, während schwarze Pixel das Bild unbeeinflusst lassen.

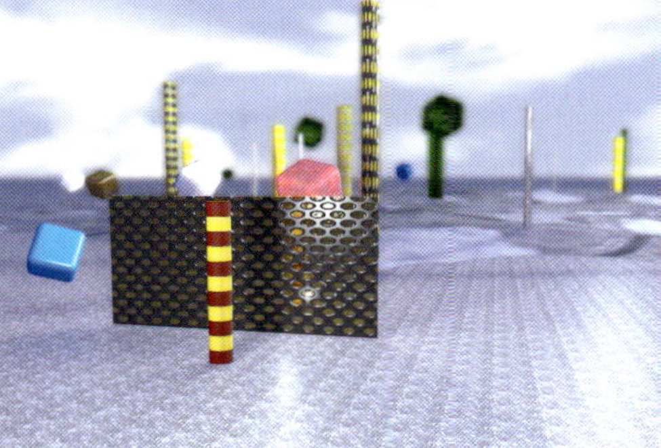

▲ **Abbildung 20.23**
Links wurde aus der im 3D Nebel-Workshop verwendeten RPF-Sequenz der Tiefenkanal mit dem Effekt 3D-Kanal extrahieren isoliert und rechts die Information zur Weichzeichnung verwendet.

**Tiefenmaske**

Im Workshop »3D-Kanaleffekt ›ID-Maske‹« haben wir ein Objekt anhand dessen Objekt-ID isoliert. Mit dem Effekt Tiefenmaske ist es ebenfalls möglich, Bildteile zu isolieren oder auszublenden.

◀ **Abbildung 20.24**
Der Effekt Tiefenmaske schneidet das Bild auf der z-Achse und blendet Bildteile vor oder hinter dem eingestellten Tiefe-Wert aus.

Der Effekt schneidet das Bild auf der z-Achse und blendet Bildteile aus, die sich vor oder hinter dem eingestellten Z-Wert befinden. Das stellen Sie über die Werte bei Tiefe ein.

▼ **Abbildung 20.25**
Nach Verwendung des Effekts Tiefenmaske sind Bildteile ausgeblendet (rechts), die auf der z-Achse weiter hinten liegen.

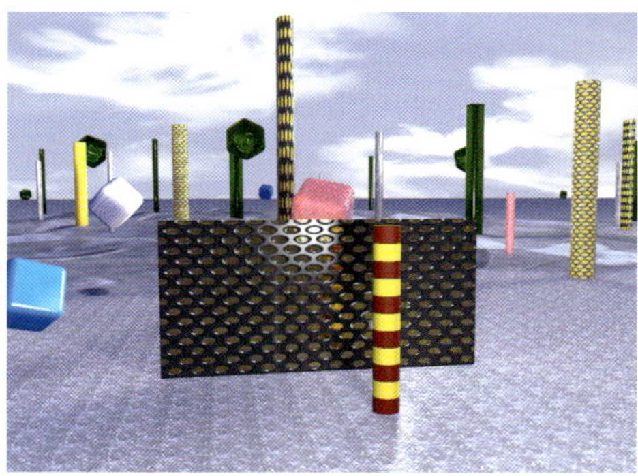
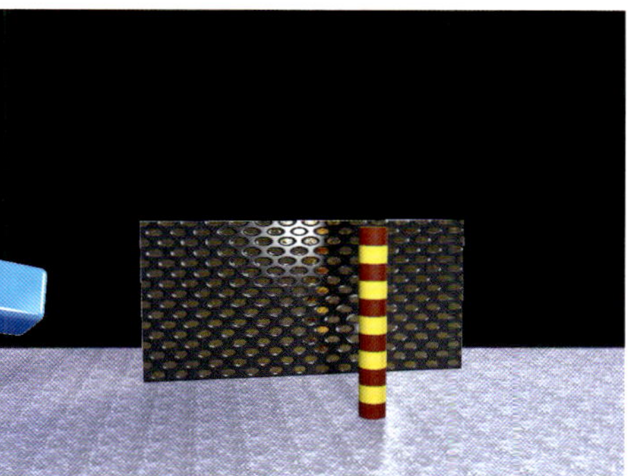

### Tiefenschärfe

Der Effekt Tiefenschärfe nutzt ebenfalls die Tiefeninformation einer 3D-Szene zum Weich- oder Scharfzeichnen von Bildteilen. Dabei wird eine Kamera simuliert, die auf einen bestimmten Wert auf der z-Achse fokussiert.

Diesen Wert geben Sie mit der Fokalebene an. Unter Maximaler Radius stellen Sie die Stärke des Weichzeichners ein, mit Fokusbereich den Bereich, der optimal scharf angezeigt wird, und mit dem Fokalbereich bestimmen Sie, wie randscharf der Fokusbereich erscheint. Wie beim Effekt Verwackeln sollten Sie aber nicht zu viel erwarten, da bei größeren Radien Artefakte an den Objektkanten und am Bildrand auftreten können.

**Abbildung 20.26 ▸** Der Effekt Tiefenschärfe nutzt die Tiefeninformation einer 3D-Szene zum Weich- oder Scharfzeichnen von Bildteilen.

### 3D-Kanaleffekte auf Kompositionen anwenden

Die oben beschriebenen 3D-Kanaleffekte lassen sich auch auf Unterkompositionen innerhalb von After Effects anwenden.

Damit dies überhaupt Sinn macht, sollten in der Unterkomposition einige 3D-Ebenen platziert sein, die Sie auf der Z-Achse von einem weiter hinten gelegenen Punkt nach weiter vorn angeordnet haben.

Wenden Sie auf eine solche Unterkomposition den Effekt 3D-Kanal extrahieren an, so wird die Tiefeninformation in einen Graustufenfilm umgewandelt, bei dem Sie den Weißpunkt ganz vorne und den Schwarzpunkt beim letzten Objekt ganz hinten einrichten können. Diesen Graustufenfilm wiederum können Sie nutzen, um auf einer weiteren Ebene in der Szene Nebel mit dem Effekt 3D Nebel zu erzeugen. Oder Sie erzeugen Unschärfen vom vordersten zum hintersten Objekt mit den Effekten Kameralinsen-Weichzeichner und Ebenenübergreifender Weichzeichner, indem Sie dort den Graustufenfilm als Referenz für die Unschärfen verwenden.

Mit dem Effekt Tiefenschärfe können Sie wie weiter oben beschrieben auch ohne Graustufenebene Unschärfe erzeugen. Mit dem Effekt Tiefenmaske können Sie auch Unterkompositionen wie oben beschrieben auf der Z-Achse teilen.

Ein Beispielprojekt finden Sie im Ordner 20_Integration_3D/3DNebel im Projekt »3DKanalKompositionen.aep«.

### 20.3.4 OpenEXR und ProEXR

OpenEXR-Dateien sind wie in RLA- und RPF-Dateien eindeutige Kanäle zur Speicherung von Rot-, Grün-, Blau- und Alphawerten (RGBA) zugeordnet. Im Gegensatz zu RLA- und RPF-Dateien sind alle weiteren Kanäle zur Speicherung weiterer Informationen wie Tiefeninformationen ohne eine bestimmte Zuordnung versehen. After Effects verfügt zwar über ein Zusatzmodul für das OpenEXR-Format, das bereits in älteren Versionen vorhanden war, allerdings haben die Adobe-Entwickler vergessen, noch die Datei »OpenEXR_channel_map.txt« mit in den Ordner zu legen. Ohne diese Datei ist es jedoch nicht möglich, den Namen von Kanälen einer OpenEXR-Datei beim Import bestimmte Werte zuzuordnen, damit danach auch bestimmte Effekte auf die enthaltenen Informationen zugreifen können.

Kurz und gut: Laden Sie sich die Textdatei kostenlos von der Website der Firma fnord aus San Francisco herunter: *www.fnordware.com/ProEXR*.

Oder besser noch: Laden Sie sich gleich ProEXR herunter. Damit erhalten Sie kostenlos die drei Plug-ins EXtractoR.aex, IDentifier.aex und OpenEXR.aex und eine Testversion des Plug-ins ProEXR AE. Die drei erstgenannten Plug-ins haben Sie zwar schon, aber Sie können sie durch die aktuellen Versionen ersetzen. ProEXR AE, EXtractoR.aex und IDentifier.aex kopieren Sie in den Plugin-Ordner von After Effects (SUPPORT FILES\PLUG-INS\EFFECTS), OpenEXR.aex in den Formate-Ordner PLUG-INS\FORMAT.

Alle Effekte erscheinen nach dem Neustart von After Effects im EFFEKTE-Menü unter dem Punkt 3D KANAL.

Beim Download inklusive sind die erwähnte Textdatei und die Datei »ProEXR_Manual.pdf«, die Sie durcharbeiten können. Die darin enthaltene Aufforderung zum Entfernen des Adobe-OpenEXR-Plugins ist allerdings nicht nötig. Die Textdatei legen Sie ebenfalls in den Ordner PLUG-INS\FORMAT, damit das OpenEXR-Plugin die darin enthaltenen Informationen nutzt, um Kanäle beim Importieren einer OpenEXR-Datei mit Tags zu versehen.

**Vorteile der fnord-Plugins**

Durch die Plug-ins von fnord kommen Sie in den Genuss, alle Möglichkeiten von OpenEXR wie z. B. die folgenden zu nutzen:

- Lesen aller Kanäle (nicht nur RGBA)
- Unterstützung aller Kompressionsmethoden (inklusive B44-Kompression)
- Ausgabe als RGB oder Luminanz-/Chroma-Kanäle, um die Dateigröße zu minimieren
- Lesen und Schreiben der Farbrauminformation des Projekts

- Unterstützung sowohl für 32-Bit- als auch für 16-Bit-Gleitkommazahl
- Möglichkeit, den Alphakanal zu separieren

### OpenEXR

Nach dem Import einer OpenEXR-Datei werden Ihnen per Klick auf die importierte Datei im Projektfenster Informationen zur verwendeten Kompression angezeigt und auch alle in der Datei enthaltenen Kanäle. Da OpenEXR-Dateien mit 16 bzw. 32 Bit gespeichert werden, ändern Sie die Projekteinstellung via Datei • Projekteinstellungen bei Tiefe entsprechend.

Wenn Sie die importierte Datei mit der rechten Maustaste anklicken und dann Footage interpretieren • Footage einstellen wählen, finden Sie im Dialog Footage interpretieren unter Weitere Optionen die OpenEXR Input Options. Wenn Sie dort Cache Channels wählen, werden alle in der Datei gespeicherten Kanäle in den RAM geladen, was später einen schnelleren Zugriff erlaubt.

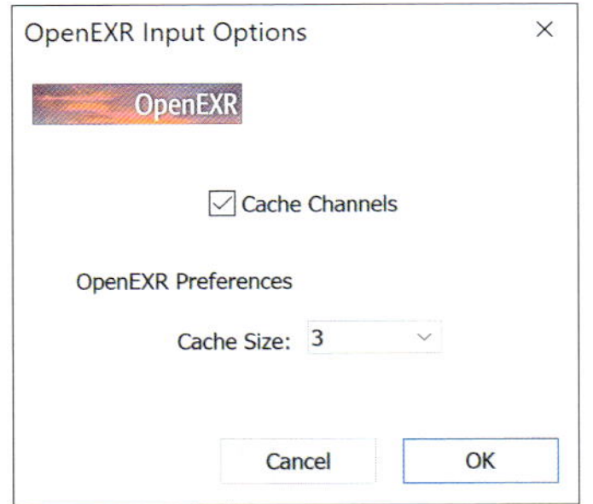


▲ **Abbildung 20.27**
Für den Umgang mit OpenEXR-Datei im Projekt gibt es die Input Options.

Bei der Ausgabe erhalten Sie durch das Plug-in OpenEXR die Möglichkeit, alle Kompressionsoptionen einer OpenEXR-Sequenz auszuwählen. Außerdem werden Metadaten mitgespeichert, die Informationen zum Projekt, zum Computer etc. enthalten. Um die Kompression einzustellen, wählen Sie in der Renderliste im Dialog Einstellungen für Ausgabemodule unter Format den Eintrag OpenEXR Sequenz und klicken auf Formatoptionen.

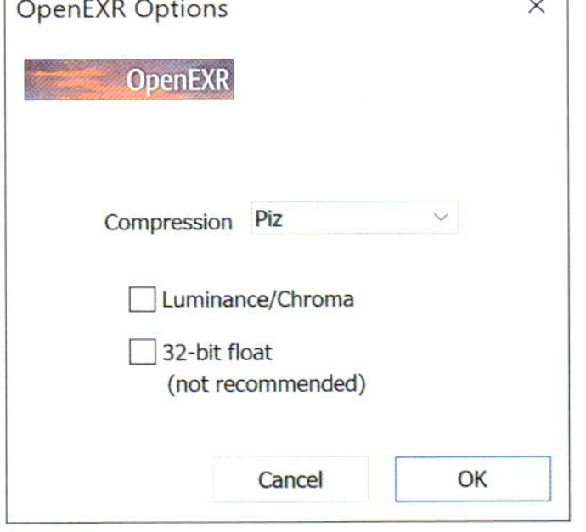


▲ **Abbildung 20.28**
Für die Ausgabe sind alle verfügbaren Kompressionen für OpenEXR wählbar.

▲ **Abbildung 20.29**
Das Plug-in OpenEXR liest alle in der OpenEXR-Datei enthaltenen Informationen aus.

### EXtractoR

Das Plug-in EXtractoR ist für das Öffnen jeglicher in einer OpenEXR-Datei enthaltenen Kanäle (nur Gleitkommazahl) zuständig. Fügen Sie EXtractoR der entsprechenden Ebene direkt hinzu (nicht etwa einer verschachtelten Ebene). Klicken Sie in den Bereich unterhalb von Channel Info, um den Dialog einzublenden.

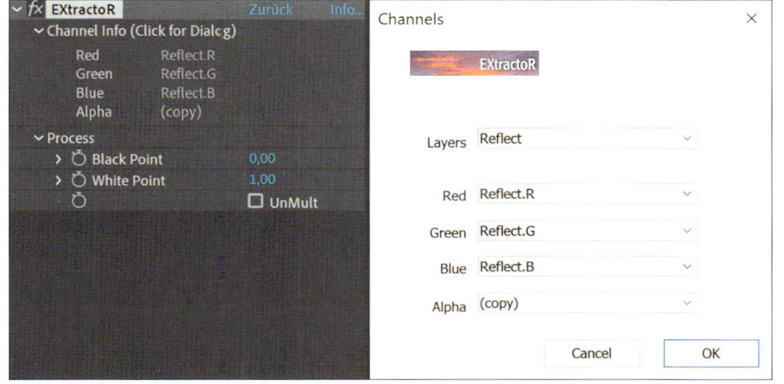


◀ **Abbildung 20.30**
Das Plug-in EXtractoR öffnet die Kanäle der OpenEXR-Datei.

## IDentifier

Über das Plug-in IDentifier gelangen Sie an Objekt- und Material-IDs. Klicken Sie zuerst auf den Bereich unterhalb von Channel Info, um den Dialog einzublenden und dort auszuwählen, ob Material- oder Objekt-IDs bearbeitet werden. Danach können Sie unter Display wählen, ob den IDs per Colors als Vorschau Farben zugeordnet werden. Mit Luma- und Alpha Matte separieren Sie einzelne Objekte, indem Sie bei ID die entsprechende Nummer eingeben. Dies funktioniert auch bei RLA- und RPF-Dateien.

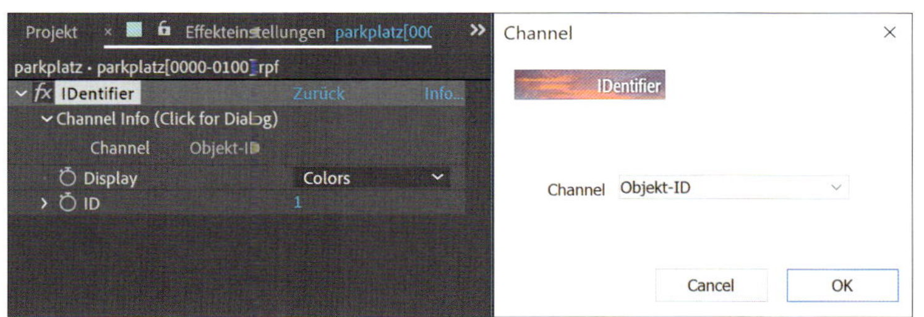


◀ **Abbildung 20.31**
Über das Plug-in IDentifier separieren Sie Objekte per ID.

◀ **Abbildung 20.32**
Links sind alle Objekt-IDs per Farben eindeutig erkennbar, rechts wurde ein Objekt per Alpha-Matte separiert.

**ProEXR-Ausgabe über das Ausgabemodul**

Bis zur Version CC 2014 war die Ausgabe von ProEXR-Dateien auch über das Ausgabemodul möglich. Die bevorzugte Form eigentlich ... Dazu wählten Sie im Ausgabemodul unter Format den Eintrag ProEXR Layers Sequenz.

## ProEXR AE

Das Plug-in ProEXR AE ist nicht kostenlos. Um es anzuwenden, wählen Sie eine EXR-Datei im Projektfenster aus und wählen dann Datei • Create ProEXR Layer Comps. Das Plug-in generiert daraufhin für jeden in der EXR-Datei enthaltenen Kanal eine eigene Komposition mit einer Ebene passend zum jeweiligen Render-Durchlauf

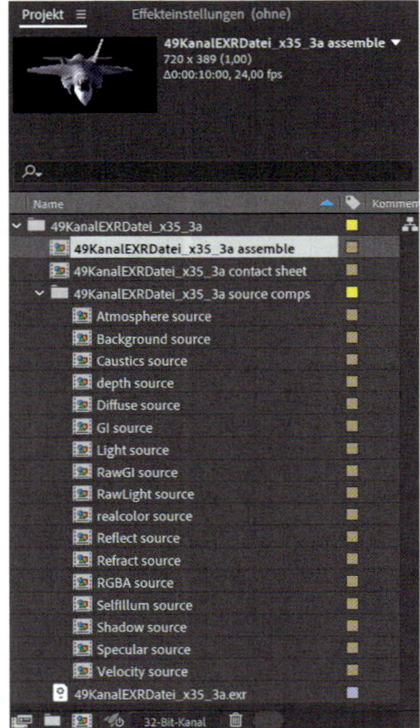


▲ **Abbildung 20.33**
Mit dem Plug-in ProEXR AE werden pro Kanal separate Kompositionen angelegt und in einer Komposition mit dem Namenszusatz »Assemble« zusammengeführt.

des 3D-Programms. In einer mit dem Namenszusatz »Assemble« versehenen Komposition sehen Sie dann das Endergebnis, wie es im 3D-Programm erstellt wurde. Dazu werden Berechnungsmethoden wie After-Effects-Modi gleich mitgeneriert, und in den Quellkompositionen (für die Einzelkanäle) werden die passenden Plug-ins hinzugefügt, um an die jeweilige Kanalinformation zu gelangen.

### EXR-Dateien aus After Effects

Für die Ausgabe hält das Plug-in die zusätzliche Möglichkeit bereit, aus After Effects EXR-Dateien zu rendern.

Dazu schaffen Sie eine extra Ausgabe-Komposition mit nur einer einzigen Ebene, nämlich Ihrem zu rendernden Ergebnis. Benennen Sie diese Ebene mit »RGBA«, so werden in der Ausgabesequenz alle Transparenzen korrekt erzeugt. Heißt die Ebene nur »RGB«, können Sie später noch wählen, ob Transparenzen erzeugt werden oder nicht.

Zur Ausgabe eine EXR-Sequenz wählen Sie den ersten Frame Ihrer Komposition und danach Komposition • Frame speichern unter • Pro EXR. Im darauffolgenden Dialog wählen Sie einen Speicherort und unter Time ❶, ob nur ein Frame, die ganze Komposition oder der Arbeitsbereich gerendert werden soll. Unter OpenEXR Options ❷ wird die Kompression und die Farbtiefe gewählt. Ebenfalls dort finden Sie den Eintrag Include layer composite ❸, Mit einem Häkchen entscheiden Sie, dass Transparenzen mitausgegeben werden; ohne Häkchen fallen die Transparenzen unter den Tisch, zumindest wenn Ihre oben genannte Ebene »RGB« hieß. Die erzeugten Dateien werden nach Timecode fortlaufend nummeriert.

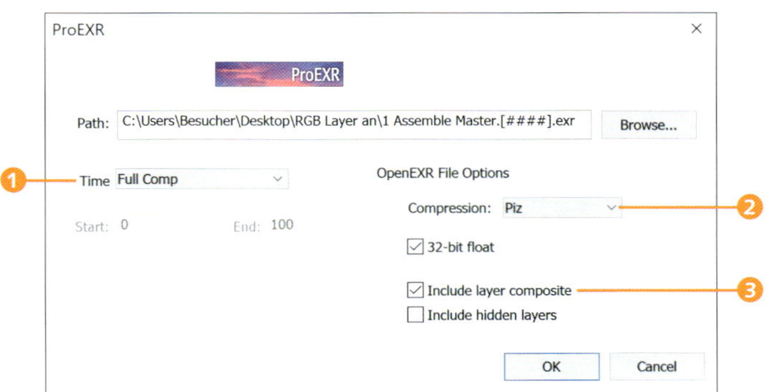


**Abbildung 20.34** ▶
Mit ProEXR AE können Sie aus After Effects EXR-Dateien ausgeben.

## 20.3.5 Weitere Helfer bei der Datenübernahme

Es gibt einige Helfer für die Übernahme von Kamera- und Positionsdaten hin zu After Effects und auch von After Effects in 3D-Applikationen.

### Datenaustausch mit Cinema 4D

Die beste Möglichkeit für den Datenaustausch zwischen Cinema 4D und After Effects kommt aus dem Hause Maxon selbst über den in After Effects integrierten Effekt CINEWARE schaffen Sie gewissermaßen eine Pipeline zwischen den Programmen. Über den verfügbaren Live-Link arbeiten Sie in Cinema 4D und können das Ergebnis sofort in After Effects begutachten und umgekehrt. Es ist fast schon so, als arbeiteten Sie direkt in After Effects mit den 4D-Daten. Alle Möglichkeiten hierzu beschreibe ich ausführlich in Abschnitt 20.4, »Die Integration mit Cinema 4D«.

### Datenaustausch mit Maya

Für Maya steht das komfortable Plug-in AUTODESK MAYA LIVE LINK für den Live-Datenaustausch zwischen den Programmen zur Verfügung. Adobe macht einem das Auffinden des Plug-ins allerdings nicht leicht. Bei Redaktionsschluss gab es das Plug-in über folgenden Link zum Download: *www.adobeexchange.com/creativecloud.details.17593.autodesk-maya-live-link.html*. Das Plug-in ermöglicht einen Live-Datenaustausch zwischen After Effects und Maya. Sie können also eine Szene in beiden Applikationen simultan anschauen. Dazu steht ein Live-Link-Fenster zur Verfügung. Dort ziehen Sie After-Effects-Kameras, -Lichter, -Ebenen bzw. -Nullobjekte hinein, und sie erscheinen daraufhin in Maya und umgekehrt.

Die Verbindung zwischen den Programmen können Sie per Knopfdruck pausieren und ebenso Änderungen senden und die Zeitleisten synchronisieren. Außerdem ist der Export und Import von Daten als JSON-Datei möglich. Nach der Installation finden Sie das Fenster in After Effects unter FENSTER • ERWEITERUNGEN • AUTODESK MAYA LIVE LINK.

### Datenaustausch mit 3ds Max

Für 3ds Max besonders hervorzuheben ist das sehr kostengünstige Skript AE TRANSFER, mit dem Sie Kameras, Lichter und Ebenen komfortabel übernehmen. Sie können Daten über das von AE TRANSFER generierte JSX-Skript exportieren oder Objektparameter via Zwischenablage übertragen. Weitere Infos unter *www.ae-transfer.com*. Auch das Plug-in MAX2AE von Boomer Labs (*www.boomerlabs.com*), mit dem Sie in 3ds Max beispielsweise Hilfsebenen schaffen können, um in After Effects Ebenen korrekt im Raum zu positionieren sowie Kameras und Lichter korrekt zu übernehmen, ist eine große Hilfe, jedoch recht teuer.

**Maya, Nuke, Electric Image, SynthEyes**

Ein Datenaustausch von und nach After Effects, Maya, Nuke, Electric Image und SynthEyes ist mit MoCon von 3dMation (*www.3dmation.com*) möglich, allerdings nur bis zur Version CS5.

#### Datenaustausch mit Blender

Für die Weitergabe von Keyframe-Daten von After Effects nach Blender steht das Add-on AE2BLEND für einen kleinen Obulus zur Verfügung. Dazu geben Sie unter *www.blendermarket.com* in der Suche den Begriff »ae2blend« ein. Sie können Keyframes aus den Eigenschaften POSITION, SKALIERUNG, DREHUNG und AUSRICHTUNG über die Zwischenablage direkt zu Blender übertragen. Über das dort nach der Installation von AE2Blend verfügbare Fenster können Sie entscheiden, ob die Keyframes auf ein ausgewähltes Objekt übertragen werden oder ob Sie ein neues Objekt (Nullobjekt, Ebene, Kamera) erzeugen und dort die Keyframe-Daten landen. Haben Sie Animationen mit Interpolationsmethoden erzeugt (EASE EASE etc.), müssen Sie vor dem Kopieren die Keyframes einem »Baking« unterziehen. Dazu nutzen Sie in After Effects das Fenster VERWACKELN. Sie wählen dazu jede der Eigenschaften SKALIERUNG, POSITION und DREHUNG einzeln aus, legen im Fenster VERWACKELN unter HÄUFIGKEIT einen der Framerate entsprechenden Wert fest oder eine Teilsumme davon (z. B. 25 fps ÷ 5 = 5). Bei STÄRKE wählen Sie den Wert 0, denn Sie wollen nicht verwackeln, sondern das Tool nur zum Generieren von Keyframes nutzen. Die erzeugten Keyframe-Daten kopieren Sie anschließend auf die gewünschten Blender-Objekte.

#### Datenaustausch mit Photoshop

Die bereits besprochene Möglichkeit, in Photoshop aus einem Foto 3D-Kompositionen zu erzeugen, kann eine Hilfe sein, denn dabei wird jedes Mal eine ».3ds«-Datei erzeugt, die Sie in 3ds Max und Cinema 4D öffnen können. Weitere Details finden Sie im Abschnitt 18.16, »3D-Kompositionen aus Fluchtpunkt-Daten erzeugen«.

#### Andere Austauschformate

Eine weitere Möglichkeit neben den oben beschriebenen Austauschformaten RPF und OpenEXR bietet das Format Autodesk FBX (».fbx«), mit dem Sie beispielsweise Objekte, Kameraanimationen und Lichter von 3ds Max nach Cinema 4D und von dort nach After Effects transferieren. Auch aus Blender können Sie FBX-Dateien exportieren und in Cinema 4D oder 3ds Max weiterverwenden.

Um Objektdaten direkt über das FBX-Format mit After Effects auszutauschen, bietet sich FBX TO AE PRO an, das Sie über den folgenden Link beziehen können: *https://aescripts.com/fbx-to-ae/*. Hier können Sie Objektdaten von Kameras, Ebenen und Nullobjekten aus After Effects für 3ds Max und Maya ausgeben und umgekehrt FBX-Dateien in After Effects laden.

Reine Objektdaten übermitteln Sie zwischen der 3D-Applikationen sehr gut mit dem Format Wavefront OBJ (».obj«). Materialdaten werden via ».mtl«-Dateien übermittelt. Auch die Formate COLLADA (».dae«) und 3D Studio (».3ds«) übermitteln Objektdaten zwischen 3D-Applikationen. Leider gibt es mehr oder minder viele Einschränkungen bezüglich dessen, was von der 3D-Szene übertragen wird. So bleiben zum Beispiel Texturen oft auf der Strecke.

**Export von Kameratrackerdaten**
Hierbei ist natürlich der After-Effects-interne 3D-Kameratracker nicht zu vergessen, dessen Daten Sie komfortabel mit Cinema 4D austauschen können. Ein Beispiel dazu finden Sie in Abschnitt 20.4.3, »Cinema 4D-Daten mit Filmmaterial synchronisieren«. Informationen zum 3D-Kameratracker erhalten Sie in Abschnitt 15.3.

## 20.4 Die Integration mit Cinema 4D

Mit Cinema 4D, das in einer Lite-Version mit After Effects zusammen ausgeliefert wird, haben Sie die beste Variante an der Hand, 3D-Daten in After Effects zu integrieren. Dank der Pionierarbeit, die die Mitarbeiter der Firma Maxon für die Integration mit After Effects geleistet haben, können Sie alle möglichen Daten einer 3D-Szene in After Effects verwenden und umgekehrt Daten aus After Effects nach Cinema 4D übernehmen. Und natürlich eignet sich Cinema 4D auch dazu, Formate anderer Anbieter hinzuzuladen, um in After Effects damit zu arbeiten. So können Sie auch populäre Formate wie ».obj«, ».fbx« oder ».abc« via Cinema 4D in After Effects laden.

Ein Cinema 4D-Projekt können Sie einfach in After Effects importieren. Dank des CineRenderers, der für After Effects die Berechnung ausführt, lässt sich die 4D-Szene direkt in After Effects verwenden. Jede Änderung in Cinema 4D wird nach dem Speichern in After Effects übernommen. Noch besser ist die Integration über Live-Link. Haben Sie die Live-Link-Verbindung zwischen After Effects und Cinema 4D aktiviert, werden Änderungen in Echtzeit zwischen beiden Programmen übertragen. Gemeinsam mit dem in After Effects integrierten Effekt Cineware greifen Sie auf Lichter, Kameras, Ebenen und Passes des Cinema-Projekts zu.

Umgekehrt exportieren Sie einfach eine Cinema 4D-Datei aus After Effects, um 3D-Ebenen, Lichter und Kameras in Cinema 4D weiterzubearbeiten.

Sie können aber auch einfach direkt von After Effects aus ein Cinema-Projekt starten. Die verschiedenen Möglichkeiten schauen wir uns in den folgenden Abschnitten genauer an. Los geht's mit der einfachsten Variante.

**Cinema 4D-Version**
Sie können sich entscheiden, ob Sie die in After Effects integrierte (aber abgespeckte) Lite-Version von Cinema 4D verwenden oder eine Kaufversion wie Broadcast, Studio, Visualize oder Prime. Im Cineware-Effekt können Sie unter Optionen wählen, welche Version mit After Effects verwendet wird.

## Schritt für Schritt
## Start mit Cinema 4D Lite

Die benötigten Dateien für diesen Workshop finden Sie unter BEISPIELMATERIAL/20_INTEGRATION_3D/CINEMA4D/START.

▲ **Abbildung 20.35**
Auf dieser Brücke werden wir eine künstlich erzeugte Ampel und einen Fußball einfügen.

### 1 Vorbereitung

Für diesen Workshop finden Sie ein bereits fertiges Projekt »Start-Fertig.aep« im Ordner 20_INTEGRATION_3D/CINEMA4D/START vor. Doch dieses dient nur zum späteren Nachschauen. Beginnen Sie mit dem Projekt »start.aep«, das ein importiertes Movie enthält. Es ist eine Aufnahme von einer Brücke. Wir werden nun eine Ampel und einen Fußball hinzufügen.

### 2 Cinema 4D-Datei anlegen

Im vorbereiteten Projekt wählen Sie DATEI • NEU • MAXON CINEMA 4D-DATEI. Speichern Sie die Datei unter dem Titel »Ampel.c4d«. Nun wird automatisch CINEMA 4D LITE gestartet und öffnet sich mit einem leeren Projektfenster. Jetzt erstellen wir ein erstes Objekt.

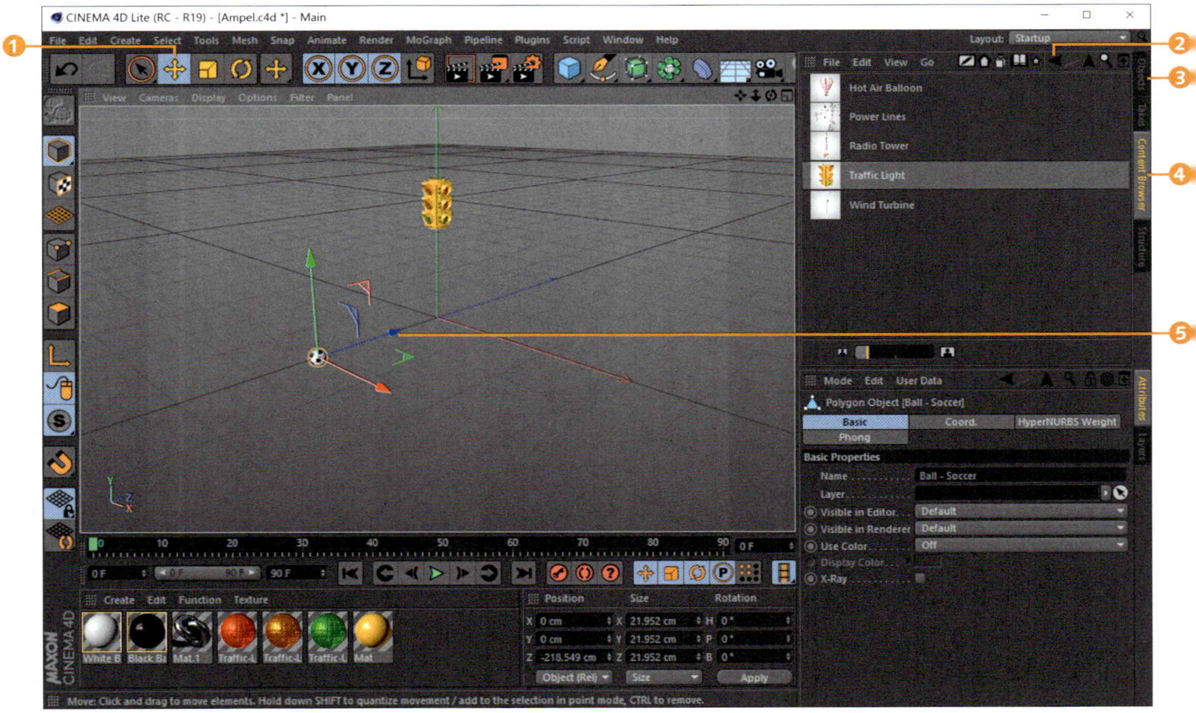

▲ **Abbildung 20.36**
Aus After Effects heraus erzeugen Sie eine Cinema 4D-Lite-Projektdatei.

Klicken Sie auf die Karte CONTENT BROWSER ❹ am rechten Rand, und wählen Sie dort folgenden Weg: PRESETS • LITE • 3D OBJECTS • MISCELLANEOUS. klicken Sie doppelt auf das vorgefertigte Objekt BALL – SOCCER. Es erscheint im Vorschaufenster am Nullpunkt. Im CONTENT BROWSER gehen Sie über die Pfeiltaste ❷ zurück zu OUT-

DOOR OBJECTS. Klicken Sie dort doppelt auf TRAFFIC LIGHT. Auch die Ampel wird auf dem Nullpunkt zentriert eingefügt. Öffnen Sie nun die Karte OBJECTS ❸.

In der Karte OBJECTS – dem Objektmanager – können Sie die einzelnen Objekte markieren und so einzeln verschieben, skalieren oder drehen. Dazu verwenden Sie die entsprechenden Werkzeuge. Markieren Sie das Objekt BALL – SOCCER im Objektmanager, und verschieben Sie den Ball wie in der Abbildung nach vorn, indem Sie die blaue Z-Achse ❺ direkt mit dem Verschieben-Werkzeug ❶ anklicken und ziehen. Ebenso verschieben Sie die Ampel auf der grünen Y-Achse nach oben. Speichern Sie die Datei (FILE • SAVE). Wir komplettieren die Ampel später noch, aber zunächst zurück zu After Effects.

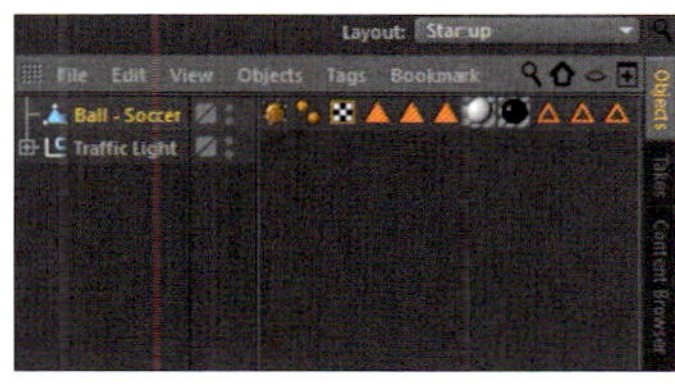


▲ **Abbildung 20.37**
Im Objektmanager markieren Sie die Objekte zur Bearbeitung.

### 3 Cinema 4D-Datei in After Effects

Wechseln Sie zum After-Effects-Projekt zurück. Indem wir eine neue Cinema 4D-Datei aus After Effects heraus erzeugt haben, wurde diese Datei auch gleich im Projektfenster angelegt bzw. importiert. Ziehen Sie die Datei nun in die Komposition »Ampel«. Automatisch öffnet sich das Effektfenster mit dem Effekt CINEWARE. Darin können Sie unter RENDEREINSTELLUNGEN • RENDERER ❻ von SOFTWARE auf STANDARD (ENTWURF) und STANDARD (FINAL) und OPENGL umschalten. Wählen Sie zunächst SOFTWARE, um eine bereits hohe Rendergeschwindigkeit sicherzustellen. Es wird der Renderer von CINEMA 4D LITE verwendet. Für höchste Qualität können Sie später das hardwarebeschleunigte Rendern mit OpenGL aktivieren.

▼ **Abbildung 20.38**
Nachdem Sie die Datei »start.c4d« hinzugefügt haben, erscheint der Effekt CINEWARE.

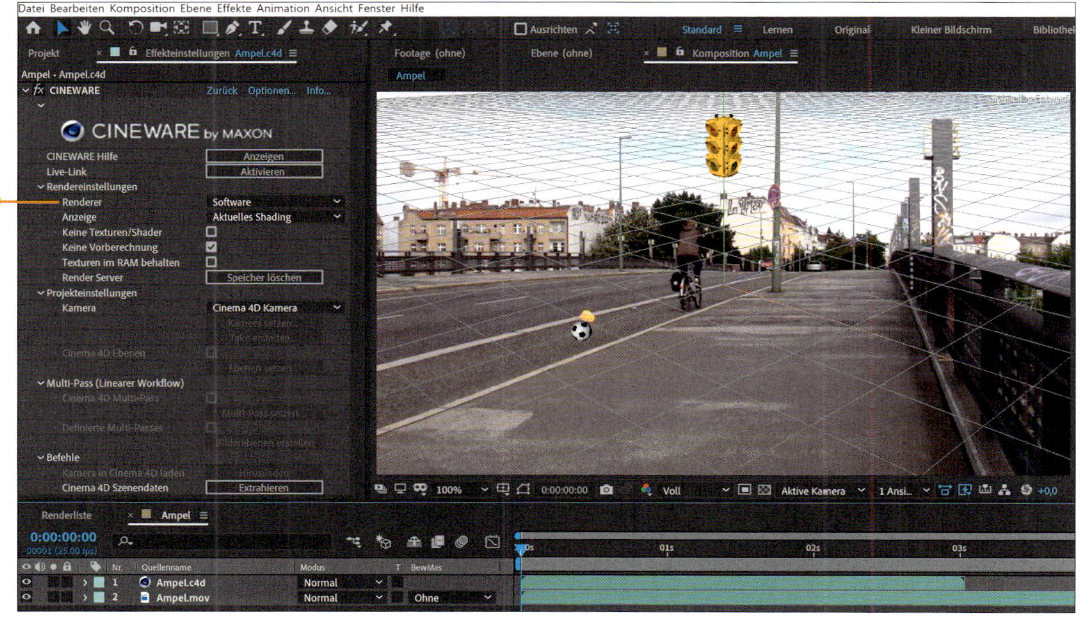

**Arbeiten in verschiedenen Ansichten**

Jede Ansicht verfügt in Cinema 4D über einen eigenen Button zum Umschalten zwischen den vier Ansichten TOP, RIGHT, FRONT und PERSPEKTIVE sowie einer großen Anzeige. Klicken Sie zum Beispiel in der Ansicht PERSPEKTIVE auf den Ansichten-Button ❷, wird dieser Blickwinkel vergrößert, klicken Sie erneut auf den Button, kehren Sie in die vier Ansichten TOP, RIGHT, FRONT oder PERSPEKTIVE zurück.

Für unsere Ampel fehlt nun noch der Mast. Außerdem könnten wir vielleicht ein Licht hinzufügen und die Position der Ampel anpassen. Dies machen wir in Cinema 4D. Alle Änderungen werden nach jedem Speichern sofort in After Effects aktualisiert.

### 4 Anpassungen in Cinema 4D

Zurück in Cinema 4D wählen Sie aus den Grundformen ❶ das Objekt CYLINDER. Am Nullpunkt genau unter der Ampel erscheint das neue Objekt.

**Abbildung 20.39** ►
Aus den Grundformen wählen Sie das Objekt CYLINDER.

Wählen Sie den Cylinder im Objektmanager aus ❸. In der Karte ATTRIBUTES ❹ setzen Sie RADIUS auf 6 cm und HEIGHT auf 230 cm. Anschließend verschieben Sie den Cylinder auf der Y-Achse so nach oben, dass er als Mast für die Ampel dienen kann.

**Abbildung 20.40** ▼
Das Cylinder-Objekt modifizieren wir und positionieren es wie einen Mast für die Ampel.

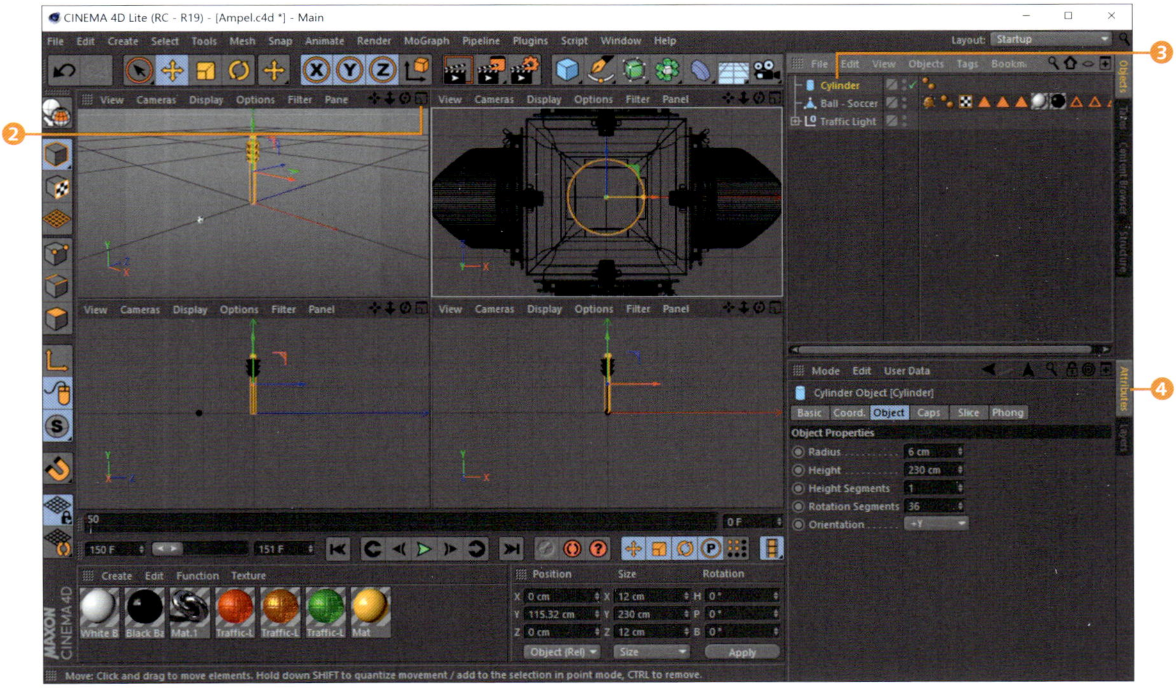

Um den Cylinder mit dem Objekt Traffic Light zu gruppieren, ziehen Sie den Eintrag Cylinder im Objektmanager auf den Eintrag Traffic Light. Nun können Sie die Ampel mitsamt Mast verschieben oder skalieren etc.

Passen Sie nun noch die Zeitdauer des Cinema-Projekts an die Kompositionsdauer in After Effects an, die ca. sechs Sekunden beträgt. Dazu gehen Sie folgenden Weg: Edit • Project Settings. In der sich öffnenden Karte wählen Sie unter FPS 5 die Framerate nach PAL-Standard, also 25, und dann unter Maximum Time 6 150 F. Speichern Sie, und kehren Sie zurück nach After Effects.

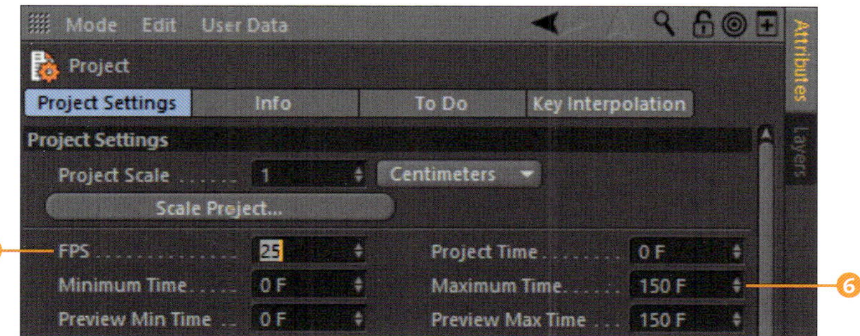


▲ **Abbildung 20.41**
In den Project Settings wählen Sie die Framerate nach PAL-Standard.

### 5 After-Effects-Kamera statt Cinema 4D-Kamera

Zurück in After Effects wurde sofort unsere Änderung aktualisiert – super! Etwas nervig ist jedoch, wenn wir den Blickwinkel der Cinema 4D-Szene an den im Movie anpassen wollen und dafür ständig die Applikation wechseln müssen. Sie könnten ja nun den Blickwinkel der Cinema 4D-Standardkamera anpassen oder dort eine neue Kamera erstellen, aber es geht ja auch in After Effects.

Erstellen Sie also über Ebene • Neu • Kamera eine Kameraebene. Markieren Sie nun den Cineware-Effekt der Ebene »Ampel.c4d«. Wählen Sie unter Projekteinstellungen • Kamera den Eintrag Zentrierte Comp-Kamera, um die Kamera auf den Mittelpunkt der Cinema-Szene zu zentrieren.

Mit den Kamera-Werkzeugen verändern Sie nun den Blickwinkel der Kamera so lange, bis es für Sie passt. Sie können mit der Taste 1, 2, und 3 schnell zwischen den einzelnen Kamera-Werkzeugen wechseln. Ach ja, verlängern Sie noch die Ebene »Ampel.c4d«, indem Sie am Ende der Ebene ziehen.

Jetzt können Sie nach Herzenslust noch weitere Modifikationen der Cinema 4D-Szene vornehmen.

**Abbildung 20.42 ▸**
Die After-Effects-Kamera passen Sie an, bis die Cinema 4D-Ampel und der Ball gut positioniert sind.

## 20.4.1 After-Effects-Datei nach Cinema 4D übernehmen

Wenn Sie eine After-Effects-Datei mit 3D-Ebenen, Kameras und Lichtern erstellt haben und diese genauso nach Cinema 4D übertragen wollen, um dort noch weitere 3D-Objekte einzufügen, dann ist das einfach.

Im Ordner 20_Integration_3D/Cinema4D/AEtoC4D finden Sie ein Beispiel (»Wuerfel.aep« und »Wuerfel.c4D«). Zuerst habe ich in After Effects einen würfelartigen Raum aus 3D-Ebenen gebaut. Die Komposition mit diesen Ebenen habe ich anschließend markiert, den Befehl Datei • Exportieren • Cinema 4D Exporter gewählt und die ».c4d«-Datei gespeichert. Anschließend habe ich die Datei gleich wieder importiert, in die After-Effects-Komposition gelegt und per Strg+E Cinema 4D gestartet. Cinema 4D öffnete sich mit allen in After Effects erstellten Ebenen, dem Licht und der Kamera. Nun musste ich nur noch ein paar Objekte erstellen und das Ganze speichern.

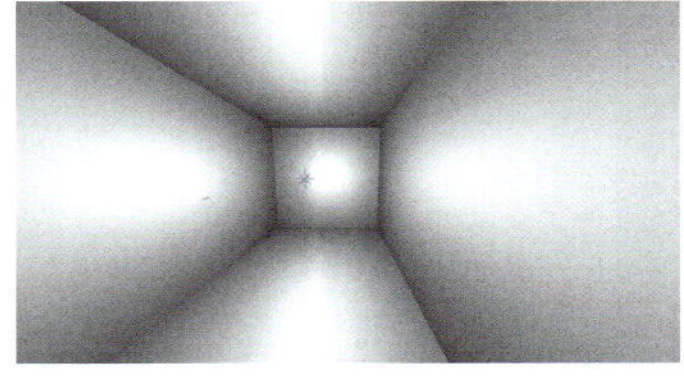

**▲ Abbildung 20.43**
In After Effects stand ein leerer Raum aus 3D-Ebenen am Anfang.

**Abbildung 20.44 ▾**
3D-Ebenen, Kamera und Licht sollen nach Cinema 4D übernommen werden.

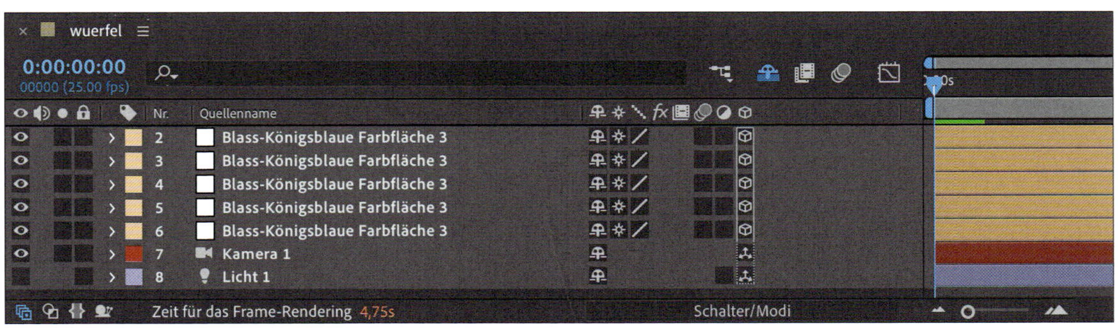

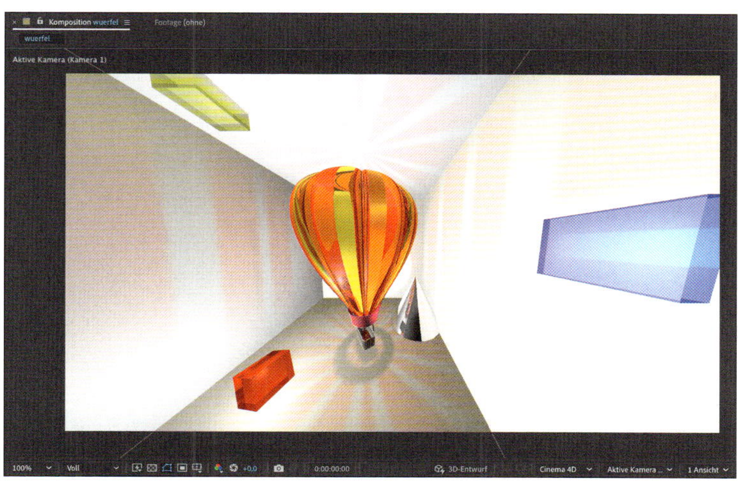

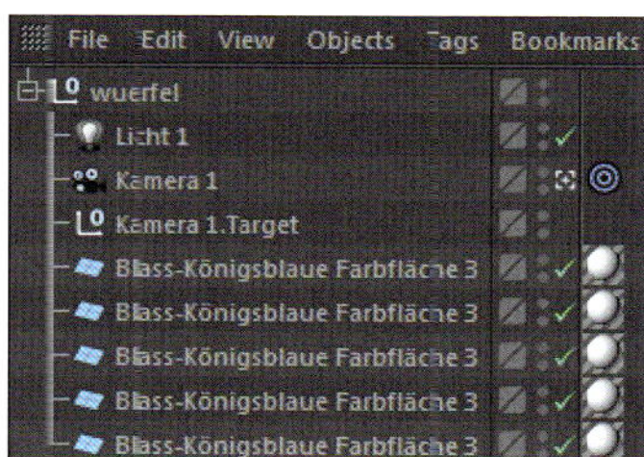


▲ **Abbildung 20.45**
In Cinema 4D sind alle After-Effects-Ebenen angekommen.

◀ **Abbildung 20.46**
Zurück in After Effects nach der Arbeit in Cinema 4D

## 20.4.2 Der »Cineware«-Effekt

Im vorangegangenen Workshop ist der Effekt CINEWARE bereits zur Sprache gekommen. Hier nun mehr zu den einzelnen Möglichkeiten.

**Programmvoreinstellungen in Cinema 4D**
Maxon empfiehlt, zur Vermeidung von Problemen beim Import von Cinema 4D-Szenen zuvor in Cinema 4D via EDIT • PREFERENCES und dann im Dialog unter FILES folgende Optionen zu aktivieren: SAVE POLYCONS FOR MELANGE und SAVE ANIMATION FOR MELANGE.

◀ **Abbildung 20.47**
Der CINEWARE-Effekt ist ein mächtiger Helfer.

**TCP-Kommunikation**

In den Optionen finden Sie auch den TCP-Port. After Effects und der Cinema 4D-Renderer kommunizieren darüber. Dies kann zu Problemen mit den Sicherheitseinstellungen des Rechners führen. Wenn der Renderer nicht funktioniert, also importierte Cinema 4D-Dateien nicht gerendert werden, setzen Sie die Sicherheitseinstellungen im System auf die niedrigste Stufe bzw. schalten Firewall und Sicherheitssoftware aus.

### Cinema 4D-Version wählen

Im CINEWARE-Effekt klicken Sie auf OPTIONEN ①, um den Pfad zur Cinema 4D-Version festzulegen, falls Sie Ihre Dateien statt in Cinema 4D Lite lieber in der Version Broadcast oder Studio etc. bearbeiten wollen. Danach schließen Sie After Effects, starten es erneut und wählen dann BEARBEITEN • ENTLEEREN • GESAMTER SPEICHER & DISK-CACHE, damit die Einstellungen übernommen werden.

### Rendereinstellungen

Die Anzeigequalität wählen Sie unter RENDERER ③: AKTUELL und AKTUELL (ENTWURF) verwenden den in Cinema 4D aktuell eingestellten Renderer, wobei in der Entwurfseinstellung bremsende Parameter wie Anti-Aliasing und einige Beleuchtungseffekte deaktiviert sind – Sie kommen also schneller voran. Bei ANSICHT und ANSICHT (ENTWURF) können Sie zusätzlich unter ANZEIGE zwischen AKTUELLES SHADING, DRAHTGITTER und QUADER wählen, um die Cinema 4D-Objekte schematisch darzustellen. Daher eignen sich ANSICHT und ANSICHT (ENTWURF) am besten, wenn Sie noch viel ändern. ANSICHT bietet dabei Hardwarebeschleunigung für eine höhere Qualität und Geschwindigkeit im Vergleich zu ANSICHT (ENTWURF).

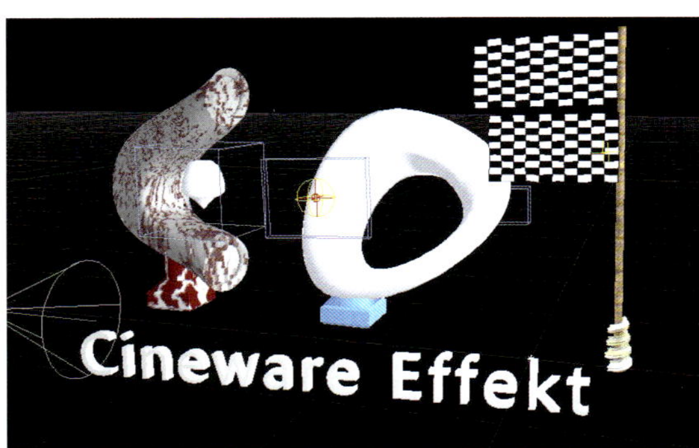

▲ **Abbildung 20.48** ▶
Hier sehen Sie dieselbe Cinema 4D-Datei mit den Renderern ANSICHT (ENTWURF), AKTUELL (ENTWURF) und AKTUELL.

Um die Anzeige nicht mit dem veralteten Renderer Ray-traced 3D oder dem Renderer Klassisch 3D für einfache 3D-Objekte zu berechnen, wählen Sie in den Kompositionseinstellungen via Strg + K oder über die Schaltfläche 3D-Renderer 6 in der Rubrik 3D-Renderer bei Renderer den Eintrag Cinema 4D aus. In den Optionen für den Renderer können Sie einfach per Schieberegler die Qualität des Renderers festlegen. Bei hohen Werten werden Reflexionen und Deckkraftüberlagerungen besser berechnet.

**Standardwerte**
Um die Renderpfade und die verwendete Cinema 4D-Version auf Standardwerte zurückzusetzen, löschen Sie die After-Effects-Voreinstellungsdatei. Sie finden sie über diesen Weg: Windows: Bearbeiten • Voreinstellungen • Allgemein. Klicken Sie dort auf die Schaltfläche Voreinstellungen im Explorer anzeigen. Mac: After Effects • Voreinstellungen • Allgemein. Klicken Sie auf die Schaltfläche Voreinstellungen im Finder anzeigen.

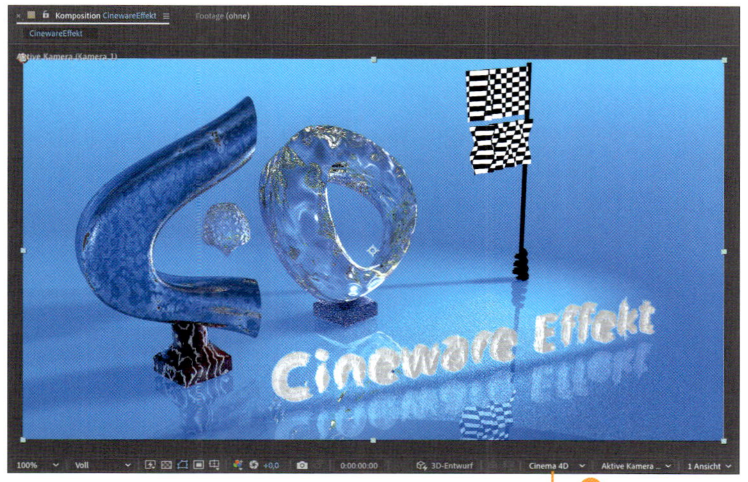


◂ **Abbildung 20.49**
Den Renderer stellen Sie über die Kompositionseinstellungen auf Cinema 4D.

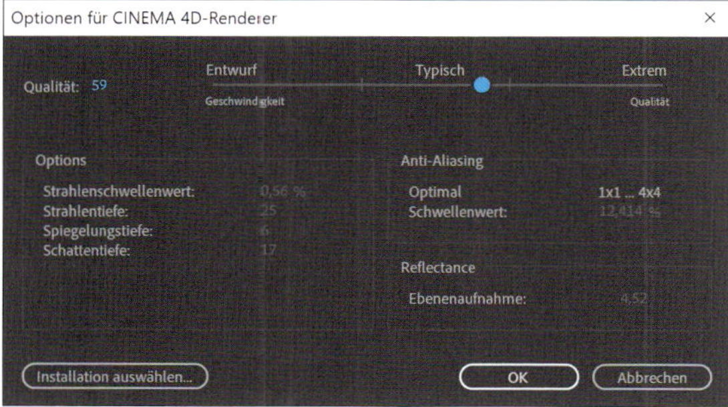


◂ **Abbildung 20.50**
Die Qualität des Cinema 4D-Renderers können Sie per Schieberegler festlegen.

## Live-Link

Live-Link ist eine komfortable Angelegenheit, die die Zeitleisten von Cinema 4D und After Effects synchronisiert. In After Effects müssen Sie im Cineware-Effekt einfach nur bei Live-Link auf die Schaltfläche Aktivieren 2 in Abbildung 20.47 klicken.

Damit die Kommunikation auch funktioniert, müssen Sie aber noch in Cinema 4D via Edit • Preferences • Communication unter Live-Link ein Häkchen bei Live Link enabled at startup setzen. Danach starten Sie Cinema 4D neu, damit der Link etabliert wird. Außerdem rate ich Ihnen, in den Projektsettings von Cinema 4D, die Sie via Strg+D erreichen, die Frameraten der beiden Programme anzugleichen. Tragen Sie in Cinema 4D unter FPS die Zahl 25 ein, um die PAL-Norm zu erfüllen. Die Zeitleisten werden dann korrekt synchronisiert. Allerdings müssen Sie trotzdem das Cinema-Projekt nach jeder Änderung speichern, da Änderungen nicht live übernommen werden.

**Relevanter Bereich**
Mit dem relevanten Bereich, den Sie über den Button 8 einschalten und einfach im Kompositionsfenster aufziehen können, beschränken Sie das Renderergebnis auf einen kleineren Teil der Komposition und können so Zeit sparen, wenn Sie nur eine Vorschau auf das Finalergebnis brauchen.

### Beschleunigen der Anzeige

Indem Sie bei Keine Texturen/Shader ein Häkchen setzen, werden Texturen und Schatten nicht mitberechnet; setzen Sie eines bei Keine Vorberechnung, werden Bewegungen und Partikelsimulationen nicht vorausberechnet.

Sie laden Texturen dauerhaft in den RAM, wenn Sie Texturen im RAM behalten aktivieren, was das Rendering sehr stark beschleunigt, andererseits aber den Speicher belastet.

Wird das Rendering langsamer, wählen Sie bei Render Server die Option Speicher löschen 4 (Abbildung 20.47).

▲ **Abbildung 20.51**
Hier sehen Sie den relevanten Bereich – also das, worum sich im Büro alles dreht … Der Rest ist ausgeblendet.

### Projekteinstellungen und Befehle

Unter Projekteinstellungen wählen Sie bei Kamera 5 (Abbildung 20.47) den Eintrag CINEMA 4D Kamera, wenn Sie in After Effects die Szene durch die Kamera sehen wollen, die in Cinema 4D zum Rendern der Ansicht definiert ist. Gibt es mehrere Cinema 4D-Kameras, entscheiden Sie über CINEMA 4D Kamera auswählen und dann mit Kamera setzen, welche Kamera in After Effects das Ergebnis bestimmt. Haben Sie mehrere After-Effects-Kameras und wollen hier wählen, geht diese Möglichkeit allerdings leider nicht.

Soll eine After-Effects-Kamera zur Sicht auf die Cinema-Szene dienen, ist die Option Zentrierte Comp-Kamera zu empfehlen. Hier wird der Nullpunkt der Cinema-Szene auf die Kompositionsmitte zentriert, da am Nullpunkt normalerweise die Objekte erstellt werden. Die Option Comp-Kamera 9 bietet diese Zentrierung nicht und ist daher für in After Effects erstellte Kameras nur bedingt geeignet. Stattdessen verwenden Sie diese Option, wenn Sie Kameras aus der Cinema-Szene extrahiert haben.

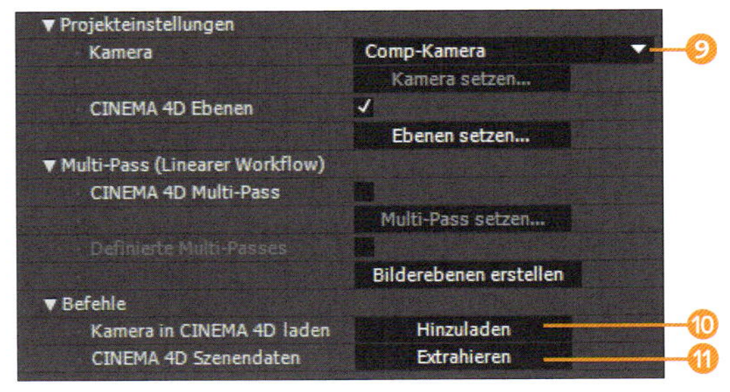


**Abbildung 20.52** ▶
Mit Cineware holen Sie Kameras, Ebenen und Lichter nach After Effects und schicken After-Effects-Kameras an Cinema 4D.

### Takes verwenden

In Cinema 4D können Sie mehrere Takes erstellen, die verschiedene Kamerafahrten und Materialmodifikationen bei den verwendeten Objekten beinhalten können. Wenn Sie in Cinema 4D beispielsweise zwei Kamerafahrten ⓬ erstellt haben, können Sie anschließend in der Karte TAKES über die Schaltfläche NEW TAKE ⓮ mehrere Takes erstellen. Per Klick auf das jeweilige Kamerasymbol ⓯ weisen Sie je eine der erstellten Kamerafahrten zu.

Ändern Sie anschließend für einen markierten Take in der Karte OBJECTS die Materialeigenschaften eines Objekts (z. B. die Farbe), so werden pro Take auch diese Eigenschaften zugeordnet. Allerdings müssen Sie zuvor die Schaltfläche AUTO TAKE ⓭ aktivieren.

Nach dem Speichern des Cinema-Projekts können Sie dann in After Effects im Cineware-Effekt wählen, welchen Take Sie anzeigen lassen wollen. Dazu schauen Sie unter dem Eintrag PROJEKTEINSTELLUNGEN und klicken auf TAKE ERSTELLEN ⓰. Im sich öffnenden Fenster wählen Sie den gewünschten Take.

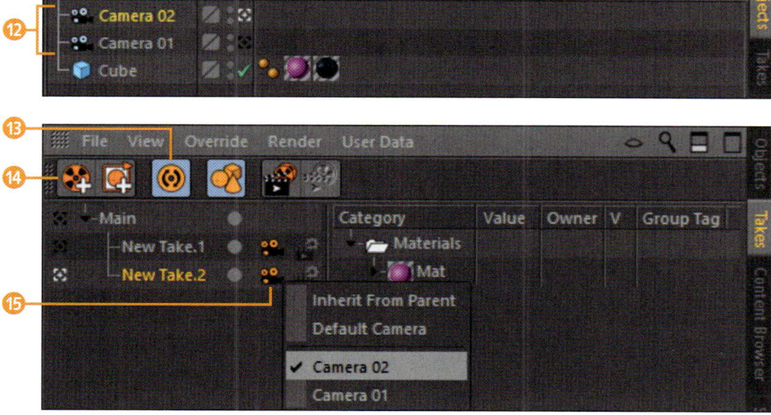


◀ **Abbildung 20.53**
Oben sehen Sie zwei Kameras. Unten wird jedem Take je eine Kamera zugewiesen.

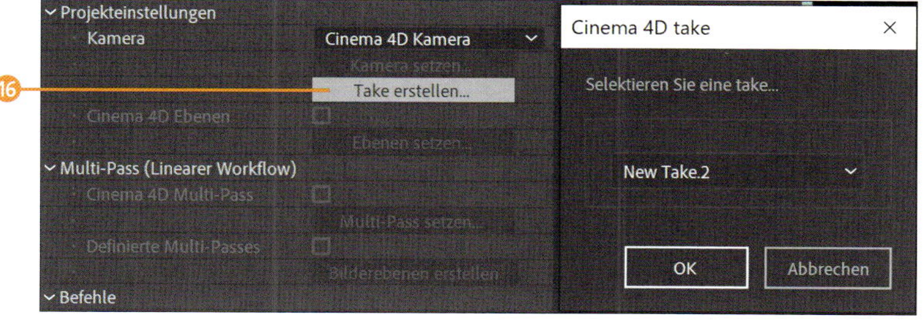


◀ **Abbildung 20.54**
Im Cineware-Effekt in After Effects suchen Sie sich den gewünschten Take aus, der angezeigt werden soll.

### Kameras und Lichter extrahieren

Mit den Dateien »Cineware.aep« und »CinewareEffekt.c4d« aus den Beispielmaterialien zum Buch im Ordner 20_INTEGRATION_3D/

CINEMA4D/CINEWAREEFFEKT können Sie das selbst nachvollziehen. Klicken Sie im Cineware-Effekt unter BEFEHLE • CINEMA 4D SZENENDATEN auf EXTRAHIEREN ⑪ (siehe Abbildung 20.52), um die vier Lichter und die Kamera der Cinema-Szene in After-Effects-Licht- und Kameraebenen umzuwandeln. Die erzeugte Kamera enthält danach die Animationskeyframes der Cinema-Kamera.

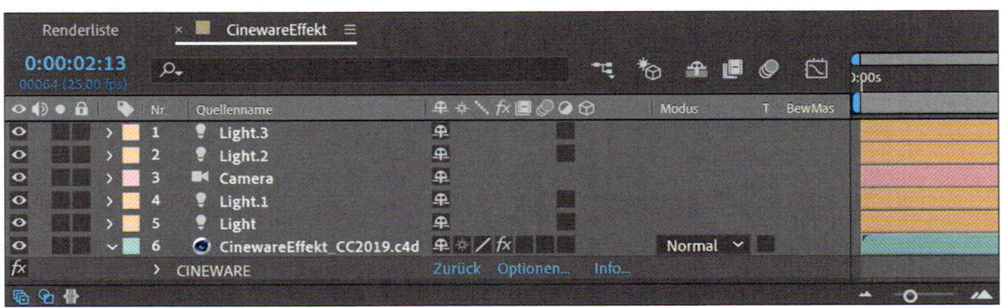


**Abbildung 20.55 ▸**
Kameras und Lichter einer Cinema 4D-Datei extrahieren Sie mit CINEWARE ganz einfach.

**AEC4D**

Mit AEC4D, das Sie als Plug-in für Cinema 4D installieren können, extrahieren Sie oft weit mehr Daten als über den Cineware-Effekt. Es werden auch dynamische Animationen und vieles mehr übertragen. Das alles mit einem Klick auf die AEC4D-Schaltfläche in Cinema 4D. Das Plug-in unterstützt die Versionen R15 bis 2023 bzw. CS6 bis 2023. Sie erhalten es für einen kleinen Preis über *https://aescripts.com/aec4d*.

### Kompositions-Kamera verwenden

Wenn Sie im Cineware-Effekt unter PROJEKTEINSTELLUNGEN die Option COMP-KAMERA bzw. ZENTRIERTE COMP-KAMERA wählen, können Sie mit der After-Effects-Kamera sogar einen Kameraflug rund um die Szene bzw. die Objekte animieren, so als wären die Objekte direkt in After Effects erstellt worden.

### After Effects Kamera zur Cinema-Szene laden

In der Datei »Cineware.aep« können Sie eine neue After-Effects-Kamera hinzufügen und mit den Kamera-Werkzeugen einen Blickwinkel definieren. Anschließend klicken Sie unter BEFEHLE • KAMERA IN CINEMA 4D LADEN auf HINZULADEN ⑩ (Abbildung 20.52). Damit die Kamera in Cinema 4D erscheint, markieren Sie die Cinema 4D-Datei im Projektfenster oder in der Zeitleiste und drücken Strg+E, damit Cinema 4D gestartet wird. Wenn die Datei bereits geöffnet war, sollten Sie sie zuvor speichern, und dann wählen Sie in Cinema 4D den Weg FILE • REVERT TO SAVED und bestätigen alle Meldungen. Anschließend finden Sie die After-Effects-Kamera mit dem Kürzel »AE« im Objektmanager wieder.

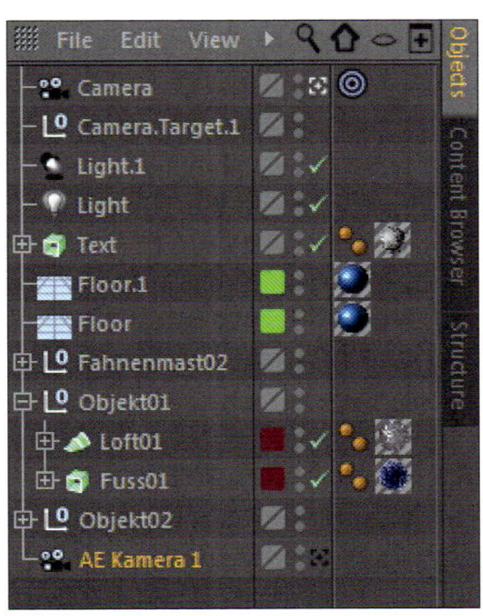


**▲ Abbildung 20.56**
Die After-Effects-Kamera erhält in Cinema 4D das Kürzel »AE« vor dem Namen.

### Ebenen aus Cinema 4D für After Effects

In Cinema 4D können Sie Objekte zu Ebenen hinzufügen, um sie zu organisieren. In After Effects können Sie mit genau diesen Ebenen entscheiden, welches Objekt sichtbar ist und welches nicht. In der Datei »Cineware.aep« aus dem Beispielordner können Sie die im Projektfenster enthaltene Datei »CinewareEffekt.c4d« mit Strg+E in Cinema 4D öffnen. Wenn Sie im Objektmanager die Objekthierarchie per Klick auf die Pluszeichen ❶ öffnen, sehen Sie Farbzuordnungen ❷. Diese entsprechen den Ebenen. Unter LAYERS ❹ finden Sie dann vier Ebenen für verschiedene Objekte.

Um eine neue Ebene zu schaffen, gehen Sie bei LAYERS auf FILE ③ und wählen NEW LAYER. Um ein Objekt der Ebene hinzuzufügen, klicken Sie es im Objektmanager mit der rechten Maustaste an und wählen ADD TO LAYER.

In After Effects setzen Sie unter PROJEKTEINSTELLUNGEN bei CINEMA 4D EBENEN ⑤ ein Häkchen und klicken auf EBENEN SETZEN ⑥. Im erscheinenden Dialog wählen Sie Ebenen, die Sie nicht mehr ertragen können, einfach ab. Ist die Option ITEMS NOT ON LAYERS aktiv, werden Objekte, die keiner Ebene zugeordnet sind, angezeigt, andernfalls ausgeblendet.

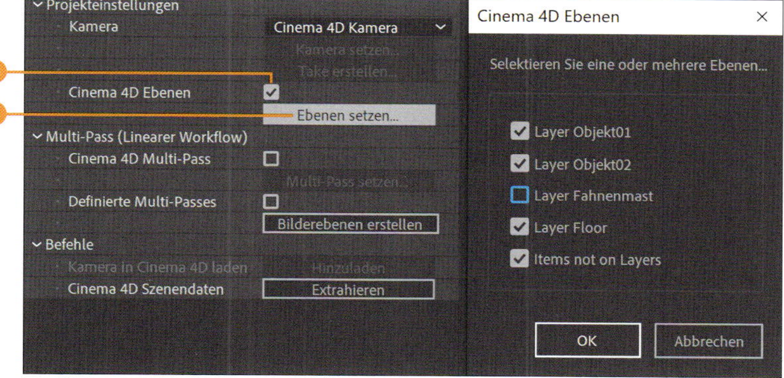


▲ **Abbildung 20.57**
Im Effekt CINEWARE wählen Sie unerwünschte Ebenen aus der Cinema 4D-Datei einfach ab. Objekte auf diesen Ebenen werden dann nicht mehr angezeigt.

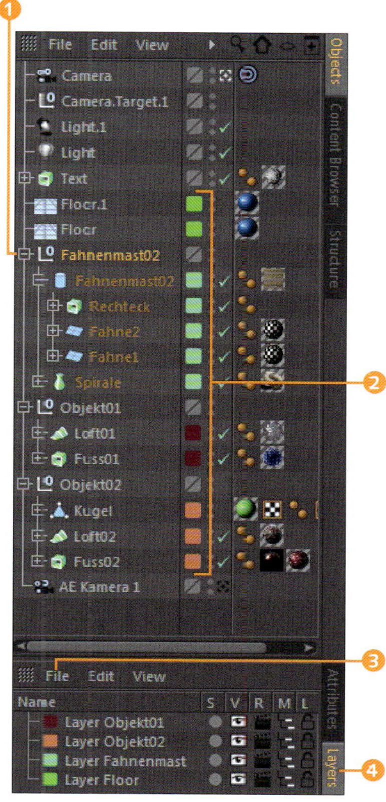


▲ **Abbildung 20.58**
Objekte können Sie in Cinema 4D auf Ebenen legen. – Hier steckt ein völlig anderes Konzept dahinter als in After Effects.

## Multi-Passes in After Effects

Cinema 4D bietet die Möglichkeit, Lichtreflexionen, Schatten und Objekt-IDs etc. in einzelne Kanäle zu rendern. In After Effects haben Sie Zugriff auf diese Kanäle. Mit den Dateien »Cineware.aep« und »CinewareEffekt.c4d« im Ordner 20_INTEGRATION_3D/CINEMA4D/CINEWAREEFFEKT können Sie dies selbst nachvollziehen.

In der Datei »CinewareEffekt.c4d« habe ich fünf Objekt-IDs vergeben: für »Tropfen«, »Text«, »Fuss01«, »Fuss02« und »Floor«. Sie erkennen das an der Filmklappe – dem Kompositionstag – z. B. bei »Floor« ① (Abbildung 20.59). Ein solches Tag fügen Sie einem Objekt hinzu, indem Sie es per rechter Maustaste anklicken und CINEMA 4D TAGS • COMPOSITING wählen. Anschließend klicken Sie das Tag-Symbol an, setzen in der Karte ATTRIBUTES • OBJECT BUFFER ein Häkchen bei ENABLE und wählen unter BUFFER ② eine Objekt-ID.

Damit Cinema 4D diese Information auch weitergibt, öffnen Sie über die Schaltfläche ③ die RENDER SETTINGS. Dort klicken Sie auf die Schaltfläche MULTI-PASS ⑥ und wählen den Eintrag OBJECT BUF-

### Renderergebnis verbessern

Für ein hochwertiges Renderergebnis ist bei der Arbeit mit Multi-Passes und für das finale Rendering empfohlen, in After Effects via DATEI • PROJEKTEINSTELLUNGEN • FARBEINSTELLUNGEN • TIEFE die Option 32-BIT PRO KANAL (FLOAT) zu wählen, um Artefakte zu vermeiden. Außerdem sollten Sie im linearisierten Farbraum arbeiten, wie im Folgenden im Abschnitt »Linearer Workflow« beschrieben.

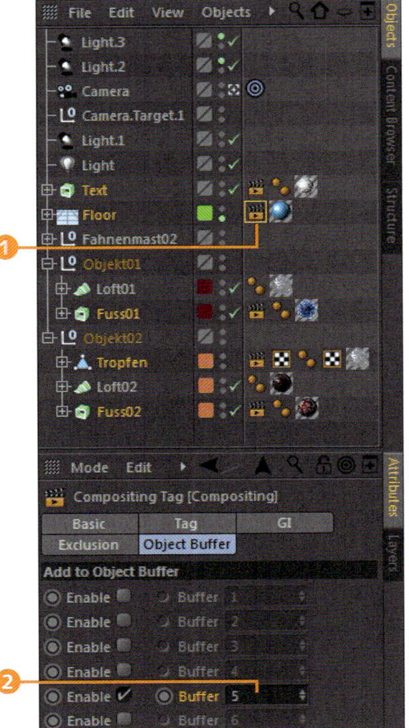


▲ **Abbildung 20.59**
Via Compositing Tag erstellen Sie eine Objekt-ID.

fer. Anschließend erscheint der Object Buffer unter Multi-Pass. Dort können Sie ihm per Doppelklick einen Namen verpassen. Den benannten Object Buffer klicken Sie an, z. B. den in der Datei enthaltenen »Object Buffer Floor« ❺, und wählen dann die vorher vergebene Nummer über Group ID ❹ aus.

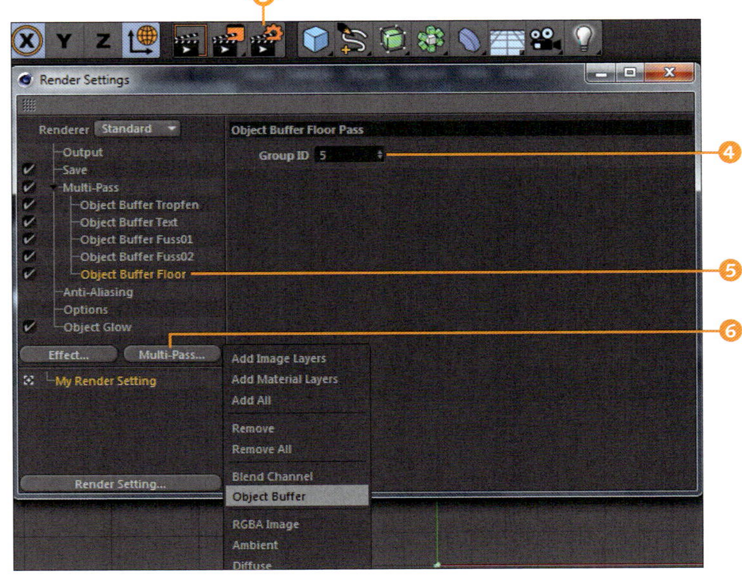


▲ **Abbildung 20.60**
In den Render Settings müssen Sie für die Object-ID einen Extra-Pass hinzufügen.

**»Ebenen AE synchronisieren«**
Wenn Sie von einer Cinema 4D-Datei mehr als eine Instanz in der Komposition verwenden oder wenn Sie Multi-Passes extrahiert haben, erscheint die Option Ebenen AE synchronisieren im Cineware-Effekt-Fenster. Wenn Sie in einer Ebene das Häkchen entfernen, wirken sich Einstellungen im Cineware-Effekt dieser Ebene nur auf sie selbst und nicht auf andere Ebenen aus. Ist die Option aktiv (Standardeinstellung), werden die Einstellungen auch für die anderen Ebenen übernommen.

In After Effects ließe sich nun beispielsweise der Boden (»Floor«) ausblenden. Dazu benötigen Sie zwei Ebenen der Datei »CinewareEffekt.c4d« in Ihrer Komposition. Eine Ebene nutzen Sie als Luminanz-Matte. Darin wird nur der Boden gerendert, nicht die Objekte. Die andere Ebene nutzt diese Matte, um im finalen Rendering den Boden transparent zu setzen.

Die Luminanz-Matte erhalten Sie, indem Sie im Effekt Cineware unter Multi-Pass (Linearer Workflow) ein Häkchen bei CINEMA 4D Multi-Pass ❽ setzen. Dies geht nur, wenn Sie bei Renderer ❼ den Eintrag Standard (Entwurf) oder Standard (Final) gewählt haben. Nun klicken Sie auf Multi-Pass setzen ❾ und wählen den in Cinema ordentlich benannten Pass im erscheinenden Dialog aus ❿.

Um die entstandene Matte für das finale Rendering nutzbar zu machen, fügen Sie der zweiten Ebene den Effekt Maske festlegen ⓮ hinzu. Darin wählen Sie unter Maske verwenden aus Ebene ⓫ die Matte-Ebene aus, und Für Maske verwenden ⓬ setzen Sie auf

LUMINANZ, da wir es mit einer Schwarzweißebene zu tun haben. Dann setzen Sie noch einen Haken bei MASKE UMKEHREN, damit die Objekte und nicht der Boden sichtbar werden. Zuletzt schalten Sie die Matte-Ebene unsichtbar 13.

▼ **Abbildung 20.61**
Kaum ist der entsprechende Object-Pass gewählt, erhalten Sie eine Matte in Form eines Schwarzweißfilms.

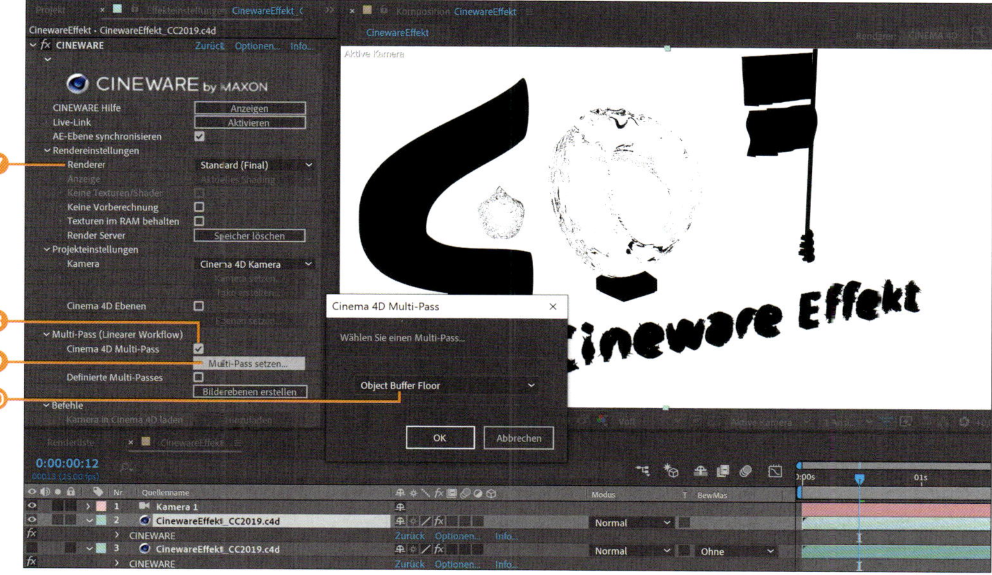

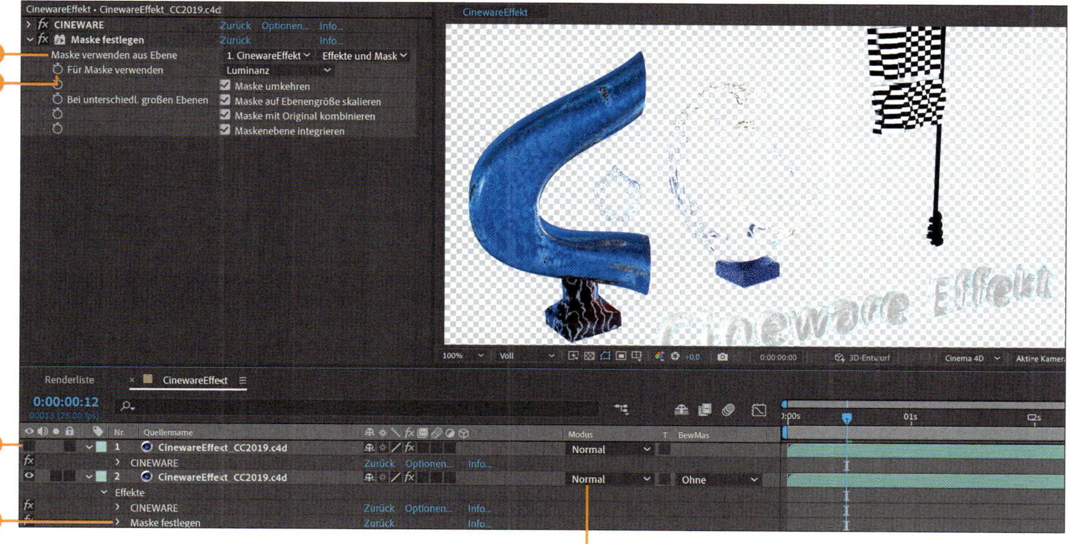

▲ **Abbildung 20.62**
Im Effekt MASKE FESTLEGEN wählen Sie die Matte-Ebene aus. Anschließend ist der Boden transparent. Leider werden dadurch in diesem Beispiel auch die Glasobjekte fast unsichtbar. Sichtbar werden sie überhaupt nur mit dem Renderer STANDARD (FINAL) und der After-Effects-Vorschau-Option AUS (ENDGÜLTIGE QUALITÄT).

Um Objekte der Cinema-Szene per Matte freizustellen, könnten Sie anstelle des Effekts MASKE FESTLEGEN auch die Einstellung UMGEKEHRTE LUMA-MASKE im Menü unter BEWMAS (bewegte Maske) ⑮ verwenden, aber hier könnten Sie nur die jeweils darüberliegende Ebene als Matte auswählen. Mit dem Effekt MASKE FESTLEGEN ist es egal, wo die Ebene sich befindet, außerdem können Sie mehrere Instanzen des Effekts verwenden und so mehrere Matten festlegen.

### Definierte Multi-Passes

Im Effekt CINEWARE gibt es die Option DEFINIERTE MULTI-PASSES ①, mit der Sie **selbsterstellte Passes** wie die oben beschriebenen Object Buffer extrahieren. Dazu setzen Sie dort einen Haken und klicken auf BILDEREBENEN ERSTELLEN ②. Sie erhalten für jeden Object Buffer eine Schwarz-Weiß-Ebene.
Wenn Sie den Haken nicht gesetzt haben und auf BILDEREBENEN ERSTELLEN klicken, werden alle **nicht selbsterstellten Passes**, die Cinema 4D automatisch hinzufügt, extrahiert. Mit diesen Passes können Sie per Ebenenmodi etc. experimentieren, um die Szenerie aufzuhübschen.

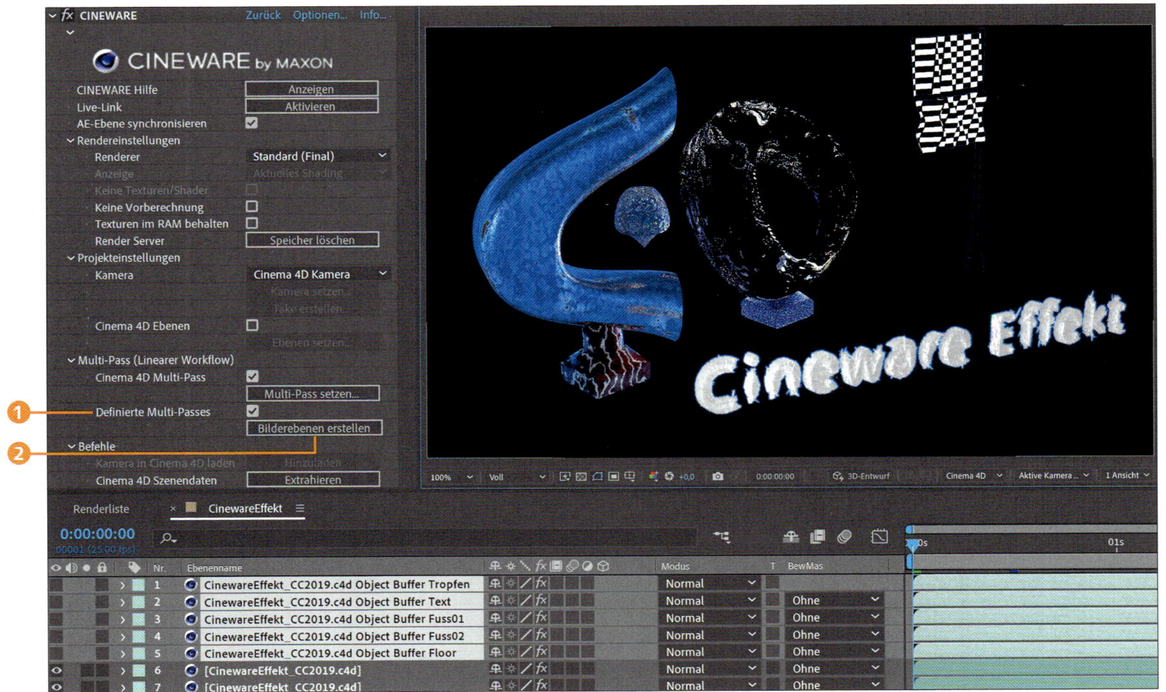


▲ **Abbildung 20.63**
Mit den definierten Passes bekommen Sie alle in Cinema 4D selbsterstellten Object Buffer als Ebenen gerendert.

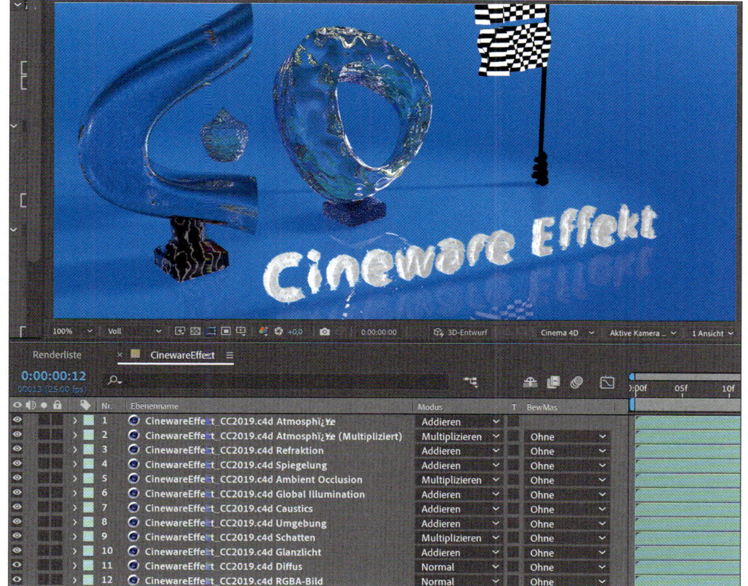


◂ **Abbildung 20.64**
Cinema 4D liefert automatisch etliche Passes mit.

**Linearer Workflow**
In Cinema 4D ist unter EDIT • PROJECT SETTINGS standardmäßig ein Häkchen bei LINEAR WORKFLOW gesetzt. Dies dient dazu, die natürlichen Eigenschaften von Licht so in den künstlichen Farbraum der Software umzurechnen, dass unschöne Farbsäume und Farbstörungen insbesondere an Kanten vermieden werden. Verwendet die Software oder eine Kamera einen Gammawert von 1, so wird dies als **lineares Licht** bezeichnet. Wenn Sie Multi-Passes aus Cinema 4D in Ebenen umwandeln, werden diese per Ebenenmodi gemischt. Sie erhalten bessere Ergebnisse, wenn Sie in After Effects via DATEI • PROJEKTEINSTELLUNGEN in der Karte FARBE bei FARBEN MISCHEN MIT 1.0 GAMMA ein Häkchen setzen. Wenn Sie einen Arbeitsfarbraum gewählt haben, ist zusätzlich ein Häkchen bei ARBEITSFARBRAUM LINEARISIEREN sinnvoll. Auch die Bewegungsunschärfe und das Anti-Aliasing werden genauer berechnet. Die Renderzeit kann sich aber leider erhöhen.

### 20.4.3 Cinema 4D-Daten mit Filmmaterial synchronisieren

Cinema 4D nutzen Sie in Verbindung mit den Trackingmöglichkeiten in After Effects, um 3D-Objekte z. B. in gezoomtes oder verwackeltes Filmmaterial einzubauen. Hierzu eignen sich besonders auch die Effekte 3D-KAMERATRACKER und VERKRÜMMUNGSSTABILISIERUNG.

### 3D-Kameratracker

Dazu tracken Sie das Filmmaterial wie in Abschnitt 15.3, »3D-Kameratracker«, beschrieben. Um in Cinema 4D nun Objekte zu erschaffen, die genau in Ihre Filmkomposition passen, müssen Sie zunächst für Cinema 4D den Nullpunkt definieren, an dem anschließend die Objekte erstellt werden. Dazu suchen Sie sich im getrackten Material eine passende Stelle, wie in Abbildung 20.66.

In dem Beispiel, das Sie im Ordner 20_INTEGRATION_3D/CINEMA4D/CINEMA_UND_KAMERATRACKER finden, soll ein anderer Inhalt auf dem Schild platziert werden. Dazu wählen Sie eine passende Zielscheibe im 3D-Kameratracker und wählen dann GRUNDEBENE UND URSPRUNG EINRICHTEN. Diese Information wird nur intern gespeichert, es entsteht also keine Extra-Ebene. Damit die Kameradaten nach Cinema 4D übertragen werden, wählen Sie danach wieder einen Trackpunkt aus und klicken auf NULLEBENE UND KAMERA ERSTELLEN. Daraufhin erhalten Sie in der Zeitleiste die zwei entsprechenden Ebenen.

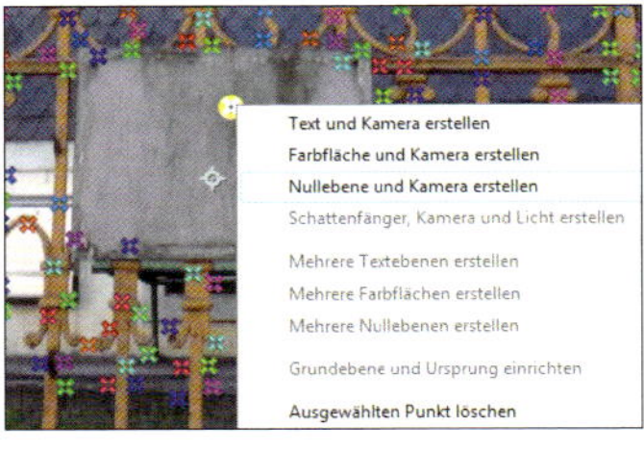


▲ **Abbildung 20.65**
Die Kameradaten werden übertragen, wenn Sie NULLEBENE UND KAMERA ERSTELLEN wählen.

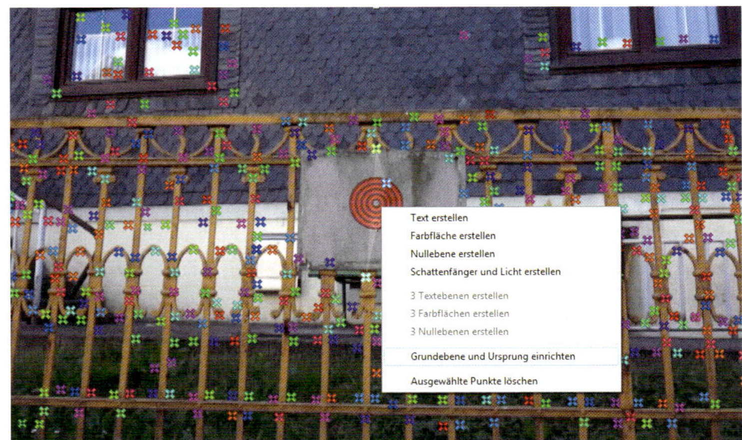


▲ **Abbildung 20.66**
Dort, wo später das Cinema 4D-Material erscheinen soll, wählen Sie GRUNDEBENE UND URSPRUNG EINRICHTEN.

Nun übertragen Sie die Daten nach Cinema 4D. Dazu wählen Sie DATEI • EXPORTIEREN • CINEMA 4D EXPORTER, speichern das neue Cinema 4D-Projekt, importieren es danach gleich wieder ins Projekt und ziehen die importierte Datei in Ihre Filmkomposition.

Die importierte Datei markieren Sie nun im Projektfenster und wählen Strg+E, um sie extern zu bearbeiten. Das Projekt wird daraufhin mitsamt den After-Effects-Kameradaten in Cinema 4D geöffnet.

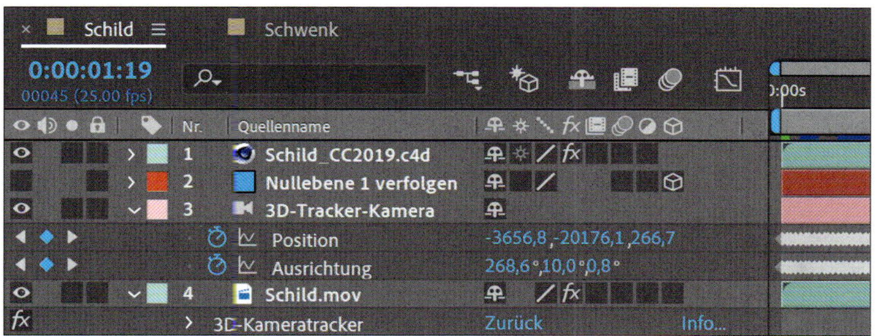


▲ **Abbildung 20.67**
In der Zeitleiste sehen Sie die Nullebene und die ausgelesenen Kameradaten. Die Cinema 4D-Datei wird gleich nach dem Import in die Filmkomposition gelegt.

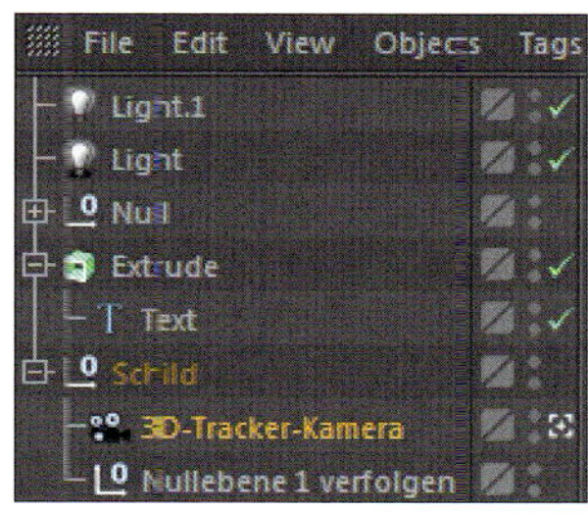


▲ **Abbildung 20.68**
In Cinema 4D werden 3D-Tracker-Kamera und Nullebene übernommen. Auch der Kamerapfad ist enthalten.

Objekte, die Sie nun dort erstellen, erscheinen nach jedem Speichern in Ihrer After-Effects-Komposition an genau der Stelle, wo Sie GRUNDEBENE UND URSPRUNG EINRICHTEN gewählt hatten.

◀ **Abbildung 20.69**
Im Ergebnis passt das neue Schild trotz verwackelten Zooms auf das alte Schild.

### Verkrümmungsstabilisierung

Im Abschnitt 15.4 unter »Kamerabewegung synchronisieren« beschreibe ich, wie Sie eine Darstellerin in einen vorhandenen Kameraschwenk einbauen. Lesen Sie also den genannten Abschnitt, um eine Darstellerin oder zusätzlich Cinema 4D-Objekte in verwackelte, gezoomte oder sonst wie geartete Videos einzubauen. Das Geheimnis, wie Sie mehrere Objekte in ein Video einbauen, liegt in der Option ZIEL • BEWEGUNG AUF ZIEL ANWENDEN. Finden Sie es heraus!

Mit diesen Werkzeugen lassen sich Ereignisse und unsere Wahrnehmung nach Belieben manipulieren. – Ob diese oder jene Person in eine Aufzeichnung eingebaut wurde oder nicht, ob etwas an diesem oder jenem Ort oder gar nicht stattgefunden hat, lässt sich heute nicht mehr mit Bestimmtheit sagen, oder?

**Abbildung 20.70 ▸**
Der obligatorische Cinema 4D-Ballon darf auch hier nicht fehlen. Er und die Darstellerin waren nie dort in den Bergen, aber mit Hilfe des Effekts VERKRÜMMUNGSSTABILISIERUNG können Sie es schaffen, dass es trotzdem so aussieht!

## 20.4.4 Datenübergabe mittels AEC-Dateien

**AEC nur mit Vollversion**
Der Datenexport als AEC-Datei ist aus Cinema 4D nicht für die in After Effects integrierte Lite-Version verfügbar. Eine lizenzierte Vollversion ist Voraussetzung.

Der klassische Weg, Cinema 4D-Szenen nach After Effects zu übernehmen, führt über den Austausch des Projektformats AEC. Für größere, komplexe Projekte kann der Austausch über das CINEWARE-Plugin zu langsam vonstattengehen. Hier kann der klassische Weg die Alternative sein. Für diesen Weg sind einige Vorbereitungen und Informationen hilfreich.

Ein paar Tipps zur Vorbereitung Ihrer Arbeit in Cinema 4D und After Effects gebe ich Ihnen in diesem Abschnitt.

### Rendervoreinstellungen

Über die RENDERVOREINSTELLUNGEN legen Sie in Cinema 4D fest, ob beim Rendern eine in After Effects importierbare ».aec«-Datei geschrieben wird und welche Kanäle als Informationen herausgerechnet werden sollen. Das entsprechende Dialogfeld öffnen Sie in Cinema 4D über RENDERN • RENDERVOREINSTELLUNGEN BEARBEITEN oder [Strg]+[B].

Unter dem Eintrag SPEICHERN ❷ klappen Sie die Liste unter NORMALES BILD ❶ auf. Hier legen Sie den Speicherort für das Ausgabebild bzw. den Ausgabefilm fest. Unter FORMAT wählen Sie beispielsweise TIFF und QUICKTIME-FILM oder die besprochenen Formate OPENEXR und RPF. Unter FARBTIEFE entscheiden Sie sich z. B. für die TIFF-Ausgabe bis zu 32 Bit/Kanal. Wollen Sie transparente Bereiche mitberechnen, setzen Sie ein Häkchen bei ALPHA-KANAL.

### AEC-Datei erstellen

Eine After-Effects-Kompositionsdatei generieren Sie via KOMPOSITIONS-PROJEKTDATEI ❹. Um eine importierbare ».aec«-Datei mit sämtlichen relevanten Daten zu erstellen, setzen Sie ein Häkchen bei SPEICHERN und bei 3D DATEN EINSCHLIESSEN. Haben Sie Animations-Keyframes gesetzt, setzen Sie bei RELATIV den Haken. Unter ZIELPROGRAMM wählen Sie den Eintrag AFTER EFFECTS. Per Klick auf PROJEKTDATEI SPEICHERN wird die entscheidende Datei mit der Endung ».aec« an dem von Ihnen angegebenen Pfad abgespeichert.

Importieren Sie diese Datei in After Effects, werden das Bild bzw. der Film, den Sie unter NORMALES BILD gespeichert haben, sowie Kameras, Lichter und gegebenenfalls Null-Objekte geladen.

**▼ Abbildung 20.71**
In den RENDERVOREINSTELLUNGEN aktivieren Sie die Ausgabe einer After-Effects-Projektdatei aus Cinema 4D.

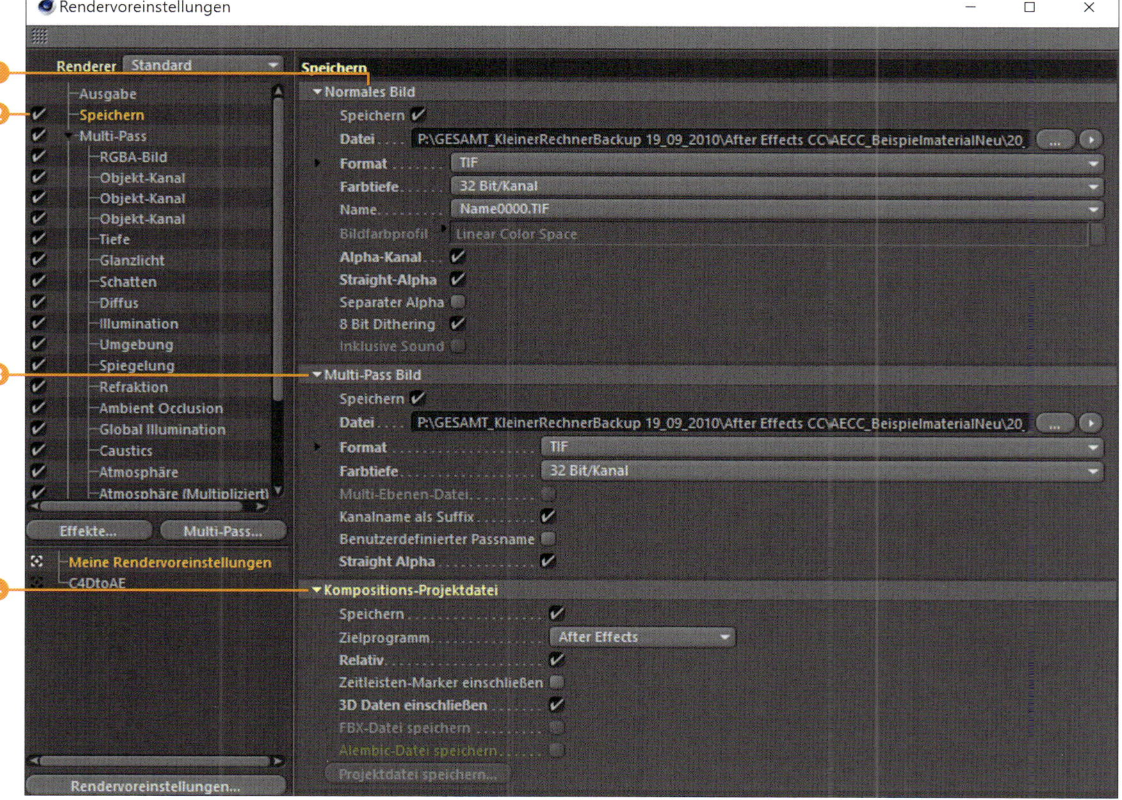


Es fehlen aber noch die Passes. Dazu setzen Sie ein Häkchen bei MULTI-PASS ⑤ (Abbildung 20.71). Wenn Sie direkt auf diesen Eintrag klicken, sehen Sie auf der rechten Seite die Option SEPARATE LICHTER. Sind Lichter in der 3D-Szene enthalten, erzeugen Sie hierüber Diffusions-, Glanzlichter- und Schattenkanäle, die separat ausgegeben werden. Stellen Sie SEPARATE LICHTER auf ALLE oder, wenn Sie nur die zuvor ausgewählten Lichter ausgeben wollen, SELEKTIERTE. Günstig ist der Haken bei SCHATTENKORREKTUR gegen Artefakte an Objektkanten.

Weitere Kanäle fügen Sie per Klick auf MULTI-PASS 6 hinzu. Im Popup-Menü wählen Sie aus einer Vielzahl an Kanälen, die in die resultierende Datei aufgenommen werden sollen.

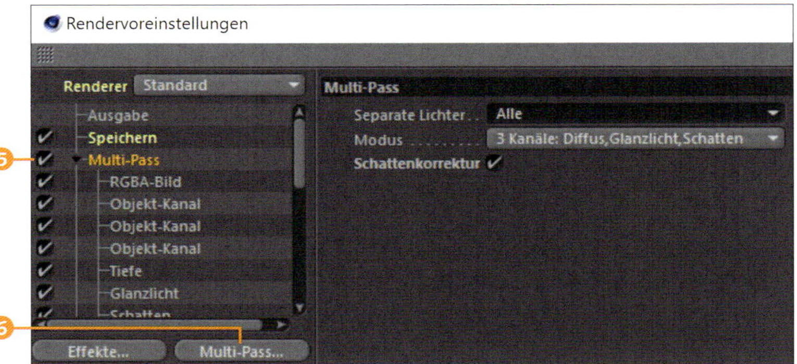


**Abbildung 20.72 ▸**
Mit dem Button MULTI-PASS legen Sie Kanäle und via Listeneintrag MULTI-PASS Lichter fest, die Sie der Datei mitgeben wollen.

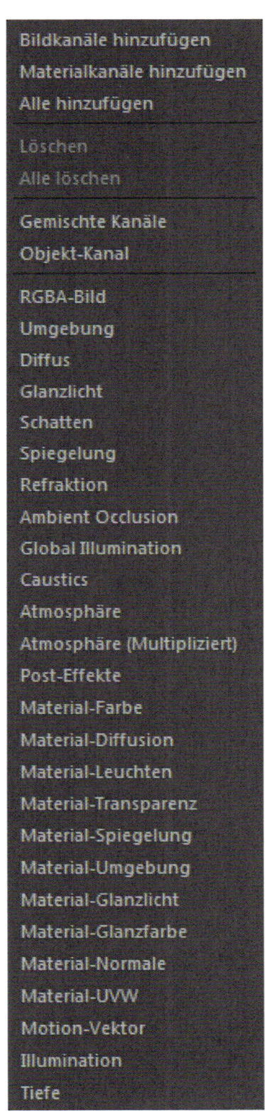


**▴ Abbildung 20.73**
Eine ganze Menge zusätzlicher Informationen geben Sie der After-Effects-Projektdatei über das Hinzufügen der hier abgebildeten Kanäle mit.

Haben Sie die Kanäle hinzugefügt, klicken Sie wieder den Eintrag SPEICHERN auf der linken Seite an. Es sind Optionen unter MULTI-PASS BILD 3 (siehe Abbildung 20.74) hinzugekommen. Hier setzen Sie ein Häkchen bei SPEICHERN. Wählen Sie unter FORMAT beispielsweise den Eintrag TIF, da das Format auch Alphakanäle unterstützt. Im Falle von TIF erhalten Sie Bildsequenzen von hoher Qualität.

Die zuvor gewählten Kanäle und Lichter, die Sie der Datei mitgeben können, werden in das Format Ihrer Wahl, im Fall von AVI und MP4 etc. in separate Filme gerendert. In der von Cinema 4D geschriebenen Datei werden diese dann zu einer kompletten 3D-Szene kombiniert, die der Cinema-Szene perfekt gleicht.

Die Option BENUTZERDEFINIERTER PASSNAME wählen Sie, wenn Sie für Ihre Multi-Passes anstelle der vordefinierten Namen wie »Objekt-Kanal 5« eigene sinnfällige Namen wie »Pyramidenmaske« vergeben haben und diese verwendet werden sollen.

Um die resultierenden Sequenzen oder Filme unterscheiden zu können, lassen Sie das Häkchen bei KANALNAME ALS SUFFIX stehen. Um die Sequenzen oder Filme im gleichen Ordner wie die ».aec«-Datei abzuspeichern, wählen Sie unter DATEI die entsprechende Pfadangabe.

### Ausgabeeinstellungen

Unter dem Eintrag AUSGABE 1 auf der linken Seite legen Sie die Ausgabegröße, die Auflösung, das Pixelseitenverhältnis und die Bildrate fest. Unter DAUER wählen Sie ALLE BILDER oder VORSCHAUBEREICH, um Animationen auszugeben. Bei BILDSCHRITT wählen Sie die Zahl 1, um alle Bilder, oder z. B. 2, um jedes zweite Bild zu rendern. Unter FIELD-RENDERING stellen Sie für After Effects OHNE ein, da Sie dies auch bei der After-Effects-Ausgabe noch ändern können.

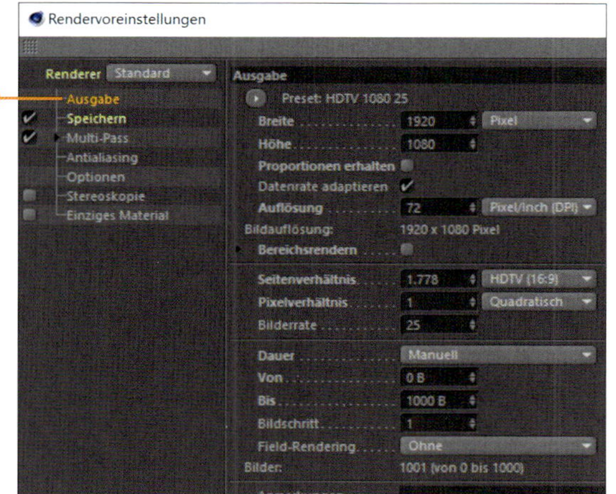


◂ **Abbildung 20.74**
Unter Ausgabe treffen Sie Einstellungen, um den Film in After Effects weiterzuverarbeiten.

Wenn Sie alle Einstellungen getroffen haben, rendern Sie die Cinema 4D-Datei, indem Sie auf das Render-Symbol in der Symbolleiste von Cinema 4D klicken. Für jeden gewählten Kanal wird eine separate Bildsequenz bzw. ein Film erzeugt. Zusätzlich wird eine ».aec«-Datei angelegt, die auf diese Dateien zugreift.

### Kompositionstags

Mittels Kompositionstags generieren Sie aus Cinema 4D heraus Null-Objekte, denen Sie in After Effects Ebenen zuordnen können, so dass diese sich nahtlos in die 3D-Szenerie integrieren. Dazu wählen Sie in Cinema 4D das Objekt – z. B. den Screen, auf den Sie ein Video mappen wollen – mit der rechten Maustaste aus. Im Popup-Menü rufen Sie dann Cinema 4D Tags • Externe Komposition auf. In der Objektliste wählen Sie es dann aus 2, und unter Tag Eigenschaften bestimmen Sie die Position des Ankerpunkts 3. Setzen Sie bei Farbflächenebene einen Haken, generieren Sie damit in After Effects eine Farbfläche anstelle eines Null-Objekts.

Cinema 4D übermittelt darüber die Positionsdaten eines Objekts an After Effects. Mit Drehungswerten, die auch mitgeliefert werden, funktioniert dies leider weniger gut, da Cinema 4D Euler'sche Winkel als Drehsystem verwendet und die Werte nicht so ins After-Effects-Drehsystem umgerechnet werden, dass eine in Cinema 4D erstellte Drehung genauso in After Effects erscheint.

▴ **Abbildung 20.75**
Markieren Sie das Tag in der Objektliste, um die Position des Ankerpunkts festzulegen.

**Plug-ins auf »maxon.net«**
Sie finden die Austausch-Plug-ins auch auf der Maxon-Website unter *www.maxon.net/de/support/downloads* unter Plugins for After Effects.

### ».aec«-Datei importieren

Wenn Sie aus Cinema 4D eine ».aec«-Datei wie im vorigen Abschnitt beschrieben erzeugt haben, können Sie sie erst dann importieren, wenn das dazu nötige Importer-Plugin im Plugin-Ordner von After Effects liegt.

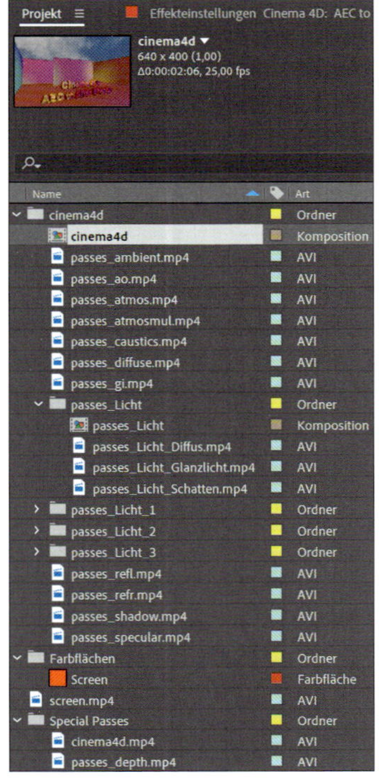


▲ **Abbildung 20.76**
Nach dem Import der ».aec«-Datei werden eine Gesamtkomposition – hier die Komposition CINEMA4D – und mehrere Lichtkompositionen angelegt. Jede Komposition enthält die von Cinema 4D erzeugten Filme.

Wenn Cinema 4D installiert ist, kopieren Sie das Plug-in aus folgendem Verzeichnis: MAXON/CINEMA4D/EXCHANGE PLUGINS/AFTEREFFECTS/IMPORTER. Fügen Sie es dann in den Ordner PLUG-INS/MAXON CINEWARE AE im After-Effects-Installationsordner ein. Nach einem Neustart von After Effects sollte der Import der ».aec«-Datei funktionieren.

### Cinema 4D-Komposition und »Special Passes«

Nach dem Import enthält das After-Effects-Projektfenster einen Ordner mit dem Namen der Cinema 4D-Datei und den Ordner SPECIAL PASSES sowie Lichtkompositionen. Im Ordner SPECIAL PASSES sind Zusatzinformationen gespeichert, die für die Darstellung der 3D-Szene weniger, aber für weiter gehende Anwendungen wie die Erstellung von Objektmatten sehr interessant sind. Null-Objekte werden im Ordner FARBFLÄCHEN abgelegt.

Der Ordner CINEMA4D enthält die gleichnamige finale Komposition. Wenn Sie sie per Doppelklick öffnen, wird die korrekt wiedergegebene Cinema-Szene angezeigt. In dieser Komposition sind After-Effects-Lichtquellen und eine Kamera enthalten, die so eingestellt sind wie die Lichtquellen und die Kamera in Cinema 4D. Allerdings verfügen die After-Effects-Lichtquellen über weniger Einstellmöglichkeiten.

### Lichtkompositionen

Damit Sie auf die Lichtstimmung der Cinema-Szene auch im Nachhinein in After Effects Einfluss haben, werden Extra-Lichtkompositionen angelegt. Sie können auf das Augen-Symbol der Lichtkompositionen klicken, um die Lichter für die Cinema-Szene ein- und auszublenden.

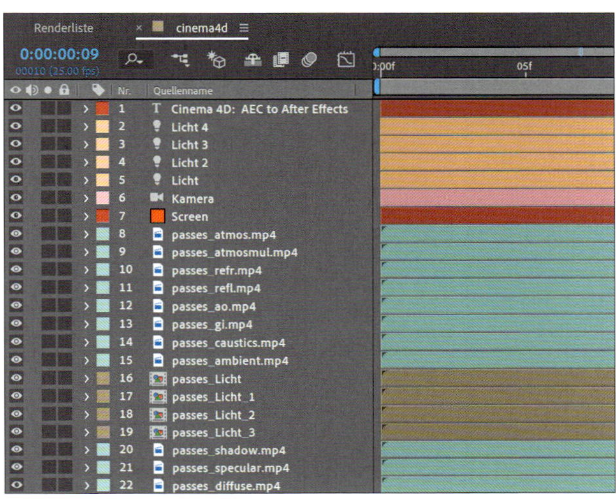


**Abbildung 20.77** ►
Die Cinema 4D-Komposition enthält alle Lichtinteraktionen des Cinema 4D-Projekts und entsprechende After-Effects-Lichtquellen, um After-Effects-3D-Ebenen zu beleuchten. After-Effects-Kameras erhalten die korrekten Einstellungen der Cinema 4D-Kameras.

Aus Cinema 4D separat ausgegebene Lichter werden in Extrakompositionen gespeichert. Eine solche Lichtkomposition enthält mehrere Ebenen, die über die Ebenenmodi so miteinander kombiniert sind, dass die Lichtverhältnisse der Cinema-Szene unverfälscht wiedergegeben werden. Die Wirkung der einzelnen Ebenen testen Sie am besten durch das Ein- und Ausblenden der Ebenen.

### Ebenenmodi

Eine Cinema-Szene wird in After Effects mit mehreren Ebenen, die aus Filmen oder Bildsequenzen bestehen, realisiert, die über entsprechende Ebenenmodi miteinander interagieren. Für die Darstellung von Schatten wird dabei der Modus MULTIPLIZIEREN verwendet, für Lichter der Modus ADDIEREN.

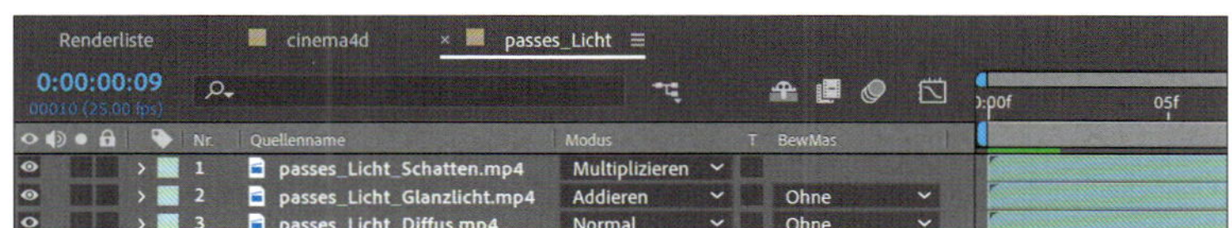


**◂ Abbildung 20.78**
Schatten werden im Modus MULTIPLIZIEREN und Lichter im Modus ADDIEREN übernommen.

### 3D-Ebenen in die Cinema-Szene integrieren

Wenn Sie wie weiter oben beschrieben ein Null-Objekt in Cinema 4D erzeugt haben (siehe im Abschnitt 20.4.4 das Unterkapitel »Kompositionstags«), können Sie an dieser Stelle anderes Material einfügen.

Nachdem Sie z. B. ein Video importiert haben, markieren Sie die Null-Objekt-Ebene in der Zeitleiste und das Video im Projektfenster und ziehen es dann bei gedrückter `Alt`-Taste auf die Nullebene, um die Positions- **und** die noch zu korrigierenden Drehungsdaten zu übernehmen, oder Sie ziehen das Video wie üblich in die Zeitleiste und lesen dann nur die Positionsdaten per Expression aus und drehen gegebenenfalls noch die Ebene.

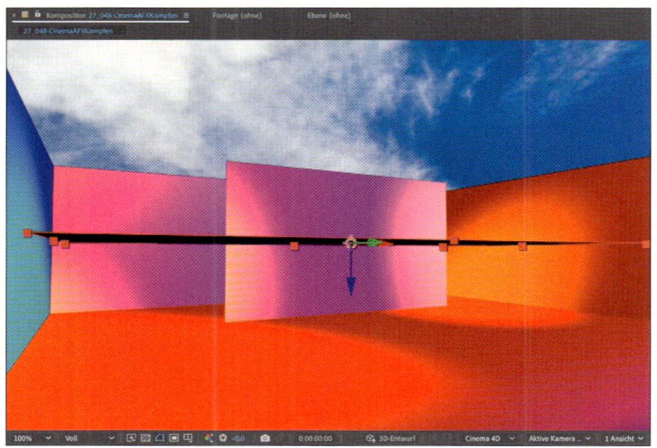

**◂ Abbildung 20.79**
Bis auf die falsch gedrehte, aber immerhin richtig positionierte Nullebene wurde die Cinema 4D-Szene korrekt in After Effects übernommen.

Himmel: © pixelio.de – Roman Ibeschitz

**Abbildung 20.80 ▶**
Hier wurden der Cinema 4D-Szene später eine 3D-Textebene und ein Video hinzugefügt, die sich nahtlos in den Cinema 4D-Raum integrieren lassen und durch die automatisch erzeugten Lichter und die Kamera beeinflusst werden.

### 20.4.5 Abspann

Jetzt, wo Sie als computergebräunter Zombie im Sonnenlicht blinzeln müssen, wird es Zeit, dieses Buch, das Sie in jeder freien Minute von vorn bis hinten durchgearbeitet haben (Sie haben doch?), beiseitezulegen und je nach Typ von der Junk-Food-Ernährung oder der hochkalorischen Flüssignahrung umzusteigen auf ... Vanilleeis? Nein – na, Sie wissen schon.

# Index



## A

## B



## C

## D

## E

## F

## G



## H

## I



## J

## K

## L



## M

## N

## Q



## R

## S

## T

## U



## V

## W



## X



## Y



## Z